法治中國之建構

法治中國之建構

郭道暉

香港城市大學出版社
City University of Hong Kong Press

國際統一書號:978-962-937-408-2

出版

　　香港城市大學出版社
　　香港九龍達之路
　　香港城市大學
　　網址:www.cityu.edu.hk/upress
　　電郵:upress@cityu.edu.hk

Building the Rule of Law in China

(in traditional Chinese characters)

ISBN: 978-962-937-408-2

Published by

　　City University of Hong Kong Press
　　Tat Chee Avenue
　　Kowloon, Hong Kong
　　Website: www.cityu.edu.hk/upress
　　E-mail: upress@cityu.edu.hk

Printed in Hong Kong

謹以本書

紀念老伴夫人張靜嫻教授（1933–2018）

情義相投，風雨同舟，

執子之手，相偕白首 。

郭道輝歷來重要著作的第一讀者

知我者、支助者、教益者

目錄

前言

　　本書選輯了近年作者在中國內地發表的一些論文，內容也多是近年有關建設法治中國的一些理論探討或對策評說。

　　「法治中國」一詞，是中國經歷幾十年的改革開放的實踐探索，自黨的十五大報告第一次確認要實行「依法治國、建設社會主義法治國家」的治國方略以後，直到近年才逐漸形成的概念和追求的目標。

　　不過，這一概念究竟蘊含什麼理念，與其他多種提法有何特點，尚不是很清晰。諸如「法治國家」、「法治政府」、「法治社會」……都包含了「國家」概念，它們有何區別？「法治中國」還可以是面對「法治世界」、作為其一員的特稱。本書對這些理論問題作了一些闡釋，對法治思維方法和建設法治國家、法治政府及形成法治社會的對策與實踐中出現的問題，作了一些評論。鑒於作者志在提升對現代法學理念的追求與促進中國法治的完善，力求克服某些歷史積弊，故不憚直言，重在揭示不足與弊病，以利有針對性的改革。不當之處期待讀者的批評指教。

　　本書所論限於改革開放 30 年的情況（即截至中國共產黨 18 大及此前的期間），未論及以後年代。本書因是多年先後發表的、有一定社會影響的論文選集，前後文章的論說難免有重複之處，因作者年事已高（91 歲），精力不濟，未及一一查處刪略，敬請鑒諒。

　　本書在香港出版，也有意向香港及海外同仁介紹中國大陸地區法治觀注與學思想概況。也由於，回憶作者應邀 1996 年 3 月，曾應香港大學法學院院長陳弘毅教授和香港首席大法官楊鐵樑先生之邀，在香港大學、香港城市大學、香港中文大學及香港終審法院、香港律政署等處作過學術演講或座談。因那時正值香港回歸前一年，香港學者和官員亟欲了解內地法治進程與法學思想概況，對來自內地的非官方學者的報告反響熱烈。此後轉瞬二十多年，內地和香港的情況已有巨大發展，期

待本書所論也能引起香港及海外法學界的興趣，增進學術思想交流。本書所論皆是針對內地情況，不涉香港新動向。

　　本書承北京大學憲法學研究中心主任張千帆教授引薦，得到香港城市大學出版社社長朱國斌和副社長陳家揚的積極支持，責編陳小歡女士的精心盡力編校，多有費心，謹此致謝！

　　本書編輯付梓之時，正值夫人張靜嫻教授病重住院期間，我陪侍她住院兩年，終因回天無術，不幸仙逝。往年我所撰書稿，通常都請她作為第一讀者，提供意見。此書出版未及請教於她，引為遺憾。乃借本書扉頁獻言，敬奉本書，以誌悼念。

郭道暉

2019 年 10 月 5 日

作者介紹

郭道暉，湖南湘陰人，1928 年 8 月 15 日出生於長沙，著名法學家、法治思想家，被尊稱為「法治三老」之一。

1947 年考入清華大學電機工程系，1948 年先後加入新民主主義青年聯盟和中國共產黨地下組織，戰鬥在「第二條戰線」。解放初期任中共清華大學理工學院黨支部委員、電機系黨支部副書記、校黨委委員、宣傳部副部長。1951 年清華大學電機工程系畢業，留校任教師學習委員會教學組長。1952 年院系調整期間兼任新北大籌委會委員。1953 年創辦校刊《新清華》，任總編輯，並任哲學講師（後為清華大學副教授），給大學本科生和研究生講馬克思主義哲學。1956 年任清華大學黨委常委兼宣傳部長。1957 年因「堅決抗拒」反右方針，於 1958 年初被劃為「右派」。1959 年「摘帽」後，曾任清華大學校史編寫組副組長、組長。由他主筆的《清華大學校史稿（解放前部分）》於改革開放後出版，獲北京市第一屆社科理論圖書一等獎。

1979 年 4 月調入全國人大常委會法制委員會，歷任理論組長，國家法室處長、研究室副主任。1987 年轉入中國法學會，任研究部主任。1989 年離休後被返聘為《中國法學》雜誌社總編輯、編審，至 1998 年卸任，歷時近十年。

在法工委工作期間，郭道暉還兼任中國法學會理事、法理學研究會副會長，南京大學等十多所高校兼職法學教授，湖南大學教授兼《岳麓法學評論》主編，中國法制新聞工作者協會副理事長，中宣部、司法部特聘法制宣傳高級講師團講師，國家社科規劃委員會國家基金項目評審組成員，法哲學社會哲學國際協會（IVR）會員、中國分會副會長。

---

* 本章綜合編摘自《當代中國法學名家》及其他報刊。

現任中國法理學研究會顧問，中國比較法學研究會顧問，北京大學憲法學與行政法學博士生導師組成員、公法研究中心客座研究員，廣州大學教授兼人權研究中心學術委員會顧問，湖南大學教授，西南政法大學名譽教授，東亞法哲學理事會理事，最高人民檢察院專家諮詢委員會委員。

自 1979 年 4 月轉入政法界以來，他除從事立法和法治實務外，致力於法學理論與法治實踐問題的研究和宣傳，筆耕不輟，出版的個人專著有：《中國法律制度》(1988)、《民主‧法制‧法律意識》(1988)、《歷史性跨越 ── 走向民主法治新世紀》(1999)、「法的時代三書」──《法的時代精神》(1997)、《法的時代呼喚》(1998)、《法的時代挑戰》(2003)（共 190 餘萬字，被譽為改革開放以來為我國法學與法治「披荊斬棘」的思想啟蒙之作）。在其 77 歲時獨著出版《法理學精義》(2005) 一書（57 萬字，被法學界認為是「推動中國法理學從鬥爭與統治法理學到正義與自由法理學的歷史性轉型的標誌性之作」）。年屆 81 歲時又出版《社會權力與公民社會》(2009)，87 歲時出版《政黨與憲制》(2015)、《人權論要》(2015，該書被法學界評為當年全國十大法治圖書之一)。91 歲時出版《中國：法治國家與法治社會》(2019)。總計出版 11 本專著，共 400 多萬字。此外他還主編《當代中國立法》(1998，國家「八五」重點課題，四卷，為總主編和第一卷著者)、《中國當代法學爭鳴實錄》(1998) 等共十多本，以及由湖南大學法學院主編的《時代的良知 ──郭道暉教授法學思想研討文集》(2008)。

郭道暉還積極參加和參與組織了一些國際法學學術活動。他曾率團參加在德國、意大利、日本、韓國等國舉行的世界法哲學大會或東亞法哲學大會，並協助推促和組織法哲學國際學術會議在我國北京、南京和香港、台灣等地舉行，並應邀在日本幾個大城市的著名學府作學術演講。其二十多篇論文被國內外學者翻譯為英、德、日文在國外著名學術刊物發表。其事迹與貢獻先後載入《中國人物年鑑》(1990)、《中國法學家辭典》(1991)、《中國當代著名編輯記者傳集》(1994)、《國際名人傳記辭典》(英國劍橋國際傳記中心，1995)、《世界名人錄》(1997)、《中國當代社科精華》(2001)，《當代中國法學名家》(2006) 等書，以及《法制日報》、《文史博覽》等報刊和互聯網。

郭道暉教授被法學界公認為當代中國法學界站在時代前沿的一面思想旗幟。其為人、為學具有高尚風格與節操，表現了高度的學者良知和責任。他以人民權利的積極倡導者之姿態而著稱於當今思想界。現在他已 90 歲高齡，仍筆耕不輟，被譽為「白髮青年、皓首赤子」。

　　他的學術成就與事迹載入《中國人物年鑒》（1990），《中國法學家辭典》（1991），《中國當代著名編輯記者傳集》（1994），《國際名人傳記辭典》（英國劍橋國際傳記中心，1995），《世界名人錄》（1997），《當代中國法學名家》（2005）等書。2005 年郭道暉獲法學界評選為首批「當代中國法學名家」之一。2013 年「李步雲法學獎」首次頒獎中，他被評為國內唯一獲獎人。2014 年，他與江平、李步雲同獲「中國法治終身成就獎」。

第一部分

法理思維

第一章

法學思維方法的
主導性與多元性

· 本章是作者在「全國法學方法論論壇」第一次會議上的論文，2006 年 6 月 10 日，北京。後發表於《東方法學》，2007 年第 1 期。

最近讀到一篇討論儒家學問的文章，把儒學分為三類：思想儒學，學術儒學，還有大眾儒學。思想儒學是在原有儒家學術思想基礎上致力於推陳出新，提出革新的思想和政治主張；學術儒學是對原汁原味的儒學進行梳理、考證、詮釋；大眾儒學則是搞普及。

我想，法學也可以這樣分類，不過還應當加上一個應用法學或實務法學（如司法、律師等職業法學）。此外，四種法學都要以多元的法學思維方法來指引，總體上可稱為思維法學。

思維方法是建構一門學科、一種理論體系的核心。法學中的不同學派，也往往是基於不同視角、不同思維方法而形成的。恩格斯在《德法年鑒》中指出：「方法就是新的觀點體系的靈魂。」[1]這個體系即指馬克思主義的理論體系。19世紀俄國馬克思主義者普列漢諾夫（Georgi Plekhanov）也指出：「一般說來，馬克思、恩格斯在唯物主義方面最偉大的功績之一，就是他們制定了正確的方法。」他還說：「現在馬克思主義知識產生了許多無知識的人。自然這一點應該受責備的不是馬克思，而是那些假借馬克思的名字胡說八道的人。但是要避免這類胡說，就必須了解歷史唯物主義的方法論的意義。」[2]

基於此，我想就我秉持的法學的主導思維方法和我贊同的多元思維方法，略述管見，不論及具體的技術性的方法。

---

1. 〔俄〕普列漢諾夫，張仲實譯：《馬克思主義的基本問題》，（北京：人民出版社，1957），頁 21-22。

2. 〔俄〕普列漢諾夫，張仲實譯：《馬克思主義的基本問題》，（北京：人民出版社，1957），頁 21-22。

一、從審視一個命題談法學的主導思維方法
——法學唯物史觀

在法理學研究會 2005 年年會上，某位學者提出一個命題，說今後應當「轉變階級鬥爭觀念為社會和諧觀念」。他是呼應中央關於建立和諧社會的決定和年會關於「法治建設與和諧社會」的主題而立論的，而且大概也是對過去「以階級鬥爭為綱」所造成的災難痛心疾首而發，用意無可指責。對此，當時我還是禁不住發言，認為這個提法需要商榷。因為它忽視了現今中國已不同於「文革」及以前的情勢，階級或階層結構已有重大變化：「以階級鬥爭為綱」時期，國內敵對的階級作為階級早已消滅了，社會主要矛盾不是對立階級之間的矛盾，而是黨的領袖提出的極左路線，主觀地在人民內部和黨內搜索、製造階級鬥爭對象。那時如果提出「轉變階級鬥爭觀念為社會和諧觀念」，則是正確的（當然也會因此被打成「右派」「反革命修正主義」）。而現在，特別是近年來，隨着經濟的非平衡發展和政治改革的滯後出現了兩極分化，1% 的人佔有民間社會財富的 60%，擁有數以千百億元計的暴發户和權貴資產者事實上已形成一個群體或集團、階層乃至階級，他們壟斷經濟，殘酷剝削、掠奪和壓迫被邊緣化的工農大眾。他們是社會不和諧的主要因素之一，導致社會矛盾日益尖銳，群體性抗爭事件頻繁發生。在農民因失去土地而上訪，受盡基層官僚的壓迫而抗爭的時候，在農民工為索要長期不發的工資而請願的時候，如果官僚主義者還藉口誰「鬧事」就是破壞「和諧」，藉口「穩定壓倒一切」，以壓制老百姓的訴求，他是站在哪一邊？如果我們作為法學家，在面對這些社會矛盾與鬥爭時，卻去大講要「轉變階級鬥爭觀念為社會和諧觀念」，將起什麼作用？

在不存在敵對階級和階級鬥爭時，搞「以階級鬥爭為綱」，是錯誤的 危害極大的，在確實存在社會矛盾與社會鬥爭的時候，否定事實上存在的社會矛盾與鬥爭乃至階級鬥爭（或「帶有階級性的鬥爭」），也是有害的。

由此可以引出一個重要的思維方法問題，即任何命題都要放到一定歷史條件範圍去審視，真理是相對於一定的時空條件的。

類似的問題在其他法學命題中也多少存在。如改革開放以來，我們已糾正了過去絕對否定人性，把階級性當做法的唯一屬性的謬誤；可

是，在否定了階級性以後，一個時期以來，一些法學論文卻把人性作為解釋和處理法和法治的唯一基準。一些法律實務部門如監獄則將「以人為本」低級化為照顧囚犯的親情乃至性生活等「人性」需要，而對更大地違反人性的酷刑和侵犯人權的冤案無動於衷。

對人權，有些學者只強調其超階級的人的自然性需要的一面，而忽視人的社會需要性，以及人性本身也是隨社會的發展而有所變化的，從而也忽視保障政治人權的重要性。在闡述法的正義性與公平性、「應有」權利時，追求基於人性的永恆正義的「應有」，而沒有把它放到一定的歷史條件下，從當時的生產力發展狀況和其他社會條件去審視其歷史的必然性與合理性。如認為人大代表選舉名額，城市與農村按人口比例的不平等（1:4）；[3] 對外地人「准入」城市（如北京）的限制不公平；高考招生要按各省人口平均分配名額；……等等。如果都要求絕對的公平，則人大會成為「農大」，北京會人口爆炸，特殊考生群體（如少數民族、邊遠地區）就得不到照顧。[4]

當然，藉口國情、條件的差異而排斥對人性、基本人權的尊重和保障，是錯誤的；不考慮歷史、經濟文化以及人口、地理等條件，而籠統要求一切人都有事實上的平等和公平，也是不可能、不合理的。

再如有些學者批評物權法草案的一個重要理由是，它沒有強調國有制為主體，反而對私有經濟也平等保護。這種觀點一方面是用不同經濟成分的所有制在政治經濟地位上的差別，去反對不同所有權主體在法律上的平等；另一方面，也多少隱含着從道德評價上認為「私有」是為私的、消極的，「國有」則是為公的，而無視合法的私有經濟在現階段對發展國民經濟的巨大作用，有其存在和發展的合理性、進步性。何況馬克思所講的公有制並非指國有制，而是指社會所有制，即「聯合起來的社會個人的所有制」，「非孤立的單個人的所有制」。[5] 這種所有制是

---

3. 2013 年起已改為農村與城市人大代表按人口比例為 1：1。

4. 如電影《冰山上的來客》中所描述的塔什庫爾幹才 1,000 人口，如按人口分配名額，則他們一個名額也分配不到，反而造成不公平。

5. 〔德〕馬克思：《經濟學手稿（1861–1863 年）》第 1 篇第 5 章；〔德〕馬克思、恩格斯，中國共產黨・中央馬克思恩格斯列寧斯大林著作編譯局：《馬克思恩格斯全集》（第48 卷）（北京：人民出版社，1956），頁 22。

要求為人人所有，即能具體落實到每一個人所有，而不是抽象的所謂「全民公有」或國家壟斷（後者往往很容易蛻化為「官有」或權貴資產者所有）。

從超歷史的人性或倫理道德要求出發的「正義」觀「公平」觀，也許同某些西方學者考慮問題的思維方法的影響有關。如羅爾斯（John Rawls）在其《正義論》一書中，雖然承認不處死戰俘而將他們變為奴隸，從而「排除了更壞的不正義」；但又認為「交換俘虜是一種更理想的安排」，因而認為不能用「歷史的限制來證明世襲的奴隸制或農奴制是正當的」。[6] 這還是對待「應有權利」的超歷史的史觀。且不說當時之所以要殺掉俘虜，主要是因為生產力極低，沒有剩餘生產品來養活俘虜；而從社會發展來評價，如恩格斯所指出的，正是奴隸社會「才使農業和工業之間更大規模的分工成為可能，從而為古代文化的繁榮，即為希臘文化創造了條件」，「沒有古代的奴隸制，就沒有希臘的文明，也沒有現代社會主義」。人們對奴隸的悲慘處境可以生出「高尚的義憤」，但「在科學上絲毫不能把我們向前推進」。「馬克思了解古代奴隸主、中世紀封建主等的歷史必然性，因而了解他們的歷史正當性，承認他們在一定限度的歷史時期是人類發展的杠桿。」[7]

如果按羅爾斯的「理想」來安排「交換俘虜」，雖則更「人性」，但歷史上就不可能產生奴隸制及因而導致的人類文明的大進步。羅爾斯的「理想」只是使歷史倒退或永遠停留在原始社會的空想。如果在奴隸制上升時期要求奴隸同奴隸主的權利平等，那麼就會阻礙、破壞社會生產力的發展，而且如恩格斯所說，在奴隸社會時代的人們看來，這種要求會被認為「一定是發了瘋」。應當承認奴隸制上升時期對奴隸的剝削，也可以說是奴隸主的「應有權利」。即使對奴隸階級來說，不再被作為俘虜總體地被殺掉，也是一種進步。

拿人權中最基本的生存權或生命權來說，其作為「應有權利」，在原始社會也只限於民族內部的一般成員。對俘虜和喪失勞力的老人來

---

6. 〔美〕羅爾斯，何懷宏等譯：《正義論》（北京：中國社會科學出版社，1988），頁 238–239。

7. 〔德〕馬克思、恩格斯，中國共產黨‧中央馬克思恩格斯列寧斯大林著作編譯局：《馬克思恩格斯選集》（第3卷）（北京：人民出版社，1972），頁 139–221。

說，就是不應有的權利。將他們殺掉或吃掉，倒是維持氏族內部絕大多數人的生存權的必要，因而是合乎當時的正義的。[8]

對於專制政治與民主政治，也要放到一定條件下去衡量其歷史是非得失。專制政治並非任何時代都是絕對的壞。秦始皇的專制統治，焚書坑儒，暴戾鎮壓人民，應予徹底否定；不過在他那個歷史時期，消滅了諸侯割據的封建制度，統一了中國，客觀上有利於生產力的發展，因而就具有歷史的必要性和正當性。李世民貞觀之治的開明專制，也是適應那時的生產關係和中國封建社會的其他人文因素，他不可能搞現代的民主。即使是皇位的家族世襲制，在一定歷史時期和一定程度上對抑制統治階級內部的爭權奪利所導致的內亂，也起一定作用。

正如恩格斯指出的，17 至 18 世紀的西歐，資產階級擁護皇權，是因為當時處於封建領主的分裂混亂狀態，「皇權在混亂中代表秩序，代表着正在形成的民族，而與分裂成叛亂的各種附庸國的狀態對抗」。因此，「在這種普遍的混亂狀態中，皇權是進步的因素」。[9]

這裏可以舉出由於思維方法轉換導致認識和評價法律文化轉變的一個例證：鄧正來教授在其新著《中國法學向何處去》中發現梁治平教授現今對中國歷史上法律文化的「同情的理解」，同他以前「對中國法律文化的徹底批判」有矛盾。我認為，梁教授這種由「批判」到「同情」的「矛盾」，恐怕不限於他自己所說的對法律文化的「文化闡釋」而產生的文化認同感來解釋，而更可能是基於思維視角的轉換：即過去對中國法律文化的批判否定，可能是「以現在審視過去」，或為了清除舊的法制觀對當前法制改革的消極影響，而以現代的民主法治觀去衡量古代法制的是非，因而要加以「徹底批判」；而後來則是自己走進古代法律文化的歷史情境，注重其產生的歷史背景和當時的得失，而客觀地衡量

---

8. 據《達爾文日記》中記載，最使達爾文感到恐懼的是當年澳洲野蠻人的生活習慣，即「殺嬰制」和「驅嫗制」。前者是指在饑餓時便殺嬰兒吃，後者是當老婦人喪失勞動力時，族人就將她趕走。達爾文在第一次到澳洲時，將當地一個 10 歲男孩帶回英國去「文明化」，若干年後送歸原地，大有「撒下文明種子」之意。過了幾年他再去該地考察時，想看看他怎樣了，不料被告知說：「我們已經把他吃了，原因是他沒有像樣的體力，很多事都不會做。」（轉引自《今晚報》，2000 年 3 月 20 日）

9. 〔德〕馬克思、恩格斯，中國共產黨·中央馬克思恩格斯列寧斯大林著作編譯局：《馬克思恩格斯全集》（第 21 卷）（北京：人民出版社，1958），頁 453。

其歷史必然性和合理性、正當性，即多少是以歷史唯物主義的態度和思維方法，來體認古代法律文化的是非得失，從而認同在一定的歷史條件下（包括經濟、文化以及地理條件等）所形成的君主專制的政治與法律制度，是適合當時、當地的社會進步要求的，這樣就不能不對之產生「同情的理解」。專制政治並不是超時空的絕對的「壞」。如恩格斯所說，歷史上形成的階級統治，並不能只用人的「惡意」來解釋，而「只是因為在人類發展以前的一切階段上，生產還是如此不發達，以致歷史的發展只能在這種對抗中進行」。[10]

對人權與主權關係的評價，也不能脫離其歷史狀況作誰高誰低的判斷。人權本身沒有階級性，但不能忘了主權的階級性。當主權是掌握在君主或獨裁的統治者手裏時，說主權高於人權，就會為他們以主權鎮壓人權客觀上提供理論支持。

總之法學、法治上的這些關係、命題，都需要用唯物史觀的方法去辨析，才能有合乎歷史真理的判斷。

我認為馬克思恩格斯所創立的唯物史觀思維方法是觀察、衡量、評價社會現象包括法學和法律現象的科學方法，在總體上比之其他形形色色的法學思維方法更有高屋建瓴和整合性、基礎性。在我是以之作為主導的法學思維方法的。雖然它不能取代其他多元化的具體方法，也不應像過去那樣，把它變成唯一的精神教條或排斥一切異己的「國教」。至少單從法哲學視角來看，馬克思作為法學中的一派的地位，特別是他的歷史唯物論思維方法，總還是不應抹殺的。須知 2000 年英國廣播公司的網上投票結果，馬克思是被評選為全世界第二個千年「第一偉大思想家」的。可惜現在由於馬克思的理論和方法，已經被某些號稱他的追隨者誤釋、曲解和在實踐中糟蹋得不成樣子，人們包括法學界的許多學者尸不大相信它，而淡出了法學領域。這是十分可歎的。

---

10. 恩格斯：《卡爾・馬克思》，〔德〕馬克思、恩格斯，中國共產黨・中央馬克思恩格斯列寧斯大林著作編譯局：《馬克思恩格斯全集》（第 19 卷）（北京：人民出版社，1958），頁 121–123。

二、從對一個學派的思維方法的解讀，看多元 思維方法產生多種學派

以歷史唯物主義的思維方法作為主導的法學思維方法，並不意味着它是唯一的方法。這種思維方法是開放的體系，並不排斥而是吸納了這之前的古今中外其他派別的正確思維方法，今後也應是如此。所以我主張在運用馬克思的方法時，要重視和運用其他各派的思維方法。

思維方法問題，不只是一個技術、方略問題，而是關涉世界觀和認識事物的獨特視角和立腳點，可以導引出對同一客體的不同認知。社會科學領域對相同範疇的社會現象的解釋，「主義」叢生，學派林立，很大程度上是基於方法論上的差別。可以說，不同思維方法和不同視角，可以形成不同學派。

這是基於唯物辯證法的認識論：在客觀方面，正如馬克思說的，任何事物都是「一個具有許多規定和關係的豐富的總體」，「是許多規定的綜合，因而是多樣性的統一」。[11] 在主觀方面，人們的視角不同，方法不同，也會得出不同結論。

基於這主客觀兩方面的原因，可以說真理不只一個，而是一個多層次的多面體。對同一法律現象或法學概念，基於認識方法不同或視角不同，可能有多樣性的解釋。如英國法學家莫里森（Wayne Morrison）所說，答案的多樣性「不足以證明某些學者是對的，而另一些學者是錯的」。[12] 這就是所謂見仁見智。它表明，雖然「真理只有一個」，但這一個卻是一個多面體。有人見到這一面，有人着重研究另一面，雖則片面，綜合起來也就全面了。對同一種疾病，中醫採「望聞問切」的整體性的「辨證論治」，可以「頭痛醫腳」；西醫用實驗檢測，對症開方，多採「頭痛醫頭」的實證分析。兩種思維方式與方法，各有千秋，都能治病。

---

11. 〔德〕馬克思、恩格斯，中國共產黨・中央馬克思恩格斯列寧斯大林著作編譯局：《馬克思恩格斯選集》（第 2 卷）（北京：人民出版社，1972），頁 102-103。

12. 〔英〕韋恩・莫里森，李桂林等譯：《法理學 —— 從古代希臘到後現代》（武昌：武漢大學出版社，2003），頁 5。

當然，這只是就學問的總體而言。具體到某一個具體事物，還要具體分析。不能陷入公說公有理、婆說婆有理的無是非和不可知論。思維方法本身也有是非之分。如「瞎子摸象」，以部分代全體，就會得出錯誤結論。

　　在西方法學思想史上出現的自然法學、理性法學、歷史法學、功利主義法學、分析實證主義法學、社會學法學、經濟分析法學、權利法學、批判法學、行為法學、制度法學等，無不是以其思維方法和視角的差異，而獨樹一幟，都有其一面的真理性。

　　這裏我要舉出同濟大學法學院教授梁曉儉博士不久前出版的《凱爾森法律效力論研究 —— 基於法學方法論的視角》一書立論的特色：從凱爾森（Hans Kelsen）的邏輯實證主義的「純粹」思維方法上，去解析這一學派。

　　正如著者精到地指出的：「人文社會科學的論題幾乎是自古既定的，所謂的不同，大多在於研究方法或語言範式的轉換。」[13] 她認為凱氏是把他所構想的既有的（「是什麼」）法律規範體系，當做一個同政治、道德、社會實情等因素相隔離起來的體系來研究，而把這些因素同法律規範的關係「應當」如何，推給立法或「基本規範」去考慮。因而他的法律規範體系就成為一個自給自足的、封閉的、「純粹」的對象，在此前提下論證他建構的這個體系的內在嚴密的邏輯關係。這種「孤立」地研究問題的思維方法，固然是他的論敵批判的靶子；但也正是他研究方法的一個優勢和獨立成為一個學派的基礎。就像自然科學家先借助實驗室與世隔絕的、排除了各種偶然因素的干擾的理想狀態，去觀察、試驗，得出「純粹」的科學規律性認識那樣。這種截取事物因果鏈中某一環節，「孤立」地研究的方法，也是社會科學所可以效仿的科學方法，或研究過程應當採取的階段性的方法。馬克思說：「每一事物要成為某種事物，就應該把自己從其他事物、非做為孤立的東西 …… 因為沒有這些無數的片面性，世界就不會是多面的。」[14] 這種「孤立」或

---

13. 梁曉儉：《凱爾森法律效力論研究 —— 基於法學方法論的視角》（濟南：山東人民出版社，2005），頁 135。

14. 〔德〕馬克思、恩格斯，中國共產黨・中央馬克思恩格斯列寧斯大林著作編譯局：《馬克思恩格斯全集》（第 1 卷）（北京：人民出版社，1972），頁 145。

「純粹」的研究方法，正如梁曉儉教授指出的，有助於「把法律的話語最大程度地精確化，把法學建構成一門獨立的有着自己獨到的方法論基礎的科學」，其「理論的『純粹』在於方法的『純粹』」。[15]

長期以來，我們在對一個學派、一種學術思想、觀點的評價時，往往採取兩種形而上學的習慣思維：

一是非此即彼，以「唯心唯物」或「姓社姓資」，甚至「敵我」來劃界線，以之判斷是非，臧否人物。其實，社會現象是極其複雜的，存在許多非此非彼或亦此亦彼的中間或過渡狀態。（恩格斯回憶他少年時代曾因自傲地嘲笑過「哺乳動物也會下蛋？！」而後來不得不對真會下蛋的鴨嘴獸「道歉」！）對社會現象的認識也是千差萬別的。除了荒誕的迷信外，各種學說（指學術上成一家之言而非胡說的）總多少有其真理的顆粒。我們不應輕易指斥某一學派是所謂「唯心的」而不屑一顧或猛批一通，因其片面性而否定其某一方面的真理性。

另一種習慣思維是重內容而輕形式。我國法學界過去一貫看重對思想內容上的理念、價值或所謂「本質」的追究（如「法的本質是階級性」之類），這當然也是很重要的，但忽視或輕視對法律的形式要素的研究，也是不全面、不真實的。按黑格爾（Georg Wilhelm Friedrich Hegel）的理論，本質也是「本質內容」和「本質形式」的統一，這種本質形式即事物的內部結構形式，是「與內容不可分割的形式」，「形式是本質的，本質是具有形式的」。[16]它們也是區分事物的特徵的本質要素。對形式問題，恩格斯晚年在批評有些自稱是馬克思主義者的青年機械地簡單化地把經濟視為「唯一決定性的因素」，把它套用來解釋一切社會現象，而忽視上層建築其他形式的交互作用時，說這也部分地由於馬克思和他「在反駁我們的論敵時，常常不得不強調被他們否認的主要原則」，故爾「起初總是因為內容而忽略形式」。[17]

15. 〔德〕馬克思、恩格斯，中國共產黨・中央馬克思恩格斯列寧斯大林著作編譯局：《馬克思恩格斯全集》（第 1 卷）（北京：人民出版社，1956），頁 107。

16. 轉引自列寧《哲學筆記》，〔俄〕列寧，中國共產黨・中央馬克思恩格斯列寧斯大林著作編譯局：《列寧全集》（第 38 卷）（北京：人民出版社，1959），頁 151。

17. 〔德〕馬克思、恩格斯，中國共產黨・中央馬克思恩格斯列寧斯大林著作編譯局：《馬克想恩格斯選集》（第 4 卷）（北京：人民出版社，1972），頁 479、502。

梁曉儉教授在其專著中指出：「不管是自然科學還是社會科學的幾乎每一次進步，無不是借力於方法論的創新。法律的困境和法學研究中的危機也勢必有着對新的方法論的期待。」[18] 這有助於後之來者去發現這些學派還遺留下的理論空間，繼續未竟的事業。

　　我推薦梁曉儉教授對凱爾森的純粹法學的方法論的解讀，意在以這個事例來說明思維方法的多元化及不同思維方法對認識和創立不同法學派別的重要作用。

　　所以我的結論是：研究和發展法學，既在總體上以歷史唯物論的思維方法為主導，又要以多元化的法學思維方法為具體思考、操作的補充。

---

18. 梁曉儉：《凱爾森法律效力論研究 —— 基於法學方法論的視角》（山東：山東人民出版社，2005），頁 166。

第二章

法的本質的哲學思考

* 本章為 1985 年中國法學會法理學研究會第一次年會論文，是當時法理學界為突破階級
鬥爭的教條主義法學觀正熱烈爭論的問題。本章從辨證的系統論高度作了一些創新闡
釋。原載於《政法與法律》，1985 年第 5 期。後經補充載於于浩成、崔敏編：《法的階
級性與社會性問題討論集》（北京：群眾出版社，1987）。又，本章所講的「法」是專
指人定法，即法律，而且主要是指作為整體意義上的法律，同單個法律相區別的「法」；
而不是作者後來論到法與法律的區別時，所指的與人定法相區別的作為客觀法權關係的
「法」（見本人另一篇文章〈法與法律的區別〉。）

一、法的整體與部分

是否所有的法無例外地都有階級性？是否也有無階級性的或全社會性（全民性）的法？對這兩個問題，都不能用直線性的分析方法作「非此即彼」的絕對化的回答。必須分別它是作為法的整體還是作為法的相對獨立的部分，進行具體分析。亦即區分 "The Law" 與 "A Law" 在質上的聯繫與區別。

按系統論的觀點，孤立的部分與作為整體的結構的一部分，在性質與功能上是有很大不同的。整體不等於各部分之和，如同協作不等於單個勞動力的簡單相加，磚頭的性能不同於由它們構築起來的住房一樣。部分如果是作為整體的有機構成部分的話，討論部分的性質就不能脫離整體的性質。反之也不能把與整體相對獨立的部分的性質，等同於整體的性質。

主張所有的法都有階級性的學者，通常都是就法的整體來說的。這是有道理的；但對整體性質的分析，雖離不開與各個具體法律的關聯，卻不能代替對單個法的具體分析，不能因整體的性質而排除、否定某些單個法律獨具的特性。

某個特定法律、某個法律中的某些法律規範，單獨抽出來看，同法的整體，同整個法律體系，不只是量的不等，在質上有時也有區別。法在整體上有階級性，不排斥它的某個部分作為獨立的部分時的非階級性。這正如工廠裏生產出來的單個的導彈，只具有自然屬性與自然科學功能，不同於已作為威懾體系的組成部分的導彈。後者已用於瞄準敵人，構成對敵鬥爭的戰備工具的組成部分，有了社會功能，有了軍事的、政治的目的，有了階級性。

試單就某一個具體的法律來分析，如環境保護法、海上交通安全法，它們所調整的對象主要是因人與自然的關係所引起的社會關係。其

中絕大部分規範反映了保護環境或保障交通安全的一些客觀自然與社會規律，具有全社會性乃至國際性。譬如我國海洋環境保護法主要是防止海岸工程、海洋石油勘探開發、陸源污染物、船舶、傾倒廢棄物等對海洋環境的污染損害，其中規定「港口和油碼頭應當設置殘油、廢油、含油污水和廢棄物的接收和處理設施，配備必要的防污器材和監視、報警裝置」（第 8 條），「殘油、廢油應當予以回收，不准排放入海」（第 12 條），「含強放射性物質的廢水，禁止向海域排放」（第 19 條）等等，都是一些技術性的法律規範。不能說這些規範只是反映統治階級的利益而不顧及全社會的共同利益或公共利益，只適用於一部分人與企業、船隻，不適用於其他公民與企業、船隻；也不能說這類規範只能為社會主義國家所用，而不能為資本主義國家所用。又如我國消防條例中，有關火災預防、火災撲救的一些規定，也大都如此。其中「消防組織」一章中規定，消防隊的佈點，應以接到報警後消防車能在五分鐘內到達責任區邊沿為標準。外國有的規定是三分鐘。這是因各國國情而有不同。不能說「五分鐘」是社會主義規範，「三分鐘」是資本主義規範。再如我國消防條例第 1 條規定加強消防工作是為了「保護公民生命財產的安全」。在立法過程中有人曾建議把它改為保護「人民」，以為這樣可以顯示社會主義國家的消防條例的「階級性」。這個建議當然沒有被採納。因為我們要防止和撲救的是一切火災而不只是社會中某一部分人（階級）中發生的火災。在我國海洋環境保護法和水污染防治法中，對這一點規定更徹底，都提為「保障人體健康」。海上交通安全法更提為「保障人命財產的安全」。因為任何污染與交通事故，不只影響中國公民，而且影響有關的外國人。再如我國商標法第 1 條規定，本法是保護生產者的商標專用權和保障消費者的利益。這裏「生產者」與「消費者」都是中性詞，對全民乃至與我有關的外國企業與個人都一視同仁。師之，單就這些法律和其中大部分具體法律規範而言，說它只有階級性而無全社會性或全民性，是說不通的，在實質上也是有害的。如果在每項立法中，在制定每一個法律規範時，都強調它的階級傾向性，一味只講有利於某個階級的權益而不顧及其他，只適用於一部分人（階級）而不適用於全體公民，那就會把本來是關係全體公民的權利義務，縮小為只是人民或工人階級的範圍，鬧出類似只為「人民」消防，而不替「階級敵人」救火的笑話。這會導致社會安全與秩序的混亂，最終是損害了人民的利益。給每個法律或法律規範都貼上階級性的標籤，也會

妨礙我們去吸取或借鑒古今中外法律中一切於我們有用的東西，或者拒絕了解國際慣例與採用某些國際通用的規範，獨行其是，只會使我們在國際交往中、在一些涉外的立法中帶有盲目性。

法作為整體是屬於上層建築現象。但分割開來看，雖然大部分法律歸根到底是反映經濟基礎、反映生產關係的；但也確有一部分與生產關係的關係較疏遠，而與生產力的發展狀況和其他上層建築有直接關聯。我們強調法的內容是由生產關係、所有制關係決定的，但也不能因而忽視生產力的性質與水平對法的內容的影響。譬如社會化現代化的大生產（以及最新科技成就）給人與自然和社會的關係帶來了許多新的問題，需待法律來調整。例如環境的污染、生態平衡的破壞、現代化交通工具對交通秩序的影響，以及第三產業的發展，都要求制定一系列法律加以規範。而過去有些人把環境污染只當成是資本主義生產無政府主義的禍害。把第三產業合乎社會化生產規律的要求而引起的大發展，也說成是「資本主義畸形發展」和「資本主義腐朽性的表現」。殊不知社會主義國家的工業化達到一定程度，同樣出現了這類問題。為調整這類因社會化大生產引起的新矛盾新關係，為對社會化大生產進行科學管理而制定的某些法律，大多是中性的。

當然這類法律中有的也不能不受到私有制的某些制約。在社會主義立法中，由於社會主義公有制的制約，也使這類法律具有社會主義特徵，因而這類法律或多或少、或隱或現地帶有階級傾向性。但「帶有」不是「只有」，這需要對一個個法律作具體分析，不能因此否定其主要內容的非階級性。主張有非階級性的全社會性的法的學者，在把某些法律文件相對獨立的部分，進行具體分析時，正確地看到了並且正視了上面提到的某些非階級性的法律現象。但如果偏執於對單個法律進行孤立的分析，而忘記了這樣一個基本事實：這些單個法律脫離了法的整體，脫離了制定它與實施它時所依賴的國家權力背景，就不可能存在，就只是寫着一些法律條文的紙，因而看不到它們作為整個法的體系的組成部分而連帶具有的階級性，那也有失於辯證的思考。

正如馬克思在分析城市的特性時指出的：「城市之為城市的存在，與單純眾多獨立的住家不同。在這裏，全部不是它的部分的總和。這是

一種獨立的有機體。」[1] 由於這些單個法律是結合於整個法的系統中，其性質就有了變化。它們都屬依據統治階級意志而建立起來的法的系統結構的一些要素。這些要素都是維護與鞏固統治階級的統治秩序必不可少的構件。任何生態的破壞，環境的污染，交通事故或火災的發生，不衛生食品或有害藥品的危害，都將影響社會正常的生產與生活秩序，從而勢必影響統治階級的統治秩序。對全社會都不利的事，必然也對統治階級不利。因而制定這些法律與法律規範，不可能不照顧到全社會的利益；但它的出發點與歸宿則是符合統治階級利益的，在實施過程中，也是依賴統治階級的統治權力的。因此在與整體的聯結上，都是階級統治機器的不可缺少的部分，是帶有階級性的。這也就是恩格斯講的：「政治統治到處都是以執行某種社會職能為基礎，而且政治統治只有在它執行了它的這種社會職能時才能繼續下去。」[2]

總之作為一個整體，事物的性質往往是由它內部的矛盾的主要方面來決定的。兩種相異甚至相對獨立的事物存在於一個統一體中，並不否定其各自的特性。如實行「一國兩制」，並不影響我國在整體上仍是社會主義國家，也不否定香港仍是資本主義性質。法在整體上有階級性，並不排斥存在着非階級性的法律。

我認為在探討法的階級性時，應當防止兩種片面性：為了反對把法理解為單純的階級鬥爭工具，而完全否定所有的法在整體上具有的階級性；為了堅持法的階級性，而否定那些非階級性的和以非階級性內容為主的法律的存在，或不重視對它們的特性的研究，而這種研究對社會主義立法實踐和社會主義法的特徵及其發展的前景的探索，是有特別重要意義的。

---

1. 〔德〕馬克思，中國人民解放軍第十航空學校政治部譯：〈政治經濟學批判大綱（草案）〉，轉引自復旦大學法律系國家與法的理論歷史教研組：《馬克思、恩格斯論國家與法》（北京：法律出版社，1958），頁164。

2. 〔德〕馬克思、恩格斯，中國共產黨·中央馬克思恩格斯列寧斯大林著作編譯局：《馬克思恩格斯選集》（第3卷）（北京：人民出版社，1972），頁219。

二、法的本質與現象

「法是統治階級（或人民）意志與利益的體現」，這是從總體上對法的本質的科學概括。但能否因此就完全排除被統治階級對法律的影響呢？有些學者認為，所有法律只能體現統治階級的意志與利益，而絕不會反映被統治階級的意志與利益。這種看法，未免忽視了法律現象的多樣性和複雜性。

列寧説過：「任何規律都是狹隘的、不完全的、近似的。」[3]「現象比規律豐富。」[4] 法的本質與現象的關係也是如此。法的本質如同國家的本質一樣，「可以由無數不同的經驗的事實、自然條件、種族關係，各種從外部發生作用的歷史影響等等，而在現象上顯示無窮無盡的變異和程度差別，這種變異和程度差別只有通過對這些經驗所提供的事實進行分析才可以理解」。[5] 在研究某個具體法律現象時，如果忽視這些「變異」與「程度差別」的事實，單用「抓住了階級本質」來替代對極其多樣的法律現象的具體分析，那也不能完整地把握事物的全貌。我們不能把只能近似地、不完全地説明法律現象的一本質，去套在豐富多樣的法律現象上，無視它們所具有的其他特徵以及離開一般本質的變異。

經驗所提供的事實告訴我們，在資產階級統治的國家裏，如果資產階級同無產階級沒有任何共同利益，就不可能共處於一個統一的社會中，只會是無休止的分裂與內戰。在特定歷史時期或特定的領域，統治階級與被統治階級是可以有某些共同利害關係的。如在反對共同的敵人的鬥爭裏，或者在被統治階級的利益與統治階級發生重大衝突引起激烈反抗、鬥爭時，資產階級有時也「甘願以不斷向工人讓步為代價來換取

---

3. 〔俄〕列寧，中國共產黨・中央馬克思恩格斯列寧斯大林著作編譯局：《列寧全集》（第 38 卷）（北京：人民出版社，1959），頁 133。

4. 〔俄〕列寧，中國共產黨・中央馬克思恩格斯列寧斯大林著作編譯局：《列寧全集》（第 38 卷）（北京：人民出版社，1959），頁 134。

5. 〔德〕馬克思、恩格斯，中國共產黨・中央馬克思恩格斯列寧斯大林著作編譯局：《馬克思恩格斯全集》（第 25 卷）（北京：人民出版社，1974），頁 892。

比較長期的休戰」。[6] 從而有時在法律中也不得不對無產階級的利益作出某些妥協。如《共產黨宣言》中所指出的，由於工人階級的鬥爭，「迫使他們用法律形式承認工人的個別利益。英國的十小時工作日法就是一個例子」。[7] 列寧也講過：「既然工人聯合起來能夠強迫資本家止步，能夠反擊他們，那麼工人聯合同樣也能夠影響國家法令。」[8] 也就是說，被統治階級的意志對國家的個別法律不是沒有影響的，否則，工人就沒有必要為自己利益爭取八小時工作制，沒有必要進行合法鬥爭。恩格斯也講過：「也例外地有這樣的時期，那時互相鬥爭的各階級達到了這樣勢均力敵的地步，以致國家權力作為表面上的調停點而暫時得到了對於兩個階級的某種獨立性。」[9] 這時國家作為「調停人」，通過法律來調整各階級間的利益衝突。

這裏我們有必要區分「資產階級的法」和「資本主義國家中的法律」這兩個不能等同的概念。前者是直接體現它的階級本質的；後者則屬法律現象，即資本主義國家立法機關所通過的各種法律文件。雖然它們在總體上是資產階級性質的，但如前所述，由於各種因素的影響，具體到某個法律或個別法律條文，則可能還是人民鬥爭的產物，而具有某些人民性、民主性的因素。

當然在特定時期特定場合，居統治地位的剝削階級遷就被統治階級的個別利益，目的在使階級衝突得到緩和，把衝突保持在統治階級的秩序範圍以內，仍是以統治階級的根本的、長遠的利益為歸宿。正如馬克思說的：「資產階級懂得，即使個別的法律條文對他們不方便，但是整個立法畢竟是用來保護他們的利益的。」[10]

---

6. 〔德〕馬克思、恩格斯，中國共產黨·中央馬克思恩格斯列寧斯大林著作編譯局：《馬克思恩格斯全集》（第 10 卷）（北京：人民出版社，1963），頁 283。

7. 〔德〕馬克思、恩格斯，中國共產黨·中央馬克思恩格斯列寧斯大林著作編譯局：《馬克思恩格斯選集》（第 1 卷）（北京：人民出版社，1992），頁 260。

8. 〔俄〕列寧，中國共產黨·中央馬克思恩格斯列寧斯大林著作編譯局：《列寧全集》（第 2 卷）（北京：人民出版社，1959），頁 83。

9. 〔德〕馬克思、恩格斯，中國共產黨·中央馬克思恩格斯列寧斯大林著作編譯局：《馬克思恩格斯選集》（第 4 卷）（北京：人民出版社，1972），頁 168。

10. 〔德〕馬克思、恩格斯，中國共產黨·中央馬克思恩格斯列寧斯大林著作編譯局：《馬克思恩格斯全集》（第 2 卷）（北京：人民出版社，1957），頁 515。

總之就單個法律現象而言，任何時代任何國家的法律，不僅受階級必然性的支配，還要受各種偶然性因素的影響。有時會發生某個法律或法律條文偏離統治階級利益而有利於人民的因素。當然，這種偏離最終會通過法律的修改、廢除或擱置而加以抵消，或通過整個立法來得到補償，使法在整體上不會脫離統治階級利益的中心線。但在探討資產階級和其他剝削階級的法的本質時，如果完全否認和抹殺這種偏離或變異現象，那也會妨礙我們對複雜的法律現象的認識，也不利於我們在社會主義立法實踐中，去吸取和借鑒古今中外法律中包含的民主性的東西。

三、法的本質內容與本質形式

在探討法的本質的時候，人們往往較多注意法的本質內容方面（階級內容及其所反映的經濟基礎），而較少研究法的本質形式（具有國家強制性的社會規範）。

本質與現象和內容形式是兩對相互交錯的範疇。本質與現象各有其內容與形式。黑格爾曾經把「與內容不可分離地聯著的形式稱為『本質的形式』」，亦即我們所說的「內在形式，或叫內部形式」。列寧在此批註中也強調指出「形式是本質的，本質是具有形式的。」[11] 本質的形式是相對固定的靜止的，不同於事物的外部形式受偶然性影響而有變動。外部形式一般屬現象範疇，內部形式是屬本質範疇的。它直接構成本質，是本質的內部結構。事物的內部結構形式也是決定事物性質、構成事物本質的組成部分。根據系統論的「結構質變律」，事物結構形式的變化（序列易位，或要素重新組合，或構型變換），就會引起事物的質變。這種引起事物質變的形式也就是事物的內在形式或本質形式，如有機界許多化合物的性質同它的分子的結構形式密不可分，存在著「同分異構」現象。如乙醇與甲醚的分子式相同，而分子內原子間的連接形式（結合與排列順序）不同，性質迥異。無機界的金剛石與石墨也是如此。事物的本質是事物的內在諸要素及其內部結構形式的統一，亦即事

---

11. 〔俄〕列寧，中國共產黨·中央馬克思恩格斯列寧斯大林著作編譯局：《列寧全集》（第 38 卷）（北京：人民出版社，1959），頁 151、239。

物的本質內容和本質形式的統一。僅僅注意事物的本質內容而忽略本質的內在結構形式，對事物本質的認識也是不完整的。

列寧說：「人對事物、現象、過程等等的認識是從現象到本質、從不甚深刻的本質到更深刻的本質的深化的無限運動。」[12] 在別一處他還說：「由所謂初級的本質到二級的本質，這樣不斷地加深下去以至於無窮。」[13] 這裏講的本質的深化過程，我認為也包括了由本質形式到本質內容的深化。

對於法的本質的認識，也應該如此。法的本質也是有層次的，有其本質內容與本質形式的。馬克思、恩格斯在揭露資產階級法的本質時，也是分層次地「加深下去」分析的。他首先指出：

「你們的法不過是被奉為法律的你們這個階級的意志。」這裏，指出法是「階級意志」而不是「公共意志」的表現，還只是揭露了法的本質的一個層次。再深入下去「這種意志的內容是由你們這個階級的物質生活條件來決定的」。這是法的更深一層的本質。不揭示這一層本質，就會為法的立、改、廢上的「唯意志論」留下地盤。

但是僅僅用這兩層本質來概括法的本質，仍然是不完整的。因為這還只是階級社會中某些上層建築的共同本質內容。像政治制度、政策、統治階級的道德等，也都是階級意志的體現和經濟基礎的反映。要把法的概念同這些上層建築現象相區別，還須指出它的特殊本質，其中包括相同的本質內容所表現出的不同內部結構形式。這就是馬克思、恩格斯在前一句話中所加的、卻容易被人們所忽略的一個定語：法是「被奉為法律（形式）的」階級意志。即馬克思、恩格斯在《德意志意識形態》中講的：「必須給予……意志以國家意志即法律的一般表現形式」，「通過法律形式來實現自己的意志」。[14] 這就是說，法所體現的階級意志必須以「國家意志」的形式出現，並且必須是具有國家強制性和普遍約

---

12. 〔俄〕列寧，中國共產黨・中央馬克思恩格斯列寧斯大林著作編譯局：《列寧全集》（第 38 卷）（北京：人民出版社，1959），頁 239。

13. 〔俄〕列寧，中國共產黨・中央馬克思恩格斯列寧斯大林著作編譯局：《列寧全集》（第 38 卷）（北京：人民出版社，1959），頁 278。

14. 〔德〕馬克思、恩格斯，中國共產黨・中央馬克思恩格斯列寧斯大林著作編譯局：《馬克思恩格斯全集》（第 3 卷）（北京：人民出版社，1960），頁 378。

束力的社會規範的形式。這也就是法的本質形式。捨去這個形式，那就會像列寧說的，法就等於零，只是毫無意義的空氣震動而已。可見，不把法的本質形式歸入法的本質範疇，不從法的多層次本質和它們的本質內容與形式作全面的立體的考察，對法的本質的理解是不完整的、空洞的。

對於形式（法律的本質形式）的重要意義，恩格斯在晚年給梅林的一封信中曾經特別強調過，他說他和馬克思在過去是把重點放在從經濟基礎上去探索政治、思想與法權觀念的由來，「但是我們這樣做的時候為了內容而忽略了形式方面，即這些觀念是由什麼樣的方式和方法產生的。這就給了敵人以稱心的理由來進行曲解和歪曲」。[15] 我們在探討法的本質時，是否也因把重點放在法的階級內容上，而有忽略法的內在形式方面的傾向呢？這是值得我們思考的。

現在有些法學基礎理論教科書上，把法的本質僅僅歸結為法的階級本質，而另立「法的基本特徵」這個條目來說明「法是具有國家強制性的社會規範」。似乎這基本特徵是游離於法的本質之外的非本質的東西。這是為了強調法的本質的階級內容方面而忽視了它的內部形式方面。在討論社會主義法與剝削階級的法的本質區別時，也只強調它們在階級本質內容上的區別，而不注重它們之間在法的內部形式上的區別，或不把這種形式上的區別看成是本質的。

真正社會主義法在內容上應當體現最大多數人的最大利益，它的正義性、公正性與合理性，應當得到最廣大人民的支持，它在實施上主要依靠人民的自覺遵守和運用，依靠各種社會力量的維護。社會主義的法制應當是人民管理自己國家的工具，而不像剝削階級的法制那樣是為「制民」的，是為使民「畏法」而「守法」的。因此，社會主義法在一定範圍與程度上也不完全是通過國家強制力的形式來保證它的實施，而是國家強制性與社會強制性結合或互相交織。我們應當不只從法的本質內容，而且從法的本質形式上的這種變化，去探討社會主義法與剝削階級法的本質區別。不作出這種區分，片面強調原來意義上的國家強制

---

15. 〔德〕馬克思、恩格斯，中國共產黨・中央馬克思恩格斯列寧斯大林著作編譯局：《馬克思恩格斯選集》（第 4 卷）（北京：人民出版社，1972），頁 500。

性，也會妨礙我們正確認識：社會主義法律必須也能夠交給十億人民來掌握。

四、法的要素與層次 [16]

探討法的階級性還要對法的諸要素作分層次、分範疇的具體分析。

構成法的概念的內容一般有三要素，即統治階級的意志；國家權力；社會行為規範。這是三位一體，缺一不可的。但每一要素也是可以分析，也應該具體分析的。

譬如統治階級的意志性，就不能只是看成一個點或一條線（所謂貫穿於法中的一條紅線或黑線），而是有層次的，是通過政治的、經濟的或思想的範疇反映出來的。

它首先表現為階級壓迫性，把法作為階級鬥爭的工具、專政的工具，其國家強制性直接依賴於暴力形式。這是屬政治範疇的階級性。

其次，它也可以主要表現為所維護的利益（主要是直接的經濟利益）的階級傾向性，這屬經濟範疇裏的階級性，其國家強制性也主要是採取民事的或行政的制裁手段。

再次，就是表現為意識形態上的階級思想烙印。這是指立法中所體現的世界觀、道德觀與方法論。譬如我國立法中所體現的社會主義精神文明、人道主義，乃至立法力求便於十億人民掌握等，都可以說是帶有社會主義特徵，帶有階級性的。

因此我們在討論法的階級性時，不能籠統地說法有或沒有階級性，而要分清層次與範疇，具體分析有或者沒有哪個方面、哪個層次的階級性。這樣才會有共同語言。

譬如你講某一部分法無階級性，原意只是指無階級壓迫性，是從「階級鬥爭的工具」這個意義上說的，那就很容易取得一致。同樣如果

---

16. 以下兩部分是作者在 1985 年 6 月在中國法學會法學理論研究會成立大會上的部分發言，後以《試談探討法的概念和本質的方法》為題發表於《政法論壇》，1987 年第 1 期，並與前章作為本章的補充一併載於《法的階級性與社會性問題討論集》。

你聲明你強調所有的法都有階級性，是包括意識形態上的階級烙印，那也是不難通過具體分析解決分歧的。

關於國家權力的強制性這一要素，同樣也是可以分析的。按恩格斯和列寧的觀點（見《國家與革命》），國家可分為作為執行專政的政治職能的「政治國家」和執行社會管理職能的「非政治國家」（即國家所執行的「社會職能變為簡單的管理職能」）。由此引申，國家強制力是否也可分為政治性的國家強制力（作為專政的鎮壓工具）與非政治性的國家強制力？法是否也有執行政治職能的政治性的法與執行社會管理職能的非政治性的法？當然，根據上面對階級性的分析，非政治性不一定就都是非階級性的，它可以是屬上述的第二、三層次的階級性。但畢竟它同政治性的法、政治性的國家強制性有質的區別。

由此還可以推論，如果存在非政治的國家和非政治的國家強制性、非政治的法，那麼前面講的階級性較弱，或單就其自身而言是非階級性的這部分法律，在它們與國家權力相聯結時（取得國家認可與具有國家強制性），它們是同政治國家相聯結，還是同非政治國家相聯結？如果是後者，其階級性又如何？它與同政治國家相聯結的法律又有哪些不同點？我們不能滿足於簡單化的邏輯：「既然國家是有階級性的，它所制定與認可的法律怎麼能不具有階級性！」社會現象、法律現象是很複雜的，我們應當對任何事物取具體分析的態度。

至於法的社會規範性，就更是多門類、多層次的，隨它所調整的對象與調整方法而各有不同。有調整統治階級和被統治階級關係的，也有調整統治階級內部矛盾的。有前述的執行專政的政治職能的，有執行社會管理職能的。有維護社會的公共安全與秩序的，也有維護人與自然之間的正常關係的（如保持生態平衡、防止環境污染等）。各類規範的階級性的強弱、有無，都是有區別的，不可一概而論。

五、法的產生與「消亡」

我們不僅要從歷史的宏觀上，而且要從歷史的微觀上，從對法的諸要素的解析上，對法的產生與「消亡」過程進行探討。

前面談的是橫向的立體分析方法。這裏要講的是縱向的歷史的分析方法。這有歷史宏觀與歷史微觀的區分。

　　我同意這樣的觀點：法不是從來就有的，而是人類社會歷史發展的產物；法（原來意義即階級社會的法）也不是永恆存在的，因為凡是產生的東西就必然要消亡的，這是歷史的辯證法。

　　但我不同意把法看成是突然產生和突然消亡的。而且我認為，法的消亡也不等於完全歸於虛無，而只是變換了形態。法的產生與消亡，都是一個漫長的歷史過程。它的產生、形成過程經歷了幾千年；它的消亡過程恐怕也不是幾十幾百年就可實現的。在這兩個漫長的歷史發展過程中，法是經歷了許多由量變到部分質變的過程。

　　我們長期以來滿足於「無─有─無」這樣的公式，即：由原始社會無法，到階級社會有法，再到共產主義社會法的消亡。這從歷史的宏觀上說，或許是科學的公式，但卻是過於簡化的公式，不能充分說明法的發展的具體進程。

　　我們還應當把握這樣一個公式，即從歷史的微觀加以考察，法經歷了：

　　不完整意義的法（萌芽階段的法或法的萌芽）──完整意義的法（即階級社會的法或傳統意義的法）──不完整意義的法（處於逐漸消亡的過渡階段的法）──最後才是法的「消亡」。

　　而「消亡」的也只是原來傳統意義的，即階級社會的法的某些要素（如國家強制性、階級性等），而且不是法的一切要素同歸於盡。

　　所謂完整不完整，是指構成法的諸要素的形成或部分消亡，是有一個時差的。也就是說，它們並不是完全同步的。

　　從歷史宏觀上說，法的諸要素是同生同滅的，即法是伴隨階級和國家的產生而一同產生，隨它們的消滅而一同消滅的。這是把漫長的歷史發展過程中部分質變略去不計來說的。但如果從歷史的微觀上考慮到法的形成這一歷史過程是經歷了幾百年幾千年的，我們就會發現，歷史的進程並不像我們簡單化設想的那樣絕對：一有了私有財產因素，就形成了階級，就有了國家，就有了法。就諸要素的產生與結合過程（形成為法的過程）來說，有些要素是領先產生，而有些則滯後一個階段。有的由弱到強，由不佔主導地位到佔主導地位，由不構成法的本質屬性到

逐步成為它的本質屬性。同樣，法的「消亡」過程也必然經歷有些要素在先，有些在後，由強到弱不同步地消亡的過程。而有些要素則保留下來，與新的要素結合而形成非原來意義的法的新形態。在這兩種發展過程中，都有不完整意義或非原來意義的法的存在。

拿法的諸要素形成過程來說，恩格斯在談到原始公社時代，為了執行維護公社的共同利益的職能，為解決爭端，制止個別人越權，監督用水，特別是在炎熱的地方；以及在非常原始狀態下執行宗教職能，等等，而設立的一些職位，被賦予了某種全權。恩格斯指出，這種權力就是「國家權力的萌芽」。[17] 那時顯然還沒有私有制，沒有階級，卻已有了國家權力的萌芽。可見，這些要素並非同步產生的。但這時的原始習慣與生活規則已開始注入了某些萌芽的國家權力強制性因素，雖然它還不是主導因素，同時當時也還沒有階級的統治，所以這種具有萌芽的國家權力強制性的原始生活規則，還不是完整意義的法，但似乎也可以說有了法的萌芽了。

由法的產生過程諸要素的不同步性和法的不完整性，我們也不妨試推斷出法的消亡的類似過程。

既然不完整意義的法或萌芽狀態的法，可以在階級形成之前一段時期就存在；同理，法也不一定隨着階級對立的消滅和階級的消亡而立即全部消亡。社會主義的實踐已經可以看出這一點。

同樣國家的消亡過程也可能首先是政治國家的消亡，而非政治的國家還將存在很長一段歷史時期，非政治的國家的強制力也還存在，非政治的法也將借助這個非政治的國家強制性形式而繼續存在。當然，這已不是完整意義或原來傳統意義的法了。

由此設想，法的「消亡」可否表述為如下幾個部分質變的過程：

1.　在剝削階級消滅以前，政治的國家、執行政治職能的法佔主導地位。法基本上是階級鬥爭的工具。

---

17. 〔德〕馬克思、恩格斯，中國共產黨．中央馬克思恩格斯列寧斯大林著作編譯局：《馬克思恩格斯選集》（第 3 卷）（北京：人民出版社，1972），頁 218。

2.　隨着剝削階級作為階級消滅了，階級鬥爭只在一定範圍內存在；這時，政治國家和法的「政治的國家強制性」也只在一定範圍內起作用；但法作為整體來說，法的政治職能（階級鬥爭職能）與政治國家的強制力的範圍、強度日益縮小與減弱，而非政治職能（非政治的社會管理職能）與「非政治的國家強制力」則日益擴大其範圍與比重，成為矛盾的主要方面。法由主要是階級鬥爭工具，逐漸轉化為主要是社會主義建設的工具。這在很長時期內是如此。

3.　隨着國內外敵對階級和敵對勢力的徹底消滅，政治的國家走向消亡，政治的國家強制性揚棄，政治的法隨之消亡；而非政治的國家及其強制性還存在，非政治的法還存在。這時，法已不是原來完整意義的法了。

4.　在上面第 2、3 步同時，還萌芽着發展着一種新的因素，即社會強制性與人民自覺性的因素，它也像「國家權力的萌芽」之逐步滲入原始生活規則中那樣，逐步滲入社會主義法之中。這是由於社會主義法的人民性所引起的。它與剝削階級的法主要依靠國家強制力不同，主要是依靠人民的自覺遵守和依靠社會組織的維護，使得社會主義的法在一定範圍與程度上不是通過國家權力的強制性來保證實施。

　　一個明顯的例子是具有中國特色的人民調解。它是沒有國家強制性的，而是人民自願遵循和帶有一定的社會強制性的。但它已列入我國民事訴訟法之中，作為民訴的基本原則之一，承認了它的法律地位。在立法過程中對此曾有過反覆爭論，主要是有些論者認為它不是法，不屬法定訴訟程序，不應列入民事訴訟法中。但最後還是列入了。它表明我國社會主義法制的一個重要特色。

　　這種社會強制性與人民自覺性不構成原來意義的法的本質屬性，它起初只是一種附帶起作用的因素，是非本質的要素。但不能不看到這種因素的發展前景，否則就很難設想法是怎樣在失去國家強制性之後逐漸「消亡」的。

5. 可能的發展趨勢是，隨着社會強制性與公民自覺性的加強，國家強制性逐漸減弱，或二者日漸交織。終於社會強制性佔主導地位，法日益與團體章程、社會公約等形式接近，成為公民自我約束的行為規範。之後，連非政治性的國家強制性也揚棄了，只剩下非政治性的社會管理內容及與之相適應的具有社會強制性的社會共同生活規則形式。同時，由於人民的高度自覺性，在某些領域甚至不需要任何強制形式而成為生活習慣。那時，原來傳統意義的法才最後消亡了。而這種消亡，也只能是在一個一個領域中逐步實現，而不是所有部門法同時一齊消亡，也不是法的所有要素一齊消亡。有些要素還將長期保留下來（如具有社會強制性的社會行為規範），與某些其他新的要素結合，使傳統意義的法改變了形態，而以新的形式取而代之。

當然以上過程的表述只是猜測性的。重要的不是現在就去鑒定這種或那種預測的準確性，而在於把法的「消亡」過程，看做是原來傳統意義的某些要素（非一切要素）的不同步地減弱與消失，與某些未來新社會的新要素的逐步摻入與加強的過程。

這有助於我們全面把握處於過渡階段的社會主義法所具有的新的特色與新要素，及它與階級社會的法的本質區別，從而不為原來傳統意義的法的定義所局限，能把注意力放在探討社會主義法的特殊本質和日益增長的新的要素上來，作出適合我國國情和未來法發展的結論。同時在實踐上注意扶植與促進那些不同於剝削階級的法的新要素的發展，使法律日益成為十億人民自己手中的武器。

第三章

法與法律的區別

* 本章是提交 1994 年中國法學會法理學研究會年會的論文，載於《法學研究》，1994 年第 6 期。原題尚有一個副題「對法的本質的再認識」。

一、從自然法學到理性法學

在當代中國的立法體制中，「法律」是特指全國人大及其常委會的制定法，如刑法、民法通則、勞動法等。這裏「法」與「法律」含義是同一的。至於其他有權機關所制定的規範性文件則稱法規、規章、條例，不同於法律，但又往往被歸於所謂「廣義的法」。總之，法與法律都是指立法主體制定或認可的成文規範。在中國法學界，法與法律也常混用或等同，如「法律關係」、「法律價值」、「法律體系」等，也稱「法的關係」、「法的價值」、「法的體系」。「法」或「法律」一詞，泛指成文的或不成文的、總體的或單個的實在法，而且認為凡法或法律都是由國家制定或認可的、體現統治階級意志的行為規範。法學實際上也多限於「法律學」。

在法學史上，關於法與法律（或立法）不外三種學說：第一種認為法是客觀精神（自然法、理性、神意等），法律（實在法）則是這種精神的外化或體現（這主要是自然法學、神法學、理性法學的主張）。第二種認為法就是法律，不存在實在法以外的法（這主要是注釋主義法學、分析主義法學和規範主義法學的主張）。第三種認為法是一定的社會事實，即在社會生活中起實際作用的「活的法」（這主要是法社會學的觀點）。[1]

關於法與法律的區別，在拉丁語中就已顯示出來，即 Jus 與 Lex 的區別。Jus 指抽象的法則、正義、權利；Lex 指具體的法律，即羅馬

---

1. 呂世倫編：《西方法律思潮源流論》（北京：中國人民公安大學出版社，1993），頁 159–160。

王政時期國王制定的法律和共和國時期各立法機構通過的法律，亦即「立法」。[2]

最早將法與法律（立法）相區別的是自然法學家。古代希臘的自然主義的自然法學認為，法是自然形成的自然現象，自然法就是同自然相一致地生活的準則。羅馬時代國家立法發達，因而於自然法之外，又分出市民法、萬民法，後者都屬法律或立法範疇。中世紀的神學主義把法分為永恆法、自然法、神法和人定法。近代自然法學（或稱古典自然法學）認為自然法（主要指公平、正義等原則）與自然權利（主要指生命、自由、財產、安全等權利）根源於人的自然性與理性（而非神性），人類原始社會的「自然境」中不存在法律（人定法），而只有自然法（法則）。自然法是先於並高於人定法而存在的。孟德斯鳩（Montesquieu）更進一步指出：「從最廣泛的意義來說，法是由事物的性質產生出來的必然關係。在這個意義上，一切存在物都有它們的法。」、「法就是根本理性和各種存在物之間的關係，同時也是存在物彼此之間的關係。」[3]他把法歸結為客觀存在物的理性的「公道關係」，「這些公道的關係都是在人為法之先就已經存在了的」。[4]

將法與法律（人定法、立法）概念進一步加以理論區分的，是19世紀的德國古典哲學家。康德（Immanuel Kant）認為，法是「普遍的自由法則」，而「法律就是那些使任何人的有意識的行為按照普遍的自由

---

2. 「立法」同「法律」的概念還不能等同。恩格斯講過，由生產與交換形成的共同規則，「首先表現為習慣，後來便成了法律……在社會進一步發展進程中，法律便發展成或多或少廣泛的立法」（［德］馬克思、恩格斯，中共中央馬克思恩格斯列寧斯大林著作編譯局：《馬克思恩格斯選集》（第2卷）（北京：人民出版社，1973），頁538–539）。這裏講的「法律」最早是指得到國家認可的習慣法，而「立法」則是指「制定法」。所以，法律的概念比立法的概念要廣（法律還包括判例法等不成文法）。本文不着重討論法律與立法的區別。

3. 孟德斯鳩，張雁深譯：《論法的精神》上冊（第1卷）（北京：商務印書館，1987），頁1。

4. 孟德斯鳩，張雁深譯：《論法的精神》上冊（第1卷）（北京：商務印書館，1987），頁2。

法則確實能與別人的有意識的行為相協調的全部條件的綜合」。[5] 其後黑格爾則指出「法就是作為理念的自由」，這種自由的理念要成為普遍的、現實的、有效的東西，「就必須獲得它的普遍的形式」，這就是法律。所以法與法律是內容與形式的關係。[6] 法是自在的、客觀的、不以單個人的意志為轉移的整體意志，亦即絕對理念，它是立法（法律）的根據。這是自然法學說在德國思辨哲學上的理論發展。而在他們之前的自然法學家正是認為自然法是獨立於人定法（法律）之外並超乎其上的法。

二、馬克思、恩格斯的法律觀

馬克思早期吸取了自然法學和理性法學的某些觀點，指出「法」是「自由的無意識的自然規律」[7]；而「法律」則是「法的表現」[8]，是這種無意識的自由的自然規律的有意識的表現，「是事物的法的本質的普遍和真正的表達者。因此，事物的法的本質不應該去遷就法律，恰恰相反，法律倒應該去適應事物的法的本質」[9]。那些不反映法的本質（自由）的法律（如19世紀中葉德國的書報檢查法「把自由看成一種濫用而加以懲罰」），「即使它千百次地具有法律形式，也永遠不能成為合法的」（因為它違反法的本質與理念）。「法律只是在自由的無意識的自然規律變

---

5. 康德：〈法律哲學〉，轉引自《西方法律思想史資料選編》（北京：北京大學出版社，1983），頁399。

6. 黑格爾：《法哲學原理》（北京：商務印書館，1979），頁10、28。

7. 〔德〕馬克思、恩格斯，中國共產黨·中央馬克思恩格斯列寧斯大林著作編譯局：《馬克思恩格斯全集》（第1卷）（北京：人民出版社，1956），頁71–72。

8. 〔德〕馬克思、恩格斯，中國共產黨·中央馬克思恩格斯列寧斯大林著作編譯局：《馬克思恩格斯全集》（第1卷）（北京：人民出版社，1956），頁71–72。

9. 〔德〕馬克思、恩格斯，中國共產黨·中央馬克思恩格斯列寧斯大林著作編譯局：《馬克思恩格斯全集》（第1卷）（北京：人民出版社，1956），頁139。

成有意識的國家法律時才起真正法律的作用。」法律是否反映法的本質，「就是形式上的法律和真正的法律間的差別」。[10]

　　早期馬克思認為法或「法的本質」，是「無意識的自然規律」，雖是指客觀法則，而不是主觀的任性；但還帶有黑格爾的「絕對精神」、理性法的痕跡。他在《論離婚法草案》中說：「立法者應該把自己看做一個自然科學家。他不是在制定法律，不是在發明法律，而僅僅是在表述法律，他把精神關係的內在規律表現在有意識的現行法律之中。如果一個立法者用自己的臆想來代替事情的本質，那麼我們就應該責備他極端任性。」[11] 這裏，馬克思所講的「事物的法的本質」還是指「精神關係的內在規律」，亦即法的客觀精神本質，而不是社會物質生產生活的內在規律。但他所說的立法者不能「製造」、「發明」而只能「表述」法律，是強調獨立於人定法之外的客觀法、客觀法則，它們是不隨立法者的意志為轉移的，立法只是「表達」這些客觀法則而已。這表明馬克思早期的法律觀也是建立在遵循客觀規律的基礎上，而排除主觀意志的任性。這是十分重要的。後來，作為歷史唯物主義的創立者的馬克思，在批判黑格爾在國家與法的關係上的唯心主義觀點時，指出「法的關係正像國家的形式一樣，既不能從他們本身來理解，也不能從所謂人類精神的一般發展來理解，相反它們根源於物質的生活關係」。[12] 這樣，馬克思就揭示了法關係的物質根源，為科學的法律觀奠定了歷史唯物主義的基礎。

　　馬克思強調了社會物質生活條件這一決定法的內容與本質的基因，並沒有因而否定法與法律的區別，而是仍然把決定於社會物質生活條件的「法」（或「法的關係」），作為從社會物質生產關係中派生出來的一個特殊的社會關係，即法權關係，看做是獨立於法律與立法者之外的客觀社會存在。他在《資本論》第 1 卷第 2 章講「交換過程」時，一

10.〔德〕馬克思、恩格斯，中國共產黨・中央馬克思恩格斯列寧斯大林著作編譯局：《馬克思恩格斯全集》（第 1 卷）（北京：人民出版社，1956），頁 183。

11.〔德〕馬克思、恩格斯，中國共產黨・中央馬克思恩格斯列寧斯大林著作編譯局：《馬克思恩格斯全集》（第 1 卷）（北京：人民出版社，1956），頁 43。

12.〔德〕馬克思、恩格斯，中國共產黨・中央馬克思恩格斯列寧斯大林著作編譯局：《馬克思恩格斯全集》（第 13 卷）（北京：人民出版社，1962），頁 8。

開頭就指出「法權關係是一種反映着經濟關係的意志關係」。[13] 因為在商品（物）交換過程中，當事人「必須作為有自己的意志體現在這些物中的人」而彼此發生關係，交換行為才有可能，所以商品交換是交換者的意志行為，「他們起初在交換行為中作為這樣的人相對立：互相承認對方是所有者，是把自己的意志滲透到自己的商品中去的人，並且只是按照他們共同的意志，就是說實質上是以契約為媒介，通過互相轉讓而互相佔有。這裏邊已有人的法律因素以及其中包含的自由因素」。[14] 請注意馬克思在這裏講的「人的法律因素」「共同意志」和「自由因素」，都是指社會關係中客觀存在或必然產生的法權關係，[15] 亦即先於或獨立於法律（立法）之外而存在的社會權利義務關係，它是社會在生產與交換中基於人們的共同意志行為而產生的實際關係。[16] 無論它已否被法律（制定法）確認與固定下來，它都是客觀的社會存在、社會法則或習慣規則，是立法所要「表述」而不是「製造」、「發明」出來的東西。「法律只是對事實的公認。」[17]

這樣馬克思把法的根源和法律（立法）的根源，就作了兩個不同層次的劃分：

一是法，即「這種具有契約形式的（不管這種契約是不是用法律固定下來的）法權關係，是一種反映着經濟關係的意志關係。這種法權

---

13. 〔德〕馬克思、恩格斯，中國共產黨‧中央馬克思恩格斯列寧斯大林著作編譯局：《馬克思恩格斯全集》（第 13 卷）（北京：人民出版社，1962），頁 102。

14. 〔德〕馬克思、恩格斯，中國共產黨‧中央馬克思恩格斯列寧斯大林著作編譯局：《馬克思恩格斯全集》（第 46 卷）（下）（北京：人民出版社，1979），頁 472。

15. 「法權」亦譯作「權利」，如「資產階級法權」，後譯為「資產階級權利」。但馬克思這裏講的「法權關係」，不是指「法律上的權利」，而是非法定的、客觀存在的「法的關係」、社會自發自在的權利義務關係。

16. 馬克思曾指出，「先有交易，後來才有交易發展的法律……這種經過交換和在交換中才產生的實際關係，後來才獲得了契約這樣的法的形式」。見〔德〕馬克思、恩格斯，中國共產黨‧中央馬克思恩格斯列寧斯大林著作編譯局：《馬克思恩格斯全集》（第 16 卷）（北京：人民出版社，1964），頁 423。

17. 馬克思：《哲學的貧困》，〔德〕馬克思、恩格斯，中國共產黨‧中央馬克思恩格斯列寧斯大林著作編譯局：《馬克思恩格斯全集》（第 4 卷）（北京：人民出版社，1958），頁 124。

關係或意志關係的內容是由這種經濟關係本身決定的」。[18]二是法律（立法），則是「表述」這種客觀存在的法、法權關係或客觀法則的形式。於是，我們就可以得出這樣一個關係序列：

經濟關係→法權關係（法）→立法（法律）

它表明立法及其產物──法律，首先是社會上已然存在（或現實地必然產生）的法權關係的直接表現，如馬克思所說：「各種最自由的立法在處理私權方面，只限於把已有的權利固定起來並把它提升為某種具有普遍意義的東西。而在沒有這些權利的地方，它們也不去制定這些權利。」[19]而這種社會已有的權利（法權關係），則是現有的經濟關係的體現，經濟關係則是以由它所派生的法權關係（法）作為中介，成為決定法律（立法）內容的原始的或終極的基礎。這是立法（形式）通過法權關係去反映經濟關係（內容）的一般必由之路。當然，立法有時也直接反映經濟關係；立法也可以通過其作為上層建築的反作用，在一定限度內來影響經濟關係與法權關係朝有利於統治階級所需要的社會秩序方向發展。

三、社會存在與社會意識

關於上述的「法」或「法權關係」、「社會共同意志關係」，是主觀的還是客觀的，是社會存在還是社會意識，長期以來，我國法學界是有爭議的。許多學者都把它們歸結為主觀意志範疇，或者根據列寧關於「社會關係分為物質關係和思想關係，思想關係是不以人們的意志和意識為轉移的物質關係的上層建築」[20]的論斷，認為意志關係即思想關係，即上層建築，即是主觀的。這是一種誤解。經濟基礎與上層建築、

---

18. 〔德〕馬克思、恩格斯，中國共產黨・中央馬克思恩格斯列寧斯大林著作編譯局：《馬克思恩格斯全集》（第23卷）（北京：人民出版社，1972），頁102。

19. 〔德〕馬克思、恩格斯，中國共產黨・中央馬克思恩格斯列寧斯大林著作編譯局：《馬克思恩格斯全集》（第4卷）（北京：人民出版社，1958），頁121、122。

20. 〔俄〕列寧，中國共產黨・中央馬克思恩格斯列寧斯大林著作編譯局：《列寧全集》（第1卷）（北京：人民出版社，1965），頁131。

社會存在與社會意識是兩對不同的範疇。上層建築現象雖然是反映經濟基礎的，但它並不都屬社會意識範疇，如政治制度與法律制度及其物質外殼（國家機器），就是社會存在。[21] 至於作為經濟關係的體現的共同意志關係（法權關係），「這種經濟交易作為當事人的意志行為，作為他們的共同意志的表示」[22]，也不是一種個人主觀任性的意志，而是由客觀經濟關係決定的社會共同意志。它不是屬意識、觀念範疇，而是客觀實踐的行為（「意志行為」）範疇。有意志（有思想）的「行為」不等於「思想」，因為「在社會歷史領域內進行活動的，全是具有意識的、經過思慮或憑激情行動的、追求某種目的的人；任何事情的發生都不是沒有自覺的意圖，沒有預期的目的的」。[23] 而「歷史是這樣創造的：最終的結果總是從許多單個的意志的相互衝突中產生出的，……這個結果又可以看做一個作為整體的、不自覺和不自主地起着作用的力量的產物。……所以以往的歷史總是像一種自然過程一樣地進行，而且實質上也是服從同一運動規律的」。[24] 也就是說，這種社會整體意志或共同意志行為，是不以立法者的意志為轉移的客觀社會存在、客觀法則。

綜上所述，我們可以將法與法律的聯繫與區別及其與經濟關係的關係，表述如下：

1. 法是指由經濟關係所派生和決定的法權關係，是在一定生產方式下，人與人的關係（生產、交換、分配等）所必然產生出的權利義務關係與共同的社會規則，是體現經濟關係以及其他社會關係的客觀法則（或馬克思所說的「自由的無意識的自然規律」）。它是經濟關係及其他社會關係的直接表現，又是作為立法反映經濟關係的中介。而法律（以及立法）則

21. 關於這一觀點，還可參閱王蔭庭：〈「社會存在」範疇釋義〉，載《中國社會科學》，1992 年第 1 期；李步雲：〈法律意識的本〉，載《中國法學》，1992 年第 6 期。

22. 馬克思《資本論》（第 3 卷），載〔德〕馬克思、恩格斯，中國共產黨・中央馬克思恩格斯列寧斯大林著作編譯局：《馬克思恩格斯全集》（第 25 卷）（北京：人民出版社，1974），頁 379。

23. 〔德〕馬克思、恩格斯，中國共產黨・中央馬克思恩格斯列寧斯大林著作編譯局：《馬克思恩格斯全集》（第 21 卷）（北京：人民出版社，1965），頁 341。

24. 〔德〕馬克思、恩格斯，中國共產黨・中央馬克思恩格斯列寧斯大林著作編譯局：《馬克思恩格斯全集》（第 37 卷）（北京：人民出版社，1956），頁 461–462。

是對客觀上業已形成的法權關係予以表達和確認，使之成為「肯定的、明確的、普遍的規範」[25]，並使之具有國家強制力和普遍適用性。

2. 經濟關係同法（法權關係）和法律三者之間，是內容與形式的關係。其中經濟關係是決定後二者的本質內容，法或法權關係是體現經濟關係的一種本質形式，[26]法律則是經濟關係與法權關係的外部表現形式。說法權關係是經濟關係的「一種本質形式」，是表明反映社會物質生活條件或經濟關係這一本質內容的，有多種不同本質（結構）形式。如反映所有制關係的本質形式的，除所有權這種法權關係外，還有階級結構形式，國體、政體等政治結構形式，以及倫理關係等社會結構形式。

3. 上述三者的關係，又是客觀存在與主觀意識的關係。經濟關係固然是物質性的客觀存在，法權關係、社會生活的習慣規則、社會的權利事實與要求、一定生產方式條件下的平等與自由（如交換平等、自由競爭等）[27]的現實關係，雖然是一種意志關係，但卻是不以個人意志為轉移的社會整體意志行為，相對於法律或制定法（立法）而言，也都是客觀的社會存在。而法律及立法，則是立法者對經濟關係與法權關係的

---

25. 〔德〕馬克思、恩格斯，中國共產黨‧中央馬克思恩格斯列寧斯大林著作編譯局：《馬克思恩格斯全集》（第 1 卷）（北京：人民出版社，1956），頁 71。

26. 黑格爾曾經把「與內容不可分離地聯繫着的形式」稱為「本質的形式」，亦即事物的內部結構形式。列寧也指出「形式是本質的。本質是具有形式的」（參見〔俄〕列寧，中國共產黨‧中央馬克思恩格斯列寧斯大林著作編譯局：《列寧全集》第 38 卷（北京：人民出版社，1060），頁 1511。本質的形式也是構成事物的本質，從而事物性質的組成部分。事物的本質形式（內部結構）不同，事物性質也不同，如乙醇與甲醚其分子式相同，而分子內部聯結形式（結構）不同，性質相異。石墨與金剛石也是如此。

27. 馬克思在《資本論》中指出：「流通中發展起來的交換價值過程，不但尊重自由和平等，而且自由和平等是它的產物；它是自由和平等的現實基礎。……作為在法律的政治的社會的關係上發展了的東西，自由和平等不過是另一次方上的再生產物而已。」參見〔德〕馬克思、恩格斯，中國共產黨‧中央馬克思恩格斯列寧斯大林著作編譯局：《馬克思恩格斯全集》（第 46 卷）（下）（北京：人民出版社，1979），頁 477。

主觀表達，是以立法者（享有立法權的主體）的意識活動的產物。馬克思一再強調的「真正的法律」[28]（不是偏私的法律、片面的立法），就是指能夠全面反映這種客觀經濟關係與法的本質的法律。這樣，立法也才能達到主客觀的統一。

以上三方面的關係，可以圖示如下：

經濟關係 ⟶ 法權關係（法）⟶ 立法（法律）

（本質內容）— （本質形式）— （外部表現形式）

↑ ↑ ↑

社會存在 社會存在 社會意識

四、社會共同意志關係與統治階級意志的產物

必須指出的是，上面講的「法權關係是意志關係」，「法」是社會整體意志關係或共同意志關係，同「法律是統治階級意志的體現」，是兩個不同的命題。而我們許多法學者卻恰恰把它們等同起來，從而引起關於階級性與社會共同性的許多爭訟。其中一個重要原因，是對「法」與「法律」不加區分，以致造成概念分歧與混亂。

法是客觀存在的社會法則（「無意識的自然規律」），是社會生產與生活中人們自發形成的共同意志關係、法權關係、共同規則，它是由生產方式所決定，不以個人或某一集團、階級的意志為轉移的客觀法則。而法律則是立法者主觀意志的產物。控制立法權者是君主，則其法律體現君主的意志；立法者是一個統治集團或統治階級，其法律就是該集團或統治階級意志的體現。而統治者或統治階級的意志，由於受其階級利益的局限性而不願意、或由於其世界觀與方法論的局限性而在許多情況下不可能全面地、準確地反映客觀法權關係與經濟關係的要求。這就產生了法與法律的矛盾：其實質是社會共同意志關係與利益關係，同

---

28. 〔德〕馬克思、恩格斯，中國共產黨・中央馬克思恩格斯列寧斯大林著作編譯局：《馬克思恩格斯全集》（第1卷）（北京：人民出版社，1956），頁71、72。

統治階級意志與利益的矛盾;社會存在(客觀實踐的規律性、法則)同立法者的主觀意識的矛盾。

正如馬克思所說「法律應該是社會共同的、由一定物質生產方式所產生的利益和需要的表現」[29],這就是說真正的法律應該是體現社會共同意志關係與共同利益關係,即由經濟關係所決定的法權關係;但基於上述階級性與認識的局限性,一切剝削階級的統治者的立法,並不都是馬克思所指的「真正的法律」;但由於統治階級的意志必須轉化為國家意志(法律是其一種表現形式),才能取得對全社會的約束力,即馬克思所說的「只有為了社會的普遍權利,個別階級才能要求普遍的統治」,所以它又不能過於露骨地只反映本階級的利益,而不得不把自己的利益說成是社會全體成員的共同利益,即賦予自己的意志以普遍性的形式──國家法律形式。由於立法還受階級力量對比關係的制約(如被統治階級的階級鬥爭迫使統治者作出某些照顧被統治階級利益的讓步),這使得立法「很少把一個階級的統治鮮明地、不加緩和地、不加歪曲地表現出來」。這也就使剝削階級的立法、法律的階級性複雜化,在不同立法中出現階級性強弱不同、隱顯差別,甚至有時(上升時期)有些立法(私法、社會立法)還多少能反映社會的「公意」,反映社會的共同意志關係,即反映法的本質,從而稱得上馬克思所要求的「真正的法律」(這裏,所謂「真正的法律」的標準,是看它是否符合一定時代生產方式的客觀規律,「只要與生產方式相適應,相一致,就是正義的;只要與生產方式相矛盾,就是非正義的。」而不是要求其法律不去維護統治階級在該種生產方式中所形成的應得利益,只以勞動人民的利益為依歸)。

---

29. 〔德〕馬克思:《資本論》(第3卷),載〔德〕馬克思、恩格斯,中國共產黨·中央馬克思恩格斯列寧斯大林著作編譯局:《馬克思恩格斯全集》(第25卷)(北京:人民出版社,1974),頁379。

五、對《共產黨宣言》中關於法的「定義」的新解——「法」被歸結爲（「奉爲」）法律

至此我們有必要對我國法學界奉爲法的經典定義的那句話，即馬克思、恩格斯在《共產黨宣言》中關於資產階級法律本質的論斷，作出符合他們原意的新的解釋。

《共產黨宣言》在批駁了資產階級對共產黨人要求廢除資產階級私有制的主張的種種非難後，指出這種非難是由於他們只是用資產階級關於自由、教育、法等的觀念來衡量共產黨的主張。立場與觀念不同，因而彼此沒有共同語言。接着就寫下了下面這段名言：

「你們的觀念本身是資產階級的生產關係和所有制關係的產物，正像你們的法不過是被奉爲法律的你們這個階級的意志一樣，而這種意志的內容是由你們這個階級的物質生活條件來決定的。」[30]

這段話的意思長期以來被簡化和一般化爲這樣一個關於法的定義：「法是統治階級意志的體現，這種意志是由社會物質生活條件所決定的。」

這是對馬克思、恩格斯的原話的一種誤釋。它刪去了原話中「你們的」即「資產階級的」這個特殊的法律（立法）主體和特殊的所有制關係主體，也遺漏了或迴避了「被奉爲法律的」這個關鍵詞語，從而把特殊的命題偷換爲一般命題，把特定階級的物質生活條件同社會共同的物質生活條件等同，即把法與法律等同。

其實這句話必須從馬克思一貫把「法」與「法律」相區別的意義上去理解。他的原義應該是：資產階級所謂的「法」（承上句應是指資產階級的「法觀念」），不過是把體現社會共同意志的客觀的法權關係（客觀的法），歸結爲（「奉爲」）只體現資產階級意志的「法律」，而

---

30. 〔德〕馬克思、恩格斯，中國共產黨·中央馬克思恩格斯列寧斯大林著作編譯局：《馬克思恩格斯選集》（第 1 卷）（北京：人民出版社，1973），頁 268。

這種體現於法律中的意志的內容，則只是由你們這個階級（而不是整個社會，即不是全社會各階級共同的）物質生活條件來決定的。——這就是說，資產階級的意志只是由它自己這個階級在社會物質生活條件（主要是社會生產方式）中所處的優勢地位與利益來決定，而不是以全社會的共同物質生活條件及由此而產生的共同意志關係與共同利益關係為轉移。這就揭示了資產階級的立法和法律的階級的偏私性。資產階級這種關於「法」的觀念，不是把法當做社會共同意志與利益關係的整體，而把「法」等同於（「奉為」）只是按資產階級一己的階級意志制定的「法律」，這就難怪他們以這種法觀念去衡量共產黨人廢除私有制的主張，必然認為廢除私有制是非法的（不符合資產階級的「法律」）的了。

在前引這段經典名言之後，宣言緊接著是下面的話：「你們的偏私觀念使你們把自己的生產關係和所有制關係從歷史的、在生產過程中是暫時的關係變成永恆的自然規律和理性規律，這種偏私觀念是你們和一切滅亡了的統治階級所共有的。」同樣，資產階級也正是把體現一定生產方式條件下的社會共同意志關係的「法」，「變成」（「奉為」）只是體現他們這個階級的意志的「法律」，以這種具有階級偏私性的「法律」來冒充應當體現社會共同性的「法」，其目的也就在以一個階級的私意與私利，來冒充全社會的共同意志與利益。

馬克思在和恩格斯一起寫《共產黨宣言》以前，就一直把法（客觀存在的社會共同意志所形成的實際法權關係）同法律（統治階級的意志、國家意志的產物）加以區分，並批判資產階級把客觀的法（法則）歸結為主觀的有意識的法律。馬克思、恩格斯指出「因為國家是屬統治階級的各個個人藉以實現共同利益的形式……一切共同的規章都是以國家為中介的，都帶有政治形式。由此便產生了一種錯覺，好像法律是以意志為基礎的，而且是以脫離現實基礎的自由意志為基礎的。同樣，你們的法不過是被奉為法律」，《共產黨宣言》所講的「你們的法不過是被奉為法律……」意思正是指資產階級把客觀存在的法（社會法權關係，具有社會共同意志的行為法則），歸結為只體現統治階級的意志的法律，以便以法的名義（即以社會共同意志與利益的名義），來掩蓋其法律的階級偏私性。

六、社會主義法律應是社會公意的體現
——法與法律應當達到統一

社會主義的法律（立法）與歷代剝削階級的法律（立法）應當有本質的不同。它應當是全面反映法的本質的，因而它不只是體現某一階級（工人階級）的意志，而應是體現全體人民的意志。由於社會主義國家是工人階級（通過共產黨）領導的國家，所以，工人階級及其作為領導黨和執政黨的共產黨的主張，對人民的意志有指導作用。但當工人階級及其先鋒隊共產黨的意志同人民的意志相矛盾而二者無法取得共識的時候，也要服從人民的意志。因此，社會主義立法就不能只是統治階級的共同意志的體現，而應是全社會共同意志的體現，亦即社會公意的體現。

這裏需要說明馬克思、恩格斯曾經批判過資產階級把法律說成是「公共意志」的體現的理論，是否意味着法律永遠只能是統治階級意志的體現呢？有些論者實際上是這樣理解的。這是把馬克思、恩格斯對資產階級（以及其他剝削階級）的法律的實然本質的揭露，同「真正的法律」的應然本質等同起來，同社會主義法律的特殊本質等同起來。其實，馬克思早就指出「真正的法律」是應該「反映事物的法的本質」，反映客觀的社會規律，肯定人民在一定歷史條件下所能有、從而應當有的自由與權利，而不只是片面地以立法者、以統治階級的意志與利益為取捨標準。社會主義國家由於是人民的統治，特別是在對立的階級作為階級已經消滅之後，它的立法是以全社會絕大多數或全民的整體意志與利益為依據，因而同法的本質要求是一致的。所以，真正社會主義的立法及其產物——法律，是應該也能夠真正是法（客觀法權關係）的表達者，即能真正反映法的本質，因此可以說，是社會公意，即社會共同意志的體現，是「真正的法律」。它的階級性也就是它本應具有的最廣泛與最充分的人民性、社會性，而與剝削階級的法律的階級偏私性相區別。把社會主義立法中的階級性同人民性對立起來的觀點是錯誤的。

當然社會主義的立法能否真正全面地、科學地反映法的本質，體現人民的利益，體現社會的共同意志，還要受社會實際存在的不同利益群體的影響，受部門本位主義或地方保護主義的干擾，以及受立法者的素質的制約。因此在社會主義社會，法與法律仍然存在着區別和矛

盾，它的統一是相對的，只是矛盾的統一。有時也還會產生「非法之法（法律）」，即儘管合乎立法體制與程序，卻是違反法的本質與精神的法律、法規、規章等。只有到了人類大同社會，國家消亡，作為國家意志的法律形式消亡，而作為社會客觀存在的法 —— 社會共同意志關係與行為規則，仍然存在並不斷發展。這時，才不存在法與法律（國家的制定法）的矛盾了；但法與某種社會組織的成文規範的矛盾仍會存在。這當然是尚難預測的遙遠的前景。

第四章

全球化與
比較法學新思維

---

* 本章原為參加 2004 年中國比較法學年會的論文。

我認為，在我國，比較法學的研究處於新的階段，面臨新的局面，提出了新的課題，需要有新的思維。

所謂新階段，就國內而言，改革開放的實踐已有 25 年。我國正在實行由計劃經濟到市場經濟的轉型，由人治到法治的過渡。作為領導黨的中國共產黨也開始意識到要實現由革命黨到執政黨的轉變，由以黨治國到依法治國的轉變。我們已由過去的無法無天，到逐步恢復法制，初步建立了社會主義法律體系的框架，正朝着建設社會主義法治國家的目標邁進。相應的，法治觀念、法學研究也起了較大的變化：建國後的前 30 年中在所謂「應該經常以蔑視和批判歐美日本資本主義國家一切反人民的法律、法令」的司法改革指示誤導下[1]，講授或宣揚歐美國家的法律思想被當做禁區和「西化陰謀」，在 1989 年政治風波過後，大學講壇上一度只許「批判地」講西方法制和法律思想史。可以説長期來我國無真正的比較法學研究可言。到上世紀 90 年代中期以來，情況發生了變化，大量的西方法學名著被翻譯出版；立法中運用了比較法學的成果，外國法律受到尊重、借鑒乃至有某些規範的移植；法學論文（特別是博士論文）也以大量引證西方法學家的思想觀點為時髦和博學。比較法學研究會也是到這個時期應運成立。

現今，改革開放已經進入到實現深層次制度轉變的新階段。新一屆中央領導提出了「以人為本」「執政為民」和科學發展觀等治國理念，經濟統籌，人權入憲，保護私有財產上升為憲法原則。……這一系列新的舉措，或許預示着一個棄舊圖新的新局面可望到來，其在法治方面的體現，是開始向實行「以人為本」的社會主義憲政的目標邁進。

---

1. 參見 1942 年 2 月《中共中央關於廢除國民黨的六法全書與確定解放區的司法原則的指示》。

在我們所處的國際環境方面，新局面最突出的特點是：一個幽靈、全球化的幽靈，正在全世界徘徊。「我們這個時代最大的挑戰就是全球化」[2]，全球化引起對一系列國家與國際政治、經濟與法律的制度、概念、理念、遊戲規則等的衝擊和變遷。各種金融、貿易的全球化活動，人權跨越國家主權，司法超越國家管轄，生態環境災難、跨國犯罪和恐怖主義的災難也全球化等等，都在挑戰舊時代的民族國家的邊界局限。與此相應，全球通行的法制也在有些領域初露端倪。在以歐美發達的資本主義國家為主導的全球化進程中，中國面臨嚴重的挑戰。一方面，我國在許多領域還落後於全球化的潮流，尚未得到全球化的許多好處，卻承擔某些不利的後果；另一方面，隨着這些年來我國經濟的飛速發展，在全球經濟中佔居舉足輕重的地位，我國經濟過熱或減速，甚至對某一項生產或貿易進行微調，都會給其他國家和地區的經濟造成影響，甚至引起全球經濟的波動，所謂「北京打噴嚏，全球得感冒」。因而我國正感受着來自世界性的壓力（如所謂「中國威脅論」）。俄國科學院遠東研究所所長米哈伊爾・季塔連科院士認為：「全球化不僅使政治金融、文化聯繫和交流具有世界性，同時消除了國界，需要重新詮釋『國家主權』、『獨立』、『人權』、『公民社會』等概念，它還在摧毀着過去的種種傳統和國家法準則，動搖着許多國際組織的地位，包括聯合國的地位。」而「西方發達國家，首先是美歐國家和日本駕馭了全球化的進程，把它當作凌駕於世界之上的武器」。[3]

　　面對這種局面，我們如何應對，特別是對國際社會的法律、法制方面如何能「知己知彼」，跟上世界民主法治的新潮流和法制的新發展，正確運用和參與制訂全球遊戲規則，這一任務，就歷史地落在法學者、特別是比較法學研究者的肩上。比較法學面對這一新局面，為迎接全球化的挑戰，承擔了義不容辭的責任，也有了極大的活動空間。

2.〔德〕呂迪格・幅格特：〈國內政治終結了嗎？——全球化標記的政治與法律〉，原載德國《議會周報復刊・政治與現代史》，1998 年第 29／30 期；轉引自《全球政治與全球治理——政治領域的全球化》（北京：中國國際廣播出版社，2004）。

3. 見米哈伊爾・季塔連科：〈中國與全球化〉，載俄羅斯《遠東問題》雙月刊，1993 年第 6 期，轉引自《參考消息》，2004 年 2 月 1 日第 8 版。

有鑒於此，我認為比較法學要適應這一新階段、新局面，必須既從轉型時期的中國法制具有的過渡性為出發點、立足點，又要從全球化的視野中樹立某些新思維，為國家的未來的任務與法治、法學發展的方向、前途思考，在比較法學的研究的目標、重心及方法等方面，作適當的調整和轉變。

一、實行由法治啟蒙到弘揚新憲政精神的重點轉移

　　改革開放以來，在我國法制與法學的初建階段，比較法學主要是引進、介紹或照搬歐美法律與法學。可以說是「輸入法學」，還不能說是真正意義上的「比較法學」。出版社出版的多是翻譯原著，很少有比較研究的專著。法學論文也大多是引用外國法學者的語錄、論點來作為自己的論據，而對其理論與制度產生的歷史背景、社會條件、實施中的問題，執行中除依循紙面規則外，是否還存在某些「潛規則」等等，缺少比較研究。就內容而言，所重點推介的是 17、18 世紀西方啟蒙思想家的法治與法學理論、觀點、理念，強調的是要破除人治、黨治、權大於法等陳舊落後的觀念和體制，樹立有法可依、依法行政、權利保障／權力制約、司法獨立、罪刑法定等在西方已是常識性的原則。總之，重在法治思想的啟蒙和知識的普及。這些當然是我國法制建設與法學研究的必經階段。法學者作出了重要貢獻。

　　今後仍然停留在這個初級的「啟蒙階段」，顯然不夠了。比較法學一方面既要繼續引進、推介西方啟蒙思想家和現代法學思想家關於國家法治的基本理論、理念和西方長期以來行之有效的一國範圍內的法律制度，但不應只是限於對這些法治原則與具體規則作表層的知識介紹，而應把重點放在深入研究其生長的土壤、營養等歷史條件和隨着社會經濟與政治的發展而不斷耕耘、加肥乃至改變某些基因，從而使四架馬車時代的美國憲法乃至古羅馬時代的一些民法規則與原則，在現代宇航時代還保留着其能繼續適用的活力，進一步探究其獲得新的生命力的緣由，上升到某些具有普遍意義的規律性的法則，從而可以排除所謂特殊國

情的障礙，為我所用。這可以說是在高層次上比較和借鑒外國先進法律制度。

另一方面，更要把重點移到介紹和辨析當代西方發達國家為應對全球化的發展趨勢而提出的新理論、新觀念、新法制，使法治上升到新的憲政和憲治。

譬如在法理學、憲法學方面，過去我們推介的多是國家權力之間的分權與制衡，這在我國固然仍是尚未完全實現、需待繼續努力推動的；而當代西方學者提出的「新憲政論」，則主張進一步尋求從社會力量中營造制約國家權力的機制，亦即以社會權力制約國家權力。這種理念和機制卻尚未引起我國法學者、比較法學者的關注。

在市場經濟和全球化的條件下，權力出現多元化、社會化新趨勢；與此同時，權利的主體也出現了多元化的格局。當我們還在強調落實受本國管轄的公民權利、國民權利（如平等的國民待遇），或錯誤地籠統地宣揚「國家主權高於人權」時，國外已在談論超越國家的「球民」權利了。他們認為，民主化創造了國家公民的角色，福利國家創造了社會公民的角色，[4] 全球化則創造了「球民」的角色。1995 年 3 月在哥本哈根舉行的「關於社會發展的世界高級首腦會議」上，提出的一份報告稱：對全球化的挑戰的回答，是要樹立「全球公民權利」的思想。[5] 在有些地區（如歐盟），原來局限於民族國家範圍內的公民權，已開始部分地延伸為「歐盟公民權」或可稱為「盟民權」，可直接受歐盟的超國家權力的保護（歐盟成員國的公民可越過本國政府和司法機關直接向歐盟議會或法庭投訴）。聯合國屬下的各國公民，或「地球村」的「村民」，於「國民」的資格外，還應同時擁有「球民」的身份，享有全球人類應當共同享有的和平權、生存權、環境權、人類共同財產權、移民權等「球民權」。我們不僅是「炎黃子孫」，同時也是人類共同祖先的後代，應當享有作為人類的權利和擔當全球人類共同的義務。[6] 情情此

---

4. 同前書《全球政治與全球治理》，頁 30。

5. 同上書，頁 7。

6. 1978 年聯合國大會通過的 1 號文件確認：「所有的人都屬一個種類，都是一個共同祖先的後代，在尊嚴、權利以及人性的所有方面，他們都生而平等。」

在全球範圍內具有活動能力的世界性非政府組織和跨國企業，「跨越了民族國家的邊界，直接地、不必經過（本國的）政黨、議會、政府的過濾」，就能在全球發生影響力乃至支配力。[7]

在我們還在為我國漸進式民主建設和政治體制改革作論證時，法治發達國家已在討論多數制民主的某些缺陷，並進而構想在全球化條件下，超越一國範圍的民主的「全球民主」。在我們還剛開始研究市民社會問題時，人家已在展望「建設一個全球社會的新世界」。[8]在我們剛開始研究並介紹西方法治國家的一些理念、原則與經驗時，他們卻認為國家只是人類共同體中的一個特殊的形態，它不是唯一的法的共同體。人們不再只是國家的組成人員，在更大範圍中已是全球社會的組成人員。因此，法治主義應當超脫國家範圍的局限，擴展到全球社會。從而設想未來的「世界法制」或「法治主義的世界化」和「大同法治世界」了。[9]

在立法與司法方面，各種超國家的國際法庭和國際條約，正在侵蝕各民族國家的部分法律自主權。當我們還把「一事不再理」視為不可動搖的鐵則時，英國法學界、法律界已開始研討是否應當對此進行某些修正，以更有利於打擊某些惡性犯罪。

當我們還在強調生存權是首要人權時，西方學者已提出「存在權」的概念加以探討了。[10]

……等等等等。

由於我對外國現代或後現代法學思想、法律制度的新進展或新的演變知之甚少，難以一一列舉。而我開列的上述一鱗半爪，並非認為這

---

7. 聯合國出版的《全球治理委員會報告：我們的全球鄰居》，參見〔德〕烏爾布希・貝克：〈全球化時代主的兩難困境〉，載德國《議會周報副刊，政治與現代史》，1998 年 9 月，第 38 期。

8. 見同上貝克文。

9. 參見郭道暉：〈多元社會中法的本質與功能〉，原載《中外法學》，1999 年第 3 期；並收入郭道暉：《法的時代挑戰》（長沙：湖南人民出版社，2003）。

10. 指作為某種社會身份、地位而存在，如過去奴隸階級雖然有了集體的生存權，卻沒有作為社會人的存在權，他們只是作為「會說話的動物」和作為奴隸主的財產而存在，不能作為自由人、公民而存在。

些理論和構想都可行，更不是要把這些「後現代」或「後國家」的理論觀點，照搬到還處於「前現代」或向現代化過渡的中國，變為我國的實踐。但從比較法學視角考慮，我們的研究不能只跟在我國法治建設的緩慢進程亦步亦趨，而應當有適當超前的研究和遠見。我們應當有全球化的眼光和「從未來審視現在」的襟懷，多關注介紹世界各國法治與法學的前沿思想理論，並比較、辨析其是非得失，使我國法制與法治建設和法學研究在全球化視野下提升法治理念，預設較高的目標，使之由形式法治上升為實質法治，建設民主自由的憲政國家，並為未來參與營造全球法治大同世界的遠景，預留繼續前進的空間，從而得到「取法乎上，僅得乎中」的效果。

二、由固守「中國特色」的唯國情論，到樹立普適主義的全球法治觀

在學習和借鑒、移植外國法治理論和法律制度時，必須考慮是否適合本國的國情。這是比較法學研究的一個通則，是我們要恪守的基本原則。但是，真理跨過一步就會成為謬誤。「唯國情論」把所謂「國情」擴大到無所不包和變成阻擋外來「異端邪說」的針插不進的銅牆鐵壁。這是干擾比較法學的研究和運用的一大思想與外力障礙。它往往被歷來的保守派作為抵制外來新事物的武器。清末反對維新變法的所謂「體用分離」「祖宗之法不可變」；「五四」時代所謂「過激主義不適合中國國情」，都是如此。直到上世紀80年代末期，仍然有所謂要謹防「西化陽謀」、要「打一場沒有硝煙的戰爭」等「輿論導向」。

唯國情論是一種封閉型的理論，其特點是否認人類都是屬一個共同的族屬，「心之所同，與萬物同一」。否認人性的普遍性，從而否認基於共同人性、人的共同社會性，在人類創造的文明中，存在普遍性的規律，包含共同的、可互相通用的元素。人類形成和創造的萬千差別的社會與國家，在其多樣性、特殊性中都蘊含有普遍的法則和某些共同的價值標準，可以相互借鑒或移植。

唯國情論是比較法學的大敵。因為之所以要有比較法學這門學問，旨在從比較各國法律制度和法治思想中，尋求能為我所用的東西。

如果一概以「不合國情」或「防止西化」而拒之千里之外，比較法學的生命也就被扼殺。

現今唯國情論的主要論據是：

(一) 唯階級性論

唯階級性論，也就是所謂「姓社姓資」問題。至今政法界主流思想仍認為「三權分立」的體制「姓資」，人權有階級性，民主有「東西方之分」，倡言自由就是「資產階級自由化」，講要制約黨權就犯禁忌等等。

實則從比較法學的常識觀察，「三權分立」只是美國依其國情而建立的權力制衡的政治體制和機制，並不決定其根本國體性質。西方其他資本主義國家並不都實行三權分立（英國的內閣制，實行議會至上，政府首腦都是議會議員，上議院還同時是衡平法院；法國是行政權至上，行政法院屬政府管轄，獨立於普通法院等等。）

再則人權既然是基於人的自然本性和社會本性而「人皆有之」和「人該有之」的權利，就是超階級、超國界的，這同人權理論、人權法制有階級性和國別性的差別不能混為一談。有些論者熱衷於講超階級的人權的「階級性」，卻對國家主權最具階級性的本質視而不見，不問其主權是「在民」還是「在君」、「在獨裁者」，一概宣稱所謂「主權高於人權」。這就阻礙了對國際人權理論的比較研究和借鑒。

又如民主，就其實體內容，本義是「多數人的統治」；就其程序意義而言，即「多數票決定制」。任何實行民主制的國家都須遵循多數制原則，否則就是非法的和無效的。而「多數」只是量的概念，並不涉及事物的本質。資本主義國家的政黨要掌握政權，也必須得到全國選民多數票的支持。在此意義上的民主，本無東西方之分。至於論者強調的所謂「實質民主」，那已不屬作為程序的民主，而是另指其維護資產階級權益的政權和政府政策的性質。現在有些論者鑒於美國式的或拉丁美洲式的、乃至台灣式的民主所出現的一些醜聞，而質疑國人對民主的追求，甚至認為第三世界國家的人民「寧要麵包，不要民主」，引申為「權威主義優於民主主義」。誠然，民主不能直接當麵包吃，但是，沒有基本的民主，就一定沒有麵包吃。這已為我國的歷史教訓所證明。

再如自由，決非資產階級的專利，反而是馬克思主義的老祖宗在《共產黨宣言》中就已宣佈為共產黨人的最終理想目標，即建立「自由人的聯合體」，在那裏，「每個人的自由發展，是一切人自由的發展的條件」。改革開放以來，我國一切成就的取得，幾乎無不同政治與經濟上「解放思想」和「解放生產力」的各項政策舉措息息相關。而「解放」者，脫出壓抑人的活力的牢籠、桎梏與枷鎖而獲得「自由」也。其實，資產階級的自由也是有限制和限度的，並沒有也不可能達到徹裏徹外的絕對自由的「化」境。批判「資產階級自由化」倒有可能美化了資產階級的自由。

至於對執政黨的黨權的制約，世界各國皆是如此。我國事實上也列為憲法的規範，即「各政黨……都必須以憲法為根本的活動準則」（憲法序言），「各政黨……都必須遵守憲法和法律。一切違反憲法和法律的行為，必須予以追究。」（憲法第五條）。但實踐中，比較研究各國的政黨政治與政制，對照我國時，往往成為一種禁忌。今年胡錦濤在紀念 7 月 1 日黨的 83 周年生日的講話中，提出「對世界上其他政黨執政的一些做法和措施，……在治國理政方面的有益做法，我們要研究借鑒，以開闊眼界，打開思路，更好地從世界政治經濟發展的大格局中把握加強黨的執政能力建設的規律」。[11]這為比較法學開啟了門禁，我認為今後應當在政黨制度的比較方面加強研討。

(二) 體用分離論

以上剖析的這些唯階級論的觀念，還是承襲了張之洞所謂「中學為體，西學為用」的古訓，認為只能「師夷之長技」，而不能動「祖宗之成法」。其實體與用是內容與形式的關係，二者不可分離或脫節。未有舊體制巍然不動，而能容納依附於先進體制下的規矩制度。清末著名思想家嚴復曾主張「自由為體，民主為用。」這就道出了要學習運用西方的民主，得改變封建君主專制的國體，而以自由為本體。

本來對於外來的理論、制度的接納，可能出現兩種情況：一是作為輸進的新鮮血液，以增加原體制的營養，或納入原有體制而融化或同

---

11. 引自《人民法院報》，2004 年 7 月 1 日第 1–2 版消息。

化之，成為其有機組成部分。這是在原體制本來強大而先進的條件下實現的。如魯迅所説，我國漢唐時代，國力雄大，「凡取用外來的事物的時候，就如將彼俘來一樣，自由驅使，絕不介懷」。[12] 另一種情況是，外來事物起沖刷和調整作用，促使原有落後的體制革故鼎新，以適應新制度。

可是，體用分離論卻患着「恐資病」，怕「吃了牛肉自己也即變成牛肉」。[13]

恩格斯講過：「人們可以把舊的封建法權形式的很大一部分保存下來，並且賦予這種形式以資產階級內容，甚至直接給封建名稱加上資產階級的含義。」人們也可以「以同一個羅馬法為基礎，創造像法蘭西民法典的資產階級法典」。[14] 在我們看來更為奇特的是，曾經被認為是「垂死的資本主義」之所以至今仍保有長壽的生命力，據西方學者的論説，部分原因是他們實行和實現了《共產黨宣言》中馬克思、恩格斯提出的十項社會政策，緩和了階級矛盾，顯示出資本主義自我調節的能力。資產階級有這種魄力，不怕繼承和修補奴隸制的法律乃至吸收某些社會主義的政策，為其所用。作為社會主義者反而害怕和拒絕繼受資產階級以及人類的共同文明成果，其思想根源就在於自樹階級性、體用分離的壁壘，凡外來理論、制度，一概與之劃清界線，豈不可悲！

(三)「特色」崇拜論

改革開放以來，黨的領導人提出「建設有中國特色的社會主義」的命題和任務，在實踐中取得了卓有成效的結果。但是，也出現把「中國特色」泛化和神聖化的傾向。唯國情論者更將它作為中國之「國體」，不容外物滲入。

其實所謂「中國特色社會主義」是一個專有詞匯，指現今我國實行的社會主義只是「初級階段」的社會主義，而非馬克思主義創始人所

---

12. 魯迅：《墳‧看鏡有感》。

13. 魯迅：《集外集拾遺‧關於知識階級》。

14.〔德〕馬克思、恩格斯，中國共產黨‧中央馬克思恩格斯列寧斯大林著作編譯局：《馬克想恩格斯選集》（第4卷）（北京：人民出版社，1972），頁248。

構想的理想社會主義或發達的社會主義。「中國特色」主要特在它的初級形態，即在政治、經濟和社會生活上還是處在不發達的、發展中的水平。這是我國的基本國情。一切改革舉措都要適合這一國情，不可急於求成、急於求純。這也是我國付出幾十年沉重代價才認識到的真理。

但是強調這個特色，主要是防止超越我國所處的初級歷史階段，去提前實現所謂「消滅私有制」、「按需分配」的共產主義經濟制度；並不意味着拒絕借鑒和學習、移植外國先進的法文化與政治文明。所謂「中國特色」，不只是生產力發展水平大大低於發達國家，也不只是處於由計劃經濟向市場經濟的轉型時期；而且從歷史宏觀上說，我國還處於由封建、半封建社會直接向社會主義社會過渡的歷史階段，要繼續清除幾千年封建專制的種種消極、腐朽的傳統積澱在政治、法律制度上的深厚影響。這也是為什麼主要是反對封建專制制度的歐美17、18世紀的啟蒙思想，對我國改革事業具有極大的吸引力和針對性的緣故。而作為「社會主義的物質前提」的現代資本主義某些政治、經濟與法律制度文明，對我國就更具有現實的功用，應當在比較研析的基礎上，擇善而從、兼收並蓄，廣泛吸取。

「特色」論者往往以我國經濟實力差，國民文化程度低作為政治改革應當緩行，外國法律制度不能移植的理由。其實考察一下歐美主要資本主義國家的情況，據歷史資料統計，1866年英、法、德、美的生鐵產量的總和才824萬噸，不到現今我國鋼產量1.2億多噸的零頭。那時既沒有電視，也沒有手機，既非知識經濟，也非資訊社會。但他們那時卻已開始實行了初步的民主選舉，契約自由，權力制約，司法獨立，人權保障，無罪推定等我們至今尚未完滿實現的政治文明與法律制度。通過這一比較，就可說明，以我國經濟落後、國民文化素質差這一「特色」為藉口，而認為西方這些先進制度「不適合中國國情」，是不符合歷史事實邏輯的。

至於有些學者主張建立「中國特色法學」，則是把「中國特色社會主義」這個政治術語泛化於法學。我曾經探討過這個提法，[15] 認為一國的法制可以有中國特色，如古代中國的中華法系。當今講「特色」，則

---

15. 郭道暉：〈中國法哲學與馬克思主義法學的現代化〉，載鄭永流主編：《法哲學與社會哲學論叢》（北京：中國政法大學出版社，1998）。

主要是要符合「初級階段」的社會主義和轉型時期的中國經濟政治狀況。但也要遵循法發展的共同規律和與世界法治接軌。再則，法文化同其他文化藝術形式不同，後者可以以多樣化的民族特色形式為主，前者則以社會治理的共同規則為主，民族「特色」是附麗其上的，在全球化時代更是日益趨同的。

至於法學作為一門學問，是研究普遍規律的科學，雖然也可以有某些本國特色或特殊性，但卻要從特殊性中找出一般規律或規則。不同學派也很少是以國別為特色來命名，同一國家就可能有許多不同學派；而且是以學者個人的獨到思想觀點為標誌，如自然法學、純粹法學、歷史法學、法社會學之類。再者，如前所說，「中國特色社會主義」主要是指「初級階段的社會主義」，套用於法學，難道有什麼「初級階段」的法學？更難說有什麼「中國特色」的比較法學。問題更在於，不能因為要樹立法學的「中國特色」，而忽視、貶低或拒絕對外國先進的法學理論的吸收。

(四)「不可比」論

比較法學是建立在事物的可比性基礎上。任何事物都可以進行比較，這是基於事物的物質統一性和萬有聯繫性。雞蛋與石頭，一個是無機物，一個是生物，似乎無可比性。但是，「雞蛋碰石頭」，就是從比較而得出的格言，即從二者的質地的堅與脆上作比較。唯國情論以東西方基本制度不同，經濟、政治、文化的性質與傳統相異，彼此格格不入，甚至對立，而認為無可比性，據此拒絕引進發達國家的法律制度。其實，他們在得出這種結論過程中，已經作了比較，只不過沒有採取科學的實事求是的比較方法和態度所致。法律法制、法治的可比性的主要依據在其功能的共同性。這也是為什麼任何國家、社會和處於任何歷史階段，都需要法制的緣故。可以因經濟、政治制度和文化傳統不同，而在理念內容、運行方式與程度上有區別，但並不因此排除任何可資借鑒、仿效的元素。

至於有些論者強調利用「法的本土資源」，這對於完全無視我國法文化中也有許多可資繼承和弘揚的精華，只知照搬外國法律制度和法學

思想，不加消化的弊病而言，是有積極意義的。但還是應當把重點放在對外國先進法律制度的引進上，不能以「本土資源」蓋過或排斥全球資源。須知我國沒有經過資本主義民主與法治階段，這方面的「本土資源」是很貧窮缺乏的。

三、由一元化的價值觀，到多元化的綜合創新思維

全球化不是全球機械性的一體化，而是差別性與共同性的結合，多元性的有機統一。包括經濟一體化中的合作，政治的多極化，以及文化、包括法文化的多樣化。比較法學在學習、推介外國法治與法學思想時，應似注意兩點：

(一) 不要「一邊倒」

我們對上世紀50年代「學習蘇聯」的教條主義的危害都有共識。學蘇本身無可厚非，問題在於「一邊倒」地只學蘇，只相信蘇聯社會主義法制是最好的，排斥一切資本主義的東西，這種價值觀上的一元化的傾向，則是失策的。近年突破了所謂「西化陰謀」的假想敵，大量推介了西方先進的法治思想和法律制度，是值得欣慰的現象。但是，法學界較多或較注重介紹的是英美國家的法律思想與制度，而對於歐洲大陸法如德國、法國以及北歐國家的法律，推介較少。事實上，舊中國的法制大都取法於德日等大陸法系，現今也有其影響。借鑒這些國家，對我國法制建設也是重要的參考。而歐盟的憲法和法制，則是當代全球化條件下產生的新事物，更應引起我國比較法學界的關注。至於俄羅斯和東歐國家由社會主義到資本主義的轉型過程的法制變革，第三世界發展中國家的法制，對具有類似經歷和處境的我國法制建設，也有值得參考的地方。所以，比較法學研究也不要「一邊倒」向美國（雖然這有客觀原因，如我國法學界大多是美國留學生；美國在當今世界上具有獨特的權威與影響力），而應兼收並蓄，不只是單一地、而且更注意對各國法制和法學思想進行綜合的研究。

(二) 提倡價值取向和學術觀點的多元化

在比較研究各國法治與法學思想、制度時，應當容許有不同的價值取向和理論觀點。我們在應對外國對我國人權狀況的非難時，常常強調不能強制用西方國家的價值觀來衡量中國，也就是主張價值觀的多元化。可是，我們在面對國內學者對人權和其他學術問題的研究中的不同觀點，卻往往強調「指導思想」的一元化，定於一尊，缺少寬容大度、百家爭鳴精神。

中國法學者經常遇到的一個為難的問題是，在學術研究、比較法學研究中，對待馬克思主義、包括其法治思想的態度問題。作為社會主義國家的法學者，大都是贊同或不反對以馬克思主義作為法學研究的指導思想的。但什麼是真正的、或者至今有指導意義的馬克思主義？同在馬克思的旗幟下，是否會有、而且是否應當容許有不同的觀點，乃至不同的派別？事實上，馬克思、恩格斯在世時和他們去世之後，在馬克思主義名義下和社會主義運動中，就出現了許多派別，像普列漢諾夫、考茨基（Karl Johann Kautsky）、盧森堡（Rosa Luxemburg）、盧卡奇（György Lukács）等。至於列寧主義、斯大林主義、毛澤東思想、鄧小平理論等，過去都是作為馬克思主義的正統，認為是一脈相承的，事實上卻並非完全如此。（如鄧小平已突破了馬克思的有些預想和理論，斯大林主義和毛澤東的晚年思想則完全偏離了馬克思。）

之所以會有不同或者相反的理論、策略、觀點，一是基於社會原因，即時代不同，前人的理論要有所更新、修正；二是認識原因，主要是對馬克思創始人的理論思想的理解有誤差；也有很多是基於對事物的視角不同，而得出不同結論。馬克思指出過，任何事物都是「一個具有許多規定和關係的豐富的總體」，是「許多規定的綜合，因而是多樣性的統一。」[16] 有些人看到這一面，有些強調另一面，這就是所謂「見仁見智」，都掌握了一部分或一面的真理。在這個意義上，真理不止一個，而是多個、多面的綜合。我想我們法學界的有些不同觀點的爭論，應是屬於這一類，因此不應當碰到不同觀點就說是離經叛道。

---

16. 〔德〕馬克思、恩格斯，中國共產黨・中央馬克思恩格斯列寧斯大林著作編譯局：《馬克思恩格斯選集》（第 2 卷）（北京：人民出版社，1972），頁 102-103。

1991 年 8 月，我出席了在德國舉行的「國際法哲學社會哲學協會
(Internationale Vereinigung Rechts, IVR)」第 15 次世界大會。會上一位原
東德的法哲學教授克萊納作了題為《馬克思主義法哲學還剩下什麼？》
的專題演講，引起熱烈的爭論。他在報告中肯定了馬克思主義的科學性
和歷史功績，並認為不能因為十月革命開始的社會主義實驗的失敗，而
要求曾經信奉、並且現在仍然遵循馬克思理論的人們對在實踐中歪曲馬
克思主義的人的罪行負責。現實社會主義在其進程中即使「幾乎全軍覆
沒」，也不等於同時宣判了馬克思主義理論的死刑，我們的研究目標應
當是「拯救馬克思主義於其追隨者之手」。但他又認為，馬克思主義理
論已經被其追隨者弄成格格不入的精神教條，甚至當成「國教」，這絕
不是馬克思的本意。他還認為馬克思主義有某些「先天不足」，如「對
法學以及法哲學問題總是以附帶的態度，當作派生的問題來對待，使
後來理論上的教條主義和實踐中的獨裁者造成災難性後果」。馬克思還
「低估了資本主義的進步潛能及法律在這方面顯露出來的可能性」，「對
未來社會主義社會體系運作機制定性時採取了消極看法，不把它看作是
一種法的體制，導致某些馬克思主義者產生低估主體權利、低估公民政
治權利、甚至低估整個平等論的看法」。他說馬克思主義法哲學本來是
解放的哲學，最終卻變成統治和鎮壓哲學。他認為應當重建馬克思主義
法哲學，但重建並不要抹殺過去合理的東西，不能把「馬克思主義法哲
學還剩下什麼」這個命題理解成「難道還有什麼剩下的嗎？」[17]

　　的確，馬克思主義的創始人的一些理論也要接受時代的檢驗。當
年馬克思預見「資本主義的喪鐘響了」就有空想的成分。恩格斯晚年
也承認說：「歷史表明我們也曾經錯了，我們當時所持觀點只是一個幻
想。」、「當時歐洲大陸經濟發展的狀況還遠沒有成熟到可以剷除資本
主義生產方式的程度」，資本主義經濟「還具有很大的擴展能力」，「工
人階級自身還沒有成熟到實現社會主義改造並進行政治統治的程度」。
所以作為他們的後繼者需要對他們的某些原理和具體結論加以時代的檢
驗，也需要對馬克思一百五十多年前的理論進行革新，這就是說，馬克
思主義也要現代化，要檢驗馬克思，發展馬克思。這又涉及我們要堅持

---

17. 參閱郭道暉：〈IVR 主題論文述要：馬克思主義法哲學還剩下什麼？〉，載郭道暉：《法
　　的時代呼喚》（北京：中國法制出版社，1998），頁 625-628。

的是什麼樣的馬克思主義，什麼才算是堅持了馬克思主義的正統的問題。這一點，盧卡奇在《歷史和階級意識》一書中説得最徹底：「正統的馬克思主義並不意味着無批判地接受馬克思的各種研究成果。它不是對這一個或那一個命題的『信仰』，也不是對『聖』書的注解。恰恰相反，正統僅僅是指方法。」即辯證法。他認為只要忠實於唯物辯證法，即使新的考察完全駁倒了馬克思的所有結論，也可以毫無保留地接受這種新的考察，放棄過時了的舊命題，而仍不失為「正統的馬克思主義者」。

盧卡奇這話也許太極端、絕對，但也有他的道理在，也有助於我們把握住這個核心和靈魂，就既不至於動搖對馬克思已發現的真理的堅持，也敢於揚棄其過時的甚至錯誤的、烏托邦的東西，更不至於用定於一尊的、僵化的歪曲的「馬克思主義」來衡量、否定其他異己的、所謂非馬克思主義的理論觀點了。

馬克思主義是一個開放的體系。馬克思就是吸收了前人和他那個時代的先進思想文化的精華（那些都屬於非馬克思主義範疇）而創立了馬克思的學説。我們要研究和推進比較法學，面臨兩項任務，一是應當廣泛借鑒和吸收當代世界各國的先進法文化的成果；一是在堅持馬克思的辯證唯物主義和歷史唯物主義這個核心的同時，對馬克思主義法理現代化。我建議比較法學界對東西方不同派別的馬克思主義和馬克思主義法學，進行比較研究。這還是我國比較法學研究的一個空白。

我相信我國法學界、比較法學界能清醒地認識和把握我們所處的新階段和新任務，以新的思維來面對，所謂「幼稚的法學」就一定能夠走向成熟，比較法學研究也得以在全球化的大潮中，破浪前進。

第五章

正確看待法學領域中姓社姓資問題

* 本章原載上海《法學》月刊，1992 年第 6 期。曾獲該刊 1992 年優秀論文一等獎。

一

　　新中國政權建立以來，所謂「姓『社』姓『資』」問題就一直困擾着我國思想界、理論界（包括法學界）。在已經完成社會主義改造以後，長期仍以「階級鬥爭為綱」，大搞「興無滅資」、「兩條道路」的鬥爭，批資產階級右派，批資產階級的同路人（「右傾分子」），批走資派，批黨內資產階級，步步升級，到處樹敵，曾經導致禁區林立，草木皆兵。那時，對一些本來正確的政策措施和理論觀點，不是先從實踐出發，從「是否有利於發展社會主義社會的生產力，是否有利於增強社會主義國家的綜合國力，是否有利於提高人民生活水平」出發，來判斷其是非得失，而是從抽象概念出發，從本本出發，先問「姓『社』姓『資』」。20世紀50年代已經提出的農村「包產到戶」的政策（實即現在的家庭聯產承包責任制），長期被扣上姓「資」的帽子，打入冷宮，以致後來連經營一點自留地、多養幾隻老母雞，也被當做「資本主義尾巴」割掉，使我國農村長期處於貧困狀況。對知識分子，不是先問他們在發展我國科技文化、發展生產上的實際貢獻，而是追究其「資產階級世界觀」，長期扣上「資產階級知識分子」的帽子。雖也曾幾度舉行過「脫帽典禮」，但運動一來，依然如故，總擺脫不了受批挨整清理檢討的陰影，嚴重挫傷了知識分子的積極性、創造性。這種政治上、思想上「左」的積習，或多或少延續至今，還在一定程度上影響着改革開放和社會主義建設事業的大踏步前進。譬如對「三資」企業，關注的是對它們的所有制性質的認定，得出「多一份『三資』企業就多一份資本主義」的結論；對向外商轉讓土地使用權，把它同舊中國的「租界」相提並論，說成是「出賣主權」，而不問這些舉措對搞活經濟，發展社會主義社會的生產力的實際效益。對西方發達國家的發展生產、治理國家的某些經驗，多從階級性上論是非，而不從實踐的功利性上加以借鑒，把吸收人類文明成果等同於「全盤西化」等。

這種思維方式，在法學界、法律界也有表現。20世紀50年代後期，把「公民在法律上一律平等」、獨立審判、法有繼承性等法律原則和法學觀點，都當做資產階級法律思想加以鞭撻，使剛剛興起的法制建設中途夭折。黨的十一屆三中全會後撥亂反正，法學界從重災區裏走出來，呼吸了「真理標準」大討論的新鮮空氣，一度思想活躍，百廢初舉。法學界批判了「以階級鬥爭為綱」的「左」的指導思想，使十年來法學研究進展顯著，方興未艾。其間遇到了波及於法學界的思潮的某些干擾，法學界在批評「否定馬克思主義的指導地位」等錯誤思想的同時，對防止「左」的思想的回潮，沒有給以足夠的注意。有些報刊言論把某些本屬不同學術觀點的分歧，誤作資產階級自由化觀點同四項基本原則的對立。把諸如法的階級性與共同性問題、原始社會與共產主義社會是否有「法」的問題、「分權制衡」問題、「權利本位」問題、「爭人權」、「爭民主」問題，以及對傳統法學的評估問題，當做「資產階級自由化」或「自由化的理論基礎」來批。某些本來可以探討或可資借鑒的理論與法制經驗，如黨與法的關係問題、權力監督與制約問題、違憲審查問題、市場經濟問題、股份制問題、無罪推定、有利被告等問題，或被視為禁區，或欲言又止，舉步維艱。有些甚至把「學術研究無禁區」的原則也列入批判對象，把講授西方法律思想史、制度史課程作為「設置對立面」，規定必須事事有批判地講，否則寧可不開不講。

　　凡此種種造成法學界頗為壓抑的輿論環境，束縛了人們思想的活躍與創新，使近年法學界學術氣氛較沉悶，探索爭鳴難開展。一些人視某些敏感理論與實際問題為畏途，不敢涉足，甚至抱定「同政治、同政治家保持距離」的處世哲學，不敢說本本上沒有說過的新見解新觀點，怕被當做是背離了馬克思主義原理；不敢大膽借鑒外來的有益的理論與經驗，怕被說成是「照搬」資本主義的東西。毫無疑問，確實是資本主義的反動腐朽思想必須加以抵制，資產階級學術思想中的糟粕也必須認真辨析，對於右的思想觀點，仍然必須保持警惕。但正如鄧小平同志指出的：「右可以葬送社會主義，『左』也可以葬送社會主義。」在法學家，「左」的思想也可以葬送繁榮馬克思主義法學的大好時光。「要警惕右，但主要是防『左』」。

二

　　法學界「左」的思想，從政治上看，仍然是根源於「階級鬥爭為綱」的餘波未盡。從思想認識根源上看，則主要是形而上學和唯心史觀的思維方式與思維慣性，還在相當程度上糾纏着人們的頭腦。二者的集中體現，主要在如何看待「姓『社』姓『資』」的問題上。小平同志的南方談話，為我們正確認識和處理這個問題，提供了有力的理論武器。初步學習，感到以下幾點是需要予以明確的。

(一) 明確姓「社」姓「資」問題存在的範圍

　　世間的事物是極其複雜多樣的，並非都是非此即彼，更不都是非「社」即「資」。不能凡事都要從政治上、從階級性上問個「姓什麼」。在事物的此彼之間，還存在着廣闊的中間地帶：

1.　存在着「非此非彼」的第三者

　　如在社、資間還有姓「封（建）」的。大量的則是無姓或中性的，即不屬政治範疇、階級範疇的事物。譬如法律中的語言，某些反映社會化大生產規律的、技術性的規定，法學中某些反映客觀真理的觀點，就不能一概貼上姓社姓資的標籤。

2.　存在着「亦此亦彼」的中間事物、過渡狀態

　　譬如鴨嘴獸是哺乳動物，卻會下蛋。社會主義社會是由資本主義到共產主義社會的過渡時期，還不能全部消除資產階級法權和資本主義痕跡。社會主義的法既具有階級社會的某些基本特性（如階級性、國家強制性），又有某些過渡的新特點（如由作為階級鬥爭工具為主，轉到調整社會內部矛盾為主和以經濟建設為中心）。

3. 存在着整體與部分的本質區別

馬克思、恩格斯早就指出：「許多力量融合成一個整的力量，……這種力量和它的一個個力量的總和有本質的差別。」[1]整體由各部分構成，但整體的性質不一定都等同於具有相對獨立性的部分的性質。中華人民共和國作為一個整體是社會主義國家，但並不排斥而是容納其某個部分（如香港、澳門特別行政區）實行資本主義制度。法在整體上有階級性，並不排除個別法律規範與法律條文的非階級性。

4. 存在着本質與現象、內容與形式、目的與手段等區別

其中某些現象、形式、手段就不一定都有姓社姓資的區別。如計劃經濟與市場經濟是「資」、「社」皆可為用的手段。某些經營管理方法和法治形式，也是如此。拿本質與現象這對範疇來説，現象一般是體現本質的，但也可以出現某些變異。由於「現象比規律豐富」[2]，法與國家在本質上都有階級性，但如馬克思説的，它們「可以由無數不同的經驗的事實、自然條件、種族關係，各種從外部發生作用的歷史影響等等，而在現象上顯示無窮無盡的變異和程度差別」。[3]資本主義國家的法律在整體上當然姓「資」，但資產階級議會所通過的個別具體法律或法律條文，有些是人民鬥爭的產物，可能出現偏離統治階級意志與利益而對勞動人民有利的「變異」，如馬克思所指出的：「資產階級懂得，即使個別的法律條文對他們不便，但整體立法必定是用來保護他們的利益的。」[4]這裏所説的「不便」，正是偏離整體性質的個別變異。否認資本主義國家的法在整體上在本質上姓「資」是錯誤的；忽視其個別部分和某些法律現象的變異，也不利於我們借鑒、吸收對我們有用的東西。

---

1. 〔德〕馬克思、恩格斯，中國共產黨・中央馬克思恩格斯列寧斯大林著作編譯局：《馬克思恩格斯全集》（第 20 卷）（北京：人民出版社，1957），頁 139。

2. 〔俄〕列寧，中國共產黨・中央馬克思恩格斯列寧斯大林著作編譯局：《列寧全集》（第 38 卷）（北京：人民出版社，1959），頁 134。

3. 〔德〕馬克思、恩格斯，中國共產黨・中央馬克思恩格斯列寧斯大林著作編譯局：《馬克思恩格斯全集》（第 25 卷）（北京：人民出版社，1974），頁 892。

4. 〔德〕馬克思、恩格斯，中國共產黨・中央馬克思恩格斯列寧斯大林著作編譯局：《馬克思恩格斯全集》（第 2 卷）（北京：人民出版社，1957），頁 515。

再就法的本質而言，也是多層次的，不能一概以「姓社姓資」來劃分。如列寧所說：「人對事物、現象、過程等等的認識從現象到本質、從不甚深刻的本質到更深刻的本質的深化的無限運動」，[5] 是「由所謂初級的本質到二級的本質，這樣不斷地加深下去乃至無窮」。[6] 而且，本質也有「本質內容」和「本質形式」（即內在結構）的區分。「形式是本質的。本質是具有形式的」。[7] 不能把階級性說成是法律的唯一本質。法律的本質內容包括它的階級性（統治階級意志的體現），也包括決定它的社會物質生活條件、客觀物質規律性（法律也是這些客觀存在的體現）。後者就不完全屬「姓『社』姓『資』」的範疇。至於法律的本質形式，主要是指它的規範性、國家強制性等內在結構形式。法律同政策、道德的區別，正在於這種本質形式的不同，而非本質內容不同（都是統治階級或人民意志的體現）。對這類本質形式，就不能簡單地加以姓「社」姓「資」的劃分。

再就法律的階級本質而言，也是有多層次的。它包括階級壓迫性（作為階級鬥爭與專政的工具），階級利益傾向性（主要體現在憲法、行政法、經濟法等法律中），和意識形態性（世界觀、道德觀與方法論）。其階級性或「姓『社』，姓『資』」就有強弱濃淡不同，也要加以區別對待。

此外，就社會制度而言，也有基本制度與具體體制、機制、措施、方法等的區別。基本制度姓「資」，並不因而其所有的具體政治、經濟、法律、文化體制、機制也都姓「資」。資產階級的整個法律與法律體系姓「資」，也並不見得其每一個具體理論觀點「無不打上階級的烙印」，其中有些反映客觀真理的東西，應視為人類共同的文明成果，可以為各階級所利用。

5. 〔俄〕列寧，中國共產黨·中央馬克思恩格斯列寧斯大林著作編譯局：《列寧全集》（第38卷）（北京：人民出版社，1959），頁239。

6. 〔俄〕列寧，中國共產黨·中央馬克思恩格斯列寧斯大林著作編譯局：《列寧全集》（第38卷）（北京：人民出版社，1959），頁278。

7. 〔俄〕列寧，中國共產黨·中央馬克思恩格斯列寧斯大林著作編譯局：《列寧全集》（第38卷）（北京：人民出版社，1959），頁151。

總之，我們應當擺脫看事物非此即彼、非「社」即「資」的形而上學思想方法，不要把自己禁錮在極為狹小的視野和活動範圍之中。

(二) 明確判斷姓「社」姓「資」的標準

在具有階級屬性的事物當中，如何判斷其姓「社」姓「資」，不能從本本出發，從抽象概念出發，而必須從實踐出發，以鄧小平所講的三個「有利於」作為衡量的尺度。這裏需要明確以下幾點：

1. 姓「社」姓「資」的結論，應當產生於實踐檢驗之後，而不是凡事先按本本來定性，貼上標籤，決定取捨。像分權制衡、無罪推定、有利被告等法律原則，以及市場經濟、股份制等等，就不能因為馬克思主義本本上沒有講過它們姓「社」，或者因為這些是資產階級理論家創造的，資本主義國家運用過的，就說它們姓「資」；而不看它在我國經濟與法制建設實踐中是否有用，是否有利於搞活經濟，是否有利於加強對權力的監督與制約，有利於保護被告人的合法權利和保證審判的公正性、準確性。

2. 「三有利」作為衡量姓「社」姓「資」的標準，主要是就整體（或總體）而言，就宏觀而言，就社會基本制度而言，就改革開放的基本國策而言。至於衡量某個具體的經濟成分，某個具體的或局部的法律制度就不儘然。因為凡是姓「社」的，應當是符合「三有利」的；但凡是符合「三有利」的，並非都是姓「社」的。逆定理不真。譬如我國在社會主義初級階段，容許並且鼓勵私營經濟和「三資」企業的存在與發展，因為它們符合「三有利」的標準。但它們並不因而姓「社」，而是姓「資」。它們只是作為社會主義公有制經濟的「有益補充」。但由於它們是在我國公有制為主體的前提下的補充，且受我國政權和社會主義經濟所制約，從總體上說不會改變我們國家的社會主義性質。因此，就允許和鼓勵其存在與發展這一改革開放的政策而言，這種政策是姓「社」的。基於同樣的理由，我國保留未來香港特別行政區的資本主義制度（包括資本主義法律制度）五十年不變，是符合「三有利」原則的，但香港作為一個局部地區卻是姓「資」的；至

於「一國兩制」的國策和包括未來香港特別行政區在內的中華人民共和國作為一個整體，又都是姓「社」的。

3. 「三有利」的標準是就其最終結果而言，而不是就其「立竿見影」的直接效應而言。這特別是對於法學理論這類具有相對獨立性的意識形態是如此。「三有利」是政治實踐與經濟實踐的價值標準，不能簡單地把它作為直接衡量某個法學觀點的真理性的標準。因為作為一個學術觀點，它不單有姓「社」姓「資」的區分，還有真理與謬誤、唯心與唯物，以及不同學術派別之分。社會科學理論的真理，有時還需要長期、反覆的社會實踐才能得到驗證。當然法學理論、觀點最終必須有利於解放和發展生產力，「三有利」可以作為衡量它的社會意義的價值標準。也只有這種理論才是先進的、符合社會發展需要的理論。這種理論也才能落地生根，永葆其勃勃生機。

(三) 明確對待「姓社姓資」的態度

對社會主義國家來說，姓「社」的東西，一般說來，被認為是好的，進步的，是我們需要採用和堅持的；姓「資」的東西，一般說來被認為是壞的，倒退的，是我們需要捨棄或排斥的。但這個公式不能把它絕對化。在某些具體制度、環節上，就不能一概而論，不能完全以姓「社」姓「資」作為區分好壞優劣的標準。有些東西雖則是姓「社」的，如果它是過時的（如「供給制」、「大鍋飯」、「鐵飯碗」），或者是虛幻的（如「大躍進」的共產風，「一大二公」的人民公社），就對解放和發展生產力不利，就該捨棄、打破。而某些東西，即使是姓「資」的（如前述的私營經濟、外資企業、香港的資本主義制度），在社會主義初級階段，對發展生產力和改善人民生有利，就可以利用。資產階級的法權形式、法治經驗，只要對完善我國社會主義民主與法制有用，就可以拿來或移植過來，加以改造，為我所用。這裏我想重複引用我在 4 年前在《法學》月刊上發表的一篇文章中的一段話，作為論證：

不要一見到有階級性的東西就退避三舍。恩格斯曾經指出：「人們可以把舊的封建法權形式的很大一部分保存下來，並且賦予這種形式以資產階級的內容，甚至直接給封建名稱加上資產階級的含義。人們也可以『以同一個羅馬法為基礎，創造像法蘭西民法典這樣典型的資產階級

的法典』。」資產階級可以賦予封建的（或奴隸制的）法權形式以資產階級內容與含意而加以利用，無產階級難道就不可以賦予資產階級法權形式以社會主義內容與含義，而加以利用嗎？當然這兩種利用，因其階級性質不同而有重要區別，但並不排斥這種利用。事實上，我們已經把「民主」、「法治」、「法律面前人人平等」等資產階級的法權形式和名稱，賦予了社會主義的內容和含義，為我所用了。

總之我們應當拋棄以階級鬥爭為綱的舊觀念，堅持以發展生產力為中心、為標準的思想。只要是對發展生產力和推進社會進步、提高人民生活水平有用的，即使是資產階級用過的，或者是資產階級的，我們都可以利用。……社會主義民主與法制也不是從天上降下來的，需要吸收前人的成果。而這方面，資本主義國家積累了正反兩方面的豐富經驗。正如列寧所說：「不利用大資本主義所達到的技術上和文化上的成就，社會主義便不可能實現」。（這裏講的「文化」當然也包括法律文化）。「全盤西化」是錯誤的，「恐資病」也是不可取的。[8]

我們的「恐資病」有兩種症候：一是杯弓蛇影，庸人自擾，把非資本主義的東西當成是姓「資」的；一是但凡姓「資」的，一概視為洪水猛獸，懼而遠之。殊不知資產階級的東西，既有糟粕，也有精華，有些在歷史上起過非常革命的作用，有些至今也還值得借鑒、吸收。正如現代資本主義國家也在借鑒、移植社會主義國家某些行之有效的具體做法一樣。

恐資病產生的政治根源是「階級鬥爭為綱」的理論與實踐；其認識論的根源則是唯心史觀和形而上學的思維方式。表現為在堅持對事物作階級分析時，沒有同時堅持作唯物史觀的歷史分析。揭示事物的階級性只是指出了階級社會中的事實；對這種事實的評價則應以是否有利於社會生產力的發展為準繩。人們可以用詩人般的「高尚的義憤」去斥責奴隸制、封建制以及資本主義的剝削，但馬克思、恩格斯則指出了它們在一定歷史階段的歷史必然性和歷史正當性，[9] 指出沒有古代的奴隸制，

---

8. 參見〈社會主義初級階段法制建設思想戰略的幾個問題〉一文，原載《法學》，1988年第 8 期。

9. 〔德〕馬克思、恩格斯，中國共產黨‧中央馬克思恩格斯列寧斯大林著作編譯局：《馬克思恩格斯全集》（第 21 卷）（北京：人民出版社，1972），頁 557–558。

就沒有古代的希臘文明，也沒有現代的社會主義。[10] 總之，科學的思維方式不能局限於「樸素的階級感情」，而要以唯物主義的歷史觀為基礎。否定階級觀是違反歷史事實的；抽掉了歷史觀的階級觀，也會變成抽象的道德觀。這種階級分析有違歷史唯物論的方法論，在實踐上也會妨礙我們正確理解為什麼我國現在實行改革開放，要把具有資本主義剝削性質的私營企業和外資企業作為社會主義公有制的「有益補充」，以及為什麼要實行「一國兩制」，在香港繼續保留資本主義制度。

「恐資病」還有一個心理根源，這就是缺乏民族自信力。魯迅對此有過極為深刻的論述：

漢唐雖然也有邊患，但魄力究竟雄大，人民具有不至於為異族奴隸的自信力，或者竟毫未想到，凡取用外來的事物的時候，就如將彼俘來一樣，自由驅使，絕不介懷。一到衰弊陵夷之標，神經可就衰弱、過敏了，每遇外國的東西，便覺得彷彿彼來俘我一樣，推括、惶恐、退縮、逃避，抖成一團，又必然想一篇道理來掩飾。（《墳·看鏡有感》）

這段話真是一針見血，入木三分。可歎的是，魯迅講的後一種心態，至今猶有餘蔭。這實在是同我們要建立一個富強、民主、文明的現代化社會主義強國不相稱的。我們有選擇地吸取某些姓「資」的東西，並不就自己也姓「資」了。還是魯迅說得好：

「雖是西洋文明罷，我們能吸收時，就是西洋文明也變成我們自己的了。好像吃牛肉一樣，決不會吃了牛肉自己也即變成牛肉的。要是如此膽小，那真是衰弱的知識階級了。」、「有力量，有自信力的人是不至於此的。」（《集外集拾遺·關於知識階級》）

小平的南方談話，正是體現了中華民族這種偉大的自信力。外國人不怕利用中國的孔子論語、孫子兵法，乃至《三國演義》中的謀略；我想，真正的馬克思主義者也沒有理由害怕洛克（John Locke）、盧梭（Jean-Jacques Rousseau）和孟德斯鳩。

---

10. 〔德〕馬克思、恩格斯，中國共產黨·中央馬克思恩格斯列寧斯大林著作編譯局：《馬克思恩格斯選集》（第3卷）（北京：人民出版社，1972），頁221。

第六章

法理學的定位與使命

* 本章是提交「法理學與部門法學研討會」的論文，後載於《上海師範大學學報》，2007 年第 6 期，另載孫育瑋等主編：《法理學與部門法哲學理論研究》（上海：上海人民出版社，2008）。

一、中國獨有的問題 —— 法理學、法哲學與部門法哲學的區分

(一) 法哲學與法理學

在西方法學史上，法學作為獨立的學科是從哲學、政治學分化出來的。早在古希臘、羅馬時期，關於法的理念、理論，大都出自一些哲學思想家。

正如弗里特曼在《法律理論》中所指出的：

十九世紀以前，法律理論基本上是哲學、宗教、倫理學或政治學家的副產品。大法律思想家主要是哲學家、僧侶、政治學家。從哲學家或政治學家的法律哲學向法學家的法律哲學的根本轉變，還是距今不遠的事實。這一轉變伴隨着一個法律研究、技術和專業訓練巨大發展的時期。[1]

法哲學 (philosophy of law，或 legal philosophy) 一詞，也早於法理學，它源自近代德國的哲學，起初只是德國哲學的一個組成部分。最早使用法哲學一詞的是德國哲學家萊布尼茨 (Gottfried Wilhelm Leibniz)。以後黑格爾以《法哲學原理》作為書名的專著出版後，法哲學一詞得到廣泛使用。到奧斯丁 (John Austin)《法理學的範圍》的出版，法理學才正式成為一門獨立的學科。

黑格爾給法哲學的研究對象界定為：「法哲學這一門科學，以法的理念，即法的概念及其現實化為對象。」[2] 英國牛津大學法理學教授赫

---

1. 〔？〕弗里特曼：《法律理論》，英國倫敦史蒂文斯公司 1967），頁 4。
2. 〔德〕黑格爾，范陽、張企泰譯：《法哲學原理》(北京：商務印書館，1982)，頁 1。

伯特・哈特（Herbert Hart）定義法哲學「是關於法律的普遍本質的思考」。他認為，法哲學同其他法學學科的區別是，法哲學是關於法律的思想，研究諸如法律定義和分析、法律推理、法律批評之類的問題；其他法律學科則是屬於法律知識範疇。[3]

至於法理學，拉丁語是 *Jurisprudentia*，原意是「法律的知識」。英語為 *Jurisprudence*。《牛津法律大辭典》對法理學一詞列出了三種涵義，其中從邊沁（Jeremy Bentham）和奧斯丁開始得到比較廣泛使用的一種是：

法理學是「作為最一般地研究法律的法律科學的一個分支，有別於某一特定法律制度的制定、闡述、解釋、評價和應用，是對法的一般性研究，着重於考察法律中最普遍、最抽象、最基本的理論和問題。該詞的這種涵義常常可與法律理論、法律科學（狹義上的）、法哲學等詞相通」。[4]

此點從奧斯丁的名著《法理學或實在法哲學講義》，以及美國法學家博登海默（Edgar Bodenheimer）所著《法理學──法哲學及其方法》，在書名上也已標示法理學與法哲學二者是相通的。

從上引諸家對法理學與法哲學的界定，可以看出它們之間並無大區別。

我國法理學界現在強調法理學同法哲學的區別，我認為這只是我國獨有的問題，它是基於我國通行的法理學教材脫胎於原有的「國家與法的理論」、「法學基礎理論」，多是講法是什麼及其與外部現象的關係，限於法律基礎知識的述說，大體上屬於法學概論，缺乏對法的理念、法本體的機理的哲學思考和對法學思維方式的獨特性的論述，而法哲學則側重於後者。

---

3. Paul Edwards, *The Encyclopedia of Philosophy* (London: The Macmillan Publishing Company & The Free Press, 1967), 567. 轉引自林喆：《黑格爾的法權哲學》（上海：復旦大學出版社，1999），頁 2。

4. 〔英〕沃克，鄧正來等譯：《牛津法律大辭典》（北京：光明日報出版社，1988），頁 489「法理學」條。

所以我認為當今我國法理學者的任務，應當是將駁雜的法學基礎理論知識提升為窮究法之義理上來。不只闡述「什麼是法、權利」等，而主要在於回答「應當是什麼」和「為什麼」，在於提供認識、解答法學根本問題的思維方法。

　　當然也可以存在兩種法理學，即法律工作者的法理學和法理學家的法理學。

　　前者注重現行法律、法治的義理；後者側重闡釋法學的「根本難題」，乃至形成學派。

(二) 部門法學與部門法哲學

　　至於部門法哲學，我認為也只是當今中國法學界特有的問題，其產生的背景也是基於過去我國的部門法學的法理基礎較薄弱，才使得有的部門法學家分化出來，去專門研究部門法深層次的法理。其實部門法學要真正成為一門「學」，就應當具有哲理性，提升其法理層次；否則就只會是培養部門法專業技術匠人的課程。我希望所謂「部門法哲學」及其成果能融入部門法學和法理學（法哲學）之中。

二、法理學對部門法學的互動關係

　　下文所論法理學與部門法學的關係，是就法理學和法哲學統而言之，即包括法哲學的大法理學，不作細分。不過，可以認為法哲學更具形而上的思辨性。

(一) 法理學與部門法學的差別及其作用的限度

　　通常人們認為法理學應當對部門法學起理論指導作用。但由於中國的法理學的起步是很低的，而部門法學對它卻有較高的期待，這是一個難以克服的矛盾。以致不只部門法學，也包括法律實務部門，對我國法理學界有些失望和非議。不過竊以為，如果我們對法理學的對象範圍、特性及其局限性有所共識，同時對改革開放以來我國法理學界披荊斬棘的艱難及其在總體上對推進我國法學與法治的貢獻，這個矛盾也不是不可以得到諒察和緩解的。

正如德國法哲學家考夫曼（Arthur Kaufmann）所説，法哲學的對象是：「法律的根本問題、法律的根本難題；對此以哲學方式反思、討論，且可能的話，加以解答。」「法律哲學並不局限於現行法範圍內，而是對現行法採取超越體制的立場。」[5] 它着重於從宏觀上、整體視角上觀察和研究法和法律現象，從法學世界觀和方法論上追問其本體、本源、本質和理念、價值。而部門法學則多側重於該部門的微觀與法條技術層面。從這個意義上説，法理學或法哲學可以用它高屋建瓴的思想理論，幫助部門法學擺脱技術「匠人」思維習慣的局限，擴大其學術視野與思維方式，提升部門法學的理論基礎。近年來部門法學界學者撰寫的刑法哲學、民事法律哲學、憲法哲學以及行政法的「平衡論」等論著，都可以説同法理學、法哲學有源流關係。

法理學可以對部門法學的某些「根本難題」提供一些基本的理論支持，但是它並不能包醫百病，其診斷與解釋能力是有限的。法理學特別是五花八門的各法學學派的法哲學思想與理論，像康德、黑格爾那樣極其抽象思辨的法哲學，並非為部門法學而生，自有其天馬行空、孤芳自賞的獨家領地。法理學或法哲學也是一個獨立的法學部門，是與部門法學並存的，有其不同的學術分工，其思想理論並不都對部門法學有什麼直接的指引作用。因此不應當因法哲學中那些形而上的玄妙理論對部門法學無用，就否定其存在的價值。

部門法學也不是全依賴法理學來為它排憂解難。毋寧説部門法學許多具體問題更多借重於社會學、政治學、經濟學、倫理學等，特別是直接面對社會實際。

所以，法理學不要自命不凡，它不是部門法學之上的法學，倒應是源於其中和超然其外：最初法理學的一些範疇（如權利）就是源於羅馬私法。法理學應當多向部門法學習，力圖依託並貫注於部門法學之中，並為部門法自身提供一般理論基礎。

一個完全不懂部門法學的法理學家一定是無源之水；一個沒有法理學、法哲學知識與思維的人，也不可能成為該部門法學的專家。

5.〔德〕考夫曼，劉幸義等譯：《法理學》（北京：法律出版社，2004），頁10。

如有些學者所言，部門法學也不要對法理學有過分的「實用化期待」，倒應當多從法理學提供的法哲理中吸取營養。如德國法理學家魏德士（Bernd Rüthers）指出的：「法學和法學者的歷史表明：純粹的法律技術對法律和社會是危險的。只有那些對法的基礎和作用方式，以及對可能引起法適用的原因和適用方法後果有所了解並對其思考的人，才能在法律職業的領域內盡到職責的要求。」[6] 曾任美國首席法官的霍姆斯（Oliver Wendell Holmes, Jr.），在他所著《法律的道路》一書中，也指出法理學是一個成功的律師和法官所必備的一項知識。他認為將一個案例歸納出一條規則的任何努力，都是一種法理學的工作。法官應該有較高的法理學知識，運用法律基本原理、基本精神來解決現實中各種複雜問題，因為法律不可能對每一特殊情況作出具體規定。[7]

不過法理學在總體視野上又要超越部門法學之外：部門法學的對象一般是實然法，它們較側重於在體制內論證，一般不圖突破現行體制；反之，法哲學並不局限於現行法範圍內，而是對現行法採取超越體制的立場。[8] 它具有對現行法律和法治以及法學思想進行批判性地反思的使命。「它所探究者不限於現行法（原則上也是超體制地思辨），它也欲探究何謂『正當法』。」[9]「法哲學強調對法的理性的再思考，它涉及的是法『應當如何』。」[10] 再則，部門法學者較多從某一部門專業知識領域立論，而法理學則從法的整合知識上、真理的整體性上作探究。這樣法理學能為部門法學提供法的最高理念與核心價值體系和價值選擇標準。

也可以有兩類法理學，即魏德士所謂「法律工作者的法理學與法理學家、法哲學家們的法理學」。前者注重法律制度與法治運行中宏觀基礎理論的闡釋，更多切近國家制度、社會制度與法律制度的互動關係，作為其觀察與思考的出發點，屬實用哲學的一部分。這種法理學可原則性地實用成分居多，現今我國的法理學教科書大多屬這一類；後者注重

---

6. 〔德〕伯恩‧魏德士，丁小春、吳越譯：《法理學》（北京：法律出版社，2003），頁1。

7. 轉引自徐愛國：〈霍姆斯〈法律的道路〉論釋〉，《中外法學》，1997年第4期。

8. 〔德〕考夫曼，劉幸義等譯：《法理學》（北京：法律出版社，2004），頁10。

9. 同上書，第10。

10. 〔德〕伯恩‧魏德士，丁小春、吳越譯：《法理學》（北京：法律出版社，2003），頁9。

追問和探求法的理念和本質問題，可以歸入法哲學範疇，往往因此而形成獨立的學派。其對部門法學，只能在抽象思維方式上有啟迪意義。

總體上說，法理學和法哲學不要停留在闡釋知識性的「是什麼」，而要提升到追問哲理性的「為什麼」。

(二) 我國法理學為部門法學提供了什麼？

上面所論是法理學與部門法學的一般關係。至於談到我國法理學狀況，還有某些特殊性。這主要是基於我國處於無法無天的「文革」之後和社會轉型時期，法學，特別是法理學所處的政治、社會以及學術環境，導致法理學承擔了某些額外任務，也發揮了特殊作用。

1. 披荊斬棘、遮風擋雨

改革開放以來，由於以階級鬥爭為綱的極左陰魂還不時飄游於法學的上空，法理學首當其衝，處境維艱。它承擔起為法學，包括部門法學披荊斬棘、遮風擋雨、掃清法學前進道路障礙的任務。正如魏德士所指出的：「人們對法哲學和法理學深入且全面的思考，是緊跟社會災難、制度危機和政治變革。因此法理學也是處理法學、社會制度與政治制度的新的局勢的工具。」[11]、「研究法律和從事法律工作是一種也要承擔政治與道德責任的行為。」[12] 我國法理學界就充當了這樣的工具，擔當了這方面的使命和政治責任。

改革開放初期，法理學界展開了關於民主與法制、人治與法治、黨的政策與國家法律、法的階級性與共同性、在適用法律上與立法上人人平等等問題的大討論，旨在撥亂反正，廓清中華人民共和國成立以來加在法學思想上的迷霧，初步普及了法學的 ABC 常識，確立了法學作為一個獨立學科的地位。

---

11. 〔德〕伯恩‧魏德士，丁小春、吳越譯：《法理學》（北京：法律出版社，2003），頁 17、260。
12. 〔德〕伯恩‧魏德士，丁小春、吳越譯：《法理學》（北京：法律出版社，2003），頁 17、260。

不過隨之而來的所謂「清理精神污染」和「八九風波」後的所謂「反資產階級自由化」，法學界又面臨劫難。政法界的領導人放言「法學界資產階級自由化思潮嚴重氾濫」，其在法學界極個別的隨從也應聲附和，把法理學批得一無是處。諸如講「法有共同性」被批為「否定階級性」；主張「無罪推定」，則是「主觀唯心論」和「精神污染」；主張「不應把法制當成『刀把子』」、「社會主義法不應只是統治階級意志的體現」，被批判為「否定無產階級專政」；說「法有公私之分」，就是鼓吹「私有化」；提「爭民主」就是要「復辟資本主義」；講「人權」，就斥之為「資產階級口號」；主張「法應以權利為本位」，就是「宣揚個人主義」，甚至「實際上是為動亂口號提供學術論證」；而倡言法學要現代化也被批為「搞西化陰謀」；主張法學要更新變革，則是「為資產階級自由化掃清道路」；諸如此類，不一而足。面對這些橫蠻的指責，法理學界一些有識之士奮起抵制：針對所謂「不能低估法學界嚴重氾濫的自由化思潮」，毅然指出「更不能高估！」他們高舉捍衛學術自由、維護「雙百方針」的旗幟，突破我國政法界極「左」思潮的禁錮，挑戰蘇聯法學的教條，在《中國法學》和《法學研究》以及上海《法學》、《政治與法學》等期刊上展開上述問題的爭鳴和辯駁，使那些重新泛起的極「左」沉渣和專橫的打壓未能得逞，為我國法學的繼續前進起了遮風擋雨的作用。[13] 當然部門法學者也共同參與其中，並非法理學界獨打天下。

　　時至今日，這種作用仍未消失。最近《法學》月刊第7期上發表崔敏教授的《為什麼檢察制度屢受質疑》一文，就是部門法學家為護衛學術自由和法學尊嚴而發。[14]

---

13. 參見郭道暉：〈幾番風雨話辦刊〉，載郭道暉、李步雲、郝鐵川主編：《當代中國法學爭鳴實錄》（長沙：湖南人民出版社，1998），頁349-359，並參見該書最後部分「曲徑通幽——法學爭鳴的深化」全部文章。

14. 中國公安大學教授崔敏原為著名的法理學家，現為訴訟法學家。他這篇文章是針對《中國法學》，2007年第2期發表的〈關於中國檢察制度的若干問題〉一文（作者是最高檢察院某負責人）。該文最後一節專門從政治上追究持不同觀點的學者「不端正的動機目的」，崔文認為它有違雙百方針與保障學術自由的精神。

2. 解放思想，法學啟蒙

我國的法學曾受譏為「幼稚的法學」，這一評價以之描述 20 世紀 90 年代以前的狀況不能說過分。其客觀成因是我國法學界長期為政治與學術的重災區。自改革開放以來，法理學擔當了法學與法治啟蒙的任務。初期的披荊斬棘過程中已起了這樣的作用。20 世紀 90 年代以來，一些在改革開放時期成長的新一代年輕法理學者，在資深的老一代法學家的扶持下，向舊的僵化的中國法制與法學思想和法理學體系提出質疑和挑戰。他們開始把法理學的重點轉到「練內功」上，對法和法學自身的概念、範疇、原理、原則、規則、規範、範式、體系等方面加以研討。對人權、權利、權力、正義、自由、法治、程序、法的理念、精神、價值、法的現代化等基本問題的研究，突破了某些理論禁區。相對於落後的中國法學思想而言，提出了一些屬於創新的觀點。有些高校設置了法理學研究中心、「基地」。法理學的教材更如雨後春筍般由各校各自編寫，都力圖推陳出新，革新原有體系。法學界也翻譯了大量西方古典的和現代的法學名著，一些當代外國法學新思潮、新派別被介紹到國內，打開了法理學和部門法學的視野。法理學界開始有了法哲學、立法學、法社會學、行為法學、公法研究等新的課程和專刊、專著。隨着我國由計劃經濟逐步轉向市場經濟，國家與社會的相對分離，一些法理學者（包括我本人在內）開始研究市民社會或公民社會與政治國家的二元互動，由注重法與國家的關係，到研究法與社會自治的發展，探討權力的多元化與社會化的新課題。近年來，我國法理學界對人權、權利與權力，特別是人治與法治、法制與法治（所謂「刀制與水治」）的辨析和鼓呼，以及提出「市場經濟應是法治經濟」的命題等等，對中央作出「依法治國，建設社會主義法治國家」的重大決策，並將「國家尊重和保障人權」納入憲法，起了顯着的促推作用。對部門法學如公法學、私法學、法社會學等學科明確其基本範疇和理念，有相當的導引作用。

毋寧諱言，這種啟蒙只能說是「中國特色」。在西方發達國家，像權利本位、民主法治等原則和理念，早已是天經地義、不證自明的公理，毋需啟蒙。再則，說「法以權利為本位」，或「法以權利義務為軸心」，雖然對反對以階級鬥爭為綱的法學有解放思想的意義，但並不十分確切。現今法理學家多轉向強調「權利與權力」是法的核心或基石範疇；相對於國家權力，應以人權和公民權利為本。這一法理學命題，對

憲法學、行政法學有啟迪意義。現今憲法學界大多強調憲法學的核心範疇是國家權力與公民權利；行政法學界提出的「平衡論」，強調行政權力要與行政相對人和一般公民的權利平衡，也是「權力與權利」這對範疇在行政法上的運用，同法理學在這個基石範疇上的研發，有相互呼應之功效。

3. 樹立法的根本價值觀和選擇標準

　　法律秩序中充滿了價值判斷。法理學一項重要任務是建立法的核心價值體系，諸如正義與秩序、自由與安全、利益與平等、公正與效率以及正當法律程序等。法哲學所確認的核心價值標準，對於部門法學和立法、執法與司法等法律實務中的價值判斷與選擇，具有指引、考量和批判性反思的作用。「任何國家與法律制度的變化，都是以價值觀、世界觀以及意識形態的變化為基礎的。」[15] 只研究或適用「純粹」法條本身而不考慮其社會的、政治的、道德的價值，法理學或部門法學就會成為無的放矢的擺設，或者被利用為助紂為虐的工具。譬如法理學界關於保障人權和「以人為本」的討論，促使我國刑事訴訟法學和司法實務改變了過去只片面注重「懲治犯罪」（權力）的傾向，進而同時關注「保障人權」（被告的權利）。至於關於物權法草案引起的不同意見的爭鳴，包括公有制與私有財產的地位的爭論，反對方批評物權法草案沒有強調國有制為主體，反而對私有經濟也平等保護。這種觀點一方面是用不同經濟成分的所有制在政治經濟地位上的差別，去反對不同所有權主體在法律上的平等；另一方面，也多少隱含着以姓「公」姓「私」、「為私」還是「為公」的抽象道德去評價，而不從經濟效益上考慮合法的私有經濟在現階段對發展國民經濟的巨大作用。這個爭論從法理學的平等價值觀與歷史觀上可以得到合理的解說。

4. 法學思維方法的滲透

　　思維方法是建構一門學科、一種理論體系的核心。思維方法問題，不只是一個技術、方略問題，而是關涉世界觀和認識事物的獨特視

---

15. 〔德〕伯恩・魏德士，丁小春、吳越譯：《法理學》（北京：法律出版社，2003），頁23。

角和立腳點，可以導引出對同一客體的不同認知。社會科學領域對相同範疇的社會現象的解釋，「主義」叢生，學派林立，很大程度上是基於方法論上的差別。可以說不同思維方法和不同視角，可以形成不同學派。

恩格斯在《德法年鑒》中指出：「方法就是新的觀點體系的靈魂。」[16] 這個體系是指馬克思的理論體系。19世紀俄國馬克思主義者普列漢諾夫也指出：「一般說來，馬克思、恩格斯在唯物主義方面最偉大的功績之一，就是他們制定了正確的方法。」[17] 馬克思、恩格斯所創立的唯物史觀思維方法是觀察、衡量、評價社會現象包括法學和法律現象的科學方法，在總體上比之其他形形色色的法學思維方法更有高屋建瓴的整合性、基礎性。

法理學的一個重要特點是注重對法學思維方法的研討和闡釋。我國法理學是以馬克思主義作為主導的法學思維方法的。從法哲學視角來看，馬克思作為法學中的一派的地位，特別是他的歷史唯物論思維方法，經由法理學將之貫注於法學基礎理論中，去偽存真，加以重新解讀和運用（特別是要剔除列寧主義、斯大林主義及其後繼者的「修正」和歪曲），對於法學各學科的研究是有重要指導意義的。

以歷史唯物主義的思維方法作為主導的法學思維方法，並不意味着它是唯一的方法。它並非封閉性、排他性的絕對真理，它不能取代其他多元化的具體方法；不應當像過去那樣，把馬克思主義變成僵化的、唯一的精神教條或排斥一切異己的「國教」。這種思維方法是開放的體系，並不排斥而是吸納了這之前的古今中外其他派別的正確思維方法，今後也應是如此。在西方法學思想史上出現的自然法學、理性法學、歷史法學、功利主義法學、分析實證主義法學、社會學法學、經濟分析法學、權利法學、批判法學、行為法學等，無不是以其思維方法和視角的差異，而獨樹一幟，都有其一面的真理性。

---

16. 〔俄〕普列漢諾夫：《馬克思主義的基本問題》，（北京：人民出版社，1957）。
17. 〔俄〕普列漢諾夫：《馬克思主義的基本問題》，（北京：人民出版社，1957），頁21-22。

所以我主張在堅持將經過檢驗的馬克思的方法作為我國法學的主導方法的同時，要重視法學思維方法的多元性。要善於運用其他各派的思維方法。譬如權利法學、價值法學、利益法學以及純粹法學的方法論對於立法學就有重要的借鑒意義。法社會學的思維視角及其社會調查方法，是社會法、犯罪學以及各學科的研究應當取法的思維方法。

再則，馬克思、恩格斯的唯物史觀思維方法也需要與時俱進，對之作現代化的創新與發展。

至於某些帶技術性的具體法律方法，諸如假定、推定、擬制、比照、推理等，對各部門法學研究和法律實務工作，有直接應用的功效。現今一些法理學家正在進行深入研究，寫出了專著。法理學界還成立了「法律思維方法」的專題論壇，每年召開會議進行探討，相信對部門法學和法律實務工作者會有所助益。

三、法理學的危機和使命

(一) 法理學的危機

我國法理學的教學與研究還存在不少缺陷和弱點，近年正在熱議的「法理學向何處去」，就表明它遇到了新的困惑，乃至危機。

這種危機一方面是外在的社會危機。改革開放 30 年來，我國經濟建設取得高速的發展，但由於經濟單軌運行，政治改革嚴重滯後，社會兩極分化，黨政官員群體性的貪腐，權貴資產集團對城市居民房產和對農民土地的恣意掠奪，礦難不斷奪人生命，黑窯血腥奴役童工等促使社會公平正義受到極大侵害，社會矛盾愈來愈尖銳複雜，弱勢群體掀起的群體性的抗爭，也日益頻繁激烈。

面對這種情勢，法理學應當如何「緊跟社會災難、制度危機和政治變革」加以全面深入的思考，在理論與實踐上提出可行的對策，是我們不可迴避的政治與道德責任。

另一方面，危機也來自某些外力對法學，特別是法理學的不當干預：除了不時劃定學術禁區，規定不容討論的思想、概念，處罰有創新

思想卻敢越雷池的期刊和學者等等，權威機關還親自出面主持編訂統一的法理學教科書。這使法理學界不能不懷隱憂。雖然對法學界的政治行為進行必要的政策導向，容或需要；對教科書有違憲法的內容也不妨經過公開聽證研討，加以審議修改；至若具體到以國家權力部門直接主持編寫教材，而又固守陳規，欽定學術觀點，則不能不令人擔心它會導致「定於一尊」，在「輿論一律」的基礎上，進而形成學術思想一律。此事遭遇法學界「是前進還是倒退」的質疑，不無緣由。法理學的前途命運，實難樂觀。

危機還來自法理學界自身。回顧20世紀80年代初和90年代，法理學界思想比較活躍，在學術會議和期刊上，挑戰、質疑、爭鳴、突破，不絕於耳。而現今則似乎安靜有餘，熱力不足。雖則也在各抒己見，卻往往是「獨立宣言」，激不起思想交鋒，因為人們已習慣於繞開政治障礙，迴避敏感地區，確也無可爭論。

(二) 法理學的政治和道德責任

法學尤其是法理學，是一門追求正義的學問。法理學者是法的時代精神的思想者，又是時代正義的追求者。他們肩負著從法理上為國家和人民的正義事業而思考、而鼓呼的理論責任和政治責任。

也許有些法理學者鑒於歷史的教訓，主張「與政治保持距離」。這種看法，不無合理因素和重要意義：一則任何學術決不應追隨、依附反動的或邪惡的政治，看風使舵，趨炎附勢，成為政治的奴婢。法理學不應充當這種政治的附庸和工具，為錯誤的政治決策和行為提供理論支持。對這種政治，與之距離愈大愈好。這是學者和學術應有的尊嚴與良知。二則學術研究與政治有各自的領域地和秉性，政治範疇的原則不能簡單地套用於學術範疇（如用「政治上思想上保持高度一致」，排斥學術上的獨立思考；用「宣傳有紀律」，否定「學術無禁區」），否則就會失去法學的相對獨立地位，法學自身也不可能得到正常發展。

不過，法學特別是法理學要完全與政治隔離，一則不可能，政治可能要找你；二則也會割斷法理學的一個重要源泉；三則法理學如果不干預和參與政治，就多少會失去其存在的價值，因為法和法治本身就是政治的組成部分。

恩格斯說得好：

絕對放棄政治是不可能的；主張放棄政治的一切報紙也在從事政治。問題只在於怎樣從事政治和從事什麼樣的政治。並且，對我們說來，放棄政治是不可能的。[18]

正如本文前引魏德士的話指出的：「研究法律和從事法律工作總是一種也要承擔政治與道德責任的行為」。[19] 在政治不清明、社會少公正，人民受疾苦之時，我國歷代都有志士仁人挺身而出，或為民請命，捨身護法；或共赴國難，救亡圖存。作為有良知的法學者，應當有為人民爭權利，為國家行法治，為社會求公正的正義感和使命感。

孔子云：「古之學者為己，今之學者為人。」（見《論語·憲問》）這裏所謂「為己」是指為了完善自己，為學、做人，首先要對得起自己的良心，符合社會的良知，有獨立的精神，自由的思想；「為人」是指為逢迎他人，看人眼色行事，人云亦云，甚至助紂為虐。

我們行事作文，還應當「以未來審視現在」，不要只圖眼下追隨主流，筆掃千軍，心情舒坦，春風得意；要設想再過五年十年，重讀自己的文章，回首自己的行跡，不致因其與時代的正義與良知大相悖謬而臉紅。這是對自己的歷史負責，也是對人民負責。

---

18. 〔德〕恩格斯：《關於工人階級的政治行動》，載〔德〕馬克思、恩格斯，中國共產黨·中央馬克思恩格斯列寧斯大林著作編譯局：《馬克思恩格斯選集》（第 2 卷）（北京：人民出版社，1972），頁 440。

19. 〔德〕伯恩·魏德士，丁小春、吳越譯：《法理學》（北京：法律出版社，2003），頁 260。這位德國法學家是在總結納粹德國時期的一些德國法學家的「法理學為罪惡的惡法制度進行合法性證明並使其得到鞏固」，導致「血流成河」的歷史所應當承擔的責任而發的感慨。

第七章
治學與作文

· 本章是作者在 1994 年 10 月間在南京大學、南京師範大學的青年教師和研究生座談會上的講演。經補充修訂後發表於南京大學《法律評論》，1995 年春季號。

李大釗同志寫過一副對聯:「鐵肩擔道義,妙手著文章。」治學與作文,首要的是做人。我們湖南湘陰郭氏家族排輩分,按一句家訓來排,就是「世家先立本,道德與文章」。這句家訓用於我們做學問也貴在先立本,要把道德與文章作為治學為人的根本。我們法學工作者講立法,還要講立德、立言。文章千古事,要講求義理、文采,但文如其人,立言重在立德,寫文章貴在風骨,文人要有文人的氣質與風度。這裏我想就我個人的一些點滴體會,談談治學的態度與方法,也包括文章作法。

一、治學態度 —— 求真、有氣、有勇、有恆、有節

我把治學的態度歸納為下面這樣幾點:一是求真,追求真理;二是有氣,有感而發;三是有勇,有理論勇氣;四是有恆,鍥而不捨;五是有節,講求節操。

(一) 求真

1. 「真理所在,即趨附之」

今天上午我參觀了南京市雨花臺,展覽館裏有張照片,是我的母校清華大學最早的共產黨員施晃同志。他在清華求學時,和冀朝鼎等同志在 1919 年「五四」運動後,組織了一個「求真學會」。他們的座右銘是:「真理所在,即趨附之。」他們追求的是馬克思主義真理。後來他留學美國,加入了美國共產黨,後來又加入了中國共產黨,曾到古巴搞華僑工運。回國後任河北省委宣傳部長,被捕後在雨花臺英勇就義。他是為真理而鬥爭,為真理而犧牲的。他們所講的「真理所在,即趨附

之」，就是說哪裏有真理，哪裏就有道義與學問，就要去追求，即使粉身碎骨也在所不惜。革命史上為追求真理而犧牲的烈士成千累萬；科學史上為堅持真理而像布魯諾（Giordano Bruno）那樣被活活燒死，盧梭的《愛彌兒》（論教育）和《社會契約論》被當做禁書遭到焚毀，其人也被驅逐出瑞士。這類為真理而獻身的史實不勝枚舉。恩格斯在《自然辯證法・導言》中講到 18 世紀先進人物時，指出：

「這是一次人類從來沒有經歷過的最偉大的、進步的變革，是一個需要巨人而且產生了巨人——在思維能力、熱情和性格方面，在多才多藝和學識淵博方面的巨人的時代。給現代資產階級統治打下基礎的人物，決不受資產階級的局限」。「他們的特徵是他們幾乎全都處在時代運動中，在實際鬥爭中生活着和活動着，站在這一方面或那一方面進行鬥爭，一些人用舌和筆，一些人用劍，一些人則兩者並用。因此就有了使他們成為完人的那種性格上的完整和堅強。書齋裏的學者是例外：他們不是第二流或第三流人物，就是唯恐燒着自己手指的小心翼翼的庸人。」[1]

最近《中國法學》登了我的一篇論當代法的精神的文章，其中論到「契約自由」「權利本位」等法理原則是 18 世紀就已提出來的觀點。即使那時的啟蒙學者多屬資產階級學者，只要他們講的是真理，「真理所在，即趨附之」，有什麼不好？馬克思理論的來源也是批判繼承 18 至 19 世紀的先進思想。當然，我們現在借鑒 18 世紀的東西，要對它加以時代的改造與發展，不能生搬硬套。馬克思、恩格斯的理論，也是一個半世紀前的東西，我們至今不是仍然奉為經典嗎？因為他們掌握了真理。「真理所在，即趨附之。」馬克思的書，是馬克思主義的經典。18 世紀啟蒙學者的書有些也是經典。幾千年前古希臘羅馬的書，中國古代儒家法家的書，也大都是經典，都有其真理和學問。我們對它們的態度，應該是：鑒往知來，但不唯權。

---

1. 〔德〕馬克思、恩格斯，中國共產黨・中央馬克思恩格斯列寧斯大林著作編譯局：《馬克思恩格斯選集》（第 3 卷）（北京：人民出版社，1972），頁 445–446。

2. 求真要尊經

尊經，就是尊重真理。做學問首先要掌握、領會經典的原意。這就要求要看原著，不能只看語錄。常常看到一些論文裏援引上述諸家的語錄，卻引得並不準確。隨便舉幾個例子：

一些論人權的文章，經常引：「馬克思説，人權是歷史地產生的。」其實，這話不是馬克思説的，原文是馬克思引黑格爾的話。黑格爾那個「歷史地」是指絕對精神的歷史發展，這是客觀唯心主義的；馬克思只是借用黑格爾的話來説明人權隨社會物質生活條件的發展而歷史地發展。兩個「歷史地」是有本質不同的。

更荒唐的是，有些文章把本是貝卡利亞（Cesare Beccaria）説的一句話，説成是「列寧説」。列寧的原話是：「有人早就説過，懲罰的警戒作用決不是看懲罰得嚴屬與否，而是看有沒有人漏網。」[2]這裏的「有人」，我小小考證了一下，是指貝卡利亞，而不是列寧自己。有些編者居然還把它正式列為列寧語錄編入列寧論民主與法制的小冊子中，而刪去了「有人早就説過」幾個字。其實列寧是於1901年4月在《曙光》雜誌第1期上發表的一篇《時評》中引述貝卡利亞的話。這句話的中文譯文也不準。我請人查了俄文原著，也查了英文譯本，貝卡利亞的原話應是「制止犯罪發生的最有效的手段，並不在於刑罰的殘酷，而在於刑罰的不可避免。」（語出貝氏《論犯罪和刑罰》一書，他當時主要是反對封建的酷刑。）我為此寫了一篇小文章《如何正確理解列寧的這句話》。在讀了列寧這篇《時評》全文後，我發現列寧原文通篇的精神根本不是反對嚴懲罪行，相反是揭露和抨擊沙皇俄國的法庭對行兇打死農民的警察「蓄意儘量從寬處置」。他引貝卡利亞的話，旨在要求有罪必究，並藉以揭露沙皇制度的黑暗。我這篇文章發表在中共中央編譯局編輯的《馬列主義研究資料》一書中，編者在注中表明同意我的解釋和譯文。後來，在新版《列寧全集》（第2版）中譯本中，這句話已改譯為：「有人早就説過，刑罰的防範作用，決不在於刑罰的殘酷，而在於有罪

---

2. 〔俄〕列寧，中國共產黨·中央馬克思恩格斯列寧斯大林著作編譯局：《列寧全集》（第4卷）（北京：人民出版社，1959），頁356。

必究。」[3] 可惜，直到現今，法學界仍在引用第 1 版不準確的譯文，而且仍在說這句話是「列寧說」的。[4]

再有，法學界經常引用孟子的一句名言：「徒法不能以自行」，解釋是：徒有法律，沒有認真執法的人，法不會自動得到施行。這種理解就過於狹窄，同經典原義有出入。只要認真讀一下《孟子·離婁上》中這句話的上下文就可發現，這句話是同緊靠上一句「徒善不足以為政」相對應的。通篇原義是說，徒有善心（而無法度）不足以為政；徒有法度（而無善心，不行仁政），法也不能獨自得到施行。此即儒家德治與法治要並行、德主刑輔的思想。原文「不能以自行」，不應理解為「靠人去執行」（任何事情都離不開人，不只是法），而是指：單靠法治而不與德治並舉，法不能獨自得到施行。可惜迄今法學界也仍沿用前述的誤解。

又如現在強調「民主集中制」，人們常常把民主與集中作為一對相互對應（乃至對立）的範疇來論證。其實只要觀察一下其來源，翻一下列寧的原著，就可發現它最初是來自列寧強調黨的組織原則是集中制，後來因為馬爾托夫（Julius Martov）反對，指斥列寧搞的是「官僚主義集中制」、「農奴的集中制」，列寧才聲明他主張的是「民主的集中制」。「民主的」只是一個形容詞，它同集中並非對立的範疇（民主的對立面不是集中而是專制；集中的對立面不是民主，而是分散）。中國共產黨七大的黨章上寫的也是「民主的集中」。民主基礎上的集中，即按照民主原則集中到多數人的意志上來，而不是集中正確意見（真理有時掌握在少數人手裏），後者只是群眾路線的集中，只是一種領導方法。

最引起誤釋的是《共產黨宣言》上關於法與法律的那段名言：「你們的觀念本身是資產階級的生產關係和所有制關係的產物，正像你們的法不過是被奉為法律的你們這個階級的意志一樣，而這種意志的內容是由你們這個階級的物質生活條件來決定的。」人們往往抓住這點中的「法」與「法律」等同，再把「你們的」三個字去掉，而得出關於法的

3.〔俄〕列寧，中國共產黨·中央馬克思恩格斯列寧斯大林著作編譯局：《列寧全集》（第 4 卷）（北京：人民出版社，1959），頁 364。
4.《法學研究》，1994 年第 3 期，頁 63。

一般定義，説「法是統治階級意志的體現，這種意志是由社會物質生活條件所決定的」。

其實馬克思一貫是把「法」與「法律」相區別的。「法」是指體現社會客觀法則的法權關係，是一種客觀的社會存在，即馬克思所説的法是「自由的無意識的自然規律」；法律則是「法的表現」，是這種無意識的自由的自然規律（法）的有意識的表現（法律）。法是由社會的共同意志行為所形成的法權關係，法律則只是統治階級的階級意志體現。因此「宣言」中這句名言應解釋為：資產階級所謂的「法」（法觀念）不過是把本應是體現社會共同意志的客觀法權關係的「法」（客觀的法），歸結為（「奉為」）只體現資產階級意志的「法律」；而這種階級意志的內容，則只是由你們這個階級（而不是整個社會，即不是全社會各階級共同的）物質生活條件來決定的。這就揭示了資產階級的立法或法律的階級偏私性，但這只是揭示了資產階級「法律」的本質，而非客觀存在的「法」的本質。[5]

以上舉出這樣一些例子，無非是想説明，我們治學或作文，對「經典」切不要只讀語錄，不看原文；或望文生義，人云亦云，而不去親自認真鑽研一下原文原義，這是對「經典」的不尊重。這樣治學與作文，也容易上當，是危險的，所以我們「尊經」首要的一點是要掌握和尊重原義。

3. 「尊經」不要強加

經典作家沒有講過的，或不是這麼講的，後人不應強加上去。譬如馬克思、恩格斯都沒有講過原始社會沒有「法」（只是沒有法律或立法，習慣規則總是有的，它就是「法」），也沒有講過原始社會沒有權利和義務。恩格斯只是説「在民族制度內部，權利和義務之間還沒有任何差別。」[6]

---

5. 參見郭道暉：〈論法與法律的區別〉，原載《法學研究》，1994 年第 6 期，已收入本書。

6. 〔德〕馬克思、恩格斯，中國共產黨・中央馬克思恩格斯列寧斯大林著作編譯局：《馬克想恩格斯選集》（第 4 卷）（北京：人民出版社，1972），頁 155。

這句話有兩點值得注意：一是他說的只是氏族社會內部人們還沒有權利義務的概念差別，並不等於說沒有權利義務關係的事實存在，而且二者「沒有任何差別」也可以處於「既是權利又是義務」的相融合的狀態（我們現在勞動權與受教育權，也既是權利又是義務）；二是他講的只是「氏族制度內部」，而沒講外部；相對於外部其他民族而言，權利義務就是可分的了。譬如恩格斯就曾指出，在最古的自發公社中，公社成員之間享有平等權利，「外地人自然不在此列」。[7] 譬如俘虜來的其他民族成員都要被殺掉，俘虜就沒有生存權。恩格斯在談到原始公社時還多次使用「權利」一詞，如父權、母權、選舉和罷免長老的權利、習俗權利等。有些學者鑒於恩格斯在這之後聲明：「不過它是不大恰當的，因為在社會發展的這一階段上，還談不到法律意義上的權利。」[8] 因而認為原始社會不存在權利。其實恩格斯這句話恰好說明，原始社會只是不存在「法律意義上的權利」，但並未否定存在非法定的權利，如習慣權利、道德權利等。[9] 所以說，不能認為原始社會客觀上不存在權利義務關係，只是不存在權利義務概念或二者在概念上的區分。不要硬給恩格斯加上莫須有的觀點。

同樣在常讀的經典著作中，並未見馬、恩、列說過整個法會消亡，他們只講過國家的消亡。從國家消亡，當然可推斷作為國家意志的體現和產物的法律要消亡，但這並不等於說「法」也會消亡。雖然恩格斯也說過，在每個人的身體上和精神上的需求都得到滿足並且已沒有任何社會差別的地方，侵犯財產的犯罪行為會自然地不再發生，從而與財產關係有關的刑事法律和民事法律會自行消失。[10] 不過這也只是指某一方面的具體法律而言，而不是說整個社會已不再需要法的規範來調整。因為如前所說，「法」與「法律」是內容（客觀法權關係）與形式（法

---

7. 〔德〕馬克思、恩格斯，中國共產黨‧中央馬克思恩格斯列寧斯大林著作編譯局：《馬克思恩格斯選集》（第 3 卷）（北京：人民出版社，1972），頁 143。

8. 〔德〕馬克思、恩格斯，中國共產黨‧中央馬克思恩格斯列寧斯大林著作編譯局：《馬克思恩格斯全集》（第 21 卷）（北京：人民出版社，1965），頁 53。

9. 參見郭道暉：〈人權‧社會權利與法定權利〉，《中國社會科學季刊》第 2 卷（香港：香港社會科學服務中心，中國問題研究所，1993）。

10. 〔德〕馬克思、恩格斯，中國共產黨‧中央馬克思恩格斯列寧斯大林著作編譯局：《馬克思恩格斯全集》（第 2 卷）（北京：人民出版社，1957），頁 608。

律規範）的區別。法的某種表現形式（法律）會消亡，但只要還存在人類社會，就必然存在權利義務等法權關係；因之體現這種客觀關係的形式可以變換形態，但客觀權利義務關係、客觀法則和社會規範是不會消亡的，而且還將不斷發展。

當然我上面講的這些觀點，也只是一家之言，意思只在說明「尊經」要求真，求忠實於原義，不要強加。

4. 尊經不唯經

經典著作也不句句都是真理，馬克思主義經典中有些話已經過時，有些當時就帶有空想成分，有些還有判斷失誤的地方。這並不影響他們理論的某些基本原理的真理光輝，也不妨礙後人對他們的理論加以適應新時代的發展。至於奴隸社會、封建社會、資本主義社會的「經典」，雖各有真理，但糟粕很多，更需要我們下一番去偽存真、推陳出新的工夫，對經典理論有自己獨立的思考。

譬如公有制，過去我們講「一大二公」，似乎愈公愈好。其實對公有制，馬、恩、列、斯、毛，都有各自不同的解釋或實踐。馬克思、恩格斯講的公有制是指「自由人的聯合體」，是社會所有制；列寧講的是合作制，即集體所有制也是公有制；斯大林實際上只承認國有制是公有制，集體農莊也是由國家嚴格控制；毛澤東指的是「政社合一」的人民公社公有制。這就要求我們以實踐為檢驗真理的標準，來分析哪種公有制對哪種公有制不合適。公有制有多種形式，不應拘泥於某一種形式的公有制。「一大二公、政社合一」的公有制已為實踐所證明，是束縛、破壞生產力的，不能再搞。現在我們改計劃經濟體制為市場經濟體制，正在探索公有制的多種形式。如股份制就可以有純國有的，或國有與集體合股的，或同私有（包括私營經濟成分、或職工個人股）合股的等等。這是公私融合的新形式。

這樣公有制就不只是一個「國有」或「全民所有」所能涵蓋，而是有些部分社會化了，成為社會所有。這是社會主義所有制理論與實踐的新發展。

又如無產階級專政的理論，前些時候有位學者寫了篇文章，叫《社會主義觀的重大突破》，他根據鄧小平關於社會主義本質的理論，提出馬克思關於無產階級專政的理論，只是關於無產階級解放條件的學說，

過去把它說成是馬克思主義的理論核心是不確切的。核心是馬克思關於徹底解放全人類的理論與目標。當無產階級尚未奪取政權時，其首要任務是爭取民主，建立工人階級統治，即建立無產階級專政。而無產階級政權既已建立之後，就必須以解放和發展生產力為其中心任務，即以此作為無產階級進一步解放的條件，才能最後達到消滅剝削，消除兩極分化，實現共同富裕，最後實現人類的徹底解放這個最高目標。當然在現階段，即使要堅持「人民民主專政」，其任務也不只是鎮壓敵對階級，而主要是發展生產，改善人民生活。這種思考，雖不一定很準確，但卻是尊經不唯經的表現。

又如過去我們理論界、政法界對階級鬥爭也有片面的理解：只要是工人與資本家的矛盾衝突，或者意識形態領域中的是非之爭，都把它說成是階級鬥爭，以致人與人之間、事事處處都有階級鬥爭。其實階級鬥爭，如馬克思、恩格斯所說，只是指被剝削階級和剝削階級之間、被統治階級與統治階級之間的階級對階級的政治鬥爭。任何非對立階級間的衝突都不是階級鬥爭，任何非政治性的鬥爭也不是階級鬥爭，任何對立階級成員個人之間的非政治鬥爭也不是階級鬥爭。列寧早就批判過經濟派把「為每個盧布多爭取到五個戈比的鬥爭」這種非政治性的經濟鬥爭當做是「階級鬥爭」的錯誤。毛澤東某些關於階級鬥爭的言論更有極端性。譬如他說：「無產階級和資產階級之間在意識形態方面的階級鬥爭，還是長時期的，曲折的，有時甚至是很激烈的。」[11] 這句話不僅為1957年的反右運動提供了誇大的形勢估計，而且這一命題在理論上也有其絕對化傾向。因為意識形態中的鬥爭不都是階級鬥爭，其中較多是屬真理與謬誤、先進與保守以及不同學派、不同藝術流派之爭。即使是兩個對立階級的意識形態，只要不是作為階級的政治鬥爭的組成部分（如為奪取、顛覆政權而製造輿論，或進行思想腐蝕以瓦解政權），就不能歸結為階級鬥爭。不同階級的意識形態有相互排斥的方面，也有相互借鑒與繼承的方面，並非全是勢不兩立的階級鬥爭。[12]

---

11. 毛澤東：《毛澤東著作選讀》（下冊）（北京：人民出版社，1986），頁785。

12. 關於階級鬥爭問題，請參閱本書作者的論文：〈關於階級、階級鬥爭與非階級的鬥爭的幾個問題〉，載《福建論壇》，1982年第4期。有關論述階級鬥爭的論文已收入本書作者所寫的《法的時代呼喚》「社會鬥爭」專題（北京：中國法制出版社，1998）。

又如過去我們常引列寧的話説,「國家是階級矛盾不可調和的產物和表現。」[13] 據此就推導出奪取政權後仍要加強階級鬥爭。其實恩格斯在《家庭、私有制和國家的起源》一書中早就指出,國家是為了使「這些經濟利益互相衝突的階級,不致在無謂的鬥爭中把自己和社會消滅」,而產生的「一種表面上駕於社會之上的力量,這種力量應當緩和衝突,把衝突保持在『秩序』的範圍以內」(列寧在《國家與革命》中已援引並同意恩格斯這段話)。當然使階級鬥爭「緩和」主要是用國家權力和法律手段來有秩序地依法制裁,使敵對階級馴服(有時還可以作出適當的讓步,如對資產階級實行贖買),決不是天天搞群眾性的階級鬥爭。這正是奪取政權後,在階級鬥爭策略上應有的轉變。須知國家是階級鬥爭的「產物」,並不等於國家的職能只是搞階級鬥爭,把結果等於原因。對法律的本質與功能,也應作如是觀。有些法律(如公法)隨階級的產生與對立而產生,但法律並不只是階級鬥爭的工具,法律還有其他社會功能。就其政治功能來説,也主要是使階級壓迫合法化,使階級鬥爭得到緩和,使社會安定,政局穩定,以便集中精力運用法律手段治理國家,發展生產。

上面舉這些例子,不一定準確,意在説明尊經,也要不唯經,要根據我們所處的時代的特徵和社會實踐的發展來推陳出新。求真也不能只從經書中去求,最主要的還是要結合實踐,從實踐中去發現新問題,總結新經驗,發展新理論。

(二) 有氣

做學問,寫文章,都是肚子裏憋着一股氣,「發憤」去讀書,「有感」才作文。不是無病呻吟,也不是無的放矢。司馬遷有一段發憤寫《史記》的話:「文王拘而演周易,仲尼厄而作春秋。屈原放逐,乃賦離騷。左丘失明,厥有國語。孫子臏腳,兵法修列。不韋遷蜀,世傳呂覽。韓非囚秦,説難孤憤。詩三百篇,大抵賢聖發憤之所為作也。」[14] 司馬遷寫《史記》是因為他同情李陵而被貶為宦官(閹人),憋了一肚

---

13. 〔俄〕列寧,中國共產黨‧中央馬克思恩格斯列寧斯大林著作編譯局:《列寧選集》(第3卷)(北京:人民出版社,1959),頁175。

14. 司馬遷:《報任少卿書》。

子氣，「意有所鬱結，不得通其道也，故述往事，思來者。」[15]毛澤東也說過，他當時也是對王明有氣，對斯大林有氣，才寫了《中國革命戰爭的戰略問題》和毛選四卷中的許多文章。小平同志的南方講話也可以說是對當時的領導人撇開「以經濟為中心」去搞「反和平演變」的「左」的思想路線有氣，是有感、有所指而發。

當然有氣不是指個人的恩怨，而是憂黨憂國憂民，有追求真理的不可抑制的衝動。是為了打破舊思想舊傳統的壓抑，打破「左」的思想的禁錮，對假的馬克思主義的胡說八道有氣，而去認真鑽研馬克思恩格斯的原著，還馬克思主義真面目，進而檢驗、發展馬克思主義。前幾年法理學界關於「法的本位」的討論，也多少是基於中央權威雜誌《求是》把「權利本位論」打成「為資產階級自由化提供理論基礎」，把學術爭論上綱為政治問題，因而許多中青年學者心裏憋着氣，寫出了一批有關權利義務的論文，儘管觀點不一致，論點不精確，總歸使人們對法學的這一對基本範疇的認識有所深化，也促進了「雙百」方針的貫徹。

有氣，主要是指有針對性，有感而發。不是「少年不知愁滋味，為賦新詞強說愁」（辛棄疾）。也不是找些雞毛蒜皮、無關大局的問題來論證。魯迅曾經說：「清初學者，是縱論唐宋，搜討前明遺聞的，文字獄後，乃專事研究錯字，爭論生日，變了『鄰貓生子』的學者。」所謂「鄰貓生子」，源出英國思想家斯賓塞（Herbert Spencer）的話，梁啟超在《中國史界革命案》一文中轉述說：「鄰貓生子，以云事實，誠事實也，然誰不知為無用之事實乎？何也？以其與他事毫無關涉，於吾人生活上之行為，毫無影響也。」法學是同政治、同社會緊相關聯的學問。法學家應當「先天下之憂而憂」，滿腔激情，滿懷正義感，為社會求正義，為人民爭權利，為國家行法治，為社會主義事業立法、立德、立言。

（二）有勇

這是說要有理論勇氣。亞里士多德說過：「吾愛吾師，吾尤愛真理。」馬克思在他的《政治經濟學批判·導言》中最後一句寫道：「在科學的入口處，好比地獄的入口處一樣，必須提出這樣的要求：『這裏

---

15. 司馬遷：《史記·太史公自序》。

必須杜絕一切猶豫，這裏任何懦怯都無濟於事。』（但丁《神曲》）」馬克思才 30 歲就和 28 歲的恩格斯一起寫出了《共產黨宣言》，向資本主義宣戰。列寧敢於突破馬克思關於只有一切先進國家的無產者共同發動才能奪取革命勝利的觀點，提出了社會主義革命在一個國家內勝利的理論和實踐。毛澤東以「鄉村包圍城市」的戰略取代了蘇俄城市武裝起義的模式。鄧小平「走自己的路」，變計劃經濟體制為社會主義市場經濟體制，提出了建設有中國特色社會主義理論。這都是具有非凡理論勇氣的典範。

在學術界、法學界，要成一家之言，也非有超越前人、另闢蹊徑的勇氣不可。是真理就要敢為天下先，敢開第一腔。法學界有個周鳳舉在 1980 年《法學研究》第 1 期上發表了《法單純是階級鬥爭工具嗎？》這可說是第一篇衝破了法學禁區，敢於說幾句真話的文章，引來了關於法的階級性與社會性問題的一場大討論。也是在這前後不久，李步雲在《人民日報》上發表了一篇論述罪犯也應該有權利的小文章，一時竟引起政法部門興問罪之師，認為是為壞人辯護，罪犯要造反了，他們不好管了。現在看來，這樣一個常識性問題也引起軒然大波，十分可笑。不過在那時環境與習慣勢力下，說出這個簡單的真理，也是需要很大勇氣的。

我們現在提倡解放思想，這不能靠別人的恩准，而是要求自己勇於探索。還是前面講的那句話：真理所在，即趨附之，鼓吹之，履行之。在建設有中國特色社會主義實踐中，層出不窮的新情況、新問題洶湧地向我們撲面而來，猶豫懦怯的人可能會茫然困惑，觀望不前。堅定勇敢者則把它視為法學發展的最好機遇。

恩格斯曾經指出：「法律家為自己的化石似的法律觀念所奴役。」[16] 法學界要打破這個奴役，需要有巨大的理論勇氣。而這種勇氣是來自對人民事業和科學事業的忠誠與自信，來自對真理執着追求，來自對客觀事實與客觀規律的尊重與遵循。

---

16. 恩格斯，中國共產黨・中央馬克思恩格斯列寧斯大林著作編譯局：《反杜林論・第三編 社會主義：生產》（北京：人民出版社，1997），頁 308。

有勇，還要有謀；有膽，還要有識。敢於鬥爭，還要善於鬥爭。不能像李逵那樣，赤膊上陣，掄斧便砍。也不能像魏晉文人嵇康那樣「才多識寡，難免當世」（被當權者所殺）。我們現在所處的「當世」，是社會主義社會，不是舊社會，也不是「文化大革命」的時期，搞學術的環境應當比過去好。但也不能不看到，「化石似的」舊觀念舊勢力也還是或多或少存在的，它也常常堵住了科學的入口處。像魯迅所說的那種「拉大旗作虎皮，以鳴鞭為唯一業績」的人，也還是有的，他們也常在窺伺着。這使人們在治學與作文的時候，不能不有所顧慮。顧慮是必要的，這就是要考慮到如何能既堅持真理，又不為外人所乘，花未開而夭折。這就需要有識「識時務者為俊傑」，這不是明哲保身，而是因勢利導，注意方式方法。我體會似乎應當把握這麼幾條：

　　第一，要考慮社會的承受力，乃至當局者的承受力。有些年輕人思想很敏銳，有「超前」的思考，有先見之明。但先見之明是否就一定要先明之於報刊呢？有些意見、觀點不成熟，或者一時難為人所理解接受，特別是可能引起不好的社會效果的，就可以採取「內外有別」的方針，會上談，幾個人議論，不一定馬上公開發表。如要發表，也力戒偏激，可以委婉些、含蓄些，留點餘地，不要把話說絕了。

　　第二，要全面，不要片面，真理跨過一步就是謬誤。寫文章「攻其一點」是可以的，研究學問就是要攻其一點，抓住一個問題鑽深鑽透；但也要兼顧其餘。着重談某一面，另一面也要照顧到，就比較縝密了，別人也無隙可乘了。

　　第三，說話要有根據。一是要有實踐根據，事實根據，不能亂說一氣。法學界要特別強調調查研究，從實踐出發，用社會學方法去作社會調查。有實踐基礎才能站住腳，否則空對空，言之無據，言之無物，就經不起推敲。當然這有相當難度。

　　二是要有法律根據，一則不違憲違法；二則好的法律也是理論與實踐結合得好的產物。

　　三是最好還有馬克思主義經典的根據。這可以說是我們理論界的「中國特色」。因為有些人慣於用所謂的馬克思主義教條作大棒來打壓新思想。所以我們不能不採取「以子之矛攻子之盾」的策略。俄國早期馬克思主義者普列漢諾夫曾經說過一句很有意思的話：「現在馬克思的

知識產生了許多無知識的人。自然，這一點應該受責備的不是馬克思，而是那些假借馬克思的名字胡說八道的人。」[17] 現在我們中國也有這種人，所以我們要用馬克思等經典作家經過歷史實踐檢驗、合乎時代發展要求的理論，去否定假馬克思主義的胡說八道。當然，以馬克思主義經典為根據，不是以他們的語錄為根據，而是以馬克思主義的辯證唯物論、歷史唯物論這個馬克思主義的「靈魂」為根據。

有了這幾方面的根據，你的文章就有內容，你的「言」就可「立」，就不怕被別人打倒。

（四）有恆

這是說做學問要有「鍥而不捨」的精神。清末明初的學問家王國維，曾經借用幾首詞，描述過治學三境界：第一境界是：「昨夜西風凋碧樹，獨上高樓，望盡天涯路。」——在秋風蕭瑟的環境裏，還能獨攀高峰，尋求真理；第二境界是：「衣帶漸寬終不悔，為伊消得人憔悴。」——為求愛（求真理學問），人也瘦了，褲腰帶也鬆了，卻一點不後悔；第三境界是：「眾裏尋他千百度，驀然回首，那人卻在燈火闌珊處。」——學問長期積累，量變生質變，有了飛躍。所謂「踏破鐵鞋無覓處，得來全不費工夫」。我想，我們研究法學，也要經歷這三個境界，著名歷史學家範文瀾也寫過一副對聯：「板凳甘坐十年冷，文章不寫一句空。」做學問非一朝一夕之功，不要急功近利，急於求成，要「先博後約」。法學工作者不只要學法學，還要學哲學、政治學、經濟學、社會學、歷史學、倫理學、邏輯學以及學點文學，讀點魯迅等等，還要掌握一門外語，特別是要多學法學經典作家的原著。學法理的也要學其他部門法學。然後「由博返約」，學有所專，要儘可能全部掌握本專業古今中外的有關理論與實際資料與新的發展動向。不要這樣摸摸，那樣摩摩，變成打雜，「將生命割得零零碎碎」（魯迅語）。不要一說就是「著作等身」。現在我們有些年輕學者很勤奮，書出了好些本，字有幾百萬，這是好的。但也要注意防止粗製濫造。現在大部頭工具書動輒以百萬字計，但精粹的不多，抄襲的不少。「山不在高，有仙則名，水

---

17. 〔俄〕普列漢諾夫，張仲實譯：《馬克思主義的基本問題》（北京：人民出版社，1957），頁22。

不在深，有龍則靈。」古來作者流傳下來的名詩雄文，有的就只那麼幾篇，甚至幾句。譬如張繼的「夜半鐘聲到客船」，還有杜牧的「夜泊秦淮近酒家」都是千古名句。但這幾句也得來非易。像唐代詩人賈島的「鳥宿池邊樹，僧敲月下門」，原稿是「僧推……」，反覆琢磨，最後在別人啟發下改為「僧敲……」，意境全出，情景幽獨，為人們所傳誦，這就是「推敲」一詞的由來。他這個人還寫了一首小詩：「二句三年得，一吟淚雙流。知音如不賞，歸臥故山秋。」為了兩句詩，推敲了三年，雖有詩意的誇張，但不失為做學問的座右銘。

現在有些年輕法學家，有些做官，有些下海，這都是好事，但如果不會做官，又不願下海，那就不如踏踏實實做學問。國民黨時代有個大官僚徐樹錚的兒子叫徐道鄰，25歲時在德國得了法學博士，後來在國民政府裏做了一陣官，很不得志，退而搞學問，成為頗有名氣的法學家。他總結出一點人生經驗說：「在學問與政治上最不同的一點，是『機會』的作用。政治上的成功不是一個人自己所能主宰的，含有若干命運的成分在內。但是作學問則一分耕耘，一分收穫，絕少機會的成分在裏頭。然而事實上竟有不少有才華的學者，放棄了他們有把握的學問不做，而到沒有把握的政治裏去翻筋斗，真是使人難解！」旨哉斯言。

（五）有節

這是指文人的氣節、操守、品格。魯迅主張治學與修身並舉，文品與人品並重。他堅決貶斥「才子加流氓」，推崇言行一致，文如其人。現在理論界、法學界總的情況是健康的，經過了二十多年的折騰，大家也都吸取了經驗教訓，不能再搞那種昧良心的「大批判」，不能再說那些違心之言。但舊的影響還存在，外部環境也還可能為「左」右逢源……一手抓「左」的材料，一手抓「右」的材料（打引號的右），反「左」時拋「左」的材料，反右時拋「右」的材料，反正他永遠正確。這樣的「見機而作」，恐怕不合適，魯迅稱之為「文壇小丑」。前面提到的那篇《社會主義觀的重大突破》發表後，受到某刊物上一作者的批判。有錯誤當然可批評，可商榷，但那位作者通篇只有二十多行進行理論爭論，其他都是進行人身攻擊，說「突破」的作者在批人道主義時不愧為「衝鋒陷陣過來的戰鬥者」（？），現在卻是「左右逢源」、「朝三暮四」、「前後變得太突然」、

「太離譜」，甚至是「無賴」。斷言他靈魂深處有一個大寫的「我」。這就有點「不准革命」的味道。學術上有不同意見，相互質疑商榷乃至動用批評武器，都是正常情理。但切忌「文人相輕」，搞「內耗」。即使有所「相輕」，如果是「各以所長，相輕所短」(曹丕《文選》)，尚無不可；輕其所短而重其所長則好；若以己之短，去輕人所長，則是可悲的了。一位法學界的學者不無諷刺地總結出一句經驗之談：「內行整內行，整人更在行。」希望法學界不要出現這種情況。我們應當把精力用在自己做學問上，而不要用在蜚短流長上，更不能以整人為業。法學界應當加強團結，真正為繁榮和發展法學作出貢獻。

二、治學方法 —— 立體思維與求異思維

下面我再講講關於法學思維方法。

思維方法是一個非常重要的問題，普列漢諾夫曾經說：「一般說來，馬克思、恩格斯在唯物主義方面最偉大的功績之一，就是他們制定了正確的方法。」恩格斯在《德法年鑒》中早已說過：「方法就是新的觀點體系的靈魂。」[18] 這裏「新的觀點體系」即馬克思的科學社會主義思想體系，其「方法」則是辯證唯物主義和歷史唯物主義的方法，是馬克思主義的靈魂。我們講思維方法，主要是指這種方法。當然，我們也需要了解或掌握其他一些具體方法，譬如系統論的方法、社會學的方法、經濟分析法學的方法等。我這裏不去全面講這些思維方法，而是根據我個人治學作文的一些體會，講講兩種具體的思維方法，一是立體思維，二是求異思維。

(一) 立體思維

什麼叫「立體思維」？馬克思說，任何事物都是「一個具有許多規定和關係的豐富的總體」，「具體之所以具體，因為它是許多規定的綜

---

18. 〔俄〕普列漢諾夫，張仲實譯：《馬克思主義的基本問題》，(北京：人民出版社，1957)，頁 21-22。

合，因而是多樣性的統一。」[19] 立體思維也就是要把事物看成一個立體的、多面的、多樣性的統一，而不只是一點一線一面。關於這個問題，我想講幾點，即（1）多樣性的統一；（2）概念與事實；（3）整體與部分；（4）必要條件和充分條件。

1. 多樣性的統一

首先，不要只抓一點，而是兩點論、多元論。譬如不能說階級性是法律的唯一本質。列寧在《哲學筆記》中就講過：人對事物、現象、過程等的認識是「從現象到本質、從不甚深刻的本質到更深刻的本質的深化的無限運動。」[20] 在別一處他還說：「由所謂初級的本質到二級的本質，這樣不斷地加深下去以至於無窮。」[21] 人們常說本質只有一個。可這一個卻不能理解為只是一點、一面。本質是有層次的，有幾個層面的。黑格爾講過本質有本質內容和本質形式兩個層面。階級性只是法律的一個本質內容，或初級本質；更深的本質則是統治階級的物質生活條件。同時，還有「與內容不可分離地聯繫着的形式」即「本質形式」，法律的本質形式即它的規範性、國家強制性。舍去這些本質形式，法律也會等於零。

第二，不要動不動「兩條路線」。線也是多樣性的，不一定都是相互對立的，可以是相互平行的，也可以是相互交織的。譬如過去只講階級鬥爭這一根線，而且是壓倒其他的特粗的線。現在我們要突出的是經濟建設這條中心線。階級鬥爭這條線還存在，但退居次要地位。此外，還有民主政治建設、精神文明建設等多條線。過去也常愛講一條紅線或一條黑線，二者截然對立。事物中的確存在對立的兩條路線，但也不是什麼事、什麼思想都分成兩條對立路線。如思想路線就有交叉的地方，我們要吸收借鑒人類一切先進的思想。經濟戰線上，資本主義同社會主

19. 〔德〕馬克思、恩格斯，中國共產黨‧中央馬克思恩格斯列寧斯大林著作編譯局：《馬克思恩格斯選集》（第 2 卷）（北京：人民出版社，1972），頁 102–103。

20. 〔俄〕列寧，中國共產黨‧中央馬克思恩格斯列寧斯大林著作編譯局：《列寧全集》（第 38 卷）（北京：人民出版社，1959），頁 239。

21. 〔俄〕列寧，中國共產黨‧中央馬克思恩格斯列寧斯大林著作編譯局：《列寧全集》（第 38 卷）（北京：人民出版社，1959），頁 278。

義，既有對立部分，也有平行部分（二者並存，相互競爭、競賽），還可能有交叉對接的部分（市場經濟中某些共同的國際規則）。過去講基礎與上層建築，較多的是強調基礎決定上層建築這個向上的線性方向，而忽視上層建築向下的反作用，與上層建築各種因素的交互作用。對此恩格斯晚年有所提醒，他指出只說經濟因素是唯一決定性的因素，就很難解釋在相同經濟基礎上，英國立遺囑絕對自由，而法國卻嚴格限制，這就表明不能認為「在一切細節上都只是出於經濟原因」。[22] 只用這樣一根線去解釋極其複雜的社會現象、法律現象，雖然「會比解一個最簡單的一次方程式更容易」，但「要不鬧笑話，是很不容易的」。因為歷史畢竟是由「無數互相交錯的力量」相互作用的結果。[23]

　　第三，看事物也不能只看一個面，即片面。誠然，在進行科學研究的時候，起先也要從一個片面入手。如馬克思所說：「每一事物要成為某種事物，就應該把自己孤立起來，並成為孤立的東西。⋯⋯因為沒有這些無數的片面性，世界就不會是多面的。」[24] 這是先把事物從整體中抽出來進行孤立的研究，然後再研究它與整體與其他事物的聯繫。我在這裏講話，就只能看到你們的臉，看不到你們的後脖子。倘若要研究一個人，就必須全面地看，看多方面的，看多種因素。

　　譬如犯罪的根源，過去只講一面，就是舊社會剝削階級思想的影響，這一面很重要，但不是全部。社會主義制度會不會產生犯罪，這是個敏感問題。其實只要是鄭重的唯物主義者，就不必迴避。至少有兩點可以研究：一是有國家權力必然有可能產生權力腐敗。馬克思主義認為國家是個「禍害」，就是針對這一點來說的。既然社會主義時期國家和國家權力還不能消亡，那就有產生腐敗、犯罪的條件。二是搞市場經濟必然有犯罪，馬克思講過「由於買和賣的分裂」，「許多寄生者就有可

---

22. 〔德〕馬克思、恩格斯，中國共產黨・中央馬克思恩格斯列寧斯大林著作編譯局：《馬克想恩格斯選集》（第 4 卷）（北京：人民出版社，1972），頁 484。

23. 〔德〕馬克思、恩格斯，中國共產黨・中央馬克思恩格斯列寧斯大林著作編譯局：《馬克想恩格斯選集》（第 4 卷）（北京：人民出版社，1972），頁 484。

24. 〔德〕馬克思、恩格斯，中國共產黨・中央馬克思恩格斯列寧斯大林著作編譯局：《馬克思恩格斯選集》（第 1 卷）（北京：人民出版社，1972），頁 145。

能鑽進生產過程並利用這種分裂來牟利」。[25] 社會主義市場經濟不可能消滅貨幣與商品，也不可能完全避免經濟犯罪與權錢交易現象。此外，還因為一部分人先富起來，或者一些貪官污吏大發橫財，因而引起社會心理上的不平衡：「和尚動得，我動不得？！」這種阿Q調戲小尼姑「上行下效」的畸形心態，也是誘發犯罪的因素。所以，凡事都要全面分析，不要只看一個面。

第四，看事物還要有四維觀念，即不只空間這三維立體，而且還有時間、時代因素，即要有歷史觀。譬如講階級性，不能離開一定的歷史條件，說只要是階級剝削就是不好的、反動的。其實，由原始社會到奴隸制剝削社會是歷史上的一大進步。沒有奴隸制就沒有古希臘的文明，也沒有現代的社會主義。這是恩格斯講的。因為有了剝削，才產生勞心勞力的分工，才有可能使一部分人有餘暇去研究科學文化。俘虜成為奴隸，雖受剝削，也比被全部殺掉要好，這對奴隸來說也是一個進步（恩格斯語），現在我們搞改革開放，引進外資，窮山溝裏的農民跑到深圳「三資」企業做打工仔打工妹，雖然是受資本家剝削，但每月賺幾百元錢，總比在家鄉過沒有「剝削」的「貧窮的社會主義」要實惠。恩格斯曾經批評資本家剝削剩餘價值：「資本家拿走了火腿，卻只給工人以香腸。」現在打工妹能得到香腸，總比連飯都吃不飽要強些。所以在社會主義初級階段，有一點資本主義的剝削，作為社會主義經濟的「有益的補充」是必要的，有利於發展生產力和提高人民生活水平。恩格斯曾指出：「馬克思了解古代奴隸主、中世紀封建主等等的歷史必然性，因而了解他們的歷史正當性，承認他們仍在一定限度的歷史時期內是人類的槓桿；因而馬克思也承認剝削，即佔有他人勞動產品的暫時的歷史正當性。」[26] 所以階級觀不能脫離歷史觀，否則就成了抽象的道德觀。

最近召開的黨的十四屆四中全會，有一個新提法，即「把馬克思主義基本原理同中國實際和時代特徵結合起來」，中心一句「時代特徵」，

25. 〔德〕馬克思、恩格斯，中國共產黨・中央馬克思恩格斯列寧斯大林著作編譯局：《馬克思恩格斯全集》第13卷（北京：人民出版社，1972），頁88。

26. 〔德〕馬克思、恩格斯，中國共產黨・中央馬克思恩格斯列寧斯大林著作編譯局：《馬克思恩格斯全集》第21卷（北京：人民出版社，1972），頁557-558。

即時間因素。這是十分重要的。社會主義法不只要切合中國國情，還要適應時代精神，即要有時空四維的立體觀念。

2. 概念與事實

概念是對現實中各種相關事物的科學概括，但概念只能是近似的、簡單的，不可能完全涵蓋豐富多彩、千變萬化的事實。恩格斯說：「一個事物的概念和它的現實，就像兩條漸近線一樣，一齊向前延伸，彼此不斷接近，但永遠不會相交。」[27] 譬如少年恩格斯認為哺乳動物不會下蛋，這是對許多事實概括後形成的概念，一般是對的；但後來恩格斯發現鴨嘴獸卻會下蛋，所以他「請鴨嘴獸先生原諒」。這就是概念與事實不盡符合的例證。因為事物還有某種中間過渡狀態。社會主義法律就帶有這種過渡特點，只講它的階級性、國家強制性就不完全，應更多講人民性和人民的自覺遵守，這樣也才能最後過渡到法律的社會化，以至「消亡」。

反過來，事實也不一定都能證實概念，列寧說：「社會生活現象極端複雜，隨時都可以找到任何數量的例子或個別的材料來證實任何一個論點。」但這會是片面的，「一定要引用 …… 經濟生活基礎的材料的總和」，才能得出正確的結論。[28] 現在社會上醜惡現象氾濫，於是有些人舉出許多例子來說明改革開放搞錯了。同樣法學界也有人專門收集報刊上他認為是錯誤的或者「自由化」的觀點，然後得出結論，現在法學界特別是法理學界思想混亂，一團糟，法學刊物也犯了「方向性錯誤」等。這也是以片面的（或者以是為非的）「事實」來論證一個片面的結論，這樣去估計法學界的狀況是很危險的。所以，我們切不要以枝節的事實來論證一個概念，也不要以概念去套每一個事實。

---

27. 〔德〕馬克思、恩格斯，中國共產黨・中央馬克思恩格斯列寧斯大林著作編譯局：《馬克想恩格斯選集》（第 4 卷）（北京：人民出版社，1972），頁 517。

28. 〔俄〕列寧，中國共產黨・中央馬克思恩格斯列寧斯大林著作編譯局：《列寧選集》（第 2 卷）（北京：人民出版社，1995），頁 733。

3. 整體與部分

整體不等於部分之和。整體的性質同其組成部分的性質也有區別。房子是由磚頭砌成的，但磚頭的性質與房子的性質大不相同。實行「一國兩制」，中國在整體上是社會主義國家，香港是它的組成部分；但單就香港這個相對獨立的部分而言，香港實行的是資本主義制度，同內地又大有區別。我過去發表過一篇論法的本質的文章，[29] 就是運用了整體與部分的區別來解釋法律在整體上有階級性，並不排斥作為它的組成部分的某些具體法律或法律規範的非階級性。

4. 必要條件與充分條件

每一事物都有構成它的必要條件，但講必要還不夠，還要講它的充分條件，否則也不成其為該事物。我原是學工的，大學時代做物理、微積分習題，都要分別論證它的 necessary condition 和 sufficient condition。用之於社會科學也是如此。講法律的階級性，這只是法律在整體上的一個必要條件，把它作為唯一條件就不能區分法律與其他上層建築現象（它們也都有階級性）；所以還要講充分條件，即它還必須是具有國家強制性、普遍的約束性和規範性等要素。講人權的起源不能像自然法學那樣只講一個人的自然本性（天賦人權），當然沒有人的自然性，人也不復存在，所以也不能否認它是人權的必要條件；但非充分條件。因為流落在荒島上的魯賓遜，雖有求生存的自然本性，但因為他不生活在社會之中，沒有人來侵害或有義務來實現他的要求，他求生存自由的天性，就不可能形成一種權利。所以一定的社會關係，或人的社會屬性，才是構成人權的充分條件。

(二) 求異思維

我們待人接物，需要求同存異，所謂「善與人同」。而治學、作文章，我認為就應該求異存同。大家已經有了共識的東西，人家已經寫爛了的東西，你還去叨叨不休，就沒有人要看。我們研究學問，寫文章，

---

29. 此文即〈關於法的本質的哲學思考〉，原載于浩成，崔敏：《法的階級性與社會性問題討論集》（北京：群眾出版社，1987）。

就是要另闢蹊徑，走自己的路，發前人所未發，這就叫「求異」。求異思維是講在學術思想上求異，目的為了求是，求真理，不是離開真理去大發與眾不同的謬論。求異思維主要是在方法上採取具體分析，不搞抽象思維；可以逆向思考，不落前人窠臼；轉移視角，多方位探討。

1. 具體分析，不搞抽象思維

「具體地分析具體問題」，是馬克思主義的活的靈魂，但什麼是具體，人們往往認為只是指感性存在，而概念則是抽象的。其實概念也可以是具體的。可以「由抽象上升到具體」。我們要把握事物的具體概念，避免簡單的抽象思維。後者是指以一概全，抓住事物的一個片面的規定性就當成是全部真理。黑格爾在《誰在抽象地思維》一文中，舉「僕人」這一概念為例，指出人們在僕人面前之所以擺架子，是因為對僕人作了抽象思維：只看他是僕人（伺候老爺的人），而抹殺他作為一個具體的人的多方面性格、才能與平等權利。這就「抽」掉了一個活生生的人的多種規定性。

我們研究學術問題也最忌抽象思維，缺乏對具體事物的具體分析，只搬現成的簡單結論，也就很難同別人的思考求異。

譬如關於事物的是非就很複雜。對別人之所是所非，都可以通過具體分析而得出相異的見解。我們面對是非之爭，可以具體分析為以下幾種情況。

一是「去非為是」──發現與剔除別人錯誤的東西，你就可以得出新的正確的結論。譬如過去有人寫文章《人權是資產階級口號》，你對人權作具體分析，就可得出「人權不是資產階級的專利」的結論。

二是「昨是今非」──有些命題，在一定歷史限度內是對的，你把它放到今天條件下，也許就可發現它的局限性、過時。譬如說，法只是階級鬥爭的工具，在階級鬥爭是主要矛盾的時期，它是有道理的；建立了人民的政權、消滅了對立的階級以後，還停留在這一命題上，就是片面的、有害的。

三是「似是而非」──表面看來有道理，仔細一推敲，實質是錯的。譬如說「黨領導下的全國人民代表大會」，乍一看，不錯，黨領導一切嘛。仔細分析，就似是而非，因為全國人民代表大會是最高的國家

權力機關，在它之上不能有更高的國家權力機關。1975年憲法中這個提法是不妥的，後來修憲時就刪去了。在黨的文件上一般只提為黨領導人大的「工作」，即黨對人大是政治思想上的領導，而不能在組織上成為高於人大的上級國家權力機關。（只有黨對人大中的黨組的領導關係可以是組織上的領導關係。）

四是「有是有非」——有些事情並不是非此即彼，而可能是是非參半。這更要作具體分析，是其所是，非其所非，切忌籠統，切忌肯定一切或否定一切。譬如有些學者說，一切剝削階級的法律都是逆歷史潮流而動的，這就太絕對。事實上，在剝削階級處在上升時期，儘管其法律是體現剝削階級利益與意志的，但這種利益與意志也是符合社會發展要求，適合當時生產方式的要求，因而有些法律也是科學的或進步的。

五是「亦是亦非」——這是指其是非決定於一定的條件，不能抽象地去論斷。譬如「下雨好不好？」也好也不好，乾旱時下雨就好，洪澇時再下雨就糟了。同樣「剝削好不好？」也不能抽象地回答，從抽象道德觀念看，剝削當然是壞事，但放到一定歷史條件下就不儘然。奴隸制有剝削就比原始社會無剝削而餓肚子或被殺死要好得多。社會主義初級階段有點資本主義經濟剝削，也是「有益的補充」。按勞分配的方式，在現階段是符合生產力發展要求的，但也還是承認了「資產階級法權」所帶來的事實上的不平等。

六是「無是無非」——有些事，特別是學術問題，固然不存在政治上的是非問題，即使有不同意見，也可能是見仁見智，不同流派，不一定是唯心唯物的是非問題。何況「唯心論」也不見得都是錯誤的。

2. 逆向思考，不落前人窠臼

從此對材料作進一步的研究，從另外的、從下向後而問的角度，下，這樣就可能得出一些值得補充的方面，或者得出新的不同的看法。

一種逆向思考的方法是「逆定理不真」。譬如「凡人皆有死」，這是正面命題，是對的；但不能反過來說：「凡死的都是人」。因為任何生物都有一死。又如說「凡是社會主義國家都實行公有制」，不能說「凡實行公有制的都是社會主義國家」，因為原始社會也是公有制，而非社會主義國家，資本主義的國有企業也是一種公有。由此從「逆定理不

真」就可推導出一個新的思想：單抽象地講公有制，還不是區別姓「資」姓「社」的充分條件。

又如講民主集中制，過去概括為四句話：個人服從組織，少數服從多數，下級服從上級，全黨服從中央。四個都是「服從」，這對加強黨的統一來說，當然是必須特別強調的，但反方向思考一下，只有服從這一自上而下的一條線嗎？是否還有自下向上的「監督」這條線？是否還應有黨員監督組織，多數保護少數，下級監督上級，中央依靠全黨？只有向下的線而無反饋向上的線，就會是黨內民主的欠缺。這樣思考就不只是強調集中指導下的民主，而且也注重民主基礎上的集中就全了。

另一種逆向思考的是從原則中找出例外，再從例外中找出新的原則。原則一般是體現必然性的，必然性又往往是通過偶然性表現出來的，所以必然中有偶然，偶然中也有其必然。生物學上許多新的品種是從偶然例外條件下產生，後來總結這些例外情況中的必然規律，再創設這種條件就使本來偶然的事物變成了普遍事物。在法學理論上，譬如「主權高於人權」，這是一般原則，我們不許外國以人權為藉口干涉別國內政。但我們也在政治上譴責、經濟上制裁前南非的種族隔離政策。這就是例外。再綜合考察近年國際社會對伊拉克、索馬里、南斯拉夫的干預這種種「例外」，就可發現，另一個新的原則，即人權在特定條件下可以高於主權。進而還可以分析，有了主權不一定就有人權，譬如慈禧太后的舊中國，有國家主權（主權在君），但有人權嗎？再進一步分析，國家是要消亡的，國家主權也將消亡，而人權是不會消亡的。人權比國家主權更久遠等等。對一個命題作這樣反覆思考，就不至於僵化、絕對化，就可以得出一些新的更全面的結論。

3. 轉換視角，多方位考察

前面說過任何事物都是一個具有許多規定和關係的總體，是立體的。人們對它的觀察，可以有不同的視角，從而也可以有見仁見智的區別。像美國曾經在生產中實行過「泰羅制」（一種組織生產的方法，或工藝流程）。在俄國十月革命前，列寧在兩篇文章中都着重批判、揭露它對工人剝削的殘酷性（把人弄得像機器一樣緊張勞動）；而在進行經濟建設的時候，列寧又先後在兩篇文章中強調要學習泰羅制的科學生產方法。這種前後不同的評價都有其內在的事實根據，只是體現了觀察者

的不同角度，即轉換了視角。現在我們搞市場經濟，對資本主義國家的某些具體的法律制度也應當作如是觀。

對某一事物，在前人論述的基礎上，再轉換一個視角，會發掘出前人所未發現的新意。譬如法學界討論法的本位問題。過去從權利義務這一對範疇上去分誰為本位，易生分歧。在市場經濟體制的目標提出以後，轉換一個視角，從政府權力和市場主體的權利之間的關係上，探討誰為本位，得出市場主體的權利應為本位，政府權力是為它服務的。這就比較容易地取得了共識。

以上所講的治學與作文的態度與方法，只是個人的一些零星體會，既不全面，也不一定都正確。好在是漫談，僅供參考而已。記得我年青時剛進清華大學，我們電機系的系主任在一次會上講了這樣一段話：「你們來到清華，既要學會怎樣為學，更要學會怎樣為人。青年人首先要學『為人』，然後才是學『為學』。為人不好，為學再好，也可能成為害群之馬。學為人，首先應當做一個有骨氣的中國人。」我現在也把我的老師的這段話轉贈給在座的青年學者。衷心希望大家在「為人」與「為學」的道路上，與日俱進，脫穎而出，為人民的幸福，為法學的繁榮，作出繼往開來的更大貢獻。

第二部分
人權自由

第八章

人權的本性與
價值位階

• 本章曾以〈人權的特性與價值位階〉為題，作為參加中國政法大學在北京舉辦的「中
美人權國際研討會」論文，受到與會中外學者一致好評，會後此文以首篇被刊載於中國
政法大學的《政法論壇》，2004 年第 2 期。《新華文摘》，2004 年第 11 期並予轉載。
不想後者的主編和責任編輯竟被中央主管部門以本文「不宜轉載擴散」為由（諒因本文
觀點與主流觀點不一致），分別給以 5,000 元罰款，《新華文摘》的主管機關 —— 人民
出版社的負責人也被罰一個月的工資。據悉，2012 年有關主管部門承認錯罰並償還了
罰款。

一、人權的自然性與社會性

凡權利，不論其為法定權利還是非法定的法外權利都是一種社會關係。人權也是如此。社會性是人權的根本特性。不過人權是任何人作為人應有的權利，而作為人，既是組成社會的因子，又是自然界的一種特殊生物。既有其社會性，又不能脫離其自然性；人權固然以其社會性為主導、基礎，又以其自然性為前提。我國近代思想家早期將自然法學的「自然權利」（nature right）譯為「天賦人權」。「天賦」二字的意思，主要是指基於人類的天性（生理需要和理性要求），生而應有的權利。但「天賦」一詞也往往被誤解為上帝所賜、受命於天，被當做客觀唯心論或神學給予批判。其實，17 至 18 世紀歐洲啟蒙思想家提出自然法和自然權利的理論，本意恰恰是以人權來對抗神權和皇權的。

中國學者長期以來只承認人權的社會性，而否定其自然性的，「天賦人權」論往往被當做唯心論予以全般否定。誠然，17、18 世紀的歐洲啟蒙思想家的自然法學和自然權利的理論，有先驗論和臆想的弊病。但完全排除人的自然的、生理的需要來談生命權、自由權等基本人權，也是不實事求是的。孔子說：「食色性也。」嬰兒出生就有吃奶求生的權利。成年男女有性生活的權利，這是人類的天性，亦即「天道」，是人的自然性、天性所賦予的。捨去這些人類本性，人的權利就成為無所依託的空話。

當然，應當強調社會關係屬性才是人權發展的動因和基礎。單個的、孤立的生物人，是無所謂權利的。因為任何權利主張的提出和權利的實現，都必須有權利的相對人（即義務人）存在。所以任何權利都是一種社會關係。人是社會動物，人的本質是社會關係的總和。如作為人權的生存權、自由權，屬社會關係範疇，是相對於他人而言的生存狀態，即不受任何其他社會主體的干擾、束縛，自由自在地生活。我要求或主張個人自由，其前提是至少有兩個人相處（我與你），兩個人就構成社會關係，彼此要求對方不得侵犯自己。

總之，人的自然性、「天性」是人權產生的必要條件；而人的社會性則是人權形成和發展的基礎，二者是統一的，也是互相滲透的。人的社會性是人權的主導元素，但以人的自然與社會需要為前提；人的自然性也受社會性的影響而有所發展變化。強調人權的自然性和社會性的統一，核心在於「把人當人」而不是當禽獸對待，從而懂得尊重人的人格尊嚴與自由，珍視人的生命。由於人類作為生物的生理需要和作為社會動物的基本的社會需要，在全世界任何地方、任何人種、任何民族都是最具共同性的，這也有助於在人權的普遍性上取得共識。

二、人權的普遍性與特殊性

(一) 人權普遍性的含義

　　任何事物都有其個性與共性、特殊性與普遍性。人權是「人皆有之」的權利，這是它的普遍性。人權的普遍性是由人權概念本身決定的。人權是人之所以為人而應當享有的權利，不能把任何人和人群排除在外，因此人權的普遍性最主要的是體現在人權主體的普遍性上。人權，正如《世界人權宣言》第 2 條第 1 款所確認的：

　　「人人有資格享受本宣言所載的一切權利和自由，不分種族、膚色、性別、語言、宗教、政治或其他見解、國籍或社會出身、財產、出生或其他身份等任何區別。」

　　這也就是說，任何人，只要是人都一視同仁地無差別地同等享有作為人必需的生命、自由、財產、人格尊嚴和反抗壓迫、追求幸福等基本人權。

　　人權的普遍性或其同性，懷基於對人的基本價值——作為區別於禽獸的人的人格尊嚴和基本的生存需要的共性的認同。

　　就人權本身而言，人權是基於人類的自然本性和社會本性，客觀地歷史地形成的，是任何人作為人所應當享有的權利，因而是超階級的、普遍的。

　　人權的主體範圍、價值、水準和實現程度等也隨時代和階級、民族、國家、政治經濟制度、宗教、文化傳統、社會心理習慣等的不同，而出現差異或某些特殊性。這些特殊性表現為人權的主體普及範圍的差

別，人權的價值觀的歧異，人權內容的不完全同一，人權實現程度的高低不等。這些特殊性是基於時代不同，國情不同，經濟文化發展的水平不同，特別是其中對人權的認知不同，而出現的分歧。其中人權的階級性只是其特殊性的一種表現形態。過去中國理論界之所以視人權為「資產階級口號」，是由於只看到或只強調階級社會中人和人權觀念和制度的階級性，而否定人性與基本的人權底線的共同性、普遍性。也沒有分清作為客觀社會存在的人權，同作為意識形態的人權觀、人權理論、人權法制的區別。

人權觀、人權理論、人權法制，是人們意識的產物，是有時代性和階級性的。譬如就人權的主體而言，18世紀法國的人權宣言就只是「男人的宣言」，因為當時婦女是不享有任何政治權利的。一位婦女革命家奧蘭普・德・古施（Olympe de Gouges）於1791年曾發表一篇與之對應的《婦女和女公民權利宣言》，卻遭到國民議會否決，她本人後來還被推上斷頭臺。[1] 之所以婦女被排除在人權主體之外，當時的理由是婦女在政治上不是獨立的主體，亦即不承認她們是完整的人。正像奴隸社會中的奴隸只被視為「會說話的動物」一樣。法國婦女直到20世紀初才有選舉權。美國最初的憲法也規定，在決定納稅和代表權的基礎時，五個黑人奴隸的權利義務只按三個白人自由人計算。這就是人權法制的階級性和時代局限性。

但是隨著人類社會的發展進步，人權的主體在不斷擴大和普及。特別是「二戰」以後，對法西斯瘋狂蹂躪人權的反思，極大地推進了人權理念的進步。在國際人權宣言和公約中，人權的主體已不再受階級和經濟、文化的限制。在人權主體上已不再有理由強調國別的特殊性了。

「誰若是認為人權只有在特定的前提下，或只有在特定的文化圈內，或只有在資本主義社會中才適用，那他其實不是在談論人權，而只是在談論歐洲人、美國人、基督徒、白人或者西方民主制度下地公民的權利。」[2]

---

1. 〔瑞士〕勝雅律：〈從有限的人權概念到普遍的人權概念〉，載《比較法學的新動向》（北京：北京大學出版社，1993），頁141。
2. 〔德〕馬丁・克里埃勒：〈論人權的普遍性〉，國際法哲學社會哲學15次大會論文，轉引自郭道暉：《法的時代呼喚》，中國法制出版社，1998），頁629。

(二) 對否定人權的普遍性的「理由」的評析

1. 「唯國情論」

　　一些論者強調人權的特殊性而否認人權的普遍性的理由是：各國經濟發展水平不同，不能按發達國家的標準來要求人權在發展中國家同等實現；再則，全世界各民族的文化多樣性、風俗民情多元化，價值觀也各不相同，所以應當強調各國的特殊性。

　　這種以國情的特殊性來否定人權的普遍性的說法，是站不住腳的。誠然，國情不同，在各國如何處理人權問題的方式方法上會各有不同，完全否定這種特殊性是不公平的；但人權的普遍性是指基本人權底線的統一性，它是基於人類共同的人性和社會性、為保障人的生存的基本需要和人格尊嚴而形成的最起碼的要求和最低標準。人權的崇高性不是因為它標準高，而是因為它是「文明的公分母」，具有超越任何文化或制度文明的分歧的共同性。所以在尊重、保障基本人權的立場、態度上，是不能藉口民族特殊性、或經濟發展的低水平，而輕視、抹殺甚至踐踏人權的。人權並不是貧窮落後國家的奢侈品。像保護人格尊嚴、人身自由和身體的完整性、禁止酷刑這樣一些最低限度的基本人權上，是並不需要什麼花費的。貧窮不能成為侵犯這些個體人權的藉口。

　　其實對外強調思想文化的多元性和價值相對主義，強調人權的標準必須與本國的經濟發展水平相適應，以對抗人權的普遍性的人往往就是在其國內施行專制統治，要求思想高度一致和輿論一律，「定於一尊」否認價值多樣性與寬容性，在經濟生活上窮奢極欲的統治者。

2. 功利主義人權觀

　　對人權的普遍性持否定態度的另一個理由是為了保護「最大多數人的最大幸福」，少數人的權益受到限制或侵犯是可以不計的。這是以邊沁為代表的功利主義的人權觀。我們有些論者也強調我們保護的是多數人的人權，不是少數人的人權，似乎這顯示了對待人權的民主性、階級性和正義性。

　　誠然這種功利主義的人權觀，比只保護少數人的特權，特別是只保護社會強勢群體的特權要民主和正當。但是既是講人權，就應當是每

個人、即所有人、人人皆有的權利，而不能只以保護多數為滿足。民主的共和精神要求一視同仁，和衷共濟，特別還要求「保護少數」。如果以保護多數為藉口去壓迫少數，就會變成「多數暴政」。中世紀的天主教燒死異教徒的一個堂皇理由就是：「為了拯救大多數人的靈魂，有必要保護他們不受心靈誘惑者的引誘。」馬基雅維利主義的所謂國家利益至上原則，也是以整個國家及其公民的整體利益或集體利益，來為單個地侵犯人權的事例辯解。有些社會主義者也往往許諾為了子孫後代長遠的利益和遙遠未來的美好社會，或為了最大多數人的最大利益，容忍對少數人、個人權益的侵犯是正當的。

這種功利主義的人權觀，是以所謂崇高的目的來美化其侵犯人人權的手段，而不是把人自身作為目的。事實上無論侵犯人權多麼有利於多麼美好的目的，也是不能承認其正當性和合法性的。人權之不可侵犯性是無條件的。這也就是康德所表達的人權基本原則：「人作為權利的載體，從來就不是用於某種目的的工具，而是目的本身。」[3]

進一步說，迫切要求得到人權保護的，往往是社會中被邊緣化、被歧視的弱勢群體，他們往往是少數（如老人、殘疾人、少數民族和少數種族等），也可能是多數（如現今中國的農民和下崗工人）。在出現兩極分化的當代中國保障弱勢群體的人權，已是一個嚴重的迫切的任務。

3. 「壞人無人權」論

認為「不道德的人」、或「在道德上不是人的人」、「壞人」沒有人權。其理由是「不道德的人憑什麼享受來自道德價值的權利？」[4] 這是以庸俗的「階級分析」方法觀察一切社會現象者所導致的認識差誤。

首先，所謂「不道德」、「壞人」只是一個模糊的概念，常常隨人們的主觀好惡而定。「文革」中許多革命幹部（包括國家主席劉少奇）

---

3. 同上。

4. 此論出自中國社科院哲學研究所期刊《哲學研究》的一篇論文。參見劉大生：〈論壞人人權與好人人權的關係〉，載《嶽麓法律評論》第 5 卷（長沙：湖南大學出版社，2003）。

和知識分子（包括偉大的作家老舍）被加以莫須有的罪名，施以種種侮辱和慘無人道的迫害致死，就是在所謂「壞人無人權」和所謂「對敵人愈狠，階級感情就愈深」的說辭下做出的暴行。

再則，即使真是所謂「壞人」，如罪犯也有他不可被剝奪的人權，如人格權、姓名權、訴訟權、某些其他民事權利等。認為壞人就沒有或不配享有人權，其惡果之一，就是對所謂的「階級敵人」、俘虜、罪犯，可以恣意虐待，這也是刑訊逼供至今屢禁不止的一個原因。人類社會絕大部分的罪惡往往是以「壞人無人權」為理論根據的。希特勒屠殺猶太人，理由就是他們是「劣等民族」。

其三，「壞人」人權得不到保護，好人人權也就得不到保護。因為被冤枉的好人可能會當壞人虐待；而且好人可以去虐待壞人，好人也會變壞。

三、人權普遍性的歷史發展過程

近代人權觀念是資本主義商品經濟發展的產物。但就整個人類社會發展的歷史而言，古老的粗淺的人權事實與實踐也是存在的。人權的普遍性或普及程度，隨著社會生產力的發展和文明的進步，其範圍不斷擴張，其水準不斷提高，其實是一個漫長的歷史漸進過程。是由原始社會的低水平的普遍性，到階級社會人權主要是統治階級的特權，到現代民主社會人權的日益普及，最終到共產主義的大同社會人權的完全普遍化。同時在歷史進程中也受不同時代的經濟文化條件所制約。

（一）有人類社會就有人權

「人權」如果界定為「人的基本權利」，那麼有人類社會就存在人權的某些基本要素。

一些學者論到人權的起源，限於 17 至 18 世紀的資本主義時代，這是把人權概念的形成、人權理論的產生、人權法制的出現，等同於人權（作為一種客觀存在的社會權利）本身的發展歷史。誠然，原始社會不存在近代與現代的人權概念。但如前所述，自原始社會起就存在原始的權利，如生存權，它就是人的一項基本的或首要的權利。當然這種生存

權是極其低度的，其普遍性也只限於氏族內部（俘虜就沒有生存權），其權利只是人權的低級階段，只是一種萌芽的形態。拿平等這一人權觀念來說，如恩格斯所說，它是「非常古老」的。那時只是從人作為人，有生物性上的共同點而享有平等。其範圍很窄，遠古社會最多只談得上公社成員之間的平等，對公社之外的其他氏族就不在此列。其時，其平等要求的水準也很低·只不過是生物性的、在饑餓面前人人平等。由於生產力極其低下，沒有剩餘生產品來養活喪失勞動力的老年人和俘虜，他們甚至要被吃掉或殺死，用現代語言來說，他們是不享有平等的生命權、生存權的。

（二）奴隸與封建社會中的人權

到階級對立社會，從總體上說，人權主要表現為統治階級階級的特權。但被統治階級也並非毫無人權。

在奴隸社會就奴隸階級作為一個整體來說，也是享有一定的生存權的。這是由於生產力的發展，維持奴隸的生存（奴隸的再生產）已不再是社會的一個負擔，反而是社會分工的需要和奴隸主階級自身生存的條件。既然奴隸已成為奴隸主的個人財產，也就必然要像其他財產一樣受到保護。奴隸主的財產權這一特權的實際享有，是以奴隸享有生命權為條件的。也可以說奴隸的生存權是依附於奴隸主的財產權的。因此從這個意義上說，不管這一權利是否已得到奴隸制法律的確認，生存權在奴隸社會實際上已是一項人人享有的社會權利。

有些學者認為奴隸社會中奴隸沒有生存權，並認為爭取生存權是奴隸與奴隸主鬥爭的首要的或主要內容。這是不符合歷史事實的。其實奴隸的首要人權是「人身自由權」，而不是生存權。只有在這種低下的生存條件也受到嚴重摧殘時才爆發奴隸起義，為生存權與人身自由權而鬥爭。當然它還遠非完全平等的權利，實現這一權利的條件和生存的質量有極大差別，是很不平等的；而且奴隸個人的生命權還經常受到侵犯，缺乏法律保障。但畢竟奴隸作為一個階級不再全部被殺掉或吃掉（奴隸被奴隸主個別處死，並非常規，而是「例外」）。如恩格斯說的，「對奴隸來說，這也是一種進步」。[5]

---

5. 〔德〕馬克思、恩格斯，中國共產黨·中央馬克思恩格斯列寧斯大林著作編譯局：《馬克思恩格斯選集》（第3卷）（北京：人民出版社，1973），頁143、221。

也可以説作為基本人權的生存權開始普及於奴隸階級，是人權歷史上的一種進步。當然這種進步是伴隨着對奴隸的殘酷剝削與壓迫的。奴隸的人權是處於十分低微的狀態，還根本談不上現代意義上的人權，因為他只是「會説話的工具」、喪失了人的本質。但畢竟由原始社會進到奴隸社會，是人類文明的一大進步。因為「只有奴隸制才使農業和工業之間的更大規模的分工成為可能，從而為古代文化的繁榮，即為希臘文化創造了條件」。[6] 因此，恩格斯説，沒有古代的奴隸制，就沒有希臘的文明，就沒有現代的社會主義。[7] 對奴隸在人權上的悲慘處境，可以發出「高尚的義憤」，但「在科學上絲毫不能把我們推向前進」。[8] 人類社會的進步（包括人權的進步），不能不以某些階級的人權受壓抑為代價。這種歷史的不公正只能從歷史發展的總體利益上去求得平衡，並從各個歷史階段的社會經濟結構上作出解釋。

由古代社會從人的生物性上的共同性產生的平等觀念，進展到現代社會要求一切人在政治地位與社會地位上平等，經過了幾千年。如果用現代的平等觀念去要求奴隸社會，要求奴隸與奴隸主在政治地位上平等，「那麼這在古代人看來必定是發了瘋」；[9] 而且果真據此去為奴隸爭這種普遍性的人權，不但不可能，也會使生產力大倒退。

在封建社會主要是封建地主階級的等級特權。但畢竟從奴隸階級轉化為農民階級，已有了人身自由這一人權。當然它仍是低度的，農民仍被束縛在土地上。

---

6. 〔德〕馬克思、恩格斯，中國共產黨‧中央馬克思恩格斯列寧斯大林著作編譯局：《馬克思恩格斯選集》（第3卷）（北京：人民出版社，1973），頁220。

7. 〔德〕馬克思、恩格斯，中國共產黨‧中央馬克思恩格斯列寧斯大林著作編譯局：《馬克思恩格斯選集》（第3卷）（北京：人民出版社，1973），頁220。

8. 〔德〕馬克思、恩格斯，中國共產黨‧中央馬克思恩格斯列寧斯大林著作編譯局：《馬克思恩格斯選集》（第3卷）（北京：人民出版社，1973），頁189、143。

9. 〔德〕馬克思、恩格斯，中國共產黨‧中央馬克思恩格斯列寧斯大林著作編譯局：《馬克思恩格斯選集》（第3卷）（北京：人民出版社，1973），頁189、143。

(三) 資本主義社會中的人權

在資本主義條件下，如馬克思所説：「自由這一人權的實際應用，就是私有財産這一人權。」[10] 資本就是自由，資本就是權利和權力。無産階級沒有資本，因而自由這一人權主要成為資産階級的特權。

即使如此，也並不能説工人就沒有任何人權。這需要區分資本主義商品交換過程與生産、分配過程這兩個不同階段中，人權的階級共同性與特殊性。

馬克思在《資本論》中之所以把交換領域稱為「天賦人權的樂園」，是因為在這個領域，資産者與無産者分別作為買者與賣者，的確享有同樣的平等、自由和所有權。

「自由！因為商品，例如勞動力的買者和賣者，只取決於自己的自由意志。他們是作為自由的、在法律上平等的人締結契約的。」

「平等！因為他們（商品交換者）彼此只是作為商品所有者發生關係，用等價物交換等價物。」

「所有權！因為他們都只處分自己的東西。」[11]

資本家是貨幣所有者，工人是勞動力的所有者，二者都有自由地支配其財産（貨幣與勞動力）的權利。所以馬克思説在交換領域，「佔統治地位的只是自由和平等、所有權和邊沁」。[12] 在這個階段也只在這個階段，平等、自由的人權是為雙方所共享的。也可以説這一領域存在人權的主體普遍性。

但一旦進入生産領域，買者與賣者就變成了資産者與無産者，無産者原有的勞動力這個商品，在生産過程中起了變化，它可以創造大於它在流通領域中的價值，而這個剩餘價值卻被資産者佔有了。這樣生産

---

10. 〔德〕馬克思、恩格斯，中國共産黨・中央馬克思恩格斯列寧斯大林著作編譯局：《馬克思恩格斯全集》（第 1 卷）（北京：人民出版社，1956），頁 438。

11. 〔德〕馬克思、恩格斯，中國共産黨・中央馬克思恩格斯列寧斯大林著作編譯局：《馬克思恩格斯全集》（第 23 卷）（北京：人民出版社，1972），頁 199。

12. 〔德〕馬克思、恩格斯，中國共産黨・中央馬克思恩格斯列寧斯大林著作編譯局：《馬克思恩格斯全集》（第 23 卷）（北京：人民出版社，1972），頁 199。

與分配中的階級剝削關係，取代了流通中的平等、自由關係。共有的人權不見了，只剩下資本家剝削的階級特權。

可見在資本主義條件下，人權的普遍性是存乎有無之間，既有階段性的真實，又在總體上有虛假。強調前者而否認後者，會陷入資產階級的人權迷霧；強調後者而完全無視前者，也會導致低估資本主義優於封建主義的進步作用。因為比之在封建社會中農民束縛於土地上，人身依附於地主，資本主義社會中工人能在交換領域中成為「自己的勞動能力、自己人身的自由的所有者」，[13] 而享有平等的身份權，畢竟不能不算是勞動者在人權處境上的一個進步。

人權普遍性中的階段性，還表現在資產階級聯合工人農民反對封建專制鬥爭的時期。這個階段「自由平等」不只是資產階級的口號，也是工人農民階級追求的目標。資產階級思想家進步的人權主張，也是客觀上反映着商品經濟發展的要求，即要求人人普遍享有平等自由的基本權利；在實踐上，共同的反封建鬥爭也使他們在擺脫封建桎梏而獲得自由上有其共同性（當然也有階級的差別）。當資產階級奪得政權以後，它就把這種具有普遍性的人權口號丟棄在一邊，轉而對無產階級進行經濟和政治壓迫了。

有些論者肯定資產階級人權理論在反封建專制鬥爭的歷史進步作用，卻又否定這個時期所爭取的人權具有階級共同性，忽視了無產階級在這個鬥爭中也得到了人權上的某些好處。這不能說是實事求是的。何況歷史發展到今天的知識經濟和資訊化時代，資本主義也在與時俱進；同時為了緩和階級矛盾，在吸收社會主義某些社會保障政策中，也進行了一些有利於勞動者階級和貧民的調整，被統治階級的人權狀況比過去有了某些改善。

恩格斯說得好：

當一種生產方式處在自身發展的上升階段的時候，甚至在和這種生產方式相適應的分配方式裏吃了虧的那些人也會熱烈歡迎這種生產方式。大工業興起時期的英國工人就是如此。不僅如此，當這種生產方式

13.〔德〕馬克思、恩格斯，中國共產黨．中央馬克思恩格斯列寧斯大林著作編譯局：《馬克思恩格斯全集》（第 23 卷）（北京：人民出版社，1972），頁 190。

對於社會還是正常的時候，滿意於這種分配的情緒，總的來說，也會佔支配的地位。[14]

之所以如此，就是因為他們的處境畢竟比在舊的生產方式下要好些。對人權問題也應作如是觀。

總之，人權的普遍性、普及程度是否具有進步性，不能從超歷史的抽象道德觀念上去評價，而要以唯物史觀的尺度去衡量，以是否能促進生產力的發展和文明的進步為準據，不能超越社會發展的階段，籠統地說人權主體愈普及、內容愈廣泛就一定愈好。

權利要受社會經濟結構及文化發展的制約。目前我國處於社會主義初級階段，根據中國國情，人權的普遍性的要求也不能超出社會現有的經濟文化水平和承受力。譬如工農之間、漢民族與少數民族之間、城鄉之間就存在某些事實上的不平等。此外，我國憲法也不規定生育自由，就是受制於我國的社會、經濟與文化條件。這都是人權的普遍性要受制約的例證。

四、人權觀與人權制度的歷史發展

(一) 人權觀的歷史發展

中國古代沒有人權的觀念與概念。但也有同人權含義接近的某些觀念，如儒家的「仁者愛人」、「人命關天」、「天人合一」、「天地間，人為貴」、「己所不欲，勿施於人」、「君貴民輕」、「四海之內皆兄弟」，王者應行「仁政」、「德政」，追求「世界大同」等等。

在西方古代希臘羅馬，就有人權思想觀念的萌芽。如亞里士多德的自然正義與法律正義，斯多葛學派的「自然理性」、人人平等和世界大同思想，羅馬學者的自然法與人定法的區分等等。這些思想成為後世的人權觀的濫觴。

---

14. 〔德〕馬克思、恩格斯，中國共產黨・中央馬克思恩格斯列寧斯大林著作編譯局：《馬克思恩格斯選集》(第 3 卷) (北京：人民出版社，1972)，頁 189。

近代人權是從中世紀後期到文藝復興和 17 至 18 世紀資產階級思想啟蒙和政治革命時期，隨着自然權利理論的誕生，開始了人權的第一個鼎盛時期。人權思想發展為系統的學說體現在格老秀斯（Hugo Grotius）、洛克、盧梭等人的啟蒙名著中，成為美國獨立和法國大革命的先聲。人權作為對專制的國家權力的反抗權、革命權而登上歷史舞臺。

現代人權的第二個高潮是第二次世界大戰後迄今。一是起因於對納粹殘酷踐踏人權的反思，其產物是 1948 年聯合國通過的《世界人權宣言》。二是 20 世紀 60 至 70 年代在西方國家，特別是美國興起的一系列以人權為目標的社會運動，如黑人運動、婦女運動、學生運動、反戰運動等。其重要理論成果之一是美國哲學家羅爾斯出版的《正義論》，以及德沃金（Ronald Dworkin）的《認真對待權利》等著作。這個時期人權觀在理論基礎上出現了重要轉變，即由建基於傳統的神學和歷史唯心主義的自然法與自然權利的古典人權理論，轉為社會正義和人本主義倫理觀，「承認人權的根據，已經沒有必要再把神或自然法抬出來，而是以『人性』或『人的尊嚴』等作為人權的根據就足夠了」。[15]

(二) 三代人權論

對世界史上人權的歷史發展，20 世紀 70 年代西方著名法學家卡雷爾·瓦薩克（Karel Vasak）提出了「三代人權」説，他把人權內容與重心的發展變遷，分為三個歷史階段：

1. 第一代人權 —— 消極權利

這一階段處在資產階級革命和自由資本主義時期，以美國《獨立宣言》和法國《人權與公民權利宣言》為標誌，人權的追求目標主要是個人的人身權利和政治自由權利，包括思想、言論、信仰、宗教等方面的自由和不受非法逮捕的人身自由和獲得公正審判的權利。其特點是以個人的自由權，對抗國家公權力的壓迫。人權是作為反抗權而提出的，旨

15.〔日〕宮澤俊義：《憲法》II 新版（東京：東京有斐閣，1974），頁 78-79。

在實現免受國權力的干預，所以是消極的權利，體現了自由資本主義時期資本發展的要求。

2. 第二代人權 —— 積極權利

20 世紀初以來的社會主義運動和社會主義革命階段，人權內容由政治權利延伸到經濟、社會、文化方面的權利。以蘇聯的《被剝削勞動人民權利宣言》（1918 年）和德國的魏瑪憲法（即《德意志聯邦憲法》（1919 年）為標誌。前者強調了要消滅一切人剝削人和階級劃分現象，勞動者應當享有經濟上的平等權；後者在「經濟生活」專章中，最先以憲法確認了一系列經濟與社會權利，包括財產所有權、勞動權、工作權、經濟自由權、著作權等知識產權，以及一些社會保障權等，被稱為「經濟人權」。這些權利是要求國家採取積極行動，以保障它的實現。所以屬於積極權利。

3. 第三代人權 —— 連帶權利

第二次世界大戰以後的民族解放運動興起，許多民族獨立國家出現，積極要求實現民族自決權、發展權、和平權、環境權、人類共同財產權等涉及國際關係的人權，促使聯合國通過了相應的權利宣言。由於這些人權都涉及人類生存與發展所面對的共同問題，所以稱為連帶權利。同時，這些國際人權公約承認這些權利是「人民」和「國家」、「民族」應享有的基本權利，從而也使人權的主體由個人擴展為集體（國家、民族）。

人權發展史的這三階段的人權內容是日益豐富和相互補充的。不能以後續的第二、三代人權去否定早先的第一代人權。那種因為要強調經濟權利而貶低政治自由權利，或強調集體權利而否定個體權利，都是片面的。

人類進入 21 世紀的當代，隨着經濟全球化、知識經濟和資訊社會的形成，以及科技的迅猛發展，人類遇到許多新的共同的問題，隨之產生一些新的權利主張和要求，人權的現實和理念繼續在發展。

五、人權與主權

　　近代人權思想的起源，是作為反抗權同國家權力的壓迫作鬥爭的果實。16 至 17 世紀產生的近代民族國家，壟斷了國家與社會的一切權力，擁有無限制地支配和壓迫人的可能性。當時的啟蒙思想家提出人權或自然權利的主張和理論，主要是用以對抗神權和皇權，反抗殘酷的宗教迫害和專制的皇權壓迫。他們認為把人置於專橫暴虐的權力意志統治下，是不符合人的本性的。應當把國家權力置於人民的控制之下，使之人性化，國家權力應當是人權的護衛者，而不是侵犯者、破壞者。「二戰」後，也是出於對納粹國家的暴虐權力對人類生靈的塗炭的反思和警戒，而促使現代人權的復興和發展。

　　所以，人權主要是同專橫的國家權力相對抗而存在的。

(一) 對國家主權要作階級分析

　　國家的最高權力是國家主權。主權在君、在專制統治者，還是主權在民，往往決定其對待人權的態度。而主權對外是獨立權，一般不受別國的干涉；對內是最高的統治權力，其他權力必須服從於它。那麼人權和公民權利是否也必須無條件服從國家權力呢？

　　由此就產生一個爭論不休的問題：「人權高於主權」還是「主權高於人權」？

　　這個命題在提法上就失之抽象和籠統。如同問「是天晴好，還是下雨好」一樣，不能作絕對肯定或否定的回答。因為這要看此時此地的具體情況：遇到乾旱時，下雨就比出太陽好；反之，則天晴好。人權與主權的關係也是如此。判斷誰高於誰，或誰應當高於誰，要對該國的主權和人權的實際狀況作具體分析。

　　如果撇開了國家政權的階級性，去抽象地論證「國家主權高於人權」的命題，而不去分析：這個國家是「主權在君」，還是「主權在民」？是實行民主政治，還是實行獨裁政治？其主權在國內是保障人權的，還是暴虐地踐踏人權乃至屠殺人民、危害人類、實行種族滅絕的「鎮壓之權」？以及其國家主權有無願望或有無能力保障其本國人民的

人權。作出這樣的分析後，才能對主權與人權的關係作出價值判斷和確定如何對待。

（二）沒有主權是否就沒有人權與有主權是否就一定能保護人權

　　主張「主權高於人權」的論者，一個似乎有力的論據是：沒有主權的國家，怎能有其人民的人權？這確反映了某些事實。在帝國主義統治下的殖民地，一般是無人權保障可言的。但無人權保障，只是表明人權沒有成為該國的法定權利，不受法律保護，或者人權遭到統治者的恣意壓制與侵犯，而得不到有效救濟；並不等於人民本來不該享有人權，或客觀上不存在未經法定的、作為社會自發存在的這種社會道德權利或習慣權利（人權）。因為人權作為人人應有的道德權利，是歷史地客觀地存在於任何社會與人群中的，不能因為統治者的否認或壓制就不存在。「有無人權」與「人權有無法律保護」是兩個不同的命題，不能混淆。譬如美國立國前作為英國的殖民地為求獨立，既不是、也不能依據其宗主國（英國）的憲法和法律及法定權利，而是以人民的革命權、自由權以及生存權等基本人權為旗幟，通過革命戰爭，爭得了國家獨立和國家主權。可見在美國立國前，他們雖然沒有獨立的國家主權，其人權卻先於美國的國家主權而存在，而且在道義上高於其宗主國的主權。

　　按照「沒有主權就沒有人權」的邏輯，也會引申出「有了主權就一定有人權」的結論。事實上，這個斷語也是過於絕對的。中國滿清王朝慈禧太后時代，是擁有國家主權的獨立國家，但它能夠或者願意保障臣民的人權嗎？至於「二戰」時的法西斯德國，其國家主權十分強大，它講人權嗎？！

　　因此抽象地、籠統地提出「主權高於人權」的命題，客觀上可能會墮入陷阱：為那些以「主權壓人權」的反動腐朽的、鎮壓人民的政權，提供理論支持。

（三）人權和超國家權力對國家主權的挑戰

　　當然，一般說來，作為一個獨立國家，不論其主權在君還是在民，它的主權對外是獨立權；對內則是統治權，屬於國家權力。在正常

情況下根據國際法，獨立的主權是不容外國侵犯或干涉的；外國也不能藉口保障人權，輸出革命或民主，而應當由其本國人民自己來解決。但是當某個國家的統治者犯下了侵略戰爭罪、種族滅絕罪或危害人類罪等嚴重罪行，而該國的人民無力反抗與解脫時，國際社會才可以根據國際法和經聯合國授權，給予人道主義的干預。如過去世界各國，包括我國對南非種族歧視進行的國際制裁。又如根據聯合國 1998 年通過的「羅馬規約」成立的國際刑事法院，可以越過一國主權，直接逮捕和審判被指控為犯戰爭罪或種族屠殺罪、暴虐侵犯人權罪的他國將軍、總統。此外，依據歐盟的公約，公民可以越過本國直接向歐盟的法院或議會投訴。歐洲人權法院曾以英國政府「在法律上不完備」，「作為一個國家，沒有積極採取措施保護少年不受非人道對待」為由，判令英國政府賠償被繼父毒打的英國少年 3 萬英鎊，表明其公民權可以不完全受本國國家權力（主權）的管轄。[16]

對於這些在一定條件下人權和超國家權力高於國家主權的現象如何評價，如何既反對一國稱霸全球，恣意干涉他國內政；又能依據國際條約，遵守和服從超國家權力的合法約束，以保障全人類的人權，是值得人們思考而不能迴避的課題。

六、國家權力與個體人權的關係

即使是「主權在民」的民主國家，對內也不能籠統地說，國家主權絕對高於其人民的個體人權。二者應是統一的和並存的關係。

---

16. 根據英國 1864 年的一個法律，體罰是合法的，英國法院乃據此宣判毒打兒子的繼父無罪。該被打的少年上訴到設在法國斯特拉斯堡的歐洲人權法院，作出了如上終審判決。參見《青年參考》，1998 年 12 月 4 日郭瑞璜編譯的文章：《老子打兒，國家受罰》。

有些論者認為：「個人權利應當服從群體權利，群體權利又須以國家主權為最高準則加以取捨」，因此「國家主權高於作為個人或少數民族權利的人權」。[17]

這種論點的失誤在於沒有區分國家主權（權力）與個體權利是兩種不同性質與不同主體的權。人們往往將它等同於整體利益與個人利益的關係，或多數人與少數人的關係，甚至認為是集體主義與個人主義的關係。這是莫大的誤解。

國家主權或人民主權對內是一種統治權，它是作為整體的人民賦予的，是集體權力，而非權利，非個人權利的總和，更非「群體權利的最高表現形式」。相反，國家權力是人權的義務承擔者：人權主要是抗衡國家權力的一種抵抗權；國家權力則應是保障人權不受侵犯，進而創設條件改善大眾人權的狀況。有些論者說「國家主權是人權的重要組成部分」，這是把權力等同於權利。國家主權作為權力具有最高性，高於任何其他政府組織、社會組織（包括執政黨）和任何個人的權力。但這並不等於國家主權和國家權力可以高於個體人權和公民基本權利。相反，國家主權是作為整體的人民賦予的，國家機關和國家官員的權力也是由人民的權力（通過人大）授予、由公民的權利（選舉權）產生的。公民權利是國家權力的基礎和原始淵源。這個源流關係不能顛倒。

權利是法律保護的利益，但利益並非都是權利；主體享有和行使權利，該主體也並不一定能獲得利益（如行使監護權要花費精力財力，承擔責任；行使批評檢舉權可能受到打擊報復；行使言論自由權可能觸犯當權者而受到迫害）。個人利益必要時應當服從國家利益，但國家主權或國家權力不能侵犯已予法定的個人權利。在國家行使立法權時，可以從國家全域利益出發，對公民某些權利作適當的必要的限制；既予法定之後，就不容任何人、任何國家機關、國家權力再加法外限制或剝奪。這時任何對公民權利的侵犯，就是對法律和法治的侵犯，是非法的、無效的。至於公民的基本權利（大多是基本人權的法定化），更是憲法所確認的，它是高於國家權力的，任何國家權力（立法、行政、司

---

17. 李文琴：〈駁「人權高於主權」論〉，載《光明日報》，1999 年 7 月 12 日。

法權）都不能違反有關這些基本權利的規定而作為或不作為。這是民主的法治國家的一項重要原則。

七、生存權與政治人權何者「首要」

人要生存與人作為社會的成員應當享有生存權這一基本人權，是兩個不同的概念。一個人生存狀況的好壞，並不完全取決於他有無生存權。生存權固然是生存得好壞的一個必要條件，但不是充分條件，也不一定是首要條件。因為這同他生存的自然環境和社會政治文化環境與個人主觀條件密切相關。我國西部人同東部人生存條件與生存質量差距很大，並不是因為東西部的生存權不平等，而是所處的客觀環境與條件不同。

毫無疑問，生存權是一項重要的基本人權。至於是否是「首要人權」，則須作具體分析。

(一) 要看一個國家、民族或種族的集體生存權是否受到嚴重侵犯，甚至被否定

早期美洲的土著民族印第安人在白人移民的壓迫下，面臨種族滅絕的威脅，其民族生存權是他們的首要人權。在法西斯統治下的猶太人，甚至將被希特勒從肉體上消滅掉，其生存權更是他們的首要人權。

在我國 20 世紀 30 年代，在日本帝國主義侵略下，中華民族要救亡圖存，國家和民族的生存權是中國人民的首要的集體人權。解放後，「大躍進」和人民公社時期的全民挨餓，特別是農民的生存和生存權受到嚴重威脅。當時人民群眾，特別是農民的生存已成為問題，而一些基層黨政幹部在錯誤路線的誤導下，不顧農民死活，還一味虛誇謊報「放衛星」（所謂「畝產萬斤」等神話），大搞「一平二調」，使農民無米可炊，這時農民的生存受到否定的社會勢力（不是天災而是人禍）的嚴重威脅，生存權受到嚴重侵犯，成為他們的首要人權。彭德懷的上書實際上是在為人民的生存權鼓與呼。可惜當時的最高領導人仍然把階級鬥爭當做首要問題，把個人的絕對權威視為不可挑戰的首要權力，不反「左」而反右，導致「三年饑荒」，幾千萬人死亡，這才促使領導人的

猛醒，進行政策調整，使國民經濟得到恢復，初步解決了農民的生存問題。但到文化大革命時期，對人民實行「全面專政」，導致天下大亂，人民群眾的安全和生存再次受到前所未有的威脅。

改革開放以來，應當說中華民族和中國人民整體的生存問題已有了基本保障，不能說現今生存權還是首要人權。否則，要麼是對我國在近二十多年來所取得的經濟成就的貶低，要麼是還存在嚴重侵犯和否定中國人民和中華民族的生存權的內外惡勢力，人民生存權得不到國家權力的保障。

至於現今的下崗工人和農民的生存條件有惡化趨勢，那是進行統籌兼顧、強化社會保障和救濟以改善他們的生存境遇的問題，而不是他們面臨生存權被否定和剝奪的問題。

(二) 要看在諸多基本人權中，何者是必須首先實現的人權

這裏有個概念需要加以區別：生存權是基本人權，但不一定是首要人權；正如基本矛盾不一定是主要矛盾一樣。[18] 有些論者在論證生存權是首要人權時，一個似乎無可辯駁的理由是：「沒有生存權，其他一切人權均無從談起。」這是把人權的重要性的邏輯先後，等同於爭取與保障該人權的步驟的先後。當然生存權是一項基本人權；沒有生存權，其他人權就沒有存在的意義。但類似的命題可以同樣適用於其他人權之間的關係。譬如說沒有財產權就無法生存。沒有自由權（特別是人身自由和思想言論自由）就只會是像動物般、奴隸般的生存。更重要的是，為了爭取和保障生存權，不能靠生存權自身，而在於首先爭取享有人民主權和公民的平等權、自由權乃至革命權等人權，去排除侵犯生存權的各種障礙，否則就不能保障人民的生存與生存權。馬克思、恩格斯在《共產黨宣言》中就指出，無產階級謀取解放的第一步是「爭取民主」，爭取工人階級的統治。可見革命權、民主自由權和人民統治權是獲得生存權的首要前提。

---

18. 在舊中國有「三座大山」，即三個基本矛盾。在抗日戰爭時期，民族矛盾是主要矛盾，通過抗戰救亡圖存，民族的生存權是首要人權；解放戰爭時期，人民與國民黨反動政府的矛盾則是主要矛盾，人民革命權是首要人權。

人權是一個完整的體系，其中各種形態的基本人權是相互聯繫、相互依存、不可分割的整體。正如馬克思所指出的：「沒有出版自由，其他一切自由都是泡影。自由的一種形式制約着另一種形式，正像身體的這一部分制約着另一部分一樣。」[19] 只要是基本人權，就都同等重要，不能有其一無其二，也無價值的高低；但何者應當居先爭取和實現，則要視情況而定。

　　有些論者常講：如果農民連飯都沒有吃的，民主、自由對他有什麼用？[20] 這種説法，一是以為農民只要求滿足動物般生存的需要就夠了；二是無視農民生存權受到威脅，主要是由於他們的民主權利和經濟自由權受到壓制。

　　鳳陽縣的 18 戶農民為免於饑餓，偷偷寫下血書，帶頭實行包產到戶，就是把經濟上的自由，作為首要權利來爭取，其生存權才有保障。改革開放以來，農民的溫飽權有了基本保障，這也是在農村首先破除了壓制農民經濟自由權利的種種束縛，使之享有某些經濟上的自主與自由（自由貿易與辦鄉鎮企業），才使農民逐步擺脱了貧困處境。我國改革開放新時期的到來，也首先是由於打倒了「四人幫」和黨的十一屆三中全會實現了指導思想的撥亂反正，即爭取和實現政治人權在先，才有現今的經濟發展和生存權得到維護。

　　可見為了保障人民群眾的生存權，有賴於首先爭得民主與自由等政治人權，從而取得經濟人權。民主自由本身固然不能當飯吃，但歷史已經證明，沒有民主自由就一定沒有飯吃。政治人權仍應是我國現今的首要人權。

19.〔德〕馬克思、恩格斯，中國共產黨・中央馬克思恩格斯列寧斯大林著作編譯局：《馬克思恩格斯全集》（第 1 卷）（北京：人民出版社，1956），頁 94–95。

20. 參見李雲龍：〈論人權的普遍性與特殊性〉，載《法制日報》，1998 年 12 月 9 日，第 2 版。

第九章

新中國人權六十年

* 本章曾載《炎黃春秋》，2011 年第 4 期（節選，其中建國前 30 年部分多被刪），後以
  全文載於清華大學中國與世界經濟研究中心《中國與世界觀察》，2011 年第 3 期。

我國人權事業從人權禁區到人權入憲，走過六十多年艱難曲折的崎嶇道路。回顧這一歷程，反思其經驗教訓，對今後人權事業的健康發展很有必要。本文秉持「悟以往之不諫，知來者之可追」的古訓，不迴避展示一些正反兩方面的情況，以供識者研討。

上篇：1949 至 1978

一、新中國人權的曲折歷程

(一) 1949 到 1954 民權起步時期

這一時期以制定和實施《中國人民政治協商會議共同綱領》到1954 年頒佈《中華人民共和國憲法》為標誌。中國共產黨成為全國的執政黨，初步落實建立聯合政府的承諾，建立了中國共產黨領導的、以工農聯盟為基礎的人民政權，工農等勞動人民的政治地位得到改變，有可能保障多數人的「民權」。但被劃入「敵對階級」的人們不算人民，被認為理所當然地不享有民權乃至人權。

新中國成立前夕由全國政協第一次會議通過的、作為臨時憲法的《共同綱領》，是中國人民反獨裁爭民主爭人權的勝利成果。《共同綱領》反映了在國民黨暴政下剛剛翻身的人民的要求。其中對人權的保障，有幾點在我國憲法史上也是少有的。如明文確認了思想自由、新聞自由、通訊自由、遷徙自由和鼓勵、扶助私營經濟等。前幾項還列入第 1 章總綱中。而若干年後先後修訂的三部憲法，這幾項權利與自由或被取消，或有所後退。

新中國成立初期通過推翻和肅清帝國主義和國民黨在中國大陸的統治，開展土改、鎮反運動，億萬農民分到土地，實現了「耕者有其田」，農民有了私有財產權；工人階級的政治地位空前提高，基本生活有了保障；知識分子愛國無罪，報國有門，許多人紛紛從國外歸回；民主黨派一些人士進入了聯合政府，擔任了國家副主席、副總理和部長；經濟上實行公私兼顧，勞資兩利，私營工商業者受到保護……總體而言，相對於我國幾千年的封建專制統治，多數人開始享有低度的人權，這是人權受到保障的起步。

應當指出人權的本義是「人該有之」和「人皆有之」權利。而這一時期還只是國民中的多數人有人權，而不是人人皆有。按照毛澤東在《論人民民主專政》一文中的觀點，中國實行的是「對人民內部的民主和對反動派的專政」，國民被劃分為人民與敵人兩大類，其權利地位要取決於階級地位。國民中的少數「敵人」（地主分子、國民黨反動官吏、特務、反革命分子及其家屬子女）是專政對象，不容許他們享有任何權利。也可以説這一時期是以民權保障了多數人（人民）的人權，而壓制、剝奪了少數人（敵人）的人權。當然，新的政權剝奪少數敵人的某些政治、經濟權利，是符合革命邏輯的；但並不意味着連帶他們應有的某些基本人權（如生命權、人格尊嚴權、某些民事權利和訴訟權）也要一概剝奪。在土改與鎮反的群眾運動高潮中，不少地方對待這些「敵人」採取了殘酷的鬥爭、虐待和不經法院審判就任由群眾殺戮的非法和非人道手段，是侵犯了這些人應有的生命權、財產權、人身自由權、人格尊嚴權、訴訟權等基本人權。何況許多無辜者也被擴大化為「敵人」。據當時官方統計，新中國成立頭三年所處理的 600 萬件案件中，錯判的大約有 10%。事實上以法制標準來衡量，遠不止此數。按官方公佈的數字，土改、鎮反兩大運動中總共殺了 79 萬（實際上不止此數），關了一百多萬，管制一百多萬。這被當做一大成績。在 1952 年「三反五反」運動中，毛澤東主觀規定和分派打「老虎」（貪污犯）人數，在人民內部嚴重侵犯人權，傷害不少幹部和群眾。

與此同時，在意識形態領域也開展了對《武訓傳》、對《紅樓夢研究》的批判，特別是 1951 至 1952 年在高等學校中進行教師思想改造運動，發動學生對從舊社會過來的教授的「舊思想」進行群眾性的批判，名曰「洗澡」（洗去從舊社會帶來的「污泥濁水」），但教授們反應：「洗

澡水是滾燙的。」如把華羅庚解放後回國的愛國行動也批評為「投機」；批民主人士潘光旦是「鐵心皮球」，開大會迫他作四次檢討才讓過關。這是對知識分子的思想、學術自由和個人名譽權、隱私權的嚴重侵犯，也開創了用群眾運動的方式整肅知識分子的端緒。

(二) 1955 到 1976 年「以階級鬥爭為綱」侵害人權時期

不妨大致列舉一下這一時期接連不斷的政治運動：從 1951 年批判《武訓傳》開始，1953 年批判梁漱溟，1954 年批判俞平伯《紅樓夢研究》中的唯心主義與批判胡適思想，1955 年批判胡風「反革命集團」與批判丁玲、陳企霞「反黨集團」，1957 年的反右派鬥爭，1958 年在知識界批「白專道路」（所謂「拔白旗、插紅旗」），1958 年在全國發動所謂「大躍進」，人為造成 1960–1962 年大饑荒，1959 年的反右傾運動批判彭德懷，1964 年大搞所謂「反修防修」，對社會科學界和文藝界「封資修」思想進行大批判，同時在農村發動「四清運動」、「整走資本主義道路的當權派」，直到 1965 年批判《海瑞罷官》，拉開「文化大革命」的序幕，引致十年「文革」的大浩劫。

以上這些，不過犖犖大者，年年運動，國無寧日。

所有這些政治運動無例外地都是侵犯人權的運動，而以反右、大躍進、「文革」為最甚，折磨、殘害致死的人數以千萬計，無辜受難者和被株連者的政治自由權、人身自由權、人格權、訴訟權等受打壓的人，數以億計。黨政當局對人權的無知、蔑視、踐踏，用殘酷無情的階級鬥爭排斥、摒棄、否定人類文明的人道主義和中國古代仁愛的傳統，都是史無前例的。

造成這種局面，是在黨內外人為製造的階級鬥爭和權力鬥爭的結果。在歷次鬥爭中只講階級性，極力否認「普遍的人性」。這種理論可以遠溯毛澤東的《湖南農民運動考察報告》和《在延安文藝座談會上的講話》，其中鼓吹「革命不是請客吃飯，不是做文章不是繪畫繡花，……不能那樣溫良恭儉讓」，認為「在階級社會裏就是只有帶著階級性的人性，而沒有什麼超階級的人性」。也沒有統一的「人類之愛」。劉少奇也曾發表過專著《論人的階級性》，以及《論共產黨員的修養》中所倡言的「馴服工具論」。此外，1943 年還嚴厲批評彭德懷在關於民主教育的談話中強調反封建和倡導「自由、平等、博愛」、「己所不欲，勿施於

人」的民主精神，是脫離抗日的目的和階級鬥爭的。1959 年廬山會議批彭時又重提此事，再予狠批，表明他否定人性人權的一貫思想。[1]

解放後，否定人權的普遍性的政治哲學理論基石是「兩論」：《論人民民主專政》和《關於正確處理人民內部矛盾的問題》，即「專政論」和「兩類矛盾論」。

「專政論」宣稱「我們就是要獨裁」，「就是剝奪反動派的發言權」，「對反動派決不施仁政」，「只許他們老老實實，不許他們亂說亂動」，完全否定了他們也應當享有的某些基本人權。而且由於劃分「敵我」並無法定界限，任由執政黨和領袖欽定，「敵人」愈來愈多，「人民」範圍愈縮愈小。至於「兩類矛盾論」則只是從政治上對社會矛盾的粗略劃分，並不能完全覆蓋社會矛盾多元的局面。敵我之間還存在廣闊的灰色空間，存在第三者「友」或中立者。可能他們並不信仰馬克思主義，甚至不贊同社會主義，但他愛祖國、擁護祖國統一，就不能把他歸入「敵人」一邊。在非戰爭與革命的和平時期，把本來多元的、複雜的社會矛盾簡單化、絕對化為「人民」與「敵人」這政治上的兩類，非此即彼，既易顛倒敵我，又易藉口劃清敵我而侵犯作為「人」（包括「敵人」）所應有的基本人權。僅概括為敵我兩類矛盾，也不能反映與代替法律上不同主體與行為的區別。如人權、民事權利、訴訟權等就是人皆有之，是不分敵我的，不能簡單套用「兩類矛盾」來處理。任何人非經法院審判，不能擅自認定是罪犯，更何談是否敵人。把社會矛盾簡單化為「非此即彼」的敵我兩類，又無法可依或有法不依，正是導致在各種政治運動中嚴重侵犯人權的理論根源。

這一時期侵犯、殘害人權主要涉及以下幾方面的基本權利：

1. 生命權

革命領袖為了革命的崇高目的，對一般人的生命權是不大看重的。除了戰爭中必然要有大量犧牲外，內部「左」傾錯誤路線和各派山頭之間的權力鬥爭，也曾導致殺人盈野。早在蘇區大搞所謂反 AB 團鬥爭，就殺了幾萬無辜幹部和戰士，以致造成被「自家人」殺害的同志比

---

1. 參見何定：〈彭德懷和毛澤東對民主的不同看法〉，載《炎黃春秋》，2011 年第 2 期。

被國民黨殺害的還多。1943年延安整風後開展的「搶救運動」，十餘天中就「搶救」了成窩的「特務」、「叛徒」，人人自危。對數以萬計的有正義感的革命青年進行拘捕審查和治罪下獄，《野百合花》作者王實味就是在這個時期被殺害的。

解放後的鎮反運動殺了71萬人，最高領袖多次下達鎮反命令和指標，說：「應當放手殺幾批」，「殺反革命比下一場透雨還痛快，我希望各大城市、中等城市，都能大殺幾批反革命。」（見《建國以來毛澤東文稿》）

抗美援朝我方總共犧牲了70多萬人（見《遠東朝鮮戰爭》），而美軍才陣亡54,246人。被美軍抓去的中國戰俘2萬餘人，其中6,673人在經歷絕食等「鬥爭」後返回大陸，卻幾乎全部被打成「投敵叛徒」，有些被開除出黨，有些逮捕法辦，很多人被折磨致死。

在1956年黨的八屆二中全會上，毛澤東針對「波匈事件」說：鎮反運動「我們殺了70多萬人，東歐就是沒有大張旗鼓地殺人。革命嘛，階級鬥爭不搞徹底，怎麼行？」他聽到斯大林殺了100萬黨員幹部，卻說：「一百萬這個數字也不算太多嘛！」（參見《百年潮》1999年第3期）後來又說，導致匈牙利反革命事件就是因為起初沒有殺反革命。「我們鎮壓反革命，殺一百萬，極有必要。」、「六億幾千萬人，消滅那個一百多萬，這個東西我看要喊萬歲。」1958年5月8日在中共八大二次會議上毛澤東作關於破除迷信的講話時，說「秦始皇是個厚今薄古的專家」，林彪插話「秦始皇焚書坑儒」，似有異議。毛澤東駁斥說：「秦始皇算什麼？他只坑了四百六十個儒，我們坑了四萬六千個儒。我們鎮反，還沒有殺掉一些反革命的知識分子嗎？我與民主人士辯論過，你罵我們是秦始皇，不對，我們超過秦始皇一百倍。罵我們是秦始皇，是獨裁者，我們一貫承認；可惜的是，你們說得不夠，往往要我們加以補充。太謙虛了，何止一百倍啊。」[2]

毛澤東在參加1957年11月在莫斯科舉行的世界共產主義領袖會議（即12個社會主義國家的共產黨和工人黨代表會議）上說：核戰爭有什

---

2. 轉引自成林：〈從秦始皇「焚書坑儒」到鎮壓反革命〉，人民網《大地》，2002年第15期。

麼了不起，全世界 27 億人，死一半還剩一半，中國 6 億人，死一半還剩 3 億，我怕誰去。——這個話一講完，全場目瞪口呆，鴉雀無聲，捷克斯洛伐克總書記拿着咖啡杯直哆嗦，說中國 6 億人，我們才 2,000 萬啊，怎麼死 3 億人還不算什麼？！[3]

反胡風、反右、反右傾運動中被迫害而自殺、因勞改而被折磨致死的知識分子和幹部無法統計。位於甘肅酒泉戈壁灘裏的夾邊溝勞改農場，從 1957 年 10 月至 1960 年年底，關押了甘肅省近 3,000 名「右派」。短短三年間，3,000「右派」在吃盡一切能吃的和不能吃的（包括偷吃死人屍體）之後，只剩下三四百人。[4]

至於瘋狂的大躍進造成人為的大饑荒，活活餓死達 3,755 多萬多老百姓，是中國自有文字記載以來的兩千多年間因自然災害而死亡的全部人口，還多出 764 萬多人，[5] 相當於向中國農村投下 450 枚廣島原子彈，相當於發生 150 次唐山大地震。[6] 歷史上從無饑饉的「天府之國」四川，也餓了 1,250 萬人。[7]

據不完全統計，文革中僅 1966 年的「紅八月」，紅衛兵小將就打死 1,772 人。[8] 北京的大興縣對四類分子的大屠殺，5 天內殺死 325 人，包括 80 歲老人和出生才 38 天的嬰兒，有 22 户被殺絕。1967 年湖南道縣發生大規模殺害「四類分子」及其子女 4,519 人，並擴及其他 10 縣，造成全區被殺和被逼自殺共 9,323 人的慘劇！當時當地的領導幹部聲稱殺人「事先不要請示，事後不要報告，貧下中農就是最高人民法院，殺了就殺了」。殺人兇手事後還揚言：「上頭要我殺，我就殺；要是現在上頭又要我殺，我也會殺！」[9] 聞之令人骨顫。

3. 然自林中學高校生華教網一位講他的文字資料，原標題為〈毛澤東講核戰半點例一大片：中國死 3 億人沒關係〉，人民網—文史頻道，2011 年 1 月 13 日，15：19。

4. 〈甘肅夾邊溝農場記事：「右派」勞改營 50 年〉，載《南都週刊》，2010 第 5 期。

5. 參見辛子凌：《千秋功罪 —— 紅太陽的殞落》。

6. 參見楊繼繩：《墓碑》。

7. 參見原四川省委書記廖伯康《回憶錄》。

8. 參見楊繼繩：《鮮血使人猛醒》。

9. 參見〈道縣文革殺人遺留問題處理經過〉，載《炎黃春秋》，2010 年第 11 期。

葉劍英在 1978 年 12 月 13 日的中央工作會議上曾説，文革造成了 2,000 萬人死亡，上億人受迫害。

這裏不妨援引俄國總統梅德韋傑夫（Dmitry Anatolyevich Medvedev）在其個人博客上為紀念在斯大林大清洗中遇難的人們所説的一段話：

> 對民族悲劇的回憶是神聖的，它的意義不亞於對勝利的回憶。讓我們好好想想吧，數百萬人因恐怖手段而喪生，而他們的罪名均是謊言——數百萬人……直到現在，我們仍然可以聽到這樣的説辭，那些眾多的犧牲品是為了某種國家的最高目的。我堅信，無論國家需要什麼樣式的發展，無論他的成就如何，狂妄的自尊自大不能以人的痛苦和傷亡為代價。任何東西都不能高於人的生命價值。因此，鎮壓是有罪的。[10]

2. 財產權

德國哲學大師康德曾指出：「財產所有權是個人自由不受強權限制的權利，是使人權受到保護的制憲第一要義。」過去我國執政者錯誤理解社會主義的本質是消滅私有制，實行公有化，結果導致隨意沒收公民的私有財產，包括地主的土地和浮財不是贖買而是剝奪；私營企業的資產通過「公私合營」到社會主義改造，給七年利息後就化私為公；經土改已分給農民的土地，又通過合作化和公社化收歸集體所有（實際上是受公社或鄉鎮幹部支配）；城市私人房產到「文革」時實際上都收歸房管所所有；其祖居房產所屬的地產解放前本是房主私有，1982 年憲法卻規定「城市的土地屬於國家所有」，不聲不響地就將它國有化，實際上是像沒收敵產一樣無償沒收，或像對資本主義工商業那樣實行「社會主義改造」了。延至今日的強制拆遷，只是對地上建築物給以極低的補償，而原有地產則以「國有」為辭，幾乎是沒有、或以極低補償價「充公」了。

對人民財產權的剝奪甚至掠奪，最駭人聽聞和超越人性底線的是，大躍進／大饑荒年代搞所謂反瞞產私分，搜刮農民的口糧乃至種

---

10. 2009 年 10 月 30 日為斯大林大清洗遇難者紀念日，梅德韋傑夫在其博客上的留言。轉摘自《建設和諧社會學習資料》，2009 年 11 月 15 日。

子糧。1959 年 3 月，中央在上海會議上決定當年的徵購 1150 億斤，這是 1958 年的標準。但實際上 1959 年全國糧食大幅減產 11%，而徵購數卻增加了 14.7%，征糧當中相當一部分不是農民自願交售的餘糧，而是各省、地區、縣、公社各級黨組織執行中央的指示，「反瞞產私分」層層相逼，用專政的辦法，強行從農民那裏搜刮走的口糧。1960 年春，甘肅定西地區農村斷糧，地委書記卻說：「寧餓死人，也不能向國家要糧食。」在搜刮糧食的過程中，通渭縣向公社下的命令是：「完不成糧食任務，提頭來見！」當時的口號是：「寧欠血債，不欠糧食。完成糧食任務就是血的鬥爭。」1960 年冬，河北省委決定農民口糧為每天 4 兩（舊制，相當於現在的二兩半），省委負責人說：「吃四兩的是馬列主義，超過四兩的是非馬列主義！」在「反瞞產」過程中，信陽地區逮捕了萬餘人，劫掠了農民的口糧、種子糧、牲口飼料糧，徵購任務於是圓滿完成，全地區徵收了 16 億斤糧食，幾乎達到當年產量的一半。而農民的全年人均口糧只剩一百多斤，僅夠食用四個月，潢山、光山等縣口糧甚至不足三個月。結果信陽地區八百多萬人口，竟餓死了一百多萬人，史稱「信陽事件」。[11]

與各地大量餓死人的同時，1959 年 6 月，最高領袖為了所謂「支援世界革命」，在全國糧荒已經十分嚴重時，仍然決定出口 419 萬噸糧食，佔全國當時糧食儲備的 24%。如果用之國內放賑，足夠 2,000 萬人吃一年，可避免千萬農民餓死。

至於工人階級，這一時期仍然是無產階級，無論在國有還是私有企業中，工人都仍然是雇傭勞動者，沒有私產。過去連自己最基本的產權──勞動力這個「人力資本」（他的雙手以及技能）也不完全歸自己所有，歸自己支配，而是由「領導」和行政權力支配。

過去，中國的知識分子也有類似命運。知識分子是講究清高和骨氣的，是社會上的「自由職業者」，但也需要有獨立的財權條件和人才自由流動的社會環境作為保障。所謂「合則留，不合則去」，能自由選擇。陶淵明不為五斗米折腰，辭官而退，畢竟還有「採菊東籬下，悠然見南山」的小莊園生活條件。知識分子以其知識和「腦力資本」為立身

---

11. 以上參見楊繼繩《墓碑》和 2008 年 2 月 26 日鳳凰資訊，轉載《百年潮》雜誌文〈信陽事件：一個沉痛的歷史教訓〉等文。

之本。但是在計劃經濟體制下國家壟斷一切資源，知識分子只能依靠所屬「單位」發給的個人工資來維持。全國統一的戶口、人事、檔案等制度，織成了一張嚴密管束之網，每個人都不能離開這張網而獨立生活，所謂「皮之不存，毛將焉附」，把知識分子只當做依附於某個階級的「毛」，不擁有自己的「皮」，也就難有其「骨」。他的「腦力資本」也不完全能自主支配，自由思想與獨立精神也就失去了經濟和社會基礎。要求他們完全擺脫「馴服工具」或「御用學者」處境而特立獨行，像馬寅初、陳寅恪那樣，一般人是難以做到的。

可見，有財產權才有自由權；有自由也才能獲得和享用財產。馬克思、恩格斯在《共產黨宣言》中就指出，個人財產是「構成個人的一切自由、活動和獨立的基礎」。[12] 如果要「以人為本」，那就要儘最大可能促進和保護每個人有自己的私人產權。個人產權是「以人為本」之「本」，如果沒有這個「本」，就沒有免予饑餓的自由，沒有免予缺乏的自由，沒有選擇職業和居住的自由，沒有維護自己人格尊嚴的自由，也就是沒有基本人權。而沒有這些自由，也就不可能獲得和享用其私有財產。

3. 自由權

除公民的人身、住宅、遷徙、通訊秘密等基本自由外，最重要的是言論自由。新中國建政以來實行思想壟斷，「輿論一律」，各次運動中大興文字獄。知識分子最寶貴的是有「獨立精神，自由思想」，這是知識分子安身立命的基礎，卻受到各種限制和打壓。反胡風和反右運動大搞「以言治罪」侵犯人權的行為，造成事後真言隱退，假話流行，導致大躍進的謊言肆虐的災難後果。

言論自由本義在於有講不同意見或所謂「不同政見」的自由，包括有講錯誤言論或不言論（即沉默）的自由；也包括講同政府、憲法的規定不一致的言論的自由（否則就不會有修憲修法之舉），而不只是講符合主流言論的自由，不是按上面規定「發一定之議論」的自由（魯迅

---

12. 〔德〕馬克思、恩格斯，中國共產黨·中央馬克思恩格斯列寧斯大林著作編譯局：《馬克思恩格斯選集》（第 1 卷）（北京：人民出版社，1972），頁 265。

語）。思想是絕對自由的；言論只要沒有付諸行動，損害他人，也都屬於言論自由的範疇，都應該受到保護。何況被認為錯誤的言論，往往是當時尚不易為人們理解的「超前」思想或難以接受的逆耳忠言。即使你認為是「錯誤言論」，你有與之辯論、批評的自由，但不應打壓。應當有伏爾泰那樣的雅量：「我雖然不同意你的觀點，但是我誓死捍衛你說話的權利。」[13]

至於消極的言論自由，即不言論的自由，包括沉默權、隱私權，也因在階級鬥爭的「大義」下，受到嚴重侵犯和否定。在政治運動中，用「劃清敵我，站穩階級立場，無限忠於黨和領袖」等為說辭，要求「表態」、「交心」，侵犯人們的隱私權。中國古代講「親親相隱」，即「父為子隱，子為父隱」，這是社會和家庭的基本倫理。但新中國建國以來一直講究劃清界限，非關叛國要案，也一概要求「大義滅親」。子女揭發父母，夫妻劃清界線，鼓勵「檢舉」至親，強迫夫妻離婚，從而導致無數家庭解體，家破人亡。這種做法是以階級性、黨性否定人性，拋棄中國古代的「春秋大義」與基本倫理關係，也違反法治國家為了維護家庭親情和隱私，規定夫妻間有免於作證的豁免權和私人家庭「風能進，雨能進，國王不能進」的原則，不利於維護家庭這個社會基本細胞的和諧穩定，從而也影響國家和社會的和諧穩定。

4. 人格權

中國古代士人（即知識分子）是最注重節氣、骨氣，貧賤不移，威武不屈，「士可殺不可辱」、「不為五斗米折腰」的。這就是注重人格尊嚴。而最高領袖則十分鄙視知識分子，蔑視知識分子的人格權，說他們是「毛」，「皮之不存，毛將焉附」。從反右到「文革」的歷次政治運動中被整的對象大多是知識分子。他們被污稱為「臭老九」，對他們採取各種非人道的手段，諸如掛黑牌，戴高帽，坐「噴氣式」，踏皮鞋，所謂「打翻在地再踏上一隻腳」，極盡侮辱人格之能事。一些視人格尊嚴的價值高於生命價值的當代文人學士，無法忍受對其人格權的侵犯，而

---

13. 據說這句話出自一劇本《伏爾泰的朋友》中的臺詞，參閱《色蛇語錄》網站。

被迫自殺者，歷次運動中都大有其人，特別是「文革」中更加悲慘，如老舍的投湖，翦伯贊夫婦、傅雷夫婦的雙雙自盡……

此外如訴訟權，本是公民的一項重要的救濟權，是維護正義的最後一道防線，也是糾正冤假錯案的重要糾錯機制。可是，在那無法無天的年代，執政黨不經國家法律程序，就可決定公民的生殺予奪。公民在執政黨發動和支配的政治運動中被批鬥、定罪，不容辯護。「翻案」本是受冤屈的當事人享有的正當程序性權利，卻被認定為一種大逆不道的罪行，罪加一等，還發動所謂大批「翻案風」的政治運動。

(三) 可歌可泣的維權鬥爭

有壓迫就有反抗，有侵權也就有維權鬥爭。這期間也有一些志士仁人挺身出來，為伸張正義捍衛人權而進行堅貞不懈的鬥爭。1957年反右前知識界的「大鳴大放」，其中對解放初如反胡風、肅反等政治運動中嚴重侵犯人權的行為的批評控訴，就是一次聲勢浩大的人民維權行動，是人民行使對執政黨的監督權和言論自由、批評建議權利的合法鬥爭，是知識分子為掙脫文化專制主義和教條主義的思想控制的一次公然抗爭和思想解放的嘗試；是中國人民百多年來追求民主自由與人權的憲政運動的一個高峰和一次挫折。1976年天安門的「四五」運動，也是一次要民主爭人權的運動，「它為後來粉碎江青反革命集團奠定了偉大的群眾基礎」。[14]

至於個別志士仁人如胡風30萬言上書質疑毛澤東否定人性的「五把刀子」；馬寅初堅持要求控制人口的正確主張；梁漱溟為處於「九地之下」的農民爭權利而不屈不撓同毛澤東當庭抗辯；彭德懷為饑餓的農民鼓與呼而以身相殉；林昭、張志新等烈士為堅持真理而獻出年輕生命；劉少奇敢於揭示大饑荒的「七分人禍」得罪最高領袖而慘死外鄉等等。至於像遇羅克批判「老子英雄兒好漢，老子反動兒混蛋」對聯而撰寫的《出身論》大字報，振聾發聵，撼動京華，時人稱之為20世紀60年代中國的「人權宣言」！他們為人權、民主和法治而鬥爭雖然都以失敗告終，但其偉大精神永垂不朽！即使像老舍、翦伯贊、傅雷等許多人

---

14. 參見《關於建國以來黨的若干歷史問題的決議》。

是被逼自殺，也是一種曲線的維權鬥爭——維護人格的尊嚴，義不受辱，申張了天地的正氣！

下篇：1978 至今

一、1978 年到 1991 年的人權鬥爭

1978 年，是中國大陸「文革」結束後開始轉入改革開放時期的起點。這一年末，中國共產黨舉行了十一屆三中全會，把黨的指導思想從「以階級鬥爭為綱」轉變到「以經濟建設為中心」，這是一個很大的轉變。雖然在主流意識形態上，仍然把人權作為資產階級的口號加以批判，但在實踐上，有些領導人吸取過去的教訓，已開始正視清償歷年侵犯人權和公民基本權利的政治債。時任黨總書記的胡耀邦大刀闊斧推行全國規模的平反冤假錯案，到 1985 年基本結束。據不完全統計，經中共中央批准平反的影響較大的冤假錯案有三十多件（諸如劉少奇、彭德懷以及 81 人「叛徒集團」、內蒙黨等冤案），全國共平反糾正了約三百多萬名幹部的冤假錯案，47 萬多名共產黨員恢復了黨籍，數以千萬計的無辜受株連的幹部和群眾得到了解脫。這是中國歷史上空前規模的人權還債的「專項鬥爭」，對收拾黨心民心，起了很大的作用。

鑑於「文革」中知識分子和廣大幹部遭受人身自由和人格尊嚴的殘酷迫害，主持立法的全國人大常委會法制委員會主任彭真，以其切身的體驗，在 1979 年制定刑法時特別要求單列「侵犯公民人身權利、民主權利罪」一章，其第一條規定「保護公民的人身權利、民主權利和其他權利，不受任何人、任何機關非法侵犯。」1982 年修改憲法時，在公民基本權利與義務一章中，確認了許多公民權利和自由，包括以前各次修憲時沒有列入的一條：「公民的人格尊嚴不受侵犯。禁止用任何方法對公民進行侮辱、誹謗和誣告陷害。」這是新中國在人權保障方面的進步。

這期間，理論界在開展真理標準的思想解放運動中，開始有人試探性地鼓吹人權。如 1979 年北京大學哲學系美學教授朱光潛率先發表文章《關於人性論、人道主義、人情味和共同美的問題》。1980 年華東

師範大學文藝學教授錢谷融重新發表自己在 1957 年受到全國批判的文章《論〈文學是人學〉一文的自我批判》，實質是為人權辯護。再有《中國青年報》開展了「潘曉問題」的大討論，質疑過去主流意識形態關於人生價值觀的片面宣傳教育。中國社會科學院哲學所研究員汝信於 1980 年 8 月在《人民日報》發表文章《人道主義就是修正主義嗎？——對人道主義的再認識》，提出「人道主義就是主張要把人當做人來看待，人本身就是人的最高目的，人的價值也就在於他自身」。他們當中最突出的是《人民日報》副總編輯王若水和人民出版社總編輯薛德震，從馬克思主義哲學高度論述人，由他們通過人民出版社編輯出版了《人是馬克思主義的出發點》一書，一年半之後又出版了另一本書《關於人的學說的哲學探討》。20 世紀 80 年代初期法學界也開始打破人權禁區，社科院法學所的李步雲教授於 1978 年 12 月 6 日，在《人民日報》發表了《公民在法律面前一律平等》的文章，這是法學界思想解放的標誌性文章之一。1979 年 10 月 30 日，他和徐炳聯名發表的《論我國罪犯的法律地位》也發表在《人民日報》上。文章提出凡是具有中華人民共和國國籍的人都是公民，罪犯也是公民，不能誣告陷害，不能刑訊逼供，其配偶要求離婚也應該徵求罪犯的意見。這篇文章發表後，引起了一些仍然堅持階級鬥爭舊思維的人士，特別是監獄管理幹部的抗議。我當時正在全國人大常委會法制委員會辦公室工作，看到了許多來自這些幹部的信，質問作者「立場站到哪裏去了？！」，「罪犯也有權利，我們以後怎麼管理？！」

此外，有些法學家還發表了鼓呼司法獨立、質疑階級鬥爭法學的文章。我也曾撰文批評政法界和法學界倡言以毛澤東的「兩類矛盾論」的政治哲學來指導法律實務和所謂「審判中劃分兩類矛盾」等錯誤理論。法學界還展開了關於人治與法治、政策與法律、法的階級性與共同性、法文化的繼承性等問題的大討論，對澄清長期以來階級鬥爭法學觀，樹立權利本位觀、法治觀起了啟蒙作用。

但也有些法學者還習慣於「跟風」，1979 年在《北京日報》以「人權是資產階級口號」的通欄大標題發表批判人權的文章。有些法學者則主要是批判地介紹外國人權發展歷史和人權觀點，並不承認中國也有人權問題，主張用「公民權利」取代「人權」的概念。在原則上保持了與官方人權觀的一致。

這時期人權辯論的一個高峰和一樁震動全國的事件是，1983 年 3 月 7 日在中共中央黨校舉行的紀念馬克思逝世 100 周年大會上，前中宣部副部長周揚宣讀了他的《關於馬克思主義的幾個理論問題的探討》的論文（王若水參與了起草），其核心思想是談馬克思主義的人道主義和異化問題。（我也有幸與會，躬逢其盛）。周揚在報告中檢討了他 1966 年之前的「十七年」，在「人道主義與人性問題的研究」上曾經走過的一段彎路，公開承認：「那個時候，人性、人道主義，往往作為批判的對象，而不能作為科學研究和討論的對象。在一個很長的時間內，我們一直把人道主義一概當做修正主義批判，認為人道主義與馬克思主義絕對不相容。這種批判有很大片面性，有些甚至是錯誤的。……『文化大革命』中，林彪、『四人幫』一夥人把對人性論、人道主義的錯誤批判，發展到了登峰造極的地步，為他們推行滅絕人性、慘無人道的封建法西斯主義製造輿論根據。過去對人性論、人道主義的錯誤批判，在理論上和實踐上，都帶來了嚴重後果。」

這個報告是新中國成立後幾十年來、乃至中國共產黨成立以來第一次對人權和人道主義的全面反思和突破，其中還談到社會主義也可能異化。他的演講當場受到熱烈歡迎，掌聲經久不息。連出席報告會的中央黨校校長王震、中央書記處書記兼中宣部長鄧力群都走上前來與周揚握手。王震還好奇地向他請教，問：「你說的『yihua』這兩個字是怎麼寫的？」他指的是他從未聽說過的「異化」二字。

周揚這個報告隨即在人民日報全文刊載，這本來是對人權禁區的一次試探性的突破，不料竟遭到幾位身居要津的理論權威胡喬木等人的恐懼和反對，緊接著發表大量文章猛烈批判。其中胡喬木本人在 1984 年 1 月 3 日在中央黨校（與周揚作報告的同一地點）發表演說《關於人道主義和異化問題》（後來發表在《紅旗》雜誌上面，並出版單行本），其中完全否定了將馬克思主義與人道主義融合起來的任何努力，並將有關討論說成是「根本性質的錯誤觀點，不僅會引起思想混亂，而且會產生消極的政治後果」，「誘發對於社會主義的不信任情緒」。這場突然爆發的爭論，隨即演化為 1983 年 10 月中央全會後開展的「反精神污染」的政治運動。但由於其顯然不得人心，幸好當時明智的黨中央主要領導人胡耀邦等及時「叫停」，才沒有重複過去反右的錯誤。總共才持續了「28 天」，是歷次政治運動最短命的。但周揚卻因受壓，抱病住院，鬱

鬱而逝。隨後高舉人權旗幟的胡耀邦總書記職位也因而「被靠邊站」,抱憾而終。這次執政黨的幾位領導人涉足人權理論雷區,讓人權門禁透進一股清風,卻以其帶頭人的「人亡」而「政息」。

這期間,黨中央一些領導人鄧小平等剛從受「文革」迫害的陰影中走出來,從黨和國家的前途和自身的權益考量,曾經積極支持批判「兩個凡是」和開展真理問題討論,亦即拋棄晚年毛澤東錯誤路線的某些方針政策,否定「以階級鬥爭為綱」,主張推行政治改革。但可惜的是,他們沒有完全擺脫毛澤東時代遺留的專政思維和對人權思想的先天顧忌,一旦看到各階層民眾,特別是知識分子和愛國學生強烈要求民主自由人權的新態勢,擔心「失控」,再次掀起反資產階級自由化、反動亂運動,導致 1989 年發生一場空前侵犯人權、震驚國內外的「政治風波」。中國的人權狀況再度墮入低谷。

正如 1789 年法國人權宣言開頭第一句話說的:「對人權的無知、忘卻或蔑視,是公眾不幸和政府腐敗的唯一原因。」這一階段初露端倪的人權辯論,以受到無知和蔑視人權的勢力的打壓而失敗。

二、1991 年開始的人權禁區解凍

(一) 開始承認「多數人的人權」

鄧小平在 1985 年 6 月 6 日同「大陸與台灣」學術研討會主席團全體成員談話時,向台灣學者說:「你們對處理這幾個人有不同的意見,從人權的觀點提出問題。這就要問,什麼是人權?首先一條,是多少人的人權?是少數人的人權,還是多數人的人權,全國人民的人權?西方世界的所謂『人權』和我們講的人權,本質上是兩回事,觀點不同。」[15]

他這裏是首次半肯定半質疑地提出人權問題,邁出了承認人權的第一步。不過他承認的只是具有階級性的人權,即所謂「大多數人民」

---

15. 鄧小平:〈搞資產階級自由化就是走資本主義道路〉,載《鄧小平文選》第三卷(北京:人民出版社,1993),頁 125。

的人權，不承認人權的普遍性，即不承認人權是指所有人、每個人應有的權利；而且保障人權也往往是要強調保護少數人，或雖是多數卻是弱勢群體的權利。

(二) 人權禁區的解凍

這是從外國對我國人權狀況日益責難的壓力下被動地開始的。

1990 年 11 月 10 日，中宣部理論局召開了一次有關人權問題的小型專家座談會。我參加了這次會。會上理論局的負責人傳達了國務院領導人有關人權問題的一個批示，要求批判外國宣揚的「人權無國界論」。但是與會的專家學者卻發表了一些不同意見。

我在發言中提出討論人權問題應當把握的幾個原則：一是在人權的概念與性質上，要實事求是，作具體的歷史分析，不能籠統說「資產階級人權都是欺騙」。二是在人權的法律地位上，既要講人權的國內性，又要講國際性，要看到存在人權無國界與有國界兩種情況，要把承認人權有國際性（國際合作、國際保護）同反對借人權干涉別國內政加以區別對待。即使對待人權的國際干涉，也要具體分析國際法所允許的合法制裁、人道主義干涉同非法干涉的區別。三是在對人權的評價與態度上，既要理直氣壯地高舉社會主義人權旗幟，又要實事求是地正視我國人權保障制度還有缺陷，有待改善。四是在人權的實現上，既要講理想，又要講現實。人權是「人該有之、人皆有之」的權利，即人人應當享有的應有權利，具理想色彩，又受現實的經濟結構和文化發展條件所制約。要通過社會鬥爭、最終是通過發展生產力來逐步實現。我還提出應貫徹「雙百」方針，打破禁區，鼓勵對人權理論的學術探討。[16]

會上其他專家學者也試探性地作了類似的發言。

過了 3 個月，即 1991 年 2 月 2 日，中宣部再次召開了人權問題小型座談會。我仍被邀參加。這次還有一位副部長參加。會上這位副部長傳達了黨中央領導人最近有關人權問題的一個批示，其中說道：

---

16. 摘自郭道暉：〈人權禁區是怎樣突破的〉，載郭道暉等主編：《當代中國法學爭鳴實錄》（長沙：湖南人民出版社，1998），頁 375–381。

美國肯尼迪人權中心給中國科學院院長周光召一封信，說信中根據一些道聽途說，對我國的人權狀況進行攻擊，說我國成千上萬人的命運受到非人道的對待。也由於我國一些喪失國格的外逃者的渲染，連達賴也成為人權鬥士，我們倒成了專制魔王。其實即使按西方的標準，他們自己也有許多違反人權的現象，必要時應當加以揭露。從理論上講，人權有它的階級屬性。當然這樣講，西方人士不易接受。總之這個問題聯繫到民主問題，要認真對付一下，建議對人權作一番研究，迴避不了。（以上所錄是據我當時的筆記）

　　會上大家借「要認真對付一下」為由頭，大講對人權問題不能再採取迴避態度，要求開展我國人權的狀況與問題的研究。會上當即落實了由中宣部理論局擬就的八個研究課題，確定了負責主持研究的單位，立即着手收集資料，編寫一套「人權研究資料叢書」。（兩年後由四川人民出版社出版了七本，為以後深入研究提供了參考。）

　　這次會議可說是未受領導上原始意圖所局限，把人權的閘門打開了。在以後蓬勃展開的人權討論中，已不限於只是對付外國人對我國人權狀況的挑戰，而且是對人權的理論與實際問題本身展開了全面的探討。

　　這次會後十天，在我倡議下，由我擔任主編的《中國法學》編輯部聯合中國法學會研究部於 3 月 12 日召開了「如何開展人權與法制問題的理論研究」座談會。到會的二十多位專家學者一致認為，研究人權問題首先必須進一步解放思想，消除不必要的思想顧慮。不能只局限於「批判」資產階級人權理論，還應當吸取古今中外人權思想中屬於人類共同文明成果的精華，參照當代國際法公認的準則，貫徹「雙百」方針，創設不同學術觀點爭鳴的學術環境。

　　繼這次會後，其他單位也開了一系列人權討論會。如中國人民大學（4 月 20 日）、北大（5 月 4 日）、中國社科院法學所（6 月 21 日）、北京市憲法學會（7 月 16 日）、中國政法大學等都先後舉行了人權理論討論會。此外，《人民日報》社、《光明日報》社也都召開了座談會。我參加了幾乎所有上述會議。真是「京城無處不飛花，爭談人權成佳話」。

　　在此高潮中，11 月 1 日，國務院新聞辦公室正式發表了第一份《中國的人權狀況》白皮書。11 月 4 日，中宣部又召開了較大規模的人權

討論會，中宣部副部長聶大江還對討論作了總結發言。自此，談論人權已形成一股新潮。

　　討論中也引發了種種不同觀點的爭鳴。譬如人權是天賦權利還是「國賦」、「法賦」或「商賦」（商品經濟所賦）權利？人權是法定權利，還是首先是一種非法定的道德權利、應有權利？人權的主體，是個人還是集體，二者誰為本位？人權起源於資本主義商品經濟時代，還是原始社會就有了自然存在的人權因素？人權只有階級性還是主要體現於它的普遍性、共同性？國家主權是否必定高於人權？等等。我從 1991 年第 4 期《中國法學》開始，開闢了「人權與法制研究」專欄，對人權的各種不同觀點進行了連續一年多的討論，還就人權的主體問題展開過不同觀點的爭鳴。

　　人權禁區的突破和人權討論的開展，還基於 1992 年初鄧小平南方談話的發表，提出「主要是要反『左』」的政治方針，扭轉了意識形態上「反和平演變」的緊張和糾纏於「姓社姓資」的僵化教條思維的局面。

三、開始邁向正視人權的艱難旅程

　　從 1991 年下半年開始，中國政府每年至少發表一份中國人權狀況的白皮書，介紹中國在人權各方面的成就、現實狀況和保護措施的情況，並闡明中國政府在人權和人權保護方面的立場與觀點。應當說這主要是為了回應（或所謂「認真對付」）西方國家對中國人權問題的挑戰，但也間接地多少承認了中國在人權方面存在問題。例如在 1991 年第一份白皮書《中國的人權狀況》中列出中國人權的十個方面狀況，並附帶提到中國人權保護方面的不足，這也是對人權保護的公開承諾，是一種歷史性的進步。

　　1997 年，中共十五大正式確認「依法治國，建設社會主義法治國家」的基本方略（1999 年 3 月第九屆全國人大二次會議進一步將它寫入憲法）。1997 年在中共十五大的政治報告中，也開始談及中國共產黨作為執政黨的一項民主任務是「尊重和保障人權」。

1998 年江澤民在當時的美國總統克林頓訪華時宣告:「儘管雙方對人權問題的看法分歧,但中國政府莊嚴地承諾要促進和保護人權和基本自由。」[17]

1999 年,江澤民在英國劍橋大學發表演講,說中國政府也在努力要把保護人權自由作為政府的一個工作目標。總理朱鎔基也說過:「中國尊重國際社會關於人權的普遍性原則,同時認為促進和保護人權必須與各國國情相結合。」[18] 當他在接見來華會談的美國國務卿奧爾布萊特質疑中國人權問題時,以「我爭取人權的鬥爭比你還早十年」(指解放前他參加爭民主爭人權的革命學生運動),機智地把她擋了回去。

中國領導人上述關於人權的表態,表明他們已不再諱言人權,開始正視人權問題。不過大都是對外國人說的,對內還不能說已成為國策。在人權理論上還處於啟蒙狀態,在實際生活中,中國國內侵犯人權的事情仍時有發生。

直到中共十六大以來,以胡錦濤為總書記的中共中央提出了「以人為本」的科學發展觀和構建社會主義和諧社會的戰略構想,將尊重和保障人權作為其中的重要內容。2004 年第十屆全國人大第二次會議通過的憲法修正案,將「國家尊重和保障人權」條款納入憲法,使我國人權由禁區躍上憲法的神聖地位,成為憲法的最高原則,為中國的人權事業上在書面上提供了憲法保障。這是具有重大意義的憲政進步。

此後這一人權原則也納入國家「十一五」發展規劃綱要和《中國共產黨章程》。2009 年 4 月 13 日,國務院新聞辦公室發表了《國家人權行動計劃 (2009–2010 年)》。

截至 2009 年 4 月,中國政府已先後參加了 25 項國際人權公約。[19] 其中最重要的是 1998 年,中國政府簽署了《經濟、社會、文化權利國際公約》,並經全國人大正式批准;後來又由政府簽署了《公民權利和政治權利國際公約》(人大尚未批准)。中國的人權事業融入國際合作

---

17. 轉引自馮林主編:《中國公民人權讀本》(香港:經濟日報出版社,1998),頁 485。

18. 〈朱鎔基總理與〔加拿大〕克雷斯蒂安總理會談〉,載 2001 年 2 月 12 日(《人民日報》第 1 版報道)。

19. 參見《國家人權行動計劃》(2009–2010 年)。

和國際監督的大環境之中。中國作為一個世界大國，在國際人權事業中被要求承擔相稱的國際義務與責任。近年中國軍隊參與國外維和行動和反海盜護航，就是承擔國際人權保護義務的初步體現。

當今執政黨的最高領導人的歷次講話中也一再肯定人權的重要地位與普世價值。胡錦濤 2006 年 4 月在耶魯大學的演講中說：「我們將大力推動經濟社會發展，依法保障人民享有自由、民主和人權，實現社會公平和正義，使 13 億中國人民過上幸福生活。」他在 2008 年的新年賀詞中又說：「我們衷心希望各國人民自由、平等、和諧、幸福地生活在同一個藍天之下，共享人類和平與發展的成果。」2011 年 1 月，胡錦濤在訪問美國時回答外國記者問，再次宣示中國要致力於改進人權工作。

國務院總理溫家寶在 2007 年 2 月發表的題為《關於社會主義初級階段的歷史任務和我國對外政策的幾個問題》一文中，明確指出：「科學、民主、法制、自由、人權，並非資本主義所獨有，而是人類在漫長的歷史進程中共同追求的價值觀和共同創造的文明成果。」在同年全國人大會上答記者問時，再次重申了同樣的觀點。這些都說明，促進人權事業已成為國家建設和社會發展的一個重要話題，也是不可抗拒歷史的潮流。

儘管 2008 年一些號稱「主流報刊」和理論界的「權威人士」曾刮起一陣大批「普世價值」的歪風，但這不過是「茶杯裏的風浪」。畢竟保障人權已是憲法規定的國家義務，妄圖否定和侵犯人權是違憲行為。

當然，也毋庸諱言，人權道路上還佈滿荊棘，迄今仍然存在許多缺陷和弊病。立法上仍有違反人權的規定（如勞教制度與法規迄今沒有廢除）；[20] 憲法第 35 條確認的公民政治自由權利至今大多還沒有立法保障；社會兩極分化日益嚴重，對弱勢群體缺少生存照顧的人權保障；行政執法中存在大量侵權行為，特別是在房屋拆遷、土地徵收、城市管理等方面，執法專橫、暴力掠奪、欺壓百姓的行為時有發生，引起尖銳的社會矛盾和衝突；司法還沒有完全獨立，有些地方司法機關甚至蛻化為貪官污吏的專政機器和「打手」，製造許多違法侵權的冤假錯案，激起

---

20. 勞教法規後來已於 2013 年正式廢除。

群體性事件此起彼伏。中國人權保障事業任重道遠，有待幾代人的不懈奮鬥！

四、保障人權必須克服的觀念窒礙

反思我國 60 年人權發展的道路崎嶇、舉步維艱的原因，除基於執政黨領袖個人的專制霸道、對人權的無知、蔑視外，最主要的是執政黨在人權理論和實踐上長期存在指導思想上的偏頗錯謬，有待進一步轉變觀念，才可望推進我國人權事業的健康發展。

(一) 走出指導思想上的誤區

1. 揚棄革命黨的舊習，樹立執政黨的新思維

按歷來觀點，中國革命的首要問題是分清「誰是我們的敵人，誰是我們的朋友」，貫徹的是階級鬥爭觀，否定博愛的人權觀。在革命戰爭中兩軍對陣，不應當去「愛」敵人，名正言順。但成為執政黨以後，還一味堅持這種階級鬥爭是非觀，聲言「我們決不施仁政」，就會動搖執政的合法性和人道主義基礎。

作為革命黨與作為執政黨的最大區別是：革命黨可以只代表一定的階級和群體；而執政黨是經全民選舉產生的（體現為執政黨的領導幹部通過代表全民的人大被選為國家領導人），不能只對某個階級或部分國民負責，也不只要對國民的多數負責，而要對全民負責。我們通常習慣於講我們代表「95% 以上的人民」或「最廣大的人民」的利益，而不說「全體」。這就產生對那 5% 的人的人權要不要負責保護？須知人權主體是指「每個人」，而不論其階級成分或人數多少。而在我國，20世紀 50 年代全國人口以 6 億計，5% 就是 3,000 萬人；現今 13 億人的5%，是 6,500 萬人，豈是「少數」？把他們都打入另冊，劃為異類，成為人民之外的敵人或賤民，是對人權的最大侵犯。即使是對所謂「階級敵人」，如果其未被法律剝奪的應有人權和法定權利受到非法侵犯，執政黨和政府也應出面予以糾正和救濟，否則就會破壞執政的法治基礎。

一種主流觀念是，強調我們保護的是多數人的人權，不是少數人的人權，似乎這顯示了我們對待人權的民主性、階級性和正義性。誠然這比只保護少數人的特權，特別是只保護社會強勢群體的特權，要民主和正當。但是，既是講人權，就應當是每個人，即所有人、人人皆有的權利，而不能只以保護多數為滿足。民主的共和精神要求一視同仁，和衷共濟，特別還要求「保護少數」。如果以保護多數為藉口去壓迫少數，就會變成「多數暴政」。進一步說，迫切要求得到人權保護的，往往是社會中被邊緣化、被歧視的弱勢群體。在出現兩極分化的當代中國，保障弱勢群體的人權，已是一個嚴重的迫切的任務。

2. 否棄「以黨和階級為本」，轉到「以人為本」

　　雖然改革開放 30 年來，執政黨的治國方略已經轉變到「以經濟為中心」，但階級鬥爭為綱的餘毒仍不時遊走在政治意識形態的上空。中央領導人提出要「以人為本」，是在人權觀念上的一大進步。但實踐上並沒有完全改變長期以來的「以黨為本」、以「領袖為本」、「以官為本」的積弊。

　　「以人為本」要以每個人為本，即以人人為本。不能限於某一群體的人；更不能以特殊利益集團或權貴資產者集團為本。要揚棄只強調國家權力和利益至上、而抹殺個人權益的國家主義本位觀；要糾正集體權益高於個體權益、個體權益要無條件地服從國家和集體權益的片面權利觀，樹立個體的人權和公民基本權利高於國家權力，集體權利與個體權利要平等對待，不受任何權力侵犯的憲法原則。即使為了國家或集體正當公益而要求犧牲個體權益時，也要給個人相應的補償或賠償。

　　「以人為本」還須進一步追問：人以什麼為本？或：以人的什麼價值為本？馬克思說：「人是人的最高本質」，「人的根本就是人本身」。「以人為本」就是要確認人是一切社會關係的主體；人自身是衡量一切事物的尺度和標準；滿足人的物質與精神需要是人的一切活動的出發點與歸宿。這也邏輯地得出，人的自主性與自由是人的最高本質要求；人是目的，而不只是手段；一切為了人和人的需要。

　　自由是人之所以成為人的必要條件，人的自主性與自由是人的最高本質要求，是高於其他人性需要和人權位階的核心價值。自由使人成

為人格獨立自主的主體，從而是激發人的主觀能動性和創造力，促使人類文明的發展的動力。西方社會崇尚自由，這是近代西方文明遠遠超出世界其他地方獲得迅速發展的動因。而我國改革開放前段時期，一直在批判所謂「資產階級自由化」，這是同倡導「以人為本」的原則很不諧調的。這種狀態不改變，「國家尊重和保障人權」將只是不能兌現的一句空頭憲法支票。

3. 在政治倫理上需要有寬容、平等、仁愛的精神

為此要改變下面這些觀念：不能容忍異見和多元，強求思想、輿論一律。在官場和社會上處處講求政治的、行政的、社會的階級對立和等級差別，處處形成階級和等級特權，連排座次都等級森嚴。

我國古代墨子主張「兼愛」，法國大革命中提出「博愛」的口號，都是體現「有愛無類」「以人為本」的精神。古代帝王要「兼併天下」，我們以人為本則應當是兼愛天下，兼容天下，兼善天下。既然倡導以「解放全人類」為理想，就應當有海納百川、兼容異己的政治胸懷。而不是蕩平天下，搞「橫掃一切」的鬥爭哲學。我們應當依憲法和法律去「團結一切必須團結的人」，以「澤被全民」，保障所有人的、沒有被法院宣判剝奪的、合法的權利。

4. 克服形而上學思維和言勝於行的陋習

我國人權發展過程中一些似是而非的論點，諸如否定敵人、壞人享有人權的階級論，非此即彼的「兩類矛盾論」，排除少數人的人權的多數論，反對人權的普世價值的唯國情論，以法定的權利排斥法外人權的取代論，集體人權高於個體人權的顛倒論等等，這些除了是基於利益的傾向性導致觀念的謬誤外，也都有思維方法上的形而上學的絕對化、僵化和教條主義影響。

此外，言行不一、言勝於行甚至欺上瞞下、媚上壓下的現象，近年有惡劣的發展，使黨和政府的公信力降到底谷。

改善我國的人權事業除了從轉變觀念入手外，更根本的當然還是實行憲政改革，屬行法治，完善制約權力、保障人權的法制。

(二) 依靠進步的社會動力

如果説在 20 世紀 80 年代初，中國人權狀況的進步主要動力來自黨內高層幹部，他們從自己在「文革」中備受迫害的切身經歷出發，懂得保障人權，特別是人格尊嚴、人身自由的可貴，從而促成保障人權的民主法制的初步建立。到了今天，中國已經形成了強大的特殊利益集團和官僚權貴特權階層，有些地方甚至有形成網絡的貪官污吏群體，這些人抱着既得權益不願放棄，他們已經不是推動人權進步的動力，而是阻力，有些還與黑社會勾結，成為反動的力量。

現在推動人權進步的力量，在我看來，主要是來自民間的人民群眾的維權活動和公民社會的發展。2003 年的孫志剛事件就非常有代表性，這個被侵權個案經媒體和互聯網揭露和傳播，北京的幾個博士上書全國人大，在強大的社會輿論的壓力（亦即社會權力）督促下，國務院取消了侵犯人權的收容審查條例，改為社會救助條例。這是民間維權力量推動人權保障的標誌性事件。顯然，中國人權保障的進步，將更多有賴於公民社會自下而上運用社會權力的推動。

現今我國互聯網的網民有 4 億多，他們已初步形成虛擬的公民社會，成為日益強大的民意群體。互聯網突破傳統上對言論自由的不合理的限制，促成分散的個人在網上形成有共同追求和相互聯繫的意見群體，形成社會輿論乃至集體行動，促使形成中國社會民眾由下而上影響政治的渠道。這是這幾年來網絡參政呈現出來的路徑特點。網絡社群在 2009 年裏開始直接介入現實，像湖北鄧玉嬌案中，網民組成的鄧玉嬌後援團趕到巴東縣，就是組織化的網民從虛擬跨入現實的標記。再是網民「人肉搜索」使天價煙局長周久耕落馬並被司法追究；「史上最牛團長夫人」掌摑女講解員，網絡壓力使夫婦雙雙被撤職。上海「釣魚執法」事件，通過互聯網網民的追索，形成強大的輿論干預，從而得到有關黨政部門的重視和比較公正的處理，都是很有典型意義的案例。網絡的威力，使官員也不敢怠慢。網絡的開放透明能使惡人作惡時心存顧忌，使正義多一個實現通道。網絡輿論在揭露官員的侵權行為和貪腐現象，監督政府依法執政等方面，正在發揮國家權力不可代替的巨大作用，以致黨和政府的領導人胡錦濤、溫家寶都親臨互聯網，直接與網民對話、溝通，為聯繫群眾、了解民情、尊重民意開闢了新的渠道。

更高的維權層面還在於，基於人權入憲規定國家成為「尊重和保障人權」的義務主體，保障人權不僅是國家權力的道義基礎，而且成為所有國家機關和政府官員必須履行的強制性憲法義務。這就要求國家權力的設立、配置和運行，都應當有利於所有人的人權的實現；要求制定和切實執行保障公民政治權利和自由的立法；要求國家積極地創設條件，加強社會保障，保障公民的各項民生權利，改善弱勢群體的人權狀況。這些憲政舉措必須落實為黨政機關和官員的具體行動。今後國家機關對保障人權不作為，就是失職；侵犯人權就是違憲，應當受到追究。

這樣官民協力、上下互動，我國人權事業才有希望。

第十章

人權至上是憲法的
最高原則

什麼是憲法？中國的政法界可以不假思索地回答：「是治國安邦的總章程。」那麼誰來治國安邦？回答也似乎不言自明：「當然是黨和政府。」的確，普通老百姓以及作為集體概念的抽象的「人民」是不可能直接去治國的。於是邏輯的結論自然是：「憲法的主體是執政黨和政府。」──而這個結論卻是不準確的、片面的；說憲法是「治國安邦的總章程」也是不確切的。

　　準確的回答應當是：憲法的主體是人民或全體公民。憲法的首要目的與功能也不是「治國安邦」，而是既授予、又制約國家權力，以保障人權和公民權。

　　憲法當然也有治國安邦的功能；也的確有賴於執政黨和政府去履行治國安邦的職責，從而他們也需要擁有治國的權力。問題在於這種權力是自封的，還是誰授予的？封建專制的皇權號稱是「天授」或「神授」的，實則是自封的。現代民主國家的執政黨和政府的權力則是人民授予的。按自然法和社會契約理論，是人民把一部分權利讓予國家，而使之擁有國家權力，再反過來以國家權力保障人民權利。按現代的民主、共和政制，則是通過全體有選舉權的公民選舉產生議會和政府，通過人民（全體有表決權的公民）的公決，或通過能代表和集中全民共同意志的代議機關（議會）產生憲法，從而使民選政府依照憲法獲得人民的授權，取得執政的合法性。

　　可見，憲法的主體是人民，或全體公民（國民），執政黨及其領導的政府首先是憲法的客體（從而也可以成為違憲的主體），受憲法制約。憲法是人權和公民權利的產物，而不是相反；國家權力才是憲法的產物，即國家權力是憲法賦予的（經人民選舉和憲法授權後，政府才成為治國的主體）。憲法不能只作為執政黨和政府治國、治民的「總章程」、工具和手段（法律可有這方面的功能），而是人民、全體公民用來制約執政黨及其領導的政府的約法。人權和公民權利是憲法和國家權

力的原始淵源；也是用以對抗國家公權力的權利；對國家（政府）而言，則是其應承擔的「不得侵犯」的義務。

總之，憲法是以人權和公民權利為起點、基礎，並以之為權力運轉的軸心和權力的禁區與最終歸宿（目的）。（過去我們把人權視為禁區，是權利與權力關係的顛倒。）憲法是人權和公民權利的保障書和以公權利制衡公權力的約法。基本人權和公民基本權利至上，是憲法的最高理念和原則。

一、憲法是人權的產物

全世界憲法性文件最早的發祥地——英國 1215 年的《自由大憲章》，其中共有 63 條，幾乎條條都是有關臣民的權利與自由。此後 1606 年巴力門（議會）發佈的「請罪」文書（The Apology），再三申明「民聲即天聲」的大義。1628 年的《權利請願書》，鄭重宣告個人的自由和人民的私有權利。1689 年《權利草案》，以權利限制御用特權等等。這些確認臣民（當時主要是貴族）權利與自由的文書，實際上都是對當時社會已然產生和形成的權利和權利要求的確認，也都是以保障民權和限制王權為目的的。

近代西方最早產生的成文憲法是資產階級（當時市民社會的主體）同佔統治地位的封建專制皇權進行鬥爭取得勝利的成果。美國的獨立戰爭和法國的大革命都是訴諸人權（而不是統治者的法律或法定權利）作為旗幟，贏得勝利。也都是先有人權宣言或在獨立宣言中宣佈其不可剝奪的人權，然後誕生憲法。近世各國建立新的政權，也是通過人民訴諸革命權（人權），奪得國家權力，然後制定新憲法，確認人民的權利，以取得合法地位。各國的立憲和修憲案，除由代表人民的權力機關如議會、國民大會、制憲會議審議外，大都還必須經過全民公決（中國還沒有達到這一步）。這也是為什麼美國憲法開頭第一句是說：「我們，美國人民……特制定美利堅合眾國憲法。」

基於憲法產生的上述背景，可以看出制憲的動機與目的是確認社會已然形成、社會成員應當享有的人權和公民權。制憲、修憲之舉，都是出自人民的權利要求，而且旨在以人民／公民的憲法權利來約束統治

者的統治權力。因此真正民主的憲法的制定和修改，都不是出自專制統治者的願望，最多只是統治者同人民妥協的產物。

也基於此，英國憲法學家戴雪（Albert Venn Dicey）在《英憲精義》中指出：不是憲法賦予個人權利與自由，而是個人權利產生憲法……它們不是個人權利的淵源，而是個人權利的結果。另一位美國當代憲法學家亨金（Louis Henkin）說：「政府對人民所負的責任以及政府對個人的尊重，是人民服從政府的條件，也是政府合法性的基礎。因此美國人的個人權利是『天然的』固有的權利，它們不是社會或任何政府的贈予。它們不是來自憲法；它們是先於憲法而存在的。」[1]

二、憲法以人權為基礎

這一點，法國大革命時期的憲法的誕生過程就是明證。當時頒佈的人權宣言，後來成為其 1791 年憲法的序言。其實，該宣言本來就是由 1789 年 7 月 6 日制憲會議組成的憲法委員會負責起草，準備以之作為憲法的重要組成部分。7 月 9 日該委員會的第一個報告就提出「《人權宣言》應置於憲法之前，作為憲法的導言及基礎」。[2] 7 月 11 日就由一位議員拉法埃提（Marquis de LaFayette）正式提出了第一個草案，他特別說明之所以要有《人權宣言》，「道理有二：一是要使人民知道他們有這些天賦人權。人民對於他們的天賦人權，能知才能愛，能愛才能有。二是要給政府與其立法機關一個指南針，免得它走入歧途，違反人民的福利。」[3] 在討論這個草案時，有些主張把宣言放在憲法之前，作為憲法的基礎；有些主張放在最後，作為憲法的結論。這兩派意見在會上曾

---

1. （美）亨金：〈美國人的憲法與人權〉，載《哥倫比亞法律雜誌》，1979 年第 3 期，轉引自沈宗靈等編：《西方人權學說（下）》（成都：四川人民出版社，1994），頁 369。

2. 張奚若：〈法國人權宣言的來源問題〉，載《張奚若文集》（北京：清華大學出版社，1989），頁 143。全文原載《武漢大學社會科學季刊》，第 2 卷 1 號、2 號、3 號和第 3 卷 2 號，1931 年 3 月至 1932 年 12 月。張奚若（1889–1973）是我國著名政治學家，原清華大學教授，新中國成立初期曾任教育部部長、對外聯絡委員會主任，外交學會會長。

3. 同上，頁 147。

引起激烈的辯論。無論哪種主張都是強調了要突出人權在憲法中的至上地位與作用。最後多數贊成放在憲法的最前面,其主張者提出的理由是很富啟迪性的。如議員馬蘭首先指出:「要有一《人權宣言》作為憲法之基礎及國民會議一切工作之標準」,要廣為張貼,「使人人了解,作為升入憲法堂奧之第一門徑」,因為「這些基本原則是建設憲法絕對必要之最高真理。且為一切人為法之源泉」。另一位議員孟麥朗西的著名論說則認為:「要造房屋,應先置基礎;沒有原則,哪來結論;未上路前,應知目的地。未制憲法,應先宣告人權,因為憲法不過是人權的結論,不過是人權的終極。」[4]

最後定稿的人權宣言開宗明義第一段話是:

組成國民議會的法蘭西人民的代表們,考慮到對人權的無知、忘卻或蔑視,是公眾不幸和政府腐敗的唯一原因,現在決定在一項莊嚴的宣言中闡明自然的、不可讓予的、神聖的人權,以便這個宣言經常地向社會團體的所有成員提出來,使他們持續不斷地記着他們的權利和他們的義務;以便立法權的行為和行政權的行為,由於在每一時刻都能夠同每一政治制度的目的相對照,從而更加受到尊重;以便公民們的要求,今後建立在簡明的、不可爭辯的原則之上,永遠有助於維護憲法和全體人民的幸福。[5]

這段話和前引參與人權宣言的原始制定者的這些言論,精闢、簡明地道出了以人權和人權宣言作為憲法序言的立憲宗旨,概括表達了基本人權是憲法的基礎和最高指導原則。其也表明了憲法中確認的人權和公民權的目的在於使人們知權、愛權和維護自己的權利;同時又以人權和公民權來制約政府權力,而制約權力,也是為了有效地保障人權和公民權利。

作為法國憲法的序言的人權宣言,其思想理論淵源是18世紀從洛克、盧梭到孟德斯鳩的人權政治哲學(自然法與自然權利、社會契約

---

4. 張奚若:〈法國人權宣言的來源問題〉,載《張奚若文集》(北京:清華大學出版社,1989),頁153。

5. 《外國法制史》編寫組:《外國法制史資料選編(下冊)》(北京:北京大學出版社,1981),頁525。

論）；而其直接的根據則是 1789 年 2 月至 5 月法國全國各鄉村、城市以虔誠的精神，鄭重的手續，制定的總數達 5 萬份以上的《人民疾苦備忘錄》，最後合併為 455 份提交給憲法會議，以之作為政治改革和立憲的基礎和依據。這些備忘錄內容包羅政治、經濟、法律和宗教等方面，其中最重要的就是關於憲法的內容，尤為重要的是人權和頒佈人權宣言的問題。後來憲法會議中許多代表所提出的人權宣言草案，大都是根據這些備忘錄而擬就的。[6] 這也說明，法國憲法是建立在民眾對人權的強烈要求的基礎之上的。

其實早在作為憲法肇源的英國 1215 年的大憲章中，其所確認的許多權利與自由大都是有關臣民的生命、自由和財產、安全的權利，亦即屬於人權的範疇（雖然還不是「人皆有之」的權利）。其第 39 條規定：國王允諾「任何人不得被逮捕、監禁、侵佔財產、流放或以任何方式殺害，除非他受到貴族法官或國家法律的審判」。[7] 這一原則經歷代王朝的確認，到 14 世紀末成為英國立憲體制的基礎。

美國的獨立宣言實際上也是美國的人權宣言。其後的憲法和憲法修正案都貫穿了人權精神，憲法修正案還被稱為「人權法案」，這也都表明人權和公民權利在憲法中的核心地位。如美國憲法第五修正案確認了「正當法律程序」原則，規定美國國會和政府非經正當法律程序，不得剝奪任何人的生命、自由或財產；凡私有財產非有適當賠償，不得收為公用。（1867 憲法第十四修正案又將這一原則擴及於州議會和政府）。憲法第三到第七修正案也都是有關人權、特別是訴訟程序權利的規定，如人民不受無理拘捕、搜索與扣押；非經大陪審官提起公訴，人民不得被判死罪或其他名譽罪；受同一犯罪處分者，不得令其遭受兩次有關生命或身體上的危險；在任何刑事案件中不得強迫任何人證明自己的犯罪等等，都是基本人權的憲法化。

6. 參見張奚若：《法國人權宣言的來源問題》，載《張奚若文集》（北京：清華大學出版社，1989），頁 145–146。

7. 〔英〕沃克：《牛津法律大辭典》（北京：光明日報出版社，1988），頁 725。

三、憲法中的人權與公民權

(一) 憲法中保障人權的涵義

憲法權利包括兩類，一類是人權，一類是公民權。法國《人權和公民權利宣言》作為法國 1791 年憲法的序言，就是把人權與公民權並列為兩種不同的權利來確認的。二者的區分已見上節所述。

就人權的廣義而言（包括個人的私權利和公權利），人權宣言和憲法上確認的權利都可以說是人權的憲法化，即將人的自然權利或人權轉化為人的憲法權利（法定權利）。但不能認為憲法只是保障這些已憲法化的人權，而應當強調未予憲法化或法定化的人權，也仍然是憲法必須保障的對象。這一點我國法學界有些人是否認的，他們認為人權只是一個法律概念，在現實社會裏，人權只是法律授予公民的基本權利的總和，我國憲法保障的只是憲法已確認的公民權利，應當以「公民權」取代「人權」這個抽象的概念。[8] 這是很片面和武斷的。

應當指出憲法和法律保障的人權包括兩類：一類是已予憲法確認的人權，即轉化為人們的憲法權利；一類是尚未憲法化或法定化的法外人權。這可以從兩方面體現出來：

1. 憲法除保障有本國國籍的公民的權利外，也要保護非本國的外國僑民、難民、移民、無國籍人的權利。[9] 這就意味着只要是生活在本國範圍內的所有人，其作為人所應有的基本權利，即人權都在本國憲法保護的範圍內，而不限於本國公民，除了某些純屬本國公民才享有的選舉權、被選舉權和社會保障的福利待遇等積極的權利。

---

8. 參見吳振海：〈劃清兩種人權觀的界限〉，載《高校社會科學》，1990 年第 5 期；張光博：〈堅持馬克思主義人權觀〉，載《中國法學》，1990 年第 4 期。

9. 我國憲法第 32 條籠統地提為「保護在中國境內的外國人的合法權利和利益」；在我國一些法律中則明確規定除非法律有特別規定者外，本法平等適用於境內的外國人和無國籍人。

事實上，在當今經濟全球化、貿易自由化時代，外資也享有「國民待遇」，不得歧視。否則只保護本國人的憲法，就仍是閉關鎖國的憲法，狹隘民族主義的憲法，不是真正共和制的憲法，不是符合世界人權宣言的開放性的現代憲法。

2. 憲法已確認的權利是有限的，人民還保有許多憲法尚未納入的、非法定的權利或人權。按照「法不禁止即自由」原則，人民還享有憲法和法律未確認也未禁止的權利，這可稱為「剩餘權利」、「潛在權利」或「漏列權利」以及日後隨着經濟和政治、文化的發展而「新生的權利」。這也是為什麼美國憲法修正案要單列一條指出：「不得因本憲法列舉某種權利，而認為人民所保留之其他權利可以被取消或抹殺。」（第9條）而這些「保留的權利」就包括人權和其他習慣權利、新生權利。

可惜我國憲法並沒有確認公民有憲法上尚未確認的剩餘權利；相反倒明示賦予國家權力機關和國務院有「剩餘的權力」，[10] 這種偏愛恐怕還是基於權力本位的理念，把憲法只視為國家和政府「治國安邦的總章程」，而不是人民以權利制衡國家權力的約法。

（二）憲法中的公民權

前述狹義的公民權主要是政治權利是「參與國家」的「公權利」。這種政治權利也可分為兩類：一類是純粹參與國家政治的權利，如選舉權、被選舉權，批評、檢舉、控告政府的權利即監督權；一類是各種政治自由，它們既屬於政府不得干預的消極權利，即同社會、國家「分離的權利」（freedom from）；又可以是直接參與國家、參與政治的權利，如運用言論、出版、集會、結社和遊行示威等等自由，對國是提出批評或政見。

---

10. 如憲法第 62 條規定全國人大除擁有本條前列的 14 項權力外，還在第（十五）項規定有「應當由最高國家權力機關行使的其他職權」。第 67 條也規定全國人大常委會有全國人大「授予的其他職權」；第 89 條第（十八）項也確認國務院享有全國人大及其常委會「授予的其他職權」。

政治權利是相對於公權力的「公權利」，公民權的主要內容就是政治權利，是公民參與政治國家的權利。它體現公民與國家之間的關係，是使權利人對於國家意志的形成得發生影響的權利，亦即「參與法律秩序的創立的權利」。(凱爾森《法律與國家》)

在國家權力日益多元化社會化的當代政治趨勢下，公民權對國家權力的參與和滲透日益廣泛和深入。它是人民「以公民權利和社會權力制衡國家權力」的主要武器。它既是對國家權力的政治防衛權，也是對國家權力的自由參與權。我國現行憲法第2條確認國家一切權力屬於人民，人民除通過大行使權力外，還可以「通過各種途徑和形式管理國家事務」。而公民行使政治權利正是公民管理國家事務的重要「途徑與形式」，這一點卻往往被忽略或抹殺。

憲法上所確認的這類政治權利主要是對抗公權力的，亦即相對於公權力的公權利，而不是絕對權利，即不是為對抗所有人、包括其他公民個人或其他不屬於執行國家權力或社會公共權力的非政府組織的。被非政府的組織和社會成員侵犯的這類政治權利已不屬於作為公法的憲法上的公權利，而是私權利（如個人的言論自由受到其他公民的侵犯，往往已轉化成名譽權、著作權、隱私權、人格尊嚴權等私權利），主要應是由私法來具體規範和保障。因為作為私人不應當是違憲主體，不能對私人提出違憲訴訟。私權利一般是由法律加以直接和具體保護。所以籠統地提出「憲法司法化」是不確切的。

憲法和法律都是對人權和其他權利的保障。不過，憲法所特別保障的是基本人權和公民權。憲法作為公法主要是規範和制約公權力的（包括某些擁有社會公共權力的社會組織，如教育機關、社會自治組織、受國家委託或授權的社會組織）。在基本權利中，它直接保護的主要是公權利，這就是說，凡是國家（政府）或執行社會公共權力的社會組織侵犯了這些權利就是違憲，就可以提出憲法訴訟；而且對侵權行為的限制和制裁，憲法的特別作用是針對立法上的侵權行為。凡建立了違憲審查制度的國家，相關權力機關（如國會或最高法院）有權依據憲法的原則和精神，對侵犯基本人權和公民基本權利的立法，宣佈其違憲而予以撤銷，或不予適用。至於人們的私權利則主要通過法律和司法程序給予保障。這也是為什麼必須一方面重視抓緊建立違憲審查制度，一方面抓緊憲法權利與自由的立法的緣故。

如果憲法本身侵犯了基本人權和公民權怎麼辦？這也不是絕對不可能的。在民主國家，可以訴諸全民公決或人民的代議機關修憲。在專制國家只有通過政變或革命，重新制定新憲法。中國文化大革命中通過的 1975 年憲法也存在這類問題，後來是通過粉碎「四人幫」的統治，經過 1978 年和 1982 年兩次全面修憲，通過 1979 年的一個憲法修正案，才予糾正的。[11]

四、憲法是以人權和公民權制衡國家權力的約法

17 至 18 世紀人權理論和爭取人權的革命實踐，本來就旨在以人權（人人應有的權利）來抵抗國家權力的專橫和壓迫。人權是作為對抗性的政治權利而興起的。法國大革命時期的制憲會議之所以要先制定人權宣言，並以之作為憲法的序言，目的就在於限制國家權力，以防止國家濫用權力侵害人民的安寧與幸福。辦法就是將一些自然權利（人權），宣佈為先於和高於憲法的其他具體制度的根本原則，放在憲法文本的最前面來限制國家權力。

憲法制約國家權力的方式，一是規定權力分立和相互制衡的一套機制，二是通過確認人權和公民權利，以之作為國家權力不可逾越的邊界和禁區。這兩者又是統一的、相互依存的，因為有關分權和制約國家權力的規定，本身也是公民為保障自己的權利不受侵害的一項權利主張。如前述法國制憲會議在討論人權宣言草案第 23、24 條（即最後通過的第 15、16 條）過程中，有人認為政府向社會公眾報告工作和權力分立原則，是政府的責任，並非人權，反對把分權原則載入人權宣言時，議員孟麥蘭西指出，分權原則即使不算是人權也是一項公民權（政治權利），而人權宣言是包括公民權在內的。布瓦依蘭更直截了當指

---

11. 參見 1979 年 7 月 1 日第五屆全國人民代表大會第二次會議通過的《關於修正 < 中華人民共和國憲法 > 若干規定的決議》，對 1978 年憲法中 7 條共 17 款的修改；1980 年第五屆全國人民代表大會第三次會議《關於修改 < 中華人民共和國憲法 > 第四十五條的決議》，取消了侵犯人權的「大鳴大放大字報大辯論的權利」的條文。

出：「統治權必須分立，這是人民的一種權利。此種權利應當載於人權宣言中，但實際區分的形式則應載於憲法之中。」[12]

這樣憲法所採取的兩種制約國家權力的原則——人權原則和分權制衡原則，都可以歸結到以權利（人權與公民權）制衡權力的範疇。所以稱憲法是「以人權和公民權制衡國家權力的約法」的命題，是符合憲政理論與歷史實際的。人權至上在這個問題上也突出地顯示了它作為憲法的基礎和憲法的至高原則。

五、人權入憲的重要意義

2004 年我國通過的憲法修正案，將「國家尊重和保障人權」條款納入憲法，使我國人權由禁區躍上憲法的神聖地位，這是具有重大意義的憲政進步。憲法中這一條雖然籠統，但應當解釋和理解為我國憲法對權利的保護的廣度和質地有了很大的擴展。有此一條，至少有以下幾大涵義：

(一) 突出了人權在憲法中高於一切的神聖地位，侵犯人權就是違憲

人權入憲不僅確認了人權是人人享有的基本權利，更是國家（包括所有國家機關及其權力）必須承擔對它「尊重和保障」的義務。這意味著：人權作為消極的權利，任何權力都不得侵犯，包括全國人大的立法權和各項立法，如果侵犯了人權，就應當視為立法違憲而宣佈無效，或即時加以修訂。

由此人權入憲後，應當據此展開一次全國規模的法制與法治狀況的大清理，對違背人權、侵犯人權的所有法律、法規、規章以及所謂「紅頭文件」等和行政與司法行為，進行全面的認真的對照檢查和糾正（如 1957 年國務院制定的勞教法規，就是嚴重侵犯公民人權的立法）。今後凡政府和執政黨組織侵犯人權者，應視為違憲行為。由此應當促進

---

12. 張奚若：《張奚若文集》（北京：清華大學出版社，1989），頁 190。

我國違憲審查制度的建立，從而將「依法治國」上升到「依憲治國」，建設社會主義「憲政國家」的軌道上。這是人權入憲的總體意義。

(二) 人權入憲，將增強全民「知權」、「愛權」和維權意識

正如法國人權宣言和其制定者所宣示的：「考慮到對人權的無知、忘卻或者蔑視，是公眾不幸和政府腐敗的唯一原因」，「要使人民知道他們有這些天賦人權。人民對於他們的天賦人權，能知才能愛，能愛才能有」。這兩句格言可以說非常切中我國過去人權狀況的要害，是推進今後我國人權事業的指針。

人權入憲後，通過宣傳和學習，必將促進全民人權觀的進一步覺醒，在全國人民中興起知人權、愛人權，努力維護人權的潮流，則我國的人權事業將大有希望。這是人權入憲對全民的重大意義。

(三) 保障人權，主要是要保障弱者、弱勢群體的權利

社會強勢群體生活富裕、自由、安寧，通常不會感到保障其人權的急迫需要。這也就是為什麼在任何社會和任何時代，人權的訴求大都是來自被剝削被壓迫的階級和群體，人權成為反抗性的權利的緣故。現在我國經濟飛速發展而貧富兩極分化愈來愈嚴重。保障人權，不僅要求人權不受國家的侵犯，而且要求國家積極地創設條件，加強社會保障，切實改善弱勢群體的人權狀況。這樣人權就不只是一種消極權利，也是積極的權利；是作為國家和政府的一項首要義務。政府有責任對人權，特別是弱勢群體的人權和福利，給以更多、更負責的保障和增進，而在立法、行政執法和司法上要更多注重公平、公正，統籌兼顧。這是人權入憲的特殊意義。

(四) 保障人權，要求保障所有法定的和非法定的人權

憲法規定的「國家尊重和保障人權」是一個概括性條款。這在法理上表明其內涵是很寬廣的，涵蓋面應當包括所有法定和非法定的人權。這就是說今後我國憲法保障的不再限於憲法已列入的一些公民的權利，而且涵蓋了憲法所未列舉的、而為人人所應有的（合理的）其他人權和權利。這可以說是默示了人們還享有「剩餘的人權」。這樣這一條雖然

過於原則和抽象，卻反而給「人權推定」留下了很大的空間。今後可以據此條款，按照法律程序推定出其他默示的、應有的、非法定的人權和新生的、派生的、漏列的權利。這可以說是人權入憲的重要法理意義。否則列入這條就成為無的放矢，因為按有些學者的理解，既然人權已都轉化為公民權利而得到憲法保障，而對所有非法定的人權和權利，國家都不予保障，則納入「國家尊重和保障人權」這一條，就只是空洞的、美麗的言詞，沒有特別意義的多餘之舉了。

（五）人權入憲有利於加強國內與國際人權的雙重保障

納入保障人權的原則條款，還可視為我國對加入幾個國際人權條約在憲法上的承諾。我國迄今已加入近二十個有關國際人權條約，其中特別是已由國務院簽署並經全國人大常委會批准的《經濟、社會、文化權利國際公約》和已由國務院簽署的《公民權利和政治權利國際公約》。人權入憲當然也是向國際社會鄭重表明，我國對已加入的國際人權條約的負責態度和承擔履行的義務，也有助於我國人權事業納入國際保護和監督。這是在憲法層次上宣佈「尊重和保障人權」的應有之義。

六、以人為本、人權至上是憲法的最高原則

我國政法界、法學界一貫把「四項基本原則」認定為我國現行憲法的基本原則和指導思想，這正是把憲法界定為「治國安邦的總章程」的邏輯要求。因為既然把執政黨和政府視為憲法的主體，作為執政黨和政府是應當以執政黨所確立的、憲法所確認的這四項基本原則作為其治國的指導思想的。但是如上所述，如果我們認定憲法的主體首要的不是執政黨和政府，而是人民或全體國民，那麼這四項基本原則並非全體中國人人人必須遵守的準則（如宗教徒就不信仰、也不能強迫他們信仰無神論的馬克思主義；香港、澳門以及台灣的人民在治理本地區的政務和社會事務時，只要不破壞四項基本原則，就不受它的約束）。

再則，四項基本原則是治國原則，普通公民個人並不能去直接治國（沒有權力能力），從而也不必要求他們都以「四項基本原則」作為他們的一切行為的指導原則。

即使四項基本原則是我國憲法的基本原則的話，那也只是人民用來制約執政黨和政府的。歷史事實也表明違反和破壞四項基本原則的不是普通老百姓，而是執政黨的領導人、最高統治者。只有掌握國家權力的權力者才有權力能力、能量和資格違反或破壞這些原則。鄧小平就講過：「誰有資格犯大錯誤？就是中國共產黨。」

正如本文前引法國人權宣言及其制定者所強調指出的：人權和人權宣言是「一切工作之標準」，是「一切人為法之源泉」，是「憲法絕對必要之最高真理」。從世界人權的理論和實踐，我們應當得出結論：人權是憲法的淵源、基礎、核心、目的和主要內容，是制衡國家權力的主要憑藉，因此憲法最基本的理念和最高原則應當是人權至上，公民基本權利至上。

任何國家權力（包括立法、行政、司法權力）如果侵犯了人權和公民基本權利，都是違憲的和無效的。如果憲法本身的規定也侵犯人權和公民基本權利，就不是民主的、共和的憲法，或者說是徒有憲法形式，而無民主共和的憲政；或只是用憲法的外衣包裝起來的專制的「統治法」。這樣的「憲法」或政治契約已不是人民約束統治者，也不是人民放棄其自然權利使之轉化為國家權力、從而獲得權力的保護；而是將其固有人權放棄給了一個獨裁的暴君或集團，這個暴君或集團所制定的「憲法」，只是「弱者貧者被征服者的賣身契約」。希特勒和薩達姆的憲法和法律就是如此。

現今我國新一代執政黨領導人提出「以人為本」、「執政為民」以及「權為民所賦、權為民所用」、「還權於民」[13]等原則，得到全國人民的普遍認同。「以人為本」在法律意義上也就是「以人權為本」；「權為民所賦、權為民所用」、「執政為民」、「還權於民」等原則也就是表明人民、公民是國家主權和憲法的主體，是執政者的服務和服從的對象和目的。這就把執政黨居上臨下的「領導」和「代表」地位，轉換到、落實到以人和人民為本位的出發點、立腳點上，從而把比較抽象、籠統的代表性，具體化為以人和人權為本的民主性和務實性，應當說是領導者的權力觀向前邁進了一大步。至於遵守和貫徹執行現行憲法中的「四項

---

13. 張奚若：〈法國人權宣言的來源問題〉，載《張奚若文集》（北京：清華大學出版社，1989），頁 143。

基本原則」，最終也應當是以保障人權和公民權為目的，否則就不能列為憲法的基本原則。這才是符合真正民主的、人民的憲法的基本精神和根本指導原則的新的憲法觀。

所以「以人為本」、「人權至上」原則應當成為我國憲法的最高原則。

要真正貫徹實現這一原則，在於積極推進政治體制改革，完善我國憲法和憲制，切實實施社會主義憲政。這方面還有很多事情要做，還有很長的路要走。

我國經過四次全面修改憲法和對現行憲法的四次修正案，憲法的內容和憲政理念有逐步的前進。這是值得慶倖的事。但應當承認，我國憲法內容還未臻完備，離完美程度更有很大差距。從大處看，有以下幾方面的缺憾和不足：

1. 憲法的序言在這次修正案中雖然作了三處修改，但通觀序言全文，還不能說已擺脫了權力本位的痕跡。序言多少類似執政黨的史績和政治綱領，或者多少是從執政黨和國家—政府「治國安邦」的視角上的陳述，沒有突出「以人為本」和「人權至上」的憲法最高理念與最高原則。

2. 現在「國家尊重和保障人權」的原則條款已經入憲，但有些屬於人權範疇的具體權利，卻還闕如。諸如思想信仰自由、表達自由、資訊獲得與傳播自由、遷徙自由、罷工自由等，尚未列入憲法。也有必要把公民的生命權、發展權、環境權、名譽權、隱私權、對公共事務的知情權以及接受公正審判的權利等，上升為公民的憲法權利。「法不禁止即自由」的原則，也應當有所體現。[14] 此外，憲法中有些權利規定還需要與聯合國的《世界人權宣言》、《經濟、社會、文化權利國際公約》、《公民權利和政治權利國際公約》等等接軌。從法國人權宣言到現代民主國家憲法中有關人權的條款，都值得我們借鑒和參酌吸收。

---

14. 這些口號分別為胡錦濤、習近平以及張春賢（原湖南省委書記，現新疆自治區區委書記）提出的。

3. 分權制衡的原則和機制還沒有完整地在憲法中體現出來。選舉制度的民主化有待完善；司法獨立的體制尚不完備；違憲審查制度千呼萬喚至今難產；監督法也歷經三屆人大未能出臺。正當程序、政務公開、罪刑法定、無罪推定、禁止刑訊逼供等原則，也應當使之上升為憲法原則。這些也都可以歸屬於人權和公民權範疇。

當然，上面這些權利與機制不是靠幾次修憲就能解決的。再則，徒有憲法而無憲政，憲法也只會是寫得好看的一張紙。憲法上一些有關人權和公民權的許諾，沒有立法的具體保障也是空的。因此我們不能滿足於不斷修改憲法，還要把重心放到立法上切實保障憲法的實施和人權與權利的落實上。

第十一章

權利的起源及
其存在形式

* 本章摘自郭道暉著：《法理學精義》（長沙：湖南人民出版社 2005），第四章。此前
1991 年發表了〈論人權的階級性與普遍性〉，在國內首先提出「人權是超階級的普遍性
的權利」。在當時提出這種觀點，同長期以來中國主流意識形態強調人權的階級性和「人
權是資產階級口號」是大相徑庭的。該文被日本鈴木敬夫教授譯成日文，在日本發表，
引起日本法學界的重視。隨後發表了〈人權、社會權利與法定權利〉，載鄧正來主編的
《中國社會科學季刊（香港）》，1993 年第 2 卷，並以英文刊於該刊英文版（1994）。
本文即以該文為本收入《法理學精義》，並同時作了一些修改補充。

一、「權利」一詞的由來

權利（right）在英語中是個多義詞，與正確、正當、正當要求通義。在德文、法文和俄文中，權利與法是同一個字（*Recht, Droit, ПРаво*）。古羅馬時代雖沒有出現單指權利的字，但拉丁字 Jus 這個多義詞，既有法律、正義、義務等多種含義，又有「權利」的意思。

不僅權利一詞多義，對權利內涵的認知與界定，更引出諸多學說，定義叢生，莫衷一是。康德談及權利的定義時指出：

「問一位法學家『什麼是權利？』就像問一位邏輯學家一個眾所周知的問題『什麼是真理？』同樣使他感到為難。」[1]

費因伯格（Joel Feinberg）甚至認為，給權利下一個「正規的定義」是不可能的，應當把權利看做一個「簡單的、不可定義、不可分析的原初概念」。[2]

本文綜述各家觀點，對權利的實質、人權與權利的起源、權利的存在形式等問題作具體的解說。

中國古代沒有西方現代意義的權利概念，雖也出現過「權利」一詞，但那只是權勢、權謀、貨利的意思，是個貶義詞。[3] 中國古代所稱

---

1. 〔德〕康德，沈叔平譯：《法的形而上學原理》（北京：商務印書館，1991），頁 39。

2. 〔美〕費因伯格：〈權利的本質與價值〉，載《價值研究雜誌》（英文），1970 年第 4 期，頁 243–244。轉引自李步雲主編：《法理學》（北京：經濟科學出版社，2000），頁 153。

3. 如《荀子·君道》：「按之以聲色、權利、忿怒、患險，而觀其能無離守也。」又《荀子·勸學》中有「是故權利不能傾也，群眾不能移也，天下不能蕩也」。《史記 107 卷·魏其武安侯列傳》：「家累數千萬，食客日數十百人，陂池田園，宗族賓客為權利，橫於潁川。」《鹽鐵論·輕重》：「禮儀者，國之基也；而權利者，政之殘也。」

道的「義」，雖有「宜」的含義，也主要是義務的意思，不像西方把正義同權利聯結在一起。

儘管如此，中國古代與權利接近的詞匯和觀念也是有的，如所謂「定分止爭」，「名定則物不競，分明則私不行」。[4] 這裏所謂的「名」「分」，就有現代「資格」、「身份」、「權利」的意思。對此，荀子有精到的闡述：

「人生而有欲，欲而不得，則不能無求，求而無度量分界，則不能不爭，爭則亂，亂則窮。先王惡其亂也，故制禮義以分之。」[5]

「度量分界」也可以說是定下權利界限。商鞅更有生動的解說：

「一兔走，百人逐之，非以兔可分以為百也，由名分之未定也。夫賣兔者滿市，而盜不敢取，由名分已定也。……故夫名分定，勢治之道也；名分不定，勢亂之道也。」[6]

他已有了模糊的「物權」、所有權概念。

現代意義的「權利」概念，對中國來說是個舶來品，來自美國惠頓（Henry Wheaton）所著《萬國公法》（*Elements of International Law*）（英文原本）；而其中譯名，據我國學者考證，[7] 最早見於清同治三年（公元1864年）美國傳教士馬丁（William Alexander Parsons Martin，即丁韙良）所翻譯出版的此書的中譯本，其中按近代西方 right 一詞的本意，借用並廣泛使用了中文「權利」這個詞。[8]

---

4. 《尹文子·大道（上）》。

5. 《荀子·禮論》。

6. 《商君書·定分》。

7. 參見李貴連：〈話説「權利」〉，載《北大法律評論》（第 1 卷第 1 輯）（北京：法律出版社，1998），頁 115–129。

8. 如「國使之權利，分為二種」（《萬國公法》卷一，第 4 頁）；「論世人自然之權，並各國所認，他國人民通行之權利者」（同書第 10 頁）。據丁韙良在其所譯《公法便覽》一書「凡例」中對譯名「權利」的解説，「即如一權字，書內不獨有司所操之權，亦指凡人應得之分，有時增一利字，如謂庶人本有之權利云云。此等字句，初見多不入目，屢見方知為不得已而用之也」。轉引自李貴連：〈話説「權利」〉，載《北大法律評論》（第 1 卷第 1 輯）（北京：法律出版社，1998）。

二、對權利本質的各種解説

究竟什麼是權利？在法學史上因各種學派不同而定義叢生。大體上有以下一些理論：

(一) 資格論

最早出自格老秀斯的自然權利理論，認為權利是作為理性的人所固有的道德品質，「由於它，一個人有資格正當地佔有某種東西或正當地做出某種事情」。[9] 英國法學家米爾恩（Alan Milne）也説：

「權利概念的要旨是『資格』，説你對某事享有權利，就是説你被賦予某種資格。」[10]

這揭示了權利的基礎與前提：一個人是否有權利作為或不作為，不在於他有什麼能力或權力，不依據他主張、要求什麼，而在於他是否具有做某事或享有某物的身份，即資格，而資格的承認在於道德上被認為是正當的。我有資格做就是我在道義上可以做。資格論把權利同倫理、正義、正當聯結在一起。

但「可以」不等於「能夠」（實現）。道德資格只是表明在道義上應當享有的權利（應然權利）；法定資格也只是「紙上的權利」。所以資格論只概括了自然法（以人權為核心）上賦予的應有權利，或法律（立法）上所確認的權利，還沒有涵蓋實際行使中的權利，即實有權利。此外，有些權利並不以道德為基礎。再則，「有資格才有權利」，「有權利就有資格」也會陷入定義循環。

---

9. 〔荷蘭〕格老秀斯：〈戰爭與和平法〉，轉引自〔美〕莫里斯：《偉大的法學家》（賓夕法尼亞：賓夕法尼亞大學出版社，1959），頁 86。

10. 〔英〕米爾恩，王先恆等譯：《人權哲學》（北京：東方出版社，1991），頁 165。

（二）自由論

斯賓諾沙（Baruch de Spinoza）、霍布斯（Thomas Hobbes）都把自由視為權利的本質，或權利即自由。如霍布斯認為「權利乃是自由的範式」。洛克則認為有某種權利即表明「我享有使用某物的自由」。[11]

這裏所說的自由是作為權利的本質或屬性的自由，通常是權力者所享有的外在自由，即不受外力脅迫，有按自己意志去行使或放棄享有某物、做或不做某事的行動自由與選擇自由。如果要求其必須作為或不作為，而不容自由地放棄的行為，就不是權利，而是義務。這樣權利就同具有強制性的義務劃清了界線。

不過「權利即自由」與作為權利內容的自由（如人身自由、言論自由等內在自由），即自由權，不是等同的概念。因為有些權利的內容並不包含選擇自由，如監護權、人格權是不容自由放棄的。此外，「權利即自由」同「法的本質內容是自由」也不完全等值，後者涵蓋了前者，而且比前者含義更廣。

（三）意志論

康德、黑格爾也都認為權利就意味着自由，但比較強調主體的意志自由。不過，康德強調這種自由意志行為「只限於一個人的行為是否能同他人的自由相協調才受到尊重」。所以權利並不意味着個人絕對的、任性的意志自由。黑格爾在論及法律與道德的關係時指出，由法律所能得到的權利，乃是自由的可能性。而道德所決定的，不是什麼是可能的，而是什麼是應當的。[12]

（四）可能論

可能論認為權利是主體在法律所規範的條件下有權作出某種行為、或要求他人或國家作出某種行為的可能性。這表明權利法定只是賦予權利主體享有某物或做某事的行為可能性，而非現實；要實現（行

---

11. 夏勇：《人權概念起源》（修訂版）（北京：中國政法大學出版社，2001），頁44。
12. 〔美〕龐德，陳林林譯：《法律與道德》（北京：中國政法大學出版社，2003），頁55。

使）權利，還有賴於國家權力（國家強制力）的介入。這種觀點是蘇聯法學界的一貫主張、而長期為我國一些法學者所附和的定義。但這種「可能論」是建立在規範主義的基礎上，強調權利背後的國家意志性——法律的規範（所以又演化為「規範論」）。

這種主張只講「可能」，卻忽視了權利的「應當」和「可以」的本質屬性。因為權利在沒有法定以前，可以以非法定的、已然存在的習慣權利或「應然權利」（如人權、道德權利）存在；既已法定或經社會道德公認、團體規程確認，就表明主體有資格可以擁有什麼或可以做什麼，這比「可能」這個不確定的概念要確定得多，事實上也並非所有權利都必須通過國家權力才能行使、實現；何況還有「法不禁止即自由」的法外可行的權利。

（五）利益論

利益論主要是以邊沁為代表的功利主義法學的主張，又稱利益法學派。此論超脫了以上幾論以倫理、道德、意志等主觀的價值標準或客觀先驗的精神為出發點的局限，轉向揭示權利背後的物質因素。持此論最深刻的是德國的耶林。他揭開了長期以來被浪漫主義、理想主義和抽象概念所掩蓋的權利的核心——權利背後支撐的利益，認為它是權利的目的與價值所在。龐德評述耶林（Rudolf von Jhering）的利益論時指出：

「耶林通過使人們注意到權利背後的利益，而改變了整個的權利理論。他說權利就是受到法律保護的一種利益。所有的利益並不都是權利。只有為法律所承認和保障的才是權利。」[13]

德國法學家菲利普・赫克（Philipp Heck）進一步指出：

「法律是所有法律共同體中互相對峙且為得到承認而互相鬥爭的物質、民族、宗教和倫理方面的利益的合力。」他認為利益是法律命令的原因，被稱為「基因式的法學」。[14]

---

13. 〔美〕龐德，沈宗靈譯：《通過法律的社會控制》（北京：商務印書館，1984），頁 46-47。

14. 轉引自〔德〕伯恩・魏德士，丁小春、吳越譯：《法理學》（北京：法律出版社，2003），頁 241。

不過，享有或行使權利也不一定就能帶來利益，權利人並不都是得益人。如享有監護權，卻要承擔精神與物質上的花費和相關責任；行使言論自由和對政府的檢舉控告權利，有時可能受到打擊報復。再則，從法律規定中獲益，也並不就享有權利，獲益人也不一定是權利人。如有些奴隸制的法律要求奴隸主不得任意屠殺奴隸，從而使奴隸獲益；但奴隸並不因而享有人身權、生命權，因為奴隸非人（非法律上的權利主體），只是奴隸主的財產。它的生命（利益）得到一定程度的法律保護，只是作為奴隸主的財產而得到間接保護，實際上是保護奴隸主的財產權。現今保護野生動物的法律，雖使野生動物的生存得到保障，但並非保障動物的生存權（動物不是權利主體），而是通過保障生態環境以保障人的生存環境，即保障人類的生存權和環境權。此外，權利的目的在利益，並不因而排除有些義務得到履行，最終也是為了保護義務主體的利益，所謂「雙贏」。所以權利與利益不能完全等同；單以利益來界定權利，也會有許多例外。

（六）法力論

認為權利是保障主體享有某種利益或從事某種行為的「法律上的力」。19世紀德國法學家麥魯克（Alexander Merkel）首倡此說。所謂法律上的力，包括指權利人享有某種利益的資格和法律上可以用來對抗他人的能力，如物權就是可以直接支配物品的法律上可能之力；而債權則是對他人有請求其作為或不作為的法律上的力。《布萊克法律辭典》給權利的定義是：

「自由行為的能力」，「由國家承認和支持的一人控制他人行為的能力」。

這種能力論，實際上是說明權利有賴於法律的權威與權力的確認和保障，從而也就賦予了權利主體有在法律保護下自由地從事某種行為的法定資格與能力。所以「力」包含了法律的權力及其賦予主體的行為能力。

此說指出了法定權利對國家權力的依賴的客觀事實。但此說把權利視為依附國家權力和國家法律的衍生物，是法律實證主義的法律觀與權利觀，強調「權力產生權利」，而不是「權利產生權力」，沒有突出權利作為權力的原始淵源和自身的獨立價值，也未能涵蓋非法定的法

外權利，後者並不依賴國家權力及其法律上的力。馬克思、恩格斯曾經指出：

「如果像霍布斯等人所說的那樣，權力被當成權利的基礎，那麼，權利、法律等只不過是國家權力所依賴的其他關係的徵兆和表達。」[15]

上述所列各論，遠未窮盡關於權利的諸多定義。這些理論從不同視角和不同層面，各自或多或少或精到或粗疏地指出了權利的某些特徵與屬性。但由於權利是一個豐富的、多元的、多規定性的法現象，不是單一的定義所能完全概括的。

(七) 多要素論

《牛津法律大辭典》中「權利」條目一開頭就說：「這是一個受到相當不友好對待和被使用過度的詞。」[16] 有些學者乾脆認為，給權利概念下一個「正規的定義」是不可能的，建議把權利當做一個「簡單的、不可定義的、不可分析的原初概念」來接受，否則就會「使平常的東西不必要地神秘化」。[17] 我國法學者夏勇博士在他的《人權概念起源》一書中，用「五要素」即利益、主張、資格、權能和自由，來綜合權利的基本屬性。這不失為一個避免片面性、追求完整性的定義方法。當然，是否這五要素就能完全概括權利的本質特性，也是可以見仁見智的。

說權利有多元屬性，一是基於權利有多種存在形式和多種運行狀態。最基本的有法律上的權利（法定權利）和非法定的法外權利（自然權利或社會自發形成的權利）兩大類。後者又有人權、社會習慣權利、道德權利、宗教權利、團體權利（社會組織依其章程所確認其成員的權利）等等。二是權利的內容與形式也隨社會經濟與政治文化發展的不同階段而發展變化。譬如在全球化條件下，除一國之內有公民權利、國民權利、市民權利等而外，還有區域性（如歐盟）的公民權利，乃至球民

---

15. 〔德〕馬克思、恩格斯：《德意志意識形態》，轉引自〔英〕韋恩・里森，李桂林等譯：《法理學》（武昌：武漢大學出版社，2003），頁281。

16. 〔英〕沃克，鄧正來等譯：《牛津法律大辭典》（北京：光明日報出版社，1988），頁773。

17. 費因伯格：《權利的本質與價值》，載《價值研究雜誌》1970年第4期，頁243-244。轉引自夏勇：《人權概念起源》（修訂版），中國政法大學出版社2001），頁41。

權利（全球公民權利）等等，因此固守某一特性來定義權利概念，難免僵化、粗疏化、絕對化。比較實事求是的辦法是從權利的起源和形成、發展，權利的多種存在形式，分別具體地對權利的本質內容與本質形式諸多方面，多視角考察其多元屬性，而不必拘泥於規限一個或幾個基因、要素。

三、權利的起源和存在的形式

權利除由法定以外，是否還存在獨立於法律之外，先於法律或與法律並存的權利？歷來的自然法學家都主張，在人類形成社會與國家之前，就有着先於人定法而存在的自然法和自然權利（natural right，或譯「天賦人權」）。現代新自然法學家則把「自然權利」與「人權」二詞通用。我國有些學者在批評「天賦人權」說時，反其道而論之，認為權利或人權不是天賦的，而是由國家和法律授予或規定的。人權首先是一個法律概念。他們認為在原始社會沒有國家，因而沒有權利和義務的劃分；在現實社會裏人權實際上就是公民權，是法律授予公民的基本自由與權利的總和。

另外一些學者不同意上述觀點，認為人權與法定權利並不是一個概念，兩者是有區別的，人權的原意並不是法律權利，而是指道德上的權利。[18] 有些學者把人權的存在形態歸納為四種，即應有權利、習慣權利、法規權利、現實權利。[19]

究竟有沒有法外權利或非法定的權利和人權？這涉及如何看待自然法學家所提出的「自然權利」理論，也需要對權利的起源作一番歷史的考察。

(一) 對自然權利理論的剖析

所謂「自然權利」，據《牛津法律大辭典》的定義，是指：

---

18. 參見沈宗靈：〈人權是什麼意義上的權利〉，載《中國法學》，1991 年第 5 期。
19. 參見張文顯：〈論人權的主體和主體的人權〉，載《中國法學》，1991 年第 5 期。

「依靠自然法則和人的本性而不是依靠國家的制定法來維持的個人固有權利。」[20]

古典自然法學家認為,自然權利與人定法中的法定權利相對應,先於亦高於法定權利,而且不因後者的改變而改變。新自然法學家羅爾斯對自然權利與法定權利作了一個明晰的區別:

「這些權利僅僅取決於一定的自然特性……這些特性和建立在它們之上的權利的存在是獨立於社會制度和法律規範的。『自然的』這個術語的恰當性就是在於它表明了由正義理論確定的權利和由法律和習慣規定的權利的區別。」[21]

自然法與自然權利的理論是十分古老的。古希臘亞里士多德等思想家就已有其思想萌芽,到 17 至 18 世紀是自然法學的鼎盛時代。中間在 19 世紀出現過低潮,自然法學思想受到法律實證主義和功利主義學派的批駁,指出它不過是人們為了反抗神學權威而想像出來的(孔德);認為權利的唯一由來是法律,權利或人權就是法律所保障的利益(邊沁);只有為法律所承認和保障的利益才是權利(耶林)。但到「二戰」以後直至如今,自然法學隨着人們對納粹德國蹂躪人權的反思和人權理論的發展,又再度復興。我國前輩著名政治學家張奚若教授曾認為,迷信人類最初有「自然境」,自然境中有「自然法」,固為無稽之談,但自有其歷史上的革命性的功績;而從廣義上說,即使邊沁極端攻擊自然法,而其功利主義原則實際上無異於自然法之一種。以此類推,狄驥的「客觀法」,拉斯基的多元國家,以及馬克思主義的唯物史觀,「均無不可視為變相的自然法論」,「自然法有二千餘年之光榮歷史,其消滅本不易,其應用或亦無窮乎?」[22]這一見解是發人思考的。

---

20. 〔英〕沃克,鄧正來等譯:《牛津法律大辭典》(北京:光明日報出版社,1988),頁631「自然權利」條。

21. 〔美〕羅爾斯,何懷宏等譯:《正義論》(北京:中國社會科學出版社,1988),頁492。

22. 張奚若:《張奚若文集》(北京:清華大學出版社,1989),頁 98-127。張奚若原是清華大學政治系教授,早年參加辛亥革命,為同盟會會員。新民主主義革命時期為著名的無黨派民主人士,新中國時期擔任中國外交學會會長。

自然權利或天賦權利說所構想的自然境，和基於人類先天的理性所產生的自然法，固然是先驗論的臆斷，但並不能因此就否定權利與人權有其自然基礎。它提出人類基於自然本性和生存需要，應當享有的生命、自由、財產等自然權利或人權，則是有人類學、社會學的根據的。權利或人權如果與人類生存的基本需要脫離，也就失去了存在的自然基礎。再則，自然法學家主張「自然」（或「天賦」）權利，本意在借此對抗神權與君權。自然法也可說是為對抗專制的惡法而提出的理論。這也正如中國古代政治家思想家為制約「天子」的暴虐，而創造「天道」「天法」「天譴」之說，將社會正義依託於自然神力，以駕馭專制君主的淫威。因此這種「唯心主義」的理論背景，實際上也是出於社會功利主義的動機，它可以說是依託於人的自然性而具有很大的社會進步意義的理論。也正是基於此，自然權利才成為美國獨立和法國革命的理論先導與根據。

　　但是從科學的社會觀考察，人的自然屬性和需要只是產生自然權利或人權的必要條件，而不是充分條件，也不是主要根據。因為權利是一種社會關係，它的主要特性是社會性。

（二）社會自在權利的形成

　　馬克思主義者批判自然法論者關於自然權利的來源論，但並不否定人類社會確實存在客觀的法權關係；存在先於法律而存在的權利；在有了法律、有了法定權利或法定人權之後，也仍然存在獨立於法律之外的權利（如道德權利、習慣權利，等等）。我們可以把這種權利稱之為「社會自在權利」，即社會自發形成的權利，簡稱「社會性權利」（這裏「社會性權利」是對應於國家法定權利，指社會中自發形成和獨立自在的非法定權利，而不是指立法上同經濟、政治權利相對應的社會權利）。稱之為「社會自發權利」或「社會性權利」，既以之區別於純然以人的自然屬性為依託的「自然權利」，又以之相對應於由國家權力確認與支持的「國家法定權利」。它有以下一些特徵：

1. 社會性權利存在於人類社會，而不是產生於人類孤獨自處的自然狀態或「自然境」。

人類之所以區別於其他動物，就在於他們是社會動物。如馬克思所說的：

「人是最名副其實的社會動物，不僅是一種合群的動物，而且是只有在社會中才能獨立的動物。」[23]

人類在擺脫野獸狀態而成為人的開始就過群居生活，組成為部落群體，運用集體力量以對抗強大的自然力。因此原始人類一開始就是生活在社會中。人的權利不是產生於虛無的「自然境」中，而是歷史地形成於社會中。

2. 社會性權利是基於社會關係而產生的社會要求，而不純然是基於單個人的自然本能要求。

凡權利都是一定社會關係的體現。任何權利的存在，至少必需有兩個主體：一是積極提出要求，並有道義上的理由或行為上的能力，能促使他人實現或順應自己的要求的人；二是消極順應這一要求、或至少不干預或妨害對方實現這一要求的人。這兩人構成一定的社會關係，即權利義務關係，缺其一就不可能產生權利。小說中的魯賓遜作為孤獨的個人，流落荒島，雖也有其人性與理性，有要求生存與自由的自然需要與願望，但由於他不生活於社會中，沒有人來侵害或有義務實現其要求，他求生存與求自由的天性，就不可能形成一種權利。在原始氏族社會，人們的生存權的產生，是由於其生存可能受到氏族外部的敵人的侵犯，和相對於俘虜要全部殺掉（以免增加口糧負擔）而反襯出來的。

有否定才有肯定。人類社會的權利，也可以說是從否定中產生或體現的。只有人的需求可能遭到相對人的侵犯或否定時，才會產生權利主張。呼吸空氣與曬太陽都是人類本性的需要，由於這些自然物取之不盡，無人霸佔或阻攔，也就構不成一項權利，也沒有哪個國家的法律將它們規定為權利。隨着工業化使空氣污染，建築高層化影響鄰居的日

23.〔德〕馬克思、恩格斯，中國共產黨・中央馬克思恩格斯列寧斯大林著作編譯局：《馬克思恩格斯選集》（第 2 卷）（北京：人民出版社，1972），頁 87。

照，才產生「環境權」「日照權」等社會道德權利主張，並逐步成為法定權利。

可見人的權利（或人權）的產生，不決定於單個人的求生存與自由等自然本性（雖然沒有它也不會有權利要求，這只是權利的自然基礎），而是由於人的社會本性，由社會原因引起，即由社會生產力、生產關係以及受其制約的文化的發展而歷史地形成的。

3. 社會自在性權利在國家產生前即已存在。

這是因為那時已有了人類社會及某些最簡單的社會關係（如氏族內部首領與一般成員之間、男女之間地位、職能上的差別，喪失勞動力的老年人同其他人的關係等），也有侵害破壞這種社會關係的否定力量的存在（如外敵入侵，部落間的戰爭；因無剩餘生產品供養，俘虜和老年人要被殺掉乃至吃掉，從而產生這部分人的生存權問題）。

有些學者鑒於恩格斯說過「在氏族制度內部，權利和義務之間還沒有任何差別」[24]，而得出原始氏族社會不存在權利與義務的結論。這裏有兩點理解上的誤差：一是把原始人類還未能產生區分權利與義務的觀念，等同於不存在權利與義務的客觀事實（其中有些是相融合地存在，即既是權利又是義務）。正如嬰兒不懂得自己生而有吃奶的權利（受撫育權、生命權），並不等於他沒有這一基本權利。二是忽略了恩格斯這句話裏的「內部」二字，即恩格斯只說氏族內部權利義務不好區分，而在氏族外部則是可分的了。在別一處，恩格斯就曾指出在最古的自發的公社中，公社成員之間享有平等權利，「外地人自然不在此列」。他在談到原始公社制度時，多次使用「權利」一詞，如父權、母權、選舉和罷免長老的權利、習慣權利等等。有些學者鑒於恩格斯在這之後的聲明：「不過它是不大恰當的，因為在社會發展的這一階段上，還談不到法律意義上的權利。」[25]因而認為權利只能法定，原始社會不存在權利。其實恩格斯這句話恰好說明，原始社會雖不存在「法律意義上」的

---

24. 〔德〕馬克思、恩格斯，中國共產黨・中央馬克思恩格斯列寧斯大林著作編譯局：《馬克思恩格斯選集》（第 4 卷）（北京：人民出版社，1972），頁 155。

25. 〔德〕馬克思、恩格斯，中國共產黨・中央馬克思恩格斯列寧斯大林著作編譯局：《馬克思恩格斯全集》（第 21 卷）（北京：人民出版社，1965），頁 53。

權利，但並未否認存在非法律意義（非國家法定）的權利。關於原始社會存在權利事實的具體論證已有學者作了較詳的研究。[26]

4. 「社會自在權利」與「國家法定權利」是相對應的權利存在形式。

社會自在權利是非國家法定的，但也是通過社會共同體的公認，具有合理性，從而也取得合法性（合乎社會生活法則和社會正義）的社會存在。它們或先於法定權利而形成，或與法定權利並存。隨着社會的發展，一些法外權利也逐漸為法律所吸收，轉化為法定權利。

這種處於法律之外的社會性權利存在的有力實證是，當人們不能依靠法律來獲得權利，或其法定權利受到侵犯而得不到合法的手段進行救濟時，人們就往往採取法外行動來自力救濟，其所依仗的就是非法定的應有權利──人權和道德權利，特別是抵抗權、革命權。張奚若教授曾經以美國獨立為例，指出自然法與自然權利曾是美國革命的「護符」，因為當時美國作為殖民地已不能憑藉其宗主國的法律與殖民地的法定權利來反抗英國的統治，「而不能不訴之於一位置較高之物，此物為何？自然法也。申言之，即殖民地人民先以其為英人之資格訴之於英國法律，迫其英人資格不能見納，乃不能不以其為人之資格訴之於自然法也」。[27]

這裏「英人資格」即公民權，「人之資格」即其「自然權利」或人權。它作為殖民地人民的應有權利存在於英國法律之外。美國的《獨立宣言》就明確宣佈人民有權利推翻損害其基本權利（人權）的暴虐專制政府。中國人民在中華人民共和國成立前進行的推翻國民黨反動政府的革命鬥爭，也是行使人民的革命權，這是一種法外的應有權利。

---

26. 夏勇：《人權概念起源》（修訂版）（北京：中國政法大學出版社，2001），第一章「原始人的習俗權利」。
27. 張奚若：《張奚若文集》（北京：清華大學出版社，1989），頁 122–123。

四、權利的幾種存在狀態

前述的國家法定權利與法外社會性權利，是權利的兩大存在形式。就其存在狀態而言，又大致可分為應有權利、自在權利、法定權利和實享權利。

人權、道德權利是人們追求的目標與行為的尺度，處於應然狀態，屬於「應有權利」。

習慣權利作為長期在社會上通行的已然的權利事實，屬於「自在權利」，它們雖沒有國家權力與法律強制力的支持，卻能得到社會公認而具有一定的社會權威和強制力。

法定權利則是由法律確認和保障的權利，但它還只是寫在立法文件上的「紙上的權利」。

只有經法律程序得到有效行使和實施，在受到侵害時能得到行政的或司法的救濟，即成為可訴的權利，才算是「實享權利」。下面略分述之。

(一) 應有權利 ── 人權、道德權利

所謂應有權利是指根據社會公平正義、道德習俗應當享有的權利。一般是經社會共同體公認、默認的人權、道德權利。

人權是作為人（生物的人和社會的人）應當享有並普遍享有的權利，即「人該有之」和「人皆有之」的權利。人權中有些是基於人的自然本性，生而有之的，即人的自然權利或「天賦人權」；多數則是隨人類社會的發展（包括基於社會生產力和文化的發展而導致人的需要的發展乃至人性的發展）而歷史地形成的。以人權形式存在的權利，其特性是應然性和普遍性。而這兩性又是建立在與人類的共同本性（也括自然性和社會性）和人類的基本需要相適應的、從而符合人類各歷史發展階段的社會道德、正義價值的要求的利益與自由。

道德權利不是指建立在道德基礎上的法定權利，也不是指道德的法定權利化，而是指獨立存在於制定法之外甚至高於制定法的法外道德權利。

在社會習俗中，許多習慣權利是建立在社會公眾、群體對社會公德和私德的認同上。通常以道德義務的格言形式加以規範，對義務相對人而言，就是權利。譬如贍養父母與撫育子女，亦即彼此享有被贍養權和被撫育權，這是真正天賦的權利。這種道德權利在文明社會一般都已納入親屬法律規範中。但孝順父母，兄弟姊妹間的相互友愛扶助，則只是為人們遵守的家庭道德的習慣原則，通常不納入法律規定。又如「見死不救」被視為不道德，因而有「路見不平，拔刀相助」、「見義勇為」的道德格言，從而「受救助權」成為一項道德權利，有些國家已將其法定化。此外，中國古代有「父不受誅，子復仇可也」。(《公羊傳》) 意思是父罪不當死，如被殺，則兒子有為父報仇、自行殺死仇家的道德權利。這種道德權利當然同現代法治是不相容的。至於所謂「父為子隱，子為父隱」，也是一種合乎人倫的道德權利。它與「大義滅親」的道德義務，在古代社會是可以並存的 (後者主要適用於弒君、叛國等「大逆」罪行)。「文化大革命」中執政者極力強迫親屬間互相「揭發檢舉」，「劃清界線」，不僅並非出於所謂「大義」(往往是誣告)，而且也徹底破壞了人類社會賴以維繫的親情和人倫關係、道德秩序，摧毀了構成社會基本細胞的基礎。從現代法治眼光看來，也是對訴訟中被告及其親屬的沉默權的侵犯。

　　道德權利體現社會正義。特別是在抵抗不法的法律或惡法時，要借助啟動法外的人權、正義和道德權利。德國法學家拉德布魯赫 (Gustav Radbruch) 在「二戰」後針對法律實證主義由於相信「法律就是法律」的教條主義法律觀，使德國法律界在納粹的惡法面前毫無抵抗能力的教訓，乃提出「超越實在法的法」的理論。他主張實在法與正義之矛盾達到如此不能容忍的程度、「實在法的不法」已嚴重到喪失了法的本性時，就必須使這種非正當的、「不法的法律」服從正義，也就是服從超越實在法的道德權利——作為人權的抵抗權。[28]

　　人權及與之相互依存的道德權利都是處於應然狀態，是應有權利而非實然權利。所謂「應有」，不是像自然法學家所臆斷的那樣，只是抽象的超歷史的人性所固有，而是在一定社會歷史條件下所可能有；不

---

28. 參見〔德〕古斯塔夫·拉德布魯赫，舒國瀅譯：〈法律的不法與超法律的法〉(1946年)，轉引自公法評論網，2003 年 6 月 27 日。

只是因為它合乎人類天性與理性，而主要是合乎人類社會發展規律與人類自然本性和社會本性的需要。「應有權利」中的「應有」，需要作歷史唯物主義的界定。

「應有」是一種價值取向，人們通常以是否合乎公平或正義為衡量標準。但公平或正義是隨不同時代、民族和階級而有不同。馬克思指出：

「這個公平卻始終只是現存經濟關係在其保守方面或在革命方面的觀念化、神聖化的表現。希臘人和羅馬人的公平觀認為奴隸制度是公平的；1789 年資產者階級的公平觀則要求廢除被宣佈為不公平的封建制度。」[29]

就拿人權中的生存權或生命權這一基本權利來說，其作為「應有權利」，在原始社會也只限於氏族內部的一般成員。對俘虜和喪失勞動力的老人來說，就是不應有的權利。將他們殺掉或吃掉，倒是維持氏族內部絕大多數人的生存權的必要，因而是合乎正義的。

據《達爾文日記》中記載，最使他感到恐懼的是，當年澳洲野蠻人的生活習慣，即「殺嬰制」和「驅嫗制」，前者是指在饑餓時便殺嬰兒吃，後者是當老婦人喪失勞動力時，族人就將她趕走。達爾文在第一次到澳洲時，將當地一個 10 歲男孩帶回英國去「文明化」，若干年後送歸原地，大有「撒下文明種子」之意。過了幾年他再去該地考察時，想看看他怎樣了，不料被告知說：「我們已經把他吃了，原因是他沒有像樣的體力，很多事都不會做。」[30]

對奴隸制，自然法學家認為它不符合平等、正義原則，違反人權而譴責它。羅爾斯在其《正義論》一書中，雖然承認不處死戰俘而將他們變為奴隸，從而「排除了更壞的不正義」，「才是可容忍的」；但又認為不能因為從樣的始性式有利於提高文化形態發展的重人價地性，

29.〔德〕馬克思、恩格斯，中國共產黨・中央馬克思恩格斯列寧斯大林著作編譯局：《馬克思恩格斯選集》（第 3 卷）（北京：人民出版社，1972），頁 539（此處「公平」亦譯為「正義」）。

30. 轉引自《今晚報》，2000 年 3 月 20 日。

「來證明世襲的奴隸制或農奴制是正當的」。^[31] 這還是對待「應有權利」的超歷史的唯心史觀。

正如恩格斯在批駁杜林對奴隸制「嗤之以鼻」時指出的：

正是由於從平等的、沒有剝削的原始社會進步到以階級對立為基礎的奴隸社會，「才使農業和工業之間更大規模的分工成為可能，從而為古代文化的繁榮，即為希臘文化創造了條件」。「沒有古代的奴隸制，就沒有希臘的文明，也沒有現代社會主義。」人們對奴隸在人權上的悲慘處境可以生出「高尚的義憤」，但「在科學上絲毫不能把我們向前推進」。^[32]「馬克思了解古代奴隸主、中世紀封建主等等的歷史必然性，因而了解他們的歷史正當性，承認他們在一定限度的歷史時期是人類發展的杠杆。」^[33]

可見，奴隸主、封建主的合乎生產力發展要求的剝削權利，在一定歷史時期內，也可以說是有利於社會發展的「應有權利」。當然到了奴隸制後期，隨着新的封建生產關係的出現，奴隸制已成為生產力發展的阻礙，這時奴隸制的剝削才不算是「應有權利」，而是不應有的、反動的了。美國南方早期的黑奴制更是如此。從這個意義上說，羅爾斯的論點才是符合歷史正義的。

相反，如果在奴隸制上升時期，要求奴隸同奴隸主的權利平等，那麼就會阻礙、破壞社會生產力的發展。而且如恩格斯所說，在奴隸社會時代的人們看來，這種要求會被認為「一定是發了瘋」。

至於資本主義社會，馬克思說過：「平等地剝削勞動力，是資本的首要的人權。」^[34] 這話通常只被從貶義上理解為對資本主義人權的階級狹隘性的批判。其實，科學的人權觀應當承認，「平等地剝削勞動力」

---

31. 〔美〕約翰・羅爾斯，何懷宏等譯：《正義論》（北京：中國社會科學出版社，1988），頁 238–239。

32. 〔德〕馬克思、恩格斯，中國共產黨・中央馬克思恩格斯列寧斯大林著作編譯局：《馬克思恩格斯選集》（第 3 卷）（北京：人民出版社，1972），頁 139–221。

33. 〔德〕馬克思、恩格斯，中國共產黨・中央馬克思恩格斯列寧斯大林著作編譯局：《馬克思恩格斯選集》（第 3 卷）（北京：人民出版社，1972），頁 139–221。

34. 〔德〕馬克思、恩格斯，中國共產黨・中央馬克思恩格斯列寧斯大林著作編譯局：《馬克思恩格斯全集》（第 23 卷）（北京：人民出版社，1973），頁 324。

這一資本主義的「人權」,在一定歷史階段曾經促使生產力的飛速發展,因而是優於「不平等地剝削」的封建等級特權與超經濟的剝削。這種資本主義的剝削,在這種生產方式的上升階段時,不但是資本家的「應有權利」,「甚至在和這種生產方式相適應的分配方式裏吃了虧的那些人也會熱烈地歡迎這種生產方式」。[35]

在社會主義條件下,「按勞分配」是人們應有的權利,即使這種分配方式仍然承認了人的天賦能力和後天能力上的差別,即不平等,卻是公正的。反之若實行「按需分配」,雖然否定了這種差別待遇而更「平等」些,卻不能成為社會主義社會人們的應有權利,因為這種超越階段的分配方式會使生產力受到破壞。中國1958年的「大躍進」與「人民公社」運動就是教訓。而現在把私有經濟作為社會主義市場經濟的組成部分,無異於在確認按勞分配的前提下承認了一定範圍內和一定條件限制下的「按資分配」的「剝削權」的正當性。這是當代中國經濟改革過程中自發形成的客觀權利事實,它成為市場經濟中一項「應有權利」存在了若干年,最後被納入憲法,轉化為得到憲法保護的法定權利。

可見權利是否「應有」,不只在於是否合乎從人的本性及其需要所引申出的抽象正義,而主要決定於是否符合社會發展的要求,對生產力起促進還是促退作用。「應有」不能只是合乎一般道德原則,更根本的是合乎發展生產力、推動社會進步的標準。權利或人權的「應有」與否,一方面受一定的社會經濟結構與文化發展水平的制約,另一方面也要以是否有利於生產力的發展和人民生活水平的提高為準繩。在當代中國,一切符合「三有利」標準的權利,[36]不論其已否得到法律確認,都可說是「應有權利」。

(二) 自在權利 —— 習慣權利

這是自社會上自發形成的習慣權利和社會成員通過相互間自定的契約或社會自治組織、民間團體的章程,所確認的權利。

---

35. 〔德〕馬克思、恩格斯,中國共產黨‧中央馬克思恩格斯列寧斯大林著作編譯局:《馬克思恩格斯選集》(第3卷)(北京:人民出版社,1972),頁188。

36. 「三有利」標準即鄧小平1992年南方談話中提出的:「有利於發展社會主義社會的生產力,有利於增強社會主義國家的綜合國力,有利於提高人民的生活水平。」

習慣權利和社會組織成員的權利，相對於國家法定權利而言，也是一種應有權利。不過相對於人權和道德權利，則它已不是一種理想上的「應當」，而是已然的事實。它雖不一定得到法律的認可，卻一般得到社會的公認。通常，在民事法律中有「無法律規定者從習慣」的原則，也是基於的確存在法外的合理的習慣權利，應予尊重或適用。

　　所謂習慣權利是指，經過長期的、連續的、普遍的社會實踐而形成的習慣規則中所確認的一種社會自發性的權利，這種習慣規則與權利得到社會公認與共同信守，獲得一定的社會道德權威與社會義務的支持。這種習慣權利一般是非法定權利，但可以成為法定權利的前身，也可作為法定權利的補充，且與之並存。

　　習慣權利是人們在社會活動中自發地、歷史地形成的。恩格斯指出：

　　「在社會發展某個很早的階段，產生了這樣一種需要：把每天重複着的生產、分配和交換產品的行為用一個共同規則概括起來，設法使個人服從生產和交換的一般條件。這個規則首先表現為習慣，後來便成了法律。」〔37〕

　　在別一處他又指出：

　　「如果一種生產方式持續一個時期，那麼它就會作為習慣和傳統固定下來，最後被作為明文的法律加以神聖化。」〔38〕

　　譬如我國自古就有「買賣公平」、「借債還錢」、「殺人償命」等習慣法則或格言，就是商業信用、債權、生命權或復仇權的習慣表述。

　　馬克思在《關於林木盜竊的辯論》一文中，對習慣權利作了精闢的論述，他指出：

37.〔德〕馬克思、恩格斯，中國共產黨‧中央馬克思恩格斯列寧斯大林著作編譯局：《馬克思恩格斯選集》（第 2 卷）（北京：人民出版社，1972），頁 538–539。

38.〔德〕馬克思、恩格斯，中國共產黨‧中央馬克思恩格斯列寧斯大林著作編譯局：《馬克思恩格斯全集》（第 25 卷）（北京：人民出版社，1974），頁 894。

撿枯枝、採野果、拾麥穗，「這是從古至今就為佔有者們所許可的，因此就產生了孩童的習慣權利」。「貧民從自己的活動中發現了自己的權利」，「在貧民階級的這些習慣中存在着本能的權利感」。[39]

　　這種權利是社會自發地形成的，同時又是得到社會公認的。當然，不一定都是全社會，而只是某一地區或某一社會群體內部（如民族、種族、階級、階層、宗族、行業、宗教等）所公認和信守。如果說法定權利是得到「法律上的力」即國家權力的支持與保障；習慣權利則不是憑藉國家權力而是社會權力的支持和維護，包括社會道德輿論、商業守則、社會組織的紀律的維護（如宗教誡律、族權、行會權力和社會組織章程如行規、廠紀、校規、鄉規民約等等）。

　　習慣權利有不同的種類：在各地一律通行的是「一般習慣權利」；只限於一定地域或特定民族地方通行的為「地方習慣權利」、「民族習慣權利」；不分身份、職業、階級、群體而共同享有的是「普遍習慣權利」，只為少數或某一部分人群所獨享的稱為「特殊習慣權利」或習慣特權。

　　在對社會習慣權利的評價中，又有「合理的習慣權利」與「不合理的習慣權利」。前者是指合乎社會進步、人民公益和善良風俗，並同現行法律和公認情理不相抵觸的權利；後者反之。在習慣特權中，有些是合理的，有些則反是。馬克思指出：

　　「習慣權利作為和法定權利同時存在的一個特殊領域，只有在和法律同時並存，而習慣是法定權利的前身的場合才是合理的。」[40]

　　像貧民撿枯枝的權利就是一種合理的習慣權利，而「貴族的習慣權利按其內容來說是反對普遍法律形式的。它們不能具有法律形式，因為它們是已固定的不法行為，這些習慣權利按其內容來說和法律形式⋯⋯背道而馳⋯⋯相反，這也恰恰說明它們是習慣的不法行為。因此，決不能維護這些習慣權利而對抗法律，相反，應該把它們當

39. 〔德〕馬克思、恩格斯，中國共產黨・中央馬克思恩格斯列寧斯大林著作編譯局：《馬克思恩格斯全集》（第 25 卷）（北京：人民出版社，1974），頁 147。

40. 〔德〕馬克思、恩格斯，中國共產黨・中央馬克思恩格斯列寧斯大林著作編譯局：《馬克思恩格斯全集》（第 1 卷）（北京：人民出版社，1957），頁 143。

做和法律對立的東西廢除，而對利用這些習慣權利的人也應該給以某種懲罰」。[41]

現今中國城鄉中還殘存的某些封建宗族族長的習慣族權、反動會道門、黑社會組織頭目的習慣特權等等，都是不合理的、不法的習慣權利，應予取締。

合理的習慣權利一般能受到法律保護或不予干預。不過，由於統治階級的政治經濟利益或由於對立的習慣偏見，有時正當的習慣權利會受到法律的侵害，甚至釀成大的權利鬥爭。如清廷入關時對漢人實行「留髮不留頭」的殘暴法令，以強迫漢族臣服，這是對漢人蓄髮的習慣權利的嚴重侵犯，發生了許多流血慘劇。

又如穿衣自由是人們公認的習慣權利，也可能被封建禮教的衛道者以「奇裝異服」罪加以懲罰。

1933年浙江寧波公安局發佈一個禁止「奇裝異服」的佈告，其中稱：婦女「競尚新奇」，「裙則長不過膝，足則赤然無襪」。「裸脛露趾，蹣躅通衢」，「寡廉鮮恥，道德淪亡」，「豈謂區區小節，實屬國體有關」，「本局長負維持風化之責，斷難默爾姑容。合亟佈告，從嚴禁止，以維廉恥而敦風俗」，「倘仍不知悔改，惟有立加逮捕……依法從重拘罰」云云。這是對人們私生活上的習慣權利的不法侵犯。[42]

習慣是法的淵源之一，習慣權利也可以成為法定權利的前身。某些習慣權利作為一種自發權利先於法定權利而存在，後經國家立法程序確認與吸收而成為法定權利（包括經國家認可的習慣成為習慣法，及根據習慣而制定的相關立法）。習慣權利成為法定權利，一般須具備以下條件：

1. 相當長時期以來確實得到人們公認與信守的事實；

2. 其內容有比較明確的規範性；

3. 現行法律尚沒有該項權利的規定；

---

41. 〔德〕馬克思、恩格斯，中國共產黨·中央馬克思恩格斯列寧斯大林著作編譯局：《馬克思恩格斯全集》（第1卷）（北京：人民出版社，1957），頁143。

42. 參見林語堂主編的《論語》半月刊，1933年9月16日，第25期。

4. 不與現行法律的基本原則和已有的法定權利相抵觸；

5. 需經國家立法機關認可並納入法律。

英國 1219 年《大憲章》中所法定的權利與自由，許多是「依照采地之舊習慣」、「遵前述之習慣與自由」。在英格蘭法中，類似地役權的權利就原本是因習慣而存在於他人土地上的權利。在蘇格蘭法中，死者的財產由他們的配偶和子女分享，也是一直為古代習慣所肯定，後被立法機關確認為法定權利。[43]《中華人民共和國婚姻法》中的父母子女間的贍養、撫養權，也是對中國社會自古以來長期形成的習慣權利（義務）的法定。

許多習慣權利即便不被立法所吸收，也可以在司法活動中作為法定權利的補充而得到適用。台灣「民法」中就有「法律未規定者，從習慣」的原則。有些習慣權利還被法律規定優先適用。古老過時的不合理的法定權利也可以被新出現的更合理的習慣權利所取代。普通法系國家和地區常授予法官以無視該古老法規的權力，理由是該法規已長時期未使用，而且已被某正當的相反習慣權利所替代。譬如當星期天進行體育活動已成為公眾的習慣權利之後，過去英國古老的刑事法規對星期天打棒球要科以處罰的規定就失去效力。[44]

習慣權利同習慣法權利還有所不同。習慣權利是獨立於法律之外的、為社會習俗公認的自發權利，一般只得到社會自發勢力（如行會、宗族、宗教）或社會組織（如各種社會團體）的保護。而習慣法權利則是得到國家權力機關的認可，成為習慣法中所確認的權利，受法律的保護。

習慣權利可以是無形的、不成文的習慣；也可以是一定社會組織或群體以成文規範形式明定出來，如宗教戒律、鄉規民約、社會團體章程中規定的那些權利。正因為它是明定的規範，而成為習慣法與習慣

---

43. 〔英〕沃克，鄧正來等譯：《牛津法律大辭典》（北京：光明日報出版社，1988），頁 235「習慣」條。

44. 〔美〕博登海默，鄧正來譯：《法理學 —— 法哲學及其方法》（北京：華夏出版社，1987），頁 460。

法權利。通常所謂家法、族法、宗教法乃至「黨規黨法」，只是一種俗稱，並非法律意義上的實在法（制定法和習慣法）。

（三）法定權利

1. 法定權利的由來

老百姓常常把自己享有的權利當成是執政黨和政府或「父母官」的恩賜，這當然是對權利來源的顛倒。一般粗知法律常識的人，心目中也只是認為權利是由憲法和法律賦予的。[45] 誠然，既是「法定權利」，似乎就是法所賦予。但這還只是表層次看問題。只要進一步問一句：憲法和法律是誰制定的？

在社會主義國家，憲法既非皇帝「欽定」，法律也不只是某個階級的意志的體現，而應當是全體人民共同意志與利益的體現，是人民通過自己的代表機關——全國人民代表大會制定的。其中關於公民權利的規定，理所當然也是人民自己奮鬥的成果。

從更深層次的法理上說，法定權利只是法律所確認的權利，並非法律憑空創造的權利。正如馬克思指出的：

「各種最自由的立法在處理私權方面，只限於把已有的權利固定起來並把它們提升為某種具有普遍意義的東西。而在沒有這些權利的地方，它們也不去制定這些權利。」[46] 他還說，立法者應是一個自然科學家，他只是「表述」法律，而不是「製造」、「發明」法律。同理，法律也不能創造、發明權利。[47]

---

45. 「法定權利」一詞主要來自英美普通法系國家，指國會立法所確定的權利，是相對於判例法所確認的權利的。既然稱為「法定」，就容易誤解為權利是由法律規定、產生的。所以嚴格說來應稱為「法認權利」，即法律所認可或確認的權利。本文仍從通用「法定權利」一說，不過加以說明如上。

46. 〔德〕馬克思、恩格斯，中國共產黨‧中央馬克思恩格斯列寧斯大林著作編譯局：《馬克思恩格斯全集》（第1卷）（北京：人民出版社，1956），頁144。

47. 〔德〕馬克思、恩格斯，中國共產黨‧中央馬克思恩格斯列寧斯大林著作編譯局：《馬克思恩格斯全集》（第1卷）（北京：人民出版社，1956），頁183。

這裏所講的「已有的權利」，即前面所論述的社會自在、自發權利。包括基於人性而產生的「自然（社會性）權利」即人權、道德權利，和人們在社會生產與交換活動中，習慣地形成的客觀法權關係，如等價交換、借債還錢（債權債務關係）。立法者則用法律的形式將其確認為法定權利義務。亦即權利在立法文件尚未草擬以前，就以一種自發的形式存在於社會生活中。

如荷蘭議會於 1993 年 2 月 9 日通過的「安樂死」立法，將實行安樂死的權利（這可以說是生命權的一種演進形式或反面體現——死亡權），確認為法定權利。事實上，在此之前安樂死早已作為一種社會自發權利，在荷蘭存在了二十多年。醫生們根據病人的要求，一直在對無可救藥的垂死而痛苦的病人實施安樂死，累計有 2,300 人，還有 400 人由醫生「協助自殺」。[48]

這種已在社會上形成的權利事實，最後通過立法轉化為法定權利。

英國憲法學家戴雪在其名著《英憲精義》一書中指出：

在英格蘭，憲法「不但不是個人權利的淵源，而且只是由法院規定與執行個人權利後所產生之效果。」[49]

此語意為，憲法上的個人權利，不是憲法所賦予的，而是由法院判定社會已然存在的權利，而經憲法予以確認的結果。

另一位憲法學家亨金在《美國人的憲法與人權》中説：

「政府對人民所負的責任以及政府對個人的尊重，是人民服從政府的條件，也是政府合法性的基礎。因此，美國人的個人權利是『天然的』固有的權利，它們不是社會或任何政府的贈予。它們不是來自憲法；它們是先於憲法而存在的。」[50]

---

48. 〈荷蘭通過法律允許實施「安樂死」〉，載《光明日報》，1993 年 2 月 1 日第 7 版、《紐約時報》1993 年 2 月 9 日。

49. 〔英〕戴雪，雷賓南譯：《英憲精義》（北京：中國法制出版社，2001），頁 245。

50. 〔美〕亨金：〈美國人的憲法與人權〉，載《哥倫比亞法律雜誌》，1979 年第 3 期。轉引自沈宗靈等編：《西方人權學説》（下）（成都：四川人民出版社，1994），頁 369。

政治權利更不是黨政官員、英明領袖恩賜的。所謂「讓人講話」、「為民作主」、「允許犯錯誤」等提法，就是把賦予這些政治權利的主體變成領導人、官員，是決定於他們的恩准，而不是公民固有的權利。

當然，這並不是說法律上所確認的所有權利都是來自社會自發權利。也有許多是從基本權利中派生的權利，或經由權利推定所默示的權利，以及某些具體程序性的權利，是由立法予以創設的。

(四) 實享權利

前已述及，立法上的法定權利只是對自然人和公民應有權利（人權、道德權利、習慣權利等等）的確認，如果得不到行政執法和司法訴訟上的保障，就只是寫著許多權利的一張紙而已。由文字和規範構成的法律不可能自動運行，而要靠法律關係的參與者通過各種主動或被動的行為來實施法律規範。法律的生命就在於它在具體行為中的應用。

立法上的權利，只是確認權利的品種與相應的權利主體資格，權利人可以依法享有這些權利，但還不等於能無阻礙地行使這些權利。把「紙上的權利」變為實際能享有和行使的權利，有些需要通過行政執法的落實，如須經有關行政主管機關的裁定、審批（如核實申請人是否具備權利的資格和條件，才發給駕駛證、營業執照，或批准其組織社團、舉行遊行示威等等），法律確認的權利才得以行使，成為權利人實際實現的權利。

有些權利雖然可以不經行政機關審批，而可由權利人直接行使（如言論自由、宗教信仰自由、學術自由、個人私生活中的各種權利等等），但當這些權利受到國家權力或社會上某些勢力或他人的侵犯，而無抵抗、救濟之途時，則所享有的權利仍然是虛空的。只有成為「可訴的權利」，得到行政和司法的救濟才是實的。所以西諺說「沒有救濟就沒有權利」。這裏訴訟包括行政復議、行政訴訟和民事、刑事訴訟。

由紙上的權利變成實享的權利，還有賴於物質與精神資源的保障與供給。實現出版自由，要有紙張、印刷設備等物質條件和出版社的服務。受義務教育的權利要靠國家的財力、人力的投入。由此權利的實際享有，就涉及權利的資源保障和政府對國家和社會資源的分配。另一方

面，權利還受時代的物質文化生活條件的制約，「權利永遠不能超出社會的經濟結構以及由經濟結構所制約的社會的文化發展」。[51]

如果說人和公民的應有權利（資格）不是來源於憲法或政府的賜予，而是人們所固有的（人權）；那麼實享權利就主要有賴於政府的保障（當然也需要權利主體的據法力爭，促成政府保障）。這種保障包括物質保障（硬件），即政府能為民眾提供多少資源，以保證人們能實享其權利；也包括政府對人們權利的尊重與服務精神（軟件），對資源的公平分配。這兩方面的保障都涉及「權利的成本」。

美國普林斯頓大學政治學教授史蒂芬·霍爾姆斯（Stephen Holmes）和芝加哥大學法學教授凱·桑斯坦（Cass Sunstein）在他們所著《權利的成本──為什麼自由依賴於稅》一書中，着重探討了實現權利的公共成本問題。

「顯而易見，權利依賴政府，這必然帶來一個邏輯上的後果：權利需要錢，沒有公共資助和公共支持，權利就不能獲得保護和實施。」[52]

既然權利的實現需要錢，而政府的財政來源又是依賴於稅：

「不幸的個人如果不是生活在有稅收能力和能夠提供有效救濟的政府下，他就沒有法律權利可言。無政府意味着無權利。事實上當且僅當有預算成本存在時，法律權利才存在。」[53]

由此我們可以說權利，特別是所謂「消極的自由與權利」，如政治自由、學術自由等等，固然是政府權力不得侵犯的邊界；但權利也不都是同政府權力對抗的，相反在正常情況和民主法治國家、現代福利國家和服務行政的條件下，特別是作為真正實行社會主義的國家，權利倒更多地要求並依賴政府的保障，權利要同權力合作。也因此，美國《獨立

---

51. 〔德〕馬克思、恩格斯，中國共產黨·中央馬克思恩格斯列寧斯大林著作編譯局：《馬克思恩格斯全集》（第19卷）（北京：人民出版社，1963），頁22。

52. 〔美〕史蒂芬·霍爾姆斯、凱·桑斯坦，畢競悅譯：《權利的成本──為什麼自由依賴於稅》（北京：北京大學出版社，2004），頁3。

53. 同上。

宣言》指出:「為了保障這些權利,人們才在他們中間建立政府。」而所謂不受政府侵犯的「消極自由與權利」,也都很大程度上成為要求政府有所作為、予以保障的「積極權利與自由」。二者的區分界線幾近模糊,有關消極和積極權利的兩分法,已無太大意義。

五、社會自在權利與法定權利的相互轉化

以上所論社會自在權利或人權、習慣權利,雖先於法律而產生並獨立存在於國家法律之外,但隨着歷史的發展,文明的進步,許多社會自發權利或人權,已逐步轉化為法定權利。反之,有些法定權利由於某種原因卻返歸於社會權利。這就是說,社會自發、自在權利和國家法定權利是可以相互轉化的。

(一) 由社會自在權利轉化為法定權利

1. 自然法學的權利轉化觀

自然法學家和社會契約論者盧梭,把這種轉化說成是個人所有的自然權利都讓渡給社會共同體,集合而成國家權力,反過來保護個人權利。潘恩(Thomas Paine)則認為只是讓渡一部分自然權利,「入股」到社會這個總公司中,而保留另一部分自然權利。他認為「每一種公民權利(亦即法定權利——引者注)都以個人原有的天賦權利為基礎」。[54]

這些觀點自然都是假想的,不反映實際的轉化機理。法定權利並不都是來自自然權利,其中有些是法律派生的,有些程序性權利只是體現法自身的邏輯。但應當承認,國家權力和公民的法定權利是以已然存在的社會自發權利為基礎的。

自然法學的一個實際效果是促使18世紀中葉掀起了強大的立法運動,將他們所系統地概括出來的各種自然法規則與原則和自然權利,納入法典之中,使之成為法定規則與法定權利。其第一個成果是《普魯士

---

54. 〔英〕潘恩,馬清槐:《潘恩選集》(北京:商務印書館,1962),頁142。

腓特烈大帝法典》（公元 179 年在其繼承者統治時期頒佈），另一最大
成就是 1804 年《拿破崙法典》。此外還有 1811 年《奧地利法典》、1896
年《德國民法典》和 1907 年《瑞士民法典》。[55] 上述法典都賦予其效力
範圍內所有人以一定的自由、平等和安全的法定權利。這一立法史表明
了社會權利向法定權利轉化的實例。

2. 權利轉化的條件和形式

由社會自在權利轉化為法定權利，一般需要一定的時間與空間條
件。即使社會上早已有了某一權利事實，其轉化為法定權利，有些要等
待一個很長的過程，因國情不同而異。

像作為人的基本權利的人權，雖如前述早在原始社會就有某一人
權要素的萌芽，但人權成為法定權利，直到 18 世紀才出現於美國獨立
宣言、美國憲法和法國人權宣言。在奴隸社會與封建社會，法律中沒有
人權的地位，那時的法定權利都是階級或等級的特權。如梅因所說，在
羅馬法中，人權基本上是不存在的權利，「只能是屬於一個特定的人的
一切權利」。[56] 馬克思也指出：「在中世紀，權利、自由和社會存在的每
一種形式都表現為一種特權。」[57] 這些特權雖也是人的權利，卻不是人
人的權利。即使是「最先承認了人權」的美國憲法，也「同時確認了
存在於美國的有色人種奴隸制」。[58] 在那時人權中的「人」不包括黑奴
（一個黑奴所繳賦稅及所享權利只相當於 3／5 個白人、自由人），[59] 1879
年《加利福尼亞州憲法》中的人也不包括華人。[60]《法國人權宣言》中

---

55. 〔美〕博登海默，鄧正來譯：《法理學 —— 法哲學及其方法》（北京：華夏出版社，
　　1987），頁 67-68。

56. 〔英〕梅因‧沈景一譯：《古代法》（商務印書館，1959），頁 102。

57. 〔德〕馬克思、恩格斯，中國共產黨‧中央馬克思恩格斯列寧斯大林著作編譯局：《馬
　　克思恩格斯全集》（第 1 卷）（北京：人民出版社，1956），頁 381。

58. 〔德〕馬克思、恩格斯，中國共產黨‧中央馬克思恩格斯列寧斯大林著作編譯局：《馬
　　克思恩格斯選集》（第 3 卷）（北京：人民出版社，1972），頁 145。

59. 當時美國制憲會議決定，在代表權和納稅上，五個奴隸只等於三個自由人（參見 1787
　　年美國《憲法》第 2 條第 2 款）。

60. 該憲法規定「任何企業都不能以任何職位直接或間接地雇傭任何華人或蒙古人」。此規
　　定直到 1952 年才廢除。

的「人」也不包括婦女（婦女無公民權）和法國殖民地的奴隸以及有色人種。

凡此可見，社會自在權利（人權、道德權利、習慣權利）轉化為法定權利是受一定社會條件制約的。大致有如下一些情形：

不許轉化的 —— 由於在階級社會中，法律是統治階級意志的體現，立法者階級利益的傾向性和受階級的、種族的以及宗教、習俗的偏見所左右，不願將不符合其利益與價值觀的某些社會群體的利益或權利事實，給予法律上的確認與保護。所以有些已為勞動人民公認的道德與習慣權利，長期不能成為法定權利。

不能轉化的 —— 這是由於受一定的生產力發展水平與經濟文化條件限制，對某項雖然合乎人類理想、人性要求，但國家尚無能為力施以普遍的法律保障的權利，不能予以法定化。例如生育自由可以說真正是人的「天賦權利」。但在中國人口爆炸，只能採取限制人口的計劃生育政策。這項道地的「自然權利」不但不能轉化為法定權利，也不會成為社會「應有」權利。

不必轉化的 —— 指某些憑社會力量與個人力量可以自我保護或自律，無需或不應由法律干預的道德權利、習慣權利。如法律只規定子女要贍養父母；至於子女要孝敬父母，父母有獲得精神安慰的權利，則純為一種道德權利，可以作為上述法定權利的補充，而不必提升為法定權利。[61] 再如蓄髮、戴帽、穿衣服、繫領帶的自由，這些生活上的權利，一般也不會受到干預或侵犯，也無須法定。

有意保留或遺漏的 —— 指法律除將一些權利予以法定明示外，將其他一些未加明定的權利，作為公民的保留權利剩餘下來。如美國憲法第九修正案規定：「不得因本憲法列舉某種權利，而認為人民所保留之其他權利可以被取消或抹煞。」《法國人權宣言》第 5 條規定，「凡未經法律禁止的一切行動，都不受阻礙」，此即「法不禁止即自由」原則。

---

61. 2012 年 12 月修訂的《中華人民共和國老人權益保障法》第 18 條第 1、2 款規定：「家庭成員應當關心老年人的精神需求，不得忽視、冷落老年人。與老年人分開居住的家庭成員，應當經常看望或者問候老年人。」這意味着父母有獲得家人精神安慰的權利。不過，這只是「應當」而非「必須」，其強制性較弱。

《委內瑞拉共和國憲法》第50條也規定：「在本憲法中明白宣佈的權利和保護，不能被解釋為否認其他為人們所固有的、沒有在這裏明白提及的權利。缺乏規定這些權利的法律並不妨礙對它的行使。」這些實際上都是承認非法定的法外社會權利的合法存在。此外，由於立法不可能也無必要窮盡一切社會自發權利，因而有許多社會自在權利被法律所遺漏而未能轉化為法定權利。

有待檢驗或爭取的──社會是不斷發展的，社會權利的種類也會隨之增加、擴展，這些新生的權利也不一定能立即得到法律的認可，需要有一個實踐檢驗過程。特別是在新權利產生，而與舊的法定權利發生矛盾衝突時，舊的法定權利的既得利益者或思想保守者還會極力阻攔新的社會自在權利的法定化。譬如中國農民的自主權──「包產到戶」或「聯產承包責任制」是經歷了艱難曲折的鬥爭，才得到法律的確認的。西方某些國家婦女的墮胎權同胎兒生命權這新舊兩權之爭，在法律上至今猶無定論。新托馬斯主義者（也是新自然法學者）馬里旦（Jacques Maritain）認為，新權利如果不對舊權利進行激烈鬥爭就不會被承認。他認為新權利是指一般意識正在開始加以認識的權利。[62] 其實所謂新舊權之爭大多是已自發形成的權利為爭取轉化為法定權利，而同舊的法定權利（或義務）的鬥爭。

（二）法定權利返歸於社會自在權利

權利法定之後，由於某些原因又被取消，其中有些被完全否定，有些則又還原為社會自在權利，不受法律明確保護，亦不受法律干預。這大致有兩類情形。

1. 善意的轉化

善意的轉化指某項法定權利經過實踐表明並不符合人民的整體利益，或有害於社會的發展與進步，或者限於主客觀條件不能提供積極的法律保障，而予以取消。這類法定權利有以下幾種：

---

62. 沈宗靈：《現代西方法律哲學》（北京：法律出版社，1983），頁197。

1. 舊的或反動的特權 —— 如封建貴族的特權被取消,封建地主階級的土地所有權被剝奪,封建行會的特權的否定,種族特權、性別特權(歧視婦女的男性特權)等的廢除。當然並非所有法定特權都是壞的,在一定歷史時期或一定領域,合理的特權的存在有其必要性與必然性。如一些社會特殊群體(如殘疾人、未成年人、老年人等等)的特權,屬於必要的人權。此外,即使是階級特權,在一定歷史階段,也有其歷史必然性和正當性,不能以抽象的正義原則予以否定。

2. 惡性的權利 —— 指某些經過實踐證明是有害於社會穩定與社會正義的權利。如中國 1975 年和 1978 年兩部憲法規定的「四大」(大鳴、大放、大字報、大辯論)權利,作為一個整體,是「文革」中批鬥革命幹部和橫掃一切「牛鬼蛇神」的「大批判」運動的產物,實質上是一種不法的權利(即「實定法的非法」),1980 年全國人民代表大會已通過決議予以取消。

3. 過時失效的權利 —— 指隨着時間的推移,形勢的變化,法定權利的功效已喪失而被取消。如我國 1954 年《中華人民共和國憲法》曾規定「國家依照法律保護資本家的生產資料所有權和其他資本所有權」。後來經過社會主義改造運動,資本家作為一個階級已被消滅,資本家的這項憲法權利事實上已失效。以後的歷次憲法修改,已不再提這個權利。直到實行市場經濟以後,才在對 1982 年憲法的修正案中恢復私有經濟的憲法地位。

4. 虛設的權利 —— 指有的權利雖經法定,但實際上無法實現(或不予實現),形同虛設,最後乾脆取消。如我國 1954 年憲法曾規定有「遷徙自由」。後來鑒於中國人口太多,城市人口膨脹,許多問題難以解決,需要限制人口流動,因而在以後幾次憲法修正案中,這項法定權利被刪除了。當然這不表明完全禁止遷徙,按照國家規定的程序,公民在國內經批准,戶口可轉移,也可依《中華人民共和國公民出境入境管理法》自由出入國境。隨着市場經濟的發展,需要重新考慮將「遷徙自由」作為憲法權利予以恢復。

5. 義務轉化為權利 ── 某些本以社會自發權利的形式存在的行為，被法律加以禁止，成為一種不得作為的義務；隨着文明的進步，或某種導致應予禁止的原因的消失，或迫於某種社會力量、利益集團的壓力，立法者撤銷了這項法定義務或禁止性規範。從而使之還原為一種不受法律干預（也不予法律明定）的社會權利。如英國廢除了自殺未遂罪，美國對墮胎不再成為法定罪行。英國和澳洲分別於 1992 年 6 月和 11 月解除了軍隊對同性戀行為的禁令。美國總統克林頓也於 1993 年 6 月廢除此項法令。這樣，這些本為法律禁止的行為，復歸於一種可享有一定自由的社會自在權利。

2. 惡意的取消

指那些本來符合人民的利益與社會公平與正義的法定權利，被立法機關順從某種惡勢力的意志與利益，予以廢止。這時人民就會運用其保留的社會自在權利或人權，進行反抗與鬥爭。德國法哲學家拉德布魯赫（Gustav Radbruch）在他的《五分鐘法哲學》一文中指出：

「假若法律者有意地否定其朝向正義之意志時，譬如恣意任性地賦予人人以人權或否定其人權之時，其法律將失去適用力，而國民對其法律完全不負有服從之義務，法律家亦應拿出勇氣否認該法律所具有的法的任務。」[63]

這就是人民可以行使「抵抗權」這一非法定的社會權利或人權。

(三) 法定權利對人權的保護與限制

把社會自發權利或人權加以法定，既是對人權的保護，也是一種

---

63. 謝瑞智：《公法之理念與現實》（台北：文笙書局，1982）。

1. 權利法定是對自在權利的確認和保護

社會自發權利在未被法定以前，是一種不大確定、缺少國家權力保護的自在權利。在行使中可能侵犯國家利益與他人的權利，也可能受到國家權力或他人的侵犯，而得不到有力的法律保障。而權利予以法定後，則可給予合理的社會自發權利以一定程度的確定性和連續性。美國法哲學家博登海默（Edgar Bodenheimer）指出：

「法律對於權利來講是一種穩定器，對於失控的權力來講則是一種抑制器。頒佈自由與平等的憲章的目的，就在於確使今天所賦予的權利不會在明天被剝奪。」[64]

自然法學家之所以推擬出把自然權利「交給」社會、國家，旨在依靠國家權力和法律來保護其自然權利。《法國人權宣言》第 2 條就據此理論宣佈「一切政治結合的目的都在於保存自然的、不可消滅的人權」。

法律對人權的保護，首先是通過對國家權力的限制而體現的。最早的權利立法都是為了限制政府權力對權利的侵犯。美國制定的憲法前十條修正案（通稱「權利法案」）的初衷，就是為了限制聯邦政府的權力，規定非經國會批准，政府不得做的事情，以達到保護美國公民的權利與自由的目的。國際人權立法在「二戰」後之所以興盛，也是由於人類痛感納粹德國踐踏人權的災難教訓，國際社會需要有國際公約與協定加以防範與抵抗。[65]

2. 權利法定也是對自在權利的限制

人權法定也在於限制他人濫用權利來侵犯自己。法律確定特定人的權利，同時也就意味着規定他人有不得侵害的義務。「若有受保護的權利，那麼就暗示着那些其興趣、愛好、願望恰恰處於相反方向的其他人的自由的限制。」[66]

---

64. 〔美〕博登海默，鄧正來譯：《法理學 —— 法哲學及其方法》（北京：華夏出版社，1987），頁 290。

65. 聯合國在五十年多的歷史上共通過了六十多份有關人權的國際宣言、公約、條約、議定書等文件。

66. 〔美〕戈爾丁：《法律哲學》（北京：三聯書店，1988），頁 106。

不僅如此，法定權利也是對非法定權利（社會自發權利）的限制。權利法定實際上也是對權利本身的一種界定，即規定權利的範圍與自由度。法定權利中即隱含着某些不得超越界限的義務。馬克思指出：

英明的立法者預防犯罪行為的辦法「不是限制權利範圍，而是給權利以肯定的活動範圍，這樣來消除每一個權利要求的否定方面」。[67]

這就是說，對每一權利在法律上的肯定，也就是對其非分的權利要求的否定。中國古代所謂「定分止爭」，也就是要界定權利的「分」。法國人權宣言講得很清楚：「行使各人的自然權利只有以保證社會的其他成員享有同樣的權利為其界限，這些界限只能夠由法律確定。」

法定權利對社會自在權利的限制，表現在：

(1) 法律只將社會某些習慣與道德權利加以法定，而另一些不予法定。這種取捨，決定於統治階級的意志和社會物質生活條件所能容許的權利廣度。

(2) 權利法定時即限定了權利自身的自由度。如婚姻權利法定，就要受年齡、血緣關係以及計劃生育等種種限制。

(3) 一種權利的法定，可能由於同其他權利的矛盾衝突而受到限制。這在自由、平等和安全這些人權的基本要素權利之間，常會因其一而影響、限制了其他。如為了社會的安全穩定，需要削弱某些自由。反之為了一項擴大個人自由權利的法律，可能會減少社會免受犯罪行為侵犯的安全。反托拉斯法旨在維護競爭的平等權利，卻又會對企業兼併或協作的自由起限制作用。如何使這些人權的基本要素取得平衡，常常是權利立法中需要斟酌的問題。羅爾斯在其《正義論》一書中提出「自由優先」原則，認為「自由只有為了自由本身才能加限制」。[68] 此語中前一個「自由」可理解為作為法定權利的

---

67. 〔德〕馬克思、恩格斯，中國共產黨‧中央馬克思恩格斯列寧斯大林著作編譯局：《馬克思恩格斯全集》（第2卷）（北京：人民出版社，1957），頁148。

68. 〔美〕約翰‧羅爾斯，何懷宏等譯：《正義論》（北京：中國社會科學出版社，1988），頁234、237。

自由；後一個「自由」則是作為人權（社會權利）的自由。這一原則對於維護人權是十分可取的。

當然這也不可以過於絕對化。「各種自由不是等價的」，[69] 為了基本的自由而在法律上限制某些可能對安全與平等有礙的小自由，是可以容忍的，也是必要的。

(4) 由於立法者的偏私，使一項權利的法定，不是去肯定反而是否定或削減了社會已有的權利。恩格斯曾經舉出 18 世紀中葉英國的出版自由雖然規定得比較廣泛，但同時又用誹謗法、叛國法、瀆神法等法律給這種自由以嚴格限制與重壓。[70] 這也就是馬克思講的：

「在一般詞句中標榜自由，在附帶條件中廢除自由。」這些法是「用取消自由的辦法來『規定』被允諾的自由」。[71]

這說明，並非權利一經法定，就必然是對權利的保障，也可能反而是對社會習慣權利的剝奪。反之有些法定權利被取消，也可能是放寬了權利的自由度。這意味着這項權利固然不再受法律保護，但也不再受法律限制。「法不禁止即自由」，「法無規定不為罪」。社會自發權利予以法定，無異是給權利鋪上行駛的軌道，即施以限制。今既予取消，也就拆除了軌道限制，其後果或者是使權利脫軌，導致濫用；或者反而可能恢復習慣與道德權利本應有的寬廣自由，政府不予干預。

---

69. 同上。

70. 參見〔美〕約翰·羅爾斯，何懷宏等譯：《正義論》（北京：中國社會科學出版社，1988），頁 237。

71. 〔德〕馬克思、恩格斯，中國共產黨·中央馬克思恩格斯列寧斯大林著作編譯局：《馬克思恩格斯選集》（第 1 卷）（北京：人民出版社，1992），頁 695。

第十二章
論權利推定

· 本章原載《中國社會科學》，1991 年第 4 期，後收入郭道暉著《法理學精義》（第四章）。
本文發表後，頗受法學界重視，被收入《中國社會科學》英譯本，並被一些大學收入法
理學必讀參考書中。

一、權利推定的含義

(一) 什麼是「權利推定」

在社會生活中，客觀地、現實地存在着許多由一定社會物質生活條件和經濟關係所決定的種種利益事實。法律只是承認（或者拒絕承認）某些利益事實是否值得予以保護（或限制、禁止）。那些以法律形式被確認下來的利益事實就成為法律上的權利。因此也可以說，權利在法律文件尚未草擬、制定以前，就已經以一種潛在的原始權利的形式存在於社會生活中。

這種潛在的原始權利或人權不可能為法律所窮盡，各種利益事實也無必要都轉化為法律上的權利。然而除了那些不符合統治階級的利益而不予轉化、受經濟文化條件所限不能轉化，以及為社會習慣所公認和普遍遵守而不必轉化者外，的確還存在着某些應予轉化而為法律所「漏列的權利」，或未能預測到而一時未轉化的「新生權利」，或雖未經法律明示，而實已邏輯地包含於明示權利之中的「固有權利」，或為法律所保留的「剩餘權利」、「空白權利」以及種種「習慣權利」等等。對這些應有權利，有必要和可能從立法上與適用法律上予以確認，或通過法律予以認可。這種從既有權利事實出發，對應有權利所進行的確認或認可，就是權利推定。

權利推定大致可分為兩類：一類是立法上確認法定權利歸屬與效力的推定；另一類是法律解釋上確認應有權利的法律地位的推定。前者作為法律上對某種事實的推定，其後果將導致與此相關的法定權利的產生或消滅，這時權利推定只是事實推定的延續和發展。後者則是對既有法律權利、法律原則或法律基本精神自身的推論，與事實推定無關。

立法上確認法定權利歸屬與效力的推定，是指從已有的法定權利作出事實推定，以確認（或否認）當事人享有（或不享有）某種權利。

《中華人民共和國繼承法》第 25 條規定，繼承開始後，繼承人在遺產處理前沒有作出放棄繼承表示的，視為接受繼承；受遺贈人在知道受遺贈後兩個月沒有表示接受或放棄受遺贈的，視為放棄受遺贈。這裏「視為」即「推定為」。

又如《中華民國民法》（1929 年頒佈）第 943 條規定：「佔有人於佔有物上行使之權利，推定其適法有此權利。」這都是確認當事人能否享有某種權利的事實推定。

這類推定中，凡不容被任何反證推翻的推定結論，是不可反駁性的權利推定，或絕對的權利推定，上述的繼承權和受遺贈權的事實推定即是如此。這類法律上的推斷，當事人不得再用證據來推翻。

至於可以用反證推翻的推定結論，則是可反駁性的權利推定，或相對的權利推定，是法律上的推擬。

如《中華人民共和國民法通則》第 20 條、第 23 條關於宣告失蹤和死亡的規定中，對公民下落不明滿 2 年的，法院可宣告（推定）其為失蹤人；滿 4 年的可宣告其死亡（從而喪失其權利能力）。但當其重新出現或知其下落或未死亡時，就可撤銷對他的失蹤或死亡的宣告（從而恢復其權利能力）。

《中華民國民法》（1929 年）第 944 條規定：「經證明前後兩時為佔有者，推定前後兩時之間繼續佔有。」境外法律中有「推定的所有權」，即財產佔有權在一定條件下可產生財產所有權的推定。[1]

這些都是可以經過反證予以否定的推定，即「可反駁性的權利推定」。

本文所要着重討論的是有關確認應有權利的法律地位的推定，這種權利推定以法律上已明示的某個或某些權利或法律原則以及法律的基本精神與立法宗旨為依據，推定與之相關的其他應有權利的合法性。它

---

1. 〔英〕沃克，鄧正來譯：《牛津法律大辭典》（北京：光明日報出版社，1988），頁 768。這一推定原則是由 1623 年英國的制定法引入破產法的一個原則。據此原則，交易者的債權可以要求變賣和分配那些雖然並不屬債務人，但由於它為債務人所佔有，故而可以推定為債務人對其擁有所有權的財產。現在這一原則適用於為從事商業活動的破產人所佔有的一切財產。

大多表現為法律解釋上的推論或推擬，從而將那些由憲法和法律予以確認的明示權利所隱含（或暗示）的權利揭示出來。這種在立法中雖未明確授權，而在法律上可視為具有授權意圖的權利，[2]可稱之為默示權利。通過一定的法律程序（如法律解釋和新的立法）對默示權利予以確認，就使其具有了明確的法律地位，並可與明示權利一樣得到法律的保護。

（二）權利推定與權力推定

上面提出「默示權利」的概念，可以從法律上的「默示權力」引申出來。美國有所謂「國會的默示權力」（Implied Powers of Congress）。這種「默示權力」肇源於美國憲法初創時期有關國會權力的解釋上的爭論。美國憲法第 1 條第 8 項賦予國會 17 項明示權力，又在最後第 18 項中賦予國會有「制定執行以上各項權力及依本憲法授與合眾國政府或政府中任何機關或官員之一切權力時所需要之法律」的權力。對這一條款的解釋，產生了嚴格解釋派與擴大解釋派兩種不同的主張。以傑佛遜為代表的嚴格解釋派認為，國會權力應嚴格地限於憲法明文授予的權力，以限制聯邦政府的權力；以漢密爾頓為代表的擴大解釋派則認為，除憲法的明示權力外。國會還應當有相當廣泛的默示權力，以擴大聯邦政府的權力。後來這種觀點得到了聯邦最高法院首席法官馬歇爾（John Marshall）在麥克洛克訴馬利蘭案的判決中的有力支持。

該案涉及聯邦是否有權建立銀行的問題。馬歇爾的判決認為，美國憲法雖沒有規定國會有關於設立國家銀行的明示權力（expressed power），但可以根據美國憲法第 1 條第 8 項第 2 目中「以合眾國之信用借貸款項」這一明示權為依據作擴大解釋，推定國會有關於設立國家銀行的立法權這一默示權力。自此以後，國會默示權力即為人們所公認。國會常運用它來推定出新的擴大的權力。

美國在「二戰」時有必要強迫工廠停工以節省燃料來供應軍需，憲法無此明示權力，於是就從《美國憲法》第 1 條第 8 項第 12 目和第 13

---

2. 〔英〕沃克，鄧正來譯：《牛津法律大辭典》（北京：光明日報出版社，1988），頁 435「默示授權」條。

目中關於國會有權招募陸軍、建立海軍並供給陸軍、海軍軍需的規定，推定國會有此默示立法權。[3]

又如美國憲法並未規定國會有對行政機關的調查權，後來在 1927 年麥克格雷恩訴多爾蒂案中，法院判決稱：「國會兩院不僅具有憲法明白給予它們的權力，而且具有使明示的權力能夠有效行使所必要的和適當的附屬的權力。」[4]

在我國，全國人大及其常委會也有這種類似的默示權力。如《中華人民共和國憲法》第 89 條在明列了國務院 17 項職權後，又在第 18 項規定國務院有全國人大及其常委會「授予的其他職權」。據此就可推定出全國人大及其常委會有權授予國務院「其他」權力。全國人大 1985 年通過的《關於授權國務院在經濟體制改革和對外開放方面可以制定暫行的規定或者條例的決定》，可以說就是根據《中華人民共和國憲法》第 89 條第 18 項所規定默示的權力作出的權力推定。[5]

由於我國全國人民代表大會實行的是權力集中制，因此在憲法與法律明示權力之外，對政府權力的推定（作擴張解釋），只能由全國人大或其常委會作出，並經由它們授權方為有效。行政機關與司法機關不能於憲法與法律所明示的職權之外，自行作出權力推定，否則就是越權，就與「依法行政」的原則相悖。

（三）實行權利推定的意義

與權力推定有助於權力機關更好地行使職權的道理相通，權利推定是權利主體實現其明示權利的必然延續和必要補充。為了保障和擴大人民的權益（包括國家的、集體的和公民個人的權益），有必要運用權利推定的手段，承認法律上的默示權利，或通過法律解釋和立法手段，正式確認這些新的應有權利的法律地位與效力。實行權利推定，對於加

---

3. 薩孟武、劉慶瑞：《各國憲法及其政府》（台北：三民出版社，1985），頁 118。

4. 王名揚：《美國行政法》（下）（北京：中國法制出版社，1995），頁 916。

5. 王漢斌：《關於〈授權國務院在經濟體制改革和對外開放方面可以制定暫行的規定或者條例的決定（草案）〉的說明》，載《中華人民共和國第六屆全國人民代表大會第三次會議文件彙編》（北京：人民出版社，1985）。

強我國社會主義初級階段的法制建設和社會主義民主政治建設，都具有重要的意義與作用。

1. 有利於發展社會主義民主

權利推定的一個基本宗旨就在依法認可法律上未明文規定，卻是權利主體應有而又可能有的權利。這就可以擴大人民的權利領域，並防止應有權利受到不法侵犯，從而也擴大了對人民權利的保護範圍。這是人民享有最廣泛權利的法的民主精神的體現，是社會主義法的本質特徵。

2. 有利於完善權利立法

有關公民和自然人權利的立法和立法中的權利條款，是立法中的一個主導和核心問題。由於我國立法還不完備，立法經驗也不足，加之處在改革的變動時期，各種新的權利主張與要求還在不斷提出，因而立法中難免有權利空缺，不能適應社會的需要。在一定限度內通過立法解釋與司法解釋，作出權利推定，認可某些應有權利，有助於為立法補漏拾遺，有助於進行權利預測，在修改舊法或另立新法時，增補新生的權利，從而使法定權利在設置上更加周密完備。

3. 有助於使適用法律準確、及時、有效

在執法、司法活動中，依法進行必要的權利推定，可以更全面地掌握法律的精神和立法的宗旨，維護人民的利益，同時也可提高辦案的質量和效率。如實行繼承權、受遺贈權的權利推定，可以避免一些不必要的爭端。關於公民失蹤或死亡的推定，可以避免無法查明的困難，並及時處理當事人某些懸而未決的權利問題。

二、權利推定的幾種形式

確認應有權利的推定有如下幾種形式：

(一) 由權利推定權利

推定應有權利的最一般的形式，是由某一個或某些法定的明示權利，作為基礎權利或前提權利，推演出其他有關的默示權利。這有如下幾種情形：

1. 由基本權利推定出派生權利

如由公民的選舉權，可以推定出與它相關的提名權（推薦候選人）、投票權、委託投票權、監督權、罷免權、補選權等權利。從公民的言論自由權，可推定著作自由、講學自由、意見自由、新聞自由等屬表達自由的權利，還可以推定出一種逆向的言論自由權，即不言論的自由（freedom not to speak）或沉默權。

1940 年美國有 17 個州的法律規定各公立學校學生須向國旗敬禮。而某天主教徒巴利特卻拒絕向國旗敬禮，認為向國旗敬禮是崇拜他的教義規定的上帝信仰之外的偶像，有違其宗教自由。1943 年美國聯邦最高法院在維琴利亞弗吉尼亞州教育局起訴巴利特（*Virginia Board of Education v. Bronett*）一案的判決中指出，國家不得強迫人民說明其內心意見。強迫人民向國旗敬禮，無異強迫人民說明其內心的意見，這只有在「明顯而立時的危險」將發生時才可行之，而不向國旗敬禮顯然不屬此類。為保障其個人內心秘密的自由，故不受法律追究。

另一個有關國旗的案例是 1989 年 6 月 21 日得克薩斯州訴約翰遜案（*Texas v. Johnson*）。本案被告約翰遜於 1984 年乘共和黨於達拉斯（Dallas）市舉行全國大會時焚燒美國國旗以示抗議，旋即因此被控違反得克薩斯州刑法，判處 1 年徒刑與 2000 美元罰金。被告上訴到聯邦最高法院。該法院多數意見認定被告焚燒國旗屬「富有表達意味的行為」，因而可以援引憲法第一修正案言論自由條款，認為州政府維護國旗什為，在國家社會關係一的象徵的利益，但政治上表見將一種政治言論規定為犯罪行為，「我們不願以處罰污辱國旗的方法來污辱國旗，因為我們將因此而減損此一受人敬愛的象徵（指國旗『所表彰的自由』）」。[6]

---

6. 湯德宗：〈美國聯邦最高法院 1988–1989 會期重要判決評述〉，載台北《美國月刊》，1989 年 4 月 15 日，頁 21–31。

這種權利推定所得的結論，因有悖愛國主義精神，就連美國國會也一致反對。美國參議院在同年 6 月 22 日（即聯邦最高法院判決之次日）立即以 97：0 票一致通過決議，對該判決表示「十二萬分的失望」。老布殊總統也公開表示「焚燒國旗是錯誤的，徹頭徹尾的錯誤」。這之後，美國國會通過了《國旗保護法》。1990 年聯邦最高法院又以 5：4 票推翻國會這一立法，並重申得克薩斯州禁止焚燒國旗的法律違反了憲法中有關保障言論自由的條款的精神。[7]

美國聯邦最高法院歷來的判決都認為，言論自由條款保障的並不限於口頭言論與文字，也擴及於其他表達某一觀念的行為。如配戴黑色臂章以抗議美國政府侵越戰爭，也可推定為言論自由權利的一種形式。[8]

2. 由多種權利推定一種權利

如了解權（right to know，或稱知情權）是人民的一項基本權利，有些國家憲法作了明文規定。我國憲法尚未明示此項權利。但《中華人民共和國憲法》第 2 條規定人民有對國家和社會事務的管理權；第 3 條規定人民有對人民代表的監督權，人大有對政府的監督權；第 34 條規定公民有選舉權；第 41 條規定公民有對國家機關及其工作人員的批評建議權等等。據此，人民為了行使這些權利，必須建立在公民對政府活動情況的了解基礎之上，從而可推定憲法包含有公民的了解權這一默示權利。

3. 由剩餘或空白權利中推定應有權利

所謂「剩餘權利」是指憲法和法律除具體明列某些權利外，還概括地規定人民可以保留其他未列出的應有權利。如美國憲法修正案列舉

---

7. 參見王德增：〈一場保護與焚燒美國國旗的爭論〉，載《光明日報》，1990 年 6 月 27 日，第 4 版。

8. 上述關於國旗的判決，涉及權利推定所應遵循的原則，將在本章最後部分論及。

了公民的許多權利之後,又在第9條規定:「不得因本憲法列舉某種權利,而認為人民所保留的其他權利可以被取消或抹煞。」[9]

這種剩餘權利為權利推定留下了廣闊的餘地,即凡是憲法未明文規定而又屬人民應有且可能有的權利,都可視為剩餘權利予以推定出來。

所謂「空白權利」即憲法和法律未能一一列舉,而以「等」、「其他」等詞語概括之;這就留下了空白可以為日後立法上和執法上作擴大解釋留下餘地。這種空白權利與剩餘權利相類似,但一般限於與明示權利同一範疇的權利,所謂「等」除表示列舉未盡外,還有「同等」的意思;「其他」即與「其」明示的權利相關的「他」種權利。如《中華人民共和國繼承法》中關於遺產範圍,作了6項列舉之後又有「公民的其他合法財產」一項,此即留下來的空白權利。《中華人民共和國著作權法》第1條規定「保護文學、藝術和科學作品作者的著作權,以及與著作權有關的權益」。該法第6條已列舉了著作權所包括的6種權利,而未明示與它「有關的」其他權利,因此這裏「有關的」其他應有權利,就是空白權利,可以依法作出推定。

(二) 由義務推定權利

客觀上存在的利益事實所以要轉化為法律上的權利,在於法律可以通過設立相應的義務來保障這種利益的享有和不受侵犯。因此,立法者常常不是通過直接設定權利,而是通過設定義務來默示它所要保障的權利的存在。在這種情況下,就可以根據權利義務一致性的原則,通過某項或某幾項義務來推定某項權利的存在。如憲法規定父母有撫養教育未成年子女的義務,據此可推定未成年子女有受撫養教育的權利,父母亦有受子女贍養扶助的權利。又如《中華人民共和國民法通則》第124條規定:「違反國家保護環境防止污染的規定,污染環境造成他人損害的,應當依法承擔民事責任。」據此,可推定公民有不受環境污染的權利。

---

9. 台灣「憲法」第22條也有類似規定:「凡人民之其他自由權利,不妨礙社會秩序、公共利益者,均受憲法之保障。」此外,美國《憲法》第10條規定:「本憲法所未授予中央或未禁止各州行使之權力,皆由各州或人民保留之。」這可稱為「剩餘權力」。

由於諸法中關於義務的規定之間相互銜接性和制約性極為複雜，單從某一義務規定直接推定權利，可能恰恰受本法或他法中另一義務性規定所限制或被抵消，因此經由義務去推定權利僅僅從有關義務條款的字面上進行推論是不夠的，它需要與立法精神諸要素結合起來通盤考慮。

(三) 依憲法、法律的基本原則、精神推定權利

默示權利並不都是從已經明示的權利中推定出來的。無明示權利也可以全面考察憲法和法律所規定的基本原則和立法精神、立法宗旨，從中推導出符合這些原則、精神、宗旨的默示權利。如我國各項法律大都在第 1 條中表明它是根據憲法制定的，但法律中所規定的各種權利，並不都是直接來自憲法所明示的權利。只要這些權利的設定是符合（或不違反）憲法的基本原則、精神和宗旨的，就都是合憲的，因而也可視為是從這些原則、精神、宗旨所隱含的權利中推定出來的。

(四) 依「法不禁止即自由」原則推定權利

這是指凡法律不禁止的事情，就推定公民有權利做。《法國人權與公民權利宣言》第 5 條規定：「凡未經法律禁止的一切行動，都不受阻礙，並且任何人都不得被迫採取未經法律命令的行動。」這就是法律上的一個權利推定，它默示着有做一切為法律所不禁止的事情的權利。「法不禁止即自由」與「法無明文規定不為罪」這兩個原則是相通的。但後者是一個消極權利（不受刑事處罰的權利）；前者則是一個積極的權利，其權利領域十分廣闊。依據這一原則進行權利推定，可以劃清法與不法的界限，防止對人民權利的侵害；承認人民享有寬廣的自由（公民有許多合理的公認的習慣權利可在此原則下得以行使），有利於啟動公民的自主精神。「法不禁止即自由」這一公民權利原則，同「法未許可皆禁止」的國家權力原則在內容上是相互對立的。後者意味着只能做法律明文許可的事，否則就視為違法，這只適用於國家機關依法行使國家權力的過程中，對於防止行政主體超越或濫用行政權，侵犯行政相對人的權益有重要意義。

「法未許可皆禁止」的原則如果也適用於公民，勢必壓抑公民的自主性和首創精神，乃至妨礙新生事物與新生權利的生成。因為任何新

生權利本來就是為法律所未預見到的，當然也不可能得到法律的事前允許。同時這也會否定許多雖未經法律許可，卻也不受法律干預的自由（如習慣權利與自由）。

1980 年全國人大通過一項修憲決議，取消了 1978 年憲法中公民「有運用大鳴、大放、大辯論、大字報」的權利的條文。於是「貼大字報是否違法」這個問題就常引起爭議。其實這個決議只是把「四大」作為一個有特定歷史涵義的整體權利（即所謂「大批判」、「大民主」）的條文予以取消，並未在憲法和法律上明文規定禁止一切辯論與大字報。根據「法不禁止即自由」的原則，貼大字報（單就其作為表達言論的一種形式而言）並不違法，它甚至可以作為從言論自由權利中推定出的一種默示權利。事實上大街之上到處可見各種「大字報」（如法院宣判的大佈告，公安交通的大標語、告示，計劃生育的宣傳，文體活動的海報，商品推銷廣告，私人招貼等等）。為法律所取締和禁止的只是大字報的不法內容（如進行暴力顛覆政府的宣傳煽動，或造謠、誹謗他人，擾亂社會秩序與損害公共安全與利益）和有礙市容校容的形式。

另一個例子是罷工問題。1957 年毛澤東在《在省市自治區黨委書記會議上的講話》中指出：「我們憲法上規定有遊行、示威自由，沒有規定罷工自由。但是也沒有禁止，所以罷工並不違反憲法。有人要罷工、要請願，你硬要去阻止，那不好。」這也可以說是根據「法不禁止即自由」的原則作出的權利推定。[10]

當然，按照「法不禁止即自由」的原則作權利推定，也不是無限制的。根據我國的國情和現階段政治、經濟、社會情況和法制建設狀況，這一原則在適用時必須十分審慎。由於我國立法尚處在初級階段，法律還不完備，立法技術上也欠精密，有些事情未在法律中明文禁止，並不意味着無須禁止，而可能是由於立法的疏漏，或者尚未預見到。在此情況下，隨意適用這一原則作無限制的權利推定，反會造成混亂（所以本文將「法無禁止即自由」這一法律格言改為「法不禁止即自由」。）「法無禁止」包含「法律未加禁止」的意思，實則應是「法不加禁止」才是

---

10. 1992 年 4 月通過的《中華人民共和國工會法》第 25 條規定：「企業發生停工、怠工事件，工會應當會同企業行政方面或者有關方面，協商解決職工提出的可以解決的合理的要求，儘快恢復正常秩序。」這實際上也是默許了工人罷工的社會自發權利。

自由的。即作為整體的法不加禁止，而不只是某個法律未加禁止。再則，由法不禁止所推定的自由，只是法律上的自由，即可免受法律追究；而不是可不受社會道德、團體紀律的約束。因為法律不禁止的事，也可能是為道德所譴責、為紀律所不容的事。如我國刑法未把「通姦」規定為犯罪（即法律上未明文禁止），並不能由此推定公民有通姦的權利與自由。通姦行為要受到社會輿論的譴責，必要時還要受到政紀、黨紀的處分。有些行為法律雖不禁止，但從國家與社會利益全域考慮是不宜採取的。當安定團結是國家和人民的最高利益的時候，即使當事人的動機、目的正當，也不宜採取不規範的言論形式和過激的表達意願的方式，以免給社會整體利益帶來損害，影響社會穩定。因此根據「法不禁止即自由」的原則，作出權利推定是否得當，有賴於權利主體的政治責任感、法律意識和道德文化水平，作出恰當的權衡。

還須指出「法不禁止即自由」原則，一般只適用於公民（或法人、非法人組織）的權利推定，而不能任意適用於政府的權力推定。根據行政法具有「控權法」的性質和行政合法性原則，凡法律未授予政府的權力，政府不得擅自行使，即使法律並未明文禁止政府行使該項權力，否則就會為政府機關（包括行政機關與司法機關）越權、侵權行為大開方便之門。

當然在法律授權的範圍內，凡法律未加禁止的，政府為了增進人民的福利，可以而且應積極主動地為行政行為，而不應藉口「法無明文規定」消極地等待「指令」，拒不作為。

(五) 對習慣權利合法性的推定

習慣是法的淵源之一。許多合理的習慣已通過制定法為法律所吸收和確認，有些國家還直接承認習慣的法律效力。儘管如此，在法律之外仍然有大量的未被法律條文所肯定的習慣權利。如果它們符合下述原則，即：

1. 能證明所主張的習慣權利是合理的；

2. 同法律的一般原則不相矛盾，不違反任何制定法；

3. 為眾所周知，並且作為一種習慣一直被普遍遵守。

依此，這種習慣權利就可被推定為合法的（合乎法的精神）、為法所默認的權利。

法律承認這種習慣權利，有些是直接由法律作概括性的原則規定，如《中華民國民法》（1929 年）第 2 條規定：「民事，法律所未規定者，依習慣；無習慣者，依法理。」並在第 2 條對民事活動所適用的習慣作了一個限制，即「以不背於公共秩序和善良風俗者為限」。由於法律並未具體明列哪些習慣可予以承認，因而某種習慣權利是否在法律上應予認可，有待根據上述原則予以推定。我們在民事立法與執法中，也應當在法無明文規定時，為保護人民的合理的權益，運用權利推定原則，認可某些習慣權利的合法性。

三、權利推定應遵循的原則

權利推定包含三個要素，即已有的法定明示權利（前提權利）或與權利相關的法律原則；據此推定出的權利（推定權利）；前提權利或法律原則與推定權利之間的必然聯繫。三者缺一，就不算權利推定。

權利推定所得出的結論是否成立，是否能得到法律或法定機關的認可，是否具有法律效力是有一定條件的。除了必須遵循一般的邏輯推理規則外，還應遵守下述幾項原則：

(一) 必須有法律根據

這一原則要求以法律已明定的權利為基礎，或以與權利相關的法律原則、立法精神、立法宗旨為依據，從中推定出新的權利，或由此確定（或否定）權利的歸屬。不僅如此，經權利推定作出的權利主張，還必須同憲法和法律不相衝突，否則就沒有法律效力。譬如從我國憲法規定的農村土地所有權中，不能推定出土地所有權買賣、出租權，因為憲法已明文規定不得買賣、出租或者以其他形式非法轉讓土地。因此要增設土地使用權可以轉讓，就必須修改憲法（如 1988 年通過的憲法修正案）。在我國也絕不容許從言論自由權利中推定出有故意焚燒國旗的自由，因為這是違反憲法關於在人民中進行愛國主義教育、公民不得有危

害祖國榮譽的行為等規定的，也是違反《中華人民共和國國旗法》和觸犯《關於懲治侮辱中華人民共和國國旗國徽罪的決定》的。

（二）必須是應有且能有的權利

所謂應有權利是指經由權利推定所作出的權利主張，符合公民切身利益的需要和社會發展與進步的要求，符合公平、正義原則，不違反公共利益、社會秩序和善良風俗，且具有法的正面價值。權利不能從抽象的倫理道德要求出發，而是從現實可能性與必然性、符合國情與社會人群的需要出發。它不能超越社會經濟結構與文化發展所容許的限度。因此權利推定所得出的權利主張，必須是應有的又是在目前條件下可以實際享受得到的權利。譬如在我國由於受國情（人口等問題）的限制，就不能從人身自由、人身權中推定出生育自由，不能把它們明定為憲法權利。

（三）必須依一定的法律程序

權利推定必須符合相應的法律程序才能生效。提出權利主張的主體不同，其確認程序也不同，大體上可以把提出權利主張的主體分為公民與社會組織和特定的國家機關兩類。公民和社會組織作為權利推定的主體，自行推定出的權利主張，如果是合理的，同法律的一般原則和具體規定不相抵觸的，就應承認其合法性，可以受到法律保護，或至少不受法律的干涉。這主要是限於前述的根據「法不禁止即自由」原則和從習慣權利中作出的權利推定，當然也包括某些在法律中雖未明示而已包含於某一特定的法定權利本義之中固有的權利（如宗教信仰自由中的不信仰宗教自由，選舉權中的提名權、投票權等等）。不過公民或社會組織在行使自行推定出的權利時，如果涉及國家、集體和他人的權益而引起爭議時，這種推定出的權利主張及行使該權利的行為的合法性仍須經有關國家機關的認可，才能受到法律保護。權利推定不能變成公民或社會組織隨心所欲地提出權利主張和行使權利的手段。

至於國家機關作為權利推定的主體，主要是指有立法權、立法解釋權或司法解釋權、行政解釋權的國家機關。在我國主要是按照1981年全國人大常委會《關於加強法律解釋工作的決議》的規定，由全國人大常委會和最高人民法院、最高人民檢察院、國務院及其主管部門以及

省級地方人大常委會，依其解釋權限與範圍作出權利推定。涉及憲法和法律規定的公民與組織的基本權利，則只能由全國人大常委會作出權利推定，其他國家機關不得擅自作出有關公民基本權利的推定。

有一種觀點認為權利推定的主體如果不是公民個人而是國家機關，則權利推定的必要性就不存在，因為當國家要確認一項權利時，通常是不需要靠什麼推定的，否則反而限制了權利的設置。這種看法並不全面，儘管當最高的國家權力機關作為權利推定的主體時（如我國的全國人大），它要在法律中設置某項權利，一般並不受任何法律限制，然而，這種不受限制也不是絕對的；由於法律必須依據憲法來制定，憲法未予確認的權利，法律就不能規定為權利，除非修改憲法；或根據憲法的精神、原則或已明示的權利，推定出新的默示權利。這裏權利推定就十分必要了。此外，其他國家機關要在它們制定的法規、條例、規章中設置某項法（法律）無明文規定的新的權利，只能按照權利推定的規則，從憲法與法律已明定的權利中作出屬其職權範圍內的權利推定，而不能擅自設定新的權利。

（四）推定必須寬嚴適度

如前所述，美國為加強中央權力，對國會權力採取擴大解釋的原則，對國會默示權力作很寬的推定。我國全國人大的權力，除《中華人民共和國憲法》第 62 條列舉的 14 項以外，又特別加上一項，即第 15 項「應當由最高國家權力機關行使的其他職權」。這個「應有權力」可以作各種擴大解釋與推定。它也不是無限的／即不能超越人民主權，作出與憲法相衝突的推定，或者作出侵犯人權和公民基本權利的權力推定。

至於對公民的權利，在法無明文規定時，則可以從有利於人民利益的角度作出較為寬泛的權利推定，以擴大人民權利的廣度，加強對人民權利的保障，增進人民的福利。

由於從明示權利或根據法律原則推定默示權利可能是無窮盡的，可以由第一個明示權利，默示第二個權利，第二個又可默示第三個，以致無限推演下去，這就會使權利過分膨脹，以致偏離實際需要與可能，或不能適應社會的承受力。因此權利推定也應有個限度，即以應有而又可能有為限，並以不越出合理與適宜的範圍為度。對與前述幾項原則不

相符合的，更要從嚴掌握。當然也不能違反立法本意，對法定權利作縮小的解釋與推定。總之，寬嚴應當適度。

第十三章

公民權與公權利

· 本章原載《政治與法律》，2005 年第 6 期。

我國自實行改革開放以來，經濟迅速攀升，市場經濟逐步發展，「國家──社會」二元化格局初步形成，法治國家的建設也有了某些長進。但毋庸諱言的是，政治改革滯後的局面迄今未有較大改變。這有諸多原因：舊體制的積重難返，習慣思維的因循守舊，既得權益的不願輕予放棄等等；而學者們又多着眼於我國的根本的或基本的政治制度的改革，如人大制度、行政體制、司法制度以及執政黨與國家的關係、共產黨領導的多黨合作、政協、基層群眾自治等制度的作用。這固然是重要的、主要的，但卻又易引起「牽一髮而動全身」之顧慮。

其實，促進政治改革，人們往往忽略了其他「切入點」和進路，這就是《中華人民共和國憲法》第2條第3款所確認的：人民有權「通過各種途徑和形式，管理國家事務，管理經濟和文化事業，管理社會事務」。這裏作為主體的人民，包含了公民、民眾、群體、社會組織，他們的政治參與是管理國家和社會事務的重要途徑與形式。政治體制改革如果沒有公民和公眾有序的直接的參與，借助社會力量從外部予以促推，就很難打破各種舊思想、舊習慣、舊制度以及權力者的阻力，也難以調動和集中民力民智，順利地實現現代法治政府的目標。

黨的十六屆四中全會《關於加強黨的執政能力建設的決定》中，強調推進民主政治建設的一個方略是「擴大公民有序的政治參與」。這是現代民主政治特別是社會主義民主憲政的一個通則。

而公民的有序政治參與，則離不開公民權和公民社會的作用。

對這方面的問題，政治學界、社會學界已有較多的研究，但是他們不可能上升到法學的視角上來審察。法學界對這方面的研究還很少，有些法學者也限於一般地闡釋公民的權利，而沒有對有特定涵義的「公民權」即公民「參與國家」的政治權利，加以強調；在論到「國家與社會」二元並立和互動時，則往往停留在籠統地解說「市民社會」同國家的關係，或市場經濟同政治國家的關係；而沒有深入到、上升到政治性的「公民社會」的層次。從比較法學的視點上說，他們還較多地是引進

了西方啟蒙時期的「自由法治國家」的理念，強調作為不受國家干預的私人社會、個體的私權利，而沒有關於公民和非政府組織的「公權利」的概念。而這些卻是現代民主憲政中公民政治參與機制的不可或缺的重要元素。

為此，本文試圖對公民權的概念、理念、地位與作用等問題作一些探討。

一、什麼是公民

通常人們給公民這個概念的界定是有某國國籍的人。如《中華人民共和國憲法》第 33 條第 1 款規定：「凡具有中華人民共和國國籍的人都是中華人民共和國公民。」但單有國籍固然是成為該國公民的必要條件，但非充分條件。有國籍並不一定享有作為一個完整的公民的資格。

為什麼一些老百姓往往認為只有年滿 18 周歲的人才是公民？法學家也許會嘲笑他們缺乏憲法常識。其實這種誤解卻折射出一個深刻的憲政理念：即沒有選舉權這一「參與國家」的基本政治權利的人，亦即沒有完整的公民權的人，就不是完整的公民，只是某國的國民。譬如法國婦女直到 1944 年以前都沒有選舉權，那時社會的主流輿論認為：「婦女永遠不能成為理性的，從而也就不能成為擁有平等權的公民，擁有自己的權利。因此法國國民公會 1793 年春肯定，『兒童、精神病人、未成年人、婦女和恢復權利之前的罪犯不是公民。」[1] 至於早期美國黑人、印第安人雖也是美國國民，卻沒有公民的資格。美國最早的憲法的制憲會議規定，在確定納稅定額和代表權的基礎時，按 5 個奴隸等於 3 個自由人計算。1857 年美國首席大法官泰尼（Taney）說：「在批准憲法的時代，黑人被視為低等級的。」因此他們不是憲法原本意義的公民。[2]

---

1. 〔瑞士〕勝雅律：〈從有限的人權概念到普遍的人權概念 —— 人權的兩個階段〉，載沈宗靈、王晨光編：《比較法學的新動向》（北京：北京大學出版社，1993），頁 139。

2. 參見羅納德・里維主編：《美國憲法百科全書》（第 4 卷），頁 1693，轉引自〔瑞士〕勝雅律：〈從有限的人權概念到普遍的人權概念〉，載沈宗靈、王晨光編：《比較法學的新動向》（北京：北京大學出版社，1993），頁 142。

什麼是「公民」？亞里士多德早就認為公民的本質，或「全稱的（完整意義上的）公民」是「凡得參加司法事務和治權機構的人」，或「凡有權參加議事和審判職能的人」。[3] 也就是擁有參與國家事務的政治權利的人。在古希臘時代，「人是城邦的動物」（或譯為「人是政治的動物」）。「城邦的一般含義就是為了要維持自給生活而具有足夠人數的一個公民集團。」[4] 英文 "citizen"，字義本是「屬於城邦的人」或組成城邦的人，中文譯為「公民」，也有寓意「公人」、有權參與公共事務的人的意思。在古希臘，城邦既是國家又是社會，二者尚未加以區分，而是融合為一體的，公民身份意味着公民權，公民是享有公民權的法律資格概念。

二、公民權──公權利

　　在國家與社會一體化轉變為二者相對分離的二元化格局的時候，按政治國家與市民社會兩分法，馬克思把憲法上的人概括為「私人」與「公人」的雙重身份和人的「私權利」（private right）與人的「公權利」（public right）的雙重權利。馬克思指出，公民即「公人」，是參與社會政治共同體即參與國家公共事務的人，是「政治人」，他們參與國家事務的政治權利即公權利，這種公民權是同政治共同體相結合的權利；而「私人」，即作為市民社會的成員的人，是「本來的人」，「即非政治的人，必然表現為自然人」，「這是和 Citoyen（公民）不同的 Homme（人）」，他們所享有的生命、自由、財產、平等和安全等權利，是「私權利」，這種權利是建立在人與人、個人與社會共同體相分離的基礎上的權利，即作為封閉於自身、不受社會（國家）干預的權利，屬於私人利益範疇；而公民權的內容則是「參加這個共同體，而且是參加政治共同體，參加國家。這些權利屬政治自由範疇，屬於公民權利的範疇」。[5]

---

3. 〔古希臘〕亞里士多德，吳壽彭譯：《政治學》（北京：商務印書館，1983），頁 109–113。

4. 同上。

5. 馬克思：《論猶太人問題》，載〔德〕馬克思、恩格斯，中國共產黨‧中央馬克思恩格斯列寧斯大林著作編譯局：《馬克思恩格斯全集》（第 1 卷）（北京：人民出版社，1956），頁 436–443。

公民權同一般人權還有區別。馬克思將公民權從人權中劃分出來，作為一種獨立的權利；而只把「市民社會的人」——私人的私權利界定為人權。這一點，從法國《人權與公民權利宣言》的標題和內容就可看出它們是並列的兩種權利。法國《人權宣言》共 17 條，其中大多數確認的是人權，即凡人皆享有的私權利。而第 6 條、第 14 條、第 15 條、第 16 條則屬於公民權。[6] 這一點，在當時法國的制憲會議中就有議員指出並強調其重要意義。[7]

在當代聯合國通過的兩個關於人權的國際公約，在《公民權利和政治權利國際公約》中，公民同政治權利是作為同一範疇（公權利）來規制，並與《經濟、社會及文化權利國際公約》（多屬於私權利範疇）相區分。當然在現代通常已將公民政治權利也歸屬於人權範疇，即政治人權。

至於《中華人民共和國憲法》第二章所列出的各種權利，是以「公民」來泛指有中國國籍的人，不完全指作為「公人」的人，也包括作為「私人」的人。我國憲法中的「公民」，實際上是指國民，包含着作為私法關係的自然人和公法（憲法）關係的公民的雙重身份。所羅列的「公民的基本權利」，不限於屬於政治權利範疇的、有特定含義的「公民權」，不只包括參與政治國家的「公權利」（第 34、35 條和第 1 條，共 3 條），而且包括個人的「私權利」（第 36–40、42–50 條）。

---

6. 第 6 條規定：「所有公民都有權親自或通過其代表參與制定法律」，「一切公民在法律的眼中一律平等」，都可以擔任國家公職；第 14 條規定：「公民或通過其代表有權調查、監督和決定公共捐稅」；第 15 條規定：「社會有權要求其管理部門的一切公務員報告工作」；第 16 條規定：「任何社會，如果在其中不能使權利得到保障或者不能確立權力分立，即無憲法可言」。

7. 當制憲會議討論到第 14 條（當時是草案的第 22 條）時，有人忽然提議就以第 14 條作為人權宣言的最末一條結束，而將第 15、16 條放到憲法正文中去。當即遭到其他議員（孟麥蘭西）的反對。他指出宣言的範圍並非僅限於「人權」（Droits de L'Homme），而且也包括公民權（Droits du citoyen），而第 15、16 條則是人權宣言中僅有的兩條屬於公民權，所以必須保留在宣言中，而且這兩條恰恰是宣言最合適的結尾。另兩位議員達階和布瓦依蘭分別指出，「權分則自由存在；權合則人民呻吟於虐政之下」。「統治權必須分立，這是人民的一種權利。此種權利應當載於人權宣言中，但實際區分的形式則應載於憲法之中」，因為人權宣言是規定「憲法的原則」。參見張奚若：《張奚若文集》（北京：清華大學出版社，1989），頁 189–190。

把公民權這個屬於憲政範疇的、「參與國家」的政治權利，同廣義上的「公民的權利」不加區分，即把公權利同私權利混為一談、合二為一，就會忽視公民的政治參與權在民主憲政建設中的重要地位與作用。

三、公權利的本質內容

　　公民權或公民的公權利，核心是政治權利。政治權的實質是使公民對於國家意志的形成能發生影響。如凱爾森所說的：「我們所謂政治權，是指公民參與政府、參與形成國家意志的能力而言。換一句樸實的話來說，這是指公民得參與法律秩序的創立的。」[8] 英國法學家米爾恩也指出政治權利是「構造政府和受治者之間的關係的權利」。[9]

　　《牛津法律大辭典》詮釋公民權時，認為「公民權或公民自由權雖然與個人權利或自由權部分互相吻合，但他們更多地是屬於各種社會和公共利益方面的權利，而不僅僅是個人利益方面的權利。它們實質上涉及的，與其說是個人或團體可以在法律的範圍內做什麼，還不如說他們可以要求什麼。公民權和公民自由權可以看做是自由理想的法律產物」。[10] 這意味着公民權是一種為公的，即為公共事業、公益事業效力的公權利，是對為民服務的公權力的補充和促進，人民的政府不僅不必畏懼或嫌棄它，而應當扶持、鼓勵它，為它的正當、有序行使創造條件。

　　國家對於自然人的私權和公民的公權（公民權）的關係，是有所不同的。日本著名法學家美濃部達吉認為：「所謂私權，只是存在於私人相互間的權利，國家對之處於第三者的關係。反之，若為公權，國家或

8.〔奧〕凱爾森：《法律與國家》，轉引自《西方法律思想史資料選編》（北京：北京大學出版社，1983），頁625。

9.〔英〕米爾恩：《人權與政治》，轉引自沈宗靈等主編：《西方人權學說》（下）（成都：四川人民出版社，1994），頁363。

10.〔英〕沃克，鄧正來譯：《牛津法律大辭典》（北京：光明日報出版社，1988），頁164。

公共團體本身居於當事者或義務者的地位。因此國家對人民權利的保護方法，因公權或私權而有顯著的差異。」[11]

這種差異就公民的視角而言，公民權、公民的政治權利，是公民對國家權力的一種自衛權、抵抗權。民主國家的公民不同於專制統治下的臣民，就在於後者只是統治者的順民，只能服從獨裁者，沒有參與和反抗政府的政治權利；而前者則如邊沁所說：「在一個法制政府之下，善良公民的金科玉律是什麼呢？那就是『嚴正地服從，自由地批判』。」[12]凱爾森則指出：「公民權被17世紀和18世紀的各種哲學證明為應是與生俱來的或不可剝奪的權利。從歷史上看，絕大多數自由全都是通過對國王、苛刻的僱主、不代表人民的國會等的反抗而確定的。」[13]國家對公民的這種自衛權或反抗權應當給予高度的尊重，並因勢利導，使之有利於政治的改革和進步。

這種政治權利也可分為兩類：一類是純粹參與國家事務的政治權利，如選舉權、被選舉權，參與立法和政府政策的聽證、論證、擬定等權利，批評、建議、檢舉、控告政府的權利等等，即參政議政權；另一類是各種政治自由、學術文化自由，它們既屬於政府不得干預、即同社會、國家「分離的權利」（freedom from）；又可以是直接參與國家、參與政治的權利，如運用言論、出版、集會、結社以及學術文化等自由，提出對國是的主張，獻策獻計；或接受政府委託，協助政府管理社會事務；或志願舉辦和參與公益事業，為民謀福利，化解社會糾紛和矛盾等等。這些都是體現公民作為國家主人地位的價值和地位的權利。

公權利的主體包括公民、各種由公民組成的合法的政黨、人民團體、社會組織、人民代表（議員或人大代表）、新聞媒體等等。

所謂「人民當家作主」不只是體現在抽象的、整體意義上的「主權在民」，也不限於通過人大來實現；而可以是公民和社會組織直接行

---

11. 〔日〕美濃部達吉，黃馮明譯：《公法與私法》（上海：商務印書館，1937），頁124。

12. 〔英〕邊沁：《政府法論》，轉引自《西方法律思想史資料選編》（北京：北京大學出版社，1983），頁480。

13. 〔英〕沃克，鄧正來譯：《牛津法律大辭典》（北京：光明日報出版社，1988），頁164。

使公民權。1957 年人民群眾的「幫黨整風」，1976 年的「四五」天安門反「四人幫」的群眾運動，以及現今媒體上、互聯網上的議政和所反映的民意，都是公民行使公民權和「主權在民」的體現。當然這些做法需要納入有序的法律程序，這也是為什麼必須落實有關公民政治權利的立法，既保護又合理地規限公民公權利的有序行使。

四、公權利與公權力

公民的「公權利」主要內容是憲法確認的各種政治權利，是對應於國家「公權力」的。它體現公民與國家之間的關係，公權利又是對抗公權力的武器，是人民和公民以及社會組織「以公權利制衡國家公權力」的主要憑藉。它既是對國家權力的政治參與權，也是抵抗國家權力侵犯的政治防衛權。任何國家權力（包括立法、行政執法和司法權力）對公民和社會組織的公權利的侵犯屬於違憲的行為，是無效的，可以提起違憲訴訟或行政訴訟。

不過，公民的公權利也不是為對抗所有人的（包括其他公民個人或其他不屬於執行國家權力或社會公共權力的非政府組織）。被其他社會成員或社會組織（包括新聞媒體）侵犯的這類政治權利，已不屬於作為公法的憲法上的公權利，而是私法上的私權利（如個人的言論自由受到其他公民的侵犯，往往已轉化成名譽權、著作權、隱私權、人格尊嚴權等民事權利），主要應是由私法來具體規範和保障。因為作為私人，不應當是違憲主體，不能對私人提出違憲訴訟。私權利一般是由法律加以直接和具體保護。所以籠統地提出「憲法司法化」是不確切的。

但是如果媒體為履行對國家權力的監督職能，在批評、揭露政府及其官員的失職瀆職行為時失實，只要不是故意誹謗，惡意造謠，政府或官員就不能以侵犯其名譽權、隱私權為理由，提起名譽權訴訟。因為媒體是以其公權利來監督政府的公權力的，不是媒體與官員私人之間的私權利糾紛。媒體行使公權利（監督權）就應當有免責權，否則誰還敢批評政府？

五、公民權──公權利的至高憲政地位

公民權或公民的政治權利是公民的憲法權利。我們說「憲法是人民權利的保障書」，而憲法所特別保障的是基本人權和公民權。憲法作為公法，主要是規範和制約公權力和直接保護公權利的（私權利主要由私法、社會法等具體法律來保障）。

綜上可見，公民權、公權利、公眾和公民社會參與國家政治民主建設的權利，具有崇高的憲政地位。各級政府在政治文明建設中應當明確和把握這些理念，充分尊重和保障這些權利。

國民具有公民和私人雙重身份和公權利與私權利雙重權利，與之相對應的，社會也可以分為「私人社會」與「公民社會」。過去法學界、政治學界大多是籠統地按國家與市民社會的二分法，只是把市民社會作為私人領域或私權領域來立論，而沒有進一步研析所謂市民社會也是有上述雙重身份和不同地位與作用的。這方面需要另有專文探討。

第十四章

個體權利與集體權利

　本章是 1992 年參加中國人民大學舉辦的憲法研討會和南京大學中德經濟法研究所舉辦的「東亞法律經濟文化國際學術研討會」（1992 年 10 月）論文，原載上海社科院《學術季刊》，1992 年第 3 期。另由參會的德國教授譯為德文收入其所編的《東亞人權》一書，德國阿登納基金會，1993 年 7 月版。

一、集體權利與個體權利的不同形態

什麼是集體權利，什麼是個人或個體權利，二者如何劃分？人們常常是從權利的主體上，把它們簡單地等同於多數人的權利同少數人或個別人的權利的區別，或者等同於總體權利與部分權利的區別，從而按照少數服從多數、部分服從全域的原則去推理，得出個人權利要服從集體權利的結論。其實個人或個體權利如果是作為一種特權賦予某個特殊的個人，誠然是少數；但個體權利如果是指作為公民的個人權利，那就不是少數人，而是「每一個」，即全體。在中國（大陸）是指 13 億人的權利，即全體中華人民共和國公民都享有的權利。反之集體權利也不都是多數人的權利，譬如民族區域自治權就只是少數民族聚居地區的人民特有的集體權利。相對於漢民族而言，就只是少數人的權利。

同樣，集體權利與個體權利也不完全是總體與部分之間的量的關係。集體是由兩個以上的個體組成，但集體權利卻不完全是個人權利的相加。它們之間不只在量上不等，而且性質也不同。集體權利一般是指某一社會共同體的公有權利或公共權利，如國家、民族、社會團體（政黨、群眾團體、企業單位等法人組織）以及國際組織的公有權利。個體或個人權利一般是私有權利，是個人的私有權利或私人權利。公有權利一般只能由集體組織所享有，不能分割為一個個的私有權利。公有權利一般也只能由集體（通過其法定代表）來行使。

不過，在實際生活中，集體權利與個體權利並不都像上述那樣「一刀切」地界限分明的。它們具有多種複雜的、多樣的、交錯的形態，有介乎二者之間的、過渡的形態。下面試作一些分類論列。

(一) 個體私人權利（individual private rights）

個體私人權利，指純粹的個人權利，它由個人獨自享有和獨自行使，如公民（自然人）的人身權、宗教信仰自由、通訊自由與通訊秘

密、個人財產所有權和公民的某些其他民事權利等等。在資本主義社會，這種個人權利亦即馬克思講的「市民社會的權利」：在市民社會中，「人分為公人與私人」，[1] 其權利也二重化，分為公民權（政治權利）與人權（私人權利），後者「即作為封閉於自身、私人利益、私人任性、同時脫離社會整體和個人」的權利。[2] 這種權利不能脫離社會整體，但也不受社會所干預與侵犯，具有自身的獨立性，在這個意義上，仍然可說是封閉於自身、在法律範圍內可由個人任意支配的私人權利。

（二）個體協同權利（coordinated individual rights）

個體協同權利，指為個體或個人享有，但只能在集體中與他人協同行使才能實現的個人權利。馬克思所說的公民權（公民的政治權利）即屬於這一類。這是「只有同別人一起才能行使的。這些權利的內容就是參加這個共同體，而且是參加政治共同體，參加國家。這些權利屬於政治自由範疇，屬於公民權利範疇」。[3]（順便指出，馬克思在這裏講的「公民權」或「公民權利」是一個專有名詞，特指政治權利。至於我們通常講的公民權利，確切地說應是「公民的權利」，即《中華人民共和國憲法》第二章所列的公民的人身權和政治、經濟、文化等各方面的權利）。這種公民權，如選舉權和言論、出版、集會、結社、遊行、示威等政治自由，大都只能同其他人一起協同行使，才能實現。個人有集會、結社權，但單個人不能組成集會或社團。言論自由不是自言自語，而是參政議政和參與社會活動的社會行為，必得涉及他人和他人的權利。因此這些都是與集體相結合而不是相分離的權利，但它也並非集體權利，而是以集體協同行使為其實現條件的個人權利。

1. 〔德〕馬克思、恩格斯，中國共產黨・中央馬克思恩格斯列寧斯大林著作編譯局：《馬克思恩格斯全集》（第3卷）（北京：人民出版社，1960），頁130。
2. 〔德〕馬克思、恩格斯，中國共產黨・中央馬克思恩格斯列寧斯大林著作編譯局：《馬克思恩格斯全集》（第3卷）（北京：人民出版社，1960），頁139。
3. 《馬克思恩格斯全集》（第3卷）（北京：人民出版社，1960），頁136。

(三）群體同有權利（group rights enjoyed in common）

這裏群體（Group）指非實體組織，但類屬相同的人群。群體權利是指具有共同利益與相同身份或處境的個人，在其所屬的某一社會特殊群體中同等享有的權利。如在婦女、兒童、老人、殘疾人、華僑、宗教界、少數民族、種族、外國人、無國籍人等群體中每一分子，都與同一群體中的其他分子一樣，享有同等的特殊權利。公民也可說是一個大群體。公民的權利即具有本國國籍的人都同等享有的權利。封建社會的等級特權，階級對立社會的階級特權，也是這些特殊群體中人人享有的特權。群體同有權利可以表示為：

$$Rg = r1 = r2 = r3 = ... r_n$$

式中，Rg 表示群體同有權利，r 表示群體中的個體權利。R 與 r 既等量，又等質。

人們往往把上述這種群體權利歸入集體權利範疇。其實群體不同於集體，後者是已聚集成一定組織的社會共同體，而群體則是介於組織與個人之間的人群混合體。這如同婦女界不同於婦女聯合會，少數民族不同於民族區域自治機關一樣，其權利在質上是不同的。一般婦女並不享有婦女聯合會作為社團法人的集體權利；少數民族的群體中的個人，並不享有民族自治機關的自治權這類集體權利（權力）。這種群體權利不是每一個體權利的相加，也不是與其每一個體的權利不同的整體權利，它只能說是以群體的共性形式表現出來的個體或個人權利。

（四）個體共有權利（individual co-ownership rights）

個體共有權利通常是指民法上的一種財產權利的形式，指兩人或兩人以上對同一財產共同享有所有權。「共有」（co-ownership）起源於羅馬法。據《牛津法律大辭典》，「共有」指財產共有，「有兩種形式。一種是財產的共同共有或土地的共同保有，它是兩人或數人在同一期間共同享有同一產權，財產的佔有授予全體共有人；還有一種是財產的按份共有或土地的按份保有，它是每個共有人對共有財產中的某一份額享有自己的產權和利益，但共有財產仍被視為一個整體」。[4]

---

4. 〔英〕洛克，鄧正來等譯：《牛津法律大辭典》（北京：光明日報出版社，1988），頁 209。

共同共有的特徵是各共有人對共有財產享有平等的所有權,此時其共同財產為一個整體,在共同關係存續期間不能要求分割。常見的是夫妻、家庭共有財產權。前述「群體同有」中 Rg,只是反映各個體權利的共性,並不存在獨立於個體之外的集體權利。而「共同共有」則不同,其 Rc 是實際存在的、為個體共同享有的集體權利。只有在共同關係結束後,才能協商分割共有財產。此時其關係可表示為:[5]

$$Rc = r1 + r2 + r3 ... + r_n$$

或 $Rc - r1 - r2 - r3 - r_n ... = 0$

即分割後,共有財產與共有權消滅。

「按份共有」常見的是合夥(Partnership),其特徵是對合夥的共同財產,按各合夥人出資的份額分享權利,合夥人有權要求將自己的份額單獨分出或轉讓。就合夥的共同財產而言,它也是作為一個整體的集體財產,非經集體同意不得處分,其共同財產權是建立在個人權利基礎上的集體權利,這種集體權利的起源和終結,都是基於個體權利的聚合與分解。其關係以下式表示之:

$$Rp = r1 + r2 + r3 + ... r_n$$

上述兩種共有,其基礎都是個體權利,但同時具有集體權利的成分,二者交融或交錯。

(五)集體公共權利(collective public rights)

集體公共權利指某個社會共同體組織(而不是其成員個人)的公有權利。這是嚴格意義上的集體權利,它只屬於作為一個整體的組織所享有,是整體或組織的公共權利而不是個體的私人權利。它不能分割為個人所有。不僅不能做量的分割,均等或不均等地量化為個人所有;也不能做質的變更,把公有權利變為個體共有權利或個人私有權利。這種集體組織雖然由個體組成,離不開個體,而且它最終也是為其個體服務的;但它所擁有的權利並非個體權利之和,而是與個體權利並存,而又同個體權利有質的區別。它與個體共有權利是由個體權利混合而成不

---

5. 以下的關係式僅為示意,並非算式,下同。

同，而是像化學反應那樣，由個體權利化合而生成的一種有別於個體權利的新權利。其關係式可表示為：

$$(r1 + r2 + r3 + ... r_n) \leftarrow Rcp$$

式中「可逆反應」（←）不是分解或還原為個體權利，而只是服務於個體權利。

譬如法人權利，是獨立於其組成人員（如股東）的個人權利的一種集體權利。

如公司法人的財產源於（不是等於）股東的出資，但其財產所有權屬於法人，不屬股東個人。法人的其他民事權利也不是股東個人權利之和，而是作為獨立的民事主體所享有的權利。

又如政黨的權利主要是執政或參政，是作為政黨這個組織集體公有的權利，它與其黨員的個人權利是不同的。工會、青年聯合會、婦女聯合會等人民團體也是如此。

再如民族自決權，是該民族的集體權利。在中國民族區域自治權也不是少數民族個人的權利，而是少數民族聚居地區的人民（通過其自治機關）的公共權利（相對於國家而言是集體權利，對自治區內部是公權力）。

至於國家的權利，作為一種集體權利，其情況較複雜，有如下幾種情況：

第一，國家作為民事主體的權利──其中最重要的是國家財產所有權。它是一種公有權利。資本主義國家的「國有」，也是一種公有，但究其實質，主要是為其統治階級所「公有」，這種「公有」又是建立在私有制基礎上的：資本主義國家不過是總資本家，因此這種階級「公有權」只是私有財產權的延伸而已。

社會主義國家的國有，理論上不是屬哪個階級而是屬全民所有，是建立在生產資料公有制基礎上的公有。它是一個整體權利，不得分割為某一公民個人所有。集體所有制經濟的所有權也是由集體公有，不能分割為個人私有（可是社會主義國家過去的實踐，「公有」往往異化為「官有」或支配權全歸黨政機關）。

全民或集體財產的公有權，並不排除其使用權、經營權可以歸集體組織或公民個人。如在中國，國有或集體所有的土地可以出租給集體組織或個人使用或承包經營；全民所有的礦藏，個人與集體組織有採礦權。全民所有制企業可以交個人或集體承包經營。這些是屬於由集體權利（公有權利）派生出來的個體權利，它依附於並服從於集體權利，兩者有源流關係。

　　第二，國家作為權力主體的權利（權力）——這是公權力，也可說是集體權利的一種形式。中華人民共和國一切權力屬於人民，即屬於人民這個大集體，是一個整體權力，不能分割為每個公民所享有（經過國家授權可以由官員或社會組織行使）。人民行使這一集體公權力（國家權力）的機關是全國和地方各級人民代表大會，但其權力也還不是屬於人大代表個人。人大代表有提案權、質詢權、言論和表決免責權、人身特別保護權等人大代表特有的個人權利，卻沒有像立法權這樣的集體公權力。全國人大代表個人權利中的提案權、質詢權。還必須有 30 名以上代表聯名（即共同行使提案權），才能形成議案、質詢案，還得有全體人大代表的過半數贊成，才能作出相應的決定，通過法案。此時，代表的個人權利才轉化為人大的集體公權力。

　　第三，國家作為國際關係中的權利主體——國家擁有主權，對外享有獨立權、平等權、管轄權、自衛權、對外貿易權等。它對國內而言，是不同於公民個人權利的集體權力。但在國際上，作為一個獨立國家，作為國際大家庭中的一員，則可說是國際上的個體權利。而國際上的集體權利，則應是為世界各國或全人類共有或公有的權利，如人類共同繼承財產權、和平權、環境權等等。

(六) 社會共享的公共權利（public rights enjoyed in common）

　　這也是一種公共權利，但與上述第五種集體公共權利不同的是，它指任何個人雖不享有所有權，但任何個人或集體都可享用的公共權益。如為國家所有的道路、公園、交通等公共設施，任何人（包括本國人和外國人）都可享用。又如陽光、空氣、公海、人類共同財產、外層空間、天體等等，其所有權不屬於任何個人或集體（國家），卻可以為

任何個人和集體（國家）所享用。如 1963 年聯合國大會通過的《各國探索和利用外層空間活動的法律原則宣言》指出，「外層空間和天體決不能通過主權要求、使用或佔領、或其他任何方法，據為一國所有」；但「各國可在平等的基礎上，根據國際法自由探索和利用外層空間及天體」。[6] 又如《世界自然資源保護大綱》第十八章「全球的公物」中提出的「公有資源」與「共有資源」的概念，認為「鯨和金槍魚局限在公海的物種應該被看成是全人類的公有資源，在公海和國家管轄區的水域之間活動的物種則是共有資源」。這裏所講的「公有資源」就是指所有權屬於全人類而任何國家、任何人都可享用從而享有的公共權利。

此外，還有一種公共權利是指那些原來為個人專有的權利，如著作權、專利權，在專有期限屆滿後，人人有權依法出版、製造該項著作或專利品，而成為一種「公共權利」。[7]

以上公共權利都屬於集體權利範疇，但卻是人人都可直接享用的。這與前述第五種「集體公共權利」即公權利由集體享有與行使，是不同的。

（七）個體與集體並有的權利（both individual and collective rights）

這是指同一權利，既是個體權利也是集體權利。如生存權既有民族生存權這類集體權利，也有個人生存權。1986 年 12 月 4 日聯合國大會通過的《發展權利宣言》規定，「發展權利是一項不可剝奪的人權，發展機會均等是國家和組成國家的個人一項特有權利」。[8]

此外如環境權、平等權等等，也都既是個人權利也是國家的權利，環境權還是全人類的權利。

---

6. 《國際法資料選編》（北京：法律出版社，1980），頁 426。

7. 〔英〕洛克，鄧正來等譯：《牛津法律大辭典》（北京：光明日報出版社，1988），頁 376。

8. 轉引自董雲虎、劉武譯：《世界人權約法總覽》（成都：四川人民出版社，1996），頁 1365。

二、集體權利與個體權利的辯證關係

綜上所述，我們可以看到，集體權利與個體權利，既可以是有區別的兩種不同性質的權利，也可以是有聯繫的、統一的、相互依存還可以相互制約或轉化的權利。其關係視具體情況而定，不可一概而論。大致有以下幾種情形：

(一) 集體權利與個體權利平等並存，互不侵犯

如國家所有權、集體所有權與個人所有權並存，個人不得濫用權利侵犯國家的、集體的權利和利益；國家、集體也不得利用其國家或集體的權利與權力，非法侵犯個人的權利。國家機關作為一個民事主體或行政訴訟主體時，其權利與公民平等，不能誰大於誰，誰服從誰。

(二) 集體權利與個體權利相互依存

一種情況是有些集體權利是以個體權利為基礎的，無個體權利也就無法形成集體權利。如人民代表大會的集體權利（權力）是以公民個體權利（選舉權）為基礎的。人大代表的提案權、質詢權是由人大代表個人提案權、質詢權協同行使實現的。合夥中的財產權和法人的公有財產權，是以組成合夥和法人的個體權利為始源的。

另一種情況是有些集體權利是個體權利的前提和保障。如有了人民的國家，人民掌握了國家權力，公民個人的權利才能得到法律確認和保障。在這個意義上，國家的權力（人民主權、統治權）和國家的權利（國有財產所有權、獨立權、生存權與發展權）等集體權利是確認或實現公民個人權利的前提。

還有一種情況是如前所述，有些個體權利是由集體權利派生的，如在中國，國家財產的全民所有權派生國有企業的經營權或個人和集體承包經營權，國有礦產權派生的個人或集體的採礦權等等。

在後兩類關係中，可以說集體權利是大於、先於或高於個體權利的。

(三) 集體權利與個體利相互制約

集體權利或權力在一定條件下可以制約、限制個體權利。如國家宣佈緊急狀態或戒嚴時，可以宣佈暫時限制或停止公民行使某些民主權利或其他權利。國家為了公共利益的需要，可以徵用為集體（對國家說是個體）或個人所有的企業、房產，可以在集體所有的土地上開築道路、設置電杆、興修水利設施等。被徵用單位應當服從國家需要，不得阻撓。[9]

此時，個體所有權就得服從國家徵用權。這種情況也可說是集體權利（權力）高於個體權利（但國家徵用時應當給私有者相應的補償）。

反之，個體權利也可以制約集體權利。如公民可以行使批評、建議、檢舉、控訴以及言論自由等民主權利，監督國家權力的行使。企業職工、公司股東可以通過職代會、股東大會，監督企業、公司法人的集體權利的合理合法行使。在這種情況下，個體權利可以左右、限制集體權利，集體權利也不能非法侵犯個體權利。

(四) 集體權利與個體權利相互轉化

由個體權利轉化為集體權利，有幾種形式。一種是前述的公民個體權利（選舉權）轉化為人大的集體權力；合夥人與股東的權利，轉化為合夥中的共有財產權和公司的法人所有權。這種轉化，個體權利仍然並存於集體權利之外。另一種是人大代表的個人提案權轉化為集體提案權，則是個人權利融合於集體權利之中。還有一種情況是個體權利消失，轉變為集體權利，如前述的著作權、專利權期限屆滿後轉化為公共權利。

由集體權利轉化為個體權利，一種形式是自身地位的轉化，如法人權利，對其內部組成人員而言是集體權利；對社會外部而言，則又是個體權利。國家權力對內為集體權利，對外作為獨立的主權國家，又是國際關係上的個體權利。另一種形式是集體權利為個體權利服務。人民的國家享有集體權利和權力，旨在利用它為其人民、為公民個人服務，保障與增進人民和公民（以及社會組織）的權利與利益。

---

9. 參見《中華人民共和國土地管理法》（1988 年），第 23 條第 2 款。

（五）集體權利與個體權利相互對立或對抗

這種情形主要出現在階級對立社會或專制主義國家。不同階級間的集體與個人權利是有矛盾和衝突的。如統治階級的權利與權力，同被統治階級的權利是對立的。統治階級利用其權力鎮壓人民的言論自由和罷工自由，人民也利用其公民權利反抗統治階級的國家權力的壓迫。這都是集體權利與個體權利相衝突與對抗的表現。社會主義社會的國家利益理論上與人民利益在根本上應當是一致的，但也不排除某些國家機關侵犯公民權利導致矛盾激化，人民為了保護自己免受自己國家的侵犯，而運用公民權利進行抵抗和鬥爭。

三、幾個需要明確的問題

以上所分析的集體權利與個體權利的多種形式及其相互關係，其複雜性還遠不止於此。面對如此複雜多樣的權利現象，籠統地用類似「集體權利高於個體權利」或「個體權利是集體權利的基礎」這類簡單的命題來概括，是不合適的。這裏有必要進一步明確以下幾個問題：

（一）個人權利與個人利益的關係

權利與利益密切相關。法學上的「利益說」者主張權利就是法律所保護的利益，這有一定的道理。但權利（法定權利）與利益不是等同的概念，個人權利與個人利益也不是等同的概念，集體權利與個體權利的區別，更不是集體主義與個人主義的區別。有些學者認為「強調個人權利必然導致個人主義，損害集體利益和公共利益」。這種「集體權利高於個人權利」的觀點，往往是把個人權利僅僅視為單個人的利益，或者只是利己主義的、個人主義的私利，因而認為它難免與國家、集體的利益有不一致或衝突。其實這是誤解。

第一，在主權在民的民主國家，每一個體權利的設定，一般已經考慮到它對國家、集體的利益有利或至少不相衝突，才把客觀上存在的個人利益規定為法定權利予以保護。

第二，法定權利也不一定都與個人利益相關。有時行使個人權利是出於公心而非私利，有時甚至要犧牲個人利益。如從國家利益出發，

行使對國家機關及其官員的批評、檢舉、控告權利,可能遭到打擊報復:行使言論自由權利進行議政,有時可能觸犯某個當權者的忌諱與權益而受迫害。

國家工作人員行使其公權利(權力),也不是為私利而是公益。

第三,權利一經法定就不只是個別人而是類屬相同的每個人普遍享有的、同等享有的權利(除法定個人特權外)。對任何個人的權利的侵犯,就不只是對個別人利益的侵犯,而是對法權關係的侵犯,是違法行為。講個人利益要服從(或不得違反)集體和國家利益是對的;講個人權利要服從集體權利就要區別情況而有所不同。個別人的利益可以基於自願為他人或國家利益而放棄或犧牲,個人權利則不容否定。講「放棄權利」,也只是講個別人在某個事情上暫不行使該項權利(如為社會政治穩定而暫不行使遊行示威權利)而不是否定其應享的法定權利。有些權利還不容放棄,如人身自由權等。即使在行使個人權利時需要犧牲個人利益,也不是否定個人權利,反而是對個人權利的肯定。說個人權利無條件服從集體權利,無異於說一種法定權利可以否定另一種法定權利。除非被否定的法定權利是非法的,而這種否定也只有通過立法程序才能作出。否則,否定這種法定個人權利就是非法。而這種立法上的否定,也只能是因為公民某項個人權利的設立不符合國家整體利益,如1982年《中華人民共和國憲法》取消所謂公民的「大鳴、大放、大字報、大辯論」的「四大」權利,而不是一種既定的法律權利服從另一法定權利(除非兩種法定權利之間有像集體所有權與個體承包經營權之間的源流關係、主從關係,但也不能違反合同,以所有權否定經營權)。

(二) 社會主義與資本主義社會中權利的區別

這種區別不在集體權利與個人權利之間。任何國家、任何階級乃至任何社會都有其集體權利與個人權利(原始社會客觀上也有權利,只是沒有權利概念和法定權利而已),任何階級對本階級的個人權利與集體權利都是重視的。資本主義國家的主權、資產階級議會的立法權、資產階級政黨的執政權、資本主義公司的法人所有權,都是其集體權利或公有權利,資產階級對其重視的程度並不亞於對資本家的個人權利。籠統地說資本主義國家只重視個人權利,不重視集體權利是不合事實的。只就集體還是個人權利上去劃分社會主義人權與資本主義人權的界線,這不免只是從形式上看問題。

(三) 集體權利與個體權利在社會主義國家中的地位

籠統地把「集體權利高於個人權利」作為中國社會主義人權的一般原則與特點，在理論上也有失偏頗，也不完全符合中國人權的現狀。前已論述，集體權利與個體權利錯綜複雜，不都是誰高於誰的關係。在我國的立法實踐上，也不是只注重集體權利而貶低個人權利。1982 年修改憲法時，就把公民的基本權利與義務這一章提到國家機構之前，就已表明對公民個人權利的重視。《中華人民共和國民法通則》也大多是規定個體權利。根據《中華人民共和國企業破產法》的規定，對破產企業清償債務的順序，也是先個人後國家，即優先償還企業所欠職工工資和勞動保險費用，其次才是企業所欠國家稅款。又如《中華人民共和國民事訴訟法》第 219 條規定，當法院已判決債務人的財產所有權轉移，在執行判決時，債權人「申請執行的期限，雙方或者一方當事人是公民的為一年，雙方是法人或者其他組織的為六個月」。這裏公民個人申請執行權期限比集體多一倍，也是對個人權利的照顧。

筆者舉出上面這些例子，無意把「個體權利優於集體權利」作為一般原則；相反，筆者在本文前面一、二部分中已列舉了另一些集體權利優於或高於個人權利的例子。這都只是為了說明，籠統地把集體權利與個人權利的地位的高低，作為社會主義與資本主義的原則區別是不符合實際的，籠統地說「國家、民族、集體的權利高於個人權利」，把它絕對化成為高於一切或不受制約的權利與權力，那就會為國家和集體權利侵犯公民個人權利留下藉口（過去農村搞「一平二調」就是教訓）。甚至還會授人以柄，以為「為了大多數人的集體權利而犧牲少數人的個人權利」是社會主義國家的本質特徵。

反之，如果把個人權利絕對化，認為它在任何情況下都可以超乎國家與集體權利之上，為所欲為，同樣會墮入無政府主義和利己主義的泥坑，這也是要反對的。

因此，對於集體權利與個體權利，我們應當作辯證的思考。按《共產黨宣言》提出的「每個人的自由發展是一切人的自由發展的條件」的理想追求來看，則個體權利是目的，集體權利最終是為實現個體權利服務的。

第十五章

論自由權

· 本章原以〈法律上的自由〉為題發表於《中國社會科學》（未定稿），1988 年第 15 期，
  第 16 期。後收入《法理學精義》一書，作了一些補充。

一、自由與自由人權

(一) 何謂「自由」——哲學上的自由觀與社會性自由

1. 哲學上的自由觀

從自由的常識觀念說，通常把「從心所欲」視為自由。但我國儒家至聖先師孔夫子的自由觀則是「從心所欲不逾矩」，這就具有人生哲理的意味，表明了自由是認識或駕馭了必然性的思想與行為（如荀子關於「制天命而用之」的命題）；但又不超越一定規矩範圍，不是絕對無所拘束的。與他們同時代的古希臘哲學家也有類似的自由觀念，即認為在遵循「邏各斯」（規律、必然性）的前提下可以獲得自由。到 17、18 世紀西方啟蒙思想家如霍布斯、洛克、孟德斯鳩、盧梭、康德、黑格爾等，對自由作了系統的哲學論證。他們或以自然法學觀解釋自由，認為自由是人與生俱來的本性或天賦人權，或是來自人類先驗的絕對理性，或是對必然性的認識與把握。馬克思、恩格斯則進一步從認識論上升到實踐論，強調運用對自然與社會的必然性的認識，來支配和改造世界，才能獲得真正的自由。

因此哲學上的自由觀，可以用恩格斯的一句話概括：「自由是在於根據對自然的必然性的認識來支配我們自己和外部自然界。」[1]

這種哲學上的自由觀，同政治上、法律上的自由，雖有聯繫，但決不能混為一談。哲學上的自由觀屬於認識論範疇，是研究自然與必然的關係，着重從認識與實踐、客觀規律與主觀能動性的關係上去認識和把握人類自由的歷史發展。政治上、法律上的自由則不是對必然性的認識，而是對社會已然形成和存在的自由事實，加以確認和規範，使之納入社會秩序要求的軌道，給以規限和保護，成為不受他人侵犯也不致用來侵犯他人的法定權利。這種權利只受法律的限制，不受主體對客觀真理認識與掌握的程度的限制。譬如我們不能把主體認識客觀真理的程

---

1. 〔德〕馬克思、恩格斯，中國共產黨・中央馬克思恩格斯列寧斯大林著作編譯局：《馬克思恩格斯全集》（第 20 卷）（北京：人民出版社，1960），頁 126-127。

度和自由的社會效益作為言論自由、出版自由、創作自由的限制，因為那只是認識論上的局限和道德義務的要求，自由權的有無和自由度的大小，不能以此為衡量尺度。否則言論自由作為一種人權和政治權利，其享有就不是決定於主體作為人或公民的資格，而是決定於個人的智商和情商，從而有悖於「法律面前人人平等」的原則了。這樣還會導致荒謬的邏輯：某人的認識愈具真理性，自由權就愈大，而錯誤的言論就沒有發表的自由了，言論自由就變成只能說正確的話了。這與法律上確認言論自由的權利的本意是完全違反的。

誠然，掌握了真理的人，由於他對必然性有了認識，從哲學上看，他是自由的。可是從法制上看，他有可能反而是很不自由的。科學史上，對自然規律最先掌握、在科學認識上取得自由的科學家，在法律上卻被剝奪了自由權，乃至生命權，像布魯諾因發現和堅持地動說，而被宗教法庭活活燒死。「文化大革命」時期，張志新對我國當時的形勢和極左路線的認識，比芸芸眾生掌握了更多的真理，卻被割斷了喉管！

可見，把哲學上的自由同法律上的自由加以混淆，說個人自由權利也是取決於對必然的認識，那麼那些掌握了真理卻被燒死、被槍斃的人是最自由了！這將造成多大的混亂，客觀上會為扼殺自由的權力者和制度開脫。

2. 社會性的自由

什麼是社會意義上的自由？18世紀法國大革命中發佈的《人權與公民權宣言》中就已給出了定義，即《宣言》第4條規定：「自由就是指有權從事一切無害於他人的行為……」。馬克思在1843年寫的《論猶太人問題》一文中，曾間接引述了這一條款，以及其他一些有關的規定，然後作了一個明確的概括：「可見，自由就是從事一切對別人沒有害處的活動的權利。」而「每個人所能進行的對別人沒有害處的活動的界限是由法律規定的，正像地界是由界標確定的一樣」。[2] 至於法律所樹

---

2. 〔德〕馬克思、恩格斯，中國共產黨·中央馬克思恩格斯列寧斯大林著作編譯局：《馬克思恩格斯全集》（第1卷）（北京：人民出版社，1956），頁438。

立的界碑，則是隨時代和國家的統治階級的意志與經濟關係的變動為轉移的。因而行為自由的法律界限也就表現出各種具體的差別來。

但有差別並不應否定對社會自由應有的基本理念，自由還是有其應然的統一基準的。現代最系統地論述社會自由的思想家是英國的約翰·密爾（John Stuart Mill）。他在《論自由》這部名著中給自由的定義是：「人類之所以有理有權可以各別地或者集體地對其中任何分子的行動自由進行干涉，唯一的目的只是自我防衛。」、「任何人的行為，只有涉及他人的那部分才須對社會負責。在僅只涉及本人的那部分，他的獨立性在權利上則是絕對的。對於本人自己，對於他自己的身和心，本人乃是最高主權者。」[3] 這就是說除了出於社會「自我防衛」的需要外，自由是體現在個人的思想、行為不受其他任何人特別是統治者權力的干預。

另一位英國學者艾塞·伯林（Sir Isaiah Berlin）在《兩種自由的概念》一文中，進一步將社會政治自由區分為「消極的自由」（negative liberty）與「積極的自由」（positive liberty）兩種。

所謂消極自由是指不受他人的干預和限制，即「免於……的自由」（英語 "freedom from ..."）。這類自由主要是保護社會中的弱勢群體的權利免受強勢群體特別是統治者、國家政治權力的侵犯，所以又稱「防衛性、保護性的自由」。[4]

所謂積極自由就是享有、從事做自己所自願選擇的事情的行為自由，即「去做……的自由」（英語是 "freedom to do"），如罷工自由即 "freedom to strike"。

消極自由意味着不受禁止，積極自由意味着得到保障。伯林認為消極自由比積極自由更重要，因為這樣一個否定性的定義表明，自由不在於指出自由應當包含些什麼（權利），而在於指出政府權力或其他社會權力不應當干預什麼、限制什麼、剝奪什麼。消極自由強調了自由的「免受侵犯」的屬性，其立足點不是放在爭取自由本身，而放在抵制那

---

3. 〔英〕密爾：《論自由》（第一章引論），頁 11。

4. 〔美〕喬·薩托利，馮克利、閻克文譯：《民主新論》（北京：東方出版社，1998），頁 304。

些侵犯自由的社會強勢力量，主要是統治者的政治權力對公民和社會群體特別是弱勢群體的自由和權利的侵犯上。所以，消極自由是政治自由和其他自由的基礎。

其實無論消極自由還是積極自由，最根本的理念是主張個人具有自主性人格，為此必須保障個人的各種權利與自由既不受國家權力的壓抑，也不受其他社會權力的壓抑。它給自由劃定不可侵犯的邊界，不是從權利主體着眼，而是從權力的角度來規限：消極自由要求政府不得干預或侵犯公民和社會主體應享的自由；積極自由也是要求政府保障和實現公民和社會主體應享有的自由。因而兩者的主體主要是國家權力：前者是現代民主國家的要件；後者是現代福利國家的任務。

兩種自由對公民和社會主體來說，則分別是「免於束縛的自由」和「享受保護的自由」。前者的性質，如馬克思所說是「與人分離的權利（自由）」，即將自己封閉起來，不受他人干擾、侵犯；後者是「與人結合的自由」，因為「只有在集體中才可能有個人自由」。[5]

當然，公民和社會主體也要承擔不得干預或侵犯他人自由的義務。你揮動手臂的自由，以不碰着他人的身體為度，這又可以說是「自律的自由」（也可能是「他律」，假如你不自律的話）。

此外，人們也不應以個人自由免受侵犯為滿足，還要與時俱進地積極地去爭取個人應享有的新生的自由權利，進而為受奴役壓迫的人們爭取自由，實現全人類的自由解放，這是「利他的自由」。其實這也是為己的，「人類解放我解放」，如馬克思、恩格斯在《共產黨宣言》中所說的，「每個人的自由發展是一切人的自由發展的條件」。因為「壓迫他人的民族，自己也是不自由的」，你至少得天天擔心被壓迫者的反抗。所以只要還有人不自由，自己也不可能真正有自由，這就是所謂「一人向隅，滿座不歡」。這也就是為什麼馬克思以「全人類的解放」亦即全人類的自由，作為共產主義的最終目標的緣故。

---

5. 〔德〕馬克思、恩格斯，中國共產黨・中央馬克思恩格斯列寧斯大林著作編譯局：《馬克思恩格斯全集》（第 3 卷）（北京：人民出版社，1960），頁 84。

因此作為公民和社會組織，對自由的態度有三種境界：一是維護自己的自由；二是尊重他人的自由；三是爭取他人乃至全人類的自由（當然，後一種境界是不能作為普遍的要求加於每個人的）。

（二）作為人權的自由

康德説：「天賦人權只有一項，就是那與生俱來的自由。」[6]西方啟蒙思想家都把自由作為一項首要的基本人權。

1. 人的自然特性是自由成為天賦人權的必要條件

就人與自然的關係或人的自然性而言，自由之所以被認為是人權或天賦人權，是基於人類的生物本性。人之異於禽獸者，在於最初的原始人類能直立行走，從而解放了雙手而獲得勞動和製造工具、戰勝自然力、免受自然的侵害的相對自由。一般禽獸只能被動地接受現成自然物的賜予；而人類卻可以掌握自然規律，主動向自然索取和改造、利用自然為人類服務。這種自由可以説是人類與生俱來（即人脫離動物界成為「萬物之靈」的開始）的自然本性。在這個意義上它成為「天賦人權」，只是相對於禽獸而言，是人類的自然特權。所以盧梭説：「自由乃是他們以人的資格從自然中所獲得的賜予物。」[7]康德也説：自由是「每個人據其人性所擁有的一個唯一的和原始的權利。」[8]

2. 人的社會關係屬性是自由這一人權的社會基礎

人是社會動物，人的本質是社會關係的總和。自由屬於社會關係範疇，是相對於他人而言的生存狀態，即不受任何其他社會主體的干擾、束縛，自由自在地生活。我要求或主張個人自由，其前提是至少有兩個人相處（我與你），兩個人就構成社會關係，彼此要求對方不得侵

---

6. 〔德〕康德：《權利的科學導言》，轉引自沈宗靈等主編：《西方人權學説》（上）（成都：四川人民出版社，1994），頁188。

7. 〔法〕盧梭，吳緒譯：《人類不平等的起源和基礎》（北京：三聯書店，1957），頁78–79。

8. 〔德〕康德：《正義的形而上學因素》，轉引自〔美〕博登海默，鄧正來、姬敬武譯：《法理學——法哲學及其方法》（北京：華夏出版社，1987），頁273。

犯自己。魯賓遜漂流在荒島上，個人獨處既沒有人來干擾他、侵犯他，也沒有人來保障他，他根本就提不出自由的主張和要求（沒有對象），因而就無所謂自由或不自由。只有出現了「禮拜五」之後，兩個人構成社會關係，魯賓遜把「禮拜五」當奴隸使用，才產生自由權利問題（魯賓遜要求有奴役、剝削「禮拜五」以獲得更大的生存條件的自由；「禮拜五」有免受魯賓遜的奴役的自由，也有心甘情願做魯賓遜的奴隸或與之合作共同謀生的「自由」）。這時，自由就成為一項社會性的人權，存在於這兩個人的社會。不過他們還沒有建立國家，因而這項人權還不能上升為法律權利。

人是政治動物（亞里士多德），在人類最初的部落和氏族社會共同體中，就有了社會關係和社會活動，如選舉氏族首領、共同決定狩獵、分配食物和用水、遷移、戰爭，等等，這都是政治人權與自由的萌芽。

對此，美國學者阿德勒（Mortimer Adler）指出：「人是群居性的，它需要和別人共同生活，只有在這個意義上，我們才可以說人類社會是自然的社會。……政治社會就是這樣組成的社會：承認人在本質上既是政治動物又是自然動物，也就是承認人類在本質上傾向於生活在政治社會中並參與政治活動，……這就是人類按照自然權利要求政治自由的權利基礎。」[9]

當然，那時的自由是很低度的。人類歸根到底「還是在現有的生產力所決定和容許的範圍之內取得自由」（馬克思）。[10] 但從人類歷史發展過程來說，「文化上的每一進步，都是邁向自由的一步」（恩格斯）。[11]

---

9. 〔美〕摩狄曼・阿德勒，陳珠泉、楊建國譯：《六大觀點》（北京：團結出版社，1989），頁 158–159。

10. 〔德〕馬克思、恩格斯，中國共產黨・中央馬克思恩格斯列寧斯大林著作編譯局：《馬克思恩格斯全集》（第 3 卷）（北京：人民出版社，1956），頁 507。

11. 〔德〕馬克思、恩格斯，中國共產黨・中央馬克思恩格斯列寧斯大林著作編譯局：《馬克思恩格斯全集》（第 3 卷）（北京：人民出版社，1956），頁 154。

3. 近代人權自由是作為政治上的反抗權而提出的

作為人權的自由，有思想信仰自由、表達自由、人身自由、政治自由、經濟自由、文化學術自由等等，其中居於優先地位的主要是政治自由。

17、18世紀的自然法、自然權利和人權理論，是作為反對封建專制統治的政治人權而提出的。因為人民不能借助統治者所制定的法律去反抗統治者的暴政，就求助於高於法定權利的天賦人權與自由。洛克最早提出了人民有推翻暴虐的政府的權利。美國掀起獨立戰爭時，作為英國殖民地的人民，不能依靠其宗主國的法定權利與自由，只能以非法定的人權為其反抗英國的道義旗幟。法國大革命也是以人類固有和應有的政治人權——革命權、自由權作為合法根據。法國人權宣言和美國的獨立宣言中，都分別把「自由」、「反抗壓迫」和「推翻專制暴虐政府」的革命權，列為基本人權之一。

二、法律上的自由權

(一) 法律與自由的關係

自由的原始意義是不受任何限制，不帶任何義務。但這只有在人類還沒有擺脫禽獸狀態、沒有形成人類社會以前可以如此，但人類還是要受強大自然力的支配，仍然是像禽獸一樣很不自由的。只有當人類形成社會，生活於社會共同體之中，依靠集體的力量才可以取得逐漸支配自然力的自由。既然人類的自由要依賴於社會共同體，而任何社會都是一種秩序，秩序就意味着要接受一定規則的束縛和限制。因此，在人類社會裏，任何自由總是伴隨着必要的規則的制約。在前國家的原始社會，這種社會規則的存在形式是習俗與禁忌。產生國家以後，就是法律。

從康德到黑格爾，都認為法的本質是自由。馬克思進一步指出，法是「自由的無意識的自然規律」，法律則是「這種無意識的自由的自然規律的有意識的表現」。「法律是肯定的、明確的、普遍的規範，在這些規範中自由的存在具有普遍的、理論的、不取決於個別人的任性的

性質。法典就是人民自由的聖經。」他認為,那些不反映法的本質(自由)的法律(如19世紀中葉德國的《書報檢查法》「把自由看成一種濫用而加以懲罰」),「即使它千百次地具有法律形式,也永遠不能成為合法的」。「法律只是在自由的無意識的自然規律變成有意識的國家法律時,才起真正法律的作用。」是否反映法的本質(自由)的法律之間的區別,「就是形式上的法律和真正的法律的區別」。[12]

上述這些思想家對法與自由的關係,雖然說法不盡相同,觀點不一,但都將二者視同一體,說明法與自由確有不可分離的內在關係。無自由即無法律,因為不存在毫無自由的法律。歷史上奴隸制的法律、封建專制的法律,雖然不給奴隸和農民以自由,卻要借助法律來保障奴隸主和封建主和統治者剝削、壓迫人民的自由。正如馬克思所說:「沒有人反對自由,如果有的話,最多也只是反對別人的自由。」、「自由確是人固有的東西,連自由的反對者也在反對(他人)實現自由的同時實現着(自己的)自由。」[13] 因此,他們的法律也是自由的法律,只是自由是作為統治階級的特權而非普遍性的權利,是反對他人自由以保障自己自由的法律。

絕對不講自由的法律是不存在的,即使希特勒暴虐的納粹法律,也是維護其法西斯統治自由的法律。當然,那是為追求人民的自由與正義的進步人類所不承認和要堅決抵抗的「惡法」。

說法律有階級性,主要也是體現在保障特定的自由(如地主、資本家剝削的自由)的法律的階級性。

反之,無法律亦很難保障自由,正如古希臘哲學家西塞羅所說:「為了得到自由,我們才是法律的臣僕。」儘管18世紀西方啟蒙思想家都主張「人生而自由」,自由是人的本性。但那只是如洛克所說的「自然的自由」,如果沒有社會法律的保障和制約,只能是受自然的必然性所擺佈,而且不可能有免於被他人侵犯的自由。所以盧梭說:「人是生

---

12. 〔德〕馬克思、恩格斯,中國共產黨·中央馬克思恩格斯列寧斯大林著作編譯局:《馬克思恩格斯全集》(第1卷)(北京:人民出版社,1956),頁71、72、75。

13. 〔德〕馬克思、恩格斯,中國共產黨·中央馬克思恩格斯列寧斯大林著作編譯局:《馬克思恩格斯全集》(第1卷)(北京:人民出版社,1956),頁63。

而自由的，但卻無往不在枷鎖之中。」[14] 作為社會契約論者，他主張以「自然的自由」來換取「社會的自由」，即授予社會共同體以權力，制定法律來保障自由。「唯有服從人們自己為自己所規定的法律，才是自由。」[15] 所以，法律之所以有存在的必要，就在於它可以用受法律規限的「社會自由」來相對穩定有序地保障「自然的自由」。

由此可見，在人類社會生活中，沒有絕對無自由的法，也沒有絕對不需要法保障的自由。自由是法的靈魂、核心和本質內容，捨此，法就失去存在的根據和價值。

(二) 法律對自由的保護與限制

1. 法律對自由的限制，既是制約，也是保護

如洛克所說：「法律的目的不是廢除或限制自由，而是保護和擴大自由。這是因為在一切能夠接受法律支配的人類狀態中，哪裏沒有法律，哪裏就沒有自由。」、「當其他任何人的一時高興可以支配一個人的時候，誰能自由呢？」[16] 孟德斯鳩也說：「如果一個公民能夠做法律所禁止的事情，他就不再有自由了，因為其他人同樣會有這個權利。」[17] 盧梭說得更有意思，他甚至把法律比做「一種有益而溫柔的枷鎖」，「最驕傲的頭顱也柔順地戴着這種枷鎖」，「如果人民企圖擺脫約束，則他們就更加遠離了自由。因為他們把與約束相對立的那種放肆無羈誤解為自由」。[18] 梁啟超有段話也說得很好：「文明自由者，自由於法律之下……故真自由者，必須服從。服從者何？服從法律也。法律者，我所制定之以保護我自由，而亦以鉗制我自由者也。」[19]

---

14. 〔法〕盧梭，何兆武譯：《社會契約論》（北京：商務印書館，1980），頁 8。

15. 〔法〕盧梭，何兆武譯：《社會契約論》（北京：商務印書館，1980），頁 30。

16. 〔英〕洛克，葉啟芳等譯：《政府論》（下）（北京：商務印書館，1964），頁 36。

17. 〔法〕孟德斯鳩，張雁深譯：《論法的精神》（上冊）（北京：商務印書館，1961），頁 154。

18. 〔法〕盧梭，吳緒譯：《人類不平等的起源和基礎》（北京：生活・讀書・新知三聯書店，1957），頁 2-3。

19. 梁啟超：《新民說》，載《飲冰室文集》（第 1 冊）。

自由的法律化主要是為了保護自由。對自由的法律限制的最終目的也是為了更有效地保護自由。不用交通規則來規範行人和車輛的活動，就沒有行車的自由；聽任罪犯有殺人的自由，公眾就沒有生命安全與免於恐懼的自由。

2. 對自由的限制包括內在限制和外在限制

內在限制是法律對某項自由的內容與範圍的界定。在自由尚未得到法律確認成為法定的自由權利以前，以習慣權利和道德權利或人權形態表現為自發的社會存在時，其邊界是模糊的、不確定的，其自由度也是很大或者散漫不羈的，因而也是很難得到保障的。自由一旦納入法律的領域，成為法定權利以後，其疆界就受到法律的規限。規限就是限制，相對於自發的自由，其自由度要小些，但質量要高些，因為它成了肯定的、明確的、普遍的規範，給自由樹立了界碑，能夠預防他人越界侵權，受到侵犯後能得到法律救濟。所以，這種對自由本身的法律規限，正是對自由的保護。如立法規定言論自由與誣陷、誹謗的界線，遊行示威與保障交通安全和社會秩序的要求，旨在使權利人更順利地行使這些自由。

當然講對自由的內在限制，應是合理的、符合社會正義的限制。如密爾（John Mill）指出的，對自由加以限制或干涉的唯一的目的，只應是出於社會「自我防衛」的必要。不能對公民和社會組織的自由權利作過度的限制，更不容許濫施官僚主義的或專橫的壓制。也正如羅爾斯所強調的：「限制自由的理由來自自由原則本身。」、「自由的優先性意味着自由只有為了自由本身才能被限制。」[20]

至於對自由的外在限制，則是設定法定的自由權利不受外部勢力的侵犯的原則與規則。其限制的對象主要是指向妨礙人們享有和行使自由權利的社會勢力、特別是國家的統治權力。每一種公民自由權利的法定，都是對政府權力的限制。公民行使自由權利的起點，就是政府行使權力的終點。

---

20. 〔美〕約翰・羅爾斯，何懷宏等譯：《正義論》（北京：中國社會科學出版社，1988），頁 233、234。

3. 對自由的保護有法內規制和不加規制（對法外自由的寬容）

法律對自由加以規限，並設定一些具體保護的原則和規則，固然是為了保護自由；法律不加規限，也是對自由的另一種形式的保護，即對「法外自由」的寬容。這有兩種情況：

一種情況是所謂「法不禁止即自由」的法治原則，即法律沒有規定加以禁止的行為和事物，對行為人就是自由的、不受法律約束或追究的。如我國憲法沒有確認公民有罷工自由的權利，但也沒有明示禁止罷工，因此發生罷工事件，只要不違反其他法律，當事人並不受法律制裁。又如刑法沒有規定通姦為犯罪，有通姦行為就不受刑法懲處。當然不受法律追究，不等於不受團體紀律或社會道德輿論的問責。不過這種法外自由或權利，也只能說是「自然的自由與權利」，它一般也不為法律所保護。再說，「法不禁止即自由」本身就是一項法理原則和法治慣例，也可以歸入法的範疇。

另一種情況是法律對社會自在的自由既不確認為法定權利，也不加以法律規限，即保留這些自由為法外的習慣權利或道德權利，聽由社會自主、自治、自律。上面已指出，對社會自發的自由加以法律規限，是對自由的限制；那麼不加規限，就是默認了自發性的自由的廣闊空間。像許多屬於個人私生活中的自由，就是法律不能干預的禁區。

（三）自由的整體性與自由的不等價

1. 自由的一種形式制約着另一種形式

自由有各種形式，各種形式的自由是一個相互聯繫的整體，因為前已述及，法的本質是自由。因此法律上所確認的各種形式的自由，內在精神也是統一的。如馬克思所說：「沒有出版自由，其他一切自由都是泡影。自由的一種形式制約着另一種形式，正像身體的這一部分制約着另一部分一樣。」[21] 法定自由權利有很多種，那只是自由在各個領域中的不同表現形式。它們互相銜接，互相依存，失去或被剝奪某項自由

---

21. 〔德〕馬克思、恩格斯，中國共產黨・中央馬克思恩格斯列寧斯大林著作編譯局：《馬克思恩格斯全集》（第 1 卷）（北京：人民出版社，1956），頁 94–95。

權利，也會影響其他自由權利的行使。如侵犯了一個人的人身自由，也就連帶否定、阻礙了他應有的集會、結社、遊行、示威以及選舉、被選舉和參與政治和社會活動的自由。如果剝奪了言論自由，其他集會、結社、新聞、出版以及文化學術活動的自由，批評、檢舉、監督的自由權利，就成為毫無意義與內容的空洞形式。可見公民的法定自由是不可分割的整體，不能有其一，無其二。一種自由的短缺，必然引起另一種自由的缺乏。對公民和社會組織的自由權利的立法必須是配套的，不應是殘缺不全的。

所以羅爾斯認為，「各種基本自由必須被看成是一個整體或一個體系」，「一種自由的價值在正常情況下有賴於對其他自由的規定，這一點在制定憲法和一般立法中必須考慮到。」[22]

2. 自由的不等價

自由在法律中雖然是一個統一的整體，但各種不同內容與形式的自由權利，又是不等價的。[23]有些自由具有絕對價值，有些則只有相對價值，或在價值位階上有主從、輕重之分。

思想自由、良心自由是一種絕對自由。任何法律、任何人都無權也不可能干涉、禁止他人自由地思想，而只能限制或懲罰其行為。不過古代中國有所謂「腹誹罪」，是懲罰思想犯的。但畢竟被懲罰者還是咬了一下嘴唇，不滿情緒形之於外，而遭暴君嚴懲。「文革」中人們沒有沉默的自由，不表態就以思想抗拒論罪，因而要麼只能作違心之言，要麼就昧着良心去揭發批鬥無辜者。這些都是對人類良心與思想自由的殘酷踐踏。

言論自由則常常表現為行為（不是自言自語，而是傳播於公眾），可能引起了良社會效應，因而要受法律的抑制。1919年美國聯邦最高法院著名法官霍爾姆斯有句名言：最大的言論自由也不保障任何人在戲

---

22. 〔美〕約翰·羅爾斯，何懷宏等譯：《正義論》(北京：中國社會科學出版社，1988)，頁193。

23. 〔美〕約翰·羅爾斯，何懷宏等譯：《正義論》(北京：中國社會科學出版社，1988)，頁237。

院中有詭呼起火而造成驚慌混亂的自由。至於煽動以暴力推翻政府的言論，更為所有統治者所忌而受取締。所以相對於思想自由，言論自由不是絕對的。但在公民的政治權利中，其重要價值則是居優先地位。沒有言論自由，其他政治權利都是空的。

生育自由本來應是一項「天賦權利」。可是在人口爆炸的中國，為了維持人們的生存質量，為了保障人們有免於失業和饑餓的自由，只能實行計劃生育。這就意味着在中國生存自由的價值大於生育自由，後者要服從前者。

又如通訊自由和通訊秘密受憲法保護，但有時為查明犯罪嫌疑人的罪證，立法上規定公安機關在偵查中必要時可依法按法定程序竊聽或拆閱私人信件。這時個別人的通訊自由就要讓位於社會的安全與自由。對嫌疑人而言，「侵犯」其通訊自由，比之未確定罪證以前就實行逮捕而侵犯其人身自由，二者權衡，顯然人身自由的價值要大於通訊自由。

正是基於「自由不等價」的考慮，法律上才允許某項基本自由在特殊情況下優位於另一項相對次要的自由。

3. 自由不可自棄

各種自由雖然是不等價的，但並不意味着低位階的自由可以被忽視、剝奪。權利人的自由，正常條件下也不應自棄。

通常認為公民或自然人的權利，與國家權力不同：作為法律賦予國家公職人員的公權力，是一種職責，既不許濫用，也不許放棄，否則就是瀆職或失職；而公民權利則可以放棄。

對這種籠統說法的是非要作具體分析：自然人的某些民事權利在個別情況下是可以放棄的，如放棄專利權資格，將其發明無代價地貢獻給社會。而有些民事權利也是不容放棄的，如我國《土地管理法》《漁業法》規定，土地、水面、灘塗的使用權不能自由放棄，任其荒蕪。

至於公民的自由權利，則應另當別論。因為公民的自由是公民固有的、憲法確認的神聖權利，是人的自主人格不可或缺的靈魂，也是法律的本質所在。這種權利資格既不容許權力者予以剝奪，權利人也不應自動放棄，否則他就無異於失去了做人的資格。如人身自由權利就不容許自行放棄，賣身為奴。當然有時為了某種原因，某種自由可以自願地

暫時不去行使（如暫不舉行遊行示威，或不參加某次選舉），但並不意味着完全放棄享有這種自由權利的資格。他所暫時放棄的只是現在對這種自由的行使權，而不是權利資格。

三、自由與平等、秩序的矛盾和平衡

不但各種自由權利是不等價的；自由作為一種價值，同其他社會價值，如平等、秩序、安全、公平與效率，等等，也是不等價的。總體上說，自由優先於其他價值，已如前述。但其他價值也是不可或缺的，必須兼顧。下面僅就自由與平等、自由與秩序的矛盾與平衡作些說明。

（一）自由與平等

自由與平等是兩項基本人權與法定權利，其價值隨不同社會形態與具體國情和不同歷史階段、時空條件而不等價。資本主義民主國家強調自由優先，而社會主義國家強調平等。在同一國情條件下，自由與平等也是一種矛盾的平衡。

平等是自由的前提條件。如果只是一部分人享有自由，則成為這部分人的特權，那麼其他大部分人就沒有自由了。既然法本身是實現公平、正義的準繩，從法律體系總體的形式意義上說，平等或公平應居於優先位置，而且在沒有平等的地方，也就沒有自由，因為享有自由特權的人群在行使其自由時就可以不平等地對待或侵犯他人的自由。但過分追求平等，否認差別對待，則又會大大限制有不同社會處境和天賦、能力的人自由發展的機會。

因之平等只是自由的一個必要條件，而非充分條件。有了平等，並不必然帶來自由。我國在計劃經濟時期和實行所謂「一大二公」年代，雖然表面上算是人人平等了，卻只是在「貧窮的社會主義」面前的「均貧」。而在政治思想、文化上的整齊劃一，喪失了基本的經濟自由與政治自由，從而也限制、阻礙了發展。

所以自由雖應以平等為前提，平等則應以自由為基礎。沒有自由而言平等，則這種「平等」也只是奴隸式的平等，或者犧牲發展講平等。社會的平等面愈寬，個人自由的範圍愈狹。所以美國著名政治學

家喬・薩托利（Giovanni Sartori）說：「平等不僅可以貫徹自由，而且還能毀滅自由。」[24]「從時間上和事實上來講，自由應當先於平等而實現。……如果沒有自由，人們甚至無法提出平等的要求。固然，也有一種先於自由而存在的平等，但那是奴隸之間的平等。」[25] 從法的實質內容上說，自由是法律體系的靈魂，是比形式平等居於首要地位的。

法律上為了維護平等，有時會影響某些人或某些活動的自由，也可能因而影響社會的平等。如反托拉斯法旨在維護平等競爭，卻可能對企業兼併與商業協作的自由起限制作用。

有時為維護自由，也可能因而影響平等。譬如允許私人經濟的自由存在與發展，對社會生產力的發展有利；但如果對其有損公平競爭和侵犯他人權利的不法行為不加節制，也會使少數人暴富，產生兩極分化，導致社會分配不平等，甚至使一些人喪失「免於饑餓的自由」。

總之，自由與平等這兩種價值互相依存又互相矛盾。為求社會公正，應以平等優先；為求保障個人個性發展和社會的進步，又應以自由優先。二者不能兼顧時，就要視該種自由與平等對促進社會效益何者為大、為重要，作出優先配置，又適當平衡。

自由一般應是「平等的自由」。但由於平等與自由有時是不等價的，因而就會產生、也有必要維護「不平等的自由」。立法上對其價值的位階順序的權衡標準，應當是以社會整體利益與自由或大多數人的利益與自由為據，同時又適當兼顧少數人的利益和自由，以取得有主次的平衡。這時的自由就是「不平等、或不夠平等的自由」。按羅爾斯在《正義論》中所提出的正義原則，「所有社會價值——自由和機會、收入和財富、自尊的基礎——都要平等地分配，除非對其中的一種價值或所有價值的一種不平等分配合乎每個人的利益」。或者「合乎最少受惠者

---

24. 〔美〕薩托利，馮克利、閻克文譯：《民主新論》（北京：東方出版社，1998），頁403。

25. 同上。

的最大利益」。[26]「一個不夠平等的自由必須可以為那些擁有較少自由的公民所接受。」[27]

中國在改革中提出「使一部分人先富起來，以達到共同富裕」的方略，前者要求的是自由，但卻是不平等的自由。後者則是結果上的平等，其價值取向是「少數人的經濟自由居先，兼顧公平」。在立法上，改革初期為吸引外資和先進技術，給予三資企業以優惠待遇和較多的自由，也是把對它們的自由放在首位，而社會平等次之。這對本國的企業來說，就是「不平等的自由」。這在當時有其必要性和歷史正當性。待到經濟發展到一定階段，要求對所有企業不分內外一視同仁，就復歸於「平等的自由」了。

至於思想、政治自由、人身自由等屬於精神和人格的自由，在民主社會，必須是平等的自由，不容只是少數人的特權。

(二) 自由與秩序、安全

秩序是指「自然界與社會進程運轉中存在着某種程度的一致性、連續性和確定性」。[28] 自然界的秩序即其必然性、規律性（如日月的運轉、生物的生存競爭、新陳代謝）。社會生活中的秩序則既有客觀規律性的一面，即社會自發形成的客觀法則、習慣規則，但很多又是人為建立的控制社會正常運轉的規則，如經濟秩序、道德秩序、生活與工作秩序等等。

秩序的反面是無序，是受偶然性、任意性的支配，無規律可循，不按規則運作，造成無政府狀態，社會混亂失控，人們無法預期行為的後果，沒有安全感。

法律秩序則是將社會秩序規範化、法定化，以及法律本身的運作但序化。它是防止社會無序的重要手段一。並里士多德說：「大法律

---

26. 〔美〕羅爾斯，何懷宏等譯：《正義論》（北京：中國社會科學出版社，1988），頁58。
27. 同上，頁241。
28. 〔美〕博登海默，鄧正來、姬敬武譯：《法理學 —— 法哲學及其方法》（北京：華夏出版社，1987），頁207。

者，秩序之謂也，良好的法律即良好的秩序之謂也。」[29] 凱爾森則強調「法律是一種強制性秩序」。[30] 秩序被推崇為至高的地位。

但秩序畢竟只是一種控制社會的形式，它的價值決定於其所維護的實質內容，即它要保障的是什麼樣的秩序：是民主自由的秩序，還是專制統治的秩序？是維護人權正義的秩序，還是奴役壓迫的秩序？鎮壓巴黎公社的法國總統梯也爾，其政黨號稱「秩序黨」，馬克思揭露他強制推行的所謂「秩序」，不是「自由、平等、博愛」，而是「步兵！騎兵！炮兵！」。

秩序與自由也是相互依存又存在矛盾的範疇。沒有秩序的自由就是混亂。不遵守交通規則，就沒有行車的自由；不遵守會議的秩序，就沒有發言的自由。無法無天的「大民主」，誰都可以任意打砸搶抄抓，就沒有真正的政治自由和人身自由。

反之，沒有自由的秩序，就是奴隸式的鎖鏈，就是死水般的停滯。所謂「統一思想」，所謂「輿論一律」，鴉雀無聲，雖秩序井然，卻扼殺了思想言論自由的生動活潑局面。

在自由與秩序之間，應當避免這兩種極端矛盾衝突的選擇，需要對二者加以價值的權衡和平衡。「每個社會都面臨著分配權利、限定權利範圍，使其與其他（可能相抵觸的）權利相協調的任務。」[31] 有時要求暫時抑制某些自由權的行使，以維護社會的正常生活秩序的運轉。譬如言論自由、示威遊行自由，如果不加任何限制，可能被濫用來擾亂社會秩序，乃至侵害國家與社會的安全。而一項旨在保護社會安全秩序的立法往往會削弱個人自由。如北京市禁放鞭炮和管理養狗的法規，對保障社會安全秩序十分有利，但個人愛好的自由就受到了某些必要的限制。又如發生嚴重的「非典」疫情，需要實行隔離封閉管制，就只能使

---

29. 〔古希臘〕亞里士多德，吳壽彭譯：《政治學》（北京：商務印書館，1981），頁 328。

30. 〔奧〕凱爾森：《法律和國家概論》，轉引自沈宗靈：《現代西方法理學》（北京：北京大學出版社，1992），頁 165。

31. 〔美〕博登海默，鄧正來、姬敬武譯：《法理學 —— 法哲學及其方法》（北京：華夏出版社，1987），頁 296。

一部分人犧牲行動的自由,其目的也在保護全社會的健康秩序和免受感染的自由。

有時則要求突破現存秩序,容許社會主體享有更大的自由。如為了經濟的發展,需要打破計劃經濟的舊制度舊秩序,賦予民間經濟更大的自由,以釋放社會生產潛力,進而建立市場經濟的新秩序,從而使秩序與自由在新的格局中取得新的平衡。

在創設自由與秩序的和諧統一的法律制度上,需要考慮許多複雜的因素。對二者的考量,也是受不同時期的情勢和不同統治者的政治傾向性而變化的。

第十六章

近代自由主義思想
的中國先知

—— 嚴復自由觀的法理解讀

* 本章是作者參加「紀念嚴復譯《法意》發表 100 周年」研討會的論文（2006 年 10 月
28 日，福州），後載於《中國法學》，2006 年第 6 期。

一、引言

筆者對嚴復的政治與學術思想沒有全面的研究。但作為一個法學者，試圖從法理視角來審視嚴復的思想，特別是他的自由思想，也許能講幾句非法學界的學者未曾涉及的觀點，供方家批評指正。

另外，作為與嚴復有忘年之交的郭嵩燾的後人，筆者能應邀參加嚴復的紀念會，也深感榮幸。大家知道嚴復在留學英國期間，正值郭嵩燾作為中國第一個派駐英國大使任內。嚴復每逢星期日，便與郭嵩燾「論析中西學術異同，窮日夕勿休」。

據《郭嵩燾日記》所載，嚴復常與郭嵩燾「縱橫議論」、「西洋勝處」和中外大勢，郭嵩燾對這個比他小約 40 歲的青年深為賞識，說「又陵才分，吾甚愛之」，認為他的思想言論「深切着明」、「殊有意致」，才堪大用。[1] 郭嵩燾每去各地旅行訪問時多次邀請嚴復相伴而行，嚴復從中獲益不淺。在郭嵩燾卸任回國之際，還特地向總理衙門和南北洋大臣各寄發了保薦嚴復等人的諮文。而嚴復對郭嵩燾也深為敬仰，僅在他所譯《法意》的按語中就至少有兩處提到「湘陰郭嵩燾先生」，說郭曾以一言概括西歐之所以日興和亞洲所以日衰，在於「其民平等與不平等」的差別。[2] 而嚴復也曾在旁聽英國法院審判後對郭嵩燾說，英國和「諸歐」之所以富強，「公理日伸」，在於不是「以貴治賤」，而是「法官與囚」的法律地位平等，「先生深以為然，見謂卓識」。[3] 在郭嵩燾被召回

---

1. 參見鐘叔河主編：《郭嵩燾：倫敦與巴黎日記》，光緒四年六月十七日、十一月二十九日等（長沙：嶽麓書社，1984），頁 654、838。《郭嵩燾日記》中提及嚴復者達 26 處，參見該書索引頁 59-60。

2. 嚴復譯：《法意》（「嚴譯名著叢刊」）（上海：商務印書館，1986），頁 5（卷十）、頁 3（卷十一）。

3. 同上。

國時，嚴復還特意翻譯當時英國報紙上一篇關於郭嵩燾去職回歸的報道，其中極力稱讚郭駐英的業績，托譯言志，藉以批評朝廷罷黜郭嵩燾的錯失。[4]

嚴復與郭嵩燾都是我國近代史上孜孜探求富強之道、主張學習西方政治法律制度和理念的相知和先知，但兩位思想家都不被時人理解，晚年都有相類似的悲涼處境。

二、嚴復的自由主義思想的意義

嚴復的政治學術思想博大精深，筆者之所以要單就其自由主義思想加以論述，是基於這是嚴復思想的核心與精華部分；而且，筆者認為現時學術界對他的自由觀的評說，也還有值得推敲商榷的空間。

大家知道西方近代自由主義的三部代表作，當推斯密（Adam Smith）的《原富》、密爾的《論自由》和孟德斯鳩的《論法的精神》。後者還被法國啟蒙思想家伏爾泰盛讚為「理性和自由的法典」。嚴復也讚賞孟氏此書「體大思精」。而這三本經典最早都是經嚴復完整地譯介到中國來的。嚴復特別鍾情於西方的自由主義思想和民主政制。他認為自由是「生人所不可不由之公理」，[5]中西文化的差異就在於「自由與不自由異耳」。[6]他在孟德斯鳩《論法的精神》（嚴復譯為《法意》）譯文的「按語」中說，孟氏此書的第十一章所論政治自由的法律和政制的關係，「詮釋國群自由之義，最為精審」。而他的譯文也是「字字由戥子稱出」，冀望學者能真正掌握「自由要義」。[7]這表明他對孟氏的自由觀

---

4. 參見嚴復譯：〈中國初次派遣駐英欽差大臣將起程離英〉，轉引自孫應群、皮後峰編：《〈嚴復集〉補編》，頁332–335。

5. 嚴復：〈論教育與國家之關係〉，載王栻主編：《嚴復集》（第1冊）（北京：中華書局，1986）。

6. 嚴復：〈論事變之極〉，原文為：西方的「命脈」「不外於學術則黜偽而崇真，於刑政則屈私以為公，與中國理道初無異也，顧彼行之而常通，吾行之而常病者，則自由與不自由異耳。」載王栻主編：《嚴復集》（第1冊）（北京：中華書局，1986）。

7. 嚴復：《法意》（卷十一）（上海：商務印書館，1986），頁3。

是何等重視。一些學者稱嚴復是西方近代自由主義思想引進中國的「盜火者」，不算過譽。

遺憾的是，在中國，自古以來，如嚴復所歎息的：「夫自由一言，真中國歷古聖賢之深畏，而從未嘗立以為教者也。」[8]到他所處的時代，即使倡言西政者日眾，士大夫仍然對「自由」一詞「驚怖其言」、目為洪水猛獸之邪說」。[9]

百年以後的今天，嚴復這一論斷仍未過時。自由思想在中國的命運，仍然沒有突破這種處境，仍然是權力者的一塊心病。[10]迄今憲法確認的政治自由權利也還缺乏立法保障。近現代自由主義思想同延續至今的中國儒家專制文化傳統，一直存在高度的緊張關係。因之研究和弘揚嚴復及其傳播的西方啟蒙思想家的自由主義思想，有重要的現實意義。

三、「群己權界」的要義——重點不在個人私權之間，而在公權力與私權利之間

嚴復是如何認識和對待自由的？這是研究嚴復和他所譯述的啟蒙思想家著作中的自由思想首先要釐清的問題。一些學者主要是從嚴復將密爾的《論自由》（*On Liberty*）的書名譯為《群己權界論》這個命題出發，來論證嚴復的自由觀與密爾和孟德斯鳩的自由主義思想的差異，甚或「根本不同」。他們認為經過嚴復過濾的「自由主義」，與形形色色以個體為本位的西方自由主義的根本不同之處，就體現在處理「個人與

---

8. 嚴復：〈論世變之亟〉，載王栻主編：《嚴復集》（第 1 冊）（北京：中華書局，1986）。

9. 嚴復：〈群己權界論・譯者序〉，載王栻主編：《嚴復集》（第 1 冊）（北京：中華書局，1986），頁 2–3。

10. 如毛澤東在民主革命中雖也十分讚賞羅斯福的「四大自由」，並要求建立一個獨立、富強、民主、自由的新中國（參見毛澤東《論聯合政府》）；可是，在奪取政權以後，經常強調的卻是「統一思想」、「輿論一律」、「高度集中」、「大權獨攬」。即使到改革開放時期，也仍很少或忌諱從正面意義上再肯定個人自由。在政治思想領域則不斷批判、否定自由，甚至連一首革命歌曲《團結就是力量》中的「向着自由」，演唱時也改成「向着勝利」。四部憲法序言中，自由都不再作為國家目標。

群」的關係上，嚴復是以中國的倫理文化為本位，強調「己輕群重」。[11]
或者說，「着重點是在群，而不是己」，[12]這類評斷多少還是因襲了中國
儒家傳統文化的國家本位、集體本位的陳說，是需要具體分析的。

(一) 群己權界之一：小己自由以他人自由為界

誠然，嚴復強調自由要分清其「權界」，是包含個人自由不得侵犯
其他個人與群體自由的意蘊，即所謂「小己」自由不應有損「國群」。
這一點孟德斯鳩的《論法的精神》在「什麼是自由」一節中已指出：
「自由是做法律所許可的一切事情的權利。如果一個公民能夠做法律所
禁止的事情的權利，他就不再有自由了，因為其他的人也同樣會有這權
利。」[13]法國《人權與公民權宣言》中也指明：「自由就是指有權從事
一切無害於他人的行為」。嚴復對此是認同的。他說：人們「自入群而
後，我自由者人亦自由，使無限制約束，便入強權世界，而相衝突。
故曰人得自由，而必以他人之自由為界」。[14]這就是他為什麼把論自由
譯為「群己權界論」的緣由之一。他是既強調個人自由，又反對濫用自
由，「恣肆氾濫，蕩然不得其義之所歸」的。[15]

(二) 群己權界之二：國家公權力以公民私權利為界

應當指出，「群己權界」不只存在於私人與私人的自由權利之間，
更重要的還在於國家的公權力與公民個人的私權利的分界。這是兩個不
同性質的「權」域。孟德斯鳩在其《論法的精神》第 11 至 12 章所着重
論述的政治自由，就是從國家的政治體制的民主和法律的民主性這兩方
面來考察公權力對公民個人自由的私權利的關係，而不是論述私人之間
自由權利的界限。

---

11. 參見汪丹：〈嚴復「倫理本位」的自由觀〉，載國學網，2006 年 2 月 25 日。

12. 署名「他鄉之客」的文章〈虛無中的堅守〉，載「關天茶舍」網，2003 年 5 月 17 日。

13. 〔法〕孟德斯鳩，張雁深譯：《論法的精神》(上冊)(北京：商務印書館，1987)，頁 154。

14. 嚴復：〈群己權界論．譯凡例〉，載王栻主編：《嚴復集》(北京：中華書局，1986)。

15. 嚴復：〈群己權界論．譯者序〉，載王栻主編：《嚴復集》(第 1 冊)(北京：中華書局，1986)。

孟氏認為，公民自由的保障，一靠權力分立的政治體制，二靠良法。這都屬國家公權力範疇。

在政制方面，孟德斯鳩《論法的精神》在理論上的最大貢獻就是將人民的自由同國家權力結構的合理配置相聯繫，提出著名的三權分立理論，指出只有權力分立的政制才是公民自由的可靠保障。「當立法權和行政權集中在同一個人或同一個機關之手，自由便不復存在了。」、「他可以用他的『一般的意志』（指立法權——引者注）去踐躏全國；因為它還有司法權，它又可以用它的『個別的意志』去毀滅每一個公民。」、「如果司法權不同立法權和行政權分立，自由也就不存在了。」因為這樣合二為一的權力，「將對公民的生命和自由施行專斷的權力」，「法官將握有壓迫者的力量」。[16]

在法制方面，孟德斯鳩在《論法的精神》第 12 章中著重從刑法的良惡來看它對公民的自由的影響。他認為公民的自由與安全仰賴於有良好的法律，「當公民的無辜得不到保證，自由也就沒有保證」。[17]他列了一系列嚴酷的刑法對公民的生命、財產與人身自由、思想言論自由等的恣意的惡性的侵犯。其精神實質是強調國家公權力不得侵犯公民的私權利。這就是嚴復所謂的「群己權界」的另一更為重要的界限，即權力與權利的分界。國家權力管轄的主要是屬涉及社會公益、公共領域範疇的行為，而不應干預、侵犯純屬私人自由的領域，特別是不得以惡法來懲罰人民。

上述兩方面，即現代憲政「制衡國家權力以保障公民權利」的原則。嚴復在他的《法意·按語》中都有論及。不過，孟德斯鳩在這兩章裏所說的「政治自由」，實際上是指國家權力結構的民主性，即權力分立。孟氏並沒有清楚地指出個人自由與政治民主（孟氏所謂「政治自由」）之間的區別，而嚴復卻注意到此。他用「國群之自由」和「小己之自由」的說法，來表達政治民主與個人自由的區別。

---

16. 〔法〕孟德斯鳩，張雁深譯：《論法的精神》（上冊）（北京：商務印書館，1987），頁156。

17. 同上，頁 188。

關於政制，嚴復是堅決反對君主專制，否定人治，主張君主立憲的民主政制，強調民權，保障小己自由。他贊成孟氏的權力分立理論，在三權中，嚴復同孟德斯鳩一樣首重立法權，因為它直接關係到民權和良法的形成。他認為立法權應由代表人民的議會掌握，特別是應該主要由下院來掌握。通過「設議院於京師」，分上下兩院，而「法令始於下院，是民各奉其所自主之約，而非率上之制也」。[18] 對司法權，嚴復主張它應享有三權分立中的「無上」地位。「非國中他權所得侵害。」[19]

關於法制，嚴復堅決反對君主專制的惡法，要求良法之治。他痛斥中國刑罰的苛嚴殘忍，他將「獄未定而加人以刑」的刑訊逼供的野蠻現象斥之為「天下至不仁之政」。[20] 他抨擊專制君主獨攬權力，「怒則作威，喜則作福，所以見一國之人生死吉凶悉由吾意」。[21] 在專制主義統治下，根本沒有自由民權可言。

特別值得指出的是，他還洞見人治和賢人政治的弊端，而強調「恃制」，即認為制度才是根本的，群己自由的保障不應恃「人仁」，而應恃「制仁」：

「國之所以常處於安，民之所以常免於暴者，亦恃制而已，非恃其人之仁也。」、「夫制之所以仁者，必其民自為之；使其民而不自為，徒坐待他人仁我，不心蘄（同「祈」——引者注）之而不得也。」、「在我者，自由之民也；在彼者，所勝之民也。必在我，無在彼，此謂之民權。」[22]

對於像刑法這種公權力的界限，嚴復指出：

「夫泰西之俗，凡事不逾於小己者，可以自由，非他人所可過問。」[23]、「為思想，為言論，皆非刑章所當治之域。思想言論，修己者

---

18. 嚴復：〈原強〉，載王栻主編：《嚴復集》（北京：中華書局，1986）。

19. 嚴復譯：《法意》（卷十九）（北京：商務印書館，1986）。

20. 嚴復譯：《法意》（卷十九）（北京：商務印書館，1986）。

21. 嚴復譯：《法意》（卷六）（北京：商務印書館，1986）。

22. 嚴復譯：《法意》（卷十一）（北京：商務印書館，1986），頁 456–46。

23. 嚴復譯：《法意》（卷十九）（北京：商務印書館，1986），頁 26–27。

之所嚴也，而非治人者之所當問也。問則其治淪於專制，而國民之自由無所矣。」[24]

可見在涉及國家權力的政制、法律上，嚴復是強調劃分國權與私權的界域，國權（權力）不得侵犯人權和公民權利；在事關公民私權利（如自由，特別是思想言論自由）上，群（國家和社會）己（個人）權界不是「己輕群重」，而是「己重」，個人基本權利與自由高於國家權力，不受權力的侵犯。這一點已是現代憲政理念的一個重要原則：公民的基本權利高於國家權力，「任何國家權力（立法、行政和司法權）都不能違反有關這些基本權利的規定而作為或不作為」。[25]

（三）群己權利孰輕孰重，不是非此即彼

群己權利與自由孰輕孰重，也不能作為一個抽象的命題，不考慮具體情勢，籠統地斷定非此即彼。通常是「己重」；特定條件下也可能要求「己輕群重」，捨己為群；也可以二者兼顧。嚴復對此有辯證的歷史主義的分析：

「西士計其民幸福，莫不以自由為唯一無二之宗旨。試讀歐洲歷史，觀數百年百餘年暴君之壓制，貴族之侵凌，誠非力爭自由不可。特觀吾國今處之形，則小己之自由尚非所急，而所以祛異族之侵橫，求有立於天地之間，斯真刻不容緩之事。故所急者，乃國群自由，非小己自由也。」[26]

有些學者也正是據此認為嚴復是主張「己輕群重」的。但是請注意，這裏嚴復所論之「國群」，在前者（歐洲）是指作為鎮壓國內人民自由的國家統治機器（王朝社稷），故要反抗國家暴力的壓制而力爭公民個人（小己）自由，這時應當是「國輕己重」；在後者（中國），則是指中華民族（祖國）對外要爭獨立自由，故國群自由急於、高於小己自由。嚴復在這裏是區分了兩種國家（對內的統治主體和對外的國際法

---

24. 嚴復譯：《法意》（卷十二）（北京：商務印書館，1986），頁 13–14。

25. 〈德意志聯邦共和國的法律體系〉，中德「對行政的法律約束和對個人的法律保護」國際學術研討會資料，2000 年 6 月 12–13 日，北京。

26. 嚴復譯：《法意》（卷十七）（北京：商務印書館，1986），頁 4–5。

主體）和兩種不同性質的自由（國家對外獨立自主和個人私域的自由），體現了他嚴密的邏輯思維。

無論如何，在總體的傾向性上，嚴復是專制政制的堅定反對者，強調個人權利與自由高於國權（國家權力）。他說，人民之所以愛國，甚至可以捨身為國，是基於其國有可愛之處，即國家（政府）是基於人民的「公產」（國家為人民公有，政府由公民選舉產生），「唯人人視其國為所私（指為每個人私有，亦即共有——引者注），不獨愛其國也，而尤重乎所載之自由。故其保持之也，雖性命有不恤」。[27] 即人民愛國主要是愛主權在民的國家及其所承載的對人民自由的保障。

嚴復還在《法意》按語中引所譯孟氏的原文說：「故為政有大法：凡遇公益問題，必不宜毀小己個人之產業，以為一群之利益。」強調小己的私利，不容國家以公益為由隨意犧牲、剝奪。接著他又引盧梭在《社會契約論》中的名言：「國家之安全非他，積眾庶小己之安全以為之耳。」並引申說：「獨奈何有重視國家之安全，而輕小己之安全者乎？」[28]

他還特別指出，就公民個人而言，出於愛國（愛自由）之心，寧毀家以紓難，以求國家之安全，固然令後人頂禮敬愛；但就「主治當國之人」即執政者而言，「謂以謀一國之安全，乃可以犧牲一無罪個人之身家性命以求之，則為違天滅理之言。此言一興，將假民賊以利資，而元元無所措手足。是真千里毫釐，不可不辨者則」。[29] 他認為「侵人自由，雖國君不能」，尖銳地抨擊侵害個人自由的「主治當國之人」是「逆天理，賊人道」！[30]

讀至此，真令人拍案敬歎：嚴復是何等慎思明辨！他比之那些高喊國家利益至上，為國家「大我」之公益可以任意犧牲「小我」權益的權力走卒「違天滅理」的所謂「愛國主義」，不知高明多少！現代法治原

27. 嚴復譯：《法意》（卷十九）（北京：商務印書館，1986），頁37。
28. 嚴復譯：《法意》（卷二十六）（北京：商務印書館，1986），頁21。
29. 嚴復譯：《法意》（卷二十六）（北京：商務印書館，1986），頁21–22。
30. 嚴復：〈論世變之極〉，載王栻主編：《嚴復集》（第1冊）（北京：中華書局，1986）。

則要求，政府即使為了公益而有必要限制或損害私利時，國家也必須給以相應的補償。

由此可見，嚴復在看待國家權力與看待公民的自由權利，是嚴加分辨，區別對待的。治國者的權力「自由」必須以普通公民的自由權利為邊界。

（四）真自由在於「及物」之中「存我」

嚴復還對中國傳統文化的「理道」同西方自由思想的區別加以細辨。他指出：

> 「中國理道與西法自由最相似者，曰恕，曰絜矩（度量與法度 --- 引者注）。然謂之相似則可，謂之真同則大不可也。何則？中國恕與絜矩專以待人及物而言；而西人自由，則於及物之中，而實寓所以存我者也。」[31]

中國儒家傳統「理道」注重待人及物，即強調對他人的義務責任，而漠視、抹煞個人權利；而西方自由主義強調於及物之中「**存我**」，即使要顧及「國群」，其出發點和歸宿仍在「**存我**」，注重的是維護小己的自由權利。這也是密爾所主張的，對個人自由的限制或干預，只應是出於社會「自我防衛」的必要，即僅僅為了「防衛」以小己自由侵害國群；而不能動輒以國家或公益需要而限制、剝奪個人的自由。

凡此可見，嚴復的自由觀同他所崇尚、所譯介的西方啟蒙思想家的自由主義思想，雖不能說厘毫不差，但總體精神上並無二致。應當說他是深得其精髓的。這些觀點都表明，他堅持的自由觀是以個人權利為本位、兼顧「國群」的自由，而非國家權力本位，主流思想是對個人權利與自由的高度看重；也不是像現今有些學者所認定嚴復的自由觀是「己輕群重」，更不是所謂「出賣了自由主義的靈魂」。[32] 相反，甚至不妨說他比那些拘守國家本位（實即皇權本位）的儒家專制文化傳統的理論家和當代鍾情於國家至上主義的理論家的思想觀念要超前得多。

---

31. 轉引自王栻主編：《嚴復集》（第1冊）（北京：中華書局版，1986），頁5。

32. 轉引自署名「他鄉之客」的文章：〈虛無中的堅守〉，載「關天茶舍」網，2003年5月17日。

四、手段與目的之辨 —— 國家權力至上還是個人自由爲本

對嚴復自由觀的批評言論的另一要點認為，嚴復是把自由主義視為富國強民的手段，而不是目的。這種觀點的始作俑者或許是美國學者史華兹教授，他「發現」嚴復在《群己權界論》的「譯凡例」中的論點，改造了密爾原著的精神，「如果在穆勒（即密爾）的著作中，個人自由經常被看做是一種目的；那麼，在嚴復的譯作中，個人自由則成為提高民德和民智，並最終為國家目的服務的一種手段」。[33]

國內學界一些人也附和說，史華兹這種觀點對中國學者「無疑具有振聾發聵的作用」。[34]他們認為，「在密爾那裏，自由主要的還是體現在個人的獨特價值上，個人自由本身就是目的」。而在中國，在嚴復思想裏，基於不是秉承西方個體本位文化傳統，而是「倫理本位文化傳統，個人的自由與國富民強之間存在着千絲萬縷的關聯，追求民族獨立與自由，大抵不存在着彼此對立、彼此競爭的緊張關係」。[35]

（一）國人得自由是國家富強的基石與歸宿

誠然，嚴復確抱有富國強民的追求，前已述及，嚴復面對外強入侵，也曾強調「所急者乃國群自由，非小己自由」，把個人自由同國家存亡聯繫起來。他認為西方富強的真諦在人民有自由：

「夫所謂富強云者，質而言之，不外利民云爾，然政欲利民，必自民各能自利始；民各能自利，又必自皆得自由始；欲聽其皆得自由，尤必自其各能自治始，反是則亂。顧彼民之能自治而自由者，皆其力、其

---

33. 本傑明·史華兹，葉鳳美譯：《尋求富強：嚴復與西方》（南京：江蘇人民出版社，1996），頁121。

34. 轉引自汪丹：〈嚴復「倫理本位」的自由觀〉，載國學網，2006年2月25日。

35. 同上。

智、其德誠優者也。是以今日要政，統於三端：一曰鼓民力，二曰開民智，三曰新民德。」[36]

在嚴復看來，自由是與自利和自治密不可分的，三者都是政治民主和國家富強的動力，而自由則是其核心、基石（自治即自主，也屬政治自由）。也就是說，三者都關乎國家與個人，但出發點、立足點和終極目的都是公民個人自由。只有公民有了自由，才能發揮其智慧和力量，國家也才能富強。而國家的「要政」也在於為開發民力、民智、民德創設條件，也是要落實於全民每個人。民為邦本，「國」與「民」是相依的：「處大通並立之世，吾未見其民之不自由者，其國可以自由也；其民無權者，其國之可以有權也。」[37]

也就是說，無國民個人的自由、自利、自治等權利，也就沒有國家的獨立自由和富強。

這樣公民個人自由與國家獨立富強形成一條首尾相接的環形鏈：「爭取個人自由——國家獨立富強——保障個人自由」。若要區分誰是手段，誰是目的，只是截取這個類似因果鏈中的一段：自由是實現國家富強目的的手段；國家富強又是保障和發展公民自由這一目的的手段，如此良性循環。但總體上，個人自由是出發點和終極歸宿。如果國家獨立富強不歸結為公民自由權利的落實和發展，那麼，要麼是國富民窮，要麼是鞏固、強化了專制和壓迫的國家機器。而嚴復是堅決否定專制國家的。「專制之制，所以百無一可者也。」[38]

(二) 能鼓吹「國家自由」至上嗎？

還有一個更深層次的問題是，如果說嚴復的自由觀是以服務國家為目的，也需要辨析他心目中所看重的、所願服務的是什麼「國家」？

---

36. 嚴復：〈原強〉修訂稿，載王栻主編：《嚴復集》（第 1 冊）（北京：中華書局，1986），頁 27。

37. 嚴復：《原富》按語，載王栻主編：《嚴復集》（第 4 冊）（北京：中華書局，1986），頁 917。

38. 嚴復譯：《法意》（卷五）（北京：商務印書館，1986），頁 30。

這個國家是專制的皇權統治的「國家」，還是人民掌權的民主國家（或他所主張的君主立憲國家）？作為前者，能任其「自由」嗎？

要知道，他甚至不承認中國自古以來有「國」，而認為只有「家」，即歷代王朝都是一姓的私產——家天下：

「中國自秦以來，無所謂天下也，無所謂國也，皆家而已。一姓之興，則億兆為之臣妾。其興也，此一家之興也；其亡也，此一家之亡也。」[39]

嚴復所要的自由決不是為了達到「興一家之國」的目的。如前所述，他所謂的國家不是指某一王朝的社稷——國家統治機器，更不是專制的國家，而只是「國群」，即這塊擁有幾萬萬同胞、960多萬平方公里土地和幾千年文明的中華民族共同體。他要的是民族國家的獨立自由與富強，所以他認為「身貴自由，國貴自主」（《原強》），就公民個人言，貴在有個人自由；就國家民族言，則貴在對外能獨立自主，不致喪權辱國，成為列強的附庸。

至於他所追求的所謂小己的自由，並非單指某一個人，而是「每個人」的自由，亦即所有公民和自然人，「人人皆有行己之自由」，「積其民小己之自由，以為其國全體（人民——引者注）之自由。此其國權之尊，所以無上也」。[40]國權無上實質上是它所承載的人民自由至上。「吾未見其民之不自由者，其國可以自由也。其民無權者，其國有權也。」[41]

再則，國家對外爭取獨立自由，並不意味着其對內統治也一定會遵奉民主自由的原則。國家富強與專制暴虐是可以並行的。因此在國家的對內職能方面，是不能任由國家（權力）有無限制的自由的。嚴復後來明確地看到並強調了國家自由與個人自由的區別。他說：

「蓋政界自由，其義與倫理學中個人自由不同。僕前譯穆勒《群己權界論》，即系個人對於社會之自由，非政界自由。政界自由與管束為

---

39. 嚴復譯：《法意》（卷五）（北京：商務印書館，1986）頁 28-30。
40. 轉引自史華茲，葉鳳美譯：《尋求富強：嚴復與西方》（南京：江蘇人民出版社，1996），頁 120。
41. 嚴復譯：《法意》（卷五）（北京：商務印書館，1986），頁 12。

反對。……唯管轄而過，於是反抗之自由主義生焉。若夫《權界論》所指，乃以個人言行而為社會中眾口眾力所劫持。」[42]

這就是說，政治權力的「自由」是與它對社會和公民的管制相對應的；而公民對國家而言，其自由則是為反抗國家過度管制或侵犯，而向政府爭自由。這不同於《權界論》中所論述的個人自由與社群自由的關係及其應受的社會限制。

孟德斯鳩在《論法的精神》一書中闡述政治自由時，是把國家權力的「自由」（應為「民主」）同公民或私人間的自由加以區分，並認為二者是有矛盾的。他嚮往的是英國式的君主立憲國家，而認為「民主政治和貴族政治的國家，在性質上，並不是自由的國家」。通常人們認為民主共和國有自由，而君主國無自由，是「把人民（國家）的權力同人民的自由混為一談」。自由只有在「國家的權力不被濫用的時候才存在」。所以他提出「要防止濫用權力，就必須以權力約束權力」的著名原理。[43]

這正說明，對國家（權力）是不容它有無限制的自由的。即使是民主國家也應如此。馬克思在《哥達綱領批判》中曾經堅決反對爭取「自由的人民國家」的口號，他認為，凡國家包括人民的國家（權力）都不應是自由的。人民的真正「自由就在於把國家內的一個站在社會之上的機關變成完全服從這個社會的機關；而且就在今天各種國家形式比較自

---

42. 嚴復譯：〈政治講義〉，載王栻主編：《嚴復集》（第5冊）（北京：中華書局，1986），頁1282。

43. 〔法〕孟德斯鳩，張雁深譯：《論法的精神》（北京：商務印書館，1987），頁154。

由或比較不自由，也取決於這些國家形式把『國家的自由』限制到什麼程度。」〔44〕

　　可見就國家的對內統治權而言，在個人自由與國家（權力）的關係上，「國家的自由」不應是人民所應爭取的目標，也不是嚴復要運用「小己」自由為手段去追求的目的。相反他是極力主張為爭人民小己之自由而反抗專制的統治。他主張君主立憲，但他明確指出：「立憲者，立法也，非立所以治民之刑法也。……立憲者，即立吾儕小人所一日可據以與君王為爭之法典耳。」〔45〕

　　總之，簡單地把嚴復的自由思想及其與國家的關係，歸結為手段與目的的關係，歸入「國家本位」範疇，將它貶低為一種實用主義的工具論，而抹殺嚴復對公民個體自由權利的崇高價值的追求，強給這位堅決反對和突破中國專制文化傳統的自由主義思想家，重新穿上儒家倫理本位的外衣，使之適應中國固守的國家至上和所謂集體利益高於個人權益的教條。因此，與其說是嚴復「改造」了西方啟蒙思想家以個人為本位的自由主義思想，倒不如說是某些學者試圖改造嚴復的思想，以適應自古迄今中國主流傳統意識形態。這不能說是鄭重的、實事求是的科學態度。〔46〕

44. 〔德〕馬克思、恩格斯，中國共產黨・中央馬克思恩格斯列寧斯大林著作編譯局：《馬克思恩格斯選集》（第 3 卷）（北京：人民出版社，1972），頁 19–24。這裏不妨一提 1998 年第 5 期《百年潮》雜誌刊載的《胡適為蔣介石祝壽》一文，其中講過去胡適曾勸蔣介石做一個「三無」領袖，即「無智、無能、無為」，才能使「眾智、眾能、眾為」。蔣聞之大怒，指令其御用文人加以猛烈攻擊，說：「有一知名學者發表所謂『向政府爭取自由』的言論 —— 目的在於製造人民與政府的對立」，「所謂『言論自由』，『思想自由』，其實都是騙人的。」
這段奇談出自蔣介石的御用文人，不足為奇，因為他們是奉行「國家至上」、「領袖第一」的；但是我們中有些論者也大講國家自由高於個人自由，而且把這種觀點說成是馬克思主義的就不免令人稱奇了。這些論斷比之百年前的嚴復的自由主義思想，其差距不言自明。

45. 嚴復：〈政治講義〉，載王栻主編：《嚴復集》（第 5 冊）（北京：中華書局，1986），頁 1284。

46. 關於對集體權利與個體權利和國家主義的剖析，參見郭道暉：〈論人權的性質與價值位階〉（載《政法論壇》，2005 第 1 期）等論文；及郭道暉：《法的時代精神》、《法的時代挑戰》等書（湖南人民出版社出版）。

五、本與末，體與用 —— 嚴復的「自由為體，民主為用」

在論及西方諸國所以強大時，嚴復用一句話概括說：

「蓋彼以自由為體，以民主為用。」[47]

關於體與用、本與末的問題，是近現代中國改革開放轉型時期思想界的一大爭論焦點。郭嵩燾就多次批評本末倒置的洋務派，只強調富國強兵在於學習西方的船堅炮利等技藝，而忽視西洋立國之本在其政治法律制度：

「國家大計，必先立其本。其見為富強之效者，末也。本者何？紀綱、法度、人心、風俗是也。無其本而言富強，只益其侵耗而已。」[48]、「西洋立國，有本有末，其本在朝廷政教，其末在商賈。」[49]

與本末論相關的是體用論，所謂「中學為體，西學為用」，幾乎成為歷來所有保守派的護身符。

「體」與「用」本是內容與形式、本質與功能的關係，本體不同，性質與功能必異。要想西方國家治國經驗能為我所用，不改革我國的政治體制這個「體」，只會是南極變北極。嚴復對體用關係早就有入木三分的分析。他對「中體西用」論者諷喻說：「有牛之體則有負重之用，有馬之體則有致遠之用。未聞以牛為體以馬為用也。」[50]

(一) 自由是民主的靈魂與基石

在中學與西學的關係上，嚴復的基本觀點是：「中學有中學之體用，西學有西學之體」，不同體用是不能交錯混用的。[51] 嚴復看重和

---

47. 嚴復：《原強》，載王栻主編：《嚴復集》（第 1 冊）（北京：中華書局，1986）。

48. 郭嵩燾：〈致李傅相〉，載郭嵩燾：《養生書屋文集》（卷十三）（上海：上海古籍出版社，2002），頁 298。

49. 郭嵩燾：〈條議海防事宜〉，載《郭嵩燾奏稿》（南京：嶽麓書社，1983），頁 341。

50. 嚴復：《與外交報主人論教育書》。

51. 參見嚴復：《與外交報主人論教育書》。

論辯的主要不在中西制度體用的關係，他獨到的思想是民主與自由的體用關係。他提出了「自由為體，民主為用」這個深刻的命題，雖然對此他並未有進一步的闡述，但從他思想言論的總體上，可以體味到他這一論斷的精神光芒。

在嚴復的論著中，隨處可見批專制、揚民主的論述。但他清醒而敏銳地覺察到自由是更根本的。他比其同時代的改革家要高明之處，是他要進一步追問民主的目的是什麼。他超越民主而洞察民主的基礎是自由，實行民主的終極目的也是自由，自由的精神價值與功利價值更勝於民主。可以說，嚴復在這方面所達到的理論高度和思想境界，直攀現代憲政理念的高峰，不僅為他的同代人所望塵莫及，而且也是現今某些執政者和理論家有待提升的。

嚴復對民主是十分強調的，他曾盛讚西方民主制度，說：「民主者，治利之極盛也。使五洲而有郅治（「郅」，大、盛——引者注）之一日，其民主乎？」[52]

但他認為自由更高於民主，強調自由是「生人所不可不由之理」。[53] 在他的著述中，圍繞「自由」這個中心的各種詞語，如自強、自利、自主、自力、自在、自存、自為、自治、自致、自得以及為己、發己、行己、存我、我意⋯⋯等等，俯拾即是，如數家珍。他將太平盛世的實現寄託在自由上：「故今日之治，莫貴乎崇尚自繇（即自由——引者注），自繇則物各得其自致，而天擇之用存其最宜，太平之盛，可不期而自至。」[54]

民主和自由是相依的關係。沒有民主，自由就沒有保障；抹殺公民的自由，民主就只是欺騙。無經濟上的自由，政治上的民主不能當飯吃，也難推動政治的民主化。選舉如果不尊重或違反選民的自由意志，

52. 嚴復：〈政治自由講義〉，載王栻主編：《嚴復集》（第 5 冊）（北京：中華書局，1986），頁 1282–1284。

53. 嚴復：〈論教育與國家之關係〉，載王栻主編：《嚴復集》（第 1 冊）（北京：中華書局，1986），頁 166。

54. 嚴復：《老子》。

就不能說是民主的選舉。沒有思想文化上的自由，就沒有政治文明的發展，其他一切民主自由也都是泡影。

此外，即使實行了民主，如果只講少數服從多數，而不考慮保護少數的自由，也可能形成「多數暴政」。所以西方有些學者說，民主只是所有惡魔中比較好的一個惡魔。

在嚴復看來，民主是實現自由的必由之路。上文所引他提出的「三自論」——自利、自治、自由，說明他對民主與自由的關係的深刻認識。其邏輯順序是：人民先要能自利，有賴以生存的財產——物質利益；要自謀物質利益，就得享有從事謀利活動的自由；而自由，就要能自己作主，即自治。自治指人民以其所達到的「民力、民智、民德」去「自為」，自主，具有民主的內涵，即嚴復所謂「民有權而自為君者，謂之民主」。[55] 這樣，嚴復的「三自論」就蘊含着「民主是自由的保障、為自由所用」的要義。

民主與自由又是有區別的。前已述及，嚴復是看到了二者的區別，並強調分清「國群自由」（即國家的民主權力）與「小己自由」（公民個人的自由）的權界。

並非所有民主都意味着自由。一方面，民主作為一種國體，即人民主權、人民統治，對人民是自由的；但不許敵對勢力的活動有危害國家安全的自由。另一方面，民主作為一種政體，要求實行多數的統治，即少數服從多數，這對少數而言，就不是自由的。而自由恰巧是要求尊重、保護少數，允許少數人有保留個人意志的自由。

也並非有自由就一定有民主。開明的專制也可以賜給人民一定程度的自由。過去香港作為英國殖民地是英國所派的總督專權，對殖民地人民不講民主；但香港卻是有名的「自由港」，經濟上是很自由的。

自由固然需要民主的保障，但沒有民主，也不見得不容許任何私人自由。即使是專制的國家，也不是毫無自由，只不過那是專制君主一人之自由。嚴復還認為，有些專制統治者有時也會「有不奪其民之自由者」。他舉元代蒙古人統治俄羅斯為例，說其統治雖甚暴虐，但只要俄

---

55. 嚴復：《原強》修訂稿。

羅斯人民不搞叛亂，保證上貢，即足，其餘皆自由。反之，「使其民生逢仁愛國家，以父母斯民自任，然而耕則定播獲之時，商則制庸贏之率，工則與之以規矩，士則教其以率由。其於民也，若縲負而繩牽之，毫末無所用其發己之志慮」。總之是由政府包辦一切，人民不能有任何自主、自由的空間。對這樣的政府，嚴復認為，在中國會奉為父母神明，是「千載一時之嘉遇」；而在西民，則會認為是「奪其自由」，人民的處境無異於當奴隸，是「為民所深惡痛絕」[56]的。這種見解很值得我們反思改革開放前的狀況。

他還以己意譯述孟氏的觀點，認為「一方之事，國不聽其民之自為，奪其權而代行其事」，是「害之所由興者」。[57]

嚴復這種認識反映了他對公民自由的深層次的追求，幾近於現代自由主義者對福利國家「從搖籃到墳墓」對人民的「生存照顧」的政策得失的批評。因為這仍然是以國家權力來支配、控制社會。遇上專制政府，可能藉口對人民的「生存照顧」而導致對社會的過度干預，乃至實行強權統治。西歐近代史上德國「鐵血宰相」俾斯麥就是如此。希特勒法西斯主義的國家社會主義也都是打著國家照顧人民生存空間或為人民服務的旗幟，去替民做主，做民之主。

（二）公域要民主，私域要自由

民主與自由分屬於不同權域：民主權力屬於公共領域，國家和社會組織的公權力（國家權力與社會權力）的產生和行使必須遵循民主原則與民主程序；自由則一般屬於自然人的個體私權利（除公民的政治自由屬於公民個人的公權利以外），主要體現在私人生活中，不受公權力的侵犯。嚴復強調自由為本，表明他對以個體為本位的私人自由的珍視。對私權領域而言，民主（權力）是保障私人自由（權利）不受公權力干預的手段。

---

56. 嚴復譯：《法意》卷五按語，載「嚴譯名著叢刊」（北京：商務印書館，1986）。

57. 參見嚴復：〈政治講義〉，載王栻主編：《嚴復集》（第 5 冊）（北京：中華書局，1986），頁 1282–1284。

至於公民的政治自由權利，是個人的民主權利，主要在參與國家與社會共同體的公共事務中體現，馬克思稱它為「公權利」。[58] 如憲法規定的公民集會、結社、遊行、示威、言論、出版等政治自由，它既是公民對國家權力的支持和制約的政治參與權，也是抵制國家權力侵害的政治防衛權，是一項民主的公權利。這項自由既是促進國家民主，又是保障公民個人自由的。在市場經濟的立法中，賦予市場經濟主體以各種自主權和經濟自由，也體現國家民主權力為社會主體的自由權利所用。

在民主與自由的價值選擇上，一般不會有大的矛盾衝突。但由於自由主要是以個體為軸心，民主則以社會為基礎，自由有利於發展個人創造精神，民主則是旨在增強社會凝聚力和對國家的向心力。

在一定歷史條件和實踐步驟要求下，民主也可以成為人民首先要爭取實現的目的。《共產黨宣言》中就指出，工人階級革命的第一步就是「爭取民主」。但它還是宣佈共產黨的最終目的是要建立「自由人的聯合體」，「在那裏，每個人的自由發展，是一切人的自由發展的條件」。自由比民主更具本體價值。馬克思說：「自由確是人固有的東西，連自由的反對者也在反對（他人）實現自由的同時實現着（自己的）自由。」[59]

嚴復「自由為本、民主為用」的思想，對我們現今的政治改革，具有深刻的理論意義和現實意義。二者的體用關係，有待我們認真加以審視探討。

筆餘尾語

本文只是就嚴復早期的政治思想和他的一些著作中有關自由的部分論述加以解讀，並未全面論及其人及其晚年的政治立場與態度的變化（或倒退），所涉及的觀點也只是其著作中的小部分，因而肯定是不全面的，論點也容或有不周全的地方。敬希方家指正。

---

58. 參見郭道暉：〈論公民權與公民社會〉，載《法學研究》，2006 年第 1 期。

59. 〔德〕馬克思、恩格斯，中國共產黨・中央馬克思恩格斯列寧斯大林著作編譯局：《馬克思恩格斯全集》（第 1 卷）（北京：人民出版社，1956），頁 63。

第十七章

「以人為本」重在
以人的自由為本

* 本章原載《法學》，2007 年第 9 期。

一、「以人爲本」的當代意義 ——
一種政治倫理哲學和政治思想戰略

(一) 口號的命運

大凡一個本來正確的、有針對性的命題或者口號被廣泛推銷、無所不至的時候，它的命運就往往被濫用而成套話，變得庸俗、走樣、變調乃至荒誕。

譬如「依法治國」的客體——「國」本是指國家機器，本旨主要是依法管治國家權力、依法治官，卻被擴大解釋為依法治某一地域（省、市、縣、鄉、村等等）或某一社會事務（治水、治路、治家等等），甚至扭曲為治人。

「和諧社會」本來有兩個關鍵詞：「和諧」與「社會」。現代意義的和諧社會本應是建立公民社會，其重心在國家與社會、執政黨和政府與人民群眾之間的和諧，其核心是公民權利與國家權力的平衡，國家與社會的二元格局的相互諧調，互補互動，以及社會主體之間的權利平衡等等。現在無處不講「和諧」，諸如和諧企業、和諧社區、和諧賓館、和諧家庭⋯⋯還有所謂「和諧鐵路」、「和諧長江」之類，唯獨沒有了「社會」，不講公民社會與政治國家的協調互動，公民權利與國家權力的平衡互控，而「和諧」也只宣揚「和為貴」，抹殺社會矛盾和合理合法的社會鬥爭，「和諧」異化為「維穩」。

至於「以人為本」，現在有些人也將它片面地置換為「人性化」，甚至庸俗化為以人的生物性為本。譬如一些法律實務部門將「以人為本」低級化為照顧囚犯的性生活等「人性」需要，允許其妻留宿監獄或允許其在監獄結婚，這被說成是刑事監管「以人為本」的「人性化」體現；而對更大的違反人性的酷刑和侵犯人權的冤案很少過問。

又如一位外資企業老闆花 40 萬元把工廠的 57 個廁所修理一新，也被媒體渲染是「以人為本」的先進管理。[1]

更有些論者提出要「以黨員為本」，認為這是「黨的先進性建設的基本原則」，「是以人為本在黨的建設中的具體體現」，「任何離開黨員個體發展的黨的先進性建設都是毫無意義的」，其中把黨要「着眼於黨員權益的保障，着眼於黨員素質的提高，着眼於黨員生活環境的改善和生存質量的提高」視為「堅持以黨員為本的價值取向」的「十分重要的途徑」，其中甚至包括「對下崗失業群體中的黨員進行免費培訓」，「開展貧困黨員脫貧示範行動」等等。[2] 簡直把執政黨當成一個自謀自利的私益社團了。雖然這對治療那些漠視黨員權利的黨組織和黨的官僚不失為一劑藥方，但說這就是保證黨的先進性和體現「以人為本」的核心價值，則未免言過其實。黨的先進性主要看它的理論基礎的科學性、政治綱領路線的人民性和「立黨為公」的精神感召力，以及黨員為人民服務的品德，後者也不能靠特殊化地善待黨員權益來促進。

總之，以上所列這些說法和舉措雖也多少體現了對人的關懷，不無可取；但將它提升到「以人為本」的思想戰略高度，未免有失中肯。

我國長期以來習慣於搞運動的方式，上面一個政策、一句口號，往往一呼百應，全國全民動員，官民上下貫徹。如同過去毛澤東講一句「階級鬥爭一抓就靈」，於是全黨全國全民就無時無處無事不講階級鬥爭那樣，現在也是全黨全國全民，地無分東南西北上下，人不論士農工商官民，也不論各種不同專業領域和範疇都大講和諧；些許生活瑣事也「上綱」為「以人為本」。這種習慣動作大有改弦更張的必要。

（二）為什麼提出「以人為本」？

要準確領會和把握「以人為本」的當代要義，先要追問其對現實中國的針對性：為什麼要提出「以人為本」的理念？

---

1. 參見〈什麼是「以人為本」——訪華翔集團副總裁張才林〉，載中國辦公網。
2. 參見南俊英：〈以黨員為本：黨的先進性建設的基本原則〉，載《河南社會科學》，2006 年第 6 期。

「以人為本」不是什麼創新的口號，可以說自古有之。中國儒家提倡「仁者愛人」的仁政，「民為邦本」的政治格言；西方文藝復興時期的人文主義，都可以說是「以人為本」的老祖宗。

問題在於，當代中國的執政黨為什麼要重提這個口號？

筆者認為，從消極意義上說，應當是要撥亂反正，繼續清除「以階級鬥爭為綱」即「以階級為本」的積弊；從其積極的現實針對性而言，則應當是要改變長期以來「以黨治國」、「黨權至上」的「以黨為本」和以「領袖為本」，進而揚棄「官本位」、「以官為本」的積弊，轉到「執政為民」、「以民為本」，即「權為民用，情為民繫，利為民謀」。[3]

從政治理念上看，黨是人民的工具。正如鄧小平所指出的：「同資產階級政黨相反，工人階級的政黨不是把人民群眾當作自己的工具，而是自覺地認定自己是人民群眾在特定的歷史時期為完成特定的歷史任務的一種工具。」、「確認這個關於黨的觀念，就是確認黨沒有超乎人民群眾之上的權力。」[4] 因此，「以黨為本」觀念是將黨民（黨群）關係本末倒置。

從政治哲學上看，毛澤東時代主要是全盤否定普遍人性，只承認階級性。我們現在強調「以人為本」，固然要恢復人性論的名譽，強調尊重人性；但也不能只是停留在人的生物性，只求滿足延續個人和人類免於饑餓和進行繁殖的生命需要上；對人權和人性，不能只強調人的自然性需要的一面，而忽視人的社會需要性，忽視保障政治人權的重要性，忽視尊重和保障人的自由發展。

「以人為本」的理念應當與時俱進。應當區別於中國古代所謂「愛民如子」的「仁政」，局限於把人民當「子民」而君臨天下；而是在「主權在民」的前提下，尊重和保障國民的公民地位，變官本位為民本位。

---

3. 此句原文是「權為民所用，情為民所系，利為民所謀」。按愚見，竊以為此格言文字表述上尚可精確些，此三詞語均應刪去「所」字，因為語法上「為民所用」的意思是「民」為主格，即「用權者是人民」，這有違「黨和政府為民用權」的原意，故似應改為「權為（入聲）民用」，或「權為（入聲）民而用」，這樣主格才是執政黨和政府。餘類推。

4. 鄧小平：《鄧小平文選》（第1卷）（北京：人民出版社，1993），頁218。

總體上說，「以人為本」是一項重要的政治思想戰略目標，而不是一種權宜的手段（如修廁所改善生活條件以激發工人的生產積極性、滿足罪犯的人倫要求以促進其改造、照顧黨員的權益以調動黨員為人民服務的先進性）。它涉及政治、倫理、法制和社會哲學與法哲學諸多方面的一些根本觀念和體制的更新、變革。

1. 在政治制度上，「以人為本」首先要明確以什麼人、哪種人為本。當代中國這個口號的指向，在政治體制上應揚棄以「領導一切」的某一階級為本，揚棄鄧小平早就批判過的「以黨治國」的「黨權至上」「以黨為本」和以「領袖第一」及其「最高指示」為本，否定權力壓倒一切的「以官為本」，否定以「一人專制」的人治為本。轉而實行以人民共同意志體現的法律至上和人人平等自由的法治為本，以公民社會為政權基礎的民主政治為本。

2. 政治倫理上，「以人為本」要以每個人為本，即以人人為本：

　　要揚棄只強調國家至上、集體至上，抹殺個人權益的國家主義本位觀，樹立個體的人權和公民基本權利高於國家權力，不受任何權力侵犯的憲法原則。即使因國家或集體正當公益而要求犧牲個體利益時，也要給個人相應的補償或賠償。

　　要否定以人的身份為本，改變以不同社會地位和身份給以差別對待的歧視政策；改變人身依附的上下級貓鼠關係；改變被雇傭者對主人的奴隸或奴才地位；反對把人當「馴服工具」或御用工具，把人當一個「螺絲釘」「一塊磚」，任他人或組織「哪裏需要哪裏搬」。要尊重人的獨立人格和自主自由。

　　要改變以物為本、人受物的統治的處境。在金權拜物教下，使人的勞動異化、人的本質異化，使人不成為人，而只是金錢、權力、生產機器的附屬物。要尊重人的尊嚴，人不能只是動物人、經濟人，而且是政治人，是文化人，是要求全面發展的自由人。

　　要改變以「公有制為本」、以「公家」為本的所謂「大公無私」的公有觀，這種「公有」並非讓人人皆有，而是抹殺私人所有和人人的個性。過去的計劃經濟和集權政治把所謂公有制

絕對化為一切國有，實際上變成官有、第一把手所有。這種「公有觀」甚至在意識形態上也如哈貝馬斯（Jürgen Habermas）所批判的那樣，把人們的「思想國有化」，將思想「定於一尊」，強制「輿論一律」。實行「以人為本」，則應當是允許「人人言殊」，「百家爭鳴」。

3. 哲學思想上，對人性的本質和需要既要承認人的自然性，也要重視人的社會性；既要承認人性的普遍性，揚棄只講階級性這一特殊性的片面觀點，又要保護人的個性及其多樣性，鼓勵人們的個性發展；還要實現人的類本質的復歸，在全球化的條件下，日益提升人的普世價值。

歷史上的人本主義是針對「神本主義」的。所謂「以神為本」的「神」不過是人的意志的一種客體化、人格化和異化。現代神本主義是一種對權力特別是對統治權的拜物教，把領袖、最高權力乃至整個政黨的意志奉為神明，神化為「大救星」，只有他們才能壟斷真理，「發展」真理；黨及其領袖的片言隻字句句是真理，是法律，是聖旨，懷疑不得，批評不得，「不理解的也要執行」，而無視黨、領袖都會犯嚴重錯誤的客觀歷史事實。現今這種神本主義也還有餘威和流毒。

弘揚以人為本就是要反對神化任何個人（包括政黨及其領袖）和任何思想，容許普通人擁有保留個人思想、發現新思想和發展真理的權利和批判過時的、錯誤的舊思想的權利。馬克思主義尊重傑出的個人包括領袖人物在歷史和現實中的重大作用，但決不能把他們視為壟斷真理、不受歷史實踐制約與認識局限的「超人」和不受法律和人民監督的特殊公民。

總之，「以人為本」是治國平天下、總攬全域的一種政治理念和理想，一種政治倫理哲學和政治思想戰略，而不是或主要不是指日常事務；其奉行的主體是執政者，而不是要求各行各業的普通公民；其針對性是旨在改變過去「以黨為本」和執政者「目中無人」，恣意侵犯人權，阻礙人人自由的全面發展的現象，轉變為以民為本。能做到這一點，就大體上功德圓滿。無須擴大解釋，過度聯繫，否則反而會背離其核心價值。

二、以什麼人為本？──以個體人和所有人為本

對「以人為本」的理念做深層次思考，還需要回答兩個問題：

第一，以什麼人為本？

第二，什麼是人之本？

（一）以百分之百的全民為本

過去「唯階級論」者批判人性論的理由是把人抽象化，而不問社會人群是分裂為不同階級的。這個觀點並不全錯，錯在他們只看到階級性，而否認人的其他特性和共同性。我們現在講以人為本，不能在潑髒水時把小孩也潑走，也要對為什麼人作具體分析。

前已指出，以人為本不能以某一階級為本、一黨為本、一個領袖為本，或以國家權力為本、以官為本。以人為本的「人」，也不能限於某一群體的人，更不能以特殊利益集團或權貴資產者集團為本。需要說明的是，揚棄「以黨為本」並不是要否定政黨在治理國家和社會中的重要作用，而是強調政黨只是人民的工具，而不是本體，本體是人民。

「以人為本」在憲政體制上的體現應是「以民為本」。而所謂「民」不應只限於我們過去按「劃清敵我界限」或「兩類矛盾」的政治原則與概念下的「人民」；也不應限於所謂「最大多數人」，或所謂「團結95％以上的人」，而應當是以「全民為本」，即以100％的國民和公民為本。也就是說，只要是人，包括外國人都要尊重和保障其人權，不得非法侵犯。不能把另5％劃為異類，打入另冊。須知這5％在我國就相當於3,000萬人（以過去全國人口6億計）或6,500萬人（以現在的13億計）。置數千萬人的人權和憲法權利於萬劫不復的境地，這是何等可怕的歷史罪錯。

這裏需要指出，作為執政黨和政府是全民擁戴或由全民選舉產生的（我國全國人大也是代表全民的），就要對全民負責，而不只是對95％的人負責。即使是對「階級敵人」、死刑犯，作為執政者也要依法保障其應有的人權和法定權利（如人格權、訴訟權及其他未被法院裁決予以剝奪的權利），乃至對戰爭中的「敵人」（如敵方士兵、俘虜）也不容使用滅絕人性的手段（如用化學、生物武器或原子彈）去屠殺他

們，虐待他們。那種所謂「凡是敵人擁護的，我們就要反對」的形而上的武斷，那種「以我劃線」，按自己的標準去「團結一切可以（而不是法理上「必須」）團結的人」，都是同「以人為本」精神相悖的。

（二）以每個個體人為本

我國古代孔子主張「仁者愛人」、「有教無類」，墨子主張「兼愛」，法國大革命中提出「博愛」的口號，都是體現「有愛無類」「以人為本」的精神。古代帝王要「兼併天下」，我們「以人為本」則是兼愛天下，兼容天下，兼善天下。作為以「解放全人類」為己任的共產黨人，我們應當有海納百川、兼容異己的政治胸懷；而不是蕩平天下，搞「橫掃一切」的鬥爭哲學。我們應當依憲法和法律去「團結一切必須團結的人」，以「澤被萬民」，保障所有人的、沒有被法院宣判剝奪的、合法的權利。

「以人為本」要以每個個體人為本，不能像有些論者片面地主張的「以中華民族的整體利益為本」。他是在回答記者「如何看待近年我國礦難不斷」的問題時，認為「如果你是一個徹底的以人為本的擁護者，你就不僅要看到某一個人，還要看到全人類。……要從國家和最大多數人群的根本利益的角度來看待這些問題」。「如果中國照搬發達國家的模式，在煤炭行業採用高投入的辦法確保職工的安全，那麼就會帶來一系列其他的問題，比如國家會出現煤炭供應不足，會錯過發展的時機。」他以此說明「礦難是不可避免的」。按此邏輯，不顧安全，犧牲數以千、以萬計的無辜礦工，是符合「中華民族的整體利益」的。[5]

這種「為大我可以犧牲小我」的所謂「根本利益」觀和「全人類」觀，雖不無片面道理，但稱之為「徹底的以人為本」，實在令人困惑。

這使我想起我國近代傑出的思想家嚴復在他所譯《法意》（即孟德斯鳩《論法的精神》）的按語中所說的：「故為政有大法：凡遇公益問題，必不宜毀小己個人之產業，以為一群之利益。」強調小己的私利，不容國家以公益為由隨意犧牲、剝奪。接着他又引盧梭在《社會契約論》中的名言：「國家之安全非他，積眾庶之安全以為之耳。」並引申

---

5. 轉引自若甫：〈「徹底的以人為本」是以什麼為本〉，載人民網—《江南時報》，2005年 12 月 28 日。

說「獨奈何有重視國家之安全，而輕小己之安全者乎？」[6]他還特別指出，就公民個人而言，出於愛國之心，寧毀家以紓難，以求國家之安全，固然令後人頂禮敬愛；但就「主治當國之人」即執政者而言，「謂以謀一國之安全，乃可以犧牲一無罪個人之身家性命以求之，則為違天滅理之言。此言一興，將假民賊以利資，而元元無所措手足。是真千里毫釐，不可不辨者耳」。[7]他認為「侵人自由，雖國君不能」，尖銳地抨擊侵害個人自由、安全的「主治當國之人」是「逆天理，賊人道」！[8]

請看100年前的嚴復是何等慎思明辨！他比之那些侈談國家利益至上，為國家「大我」之公益可以任意犧牲「小我」權益的權力者「違天滅理」的所謂「愛國主義」，不知高明多少！現代法治原則要求，政府即使為了公益而有必要限制或損害私利時，國家也必須給以相應的補償。

我國自改革開放以來，一直奉行「以經濟建設為中心」的方針，把「發展生產力」放在首位，已取得了世所公認的成就；但由於單軌運行，忽視統籌兼顧的科學發展觀和「以人為本」的行為準則，帶來貧富兩極分化和生態環境的嚴重破壞，從長遠看也是得不償失的。這也是「見物不見人」、只顧「以物為本」「以生產力為本」造成的偏差。

（三）每個人與所有人的基本人權至上

總之，「以人為本」中的「人」，應是指「每個人」，其內涵包括作為個體的人和作為總體的人，即人人、所有人。

作為個體的人，無論作為自然人的個人，還是作為政治人的公民，他們的人權和基本權利是至上的，不受任何國家權力的非法侵犯，也不得以國家、集體或多數人的名義予以剝奪。民主的多數決原則只能適用於自共領域，不能適用於私人權領域，比如說不能以選民的多數去決定剝奪個人的生命，不能決定某人與哪個人結婚或離婚，也不能以多數

---

6. 嚴復：《法意》（卷二十六）（北京：商務印書館，1986），頁21。

7. 嚴復：《法意》（卷二十六）（北京：商務印書館，1986），頁21-22。

8. 嚴復：《論世變之亟》，載王栻主編：《嚴復集》（第1冊）（北京：中華書局，1986）。

人投票同意的「民主」去剝奪少數人的私有財產等等，[9]當然更不能決定個人的思想、信仰和愛好。在私人領域，個人自由應高於公共領域的民主。

作為總體的人是指全人類。只要是人，是區別於其他動物、具有人的本質特徵的自然存在和社會存在，即使他是有殘疾的人、精神病人或者是敵人、罪人，異己分子，人人都享有作為人的人權和基本權利，未經法律剝奪，一概不得侵犯；即使是國會或人大，也不能制定剝奪基本人權的憲法、法律。

三、什麼是人之本？——自由是人的最高本質

（一）人本身及其自由是人的最高本質

「以人為本」還須進一步追問：人以什麼為本？或以人的什麼價值為本？只有抓住了人之所以為人的本質，才不致偏離人的核心價值。

馬克思說：「人的本質是社會關係的總和。」這是針對將人僅僅歸結為其自然性、或人與自然的關係而提出的命題。人不只是一種自然存在，更重要的是社會存在。馬克思還指出：「主體是人，客體是自然」；[10]「人是人的最高本質」，「人的根本就是人本身」。[11]

這說明「以人為本」就是要使人的一切行為和行為目的，符合人的「最高本質」：確認人是一切社會關係（包括人與自然的關係）的主體；

---

9. 如 2007 年北京市酒仙橋地區，區建委和街道辦事處採取全體住戶（包括有產權和無產權的共 5,473 戶）投票表決的方式，不顧其中 707 戶有產權的住戶的反對，按多數票決制決定舊房同時一律拆遷，號稱「同步拆遷模式」，這是將所謂的「民主」置於人權（財產權）之上，用所謂「多數」來壓制少數的典型案例（參見《文摘週報》，2007 年 6 月 12 日，第 1 版）。

10. 〔德〕馬克思、恩格斯，中國共產黨・中央馬克思恩格斯列寧斯大林著作編譯局：《馬克思恩格斯選集》（第 2 卷）（北京：人民出版社，1972），頁 88。

11. 〔德〕馬克思、恩格斯，中國共產黨・中央馬克思恩格斯列寧斯大林著作編譯局：《馬克思恩格斯選集》（第 1 卷）（北京：人民出版社，1972），頁 9。

人自身是衡量一切事物的尺度和標準；滿足人的物質與精神需要是人的一切活動的出發點與歸宿。這也邏輯地得出，人的自主性與自由是人的最高本質要求；人是目的，而不只是手段；一切為了人和人的需要。總之，「以人為本」就是要堅持：以人為萬事萬物關係的最高主體，以人的價值為根本尺度，以人的需要為最終目的。[12]

人的需要是一個價值函數，可以因不同的人在其所處的社會關係中的地位不同、價值觀不同而有不同的需要。這些需要構成一個價值鏈，視不同的人、不同處境和不同時空條件，而有輕重緩急的排列順序。

作為一個真正的、完整的社會人而存在所必須具有的價值函數有哪些？什麼是最核心的價值？

就人權作為普世價值而言，生命、自由、財產、安全、人格尊嚴、追求幸福、反抗壓迫等權利，無疑是所有人最基本的需要，是滿足人要生存、要溫飽、要發展這個人性的基本需要的基本價值元素。

問題還在於在這個基本價值鏈條中，什麼是最重要、最根本、最主導從而決定其他價值的元素？

歷來進步的思想家幾乎都認為，人的「最高本質」或最主導的價值就是自由。以人為本就是要以人的自由發展為本。

這是因為自由是人類與生俱來的本性。人之異於動物者，在於最初的原始人類能直立行走，從而解放了雙手而獲得勞動和製造工具、戰勝自然力、免受自然的侵害的相對自由。一般動物只能被動地接受現成自然物的賜予；而人類卻可以掌握自然規律，主動向自然索取和改造、利用自然為人類服務。因此可以說，這種自由是人類脫離動物界成為「萬物之靈」開始就有的自然本性。在這個意義上，它成為「天賦人權」，只是相對於動物而言，是人類的自然特權。所以盧梭說：對人而

---

12. 公元前 5 世紀，以普羅泰戈拉為代表的古希臘智者學派，已經提出「人是萬物的尺度，存在時萬物存在，不存在時萬物不存在」的著名論斷。德國古典哲學家康德指出，任何人都沒有權利僅把他人作為實現自己主觀目的的工具。每個個人都應當永遠被視為目的本身。

言，「自由乃是他們以人的資格從自然中所獲得的秉性」。[13]康德也説：「天賦人權只有一項，就是那與生俱來的自由。」[14]自由是「每個人據其人性所擁有的一個唯一的和原始的權利」。[15]

畢竟人是社會動物，自由作為人權雖不能脱離人的自然性，但自由主要屬於社會關係範疇，是相對於他人而言的生存狀態，即不受任何其他社會主體的干擾、束縛，自由、自在、自主地活動。

「自由」是馬克思主義法哲學中的一個核心範疇。馬克思指出：「自由確實是人的本質，因此就連自由的反對者在反對自由的現實的同時也實現着自由。」[16]、「自由不僅包括我靠什麼生存，而且也包括我怎樣生存，不僅包括我實現着自由，而且也包括我在自由地實現自由」；[17]「沒有自由對人來説就是一種真正的致命的危險」；[18]「沒有一個人反對自由，如果有的話，最多也只是反對別人的自由。可見各種自由向來就是存在的，不過有時表現為特權，有時表現為普遍權利而已。」[19]在《共產黨宣言》中，馬克思、恩格斯進一步明確提出建立「自由人的聯合體」的人類理想社會，「在那裏，每個人的自由發展是一切人的自由發展的條件」。[20]

總之，自由是人之所以成為人的必要條件，是人的本質的完整性的基礎。自由使人成為人格獨立自主的主體，從而是激發人的主觀能動

---

13. 〔法〕盧梭，李常山譯：《論人類不平等的起源和基礎》（北京：商務印書館，1986），頁137。

14. 〔德〕康德：〈權利的科學導言〉，轉引自《西方人權學説》（上）（成都：四川人民出版社，1994），頁188。

15. 〔德〕康德：〈正義的形而上學因素〉，轉引自〔美〕博登海默，鄧正來譯：《法理學——法哲學及其方法》（北京：華夏出版社，1987），頁273。

16. 〔德〕馬克思、恩格斯，中國共產黨‧中央馬克思恩格斯列寧斯大林著作編譯局：《馬克思恩格斯全集》（第1卷）（北京：人民出版社，1959），頁63、77、71。

17. 同上。

18. 同上。

19. 同上。

20. 〔德〕馬克思、恩格斯，中國共產黨‧中央馬克思恩格斯列寧斯大林著作編譯局：《馬克思恩格斯選集》（第1卷）（北京：人民出版社，1972），頁294。

性和創造力，促使人類文明發展的動力。西方社會崇尚自由，這是近代西方文明遠遠超出世界其他地方獲得迅速發展的動因。

自由總是針對某種不自由而言。自由要求從種種妨害生產力發展的桎梏下解放出來。自由這一基本人權，就是作為一種政治上的反抗權而提出的。社會主義的自由，也就是要求打破舊有的計劃經濟和集權統治，進行經濟體制與政治體制的改革，以求得社會生產力的解放和發展。而人是生產力中最活躍、最革命的因素，因此自由也就是要求人的解放，從一切束縛人的自主性、主動性、創造性的某些舊的生產關係、社會關係、政治關係、習慣與傳統中解放出來。令人遺憾的是，中國是一個缺乏自由傳統的國家。歷史上長期的專制統治，嚴重壓抑了人的自由。古往今來，自由在中國不但沒有形成中華文明的主心骨，而且如嚴復所言：自由是「中國歷古聖賢之所深畏，而從未嘗立以為教者」。[21]到他所處的時代，即使倡言西政者日眾，士大夫仍然對自由「驚怖其言，目為洪水猛獸之邪說」。[22]

可惜嚴復的慨歎至今遺憾猶存。新中國成立以來迄今，自由仍多少是當做個禁忌詞受貶，除外貿領域使用「自由化」一詞外，別的領域特別是思想政治文化領域，這個詞是人們不敢邁進的雷區。不尊重人的自由，漠視人的自由，把自由視為「洪水猛獸之邪說」，仍大有餘蔭。這種狀況與張揚「以人為本」的理念是背道而馳的，應當從觀念和體制上下決心改變。

（二）自由是其他人權價值的前提和動力

自由權在價值位階上高於其他人權。下面僅就自由權與生存權、財產權的關係略加闡述。

---

21. 嚴復：〈論世變之亟〉，載王栻主編：《嚴復集》（第 1 冊）（北京：中華書局，1986），頁 2。

22. 嚴復：〈群己權界論・譯者序〉，載王栻主編：《嚴復集》（第 1 冊）（北京：中華書局，1986）。

1. 自由權與生存權

「不自由，毋寧死。」自由歷來是作為比人的生命具有更高價值的追求目標。生存權（其中生命權是其必要內涵，但非充分要件）固然是一項基本人權；沒有生存權，其他人權就沒有存在的意義。但基本人權不一定就是首要人權，正如基本矛盾不一定是主要矛盾一樣。因為沒有自由權（特別是人身自由、政治自由和思想言論自由），就只會像動物般、奴隸般生存。更重要的是，為了爭取和保障生存權，不能靠生存權自身，而在於首先爭取享有政治自由權，去排除侵犯生存權的各種障礙，否則就不能保障人民的生存與生存權。馬克思、恩格斯在《共產黨宣言》中就指出，無產階級謀取解放的第一步是「爭取民主」，爭取工人階級的統治，即首先獲得政治自由，進而為未來建立「自由人的聯合體」，為實現人類的徹底解放創造條件。可見，政治自由權是獲得生存權的首要前提。

同樣沒有經濟自由，生存權也會成為泡影。有些論者常常講：如果農民連飯都沒有的吃，民主、自由對他有什麼用？這種說法，一是以為農民只要求滿足動物般生存的需要就夠了；二是無視農民生存權受到威脅，主要是由於他們的經濟自由權受到壓制。人民公社時代，農村老太太養幾隻母雞下蛋到市場去賣，想換點零用錢也要「割資本主義尾巴」。鳳陽縣的18戶農民為免於飢餓，偷偷寫下血書，帶頭實行包產到戶，就是把經濟上的自由，作為首要權利來爭取，其生存權才有保障。

我國改革開放以來實行市場經濟，而市場經濟的本質特徵是自由經濟。要求打破過去計劃經濟的統制，實行自主經營，自由競爭，自擔風險，自負盈虧，自主發展，自動調節。這也就是當代中國的自由在市場經濟上的體現，無非是要求自主而已。正是社會主體獲得一定程度的自由，才激發了社會人在發展經濟上的積極性和創造力，使國民經濟有飛速的發展。

改革開放以來，大部分農民的溫飽權有了基本保障，這也是在農村首先破除了壓制農民經濟自由權利的種種束縛，使之享有某些經濟上的自主與自由（聯產承包、自由貿易與辦鄉鎮企業），才使農民逐步擺脫了貧困處境。而現今產生的「三農」問題，也主要是農民還缺乏對土地、對村民自治的自主權。

可見自由本身固然不能當飯吃，但歷史已經證明，沒有自由就一定沒飯吃。

中國正在進行的改革的一個重要目標應當是給每個個體和群體以最大限度的自由，從而達到解放生產力、發展生產力和促進人的本質的全面發展的目的。一個充滿自由的社會才是一個具有活力的社會，才是一個有發展前途的社會。

2. 自由權與財產權

財產權是一項基本人權。「以人為本」的基礎是讓每個人都擁有產權，都成為有產者，農民「耕者有其田」，市民「住者有其屋」，知識分子有其知識產權，企業主有其資本……

霍爾巴赫（Baron d'Holbach）說：「只有財產所有者才是一個公民。」[23] 狄德羅（Denis Diderot）說：「是財產所有權造成公民。」[24] 馬克思說，財產所有權是抽象的自由的感性化身。奴隸主認為佔有奴隸這一「財產」就有自由，誰家奴隸愈多，自由就愈多。英國地主說，「土地就是自由」，誰家擁有的土地多，自由也就愈多。資本主義社會，資本就是自由。資產階級「自由這一人權的實際應用就是私有財產這一人權」。[25]「私有財產這項人權就是任意地、和別人無關地、不受社會束縛地使用和處理自己財產的權利。這項權利就是自私自利的權利，這種個人自由和對這種自由的享受，構成了市民社會的基礎。」[26]（當然，到現代財產權也不是一項絕對的權利，要受一定限制。）

既然私有財產及其個人自由是構成市民社會的基礎，那麼是不是也是構成社會主義社會的基礎呢？我們過去慣於說社會主義是「以公有制為基礎」，把私有財產及其自由視為資本主義社會的專利，而無產階級似乎只能永遠是無產者才最革命。實則這是天大的謬誤。

---

23. 〔法〕霍爾巴赫：《人權政治論》（第 11 卷），頁 16。

24. 《百科全書・代表》條。

25. 〔德〕馬克思、恩格斯，中國共產黨・中央馬克思恩格斯列寧斯大林著作編譯局：《馬克思恩格斯全集》（第 1 卷）（北京：人民出版社，1956），頁 438。

26. 同上。

馬克思、恩格斯所要廢除的私有制，只是針對這種弊病而提出的：生產資料為少數資本家私人壟斷，作為剝削多數勞動群眾的手段，而勞動者卻同生產資料所有權分離（成為無產者）。他們要求建立的公有制，實際上是指共有制（或許基於此才叫「共產黨」，而不叫「公產黨」），是使生產資料和所有社會資源都能為全社會每個成員共享或分享，勞動者同時又是「有產者」，而不是抽象的所謂「全民公有」或國家壟斷（實際上很容易蛻化為「官有」或權貴資產者所有）。這種所有制就是馬克思所說的：「以自由勞動者的協作以及他們對土地和勞動本身生產的生產資料的共同佔有為基礎」，「重新建立個人所有制」。[27]它是「非孤立的單個人的所有制」，是「聯合起來的社會個人的所有制」。[28]股份制就是這種個人所有制的過渡形式，它擴大了資本佔有的主體，使之具有公共性。股份公司使職工和社會上人人都可以參股，都成為股東，都擁有生產資料和都能參與利潤的分配。現今美國 2.75 億人口中的 60% 都是持股股民，這意味着除去未成年人，幾乎所有社會成員都是股民了。[29]雖然不能說這就是社會主義，但也可以說是資本主義社會中孕育着過渡到社會共有制（社會所有制）的某種形式要素。

　　我國雖號稱是社會主義國家，但迄今無論國有還是私有企業中，工人都仍然是雇傭勞動者，沒有私產。過去連自己最基本產權——勞動力這個「人力資本」（他的雙手以及技能）也不完全歸自己所有，歸自己支配，而是由「領導」和行政權力支配。如果「我」沒有「領導」批准就不能自由地換工作，「我」就不是我的，「我」就是他人的。[30]

---

27. 恩格斯：《反杜林論》，載〔德〕馬克思、恩格斯，中國共產黨・中央馬克思恩格斯列寧斯大林著作編譯局：《馬克思恩格斯全集》（第 20 卷）（北京：人民出版社，1971），頁 143。

28. 馬克思：《經濟學手稿（1861–1863 年）》第一篇第五章，〔德〕馬克思、恩格斯，中國共產黨・中央馬克思恩格斯列寧斯大林著作編譯局：《馬克思恩格斯全集》（第 48 卷）（北京：人民出版社，1985），頁 22。

29. 參見蔡德誠：〈馬克思何以被西方評為千年第一學人〉，載《同舟共進》，2002 年第 3 期。

30. 參見陳志武：〈個人產權是以人為本的基礎〉，載《證券日報》，2004 年 11 月 1 日。http://finance.sina.com.cn

中國的知識分子也有類似命運。知識分子是講究清高和骨氣的，是社會上的「自由職業者」，但也需要有獨立的物權條件和人才自由流動的社會環境作為保障。所謂「合則留，不合則去」，能自由選擇。所以知識界有些學者指出，陶淵明不為五斗米折腰，辭官而退，畢竟還有「採菊東籬下，悠然見南山」的生活條件。知識分子以其知識和「腦力資本」為立身之本。但是解放後知識分子只能依靠所屬「單位」發給的個人工資來維持，全國統一的戶口、人事、檔案等制度，織成了一張嚴密管束之網，每個人都不能離開這張網而獨立生活，所謂「皮之不存，毛將焉附」，把知識分子只當做依附於某個階級的「毛」，不擁有自己的「皮」，更何談「骨」！他的「腦力資本」也不能自主支配，要服從「組織」調遣，自由思想與獨立精神也就失去了經濟和社會基礎。要求他們完全擺脫「馴服工具」或「御用學者」處境而特立獨行，除極少數人以付出極大犧牲為代價可以做到外，一般人是難以高攀的。

可見，有財產權才有自由權；有自由也才能獲得和享用財產。如果要「以人為本」，那就要儘最大可能促進和保護每個人有自己的私人產權。個人產權是「以人為本」之「本」，如果沒有這個「本」，就沒有選擇職業和居住的自由，沒有免於饑餓的自由，沒有免於缺乏的自由，沒有免於恐懼的自由，沒有維護自己人格尊嚴的自由。反之，沒有這些自由，也就不可能獲得和享用其私有財產。

人人都有了財產權和財產，無產者都能成為有產者，也就不會出現過分懸殊的兩極分化，社會也才能安定。此即古人所謂「有恆產則有恆心」。[31]

2007 年 3 月全國人大會議前，一些人士包括個別法學者發表聲明反對通過《物權法》，其理由是該法將私有財產同國有財產給以平等保護，違反公有制為主體的憲法原則。他們仍然視私有財產為異類而排斥其發展的自由。這不但是對物權法這一立法的誤解，而且是對私有

---

31. 據報道，1964 年新加坡原總理李光耀在一次出行時見到市民正在鬧事，而一位居民則慌忙將其破舊自行車搬回家，以防被打砸搶。他由此感悟到如果市民都有房產，那麼他們就更怕亂怕暴動，不會去鬧事了，社會就安定了。這正是他後來推行「居者有其屋」政策的動因之一。

財產的自由的慣性恐懼。物權法並非以物為本，而是以人們對物的產權——所有權為本。

今年初，北大和清華校內電視上通告住在蘭旗營高樓公寓房的教授們去領產權證，稱之為「大喜事」。的確，這些教授們從教一輩子，到今天才算有了歸自己所有的住房，豈非落實「以人為本」的「大喜事」！我想那些對物權法有非議的教授大概也不會反對領取他們的產權證吧。

四、重溫馬克思偉大的人本主義思想

本文以上部分已經提到一些馬克思有關人的「最高本質」是人本身、是人的自由的論說。其實人本主義思想是貫穿於馬克思一生的一根紅線。

馬克思從 1848 年開始寫作的一本關於「國民經濟學」的手稿——《經濟學哲學手稿》（人民出版社 1957 年版），其內容和意義不只是奠定了馬克思經濟理論的雛形和基礎，而且涉及國家、法權、道德、美學、市民生活諸問題。其中最突出的是提出，在資本主義條件下勞動的異化和人的本質的異化；「共產主義作為完的自然主義＝人本主義、作為完全的人本主義＝自然主義存在着」；以及「自然的人化和人化的自然」；「動物只生產自己本身，但人類再生產着整個自然」。「人類能夠依照任何物種的尺度來生產……所以人類也依照美的規律來造型」等等，體現了馬克思對人和人類高度的人文關懷。一些命題如：「勞動者愈多創造價值，他就愈加失去價值。」、「勞動生產了美，但是給勞動者生產了畸形。」、「如同最優美的音樂對於非音樂的耳朵沒有意義、不是對象一樣……對於餓極的人們並不現存着食物的人的形式，只不過現存着它作為食物的抽象的定在而已」等等，這樣一些生發着對人和人類的關懷、對美的本質的深邃闡述，俯拾皆是，美不勝收，那種以為馬克思只講階級鬥爭和專政的人，從這本書中可以看到另一個真實的馬克思。

在《黑格爾法哲學批判》和《論猶太人問題》等著作中，他對市民社會中的人權（私權利）與公民權（公權利）的明晰區分，對於我們今

天研究人權、憲法上公民的政治權利和建構公民社會，具有很重要的啟蒙意義和現實指導意義。後來在《資本論》第1卷中，他大量援引和揭示的、反映當時無產者受原始資本主義積累過程中的殘酷剝削與壓迫的種種現實資料（如批判資本主義原始積累時「對被剝奪者的血腥立法」，以及諸如「資本就是從頭到腳，每個毛孔都浸透了工人的血汗」，「為了百分之三百的利潤就不怕上絞刑架」），使人讀之不能不引發心靈的極大震撼，並為馬克思對社會弱勢群體的博愛情懷和為其命運的抗爭與吶喊而熱血沸騰。

雖然馬克思那時只是針對資本主義的原始積累的反人性的罪惡，而我國現今一些權貴資產者對城市居民的房產和農村土地的野蠻掠奪，黑煤礦、黑磚窯老闆對勞工和未成年人實施奴隸般的壓榨，不是也在再版這類血淋淋的景觀嗎？而當地的黨政官員不聞不問，甚至與之勾結，狼狽為奸，他們還有一絲一毫「以人為本」的人道主義嗎？！

第十八章

論表達權：言論自由、新聞自由、出版自由

* 本章先後載於《河北法學》，2009 年第 1 期（〈論作為人權和公民權的表達權〉）；《炎黃春秋》，2011 年第 1 期（〈論表達權與言論自由〉）；人民大學複印報刊資料《政治學》2011 年第 4 期轉載。

一、什麼是表達自由

表達權，亦即表達自由（freedom of expression），主要是指言論自由（freedom of speech），但它比「言論」的自由涵蓋面更廣。

一是其表達形式的多樣性。不限於由語言、文字形成的言論，還包括象徵性語言（symbolic speech），如形體動作、圖像、繪畫、雕像、音樂等藝術形象，企業組織、社會團體和社會活動的標誌、禮儀（如獻花、悼念、宗教儀式、團體聚會）以及其他某些表達內心意願的行為等等，都屬於表達自由。如 20 世紀 60 年代美國青年反對入侵越南的戰爭而撕毀徵兵登記卡；美國學生抗議越南戰爭而佩戴黑色肩章上學；因宗教信仰自由而拒絕向國旗敬禮（理由是非其教義所規定崇拜的偶像）；因不同政見而撕毀國旗，甚至穿着表現政治傾向的服裝、攜帶納粹的旗幟，都被聯邦最高法院在其判例中援引美國憲法第一修正案，判決為公民的表達自由而不受懲罰。這類的表達自由常常都歸入言論自由範疇。去年上海高樓大火造成重大傷亡，事後 10 至 20 萬人前往獻花悼念並問責，也是屬於公民的表達權，政府應當予以尊重和保障。

二是體現於憲法中確認的某些公民基本權利，它涵蓋各項政治自由（言論自由、新聞自由、結社自由、出版自由、集會遊行示威自由等等），科學研究和文藝創作的自由，通信自由和通信秘密，資訊傳播自由等等。

1948 年的《聯合國人權宣言》第一次把表達自由宣佈為國際法規範。宣言第 19 條規定：「人人有權享有主張和發表意見的自由；此項權利包括持有主張而不受干涉的自由，和通過任何媒介和不論國界，尋求、接受和傳遞消息和思想的自由。」1966 年的《公民權利和政治權利國際公約》將表達自由的權利擴展到適用所有的媒體：「人人有自由發表意見的權利，此項權利包括尋求、接授和傳遞各種消息和思想的自由，而不論國界，也不論口頭的、書寫的、印刷的、採取藝術形式的、

或通過他所選擇的任何其他媒介。」《經濟、社會和文化權利國際公約》第15條要求簽約國保證「傳播科學和文化」，並且「承擔尊重進行科學研究和創造性活動所不可缺少的自由」。要求跨越國與國之間的表達自由必須考慮和重視全人類社會、科學和文化的發展，特別是首次確認了通過互聯網使不同地區、不同國家、使用不同語言的人之間進行各種各樣的交流，各國不應當對互聯網上的表達自由進行過多的限制。

我國政府已簽署了上述三個條約，除政治權利公約外，全國人大也已批准了其他兩個公約。我國《憲法》所列公民的基本權利中，也有屬表達自由的項目，如第35條的各項政治自由，第40條的通訊自由，第41條對國家機關及其人員的批評建議、控告檢舉的權利，第47條科學研究、文藝創作和其他文化活動的自由等等。但同上述國際條約的規定尚有相當差距，有待充實；更重要的是這些自由缺乏立法保障，往往只是憲法上徒具琳瑯滿目的言辭，而無實際的效用。這一方面是由於某些黨政幹部對憲法上述規定的漠視甚至蔑視，而習慣性地違反；另一方面則是基於我國憲法不像民主國家憲法那樣是「可訴性的」，我們對違憲侵權行為不能通過憲法訴訟解決，而又沒有相應立法為憑藉，去進行維權的司法訴訟。相反，倒是無權立法的某些中央和地方黨政部門違反《立法法》的規定，擅自制定一些限制、壓制公民和社會組織的表達自由的法規、規章乃至「紅頭文件」和不留痕跡的「口頭指令」。恰如馬克思早就批判過的：資產階級早期憲法「在一般詞句中標榜自由，在附帶條件中廢除自由」。[1]

二、表達權是首要的基本人權和公民權

表達權是公民和社會組織享有和行使其政治參與權和監督權的前提。

表達權作為人權，主要是基於人類本性及其需要所決定的。人是自然界中唯一有思想、意志和能運用語言文字等進行自由表達和在人際

---

1. 〔德〕馬克思、恩格斯，中國共產黨・中央馬克思恩格斯列寧斯大林著作編譯局：《馬克思恩格斯全集》（第1卷）（北京：人民出版社，1995），頁145。

間自由交流的動物。這是體現人的存在和人格的標誌。「我思故我在」，但有「思」而不能向人表達交流，「思」就毫無意義，思想也不可能得到萌生和發展。長期被關在與世隔絕的單人牢房裏的囚犯，失去了與他人對話的表達自由，往往成為癡呆或瘋子。因此表達自由、言論自由是人性的自我實現，人格的自我表現，人的本能的自我發展與完善，乃至人之所以能作為人而存在的必要條件。表達自由能使人感受到作一個獨立自主的自由人的資格，賦予一個人作為人的尊嚴。個人的表達自由受到壓抑或剝奪，也就是對他的人格與個性的摧殘。奴隸尚且是「會說話的動物」，如果自由人而沒有說話、對話的自由，那麼，他雖有人身自由，也同一般動物沒有多大區別了。

人是社會的動物，人的本質是社會關係的總和。人與人的關係只有通過彼此意思的表達才能形成。人類的智慧與意志也只有通過表達才能集思廣益，成為社會共同的財富，也才能推進社會的進步。所以，表達自由更是社會存在和發展的必要條件（雖然不是充分條件）。遏制、剝奪人們的表達自由，也就阻滯、扼殺了人類社會的發展。所以表達自由不僅是個人人格的自我體現，也是人類的社會性人格的體現，人類賴以生存發展的動力。所以表達權是首要的基本人權（**私權利**），也是公民參與國家政治的**公權利**，是行使其他公民權利和社會權力的前提條件。

就語言文字的表達形式而言，表達自由有三種基本形態 —— 言論自由、新聞自由、出版自由。分述如下。

三、言論自由 —— 表達權的核心

言論自由是表達自由的主要形式和基礎，是所有其他形式的表達自由不可分離的核心和母體。沒有言論自由，集會、結社、新聞、出版、遊行示威、批評檢舉、控訴等自由和權利就無法實現，也不能行使通訊自由、選舉的意志自由和通過言論等方式以公民權利監督國家權力，文藝創作和學術研究的自由也會成為泡影。

言論自由作為人權，作為人自身的目的，其對個人的重要性，已如前述。從公民的政治權利視角而言，言論自由是公民參與政治的基本條件，是推進社會科學文化和人類精神自由發展的憑藉。

(一) 言論自由的政治內涵

1. 言論自由是公民參與政治、監督國家、實現當家作主的必由之路

民主政治或多數統治的基本原則是，其統治必須建立在多數公民的同意上，其決策必須是民主的、公開的，其權力必須受公眾的監督。要實現這些要求就有賴於開放言論自由，使公民得以通過自由地表達其意志和意願，來參與民主選舉、民主決策、民主監督。作為對應於國家公權力的公民言論自由，這項公權利是公民實現對國家的參與權、監督權、抵抗權的主要手段。

公民通過各種渠道，發表各種不同意見，進言獻策，對話爭鳴，使民意集中，民情上達，使國家權力滲入社會性的營養，使執政者的決策建立在人民共同意志之上，得到公眾的認同、信任與支持，擁有公信力和群眾基礎，此即所謂「政通人和」。

公民通過知情權和資訊自由，了解政府行為的得失弊端，然後運用媒體等手段，自由發表言論，形成輿論，就可以對執政者進行警戒。

在政府無能，官僚腐敗，權力失控，民不聊生之時，如果公民和社會組織還有適度的言論自由，則可借自由的言論進行輿論抵抗，對專橫的政治也可以遏制其發展，保護人民的權利。「天下有道，則庶民不議」；無道，則「群起而攻之」。再則，言論自由也可成為出氣口，洩洪道，使民怨得以宣洩，不致積累矛盾，釀成總爆發的危局。「防民之口甚於防川」，廣開言路有利於社會穩定。

2. 言論自由也是推進先進思想文化和人類精神境界的動力

百家爭鳴才有利於發現科學真理，有利於文化上的百花齊放。歷史上大凡體現新思想的科學理論和文化樣式，在初生時總被視為異端。如果社會容許有討論的自由，就可以使偉大的思想家、科學家脫穎而出，使科學文化繁榮昌盛。

言論自由還是現代社會政治與精神文明程度的衡量標尺。作為言論自由的組成部分，討論自由是提高人的精神境界的重要方式。通過彼此切磋問難，自由辯駁爭論，人們盡情抒發個人的才智，使良知得到尊

重，真理得以彰明，對個人也產生成就感和自我表現的滿足。所以，密爾把它稱之為「人類的精神福利」。[2]

3. 沒有言論自由，就沒有政治文明和精神文明

言論自由的價值也可從反面來衡量。沒有言論自由，搞所謂「輿論一律」，「定於一尊」，只許發欽定的議論，或者進而強制「統一思想」，按領導人規定的「輿論導向」表態，不准自由討論，不准提相反的見解，只會造成思想僵化和停滯，錯誤言論將永遠錯下去；欽定的正確言論也將逐漸變成僵死的教條。

剝奪人民的沉默權（這是反向的言論自由，即不言論的自由），則將鼓勵說假話，助長思想霸權和文化專制主義逞威。更有甚者，像古代封建帝王大興文字獄那樣，搞「大批判」，「全黨共誅之，全國共討之」，卻不容許被批判者有任何辯護的權利，那就勢必扼殺真理，顛倒是非，知識精英夭折，國家元氣大傷，文明倒退，並造成數以十萬、百萬乃至千萬人的冤獄。我國從反胡風、反右、反右傾、大躍進，直到「文化大革命」的一系列政治運動，無不是從壓制、扼殺言論自由開始的。所以鄧小平才說，「最可怕的是鴉雀無聲」。

(二) 言論自由的要義

1. 言論自由首先是有發表不同意見或說「錯誤」言論的自由，即不在於有說統治者或社會主流輿論認為是正確的言論的自由（因為被公認為特別是被權力者指定是「正確」的言論，是不會受到壓制的），而在於有說被認為是「錯誤」言論和違反主流言論乃至與現行憲法法律不一致的言論的自由（只要不見之於行動上破壞憲法和法律），否則就不叫言論自由。不允許有與現行憲法和主流觀點不一致的言論的自由，也不可能出現對憲法和法律的修改和對國是的新的主張。

   譬如有人提出對現行政治體制或國家結構體制不同的主張，作為一種政見，即使被認為是「離經叛道」的，只要他沒有

---

2. 〔英〕密爾：《論自由》，牛津大學出版社 1991），頁 39。

採取或煽動採取暴力手段並予以實施，來改變現行憲制，就屬言論自由的範疇，應當允許發表和討論。即使執政者依法可以動用行政手段來限制這種言論的「自由擴散」，也不能借此對他定罪。

對事關「危害國家安全」這類重大罪名，在適用時更不宜作擴大解釋。記得 1979 年我剛調去全國人大常委會法制委員會工作時，曾親歷我國第一部刑法草案的研討和審議。在其第 90 條界定「反革命罪」時，原稿中有多種提法，如「反對」或「破壞」、「無產階級專政」和「社會主義」之類，都是一些外延和彈性很大的廣義詞，可以解釋為只要對社會主義社會某些現象有所質疑或不滿，都可以上綱為「反對」、「破壞」無產階級專政和社會主義。對無產階級專政理論有不同看法，也可以扣上「反對」的帽子，判處「反革命」罪名，這在「文革」中是習以為常的。為吸取這個教訓，在彭真同志主持下，經起草小組反覆斟酌，乃改為「以推翻無產階級專政的政權和社會主義制度為目的的，危害中華人民共和國的行為，都是反革命罪」。這樣加上「推翻」、「政權」和「制度」的「目的」與「行為」等限制詞，其歸罪面就小得多，不至於將那些只是在思想言論上「反對」、「破壞」某種理論或主義的人，都入罪為「反革命」。當然，「反革命罪」的罪名本身也是不確定的、模糊的，而且是一項政治罪，容易導致擴大打擊面。所以後來 1997 年修改後的刑法廢棄了「反革命罪」的提法，改為「危害國家安全罪」，同時也將「顛覆國家政權罪」分解為「組織、策劃、實施顛覆國家政權罪」和「以謠言、誹謗或者其他方式煽動顛覆國家政權罪」兩項不同程度的罪名，旨在加以嚴格限定，時至今日，我們更應當秉承這種立法精神，對這類罪名的認定，作更嚴格的狹義解釋，不宜擴大化，以避免陷入「以言治罪」的錯失。譬如把上書簽名或徵集簽名也作為一種「煽動顛覆」的「行為」，再擴而大之，發表言論本身也是一種「行為」（speech act），甚至私下寫日記表達對現實的不滿也可構成「顛覆」的「行為」了，「文革」中據此被問成「現行反革命罪」的冤假錯案不是屢見不鮮麼！這種錯失和悲劇不應當再重演了。

2. 有沉默的自由，即有不言論、不表態的自由。那種強迫人們作違心之言，或表忠心，或坦白隱私，是一種精神迫害，只會使假話盛行，真言斂跡。至於通過殘酷的刑訊逼供以獲取口供，不僅是侵犯人身安全和自由，而且也侵犯了公民的沉默權——拒絕言論的自由，現在已有司法解釋規定，非法取得的口供不能作為刑事審判的證據，施行刑訊逼供者要受到法律的嚴懲。

3. 言論自由不只是保障多數人的自由，更在於保護少數人發表不同意見的權利。真理有時掌握在少數人手裏。當多數欲通過民主程序壓制少數人的權益時，少數人可以借自由的辯論發表反對意見加以抵制，從而避免民主從多數統治走向多數暴政。

4. 有要求政府資訊公開和公民傳播資訊的自由，否則言論自由就缺少情報來源和事實根據，流為無的放矢，難以實現對政府的監督；其言論不能傳播就不能起社會作用。

5. 對違法或有害的言論，除事關國家安全和軍事秘密者外，應實行事後追懲制，不作事先的審批和禁止。否則未經實踐和公眾檢驗，言論正確、合法與否，全憑少數幾個權力者的專斷，而且往往是暗箱操作，無法事先公開讓公眾辯論、監督，從而為壓制言論自由的權力濫用開方便之門。

(三) 對言論自由的法律限制

言論自由雖然具有崇高的價值地位，但它與思想、信仰的絕對自由不同，不能是無限度的，其自由是相對的。由於它關涉他人的自由和社會的安全秩序，所以要受到法律的一定限制。

聯合國《世界人權宣言》第29條第2款對行使言論自由權利的限制作出如下規定：「人人在行使他的權利和自由的時候，只受法律所確定的限制，確定此種限制的唯一目的在於保證對旁人的權利和自由給予應有的承認和尊重，並在一個民主的社會裏適應道德、公共秩序和普遍福利的正當需要。」（這裏規定的對自由的限制，只限於要保障他人和公共道德秩序和福利的需要，而不是限制對政府的批評、維護執政者的

地位與威信的需要)《公民權利和政治權利國際公約》除在第 19 條第 3 款規定了上述言論自由限制外，還要求限制的範圍不能過於寬泛、過於武斷。政府還有義務對其所加於表達自由的法律限制是否符合上述目的和正當需要，承擔舉證責任。

對言論自由或表達自由規定得較明晰的是《歐洲人權公約》第 10 條，其兩款既確認對表達自由的保護，也規定了必要的限制：

1. 人皆有表達自由權。此權利應當包括持有意見的自由、接受和輸出資訊和觀念的自由，不受公權干涉，不受疆界影響。該條不應當妨礙國家要求廣播、電視或影視實業獲得許可證。

2. 行使這些自由伴隨一定的義務和責任，故應當受制於一定的形式、條件、限制或刑罰。此類制約應該為法律所規定，為民主社會所必需，並且有利於國家安定、領土完整或公共安全，服務於防止秩序混亂或犯罪、維護健康或道德、保障其他人的名譽或權利、防止披露保密獲得的消息、或者維護司法的權威和公正無偏。

上述國際公約所規定的限制，主要是規定政府對言論自由所施限制的限制，即必須有法律依據，必須遵循上述限制的「唯一目的」，且這些限制確是民主社會所「必需」，否則政府就無權限制言論自由。不容許政府對公民言論自由權利濫施官僚主義的不合理的限制，不能藉口自由要有法律限制而壓制、侵犯公民的言論自由權利。正如約翰·羅爾斯在其名著《正義論》中所強調的：「限制自由的理由來自自由原則本身。」、「自由的優先性意味着自由只有為了自由本身才能被限制。」

當然，上述條約也適用於公民。至於限制什麼，如何限制，則是隨國內政治局勢不同，在不同時期寬鬆嚴緊的程度也有所區別。如美國歷史上曾經先後實行過「明顯而現實危險」原則和「危險傾向」原則。

1919 年，美國社會黨領導人沈克號召抵制徵兵，抵制帝國主義戰爭，被控有罪。沈克上訴，援引美國憲法第一修正案中有關言論自由的規定來辯護。但聯邦最高法院認為沈克言論是「危險的」，裁定有罪。聯邦最高法院大法官霍爾姆斯認為，一項言論如果對國家、社會有「明顯而立時的危險」(clear and present danger) 就不受憲法保護。譬如在戲院演

出時造謠詭呼「起火了！」，就有導致全場大亂甚至引起踩踏的「明顯而立時的危險」，這種「言論」就絕不許有自由，而要立即予以取締懲處。

1925 年，美國社會黨領導人季特諾發佈《社會主義者宣言書》鼓吹暴力革命、建立無產階級專政的學說，紐約法院判他有罪。季特諾上訴辯護說他們只是一種理論宣傳，不具有「明顯而立時的危險」。而聯邦最高法院卻提出了另一原則，即「危險傾向」（dangerous tendency）原則，意思是不需有現實危險，只要有危險傾向就可定罪，結果據此原則判季特諾有罪。這一原則是對言論自由的苛嚴控制，反映了當時美國政府和執政黨對共產黨人的排斥打壓。

到 20 世紀 50 年代審訊加州共產黨領導人時，最高法院又撇開了「危險傾向」原則，而適用「明顯而立時的危險」原則，認為被告雖提倡用武力及暴力推翻政府，但僅是抽象的理論或學說，並未唆使他人進行不法行為，而且當時環境下也不用擔心有人會因而引起行動，因此裁定為無罪。

自 20 世紀 60 年代初到現在，這兩項原則未見再有適用。可見對於言論自由限制的苛嚴或寬鬆，是隨國內政局而變動，而與統治者的利害得失密切相關。

作為社會主義國家，既然我們一再申言「沒有民主就沒有社會主義」，而且有些論者還喜歡援引列寧的話，「無產階級民主比資產階級民主要高出百萬倍」，其邏輯結論應當是要求社會主義國家的言論自由也要比資本主義國家高出百萬倍，但歷史和現實的實踐卻有很大差距。

在事關表達權或言論自由等基本人權和公民權問題上，我們解釋和適用法律特別是刑法條文，應當特別審慎，切忌擴大化，切忌以「思想傾向」治罪。殷鑒不遠，不要重蹈「以言治罪」的覆轍了。

四、新聞自由 —— 社會權力之王

（一）新聞自由的含義與作用

「新聞自由」（freedom of press）包括視聽傳播自由，是指公民通過新聞媒體實現其表達自由與資訊自由，它是資訊自由、言論自由、出版自由以及公民知情權在新聞領域中的體現。它享有這些自由的各種權

利，但它所表現的權利更具體化和細化。同時，由於它所起的輿論監督或輿論干預（正面或負面的）作用，可以使權利轉化為具有很大社會影響力的所謂「第四種權力」，即社會權力，因而既要求得到民主社會的政治和法律保障，也要遵循對這些自由的法律限制，承擔較大的政治責任、道義責任和法律責任。

西方民主社會中，對新聞自由常以「獨立而開放的意見市場」一語來概括其特性。這是因為自由與獨立是新聞媒體擁有新聞自由的先決條件。而在專制國家中，新聞媒體主要是為某個特權階級、統治者、政黨或特定利益集團服務，並受其控制。沒有獨立性也就沒有自由。或者說，只有代表權力者說話的自由，或只賦予統治者操控新聞輿論的自由。

新聞自由既是公民言論自由和資訊自由以及知情權的體現，也是實現這些自由和權利的重要途徑和工具。新聞媒體一方面充當公眾的耳目和喉舌，使公眾了解各種資訊，從國情、社情、民情、政府的活動和世界大事，到商業的情報和公眾物質文化生活以及科學動態等等，加以及時發佈和傳播，又將民情、民意乃至民怨通過媒體給以真實的反映和表達；另一方面則主要是作為人民對政府和公眾人物進行輿論監督的武器，成為政府的鏡鑒。

對新聞自由的尊重，就是對人權和公民權的尊重，對政府權力的民主化和輿論監督的作用的重視。

由於現代新聞媒體多樣化，從有字有畫的報刊，有聲有色的電視廣播，到電腦的平臺和互聯網，滲入每個家庭和每個角落，而且可以將此刻正在發生和進行過程的國內外突發事件立時地、可以說是「零距離」地傳播到全世界公眾面前。而互聯網上的博客、聊天室、新聞評論等更是電子化的「民主牆」，誰都可以自由地在上面發表意見和資訊。這些媒體的覆蓋面和影響力極大，因而其所形成的輿論威力也十分巨大。我國一些不法官僚有句格言是「不怕上告，就怕上報」（報紙和電視）。政府要想搞新聞封鎖和文化專制，實行「輿論一律」，加以控制，不僅政治上可能起反面效果，而且技術上也有很大難度。我國「文革」時期在「四人幫」的嚴密操縱控制下，扼殺新聞自由，造成全民「新聞饑荒」的局面，在改革開放後是不能也難以重演了。當今各民主國家實

行政務公開和開放輿論，尊重公民和媒體的新聞自由，已是不可抗拒的世界潮流。

(二) 新聞媒體的巨大的政治影響力

美國總統約翰遜在離任時曾經告誡新任副總統斯皮羅‧阿格紐說：「我們國內有兩家大的電視聯播公司 —— 美聯社和合眾國際社，我們有兩家民意測驗公司 —— 蓋洛普和哈里斯，我們有兩家大的報紙 ——《華盛頓郵報》和《紐約時報》。它們個個都是規模極大的機構，所以它們認為它們擁有這個國家。……你可不要產生跟它們鬥的念頭啊。」報紙幾乎和麵包一樣是美國人生活的必需品。美國的建國之父傑弗遜曾表示，寧願生活在一個無政府的社會裏，也不願意生活在一個沒有報紙的社會裏。[3]

20世紀70至80年代，電視等各種傳媒高度發展，其對社會和國家的影響力、支配力之大，有時甚至超過國家權力。前舉《華盛頓郵報》將尼克遜總統拉下馬，就是最明顯的一例。在對整個水門事件的報道中，《華盛頓郵報》維護了新聞媒體的獨立和尊嚴，從而樹立了行業權威，從一份地區性報紙一躍而為美國的全國性大報和影響世界的主流媒體。更為重要的是，它為世界新聞發展史樹立了一個經典的里程碑。

海外有些論者甚至認為，全國性的新聞媒介成了「最顯著和新的國家權力核心」，「一份在經濟上獨立並有自己的通訊網絡的全國性報紙已起着總統的作用，而一份地方性報紙也扮演着市長的角色」。[4]中國前總理朱鎔基在視察中央電視臺時，曾經給《焦點訪談》節目題詞：「輿論監督、群眾喉舌、政府鏡鑒、改革尖兵」。這是對媒體重要社會作用的高度概括和中肯評價。過去僅僅把新聞媒體當做執政黨的耳目喉舌和意識形態工具，是有很大局限性的。

有一個具體案例也許能說明媒體權力的正確運用是怎樣促進社會進步的：20世紀90年代，18歲的牙買加移民斯蒂芬‧勞倫斯在倫敦的

---

3. 轉引自山丹：〈新聞法治與媒體權力〉，新浪 BLOG 首頁，原載山丹的 BLO，2006年5月11日。

4. 馬麗：《美國媒體的權力之道》，原載《新聞晨報》，轉摘自新華網 2006年8月13日。

大街上等候公共汽車時，被幾個素不相識的白人青年毆打致死。媒體起初都只是把這當做一起普通的兇殺案作了簡單報道。而法院審理此案時，陪審團在諸多證據表明這幾個白人青年均擁有兇器並有明顯的種族歧視傾向的情況下，仍然認為「證據不足」，三個受指控的白人青年被宣佈無罪釋放。時隔 4 年，英國《每日郵報》在頭版以整版篇幅刊登了包括另兩名受指控白人青年在內的 5 個白人青年的特寫照片，並用特大號字做成通欄標題：「MURDERS！」（殺人犯）報紙的副標題居然是：「如果我們錯了，你們就以誹謗罪起訴我們吧！」由此，整個英國新聞界在數年的時間裏發起了一輪又一輪的輿論攻勢，批評社會積弊，質疑審判結果，終於促使警方開展新的調查，甚至促使立法和司法部門醞釀改革，很多高官也因此丟官棄爵，身敗名裂。[5]

　　在我國，近年來新聞媒體日漸發揮輿論監督作用。廣西南丹礦難以及近年來一系列的礦難事件，由隱瞞不報到最後天下皆知，媒體權力顯示出其巨大威力。《南方都市報》於 2003 年 4 月 25 日率先報道了在廣州打工的湖北大學生孫志剛因為沒有暫住證而被「收容」和毆打致死的事件，在全國引起強烈反響。在媒體的輿論譴責和敦促下，孫志剛案得到迅速查清，23 名涉案人員受到懲處，主犯喬燕琴被判處死刑。該案引起了民間學者對中國收容制度違反憲法、侵犯人權的強烈質疑，向全國人大發出呼籲。最終，實施多年的《城市流浪乞討人員收容遣送辦法》事實上被國務院撤銷，代之以對流浪人的救助法規。新聞媒體的輿論威力，促進了國家法制的進步。

　　公民網上維權行動發揮了重要作用。2007 年，互聯網上「天涯雜談」上發表的《孩子被賣山西黑磚窯，400 位父親泣血呼救》文章，在全國引起巨大反響。僅僅六天點擊率便超過 58 萬，回帖高達三千多篇。強大的輿論壓力，促使相關部門迅速採取措施加以解決。另一個「華南虎照事件」，針對陝西省林業廳發佈的「陝西鎮坪發現華南虎」的「新聞」和網上公佈的「華南虎照片」，網民對「虎照」群起質疑，自發調查、甄別，發現它不過是來自原始國畫的假照片，最後問責當地

---

5. 轉引自山丹：〈新聞法治與媒體權力〉，新浪 BLOG 首頁，原載山丹的 BLO，2006 年 5 月 11 日。

政府處理此事的誠信和公信力，迫使政府部門向全國公眾道歉，並以欺詐罪判處制作假照片的人徒刑，顯示網絡輿論對政府的監督威力。

2008 年發生的三鹿「毒奶粉」事件，也是媒體記者突破層層封鎖首先在博客上揭露，從而引起國內外社會輿論的震驚和我國政府的極大關注，促使政府加強對食品衛生的監督和催生全國人大審議食品衛生法的立法進程。

根據傳播學，媒體除了直接報道、傳播自己所獲得的真實資訊外，還應當成為把分散的公眾連接起來的紐帶，成為公民的公權利與政府的公權力的溝通協商渠道，從而充當公民的代言人，開展「公共新聞」運動，推動公眾意見的理性表達。

「公共新聞」（public journalism），又稱「公民新聞」（civic journalism），是美國新聞學界在 1990 年前後提出的一個概念。它倡導新聞媒體「介入」報道客體，主張記者到社會公眾中去發動和組織討論，進行民意測驗，建構公共論壇，力圖通過與公眾的互動來尋找解決問題的方法。近年來，由於普通公眾可以借助現代網絡技術主動地加入到傳播活動中，「公共新聞」活動已開始由媒體發動公眾討論、尋求公共問題的解決方案的模式，轉入到公眾通過在網絡論壇上發表觀點、形成輿論，進而影響媒體、影響公共事務決策這一新階段。[6] 這是公眾直接參與新聞活動的新動向。

有些新聞媒體也可能做一些違反社會公平正義的負面活動。如為了產生轟動效應，或追求商業利益，或受政府控制，受社會強勢群體操縱，而炒作新聞，粉飾太平，遮蓋或誇大事實，傳播或製造謠言，其媒體權力的破壞性也會產生惡劣後果。

2002 年 6 月 22 日，山西繁峙金礦發生特大爆炸事故，導致 38 人死亡。事故發生後，當地負責人和金礦礦主為隱瞞真相，分別對採訪事故的一些新聞單位記者送了現金和金元寶，即所謂「封口費」，包括新華社記者在內的 11 名新聞記者因而受到紀檢監察部門的查處。還有 6 年

---

6. 參見劉偉偉、劉菁莉、沈凡藺等：〈從地方媒體對政府的服從看輿論監督的缺位 ──「岳陽砷污染事件中的公眾參與」調研報告〉，載《當代中國研究》，2008 年第 2 期（總第 101 期）。

前的廣西南丹礦難瞞報，3年前的山西寧武礦難瞞報，兩年前的山西左雲礦難瞞報等等。2008年9月20日山西霍寶幹河煤礦發生的礦難死亡人數雖僅1人，該煤礦向已公開點名的6家媒體支付「封口費」12.57萬元，僅9月24日、25日兩天，就有23家「媒體」的28人登記領取。按照這個標準，該煤礦發放的「封口費」不少於50萬元。[7]

媒體權力如果與金錢相結合，造成有償新聞或瞞報，必然失去了公正立場，操弄輿論，虛假報道、低俗之風、不良廣告等問題氾濫。媒體權力因失去公信力而被嚴重削弱，在社會上造成很壞的影響。這極少數媒體敗類被人恥笑為「端着新聞碗的丐幫」。

媒體權力如果同不良的政治結合，其負面影響力更具破壞性。如2008年4月間發生在我國西藏的「藏獨」分子騷亂，西方媒體作了不實的甚至有意歪曲的報道（如將發生在尼泊爾的加德滿都的警察捕人圖片轉嫁到我國西藏拉薩市；電視新聞網CNN的評論員傑克‧卡弗蒂公然咒罵中國人是「暴徒和兇手」，中國產品是「垃圾」，以及傳揚把奧運與政治掛鉤、干擾奧運聖火傳遞的輿論等等），引起中國網民和全球華人的極大憤慨，群起抵制。俄羅斯的通訊社為此發文批評西方媒體妄圖借「藏獨」和「聖火」事件搞「資訊恐怖主義」，以維繫其霸權。[8]2008年3月在加拉加斯曾舉行「反對媒體恐怖主義拉美會議」，號召面對西方散佈謊言、挑撥離間的媒體攻勢，必須積極行動起來「揭示真相」。[9]

我國改革開放以來，在經濟、對外貿易方面已對外大大開放了，但對內的輿論開放，還遠不適應時代的需要。有些部門和地方的官員仍然固守某些過時的傳統觀念與「輿論導向」原則，壓制新聞媒體正當地反映人民的真實意願和社會真實生活和某些突發事件的真相，嚴加新聞封鎖，遇有觸犯者則或對媒體加以封殺，或對編輯和記者及作者進行懲罰，直到誣陷加罪，拘捕判刑。一些地方官員和企業老闆為隱瞞重大責任事故（如礦難），圍堵、禁止記者報道消息，甚至動用公檢法機關乃

---

7. 參見〈封不住的口愈來愈多〉，載《南方都市報》，2008年11月1日。

8. 俄新社莫斯科，2008年4月10日電：〈奧運聖火和信息恐怖主義〉，轉見《參考消息》，2008年4月11日，第3版。

9. 西班牙《起義報》2008年4月19日文章：〈西藏問題、黃禍與媒體恐怖主義〉，轉見《參考消息》，2008年4年22日，第15版。

至流氓打手對記者施加迫害。這些都是違反憲法確認的言論自由原則和侵犯公民權的，也十分不利於對貪腐的官員和權貴資產者的監督。2003年「非典」前期，一些政府官員又使出資訊封鎖的故技，隱瞞疫情，真實資訊得不到及時披露，為謠言的誤導製造了肥沃土壤，導致病毒散播，海內外大為恐慌，受到國際社會的譴責，才被迫改弦更張，挽救了危局。

近年發生的一些礦難，當地政府和企業主極力掩蓋，甚至給新聞記者發「封口費」。2008年發生的有毒三鹿奶粉事件，導致數萬名嬰兒患腎結石病，並有數人死亡，而當地政府和三鹿公司卻不顧嬰兒生命，拖延不報。只是經有良知的新聞記者通過互聯網的博客不懈地揭露真相，才在中央的干預下得以公佈和追究。卻已給中國嬰兒健康造成巨大損害，在全世界給中國形象造成了惡劣影響。

一個正面的例外是，2008年四川大地震爆發之初，吸取過去的教訓，中國的媒體自發地敞開報道了嚴重災難撼天動地的慘痛情景和資訊，表現了罕見的透明度，從政府的公告、主流媒體的主動介入到老百姓的手機和電郵等各個渠道發出來的資訊，極大地震撼了13億中國人和世界華人以及全球人士，對人心的凝聚，社會的廣泛動員，以及抵制謠言，起到了巨大的正面作用。對比1976年唐山大地震時，中國的媒體全部只能用新華社充滿了政治術語的統發稿，對大地震造成死亡24萬人的損失，諱莫於深。為了面子，拒絕外援，不許外國人來華協助，也不讓外國提供搜救犬，有些官員竟然說：「難道用毛澤東思想武裝起來的中國人民不如外國的一條狗！」其漠視生命，冥頑不靈，令人髮指！而這次四川地震所展現的新聞開放度，在國際上也贏得巨大的讚揚和同情，大大改變了國際社會對中國的看法。值得關注的是，今後我國政府能否以這次媒體開放所顯示的正面效果為契機，將新聞自由加以制度化和常態化，從而為政府的良治奠定社會基礎。

(三) 新聞媒體與新聞工作者的權利義務

新聞自由是公民的憲法權利。所體現的權利，包括新聞媒體作為人民的喉舌，搜集、製作、發佈、傳播新聞和言論的自由，和公民個人收受新聞的自由及知情權利，以及通過媒體發表意見和言論的權利。

就新聞工作者而言，參閱一些國家的法律規定，他們的權利有：
採訪權（國家機關和有關社會組織有義務接受採訪，提供材料）；報道
權（在各種媒體包括互聯網上發表新聞和言論）；排除干擾權（政府和
有關組織不得對新聞工作者合法的活動進行壓制或恐嚇、打擊報復）；
傳播權（不得非法扣壓或阻撓出版物的自由流通）等等。其義務則有：
報道必須真實；不侵犯他人隱私；保護新聞來源（來源保密）；尊重司
法機關的獨立審判權、檢察權等等。

上述公民、新聞工作者和新聞媒體所享有的新聞自由權利，主要
是以之防衛政府對新聞自由的侵犯。因此公民和媒體的新聞自由權利，
對政府而言則是義務。另外，也在於排除其他社會組織，特別是某些強
勢利益集團運用其社會權力對媒體的操縱和干擾。

新聞自由還必須遵守多元化的原則，一是外部多元化，即政府應
當允許開辦多元的新聞和視聽媒體企業，既有國營，也有民營；二是內
部多元化，即同一媒體內部，所表達的意見和思想的多元化。兩者都旨
在反映社會不同群體的利益和維護文化、思想的多元化，使受眾有選擇
的自由，也避免「輿論一律」的文化專制。

（四）新聞自由應受的法律限制與法律責任

任何自由都不是絕對的。由於新聞媒體的影響力特別巨大，其可
能導致的負面影響也是不可忽視的，因而各國對新聞自由都加以一定的
法律限制。現代民主國家關於新聞自由的立法精神，在於規範新聞自由
的尺度，使新聞自由同國家和社會的安全平衡，並同他人的權利與自由
保持平等，從而要求兼有保障與限制新聞自由的功能。其核心原則是既
保障自由，又承擔社會責任和法律責任，以防止濫用新聞自由，進行違
法活動和危害國家和社會安全與社會公共利益。

所謂濫用新聞自由，一般是借新聞手段教唆或煽動犯罪，洩露國
家機密，誹謗或污辱他人，暴露他人隱私，宣揚誨淫內容，干擾司法審
判（形成「報刊審判」）等等。

各國和地區對濫用新聞自由的法律限制，規定不一，主要有：在
報刊的創辦上，有採取註冊登記制（只須申報登記，無須經批准）；有
採事先批准制（辦許可證）；有採追懲制（亦稱放任制，出版前不受任

何檢查和約束，事後有違法者予以追究）。此外，還有保證金制，如 16 世紀英國曾採用此制，我國香港特區曾規定創辦報紙只須交 1 萬元保證金或有兩名法人擔保即可。現多數國家和地區已摒棄此制。

在新聞內容方面，規定保密範圍和禁載內容，諸如危害國家和社會安全，煽動破壞公共秩序，侵犯公民名譽權和隱私權，誨淫和傷害社會公德和善良風俗，以及干擾公務等等。

在行使新聞自由時，一個棘手的問題是如何處理公民、媒體的輿論監督權同被批評、曝光的官員的「名譽權」以及政府機關的「權威」的「矛盾」。常常因為報紙揭露了某個官員的醜聞，就被該員以侵犯其名譽權為由訴諸法院。因而誹謗官司常常是媒體的沉重負擔。所以美國的新聞媒體多投誹謗保險。

公民和媒體的言論自由和輿論監督權利與政府官員或政府機構的「名譽權」之間的衝突，不應把它當成私權利與私權利的衝突，而應是**公權利**（公民與媒體對政府的監督權利）與**公權力**（政府的權力）的衝突。政府及其官員一般不能提起民法上的名譽權的訴訟，只有在下列三個條件全部具備的條件下，才能成功地控告新聞媒體誹謗：（1）新聞媒體確有惡意中傷的事實；（2）新聞報道並未根據事實；（3）新聞報道在事後毫無更正的誠意。三者缺一不可。這被稱為新聞媒體的憲法特許權或對誹謗指控的「憲法抗辯權」。

司法機關與新聞媒體和公民的輿論監督關係，應當是輿論監督同司法監督結合，以司法監督為後盾，才能更好地發揮它的社會效果。報刊提供的案件和新聞線索，是司法訴訟的重要來源。同時媒體也不應干擾司法機關的獨立審判。

關於對新聞自由的保障和限制，許多國家制定了專門的新聞法，或在出版法等其他法律中有所規範。我國實行依法治國必須抓緊制定新聞法，保障公民、社會組織和媒體的輿論監督權和言論自由權，同時也要以法來界定輿論監督與濫用新聞自由的界限。

五、出版自由

出版自由（freedom of press）在許多國家語言中，與新聞自由是同一個詞匯。它也是言論自由、資訊自由的表達方式和途徑。出版自由是公民的一項政治自由和憲法基本權利，即公民依法享有按自己的意志和願望，通過印刷、照相、複印以及錄製等方式，出版、發行圖書報刊、音像光盤、軟件的權利。它是公民表達自由的物質載體。

早在 1644 年，英國思想家彌爾頓（John Milton）向英國議會所作的《論出版自由》的演說詞中，提出了出版自由的著名論點。他認為人們必須不受限制地了解別人的觀點和思想，只要讓真理參加「自由而公開的鬥爭」，真理本身就具有戰勝其他意見而存在下來的無可比擬的力量。18 世紀法國大革命時期著名的政治活動家羅伯斯庇爾也說過：「出版自由是鞭撻專制主義的最可怕的鞭子。」1789 年法國《人權與公民權宣言》明確規定，自由傳達思想和意見是人類最寶貴的權利之一，因此，每個公民都有言論、著述和出版自由。1791 年美國憲法第一修正案也規定，國會不得制定有關剝奪言論與出版自由的法律。馬克思曾經指出：「應當認為沒有關於出版的立法就是從法律自由領域中取消出版自由，因為法律上所承認的自由在一個國家中是以法律形式存在的。……因此出版法就是出版自由在立法上的認可。」他還指出：「沒有出版自由，其他一切自由都是泡影。」[10] 第二次世界大戰後，許多國家憲法肯定了出版自由，還有一些國家頒佈了單行的出版自由法。聯合國頒佈的《公民權利和政治權利國際公約》第 19 條規定，人人有發表自由之權利，此種權利包括以語言、文字或出版物等方式，不分國界，尋求、接受及傳播各種消息及思想之自由。

出版自由也在中華人民共和國憲法中得到了體現。我國憲法也將出版自由確認為公民的基本權利。但迄今尚未制定保障出版自由的出版法，只有由國務院和有關部門發佈的關於印刷和出版的管理方面的法規或行政規章，包括所謂「掃黃打非」、取締和制裁淫穢色情和盜版等非法出版物。

---

10. 〔德〕馬克思、恩格斯，中國共產黨‧中央馬克思恩格斯列寧斯大林著作編譯局：《馬克思恩格斯全集》（第 1 卷）（北京：人民出版社，1956），頁 94–95。

對出版自由的主要限制方式有兩種，即事先檢查制度和事後追懲制度。目前絕大多數國家對出版物實行事後追懲制度。對內容的限制與對新聞自由的限制基本相同。在責任制度方面，各國規定不一，大致有兩種，一種是英國制，另一種是比利時制。

英國的責任制度是將民事責任和刑事責任分開。民事責任首先由出版機構的所有者承擔，其次是有關人員，如作者、編輯、印刷人等。刑事責任則是作者、編者、出版者、印刷人甚至銷售者都要負責。美國、加拿大、澳洲等國採取的都是這種類型的制度。

比利時的責任制度被稱為「瀑布」制度，以由一個人承擔責任為原則。根據法律規定，在出版物違法的情況下，首先應由印刷人負責；如果印刷人揭發所有者或出版者是真正的違法者，就由所有者或出版者負責。這樣責任者依次從所有者轉移到編輯，再由編輯揭發而轉移到作者，如瀑布降落，因而稱「瀑布」制度。法國、盧森堡、丹麥、瑞典等國採取的是與此類似的原則，只是追究責任者的次序不同。阿根廷、玻利維亞、巴西、智利、巴拉圭和烏拉圭等南美國家則明確規定，署名文章的作者對署名文章負責，不署名的由編輯或出版人、所有者負責。[11]

此外，一些國家還實行經理制或負責人制度（由經理負主要責任，作者和其他人負次要責任）；責任編輯制；出版董事制等等。

---

11. 參見〈一些國家和地區出版法的若干情況〉，載全國人大常委會辦公廳編：《法制參考資料》1994 年第 123 期。

第十九章
知情權與資訊自由

* 本章原載《江海學刊》，2003 年第 1 期，題為〈知情權與信息公開制度〉。早在 1982
年，本書著者曾撰寫了一篇題為〈論民主的公開性與了解權〉的論文，提交北京市法學
會舉行的第一次法學研討會作為參會論文，承北京社科院《學習與研究》雜誌編者李伊
白（李慎之先生之女）選用，刊登於該刊，1983 年第 5 期。當時我正在全國人大常委
會法工委工作，有關部門主管人審查後也表贊同，不過認為本文「了解權」（即現稱「知
情權」）一詞當時在我國還是首次提出，過於「敏感」（可能被誤解為有責難執政當局
掩蓋真相之意），乃改為一個含糊的題目：〈發展社會主義民主的一個必要條件 —— 民
主的公開性及其他〉。1997 年該文恢復原題及全文收入郭道暉著：《法的時代精神》（長
沙：湖南人民出版社，2003）。

一、知情權和資訊自由的主體及權利性質

知情權和資訊自由（獲知與傳播資訊自由）屬於權利範疇。其主體是公民或社會組織。但就權利的性質而言，二者也有一些區別：知情權屬於一種請求權，或稱「資訊公開請求權」，是積極的權利，國家機關要承擔義務去滿足和保障這一權利的實現。而資訊自由則主要是要求國家機關或其他社會主體不得侵犯公民和社會組織獲得和傳播資訊的自由，是消極性的權利。

知情權和資訊自由既是公民和社會組織的民事權利，更是政治權利，而且是一項基本人權。

1. 作為民事權利的知情權，直接關係社會成員的切身利益。如政府徵收公民或法人的土地房屋，後者有權要求政府必須說明理由和補償承諾；股民有權要求股份公司向股民公佈其經營情況和帳目；消費者有權要求生產者或銷售者明示商品的生產和保質日期及價格；患者有權要求醫生如實說明病情和治療方案等等。

2. 知情權更主要是作為一種政治權利，關係憲政的實施和國家與人民事業的興衰。它是公民行使言論、集會遊行示威、結社、出版等表達自由和選舉權、監督權等基本權利的基礎和前提，也是由這些基本權利衍生的，不得剝奪。在資訊化和互聯網時代實行情報壟斷和新聞封鎖，也幾乎是不可能的。

3. 知情權與資訊自由還是一項基本人權。知情權和資訊自由成為一項基本人權，首先是基於它們是人類生存的基本需要。因為人是社會動物，只能依靠人群組成的社會共同體的集體力量才能對付自然和其他外來因素的侵害和控制，求取生存。為此就必須了解外界和共同體內部人與自然、人與人之間的各種情況和資訊，才能確定如何獲取其生存所需的物資

與精神文化資源和抵抗、對付外來的侵擾。完全與世隔絕，與人隔絕，得不到任何資訊、連談話交流的對象都沒有的人，要麼很難生存，要麼孤獨而癡呆，甚至會發瘋。長期關在監獄的單獨禁閉室中的囚犯就是如此。基於此，知情權可以説是由生存權派生出來的一項基本人權。

知情權和資訊自由又是人的表達自由和言論自由等基本人權的必要前提。不知情，言論自由就會是無的放矢的空談。

知情權和資訊自由也是實現公民政治參與的前提條件。選舉權、監督權的行使都有賴於事先了解相關的情況，否則就是盲目的。

知情權作為人權提出來，首見於國際人權文件中。1789 年《法國人權宣言》第 15 條規定：「社會有權要求全體公務人員報告其工作。」1946 年聯合國通過的第 19 號決議中確認：「查情報自由原為基本人權之一，且屬聯合國所致力維護之一切自由之關鍵。」1948 年《世界人權宣言》第 19 條規定，人人享有通過任何媒介尋求、接受和傳播資訊的自由，而不論國界，也不論口頭的、書寫的、印刷的、採取藝術形式的、或通過他選擇的任何其他媒介。1978 年聯合國通過的《關於新聞工具有助於加強和平與國際了解，促進人權，反對種族主義、種族隔離及戰爭煽動的基本原則宣言》第 2 條聲言：「享有主張、發表意見和新聞等自由的權利，被公認為人權和基本自由之不可分割部分。」

二、知情權與資訊公開制度的由來

知情權、資訊公開、陽光下的政府等概念和形成為法律制度，是直到 20 世紀 50 至 60 年代才逐漸明晰的。在美國立憲時，雖然在其十條憲法修正案即「權利法案」中有關於言論自由和出版自由等規定，但並沒有提及知情權或資訊自由的概念。1787 年，美國獨立宣言的起草人托馬斯‧傑弗遜給友人的一封信中曾認為：「我們政府的基礎源於民意，因此，首先應當做的就是要使民意正確。為免使人民失誤，有必要通過新聞，向人民提供有關政府活動的充分情報。」他還提出了「表達自由」的概念，其中就包含了把掌握的資訊公開表達、傳播出來，即資訊自由和資訊公開。他指出政府資訊公開的重要性如同太陽對空氣中的

細菌一樣重要，也像路燈對防止小偷一樣重要。麥迪遜也深刻地指出：「如果民主政府沒有公開資訊，或者說缺乏獲取這種資訊的途徑，那麼，它不是一出鬧劇就是一齣悲劇，也可能兼而有之。」[1]

但那時由於受歷史局限，對知情權的重要性和必要性還不十分明確。因為二百多年前，各國包括美國還處在「小政府」的時代，人們接觸到的政府機構，只是郵局和警察。政府對公民個人生活的干預較少，人們還不大感覺到政府權力對公眾的威脅，公民不大關心政府的活動情況，也就提不出知情權和政府資訊公開的要求。

到 20 世紀，人類進入飛速發展的時代，為了適應經濟和科技的發展和人民日益增長的物質與精神和各種社會服務的需求，政府機構不斷增加，權力極度擴張，無所不在、無所不至地侵入人們生活的各個領域。一個人從搖籃到墳墓，全部資訊都掌握在政府手裏，並受到政府的各種支配和控制。政府通過身份證、戶口簿可以掌握每個人的出生日期、家庭情況；可以決定是否允許墮胎或多生孩子；可以規定我們的日常用電用水；可以控制物價和增加個人所得稅……以致有人形容：「政府已經走進了我們的房間。」人們愈來愈感到自己的一切都受制於政府，因而就要求知道政府究竟在幹什麼和怎樣在幹，是否侵犯了公民和社會組織的權利和隱私；也要求政府資訊公開，公眾可以監督並參與政府決策過程。在美國，促成此事的是 1954 年美國在南太平洋進行核試驗導致核輻射，政府以國防安全為由，拒絕向記者透露相關資訊，從而激起廣大民眾不滿，強烈要求公開有關資訊，制定有關法律，形成一個強大的社會運動。於是，知情權與資訊公開的立法應運而生。

三、資訊公開的權利和義務

(一) 資訊公開的主體

在民主國家，「資訊公開」的主體主要是指受人民委託掌握國家權力的主體，亦即立法、行政、司法機關，以及某些由政府授權的半官方

---

1. 麥迪遜 1822 年 8 月 2 日致 W. T. 巴里的信。

的社會公共機構和某些中介組織。其所須公開的是與社會成員利益相關的政務或公共事務。這種政務公開是實行民主政治和法治的一個基本原則。如列寧所說:「完全的公開性」是民主的一個必要條件,「沒有公開性而來談民主是很可笑的」。[2]西方民主國家大都有政府情報公開法或「陽光法」(如美國的《陽光下的政府法》)。

在現代,隨着權力的多元化和社會化,資訊公開的主體已不限於國家政府,許多非政府組織,包括企業、事業組織,多元化的社會團體,都掌握着一定的社會資源和資訊,從而也就有了可以支配他人的社會權力;它們對於其所屬的內部成員,和與其利益相關的外部社會成員,也都有應予公開的社會公共事務、校務、商務、社團和社區公共事務等等。即使是醫療衛生機關團體,也有醫務公開的義務。如20世紀90年代美國哈佛大學公共衛生學院為研究基因的需要,在我國安徽農村擅自對數以萬計的農民抽取血樣,我國報紙指出這是「基因侵權」——侵犯了獻血者的「知情同意權」和「知情選擇權」。因為按1947年8月國際紐倫堡軍事法庭頒佈的《紐倫堡法典》,一切治療或實驗都必須向病人或受試者說明方法以及可能的副作用,以便當事人確定是否同意或加以選擇。而該學院主其事者並未向獻血者告知上述情況及獻血者的權益。[3]

這些社會主體的社務資訊公開,是民主法治社會的基本要求。所以,資訊公開的主體,已不限於國家權力機關,還有社會組織——社會公共團體。

此外,在互聯網時代,公民個人也掌握大量資訊。他們公開傳播有益於社會人群的資訊,也應屬公民資訊自由、表達自由的權利;而且公民掌握的資訊,有時還可以成為影響、支配他人的社會權力。現在在互聯網上,網民們事實上已在行使這一權利與自由。有些黑客則進一步把這種資訊自由權利轉化成個人的資訊權力,在互聯網上顯示其破壞力。這些表明在現代化社會,公民不僅是資訊自由和知情權的權利主體,也可能是掌握與傳播資訊並以之支配他人的權力主體。當然,公民

---

2. 〔俄〕列寧,中國共產黨·中央馬克思恩格斯列寧斯大林著作編譯局:《列寧全集》(第5卷)(北京:人民出版社,1959),頁448。

3. 參見《光明日報》,2001年4月16日,第2版。

個人有資訊自由，一般沒有資訊公開的義務，從而是非資訊公開的主體。但當公民運用其所掌握的資訊資源，形成一種社會權力，對他人或國家造成強制性的不利影響時，也應有公開其資訊的義務和承擔相應的責任。

資訊之所以必須公開，是基於主體掌握並行使權力；而任何權力（不論是國家權力還是社會權力）都是以有受其強制性權力的影響或支配的相對人為條件的，是關係相關人的利益的，因而相關人就應享有知情權（權利）。否則聽任權力者暗箱操作，權力失去監督，權力者就必然會腐敗或專橫，權利者就無法保障其權利與利益。同時從根本上說，權力者所以能掌握有關資訊，是基於能運用權利人賦予的權力；而權力應是為權利服務的。人民的國家不僅一切權力來自人民，屬於人民；而且國家所掌握的資源，包括資訊資源也都應由人民共享，不能由國家、政府以及某些社會組織所壟斷。

(二) 資訊公開是權力還是義務

那麼資訊公開是權力還是義務或者職責？對權力主體而言，對其掌握的情報資訊，當然有依法決定是否公開、公開哪些和什麼時候公開的自由裁量權力；但這種自由裁量權是由法律規定的。

決定是否公開和公開多少以及公開時限的權力，不應是行政機關和司法機關，而是代表人民意志的立法機關，即由立法機關（在我國是全國人大及其常委會）運用立法權，制定情報公開法和保密法。政府則是依法執行，亦即依法履行其情報公開的職責。當然，在法定範圍內，行政機關在具體執行中，在掌握公開與保密的界限與量度、時機上，也有一定的自由裁量權（權力）。但他們也只能按照法律（情報公開法）規定的內容、範圍、對象、時間等依法裁量，因而，情報公開主要是它們的義務或職責。

長期以來，權力者，特別是國家權力者往往運用其權力，壟斷資訊，拒絕公開；或者把公開相關資訊看做是他們對相對人的恩賜；公開多少也只是由政府「欽定」。這是權力與義務的脫節，權力與權利的顛倒。

四、各國資訊公開立法概況

1966 年，美國率先制定了《資訊自由法》（*Freedom of Information Act*）。該法規定了行政機關應當向公眾公開哪些資訊，如何公開資訊，公民如何索取政府資訊，如遭拒絕時，應如何通過司法程序獲得救濟等重大法律原則。《資訊公開法》要求行政機關將其行政規章公開，實際上只要求行政處理結果公開。這還不夠，還應將行政過程公開，以便讓公民同步享有行政資訊，及時參與行政，監督行政。20 世紀 70 年代初，發生了震驚中外的尼克遜水門事件，美國人要求行政過程公開的呼聲日益高漲，最終導致國會於 1976 年制定了《陽光下的政府法》。編入法典的名稱是《公開會議法》（*Open Meetings Act*），要求政府在眾目睽睽的陽光之下辦公，不得暗箱操作。該法要求一切行政會議除法定的例外之外，一律公開舉行，公民可以旁聽，會議結束時公開會議記錄。不允許私下磋商達成某種妥協或決議。這樣行政過程就完全公開、透明了。此前，1974 年還頒佈了《個人隱私法》（*The Federal Privacy Act*），1996年又頒佈了《電子化資訊公開法》（*Electronic Freedom of Information Act*）等一系列全國性立法，配合美國憲法第一修正案、第四修正案和第十四修正案，形成政務公開的法律保障體系。

此後，各國也都積極地制定有關知情權和資訊公開的立法，如澳洲 1982 年的《資訊自由法》。歐盟早在 1970 年代就發佈了一系列文件，確認了對資訊自由的保護，並於 1999 年 10 月組成專家小組擬定資訊自由法草案建議稿。歐洲人權法院也積極地以判例法確認公民的資訊自由權。歐盟的許多成員國也制定了相關立法，如丹麥 1985 年頒佈的《政務公開法》、芬蘭的《政府行為公開法》、愛爾蘭的《資訊自由法》、希臘 1999 年修訂後的《行政程序法》第 5 條。此外，比利時、法國、德國、奧地利、意大利、荷蘭、盧森堡、西班牙、瑞典和英國也都在本國憲法或者基本法律中確認了公民獲取公共資訊的權利。

各國有關政務公開立法的內容主要包括確認政務公開的範圍、資訊自由的具體行使程序、對公民資訊自由權的公力救濟尤其是司法復核等等。

五、我國的知情權與資訊公開

(一) 我國資訊公開的歷史進程

我國過去由於對外對內開放不夠，民主的公開性較差。在以階級鬥爭為綱時期，以對敵專政的需要為辭，保密至上；同時在計劃經濟一統天下的局面下，一切由國家安排，公民無需過問，也無從過問；加上多少受封建的文化專制主義和愚民政策的遺毒的影響，沒有公民知情權的概念。在民主革命時期，出於動員和團結人民群眾的需要，黨的領導人也曾強調過政策公開的原則。如毛澤東《對晉綏日報編輯人員的談話》中說過：黨的有關政策「都應當在報上發表，在電台廣播，使廣大群眾都能知道」，才能「使群眾認識自己的利益，並且團結起來，為自己的利益奮鬥」。周恩來也指出：「任何政策的決定或改變，任何政策中的正確的部分或錯誤的部分，必須適時地不但向幹部而且向群眾公開指出，才能得到群眾的了解和擁護而成為力量。」[4]

不過這種認識還只是從黨的群眾路線上着眼，沒有提到人民群眾的知情權和黨政機關資訊公開的義務高度上來對待。

直到改革開放時期，中共十三大才開始提出要提高黨和國家機關活動的透明度。1988年中央書記處提出實行「兩公開一監督」的原則（即辦事制度與辦事程序公開；辦事結果公開；接受群眾監督）。1995年確定了實行「依法治國」的方略後，一些省市建立「辦事公開」、「政務公開」以及公開選拔幹部等制度。1997年黨的十五大報告進一步提出「堅持公平、公正、公開」的原則，實行「政務公開」，從而在全國推行。同時也促進了《行政處罰法》、《行政複議法》、政府採購制度中的公開性。《檔案法》、《保守國家秘密法》也適度放寬了保密範圍與時限。在中共中央辦公廳發佈的《深化幹部人事制度改革綱要》中，確定了黨政領導幹部公開選拔和任前公示制度。在新世紀到來時建立「電子政府」，政府上網工程也紛紛起步。

---

4. 周恩來：〈黨的政策必須適時地向群眾公開〉，載中共中央文獻編輯委員會：《周恩來選集》（上卷）（北京：人民出版社，1980），頁301。

(二) 我國知情權與資訊公開的現狀

　　實行資訊公開與資訊自由，本是實行社會主義民主、自由的必由之路，而不是洪水猛獸。試圖壟斷資訊，遏制人民的知情權，封殺資訊自由，拒絕公開資訊，是文化專制主義的流毒。中國封建文化傳統是奉行「民可使由之，不可使知之」的愚民哲學的。遺毒至今，影響不小。「文化大革命」時期，四人幫為掩蓋其罪行，嚴密控制新聞輿論，造成民眾新聞饑荒。馬克思曾經諷刺那些害怕把真情和陰暗面暴露出來的「書報檢查制度」是「一個江湖醫生，為了不看見疹子，就使疹子憋在體內，至於疹子是否將傷害體內纖弱的器官，它是毫不在意的。」[5]迄今有的基層幹部為了掩蓋其愚弄、欺騙群眾的不法行為，竟然封鎖黨和國家為民謀福利的政策、法律，不讓老百姓知道。[6]

　　列寧曾經指出，資產階級在革命時害怕人民愚蠢，而在掌握政權後則害怕人民聰明。這些幹部的心態也正是如此。

　　此外，一些行政機關和領導幹部往往把資訊公開看成是由自己決定的權力，而不是必須依法履行的義務。他們認為公開的內容、範圍、程度、時限、對象等的主動權都掌握在行政機關和領導人手裏，聽由自己裁量，而不是按照法律、法規的規定，履行職責。如在作出關係利益相關人的重要決定時，卻不經聽證程序。這類「權力型」的資訊公開，與服務於公民的知情權的「權利型」的資訊公開，大異其趣。要實行資訊自由和資訊公開，政府和公務人員觀念轉變是重要關鍵。

　　在資訊公開制度上也存在較多缺陷。如保密範圍過寬，資訊自由度過小。公開的渠道過窄而單一，主要是由政府自主決定公開與否，公眾難以直接索要政務情報，也難以從新聞媒體上獲得群眾迫切需要了解

---

5. 〔德〕馬克思、恩格斯，中國共產黨‧中央馬克思恩格斯列寧斯大林著作編譯局：《馬克思恩格斯全集》（第 1 卷）（北京：人民出版社，1995），頁 73。

6. 一個典型的例子是，2000 年 8 月江西上饒縣有關行政當局竟然將某雜誌社出版的 12000 多本《減輕農民負擔工作手冊》（內容都是中央各部委減負政策法規及對它的解釋的彙編），指示要「不惜一切代價」挨家挨戶全部收繳，還美其名曰：「書賣到哪裏，就消除影響到哪裏！」為的是怕農民知道後，群起反對當地政府非法多收的稅費。此案中編輯發行該書的該雜誌社副社長和一位鄉村教師還被以出版、散佈「反動書籍」罪名予以逮捕。

的資訊。新聞控制與事先檢查和事後追懲過嚴，有些行政規章規定互聯網上不得登載自行採寫的新聞和其他非權威新聞單位來源的新聞。

這些雖然有利於遏制非法資訊、垃圾資訊的氾濫；但限制過寬過死，因噎廢食，公民的知情權和資訊傳播自由這種憲法性權利，受到政府部門規章的越權的、過度的、不合理的限制。這並不利於公民參與政治和監督權力，也不利於經濟、科技情報的迅速傳播。

要使我國資訊自由與資訊公開制度得到健全的發展，關鍵在於尊重和維護公民的知情權，實行資訊法治，完善資訊公開的法律制度，並嚴格貫徹執行。

值得重視的是，2010 年 4 月 29 日，第十一屆全國人大常委會第十四次會議審議通過了新修訂的《中華人民共和國保守國家秘密法》（以下簡稱新《保守國家秘密法》），自同年 10 月 1 日起實施。新《保守國家秘密法》的突出亮點是：要求做到依法保密、依法公開、保放適度，糾正過去定密過多、範圍過寬、解密不及時的現象，建立健全了四項制度措施，儘可能地縮小國家秘密的範圍：一是上收定密權。新《保守國家秘密法》規定，確定國家秘密的密級，應當遵守定密權限。根據新規定，縣級機關、單位不再擁有定密權，必須通過上級授權才擁有定密權。定密主體大大縮小，可以防止越權濫施保密。二是建立定密責任人制度，解決了定密權責不清等問題。三是設立保密期限制度。以往「只標密級，不標期限」，導致「一密定終身」。新《保守國家秘密法》增加了保密期限的具體規定，國家秘密的保密期限，除另有規定外，絕密級不超過 30 年，機密級不超過 20 年，秘密級不超過 10 年。四是健全了自行解密與解密審查相結合的解密制度。保密期限已滿的國家秘密事項，自行解密；在保密期限內保密事項範圍調整不再作為國家秘密事項，或者公開後不會損害國家安全和利益，不需要繼續保密的，應當及時解密。這些規定有利於保障公民的知情權和情報公開。

此外，國務院常務會議已於 2007 年 1 月 17 日通過了《中華人民共和國政府資訊公開條例》，並自 2008 年 5 月 1 日起施行。該條例要求行政機關公開政府資訊應當遵循公正、公平、便民的原則。各級人民政府及縣級以上人民政府部門應當建立健全本行政機關的政府資訊公開工作制度，並指定資訊公開工作機構負責本行政機關政府資訊公開的日常工作。公民、法人或者其他組織可以主動向政府申請獲取所需要的政府

資訊。在條例的第二章，規定了資訊公開的範圍，其中應當主動公開的有：涉及公民、法人或者其他組織切身利益的；需要社會公眾廣泛知曉或者參與的；反映本行政機關機構設置、職能、辦事程序等情況。同時還具體規定了縣級以上各級人民政府及其部門應予重點公開的資訊，包括：行政法規、規章和規範性文件；國民經濟和社會發展規劃、專項規劃、區域規劃及相關政策；國民經濟和社會發展統計資訊；財政預算、決算報告；行政事業性收費的項目、依據、標準；政府集中採購項目的目錄、標準及實施情況；行政許可的事項、依據、條件、數量、程序、期限以及申請行政許可需要提交的全部材料目錄及辦理情況；重大建設項目的批准和實施情況；扶貧、教育、醫療、社會保障、促進就業等方面的政策、措施及其實施情況；突發公共事件的應急預案、預警資訊及應對情況；環境保護、公共衛生、安全生產、食品藥品、產品質量的監督檢查情況共 11 項。對縣、鄉級政府應公開的項目也分別作了規定。如果發生公民合法知情權被侵犯的情形，條例還設置了相應的救濟渠道。這個條例如果得到各級政府的重視和切實執行，必然會大大推進公民和社會組織政治參與的積極性和維權渠道的暢通和便利。

尚嫌不足的是，這個條例還只是一個行政法規，而非人大制定的法律，其權威性和廣褒性有限，而且也不符合基本權利必須以法律定之的立法原則；再則需要建立統一的權威機構，協調資訊公開的政策，改變各部門、各地方各自為政、處理資訊的隨意性；開闢資訊公開的廣闊渠道，借鑒和引進發達國家資訊公開的經驗與法律制度，改善我國資訊自由傳播的落後狀態。

第三部分
多元權力

第二十章
認真對待權力

---

* 本章是郭道暉著《社會權力與公民社會》一書（南京：譯林出版社，2009）的自序，發表時有新的補充和修改。

一、權力在法學與法治中的地位

美國當代著名法學家德沃金寫過一本《認真對待權利》的名著。不過，並未見過有專門從法學視角論述「認真對待權力」的專著，似乎權力論大都是哲學、政治學、社會學者的專屬領域。在以往中國法理學教科書中，權利這一範疇居於重要地位，而權力範疇則付之闕如。這一現象，也見之於歐美的有些法理學著作。考其根源，可能是來自西方法律體系的私法或民法傳統（主要是羅馬法傳統），這種傳統基於權利（私權）是市場經濟的基石，從而也成為法律（私法）的核心和法學關注的重點。可以說，法理學及其基本範疇，大多是從私法、私權利的基礎上引發出來的。

權力受到政治學、法學的關注或許是起於啟蒙思想家的「權力分立」理論的提出。隨着自由資本主義時代的「最好政府最少管理」原則的隱退，現代知識經濟、資訊社會的迅猛發展，市場經濟中壟斷與競爭的激烈化、複雜化，以及經濟的全球化態勢，一方面，要求政府公權力對經濟以及社會生活「從搖籃到墳墓」加以全方位的干預，遵循「最好政府、最多服務」的新原則；另一方面，為了防衛政府的過度干預和權力的膨脹和專橫，又要求對政府權力加強控制。於是，行政法、經濟法等公法的地位與作用日益突出，如何促使其背後的權力運作更加民主化、法制化，也日益成為法治國家迫切的任務。對國家權力的研究也愈來愈成為熱點課題。

我國在改革開放新時期，伴隨市場經濟的起步和進展，人民的權利意識日益覺醒。在 20 世紀 90 年代初，對這種覺醒在理論上的回應，體現在法理學界對「法的權利本位」的熱烈爭論上，「權利」這一範疇受到了前所未有的重視，至今這一過程還方興未艾，並擴展到公民維權活動的日益興起。

由於「依法治國，建設社會主義法治國家」的目標和治國方略的提出和入憲，以及鑒於行政權力和司法中的專橫腐敗現象日甚，我國理

論界包括法學界對權力的研究也成為熱門話題。如果說,過去關於權力的研究多屬於政治學界和社會學界的「專利」,那麼,20世紀90年代後期起,不只是權利,而且權力,已開始為法學界所特別關注,多數學者認為它們是法與法學的一對核心範疇。法理學界提出法理學或整個法學的基本範疇應當是權利與權力;憲法學界則把國家權力和公民權利作為憲法和憲法學的基本範疇;行政法學界進而提出行政權力與相對人的權利統一的「平衡論」。刑法學界也在刑事訴訟中強調懲治犯罪與保障人權並重。20世紀90年代初的「法以權利義務為軸心」的「權利本位論」,開始受到質疑。[1]

　　筆者是從20世紀90年代初期開始將權力作為法學與法治的基本範疇加以研究的。當時筆者在《法學研究》上發表的一篇專文《論權力與權利的對立與統一》,[2]雖則被視為我國法學界首開權力研究的力作,但畢竟只是對法權力及其與權利的關係,作了初步的探討。由於有感於中外學者還限於固守「以權力制約權力」這一古老原則,深感局限於國家權力之間的內部制衡,仍難以完全避免「官官相護」之弊,乃在該文中提出了「以公民權利制衡國家權力」的命題。這一命題在當時還被認為是中國法理學的首次突破。後來鑒於法定權利要發揮制約權力的作用,仍不能完全超然於國家權力的認可與限制,所以筆者又試圖從外部尋求制約國家權力的社會力量,連續在東亞法哲學會的幾次國際會議上發表了系列論文,提出了「以社會權力制衡國家權力」的模式,受到國外同仁的高度重視和評價。[3]但國內法學界應者寥寥。

---

1. 參見童之偉:〈論法理學的更新〉,載《法學研究》,1998年第6期。

2. 載《法學研究》,1991年第1期。

3. 國外對郭道暉關於權力多元化和社會權力的理論的評價,認為「郭道暉教授的若干篇論文從獨立的視角論述了一組內在相通的多層面網絡理論,確實讓人感觸頗深。像這樣具有方向指導意義的實踐性很強的論點不斷在中國湧現的現實,似乎可以看做是東亞歷史狀況正在不可阻擋地持續變革的象徵。(參見日本北海道大學教授今井弘道:《現代政治的脫國家化與「近代」之克服》)「這一理論,對於只習慣於講國家內部權力互相制衡的理論的我們來說,是一個新鮮的啟迪。為我們今天的市民社會的理論,注入了新的動力。」「郭教授關於「國家權力和社會權力的對立統一」的命題,確實簡要地概括了新的權力制衡的精義。郭教授的理論,對於我們研討人權委員會的性質、構成等問題,也有很大的作用。」(韓國著名學者金秉正律師)(以上引文轉引自郭道暉:《法的時代挑戰》(長沙:湖南人民出版社,2004),頁210、163、164)。

當然，這種狀況，不僅是基於理論上對權力的漠視，更主要的是背後的政治環境。權力本來是人類為了保障其與生俱來的自然權利與自由，而賦予統治者以權力，旨在要求他們運用人民的權力，保障和促進社會人的權利與自由。可是，歷史的惡作劇卻往往使之適得其反：權力異化為壓制、剝奪人的自由的異己力量，包括壓制和禁止人們議論權力的侵害性、非法性的言論自由與學術自由，這也是為什麼有關制約權力的言論犯忌，人們視權力為猛獸的緣由。於是消極者力求遠離權力，所謂「天高皇帝遠」，「帝力於我有何哉！」明哲保身，敬權力為鬼神而遠之；鑽營者依附權力，奉權力為神物，成為權力者的佞臣、奴才、御用學者，乃至幫凶。明智的志士仁人則力求勒住權力這匹易於脫韁的野馬，想方設法制約權力、規範權力。[4]

我國權力結構不合理，改革難行，並非當局者缺少智慧。一些權力者喜歡集權，不容分權，壓制自由，抵制監督，導致權力結構失衡，權力腐敗日甚，主要是基於既得權益捨不得放棄，進而恐懼一旦國家權力脫離了自己的控制，或讓社會主體擁有社會權力，使權力不再是權力者手中壟斷的工具，反而成為人民制約權力、抵抗侵權、衛護權利與自由的武器，這才是關係那些權貴資產者集團和官僚腐敗勢力等嗜權者生死存亡的大問題，這也才是他們恐懼的所謂「亡黨亡國」的要害所在。

二、社會權力理論提出的思維背景

迄今在研討「法治國家」的概念與意義時，一般都局限於就國家權力內部結構關係立論，很少放眼於國家之外的社會。

講社會往往只是限於「國家的社會」，而不是相對獨立的社會；講國家也多關於凌駕「社會之上」的國家而不是「社會的國家」。一般還沒有跳出「國家—社會」一體化格局的局限。

---

4. 蘇州大學周永坤教授撰寫的《規範權力——權力的法理研究》（北京：法律出版社，2006），是法學界專論權力的首部力作，也是國內第一本從法理學視角系統論述國家權力的專著。

講權力則是忽視當今世界和中國出現的權力多元化、社會化的格局，未嘗強調與國家權力相對應的還有社會權力。

講社會則是忽視與政治國家相對應的還有公民社會，對它們的重要地位與價值缺少研究。對什麼是公民、什麼是公民權、什麼是公民社會，這些概念也不是搞得很清晰。至於那些壟斷權力的權貴們和貪官污吏們還對公民社會十分恐懼，誣稱公民社會是「國內外敵對勢力設下的陷阱」。

從發展上看，離開公民社會及其社會權力對國家和社會日益增長的作用，侈談建立法治國家，實行憲政，我認為是捨本逐末。

我之所以提出「社會權力」這個新的概念與範疇，有我的思維過程。

「社會權力」這一新的概念，是我從對法治國家與法治社會的二元化和權力的多元化社會化的研究中引申出來的，它是同國家權力相對應的概念與社會存在。所謂「社會權力」，簡言之，即社會主體以其所擁有的社會資源對國家和社會的影響力、支配力。

社會權力理論的提出及其實踐，可以打破國家權力壟斷一切、君臨一切的局面；社會權力的自主性及其對國家權力的互補、互動與制衡，對保障社會主體權益的能動性，使權力不再是可畏的難以馴服的兇器，而可望成為人民群眾可親近的、可自我掌握的利器。

社會權力理論是一個新的課題，雖然馬克思、恩格斯早就提出過「社會權力」的概念，現代西方學者如哈貝馬斯等人的著述中也涉及這個命題，台灣學者也有所謂「政治力、經濟力、社會力」的提法，但都未見有專題研究。國外關於市民社會、中產階級社會和「非政府組織」（Non-Governmental Organizations, NGO）的研究較多，但很少深入到與法治國家並存的法治社會、公民社會層面來考察。美國加利福尼亞大學洛杉磯分校社會學系教授邁克爾・曼（Michael Mann）著有《社會權力的來源》一書，不過他只是從權力的不同存在形態上，將整個人類社會的權力（包括國家權力）概括為經濟、意識形態、軍事和政治四種來源與形態，而不是專論存在於國家權力之外、獨立自主的社會權力及其對國家權力的關係。美國當代的「新憲政論」者開始注意到要於國家權力之

外，運用社會力量來促進國家的真正民主化，但似乎也未曾提升到與國家權力並存的「社會權力」高度上加以研究。

中國大陸多數學者近年對法治國家的研究較多，但不是從民間社會、法治社會的相對獨立性及其對國家的互動作用上考察法治與法治國家。有些文章雖冠以「社會權力」的概念，卻多是從相對於自然界的大社會概念（包括國家和民間社會）或從「國家與社會一體化」的格局上論述權力。更很少從社會和國家的歷史發展趨勢和法治的全球化視野上，去研究未來法治國家的演變與法治社會的發展，以及未來「大同法治世界」的理想遠景，從而未能考慮形成社會權力與法治社會的現實意義和長遠意義。

與社會權力緊密相關的是公民社會，後者是前者的載體。公民權又是公民社會和社會權力的核心。公民是有權參與國家政治的「公人」「政治人」，公民權的特定涵義是公民參與政治的「公權利」；與一般作為「私人」的自然人、經濟人及其「私權利」不能等同。而「國民」則具有憲法上的公民和私法上的自然人的雙重身份和公權利與私權利雙重權利。公權利是對應和對抗公權力的。對公民權即政治權利這一馬克思所界定的特定涵義，迄今在法學界乃至憲法學界也並未明確並加以研究。

至於所謂「市民社會」（確切的概念應是「民間社會」），也兼有政治性的「公民社會」和經濟社會性的「私人社會」雙重屬性。公民社會是同政治國家相對應的政治社會，其特徵是作為組織化的政治存在，區別於作為分散的自然人社會的經濟存在或民事主體存在。公民社會的特性和作用是讓各個社會階層有它的組織和表達民意的渠道來參與國家政治，影響國家的決策。

理清和闡明上述這些概念，確認其憲政地位，將為法治國家的理論研究和實踐導向注入新的理念和動力，對推進政治改革，建立法治國家和和諧社會，具有重大的現實意義。

筆者深感現代社會「權力」無所不在，幾乎「從搖籃到墳墓」干預著每個人，而在我們過去的法理學教科書中卻無視其存在，實在有悖常理。所以，我在 2005 年出版的《法理學精義》一書中，特意專設一章來論述「法權力」（外加「法本體」一章中以一節的篇幅闡述作為法

的本質之一的法權力）。[5] 雖則這被視為是突破了以往的法理學教科書的體系和觀點，但畢竟這些研究還是初步的，某些被認為不無創見的思想觀點，多只是點到為止，限於個人的學識和精力，未能作系統的專門研究。特別是關於社會權力這一術語和範疇及「以社會權力制衡國家權力」這個命題，就我國而言，雖然可以說筆者是「始作俑者」，筆者在20 世紀 90 年代以來，在學術期刊和東亞法哲學歷次會議上先後發表過系列論文，[6] 國內個別學者還撰寫了論著予以呼應；[7] 但畢竟未能就此出專書加以全面、系統地闡述，這也成了筆者一樁懸掛著的未了心願。

令人高興的是，我國著名法學家江平教授在他的一次學術演講中，首次以「社會權力與和諧社會」為題，對社會權力作了新的發揮，他特別指出：「在我國法學界，郭道暉教授最早提出了建立三種權利（力）的觀念，即除了國家權力和私人權利之外，還要建立社會權力。」其實應當說，他這次演講也是首次從民法角度對社會權力作了深刻的發揮。他精闢地概括這三類權力／權利的本質：「私權的核心是自由，社

---

5. 郭道暉：《法理學精義》（長沙：湖南人民出版社，2005）。

6. 郭道暉歷年發表的有關社會權力的主要論文有：〈論權利與權力的對立統一〉，載《法學研究》，1990 年第 4 期；〈權威、權利還是權力 —— 黨與人大的關係的法理思考〉，載《法學研究》，1994 年第 1 期；〈論國家權力與社會權力 —— 從人民與人大的法權關係談起〉，載《法制與社會發展》，1995 年第 2 期；〈反對權力腐敗的法哲學啟蒙〉，書評，載《法學研究》，1998 年第 2 期；〈以社會權力制衡國家權力〉，1998 年第二次東亞法哲學大會（首爾）論文，載《法制的現代化》，2000 年；〈權力的多元化與社會化〉，2000 年第三次東亞法哲學大會（南京）論文，載《法學研究》，2001 年第 1 期，並由日本鈴木敬夫教授譯成日文在日本發表；〈論社會權力與法治社會〉，2002 年第四次東亞法哲學大會（香港）論文，載《中外法學》，2002 年第 2 期；〈論公民權、公民社會與全球公民社會〉，2006 年第六次東亞法哲學大會（台灣）論文；〈法治國與法的社會化和法治社會〉，中國法學會法理學，2005 年年會論文；〈公民權與公權利〉，載《政治與法律》，2005 年第 6 期；〈公民權與公民社會〉，載《法學研究》，2006 年第 1 期；〈公民權與全球公民社會〉，載《上海社會科學》，2006 年第 3 期；〈權力的特性及其要義〉，載《山東科技大學學報》，2006 年第 3 期；〈社會和諧與社會矛盾、社會動力〉，載《河北學刊》，2007 年第 1 期。

7. 在我國也有法學者專文論述了「郭道暉的權力學說」（林喆：〈何謂權力？ —— 郭道暉權力學說評述〉，載《政治與法律》，1999 年第 2 期）；西北政法大學的褚宸舸副教授和王嘉興碩士還撰有長文：〈以公民社會與社會權力為支點的憲政設計 —— 品讀郭道暉教授近十年之新論〉。

會權力的核心在於自治，國家權力的核心是強制力。」他把社會權力的理論運用於民間社會的私權領域，指出「無自由無以形成私權，但是，私權已經不是絕對的了，有些私權因為具有某種共同的關係，個性愈來愈少，社會性愈來愈多」，從而擴展了社會權力的研究空間和社會價值。[8]

我在着手撰寫這本專著時，[9] 已屆八十高齡，抱着探索真理和期望促進我國政治改革和社會建設的使命感，勉為其難，全力以赴。除將筆者過去已發表的有關論文加以整合外，同時針對學界同仁對社會權力理論提出的一些有待進一步深入研究和理清的問題，吸收其中一些真知灼見，增加一些新觀點和新資料，補充撰寫了一些全新的章節，使這個理論能自成一體地初步系統化。

本書分緒論和上下兩篇，緒論主要是對權力的本質內容和本質形式特徵、權力與權利的矛盾統一和權力的多元化與社會化作一概述。

上篇是「社會權力概說」，從宏觀上概述對社會權力的淵源與發展、社會權力的本質要素、社會權力與國家權力的關係；又在微觀上分述社會權力的十一種主體、六種存在形態，以及權力制衡的四種模式（其中既包括對國家權力也兼及對社會權力的制衡）和關於法治國家與法治社會的二元並存與互動。

下篇是「社會權力與公民權、公民社會」，主要是論述社會權力賴以產生和發展的基礎——公民權和公民社會的諸問題。對以政治權利為核心的公民權——「公權利」、公民權的憲政地位與憲法的社會化、對公民的政治自由權、政治參與權、政治防衛權等方面，作了新的論述。對作為「政治存在」的公民社會的特徵及其偉大作用，建構法治社會、公民社會的歷史使命，以及全球公民社會的遠景，提出一些新的構想。

---

8. 參見江平教授 2005 年 3 月 8 日在中國人民大學的演講，載中國法學名家網，2006 年 1 月 4 日。

9. 這次研討會的發言及其他有關評論資料，已由湖南大學法學院彙編成集，由法律出版社於 2008 年出版，書名是《時代的良知——郭道暉法學思想研討文集》。

本書還只能說是筆者對社會權力理論的粗淺認識和對其實踐意義的期待。至於形成嚴密的理論體系和對社會權力與公民社會的實踐的指導，則有望於對此專題有興趣的後之來者超越前人的努力。

　　當然，議論權力、規範權力，以社會權力制衡國家權力，要求促成公民社會的形成，要求激發社會潛力，還必須具有不畏權力的理論勇氣，如馬克思說的：「不怕自己所作的結論，臨到觸犯當權者時也不退縮」！[10] 期盼著後之來者能更精確地探索出一套規範權力、馴化權力以及激發良性社會權力的理論與制度架構，這應當是一切有良知的法學者的歷史使命，是建設法治國家，化解社會矛盾，建立「推進社會體制改革」、和諧社會和小康社會的必由之路。

---

10. 〔德〕馬克思、恩格斯，中國共產黨・中央馬克思恩格斯列寧斯大林著作編譯局：《馬克思恩格斯全集》（第 1 卷）（北京：人民出版社，1956），頁 415-416。

第二十一章
權利與權力的
對立統一

* 本章原載《法學研究》，1990 年第 4 期，率先研討權力並首先提出了「以權利制衡權力」的命題，在法學界引起關注，被認為是突破禁區、探討這對範疇的開山之作。

一、權利與權力的相互依存

(一) 權利與權力的相互滲透

「權利」一詞在英語為 right，權力為 power，二者是有區別的。但英美法學界又常把這二詞通用。如《牛津法律大辭典》有「民法上的權力」這一詞條，並定義為：「有權做具有法律效力或作用的事情的法律概念，如立遺囑；如果不還借款，債權人有權出賣抵押物；⋯⋯通常認為權力只是更廣泛的『權利』概念的含義之一。」[1] 這裏所講的權力，實即民事權利。他們還把權利分為「私權利」與「公權利」，公權利即公民的政治權利，與政治權力相對應。日本人把德文的權利 (*recht*) 譯為「權力利益」，略作「權利」，也含有權力的意思。

法律上的權利，就權利人有權要求他人作出一定行為或抑止一定行為來說，就這種權利對他人的影響來說，實際上也是一種「權力」，即他人有作為或不作為的義務，否則公民就有權要求國家運用強制手段進行干預，保護或幫助實現其權利主張。這時，權利就借國家權力而顯示其「法律上的力」了。

同樣，權力也可以同時表現為一種權利。如人大的提案權、質詢權等等，就人大整體的職權來說，是它的一種權力；對人大代表個人來說，則又是一定數額代表共同行使的個人權利（憲法規定，全國人大代表 30 人以上可聯名提出議案或質詢案）。

此外，同一主體，可同時享有權利和擁有權力。如國家工作人員（特別是負責官員）擁有國家授予他們的權力（職權），又享有公務員

---

1. 〔英〕沃克，鄧正來等譯：《牛津法律大辭典》（北京：光明日報出版社，1988），頁 706。

所享有的薪給權、退休金權、職務上使用公物公款權等權利。國家作為主權者，對內有統治權（權力），對外有獨立權、平等權、貿易權、自衛權等不容侵犯的權利。

所以，權利與權力是互相滲透的。權利中有權力，權力中有權利，廣義的權利即包括權力在內，權力也是一種權利。

（二）權利與權力的相互轉化

權利可以轉化為權力。封建時代王位繼承權是一種權利，繼承王位後，就轉化為一種統治權了。財產所有權是財產所有者的一種權利；但在資本主義條件下，如馬克思所說的：「財產也是一種權力，例如，經濟學家就把資本稱為『支配他人勞動的權力』。」[2] 在我國，人民通過選舉權（權利）選出國家權力機關——人民代表大會，行使人民的權力，權利就轉化為權力了。

權力也可轉化為權利，即通過權力來確認、保護權利，使權利得以實現和不受侵犯。

（三）權利與權力的淵源

權利和權力是怎樣產生的？自然法學家把權利說成是「天賦」的。在此基礎上，社會契約論者盧梭認為是公民相約讓渡其全部自然權利，形成政治社會（國家）的權力，從而使自己在這種整體的共同力量——權力的保障下，重新獲得他所奉獻出的同樣多的社會權利。美國思想家潘恩則認為只是將一部分個人能力所不能實現的「天賦權利」、「存入社會的公股中」，由這「入股」的種種天賦權利（潘恩稱這部分權利為「公民權利」）集合而成社會（國家）權力，使之來保障天賦權利和公民權利。[3]

---

2. 〔德〕馬克思、恩格斯，中國共產黨·中央馬克思恩格斯列寧斯大林著作編譯局：《馬克思恩格斯選集》（第 1 卷）（北京：北京大學出版社，1972），頁 170。

3. 參見潘恩：《常識》，轉引自《西方法律思想史資料選編》（北京：北京大學出版社，1983），頁 388。

這裏姑且不論這些理論的臆想性、非科學性，可以看出，他們都認為權利與權力是相互依存的。但是按自然法學的觀點是先有權利（自然權利），後有國家權力，權利先於國家權力而產生，然後再由國家權力來保護。

按照馬克思主義的觀點，權利不是天賦的。權利與權力都是社會歷史發展到一定階段的產物。就道德和習慣權利同法定權利或權力的關係而言，前者在先，法定權利與權力在後；而從法定權利與權力的淵源上說，歷史發展的進程則並非先有法定權利後有權力，而是相反的過程。在原始社會的氏族制度下，只有某些習慣權利，而無法定權利。只是到後來出現了私有制、階級和國家，才有了公共權力，有了法律，然後才有為法律所確認和保護的權利。正如恩格斯所說：「從某一階級的共同利益中產生的要求，只有通過下述辦法才能實現，即由這一階級奪取政權，並且用法律的形式賦予這些要求以普遍的效力。」資產階級在封建統治下，是通過與統治權力進行鬥爭而贏得一部分權力（如英國議會的立法權），從而獲准有一定的法定權利。而在它奪取政權之後，立即運用國家權力，從本階級的利益出發，把某些社會關係規定為法律上的各種權利義務，確認其私有財產權為神聖不可侵犯。同樣，無產階級在資本主義制度下，處於無權力的地位，其所享有的某些法定權利（如普選權、8小時工作日制度）也是通過同資產階級的階級鬥爭得來的。理論上說，建立人民民主的國家，運用人民的權力，人民才享有廣泛的法定權利。

因此權利是一定經濟基礎上形成的，通過奪取權力的階級鬥爭而獲得法律確認的，按階級力量的對比進行分配的。奪取國家權力在先，獲得法定權利在後，人民的權力是法定權利的淵源。從這個意義上說，權力是權利的前提，無人民的權力即無人民的權利。所謂「沒有人民的國家，就沒有人民的一切」，也包括了這個意思。人民的權力是至高無上的，決定一切的。那種把權力看成只是一種消極力量，而主張「淡化」它，顯然是忽視了權利對權力的依存性，也沒有把人民的權力的絕對性、主導性、無限制性，同政府權力的相對性、派生性、受制約性區分開來，也沒有把它同被濫用的權力的侵犯性、腐敗性區分開來。

我們說「權力是權利的前提」，是從人民權力的絕對意義上講的。至於就某屆政府或某個政府官員的權力而言，則公民權利是政府權力的

基礎。因為政府是由人民選舉產生的。在我國，政府機關領導成員是由人民代表大會選舉產生，其權力由人大授予，對人大負責，受人大監督，而人大代表則是由選民選舉（直接地或間接地）產生。因此人民的選舉權（權利）是政府權力的基礎。

從另一意義上看，人民奪取政權，組織新政府，也可說是人民行使革命權、起義權的結果。當然這種權利不是舊的統治者的權力（法律）所賦予的，不是舊法律上的權利，只是人民的一種道義上的權利或「應有權利」即人權。不過，在資產階級革命勝利時，這種革命權也曾被宣佈為法律上的權利。美國獨立宣言中就明確宣佈人民有權利改變、廢除或推翻倒行逆施的、損害公民權利的政府，建立新政府。法國人權宣言也曾把「反抗壓迫」作為人民的一項基本權利。這種宣言反映了當時人民的意願與革命實踐。但到資產階級統治鞏固之後，它就再未提起，而把它演變為在服從資產階級統治權力的前提下的公民的申訴權、請願權了。

總之，權利與權力是相互依存的，人權與人民權力是法定權利的前提，公民權利是國家權力的基礎，政府權力是由公民的權利和人民的權力所派生的。「人民是權力的唯一合法泉源」和「原始權威」。[4]

二、權利與權力的區別

權利與權力相互依存、相互滲透、相互轉化，既相統一與平衡，同時又以各自的特點相互區別。

(一) 行為主體與行為屬性不同

在我國法律上，權力（或職權）與權利之分，主要是從行為主體上加以區分。權利主體一般是公民與法人和其他社會組織（國家機關進行民事行為時，也是權利主體）；權力主體則只能是被授予權力的國家機

---

4. 〔美〕漢密爾頓等，程逢如等譯：《聯邦黨人文集》（北京：商務印書館，1980），頁257。

關及其特定的工作人員。按其行為屬性來講,權利行為一般是民事行為
與社會主體的政治、經濟、文化行為;權力行為則一般是國家機關的立
法行為、行政行為、司法行為等屬公務的行為,又稱「職權」,是一種
公共權力。權利一般體現個人或法人等主體的利益;權力則不體現權力
行使者的個人利益,而以國家社會的公益為目的,所以權利與權力在一
定意義上也可以說是私與公的區別。公民與法人以權利謀「私」可,政
府及其工作人員以權力謀私則是非法的。

(二) 強制性不同

權利和權力都對相對人具有強制性。法律上享有權利的主體,可
以依法要求相對人為或不為一定的行為,這也是一種強制性,但它與權
力的強制性不同。權力具有國家的直接強制力。如馬克思所說,國家權
力是一種「集中的有組織的社會暴力」。[5](當然「暴力」不一定是武力。
恩格斯講:「暴力(即國家權力)也是一種經濟力量」,[6]「暴力措施也就
是政府的措施」。[7]權利則只是以國家強制力為後盾。當權利不能實現或
遭到侵犯時,權利人可以請求國家行使權力予以保護或救濟,但權利人
不得自行對相對人施以強制力(如不得為索債而拘禁債務人),因此權
力的強制性是直接的,權利的強制性則是以權力為中介,是間接的。

(三) 法律地位不同

權利可由權利人獨自享有,可以是一種有特定相對人的權利(如
債權),也可以是有一般相對人的權利(如財產所有權、宗教信仰自由
權)。在存在與之相對應的義務人的雙邊關係的條件下,雙方的法律地
位是平等的。權力則只存在於與具體相對人的關係中。單獨的主體無法

---

5. 〔德〕馬克思,郭大力等譯:《資本論》(第 1 卷)(北京:人民出版社,1953),頁
   819。

6. 〔德〕馬克思、恩格斯,中國共產黨・中央馬克思恩格斯列寧斯大林著作編譯局:《馬
   克思恩格斯全集》(第 37 卷)(北京:人民出版社,1971),頁 491。

7. 〔德〕馬克思、恩格斯,中國共產黨・中央馬克思恩格斯列寧斯大林著作編譯局:《馬
   克思恩格斯全集》(第 18 卷)(北京:人民出版社,1964),頁 655。

行使其權力，因權力須以對方的服從為條件，是管理與服從關係。因此權力是單向的，自上臨下的，雙邊關係是不平等的。當然也有平等權力之間的相互制約，但當一方處於被制約時，也是處於服從的地位。

(四) 對應關係不同

權利與義務相對應，權力與責任相對應。

對一個人是權利，對與之相關的特定人（對人之權）或對一般人（對世之權）就是義務。就權利主體自身來說，也要承擔不濫用權利的義務。一方行使權力，相對方就必須服從，拒絕服從或妨礙、阻撓行使公權力的，要追究法律責任。對權力主體自身來說，有權力就要承擔責任，不得濫用權力，不得越權侵權或失職瀆職，否則也要追究法律責任。

(五) 自由度不同

權利有所謂「剩餘權利」，即法律上尚未規定為權利，而又未加禁止的行為，可以推定公民有權利做，此即「法不禁止即自由」。美國憲法第九修正案規定：「不得因本憲法列舉某種權利，而認為人民所保留之其他權利可以被取消或被抹殺。」也就是這個意思。我國憲法對公民行使權利只作了一條限制，即「不得損害國家的、社會的、集體的利益和其他公民的合法的自由和權利」，還是有相當自由空間的。

權力則不然。政權機關與政府行政機關、司法機關以及軍事機關行使權力必須有法律根據，亦即要「依法治國」、「依法行政」、「依法司法」。凡法律未授權的事，權力主體不得做，否則就是越權，此即所謂「法無授權皆禁止」。所以國家機關行使權力的自由度應是越小的。不過政府雖無「剩餘權力」，卻有「自由裁量權」。現代行政法學思潮有一個新趨勢是由「依法行政」進而強調行政應是「給付的主體」，其本質是服務或授益，對有關人民生活福利的事，政府要給以充分的關注和照顧。凡無法律禁止與限制的事，當人民有所求時，行政機關也可以運用裁量權給以滿足。行使行政權力貴在自動與主動，積極興利。在合情合理又不違法（法無明文規定）的範圍內，適當擴大行使權力的自由

度也是必要的，否則就會為那些飽食終日的官僚主義者藉口於法無據而對人民不盡心盡責。

在自由度上還有一個區別是，權利主體對其享有的某些權利（如物權、債權）是可以轉讓或放棄的（有些權利則不能放棄，如人身權、人格權）。權力主體則對授予它的權力都不得放棄，多數也不得轉讓，可以轉授的也要依一定法律程序。政府權力對國家也是一種責任（職責），既不得濫用，也不得怠用、不用，否則就是失職。從這個意義上說，政府權力的自由度也是不及公民權利的。至於全國人民代表大會的權力，從總體上說是不受任何法律限制的。它自己可以修改憲法和制定與修改法律，其自由度是最大的。當然它也不能違背人民意志與利益行事，其立法不得侵犯人權和公民基本權利；不得在未修改憲法、法律前違憲違法行事，其自由也不是絕對的。

（六）集散性不同

公民的權利是人人平等的。同一種公民權利散歸所有公民人人享有；同時，各種公民權利又是集中為同一主體（公民）所全部擁有的。各種公民權利是相互聯繫的統一的整體，不能分割，即不能有其一無其二。馬克思說：「沒有出版自由，其他一切自由都是泡影。自由的一種形式制約着另一種形式，正像身體這一部分制約着另一部分一樣。」[8]

它們是相互依存、相互銜接的。失去某一種權利，也影響其他權利的行使。譬如失去人身自由權，也就談不上言論、集會等自由權利的行使。沒有法定範圍內的言論自由，上述各種自由與權利也是空的。當然，對罪犯可以剝奪其人身自由權利以及政治權利，但這樣他已不是一個完整的公民（而是罪犯）。這是權利的非正常狀態。至於權力，由於它具有擴張與侵犯的特性，要求不同國家權力分別由不同主體行使，相互制衡，不能集中於一個國家機關或某一個政黨組織，更不能集中於一個人，否則就會形成絕對權力而導致專制與腐敗。當然，這裏指的只是

---

8. 〔德〕馬克思、恩格斯，中國共產黨‧中央馬克思恩格斯列寧斯大林著作編譯局：《馬克思恩格斯全集》（第 1 卷）（北京：人民出版社，1956），頁 94–95。

　郭道暉 **法治中國之建構**

政府的權力。至於國家的主權或人民的權力，則是不容分割的。資本主義國家講「分權」，也並非階級分權（這只在資產階級與封建統治階級作鬥爭時如此），不是把資產階級國家的主權分給別的階級，而只是統治階級（資產階級）內部在政體上的權力分工，即把治權分散由不同職能機關行使，以收相互制約與平衡之效。在主權在民的社會主義國家，人民的權力也是不容分割的。國家一切權力屬人民，集中於人民代表大會。即使如此，這種集中也不是絕對的，人大的權力也要受人民的監督。再則，在人大集權的前提下，仍是將行政權、審判權、檢察權以及軍事權等，授予各政府機關分工（分散）行使。

人們常常把我國人民代表大會制度稱為「議行合一」的制度，其實這是不確切的。我國一切權力集中於人大，但並非人大直接行使一切權力。這裏一切權力的所有者（或受人民「權力信託者」）並非是一切權力的直接行使者，這也可以說是「所有權與使用權的分離」吧。在立法權上，人大是「議行合一」的，它直接行使立法權。在行政、審判權、檢察權上，則是由人大「議」（立法），授權有關機關去「行」（執法），人大並不去包辦。這些機關對人大負責，受人大監督，在這個意義上可說是「議行統一」，即這些權力最後要「統一」到人大，但不能說是「合一」。

三、權利與權力的衝突

權利與權力既有上述區別，也就會有矛盾，乃至對立與衝突。

權利與權力產生互相排斥的對立（對抗），有以下幾種情形：

(一) 權力否定權利

這有幾種情形。一種情形是在專制權力統治下，人民權利受壓制、被抹殺或缺乏，權力與權利處於對抗狀態。這種對人民權利的否定，是為了肯定、鞏固其專制統治權力。另一種情形是政府或其人員濫用權力，侵犯、壓制公民的權利。還有一種情形是，公民或組織濫用權利，損害了國家、集體或他人的合法利益，或阻撓、破壞國家權力的行

使，國家得行使權力剝奪他的某些權利。這種對權利的個別否定，則是為了肯定和保障整體的權利與權力。

(二) 權利否定權力

這也有幾種情形：一是在專制壓迫下，人民通過革命鬥爭（行使革命權），推翻舊的反動統治的權力，爭取人民的權力和權利。二是在人民掌握國家權力的條件下，對濫用權力或怠用權力（失職）的機關與人員，行使檢舉、控告、罷免等權利，以制止權力的侵害，直至撤銷對他們的授權。這種對權力的否定，則是為了保障人民權利和國家權力正當和充分的行使。這些權利的設置，是為了抵抗權力的侵犯的，可稱為抵抗權或救濟權，它們與權力的濫用經常處於對峙或對抗狀態。

(三) 權力限制權利

社會主義權利觀要求權利的個體性與權利的社會群體性相結合。在必要時允許國家權力從社會群體利益出發，對個人權利作適當的限制、干預或控制。如實行計劃生育，以限制人口（限制了生育權）；限制遷徙自由，以限制城市人口。在遭遇特大天災、戰爭或內亂的情況下，為保護人民，保衛國家，可宣佈緊急然態，實行戒嚴，暫停公民的某些憲法權利和自由。此外，有些權利如超過一定時效，也不受公權力的保護。如超過時效的請求權屬於無勝訴權的權利，不能通過執行程序法，借國家公權力得到法律保護等等。

這裏還需說明，權力對權利的限制，也是有限度的。不是任何權力都可以對公民權利加以限制，只能由最高權力機關所制定的法律才能根據全民利益的需要，對公民的某些非基本的權利加以適當限制。而不能由行政法規、地方性法規、規章等來規限。實行限制或剝奪人身自由權利的權力，只能由司法機關根據法律來行使。

(四) 權利制衡權力

這是有必要着重討論的問題，詳見以下部分。

四、以權利制衡權力

由於國家權力有侵犯性與腐蝕性的一面，如何制約權力，保護人民的權利，歷來的先進思想家絞盡腦汁力圖找出一條最佳途徑。這個問題在古典自然法學派的思想發展史上經歷了三個階段，提出了三種方略。[9]

第一階段以格老秀斯、霍布斯、斯賓諾莎等人為代表，主張自然權利的最終保證應當主要從統治者的智慧、自制中去發現，即求助於開明專制，冀望於統治者的賢明與自律。

第二階段以洛克和孟德斯鳩為代表，提出用分權（權力分立）的方法來保護個人的自然權利。

第三階段以盧梭為代表，強烈主張人民主權和民主。

現在大家談論較多的是孟德斯鳩的「以權制權」，即以權力制約權力。這當然是很有道理和十分重要的。論者很多，不必贅言。這裏筆者着重提出討論的是以權利制衡權力的問題。

人民的權利是約束與平衡權力的一種社會力量，在一定條件下還是決定性力量。古典自然法學家如洛克，雖主張權力分立，但同時承認自然權利的另一個最終保護者是全體人民，人民可運用其權利罷免和更換立法機關。當立法權或行政權試圖變更其統治為專制，奴役或毀滅人民時，人民的最後手段就是行使抵抗或革命的權利（人權），以反抗壓迫，成立新政府，維護自然權利。盧梭強調人民主權論，政府只是人民的辦事員，至高無上的人民可以按其意志而廢除、限制或變更它。這些都是要看重人民的權利（或人民的權力）對政府權力的制約作用。但實際狀況是，資本主義國家的分權制衡，只限於統治機器內部各個權力部作之間的制衡，也就一個根本的問題還未解決，就是人民處在這個十分龐大的權力機器之外，沒有權力，也很難運用權利對它進行制約。[10]

---

9. 〔美〕博登海默，鄧正來譯：《法理學 —— 法哲學及其方法》（北京：華夏出版社，1987），頁 373。

10. 這裏說「人民沒有權力」只是指公民不掌握國家權力，不是指本文作者後來提出的「社會權力」。

在社會主義國家，權力也需要制約，理論上更有條件運用人民的權利來制衡權力，以防範人民自己的國家侵犯人民自己，防範公僕變成主人。當然，這裏主要還是指對政府權力的制衡；人民行使權力的機關——人民代表大會的權力，雖也受人民權利的制約，但由於實際狀況是它還不能說已如實地提到了「最高國家權力機關」的地位，現在主要是要支持它充分行使國家權力（特別是對政府權力的監督），而不是削弱它。

另外，這裏筆者是講權利制衡權力，而不單是制約，是想表明在我國，權力與權利應平衡發展，而不是只通過制約去削弱一方，「淡化」一方。制約也只是制約權力的擴張性、侵犯性。合法的正當的權力則應與權利同步加強。

如何以權利制衡權力，試提出如下幾項原則與途徑：

1. 廣泛分配權利——擴大權利的廣度，以抗衡權力的強度

民主的一個要義是廣泛分配權利。剝削階級社會由於是以少數人統治多數人，因此總是把權利限制在本階級的狹小範圍。公民即使名義上享有某些權利，也大都受法律上和物質條件上的種種限制，因而很難影響、制約統治者的權力。社會主義國家既然是人民的國家，應當人人普遍享有廣泛的權利，包括人身、財產權利和政治權利。11 億人民的權利所蘊藏的巨大能量充分釋放出來，足以制約人民自己授出的權力。現在的問題是要抓緊有關公民權利的立法，使這些權利真正為全體人民事實上充分享有，並獲得有力的法律保障。

2. 集體行使權利——把分散行使的公民權利，集中為人民的權力

公民權利是散歸各人享有的。就單個人的權利來說，其力量是很微弱的（選舉權每人只有一票，言論自由權每人只有一張口、一支筆），但集合起來，就可轉化為集體權利與權力，就有巨大的力量。如通過集體行使選舉權，選出能真正代表人民的具有最高權力的人民代表大會，以制約政府權力。公民的言論自由通過傳播媒介形成正確的社會輿論，就可成為所謂「第四種權力」來監督政府。當公民感到單個人行

使某些政治權利還不能引起政府的關注，影響其政策或糾正其濫用權力的行為時，就可以依法動員和組織集體來共同行使這些權利（如集會、結社、遊行、示威等），共同表達人民的意志與要求。集合起來的權利對政府權力的影響力要大大強於個人分散行使權利。它往往是對付嚴重官僚主義的有效手段，是受法律保護的。當然這類集體行動應當嚴格在法制範圍內，並以維護國家和人民的利益和社會的安定為前提，特別是要從全域着眼。因為當政治、經濟、社會的穩定是人民的最大利益時，這種行使權利的方式必須慎之又慎，絕不能因此而引起社會動亂。

集體行使權利還包括切實保障和充分發揮人民政協、各民主黨派和工會、婦聯、青聯等人民團體參政議政的權利。這種有領導有組織地行使集體權利，是對政府權力更為有效的監督。

3. 優化權利結構 —— 建立與健全同權力結構相平衡的權利體系

國家機器是一個龐大的複雜的權力結構。除了它內部各組成部分的權力之間要有相互分工與制約外，它作為一個整體對社會施加影響力、強制力時，如果沒有一個相對應的優質優構的權利體系，就不足以抵抗權力濫用時所造成的損害。因此人民的權力機關應當注意在授出權力的同時，就應考慮到設置相應的權利與之平衡。在優化權力結構體系時，一方面要着眼於權力的配置能有效地、強有力地保障人民權利不受侵犯和協調地正當地行使，有助於它們圓滿地實現；另一方面，則要不斷優化、強化權利結構體系。如果説前述的廣泛分配權利和集體行使權利是以權利之量來平衡權力的話，優化權利結構則是以權利品種的配置所形成的最佳結構質量來制衡權力。這要求：

1. 優化立法體系

把公民和社會組織的權利特別是民主權利的立法，擺在優先的和主導的地位。公民和社會組織的憲法權利的立法，是社會主義法律體系的靈魂和支柱。它不只是關係公民個人利益，也是增強人民政治活力與經濟活力的激素，可以激勵人民的主人翁參政意識和監督意識，是制衡政府權力的重要力量。現在我國立法體系結構上權力立法與權利立法不均衡。

據國務院法制局有關人士統計，1979 至 1989 年全部法律、行政法規總數中，經濟立法佔 60% 以上，而公民民主權利方面的立法只佔 4%。屬行政管理的行政法規（含部分規範性文件）佔總數的 80%，而管理行政（包括監督）的只佔 0.87%。這種立法體系結構顯然是不均衡的，值得引起重視。[11]

2. 增植權利新品種

根據經濟結構的需要和政治文化的發展，及時確立公民和社會群體的新的權利。如黨的十三大報告中提出建立社會協商對話制度，「重大情況讓人民知道，重大問題經人民討論」，實質上是要確認人民的了解權和參與決策權。黨的十三屆六中全會的決定中又提出要「建立健全民主的、科學的決策和決策執行程序」，要「切實保障民主黨派成員和無黨派人士參政議政和進行民主監督的權利。這些都提出了在法律上確認和保障這些權利的要求，應當在立法上設置相應的權利，作出一些新的規定。又如 1988 年的憲法修正案及時確認了私營企業在法律規定的範圍內存在和發展的權利和土地使用權的轉讓權利，從而使我國經濟領域權利結構上有了新的發展，有利於防範行政權力的非法干涉，促進經濟的繁榮。

4. 強化權利救濟——發揮抵抗權與監督權的作用

「沒有救濟就沒有權利」。設置各種權利救濟手段，不僅是給受損害的權利以補償；而且是對權力的一種抑制與監督。救濟權也是一種申訴權、監督權，它在權利結構體系中應當起安全通道和反饋調節作用。如行政救濟（請願、行政覆議、行政賠償）或司法救濟（公民的控訴

---

11. 參見汪永清：〈立法結構均衡問題初探〉，載《中國法學》，1990 年第 4 期，頁 46。又據後來（1996 年）孫莉的統計，1979 年至 1989 年間經濟立法與行政立法（包括法律、行政法規與行政規章）佔全部立法總數的 79% 以上，而民主政治方面的立法只佔 4.3%，其中關於公民政治權利的立法只佔 0.78%；從 1990 年至 1996 年，經濟與行政立法佔 69.51%，民主政治立法只佔 8.1%，其中公民政治權利的立法只佔 2.5%。1990 年至 1996 年，以管理為主要內容的立法佔總數的 70% 左右，監督權力的立法佔 1.9%（參見孫莉：〈關於改革與法的內在精神的若干思考〉，載《中國法學》，1996 年第 6 期）。

權、辯護權、上訴權、申訴權）既是救濟權，又是監督和抵制司法權的誤用或濫用的手段。行政訴訟法更是直接對行政權進行監督，直至憲法救濟（憲法訴訟，公民向國家權力機關控告，引起對法律、法規、規章的審查，這也可以說是公民權對立法權的制約）。在外國還有公民的立法創制權和複決權作為立法救濟手段，以抑制立法的專橫等。

5. 提高全民權利意識 —— 釋放權利的「動能」，以抗衡權力的「勢能」

這就是說，發揮廣大人民群眾的主人翁的自覺的權利能動性，使之變成制衡權力的力量。權力處於高位，其「勢能」是很大的，但人民權利的「動能」充分調動起來，足以與之平衡。

6. 掌握制衡的度 —— 以不妨礙合法權力正當行使為度

我們在講權利制衡權力的時候，主要是制約其損害國家和人民權益的傾向。但不要忘記，權利既是權力的界限，也是權力的目的。人民賦予政府權力，旨在要求它為人民服務，保護和增進人民的利益。因此，在正常情況下，二者不但要取平衡，而且還應運用人民的權利與權力，去支持和促進政府權力的正當行使。譬如公民的政治權利，就不只是一種消極的請求救濟權，也是支持政府的積極權利，通過參政議政，促進政府的工作，增強對政府的向心力、凝聚力。

權力以不侵犯權利為限；權利制約權力也應以不妨礙合法權力正當行使為度，否則有失人民授權政府的初衷。權力的濫用固然可怕，怠用權力（玩忽職守或權力沒有權威，不能充分有效行使），則更為可慮。因為這會造成無政府狀態，使公民權利失去國家權力的保護，使國家利益蒙受災難。因此權利也不可濫用來妨礙政府行使權力（譬如不能濫用遊行示威權利來破壞社會秩序，阻撓公務的正常運行），否則就要受到法律（公權力）的制裁。這就是我們必須強調的「權利制衡權力」的「度」。

第二十二章
權力的多元化與社會化

* 本章是在第三次亞洲法哲學大會〔2000 年（南京）〕上的論文和發言。後發表於《法學研究》，2001 年第 1 期，並由日本鈴木敬夫教授譯成日文在日本發表。

一、國家與社會從一體化到二元化

　　人類社會是先於國家而形成的。按自然法學的說法，在人類社會產生以前，是原始的自然社會，在這個自然社會裏，人類與生俱來地擁有「天賦」的「自然權利」。產生國家以後，是公民相約讓渡其全部或部分自然權利，形成政治社會（國家）的權力，以之來保護天賦權利和公民權利。他們都認為是先有權利（自然權利），後有國家權力，權利先於國家權力而產生，然後再由國家權力來保護。

　　按馬克思理論，國家是人類社會發展到一定歷史階段的產物。人類原始社會只有分散的部落群體，沒有國家和國家權力，但部落既然是一個社會共同體，就必然要對內部成員有某些原始權力，以維護其共同生活秩序，後者亦即最早的社會權力的萌芽。特別是到氏族社會後期，部落首長在處理氏族內部事務時已有某些權力，如分配食物、監督用水、舉行祭祀等等。這雖非國家權力，卻已是屬於氏族共同體內部的社會權力。隨着私有制的產生，逐漸形成國家和凌駕於社會之上的國家權力，後者本是社會賦予的，或者說，是國家「吞食」了社會的權利和權力，反過來用國家權力統治社會。國家成為「獨立於社會之上又與社會對立」的「超自然的怪胎」。[1]

　　國家掌握着強大的國家機器，國家權力的強制力遠勝於自然人權利或公民權利，以及社會權力對國家權力的約束力。這一點在封建專制國家尤其是如此，所謂「普天之下，莫非王土，率土之濱，莫非王臣」。國家與社會一切權力都屬於封建帝王，不僅「朕即國家」，也是「朕即社會」，社會雖也存在，但只能說是「國家的社會」。國家與社會

---

1. 〔德〕馬克思、恩格斯，中國共產黨・中央馬克思恩格斯列寧斯大林著作編譯局：《馬克思恩格斯選集》（第 2 卷）（北京：人民出版社，1972），頁 409。

絕對一體化，社會自身不具有獨立性。一切社會資源由國家壟斷，人民談不上有什麼權利（Right），更沒有權力（Power）。只有到了王朝末年，農民忍無可忍而揭竿起義，才形成革命的社會權力，衝擊封建統治。

不過，在古代雅典的民主共和國，其城邦國家與市民社會是並存的。國家的政治活動，也就是城邦市民大會。市民直接享有決定城邦大事的權利與權力，因而其國家權力與社會權力二者是一體的。在古羅馬共和國，其市民社會則是建立在發達的商品經濟基礎上。

歐洲中世紀封建制下的國家，是神權（教皇）與皇權統治，神權高於世俗皇權，更無所謂市民社會。

到資本主義社會，由於市場經濟的形成和發展，社會主體（主要是資本家階級）擁有自己的資源——資本，逐漸形成獨立自主的力量，資本就是一種較強大的社會權力，它是作為支配勞動力即剝削勞動者進而支配社會和影響、控制國家的權力。這樣市民社會逐漸形成並與國家分離。國家與社會二元化，資本成為市民社會（資產階級社會）的主要社會權力。原來由國家壟斷的權力，至此二元化為國家權力與社會權力了。

在歐洲中世紀，宗教與教會的權勢很大，其權力本應是屬於社會權力；但很長時期教皇權力卻高於國王，統治世俗社會和國家，使教會的社會權力覆蓋了國家權力。

在亞洲，中國幾千年的封建專制統治，「家——國——天下」三位一體，雖然也有所謂民間社會，但主要是地方士族、豪強、宗法社會，鄉紳大都是退職歸田的官吏、貴族兼地主，是封建專制統治在地方的延伸。地方的紳權、族權，也是很大的社會權力，甚至可以私設公堂，刑訊百姓。而這種社會權力總體上不過是專制國家權力的補充。不過在一定限度內，宗族社會、鄉土社會也同國家朝廷保持相對的自治地位，對穩定底層社會秩序和解決民間糾紛起一定作用。在「天高皇帝遠」的窮鄉僻壤，皇權也鞭長莫及。

歷史上東亞其他國家也是類似的狀況。只是到了近現代出現了資本主義和市場經濟，民間社會才作為相對獨立的存在，發揮其作用。

新中國前 30 年仿效蘇聯實行計劃經濟和一黨專政，壟斷國家一切資源，包括一切權力。只是在實行改革開放以後，變計劃經濟為市場經

濟，才開始打破國家——社會一體化的局面。民間社會開始擁有某些社會資源，社會才開始有相對獨立活動的空間。不同的利益群體日益多元化，一些在市場經濟中崛起的私人企業家、中產階層和知識精英，開始運用其擁有的物質與文化資源，進行社會活動，對社會和國家施加其參與力、影響力和支配力，從而顯示其社會權力。一個相對獨立於國家（政府）的民間社會正在逐步形成中。「國家——社會」由一體化向二元化轉化。

二、權力的歷史分化

在專制主義國家，國家權力完全集中在君主或獨裁者之手，權力是不分的。到資產階級民主共和國時期，先是立法權從行政權中分割出來，以後司法獨立，三權分立，國家權力開始分化。

到現代，由於民主、人權和法治的發展，特別是經濟和科技的迅猛發展，恩格斯所界定的國家的兩種職能中，階級鎮壓職能退居次要地位，而社會管理職能大大增強。國家已不僅是階級鎮壓機器，更大程度上要為社會服務，作為為社會謀幸福的工具。隨着市場經濟的發展，國家與社會一體化的局面逐漸被打破，與國家相對分離的民間社會和社會利益群體多元化格局逐漸形成，政府的權力與能力已難以及時全面地滿足人民日益增長的經濟與文化多樣化的需要和參與政治、監控國家權力的日益增長的權利要求，政府負擔過重，迫使它不得不通過委託或授權，將一部分國家權力「下放」給相關的民間社會組織行使。這樣就開始了國家權力向社會逐步轉移或權力社會化的漸進過程。

到20世紀80至90年代，出現了經濟全球化的新趨勢，人類同居在一個地球村裏，面臨着一些有關經濟、環保、人權、宇宙空間以及國際犯罪等共同問題，一國的國家權力已無能為力去獨自包辦，於是就將一國的某些涉外權力「上交」給國際社會，經由超國家組織和國際非政府組織行使超國家權力和國際社會權力，協調國際紛爭，加強國際合作，以解決一國政府所不能解決的全球問題。於是國家權力進一步分化和國際社會化。

這樣國家權力不再是統治社會的唯一權力了。與之並存的還有人民群眾和社會組織的社會權力，有凌駕於國家權力之上的、由各國政府組成的國際組織的超國家權力，以及國際非政府組織的國際社會權力。人類社會出現了權力多元化和社會化的趨向。

三、國家權力的逐漸社會化

通常國家權力分為立法、行政、司法三權（在中國軍事權也是獨立的權力）。這些權力迄今都是國家統治社會的主要權力。但伴隨着民主和社會發展，它們也滲入了社會化的因素。

(一) 立法權的社會參與

立法權是體現人民主權的最高權力，一般都是由議會等立法機關行使。有些民主國家實行人民公決制，人民有立法上的創制權和復決權。這就是作為社會主體的公民的直接立法參與。

與此相配合的是公民和社會組織的間接參與。西方國家一些非政府組織或壓力集團，經常以其社會影響，動員輿論，或遊說議會，促使議會通過有利於某些社會利益群體的法律。

(二) 行政權向社會的部分轉移

行政權是最具壟斷性、擴張性的權力。在市場經濟發展和由此而增長的社會組織與公民的自主自治權利要求促使下，行政權壟斷一切的局面被打破。同時由於政府承擔社會服務的任務過重，也需要卸去一些本可以或本不該由已擁有的權力「下放」給非政府組織。這既可減輕政府的權力負擔，也可以借此調動半官方或非政府組織所擁有的社會資源（如行業專家、經濟實力、社會影響力），更好地完成行政任務。行政權的社會化，一般是通過參權（公民、社會組織或行政相對人直接參與行政決策、行政立法和某些行政行為的決定與執行過程）、委託（政府依法將某種權力委託具有相應條件的非政府組織行使）、授權（行政

機關依法將某種行政權力直接授予合乎法定條件的社會組織,該組織以自己的名義獨立行使這一行政權力,並自行承擔責任,這可以說是國家行政權力已轉化為社會權力)、還權(將那些本屬於社會主體的權力或權利,還權於民)。

由此可見,行政權已不再只是國家壟斷的權力,出現了行政權多元化和部分地向社會轉移的趨向。當然,在可以預見的將來還不會出現完全社會化的局面。那是一個漫長的歷史過程。在當代世界各國特別是中國,仍然是以行政權力為主導的國家。

(三) 司法權的社會性

司法權通常被認為完全屬於國家權力範疇,代表國家行使偵查、檢察、審判的權能。中國憲法明確規定這些權力只能由這些國家機關行使。「文化大革命」時期鼓勵所謂「群眾專政」,普通群眾就可以不經司法機關,擅自偵查、審訊、逮捕乃至刑訊被他們認為是犯罪的人,這是無法無天的毀憲行為。

但司法權也並非完全排斥社會參與的封閉性權力。其社會化因素,一是基於司法權內含的社會性、人民性(審判機關之設立,很大程度上是為了給予社會主體有可能利用訴權或司法救濟權,來抵抗國家權力對社會主體的侵犯,司法機關不只是國家的權力機關,更是社會的維權機關)。二是司法審判過程中的社會參與(訴訟當事人享有控告權、申辯權、質證權、上訴權等訴訟權利,這些權利是社會對國家司法權力的制約;而陪審員制度和律師制度更是以社會權力和權利來校正或抗衡國家司法權力的社會機制)。三是社會化的准司法行為(民間的調解與仲裁)。

以上概述的三種國家權力內部分權的社會化,只是提示了這些國家權力中滲入的社會性因素及其部分地向社會權力演化的發展趨向,還遠談不上已經或將要走向「徹頭徹尾、徹裏徹外」的「化」境。但國家權力中滲入社會主體的權利或權力成分,形成二者的「合金」,是大有利於強化國家權力的人民性、民主性、受監控性以及高效性的。至於將國家權力逐漸「下放」或「還權」於社會,更有利於實現「小政府、大社會」的目標。從社會發展的遠景看,國家權力的完全社會化,將是人類歷史發展的必然歸宿。

四、超國家權力與國際社會權力

　　20 世紀末，世界已開始走進經濟全球化的新時代。德國前外長金克爾（Klaus Kinkel）撰文認為：「21 世紀的挑戰是全球化和多極世界。」他說，21 世紀的世界將取決於大國和地區聯合，各國不再能單獨地實現和平、自由、安全和富裕；全球化時代裏不再有世外桃源，誰與世隔絕，誰就會成為全球化的失敗者。[2] 為了建立全球的政治、經濟新秩序，防止和克服因全球化帶來的種種消極後果，國際社會應當制定和遵守共同的遊戲規則。於是許多超國家的政府組織、經濟組織和非政府組織日益積極地介入國際社會的共同事務，行使其超國家權力和國際社會權力，權力進一步多元化和國際社會化。

(一) 全球化中的超國家權力

　　權力本來只是社會某個共同體內部的統治權，如原始公社或氏族內部、民族、國家內部，政黨、集團、社團內部，其影響力、強制力和有效性本來也只能及於某一共同體內部。在對外關係上，權力主體就轉換為權利主體，應當不再享有權力，即不能對他人、他國或他組織發號施令，行使強制力。它只是以各種社會主體之間（社際間）、各國家之間（國際間）的一個個體（或整體）身份，擁有與其他共同體平等的權利。在國際關係中，國家如同一個社團法人一樣，只享有權利。國家主權對內是統治權力；對外則只是作為一個主權國家在國際關係中擁有的權利。

　　不過基於權力有對外擴張的本性，往往運用本共同體所賦予的對內權力，擅自延伸於對外，在社會主體之間、國際主體之間對其他人、其他社會組織、其他國家民族施加強制力，把自己的意志強加於人。特別是擁有實力的強權國家、霸權國家，往往運用強權干涉別國內政，發動侵略戰爭，掠奪別國領土、財富等等。為了約束和防止權力的這種對外擴張性，也為了共同解決多邊之間乃至全球、全人類面臨的共同問題，於是國際社會就通過組織國家之間的聯合體，通過民主協商，賦予

---

2. 參見〔德〕克勞斯·金克爾：〈歷史永不停頓——全球化的挑戰已代替冷戰〉，載《法蘭克福彙報》，1998 年 8 月 26 日。

這種聯合體以權力，制定共同遵守的國際條約或世界憲章，維護區域或全球的政治經濟秩序。這種國家或政府的聯合體或世界性的組織，就擁有了權力。這時國家權力就越過一國內部範圍，施展於一定區域、一定專業領域或全世界，而成為超國家權力。

在當今全球化時代，超國家組織和超國家權力日益蓬勃興起。由於全球經濟一體化的趨向逐漸形成，資訊化社會、超時空的互聯網的飛速發展，閉關自守的民族國家已難以立足於地球村，國與國之間的政經關係之外，還有人類共同面臨的全球問題。在國家權力之外與之並行或居於其上的，還有各地區和世界性的國家聯合或國家聯盟組織及其超國家權力。如聯合國之於其會員國、歐盟之於其成員國、獨聯體之於其加盟國、世界貿易組織（World Trade Organization, WTO）之於其參與國等等。這些超國家組織通過協商制定共同的行為規則，或通過決定運用其超國家權力，促使或迫使其成員國以及強迫其他主權國家服從，或受其控制，乃至進行經濟制裁或軍事干預。從科索沃到東帝汶，從阿富汗到伊拉克，超國家權力都在挑戰國家主權。聯合國屬下的國際刑事法院可以越過一國主權，直接逮捕和審判被指控為犯戰爭罪或種族屠殺罪、暴虐侵犯人權罪的他國將軍、總統。歐共體的公民可以越過本國直接向歐盟的法院或議會投訴，表明其公民權可以不完全受本國國家權力的管轄。歐洲人權法院曾受理一個被繼父毒打的英國少年的上訴，法院以英國政府「在法律上不完備」，「作為一個國家，沒有積極採取措施保護少年不受非人道對待」為由，判令英國政府賠償該少年 3 萬英鎊。[3]

不管你是贊成還是反對，超國家權力與人權和國家主權之間的關係正在被重新界定。對於權力國際化、多元化的現象如何評價，如何既反對一國稱霸全球，恣意干涉他國內政；又能實現多極化和國際權力共享，加強國際合作，共同解決人類面臨的共同問題，是值得人們思考而不能迴避的課題。

---

3. 參見郭瑞瑛編譯：〈老子打兒，國家受罰〉，載《青年參考》，1998 年 12 月 4 日。根據英國 1864 年的一個法律，體罰是合理的，英國法院乃據此宣判打兒子的繼父無罪，該被打的少年上訴到設在法國斯特拉斯堡的歐洲人權法院，該法院作出了如上終審判決。

(二) 全球化中的國際社會權力

　　與超國家組織及其超國家權力日益強勁的同時，國際間世界性的非政府組織也有很大發展。隨着經濟的全球化，一個多元化的全球社會也初露端倪。非政府組織的活動已超出了本國的範圍，向全世界擴展。那些致力於裁軍反核、保護生態環境的社會組織，只有動員國際社會的力量才能達到目的。那些關注人權、婦女兒童、救濟貧困人口的非政府組織，也自然要把他們的活動伸入各發展中國家。據估計，現在大約有三萬個非政府組織在世界範圍內活動。早期的國際紅十字會至今活躍於全世界。現今「醫生無國界協會」負責處理世界性醫療衛生問題。「世界自然保護基金會」在 20 世紀 90 年代起已進入國際經濟與政治的主流。世界人權組織、「大赦國際」對各國人權問題進行廣泛干預。許多國際非政府組織在推動制定國際禁雷公約、關注全球變暖問題、減免第三世界債務、幫助建立國際刑事法庭以及挫敗 29 個主要工業國家制定全球投資的基本原則的企圖等等，充分顯示了其國際社會權力的巨大能量。1999 年 WTO 在西雅圖舉行會議期間，有 700 個非政府組織的上萬人參加了對抗會議的強大示威遊行，迫使會議無結果而散。有些世界性非政府組織實力雄厚，如大赦國際的預算比聯合國的人權觀察組織的預算還多。即使某些社會組織規模很小，甚至只有兩三個經濟學家或社會學家，但他們有電腦，能熟練地利用互聯網，就可以動員、調動和組織全球的社會力量。這些非政府組織正以其所擁有的物質與精神資源所形成的影響力和支配力，即國際社會權力，干預着世界性的公共事務。他們通過全球市場、跨國公司和全球通訊，制定一些管理全球經濟、環保和勞工等新的國際規則，試圖取代那些已經過時的國家規範。聯合國和一些國家在作決策的時候，都得與他們協商，聽取他們的意見。他們「在全球管理中成了真正的第三支力量」。[4]

　　以上可見，舊的單一的國家權力的概念，已經容納不了 20 世紀末已經出現和 21 世紀將日益走向興隆的國內國際社會權力和超國家權力的現象。權力多元化、社會化將是不可逆轉的歷史潮流。

---

4. 美國《芝加哥論壇報》記者朗沃思：〈激進主義組織在全球機構中的影響力增加〉，1999 年 12 月 1 日（參見《參考消息》，1999 年 12 月 8 日，第 3 版）。

五、權力多元化、社會化的意義

面對經濟市場化、全球化，全球資訊化、網絡化，及由此而出現的權力多元化和社會化，長期相對落後於西方發達國家的亞洲各國應當有怎樣的認識和採取怎樣的對策，是擺在進入 21 世紀的亞洲各國的執政者和學者面前的一大課題。

作為亞洲迅速崛起的「四小龍」之一的新加坡總理吳作棟說：「我們別無選擇。世界正變得愈來愈小，如果新加坡未來要想在新經濟、新世界中立於不敗之地，就必須欣然接受世界文明。我們歡迎全球化和資訊技術革命；我們知道它們帶來的機遇要高於使我們付出的代價。」[5]

誠然，投入經濟全球化和權力多元化、社會化的巨潮中，是要付出一些代價的。掌握先機並具有強大經濟實力，率先佔領全球主導位置，為全球經濟創立遊戲規則的西方發達國家，得盡全球化的好處；發展中國家往往承受其不利後果。2000 年 4 月在華盛頓舉行的世界銀行與國際貨幣基金組織會議上發表的《世界發展指數》報告中也承認，經濟全球化某些因素（如金融自由化）已使窮國受到損害。[6] 也基於此，這次會議又遭到數以萬計的群眾和 NGO 示威抗議，迫使會議宣佈減免窮國的債務。中國參加 WTO 有利於中國參與制定全球貿易規則，有利於加速中國改革開放，在企業、金融、法律等制度上與國際接軌。當然也會有得有失，但總的說來，得大於失。亞洲各國特別是中國如果置身全球化之外，就只會有失無得。

權力的多元化、社會化也有其利弊。權力多元化意味着分散，也可能產生無政府主義。但較之國內的集權、專制統治，和國際上一極獨霸世界，無疑要好得多。權力社會化也可能使社會失控，民間自發組織和社團良莠不齊。有些非政府組織受政府或財團的資助，也不都是清正的，可能逐漸異化為特殊利益集團的傳聲筒。至於黑社會組織、邪教

---

5. 〔英〕希拉·麥克納爾蒂：〈準備在更廣闊的世界展開競爭 —— 在數十年政府嚴格控制之後，國家目前正面臨改革〉，載英國《金融時報》2000 年 3 月 28 日。

6. 參見埃菲社華盛頓，2000 年 4 月 3 日電。該報告指出，經濟發達國家每 1,000 人擁有 300 台個人電腦，而在第三世界國家才 16 台。佔世界人口六分之一的工業化國家壟斷全球近 80% 的收入，而佔世界人口 60% 的人僅佔世界收入的 6%。

組織、舊的宗族勢力組織、種族歧視組織、恐怖主義組織等「民間」組織，是社會的惡勢力，只起消極的破壞作用，應予取締或限制。但總的說來，非政府組織的主流是好的，他們的活動大大有利於為政府拾遺補闕，制衡國家權力和國際權力，有利於人類的進步事業，因此不能因噎廢食。對社會組織及其社會權力的建設性與破壞性作用的調控，有賴於健全的法治的指導。而積極的、建設性的社會組織的潛力的充分釋放，也是遏制破壞性的社會組織的重要力量。

這裏有必要對權力多元化與社會化的實質有深化的認識。

(一) 政治民主化的必然要求

權力的多元化，是伴隨社會多元化與國家民主化而衍生的。專制統治時代，國家權力壓制社會權力。民主化時代則社會組織及其社會權力可以在一定範圍與程度上制衡國家權力。許多不同群體的利益由不同的社會組織所代表。權力不只是集中於政府，而是部分地分配於相關的社會組織。從而社會權力可以抵禦國家權力對社會主體的侵犯，還可反過來指導或左右國家權力，也可對國家權力起支持、協作的相互促進作用。

眾多利益群體和社會組織與政府機構並存，社會權力與國家權力互補，是現代民主法治國家「多元化社會秩序」的特徵。政府與社會組織之間的權力平衡與權力差距，決定於社會多元化與政治民主化的程度。

在中國經過30年的改革開放，原有的國家（政府）壟斷全社會一切資源，國家權力無所不在、無所不能的一統天下的局面，已有所動搖。但總的說來，權力一元化和「國家──社會」一體化的格局變動不大。不受制約的絕對權力和不受監督的絕對權威，仍然存在或正在形成中。至於社會組織的自主自治的權利和權力還多受限制，其擁有的有限社會資源所形成的社會權力及其對國家與社會的影響力，還遠未充分發揮出來。其能量多用於支持與順應國家權力上；至於以之制衡國家權力，還多停留在學者的理論層面。

只有改革一元化的國家權力體制和「黨政不分」、「黨權高於一切」的舊傳統，順應社會多元化的發展，鼓勵有利於人民利益與社會進步的

社會組織及其社會權力的能源的釋放，才有可能建成現代化的民主法治國家。

(二) 權力人民性的進步

權力社會化的實質還在於增強權力的人民性。權力的社會化或社會權力存在與發展的主要意義在於，將集中於國家或執政黨的權力，部分地分配或還歸於社會主體，還歸於人民，使社會主體能有更多更有效的自主、自治、自律、自衛的權利和權力。

毋庸諱言，現今我國社會組織的人民性還有待加強，其半官方的附庸性還需加以淡化、根除，促其能真正切實代表其成員的意志與利益，依法獨立自主地開展有利於國家、社會和自身的活動。特別是要放寬政治與法律尺度，容許那些有益於社會、人群乃至全人類的非政府組織的創建和發展。其中尤應儘早制定體現公民憲法權利與自由的法律，如新聞法、社團法、出版法、保障學術研究與文化活動自由法、監督法等等。這些立法旨在保障公民與社會組織的權利；對損害人民利益的行為也要加以法定限制，使個人自由與社會安全秩序取得相對平衡。但限制的目的仍在保障公民權利與自由的順利實現，同時也是引導公民和社會組織依法開展活動，促使其社會權力依法正當行使，並依法取締破壞性的非法組織，建立和諧的法治社會。

(三) 人類社會發展的必然歸宿

國家作為凌駕於社會之上的統治力量，在人類歷史上迄今只有幾千年。歐洲的民族國家的歷史更短。它給人類帶來文明，也帶來禍害。在 19 至 20 世紀，國家曾和專制制度、殖民制度、帝國主義、法西斯的國家社會主義、大國沙文主義、霸權主義和各種戰爭災難聯繫在一起；也同愛國主義、民族主義、民主主義、社會主義和革命戰爭結合在一起。國家至上、國家權力至上的國家主義權力觀，幾乎是涵蓋所有國家的意識形態。

到 20 世紀末，國家主義權力觀受到兩方面的挑戰：一是社會多元化引致國家權力多元化和社會化，社會權力的逐漸增強，使國家權力不再是唯一必須絕對服從的權力了；二是超國家權力和國際社會權力的興

起，在一定範圍與限度內，可以影響乃至強制一國或多國的國家權力服從國際權力，促使或迫使一國的法制朝共同的國際規範接軌、趨同。

面對這種新的情勢，作為發展中國家的中國，既要堅決反對霸權主義者操縱超國家權力與國際社會權力，干涉他國內政；又不能閉關自守，固守排他性的國家主義權力觀，置身於全球化潮流之外，自甘落後、挨打。多元化的社會也應是面向國際化的社會。中國作為一個大國，要為建立一個多極化的世界政治、經濟新秩序，抗衡單極的霸權，實現全球權力共享，作出自己的貢獻。

民族國家本來只是人類共同體的一個歷史階段與特殊形態。人類不僅是某一國家的組成人員，也是國際社會的成員。權力的多元化、社會化，要求人們不僅具有權力的國家意識，還要有權力的社會意識和世界意識。法也不只是某一國家的統治階級意志，也應該是社會公共意志、人類的共同意志的產物。

從人類社會發展的遠景看，凡是產生的東西最終也都必然是要滅亡的。國家作為脫離社會的「超自然的怪胎」與「寄生贅瘤」，最終必將被送進人類的歷史博物館。[7] 那時國家消亡，國家權力也將逐漸退出歷史舞臺，取而代之的是社會共同體和社會權力。

當然，國家消亡是一個漫長的歷史過程，或許還只是一種理想和烏托邦式的猜測。但國家逐步部分地還權於社會，權力趨於多元化與權力走向社會化，則已是無可否認的現實進程。我們決不能迴避歷史潮流，應當勇於接受挑戰，適應權力多元化和社會化的歷史趨勢，為建立實質的法治國家，促成民主的法治社會，最終在地球上實現「大同法治世界」而努力。

---

7. 馬克思：〈法蘭西內戰初稿〉，載《馬克思恩格斯選集》（第 2 卷）（北京：人民出版社1972），頁 409、411。

第二十三章

社會權力與國家
和社會的關係

· 本章原為郭道暉著《社會權力與公民社會》(南京：譯林出版社，2009) 第五章。

一、社會權力與國家權力的異同

(一) 二者之同

1. 同源

如前所述，國家權力本是來自社會：從人類歷史發展過程看，先有人類社會和社會權力，後來才產生國家，社會主體的權利和權力轉化為國家權力，社會權力是國家權力的原始淵源。從每屆政府的權力來源看也應是如此，即公民通過行使選舉權利，形成集體權力，決定政府人選，授予政府權力。國家權力來自人民的權利和權力。而現代社會的社會權力，則一部分來自國家將過去「吞食」的社會權力向社會「還權」；大部分則是在新的歷史條件下，社會主體自身自發新生的權利和權力。也可以說人類最初擁有的社會權力與權利被國家「吞食」後，到近現代，社會主體有條件再聚集力量，形成獨立於國家權力的新的社會權力，反過來再去馴化國家權力，並為社會自身服務。總之，社會是一切權利與權力的原始的和最終的根源。

2. 同質

二者都具備本章第一節所列的權力諸要素，即有特定的權力主體，擁有相應的物資或精神、文化資源；能運用其資源對他人（權力受體）產生影響力、支配力、強制力。狄驥在《憲法論》中指出：

「在人類的一切大小社會中，我們如果看到一個人或一部分人是有強加於他人的一種強制權力，我們就應當說已有一種政治權力、一個國家存在了。人們即使大力研究，也不會在一個部落首長的權力和國家元

首、部長、議會所組成的一個現代政府的權力之間發現任何本質的區別。這仍然是一種程度的區別，而不是本質的區別。」[1]

3. 同值

人民當權的民主國家，其國家權力和社會權力都是作為治理國家和服務社會的手段，其價值目標都是為保障人民利益、為社會謀幸福。只有反動的專制國家，其國家權力主要是統治社會和壓迫人民的手段。邪惡的社會勢力也是如此。

(二) 二者之異

最基本的區別是權力性質的國家性與社會性不同，由此而產生以下一些不同特點：

1. 主體與授權不同

國家權力的主體是憲法和法律授權和規限的各類國家機構及其負責官員。社會權力的主體則既可以是固定的社會組織，也可以是社會群體，包括民族、種族、宗族、階級、階層、特殊利益集團，乃至流動的、跨多個社會組織和社會利益群體的個人（他們的組合隨其利益與價值追求而變動，今日是以消費者身份出現，明日是以環保主義者身份在活動）。這些社會組織和個人所擁有的社會權力，只要不與憲法和法律抵觸，一般無須國家憲法和法律授權（除非是憲法與法律規定的基層人民自治組織，如中國的城市居民委員會、農村的村民委員會以及受國家機關授權代行某種社會公共行政權力的中介組織，如消費者協會、律師協會、會計師協會等協會對社會成員行使的行業權力）。至於社會組織對其內部成員的權力，則由其組織章程和組織成員授權。

---

1. 〔法〕狄驥：〈憲法論〉，轉引自《西方法律思想史資料選編》（北京：北京大學出版社，1983），頁631。

2. 公權力與私權力不同

凡主權在民的國家，國家權力的淵源是人民的授予，是用來管理國家和社會公共事務，為公共利益服務的。它本質上是「公共權力」或「公權力」，不得據為私有。權力的腐敗就在於將國家公權力化為私權力，弄權作惡，以公權謀私利。

社會權力主要是出自社會主體的集資（聚集自然人或公民個人的物質、文化、精神資源和權利資源，形成利益共同體，如公司、同業工會），以之對國家或社會施加影響力、支配力。它一般是為這個群體的私利服務，其利益共同體（群體、集團或社會組織）相對於國家和其他社會主體，是私法主體；其權力也是私權；不過它屬於社會私權力，用以保障本群體的權益。只要不違反法律，其行使這種社會私權力是自由的、正當的，適用「法不禁止皆自由」的原則，國家容許甚至鼓勵其以其私權力謀求合法的私利。

另一類社會權力是建基在公益基礎上，其共同體的成員主要是為國家與社會甚至整個人類和地球的公共利益而聚集起來（如各種反戰組織、環保組織、維權組織、社會救助組織等公益組織），以其言論、集會、結社、出版、新聞自由等政治權利（即公權利，詳後），集合而成社會政治權力，以之影響國家和其他社會主體，謀求公共利益。有些中介組織受政府委託或授權，還直接擔當一些管理社會事務的公務（如律師協會、會計師協會、各種社會仲裁組織對其專業領域的公共事務的管理）。這類社會權力建立在公民的公權利基礎上，又是為社會謀公益，具有一些社會治理的行政權力，這種社會權力也是一種公共權力，即社會公權力。它同國家權力比較，二者的權力都是姓「公」，都屬公共權力，區別在於主體不同：一是國家公權力，二是社會公權力。二者都是其所代表的共同體組織（國家、社會團體）所賦予和承認的。

至於我國城市居民委員會和農村村民委員會這兩個基層群眾性自治組織，其擁有的管理本轄區社會事務的權力，由全體居民、村民賦予，屬社會權力範疇，也是社會公權力。當然它們對外作為民事主體，仍然屬私權利主體。

3.　向性與強制力度不同

指權力的主要指向與強制性力度有差別。國家權力的相對方主要是社會主體，也包括受其監督、制約的其他國家機關（當然還有國際社會），權力指向是自上而下的。其與相對方的關係多是命令與服從的關係，強制性較強，是屬硬強制力。它背後有強大的國家官僚機器乃至國家暴力的支持和威懾，不遵從就可能給予法律制裁（也有較靈活的指導、合作關係，如行政合同，非指令性的計劃、號召等等）。

社會權力則是多向的：既自下向上，指向國家機關、國家權力；也平行地對其他社會組織及其社會權力施加影響、壓力或接受它們的影響和支配；還針對本組織內部。

社會權力的強制性一般較弱，是軟性的，多帶有協商、合作性質，一般採取權益相協調，利害施影響，輿論加壓力，誘導、促使、迫使而非強使對方遵從。國家法制手段只是充當社會權力的後盾，社會組織不能直接執法、司法。當然有時也不排除採取對抗的激烈手段（如遊行示威、罷工直到暴力對抗），但如果越出法制範圍，就會受到國家權力的制裁。

4.　功能與能量不同

國家權力的主要功能是通過憲法和法律來維護國家與社會的法治秩序，保護公民與社會組織的法定權利與法定權力。

民間社會和社會團體除運用其社會權力監督國家權力發揮上述功能外，還可以對國家法律尚未給予法律保護的人權和社會新生的權利主張，加以關注和爭取法制化，有時還自行採取必要的自助、互助及自力救濟等措施，予以維護。在國家法律和行政與司法權力不能或不便干預的社會自治和社會公德等領域，社會權力更可以發揮其不可替代的作用。

國家權力擁有強大的國家機器和可以調動的雄厚資源（包括法制手段、軍事手段等等），處於強勢地位。一般情況下，社會主體的社會權力處於弱勢地位。雖然社會權力對國家權力有制衡作用，但畢竟是有

限度的，常不免受到國家權力的壓制。但當社會組織和社會成員聯合起來，「團結就是力量」，其合力是十分巨大的。特別是當國家統治者腐敗無能，暴虐無道，則人民以其革命的社會權力衝擊國家權力，甚至採取法外的「自力救濟」，其「動能」可以摧枯拉朽。如中國古代農民革命或王朝更替的「替天行道」、「弔民伐罪」；俄國的十月革命；波蘭的團結工會之推翻執政的波蘭共產黨政權；蘇聯解體後作為獨聯體成員的「顏色革命」（如烏克蘭的「澄色革命」），都是社會權力顯示的作用。

5. 責任與義務不同

擁有和行使國家權力者，行使權力是他應盡的職責。有一份權力就有一份責任，既不能違法行使，否則必須承擔法律責任；也不能擅自放棄行使，否則就是失職，要承擔政治或法律責任。同時「法無授權皆禁止」，不能擅行或濫用權力。

民間社會組織的特點是自主性和志願性，一般是自願參加，特別是那些社會公益組織，大都由志願人員組成，進出自由。志願主義是這些公益組織的一個重要特徵，也是一種時代潮流。

據日本企劃廳（現為內閣府）2000 年出版的《國民生活方式白皮書》的統計，日本志願者的數量已由 1994 年大約 500 萬人，急劇上升到 700 萬人。一橋大學的福田雅章教授評價說：「志願主義是全世界人民參與社會的一種方式，有助於他們尋找自己生活中的快樂。」[2]

相應的這些組織是否行使其社會權力也是自主、自由的，適用「法不禁止即自由」的原則（除非它受國家權力的委託代行公共權力時，另當別論）。社會權力是否行使和是否行使得當，只要不觸犯法律，對外只承擔社會道義後果，不承擔失職的政治或法律責任。對內行使權力時，由於它對內也是一種公權力，一般也要受「法無授權皆禁止」的原則和組織內部的紀律約束。但由於其自主性、自治性，在事關本組織成員的權益事項，只要法無禁止而又得到本組織成員的同意或授權，非政府組織也可以行使某些內部管理和服務的權力。這既遵循了對作為公權

2.《日本瞭望》月刊，2001 年 8 月號。

力的一般規限，又體現了非政府組織作為法人權利的自由度（權利原則是「法無禁止皆自由」），和非政府組織的自治權力的靈活性。

6. 穩定性與流動性不同

國家權力由憲法和法律授權，一般是穩定的，不許朝令夕改，擅自變更。社會組織由於其志願性、自主性，其變動性較大，社會權力的行使不一定有時間、範圍、力度等規限（當然，法律明令禁止的範圍，如國防和外交機密、暴力行為等等，是社會權力的禁區）；而且在經濟與科技非常發達的現代，通過互聯網的聯繫，社會組織有些並不具有物質形體，而只存在於虛擬的空間，「網友」暫時或即時聯絡起來，為某一目標共同行動（如集體簽名發表聲明，造成輿論；號召罷工、集會、遊行示威等等），發生巨大的社會影響和支配力，完成後即散夥，歸於無形，所以這類社會組織及其社會權力流動性、變動性很大。

二、社會權力與國家權力的互動

社會權力有兩個向度：一是維繫社會組織內部的秩序，其首領和職能部門對其成員行使組織章程所規限的行政管理權力；二是社會組織對外行使的社會權力，包括對國家機構和對其他社會組織和公民個人行使其影響力、支配力。這裏着重討論社會權力與國家權力的互動關係。

(一) 社會權力對國家權力的作用

民間社會及其社會權力從國家和國家權力的統制下掙脫出來，成為相對獨立的主體和力量，「從一向只被視為「應變項」的地位轉而為「自變項」的主導力量」[3]。它們不只享有法定的公民權和社團權利，而且擁有自主的權力，有時還可以採取「自力救濟」的方式，求取自身的或整個社會的權益。它們對國家權力可以在三種不同方向上起作用：

---

3. 肖新煌：〈對「寬裕」、「多元」和「社會力」的沉思〉，原載《中國時報》，1985 年 5 月 4 日，後收入肖新煌等著：《社會轉型》（敦理出版社，1986）。

1. 作為積極的建設性權力，對國家與社會事務起促進作用

(1) 在社會公益領域，填補國家權力的真空

　　由於現代經濟和科技的迅猛發展，社會利益訴求極其多樣化和複雜化，政府的資源與能力有限，資訊有時不免失靈，政府權力鞭長莫及，加上官僚主義和腐敗，留下許多未能做或不便做的公益事項，社會組織就可以自動地運用它們的社會資源和社會權力去彌補和救濟。特別是在地方性、小社區乃至家庭式的小範圍裏，既便利又無微不至地關懷被遺忘的角落。

　　在南非，有的地區犯罪率非常高，警察的巡邏範圍不可能覆蓋每個角落，他們就通過「和平工作者」這個非政府組織來解決。這個組織的成員是一些社區的街坊四鄰居民，他們在警方的指導下，成為警方與社區的溝通人，協助警方守衛自家的地盤，有效地改進了當地犯罪多發的狀況，「愈來愈多的當地百姓將事務交給和平工作者處理。他們有效地防止社會矛盾演變為嚴重的刑事犯罪」。[4]

　　至於一些社會中介組織、基層居民自治組織、社區服務組織，等等，在協助政府承擔許多社會公共事務和照顧公民生老病死、「下崗」後的再就業、婚姻家庭糾紛等日常生活問題上，起了不可替代的作用。

　　國家，即使是民主的法治國家，只能保障國家有序運轉，並不能無瑕疵、無疏漏地維護社會的公益和公正。民間社會利用其資源與社會權力，可給予補救。特別是對社會的弱者和弱勢群體給予扶助，對多樣性的社會公益事業自動地、自願地作出及時的反應，對違反倫理道德的事，施以社會輿論壓力，給予制裁和糾正，弘揚公共道德和服務精神，從而也對社會精神文明建設起推進作用。

(2) 在國家行為領域，支持、監督國家權力依法、正當、有序地運作這就是「以社會權力制衡國家權力」，這方面的作用有三：

　　一是分權——將本應屬於社會主體的權力，從被國家「吞食」的國家權力中分離出來，歸為社會自主、自治權。這樣民間社會不再只

---

4. 美國《基督教科學箴言報》2007年1月29日報道：《南非志願者在居民區巡邏》。轉
　見《參考消息》2007年1月31日，第6版。

是被控制、被支配的「順民」，或只是仰給於國家、坐等「替民作主」的「父母官」救濟的「子民」。而能運用自主的社會權力，解決社會成員自身的一些問題，也減少了國家權力的負擔；並使權力適度分散，改變國家權力過度集中的局面。

二是參權——通過公民和社會組織集中反映不同社會群體的意見與要求，直接參與國家行政、司法以及立法活動的決策和執行過程；受委託或者被授權代行一些執法活動；對國家的治理工作提供社情、民情的依據；貢獻來自人民群眾和各行各業專家的智力資源與物資和精神支持；促進政務活動的公開性和透明度，克服「黑箱作業」的弊端等等。

三是監權——通過運用為社會所掌握或影響的輿論媒體，通過社會組織（壓力集團）的遊說，對政府機構施加壓力，通過公民集體行使公權利（選舉權、各項政治自由、集體訴訟、請願、檢舉、監督權等等），形成社會權力，去監督國家權力，既支持政府為民謀利益的舉措，又遏制、抗衡、扭轉政府的不法、侵權行為。

中國古代有句格言：「水可載舟，亦可覆舟。」「水」指人民，「舟」指「社稷」，即國家統治者。這句話很好地表述了國家與人民、社會權力與國家權力的互動關係。

2. 作為消極的起負效應的權力，誤導國家權力與偏離社會公正

社會組織強弱不等，良莠不齊。有些社會優勢團體運用其資源對政府機構與官員的影響力、支配力，可能操縱立法和執法機關作出偏向於該集團的特權利益的決定，而使另一些弱勢群體利益受損，使國家政策走偏，整體利益破壞。在當今中國官吏腐敗、司法腐敗中，某些企業組織或個人以賄賂收買官員的權力，形成「官商勾結」、「權錢交易」，按其實質是被私有化的國家權力同惡性的社會權力（不法奸商的行賄資本）的結合。

3. 作為破壞性的社會權力，是造成國家與社會動亂的公害

這有兩類不同的破壞：一是敵對的社會勢力顛覆國家政權；二是社會邪惡勢力的為非作歹，擾亂社會的安全。前者像「文化大革命」中

「造反派」的奪權，導致天下大亂；又如民族分裂勢力的活動，破壞國家統一。後者如黑社會組織、國際恐怖組織等等。這些組織的頭目以其權力嚴密控制其成員，或獨霸一方，或逞威全世界，為害甚烈，必須堅決取締和鎮壓。

　　還有一類受外國勢力操控的、以充當反政府力量干涉他國內政、乃至顛覆他國政權為目的非政府組織。如據俄羅斯《共青團真理報》文章報道，受美國支持和津貼的「國家民主研究所」，其領導人是美國前國務卿奧爾布賴特。2000 年她曾在南斯拉夫成立名為「反擊」的非政府青年組織，借助其力量推翻了米洛舍維奇總統。2003 年在外高加索資助格魯吉亞青年運動「克馬拉」，在「玫瑰革命」期間對推翻格魯吉亞總統謝瓦爾德納澤發揮了重要作用。2004 年她又與「我們的烏克蘭」聯盟密切合作，對烏克蘭的「橙色革命」起了推波助瀾的作用。該所還資助了吉爾吉斯斯坦和哈薩克斯坦的反對派。該所自 1989 年就在俄羅斯開展活動。為此俄羅斯政府已修改了《非商業組織（即非政府組織）法》，對非政府組織進行重新登記，使之不能不受監督地進行干涉內政的活動。但該所所長馬爾科夫說：「不必害怕西方的非政府組織。」、「這些組織確實在顏色革命中發揮了重要作用：在 19 世紀是通過軍事政變奪取政權；在 20 世紀是通過眾多政黨奪取政權；在 21 世紀是通過非政府組織、專家中心和媒體奪取政權。」該報認為：「在全球化時代，對借助非政府組織奪取政權的最新政治手段說「不」是毫無意義的。因此我們應該及時地在俄羅斯和烏克蘭制止使用「顏色」手段。」[5]

　　此外，由於某些大型的社會組織（如一些巨大的特殊利益集團）具有操控國家和其他社會主體的巨大社會權力，對它們也需要運用國家權力和公民基本權利依法加以防禦和控制。如哈貝馬斯所說，憲法所確認的公民基本權利不只是用來防禦國家行政權力的干預，也要涉及所有大型組織的社會權力。「不能繼續把憲法理解為一個主要調節國家與公民

---

5. 〔俄〕亞歷山大·科茨：〈西方已經為俄羅斯的「顏色」革命撥款〉，載俄羅斯《共青團真理報》，2007 年 2 月 27 日。

關係的秩序框架;經濟權力和社會權力之需要法治國之規訓程度,不亞於行政權力。」[6]

總之民間組織及其權能發揮得好,可以成為國家與社會秩序的共同維護者;社會公共利益和私人利益以及弱勢群體利益的服務者和參與公平分配者;人民共同意志的集體形成者和協助集中和表達者;對國家權力的監督者等等。放棄對它們的扶持和引導,就可能走向反面,成為擾亂社會的消極因素,乃至引發社會動亂的破壞性因素。

(二) 國家權力對社會權力的控制與利用

1. 反動的統制或消極的控制

在國家一統天下的局面下,特別是在專制政體統治下,社會主體的權利和權力完全受國家權力的控制。雖然那時也有一些民間社會團體,但多數只是政府指揮棒下的點綴或為政府御用的工具。社會權力也不過是國家權力用來控制人民的幫辦,有些還成為統治者的打手和幫兇。像中國國民黨統治中國時期,為對付革命組織和學生運動,曾經提出過「以組織對組織」的策略,利用「黃色工會」和民間幫會、黑社會組織等「民間」組織,來打壓、破壞社會進步團體的活動和鎮壓人民民主運動(北平解放前夕,我作為中共地下黨員在清華大學參加反獨裁爭民主的學生運動中,就面對過國民黨特務機關組織的所謂「海澱人民清共大隊」的包圍,他們闖入校園打人抓人,叫嚷要消滅「知識潛匪」。中共地下黨領導的學生自治會和進步社團組織團結同學,組成糾察隊,展開過「保衛清華園」的鬥爭。這也可以說是革命的社會權力同打著「人民」、「社會組織」旗號的「社會權力」之間的較量)。

中華人民共和國成立後,新的人民政權比較善於依靠群眾和社會組織,進行大張旗鼓的階級鬥爭和國家建設。但較重視支使社會組織對當前政治鬥爭的支持和順應,而難以接受它們對黨政權力的監督與制衡,乃至把這種制約當成是同黨和政府「鬧獨立性」,甚至認為是「犯

---

6. 〔德〕哈貝馬斯,童世駿譯:《在事實與規範之間:關於法律和民主法治國的商談理論》(北京:三聯書店,2003),頁305。

上作亂」；過度強調對民間組織的教導和干預，不樂見民間組織擁有自主權力和自發活動，導致國家權力過分膨脹，民間組織功能萎縮。

2. 積極地利用和引導

隨着國家的民主化、社會的多元化和市場經濟的發展，民間團體地位與作用日益顯著。政府開始向社會「放權」或「還權」，民間組織逐漸活躍起來。

如果國家能重視和鼓勵有益或無害的民間團體的發展，就有利於遏制民間邪惡勢力的橫行。政府如果也善於運用「以組織對組織」的策略，通過吸引群眾、特別是青年參加有益於身心的社會組織，就可以防止他們被邪惡組織所誘惑；也可以運用這些社會組織去同邪惡組織作鬥爭。

據有關專家估計，自 1979 年改革開放後的 20 年間，特別是 90 年代以來，隨着「希望工程」、「春蕾計劃」、「幸福工程」等大型公益計劃的推動，中國非政府組織也開始了發展的腳步。20 世紀 50 年代全國性非政府組織只有 44 個，60 年代也不到 100 個，而現在，據國內專家學者的研究，全國各類非政府組織實際數目已達 300 萬家。特別是在北京、上海、天津、深圳等地區，非政府組織相當活躍。其中我國民間環保組織達 3,000 多家，這些組織日趨成為聯結政府與公眾的紐帶，成為推動我國環保事業的重要社會力量。[7]

令人惋惜的是，一些幹部囿於傳統的習慣思維，還不敢放手鼓勵民間社團的發展，不大尊重公民結社自由的憲法權利，中國的民間組織的成長，還受到一些非必要的掣肘。根據民政部的統計，截至 2007 年年底，允許在民政部門登記的全國各類民間組織僅 38.7 萬個。[8]這一數字比之發達國家以及其他亞洲國家數以百萬計的民間組織，不過是個尾數。而且現今多數人民團體、社會組織還是半官半民的組織，政府的干預較多。迄今中國還沒有一部由全國人大制定的、保障公民結社自由的

---

7. 參見中國政務信息網 2008 年 6 月 25 日，原載《領導決策信息》，2008 年第 24 期。
8. 同上。

「結社法」或「社團法」（法律），只有由國務院制定的、限於行政管理的《社會團體登記管理條例》（行政法規）。這是不利於保障結社自由，發揮民間組織的自主自治權力和協助政府治理國家和社會的功能的。

三、社會權力與社會的關係

社會權力主要是對應於國家權力的。不過既然它是一種權力，而且是社會權力，是生發於社會、依託於社會的，它必然同時是影響和支配社會的力量。

社會權力的相對方除國家權力外，還有其他社會主體（自然人、法人和其他社會組織以及各種社會群體）及其權利與權力，因而它也是調節社會主體之間的矛盾衝突，建立和諧的社會關係，保障它們的合法權益的積極力量。由於任何權力都有擴張性、侵略性，因而社會權力也可能成為侵犯其他社會主體的權利和權力的勢力。

以下着重探討社會權力與社會的關係，包括社會公權力與社會私權利的關係，社會權力與社會公共權利的關係，以及社會權力之間的關係。

(一) 社會公權力與私權利的關係

社會權力在社會組織內部是管理其組織與成員的行政權力，對其組織與成員而言，也是一種社會公權力，其相對方是該群體、組織的私權利。對外，這些社會權力的載體——自然人、公民、非政府組織，是作為私法主體或社會私權利或私權力主體，同國家和其他社會主體發生關係。

譬如自然人或公民以其所擁有的結社權，聯合其他人組成社團，一方面社團成員授權社團組織的法人代表擁有管理社團事務的權力（這是社團內部的公共權力），使私權利轉化為社會組織內部的公權力，並以這種公權力來為其成員的私權利服務；另一方面社團運用其擁有的社會資源，對外（政府或其他社會主體）施加影響力、支配力，亦即行使社會權力，使私權利轉化為私權力。

以公司法人為例，股份公司是由股東集資組成，即由這個社團的成員的出資（讓出部分私有財產權的佔有權和使用權），化為公司的資本；資本是一種社會權力（可以支配他人的勞動權或物權或精神權利的權力）。於是對內個體私權利轉化為社團的公權力（公司法人的經營權、管理權，對公司內部股東而言，就是公司的公權力）。對外公司社團作為個體，對國家和社會而言是私法主體，則既有屬私權利的成分，不受國家和他人的侵犯；又因其擁有的資本所形成的社會權力，對國家的公權力而言，仍屬私權力範疇，可以對國家和社會施加影響力。

如果這個公司或社團是公益性的，其行使社會權力是為公的（保護、管理、監督國家與社會公共事務、公益事業，如環保、扶助弱勢群體等等），並且參與的是國家和社會的公共事務，則這種私權力又屬公共權力性質，只不過它是社會公權力，以區別於國家公權力。

社會公權力對社會私權利的關係，一方面是起保護、激勵作用，如通過壓力集團的遊說，促使國家通過保護私有財產的立法；另一方面由於私權利可能被濫用來侵犯社會公共利益或其他社會主體的權益，這就要通過社會公共權力對私權利的自治和自律，來防止私權濫用。

雖然私權利的濫用可以直接訴諸國家公權力（行政或司法權力），加以調節或制裁；但是不必事事都以國家權力來干預，只要通過社會權力的干預能更妥當和便利、成本低地解決問題，就應當弱化國家公權力，讓社會公權力去解決。以仲裁為例，仲裁機構不是由國家機關組成，它是民間的機構，它的裁決屬社會權力範疇，這是仲裁的本質。通過仲裁來解決私權糾紛，比動用司法訴訟要便捷和高效得多。又如《行政許可法》中規定：凡是通過市場機制能夠解決的問題，應當由市場機制去解決；通過市場機制難以解決，但通過公正的中介機構自律能夠解決的，應當通過中介機構自律去解決。而中介機構的權力正是屬社會公權力。

（二）私權利的社會化和社會公權力與社會公權利的互動關係

在國家與社會一體化時代，國家所面對的主要是作為社會主體的自然人的私權利。自從出現國家與社會二元化格局以後，伴隨社會組織的社會權力的產生和發展，自然人的私權利也進一步發展。私權利不單是個人的權利，有些私權也逐漸社會化，向社會共同利益與集體權利轉

換，形成社會公共利益和公共權利。許多原來屬純私人（個人）領域的權利，如生存權、生態權、環境權、受教育權……等等，已經成為公共權利，愈來愈具有社會化的屬性，可以說是一種擴大的私權，其行使已經進入到社會公共的領域當中。如個人生存或溫飽權，已成為社會保障和社會救助權；生態環境保護已成為全人類的權利；保障公民受教育權則成為國家的義務。

在此基礎上，以服務於公益或公共事務為目的而組成的社團、非政府組織，運用其社會權力同國家和其他社會主體打交道，其社會權力就具有公共性，成為社會公共權力（或稱社會公權力）。而社會公益很大程度上依賴社會公共權力去推進和保障。

對社會公益或公權利的保障，在福利國家是國家權力的職責。但畢竟國家公權力不可能細緻入微地照顧周到，會留下很多空白和空間；且眾口難調，很難滿足人人或個性化的需要；何況過多的國家權力干預，不免干預過度而控制社會過嚴。因此很多社會公益事業是通過社會組織的自力自治去舉辦。這就是社會公權力對社會公共權利的互動關係。

正如著名的民法學家江平教授所指出的，對待私權利的處理原則，應當是「私權問題儘量通過私權的辦法解決；若解決不了再用社會力量（社會權力）去解決；社會力量還解決不了才動用國家的力量（國家權力）」。[9]

(三) 社會權力之間的關係

這同國家權力之間的關係有類似之處，也有其特點。

在涉及共同利益的範圍內，不同社會群體和社會組織在行使各自的社會權力時，可以互相支持和配合，形成強大的社會輿論或社會運動，以擴大其影響力和支配力。

任何權力，無論國家權力還是社會權力都有擴張性，都可能侵犯其他社會主體的權益。此時不同利益群體會以自己的社會權力去相互抗

---

8. 江平：〈社會權力與和諧社會〉，2005 年 3 月 8 日在中國人民大學的演講，載中國法學名家網，2006 年 1 月 4 日。

衡，求得妥協與和諧。遇到強勢群體壓制弱勢群體，導致社會不公，此時第三種社會權力可以介入，如雙方同意的仲裁機構以其社會公權力加以協調；還不能解決，國家權力亦可介入，施加國家強制力予以裁處。

社會組織良莠不齊。有些社會惡勢力利用其社會權力為非作歹，國家和社會也可以利用良性的社會組織的社會權力予以遏制，有時比直接由國家出面更易為人們接受，而且高效。

第二十四章

論人民、人大、執政黨的權力位階

· 本章原載《北京聯合大學學報（人文社會科學版）》，2012 年第 2 期，中國人民大學複
  印報刊資料《中國政治》，2012 年 7 月轉載。

一、兩種不同的最高權力主體

(一)「國家最高權力」與「最高國家權力」

　　《中華人民共和國憲法》（以下簡稱《憲法》）第 2 條第 1 款規定：「中華人民共和國的一切權力屬於人民。」第 2 款規定：「人民行使國家權力的機關是全國人民代表大會和地方各級人民代表大會。」《憲法》第 57 條又規定：「中華人民共和國全國人民代表大會是最高國家權力機關。」這三個條款都涉及權力，但是它們所確認的權力是同一性質呢，還是有所不同？都是指國家權力呢，還是包括其他權力（人民權力、社會權力或執政黨的「權力」）？其中，「最高國家權力機關」是否就等同於「國家最高權力機關」？這些概念，連一些憲法學家也常混淆或隨意使用。

　　世界各國實行代議制的國家，其代議機關（西方的議會、我國的人大）是一種外在於政府（行政與司法機關）的權力機構，不過它是介乎政府與人民大眾之間的力量，法理上它既不是非政府組織，也不從屬於政府，而且一般是高於政府權力的國家權力機關。但它們與社會主體有密切的關係（經人民選舉產生、來自人民和代表人民），其權力雖屬於國家權力範疇，理論上卻是直接受命於社會主體（人民／選民）及其權利與權力。它們同社會主體──全體人民的關係，有必要加以釐清。

　　首先要區分，這兩種表述是有差別的：「最高國家權力機關」只是表明全國人大是所有國家機構中擁有「最高國家權力」的機構，地方人大和各級政府機關（包括行政、司法、軍事機關）雖然也擁有各自不同和不等的國家權力，但都得服從全國人大這個「最高國家權力」。

　　再則，所謂「國家最高權力」命題中的「國家」，不是指「國家機關」，而是涵蓋國家機關和全社會；其權力就不限於國家權力（如人大

和政府行使的權力），同時包括社會權力（主要是各社會主體——公民、人民大眾、社會組織、以及各政黨特別是執政黨的權力）。

（二）誰是國家最高權力主體

這就涉及在人大之上，誰擁有「國家最高權力」，或誰是國家最高權力主體？

在我國，由於奉行一黨制和「黨領導一切」的政治體制，恐怕大多數幹部和群眾對此可以不假思索地回答：執政黨是國家最高權力者。這於歷史上、事實上當然有根據，但法理上卻是錯誤的。

依我國現行《憲法》，全國人大是「最高國家權力」機關，這只是相對於其他國家機關而言；全國人大並非「國家最高權力」機關。擁有國家最高權力者是人民，即所謂「主權在民」。人大也是由人民（選民）選舉產生的，《憲法》規定人大要對人民負責，受人民監督。可見「人民」是人大這個「最高國家權力」機關的「更高」權力主體。

二、執政黨與人大的權力關係

必須承認的是，不少黨政領導幹部對黨的地位與作用的認識，還沿襲革命時期的舊觀念、舊制度，沒有實現由革命黨到憲政黨的轉變，沒有從長期以來實行的以黨治國向依憲治國轉變。在有些地方和有些幹部中，還存在黨委和書記凌駕一切、指揮一切、調動一切的習慣思維與習慣動作和對既得權力的依戀。

對黨與人大關係在思想認識和觀念上的誤差，實質上是混淆了黨的領導權（權利、權威）與國家權力的關係，把黨的決策權（建議權利或具有指導性的權威）等同於或凌駕於人大的決定權（具有強制力的國家權力）。

執政黨的十六大報告指出，中國共產黨是領導有中國特色社會主義事業的核心力量。這種領導就其與國家政權的關係而言，主要指方針、政策、路線的政治領導，這種領導權的性質是屬政黨的政治權威和權利，而不直接是國家權力。黨的這種受人民擁戴和服膺的政治權威，

不同於國家權力的強制力和普遍約束力，而主要是政治號召力、說服力和政治影響力。黨的領導權不是凌駕於人民主權、國家政權和作為最高國家權力機關的全國人大之上或與之並列的權力。「文革」中，在「極左」路線影響下產生的 1975 年「憲法」，曾在第 16 條中規定：「全國人民代表大會是在中國共產黨領導下的最高國家權力機關。」這就無異於把黨視為高於人大的國家權力機關。1978 年《憲法》和 1982 年《憲法》都刪去了「在中國共產黨領導下」一語，這不是否定黨對人大工作的領導，而是改變黨政不分，把黨權置於人大權力之上的偏頗。

早在 1941 年 4 月，鄧小平在《黨與抗日民主政權》一文中批評一些同志把黨的領導解釋為「黨權高於一切」，遇事干涉政府工作，隨便改變上級政府的法令，甚至把黨權高於一切發展成「黨員高於一切」。他認為黨對政權的正確領導原則是指導與監督政策，黨的領導責任是放在政治原則上，而不是包辦，不是遇事干涉，不是黨權高於一切。這是與以黨治國完全相反的政策。[1]黨的十三大報告也曾經界定：「黨的領導是政治領導。」這是一個經典的定義。鄧小平擔心改革開放夭折，在「六‧四」以後的第一次講話裏就強調了「十三大報告一個字也不能改」，其中當然包括「黨的領導是政治領導」這個定義。他還說改革開放要管一百年或者幾百年。而我們許多黨政幹部卻一直把黨的領導歪曲成組織上、行政上控制、管轄、支配、包辦、強制，這都是錯誤的。共產黨作為治國的領導力量，只能以它的路線、方針、政策，從政治上領導，而不能凌駕於國家權力之上發號施令。黨必須在《憲法》和法律範圍內活動，依憲執政，依法治國。

在黨權和政權（人大）的關係上，黨政分開首先是權能分開，即在權的性質與作用上要分開，不能把黨的政治權威同國家權力混同。在黨權與民權關係上，列寧也講過：「蘇維埃高於一切政黨。」[2]無產階級專政不等於黨專政，必須劃清黨的機關和蘇維埃機關的界限。[3]

---

1. 參見鄧小平：《鄧小平文選》（第 1 卷）（北京：人民出版社，1993），頁 10–12、19。

2. 〔俄〕列寧，中國共產黨‧中央馬克思恩格斯列寧斯大林著作編譯局：《列寧全集》第 26 卷（北京：人民出版社，1959），頁 467。

3. 參見〈列寧在俄共（布）第十一次代表大會上的講話〉，轉引自〔俄〕斯大林，中國共產黨‧中央馬克思恩格斯列寧斯大林著作編譯局：《斯大林全集》（第 6 卷）（北京：人民出版社，1956），頁 224–225。

我國執政黨與人大的關係也是如此。在國家事務中，人大的權力是至上的，人大也高於一切政黨。黨一方面要在政治上指導人大的工作，一方面又要遵守人大通過的法律與決定，亦即黨的意志既要體現人民意志，又要服從人民的意志。二者有衝突而又不能說服人民群眾與人大時，也應以人大或絕大多數人民群眾的意志為依歸。

至於作為執政黨的中國共產黨，只對全國和各級人大進行政治上的領導（治國的理念、方略、政策的指導），法理上它不是高居於人大之上的政治權力機構。它只有作為政黨的權利，不能享有國家權力。它既不是最高國家權力機關，更不能說是國家最高權力機關。當然它也可以擁有作為特殊的社會團體的社會權力，但也不能高於國家主權和全民權力；其當選為國家權力機關官員的黨的幹部可以行使某些國家權力，但須依人大授權或法律的確認。

三、人民與人大的權力關係

在「中華人民共和國一切權力屬於人民」的命題中，這個屬於人民的「一切權力」是從「人民主權」意義上說的。它才是「國家最高權力」，是高於全國人大、也高於執政黨和其他任何國家機構、社會組織與個人的「權力」。

這種「最高性」的體現是全國人大代表（以及擔任國家領導人的執政黨黨員）由人民（全民）直接或間接選舉產生，要對人民負責，受人民監督。也就是說人大是全民的派生組織；全體人民是國家權力的原始主體和最高主體。當然，「人民」是個抽象的整體概念，在我國縣級以上的人大代表都通過間接選舉產生，不易看出人民權力對人大的直接作用。在凡真正實行主權在民憲政制的民主國家，其國家的最高權力並非屬於議會或總統，當然更不是某個政黨，而是人民或全體選民。他們通過手中的選票和實行「全民公決」的投票，掌握着決定總統、議會議員或內閣成員人選的命運，並掌握修改憲法和重大法案以及涉及全民的重大事項的最高權力或最終決定權。這種全民直選權（包括罷免權）、全民公決權（包括修憲權、立法終定權和其他涉及全國、全民的重大事項的決定權），就每個公民而言，是他的基本權利；就全民集中投票公決而言，則已轉化為具有直接強制力的權力了。因為經全民公決得出的

結果，是具有最大權威和強制力的，任何國家機關（包括議會或人大、總統、內閣）和個人（包括執政黨領導人）都必須服從全民公決的決定。在美國，憲法修正案要得到3/4多數州議會的批准。歐盟憲法草案交各成員國公決時，因在法國全民公決時遭到否決，以致未能在歐盟生效。可見人民或選民的集體權力，才是國家的最高權力，高於其總統與議會擁有的國家權力。

這種人民權力，或全民權力，屬於什麼性質呢？從憲制視角考察，似應屬國家權力的範疇，因為它是在國家憲法確認的人民主權和公民權利範圍之內所擁有的權力。但是這種人民權力或全民權力，已不同於議會和政府這類國家機關的國家權力，而體現為國家主權（「一切權力屬於人民」）、來自社會的人民權力（「全民權力」）。

既然它是人民的權力，亦即整個社會主體的權力，或全社會的權力，從而它也可以說它是社會權力，是整個國家與全社會的最高權力。在這種情況下，國家權力與社會權力交融，合二為一。如同古希臘的城邦公民大會，全體自由民都直接參加，共同作出決定，城邦（國家）與社會（全民——奴隸除外的全體自由民）、國家權力與社會權力是合二為一的。

四、誰是國家權力的所有者

如果認定國家主權和人民權力屬於國家權力的範疇，那麼我們面前就出現了兩個「最高國家權力」的所有者，一是人民（全民），一是人大。二者都是國家權力的主體。而且行使立法權、行政權、司法權、軍事權的其他國家機關，事實上也都在一定限度與範圍內享有對這些權力的使用權與處分權（它們可以將某些事項對其下級機關進行轉授）。它們也都是某一領域國家權力的主體。

我們可以把這種多元權力主體結構加以層次上的劃分，以避免「一國二主」的衝突。譬如可以根據「主權在民」的原則（主權是最高的國家權力），確認人民（全民）是國家權力的最高和原始的主體；人大則是第二層次的主體，它主要是有「行使」（而不是最終「享有」）「最高

國家權力」的權力，要對人民和人民的權力負責；其他政府機關是第三層次的主體，要對人大負責，最終也要對人民負責。人民是國家權力的原始所有者，是國家權力的至高無上的主體。

不過，這還沒有從法理上說清楚作為國家權力的兩個主體（人民與人大）的法權關係。事實上，人民作為國家權力的所有者，或「主權在民」，只是一個抽象的理論原則，只是一個抽象的集合名詞，人民這個主體也只是抽象的整體。在上述某些西方民主國家，人民權力可以通過直選權和公決權，多少有所體現，並使人民大眾多少可以親身感受到。而在我國，由於實行人民代表大會制，作為具體的人民，即人民大眾，或每個公民，或人民群體（民族、階級、階層、不同利益群體等等）乃至集體（政黨、人民團體、企業事業單位和其他非政府的社會組織），都不能直接行使國家權力。它們只是作為人民的一分子或一部分，享有某些政治權利與社會經濟文化權利，而不享有政治權力即國家權力。也就是說，在我國事關國家權力上，人民群眾並不能直接做主，而是由人民代表大會做主，或由它代表人民做主。

由此，是不是可以說，人民實際上並不是國家權力的所有者呢？

關於人民權力與國家權力的關係，歷來為古今中外的政治家、思想家所關注，提出了各種不同的解釋與學說，其中最著稱者為「社會契約說」，其倡導者霍布斯、洛克、盧梭等人。作為古典自然法學家，認為國家權力即公權，是由社會中各個人捨棄其自然權利的一部分或全部，以社會契約形式讓渡給國家或社會整體，使之能以其所獲得的權力，反過來保障每個人的自然權利。其中霍布斯認為人民以社會契約永久轉讓主權於政府中之一人（君主）或數人（寡頭），人民一旦轉讓了其權利，就必須絕對服從政府的權力。而洛克則認為人民是以社會契約暫寄主權於政府或社會整體，政府無道，人民還可收回此權。兩個人的觀點雖有差異，但都認為國家或政府的權力米自人民的授予（轉讓）；人民的權利讓與政府，變為政府的權力以後，則人民自己不再享有或暫時不享有這項權力。亦即其所有權已不屬於人民中每個個人。

自然法學家所謂的「社會契約」，雖無科學與事實上的根據，但自有其道義與政治的價值，而且也可以啟迪我們對人民與國家權力關係的法理思考。

我國人大以及其他政府機關的權力是來自人民的授予，但不是通過什麼「契約」，而是通過選舉（當然選與被選也可以視為選民與獲選者的一種契約事實）。人民作為公民群體，選舉權是每個公民個人的一種政治權利；人民作為整體，當他們集體行使選舉權利時，這種權利就形成一種集體的政治權力，因為它具有決定國家機構的組建的強制力，所有參選人都必須服從選舉的結果。誰受到人民的信任而當選，誰才有資格進入國家機構成為它的組成人員。

　　但是一旦人民行使選舉權，選出人大代表之後，人民群眾就不再享有決定國是的政治權力，而只享有參政、議政以及督政（監督人大與政府）的政治權利了。（這與某些外國的公民還有「公決權」不同。如前所述，後者作為集體的決定權是一項政治權力，而不只是權利。）

　　我國有些學者搬出民法上的「代理」概念，試圖回答這個問題。他們認為人民與人大的關係，是委託與代理關係。即人大受人民委託，作為其代理人，行使國家權力，所有權仍屬人民。但「代理」關係要求，代理人只能以被代理人的名義行使權利（或權力），其後果由被代理人負責。而我國人大是以自己的名義行使權力，其後果要自己負責（或對人民、即對其被代理人負責）。這同「代理」的概念是不同的。因此，此說仍難以成立。

　　人民與國家（人大、政府）的這種權利、權力關係，如果借用民法的概念，似乎和「信託」關係有點類似。

　　民法上的「信託」是指一種基於信任而產生的財產關係。在這種關係中，信託人將其信託財產轉移給受託人，並委託其管理或處理，受託人享有該項財產的所有權，即可以按照信託人指定的目的，以自己的意志與名義管理或處分其受託的財產。不過其所獲得的利益，須交付給信託人所指定的受益人（受益人一般是第三人，也可以是信託人自己），而受託人則不得同時為受益人。[4] 受託人依照信託合同或法律規定，對信託財產享有佔有、使用和處分的權利，即享有信託人轉讓給他的財產支配權；而受益人則享有收益權。也就是說，受託人與受益人都分別

　　4.「受益權」對人大來說，也可比作人大工作所收到的成效。從這一點上說，人大也是有「受益權」的。

享有部分的所有權。(也有些論者認為第三人只享有信託利益,而非權利,所以不屬於所有權範疇)。至於信託人,在信託關係成立前,居於信託財產所有權人與信託行為設定人的地位;信託關係成立後,則只居於利害關係人的地位,不再享有對信託財產的所有權,只是在受託人違反其信託宗旨,違反信託合同時,信託人才有提出異議權、信託撤銷權和要求恢復原狀或損失賠償請求權。[5] 以這種信託關係來解釋人民與人大的法權關係,則人民可以比作信託人兼受益人,人大可以比作受託人。人民通過選舉將屬於它所有的國家權力的所有權轉讓給人大,此後人大就以自己的名義享有對一切國家權力的支配權,即佔有、使用(行使)和處分的權力,亦即享有基本所有權。只是它支配這些權力必須以體現人民(信託人)的意志和維護與促進人民的利益為宗旨,而且人民是國家權力的唯一受益人,任何國家機關作為受託人都不得成為受益人,都不得為自己謀利。所以人民群眾在選舉(亦即實行「信託」)產生每屆人民代表大會以後,即不再直接行使或擁有國家權力,亦即每五年一次地將國家權力託付於人大,轉移於人大;此後它作為「收益人」仍享有收益權(或獲得利益)。

由於人大是作為一個整體充當受託人,受人民的信託,人民在人大5年任期內,並不能對整個人大行使撤銷權(按中國的憲政體制,並未設定任何一個機構或人民有權解散人大,像西方政府或主權者有權解散議會那樣),而只有等到人大任期屆滿,在下一屆選舉中,人民收回其國家權力轉托於新一屆的人大。不過在人大5年任期內,人民(選民)可以對其所選出的人大代表中不稱職或有違法犯罪行為的個別成員行使罷免權,即撤銷其受託人資格,但這無損於人大的整體權力與權威。

如果上述分析能夠成立,那麼人民群眾除有選舉權(權利)外,不能直接享有和行使國家權力,或者必須周期性地轉讓它的權力,那麼人民豈不處於無權力的地位,又如何對它所託付出去的權力加以制約呢?

---

5. 參見張淳:《信託法原論》(南京:南京大學出版社,1994);江平、周小明:〈論中國的信託立法〉,載《中國法學》,1994年第6期;施天濤:〈信託法初探〉,載《中外法學》,1994年第2期。

這的確是任何一個民主國家所遇到的難題。所以有些西方學者因而認為：「只有在選舉的時候人民才是統治者，過後就成了奴隸。」而在各次選舉之間，人民的權力基本上一直處於「休眠期」。[6]這多少反映了迄今民主制度的缺陷。因為只有選舉之日才是人民群眾顯示其政治權力之時。所有參選的政治家都必須聽命於選民的意志，服從選民的集體選擇。也只在這個時候，政客們十分馴服地向選民「拜票」，順從和允諾人民的各種要求，人民的權力顯示出至高無上的統治力（這裏只是假定選舉是真正民主的，而事實上遠非如此）。而一旦他們當選從而獲得人民的授權之後，他們就可以運用其掌握的國家權力為所欲為，不惜背棄他們競選時的一些諾言。而人民大眾這時再也不擁有對他們的權力進行制約的國家權力，而只能聽命於國家權力的擺佈了。所以選舉之後，也就是人民淪為奴隸之時（當然真正實行民主直選的國家，其當選議員和政府首腦也不敢過於違反民意，恣意妄為，否則在下次選舉的時候，選民就不會再選他了）。實行權力分立的國家，在國家權力之間可以相互制衡，但這只限於統治機器內部的制約，雖然可以收到防止權力腐敗與專橫的一定效應，但人民卻是處在這架密封的權力機器之外，沒有或很少可能以人民權力來制約國家權力。

　　社會主義國家是人民當家作主的國家。理論上（或憲法上）人民（作為整體的人民和普通民眾）在任何時候都應當是一直享有國家一切權力，能對人民所選出的政府進行權力控制與監督的。但毋庸諱言，按我國現今的憲制，也同樣只是在選舉的時候人民群眾有選擇受託人（人大代表）的權力（姑且不論候選人大多是指定的）；而且縣級以上（直至全國）都尚未實行直接選舉；再則，我國也不實行人民公決制，人民群眾在修憲和立法上不享有創制權與複決權，不能直接以人民權力制約國家權力。由於我國實行的是代議制（人民代表大會制是其一種形式），因而也不是直接由人民群眾當家作主，而是由人民的代表機關「代表」人民作主。如列寧指出的蘇維埃政權是「通過無產階級的先進階層來為勞動群眾實行管理，而不是通過勞動群眾來實行管理的機

---

6. 〔美〕薩托利，馮克利、閻克文譯：《民主新論》（北京：東方出版社，1993），頁91。

關」。[7] 在理論上，作為「先進階層」的「人大代表」應當是能夠代表人民、為了人民而行使權力的。但也難完全避免人大代表和政府官員脫離人民、人民的「公僕」變成人民的「老爺」的情況發生，甚至轉而侵犯人民的權益，使「代表」人民掌權變為「代替」人民掌權，使「人民的權力」蛻化為「對付人民或統治人民的權力」。[8] 這在國際社會主義實踐中是有足夠的教訓的。列寧曾經提出：人民必須「保護自己免受自己國家的侵犯」。[9]

在任何時代任何國家，實際掌握與行使國家權力的總是屬統治階級中的少數人。雖然社會主義國家理論上或立國理念上是佔人口絕大多數的人民統治的國家，也不可能由全體或多數人民群眾直接來統治一切，而只能是由代表人民、為了人民的「精英」來行使國家權力。因而國家權力也只能是人民中的少數人在實際掌握與行使。（即使像巴黎公社那樣的人民革命專政，也是如此。）

這是否意味着人民永遠是無權的，人民不可能「當家作主」呢？

當然不能這樣說。「人民當家作主」與「人民群眾當家作主」是兩個有區別的概念。只要是他能代表人民、為了人民的人在掌權，也就可以說人民是在當家作主。而不必是人民中人人（即人民大眾）去「作主」，這事實上也不可能。[10]

而且，民主並不在於人民的多數是否能親掌政治權力，而在於人民群眾能否有效地驅使並制約實際掌權者這個人民中的少數，按照人民中多數人的意志與利益行使權力。亦即在於人民是否能夠「馴化」國家

---

7. 〔俄〕列寧，中國共產黨‧中央馬克思恩格斯列寧斯大林著作編譯局：《列寧全集》第29卷（北京：人民出版社，1959），頁156。

8. 盧梭有鑒於代議制不能充分體現民意而難免有人民主權被自封的人民代表所篡奪，「人民的統治」蛻變為「對人民的統治」，因而他對代議制有毫不妥協的厭惡感，而極力主張人民的直接民主。但這只有像他的出生地日內瓦共和國那樣的小城邦國家才有可能做到。

9. 〔俄〕列寧，中國共產黨‧中央馬克思恩格斯列寧斯大林著作編譯局：《列寧全集》第32卷（北京：人民出版社，1959），頁7。

10. 「文革」中搞什麼「群眾專政」和「工人階級登上上層建築的政治舞臺」，即表面上似乎人民大眾都可以「作主」，實踐證明都是錯誤的、失敗的。

權力，「馴化」實際掌權者，將之納入人民意志的軌道，並過制權力的擴張與腐敗。

不直接掌握和行使國家權力的人民群眾如何來馴化與過制權力呢？這就引出以社會權力制衡國家權力的命題。

五、公民社會的社會權力

人民權力既體現於國家主權和人大行使的權力中，又蘊藏和顯示於公民社會的社會權力。

誰擁有國家最高權力？──既不在人大，也不屬執政黨，而是屬人民，或全民。在國外一些民主國家，總統和議員都是人民直接選舉產生的；憲法和重要決定也須由全民投票公決（美國的憲法修正案要經2/3以上州議會通過）。我國各級人大也是人民選舉產生的，要對人民負責，受人民監督。這體現了人民權力高於人大。不過我國還沒有全民直選和全民公決制度，所以很難體現作為集體或整體的人民大眾的權力至上性。不過，《憲法》總綱第2條第3款確認人民可以「通過各種途徑和形式，管理國家事務」。這裏所說的「人民」就是普通公民或人民大眾，而不是指人大或者人大代表。再則，人大的立法，包括修憲，如果侵犯了人權或公民基本權利，就應該是無效的。這也體現了人民權力和權利是至高無上的。

人民大眾的權力除作為整體體現於人民主權和由人大行使外，最主要的體現在公民社會的社會權力。

公民社會是同政治國家相對應的政治社會，其特徵就在於它是由作為政治人的公民所組成的政治存在；而不只是純經濟的存在或作為自然人、私人間的民事主體存在。

僅有同國家分離、只是追求個人私利的分散、封閉的私人社會（所謂「市民社會」），是不足以同政治國家相抗衡的。公民社會存在的意義就在於超越私人社會的局限，以其有組織的政治實體（各種非政府組織）來集中和表達社會的共同意志和公共利益，努力擴大社會的平等和自由，實現市民社會本身的民主化、法治化，依靠公民們在公共領域裏

開展社會運動或社會鬥爭，積極參與國家政治和公共事務，提出政策倡議，以限制強權，促使國家（也包括社會自身）關注和實現全民或某些群體的共同利益與需要，並由此促成對國家的民主轉型和改造。

我在 20 年前曾在一篇論文中提出過「以權利制衡權力」的原則。[11] 這是指公民享有憲法與其他法律所規定的各種民主權利和其他權利，它消極地作為國家權力不可逾越（侵犯）的界限，積極地作為干預國家大政的手段，可以對國家權力加以支持或進行監督與約束。不過，「以公民權利制衡國家權力」的模式，其前提仍相當程度上決定於國家權力在整體上能否保障權利的合理分配與行使；權利被侵害要得到救濟，也依賴於國家權力的公正干預。而社會權力卻不完全受國家權力的牽制，相反社會權力倒可以影響國家權力。這就是作者在 20 世紀 90 年代提出的「以社會權力制衡國家權力」的模式。[12]

當代西方學者也提出了「新憲政論」，主張在繼續完善國家權力內部相互制約機制的同時，進一步尋求從外部社會力量中營造制約國家權力的新機制，亦即依靠公民社會、NGO 非政府組織，以社會權力制約國家權力。正如美國學者達爾（Robert Dahl）在《多元主義的困境》一書中所說，為了防止多數人或少數人的暴政，重要的因素是社會上的多元制衡，而不只是憲法上規定的分權制衡，儘管後者也是民主得以實現的重要條件。他指出一個多元的社會就意味着：意見的多元性、利益的多元性和權力的多元性。[13]

根據以上分析，我們可以將社會權力分為兩大類：其一是公民和各種社會組織的社會權力，其二則是上述的「人民權力」或「全民權力」——特殊的至高的社會權力，是高於一切國家機關的國家權力的，理論上其威力與效力應當是更具決定力的。

---

11. 參見郭道暉：〈試論權利與權力的對立統一〉，載《法學研究》，1990 年第 4 期。

12. 關於國家與社會二元並立、相輔相成的關係，以及社會權力和「以社會權力制衡國家權力」的模式等論述，參見郭道暉：《社會權力與公民社會》（南京：譯林出版社，2009）。

13. 參見 Robert A. Dahl., "Autonomy vs. Control, New Haven," in *Dilemmas of Pluralist Democracy* (New Haven: Yale University Press, 1982)，載〔美〕達爾，顧昕譯：《民主理論的前言》（北京：三聯書店 1999），頁 205–230。

所以，以全民作為社會權力的主體，作為國家和社會的至高權力，是關係全局的社會權力，也是高於人大的國家最高權力；其他非政府組織和公民的社會權力是局部的、大多是針對某一領域（如反腐、環保、其他社會公益）起作用的。

當然，全民的社會運動或革命，有其至大至高的社會權力，其威力無比，另當別論。

第二十五章

執政者的新權力觀與還權於民

＊　本章原載黑龍江省行政學院《行政論壇》，2011 年第 6 期。

一、新權力觀 —— 權力的淵源與歸宿

2002 年年底，中共中央總書記胡錦濤提出了一個 15 字方針：「權為民所用，利為民所謀，情為民所繫。」這是對「執政為民」理念所作的詮釋，被稱作「新三民主義」。其中「權為民所用」的「為」字讀去聲 wèi，是「為了」的意思。[1] 即黨政權力要為民而用。

2010 年 9 月 1 日，習近平在中央黨校開學典禮上的講話，把胡錦濤的這 15 字方針進一步補充了 5 個字：「權為民所賦」，同時也保留並引申了「權為民所用」的含義。他的原話是：「權力觀是關於國家和社會權力的根本觀點。馬克思主義權力觀，概括起來是兩句話：權為民所賦，權為民所用。前一句話指明了權力的根本來源和基礎，後一句話指明了權力的根本性質和歸宿。全心全意為人民服務是我們黨的唯一宗旨，也是馬克思主義權力觀同資產階級權力觀的根本區別。」[2] 可以說習近平是為「新三民主義」中的「權為民所用」作了新的補充解釋和發揮：增加了「權為民所賦」這個前提，並改變了「權為民所用」一語中的「為」字的寓意。此處「為」字讀平聲，是「成為」的意思，意即權是由人民所掌握運用的，而不只是執政黨和政府為（讀去聲）民而用。權力和權利本來就是屬人民或全體公民的，可是在事實上卻往往被某些

---

1. 這句箴言的本意是執政黨應當為人民而用權、謀利、繫情。表明執政黨是用權、謀利、繫情的主體，而人民是受體 —— 服務對象，這道出了共產黨本來的立黨宗旨。不過這句話在語法上有瑕疵：用「為……所」的句式，對照杜甫的《茅屋為秋風所破歌》的句法，主體是「秋風」，它吹破了茅屋。「權為民所用」句式的主格也應是「民」，而不是執政黨。準確的提法應當改為「權為民而用，利為民所謀，情為民而繫。」隱含的主體才是執政黨和政府。不過作為人民當家作主的國家，一切權力最終不僅是人民所有，必要時也能由民「所用」（民眾、公民能直接掌握和運用）。

2. 當然，這種權力觀是否有姓社、姓資的區別尚不儘然。西方 17 至 18 世紀啟蒙思想家的自然法思想就認為：國家權力是人民的權利讓渡或賦予國家的。

黨政機關及其領導人所壟斷，社會主體既無權力，也很難運用其權利來保障其人權和法定權利。老百姓在遭受專橫的黨政權力的侵犯和剝奪時，沒有權力也很難運用權利去抵抗或得到救濟。

值得重視的是，2008 年 8 月 31 日，原湖南省委書記張春賢，在湖南全省「堅持科學發展、加快富民強省」的解放思想大討論電視電話會議上，已提出過一個口號：「還權於民！」他說：「前兩次解放思想偏重於還利於民，這一次解放思想在繼續注意還利於民的同時，更偏重於還權於民！」[3]

張春賢的「還權於民」正好是習近平的「權為民所賦」在邏輯上的引申。有所「賦」，才有可能「還」，也需要「還」。

這樣，我們可以將幾位領導人提出的上述口號或格言串成一條具有法理邏輯的權力／權利鏈：

（執政黨和政府的）權為民所賦——（執政黨和政府的）權為民而用——還權於民——權為民所用。

「權為民所賦」是指執政黨和政府權力的來源；「權為民而用」是執政黨和政府權力的根本歸宿（服務對象）；「還權於民」則是進一步確認：非法或不當地、過度地被執政黨和政府壟斷或侵犯的權利和權力，應當還歸人民；「權為民所用」則是要求權利和權力直接由人民掌握和行使。

習近平、張春賢提出的「權為民所賦」與「還權於民」的口號，是針對現今國內政局和社會矛盾狀況、有鑒於人民對權力和權利日益增長的要求而提出的，是執政黨的高層領導人在治國觀念上的一個進步。

二、還權於民勢在必行

認識和強調「權為民所賦」與「權為民而用」十分重要，這是屬於觀念轉變問題。但「還權於民」更迫切，它是現今進一步深化改革，化解社會矛盾和激發社會活力的必由之路，而且是一項需要立即付諸實

---

3. 紅網長沙，2008 年 8 月 31 日訊（湖南日報記者 蒙志軍 紅網記者 謝倫丁）。

踐的迫切任務（當然現今並不要求所有國家權力都要還歸人民，而只是要求把本屬公民和社會組織應當享有、卻被執政黨和政府壟斷或非法侵佔、侵犯的權利和權力還給人民）。

應當說，提出「還權於民」的口號在中國是個大突破。記得50多年前，即1957年，清華大學的學生中有人寫大字報提出「還政於民」，就被認為是挑戰共產黨領導的政權，污蔑共產黨掌權不代表人民，是大逆不道，而被打成「右派」。現今前湖南省委書記居然提出「還權於民」，比「還政於民」更為明確，因為它鮮明地突出了「政」的核心要素──「權」。

所謂還權的「權」，我認為既有權利，也包括權力。權利又包括公民和社會組織的私權利與公權利。

(一) 保障被嚴重侵犯的私權利

近年來，隨着權貴資產階級和官僚特權集團的形成，他們為了維護與擴大其既得權益，運用其獨佔的黨政權力，恣意侵犯、剝奪公民和社會組織的法定權利，包括自然人的私權利和公民的公權利。私權利是指個人的生命、財產、自由、安全以及人格權、名譽權、隱私權、知識產權等；公權利則特指公民與媒體的政治權利，包括知情權、表達權、參與權、監督權等。

某些黨政機關和官員侵犯公民和社會組織的私權利，現已到了無以復加的程度。諸如：

1. 對自然人財產權、生命權的侵犯

在有些地方，官吏與房地產資本家乃至黑社會勢力相互勾結，強制低價購買、實為掠奪農民的土地；暴力強制拆遷以侵佔城市居民的房產，甚至不斷造成當事人致死的命案，因抵制暴力拆遷而自焚的戶主，死後還被污蔑為「暴力抗法」，是「法盲」！這完全是歸罪對象的顛倒，十足的的專橫霸道。而江西宜黃縣某官員甚至揚言：「沒有強制拆遷就沒有新中國！」其荒謬邏輯更令人駭異！為此新華社在播發的《牢記拆遷悲劇發出的警示》中嚴厲批評：「暴力強拆甚至致人死亡事件屢屢發生，這是對人民權利的極大漠視和嚴重侵害，也是對法律精神的肆意踐

踏。」《人民日報》出面說出：「以身體當籌碼，用生命要權利，無奈的選擇，原因就在於諸種公力救濟方式的失效。」《人民日報》在另一篇文章中更是憂心地驚呼：從「野蠻拆遷」到「暴力反抗」，由此引發的社會矛盾、上訪和群體性事件，已成為影響社會穩定的導火索。

2. 對憲法確認的公民的批評控訴和申訴權、人身自由權的侵犯

一些地方政府設置專門的「維穩辦」、「截訪辦」，對蒙冤受屈而上訪申訴的公民，加以截留、拘捕、驅趕。甚至委託民辦黑監獄（如北京的安元鼎），攔截、抓捕、拷打、押返上訪公民，有些投入「勞教」（這一侵犯人身自由的勞教制度拖延 50 多年至今仍未廢除或修改）。為了維穩而侵犯公民的隱私權（所謂「買刀實名制」）。據報道，現今全國各級政府的「維穩」總經費，已同國防預算相近。

3. 對公民的人身自由和住宅安全權的侵犯

在一些地方，公安人員夜半沒有逮捕證就隨意闖入公民住宅，拘捕公民，甚至違反法定程序跨省逮捕批評檢舉當地貪官污吏的公民、記者。中國俗語說：「為人不做虧心事，半夜敲門也不驚。」現在有些公民做了檢舉揭發貪官污吏、維護社會正義的事，因觸犯了當權者的利益，半夜被警察闖入將人抓走，豈能「不驚」！老百姓缺乏安全感和免於恐懼的自由。在一些貪官污吏橫行的地方實際上已蛻化成「警察國家」。

4. 對民間企業經營權的侵犯

如設置一些不合理的限制，不讓民企進入某些國家壟斷的行業。在改革開放初期，曾經提出過「放權」的口號，即政府將國有經濟的經營權下放給企業。以後還搞過「抓大放小」，把某些行業的「准入權」放給小的私人企業經營。這些「還權」舉措對推進國民經濟的發展起了重要的歷史作用。近年來，在某些領域實行的「國進民退」，則是一種倒退。國務院於 2010 年 5 月 13 日發佈「新 36 條」，即《國務院關於鼓勵和引導民間投資健康發展的若干意見》，進一步解除了對發展民營經濟的政策束縛，放寬了准入領域，是一種新的「放權還權」。據統計資料顯示，截至 2009 年，按實際控股權統計，非國有企業所佔比重已達

83.1%；對 GDP 的貢獻是 65%，三分天下有其二；提供的稅收佔 53% 至 75%。[4] 私營經濟已成為我國主要的經濟力量。經濟上的「還權」還有很多事情要做。

（二）解禁公民的公權利

對公民的公權利的歸還和保障問題是現今最為緊要的，因為它是保障公民私權利的前提條件。

所謂「公權利」是指公民對國家政治等公共事務的知情權、參與權、選舉權，言論、出版、結社、集會、遊行示威等自由表達權，批評、建議、檢舉、控告政府及其官員的監督權等等。

馬克思把憲法上的人概括為「私人」與「公人」的雙重身份和人的「私權利」（private right）與人的「公權利」（public right）的雙重權利。馬克思指出公民即「公人」，是參與社會政治共同體即參與國家公共事務的人，是「政治人」，他們參與國家事務的政治權利即公權利。[5] 公民權或公民的公權利，核心是政治權利。政治權的實質是使公民對於國家意志的形成能發生影響。

國家對於自然人的私權利和公民的公權利的關係，是有所不同的。日本著名法學家美濃部達吉認為：「所謂私權，只是存在於私人相互間的權利，國家對之處於第三者的關係。反之，若為公權，國家或公共團體本身居於當事者或義務者的地位。因此，國家對人民權利的保護方法，因公權或私權而有顯著的差異。」[6]

這種差異在於，私權利是封閉的、不容公權力侵犯的，其特徵是「你別管我」。公權利是公民對國家權力的一種參與權和自衛權、抵抗

---

4. 據 2008 年統計，我國民營企業有六百多萬戶，註冊資金總額超過九萬億元，從業人員達 7,100 萬人。參見〈十八大變局是做出來的 —— 且看溫家寶的漸進民主化努力〉，博訊北京時間，2010 年 9 月 07 日。轉自辛子陵：〈科學社會主義淡出了官方文件和主流媒體〉，2010 年 9 月 25 日五柳村網站，2010 年 10 月 3 日發表。

5. 參見〔德〕馬克思：〈論猶太人問題〉，載《馬克思恩格斯全集》（第 1 卷）（北京：人民出版社，1956），頁 436–443。

6. 〔日〕美濃部達吉，黃馮明譯：《公法與私法》（上海：商務印書館，1937），頁 124。

權，其特徵是「我要管你」。民主國家的公民，不同於專制統治下的臣民，就在於後者只是統治者的順民，只能服從獨裁者，沒有參與和反抗政府的政治權利。而民主國家對公民的這種自衛權或抵抗權則應當給予高度的尊重。

這種政治權利也可分為兩類：一類是純粹參與國家事務的政治權利，如選舉權、被選舉權，參與立法和政府政策的聽證、論證、擬定等權利，批評、建議、檢舉、控告政府的權利等等，即參政、議政權；一類是各種政治自由、學術文化自由，它們既屬政府不得干預，即同社會、國家「分離的權利」（freedom from）；又可以是直接參與國家政治的權利，如運用言論、出版、集會、結社以及學術文化等自由，提出對國是的主張，獻策獻計；或接受政府委託，協助政府管理社會事務；或志願舉辦和參與公益事業，為民謀福利，化解社會糾紛和矛盾等等。這些都是體現公民作為國家主人地位的價值和地位的權利。

公民和社會組織的「公權利」是對應於國家「公權力」的，是人民和公民以及社會組織「以公權利制衡國家公權力」的主要依據。任何國家權力（包括立法、行政執法和司法權力）對公民和社會組織的公權利的侵犯屬於違憲的行為，是無效的，可以提起違憲訴訟或行政訴訟。

近年來，常因普通公民或記者、作家、新聞媒體、互聯網、出版物揭露了某些地方的黨政官員的醜聞惡行，就被該地方官員擅自動用警力，跨省抓捕批評人、檢舉人。如遼寧某縣公安幹警到北京拘捕《法制日報》記者、河南靈寶市到千里外的上海抓捕互聯網上的檢舉人王帥。2010 年，陝西渭南市警方潛入北京抓捕作家謝朝平，只因為他出版了記載了三門峽移民苦難和政府貪腐的報告文學《大遷徙》。有些公民僅僅因為在某個建議書、抗議書上簽名，也被抓捕、投入監獄。在一些地方，警力還常常派便衣干擾、壓制公民的合法聚會以至聚餐，連群眾悼念故人的座談會也受到限制和取締。凡此種種，地方官僚往往假借各種莫須有的罪名加以干涉、禁止、懲罰，諸如所謂侵犯官員名譽權或誹謗罪、出版傳播非法出版物罪、非法經營罪，甚至顛覆政府罪等等。這幾乎成為他們慣用的手法。對於自以為在維護社會穩定和黨的執政地位的某些地方官吏來說，最危險的刑事犯不是貪污犯、瀆職犯，而是為人民仗義執言的政治犯、思想犯。

公民的言論自由和出版、集會、結社等政治自由常受打壓，而憲法確認的公民政治權利與自由卻極少得到立法上的保障。

至於司法機關，按列寧的觀點，本應是作為輿論監督的後盾。他曾經指出，一旦報刊披露政府及其官員的問題嚴重到僅靠輿論得不到解決時，就要通過司法機關來起訴和判決。反觀我國有些地方黨政機構則是反其道而行之：某些地方的司法機關不但不做公民和媒體行使監督權的後盾，反而異化為地方貪官污吏的「家丁」、「打手」。有些地方黨政領導人動輒調動警力，進行暴力拆遷，抓捕批評、檢舉人和上訪者。

人民司法機關本應是人民維權機關。過去說它們是「專政機關」，那是「以階級鬥爭為綱」時期的錯誤說法；不料想，現今有些地方司法機關倒成了名副其實的「對人民專政的機關」！

公民的公權利具有至高的憲政地位。「人民當家作主」不只是抽象意義的「主權在民」，而也要通過大眾千萬隻手和耳目的直接參與來實現。保障公民的公權利已刻不容緩。「還權於民」首先要落實憲法規定的公民各項政治權利。如同張春賢在講話中所承諾的：「要重視還權於民，切實保障人民當家作主的政治權利。要從各個層次、各個領域擴大公民有序政治參與，提高人民群眾參政的積極性；深化政務、廠務、校務、村務公開，保障人民的知情權、參與權、表達權、監督權。」[7]

(三) 放還被國家壟斷的某些公權力，使之形成社會權力

社會權力是在國家與社會的二元化格局下，社會主體以自己擁有的社會資源和獨立的經濟、社會地位而形成對國家和社會的影響力、支配力。社會權力建立在社會主體的權利（人權和公民權）基礎上；但它不同於權利，而具有比一般權利更大的權威和社會強制性。

社會權力是推動國家民主化、法治化和社會進步的動力。以「社會至上」為「主義」的社會主義國家和社會主義社會，應當高度重視社會權力的發展，運用社會力量來推進經濟和政治改革，促進和諧社會的形成。

---

7. 紅網長沙，2008 年 8 月 31 日訊（湖南日報記者 蒙志軍 紅網記者 謝倫丁）。

通常國家權力分為立法、行政、司法三權。這些權力迄今都是國家治理社會的主要權力。但伴隨着民主和社會發展，它們也滲入了社會化的因素，有些被國家壟斷、惡性膨脹的權力，應當逐步放還給社會。

1. 實行立法權的社會參與

如公民和社會組織提出立法建議，受立法機關委託草擬法律、法規草稿，參與立法聽證，提出審查違憲的法律法規的建議等等。現今在某些特權勢力和既得利益集團的操縱下，立法在權益資源的流向和分配上，有些是明顯偏向於社會強勢群體，而忽視弱勢群體，因此有必要容許社會主體有權利和權力直接干預立法。西方國家一些非政府組織或壓力集團，經常以其社會影響，動員輿論，或遊說議會，促使議會通過有利於某些社會利益群體的法律。我國也應當鼓勵這種良性的互動。前些年因「孫志剛事件」激發社會輿論強烈反彈，促使國務院廢除了侵犯人權的收容審查法規，改為社會救助法規，就是公民運用社會權力促進良性立法的一個較典型的案例。

2. 行政權向社會的部分轉移

行政權是最具壟斷性、擴張性的權力。在市場經濟發展和由此增長的社會組織與公民的自主自治權利要求的促使下，行政權壟斷一切的局面被打破。同時由於政府承擔社會服務的任務過重，也需要卸去一些本可以或本不該由它擁有的權力，「下放」給非政府組織。這既可減輕政府的權力負擔，也可以借此調動半官方或非政府組織所擁有的社會資源（如行業專家、經濟實力、社會影響力），更好地完成行政任務。

行政權的社會化，一般是通過（1）公民參權——公民、社會組織或行政相對人直接參與行政決策、行政立法和某些行政行為的決定與執行過程；（2）行政委託——政府依法將某種行政權力委託具有相應條件的非政府組織，以政府名義代政府行使，對政府負責；（3）行政授權——行政機關依法將某種行政權力直接授予合乎法定條件的社會組織，該組織以自己的名義獨立行使這一行政權力，並自行承擔責任（這可以說是國家行政權力已轉化為社會權力）；（4）還權——將那些本屬社會主體的權力或權利，還權於民。

3. 強化司法權的社會性

司法權通常被認為完全屬於國家權力範疇，但也並非是完全排斥社會參與的封閉性權力。其社會化因素：一是基於司法權內含的社會性、人民性——審判機關之設立，很大程度上是為了給予社會主體有可能利用訴權或司法救濟權來抵抗國家權力對社會主體的侵犯，司法機關不只是國家的權力機關，更是社會的維權機關。二是司法審判過程中的社會參與——訴訟當事人享有控告權、申辯權、質證權、上訴權等訴訟權利。這些權利是社會對國家司法權力的制約。而陪審員制度和律師制度以及檢察院的人民監督員制度，以及新近有的地方司法機關（如杭州的檢察院、法院）設立的「社會調查員」（專為維護未成年犯罪人權益而設），[8] 更是以社會權力和權利校正或抗衡國家司法權力的社會機制。三是社會化的准司法行為（民間的調解與仲裁）。

國家權力中滲入社會主體的權利或權力成分，形成二者的「合金」，才是大有利於強化國家權力的人民性、民主性、受監控性以及高效性的。至於將國家權力逐漸「下放」或「還權」於社會，更有利於實現「小政府、大社會」的目標。

（四）實行新聞改革，保障輿論監督權

新聞媒體在法治國家被稱為「第四種權力」，即獨立於國家立法、行政、司法三權的社會權力。其大都是民辦，這樣才有利於以社會主體的超脫地位去監督政府和執政黨。而我國自新中國成立以來，所有新聞媒體如報紙、廣播、電視等，全部為官辦，實際上是黨辦。且規定其性質和任務是「黨的耳目與喉舌」，忌諱「人民喉舌」的提法，似乎後者會抹殺黨性，從而流為僅僅是執政黨的工具。這種「自己監督自己」的媒體很難起到對執政黨的制約作用，有時甚至異化為助紂為虐的手段，如「文革」中的「兩報一刊」就是如此。

黨的十七大報告強調要「保障人民的知情權、參與權、表達權、監督權」。這是執政黨對保障公民和社會組織的基本權利的莊嚴承諾。這

---

8. 參見史雋、餘檢：〈社會調查員：更中立，更公正〉，載《檢察日報》，2010 年 9 月 29 日。

四權也是新聞媒體權利的主要構成要件。特別是知情權（資訊獲得與傳播的自由）和表達權（表達自由），是新聞媒體賴以生存的基礎；參與權和監督權則是新聞媒體安身立命的價值所在。在此基礎上形成的輿論影響力，是社會權力中最具強勢地位的力量。

聯合國大會早在 1946 年就宣佈說：「新聞自由當為基本人權之一，且屬聯合國所致力維護的一切自由的關鍵。」在 1948 年，聯合國新聞自由會議草擬了兩個文件草案，一為《新聞自由公約》，二為《國際更正權》。後來將兩個文件合併，稱為《國際更正權公約》，於 1952 年由聯合國大會通過，於 1962 年生效。可以說新聞自由是判斷一個國家是否是現代民主國家，公民言論能夠充分自由表達的最重要的標誌之一。

但是我國有些地方黨政部門對新聞自由還存在誤解乃至恐懼。早在 20 世紀 80 年代，全國人大就草擬過新聞法，但被當時的一位領導人否定，理由是怕被人鑽空子批評共產黨。前些年有關主管部門的權力者甚至說：「如果制定新聞法，我們就不好管了！」這說明保障公民和媒體的言論自由、新聞自由，還需要我們進行長期不懈的努力。

當務之急是必須落實《憲法》第 35 條給予公民的言論、出版自由，抓緊制定新聞法、出版法，保障公民、社會組織和媒體的輿論監督權和出版自由，規範和保障公民和新聞記者行使公權利的行為。為此要立即廢除某些黨政部門和地方機構越權擅自制定限制、打壓新聞出版自由的那些非法規章、紅頭文件乃至口頭「指令」；改變對媒體和出版物的預審制為事後追懲制；尊重和保障編輯、記者的採訪、表達和傳播等權利與自由，制止某些地方政府和公安機關隨意抓捕記者的違憲行為。互聯網是社會資訊和公民意見的重要交流平臺，除確實涉及國家機密的資訊和侵犯公民的名譽和隱私的言論，以及煽動暴力和宣揚淫穢活動之外，網絡管理部門不能隨意刪除網貼和跟帖。總之，要使新聞媒體切實享有知情權、參與權、表達權、監督權。要像前總理朱鎔基在視察中央電視臺時的題詞指出的：成為「輿論監督、群眾喉舌、政府鏡鑒、改革尖兵」。要使媒體從單一化的「黨的喉舌」轉化為「社會公器」，使新聞媒體真正成為人民大眾監督黨政權力的社會權力。這也是還權於民的首要步驟。

第四部分

憲法憲政

第二十六章

憲法的社會性與
大眾化

＊ 本章原載《政治與法律》，2003 年第 2 期。

長期以來，我國政法界和法學界以及黨和國家領導人基於對憲法的性質與功能的認知，對其大體上是按如下的界定，即：

　　「中華人民共和國憲法是我國的根本法，是治國安邦的總章程，是保持國家統一、民族團結、經濟發展、社會進步和長治久安的法律基礎，是中國共產黨執政興國、團結帶領全國各族人民建設中國特色社會主義的法制保證。」

　　這個界定相對於過去第一代領導人視憲法為可有可無、隨時隨手可以棄置不顧的狀況，已有巨大的改變和進步。不過要真正理解憲法的精神實質，不能只滿足於從形式法治上給憲法下定義。憲法除具有國家法的性質外，是否更應是社會的法，或應當逐漸向社會化方向發展？再則在強調「憲法至上」的地位時，是否同時應當更注重把它從高高在上的空中樓閣中落實到地面上，使它「大眾化」？

一、憲法是社會同國家之間的政治契約，是社會的根本大法

　　現在主流的觀點，無不指認憲法是「國家的根本大法」，是「治國安邦的總章程」。這種定位當然也是有道理的，但卻是不夠的、片面的。因為它基本上是以國家、國家的執政者、執政黨作為唯一或主要的憲法主體來立論的。即把憲法只當成是「國家法」或「國家的法」，是執政者治理國家（所謂「治國安邦」）的工具。而沒有關注到憲法首先是、主要是人權和公民權利的保障書，是社會主體——人民對國家既授權又限權、既支持又防衛的「約法」。它是社會（人民）同國家（執政者）的一份政治契約，其主體有二，即國家和社會。而兩者作為矛盾的統一體，社會主體——人民是矛盾的主要方面（國家一切權力的淵源來自社會——人民的授予）。憲法主要是社會法或社會的法。

憲法的社會性，可以從憲法本身具有的以下一些特點來說明：

憲法是由社會主體——全民所制定，必須經由全民公決或其代表機關通過，具有最廣泛的社會基礎；憲法的基石是權利與權力，其原始來源是社會；其功能在於服務於全社會；憲法不應是執政者統治社會的工具，而應是他們執政的依據和準則；憲法不能只為國家和執政者所用，更應是為社會主體所用，是社會主體保障自己和防範國家的武器。

作為社會主義的憲法，這些特性就更應突出。什麼是社會主義？通常我們都只說它同資本主義相對立。誠然，社會主義同資本主義有本質的區別，但正如馬克思所說，資本主義也是社會主義的物質前提，二者也有許多相通的地方。社會主義之所以稱為「社會」主義，更在於它是同「國家」主義相對立的。所謂「社會主義」就是以「社會至上」為「主義」，而不是「國家至上」的國家主義。我們應當摒棄國家主義的憲法觀，樹立社會主義的憲法觀。下面試分述之。

1. 憲法來源於社會。從憲法所確認的權利和權力來源說，近代最早產生的憲法是市民社會的主體——資產階級，同佔統治地位的封建專制皇權和貴族權力進行鬥爭取得勝利的成果，是旨在保障資產階級的權利和限制皇權和貴族權力的。其理論依據是「社會契約論」和自然法學，其認為國家權力是由社會、公民把自己固有的自然權利——人權，部分地或全部地讓與國家，並由國家再返還於社會（以國家權力保障社會主體的權利）。正如英國憲法學家戴雪在《英憲精義》中所說的：「不是憲法賦予個人權利與自由，而是個人權利產生憲法……它們不是個人權利的淵源，而是個人權利的結果。」另一位憲法學家亨金在《美國人的憲法與人權》中說：「政府對人民所負的責任以及政府對個人的尊重，是人民服從政府的條件，也是政府合法性的基礎。因此，美國人的個人權利是『天然的』固有的權利，它們不是社會或任何政府的贈予。它們不是來自憲法；它們是先於憲法而存在的。」

馬克思主義的國家觀、憲法觀認為，國家是後於原始社會而在一定歷史階段才產生的。是國家「吞食」了社會的權利和權力，而凌駕於社會之上、統治社會的。近代市民社會產生了近現代國家和憲法。市民社會是政治國家的基礎，憲法也

是人民革命的階級鬥爭、社會鬥爭的產物。馬克思說：英國憲法是在事實上統治着整個市民社會主要領域的資產階級，同在公職上處於統治地位的土地貴族之間妥協的產物。[1]

2. 立憲、修憲權屬於社會全民。各國的立憲和修憲案除由代表人民的權力機關如議會、國民大會、制憲會議審議外，大都還必須經過全民、全社會公決。這也是為什麼《美國憲法》開頭第一句是說：「我們，美國人民……特制定美利堅合眾國憲法。」1791 年《法國憲法》也以「人權宣言」作為其開篇。

我國的立憲權、修憲權在全國人民代表大會，但其草案也需經全民討論，這是《中華人民共和國立法法》（以下簡稱《立法法》）規定的必經程序。之所以如此，不應該只理解為它是基於「國家的根本大法」，而在於它是屬於全社會、全民的「社會的大法」。

3. 憲法是「社會自衛法」——防範國家、保護社會自己的大法。資產階級國家的憲制採取分權制衡的政體，在於防範統治階級內部權力的腐化。社會主義國家的執政者也是人，不是神，不是天使或救星，他們也有人性本身的一些弱點，在權力這個腐蝕劑面前，也可能打敗仗，不能排除權力異化現象，「由人民僕人變成主人」。

社會主義憲法對國家、政府的限制，應當體現在對國家自由的限制和對人民自由的高度保護上。社會主義憲法所確認保障的自由，是公民的自由、人民的自由，不是國家（統治者、權力者）的「自由」。[2]國家權力過於自由，人民就沒有自由了。馬克思、恩格斯在 1875 年 3 月 18–28 日給培培爾的信中曾經堅決反對「自由的人民國家」的提法，他們認為所謂「自由國家就是可以自由對待自己公民的國家，即具有專橫政府的國家」。因此，凡國家，包括人民的國家（權力）都不應是自

---

1. 參見馬克思：〈帕麥斯頓內閣（英國憲法）〉，轉引自復旦大學法律系、國家與法的理論歷史教研組編：《馬克思恩格斯論國家和法》（北京：法律出版社，1958），頁156–168。

2. 這只有在國家作為國際關係的主體時，才要強調國家主權有不受別國侵犯的自由。

由的。真正人民的「自由就在於把國家內的一個站在社會之上的機關變成完全服從這個社會的機關；而且就在今天，各種國家形式比較自由或比較不自由，也取決於這些國家形式把『國家的自由』限制到什麼程度」。[3]

正如盧梭所說的：法律「是一種有益而溫柔的枷鎖，最驕傲的頭顱也柔順地戴着這種枷鎖。」[4] 不妨也可以說，作為「法律的法律」的社會主義的憲法，更應是社會主體約束凌駕於社會之上的國家、約束執政者、包括最具權威的執政黨的一個「有益而溫柔的枷鎖」。是社會防範國家、保護社會自己的「社會自衛法」。

(一) 憲制下的政府受社會的制約

如果說民主國家為了防止其統治權力的腐化，而採取國家權力之間的分權制衡的憲制；那麼以「社會至上」為「主義」的社會主義憲法和憲政，就不應只限於設定在封閉性的國家機器內部各權力主體之間的相互制約，而是要特別強調作為社會主體的人民大眾對國家的政治參與和監督、制約。憲法正是社會主體——人民大眾用公民權利和社會權力來抗衡國家權力、馴化執政者的武器。

這一點西方現代的一些憲法學者也開始意識到了。他們提出了「新憲政論」。這一新的學派在繼承古典憲政思想中強調的「限制政府權力」、對政府權力進行合法的制約，使其侵害社會成員的機會降至最小程度的原則基礎上，作出新的突破。他們鑒於現代世界中在市場和社會的構成上的根本變化，要求對憲政理論進行重新闡述。他們反對把限制權力的體制僅僅限於國家內部的分權制衡，而把「重點轉移到控制權力的非正式手段」。如羅伯特·達爾（Robert Dehl）認為，實際上，對政治權力的行使加以控制的真正保證不可能從政府的內部安排中找到。「對於專橫地行使權力的有效限制來源於這樣一些情況的某種結合，這些情況是政治精英們對於限制行使權力所作的承諾，多種利益集團的存

---

3. 〔德〕馬克思、恩格斯，中國共產黨·中央馬克思恩格斯列寧斯大林著作編譯局：《馬克思恩格斯選集》（第3卷）（北京：人民出版社，1972），頁19–24。

4. 〔法〕盧梭，吳緒譯：《人類不平等的起源與基礎》（北京：生活·讀書·新知三聯書店，1957），頁2。

在，而最重要的是，多種自治組織的存在。」在他看來，有限政府的真正保證者是社會學的而不是政治學的。即在於社會自治組織的力量，社會精英們的態度，以及社會的多元化。他認為在「正規的政治制度以外的市場和企業的經濟制度可以作為控制的補充方法」。新憲政論者要求「憲政設計不僅要考慮國家，而且要考慮經濟和社會」。「把重點放在社會互動的整體複雜性上。」這樣使現代政府既是受到制約的，又是能動進取的。即既能促進社會福利，又不致陷入專橫的統治。[5]

(二) 憲法是社會的公法

憲法在法律體系中被稱為「核心」、「基礎」、「母法」等，通常將它歸入「公法」一類。不過，「公」有國家之「公」與社會、全民之「公」的區別。我國把憲法稱為國家法，也是抄自蘇聯法學界。過去由於強調社會主義國家是人民的國家，國家與社會不分，國家利益與社會（人民）利益「完全一致」，「國家的」也就是「社會的」。歷史經驗表明並非完全如此。社會主義國家與社會主義社會在總體上利益既相一致，又有本質差別，特別是當國家或某些國家機關和國家官員發生腐化和專橫現象時，還會有權益的對立。因此。根據上述憲法的社會性質，僅僅將它歸入「公法──國家法」一類，似欠準確。

行政法、刑法等法律，作為公法，是完全以國家的名義、直接運用國家權力、代表國家來貫徹執行的。相對於民法和勞動法、社會保障法等這類私法和社會法，稱它們為「國家法」是可以的。而憲法這個公法卻與它們不同，它不只是由國家（機關）所制定。在我國除代表全社會的人民代表大會以外，也不能以其他國家機關的名義實施（即從整體上說，其他國家機關不是立憲和行憲的主體，只能是遵守憲法、根據憲法辦事的國家行為主體）。憲法也不應只是由國家權力來貫徹實施，還必須有人民和公民的積極參與，並依靠人民大眾（通過運用公民權利和社會組織、社會群體的社會權力）來監憲護憲。所以也可以說，憲法是半國家、半社會的「根本大法」。

---

5. 參見〔美〕斯蒂芬・埃爾金：〈新舊憲政論〉，載〔美〕斯蒂芬・埃爾金等編《新憲政論：為美好的社會設計整治制度》（北京：三聯書店，1997），頁 26–46。

再則，「國家法」一詞外延也較泛，任何法律以及政府和地方所制定的法規，都是由有立法權或立法規權的國家機關制定的，都具有國家權威，在全國或所轄區域具有法律效力，因而都可以說是「國家法」，而不能僅以之界定憲法和所謂「憲法性法律」。

(三) 憲法應為社會所用

憲法來源於社會，也應服務於社會。它既然是「人民權利的保障書」，人民大眾自然應當從憲法這裏獲得直接或間接的運用和保護。當公民和社會群體、社會組織的權利與權力受到政府侵害而又無法得到法律救濟時，或者當國家、社會出現憲政危機時，公民和社會組織能直接或間接地啟動憲法權利，加以維護與挽救。這就涉及下面要討論的另一個問題，即憲法的「大眾化」（或民眾化、平民化）。

二、憲法的大眾化

基於上述的憲法社會性、全民性，憲法也應當是能融入人民大眾日常生活中、為人民所掌握、所運用的工具和行為準則。它不應是供奉在神龕上的聖物，而應是人民大眾隨身的護符。

近年來，隨着我國人民大眾法律意識的增強，人們開始懂得運用法律手段維護自己的權利。但沒有法律時就束手無策了。公民的許多憲法權利與自由至今尚未立法。司法機關也往往藉口無法可依，而推卻公民的正當訴求。這時公民與社會組織又不能啟動其憲法權利，直接訴諸憲法。現實中許多違憲行為，也沒有違憲審查和憲法訴訟制度可藉以干預。迄今《憲法》的實施主要體現為國家權力行為，即國家機關在立法和制定法規時，在依法行政和依法司法中，要以憲法為根據。至於在普通老百姓心目中，憲法還只是一個高高在上、可望不可及的、雖神聖卻不親切的大法。修憲、行憲、護憲還沒有成為社會行為（或社會真正參與的行為），即憲法還沒有由單純的國家的法，轉變為社會的法。要改變我國憲法「只是一張寫着公民權利的紙」的命運，必須使憲法逐步實現社會化與大眾化。也只有在憲法大眾化之後，憲法的權威才會在社會上、在人民心中真正樹立起來。

這裏需要申明的是，主張憲法的大眾化，其前提是以憲法為行為準則。絕不能與「文革」中所謂「工人階級登上上層建築的政治舞臺」，實行「群眾專政」的荒謬理論與行徑混為一談。

憲法的社會化、大眾化，可以有多種形式、途徑和方式。這裏略舉數端。

(一) 憲法的司法適用

自山東齊玉苓一案經最高人民法院發佈的一個可適用憲法的司法解釋後，[6]「憲法的司法化」開始成為法學界的一個熱門話題。這為公民直接運用憲法維護自己的權利，開啟了一個門縫。

憲法的司法適用性是憲法社會化和大眾化的一個途徑。一則司法本身比其他國家權力和國家行為更具有社會性（法院審判居於國家機關與社會主體之間的中立性和審判過程中原告、被告、陪審員和律師的介入等，都是司法的社會參與性的體現）；二則公民和社會組織能提出憲法訴求，也是憲法向社會化、大眾化方向邁出的有深遠意義的一步。

不過我並不完全認同「憲法司法化」的提法，因為憲法條文和規範不可能、也不應該全部「化為」直接適用於司法審判的規則；再則，僅僅依靠憲法的「司法適用」是很不夠的，它只是在憲法原則沒有落實為法律規範，司法無法可依據時，才直接適用憲法。如果事事都要靠適用憲法才能解決，那就說明立法的失職或怠工。更何況憲法作為社會制約國家的武器，不應只限於在司法個案上使公民權利獲得憲法救濟，更應在於公民和社會能直接參與憲政活動，立憲、修憲、行憲、護憲。所以單是冀望於憲法的「司法化」，離憲法作為「社會的法」及其所應有的大眾化要求還差很遠。何況後來最高人民法院已收回了關於山東齊玉苓一案憲法適用的指示。

---

6. 該案中，山東滕州市第八中學學生齊玉苓被其同學盜用自己姓名、暗中頂替了她的高考錄取資格，從而剝奪了她的入學機會，經最高人民法院 2001 年 7 月 24 日發佈的一個具有司法解釋性質的「批覆」中，認可法院可適用憲法的受教育權受侵害，由法院判處齊玉苓勝訴（不過事隔多年後，最高人民法院已發通知收回對齊玉苓案的「批覆」，以後不得直接援用《憲法》判案──2013 年 4 月 8 日作者補注）。

(二) 公民和社會組織廣泛參與憲政活動

憲法大眾化的程度在於社會主體的憲政參與程度。修憲、行憲、護憲都不只是國家機關的職能與義務，更是公民和社會組織的權利。正如新憲政論者所說：「憲法問題隨時會出現」，「一旦建立起了一個立憲政體就不能放任不管，讓它的公民們只是打發平淡無奇的日子和追求有限的政治目標」。「除非公民們以他們政治的、有組織的形式採取行動（完全不通過其代表）去保障和擴大政體的構成基礎，政體就將垮臺。」[7]

在修憲方面，「立法……的動力必須來自全體公民。……立憲政體的公民們必須能夠判斷誰是真正致力於制定好的法律，和誰是或似乎是被雇傭的文痞」。[8] 修憲建議的提出、憲法修正草案的公佈和全民討論、專家的論證、相關利益人的聽證、全國人大審議過程中的公開和允許旁聽……等等。在監憲、護憲方面，《立法法》第 90、91 條中確認有關國家機構、公民和社會組織可以向人大提出審查法律、法規違憲的申請。這意味着我國實行違憲審查初露端倪，是立法上一個神來的伏筆（當然還要看是否只是擺設，還是準備認真施行）。

(三) 關注人民生活中「活」的憲法問題

憲法問題不只是那些事關「指導思想」、基本政治經濟制度等黨和國家大事。人民大眾、普通老百姓在追求比較有限的政治經濟目標以及私人生活中的權益時，也往往有重大的憲法意義，期待政府的關注、解決；也有待社會精英們、政法學者們去發掘和提升為憲法問題，並提出憲政對策，從而完善憲法的內容與保證憲政的實施，提高人們對憲法的信仰和參與憲政活動的積極性。

前些年，湖南農村發生幾戶農民因承包土地被村委會賣掉，所分得的少量賠款用光後焚火而止，而全家自被的慘劇，使人們痛惜，中央震驚，立即發佈制止隨意出賣農民承包土地的通知。這就涉及對保護農民土地所有權（或承包權）、處置權的憲法問題。又如湖南桃花江縣七個出嫁女狀告其所在村民小組以多數決定剝奪出嫁女分享土地徵收費、

---

7. 同上，頁 163、164。
8. 同上，頁 163、164。

補償費的權利，法院以該村民小組決定違反憲法的男女平等原則而判七女勝訴。2001 年，成都中國銀行招錄行員的啟事中規定了男女身高標準作為錄用條件，某公民因而控告了該銀行對他採取「身高歧視」，違反憲法平等原則。再如 2002 年 6 月，北京市朝陽區北頂村居委會貼出《通知》，規定出租房「凡是居住東北人的一律清除（不分男女），不准租住」。這也涉及憲法平等原則。再有，近年城市大量拆遷民房，只給予少量補償，涉及如何對待私人房產和原屬私有的地產的憲法問題。此外，某地某派出所幹警半夜撞入私宅，以夫婦二人在家私看「黃色光碟」為由，將她們拘留。這涉及侵犯隱私權和憲法確認的住宅不受侵犯權以及人身自由權問題。類似這些案例，有些是有法可依的，有些是無法律但有憲法可依的，有些則連憲法也不明確，有待進行憲法解釋或修改憲法有關條文。

以上案例都是一些社會生活中的「活」的憲法問題。看似小問題，卻事關公民的切身的重大權益。如果能引起社會和政府的廣泛關注和應對，人們對憲法的信仰就會與日俱增。

（四）建立違憲審查和憲法訴訟制度和機構

這是憲法社會化、大眾化的制度保證。美國憲法之所以深入人心，在於經常性的司法審查，對憲法作出適應時代和社會需要的解釋與發展，使古老的「四輪馬車時代」的憲法生命常新長活，為大眾所關心和熟悉。每一個憲法案例都是對憲法權威的一次生動的宣示，也有利於憲法的大眾化。

（五）培養具有憲德的公民

「立憲政體的成功或失敗取決於其公民的素質。」[9] 這種憲德固然表現在模範地「遵守憲法和法律」，更重要的是公民能從關注自己和周圍人群的權益，上升到對憲法的訴求，對憲政的參與。如近年來陸續出現的公民提出的侵犯憲法權利的訴訟案例，表明了公民憲法意識的覺醒。

實行社會主義憲政，在強調依憲治國時，把關注點放在使憲法能真正為 13 億人民所掌握，促進人民大眾的憲政參與。

---

9. 同上，頁 139。

第二十七章

憲法演變與憲法修改

* 本章是提交中國法學會為紀念 1982 年《憲法》頒佈十周年而主辦的「憲法與建設有中國特色的社會主義」討論會的論文，原載《中國法學》，1993 年第 1 期，並摘登於《憲法頒佈十周年紀念文集》（北京：法律出版社，1993）。關於「良性違憲」的爭論可參見田飛龍：〈中國憲法 學理論流派的形成〉，載《山東大學法律評論》（第 6 輯）（濟南：山東大學出版社，2009）。

一、「憲法演變」與「憲法修改」的含義

本章所論的憲法的演變與修改，主要限於《中華人民共和國憲法》（以下簡稱《憲法》）。所要探討的是憲法演變的方式和修憲的方略，而不是從憲法史角度研究憲政思想和憲法內容的發展變化。本文所講的「憲法演變」[1]和「憲法修改」，是兩個具有特定含義的概念：「憲法修改」是指經有修憲權的機關（在中國是全國人大），按照修憲的程序，通過補充、變更憲法的某些形式要件（包括序言、條款、詞句、結構等），對憲法內容所作的變動，這是正規的修憲，是「明示修改」。「憲法演變」則是指未經修憲程序，對憲法未作任何文字變動，只是基於社會實踐的發展變化和憲政實務的實際運作，突破了現行憲法的局限，而導致憲法內容的變遷。它屬於「默示變動」，有些學者稱之為「無形修改」。[2]筆者認為「修改」具有主觀操作性，須遵循嚴格的修憲程序；而「演變」則包括客觀自發的發展。當然憲法修改也是憲法的演變，但它大多是憲法演變的結果，而且是經過有權機關的合法程序進行的。憲法演變也可說是導致憲法修改的「前奏」或先行步驟。

如果說憲法演變只是憲法在內容上的量變或部分質變的話，那麼憲法修改則是憲法從內容到形式上的部分質變。因革命（或反革命）而導致推翻原憲法，另立新憲法則是憲政制度和法統上的根本質變（如我國廢除國民黨的舊憲法，創制人民的新憲法）。

憲法演變與修改，大多是給「老化」的憲法條文注入符合時代需要的新的生命活力。美國在「四輪馬車時代」制定的憲法，到今天宇航

---

1. 「憲法演變」亦稱「憲法變遷」，但後者僅指變化之結果，前者則包含變化之過程，有無形的漸變之意，似更確切。

2. 衛夏：〈憲法的「無形修改」淺析〉，載《法學評論》，1986 年第 4 期。

時代還能適用，一個重要原因就是由於通過憲法解釋和修正案等手段，對憲法作了不斷更新。我國 1982 年《憲法》繼承和發展了 1954 年《憲法》，以適應社會主義建設新時期的需要。這些都屬「良性演變」或「演進」。

也有些憲法演變與修改是在錯誤的指導思想下進行的，是違反立憲精神與憲政思想的，這種「演變」可以說是「惡性演變」或「蛻變」。我國在「文化大革命」的極左路線指導下制定的 1975 年《憲法》，可歸入這一類。

憲法是國家的根本大法，剛性憲法更是最具穩定性的憲法。憲法修改不能同法律修改等量齊觀，它是「更難修改的法典」，非萬不得已，不得輕易修改，以保持它的穩定性。但是憲法演變與修改又有其必要性和必然性，這主要是由於憲法存在兩個基本矛盾：一是由於國家的政治經濟與社會生活是不斷發展變動的，包括因社會矛盾與社會鬥爭而引起階級力量對比的變化和階級關係的變動；因改革而引起的具體政治經濟制度的變革，產生憲法條文的僵硬性和社會實踐的變動性的矛盾，需要根據社會實踐與憲政發展的需要更新憲法。二是由於憲法是對國家與社會生活從整體上、原則上加以規範，而憲法條文卻不能完全窮盡一切具體的事項，從而產生整體上的完整性和條文上的不完備性的矛盾，產生憲法自身某些疏漏或短缺，需要根據實際需要予以增添、修補。這些情況表明，憲法的演變和修改有其不可避免性。據統計，在第二次世界大戰後世界上的獨立國家中，有 53.5% 的國家制定過不止一部憲法，1945 年以來，平均每個國家有過兩部憲法。美國憲法制定 200 年來，雖只通過 26 條修正案，但通過憲法解釋所作的修正，則不計其數。

二、憲法修改的幾種形式

新中國成立以來，我國除制定過具有臨時憲法性質的《中國人民政治協商會議共同綱領》外，共制定和修訂過過四部憲法。對憲法的修改採取了如下幾種形式：

(一) 全面修改，重新制定

自 1954 年第一部《憲法》制定後，先後作過三次全面修改，實即重新制定。其中 1975 年《憲法》是對 1954 年《憲法》的基本精神和許多內容文字的全面否定與蛻化。1978 年《憲法》對 1975 年《憲法》作了大修，但仍保留了 1975 年《憲法》中「極左」路線的遺跡，是一種過渡性的憲法，實施不到一年，其中一些錯誤或不當的規定就實際上被同年黨的十一屆三中全會的正確路線及其實踐所揚棄。1982 年《憲法》則是在繼承和發展 1954 年《憲法》的基礎上，根據社會主義建設新時期的實踐需要和正確路線指導下重新制定的，是四部憲法中最好的一部憲法。

(二) 通過修憲決定，部分修改

這是就憲法的個別或部分條文，以通過修改憲法決議或憲法修正案的方式進行修改。共有三次，即 1979 年第五屆全國人大第二次會議《關於修正〈中華人民共和國憲法〉若干規定的決議》，對 1978 年《憲法》中的 7 條共 17 款作了修改。[3]1980 年第五屆全國人大第三次會議《關於修改〈中華人民共和國憲法〉第四十五條的決議》。[4] 1988 年第七屆全國人大第一次會議通過的《中華人民共和國憲法修正案》。[5] 這三次都是按修憲程序直接對憲法條文的修改，[6]可稱為「明示修改」。

---

3. 修改內容包括縣和縣以上人大設常委會；將地方各級革命委員會改為人民政府；將縣以下的人大代表改為由選民直接選舉；以及改變檢察院的領導體制等。

4. 即取消 1978 年《憲法》中關於「大鳴、大放、大字報、大辯論的權利」的條文。

5. 即修改 1982 年《憲法》第 10 條第 4 款，允許土地使用權依法轉讓；在第 11 條增加確認私營經濟的法律地位的規定。

6. 1993 年 3 月，全國人大又通過了對 1982 年《憲法》的第二個修正案，主要是根據黨的十四大決議，將有關實行社會主義市場經濟的內容和其他一些內容增補進去，作了較大修正。這是第四次部分修憲。

三、憲法演變的幾種形式

前已述及，本文所論的「憲法演變」是指那種非經正式修憲程序，而在國家政治、經濟等各種社會實踐中和憲政運作中，超出憲法的規定，所引致的憲法在事實上的變遷。有如下幾種情形：

(一) 時過境遷，自動失效

這是指憲法規定的任務已經實現，或者任務已經轉變，有關條文自動失效。如1954年《憲法》第4條規定要「通過社會主義改造，保證逐步消滅剝削制度，建立社會主義社會」，這一憲政任務已於1956年完成；原第5條規定的中國所有制結構中列有的「資本主義所有制」，也已消滅，因而這些憲法條文已成為歷史陳跡。至於第10條「國家依照法律保護資本家的生產資料所有權和其他資本所有權」的規定，也因實行社會主義改造運動，由「保護」變為「消滅」使1954年憲法中這類規定起了質的演變而自動失效。[7]

(二) 無法實現，形同具文

這是指那些脫離國情、脫離現實條件、無法實現的規定，在實踐中作了變更，使原法條歸於虛設，或演變為另一種做法。如1954年《憲法》第90條規定的公民的「遷徙的自由」，在50年代初期尚未嚴格限制，但後來鑒於中國人口眾多，城市人口膨脹，以及其他政治、經濟、社會原因，在計劃經濟條件下，這種自由在中國被認為不可能做到，「遷徙自由」事實上已變為限制人口自由流動。根據拉丁語的法諺「形

---

7. 1988年對現行《憲法》的修正案，又確認了私營經濟的憲法地位，實際上是在新的條件下恢復了對私人資本的憲法保護。

同具文的法律視同廢止」，這一條已喪失效力。後來在歷次修訂的憲法中，這一條都沒有再予規定。[8]

(三) 因立法導致憲法演變

即按立法程序，通過專門的法律決定，或在有關的法律中對憲法的原有規定作出變更或補充，但並不改動憲法原文，這也可說是對憲法的「默示修改」或「間接修改」。如 1954 年《憲法》規定，全國人大是「行使國家立法權的唯一機關」（第 22 條），後來這一規定不能適應立法的需要，而在 1955 年第一屆全國人大第二次會議上通過了《關於授權常務委員會制定單行法規的決議》。後來又在 1959 年 4 月第二屆全國人大第一次會議上通過決議，授權全國人大常委會有法律修改權，這兩個法律性決定實際上是對 1954《憲法》第 22 條的修正。又如在 1982 年第五屆全國人大第五次會議和 1986 年第六屆全國人大常委會第十八次會議上先後通過的《關於修改〈中華人民共和國地方各級人民代表大會和地方各級人民政府組織法〉的若干規定的決定》中，授予省府所在地的市和經國務院批准的較大的市有制定地方性法規的權力，也是對《憲法》第 100 條的補充。這些都導致了憲法某些內容的演變。

這種「默示修改」有時是自覺地為規避繁難的修憲程序而使憲法演變；有時也可能是不自覺的，即在立法者未覺察的情形下，通過了實

---

8. 當然這並不意味着完全禁止遷徙。按照國家規定的一定程序，公民經批准後，戶口可以在國內轉移；中國公民也可依《中華人民共和國公民出境入境管理法》自由出入國境（事實上未完全依法執行，有各種限制）。今後實行市場經濟體制，法學界已對「遷徙自由」需要重新作為憲法權利予以確認，提出了建議。參見徐國棟：〈遷徙自由與城鄉差別〉，載《中外法學》，1992 年第 5 期；孫潮、戚淵：〈論確立市場經濟的憲法地位〉，載《法學》1992 年第 12 期。

質上是變更了憲法的法律。這兩種演變在程序上是否合憲，是值得探討的。[9]

　　還有一種是用行政法規來對憲法作修改補充。如 1990 年 4 月 15 日中央軍委發佈的《中國人民解放軍立法程序暫行條例》，自行規定軍事機關的立法體制與立法權限，無憲法根據。雖然憲法未規定中央軍委有制定法規權是個缺漏，應予補充，但未經全國人大的修憲程序或釋憲程序（即運用權力推定原則，作出軍委有制定法規權的憲法解釋），或立法授權程序，就以中央軍委的名義通過這一法規，自我授權，這是違反修憲與立法程序的。這種修改不應歸屬合憲的「憲法修改」範疇。[10]

（四）因憲法解釋導致憲法演變

　　其特點是不更動憲法原文，只變更字義，作擴大或縮小的解釋；或者不是從字面、字義上解釋憲法，而是發掘隱含於字裏行間的立憲精神、原旨，進而作出權利推定或權力推定，「推陳出新」地賦予憲法條文以某種新的含義。美國聯邦最高法院常通過司法審查權（亦即釋憲權）對憲法作適應時代需要的伸縮性解釋，以追求一個活的憲法。這是使美國憲法演變的一個重要形式。憲法解釋雖不直接更改憲法的原文，但畢竟還是有正式文字表明和記載，並且是按釋憲程序合法成立的。所以這種「演變」實際上也是對憲法的「默示修改」。當然這種通過釋憲

---

9. 這一段在發表時被刪去，現補上。世界憲法史上有一個以立法修憲的惡例：1933 年希特勒政府通過了一個《授權法》，將立法權授予政府，聽由納粹政權實行法西斯專政，使本被譽為「民主主義的憲法始祖」的《魏瑪憲法》在不被覺察的情況下被修改為納粹政權的法西斯憲法。2013 年 7 月，日本安倍右翼政府欲將「二戰」後日本的「和平憲法」篡改，其副首相麻生太郎公然宣稱要效法上述「納粹式修憲」的策略，遭到國際社會的猛烈抨擊（參見《參考消息》，2013 年 8 月 1 日，第 3 版，本文作者 2013 年 8 月 2 日補注）。

10. 如在 1983 年 9 月全國人大常委會通過的《關於國家安全機關行使公安機關的偵查、拘留、預審和執行逮捕的職權的決定》中，確認國家安全機關「是國家公安機關性質……可以行使憲法和法律規定的公安機關的偵查、拘留、預審和執行逮捕的職權」。這只是對第六屆全國人大第一次會議通過的設立國家安全機關的決定作出的立法解釋，而不是對憲法條文直接作憲法解釋。在《憲法》中並無設置安全機關的規定，設置安全機關本身就應以憲法解釋來彌補，而不是只以法律性的決定來規定其職權。

導致的憲法演變，只限於在憲法條文本義的基礎上朝順乎此義的方向作延伸或削減，即只是一種順向的量變。這可稱之為「良性解釋」，是允許的、必要的。反之，若是對憲法條文本義作逆向解釋，與憲法條文原義背道而馳，這種解釋就是「違憲解釋」，此時要麼否定或撤銷這種解釋，要麼正式修憲。此外，即使是順向的憲法解釋，畢竟屬於「舊瓶裝新酒」，有一定量的界限。超量就會溢出，引起質變，也須訴諸憲法的直接修改。因此憲法解釋的極限就是正式修憲的開端。

中國迄今尚未使用憲法解釋手段來補救憲法條文的「老化」或缺失。個別涉及憲法的解釋，也只是立法解釋，而不是直接的憲法解釋。這反映了全國人大常委會對釋憲權的行使和對憲法解釋手段的運用，還缺乏足夠的重視和經驗。

(五) 憲政實務運作，形成憲政慣例

由於憲法的某些具體規定，不能完全適應憲政現實的需要，因而在憲法的實際操作與運行中，對它作了某些補充變動，這種憲政運作的實踐經過長期的積累，逐漸形成公認的合乎憲政精神的習慣規則，以輔助成文憲法之不足，而成為「憲政慣例」（convention of constitution），[11]它相當於「不成文憲法」。[12]如《美國憲法》沒有關於兩黨制的規定，也沒有與此相應的政黨競選制度和議會中政黨協商制度等明文規定，政黨在國家政治生活中的地位及其活動，是作為憲政慣例來遵循的。西方學者把它稱為「潛在的憲法」。

---

11. 所謂「慣例」，是指那些經過相當時期的、統一的、連續的和普遍的實踐，而被公認並且獲得法的確信的習慣規則。（參見〔英〕沃克，鄧正來等譯《牛津法律大辭典》（北京：光明日報出版社，1988），頁 235-236「習慣」、「國際法中的習慣」條和頁 917「慣例」條）。

12. 在英國，由於實行「不成文憲法」的憲政制度，其憲政典則除一部分憲法性法律（The law of the constitution）外，大都是採用憲政慣例形式，稱為「憲典」（convention）。它雖不具法律形態，卻具有憲政的實效，可用以支配政治家的政治行為，如眾議院中多數黨領袖可應英王之召，出任內閣首相並選任閣員，內閣對眾議院負責，各閣員負連帶責任等，都非法律所規定，而是憲政慣例（參見龍冠海：《雲五社會科學大辭典‧政治學》（台北：臺灣商務印書館，1971），頁 385「憲典」條）。

在我國歷次修憲都是採取先由中國共產黨中央向全國人大提出修憲建議，經人大遵照立法程序採納後，作出修改憲法的決定。這種執政黨的修憲建議權，在我國憲法上並無明文規定（1982年《憲法》只規定全國人大常委會或五分之一以上的全國人大代表聯名，可以提出修憲的提案），但由黨中央建議修憲已成為不成文的憲政慣例。又如全國人大常委會審議法律案，至少須經兩次常委會審議才能付表決的規則，原也是在立法運作中產生的一種慣例，而非憲法與憲法性法律所明文規定。[13]

這種憲政慣例所形成的規則，雖無憲法明文規定為據，但也不同憲法既有規定抵觸。同時憲政慣例必須是產生並運用於有制憲權或修憲權、釋憲權的國家權力機關的憲政實務之中，其他機關不得以其政治經濟事務形成憲政慣例，即不得以違憲行為造成既成的憲政事實，取得合憲地位。

憲政慣例的形成也就導致了憲法某些具體規定的演變。但一般說來，它是屬於「良性演變」，有利於根據憲政現實的實際需要，增強憲法的彈性和適應力，使憲法得到更好的實施。

在憲政運作中還有一種特殊情況，即為適應現實政治的需要，而在憲政實務上突破憲法原有不合現實需要的規定，自行其是。如1978年《憲法》規定全國人大常委會只能「解釋憲法和法律，制定法令」（第25條第（3）項），沒有制定法律的權力。這顯然不符合黨的十一屆三中全會以後中國實行改革開放，要求制定大量法律的現實需要。因而全國人大常委會在未經修憲，也未作法解釋的情況下，自行行使立法權，於1979至1982年間共制定了11部法律。這同1978年《憲法》的規定是不相符的。雖則也可以解釋為它是依據前述1955年全國人大授權常委會可制定「部分性質的法律，即單行法規」的決定，但畢竟後者

---

13. 這一慣例是在1983年6月第五屆全國人大常委會第二十六次會議審議《中華人民共和國海上交通安全法》時，因出現重大分歧，不能在該次會議上提付表決通過，於是委員長會議作出決定，延至下次常委會再審議通過，且以後任何法律案都須經兩次常委會審議才付表決，從而形成了這一作為慣例的立法程序。後來1987年制定的《中華人民共和國全國人民代表大會常務委員會議事規則》將此規則正式納入法定立法程序（參見郭道暉：《中國立法制度》，（北京：人民出版社，1988），頁81、82、183。

已是對 1954 年《憲法》所作的變更，而後又未在 1978 年《憲法》中予以確認，因而不能作為憲政慣例保持下去。何況這期間制定的刑法、刑事訴訟法等基本法律，也不屬「部分性質的法律」或「單行法規」。直到 1982 年全面修憲時，才明文規定全國人大常委會有立法權，上述憲政運作才得以合憲化。

在英美法系這些實行判例法制度的國家，「判例」也是一種導致憲法演變的形式。如美國聯邦最高法院的釋憲權，就是該法院的首席大法官馬歇爾在 1803 年「馬伯里訴麥迪遜案」的判決中宣佈，聯邦最高法院具有審查違憲的法律無效的權力，從而開創了最高法院享有違憲審查權或釋憲權的先例，而成為美國的一個憲政慣例。我國由於不實行判例法制度，因而判例不能作為引起憲法演變的形式。

(六) 社會實踐發展，突破憲法規定

社會政治經濟的發展有其自身的規律，憲法中硬性的規定，不可能完全左右實踐的取向。只要憲法的規定不適應現實社會實踐的需要，社會就會產生一種自發的需求和行動，作出某種變更，從而突破現行憲法的規定。我國處於改革開放的變動時期尤其如此。如 1988 年以前的深圳等經濟特區，突破 1982 年《憲法》關於土地不得買賣、出租的規定，出現了將土地使用權出租的做法。隨着個體經濟的蓬勃崛起，私營經濟逐漸復興，也突破了憲法關於我國所有制結構的框框。對於這些在改革開放和社會主義建設實踐中出現的新事物，儘管已超越了憲法的規定，但並未作為違憲行為加以處置，而是採取了觀察、試驗的方針，所謂「摸着石頭過河」。經過經驗的積累，發展的趨勢日益明朗化，全國人大聽取實踐的呼聲，終於在 1988 年通過了憲法修正案，確認了私營經濟的法律地位並修改了禁止土地（使用權）出租的規定。

上述這種基於社會實踐的自發發展而對憲法的突破，導致的憲法演變是不合憲的。但它經過實踐檢驗又確是有利於生產力的發展的，因而是合理的、必要的。這就產生了如何對待這種「合理不合憲」的現象的問題。筆者認為只要這種演變經過實踐證明符合「三有利」的標準（即鄧小平提出的「是否有利於發展社會主義社會的生產力，是否

有利於增強社會主義國家的綜合國力，是否有利於提高人民的生活水平」。）[14] 符合客觀發展規律，就屬良性演變，應當視為新生事物，不必拘泥於憲法的具體條文，而可以根據憲法的基本原則（如憲法序言規定要「不斷完善社會主義的各項制度」）和立憲的原旨，推定其合乎憲政精神，而容許其暫時存在，不作違憲處置（當然這種推定或認可，必須是有修憲權或釋憲權的國家權力機關。其他任何機關、社會組織和個人，都無權自行其是，在其行為雖合理而不合憲法規定時，必須事先請示國家權力機關，得到特許，才可在一定地區、一定期限內試行）。同時國家權力機關又應及時根據這種演變，作出憲法解釋或修改憲法有關具體規定的決定（通過憲法修正案），使之合憲化。

上面是講「合理不合憲」的社會實踐行為導致的憲法演變。在中國的憲政歷史上，還有一種既不合憲又不符合客觀規律的社會實踐或執政黨的政治實踐，導致憲法演變。如 1958 年的「大躍進運動」和「人民公社運動」就是未經全國人大的修憲程序或憲法解釋，僅僅由中共中央作出《關於在農村中建立人民公社問題的決議》，就將《憲法》規定的農村合作社集體所有制經濟組織改為「政社合一」的人民公社，作為農村基層政權組織，取消了鄉一級人民委員會政權組織，對憲法的有關規定作了事實上的更改。「文化大革命」期間又未經憲法程序，推翻了地方各級人民政府，建立「革命委員會」取代《憲法》規定的人民委員會。實踐證明，這些演變既是違憲的（「文革」中的舉措更是「破憲」——破壞憲法），又是違反客觀規律和人民意志與利益的，最終由 1982 年修訂的憲法所揚棄。

（七）惡性規定受抵制，喪失功效

這裏講的「惡性」指那些嚴重違反憲政的民主原則，嚴重違背社會公平與正義的憲法規定，受到人民的抵制，演變為無人遵守的空殼，

---

14. 鄧小平：《鄧小平文選》第 3 卷（北京：人民出版社，1993），頁 372。

而喪失憲法權威與約束力，從而喪失功效[15]，形同廢棄。這可適用「惡法非法」的原則。古典自然法學家格老秀斯、普芬道夫、洛克等人都認為，在實在法嚴重違背正義的情況下，應當承認私人與司法人員有權甚至有義務反對這一應受譴責的法律。現代美國法哲學家埃德加·博登海默也認為，「宣稱一條法律規則有效的目的在於確保該法規得以有效的遵守與實施，如果許多人都認為該規則是完全不合理的或非正義的，那麼這一目的就無法實現。在這種情形下，遵守及實施該規則往往都會遭到破壞，從而使該規則部分失效」。他指出納粹德國迫害猶太民族、波蘭民族的法律，人民就有抵制適用與執行它的道德權利甚或義務。這可以說是人民享有的抵抗權。人民如能運用這一權利使那些「惡法」歸於無效，就可以使憲法和法律的這些規定演變為毫無意義的空殼。

在我國「文化大革命」中產生的 1975 年《憲法》中有關以階級鬥爭為綱、實行「全面專政」的反民主、反憲政的規定，受到廣大幹部和人民的抵制，頒佈後一年多就隨着「四人幫」的垮臺而成為具文，再過一年多該法就作了全面修改。1978 年《憲法》由於仍然保留有某些極「左」的東西，不到一年，1978 年年底黨的十一屆三中全會實現了黨在指導思想上的撥亂反正，提出了新的正確路線方針政策。在未及修改憲法以前，黨、國家和人民在實際的政治生活中，對 1978 年《憲法》中某些反映極「左」路線的規定，諸如把「堅持無產階級專政下的繼續革命，開展階級鬥爭」作為國家的「總任務和基本路線」，及其他一些不合理的規定，採取了否定的態度，撇開這些規定，實行了一些改革的舉措，從而使這部憲法的有些規定喪失功效，形同廢止。這種憲法演變由於是經過實踐檢驗證明是符合客觀真理，符合人民的意願與利益，得到全社會所公認的，即使它違反現行憲法，但由於現行憲法本身違反了憲政精神，因而這種演變反而是合乎憲政精神的。而且，這種良性演變最

---

14. 喪失「功效」與喪失「效力」是兩個有差別的概念。哈里·瓊斯（Harry. W. Jones）指出：「只有當組成社會的人 —— 無論是官員還是大多數人公民 —— 的實際行為與憲法規定、制定法規定或判例法規定所指定或認可的標準相對一致，這些規定才在該社會中具有功效。」哈里·瓊斯：《法律的功效》，伊利諾斯（Evanston），1969 年，第 3-4 節，轉引自〔美〕博登海默，鄧正來譯：《法理學—法哲學及其方法》（北京：華夏出版社，1987），頁 319。

後導致 1982 年全面修改憲法。這也是憲法演變作為修憲的先行步驟與前奏的一個例子。

四、我國現行憲法的演變與修改

《中華人民共和國憲法》自 1982 年全面修訂以來，隨着中國改革開放和社會主義現代化建設的不斷前進，憲法中原有的一些規定，在社會實踐和在憲法實施中，有了較大的發展，特別是以鄧小平的南方重要談話和 1992 年 3 月黨中央政治局全會為標誌，中國進入了改革開放和社會主義現代化建設的新階段。1992 年 10 月舉行的黨的十四大總結了建設有中國特色社會主義理論，特別是提出了建立社會主義市場經濟體制的目標，這不僅是社會主義史上的重大理論突破，也將在實踐上引起經濟體制的根本改變，從而在一些重要方面突破了現行憲法的規定，這就使得現行憲法面臨應否修改以及採用哪種方式修改的問題。

檢視一下現行《憲法》的序言和條文，已經產生演變的大致有兩類情況：

一類是有關基本國情與基本國策問題，已經有了更為充實的新思想、新內容和確切的、完整的表述形式。如關於「社會主義初級階段」的理論；「一個中心，兩個基本點」的基本路線；實現社會主義現代化分「三步走」的戰略；「社會主義的本質是解放生產力，發展生產力，消滅剝削，消除兩極分化，最終達到共同富裕」；改革是社會主義的發展動力和中國現代化的必由之路；建設物質文明和精神文明；實行「一個國家，兩種制度」等等。

另一類是有關經濟體制問題，已經有了實質性的演變。主要是《憲法》第 15 條的原有規定是：「國家在社會主義公有制基礎上實行計劃經濟，國家通過經濟計劃的綜合平衡和市場調節的輔助作用，保證國民經濟按比例地協調發展。」這是根據黨的十二大關於「計劃經濟為主，市場經濟為輔」的方針加以規定的。到黨的十二屆三中全會進一步發展為建立「公有制基礎上有計劃的商品經濟」。黨的十三大報告又把它稱為「計劃與市場內在統一的體制」。到黨的十三屆四中全會改提為「建立適應有計劃商品經濟發展的計劃經濟與市場調節相結合的經濟體制和運

行機制」。這些演變已在事實上更改了現行憲法的規定，不過總的還是保留了「有計劃」這一方面，還可以解釋為尚未超過憲法規定的極限。十四大明確提出「建立社會主義市場經濟體制」，則不再只是量的演變，而是在經濟體制上的「根本性的變革」。現行《憲法》關於所有制結構的規定，已由 1988 年的憲法修正案補充了「私營經濟」成分。而關於分配制度的規定，現行《憲法》只規定「實行各盡所能，按勞分配的原則」，而近年來已演變為「以按勞分配為主體，以其他分配方式為補充」的原則。此外，考慮到近年已實行國有資產所有權與經營權分離的原則，黨的十四大報告已將憲法中「國營經濟」一詞，更改為「國有經濟」……等等。

以上兩類情況中，前一類基本上屬量的演變，一些內容與表述形式上的發展，大都可在現行憲法中找到相關文字的根據（如序言中有「今後國家的根本任務是集中力量進行社會主義現代化建設」的規定，這也就是「以經濟為中心」；序言中「不斷完善社會主義的各項制度」，也可解釋為要進行改革開放）。因此這類演變可以視不同情況有選擇地或以修正案予以修改，或以憲法解釋來加以精確補正，也可以不作憲法解釋而暫時默認已為政治實踐中公認的表述方式。因為對這類帶有理論性的問題，其內涵與表述方式會隨實踐發展而不斷更新。如果一有新的提法就動輒修改，則將頻繁修憲，不利於憲法的穩定。只有在這類演變積累到一定程度，引起質變時，或在進行全面修憲時，再做全面修改。

至於第二類憲法演變，由於已經產生了質變，不修改這類條文，就會在實踐中構成違憲行為，因此勢在必改。由於市場經濟體制同計劃經濟體制有本質的區別，同《憲法》第 15 條原文含義完全相悖，採用憲法解釋，已無伸縮餘地（如前所述，憲法解釋只能作順向的量的擴大或縮小，不能作質的變更）；以此作為憲政慣例，也因市場經濟同憲法原則規定抵觸，不符合憲政慣例原則，而不能適用。因此可取的辦法是通過一個憲法修正案，專對第 15 條及其他有關條款作出符合市場經濟要求的修改。這是國家權力機關應予優先作出決策的。

第二十八章

憲法八問：
當代中國憲法的得失
——紀念八二憲法三十周年

· 本章原載清華大學經管學院《中國與世界觀察》，2013 年第 1 期。發表時編輯改題為
《我國亟需建立權力分立與制衡制度》。又相同主題的文章數篇，分別以〈三十而立：八
二憲法的回顧與展望〉為題，在騰訊網論壇（由北京大學法學院人大與議會研究中心和
騰訊公益慈善基金會主辦）上的演講，2012 年 2 月 23 日晚]；〈中國法治發展的歷程與
社會動力 —— 紀念八二憲法頒佈 30 周年〉，載《河北法學》，2012 年第 8 期；〈一個
知識分子的命運與中國憲政之路〉（上、下），載《中國改革》，2012 年第 4 期、第 5
期連載等。

現行《憲法》已頒佈 30 周年。我有幸在 1982 年作為全國人大憲法修改委員會的會議秘書參與了一些工作。現就我個人的體會和認識，以八二憲法為藍本，談談我國憲法文本的發展與憲政／憲治的得失。

　　新中國成立以來共頒佈過四部憲法，八二憲法主要是在繼承五四憲法的基礎上修訂的，它否定了「文革」時的七五憲法，也揚棄了「文革」後的七八憲法。本文擬以前三個憲法作為背景略加比較，提出「憲法八問」來説明八二憲法的一些特點和法理問題，以及存在的缺陷。

一、憲法的根本性質如何定位

　　正如鄧小平所説「什麼是社會主義，我們還沒有搞清楚」一樣，對什麼是憲法，特別是什麼是社會主義憲法，似乎也不能説已經十分清楚。現在主流的觀點無不指認憲法是「國家的根本大法」，是「治國安邦的總章程」。此説固然不能算錯，但並沒有把握其實質。而七五憲法則率性地把憲法當作執政黨統治人民和控制社會的工具。譬如它把「擁護中國共產黨的領導」做為公民的首要義務，放在公民權利的前面（見七五憲法第 26 條）；把「堅持無產階級專政下的繼續革命」的錯誤理論路線納入憲法序言，取代國家的性質；以憲法條文形式把全國人大規定為「是在中國共產黨領導下的國家最高權力機關」（第 16 條）以及「無產階級必須在上層建築其中包括各個文化領域對資產階級實行全面專政」（第 12 條）……且不説其理論路線是完全錯誤的，單就憲法的形式特徵而言，它使本是全民的憲法變成了執政黨的黨綱、黨章的延伸。

　　這種定位基本上是以國家、國家的執政者、執政黨作為唯一的憲法主體來立憲的。即把憲法只當成是「國家法」或「國家的法」，只是執政黨治理國家和統治人民的工具（所謂「治國安邦」）。

從法理上說，憲法的最高主體應是人民。執政黨及其領導的政府首先是憲法的客體，受憲法制約；並且是受人民委託實施憲法的工具，而不是把人民和憲法當做實現政黨利益和執政黨集權的工具。鄧小平在黨的八大上所作的《關於修改黨的章程的報告》中就指出了這一點：「同資產階級政黨相反，工人階級的政黨不是把人民群眾當作自己的工具，而是自覺地認定自己是人民群眾在特定的歷史時期為完成特定的歷史任務的一種工具。」[1]

人民的、民主的憲法應當是人權和公民權利的保障書，是制衡公權力的最高法律，是社會主體（人民）對國家既授權又限權、既支持又防衛的「約法」。憲法固然有「治國安邦」的功能，但不能只當做執政黨和政府治國治民的工具；相反，執政黨和政府倒應當是被憲法所監督的對象和遵守、實施憲法的工具。

憲法是社會（人民）同國家（執政者）的一份政治契約，其主體有二，即國家和社會。其中社會主體（人民）是矛盾的主要方面（國家一切權力的淵源來自社會——人民的授予）。因此憲法主要是社會的根本大法，或社會與國家的關係法。其實質不是政府統治人民，而是「人民統治政府的法」。

憲法的社會性可以從憲法本身具有的以下一些特點來說明：

1. 憲法是由社會主體——全民所制定，必須經由全民公決或其代表機關通過（在我國即全國人民代表大會），具有最廣泛的社會基礎；

2. 憲法的基石是權利與權力，其原始來源是社會，其功能在於服務於全社會；

3. 憲法不應是執政者統治社會的工具，而應是他們執政的依據和準則；

4. 憲法不能只為國家和執政者所用，更應是為社會主體所用，是社會主體保障自己和防範國家的武器。這應是「權為民所賦」和「權為民所用」的旨意。

---

1. 鄧小平：《鄧小平文選》（第一卷）（北京：人民出版社，1994），頁218。

作為社會主義的憲法，這些特性就更應突出。因為社會主義就是以「社會至上」為「主義」（即人民至上主義），而不是「國家至上」的國家主義。我們應當摒棄國家主義的憲法觀，樹立人民至上、社會至上主義的憲法觀。

八二憲法揚棄了七五和七八憲法的一些以黨代政的規定，刪去了憲法條文中「在中國共產黨領導下」的定語，這並不是否定執政黨的領導，而是回歸五四憲法的處置，只在憲法序言中、在總結和展望歷史經驗的表述中提及黨的領導，而沒有在憲法條文中作為強制性規範予以規定，這是憲法文本的一個進步。

當然，通觀序言全文，還不能說已擺脫了以黨權為本位的痕跡。序言有些類似執政黨的史績和政治綱領，或者有些是從執政黨和國家—政府「治國安邦」的視角上陳述，沒有突出以人為本、以民為本和「人權至上」的憲法最高理念與最高原則。

二、什麼是憲法的最高原則

我國政法界、法學界一貫把「四項基本原則」認定為我國現行憲法的指導思想和基本原則。這正是把憲法界定為「治國安邦的總章程」的邏輯要求。

我認為四項原則可以是我們共產黨的綱領路線，是它所必須自律的基本原則，但並不能簡單地適用於國家的憲法：它不能強制所有國民和所有地方都遵守。如宗教徒就不信仰、也不能強迫他們信仰無神論的馬克思主義，否則就會與八二憲法第36條的「宗教信仰自由」相衝突；香港、澳門在治理本特別行政區的政務和社會事務時，也不受四項基本原則的約束，否則就會違反《憲法》第31條「一國兩制」的原則；再有，普通公民個人並不能（也沒有權力能力）去直接治國，他們無法強制國家和他人「堅持黨的領導」，也無權實行「專政」，從而就談不上違反這些原則，也不宜要求所有國民都以「四項基本原則」作為他們的行為指導。

即使把四項基本原則認定是我國憲法的基本原則之一，那也只是人民用來制約執政黨和政府的。歷史教訓也表明，違反和破壞四項基

本原則的不是普通公民，而是手握黨政大權的領袖人物。只有掌握國家權力的權力者才有權力能力、能量和資格違反或破壞這些原則。1957年，鄧小平就講過：「在中國來說，誰有資格犯大錯誤？就是中國共產黨。犯了錯誤影響也最大。」到了 1992 年，他進一步指出：「中國要出問題，還是出在共產黨內部。」事實上，在「文革」期間及此前，正是身居黨政高位的領導人違反和破壞四項基本原則：背離了馬克思主義，搞封建專制主義；破壞共產黨的集體領導，實行個人專權；背離社會主義道路，搞「大躍進」的空想共產主義；扭曲人民民主專政，大搞對人民的「全面專政」。

那麼憲法最基本的理念和最高原則是什麼呢？我認為應當是人民至上、人民權利與人權至上原則。任何國家權力（包括立法、行政、司法權力）如果侵犯了人權和公民基本權利，都是違憲的和無效的。憲法本身的規定如果侵犯人權和公民基本權利，也就不是民主的、共和的憲法，或者說是徒有憲法形式，而無民主共和的憲政；或只是用憲法的外衣包裝起來的專制的「統治法」。正如新中國成立前清華大學政治學泰斗張奚若教授指出的：這樣的「憲法」或社會契約，已不是人民約束統治者，也不是人民放棄其自然權利使之轉化為國家權力、從而獲得權力的保護；而是將其固有人權放棄給了一個獨裁的暴君，這個暴君所制定的「憲法」，使憲法成了「弱者貧者被征服者的賣身契約」。毋庸諱言，「文革」時期的七五憲法就有這種傾向。

八二憲法的第 4 次修正案把「國家尊重和保障人權」作為一個概括性條款納入憲法，這標誌着人權高於一切的憲法地位。基本人權和公民權至上，是憲法的最高理念和原則。

這是因為憲法是以人權和公民權利為淵源、起點、基礎，並以之為權力運轉的軸心和權力的禁區與最終歸宿。憲法是人權和公民權利的產物，而不是相反。英國憲法學家戴雪在其名著《英憲精義》中指出：在英格蘭，憲法「不但不是個人權利的淵源，而且只是由法院規定與執行個人權利後所產生之效果」。[2]此語意為，憲法上的個人權利，不是憲

2.〔英〕戴雪，雷賓南譯：《英憲精義》（北京：中國法制出版社，2001），頁 245。

法所賦予的，而是社會已然存在的權利經法院判決確認後，而成為英國不成文的憲法權利。

另一位當代憲法學家亨金在《美國人的憲法與人權》中說：「政府對人民所負的責任以及政府對個人的尊重，是人民服從政府的條件，也是政府合法性的基礎。因此美國人的個人權利是『天然的』固有的權利，它們不是社會或任何政府的贈予，它們不是來自憲法；它們是先於憲法而存在的。」[3]

公民的政治權利更不是黨政官員、英明領袖恩賜的。所謂「讓人講話」、「為民作主」、「允許犯錯誤」等提法，就是把這些政治權利的主體變成領導人、官員，是決定於他們的恩准，而不是公民固有的權利。

人權和公民權至上還可以從法國 1791 年憲法中體現出來，其序言就是 1789 年 7 月 6 日由法國制憲會議組成的憲法委員會負責起草的《人權宣言》（即《人權和公民權宣言》）。將它作為憲法序言突出了人權在憲法中的至上地位與作用。當時的制憲者就認為：《人權宣言》所昭示的基本原則是「憲法絕對必要之最高真理，且為一切人為法之源泉」。《人權宣言》開宗明義第一句話就是：「對人權的無知、忘卻或蔑視，是公眾不幸和政府腐敗的唯一原因。」美國制憲時憲法條文沒有人權與公民權的條款，後來他們通過憲法修正案補上了。

三、人權入憲有什麼特別意義

八二憲法第四次修正案將「國家尊重和保障人權」條款納入憲法，使我國人權由禁區躍上憲法最高原則的神聖地位，這至少在憲法文本上是具有重大意義的進步。憲法中這一條雖然籠統，但應當解釋和理解為，我國憲法在文本上對權利的保護的廣度和質地有了很大的擴展。據此一條，至少可以引申以下三點含義：

---

3. 〔美〕亨金：〈美國人的憲法與人權〉，載《哥倫比亞法律雜誌》，1979 年第 3 期，轉引自沈宗靈等編：《西方人權學說（下）》（成都：四川人民出版社，1994），頁 369。

（一）突出了人權在憲法中高於一切的神聖地位，侵犯人權可構成違憲

人權入憲確認了人權是人人享有的基本權利。這意味着人權作為消極的權利，任何權力都不得侵犯，包括全國人大的立法權和各項立法，如果侵犯了人權就應當視為立法違憲而宣佈無效，或即時加以修訂（如1957年經全國人大常委會批准頒佈的《關於勞動教養問題的決定》及有關法規就是侵犯人權的立法）。

（二）人權入憲課予政府承擔保障人權的義務

人權對公民而言不只是一種消極權利，也是積極的權利：不僅要求人權不受國家的侵犯，而且要求國家積極地創設條件，加強社會保障，切實改善弱勢群體的人權狀況。這樣，對國家而言，保障人權就成為國家和政府的一項首要義務。我國的政治體制的特點一向是黨和政府的權力多而義務與責任少。人權入憲就要求執政黨和政府擔當更多保障人權、為人民謀福利的義務。

（三）保障人權，要求保障所有法定的和非法定的人權

憲法規定的「國家尊重和保障人權」是一個概括性條款。這在法理上表明其內涵是很寬廣的，涵蓋面應當包括所有法定和非法定的人權。這就是說，今後我國憲法保障的不再限於憲法已列入的一些公民的權利，而且涵蓋了憲法所未列舉的、而為人人所應有的（合理的）其他人權和權利。這可以說是默示了人們還享有「剩餘的人權」。正如《美國憲法第九修正案》規定：「不得因本憲法列舉某種權利，而認為人民所保留的其他權利可以被取消或抹煞。」這就是對非法定的法外人權的憲法保障。

這樣八二憲法修正案的人權保障條文雖然過於原則和抽象，卻反而給「人權推定」留下了很大的空間。今後可以據此條款，按照法律程序，推定出其他默示的、應有的、非法定的人權和新生的、派生的、漏列的權利。這可以說是人權入憲的重要法理意義。否則列入這條就成為無的放矢，因為按照有些學者的理解，既然人權已都轉化為公民權利而得到憲法保障，對所有非法定的人權和權利，國家都不予保障，那麼納

入「國家尊重和保障人權」這一條，就只是空洞、美麗的言詞，沒有特別意義的多餘之舉了。

四、公民權在憲法中處於什麼地位

過去歷次憲法都把「公民的基本權利和義務」擺在國家機構後面作為第三章。八二憲法第一次把它挪到前面作為第二章，突出了公民權利的憲法地位，而且這個地位要高出國家機構、國家權力，意在表明公民權利是本：先有公民和公民權利，而後才選舉、授權產生國家機構及其權力。國家權力是公民賦予的，是公民權所派生的。

八二憲法對公民基本權利總共規定了 18 條，比五四憲法的 15 條多出 3 條；比七五憲法的 3 條多出 15 條，[4] 比七八憲法的 11 條多出 7 條。而且八二憲法在第 37、38、39、41 條連續對關於人身自由、公民的住宅不受侵犯、公民的人格尊嚴不受侵犯作了規定。這針對的是「文化大革命」的教訓，特別是針對老幹部親身痛受「文革」時期恣意踐踏人權、侮辱人格（強迫戴高帽、掛黑牌、坐「噴氣式」、剃陰陽頭等等）而定的。「人格尊嚴不受侵犯」是第一次納入憲法。

在第 41 條除再次確認此前各憲法已列入的公民對任何國家機關及其工作人員有提出控告的權利外，又增加了批評、建議、申訴以及檢舉的權利，特別是確認因國家機關和工作人員侵犯公民權利，受到損失的人有取得賠償的權利。現在公民揭發、檢舉貪官腐敗醜聞和因維權而上訪受到打壓的，這條是公民維權的憲法依據，誰打壓維權上訪的公民就是違憲的，必須追究。

八二憲法中的這些規定，還可以追溯到 1979 年五屆二次人大會議通過的《中華人民共和國刑法》（以下簡稱《刑法》），那裏面就有類似的規定。《刑法》把「侵犯人身權利和民主權利罪」專列一章，特別是把侵犯民主權利規定為犯罪，並作為刑法很重要的一個罪名，這在過去是沒有的。而且任何機關或個人侵犯了公民的民主權利、人身權利，

---

4. 七五憲法中的公民基本權利是將 8 項權利分為 8 款合併列入第 27、28 條中，所以也可以說八二憲法比七五憲法的 8 項公民權利多 10 項。

情節嚴重的，可以給予刑事處分。這主要是針對「文化大革命」中紅衛兵、「革命群眾」可以任意抄家、拘捕、刑訊逼供無辜公民、幹部的惡行。《刑法》還規定嚴禁誣告革命幹部和群眾，禁止以大字報、小字報誣告、毀壞他人的名譽。這都不是法律語言（後來在修訂的刑法中已作了文字修正），是主持制定刑法的彭真等領導幹部以其切身的體驗（深受其害）制定的。憲法也是在這個基礎上和背景下制定的。

應當指出有些屬於人權範疇的具體權利，諸如思想信仰自由、資訊獲得與傳播自由、遷徙自由等，尚未列入憲法。七五憲法雖列入了罷工自由，但七八憲法、八二憲法都刪去了。此外，現代新生的一些人權，如生命權、發展權、環境權、名譽權、隱私權、對公共事務的知情權以及接受公正審判的權利等，也有必要上升為憲法權利。「法不禁止即自由」的原則，也應當有所體現。此外，憲法中的一些權利規定還需要與聯合國的《世界人權宣言》、《經濟、社會、文化權利國際公約》《公民權利和政治權利國際公約》等國際人權公約接軌。

五、執政黨在國家憲政體制中應當處於什麼地位

（一）關於黨權與國權的關係

八二憲法初步糾正了七五憲法、七八憲法在黨權和國家權力之間的關係。七五憲法把黨權凌駕於國權之上，其中第16條規定：「全國人民代表大會是在中國共產黨領導下的最高國家權力機關。」這意味着共產黨在體制上是高於人大權力的機關，顯然是把黨權凌駕於國權之上。所以八二憲法把「在中國共產黨領導下」這個定語刪掉了，只在序言中以表述歷史經驗的方式提到黨的領導的重要作用。這不是在治權上否定黨對國家事務的政治領導，而是在國家政體上糾正黨政不分、以黨治國、「黨權高於一切」的觀念。

有人說共產黨執政是我國憲法規定的，這是誤解，憲法並沒有規定共產黨天然是執政黨。正如黨的十六屆四中全會《關於加強黨的執政能力建設的決定》中指出的，黨的執政地位「不是與生俱來的，也不是一勞永逸的」。作為領導黨與作為執政黨是有區別的。作為領導黨只要

建立在人民的信任和自願擁護的基礎上就可以了；而黨的領導幹部要執政，則是必須依據憲法，通過全民（人大）選舉才能當上國家領導人，行使國家權力。這是執政黨的合法性基礎。因此執政黨要對全民負責，受全民監督。

（二）關於軍隊的憲法地位

七五憲法還規定「中國人民解放軍和民兵是中國共產黨領導的工農子弟兵」，「中國共產黨中央委員會主席統率全國武裝力量」，七八憲法也仍然因襲了這種規定。八二憲法就改變了，前所未有地單列一節（第三章第四節）規定了「中央軍事委員會」這個新的國家機構，這個「中央」就是指國家軍委，其第一條（《憲法》第 93 條）即確認「中華人民共和國中央軍事委員會領導全國武裝力量」，這也就是指國家軍委是人民解放的領導機關（當然在我國基於歷史和現實某些原因，中國人民解放軍同時受共產黨中央的領導，即所謂「一個實體，兩塊牌子」）。憲法還規定：「中央軍事委員會主席對全國人民代表大會和全國人民代表大會常務委員會負責。」其每屆任期同全國人大相同。在憲法確認的全國人大職權（第 62 條）中，也規定了由全國人大來「選舉中央軍事委員會主席；根據中央軍事委員會主席的提名，決定中央軍事委員會其他組成人員的人選」。該條還規定全國人大「決定戰爭與和平問題」，全國人大常委會則「決定戰爭狀態的宣佈」，「決定全國或者個別省、自治區、直轄市的戒嚴」。這些都涉及動用軍隊的重大決策，都是屬國家的、全國人大的職能。此外，在《憲法》總綱第 5 條還特別明示：「一切國家機關和武裝力量」「都必須遵守憲法和法律。一切違反憲法和法律的行為，必須予以追究」。

憲法的這些規定都確認了軍隊是國家的軍隊，要對全國人大負責，亦即要受國家憲法的約束和全國人大的領導。這些規定是黨中央和參與制定八二憲法的全國人大代表的重要共識，是立憲觀念上的提升。可是至今還有人說「軍隊受黨的絕對領導」，所謂「反對軍隊國家化」。這種說法也許意在防止軍隊脫離黨的領導的傾向；但這實際上是在幫倒忙，是自覺或不自覺地把黨置於違憲境地。因為從法理上說，所謂「絕對領導」者，即排斥任何其他領導，包括排斥憲法規定的軍隊要受最高

國家權力機關——全國人大的領導；更荒唐的是這會導致否定我國軍隊是國家的軍隊，無視軍隊的領導機構——中央（國家）軍事委員會是全國人大選舉產生的；也不符合我國軍隊是受國家財政和納稅人供養的事實。這種論斷背離了我國憲法的規定和憲政精神。我們可以也應當強調執政黨對軍隊的領導，但不能因而排斥或否定憲法確認人民解放軍是國家的軍隊、受全國人大領導的規定。

六、法治入憲有什麼重要意義

　　黨的十五大確認了「依法治國，建設社會主義法治國家」的治國目標和方略，1999 年全國人大通過的憲法修正案將它納入憲法。這是對「無法無天」的「文革」實行撥亂反正的一個重要步驟，也是改革開放以來對「黨大還是法大」、「人治還是法治」大討論的成果。它的現實意義則是針對長期以來執政黨實行的「以黨治國」和黨委書記專權、「第一把手說了算」的人治的否定。它意味着今後如果還繼續不講法治搞人治和只搞黨治，就是違憲的，應當受到憲法的追究。

　　2001 年黨中央領導人還提出「以德治國」的口號，設想與「依法治國」並行，以後還提出過「八榮八恥」的格言，雖然都是力圖扭轉黨風、世風日下的局面，但效果不彰，這不是提法不當，而是重心錯位。一則二者應分主從，不應並列，以致有衝擊法治之虞；再則，道德教育的重點對象有偏，把矛頭對着 13 億被治的老百姓，而不是對着治人的官僚統治者。須知這些年來，從 1999 至 2003 年最高人民檢察院與最高人民法院年度工作報告等相關數據可以推算出，中國普通民眾犯罪率為 1 / 400；國家機關人員犯罪率為 1 / 200；司法機關人員犯罪率為 1.5 / 100。（詳見法學教授陳忠林的研究）從道德墮落的比例和危害性而言，可知道德約束的主要對象應是各級官吏。先秦時期孔孟主張的「以德治國」，其鋒芒正是針對統治者，要求他們「為政以德」，行「德政」、「仁政」。美國國會也有《從政道德法》，將道德規範上升為法律規範，旨在約束議員和官員。這是值得借鑒的。

七、八二憲法存在哪些缺陷

（一）在治國理念與制度方面

1. 最大的缺陷是沒有鮮明地明確司法獨立原則。憲法只確認法院、檢察院「依照法律獨立行使」審判權、檢察權，而不是法官獨立審判；也不像 1954 年憲法概括地規定法院獨立審判「只服從法律」（這是符合馬克思所說的：法官的唯一上司是法律），而是列舉式地規定「不受行政機關、社會團體和個人的干涉」（第 126 條）。這意味着沒有列入的機關如執政黨及其地方黨委不受此限，導致地方黨委可以操縱司法，包庇貪腐官員，鎮壓公民維權。

   至於所列舉的「社會團體和個人」，雖然在 1982 年修憲時，這個限定包含有防止再出現「文革」中黨的領袖及其他黨的領導人個人踐踏司法獨立，和紅衛兵造反派這類社會組織大搞「群眾專政」，取代司法審判。但這個限定也可能解讀為任何公民和社會團體依法進行的正確批評、監督、建議也被排除在外，從而與《憲法》第 41 條確認的公民權利相左。事實上，這些年不少明顯的司法不公和腐敗，就是公民和社會組織通過媒體輿論監督的壓力，促使司法機關糾正了不少冤假錯案。

2. 沒有嚴格建立權力分立與制衡制度。即使有人宣稱「不搞西方三權分立那一套」，也不能否定必要的分權與制約。正如法國《人權宣言》所指出的，「沒有分權就沒有憲法」，而且認為這是一項公民基本權利（公民有權要求政府必須實行分權制）。2007 年中共十七大報告已提出：「建立健全決策權、執行權、監督權既互相制約又互相協調的權力結構和運行機制。」這三權不但是指黨的有關權力，而且實質上也涵蓋了國家立法（決策）、行政（執行）和司法（檢察與審判）三權，只是變換了一個更廣義的概括說法而已。

3. 沒有確立違憲審查制度，一些明顯的違憲行為，包括違憲侵權的立法、行政和司法行為以及執政黨「以黨治國」的違憲違法行為沒有得到糾正，公民的權利缺乏憲法的保障。

4. 選舉制度的民主化有待完善；遵循正當法律程序、政務公開、公務員財產公示，罪刑法定、無罪推定、禁止刑訊逼供等原則，也應當使之上升為憲法原則。

(二) 憲法所列舉的公民基本權利還有不少缺漏

比如沒有列入思想、信仰自由，遷徙、居住自由（這些自由曾載入1949年全國政協通過的共同綱領）；取消了罷工權（七五憲法有）；財產權不完備，城鄉居民的土地房屋財產受到侵害，到現在還受不到憲法和法律的保護。

需要特別指出的是：八二憲法第一次列出一條（第10條）「城市的土地屬於國家所有」。憲法修改委員會在討論時，這一條沒有為大家所特別注意，也未經公民的聽證或者代表的認真審議，就忽略過去了。我當時也只簡單地以為，城市的交通、公園等公共用地當然屬於國家所有，而沒有考慮到城市居民的祖居地皮本是私人所有的財產，原來老城市居民私人所有的房產是連帶著私有的地產的，除房契外，還有地契，房屋建築底下的地皮是他買的，本是私有的，不應無償地劃歸國有。現在搞城市化，大搞拆遷，導致根據八二憲法這一句話，區區11個字就變成為國有，等於無償沒收了。也就是說普通公民一夜之間就被實行了「社會主義改造」。城市居民的土地資產被沒收，政府拿去轉賣賺大錢，嚴重侵犯了公民的財產權，並導致現在拆遷中的矛盾非常尖銳、激烈。

再一個是人身自由權不完善，缺乏救濟制度。如不受任意逮捕、拘役或放逐的自由、公正和公開審訊權、無罪推定權、免受酷刑權，等等。《公民權與政治權利國際公約》第9條第4款規定：「任何因逮捕或拘禁而被剝奪自由的人，有資格向法庭提起訴訟，以便法庭能不拖延地決定拘禁他人是否合法，或如果拘禁不合法時命令予以釋放。」此項規定源於英國古老的人身保護令狀制度。我國憲法雖有「任何公民，非經人民檢察院批准或者決定或者由人民法院決定，並由公安機關執行，不

受逮捕」的規定，但沒有使被逮捕者獲得良好救濟的制度設計。相反，根據 2012 年第十一屆全國人大第五次會議通過的《中華人民共和國刑事訴訟法修正案》的規定，「對涉嫌危害國家安全犯罪、恐怖活動犯罪」的，公安機關可以不通知被拘留人的家屬（第 83 條），並可在公安機關「指定的居所」（非本人家庭居所）「監視居住」（第 73 條）。該法授予公安機關這樣大的權力，卻沒有規定嚴格限制權力的程序，從而為公安機關的獨斷濫權、秘密逮捕、刑訊逼供、非法取證、超期羈押等開了方便之門。這被認為是一條侵犯人權的「惡法」而受到法學界和社會人士的質疑和批評。現在以黨政權力干預司法的現象並不鮮見。有些地方的司法機關甚至異化為一些貪官污吏、官僚權貴的家丁、打手。

(三) 公民的憲法權利缺少或沒有立法保障

我國憲法是「不可訴的憲法」，憲法所確認的公民權利也不是「直接有效的權利」，因為公民權利受到侵犯，不能直接適用憲法進行訴訟，必須有立法為據。在沒有制定相應的法律以前，司法機關不能把憲法司法化，這樣公民的權利得不到切實的保障。

比如《憲法》第 35 條所列舉的公民有集會、遊行、示威自由，有言論、出版、結社自由，除了集會、遊行、示威有一項法律以外，其他都沒有法律，只有法規或者規章甚至紅頭文件，而這些具有法律效力的文件不是依據法律來制定的（現在並無這些法律，無法可據），它們在立法權限和程序上是違憲、違反立法法的。因為憲法規定行政法規必須「根據法律」才能制定；《中華人民共和國立法法》也規定凡涉及限制公民人身自由的公民基本權利的規定，必須由全國人大的法律來規制；行政法規、規章只能依據法律來制定，沒有法律以前不能制定。而現在國務院及其部委卻超前制定了很多法規、規章，如宗教事務條例、印刷業管理條例、社團管理條例、互聯網的一些規定等，這都是沒有法律根據的，是越前立法、越權立法。

再則，有關公民權利與自由的法律的立法主旨，應當是遵照憲法精神，以保障公民自由為主，而現在的法規、規章則以控制和限制自由為主。當然，這些自由也不是絕對的，特別是對遊行示威，應該有所限制。在「六四」政治風波以後，公安部出臺了一個遊行示威法草案，拿

到全國人大常委會，常委會委員們一看，裏面竟有 22 個「不得」！人大常委委員們說，你這不是保障遊行示威自由的法，而是「限制遊行示威法」。所以人大常委會把 22 個「不得」砍掉了 10 個，還剩下 12 個。據我所知，北京市在這個法通過以後，只正式批准了三次遊行示威：一個是抗議美國轟炸我國駐南斯拉夫大使館；一個是一本小說牽涉到侮辱少數民族，少數民族要求遊行抗議；還有一個其他類似事件。

當然我也不主張動不動搞遊行示威，遊行示威和社會安全秩序有矛盾衝突，特別是在激情驅使下，沒有組織的群眾難免會有打、砸、搶、燒的行為，所以要有所限制。正如當年法學泰斗張友漁老先生（北京市副市長）在我所主編的《中國法學》上發表的文章中指出的，遊行示威法的主旨是要保障公民的自由，以這個為目的；也需要一些限制，如不能妨害市民的安寧或者騷擾、佔領公務機關。但限制也是為了更有序地行使公民自由。如果考慮到要照顧大局，那公民出於自願可以暫時放棄行使這項自由，而非根本放棄享有這項自由的權利資格，這不能等同。

總的來講，憲法上確認的公民權利沒有立法，權利就得不到有效的法律保障，那些權利就變為「烏托邦條款」，不能實現，這是最大的問題。為此我在十多年前寫了一篇文章《構建憲政立法體系》，認為單有一大堆經濟、行政、民事、刑事立法，而缺少有關人權和公民政治權利的立法（主要是憲法第 35 條所確認的那些公民權利和自由），你可以說它是中國特色法律體系，但不能說是完備的社會主義的法律體系。我在 2011 年參加法理學的一個年會，討論社會主義法律體系的形成，我把這篇論文提交上去，結果得了一等獎。當時我發表即興感想：這事既可喜，標示法學界同仁有獨立思考，能不顧忌諱來評獎，因為憲政在當時有些敏感；又可歎十多年前的論文現在拿去還可以得獎，說明現在還沒有實現，改革太滯後。

當然，上面這些權利與機制不是靠幾次修憲就能解決的。再則，徒有憲法而無憲政，憲法也只會是寫得好看的一張紙。憲法上一些有關人權和公民權的確認和許諾，沒有立法的具體保障也是空的。因此，我們不能滿足於不斷修改憲法，還要把重心放到切實保障憲法的實施和人權與權利的落實上。

八、今後落實施行憲法的動力是什麼

落實、實施憲法的關鍵是實行憲政。如同有法制（legal system，法律制度）不等於有法治（rule of law，法的統治）；有憲法也不等於有憲政。

(一) 什麼是憲政

憲政的精義是：對公民權利的保護和對國家權力的控制。憲政有三要素：人權、民主與法治。憲政是以實行民主政治和法治為原則，以保障人權和公民權為目的，創制憲法（立憲）、實施憲法（行憲）、遵守憲法（守憲）和維護憲法（護憲）、發展憲法（修憲）的運作全過程。憲政三要素的運作過程是動態的。憲法是死的條文，憲政是活的憲法，憲政是憲法的靈魂、動力和支柱。有無憲法是有無憲政的一個重要標誌，但並不能因此得出有了憲法必然就有憲政，或沒有憲法（如英國無成文憲法）就一定沒有憲政的結論。實行憲政固然要以憲法為前提，但如果有憲法而無憲政，或者憲法本身違反憲政原則，或在實施憲法中違反憲政精神，那憲法就徒有其名，或者比無憲法後果更壞。

(二) 實施憲政

實施憲政還必須完善憲制，建立一整套實施憲法、保障人權、監督權力的法律制度和相關機構，以制裁和糾正違憲行為。其中首要的是建立違憲審查機制。

對於違憲審查，世界各國主要有三種模式：一是美國模式，將司法權和司憲權合一，通過普通法院作違憲審查；二是德國模式，將違憲審查權和司法權分開，違憲訴訟有專門的憲法法院；三是希臘模式，將司憲權、司法權合一，憲法法院、最高法院、行政法院中任何一個法院都可以審查違憲問題。

就目前中國可行的模式來說，一種主張是讓最高法院來承擔違憲審查的職能，但我國法院還缺乏這種權威，也不獨立，至少目前不可能承擔這一個職權。另一種方案是在全國人大和人大常委會之下，建立一個憲法委員會，由它來受理憲法訴訟，解決違憲審查問題。這也有一個

矛盾：這個委員會附屬於人大，它審查人大自己通過的法律是否違憲，就等於自己作自己的法官，這和法理違背。違憲審查機構應該高於法律制定機關。所以這也不太可行。

我認為還有一個方案：可以考慮由全國政協來承擔違憲審查。

據悉早在 1956 年年底，國家主席劉少奇在一次國務會議上就曾主張在中國實行上、下議院的兩院制。1957 年春，中共中央統戰部部長李維漢還特地向民盟中央副主席章伯鈞轉達了劉少奇的這一主張，並希望通過章伯鈞以民主黨派身份和自己的名義，在統戰部召開的座談會上提出來。章照辦了。1956 年 12 月統戰部向中央提交了《關於加強政協地方委員會工作的意見》，中共中央在 12 月 24 日的對此「意見」的批示中，對章伯鈞的建議給予了回應，指出：「政協在我國的政治生活中佔有重要的地位，不僅具有統一戰線組織的作用，而且在實際上起着類似『上議院』的作用。」

1982 年修訂《憲法》時，我正在全國人大法制委員會辦公室工作，與聞其事，在所傳達的中央對修憲的意見中，提到胡喬木（當時是憲法修改的主持人之一）提出了設兩院制的構想（人大和政協），旨在強化對人大自身的制約，並提升政協的權威和權力地位。但當時此議被鄧小平否定，主要理由是多一個議會多一份牽扯，影響效率，執政黨也不好統一領導；再則中國不像歐美，有兩院制的政治文化傳統，因此不合國情，何必另生枝節。——說兩院制導致效率低，實際上理由並不成立，因為權力缺少制約，出了大禍（比如大饑荒、「文革」），效率更低或只是負效率。八二憲法雖沒有搞兩院制，但連胡喬木都主張搞兩院制，可見兩院制並不是大逆不道，不是一個絕對的禁區。當然也不是讓政協一步到位成為一個上議院，而是可以逐步推進：

首先，賦予政協一些程序性的權利。比如賦予政協向人大的提案權或者提出違憲審查的議案。現行憲法確認全國人大常委會、國務院、最高人民法院、最高人民檢察院、中央軍委五個國家機構有對全國人大的提案權。而政協作為我國基本政治制度和國家機構的重要組成部分，作為中國共產黨領導的多黨合作和政治協商的重要機構，卻不享有對人大的提案權，這是有悖憲政邏輯的。所以我建議在適當時候，通過憲法修正案，將政協的參政議政和監督權利，上升為「准權力」或程序性的權利，即享有對人大的提案權，使經政協正式通過的對國是的集體主張

和批評建議能作為議案，法定地必須地列入人大會議議程，予以審議。這樣就可以對國家權力（人大立法權）和政府行政權有一定的約束力。

其次，賦予政協有質詢權。在政協會議期間，可以仿照人大，提出對政府或其所屬各政府部門、法院、檢察院的質詢案，受質詢的機關必須負責答覆。這是使政協的監督權（權利）準權力化、並「提高實效」的一項舉措。當然，也可能遭遇部門保護主義者的窒礙。但若確立為法律制度，似不難施行。

最後，賦予政協有違憲審查權。我國人大制度是權力集中制，一切國家權力歸全國人大，其他國家機構的權力都是由人大授予，對人大負責。這種體制有其高效的優越性，但人大自身在國家制度範圍內卻沒有或不受任何其他權力的制約或監督。如果全國人大及其常委會的決定、特別是立法，出現違反憲法的基本原則，侵犯人權和公民基本權利的情況，就很難及時糾正（如 20 世紀 50 年代全國人大批准國務院的勞教法規就是一個惡法；20 世紀 80 年代全國人大常委會通過的關於「嚴打」的兩個「決定」中，也有侵犯、剝扣被告上訴權、辯護權和違反「不溯及既往」原則的內容）。

如果讓全國政協作為違憲審查機構，按現今政協成員的構成質量（是各界知識精英薈萃之地）和它在國家權力上的超脫地位，以及它應當和可能擁有的政治權威是足擔此任的。由於政協和各民主黨派也是受共產黨領導的，因而毋需擔心它會借此挑戰共產黨的執政地位（當然如何領導，有待改革）。竊以為這不失為一個新的改革思路。實現這一步已使政協帶有「上議院」的職能，如何具體規範有待細加推敲。目前可以考慮政協有建議人大進行違憲審查的提案權，這可作為改革的切入點。

（三）依憲執政

實施憲政，還要求執政黨要依憲執政，由搞階級鬥爭的革命黨轉型為憲政黨。

（四）推行新的憲政主義

實施憲法，還要推行新的憲政主義。近年來，理論界、法學界提出了一個新命題叫做「憲政社會主義」。一些學者指出「沒有憲政就沒

有社會主義」。我也在《南方周末》上發表了《我所認同的憲政社會主義》一文。

我認為，社會主義就是以社會至上為主義。社會主義不能以國家或國家權力為本位，而應當以社會為本位，以社會主體（公民和社會組織）的權利、權力為本位，以人民利益至上。其立國宗旨和核心價值在於增進全體社會人的共同福祉，實現全社會的公平正義。

我主張的憲政也是新憲政主義。舊的憲政理論的一個核心是實行國家權力之間的分立與相互制衡。這是從權力結構上防止國家權力專橫和腐敗、保障人權和公民權利的一個十分重要的機制。不過由於它主要是限於國家權力之間的內部制約，即在一個密封的國家機器裏面的不同部件之間權力的自我制約，人民、社會很難去參與、去監督，特別是在一黨制的條件下，很容易產生官官相護，難以推動憲政的切實實施。

我主張和倡言的新憲政主義，一方面要求切實實行國家權力之間的相互制衡，這方面我們還遠未實現；另一方面，還要把注意力轉向社會，運用社會權力和權利來監督制約國家權力，也支持國家權力合理合法的行使。所以它關注的重點是在社會，運用社會的力量。而社會力量主要是建基和生發自公民社會，運用公民社會來制衡政治國家。

公民社會即馬克思所說的「公人社會」，其特徵是作為政治存在的、享有公民權（政治權利）和擁有社會權力的、有組織的社會，是同政治國家相對應的政治社會，區別於作為一般市民社會那樣分散的自然人社會（限於經濟存在或民事主體、私權主體的存在）。

非政府組織是公民社會的核心力量。公民社會的特性和作用是讓各個社會階層有它的組織和表達民意的渠道中參與國家政治，影響國家的決策。

公民社會與政治國家是兩個互相對應的政治實體，它們可以是互相支持的，也應當是互相制約、互相監督的。而且公民社會應該是建設憲政、建設社會主義的基礎和社會動力。可是我國的現狀是，既沒有很好地形成公民社會，更談不上互動互控。2011年政法界一位領導幹部在一個權威刊物上發表文章，說公民社會是敵對勢力設下的陷阱。我認為

這是對公民社會這一新生事物的過敏反應。如果以這樣的心態、這樣的認識去對待和建設中國特色社會主義，那就很難説會走向哪一種社會主義了。

第二十九章

完善我國人大制度的
幾個問題

本章是參加北京大學法學院人大與議會研究中心主辦的北京大學第四屆世界憲政論壇暨
議會民主比較研究國際學術研討會的論文，2013 年 7 月 1 日。

一、蔽國人大制度的簡略回顧
——從建立到破壞再到恢復的艱難歷程

我國人大制度已經建立並運行了五十多年。回顧 1954 年第一次全國人民代表大會成立前，我曾以清華大學黨委宣傳部負責人的身份，被派去主持海淀區清華大學選區的人民代表選舉。當時選舉很熱烈，要求 100％投票，也就是一個也不能少。我們選舉辦公室也負責落實一個一個選民，包括生病的、出差的，創設條件保證每個人都投票。在投票前期，我還在校報上發表一篇短評：《投社會主義一票》。當時人們的熱情很高，投票結果果然達到 100％。此前我還主持收集清華師生員工對憲法草案的意見。當時在全國有 1.5 億人參加了憲法草案的討論，收集的意見達十萬多條，反映了新中國的公民們參與政治的熱情。同一年通過了新中國的第一部憲法，即「五四憲法」。這些都在人民群眾中引起了強烈的反響和美好願景。

人大成立之初也通過了幾個法律。人們充滿期待，以為從此國家有望走上民主憲政的軌道。可惜剛過去一年，即 1955 年，就發生了批胡風的違憲事件。到了 1957 年「反右」以後，一系列的政治運動，無不是違反憲法、侵犯人權的行為。包括實行「政社合一」的人民公社制度，這樣一個改變國家基層政權體制的問題，也不是通過人大審議通過，而是單由執政黨中央一個決定，就舉國運動，進行改制。從 1966 年到 1975 年期間，近十年停開人大會議。1975 年雖恢復召開第四屆人大一次會議，其代表卻是秘密指定，會議秘密舉行，連開會地點也保密。人大通過的「繼續革命」和「全面專政」的七五憲法，則同民主憲政精神背道而馳。「文革」期間，不經過人大就發動了全民、全面的奪權運動、建立了破壞憲法的革命委員會。一張大字報，就廢除了一位經全國人大選舉產生的國家主席。應該說，那個時候雖然有憲法文本上的

人大制度，但卻名存實亡。踢開憲法和人大鬧「革命」的無法無天的毀憲運動，造成了史無前例的大災難。使我國自清末以來的百年憲政運動又一次遭受重大挫折。也說明憲法和人大制度本身存在先天缺陷：沒有建立有效的權力制約和違憲審查制度。

令人高興的是改革開放以來，人大恢復了活力，並且有了較大的發展和進步。1982 年六屆全國人大二次會議通過了新修訂的「八二憲法」。我個人也有幸在 1979 年從清華大學調到全國人大剛成立的法制委員會辦公室，搞立法和法治研究工作，參與了一些人大的活動（包括八二憲法的修訂）。八年於茲，親身觀察和體驗了人大制度運行的得失。

人大制度的啟動也有一個艱難過程。那時候人大代表大都缺乏法律常識，不知道作為代表有哪些權利，人大有哪些權力。聽了總理的政府工作報告後討論時，只是像平日聽首長報告後，習慣性地說報告使自己受了很大的教育，很大的鼓舞，回去要好好學習；卻不知道應當行使代表的權利和人大的權力，去審議其中存在什麼問題。在審議刑事訴訟法草案中關於第一審程序、第二審程序的時候，有些代表就奇怪地問：「怎麼第一是『審程序』，第二還是『審程序』，這不是重複嗎？」問民事訴訟法中的「法人」是什麼，是不是「法人就是守法的人？」當時人民代表的法律知識是很差的。外人譏笑中國人大是「橡皮圖章」，除了因為權力意識差，奉旨舉手外，還因為法律意識差，難以提出意見。

應當說，改革開放三十多年來，人大制度有所改進，人大代表的法律意識、權力意識也有很大的進步。人大在立法上取得較大的成就，制定了四百多個法律，中國法律體系的框架已初步形成，國家完全無法可依的狀態已經基本結束。國外對人大的評價也有了新的說法「這塊橡皮圖章變硬了」，這是值得慶幸的事。

毋庸諱言，人大制度和人大運行、特別是憲法實施中的問題還不少。我認為千頭萬緒，歸根到底，還在於對人大制度的根本性質，其權力位階，其與人民、選民、執政黨、政府之間的關係等，還不是很清楚和到位。下面僅就其理念與制度略舉數端，以求共識和改革。

二、理順人大與人民、選民的關係
——人大是最高國家權力機關，
不是國家最高權力主體

(一) 誰是國家最高權力主體

《中華人民共和國憲法》（以下簡稱《憲法》）第 2 條第 1 款規定：「中華人民共和國的一切權力屬人民。」第 2 款規定：「人民行使國家權力的機關是全國人民代表大會和地方各級人民代表大會。」第 57 條規定：「中華人民共和國全國人民代表大會是最高國家權力機關。」這三款都涉及權力，其中「最高國家權力機關」是否就等同於「國家最高權力機關」？一些人大代表和黨政幹部是並不了然的。

首先要區分這兩種表述是有差別的：「最高國家權力機關」只是表明全國人大相對於其他所有國家機構而言，是擁有「最高國家權力」的機構，地方人大和各級政府機關（包括行政、司法、軍事機關）雖然也擁有各自不同和不等的國家權力，但都得服從全國人大這個「最高國家權力」。

而所謂「國家最高權力」命題中的「國家」，則不僅是指「國家機關」，而是涵蓋國家機關和全社會；其權力不限於人大和政府行使的國家權力，同時包括各社會主體——普通公民、人民大眾、社會組織、各政黨特別是執政黨的權力，即人民或全民的權力。

這就涉及在人大之上，誰擁有「國家最高權力」，或誰是國家最高權力主體？

依我國現行憲法，全國人大是「最高國家權力」機關，這只是相對於其他國家機關而言；全國人大並非「國家最高權力」機關。擁有國家最高權力者是人民，即所謂「主權在民」。人大也是由人民（選民）選舉產生的，憲法規定人大要對人民負責，受人民監督。可見「人民」是人大這個「最高國家權力」機關的「更高」權力主體。

「中華人民共和國一切權力屬人民」的命題中，這個屬人民的「一切權力」是從「人民主權」意義上說的。它才是「國家最高權力」，是

高於全國人大、也高於執政黨和其他任何國家機構、社會組織與個人的「權力」。

這種「最高性」的體現，是全國人大（以及擔任國家領導人的執政黨黨員）由人民（全民）直接或間接選舉產生，要對人民負責，受人民監督。全國人大制定的法律和通過的決定，都不得違反人民的意志，侵犯人權和公民權利，否則就是違憲的、無效的，也就是說人大是全民權力的派生組織；全體人民是國家權力的原始主體和最高主體。

不過，「人民」是個抽象的整體概念，在我國，縣級以上的人大都是間接選舉產生，不易看出人民權力對人大的直接作用。在凡屬真正實行「主權在民」的政制的民主國家，其國家的最高權力並非議會或總統，當然更不是某個政黨，而是人民或全體選民。他們通過手中的選票和實行「全民公決」的投票，掌握着決定總統、議會議員或內閣成員人選的命運，並掌握修改憲法和重大法案以及涉及全民的重大事項的最高權力或最終決定權。這種全民直選權（包括罷免權）、全民公決權（包括修憲權、立法終定權和其他涉及全國、全民的重大事項的決定權），就每個公民而言，是他的基本權利；就全民集中投票公決而言，則已是轉化為具有直接強制力的人民權力（而不是人大的權力）。因為經全民公決得出的結果，是具有最大權威和強制力的，任何國家機關（包括議會或人大、總統、內閣）和個人（包括執政黨領導人）都必須服從全民公決的決定。在美國憲法修正案要得到 3／4 多數的州議會的批准。歐盟憲法草案在法國全民公決時遭到否決，以致未能在歐盟生效。可見人民或選民的集體權力才是國家的最高權力，高於其總統與議會擁有的國家權力。

這種人民權力，或全民權力，屬於什麼性質呢？從憲制視角考察，似應屬於國家權力範疇，因為它是在國家憲法確認的人民主權和公民權利範圍之內所擁有的權力。但是這種人民權力或全民權力，已不同於議會和政府這類國家機關的國家權力，而是體現國家主權（「一切權力屬於人民」）、來自社會的人民權力、「全民權力」，或全社會的權力；也就可說是社會權力，而且是整個國家與全社會的最高權力。明乎此，人大就不致脫離人民、越權於人民權力之上，就能兢兢業業、時刻記着要為人民服務，對人民負責，受人民監督。

(二) 人民的選擇權是體現人民的最高權力和人大對人民負責的根基

我國人大制度規定，在縣以上都實行由人大間接選舉上一級人大代表和政府組成人員。而這種選舉的候選人又大都是由執政黨內定的（雖然有些地方也經過與民主黨派和群眾團體協商）。2012 年有些地方出現了由公民自發提出的「獨立候選人」，多被抹殺甚至打壓。近年來也從差額選舉退到等額選舉，選民沒有選擇的自由。總之，選舉既不民主，也不直接，難以體現人民的最高權力。至於全民公決這類直接民主就更談不上了。

所謂選舉，不只是投票，最重要的是選擇。選民應當有選擇自己中意的代表的「選擇自由」（當然這是在「少數服從多數」的民主原則前提下），這種選擇權是公民的基本權利。人大代表候選人也只有經過選民的選擇，當選後，才能獲得其「代表權」，即獲得人民的授權，有權利能力（資格）代表人民行使其在人大的權利與權力。

從選民的選擇權到人大代表的代表權（權利），再到人大的集體決定權（權力），是人民與人大的憲法契約關係鏈。這個鏈條斷裂或程序不民主、不規範，就會使人大制度的人民性、民主性異化為名實不符的虛假擺設。因此人大選舉的民主化改革，是關係人大制度的合法性基礎的問題。忽視或壓制選舉的民主，會動搖人大制度的根基。

(三) 人大代表要對選民負責，受選民監督

人大代表既是由選民選擇產生，就有對選民負責、受選民監督的義務。而迄今極少這樣做。人大代表很少向他的選區的選民述職，報告他在當選人大代表的任內為人民和本選區選民做了些什麼。一些訪民（也是選民）要找代表反映情況，請求幫助，往往找不着或被拒絕。這是人大代表普遍的失職。其根源固然在於他當上代表，實際上並非選民選舉，而是執政黨指派，只對黨負責，無須對選民負責；也基於我國人大制度迄今並未對此作出制度安排，人大代表也沒有這種責任意識。

有一種理論認為，人大代表不應只代表其選區的選民利益，而應代表人民——全民的利益。這雖然有可取的道理，但完全不顧選民、不受選民監督，也有悖法理。理論上，選民對人大代表還應有「再選

權」，即視代表的表現而決定在下次選舉中是否再被選為代表，這在民主國家是制約民選議員和政府官員（總統等國家首腦）的重要機制。因而議員和官員都不得不十分尊重選民的意志和利益，注重與選民的聯繫，為選民服務，以贏得下次選舉的選票。

在我國人大制度設置上並沒有特意為人大代表安排聯繫選民、直接服務人民的制度條件，甚至還有意無意地力圖隔絕代表與人民的聯繫。近年有些地方正在試行設立代表個人的工作室，以利於加強代表與選民的日常聯繫。可是 2011 年修訂的《中華人民共和國全國人民代表大會和地方各級人民代表大會代表法》第 12 條規定：「代表在閉會期間的活動以集體活動為主，以代表小組活動為基本形式。」即只限於由人大有關工作機構和代表小組組織代表的活動，可能是為了便於掌控，實際上隱含了以集體活動限制代表個人聯繫選民的活動空間，這不能說是尊重代表職責和選民權利的規定。

（四）人大所代表的「人民」是全體國民，包括公民個人和群體

顧名思義，人民代表大會是代表人民的意志和利益的。人民是個整體的概念，在今天，憲法上的人民並不是與「敵人」這個概念相對應，而是涵蓋着全體國民。它所代表的利益也不只是人民的整體利益、集體利益，還包括不同群體和個體的特殊利益。

因為我們習慣講國家利益、集體利益至上，而忽視個體的利益，忽視特殊群體的利益。人權入憲以後，我們強調以人為本，強調保護私有財產，憲法裏面「人民」這個概念就要落實到人權的主體──個人，而不只是抽象的人民。大至改變某項國家體制、社會制度，修建某項重大工程（如水壩、化工廠）以及某項巨大撥款（如動用所謂「舉國體制」的「優越性」舉辦規模巨大的奧運會、世博會）等影響國計民生的決定和立法；小至城市的拆遷，公民的產權、工資收入、土地使用權的轉讓等涉及千家萬戶個體利益的重大問題，都應該經人大審議並且做出立法的保障，這才是依憲執政，以民為本，以人為本，也才體現了全國人大掌握最高國家權力的職能。

以人為本不能只以某一階級為本、以黨為本、以領袖為本，或以國家權力為本、以官為本。以人為本的「人」，也不能限於某一群體的人，更不能以特殊利益集團或權貴資產者集團為本。「以人為本」在憲

政體制上的體現應是「以民為本」。而所謂「民」，也不應只限於我們過去按「劃清敵我界限」或「兩類矛盾」的政治原則與概念下的「人民」；也不應限於所謂「最大多數人」，或所謂「團結95％以上的人」，而應當是以「全民為本」，即以100％的國民和公民為本。也就是說，只要是人，包括外國人都要尊重和保障其人權，不得非法侵犯。不能把另5％劃為異類，打入另冊。須知這5％在我國就相當於3,000萬（以20世紀50年代全國人口6億計）或6,500萬人（以現在的13億計）。置數千萬人的人權和憲法權利於萬劫不復的境地，這是何等可怕的歷史過錯！

　　這裏需要指出要以全民為本，基於人大和政府是由全民直接或間接選舉產生的，就應當對全民負責，而不只是對95％的人負責。即使是對所謂「階級敵人」、死刑犯，作為執政者也要依法保障其應有的人權和未被剝奪的法定權利（如人格權、訴訟權及其他未被法院裁決予以剝奪的民事權利），否則就會自毀法治。即使是戰爭中的「敵人」（如敵方士兵、俘虜）也不容使用滅絕人性的手段（如用化學、生物武器或原子彈）去屠殺他們、虐待他們。那種所謂「凡是敵人擁護的，我們就要反對」的形而上的武斷，那種「以我劃線」，按自己的標準去「團結一切可以團結（而不是應當團結）的人」，都是同「以人為本」精神和代表全民的人大制度相悖的。

三、把握人大權力的高度和限度
——人大權力既要到位又不越權

(一) 人大是實行民主選舉基礎上的權力集中制，不是「議行合一」

　　全國人大作為最高國家權力機關，立法、行政、司法以及軍事等國家權力最終都屬人大。所以我國人大制度是在民主選舉的基礎上實行權力集中制。但是我們的憲法又規定，人大行使立法權，國務院、地方各級政府、法院、檢察院分別行使行政權、檢察權、審判權，等等。憲法一方面確認人民行使權力的機關是人民代表大會，又講政府、司法機

關是行使行政權、檢察權、審判權的主體，這樣就出現了多個行使權力的主體，可謂「一權多主」，邏輯上就有點矛盾了。這個問題應當這麼來理解：

第一，國家主權屬全民（立法權就屬主權範疇），由全國人大來行使，別的任何機構（包括執政黨）、任何國家機關都不能行使人民主權。

第二，人大同時是經人民授權（信託）而成為立法權、行政權、司法權的所有者。這是人民通過選舉，委託人大來代表人民行使權力。人大受人民的信託，可以以人大自己的名義成為人民權力的所有者。但是行使權是分工的：立法權由人大自己行使，其他的權力分別由行政機關和司法機關來行使。人大不能直接去行使行政權力或者干預司法權力，這就是人大行使權力的一個限度。

這樣理解就可以避免一種誤解：既然人大是最高國家權力機關，一切權力歸人大，其權力就是無限的，它就可以行使一切國家權力。這是不對的。有些論者認為我國人大制度是「議行合一」也是不符合事實的。人大可以作出決定和立法，但人大並不能也不應去包辦代替行政和司法機關行使行政權和檢察權、審判權。所謂「議行合一」，是指經委員會議決後由同一主體（各委員）去執行。巴黎公社是如此；新中國建立初期的「中央人民政府委員會」也是如此。建立人大制度後，就不再如此了。

（二）人大權力的限度 —— 不能越權

我國人大的權力雖然是高於政府和司法機關的，但不是高於一切的，不是絕對的權力。有人認為既然人大是最高國家權力機關，全國人大的權力就是至高無限的，一切國家權力歸人大，人大就可以行使一切權力。這是誤解，人大只是直接行使立法權，但不能直接去包辦行政權力或者干預司法權力，這就是人大行使權力的一個限度。我認為人大的權力至少要受三方面的限制：

一是不能超越人民主權，它是代表人民行使主權的，但它不能違反憲法，人大的任何立法也不能違反以人為本、人權至上的原則，立法為民的原則。它只能按照人民的意志來行使人民的主權，這是憲法的基本原則和最高原則。

二是不能侵犯基本人權和公民的基本權利。人大的任何立法假如侵犯了基本人權和公民的基本權利，那就是違憲，是侵權，是無效的。如 1957 年全國人大批准的國務院勞教法規，就是嚴重侵犯人權的行政法規。近年來，國務院和有些地方性法規，如拆遷條例規定在法院沒有作出裁決前就可實施強制拆遷，這是越權、侵權行為。

　　三是不能包辦代替「一府兩院」職權。

　　有些地方人大虛置憲法已規定的一些監督方式（調查、詢問、質詢，以及審議政府和兩院工作報告等等）不用，卻熱衷於搞個案監督，或者到政府與司法機關要求官員述職、人大代表評議。須知人大是集體行使權力的機構，人大代表到政府機關、司法機關去調查、視察是份內的權利；但他們不是人大的欽差大臣，不能去直接行使權力，向政府發號施令。而要想處理這些機關的弊政，必須回到人大先提交提案，經過人大審議，集體投票，通過決定，才具有法律效力和強制力，才能責成該機關執行。

　　至於對司法機關，更不能去干預其獨立的檢察權和審判權。

　　現行八二憲法第 126 條規定，法院依法獨立審判，「不受任何行政機關，社會團體和個人的干涉」，這種列舉式的規定很不周全。一方面它沒有排除人大和執政黨的干涉。雖然人大對司法機關可以監督，但是人大應該主要是監督它們是不是能夠無窒礙地獨立行使審判權、檢察權。人大的職責在於協助他們排除多方面的干擾，創造條件保證它們能夠獨立行使檢察權、審判權，而不能包辦代替它們判案糾錯。另一方面，籠統地、絕對化地排除社會主體（公民、民間社會團體、特別是媒體）對司法的監督（也可說是「干涉」），也有悖人民參與管理和監督國家政治和司法事務權利的憲法原則。參與就意味着有所「干涉」。

　　1954 年《憲法》第 78 條規定：「人民法院獨立進行審判，只服從法律。」並沒有列舉不受社會團體和個人的干涉。1979 年通過的《中華人民共和國法院組織法》第 4 條也沿用了這樣的規定。這樣具有實質性、概括性的規定，簡明合理，避免了執政黨和其他社會勢力干涉司法的空間；而且同馬克思強調的「法官的唯一上司是法律」的原則是一致的。

（三）憲法確認的人大權力還沒有完全到位

人大者，非有大樓之謂也，而是有大權之謂也。作為全國與地方的最高國家權力機關，在防止人大越權的同時，更大的現實問題是人大權力還沒有完全到位，有些本來屬於人大應有的職權還沒有得到尊重和履行。諸如憲法的解釋權，對憲法實施的監督權、違憲審查權，對與憲法、法律相抵觸的行政法規、地方性法規的撤銷權，對國務院、中央軍委和法院、檢察院工作的監督等，以及監督政府民主執政、科學執政，建立法治政府和廉潔政府的問題。有些地方人大常受黨政機關的侵權，甚至「大權旁落」。譬如涉及公民基本權利義務的事項，依憲法和立法法必須是由全國人大以法律定之，而迄今多是由國務院以行政法規和規章、甚至地方政府的「紅頭文件」定之。依法治國的主體是人民（通過人大），現在依法治省、治市、治縣的決策與方案，往往只是由政府來策劃、操辦，而不經人大審議。它們首先本應是被治、被監督的客體，卻反客為主，這就很難企望他們自我去依法治權、治官。

黨的十八大報告強調要「加強對政府全口徑預算決算的審查和監督」。這不僅包括每年人大開會時審議、批准政府關於年度預算決算的報告，還應當包括執政黨和政府的重大決策舉措，如舉辦影響國計民生的重大社會工程（如舉國動員搞政治運動）或者建設工程（諸如興建三峽大壩，舉辦奧運會、世博會），以及政府的辦公經費預算都應該經過人大的審議批准。在西方，議會被稱為「錢袋議會」，是控制政府用錢的。如果政府預算或臨時性的重大撥款不被議會批准，就相當於議會對政府投了不信任票，要麼政府發不出工資而只好癱瘓，要麼政府承擔政治責任，全體辭職。

反觀我國，有些地方政府為了搞形象工程、政績工程，沒有經過人大的批准，就把扶貧的款項挪用去蓋富麗堂皇的政府大樓。一個區、鄉政府蓋的政府大樓可以同美國的國會山、北京的天安門媲美。有些地方為實現所謂「城市化」，甚至不惜拆毀歷史名城和名人故居，拿納稅人的錢去毀壞歷史文物，破壞生態環境，造成了難以挽回的損失。據報載，前些年內蒙古搞了一個佔地 5,000 平方公里的開發區，搞了十年，經濟效益極少，而生態環境遭到嚴重的破壞。這項大工程就是沒有經過人大審批，而只是通過了區黨委和區政府兩個辦公廳的批准！

我建議全國人大要制定一個法律，規定政府超限額的撥款、舉辦有關國計民生的重大工程（包括物質建設工程和社會工程），都應該通過人大的認證、審議，最後表決，並以此作為政府作出重大舉措的一個法定程序，作為人大的一項職責。否則就應該視為違憲，要追究領導人的政治責任或者法律責任。

由人大控制政府的財政，涉及審計問題。迄今國家審計署設在國務院，很難公開、公正地審查國務院自身及其所屬部委的財政問題，也不可能審查人大自身的財政問題。所以不少學者建議審計署設在人大，主要做財政審計。至於財務審計，還是由行政機關去做。

四、理順黨權與國權、民權的關係
——人大高於一切政黨

(一) 執政黨的領導權不能取代人大的決定權

在我國，由於奉行一黨制和「黨領導一切」的政治體制，與本文前述的「全體人民是國家最高權力主體，全國人大是最高國家權力機關」的認定不同，人們已習慣性地認為，執政黨是國家最高權力者。這於歷史上、事實上當然有根據，但卻是有違法理的。

不少黨政領導幹部對黨的地位與作用的認識，還沿襲革命時期的舊觀念舊制度，沒有實現由革命黨到執政黨、憲政黨的轉變，沒有從長期以來實行的以黨治國向依憲治國轉變。在有些地方和有些幹部中，還存在黨委和書記凌駕一切、指揮一切、調動一切（包括凌駕於人大之上指揮人大）的習慣思維與習慣動作和對既得權力的依戀。

對黨與人大關係在思想認識和觀念上的誤差，實質上是混淆了黨的領導權與國家權力的關係，把黨的決策權（政黨對國是、對國家大政方針政策的建議權利）等同於或凌駕於人大的決定權（國家權力）。本來，按黨的十三大報告的界定，執政黨的領導是指方針、政策、路線的政治領導，主要是政治號召力、說服力和政治影響力。這種領導權的性質是屬政黨的政治權威和權利，而不直接是國家權力。黨的領導權不是凌駕於人民主權、國家政權和作為最高國家權力機關的全國人大之上

或與之並列的權力。執政黨既不是最高國家權力機關，更不能說是國家最高權力機關。在國家事務中人大的權力是至上的，人大高於一切政黨（這一點，列寧早已說過：「蘇維埃高於一切政黨」，[1]「必須劃清黨的機關和蘇維埃機關的界限」。[2] 黨一方面要在政治上指導人大的工作；一方面又要遵守人大通過的法律與決定，亦即黨的意志既要體現人民的意志，又要服從人民的意志。二者有衝突而又不能說服人民群眾與人大時，也應以人大或絕大多數人民群眾的意志為依歸。

「文革」中在極「左」路線影響下產生的 1975 年憲法，曾在第 16 條中規定全國人民代表大會是「在中國共產黨領導下」的最高國家權力機關，這就無異於把黨視為更高於人大的國家權力機關。1978 年憲法和 1982 年憲法都刪去了「在中國共產黨領導下」的定語，從而在憲法文本上改變了黨政不分，把黨權置於人大權力之上的偏頗。但在實踐上並沒有多大改變。黨的十六大報告在強調要改革和完善黨的領導方式和執政方式時，特別提到要規範黨委與人大的關係，但迄今也並未制定政黨法或其他有關決定予以規範。地方黨委在遇到人大通過的決定或選出的政府成員同黨委原定方案不一致時，往往不經法定程序擅自變更人大的決定，批評人大向黨鬧獨立性，「以法抗黨」等等（早些年就曾發生某市人大選出了非市委內定的市長，市委就予以否定，強制重選）。這顯然是把黨委（甚至只是黨委中的個別領導人）置於人大權力之上，以黨權壓政權、民權，以黨壓法是錯誤的。

（二）人大能不能監督執政黨

對執政黨的監督主要靠人民的監督，這一方面是人民群眾（公民和社會組織）的直接監督；另一方面主要是通過人民權力機關 —— 人大對黨組織和執政的黨員官員的監督。前者屬於公民權利監督，後者屬於

---

1. 〔俄〕列寧，中國共產黨・中央馬克思恩格斯列寧斯大林著作編譯局：《列寧全集》（第 26 卷）（北京：人民出版社，1959），頁 467。

2. 列寧在俄共第十一次代表大會上的講話，轉引自〔俄〕斯大林，中國共產黨・中央馬克思恩格斯列寧斯大林著作編譯局：《斯大林全集》（第 6 卷）（北京：人民出版社，1956），頁 224–225。

國家權力監督。後者如果嚴格施行，比之公民和社會組織更具強制力，能取得實效。而人大能否監督執政黨，也是是否實施憲政的一個標誌。

我國人大能監督作為領導黨和執政黨的共產黨嗎？

這在實行政黨政治的法治國家是不成問題的。議會制國家，一般由在議會中佔多數議席的黨執政，即「組閣」。議會可運用質詢、彈劾、不信任投票等程序，制約乃至推翻執政黨的政府，即「倒閣」。總統制下的議會，也可以彈劾、乃至審訊當選為總統的執政黨領袖，迫其辭職下臺。如美國國會迫使總統尼克遜辭職，對克林頓也曾擬予彈劾。

在我國，人大不能監督執政黨。社會各界千呼萬喚的《中華人民共和國各級人民代表大會常務委員會監督法》，從 1986 年醞釀開始，歷經幾屆人大更替，20 年的研討、審議，並罕見地經過「四讀」，才於 2006 年 8 月的十屆全國人大常委會第二十三次會議上獲得通過。其經歷的主要障礙無非是鄧小平批評過的「黨權高於一切」的舊習慣思維在頑強地起作用。以為黨既是「領導人大」的，而且黨的領導權也不是人大賦予的，豈能受人大監督？讓人大去否定黨的政策、決定，豈不有損黨的絕對權威，削弱黨的領導？

其實從法理上說，只要不是專制皇帝或獨裁者，任何權力者、領導者都無例外地要受監督與制約。黨的十八大新當選的習近平總書記今年提出要「把權力關進制度的籠子裏」，這是切中要害的箴言。作為執政黨（體現於其執政的黨員官員），是由人民（人大）選舉產生的，理應對人民和人大負責，受人大監督。作為領導黨要取得人民的衷心的擁戴，也要自覺地接受人民的監督。

2004 年黨中央曾制定了一個《中國共產黨黨內監督條例（試行）》，監督力度較大，但實際效果不明顯。現今要克服黨內嚴重的腐敗現象，單靠黨內監督和社會監督，缺乏國家權力的支持和人民的參與，難有成效。因此有必要啟動和強化人大監督的機制，遏制權力腐敗，改善黨的領導，這只會加強而不會削弱黨的領導地位。

執政黨受人大監督的方式，迄今主要是對當選為政府的黨員官員黨員向人大負責，每年向人大會議作工作報告，接受審議；接受詢問或質詢；接受調查、評議；承擔政治責任，提請辭職，乃至接受罷免等等。這些表面上雖是針對從政的黨員官員個人，實質上如同議會制國家

一樣，是對執政黨的監督。因為在我國政府組成人員大都是執政黨的領導幹部。如果更進一步，還應當對有違憲行為的某個黨組織進行違憲審查，依照《憲法》第5條第4款、第5款的規定，「任何組織（當然包括執政黨組織——引者注）或者個人都不得有超越憲法和法律的特權」，「……各政黨都必須遵守憲法和法律……一切違反憲法和法律的行為，必須予以追究」。

五、人大內部制度的改革
—— 改進人大代表的結構，調整人大立法的重心

　　以上主要論述的是如何正確認識和擺正人大與其有關外部的關係。就人大制度自身而言，也有不少問題有待調整。

(一) 人大代表的結構與會議形式問題

　　迄今從全國到地方的人大組成，其代表結構並不合理。據統計，代表的成分，黨員和官員約佔 80% 以上。即使是以基層工農名義當代表，也多是地方鄉鎮幹部，一線的普通工農群眾代表極少。這就使人代會成了官代會、黨代會。基層人民的聲音很難在人大聽到。代表大會的職責是監督官員、監督政府。這個結構不改變，我們的代表大會就是官員自己監督自己。這是有違「自己不能做自己的法官」這個民主法治的基本原則的。黨的十八大報告已注意及此，要求「提高基層人大代表特別是一線工人、農民、知識分子代表比例，降低黨政幹部代表比例」。這是符合人大制度的本義的，應當切實實行。延安時期邊區的參議會實行「三三制」，共產黨員只佔三分之一，可以借鑒。

　　此外，人大代表人太多，全國人大接近 3,000 人，怎麼議事？還有代表議事的方式也有欠缺，一是沒有全體代表會議形式進行的大會發言討論，不利交流；二是按各省分團組織討論，作為代表團團長的省長、省委書記往那兒一坐，那些受他領導、管轄的本省的代表誰敢批評這個省的工作和官員？代表們對外省的情況和他們提出了哪些意見也不了解，怎麼來審議、投票決定屬於全國的、全域性的大事？雖然有各組

簡報可溝通，但畢竟受限制。據我在人大工作期間所知，有些被認為是「敏感」「尖銳」的批評意見是不登一般會議簡報，而另載於內部快報，只供「中央領導」參閱。這些都限制了人大代表的知情權和意見交流權，應予改進。

（二）人大立法重心的適當調整問題

在前一階段我們國家總的指導思想是實現「從以階級鬥爭為綱到以經濟建設為中心」的歷史轉變。在人大立法上，經濟立法是重於一切的，這是必要的，起了很大的作用。但其缺陷是多數立法只是政府管理法、政府權力保障法。人大做的是為經濟發展和為政府治理保駕護航的工作，人大似乎變成了貫徹行政管理措施的附屬行政機構；而忽視了立法的首要價值目標是為社會人的人權和公民權提供立法的保障，人大針對有關公民的政治權利、社會保障權、個體私權利方面的立法不多。這種偏於單向度的立法現象，是同我國經濟改革單軌運行，而政治體制改革滯後這樣的狀況相呼應的。

我建議今後全國人大的立法應該調整它的重心和思路，除了繼續完善經濟立法以外，更應該在立法上統籌兼顧各個方面，各個群體和個體的權益，特別是弱勢群體的權益；對有關於公民的生命、財產、平等、自由等基本人權和公民的政治權利的立法，以及社會保障、環境與生態平衡等方面的立法，應當給予高度的重視。

一個更重大的問題是，公民有紙上的憲法權利卻缺乏人大的立法保障。由於我國憲法是不可訴的憲法，不能把憲法直接司法化，法院沒有法律依據，不能直接適用憲法的某一個條文來審判。比如《憲法》第35條所列舉的公民有集會、遊行示威自由，有言論、出版、結社自由，除了集會、遊行、示威有一項法律以外，其他都沒有法律，只有法規或者規章甚至紅頭文件，而這些東西不是依據法律制定的，在立法權限和程序上是越權立法，是違憲、也違反立法法的。因為憲法和立法法規定，公民的基本權利必須由全國人大的法律來制定，法規、規章只能在先有了法律以後，才能根據法律來制定相關的行政法規和規章。而國務院及某些部委卻超前制定了很多法規、規章，比如宗教事務條例、出版印刷條例、社團管理條例、互聯網的一些規定等，這都是沒有法律根

據的。法律是以保障公民自由為主，而現在的法規、規章則以控制和限制自由為主。

　　總的來講，憲法上確認的公民權利沒有立法，權利就得不到有效的法律保障，那些權利就變為「烏托邦條款」，不能實現，這是最大的問題。為了避免全國人大的立法在這方面的失職，應當及時補救，改變政治立法、人權立法這種滯後狀況。

(三) 地方黨委書記兼人大主任問題

　　現在從省到縣市人大，大多由地方黨委書記出任人大常委會主任，從而使一人身兼黨委和人大的兩個「第一把手」，這種黨政（政權）一元化領導，可能是為了提高人大的權威，有利於推行人大的決定，也利於黨委直接了解民意和學會如何將黨的主張通過人大的法定程序，轉化為國家的意志和法律。但黨委書記當人大「第一把手」，也可能把人大變成只是貫徹黨委意圖或書記個人意志的工具，或使黨委在組織上成為高於人大權力的「上級」。而且黨委書記坐鎮人大，集黨的決策權和人大的決定權於一身，也會影響人大代表自由發表意見或批評、監督黨政官員。實際上黨內第一把手，又兼人大的「第一把手」，人大很可能成為貫徹他的意志的一個工具。何況在我國「黨領導一切」，黨委書記事實上是政府工作的領導人、決策者，本應是受人民監督的對象；如果他作為人大的主任就會變成自己監督自己，「作自己的法官」這有違法理。

　　其實無論以集體領導的委員制為組織原則的黨委制和以集體行使權力為原則的人大會議制，都不存在「一把手」和個人「領導一切」。這是把行政的首長負責制搬用到黨委和人大的集體領導制，使之行政化，是一大弊病。這也是人大制度改革需要考慮的問題。

第三十章

什麼是憲政？

* 本章最早以〈憲政簡論〉為題發表於北京《法學雜誌》，1993 年第 4 期，後略加以補充收入郭道暉：《法的時代精神》（長沙：湖南人民出版社，1997），其中對憲政理念內涵與形式要件分別作了實質和動態性的界定，並首次指出「有憲法不一定有憲政」的命題。早在八二憲法頒佈一周年時，作者就發表紀念文章呼籲「實行社會主義憲政」，載上海《法學》，1983 年第 9 期；之後又曾在該刊發表〈整頓憲法秩序，實行憲治〉，載《法學》，1989 年第 4 期。1992 年又為《法制日報》代寫社論〈增強民主意識，推進憲法實施〉，載該報 12 月 3 日頭版頭條，原題是〈憲政精神與憲法實施〉，題目雖改，但憲政內容保留，以上諸篇均收入郭道暉：《法的時代精神》（長沙：湖南人民出版社，1997）。這都是國內首見於報刊的憲政喊。當時「憲政」一詞尚未列入禁區，但也未得到重視和呼應。1992 年八二憲法頒佈十周年時，作者在中國法學會舉辦的紀念會上提交了論文〈憲法演變與憲法修改〉，後載於《中國法學》，1993 年第 1 期），其中也著重論述了憲政的運作問題。2000 年 6 月參加中國社科院法學所舉辦的「建立社會主義法律體系」研討會上，作者提交了〈構建我國憲政立法體系〉論文，載於《法商研究》，2001 年第 1 期，並以〈建立憲政立法體系應不應緩行〉為題，被摘載於《檢察時報》，2000 年 6 月 8 日。可是這一建議卻被「緩行」至今。

一、憲政的三要素 —— 民主、人權與法治

(一) 民主 —— 人民主權至上

國家一切權力屬於人民。「主權在民」是憲政的前提條件。即使是「君主立憲」的國家，其主權也在民。人民是主權的所有者和憲政的主體。人們常說我國憲法是「治國安邦的總章程」，但是僅此還不能完全反映憲法的本質，特別是這種說法往往只是把憲法的主體限於「治國者」，即執政黨和政府；而沒有把人民放在憲法主體地位，只反映了「治權」，而沒有反映「主權」。憲法的本質首先是「人民權力和公民權利的保障書」。執政黨和政府治國的權力是人民授予的，是從屬於人民，對人民負責，受人民監督。實行憲政就是要把這種主體地位擺正。

憲法當然也有治國安邦的功能；也的確有賴於執政黨和政府去履行治國安邦的職責，從而他們也需要擁有治國的權力。問題在於這種權力是自封的，還是誰授予的？封建專制的皇權號稱是「天授」或「神授」的，實則是自封的。現代民主國家的執政黨和政府的權力則是人民授予的。按自然法和社會契約理論，是人民把一部分權利讓予國家，而使之擁有國家權力，再反過來以國家權力保障人民權利。按現代的民主、共和政制，則是通過全體有選舉權的公民選舉產生議會和政府，通過人民（全體有表決權的公民）的公決，或通過能代表和集中全民共同意志的代議機關（議會）產生憲法，從而使民選政府依照憲法獲得人民的授權，取得執政的合法性。

可見憲法的主體是人民，或全體公民（國民），執政黨及其領導的政府首先是憲法的客體（從而也可以成為違憲的主體），受憲法制約。憲法是人權和公民權利的產物，而不是相反；國家權力才是憲法的產物，即政府權力是憲法賦予的（經人民選舉和憲法授權後，政府才成為治國的主體，它們只能說是第二層次的憲法主體）。憲法不能只作為執

政黨和政府治國、治民的「總章程」、工具和手段（法律可有這方面的功能），而是人民、全體公民用來制約執政黨及其領導的政府的約法。

（二）人權 —— 憲法是人權的宣言、權利的保障書

美國和法國在立憲前都公佈過保障人權的法案或人權宣言，後來《法國憲法》以人權宣言為序言，美國憲法前 10 條修正案也以「權利法案」著稱。憲法要以國家權力與公民權利的配置為核心。歐美立憲的初衷就是要「規定一個受人民權力與權利所制約的政府」，通過憲法確定民權，同時對政府既授權又給予必要限制，以保障民權。實行憲政就是要使權利和權力各得其所，並以權力制約權力，以權利制衡權力。

（三）法治是行憲和護憲的主要手段

不搞法治而行人治，勢必否定憲法的權威，造成違憲甚至破壞憲法，且得不到糾正與追究。實行憲政就是要完善憲制，以憲法為根據實行依法治國，即用憲法的民主原則和法治精神來治理國家，這也就是「憲治」。依法治國，首要的是依憲治國。憲治是法治的前提。離開了憲法與憲政，法治就失去了基本依據，可能陷入專制的法制。中國「文化大革命」中的無法無天，首先是從破壞憲法、否定憲法開始的。而每樁無法無天的行為的矛頭都是針對憲法的。因此為保證憲法實施，為維護憲法的尊嚴和憲法作為母法的地位，一定要建立一整套憲政制度，諸如人民代表大會的各項制度、憲法解釋制度、憲法修改制度、立法程序、人大監督制度、執法檢查制度、違憲審查制度、普及憲法和法律制度……這都是憲法自我保護的制度。

二、憲法是靜態的，憲政是動態的

憲法是死的條文，憲政是活的憲法。憲法是民主的綱領和權利的宣言，憲政則是民主政治的實施和人權的實現，是憲法的實際操作，亦即憲法三要素的運作過程。它是在憲法的穩定性基礎上，相對地運動發展的。所謂「憲政運動」，首先是立憲運動，爭取創立一部民主的憲法。憲法創制後，並非憲政的終結，而是憲政的繼續。孫中山在他的

《國民政府建國大綱》第 25 條中宣稱:「憲法頒佈之日,即憲政告成之時。」這只是指立憲運動告成,而不能說是整個憲政運動的完成。立憲之後,還有行憲、護憲和守憲以及根據時代要求與憲政實踐進一步發展憲法(修改憲法)等動態過程。

三、憲政是憲法的靈魂、動力和支柱

有無憲法是有無憲政的一個重要標誌,但並不能因此得出:有了憲法必然就有憲政,或沒有憲法就一定沒有憲政的結論。從憲政史角度看,憲政與憲法的關係存在過以下幾種狀態:

(一) 無憲法亦無憲政

這是封建專制政治的特點。中國傳統的政治文化就是如此。其中也有可為現代憲法與憲政借鑒的某些開明的政治措施,如仁政與吏治等等。但畢竟談不上是現代意義的憲政思想。

(二) 有憲法亦有憲政

這是近代民主政治的特點。其中有階級性的本質區別和國情的差異,在創制憲法、實行憲政中,民主的真實性、人權的保障、法治的完備性上是各不相同的。

(三) 無憲法卻有憲政

有三種情況:(1) 在立憲運動中,雖無憲法,卻有憲政運動;(2) 英國無成文憲法,卻有憲政慣例和憲法性立法;(3) 我國 1954 年前尚無正式憲法(只有臨時憲法性質的「共同綱領」),但有初步的民主和法制,即有初級的憲政。

(四) 有憲法無憲政

如清朝末年的《欽定憲法大綱》、民國初年的《中華民國臨時約法》、《袁氏約法》等。又如我國 1954 年《憲法》制定後,從 1955 年的

批胡風、1957 年的反右，以及之後一系列不斷的政治運動，以階級鬥爭為綱，民主的憲政精神備受摧殘。「文化大革命」中大行「全面專政」，更無民主可言，又「徹底砸爛」法制，踐踏人權，破憲毀憲，憲政蕩然無存。

(五)「違憲」而有憲政

這是指違反憲法中反民主、反人權的規定，進行爭民主、爭人權的憲政運動。如第二次世界大戰期間，人民群眾對希特勒的納粹憲法與法律進行抵抗運動。又如中國「文化大革命」期間，人民抵制 1975 年《憲法》，反對「繼續革命」、對人民「全面專政」的封建法西斯統治，在天安門舉行「四五」運動，也是一次要民主、爭人權、要求實行社會主義憲政的群眾運動。1978 年黨的十一屆三中全會以後，實際上否定了 1975、1978 年《憲法》中「無產階級專政下繼續革命」等極「左」的理論、路線，實行了一系列違反 1978 年《憲法》某些規定的改革開放舉措，雖是「違憲」的，卻反而是符合憲政精神的。

由此可見，實行憲政在正常情況下，固然要以憲法為前提，無憲法即無憲政；但有了憲法，卻不必然有憲政；違反憲法，有時倒可能有憲政運動。這表明憲政是憲法的靈魂。沒有憲政精神和憲政運作，憲法就徒有其名，只是一張寫著人民權利的紙而已。憲法是靠實行憲政得到實施、維護和完善、改進的，因此憲政也是憲法的動力和精神支柱，依賴它的運作可以促進憲法權威的樹立和人民權力與權利得到有效的保障。

四、實行憲政要有「憲德」

「憲德」一詞，較早見於錢端升、王世傑所著的《比較憲法》一書。所謂「憲德」，即實行憲政（或憲法）所應有的政治道德、民主法治觀念和人權至上意識。「徒法不能以自行」，還要與「德」相輔而行。「憲德」的核心是在法律面前的平等觀念、民主精神和追求公平正義的品質和操守。人人（包括一切政黨）都必須嚴格遵守憲法和法律，不得有超越憲法的特權。人人也都必須切實維護憲法，對違憲行為必須嚴加追

究。現在有所謂「觸犯刑法要治罪，違反憲法無所謂」的現象，這是缺乏憲政意識的表現。至於「文革」中一張大字報就可以打倒一個國家主席，顯然是有失憲德所致。1978年美國曾頒佈一個《從政道德法》。制定一個社會主義的從政道德法，對於我們建立一個憲政國家更是十分必要的。

第三十一章
民主、共和與憲政

· 本章原作於 2001 年 7 至 8 月，以〈民主的限度及其與共和、憲政的矛盾統一〉為題載
  上海《法學》，2002 年第 2 期。

我國的國號是「中華人民共和國」，其中「人民」二字，無論在宣傳和理論研究上都十分突出，諸如我國是「人民當家作主」的國家，實行「人民民主專政」，我國的政府和司法機關都冠以「人民」二字，政府是「為人民服務，對人民負責」的……改革開放以來，對民主、法治的研究和宣傳也較多。但對於「共和」「共和國」「憲政」等詞的含義及其與民主、法治的區別，共和精神和憲政理念的重要意義，理論界、特別是法學界卻很少涉及，一般人更知之甚少。對「共和國」的理解，只限於認為它是與君主制相區別的民主國家而已。近來在國際和國內出現的幾樁政治事件和案例，人們從中可以發現，原來「民主」同「法治」、「憲政」、「共和」雖是內涵相通、可以和諧並存的，但在一定條件下存在矛盾和衝突。

一、對幾個案例的評析

案例一：美國第 43 屆總統的選舉

　　2000 年美國第 43 屆總統大選，因選票統計問題，民主黨與共和黨鬧得不可開交，出現了憲政危機，全世界都在等着看美式民主選舉的笑話。可是美國恰恰不是靠議會的民主，讓民主黨運用它在佛羅里達州選民和議會多數的優勢，改變既定的選舉規則，進行重選或重新點票；而是最後由聯邦最高法院一槌定音，解決了危機。這是因為在競選過程中，不是取決於議會的民主多數決定一切的原則，以民主的權力擅自修改既定的遊戲（選舉）規則，而是取決於憲法、法律的規定和法院的最終裁決權，亦即取決於憲法的權威和法治———美國的司法至上原則。[1]

---

1. 參閱香港《信報》文章，轉見〈從美國總統大選看共和與民主〉，《改革內參》，2001

在兩黨候選人勝負未定、相持不下之際，美國《紐約時報》《華盛頓郵報》等報紙的評論，也驚呼「現在國家在選舉中幾乎是一半對一半地分成兩部分」，呼籲布殊和戈爾要以政治家風度，以全國大局為重，相互自制，「雖然他們和所有公民一樣有自己的合法權利，但他們作為政治領導人還有更大的責任，要確保自己的行動符合廣泛的國家利益」，要「按制度辦事」，不要「從法律上挑戰選舉結果的合法性」，進行無止境的訴訟，遷延選舉時日，引致憲法危機，而應當尋求在政治領域解決同選舉有關的問題。美國史丹福大學法學教授哈德維指出，如果全美國 50 個州都要重新清點選票，勝利者要等好幾個月才能明朗，這種民主是不可取的。「他提醒美國人民，他們是生活在共和制度下，並不是真正的民主。」[2] 這些都是要求他們尊重憲政與共和精神。在聯邦法院宣佈布殊勝出後，儘管戈爾在全國總得票數超過布殊（只是由於按美國選舉法的「選舉人」制度，他所得選舉人票數少於布殊），而且佛羅裏達州棕櫚縣的選票設計不當、計票辦法有誤，影響他的得票數，他也坦然服膺裁決，接受敗局，向布殊祝賀。美國總統選舉歷史上罕見的選舉危機至此順利結束。這被認為不只是共和黨的勝利，而是美國的「共和」精神的勝利。[3]

年第 5 期。另報載，2001 年 5 月 10 日，美國眾議院以多數票通過決議案，停止補交美國拖欠聯合國會費 2.44 億元，並附上條件稱：「直到美國在聯合國人權委員會的席位得到恢復」為止。這可以說是運用美國國內的「民主」手段，對抗聯合國的法制。同時也是違反美國憲法關於「正當法律程序」的精神實質，和其《美國憲法》第 6 條規定的美國所締結的國際條約「均為全國最高法律」的原則。這表明美國在事關本國利益時，為了維護其國際霸權，不惜以美國式民主來對抗國際「共和」精神和法制，而美國的聯邦法院這時卻默不作聲。

2. 2000 年 11 月 10 日《紐約時報》社論：〈走向法庭的致命一步〉；《華盛頓郵報》社論；《西雅圖時報》社論：〈按制度辦事，尊重選舉結果〉。美國之音記者採訪史丹福大學教授哈德維的報道。

3. 參閱香港《信報》文章，轉見〈從美國總統大選看共和與民主〉，《改革內參》，2001年第 5 期。另報載，2001 年 5 月 10 日，美國眾議院以多數票通過決議案，停止補交美國拖欠聯合國會費 2.44 億元，並附上條件稱：「直到美國在聯合國人權委員會的席位得到恢復」為止。這可以說是運用美國國內的「民主」手段，對抗聯合國的法制。同時也是違反美國憲法關於「正當法律程序」的精神實質，和其《美國憲法》第 6 條規定的美國所締結的國際條約「均為全國最高法律」的原則。這表明美國在事關本國利益時，為了維護其國際霸權，不惜以美國式民主來對抗國際「共和」精神和法制，而美國的聯邦法院這時卻默不作聲。

共和精神主張的是合眾（共）、和諧（和）與平衡（權力制衡），強調憲政和法治（包括規則）。狹義的民主強調的只是多數統治（多數票決定制），共和精神則要求天下為公，和衷共濟，全民平等，保護少數，反對以「多數專制」的「民主」，作出違反憲法的決定（後者是體現全民意志的最高準則）。這一案例顯示，民主是有限度的，憲政原則和共和精神高於多數制民主。

案例二：印尼議會罷免總統

2001 年 7 月 23 日，印尼最高權力機構人民協商會議召開特別會議，以 591：0 的絕對票數，通過罷免了時任總統瓦希德的決議，並推選原副總統梅加瓦蒂繼任總統。事後瓦希德聲稱：「民主是由政治、法律和道德三個部分組成，從政治上講，梅加瓦蒂已經當選為國家總統，但是從法律和道義上講，我仍然是這個國家的總統。」[4]

瓦希德此話雖然是為保住他自己的權位與面子所作的辯白，是在對抗人民協商會議的民主權力，似過牽強，但從憲政原則上說，不無道理。他指責人民協商會議罷免總統的決定是「違反憲法」的。的確印尼憲法上並無彈劾總統的規定；憲法也沒有規定總統要對人民協商會議負責。關於對總統的罷免權，是根據人民協商會議自己於 1978 年通過的一個決定規定，「在總統違反國策大綱時可以將其罷免」。另外，在它通過的《印尼基本法說明》中也指出：「雖然國家總統不必向國會負責，但他不能是『獨裁者』，必須向人民協商會議負起責任。」印尼有些法律專家認為「人協」的權威低於憲法，它不能決定憲法中沒有的事項。[5] 此即不能以人協通過的法律性決定（儘管它是按民主程序、以多數票決定的）去修改經全民公認的憲法。

從以上可見，瓦希德所謂的「政治上梅加瓦蒂已經當選為總統」，是指她是符合人協的民主程序而當選總統的；而他所謂的「法律上和道德上我仍然是總統」，則是基於人協的罷免決定是違憲或沒有憲法根據

---

4. 見新華社雅加達，2001 年 7 月 24 日電。

5. 參見日本《朝日新聞》，2001 年 7 月 24 日報道：〈瓦希德強行罷免警察總長導致自掘墳墓〉；《檢察日報》，2001 年 7 月 24 日第 5 版文章：〈591：0，印尼罷免瓦希德〉。

的。從道德上講，也是有違共和精神的。這裏我們看到了民主高於憲政的現象：是印尼議會民主的勝利，但卻是以民主的「多數」超越憲政的權威取得的勝利；同時，未能照顧瓦希德所代表的另一部分國民（有4,000萬成員的東爪哇伊斯蘭教師聯合會）及其「民族覺醒黨」的權益，在道德上也有失共和精神，更不要說這次「民主」的勝利，是在軍人支持下取得的。當然瓦希德的倒臺，有其自身政治上的大權獨攬、政德不佳，導致眾叛親離等原因。

案例三：六位出嫁女以法治挑戰村民民主

2001年4月27日《檢察日報》第1版發表了一篇報道：《六位出嫁女挑戰鄉規民約》，講的是1994年4月20日，在湖南省桃江縣桃花江鎮肖家村梭關門村民小組召開的村民大會上，經大多數村民同意通過了一項「組規」：《梭關門村民小組承包責任制的各項規定》，其中規定：「凡出嫁到城關鎮的女青年，戶口在本鎮本村本組的，一律不享受本組村民的待遇。」據此該組將縣政府徵用該組49畝土地所支付的78萬元徵收費、補償費，分配到戶，而對已出嫁但戶口仍在本組的六位婦女卻分文不給。雖經她們反覆據理力爭，組、村、鎮三級幹部都予拒絕，理由是「組規代表了大多數村民的意見」。當地社會輿論也認為，六女對抗組裏大多數人的規定，「難道胳膊能撐得過大腿？」終於引發了一場六女狀告村組的訴訟。經縣法院審判認為，該「組規」違反了我國《憲法》和法律規定的男女平等原則，無法律效力，判決被告梭關門村民小組10日內立即付清六女應得的土地徵收費。

這一案例顯示出，這六位現代農村婦女能打破當地多數人頭腦中長期存在的男尊女卑封建思想的影響，懂得拿起法律武器，為自己的平等權利而鬥爭。同時更發人深思的是，這一案例顯示出的民主「多數決定制」原則受到的挑戰，即少數得以勝訴表明，在特定條件下，法治的權威勝過多數人的民主決定，這也體現了「保護少數」的共和精神。在這個案件中，民主同法治、共和產生了矛盾。

通常我們強調「民主是法治的基礎，法治是民主的保障」，似乎二者之間不存在任何矛盾或衝突。這從宏觀上、總體上看，是有一定道理的。但是在這個個案中，卻是以法律或法治（司法）否定了民主——由村民的多數所作出的規定。原因在於這個「組規」本身是違反憲法和

婦女權益保障法、婚姻法等法律的原則與規定的，儘管它是代表了該村民小組多數人的意志。

雖然作為基層人民群眾自治組織的村民小組的民主決定，與作為政權機構的人大民主權力，其權威是有很大區別的，但無論如何，即使全國人大也不能以其民主權力，通過違反憲法或剝奪公民基本權利與基本人權的法律或決定。由此就提出了一個不為多數人所注意的問題：民主的權力是有限的，民主原則——「多數統治」、「多數票決定制」，不是至高無上的。在它之上的，還有法治或憲政原則與共和精神。

案例四：瀋陽市人大會議以多數票否決法院報告

在 2001 年 2 月 14 日召開的瀋陽市第十二屆人大全體會議上，在對瀋陽市中級人民法院的工作報告表決時，贊成票不過半數，致使報告未獲通過。大會主席團作出由市人大常委會繼續審議，並將審議結果向第五次人大全體會議報告的決定。此前，瀋陽市發生一系列腐敗大案（包括原副市長、政協副主席、檢察院檢察長、法院副院長等案），引起了人大代表對法院工作的極大不滿。這可能是法院工作報告被否決的主要原因。[6]

法院的工作報告未獲人大通過，在全國尚屬首次。這一事件引起了社會的廣泛反響。法學界有些論者認為「這是中國民主政治的標誌性事件」，它「意味着我們的民主制度正逐漸走向成熟」。[7]

人大敢於動真格地對應向它負責的司法機關說「不」，的確顯示出人大的民主權力的權威，這或許可以說是人大民主監督的一個突破性的勝利。但是深入思考一下，當今我國司法的腐敗，僅僅是由於司法系統自身的原因，還是基於整個政治體制的痼疾，司法依附於地方黨政機關，不能獨立行使權力所致？徹底解決司法獨立問題，是屬於實施憲政的問題，豈是向法院工作報告說「不」就可以解決？人大自己應當負起什麼責任？

---

6. 參見 2001 年 2 月 16 日，《中國青年報》報道。在這次瀋陽市人大全體會議上，應到代表 508 名，出席會議代表 474 名，法院工作報告獲贊成票 218 票、反對票 162 票、棄權 82 人，9 人未按表決器，贊成票未過半數，致使法院的工作報告未獲通過。

7.《中國青年報》，2001 年 2 月 16 日。

由此產生一個問題：是人大民主權力高於憲政權威，還是反之？

這個問題也存在於全國人大。繼瀋陽市人大之後，在同年3月召開的九屆全國人大三次會議上，最高人民法院和最高人民檢察院的工作報告雖然以2/3的多數票通過，但由於仍有近1/3的反對票和棄權票，以致引起國人以及中外記者的關注。一個原因可能是近年來全國人大各項報告得票率都很高，唯獨「兩高」幾乎重複出現反對票與棄權票居高不下的記錄，2002年比去年又有所增高。人們擔心如果遇到報告未獲通過的情況，該如何處置？

在實行責任內閣制的國家（如英國），政府對議會負責，政府有關財政和重大政策的報告或議案未獲議會通過，就相當於對議會的不信任投票，可能導致有關官員或整個內閣辭職。不過對於司法機關，又自有其特殊性。在實行三權分立、司法獨立的國家（如美國），雖然法官的任命也要經議會批准，但法院並不對議會負責，沒有向議會作工作報告、接受議會審議的義務，議會無權干預法院的工作和法官的獨立審判。相反，在美國聯邦最高法院還有權對議會通過的法律在適用時作違憲審查。因而他們甚至提出「司法至上」的口號，法院享有最高的權威。

誠然，我國的人大制度同西方議會制有很大不同。我國是一切權力集中於人大，法院和檢察院都是由人大選舉產生，自然要對人大負責，接受人大的監督。但我國《憲法》也規定了司法機關獨立行使職權，不受任何行政機關、社會團體和個人的干涉。那麼人大對司法機關的監督，同人大對行政機關的監督是否毫無區別呢？或者它同法院和檢察院獨立行使職權的原則如何和諧、平衡呢？是否只是審議其報告，決定報告是否通過就算盡了人大的職責；要不要反過來，對由它選出來的、向它負責的機關，也「負責」為它創設順利地、獨立地行使權力、搞好工作的條件呢？也就是說，人大行使民主權力的同時，是否還要顧及共和精神與憲政原則呢？

於此，我國法學界已有論者認為，應當取消法院向人大作報告的制度，以保障司法獨立，不受人大的干預。[8] 這種思考實質上是提出了

---

8. 參見周永坤、朱應平：〈否決一府兩院報告是喜是憂〉，載《法學》2001年第5期。

一個帶有根本性的憲政問題：是人大的民主權力至上，還是尊重司法獨立和法治權威？

　　從以上幾個案例可以看出，我國人大、政法機關和法學界有必要重新認識、研究和正確處理有關民主、共和、法治、憲政等基本問題，明確其概念與相互關係，及其在國家政治生活中各自的地位與價值。

二、民主與共和、憲政的本質及其區別

　　這些年間，政治學界對這同屬一範疇的上述三個概念已有所研討。[9] 下面僅就筆者的淺識，略述這幾個概念的大致內涵及其本質區別。

(一) 民主 (democracy)

　　「民主」一詞的含義，在現代，特別是在中國是一個被泛化甚至被濫用的概念。在思想、作風、精神、手段、方法、制度、國體、政體……諸多層面，都可以冠以「民主」一詞。但從政治上界定，簡而言之，是指奉行「多數統治」的政治制度。從國體上說，是指與君主制、寡頭制、獨裁制相對立的、以某一個或幾個階級、或全體國民中大多數人的意志為準繩進行統治的政權，即所謂「主權在民」；其實現的主要途徑是這些統治階級的成員或全體人民有權選舉自己信任的人擔任執政者和隨時或定時更換他們；其代表機構（人民代表大會或議會）有決定國家大事（主要是立法與監督政府）的民主權力；人民的選舉制度和人民代議機關的議事制度，都是實行多數票決制。

　　多數統治和多數票決制之所以被認為是民主的，主要是基於：(1)能體現和照顧統治階級中大多數人的權益，因而是合乎正義的；(2) 多數人的智慧和利益傾向性總比少數人或一個人要全面、公正；(3) 「多

---

9. 這方面的資料可參閱陳曉律的〈對民主的歷史思索〉；方維規的〈「議會」、「民主」與「共和」概念在西方與中國的嬗變〉，載《二十一世紀》，第 58 期；劉軍寧：《共和‧民主‧憲政》(上海：三聯書店，1998)；王天成：〈論共和主義〉、〈再論共和國──一次夜半對話〉，載 BEIDA_ONLINE.COM。

數票決制」比「全體一致通過」要簡易可行、有效率；(4) 多數人贊同的決定易於在多數人和全體中推行等等。

上述理由在一般正常情況下是對的，這也是民主受人推崇的緣故。但也並非絕對有理。最大的弊病是未能兼顧少數，往往忽視少數，甚至變成多數專制，壓迫少數，既不公平，也非正義。有時真理掌握在少數人手裏，因而多數人的智慧也未必一定比少數人乃至某個人高，特別是當多數人受某個特殊勢力或具有特殊威權的領袖人物所操縱，或受某種情緒化的因素煽動起來時，對其對立面少數往往十分瘋狂和暴烈。法國大革命時期的恐怖殺戮就是如此。我國「文革」中「群眾專政」的所謂「大民主」也是如此。多數專政演變為「暴民政治」或「民主的暴政」。即使是在議會這樣精英薈萃的機關，有時也難免以多數壓迫少數，作出違反憲政與共和精神、侵犯少數人的人權和公民基本權利的決定。

有意思的是，據有些學者考證，我國最早幾部由西洋人編撰的雙語辭書中，把 democracy 譯釋為：「既不可無人統率，亦不可多人亂管。」〔馬禮遜：《五車韻府》(1822 年)〕或「眾人的國統，眾人的治理，多人亂管，小民弄權」。〔麥都思：《英漢字典》(1847 年)〕，或「民政，眾人管轄，百姓弄權」。〔羅存德：《英華字典》(1866 年)〕這可能是沿襲了早期古希臘思想家對那時的民眾大會的「直接民主」「原始民主」的評價。如柏拉圖在《理想國》中提出「民主」有好壞之分；亞里士多德在其《政治學》中認為民主是正常情況下最好的體制，而「民主」的變種則有壞事之處；古希臘歷史學家、政治思想家波利比奧斯 (Polybius) 只把理想的民主稱為「民主」，而壞「民主」則是「群氓統治」和「拳頭之治」。[10]

從民主的長期歷史實踐看，民主是迄今人類發明的一種比較好的治國方式，但也不是最完善的方式。它必須同人類發明的共和制和憲政、法治等相互結合，才有可能抑制和防止其消極性和破壞性的一面。所以西方學者有所謂的「民主是所有惡魔中比較好的惡魔」之說法。

---

10. 以上轉引自方維規的〈「議會」、「民主」與「共和」概念在西方與中國的嬗變〉。

(二) 共和 (Republic)

共和、共和制、共和國，同民主、民主制、民主國的內涵有重疊的地方，如都奉行「主權在民」原則，反對君主制和專制政治。人們常把二者 (Republic, Democracy) 視為同義詞，共和國等同於民主國。在新中國初建確定國號時，毛澤東原擬國名是「中華人民民主共和國」，一位民主人士、著名政治學家張奚若教授認為共和國即是民主國，兩個詞重複，建議刪去，即成為現稱「中華人民共和國」。這有一定道理。

但是，「民主」與「共和」詞義雖有交叉，畢竟並非同一，其中還有某些本質區別。

前已提及，「共和」主張的是合眾 (共)、和諧 (和) 與平衡 (權力制衡)，強調憲政和法治。狹義的民主強調的只是多數統治 (多數票決制)；共和精神則要求保護少數，人人平等，反對「多數專制」。

「共和國」一詞的英文是 "republic"，它來源於拉丁語 *res publica*，字面含義是「共同的事業」「共同的產業」。英文 "republic" 除指「共和國」、「共和政體」外，還指「其成員享有平等權利的任何團體」。英語國家經常用以指稱「共和國」的又一個詞是 "commonwealth"，其字面含義是「共同的財富」，所以共和國又可稱為「共富國」；"commonwealth" 的另一含義是「聯邦」，如英聯邦的英文原文是 "The British Commonwealth of Nations"。澳大利亞聯邦稱為 "The Commonwealth of Australia"。[11]

美國是聯邦制共和國，稱為「合眾國」 (United States)，強調了和諧聯合各邦 (州)、建立謀取共同利益的聯邦政府。其開國元勳「聯邦黨人」倡導的是共和思想，而不是狹義的民主思想。[12] 他們把實行聯邦制作為共和制的基本目標。他們認為「聯邦共和國的定義看來就是『一

---

11. 〔英〕沃克，鄧正來譯：《牛津法律大辭典》(北京：光明日報出版社，1988)，頁 186「共和政體‧英聯邦」條。

12. 當然那時美國的立國者雖是共和主義者，也並未真正實行全民共和，奴隸和印地安人就排除在「共和」之外。最初的《美國憲法》中，奴隸只能算 3/5 個人，沒有平等的選舉權，婦女也無選舉權。華盛頓本人當時就畜奴 300 多人 (後者參見英國《新非洲人》月刊，2001 年 5 月號上所載的雷吉娜傑里‧馬蘭達：〈喬治‧華盛頓怎樣對待他的奴隸〉)。

些社會的集合體』，或者是兩者或者更多的邦聯合為一個國家。」「我們是一個和諧如一的人民，每個公民到處享有同樣的國民權利、特權並且受到保護。」[13]他們認為「民主政體和共和政體的兩大區別是：第一，後者的政府委託給由其餘公民選舉出來的少數公民；第二，後者所能管轄的公民人數較多，國土範圍也較大」。「在民主政體下，人民會結合在一起，親自管理政府；在共和政府下，他們通過代表和代理人組織和管理政府。」[14]他們把共和制等同於聯邦制，他們所反對的民主政體是指那種小城邦民眾大會的直接民主（如古希臘的雅典），而把代議制等同於共和制。他們還否定多數專制的「集權民主制」。傑弗遜說：「173個暴君必然與一個暴君一樣具有壓迫性……一個由民主選舉產生的專制政府並不是我們奮鬥所尋求的目標。」[15]他們認為「在共和國裏極其重要的是，不僅要保護社會、防止統治者的壓迫，而且要保護一部分社會反對另一部分的不公。在不同階級的公民中必然存在着不同的利益。如果多數人由一種共同的利益聯合起來，少數人的權利就沒有保障。」[16]

關於「共和」的定義，孟德斯鳩說：「共和政體是全體人民或僅僅一部分人民握有最高權力的政體。」[17]亨金說：「共和意味着最高權力掌握在人民手中，權力的淵源是人民，以及政府是由人民建立的，並且是向人民負責的。」[18]這類定義同民主政治的含義相重疊。亨金又認為：「從詞源學上講，『共和』的意思基本上相當於公共財富或公共利益（commonwealth or common weal）」，[19]這是共和的又一含義。托克維爾

---

13. 〔美〕漢密爾頓等，程逢如等譯：《聯邦黨人文集》（北京：商務印書館，1995），頁43、8。

14. 同上，頁49、66。

15. 轉引自〔美〕塔爾門：《集權民主制的興起》（波士頓：培根出版社，1952）。

16. 同前注13，頁266。

17. 〔法〕孟德斯鳩，張雁深譯：《論法的精神》（上冊）（北京：商務印書館，1993），頁8。

18. 〔美〕亨金，鄧正來譯：《憲政・民主・對外事務》（北京：三聯書店，1996），頁12。

19. 同上。

說：「在美國，所謂共和是指多數的和平統治而言。」[20]、「人們把共和理解為社會對自身進行的緩慢而和平的活動。它是一種建立在人民的明智意願之上的合理狀態。」[21]這一定義則強調共和是和平的統治和和諧的共同體。

總之，「共和」包含國家權力的共有，公共財富的共享，統治者與人民、這一部分與那一部分人民和諧共處等含義。

近現代的共和制發端於本是君主國的英國，是所謂「虛君共和」，或「君主立憲」。可見共和不在於有無君主，而在於國家權力是否由人民掌握，實行分權制衡，國內各階級、各利益集團能共享政權，共同行使公共權力，共享社會財富。這才是共和主義的要義。可能名義上叫共和國，而實質上仍然是一個人或一個階級、一個集團大權獨攬的專制國家（如古希臘是貴族共和、平民共和，而非奴隸主與奴隸「共和」。古代羅馬共和國實際上是寡頭專制；「二戰」前德國的納粹黨、西班牙和意大利的法西斯黨也曾一度得到全國大多數人的擁護；蘇聯號稱社會主義聯盟共和國，實際上也是一黨或一人專政。薩達姆時代的伊拉克共和國、卡紮菲的「大眾社會主義」也都是獨裁統治）。

可見，共和制不僅與君主制對立，而且與任何專制政體對立（當然，無論是古希臘奴隸主的共和國和西歐封建時代的威尼斯、佛羅倫斯等小的民主共和國，以及資產階級共和國都基本上只是少數統治階級執政，在統治階級內部有民主和共和，在全民中卻沒有做到共和的公天下）。

但有一點是肯定的，即人類共和的理想要高於民主的理論與實踐。共和理念包含民主思想，而高於民主政治。因為：

1. 民主只是統治者中的多數的統治；共和則要求國家權力全民共有、共治。君主制的政權是一人的家天下，民主政權是多數人壟斷的公天下，而理想的共和制政權則要求建立全體國民共有的公天下；

---

20. 〔法〕托克維爾，董果良譯：《論美國的民主》上卷（北京：商務印書館，1993），頁461。

21. 同上。

2. 民主政治的民主只解決國家權力或主權的歸屬，而共和則進一步強調對國家權力的分權制衡，對民主可能產生的「多數專制」加以制約；

3. 民主只是崇拜多數；而共和則要求同時保護少數。民主只以多數人的意志與利益為依歸，以能保護多數人而不是「每個人」的人權為「正義」，仍有所偏頗；共和主義強調代表和兼顧所有人的權益，要求執政者處事要具有公平、公正、中立、寬容等政德，對社會各民族、種族、階級、階層、各多元化的利益群體的共同利益、特殊利益和個人利益，都採取統籌兼顧政策、寬容寬厚的精神，也就是要「為政以德」，「天下為公」。

我國從孔夫子到孫中山所追求的「天下為公」、「世界大同」的理想，可以歸入「共和」思想範疇。而馬克思所追求的建立「自由人的聯合體」，實現全人類的徹底解放，可謂「共和」主義的最高境界，但這些現今都還只能說是遙遠的願景而已。

(三) 憲政 (constitutionalism)

什麼是憲政？毛澤東曾經有個定義：「憲政就是民主政治。」這是對憲政的簡要定義，卻是狹義的簡單化的定義，它沒有包括人權與法治，也沒有指出它的關鍵所在，即對公民權利的保護和對國家權力的控制。

華盛頓大學政治學教授丹尼爾‧沙勒夫（Daniel Solove）認為：「憲政的產生總是基於這樣的理由，即確定國家權力的邊界並限制國家的管理者。憲政是一個比法治或法治國更抽象的概念，其含義與有限國家相當。在有限國家中，正式的政治權力受到公開的法律控制，而對這些法律的認可，又把政治權力轉化成為法律界定的合法權威。」[22]

憲政主義堅持認為對民選的政府也要防衛，以保護人權與公民個人權利。所以，憲法的主要內容是保障人權和「規定一個受制約的政

22.〔美〕丹尼爾‧沙勒夫：〈社會運動‧憲政與權威〉，載《憲法比較研究文集3》（濟南：山東人民出版社，1993），頁274。

府」。正如愛德華・科爾文（Edward Corwin）教授所說：「個人權利，既然它們高於憲法，先於憲法而存在，憲法中對個人權利的羅列並不給予任何權威，可能只是一種保障。換句話說，並不是因為憲法提到了這些權利它們才是基本的；它們是基本權利，所以才寫在憲法中。」[23] 而公民的基本權利是高於任何國家權力的，「任何國家權力（立法、行政和司法權）都不能違反有關這些基本權利的規定而作為或不作為。」[24] 即使人民的代議機關通過民主的程序「合法」地制定了法律，行政機關也依此法行政，如果這些立法與執法侵犯了公民的基本權利和人權，都是不合法的，無效的。憲政主義對這樣的「民主」是持懷疑、否定和抵制的態度的。民主制注重程序的正當性、公開性；憲政雖然也重視程序，但否認程序的首要作用和決定作用。所以憲政雖然也包容了民主的一些要素，但同時也排斥了「多數專制」的民主暴政。

憲政一方面保護人民的基本權利，並規定一切國家公權力的唯一來源與根據，只能是憲法；另一方面又限制代議機關的民主權力。後者在權力分立國家，多是以獨立的司法審查——違憲審查權來制衡議會的立法權。民主主義者認為以少數法官的判斷來否定由議會多數通過的法律，是違反民主原則的。而以「司法至上」著稱的美國憲政體制則認為，這正是憲政與共和原則高於民主原則的體現，其目的在於防止借民主的多數，侵犯公民的憲法基本權利。

誠然，憲政與法治是建立在人民民主的基礎上的，沒有民主就不可能產生現代意義的法治和憲政；同樣「沒有分權就沒有憲法」，不以分權和法治來約束和節制民主權力，也就沒有憲政，不可能實現「共和」，民主政治權力就難免不蛻化為多數專制的暴政；不受法治約束的民主權利（如所謂無法無天的「大民主」），也會導致恐怖的暴民政治。

如果把民主的概念擴大，或者在共和與憲政的內涵中吸收民主的精神，那麼憲政中的民主，是保障人權與個人自由、以分權制衡、制約

---

23. 〔美〕愛德華・科爾文：〈美國憲法的基本原則〉，載《密西根法律評論》，第 247 期（1914 年），頁 247。

24. 〈德意志聯邦共和國的法律體系〉，載 2000 年 6 月 12–13 日在北京召開的中德「對行政的法律約束和對個人的法律保護」國際學術研討會會議資料。

公權力的民主；共和中的民主，則是不同社會主體和諧共存，權利人人
平等，社會資源公平共享，既尊重多數又保護少數，反對任何暴政。

　　由此我們可以得出，雖然共和與憲政要以民主為基礎，但民主應
當是共和的，民主要受憲政的制約；民主主要解決國家權力的歸屬問題
和正當程序問題，共和則是民主的目標，憲政是民主的準則和共和的保
障。三者既有矛盾，又相互依存，相互促進。但總體上憲政高於民主，
共和精神則應貫穿於民主和憲政之中。

三、民主、共和、憲政在中國的歷史命運

　　中國是一個有幾千年封建專制傳統的國家，既無古代希臘羅馬的
民主、共和傳統，在接受和借鑒近現代西方民主、共和、憲政思想與制
度上，也進展緩慢，步履維艱。

(一) 關於「民主」

　　中國古代雖有「民主」一詞，但卻是指「民之主宰者」，即帝王與
官吏。(《三國志・吳書・鐘離牧傳》：「僕為民主，當以法率下。」) 是
作民之主或者替民作主。這種「民主」，至今猶有遺傳。而近世的民
主，在新中國成立後雖已建立，人民也曾感受過「人民當家作主」比舊
政權的優越性，並對之抱有很大的期望。可惜的是，長期人治的盛行，
民主的許諾多於民主的實惠，人們既較少享受民主的好處，倒是從五十
年代後期起到「文化大革命」終結，長期遭受民主消極面的後果，一是
領導人個人專權的「集權民主制」(即所謂「集中指導下的民主」) 的
折騰；二是所謂「大民主」即「多數專制」或「群眾專政」的災難。直
到「文革」結束，進入改革開放時期，民主建設才有所進展，但在認識
和實踐上還存在較大差距，乃至誤區。如人大的民主權既存在沒有完
全到位和監督乏力的情況，有待大力加強；又開始出現越權干預行政事
務和司法獨立的苗頭，甚至發生以人大「民主」權力作出侵犯公民基本
權利的「立法侵權」行為，這些都需要引起極大關注。

(二) 關於「共和」

1. 近現代中國共和思想的發端與曲折

我國古代也有「共和」一詞，一是在周厲王執政時發生奴隸和平民大暴動，周厲王逃跑，周宣王執政，國號「共和」，可能是宣告共享和平的意思（一說是厲王出奔後，由「共和伯」代理政事，故號「共和」；另一說是召公、周公共同執政，故號「共和」）。[25] 所以「共和」一詞又有共同執政、和衷共濟的意味。雖然它同古希臘、羅馬的共和國和現代意義的共和制是兩碼事，但也可略見早期我國將 "republic" 翻譯成「共和國」，可能取其中有權力共有與和諧治國的意思。它與中國先秦儒家孔孟所推崇的德政、仁政、王道也有相通之處。但中國從古代到近現代，從未建立過名副其實的共和制度。

應當說，關於共和，作為孫中山先生的理想，他比歷史上其他領袖人物對此有更多的理解與追求。[26] 他認為：「中國革命之目的，是欲建立共和政府，效法美國，除此而外，無論何項政體皆不宜於中國。因中國省份過多，人種複雜之故，美國共和政體甚合中國之用。」[27] 他的「三民主義」貫穿了共和精神。如他的民權主義主張「天下為公」，「主權屬於國民全體」（《中華民國臨時約法》第 2 條），公權力「為一般平民

---

25. 參見《史記·周本紀》，商務印書館 1988），頁 170 頁，《辭源》「共和」條。

26. 早在 1897 年 8 月，孫中山在同日本人宮崎寅藏、平山週二人的談話中就提出：「余以人群自治為政治之極則，故於政治之精神，執共和主義。夫共和主義豈平手而可得，余以此一事而直有革命之責任者也……方今世界文明日益增進，國皆自主，人盡獨立，獨我漢種每況愈下，瀕於死亡。丁於斯時也，苟非涼血部之動物，安忍坐圈此三等奴隸之獄以與終古？是以小子不自量力，欲乘變亂推翻逆胡，力圖自主……人或雲共和政體不適支那之野蠻國，此不諒情勢之言耳。共和者，我國治世之神髓，先哲之遺業也。我國民之論古者，莫不傾慕三代之治，不知三代之治實能得共和之神髓而行之者也……試觀僻地荒村，舉無有浴政清虜之惡德，而消滅此觀念者，彼等皆自治之民也。敬尊長所以判曲直，置鄉兵所以禦盜賊，其他一切共通之利害，皆人民自議之而自理之，是非現今所謂共和之民者耶？……共和政治不僅為政體之極則，而適合於支那國民之故……」〔參見白浪庵滔天（即宮崎寅藏）原著、黃中黃（即章士釗）譯錄的《大革命家孫逸仙》，該著作為蕩虜叢書之一，由上海 1903 年出版，原書名為《三十三年之夢》（東京：國光書房，1902 年 8 月日文版）〕

27. 孫中山：《孫中山全集》（第 1 卷）（北京：人民出版社，1981–1986），頁 563。

所共有，非少數人所得而私也」。[28] 他的民生主義主張「平均地權」，「節制資本」，「耕者有其田」，這是要求社會資源共享，是他的共和思想在經濟政策上的體現。他的民族主義主張「五族共和」，認為「中國境內各民族一律平等」，是共和國立國的基本原則之一。「國家之本，在於人民。合漢、滿、蒙、回、藏諸族為一人，是曰民族之統一。」[29] 這裏體現的共和精神，是反對漢族以多數壓迫少數的多數專制，用共和思想來調整各民族之間的矛盾，建立和諧共處的、平等的民族關係。

當然，孫中山畢竟是個民主主義者，他所處的那個時代，封建專制勢力還十分強大，他的「三民主義」以失敗告終。他留下的《總理遺囑》一開頭就說：「余致力於國民革命，凡四十年，其目的，在求中國之自由與平等。」他的遺願是「聯合世界上以平等待我之民族，共同奮鬥」。他臨終前還在不斷呼喚「和平，奮鬥，救中國！」這種對自由、平等、和平的畢生追求和「大聯合」思想，都體現了他作為中國革命的先行者的偉大的「共和」精神。

毛澤東早年提出過「民眾大聯合」的口號。關於國家結構，在1922年中共「二大」宣言中就主張建立「中華聯邦共和國」。在1934年蘇區中央政府頒佈的《中華蘇維埃共和國中央蘇維埃組織法》中規定，中央蘇維埃有權「代表中華蘇維埃共和國與中國境內各民族訂立組織蘇維埃聯邦共和的條約」。在抗日戰爭時期，中共中央仍主張聯邦制，直到黨的七大通過的毛澤東所作的政治報告《論聯合政府》中，仍然提出「允許各少數民族有民族自治權及在自願原則下和漢族建立聯邦國家的權利。」只是到解放前夕，當時主持中央民族工作的李維漢提出聯邦制不適合中國國情，建議改為實行民族區域自治，為毛澤東採納。[30] 1949年後出版的《毛澤東選集》也刪去了「建立聯邦國家」一語。

關於政權結構，毛澤東在《新民主主義論》和《論聯合政府》中，都反對國民黨的一黨專政，而主張建立各階級「聯合專政」的「聯合政府」。新中國成立後雖然已改為「人民民主專政」或「無產階級專政」，

28. 孫中山：《孫中山選集》（北京：人民出版社，1981年），頁592、90。

29. 同上。

30. 王麗娟：《聯邦制與世界秩序》（北京：北京大學出版社，2000）。

但在初期，還注意團結各民主黨派，讓其代表人物參加政府擔任副總理和部長等要職，並實行「長期共存，互相監督」的方針。在新民主主義經濟政策上，起初也是實行公有經濟為主體下的多種經濟成分並存。實行土地改革，平分耕地給農民。在新中國的第一部《憲法》中，確認了許多公民基本權利與自由，規定公民在法律上一律平等。1956 年還提出「百花齊放、百家爭鳴」的文化方針。雖然當時在肅清三大敵人的階級鬥爭中談不上、一般也不能講「和平、和諧、調和」，但在人口的大多數人中，是講「共和」的。

可是為時不久，在毛澤東「以階級鬥爭為綱」的路線誤導下，一個接一個「運動群眾」的政治運動，在人民內部和黨內開展無情的、殘酷的鬥爭。

可以說自中華人民共和國建立以來，雖然人們口頭、文字上也常常宣講我們「共和國」如何如何並以此自豪；但只是把它當做對中華人民共和國的一個簡稱，至多只理解為是與君主制的政體不同的「人民國家」而已，卻不了解「共和國」的真正含義和重要意義。黨的領導人和一般黨政幹部也大都不甚了然，也從不關注治國和為政中，應當努力貫徹共和精神，實現「天下為公」、「和為貴」的理想；反而在敵對階級作為階級已經消滅以後，還一味奉行「鬥爭哲學」，「與人鬥其樂無窮」。

這種局面終於在「文革」後大體上結束，中國實行改革開放政策，得到初步扭轉。實行以經濟建設為中心，實行市場經濟（這是共和制的經濟基礎），恢復多種經濟並存，八二憲法還將私有經濟也納入「社會主義市場經濟的組成部分」（這也可以說是社會主義初級階段經濟上的「共和」，而不是一種所有制獨霸天下）。至於「使一部分人先富起來，達到共同富裕」，其「共富」思想多少接近「共和（commonwealth）」意蘊，與過去「貧窮的社會主義」的「均貧」思想是對立的。

在國家權力結構上，鄧小平要求改革權力過分集中的體制，實行黨政分開（早在 1941 年他就強烈地批判過「以黨治國」的「國民黨遺毒」），[31] 依法治國。在國家結構體制上，他提出的實行「一國兩制」的

---

31. 鄧小平：《鄧小平文選》（第 1 卷）（北京：人民出版社，1993），頁 10–11。

創造性構想，順利地收回了香港、澳門，並以此原則要求和平解決台灣問題，實現祖國統一。這些也都體現了共和的理念。

　　當然，由於種種原因，鄧小平並未能在他的有生之年進一步實現中國的政治體制改革。他在一些問題上（諸如人權、民主、自由等）也還不能完全擺脫某些舊時代固有的思維方式的影響，如只強調「多數人的人權」，而不是「每個人」的人權；講民主偏重於「集中指導下的民主」；講法制，多少還局限於工具論的層次；在治黨、治國上還帶有人治和專政的餘緒等等。要真正實行和實現社會主義共和國的理念，後繼者是不能不加以正視和改革的。

2.　社會主義的共和精神，既要實行各族共和，又要強調全民共和

　　我國是有56個民族的多民族國家。西北、西南部是各少數民族的聚居地。如果按照多數制民主的原則，那麼在我國漢族佔全國人口的絕大多數，就會導致一切以漢民族的意志與權益為轉移，而且還可以說是「民主」的。事實上我國歷史上曾發生漢民族歧視或壓迫少數民族的現象，解放後雖予糾正，各族人民的政治、經濟地位和人民的生活有了改觀。但一段時期中，有些民族地區也曾發生過「左」的現象，傷害了民族之間的團結和感情。因此作為共和國，實行民族共和，保護少數，就是要保護中國境內的各少數民族，強調各民族不論人口多寡，權利一律平等。我國《憲法》已規定：「國家保障各少數民族的合法的權利和利益，維護和發展各民族的平等、團結、互助關係。禁止對任何民族的歧視和壓迫，禁止破壞民族團結和製造民族分裂的行為。」

　　關於全民共和，在敵我之間的階級矛盾和階級鬥爭在國內還被認為是主要矛盾的時候，當然談不上敵對階級間的「共和」。在對敵鬥爭策略上，我們的習慣策略是「團結多數，孤立少數」，也習慣於講「團結95％以上的人」。但在敵對階級作為階級已基本消失之後，發揚共和精神，就成為團結全國人民同心同德，共建「富強、民主、文明的社會主義國家」的政治基礎。講團結就應當是團結100％，或者應是既團結多數，又保護或兼顧少數。作為執政的黨組織和從政的黨的幹部，各級人民政府及其官員，他們既然是由全民（通過本地區全體選民或人大代表）選舉產生的，就要對全民負責，為全民服務。他們是全民的公僕，

固然要代表「廣大」（多數或最大多數）人民的利益，不能只代表某一個或幾個階級、民族、利益群體的利益；從共和精神而言，更確切的提法和追求，應是要代表全民利益，並不餘遺漏地兼顧任何特殊群體與任何特殊個人的利益。

這同討論「全民黨」的提法的是非，是分屬兩種不同範疇的問題（作為政黨自身的階級基礎，不應當、也不可能是全民的；而掌握政權、作為執政黨的社會基礎，則應當是代表或兼顧全民利益的）。

過去我們習慣講黨和政府代表「最大多數人」的利益，這固然體現了我們黨的社會基礎和民主的廣泛性，但這種民主只是以多數人的意志和利益為依歸，還不能說已完全體現了「共和」精神。事實上，在新中國成立後黨所發動的各次運動中，這「團結95%」的掌控數字，就把屬於所謂「5%」的3,000萬至6,000萬人的權利和利益以及作「人民」的資格排除在外，造成了許多錯案和悲劇！

或許要問，講團結或代表100%的全體國民，那麼，難道黨和政府也要團結和代表國民中的敵人嗎？這種提法也是長期被弄混了的問題。革命或戰爭時期，敵我界線分明，解放初期也是以出身和本人成分來劃分階級，國民中一部分人「天生」是敵人（歷史反革命或出身於反動階級），共產黨在整體上當然不代表他們的利益。這些階級敵人消滅以後，還會新生一些敵對分子。但誰是「敵人」或罪犯，在法治國家必須通過司法程序（法庭判決）後才能確認。在此以前都應假定為無罪的（或非敵對性的）公民，不能搞「有罪推定」。何況即使經法庭宣判為罪犯的人，包括可稱為「敵人」的人，也有人格權、訴訟權等人權以及某些民事權利。作為執政黨和政府，也要尊重和依法保障他們的這些權利與利益不受侵犯。否則執政黨就不是依法執政、依法治國。

這同討論「全民黨」的提法的是非，是分屬兩種不同範疇的問題（後者指政黨自身的階級性；前者指由全民選舉出的執政黨，其執政的合法性與道義基礎）。

過去人們也習慣於說，我們的人權是「多數人的人權」，以能保護多數人的「人權」為自豪，以為據此就可以反駁西方對我國人權的攻擊。當然，如果真能代表和保護大多數人的人權，固然是「正義」的，比事實上有較大階級狹隘性的人權實踐要高明。但如果不是講「每個

人」的人權，就仍有所偏頗，因為既是人權，就是作為「人」所應有的普遍性權利，因而是「每個人」的權利，包括所謂敵人和犯罪分子未被剝奪的合法權益。否則那少數人或個別人沒有人權，就等於剝奪了他做人的資格。長期以來，在一些幹部中形成的「對敵人和罪犯不能講人權」，否則就是「喪失階級立場」的錯誤觀念，也多少是受這種錯誤或片面觀念的影響（當然，依法剝奪罪犯某些權利，另當別論）。

共和主義強調代表和兼顧所有人或全民的權益，要求執政者處事要具有公平、公正、中立等美德，對社會各民族、種族、階級、階層、各多元化的利益群體的共同利益、特殊利益和個人利益，都一視同仁，採取統籌兼顧政策；對人民、對每個人的權利和自由，對無害於集體和他人的個人利益，都能採取寬容、寬厚的精神，也就是要實行惠民的德政，達到「天下共和」。馬克思、恩格斯在《共產黨宣言》中早就指出：「每個人的自由發展是一切人的自由發展的條件。」也就是高度強調要尊重「每個人」的人權和自由。共產主義的最高理想目標是「解放全人類」，這意味著不僅為本國的全民、而且是為全世界的人民，共享自由發展的權利，實現世界大同。共產主義與共和主義是相通的，共產主義也可以說是最高境界的共和理念。

（三）關於「憲政」

我國古無此詞，只有憲法、憲典、憲章、憲則、憲令等詞，是指國法、法典、典章制度，與近現代歐美憲法的含義本質不同。直到清朝末年（1908 年）才開始有為延續君主專制而制定的「欽定憲法大綱」。民國初年，除孫中山頒佈的《中華民國臨時約法》外，袁世凱的《中華民國約法》、曹錕的偽《中華民國憲法》等，都是借憲法之名，行專制之實。國民黨政府長期實行一黨專政和所謂的「訓政」，直到 1947 年元旦才頒佈的《中華民國憲法》，也是徒有憲法其名，無憲政之實。毛澤東在蘇區曾主持制定過《中華蘇維埃共和國憲法大綱》，後來在 1943 年提出實行「新民主主義憲政」的口號都未能實現。解放後，1954 年他主持制定和頒佈了《中華人民共和國憲法》，這是一部較好的憲法。但有憲法而未認真實行憲政，而且長期以來不再提、甚至忌諱提「憲政」一詞，也沒有切實建設民主政治與法治。到「文革」時期，他的一張大字

報就打倒了由憲法產生的國家主席，也在事實上廢掉了他自己主持制定的憲法。

直到改革開放以後，1982年修改的《憲法》才真正立定腳跟，成為人們行為的基本準則。但也毋庸諱言，由於對憲政與法治的認知還存在很大差距和思想習慣的阻力，「憲政」一詞還從未出現在黨和國家的任何正式文件上。有些黨政幹部甚至認為那是資產階級的東西，諱言其詞，把分權制衡、司法獨立視為「西化」陰謀。在實踐上，迄今我國在權力結構上還存在很多漏洞，還沒有建立有效的權力制約機制，違憲行為得不到重視與糾正，因而社會主義憲政的實施，仍然停滯不前。

總之，民主、共和、憲政在中國的命運，還有過多的認識誤區，還有很大的思想觀念上和習慣勢力上的阻力，以及既得權益者的抵抗。「路漫漫其修遠兮」，有待理論界、法學界有識之士大加理論關注，期待黨政領導人的觀念更新和實踐中的重視，則共和國的前途命運，實所利賴！

第三十二章
略論憲政社會主義

* 本章原是作者於 2011 至 2012 年先後參加在西安和北京舉行的有關人大制度改革和憲
政社會主義研討會提交的論文和歷次會上的發言，曾分別發表於《南方周末》，2011 年
10 月 13 日，第 E31 版、清華大學《中國與世界觀察》，2012 年第 1 期、《長城月報》，
2011 年 8 月（總第 21 期），以及《憲政社會主義論叢》等期刊。

一、中國憲政運動的艱難歷程

今年是我國 1982 年《憲法》頒佈 30 周年。建國以來共制定加修訂過四部憲法，1954 年、1975 年、1978 年、1982 年，其中 1982 年《憲法》是較好的一部。但有憲法不一定有憲政。

我國立憲運動已有 104 年的歷史。自 1908 年清王朝末年頒佈的「欽定憲法大綱」算起，辛亥革命後的民國時期也頒佈過幾部臨時約法和憲法，其憲法文本在有些規定上，如公民的權利與自由方面，甚至比現今的八二憲法還要開放，但都沒有真正施行。孫中山曾經設想「軍政」「訓政」「憲政」三個時期，其中「訓政時期」要實行「以黨治國」，但只規定為六年，之後就應當還政於民，實行憲政，黨權讓位於民權，隸屬於民權之下。可見，孫中山的「以黨治國」論是一種過渡措施（只六年）。可是到了蔣介石統治時期，就演化為二十多年的黨國體制。鄧小平在 1941 年就尖銳批判「以黨治國」在共產黨內的流毒。毛澤東在革命時期也提出過反對國民黨的一黨專政，要求實行新民主主義憲政。可是到新中國成立前夕發表的《論人民民主專政》，就宣佈「可愛的先生們，我們就是要獨裁……決不施仁政」。「文革」中還自詡為「馬克思加秦始皇」。改革開放初期，鄧小平發表《黨和國家領導制度的改革》這篇著名文章主張實行黨政分開，進行政治改革。1982 年《憲法》取消了 1975 年、1978 年《憲法》中的「無產階級專政下繼續革命」的治國原則，確認了一些民主法治原則和公民的基本權利。但在 80 年代末發生那場嚴重的政治風波後，政治改革中斷。

歷史又回復到折騰的年代，什麼「清除精神污染」、「反自由化」、「反和平演變」和「反西化陰謀」，以及「穩定壓倒一切」……一系列程度不同的政治運動或所謂「專項鬥爭」接踵而至，政治重心發生了轉移，改革幾乎停滯和倒退。

1992 年鄧小平發表「南巡講話」，指出主要危險是「左」的思想，否定了所謂姓社、姓資的爭論，實行市場經濟，扭轉和挽救了改革開放的大局，使中國經濟得到了大發展。

但由於經濟單軌運行，政治體制改革日益「邊緣化」和愈來愈滯後，二者構成了尖銳的矛盾衝突，隨之腐敗日益嚴重，貧富兩極分化，社會矛盾加劇，產生了新的社會危機。

當然，這階段在法治建設方面也不無改進，如通過四次憲法修正案，在憲法文本上確立了「依法治國，建設社會主義法治國家」的治國方略，和「國家尊重和保障人權」的基本原則。此外還提出以人為本、建設和諧社會等口號。這些也是向憲政邁進的重要意向。但由於在實踐中缺少切實政改的支持，口號多於行動，許諾多於兌現。總體上是言勝於行，步履維艱，政改一再延誤，不能適應人民日益增長的民主與法治的需求。

直到前幾年「憲政」還是一個敏感詞，被認為是資產階級的專利，領導人說我們堅決不搞西方那一套。其實他講這個話的這個場所——人大會議，即代議制度，恰恰就是從西方移植過來的。

現今中國「有憲法，沒有憲政」，這差不多是公認的事實。一則憲法沒有得到切實施行；二則憲法文本也還存在不少缺陷。

1. 它的最大缺陷是沒有明確司法獨立和建立違憲審查制度來保證它的權威。

2. 它所確認的公民權利還有不少缺漏，離憲政或社會主義的要求還有較大的差距。如生命權、思想信仰自由、遷徙自由、居住權、罷工權、權力分立與制衡等，沒有納入憲法（而這些自由與權利在 1949 年全國政協通過的《共同綱領》中大都有）。人身自由與權利也很不完善，財產權也不完備（如城鄉居民的土地房屋等財產權受到嚴重侵害，得不到憲法的保護）。隨着社會經濟政治和人權的發展，當代新生的一些權利主張，如生存權、自決權、和平權、發展權、環境權、安寧權、知情權、隱私權……在我國憲政文本中都沒有明確予以確認。

3. 憲法已明示的權利和自由，缺乏立法保障。由於我國憲法是「不可訴的憲法」，即公民權利受到侵犯，不能直接適用憲法進行訴訟，必須有立法為據。筆者在十多年前就寫過一篇文章，建議要「建構憲政立法體系」，認為單有一大堆經濟、行政、民事、刑事立法，而缺少有關人權和公民政治權利的立法，就不能說是完備的社會主義的法律體系。去年全國人大宣佈我國已經形成了社會主義法律體系。筆者認為這個體系並未完善，因為我們憲法規定的某些重要的公民基本權利並沒有落實為法律。《憲法》第 35 條所確認的那些公民權利和自由，除《集會遊行示威法》外，都沒有立法。而這個已立之法也主要是以限制自由為主，而不是以保障自由為主。在原草案中就羅列了 22 個「不得」。連當時審議這個法律草案的全國人大常委會也認為這個法律草案只是一個「限制遊行示威自由法」，給它刪去了 10 個「不得」。當然，遊行示威不是絕對的自由權利，要有必要的限制，我們也不提倡濫用，以免侵犯他人和社會的安全，但限制也是為了更有序地行使這項權利。

至於《憲法》第 35 條確認的言論、出版、結社自由，以及可據此推定出應有的新聞自由，迄今都沒有立法。毛澤東在反對國民黨一黨專政的革命時期，曾經強調它們「是最重要的自由」，建國 60 多年來，它們卻一直受到冷落和壓制。迄今只有國務院或其部委自行制定的法規、規章，如《社會團體登記管理條例》、《印刷業管理條例》以及有關互聯網的一些規定之類。那也都是管理、限制公民的這些自由的，而不是以保障自由為主旨的。何況在沒有法律為據以前就制定法規、規章，也是違反憲法和《中華人民共和國立法法》所規定的立法權限的。根據立法法，公民的基本權利必須由人大以法律來制定；法規和規章只能在有了法律以後，根據法律才能制定。否則就是越權立法。在立法權限與程序上是違憲、違法的。

中國向何處去？迄今愈來愈是廣大志士仁人非常擔憂的問題。最近，理論界、法學界提出了一個新命題，叫做「憲政社會主義」。這是一個新構想、新理念，是深切關心國家和人民命運的理論界同仁的多年追求的願景。北京理工大學的胡星斗教授從 2006 年起就多次發表論文

闡述憲政社會主義的理念，並曾上書黨中央要求實行憲政社會主義；再有，西北大學的華炳嘯副教授花了十多年的工夫撰寫了近60萬字的大著《超越自由主義：憲政社會主義的思想言說》，去年還組織了兩次有關這一主題的研討會，陸續出版了兩本《憲政社會主義論叢》，還準備編輯出版「憲政社會主義系列叢書」，廣為倡導。著名法學家江平、老憲法學家許崇德、馬克思主義老專家高放等教授都撰文積極支持這個構想，指出「沒有憲政就沒有社會主義」。筆者也在《南方周末》上發表了《我所認同的憲政社會主義》。雖然各人觀點不盡相同，總體上是贊同要實行社會主義，就必須實行憲政。

那麼什麼是憲政社會主義？為什麼叫憲政社會主義呢？回答這個問題，筆者認為首先要問一問什麼是社會主義？「社會主義」姓什麼？

二、什麼是社會主義？「社會主義」姓什麼？

鄧小平講過，什麼是社會主義，我們到現在也沒搞清楚。他後來對社會主義下了一個定義，說：「社會主義的本質，是解放生產力，發展生產力，消滅剝削，消除兩極分化，最終達到共同富裕。」這個界定比過去以階級鬥爭為綱的社會主義有了重要的區別和進展，但是也不能說這就是社會主義本質的完整概括，因為它沒有涵蓋社會主義的政治上層建築問題。

我們過去習慣於凡事要問一個「姓社還是姓資」？現在除了那些敵視「普世價值」的先生們以外，這種語言比較少了。事實上，社會主義和資本主義在當代某種程度上有相互依存的聯繫，甚至還有所交融：現代資本主義國家中有社會主義因素，社會主義國家中也有資本主義因素（當然二者的主導地位不同）。比如我們國家的香港特別行政區就是實行資本主義制度。內地的企業不少是混合經濟，既有國有股，也有私人股，還有外資股。它們到底是姓社還是姓資，都很難簡單界定。我國憲法已確認民營（私人）經濟是「社會主義市場經濟的組成部分」，它們為國家提供的國民生產總值和稅收，都佔總體的大半以上。在一些民營經濟較發達的省市已佔80%以上。而它們應是屬資本主義性質，只不過是在社會主義國家裏、或社會主義名義下的資本主義。而在歐美發達

資本主義國家、特別是北歐國家，那裏的社會保障和社會公平與民主法治，比之號稱社會主義的國家要實在得多，連王震委員長去參觀英國後也說，這不就是社會主義嗎？不過他還是不忘要加上「共產黨的領導」這一條。

人類社會發展到今天的全球化時代，經濟和政治文明的普世性日益擴展。如果我們凡事還停留在追問是社會主義還是資本主義，顯然是過於簡單化，落後於現實。倒是另外一個問題，對我們十分重要，那就是要問一問社會主義姓什麼：你是姓哪一種社會主義？哪一個階級、哪一個時代、那一種模式的社會主義？總之，我們要問的是社會主義的真假、是非、優劣問題，而不是一般的姓社、姓資問題。要防止把李鬼當李逵。

筆者最近重新查了一下馬克思、恩格斯寫的《共產黨宣言》，在第三章裏他們着重批判了同科學社會主義對立的各種形態的社會主義，其中包括各種反動的和保守的社會主義，諸如封建的社會主義、小資產階級的社會主義和德國「純粹」哲學家玄之又玄的、抽象的「真正社會主義」，另外還有保守的資產階級社會主義，最後還有空想的社會主義……總之在他們那個時代，就已經有了姓封、姓資、姓保守、姓反動的各種「社會主義」。

在我們這個時代，標榜社會主義的花樣品種更多，有人統計世界上的社會主義不下70種，甚至更多。

如就馬克思主義派別的社會主義而言，就有第一國際時代馬克思、恩格斯的科學社會主義，第二國際時代社會民主黨人的社會主義（在當代則是西歐和北歐福利國家的民主社會主義，或者社會民主主義），第三國際時代的列寧、斯大林的專政的暴力的社會主義，毛澤東的「馬克思＋秦始皇」的社會主義，或者叫做皇權社會主義。還有我們東北鄰邦的家族世襲社會主義，父傳子，現在已經傳到孫了。[1]

---

1. 據報道，該國2011年掛曆中的「法定節假日」共23個，除了5個冠以「國慶節」等名目外，其餘18個全是該金氏家族祖孫三代包括金正日的奶奶的生日、忌日和他們就任最高領導人的喜日，2012年掛曆也勢必補充上新任接班人金正恩的生日等，可謂千古奇觀。

此外，南美洲還有幾個號稱社會主義的小國。東南亞的印度、緬甸也曾自稱是社會主義。

此外，還有不少旁門左道的「社會主義」，如希特勒的法西斯主義又稱「國家社會主義」，「納粹」這兩個字就是「國家社會主義」的譯音。利比亞的卡札菲獨裁也叫做什麼「大眾社會主義」。

可見社會主義在歷史上、在當代，有各種各樣的種姓。所以我們遇到號稱社會主義國家或社會主義者時，倒應當像馬克思那樣先問一句：你姓什麼社會主義？你的社會主義姓真還是姓假？是進步的還是保守的甚至反動的？馬克思說，如果按照他們標榜的馬克思主義那樣，那首先我就不是馬克思主義者。

在當代中國，這些年也出現了很多社會主義的口號和派別。比如執政的社會主義叫「中國特色社會主義」，處於主流地位；民間學者、思想家謝韜倡導的是民主社會主義，得到了很多人的贊同。此外還有毛派社會主義，就是近年成立的所謂「毛澤東主義共產黨」，以及毛澤東主義的「中國工人黨」。據有些媒體統計，全國大約有50多個類似這樣大小不等的民間毛派社會主義組織。他們居然揚言要「高舉造反有理的大旗」，「發動第二次文化大革命」，「打倒」現今執政黨黨中央、「還在走的走資派修正主義集團」。他們還把主張政治改革、實行民主憲政的學者污蔑為「漢奸、賣國賊」，組織所謂萬人「公訴團」。前不久他們有人還在河北、山西公然大肆焚燒《南方周末》等報刊。

至於其他社會主義思想派別也如雨後春筍。有所謂中國儒家社會主義、中國新盛世社會主義、民族社會主義、新左派社會主義等等。

所以社會主義多種多樣，到底哪一種社會主義是進步的、科學的，是合乎時代潮流和人民需要的，是我們所贊同的；哪些反之，是逆潮流而動的，我認為有必要加以辨別，加以界定。

三、不實行憲政就不是社會主義

筆者認為，近年理論界提出的「憲政社會主義」是進步的、合乎當代中國需要的，也是可行的，值得大家共同支持、探索和闡揚。

這個命題主要是為了界定我們所贊成的社會主義，必須是實行憲政的社會主義。如同説「沒有民主就沒有社會主義」一樣，沒有憲政也就沒有社會主義。要講「中國特色社會主義」，也應當以實行憲政為其重要特色。

　　筆者認為在當代實行憲政的國家在具體制度上固然各有不同特色，但就其基本理念與基本制度而言，原則上沒有姓社、姓資的區別，它是一個普適的政治體制。而社會主義則有上述不同品種。我們提出憲政社會主義就是要規制社會主義，特別是要規制已經執政的工人階級政黨，它必須施行憲政，依憲執政，依憲治國；它實行的社會主義應當是憲政社會主義。它應當建立的不僅是社會主義法治國家，還應當提升到社會主義憲政國家。執政黨也應當由革命黨演進為憲政黨。

　　西方國家的現代政黨大多數是在已經有了憲政制度以後才依憲成立，經過競選而成為執政黨的。中國共產黨是在革命鬥爭中產生和發展的，而不是在憲政條件下形成的。我們是通過革命奪取政權以後建立新政權、新國家，1954 年才制定憲法。本來此後就應該由革命黨轉化為憲政黨，但是我們沒有做到這一點。

　　共產黨處在革命時代，它是一個搞階級鬥爭的革命黨。作為一個革命黨，強調階級鬥爭有它的歷史必要性和理由，但是已經建立了人民的政權，不實行憲政，卻還不斷地在人民內部乃至自己的黨內搜索敵人，人為地製造階級鬥爭，這是完全違反歷史發展的規律和人民的意志的。結果導致了餓死、整死幾千萬人，株連幾億人的空前大浩劫。

　　當然我們要否定的是「以假想的階級鬥爭為綱」，並不否定客觀上在一定範圍內還實際存在的階級和階級鬥爭，忽視我國現在已形成了權貴資產階級和官僚特權集團。這個新的剝削階級在中央某些部門和某些地方、在某種程度上已經綁架了黨和國家機器，力圖實行官僚權貴統治。他們也號稱搞社會主義，實際上是權貴社會主義，本質上甚至是半封建的和原始的野蠻資本主義。一些地方的貪官污吏，正在假借「維穩」與「和諧」的名義，掠奪社會資源，打壓民眾的維權鬥爭，動不動就把工農大眾的合法訴求活動，誣稱為受「境內外敵對勢力」慫恿，派出警力予以打壓。他們事實上已經把地方司法機關變成貪官污吏的家丁和打手，變成對人民專政的工具，這不能不是一場帶有階級性的社會鬥爭。是他們在激化社會矛盾，引發社會危機。如貴州的甕安事件、廣東

的烏坎事件，起初都是把它當敵對勢力加以鎮壓，後來經省委干預，承認農民維權的正當性才使衝突化解。

四、什麼是我所認同的憲政社會主義

(一) 社會主義就是以社會至上為主義

我從解放前參加革命開始就一直是信奉馬克思的科學社會主義的。我現在主張和擁護的社會主義也是與時俱進的新社會主義。這種社會主義簡而言之就是「以社會至上為主義」：強調以社會為本位，以社會主體（公民和社會組織）的權利、權力為本位，以人民利益至上。其立國宗旨和核心價值在於增進全體社會人的共同福祉，實現全社會的公平正義。

社會主義不能以國家或國家權力為本位。因為從人類歷史來看，是先有社會，後產生國家；在現代，國家權力都是人民賦予的，即習近平講的「權為民所賦」。社會主義主要是同國家主義、國家至上主義對立的。並不一定同資本主義對立。當然它同原始的、野蠻的資本主義是對立的，它同現代文明的新資本主義雖有重要區別，但並非都是對立的。

這種以社會至上、全民為本的社會主義，同執政黨提出的「以人為本」的原則是相諧的。以人為本就是要以人人為本，以 100% 的全民為本，而不能以某一階級為本、一黨為本、一個領袖為本，或以國家權力為本、以官為本。

以人為本的「人」，也不能限於某一群體的人，更不能以特殊利益集團或權貴資產者集團為本。需要說明揚棄「以黨為本」並不是要否定政黨在治理國家和社會中的重要領導作用。現代任何民主的國家都是實行政黨政制的國家，都必須由人民選舉的政黨來領導，否則就難以代表人民和集中人民的意志，實現民主的政治。在社會主義國家更要強調社會的本體是人民，政黨只是服務人民的工具。正如 1956 年鄧小平在黨的八大會上所指出的：「同資產階級政黨相反，工人階級的政黨不是把人民群眾當作自己的工具，而是自覺地認定自己是人民群眾在特定的歷

史時期為完成特定的歷史任務的一種工具。」憲法也不能只當做執政黨和政府治國安邦的總章程，治國治民的工具；相反，執政黨和政府倒應當是被憲法所監督的對象和遵守、實施憲法、憲政的工具。

「以社會為本」在憲政體制上的體現應是「以民為本」。而所謂「民」，也不應只限於我們過去的「劃清敵我界限」或「兩類矛盾」的政治原則與概念下的「人民」；也不應限於所謂「最大多數人」，或所謂「團結95％以上的人」，而應當是以「全民為本」，以「每個人」為本，即以100％的國民和公民為本。要對全民負責，而不只是對95％的人負責，不能把另5％劃為異類，打入另冊。這裏需要明確兩點：

1. 共產黨的黨章聲明黨是工人階級的先鋒隊。現今黨員有七千多萬人，加上工人群眾，這是黨的階級基礎。在這個意義上，它不是「全民的黨」。但作為執政黨，只代表工人階級或者工農勞動人民的多數是不夠的，還應當代表全民的利益，包括維護少數人的利益，因為我們成為執政黨是要經過全民直接或間接的選舉的。全民是執政黨的社會基礎。你不代表全民或尊重全民的權益，那它幹嘛要擁護你、選舉你？

   有人說，共產黨執政是我國憲法規定的，這是誤解。憲法只在序言以表述歷史經驗的方式提到黨的領導的重要作用，並沒有規定黨天然是執政黨。正如黨的十六屆四中全會關於提高黨的執政能力的決定中指出的，黨的執政地位「不是與生俱來的，也不是一勞永逸的」。[2] 作為領導黨與作為執政黨是有區別的。當領導黨，只要建立在人民的信任和擁護的基礎上就可以了；而黨的領導幹部要執政，則是必須依據憲法，通過全民（人大）選舉才能當上國家領導人，行使國家權力。這是執政黨的合法性基礎。因此執政黨要對全民負責，受全民監督。

2. 執政黨不能只團結和維護95％的人的權益，而打壓另5％的人。要知道在我國這5％按過去全國人口6億計，就相當於

<hr>

2 這句的箴言源自郭道暉〈權威、權力還是權力 —— 對黨與人大關係的法理思考〉一文，發表於1994年第1期的《法學研究》。

3,000 萬人，或以現在的 13 億人口計，是 6,500 萬人。置數千萬人的人權和憲法權利於萬劫不復的境地，這是何等可怕的歷史過錯！

即使這 5% 中有所謂「階級敵人」、死刑犯，作為執政者也要依法保障他們未被法院判決剝奪的人權和權利（如人格權、訴訟權及其他未予剝奪的民事權利等），否則就會損害法治，自毀黨執政的合法性基礎。對戰爭中的「敵人」（如敵方士兵、俘虜）也不容虐囚，或使用滅絕人性的手段（如用化學、生物武器或原子彈）去屠殺他們，否則就會違反國際法，犯「反人類罪」，受到國際法庭的審判。

（二）筆者主張的憲政也是新憲政主義

舊的憲政理論的一個核心是實行國家權力之間的分立與相互制衡。這是從權力結構上防止國家權力的專橫和腐敗、保障人權和公民權利的一個十分重要的機制。不過由於它主要是限於國家權力之間的內部制約，即在一個密封的國家機器裏面的不同部件之間權力的自我制約，人民、社會很難去參與、去監督，特別是在一黨制的條件下，很容易產生官官相護，難以推動憲政的切實實施。

筆者主張和倡言的新憲政主義，一方面要求切實實行國家權力之間的相互制衡，這方面我們還遠未實現；另一方面還要把注意力轉向社會，運用社會權力和權利來監督制約國家權力，也支持國家權力合理合法的行使。所以它關注的重點是在社會，運用社會的力量。而社會力量主要建基和生發自公民社會，運用公民社會來制衡政治國家。

公民社會即馬克思所說的「公人社會」，其特徵是作為政治存在的、享有公民權（政治權利）和擁有社會權力的、有組織的社會，是同政治國家相對應的政治社會，區別於作為一般市民社會那樣分散的自然人社會（限於經濟存在或民事主體、私權主體的存在）。

非政府組織是公民社會的核心力量。公民社會的特性和作用是讓各個社會階層有它的組織和表達民意的渠道來參與國家政治，影響國家的決策。

公民社會與政治國家是兩個互相對應的政治實體，它們可以是互相支持的，也應當是互相制約、互相監督的。而且公民社會應該是建設憲政、建設社會主義的基礎和社會動力。

可是我國的現狀是，既沒有很好地形成公民社會，更談不上互動互控。

2011 年政法界一位領導幹部在一個權威刊物上發表文章，說公民社會是敵對勢力設下的陷阱。我認為這是對公民社會這一新生事物的過敏反應。如果以這樣的心態、這樣的認識去對待和建設中國特色社會主義，那就很難說會走向哪一種社會主義了。

我們經常倡言人民當家作主，執政黨也一再聲明要支持人民當家作主，這當然是十分重要的，也是要力求實現的。不過我認為人民當家作主是實現「主權在民」，這是事關國家政權全域，有賴於作為整體的人民（通過人大）執政、參政的大事。作為公民個人並不直接掌握和行使國家權力，因而也不可能都去為國家作主，而是要通過民主選舉，選舉人民的代表，選舉一些社會精英，通過人民代表大會去代人民作主。所以人民並不能直接當家作主，後者是盧梭關於「直接民主」的一個幻想，這只有像他的出生地日內瓦共和國那樣的小城邦國家才有可能做到。

當然，現今提倡實行「協商民主」，公民可以直接參與議政。但畢竟民主並不在於人民的多數是否能親掌政治權力，而在於人民群眾能否有效地驅使並制約實際掌權者這個人民中的少數，按照人民中多數人的意志與利益行使權力。亦即在於人民是否能夠「馴化」國家權力、「馴化」實際掌權者，將之納入人民意志的軌道，使他們成為人民的「馴服工具」。這就是憲政所要解決、才能解決的問題。

筆者認為要實現人民當家作主，首要的是使人民／公民能夠為「自家作主」，自己做自己的主人，這也就是在憲法和法律範圍內，實現個人的自主、自由，我個人能夠決定我自己私人的事情，我的私人權利不受國家的非法干預，也有權抵制惡法的侵犯，這是公民應當享有的自主權和抵抗權。所以在這個意義上，自由應當優先於民主。如嚴復主張的：「自由為體，民主為用。」

現在我們愈來愈感覺到公民的私權利、私生活受到干預。一些地方的黨委和政府在事實上壟斷經濟、壟斷權力，一直到壟斷思想。中央提出「創新社會管理」，有其必要性、迫切性，但有些領導人關注的重點卻在社會控制和「維穩」，甚至要求把所有互聯網、微博「全都佔領」，都控制起來。最近全國人大常委會公佈的修改後的《中華人民共和國刑事訴訟法》，規定了公安機關對於它所認定的犯有顛覆國家政權罪、恐怖活動罪的嫌疑人，不經檢察機關批准和法院審判，就可以秘密逮捕，而且可以不通知家屬，還可以對他進行「特殊偵查」。所謂特殊偵查，就是可以竊聽你的電話、封鎖你的網絡、檢查你的私人郵件、秘密跟蹤等等。刑訴法使這些權力合法化，卻沒有嚴格限定行使這種權力的主體資格、範圍和權力制約與權利救濟的程序。這樣公安機關很方便，愛怎麼幹就可以怎麼幹。如果按照這個修改後的刑事訴訟法的規定，我們就會走向一個警察國家。難怪外電說，這是公安機關的「重大勝利」。我們不希望看到這種「勝利」，我們希望看到國家權力包括公安機關的權力受到限制，受到制約；公民的權利受到最切實的尊重和保障。

五、幾個需要區分的命題

(一) 為什麼我們講憲政社會主義，而不說是民主社會主義

這一方面固然是為了同迄今國際社會已然存在的社會民主主義的意識形態和政治派別相區別，更是基於憲政與民主還有所不同。

憲政基於民主，又高於民主。民主的精義是「多數統治」，這是它遠勝於一人獨裁的專制政治的地方。但有民主還不等於有法治，搞不好也可能導致「多數暴政」。「文革」中所謂「大民主」、所謂「群眾專政」就是如此。所以西方有些思想家說：「民主只是所有惡魔中的一個比較好的惡魔。」

憲政強調依憲治國，資源全民共享，全民共富，國家權力全民共有、共治和相互制衡；要求既尊重多數，也保護少數，保障所有人的人權，追求實現社會公平正義、自由平等等核心價值。

（二）憲政社會主義同中國特色社會主義是什麼關係？

至於憲政社會主義同「中國特色社會主義」是什麼關係？我想二者應當是相通的。不過「特色」是個模糊語言。憲政則是明確的原則與制度。

什麼叫中國特色？鄧小平指出過，「中國特色」主要是為了說明我們是「不夠格的社會主義」，是初級階段的社會主義。現在什麼都叫「中國特色」，把它泛化了。假如要說「中國特色」，其特色是現在還只是處於「初級階段」的社會主義時期，要由專政向憲政過渡，由革命黨向憲政黨過渡。

（三）為什麼提為「憲政社會主義」而不說是「社會主義憲政」

筆者認為之所以命題為「憲政社會主義」，是要求以憲政來規制社會主義，因為號稱社會主義的很多，魚龍混雜，必須是真正搞憲政的社會主義，才是我們需要的社會主義。沒有憲政就沒有社會主義。

至於「社會主義憲政」的提法，它同「憲政社會主義」並無衝突，不過前者可能含有「憲政姓社」的意思。筆者認為一則憲政並不只姓社，也不能只姓資。至少在當代憲政的基本內涵包括民主、法治、人權、自由、平等、公平、正義以及共和等思想、理念、制度，都已成為全人類的普世價值，就好像民主在基本內涵與程序上沒有東西方之分，是一樣的道理。再則，憲政是普世的、共性的，社會主義是各有個性、特殊性的，不能以特殊來規限一般。何況如前面已談及的，社會主義多種多樣，良莠不齊，有保守的甚至反動的社會主義，怎麼可以用它們來規限憲政呢？

（四）迄今憲政社會主義只是一個思想派別或學派

主張憲政社會主義的學者可以說是憲政派。這不是自封的。此前就有一位論者針對已故著名憲法學家蔡定劍教授召開的一次「中國政治體制改革三十年的反思與前瞻」的研討會，寫了一篇《中國憲政派何以會誤國誤民》的大批判文章。文章認為，那次會上一些學者提出「政改刻不容緩，憲政勢在必行」，是「危言聳聽」，「誤黨誤國」，「現在我們就談實行憲政，說政治改革刻不容緩，有這麼嚴重嗎？真的要實行憲

政的話，中國就會變成四分五裂，會導致我們國家權威的崩潰」。顯然他是屬反憲政派的，它給參會者戴上「憲政派」的桂冠，並以「四分五裂」、「權威崩潰」、「誤國誤民」等危言來表露他們對憲政的恐懼。此外也有清華大學的一位以批判「普世價值」出名的退休哲學教授，他揚言「一些人鼓吹『憲政社會主義』，其實質是否定黨的基本理論和基本路線，要害是要否定四項基本原則。對此，我們要保持清醒的頭腦」云云。看來他拉起「四項基本原則」的大旗作大棒，卻恰恰打著了自己：須知所謂四項基本原則中的「堅持黨的領導」，主要應體現在黨必須堅持「依憲執政」、「依憲治國」，遵循「憲法與法律至上」，這是胡錦濤剛接班上任時就強調過的。這位先生連民主憲政也要反對，他所「堅持」的是姓什麼的「社會主義」和「領導」，也就可想而知了。

現今這個「憲政派」，不是一個政治派別，更不是一個組織派別，只是一個學派，而且是在體制內的一種思潮、一種學術思想派別。何況這個學派或者這種思潮還處在形成過程之中，只是一種理論、一種願景或者只是一種思想理念，而不是一個現實。現實離憲政社會主義還差得遠。我們「八十後」的人恐怕看不到了，年輕的「80後」有可能看得到。但這並不影響我們提出和研討這個問題，追求這個目標，為憲政社會主義在中國的實現努力奮鬥！

第三十三章

構建我國憲政立法體系

* 本章最早以〈建構我國憲政立法體系策議〉為題，發表於《法商研究》，2001 年第 1 期。
2011 年，全國人大宣佈我國已建成「中國特色社會主義法律體系」，法學界緊跟着召開
了好幾個有關研討會，2011 年我將此論文提交給在重慶舉行的中國法理學會年會「社
會主義法律體系論壇」，經中國法學會評選，竟獲一等獎。我當場發表感想說：一則可
喜，對法理學界能獨立思考、排除障礙（當時「憲政」一詞還犯忌諱），將本文評獎，
深感欣慰；二則可歎，十年前的文章到今天還不過時，說明我國立法和政改的滯後。

最近全國人大正式宣佈中國特色社會主義法律體系已經形成。這是人們關注的大事。改革開放 30 年來，如果説我國在法制建設上有所成就的話，應當首推立法。相對於無法無天的時代，不僅立法數量多，一些主要法律部門也有了基本框架，完全無法可依的時代已經過去。

但是，明智的立法者不能以此自滿。即使現今多數情況已有法可依，而有法不依、違憲違法的狀況卻頗為嚴重。就立法自身而言，更要認真檢視這個體系還存在哪些不足和哪些問題，以便進一步完善。

筆者認為這個體系的一個重大缺陷是仍然存在某些重要立法的缺門。經濟、行政和刑事、民事的立法較多，而統攝全域的民主憲政立法很少，特別是保障公民權利與自由的立法很少，因而很難説已經完全形成社會主義的立法體系。此外，有關政治和社會體制的改革、社會保障和生態環境的保護，以及許多涉及民生問題的立法也很不完善。本章僅就構建憲政立法體系問題作一些探討。

一、憲政立法是社會主義法律體系的靈魂

1. 法治的核心是憲治，依法治國首要的是依憲治國。憲法是公民權利的保障書和國家權力的委託書和監控者。因此實行民主法治或憲政，必先制定保障公民政治權利與自由和有效監控政府權力的法律。這些權利屬於公民的基本權利，它們是高於國家權力的，「任何國家權力（立法、行政和司法權）都不能違反有關這些基本權利的規定而作為或不作為」。[1] 它們是社會主義法律體系的靈魂和基礎。這方面的立法缺門，不

---

1. 參見〈德意志聯邦共和國的法律體系〉，載 2000 年 6 月 12-13 日於北京召開的中德「對行政的法律約束和對個人的法律保護」國際學術研討會資料。

僅有失法律體系的量的完備性，而且不足以保障它應具有的社會主義民主的質的規定性。即使整個體系中的其他法律十分完備，也不能稱為社會主義的實質法治。

2. 由於我國的憲政制度並不像有些外國如德國那樣，憲法所確認的公民的基本權利是「直接有效的權利」，可以直接適用於司法審判，公民在其基本權利受侵害後可以提起憲法訴訟，獲得救濟，因而在我國，公民的憲法基本權利未落實為立法就成為「不可訴的權利」，憲法上琳瑯滿目的公民權利與自由就缺乏法律的保障，就只是一張寫滿漂亮言詞的空頭支票或者「烏托邦條款」而已。

3. 改革開放以來，我國在經濟發展上取得了巨大成就，立法進展很快，經濟和民事的立法抓得較多，這是必要的。但憲法所確認的公民政治權利與自由的立法卻極少（只有《中華人民共和國全國人民代表大會和地方各級人民代表大會選舉法》和《中華人民共和國集會遊行示威法》（以下簡稱《集會遊行示威法》）。雖然近年來在其他立法中，通過人民中的各種不同利益群體的權利呼喚與專家的立法參與，逐漸重視了在立法中貫徹民主的精神和對人權與公民權的保障，如民事立法中制定了一些不同社會利益群體的權益保障法，在行政立法中制定了行政覆議、行政訴訟等保障公民權利的行政救濟法，在刑法中確認了法律面前人人平等、罪刑法定、罪刑相當三原則，在刑事訴訟法中吸收了無罪推定原則等，表明了我國在立法指導思想上確有一些進步。但如果僅限於此，而在事關公民和社會組織的憲法基本權利與自由的立法上，猶疑不前，公民的言論、出版自由，學術研究、文藝創作與文化活動自由，輿論監督權利，對國家機關及其官員的批評、檢舉、控告權利等專項立法拖延不決，就不可能在根本上保證和促進散見於上述法律中的原則的實現。特別是不能有效地調動人民群眾參與政治、監督權力、遏制腐敗、維護穩定的巨大社會潛力，去建設法治國家、憲政國家。

4. 我國經濟改革成就巨大，但政治體制改革步履維艱，以致權力腐敗、社會腐敗日甚，而遏制乏力，已在很大程度上阻滯

了經濟的健康發展和社會的穩定。人們都在呼喚推進政治體制改革。當然，從基本制度上革故鼎新有一定難度，要審慎漸進，但並不能因此停滯不進。先從抓緊公民的憲法權利與自由的立法入手，使之既能落實這些權利與自由，又能將它納入法制的軌道，只會有利於以政治民主推進經濟改革和社會穩定。

5. 我國已於 1998 年 10 月 5 日簽署了《公民權利和政治權利國際公約》。按照「公約」第 2 條第 2 款的規定，每一締約國對該公約所確認的權利，凡未經現行立法或其他措施予以規定者，應承擔按照該國憲法程序和本公約的規定，採取必要步驟，制定必要的立法或其他措施，以實現本公約所確認之權利。這是作為締約國的我國必須遵守的義務。這一點在我國已簽署和批准的《經濟、社會及文化權利國際公約》的第 2 條第 1 款中尤為明確：要求締約國「承擔盡最大能力……採取步驟，以便用一切適當方法，尤其包括用立法方法，逐漸達到本公約中所承認的權利的充分實現」。又據《公民權利和政治權利公約》第 40 條第 1 款和第 41 條第 1 款的規定，締約國還必須在條約生效後一年內和此後在依該條約建立的監督機構——人權事務委員會的要求下，提出實施本條約的措施及其進展的報告，並承認委員會有權接受和審議其他締約國對本締約國不履行本公約義務的指控，以及本締約國管轄下的公民個人對其應享的公約權利受到侵害的申訴。應當承認我國在適用這兩個國際條約時，國內立法與之接軌上還存在一些脫節，如上述的憲政立法就有空白，或與公約的規定不一致，或有抵觸之處。若不及早採取相應的立法措施，就有可能陷於被外國或本國公民提起指控的尷尬處境。

6. 隨着我國參加 WTO，隨着經濟全球化和法治的一些規則逐步世界化，人權與公民權不只受本國法律的保護，也受國際社會的關注和維護，乃至在一定程度與範圍上受制於國際社會權力和超國家權力。這就要求我國的法治必須適應時代精神與世界潮流，否則也難以立足於當今及未來的法治世界。

二、影響政治權利立法的思想認識障礙

我國憲政立法之所以遲滯不前，甚至落後於有些發展中國家，有多種主客觀原因，其中就思想認識而言，存在一些障礙，可以大致歸納為「五怕」：

(一) 怕「自由化」

我國黨和政府公開宣佈主張世界貿易自由化，我們在經濟改革上也強調放開搞活，亦即給予經濟領域相當的自由，這是符合世界潮流和我國現實需要的。可是我們有些幹部在觀念上卻對有關政治自由的立法過於敏感，生怕它會導致「自由化」。這是一種多餘的過慮和誤解。

譬如關於言論自由的立法（如新聞法、出版法）、結社自由的立法（如社團法），雖然早已擬定過幾個草案，並幾經內部審議，終歸難產，其中主要障礙是在如何把握其自由度上頗多顧慮。

其實任何自由都不是絕對的，有關自由的立法也在於確認公民的自由權利，並規範自由的空間與邊界，以保障正當的自由不受侵害，同時也防止濫用自由權利，侵害他人的自由與國家和社會的利益。法定的自由不可能「化」到無所限制的境地。從這個意義上說，所謂「資產階級自由化」是個偽命題，因為資產階級也不可能達到或容許有「徹頭徹尾、徹裏徹外」的絕對自由的「化境」。

問題更在於如馬克思指出的，政治權利是「人權的一部分」，「這種權利的內容就是參加……政治共同體，參加國家。這些權利屬政治自由的範疇，屬公民權利範疇」。[2]公民的政治自由權利是既區別於自然人的私權利，又對應於國家公權力的公權利。這類公權利得到充分的尊重和合法行使，大有催進公民既占參與的積極性，使更有利共聚揮群眾智慧，群策群力，振興經濟，共建民主法治國家，加強對政府權力的監督，遏制腐敗。因此公民的政治自由是政治與經濟改革的健康激素，而

---

2. 〔德〕馬克思：《論猶太人問題》，載〔德〕馬克思、恩格斯，中國共產黨‧中央馬克思恩格斯列寧斯大林著作編譯局：《馬克思恩格斯全集》（第 1 卷）（北京：人民出版社，1957），頁 438。

不是應加防範的洪水猛獸。古語云:「防民之口甚於防川。」恩格斯更尖銳地指出:「難道我們要求別人給自己以言論自由,僅僅是為了在我們自己隊伍裏又消滅言論自由嗎?」[3]

(二) 怕「民營化」

這主要反映在出版與結社自由的立法上。我國新聞出版署曾經擬訂過出版法幾稿,但經有關領導部門的審查,未能出臺。「難點」卡在是否自由到允許私人辦報刊雜誌和出版社。草擬者根據領導意志,頗費心思地設計了一些方案,譬如規定舉辦報刊和出版社必須經公民或法人所屬單位的主管機關提出申請,才予受理(還不一定被批准)。立法機關經專家論證,認為公民連作為申請的主體資格也沒有,實在離憲法的精神太遠,這樣的限制性規定有損社會主義法律的形象,該法只好擱置。但沒有出版法又會使「掃黃打非」無法可依。於是就先由國務院先制定《出版管理條例》和《印刷業管理條例》兩個行政法規公佈施行,以應急需。這個條例不可能是以保障公民出版自由的憲法權利為主旨,而只是以管理和限制為主。而且在人大沒有制定法律以前,就制定事關憲法基本權利的行政法規或行政規章,也是有違《中華人民共和國立法法》(以下簡稱《立法法》)規定的立法程序,屬越權立法。

其實從馬克思主義的基本原理上說,經濟基礎決定上層建築,我國憲法在所有制和分配制度上都採取「一主多制」的格局,並已確認私營經濟是社會主義市場經濟的組成部分。實踐中,除私有經濟外,國有經濟有些也實行股份制,滲入了私有成分,成為「混合經濟」,它勢必要在上層建築上有所反映。作為上層建築的文化領域,也不可能不出現多元化的現象。單靠禁止是不能解決問題的,這些年冒出的大量的地下印刷廠、「山寨」出版物,屢禁不止就是明證。何況相當多的出版物乃至出版社,名義上是掛靠官方或半官方單位,實際上也不過是民營而已。與其迫使其成為暗流,難以覺察;不如網開一面,在一定條件下承認其出版權利,公開活動,從而既便於加以法制的引導與控制,又為公

---

3. 〔德〕恩格斯:《致格爾桑·特利爾》,載〔德〕馬克思、恩格斯,中國共產黨·中央馬克思恩格斯列寧斯大林著作編譯局:《馬克思恩格斯全集》(第37卷)(北京:人民出版社,1971),頁324。

民和社會組織通過言論出版自由繁榮科學文化、監督國家權力打開新的局面。

從法理的積極意義上說，出版自由既然是憲法確認的公民基本權利，就必定是有利於人民和國家的權利，否則就不會寫入憲法。出版自由是言論自由的基本憑藉。而且如馬克思所說：「沒有出版自由，其他一切自由都是泡影。自由的一種形式制約着另一種形式，正像身體這一部分制約着另一部分一樣。」[4] 可見其重要性，是不容迴避的。

至於結社自由或社團立法，在當今世界經濟全球化、資訊電子化的時代，政府的權力與能力已不足以滿足人民日益增長的經濟文化和其他方面多樣化的需要，蓬勃興起的各種非政府組織（NGO）自發地填補了許多真空，為社會公益事業乃至全人類的和平、健康、可持續發展等事業，作出了政府無力做或未能做的巨大貢獻。據 1999 年的統計，非營利的 NGO 在美國有 100 多萬個，印度有百萬個，新加坡 200 萬人口也有 5,000 個。[5] 現今都會更多。

民間社團的興起，是社會利益多元化的必然結果。現在 NGO 在民主國家和國際社會的地位與作用日益增長，被認為是民主社會的一個重要標誌，其發展已是不可抗拒的歷史潮流。1975 年在墨西哥召開世界婦女大會時，只有 144 個 NGO 參加。20 年後在北京舉行的第 4 次世界婦女大會則有 3,000 多個 NGO。[6] 現在大約有 3 萬個非政府組織在世界範圍內活動。這些國際 NGO 運用其所擁有的社會資源及其影響力，干預着世界性的公共事務，制定一些管理全球經濟、環保和勞工等新的國際規則，試圖取代那些已經過時的國家規範。聯合國和一些國家在作決策的時候都得與他們協商，他們被認為是「在全球管理中成了真正的第三

---

4. 〔德〕馬克思、恩格斯，中國共產黨・中央馬克思恩格斯列寧斯大林著作編譯局：《馬克思恩格斯全集》（第 1 卷）（北京：人民出版社，1957），頁 94。

5. 王紹光：《多元與統一 —— 第三部門國際比較研究》（杭州：浙江人民出版社，1999），頁 214。

6. 同上。

支力量」。[7] 這一趨勢也被稱為「全球化結社革命」。[8] 社團立法的發展，也已成為現代各國立法的一個關注點和法律體系的重要組成部分。

反觀我國社團的現狀，截至 2009 年底，登記註冊的社會組織總量接近 42.5 萬個，其中社會團體 23.5 萬個，比上年同期增長 6.8％；民辦非企業單位 18.8 萬個，比上年同期增長 5.6％；基金會 1,780 個，比上年同期增加 390 個。[9] 這個數字同我國 13 億人口的比例是很不相稱的，且多為掛靠官方或半官方的組織或受政府津貼與「指導」，落後於國內社會多元化發展的需要，在國際上有影響的也極少，不利於推進改革開放和社會主義民主的發展（譬如農民至今沒有代表自己利益的協會組織）。因此當務之急是必須轉變觀念，克服因循守舊的思想，促進社團法趕緊出臺。

(三) 怕影響穩定

在當前改革不斷深入，社會矛盾層出不窮，不穩定因素日益增長的情勢下，維護社會穩定是十分重要的。人們都知道法制是社會的穩定器。但有些人卻認為落實或擴大公民的政治民主與自由權利的立法，將會引致政治和社會不穩，乃至引發動亂。這又是一個認識誤區。

無須否認，民主與穩定、自由與安全，是存在一些矛盾的。示威遊行無序，易於引發越軌行為乃至動亂，影響社會安全與穩定。新聞、出版、結社自由不加適當合理的限制，也易為反社會分子利用來蠱惑民心，「犯上作亂」。但這絲毫不意味着為了穩定就必需犧牲民主，因噎廢食。民主和穩定是互為前提、互相促進的。我們要在穩定的條件下發展民主，也只有發展民主才能維護穩定。因為只有尊重公民的民主政治權利，才能激發人民群眾的政治活力，增強內聚力；才能調動人們的勞動積極性，促進經濟和社會的穩定。通過立法保障公民的政治民主權利

---

7. 〈激進主義組織在全球機構中的影響力增加〉，《芝加哥論壇報》，1999 年 12 月 1 日。

8. 〔美〕李斯特·索羅門：〈全球化結社革命〉，美國《外交》雜誌，1994 年第 4 期。

9. 參見民政部發佈的〈2009 年民政事業發展統計公報〉，轉引自浙江省人民政府網，2010 年 6 月 3 日。

與自由，也能使政府能及時了解民意，體察民情，順應民心，化解官民矛盾。反之，對人民的民主權利採取壓制的辦法，就可能積累矛盾，引起爆炸性的後果。某些發展中國家經常出現動亂和政變，不是因為民主太多，而是權力沒有制約，政治獨裁和腐敗。我國發生「文化大革命」的災難，也是由於長期忽視民主建設，以致走到它的反面，受到無政府主義的「大民主」的懲罰。「文革」的一條重要教訓是「民主要法制化」，要以法制保障和引導民主。

(四) 怕不好管

若干年前，我曾經問過一位新聞出版界的負責同志：為什麼新聞法至今尚未出臺？他回答說是主管部門有些人認為，「有了法，我們就不好管了」。這個回答頗具代表性地反映了某些黨政領導幹部的權力觀念和法制觀念的誤差。建設法治國家對作為法治主體的人民和領導黨而言，要求善於通過人大「以法治國」，運用法律來管理國家與社會事務應該說是更好管了。對執政黨和政府來說，則應當而且必須遵守「依法治國」的原則，即依法行使權力，依法管理國家和社會事務，這既是義務，也是提高管理水平和效率的正當途徑。

就新聞法而言，其立法主旨在於保障公民和新聞界的言論自由權、知情權、輿論監督權等基本權利，同時也可以通過立法限制和懲罰對這些權利的濫用。這是一舉兩得的事，何樂而不為？只有那些把法律看成是束縛自己手腳、妨礙自己濫用權力的人，才會認為有了法，反而不好任他隨心所欲地管了。

問題還在於公民憲法自由權利的立法的指導思想，首先應是充分保障公民和社會組織的自由權利，然後再設定必要的限制。有關主管部門在執法中，既是管理者，也是被管理、被監督者。其首要職責也是盡力為權利主體創設正常行使權利和發展的條件，並督責所屬官員依法進行管理，自覺接受監督。不能只講管人，不講尊重公民自由和接受人民監督。

當然民間社團良莠不齊，加強管理與引導十分必要。對反社會的黑社會組織及其他非法組織更要通過立法和加強執法，嚴予取締。

(五) 怕削弱黨的領導

這種看法在認識上是把黨的領導同法治對立起來。其實在我國法律是黨的主張與人民意志的統一。依法治國，在總體上只會是加強而不是削弱黨的領導。當然法律更主要的是人民共同意志的集中體現，也可能在某個特定問題上，地方黨委乃至中央的意見與人民（人大）大多數意見不一致，在進行說服無效時，黨組織也應當服從人民的意志，通過立法機關制定為人民所贊同的法律（如列寧在制定土地法時就是如此）。[10] 這也不會削弱黨的領導，而只會提高黨的威信。

就憲政立法而言，如前所述，通過立法保障公民的政治自由和其他民主權利，能更大地調動人們參與政治的積極性，加強黨和政府與人民群眾的聯繫，支持和監督黨和政府依法行使權力，這正是改善和提高黨的領導水平，鞏固黨的執政地位的必由之路。

問題在於這種看法不完全是對法治的認識差距，可能還抱有如鄧小平所曾批評過的「黨權高於一切」[11]、「第一把手說了算」的潛在心態。把人民群眾依法享有和行使的民主自由權利（如發表不同於己的言論、批評某個黨組織或黨員的行為），視為挑戰黨的領導或黨（實際上是他個人）的權力。對這樣的「領導」與「權力」，運用法律確認的公民權利來加以制約和「削弱」並無不可，這也是有利於改善黨的領導和遏制腐敗的。

---

10. 十月革命後，列寧主持制定《土地法》，當時俄共主張土地國有化，而絕大多數農民則要求土地社會化，分給農民使用。列寧認為黨雖並不同意這種主張，但黨必須服從絕大多數農民的意志，不能「強迫農民接受不符合他們的觀點而只符合我們的綱領的東西」。據此，列寧按農民的意志頒佈了實行土地社會化的《土地法令》。〔俄〕列寧，中國共產黨·中央馬克思恩格斯列寧斯大林著作編譯局：《列寧全集》第33卷（北京：人民出版社，1985），第20頁；第35卷（北京：人民出版社，1985），頁114。

11. 鄧小平：《鄧小平文選》（第1卷）（北京：人民出版社，1993），頁11–12。

三、憲政立法體系的結構

憲政立法體系是有關公民基本權利和國家基本權力的立法所構成的和諧統一的整體。它是整個社會主義法律體系的核心組成部分。憲政立法體系的結構大致如下：

1. 以憲法為綱。即以憲法中有關人權、公民基本權利和國家基本權力的規定為主導，所有立法都應以憲法在這些方面的規定為依據。

2. 以公民政治權利的立法為基石。包括選舉法，新聞法，出版法，社團法，集會遊行示威法，學術研究自由、文藝創作與文化活動自由法等，還應考慮將罷工自由、遷徙自由補進憲法並分別立法。

3. 對國家機構授權和限權的各國家機構組織法。包括全國人大組織法、國務院組織法、地方各級人大和地方各級政府組織法、法院組織法和檢察院組織法等法律。

4. 政黨法。為使我國共產黨領導的多黨合作與政治協商這一基本政黨政治制度有法可依，應制定政黨法規範執政黨和參政黨的權利及其與國家權力的關係，監督各政黨（特別是執政黨）在憲法和法律範圍內進行國務活動，依照憲法和政黨法、監督法，防止與糾正乃至追究黨組織和黨員幹部的違憲行為。

5. 監督法。包括全國人大監督法，政務公開法，情報公開法，公民舉報法、請願法（公民集體以書面的正規形式，依法向政府有關機關提出事關國家與公共利益的建議與意見，以便將長期以來上訪無序的混亂現象納入法治軌道，使公民的建議權、批評監督權獲得有效的法律保障）以及申訴法等等。

6. 有關民族自治地方的自治條例和香港、澳門特別行政區基本法。

7. 有關國家尊嚴、領土和主權的立法（國旗、國徽、國界、領海和毗連區等法律和協定）。

8. 有關憲政程序的立法（如立法法、授權法、違憲審查法、彈劾法等）。

以上諸項立法，有些已制定，有些尚待根據形勢發展的需要，及時修改、補充。更多的是有待抓緊制定。以上所列項目並不完備。憲政立法體系也是開放的，需隨政治改革的發展而發展。立法工作也需要既積極又審慎，不求一蹴而就。

四、憲政立法的基本原則

下面只就憲政立法中涉及公民基本權利與國家（主要指政府）權力的關係時所應注重的幾個原則，略述淺見。

(一) 人和公民基本權利神聖不可侵犯

基本權利，即基本人權和經憲法確認的公民權。人權（或私人的私權利）主要是指人的生命權、自由權、安全權、財產權、平等權以及追求幸福等基本人權；公民權主要是公民的各項政治權利，包括選舉權、各項政治自由和參與權、知情權、監督權、反抗壓迫或抵抗權等權利。它最早載於《法國人權宣言》和《美國獨立宣言》，以後見諸各國憲法。到現代進一步將環境權、發展權也列為基本權利。

基本人權之所以是基本的，在於它們是人的本質的基本構成要素。人作為社會存在，如果不享有這些基本權利，就不具有獨立的人格，不具有人的尊嚴與價值，就是人的本質的異化。公民的基本權利是確立公民憲法地位的基石，也是憲政國家的權利與權力體系的基礎。公民的政治權利更是維護人民利益、抵抗國家權力侵犯的自衛權。

基本權利的主要特點是：

1. 基本權利是相互依存、不可分割的，有其一不能無其二

有生命權而無自由，就不是一個完整的、獨立的、社會化了的人。有言論自由而無集會、結社、出版等自由，言論無從表達，言論自由也無法體現。所以人權和公民基本權利、特別是政治自由的立法，必須是配套的。現在只有選舉法和集會遊行示威法，顯然是不完整的。

2. 基本權利是不可轉讓、不可廢棄的

既然基本權利是人作為人和公民作為參與政治的「公人」所必需具有的，權利主體就不能放棄或轉讓其基本權利，在立法上更不容許廢棄，即不能通過憲法修正案或立法予以取消。這是基本權利對立法權力的重要限制。我國 1975 年《憲法》將 1954 年《憲法》中確認的一些公民基本權利，如公民在法律上一律平等、居住與遷徙自由、科學研究和文藝創作自由以及其他文化活動自由、取得國家賠償的權利等予以廢除，基本權利的條文也由 15 條縮減為只剩下 3 條，這是對人權的踐踏和對憲政的違反。1982 年《憲法》恢復了這些權利，是正確的。但居住和遷徙自由、罷工自由尚未恢復或確認。現今根據市場經濟、對外開放以及人才流動、保護勞動者等需要，這些自由都應當通過修憲確認為公民的憲法基本權利。

憲法確認的公民基本權利在立法上應遵守「法律保留原則」，即有關人和公民的基本權利的立法，只能由國家最高立法機關以法律定之，不得轉讓、授權由政府以行政法規來規定。過去由國務院先在人大未制定法律前，就先制定事關公民基本權利的行政法規乃至規章，是越權的。我國《立法法》對此雖有所限制，但僅限於將對政治權利的剝奪、對限制人身自由的強制措施和處罰、對國有財產的徵收，作為法律保留項目，顯然是過窄的，難以防止政府濫用行政法規、規章侵犯人權和公民基本權利。

3. 基本權利是其他權利的本源和基礎

由基本權利可以派生出其他權利。如自由權涵蓋了人身自由、政治自由和精神自由。人身自由又包括不受非法逮捕與拘禁、居住與遷徙自由、住宅不受侵犯、公民人格尊嚴不受侵犯（由此又派生出禁止非法搜查公民身體、禁止用任何方法對公民進行侮辱、誹謗和誣告陷害）等。政治自由中的言論自由又派生出思想自由，用語言、文字、印刷、圖書或其他方法表達的自由。《世界人權宣言》第 19 條還規定，公民有經由任何方法不分國界以尋求、接受並傳播消息和思想的自由，《公民權利和政治權利國際公約》對此也有類似的規定。考慮到我國已簽署了上述公約，在有關這些自由的國內立法中如何與國際接軌，有必要妥予回應。

4. 　基本權利具有穩定性、永久性，又是發展的

　　基本人權一當它隨社會發展歷史地形成，就隨人類社會永遠存在。經憲法法定以後，也成為長期穩定的不得更改的基本權利。《日本國憲法》第 11 條規定：「不得妨礙國民享有的一切基本人權。本憲法所保障的國民的基本人權，為不可侵犯的永久權利，現在及將來均賦予國民。」隨着社會政治經濟文化的發展，會產生新的權利主張與要求，如知情權、環境權、發展權以及網絡自由等，現在已成為公民個人與集體的基本權利。我國憲法所確認的現有基本權利已不能完全適應國內改革與發展和世界潮流的需要，也應當隨之適當增補新的權利。

　　以上所述的基本權利的一些特點，都要求我們在落實政治權利立法時加以全面關注，不可輕率處之。

(二) 自由與限制統一，自由為主，限制旨在保障自由

　　法律所確認的自由是法律範圍內的自由。自由是做法律不禁止的事情的權利。立法不會確認不受任何限制的自由。譬如言論自由、示威遊行自由，如果不加任何限制，就可能被濫用來擾亂社會秩序與安全。

　　不過法律所以要對個人自由作一定的限制，其目的只在保障予人不因你濫用自由而侵犯他人應享的自由權利。即他人自由的起點，就是一人的自由的終點。反之亦然。所以，限制正是為了自由。也如羅爾斯所說，「自由優先」，「自由只有為了自由本身才能被限制」。[12] 在我國制定《集會遊行示威法》過程中，原擬草案中有 22 個「不得」，全國人大常委會在審議時批評它只是一個「限制遊行示威的法律」，給它砍去了10 個。當時我國法律界老前輩、法律委員會顧問張友漁還為此着著文闡明，本法的「指導思想應當主要是保障集會遊行示威的自由權利」。對憲法確認的基本自由，如要加以某些限制，也只能是為了更好地保障這種自由。「限制也是為了保障，限制和保障是辯證的統一」。兩者雖然要兼顧，「但兩者須分主次，保障是主要的，限制是次要的」。[13] 這應當說是一切有關憲法基本自由權利的立法必須遵守的原則。

---

12. 〔美〕羅爾斯：《正義論》（北京：中國社會科學出版社，1988），頁 234。

13. 張友漁：〈對「集會遊行示威法（草案）」的意見〉，載《中國法學》，1989 年第 5 期。

當然，公民行使這些自由權利，必須在法律許可的範圍內。公民是否放棄行使這些自由權利（不是放棄享有權利的資格），他人或政府不得強制。公民自己也要從大局上加以權衡，以不致妨害人民的根本利益和公共秩序為度。

（三）以人權和公民權利為本，權力者要克制、寬容

　　在公民權利與政府權力的關係上，應當以權利為本位，政府權力一般是為權利主體服務並受其監督的。這個主從關係不能顛倒。在公民政治權利立法中，更要堅持這一原則。

　　當前新聞界遇到的一個棘手的問題是，如何處理公民、媒體的輿論監督權同被批評、曝光的官員的「名譽權」以及政府機關的權威的「矛盾」。常常因為公民或記者在報紙或互聯網上揭露了某個官員的醜聞，就被該官員以侵犯其名譽權為由，派公安幹警抓捕批評者，即使訴諸法院，也往往以公民或新聞媒體敗訴、罰款而告終。甚至有些基層法院也作為原告，起訴報社侵犯其名譽權。[14] 這在發達的法治國家是匪夷所思的。這裏就存在如何擺正權利與權力的關係問題。

　　公民和媒體在行使新聞與言論自由和輿論監督權利時，固然應當力求真實、準確；但是對官員和政府機關而言，則首先應當自覺地把自己置於被監督對象的地位，虛心聽取批評意見，「有則改之，無則加勉」。如果顯然失實，也完全可以運用自己的權力，作適當的澄清。作為公權力者，本處於強勢地位，從政治倫理上說，公民（一般是弱者）的批評即使有些失實也可免責，政府官員應當有寬容的雅量。何至一見批評就訴諸法院或抓捕？

　　問題更在於公民和媒體的言論自由和輿論監督權利與政府官員或政府機構的「名譽權」之間的衝突，不能當成私權利與私權利的衝突，

---

14. 如 1996 年深圳福田區法院向其上級法院控告《民主與法制》雜誌社，關於該院在《工人日報》「侵犯」某企業官員「名譽權」一案中審判不公的情況報道，侵犯了該院的「名譽權」，結果該市中級人民法院竟判定該社敗訴，賠償 5,000 元。（詳見《工人日報》星期刊，1998 年 7 月 12 日報道）

而應是公權利與公權力的衝突。即不應簡單地歸於民事糾紛範疇，而是監督與被監督的公法關係。[15]

在專制國家，臣民批評官家被視為「犯上」「大逆不道」，要受刑事處罰，罪可處死。這種遺風流傳下來，在我國曾經長期有所謂不許「矛頭向上」、「反對領導」。「文革」時期的「公安六條」更將它法定為「惡毒攻擊罪」。新時期我國憲法已確認公民有批評、檢舉、控告國家機關及其工作人員的權利，並規定被批評者不得打擊報復。在民主法治國家，國家官員是經人民選舉產生，為人民服務，對人民負責的；其執行公務因而享有的權威與名譽，也是人民賦予的。人民群眾對他們進行批評監督，從根本上說，也旨在維護公權力的集體權威與名譽。人民也可以撤銷其權力，收回對他們在公職上的「名譽」的信任。因而面對人民群眾對官員或官方執行公務中問題的批評監督，後者的主要職責是接受質詢，平等對話，正確的虛心改正，不實的加以解釋，而不是進行名譽權的訴訟。公民在行使批評監督這一公權利時，不慎有失實之處，也應享有免責權。即使批評事涉官員個人私生活乃至個人隱私，傷害了官員的名譽，其受責程度也應比公民之間名譽權糾紛為輕。因為官員作為人民的僕人，對主人應抱謙恭寬容的態度。這在法國《公務員總章程》中稱為「克制保留義務」，即公務員因職業上的特殊需要，其享有的個人權利比一般公民要受更多的限制。公民針對官員與官方的公務行為的批評，應當比針對其私人行為有更多的保障。筆者在 20 世紀 80 年代初接待美國一位州長來訪，他談及某報因揭批某明星隱私，涉嫌誹謗，被判罰款 200 萬美元；而批評某州長時嚴重失實，有損其名譽，法院卻只象徵性地判處罰款 1 美元。理由是如果批評官員受重罰，以後誰還敢批評政府？

至於政府機構是否可以作為訴訟主體提起名譽權的訴訟？在美國司法先例從未給予政府機構以私法上的名譽訴權。1923 年芝加哥市政府起訴《芝加哥論壇報》誹謗它在證券市場上的信譽。州最高法院判決說：「這一國家的任何最高法院從未認為或表明，對誹謗政府言論的控

---

15. 關於此點，北京大學侯健的博士論文：〈輿論監督與名譽權問題研究〉（2000 年 4 月）有較詳細深入的論述，可參閱。

訴在美國法律中有一席之地。」[16]1964 年美國聯邦最高法院在某案判決中更進而宣佈：誹謗政府的言論不能作為政府的制裁對象。[17]

　　究竟如何認識和處理輿論監督與名譽權的關係，有待在新聞、出版等立法中借鑒上述原則與方法，妥予考慮。

　　在公民基本政治權利立法中，除應遵循上述三原則外，其他一些民主立法原則，諸如適合國情，適應時代需要和國際人權與法治精神，有利於社會發展與進步和社會穩定，切實可行，逐步推進等等，都是應予審慎兼顧的。本章不另詳論。

　　總之，重視和抓緊落實政治權利的立法，建立我國憲政立法體系是積極推進政治體制改革的重要環節，我們不能再怠慢了。

---

16. *City of Chicago v. Tribune Co.*, 139N. E.50（Illinois S. Ct, 1923），轉引自註 15 侯健論文，頁 85。

17. 同上，頁 86。

第五部分

整頓憲法秩序，實行憲治

第三十四章

「中國世紀」願景與
世界憲政文明

* 本章原載清華大學經濟管理學院《中國與世界觀察》，2011 年第 2 期。該刊發表時題目
  改為《「中國世紀」需與世界憲政文明接軌》。

一、21 世紀是「中國世紀」嗎？

2011 年中國體育界爆出震驚世界的一大壯舉：李娜贏得世界女子網球大滿貫單打冠軍，不僅打破了中國、也打破亞洲的紀錄。中國球迷狂歡、鼓舞，國際媒體高調讚譽，說這是全世界的「中國時刻」。

近年，在體育、航天科技以及國民生產總值（Gross National Product, GDP）的年增長率等個別領域的單項成績上，確實出現過某些「中國時刻」。當代中國正在崛起，這是公認的事實；中國已成為世界第二大經濟體。今年 4 月下旬國際貨幣基金組織（International Monetary Fund, IMF）在最新報告中，預測中國的 GDP 總量將在五年後超越美國，2016 年將成為「中國世紀元年」，更令許多人興奮不已。

出現某些「中國時刻」，是否就等於是「中國世紀」呢？

中國人的阿 Q 精神是頑強的，還沒有真「闊起來」，就想在趙太爺面前耀武揚威。我認為即使是不久的將來，中國可能成為「世紀大國」，也不大可能縱橫捭闔，稱雄世界。且不說不能以 GDP 規模一項就斷言世界進入「中國世紀」。據外刊揭示，雖然中國 GDP 超越日本成為世界第二，但從人均 GDP 來看，日本人均超過 4 萬美元，中國則只有 3,800 多美元，不到日本的十分之一，排在世界 103 位。何況我國還有 1.5 億人達不到聯合國一天 1 美元收入的最低生活標準。至於在生產率、技術創新能力、人民的教育水平、社會福利及在全球金融市場地位等方面，中國與日本差距之大，無法相比，更不要說和美國抗衡了。

中國在分配上的嚴重失衡、兩極分化已經超過警戒線，而且經濟結構的內在矛盾潛在不少隱患，一旦某些泡沫爆炸，後果難測；破壞資源和環境保護的竭澤而漁、飲鴆止渴的發展模式，也難以為繼；再則，僅僅以「中國製造」而非「中國創造」名世，豈能執世紀之牛耳？

英國《金融時報》說：「中國既富有又貧窮」，「無法在成為世界第一大經濟體的同時成為世界第一強國」。[1] 這話不無道理。

更為關鍵的是，國家的綜合實力不只體現在經濟的硬實力上，而在整個物質與精神文明的軟實力方面。衡量的尺度除了看 GDP 絕對數字的增長，還要看「文明崛起」的成就。歷史上的「英國世紀」是以其領頭的工業化文明和君主立憲、議會至上的政治文明影響全世界。「美國世紀」則是以其超強的經濟與軍事實力和領先的現代尖端科技、民主憲政文明，引領全球。而我們所謂五千年歷史和 13 億多人口，固然有其優勢；但歷史悠久、國大人多，積弊和現實問題也多，窮於應付。當代中國面向世界拿得出手的「中華文明」，實在有限。被有些理論家、政治家鼓吹的社會主義「舉國體制」或所謂「中國模式」的優越性，是所謂「可以集中力量幹大事」，但由於缺少民主法治約束，也可以通行無阻地舉國幹大蠢事和大壞事，如反右、大躍進和「文革」等等。又如現今不經全國人大審議批准，政府就可傾舉國之財力、一擲數千億辦奧運、亞運和世博；舉國掀起城市化大潮和放縱「土地財政」的圈地運動，各地大舉強制拆遷，掠奪城鄉居民土地，製造遍及全國的官民矛盾和群體事件；維穩費用超過國防預算；內憂勝過外患……

英國「鐵娘子」戴卓爾夫人早年說過一句話：「你們根本不用擔心中國，因為中國在未來幾十年，甚至一百年內，無法給世界提供任何新思想。」她這句有辱中國的斷言，雖然使我們義憤填膺，但迄今以及可以預見的將來，恐怕還得承認不是毫無根據，何況中國還存在許多令人憂慮的不確定性。預言 21 世紀是「中國世紀」，未免過於樂觀。

當今世界新興國家紛紛崛起，一國稱霸、統攝全球的時代開始逐漸淡出；未來世界是多中心、多極化的。中國即使強盛到各方面位居世界第一，恐怕也只能說成為多極中心之一，不可能是只此一家的「中國世紀」。

就現今中國政治文明乃至道德文明的滯後狀態而言，作為一個大國，爭取在世界上有一個與之相稱的軟實力地位和影響力，趕上國際社

---

1. 吉迪恩·拉赫曼：〈當中國成為第一大經濟體〉，載英國《金融時報》，2011 年 6 月 6 日，轉引自《參考消息》，2011 年 6 月 8 日，第 14 版。

會現代化潮流，借鑒和吸收已有的人類文明成果，諸如市場經濟及其競爭機制，人權法治、憲政民主等普世價值與制度。特別是在當今全球化的條件下，中國要能立足於世界民族之林，還必須有應對全球化的新思維和新體制。

二、急需彌補中國憲法與國際人權公約的差距

中國要能在世界上享有與國力相稱的威望和影響力，不僅在經濟而且在政治文明方面至少要能與發達國家並駕齊驅。下面僅就我國現行憲法與國際人權公約的差距，作一簡單比較。

1948 年，聯合國通過了《世界人權宣言》。1966 年 12 月 16 日，第 21 屆聯合國大會全票通過了兩個人權公約：《經濟、社會和文化權利國際公約》（以下簡稱「經濟權利公約」）、《公民權利和政治權利國際公約》（簡稱「政治權利公約」），並開放給各國簽字。1976 年 3 月 23 日正式生效。至 1997 年年底，共有 140 個國家成為該公約的締約國。這幾個國際人權公約的內容，絕大多數已經或將要轉化成所有締約國的憲法與法律體系的一部分，其原則、理念將豐富、補充一個國家的憲政理念和憲法條文。

中國是參與投票通過《世界人權宣言》的國家。新中國政府也已於 1997 年 10 月 27 日和 1998 年 10 月 5 日先後簽署了這兩個公約。2001 年 2 月 28 日全國人大還批准了經濟權利公約（但政治權利公約迄今還未批准）。當年中國駐聯合國代表秦華孫在代表中國政府簽字時說，實現人權是全人類的共同理想，人權的普遍性原則應當得到尊重；中國重視國際人權文書在促進和保護人權方面的積極作用，並已加入了 17 個國際人權公約，表明了中國促進和保護人權的堅強決心，中國政府將進一步與聯合國開展人權領域的合作，共同推進國際人權事業的發展。[2]

---

2. 參見《人民日報》，1998 年 10 月 6 日，第 1 版。又據我國 2011 年頒佈的《國家人權行動計劃（2009–2010 年）》，截至 2009 年 4 月，中國政府已先後參加了 25 項國際人權公約。

履行這些國際公約，是作為締約國的我國政府的義務；也是作為世紀大國的國際責任和樹立國際信譽、贏得國際社會尊重和擁戴的政治倫理基礎。這比我國政府經常慷慨捐贈、借貸數以百億計的人民幣和物資援助他國要更有影響力。反之如果國內法制與這些國際公約脫節，未予接軌或嚴重違反，是會引起國際社會乃至他國公民指控的（詳後）。

應當肯定近年中國人權在立法上有某些進步。如人權入憲，某些立法關注了對人權的尊重和保障。但審視我國 1982 年《憲法》，在立憲精神、原則和具體規定等方面，與上述幾個公約還有較大差距；也不適應近 30 年中國自身發展的現實。改革開放以來的許多思想和制度創新尚未在憲法中得到體現，在民主、自由、法治與人權方面還存在許多有待改進的空間。至於人權的實踐，問題就更多了。

(一) 中國憲政理念的落差

我國現行憲法序言和總綱中規定的指導思想和原則，有些已明顯不符合時代發展和國際人權公約的要求。[3]

1. 我國憲法序言中被政治家和學者認定和經常援引的「四項基本原則」，已不能完全體現當代已經發展了的治國指導思想——「以人為本」、「法治國家」、「和諧社會」和「科學發展觀」等新理念；

2. 從法理上說，以總結歷史經驗的方式所表述的、而不是以法律條文形式予以確認的這些原則，也只能是作為執政黨對其成員的要求，不能說是全體國民都必須遵守的憲法規範（不能強迫宗教徒信仰馬克思主義的無神論，港澳地區的自治也不以四項基本原則為指導思想）；

3. 對普通公民而言，憲法序言表述的這種一元化的思想指導原則，也同憲法第二章公民基本權利中的言論自由、宗教信仰自由等相衝突，對人民大眾應是倡導思想的多元化，容許所謂「異質」思維。

---

3. 本文所引《世界人權宣言》和兩個國際人權公約的條文，均引自王家福、劉海年：《中國人權百科全書》（北京：中國大百科全書出版社，1998）。

4. 根據國際人權公約的精神，人權原則應是憲法的最高原則。國家權力和法律權力只有在符合人權準則時才具有合法性和權威性。1948 年聯合國大會通過的《世界人權宣言》在其序言中確認，人權「是世界自由、正義與和平的基礎」，人權宣言是「作為所有人民和所有國家努力實現的共同標準」。人權和公民基本權利在理念上和邏輯上是先於國家權力且高於國家權力的。1791 年頒佈的法國憲法就是以 1789 年法國大革命時期通過的《人權和公民權宣言》作為憲法序言的。美國憲法第一修正案就是著名的「權利法案」。列寧和孫中山都認為憲法的本質是「人民權利的保障書」。我國修訂後的現行《憲法》也已將「國家尊重和保障人權」原則納入憲法。依法治國的核心是依人權準則治國。憲法和全國人大制定的法律如果侵犯了人權和公民基本權利，就是違憲的、無效的。即便國家處於緊急狀態，對公民某些權利可以有所限制，但基本人權則不容取消。可見僅以特定的「四項基本原則」作為憲法的基本原則，是同人類進步文明和我國將人權入憲的初衷不相諧的。

(二) 公民基本權利的欠缺

公民基本權利是基本人權的憲法化。人權國際公約的核心包括生命權、自由權（表達自由、集會結社自由、宗教自由、遷徙自由⋯⋯）、選舉權和被選舉權、人身自由和安全權、司法救濟權（不受任意逮捕、拘役或放逐的自由、公正和公開審訊權、無罪推定權、免受酷刑權⋯⋯）等等。下面就我國憲法中公民權利的欠缺略舉數端。

1. 生命權

「政治權利公約」第 6 條第 1 款規定：「人人有固有的生命權。這個權利應受法律保護。不得任意剝奪任何人的生命。」在「經濟權利公約」中還「確認人人享有免於饑餓的基本權利」（第 11 條第 2 款）。

我國憲法歷來沒有生命權的規定。過去，執政黨的領袖為了推行「階級鬥爭為綱」，在歷次政治運動中十分漠視人的生命權。「文革」前和「文革」中被指為所謂「階級敵人」的人，往往不經法律程序就加以

殺戮。如解放初的土改與「鎮反」運動，最高領袖多次下達鎮反命令和指標，說：「應當放手殺幾批」，全國共殺掉71萬人。[4]瘋狂的大躍進造成人為的大饑荒，活活餓死達幾千萬老百姓。葉劍英在1978年12月13日在中央工作會議上曾說，「文革」造成了2,000萬人死亡，上億人受迫害。

改革開放後，這種視生命如草芥的狀況雖然已大有轉變，但我國刑法中的死刑還是世界各國中最多的。近年才開始遏制這種狀況，在立法上減少了死刑，司法上限制了死刑的判決。

此外，國際公約中生命權中的「人」，不僅包括已出生的人，還包括所謂邊緣性的人，即胎兒。公約禁止胎兒的父母隨意剝奪其生命權（如墮胎）。這與我國現行《憲法》第49條規定的計劃生育「義務」是有衝突的。當然，由於我國特殊國情，如何處理還是一個兩難的問題。

2. 思想、言論與宗教自由

「政治權利公約」第18條第1款規定「人人有權享受思想、良心和宗教自由」。中國憲法中沒有確認思想自由。現在有關權威人士聲言「不搞指導思想上的多元化」，這易於使人解讀為不容許公民有「異質」思維。

「公約」第19條第1款還規定：「人人有權持有主張，不受干涉。」第2款不但原則確認「人人有自由發表意見的權利」，而且具體規定「此項權利包括尋求、接受和傳遞各種消息和思想的自由，而不論國界，也不論口頭的、書寫的、印刷的、採取藝術形式的，或通過他所選擇的任何其他媒介」。而我國憲法沒有這些具體規定，也無相關的立法保障，只有國務院及其有關部門的行政法規或部門規章，旨在管理、限制，不是保護。我國《憲法》第35條中列舉了幾項屬表達權的自由權利，但迄今大多沒有立法保障。如新聞法、出版法、結社法雖早已擬定了稿本，迄今因受阻都未出臺，也似乎不準備立法，據說是怕「被利用來搞反黨活動」，「怕不好管了」。

---

4. 參見〈建國以來毛澤東文稿〉和白希著：《開國大鎮反》，（北京：中共黨史出版社，2006），頁494。

至於宗教自由，不只是宗教信仰自由，而且包括宗教活動的自由。「政治權利公約」第 18 條具體規定：宗教自由「包括維持或改變他的宗教或信仰的自由，以及單獨或集體、公開或秘密地以禮拜、戒律、實踐和教義來表明他的宗教或信仰的自由」。而在我國憲法中，僅在原則上規定了宗教信仰自由，而沒有具體規定舉辦宗教活動場所、舉行宗教儀式的自由。全國人大也沒有制定保護宗教自由的法律，只有由國務院頒佈的行政法規《宗教事務條例》，後者對在室內外的宗教禮拜活動和其他活動加以過多限制。

　　以上涉及公民憲法基本權利的自由，沒有直接法律根據而由行政法規或規章來規限，是有違憲法和《立法法》的越權的立法。[5]

3.　財產權

　　私有財產權是基本人權。《世界人權宣言》第 17 條確認：「人人得有單獨的財產所有權以及同他人合有的所有權。任何人的財產不得任意剝奪。」我國憲法確認了「國家保護公民的合法收入、儲蓄、房屋和其他合法財產的所有權」（第 13 條），也制定了《中華人民共和國物權法》，但迄今為止私產保障制度並未完善。近年城鄉公民的土地房屋產權受到嚴重侵犯，很難得到憲法和法律的保障。國務院頒佈的原拆遷條例，規定未經法院裁決以前即可進行強制拆遷，助長了官民衝突事件頻頻發生。有官員甚至揚言：「沒有強拆就沒有新中國！」

　　1982 年修改《憲法》時，未經市民和利益相關人參與聽證和協商，通過了第 10 條中的一句話「城市的土地屬於國家所有」，就把解放前後本屬城市居民的私有住宅下的私有地產（有私人地契為證）無聲無息地化為國有，實際上幾乎像沒收「敵產」那樣無償地沒收了，這是憲法本身的立法侵權。現今在城市化的強制拆遷運動中，這個潛伏的矛盾隱

8.《憲法》第 89 條規定，國務院制定行政法規必須「根據憲法和法律」，即在全國人大尚未制定法律前，不能制定行政法規和規章。這與《憲法》第 100 條的規定省級地方人大「在不同憲法和法律、行政法規相抵觸的前提下，可以制定地方性法規」不同，即無需法律根據，只要與現行憲法、法律「不抵觸」即可「超前」立法規。《立法法》第 8 條也規定，屬於國家主權事項和基本制度，對公民政治權利的剝奪、限制人身自由的強制措施和處罰，犯罪和刑罰，對非國有財產的徵收等等，都只能以法律定之。

患尖銳地爆發出來，房產下的地產幾乎無償地被「充公」，成為許多群體事件的導火線。

4. 遷徙自由

「政治權利公約」第 12 條規定了公民有遷徙自由，並規定「人人有自由離開任何國家，包括其本國在內。」、「任何人進入其本國的權利，不得任意加以剝奪。」我國《憲法》（除 1954 年《憲法》外）都沒有遷徙自由的規定。過去「主要是考慮我國經濟發展水平還比較低」，現今這個理由已不復成立。而且遷徙自由是涉及人身自由權和就業自由權的基本人權，不容剝奪。現在有些黨政機關非法限制、禁止公民出行、出國乃至回歸，遷徙自由得不到憲法保護。

5. 罷工權

這是勞動者的一項與生存權相關聯的基本人權。「經濟權利公約」第 8 條第 1 款和「政治權利公約」第 8 條中，都確認了公民有罷工權。我國《憲法》（除 1975、1978 年《憲法》外）和法律都沒有確認公民的罷工自由。不過法律也並未禁止罷工，因而按照「法不禁止即自由」的原則，罷工並不違法，但一些官員卻認為憲法和法律未予確認的權利與自由，就是非法的，而予以打壓。一些地方政府和依附於它的工會，為了引入外資和保證稅收，往往袒護資方，使工人的正當權益受遏制。

6. 人身自由權

這是「政治權利公約」的一個重點。其第 9 條第 1 款、第 4 款規定：「人人有權享有人身自由和安全。任何人不得加以任意逮捕或拘禁　　」「任何因逮捕或拘禁而被剝奪自由的人，有資格向法庭提起訴訟，以便法庭能不拖延地決定拘禁他人是否合法，以及如果拘禁不合法時命令予以釋放。」此項規定源於英國古老的人身保護令狀制度。我國《憲法》雖有「任何公民，非經人民檢察院批准或者決定或者由人民法院決定，並由公安機關執行，不受逮捕」的規定，但沒有使被逮捕者獲得良好的救濟制度設計。現在以黨政權力干預司法的現象，並不鮮見。有些地方的司法機關甚至異化為一些貪官污吏、官僚權貴的家丁打手。他們越過法律程序，跨省抓捕那些批評檢舉當地黨政官員腐敗醜聞的

公民，把他們扣以「侵犯名譽權」或「誹謗罪」，甚至「煽動顛覆國家政權罪」，投入監獄。或者半夜闖入民宅，不出示任何法律文書，就實施逮捕、抄家，實行先逮捕後羅織證據和罪名的「有罪推定」，長期羈押，不予審判，又拒不通知其家屬。無辜公民在法律上得不到及時的人身保護。這類違法侵權現象，有似「文革」無法無天的某些元素的復活。

7. 勞動權

我國《憲法》第 42 條規定：「中華人民共和國公民有勞動的權利和義務。」把這一基本人權又同時規定為義務，這是「中國特色」。既是義務，就意味着國家可強制公民勞動。這既與「經濟權利公約」第 7 條關於工作權的規定存在重大差異，更與「政治權利公約」第 8 條 3 款（甲）項規定的「任何人不應被要求從事強迫或強制勞動」衝突（當然作為對罪犯的懲罰且經由法院判處苦役者除外）。

8. 其他新生權利

隨着國家和國際社會經濟政治和人權的發展，出現了新的權利主張，如生存權、自決權、和平權、發展權、環境權、安寧權、知情權、隱私權等等，在我國憲政文本中都沒有予以確認。

（三）實施憲法和保障人權的法律機制的缺失

以上還僅僅是憲政精神和憲法文本上的差距。至於實施憲法、實行憲治方面，就更顯滯後了。

由於我國憲法所確認的公民基本權利並不像有些外國如德國那樣，是「直接有效的權利」，公民的憲法基本權利未落實為立法，就成為「不可訴的權利」，即憲法條文不能直接適用於司法訴訟。憲法上琳琅滿目的公民權利與自由，就缺乏法律的保障，就只是一張寫滿漂亮言詞的空頭支票或者「烏托邦條款」而已。而迄今我國憲法羅列的公民政治權利與自由，諸如公民的言論、出版和結社自由、學術研究、文藝創作與文化活動自由、對國家機關及其官員的批評檢舉控告等憲法權利，都沒有相應的立法。

按照政治權利公約第2條第2款的規定，對該公約所確認的權利，「凡未經現行立法或其他措施予以規定者，本公約每一締約國承擔按照其憲法程序和本公約的規定採取必要的步驟，以採納為實施本公約所承認的權利所需的立法或其他措施」。這是作為締約國的我國必須遵守的義務。這一點在「經濟權利公約」第2條第1款中尤為明確：要求「每一締約國家承擔盡最大能力個別採取步驟或經由國際援助和合作……以便用一切適當方法，尤其包括用立法方法，逐漸達到本公約所承認的權利的充分實現」。又據「政治權利公約」第40條第1款和第41條第1款的規定，締約國還必須在條約生效後一年內和此後在依該條約建立的監督機構——人權事務委員會的要求下，提出實施本條約的措施及其進展的報告，並承認委員會有權接受和審議其他締約國對本締約國不履行本公約義務的指控，以及本締約國管轄下的公民個人對其應享的公約權利受到侵害的申訴。

應當承認，我國在適用世界人權宣言和這兩個國際人權條約時，國內憲法和法律還存在不少脫節甚至抵觸之處，若不及早採取相應的修憲和立法措施，就有可能陷於被外國相關組織或本國公民提起指控的尷尬處境。

加入人權公約不僅要接受國際人權組織的監督，而且要在制度層面上建立人權訴訟的保障機制。至今中國還沒有違憲審查和憲法訴訟制度，這是中國迄今未能實行民主憲政的基本制度原因。

三、樹立全球化視野下的新憲政思維

世紀中國要影響世界，首先要求中國適應世界，中國的憲制和法制不僅要遵循我國已簽署的國際公約和其他國際關係準則，而且在當代全球化情勢下，在保留某些必要的「中國特色」的同時，治國的理念還要與國際先進的民主憲政新思潮相匹配。

(一) 全球化情勢與全球公民社會

隨着我國參加WTO，隨着經濟全球化出現的一些新事物、新的國際規則，法治的一些理念和規則也在革故鼎新，並逐步世界化。人權與

公民權不只受本國法律的保護，也受國際社會的關注和維護，乃至一定程度與範圍上受制於國際社會權力和超國家權力。這就要求我國的法治必須適應時代精神與世界潮流，否則也難以立足於當今及未來的民主法治世界。

全球化引起對一系列國家與國際政治、經濟與法律的理念、概念、制度、遊戲規則等的衝擊和變遷。各種金融、貿易活動的全球化，以及人權跨越國家主權，司法超越國家管轄，生態環境災難、跨國犯罪和恐怖主義的全球化等，都在挑戰舊時代的民族國家的邊界局限。與此相應，全球通行的法制也在有些領域超越了國家主義的局限。

在以歐美發達資本主義國家為主導的全球化進程中，中國面臨嚴重的挑戰。我國在許多領域還落後於全球化的潮流。俄國科學院遠東研究所所長米哈伊爾‧季塔連科院士認為：「全球化不僅使政治金融、文化聯繫和交流具有世界性，同時消除了國界，需要重新詮釋『國家主權』、『獨立』、『人權』、『公民社會』等概念，它還在摧毀着過去的種種傳統和國家法準則，動搖着許多國際組織的地位，包括聯合國的地位。」而「西方發達國家，首先是美歐國家和日本駕取了全球化的進程，把它當作凌駕於世界之上的武器」。[6]

面對這種全球化紛紜的局面，我們固然需要有獨立思考，毋須隨波逐流；但必須以全球化視野，適應全球人權法治與民主憲政的新發展，樹立新思維，加快我國的憲政改革。

(二) 新憲政理論

當代西方發達國家為應對全球化的發展趨勢而提出了一些新理論、新觀念、新法制，使法治上升到新的憲政和憲治。

譬如國家權力之間的分權與制衡，是制約權力專橫和腐敗的普世機制，我國現今尚未完全做到，是我國遏制腐敗乏力的制度原因，有待繼續努力推動。而我國有些理論家、政治家卻在強調「決不搞西方的那一套」。其實，西方的「那一套」也早在演進為現代民主憲政的新一套。

9.〔俄〕米哈伊爾‧季塔連科：〈中國與全球化〉，載俄羅斯《遠東問題》（雙月刊），1993 年第 6 期，轉引自《參考消息》，2004 年 2 月 1 日，第 8 版。

當代西方學者提出的「新憲政論」，主張在繼續完善國家權力內部相互制約機制的同時，進一步尋求從外部社會力量中營造制約國家權力的新機制，亦即依靠公民社會、非政府組織 NGO，以社會權力制約國家權力。正如美國學者達爾（Robert Dahl）在《多元主義的困境》一書中所說，獨立的社會組織在一個民主制中是非常需要的東西，至少在大型的民主制是如此。其功能在於使政府強制最小化，保障政治自由，改善人民的生活。他認為為了防止多數人或少數人的暴政，重要的因素是社會上的多元制衡，而不只是憲法上規定的分權制衡，儘管後者也是民主得以實現的重要條件。他指出一個多元的社會就意味著意見的多元性、利益的多元性和權力的多元性。[7]

這種理念和機制尚未引起我國法學界和政法界的關注。相反，在我國專制的國家至上主義和封建的臣民社會的影響尚未完全消除，亟待建立現代公民社會的情勢下，有些政法幹部卻告誡不要墮入外國「敵對勢力」設計的「公民社會的陷阱」。這種超前的恐資病，無助於中國的發展進步。

如果我們不是坐井觀天，能放眼全球化的潮流就可以發現，我們的地球已經大大縮小了。正如《紐約時報》著名的專欄作家托馬斯·弗里曼（Thomas Friedman）最近在該報上發表的一篇文章中所說的，由於現代科技的迅猛發展，整個世界已經建立起一個以個人電腦、光纖線路、互聯網和網絡服務器為基礎的高水平連接，把波士頓、北京、底特律和大馬士革變成隔壁鄰居。世界已經進入了一個「超連接世界」。它把 20 億人帶入了全球性交流中。世界已經被超級地連接起來，沒有什麼事情是所謂「當地」的了。每一件事情能夠立刻從任何國家的最偏遠角落進入這個全球平臺被大家分享。企圖切斷各國老百姓所有資訊的日子已經一去不復返了。[8]

地球正在變成一個小村莊。某些本屬發達國家的社會價值，正在成為世上所公認的普世價值。生態環境的國際化；移民人數前所未有

---

10. 參見 Dahl, *Dilemmas of Pluralist Democracy: Autonomy vs. Control* (New Haven: Yale University Press, 1982) 和達爾，顧昕譯：《民主理論的前言》（北京：三聯書店，1999），頁 205–230。

11. 參見美國《紐約時報》，2011 年 6 月 11 日托馬斯·弗里曼的文章。

的增加（據國際移民組織統計，到 20 世紀 90 年代初，旅居國外的新移民已超過 1 億），都使愈來愈多的國家公民開始超越原來國家觀念的局限，而萌發出全球意識。全球公民（cosmopolitan citizens）意識、特別是全球共同體（global community）意識和全人類意識逐漸為許多人所接受，出現了所謂的「新認同政治」（Newidentity Politics），少數國際環境保護主義者甚至已經以「全球公民」自居。全球公民社會的概念成為熱門話題。

（三）全球公民社會的球民權利

在全球化的條件下，不僅權力出現多元化、社會化的新趨勢；權利主體也出現了多元化的格局。當我們還在強調落實受本國管轄的公民權利、國民權利（如平等的國民待遇）時，發達國家已在談論超越國家的「球民」權利了。他們認為，民主化創造了國家公民的角色，福利國家創造了社會公民的角色，全球化則創造了全球公民（「球民」）的角色。1995 年 3 月，在哥本哈根舉行的「關於社會發展的世界高級首腦會議」提出的一份報告中稱：對全球化的挑戰的回答，是要樹立「全球公民權利」的思想。在有些地區（如歐盟），原來局限於民族國家範圍內的公民權，已開始部分地延伸為「歐盟公民權」，可直接受歐盟的超國家權力的保護（如歐盟成員國的公民可越過本國政府和司法機關直接向歐盟議會或法庭投訴）。[9]

現今聯合國屬下的各國公民，或「地球村」的「村民」，於「國民」的資格外，還應同時擁有「球民」的身份，享有全球人類應當共同享有的和平權、生存權、環境權、人類共同財產權、移民權等「球民權」。

---

12. 一英國少年被繼父毒打，訴至英國法院。法院根據英國 1864 年的一個法律，認為體罰是合理的，據此宣判打兒子的繼父無罪。該被打的少年上訴到設在法國斯特拉斯堡的歐洲人權法院，後者以英國政府「作為一個國家，沒有積極採取措施保護少年不受非人道對待」為由，判令英國政府賠償少年 3 萬英鎊。參見《青年參考》，1998 年 12 月 4 日郭瑞瑢編譯的文章：〈老子打兒，國家受罰〉。

我們不僅是「炎黃子孫」，同時也是人類共同祖先的後代，應當享有作為人類的權利和擔當全球人類共同的義務。[10]

一些非政府組織，特別是在全球範圍內具有活動能力的世界性非政府組織和跨國企業，跨越了民族國家的邊界，直接地、不必經過本國的政黨、議會、政府的過濾，就能在全球發生影響力乃至支配力。

在當今全球化時代，僅關注民族國家範圍內的公民權和公民社會問題，已經不能完全反映時代的趨勢和要求了。一國之內的國家公民延伸為世界公民，公民社會也越過國界進入世界範圍。20 世紀 90 年代以後，一個號稱「全球公民社會」（global civil society）的概念日益流行起來，成為人們追求的願景。

2005 年 6 月 22 日，第 59 屆聯大邀請來自世界各地的 200 多個公民社會團體的代表舉行會議，聽取他們對即將舉行的聯大首腦會議討論的議題的意見。聯合國秘書長安南也發表聲明，高度讚揚此次會議的舉行，他希望聯合國與「公民社會」二者間應以雙向對話的模式相互促動，共同推動人類社會的進步。[11] 這次大會可以說是全球公民社會（社團）的大聚會。

我們還在固守國家主義的觀念，不問國體的性質，片面地宣揚「國家主權高於人權」，反對別國對他國「說三道四」，以致客觀上為非「主權在民」的專制統治者利用國家機器來鎮壓人權提供藉口，而西方學者卻認為國家只是人類共同體中的一個特殊的形態，它不是唯一的法的共同體。人們不再只是國家的組成人員，在更大範圍中已是全球社會的組成人員。因此法治主義應當超脫國家範圍的局限，擴展到全球社會。聯合國作為一個超國家權力的世界共同體，可以通過決議，越過一國或多國的國家主權，對其進行經濟制裁、政治打壓，乃至軍事干預（如對北非一些發生「茉莉花革命」的國家），逮捕某些犯有戰爭罪、反人類罪、

---

13. 1978 年聯合國大會通過的 1 號文件確認：「所有的人都屬於一個種類，都是一個共同祖先的後代，在尊嚴、權利以及人性的所有方面，他們都生而平等。」

14. 聯合國出版的《全球治理委員會報告：我們的全球鄰居》，參見〔德〕烏爾布希·貝克：〈全球化時代的兩難困境〉，德國《議會周報副刊·政治與現代史》，1998 年 9 月，第 38 期。

種族滅絕罪等罪行的總統、將軍，交付國際刑事法庭審判（如對前南斯拉夫的首腦）。有些學者甚至設想未來的「世界法制」或「法治主義的世界化」和「大同法治世界」。

四、兼容天下，兼善天下

上面我列舉了全球化情勢下的一些思潮和民主憲政事例，並非認為這些「後現代」或「後國家」的理論觀點和做法，可以照搬到還處於「前現代」或向現代化過渡的中國，立即變為我國的實踐。但從展望未來所謂「中國世紀」視角考慮，即使我們可能並不同意上述這些觀點和某些做法，也不能不了解和研究全球化新潮流、新趨勢的來龍去脈，辨其是非得失，決定取捨。我們不能只跟在我國法治建設的緩慢進程亦步亦趨，而應當有適當超前的遠見。

我們應當有全球化的眼光和「從未來審視現在」的襟懷，多關注世界各國法治與法學的前沿思想理論，並比較、辨析其是非得失，使我國法制與法治建設、憲政理念在全球化視野下提升，為未來參與營造全球法治大同世界，標顯「中國時刻」，未雨綢繆。為此：

(一) 要擺脫「唯國情論」的舊觀念桎梏

不應把所謂「國情」絕對化，變成阻擋外來先進理念與制度的擋箭牌。不應大批普世價值，否認人性的普遍性，從而否認基於人的共同社會性而在人類創造的文明中存在普遍性的法則，有可互相通用的元素。

有些人往往以我國經濟實力差、國民文化程度低作為政治改革應當緩行，外國法律制度不能移植的理由。其實考察一下歐美主要資本主義國家的情況，據歷史資料統計，1866年英、法、德、美的生鐵產量的總和才824萬噸，不到現今我國鋼產量以億噸計的零頭。那時既沒有電視，也沒有手機，既非知識經濟，也非資訊社會。但他們那時卻已開始實行了初步的民主選舉、契約自由、權力制約、司法獨立、人權保障、無罪推定等我們至今尚未完滿實現的政治文明與法律制度。通過這一比

較，就可說明以我國經濟落後、國民文化素質差這一「特色」為藉口，而認為西方這些先進制度「不適合中國國情」是不符合歷史事實邏輯的。

(二) 要消除「中學為體、西學為用」的「體用絕對分離論」

其實「體」與「用」本是內容與形式、本質與功能的關係，本體不同，性質與功能必異。要想西方國家治國經驗能為我所用，不改革我國滯後的政治體制這個「體」，只會是南極變北極。嚴復對體用關係早就有入木三分的分析。他對「中體西用」論者諷喻說：「有牛之體則有負重之用，有馬之體則有致遠之用。未聞以牛為體，以馬為用者也。」[12]在論及西方諸國所以強大時，嚴復用一句話概括說：「蓋彼以自由為體，以民主為用。」[13]這是十分深刻和前衛的思想。

在原有體制本來強大而先進的條件下，是不害怕引進外國的先進東西的。如魯迅所說，我國漢唐時代，國力雄大，「凡取用外來的事物的時候，就如將彼俘來一樣，自由驅使，絕不介懷」。[14]可是，體用分離論卻患着「恐資病」，怕「吃了牛肉自己也即變成牛肉」。[15]

(三) 要力倡「寬容精神」

《人民日報》最近發表的《以包容心對待「異質思維」》的評論，就是針對長期以來「非我即敵」的專政思維而提出的正確主張。可是，緊接着其他機關的權力者又告誡「包容」不能變成「掉包」，不允許對黨和國家的基本理論和基本制度「說三道四」，試圖復歸「一家獨鳴」「輿論一律」的僵局。

其實黨中央已提出，今後我國轉變經濟發展方式應採取「包容性增長」。在思想言論領域更應當具有包容性。我們在應對外國對我國人權狀況的非難時，常常斥視不能強制用西方狹窄的價值觀去衡量中國，也

---

15. 嚴復：《與外交報主人論教育書》。
17. 嚴復：〈原強〉，載《嚴復集》（第 1 冊）（北京：中華書局，1986）。
18. 魯迅：《墳·看鏡有感》。
19. 魯迅：《集外集拾遺補編·關於知識階級》。

就是主張價值觀的多元化。可是我們在面對國內學者和普通公民對人權和其他學術問題研究中的不同觀點時，卻往往強調「指導思想」的一元化，定於一尊。

　　如果在本國之內尚容不得多元思維和價值觀，又有何德何能作為世紀大國兼容天下？古代帝王要「兼併天下」，現代中國即使國力位居世界第一也不容稱霸全球，而應當是兼容天下，兼愛天下，兼善天下！

第三十五章
社會公平與國家責任

．本章原載浙江省法學會《法治研究》，2007 年第 1 期。

一、社會矛盾激化與社會公平失落

伴隨中國經濟的單軌飛速增長，高危社會矛盾也在不斷積累。數以萬計的群體性社會抗爭事件，不時在全國各地爆發。[1] 採取類似恐怖襲擊的自殺式個體抗爭事件也時有出現。[2] 社會矛盾的多發性、尖銳性和複雜性，可以說是改革開放以來前所未有的。國家和社會正處於新的變革轉折點，發展與後退並存，機遇與危機同在。

(一) 社會矛盾與社會不公平的現狀

當前社會群體性事件的直接導火線，多集中在社會弱勢群體的田地被剝奪、房產被強迫拆遷，以及其他種種被侵權、被損害的遭遇，得不到公正裁決和公平的補償，其生存出路面臨嚴重威脅。社會矛盾更深刻的根源還在於社會公平失落，貧富兩極分化日益嚴重。據聯合國開發計劃署 2005 年的統計數字，中國當前的基尼係數為 0.45，佔總人口 20% 的最貧困人口在收入或消費中所佔的份額只有 4.7%，而佔總人口 20% 的最富裕人口佔收入或消費的份額則高達 50%，中國社會的貧富差距已經突破了合理的限度。[3]

---

1. 據汝信、陸學藝、李培林主編：《2000 年：中國社會形勢分析與預測》(北京：社會科學文獻出版社，2004) 一書所示，我國「群體性事件」由 1994 年的 1 萬起增加到 2003 年的 6 萬起，而且規模不斷擴大，參與群體性事件的人數年平均增長 12%，由 73 萬多人增加到 307 萬多人，其中百人以上的由 1994 年的 1,400 起增加到 2003 年的 7,000 多起。

2. 2006 年 1 月 6 日，甘肅省張掖市民樂縣 62 歲的村民錢文昭進入法院會議室，引爆身上的炸藥，使縣委副書記、縣法院院長等領導幹部 4 人被炸死，17 人受傷。這類以法院人員為報復對象的事件時有發生。多被認為因司法不公所致。

3. 參見《華夏時報》，2005 年 8 月 11 日。

另據統計，中國 50 個富豪的資產相當於 5,000 萬中國農民的年純收入；300 萬富豪的資產相當於 9 億農民兩年的純收入。[4]

　　特別是日益嚴重的權力腐敗，也是群體性的、集團性的。今年曝光的「陳良宇案」和湖南郴州市委書記「李大倫案」都是如此。官商勾結對國有資產的侵吞和對弱勢群體的掠奪，導致一些地方民怨沸騰。而體制內的行政與司法等權力救濟手段失靈。在有些地方不時製造的冤案錯案，不但未能化解矛盾，反而成為新的矛盾滋生之源。民眾投訴無門，民情與民意的表達渠道和出氣口又堵塞，使積累的矛盾爆發，被迫訴諸自力救濟。有些自力救濟手段是非法的甚至是犯罪的，但其起因卻是官方和奸商的不法侵權、掠奪與壓迫所致。

　　正如新加坡《聯合早報》的一篇評論所說：「中國收入與分配狀況的持續惡化，導致社會高度分化。這一問題已經超越其他所有一切因素，成為中國社會、政治和經濟之間矛盾的最主要源頭。」[5]

　　黨的十六屆四中全會提出了「注重社會公平」的決策。執政黨的領導人也指出，維護和實現社會公平和正義，涉及廣大人民的根本利益，是我國社會主義制度的本質要求，並提出要在促進發展的同時，把維護社會公平放到更加突出的位置，綜合運用多種手段，「依法逐步建立以權利公平、機會公平、規則公平、分配公平為主要內容的社會公平保障體系」。[6]維護社會公平已上升為我國當前重大的政治任務和法治目標，這也從反面表明，社會不公平的矛盾已激化到不堪忍受和不容坐視的程度。

(二) 公平理論與社會公平的涵義

　　社會公平的一般意義是指不同社會主體間相互關係從比較中獲得的一種社會評價。社會公平包括經濟資源的公平分配、政治地位的平等、文化成果的共享等等。從法治視角考慮，社會公平主要體現於公民

---

4. 參見《改革內參》，2003 年第 4 期。

5. 新加坡《聯合早報》，2006 年 8 月 29 日鄭永年文章。

6. 胡錦濤在中共中央舉辦的省部級主要領導幹部專題研討班開班儀式上的講話，2005 年 2 月 19 日。

在法律上人人平等、公民權利資格平等與機會平等、公民權利與國家權力平衡,以及行政執法和司法的公正等等。

社會公平重在分配的正義,指對社會資源的公平或公正的分配(包括物質資源如經濟收入等,精神資源如榮譽地位等)。在法律上也概括為權利與自由、權力與機會、收入與財富等方面的分配應當同社會主體對社會的貢獻成正比。

公平理論是 1956 年美國心理學家亞當斯提出的一種個體行為激勵理論。這種理論認為,職工的積極性取決於他所感受的分配上的公正程度(即公平感)。公平感取決於職工對工作的投入(包括勞動花費的時間和努力、工作的效率和技能等)與他從工作中所獲得的產出(包括工資、獎金、地位、由工作產生的興趣以及所得到的尊重等)是否相當,並同他人或同類人的「投入──產出」之比進行比較,而得出是否公平的感知與評價。如果認為自己的比率過低或與他人相比差距過大時,便會認為受到了不公平待遇,產生怨恨情緒。差距愈大,不公平感愈強烈,從而產生挫折感、義憤感、仇恨心理,甚至產生反社會的破壞心理,並力求採取行動,把不公平的關係改變為公平關係。社會矛盾與社會鬥爭由此而起。[7]

這是社會不公導致社會矛盾激化的社會心理根源。但更重要的是要研究和分析它的經濟與政治根源。

(三) 社會不公和引發社會矛盾的經濟政治根源

一些學者和執政者往往把社會兩極分化、社會公平的缺失和社會矛盾的多發狀況,歸結為客觀原因(如生產力發展水平低、經濟不發達、人口特別是農村人口太多、市場經濟的自由競爭優勝劣敗的客觀規律等因素)促使貧富分化,加劇社會矛盾,影響社會公平。這種論斷,雖也可以說明某些現象,但卻是片面的詮釋。且不說在生產力低下、經濟貧困的社會,也可以做到社會公平分配(古代所謂「不患寡而患不均」,或改革開放前「貧窮的社會主義」),更在於經濟基礎的核心是生產關係。生產關係主要是經濟生活中人與人的關係,包括生產、分

---

7. 參見鄭全全:《中國大百科全書・社會心理學分卷》,「公平理論」詞條;黃耀學:〈公平理論與學校管理〉,載中國校長協會網,2006 年 8 月 11 日。

配、消費關係。而社會公平主要是分配的公平。如果生產關係是奴隸制、封建制或者資本主義的生產關係，該社會的分配對被剝削的階級來說，就不會是公平的，即使其生產力水平很高。社會主義生產關係所決定的分配關係也不可能絕對公平，因為它不可能無視個人天賦與能力上的差別而在分配上不講差別對待。何況現在我國還只是「初級階段的社會主義」，其經濟基礎還包含了私有制經濟等多種所有制成分。在此基礎上形成的分配關係也是多樣的，產生的分配不可能絕對公平，這是需要政府適當干預加以調整的。但為人民不能容忍而直接導致社會矛盾激化的是，有些地方的經濟關係已經蛻變為權貴資產者壟斷的經濟，其所造成的嚴重的社會分配不公，才是釀成群體性社會鬥爭的真正原因。

社會分配不是一種純經濟的自發行為。上述權貴資產者對經濟的壟斷，是基於擁有公權力的腐敗官員乃至有些地方政府和不法私人資本家的相互勾結，這已涉及政治層面的問題。而基於我國的改革是由執政黨和政府主導的，所產生的社會公平問題，也多為政府決策上的疏忽或失誤、執行上的權力不作為或權力過度膨脹而引發的侵權行為所致。所以，要追究社會公平失落的根源，重點應當從政治原因上去找。從宏觀視角上審察，最主要的原因是改革開放過程中出現的片面的發展觀、穩定觀和政策與法律上利益傾向性的偏差，以及對改革應當依靠的社會基礎動力的漠視。

1. 片面的發展觀，即一意進行經濟改革的單軌運行，忽視政治改革的緊密配合；一意追求經濟上的量的增長，忽視其結構的優化，忽視其與社會保障的平衡；一意熱衷於經濟開發，不顧對生態環境的破壞、對當代的生存環境和後代可持續發展的影響等等。可以說這種片面的發展觀，正是促使社會不和諧的重要緣由。

2. 片面的穩定觀，即過分強調「穩定壓倒一切」，而擔心政治改革會影響社會穩定；只講對外開放而遲疑於對內開放，對公民政治自由，特別是言論自由和輿論監督的憲法權利，缺乏立法保障。有些地方黨政部門還極力加以壓制，從而使權力腐敗得不到國家權力與社會權力和公民權利的有效制約和監督，甚至使「穩定」成為權貴們壓制人民爭取合法權利與自由的大棒。2006年發生在重慶市某縣的一科員因寫「打油

詩」諷刺貪腐黨政官員，被當地黨政部門調動公安人員予以拘捕事件就是一個惡例。

3. 利益傾向性的偏差，則是有些政策與法律對社會資源（包括物質資源與精神文化資源）、法治資源（權力與權利）、獲利機會、改革成果等的分配，未能統籌兼顧，而多偏利於一部分權力者和資產者等社會強勢群體，忽視弱勢群體。改革前一切資源由國家壟斷（實際上是掌權者壟斷），而近年來則被權力者、資產者結成的聯盟所壟斷。他們掌握着社會稀缺資源的分配權，往往將它單向地朝這個階層集中，政府提供的公共服務，如教育、醫療、交通等，也多是向社會強勢群體傾斜，而將弱勢群體阻隔在外。後者遭遇到幾乎是新中國成立以來前所未有的就業難、上學難、看病難，乃至生存難，在不少地方，農民的命根子——土地被掠奪，一些城市居民賴以棲身的祖居房屋被以極低的補償標準強迫拆遷……

4. 對改革的社會基礎動力的漠視，表現在工農大眾在改革中未能分得應有的成果，許多人反倒利益受損，他們從主力軍地位邊緣化為經濟上、政治上受壓抑的弱勢群體。工農群體以及多數有良知的、以追求社會公平正義為己任的知識精英，不但由改革的動力被視為改革的「負擔」，甚至被視為嚴重影響社會和諧的不穩定因素。回顧我國改革開放初期，改革本是從農村開始，農民是推動城市和全國改革的動力，但在後一段時期，卻把改革的主要依靠置於一些官僚權力階層和國有壟斷企業的精英階層，使有些地方的改革蛻變為權貴資產者所壟斷的政府工程，而不再是全社會參與的社會工程。

（四）當前社會不公平與社會矛盾的階級性[8]

現今所謂的貧富兩級分化，就其階級性實質而言，是權貴資產階級與貧困層的工農群體和獨立知識分子群體的階級分化與對立。如湖南郴州市委書記李大倫與奸商聯手，貪污受賄數千萬元，涉案的黨政幹部

---

8. 遺憾的是，由於被「以階級鬥爭為綱」和「階級鬥爭法學」搞怕了，近年來學界有點迴避談階級性，但這是正在發展中的客觀事實。

和資本家達 158 人，形成一個龐大的網絡。這一案例十分典型地反映了權力與資本勾結、權貴資產集團形成與活動的圖景。[9]

　　有些學者認為，我國現今因社會公平的失落而引發的社會矛盾，屬人民內部矛盾，是非對抗性的。誠然，就當前人民群眾與政府和執政黨的關係總體上而言，尚未形成全國性的有組織的對抗，但也不能忽視另一面情況：某些激烈的群體性事件衝擊的對象是當地那些騎在人民頭上橫行霸道、胡作非為的貪官污吏、土皇帝，他們把群眾性的抗爭當做敵對勢力來看待，並動用公、檢、法等所謂「專政手段」加以鎮壓。事實上，他們與民眾的矛盾，不能簡單地以人民內部矛盾來界定。政治哲學上的兩類矛盾論並不能涵蓋所有社會矛盾的性質，如法律上的罪與非罪的矛盾、民事關係上的矛盾，並不能以「非人民即敵人」來劃界線。在分析社會公平問題引起的社會矛盾時，不要忽視其中所反映的利益對立群體或階級利益的矛盾，有些也是對抗性的。有些群體性的抗爭事件，可以說是帶有階級性的社會抗爭。最近新華社的一篇評論已提出，我國存在「特殊利益集團」。我認為這種集團不限於電力、電訊、石油、航空、鐵路等由政府壟斷的行業，更危險的是權力與資本勾結的權貴資產者集團，甚或已形成權貴資產者階級。

　　有些地方政府動用公、檢、法機關鎮壓民眾的維權鬥爭，已表明他們執政已不是以民為本，而是以官為本，以權貴資產者為本。那裏遠非和諧社會，而是對弱勢群體專政的社會。

　　從另一視角考察，社會公平問題引起的群體性抗爭事件的多發性，還反映了社會基層弱勢群體公民意識的覺醒。他們不再只是聽天由

---

9. 2006 年 5 月，湖南郴州市委書記李大倫巨額貪污受賄案曝光，引發郴州官場大地震。經檢察機關偵查，李與奸商聯手，出賣國家利益，受賄 1,325 萬元，其家庭存款高達 3,200 萬元。該市市委宣傳部長樊甲生涉案金額亦逾千萬。經查後，該市國土礦管局黨組書記楊秀善等 158 名黨政幹部和以李大倫為「靠山」大發橫財的民企老闆，都與此案有染。一個與李大倫勾結的廠商邢立新數年間積累了上億資產，永興縣縣委還以「紅頭文件」為其促銷其「幸福花園」的商品房。在郴州，邢立新被稱為李大倫的「地下組織部長」，某些官員升職都要通過邢立新打通關節。面對執法人員的訊問，有些礦老闆竟警告執法人員「要睜開眼睛看看，這是誰支撐辦起來的礦！」（參見 2006 年 9 月 4 日南方新聞網：〈湖南郴州原市委書記落馬波及 158 名官商〉）。

命、逆來順受，聽官老爺擺佈的子民、順民，而開始以公民的身份和權利資格，來爭取自己的權益。

因此研討建構和諧社會問題，在讚美我們已取得的某些發展進步的時候，不能無視或掩蓋我國現今嚴重存在的社會不平、不和諧所導致的社會利益群體的分化和社會矛盾衝突，特別是我國正在逐漸形成的階級結構的變化所引發的許多問題。作為有社會良知的知識分子和法學者、法律者，我們的觀念和理論思維應當與時俱進，在真理和正義面前我們不應緘默，要為國分憂，與人民同呼吸共命運，為建立能保障人民生存、自由和發展的和諧社會，作出切實的努力。

二、社會公平的國家責任

國家責任本是國際法範疇的概念，它要求作為國際法主體的國家對其國際違法的國家行為承擔國際責任。對國內而言，國家權力是人民賦予的，國家行為必須對人民負責。這裏討論的國家責任，是限於國家對本國人民的責任。其責任涵蓋兩個方面：一是維護和調整社會公平是政府的職責（為人民服務的義務）；二是人民受到損害時國家應當承擔政治與法律責任。

(一) 對人民「生存照顧」的責任

「生存照顧」和「服務行政」最早是由德國行政法學者厄斯特・福斯多夫（Ernst Forsthoff）提出的概念。1938 年，納粹當政期間，福斯多夫發表《作為服務主體的行政》一文，認為自由人權思想、個人主義、私法自治以及契約自由這些觀念都已經過時，隨着時代的發展，人們不再依賴於傳統的基本人權（自由權和財產權），而是依賴於新的人權：經濟上的分享權。時代已由個人照顧自己的「自力負責」，轉變為由社會力量來解決的「團體負責」，進而發展為由政黨和國家政治力量提供個人生存保障的「政治負責」。政府負有廣泛的向民眾提供生存照顧的

義務，唯有如此，政府才可免於傾覆。因而行政權力必須介入私人生活，認為國家干預愈少就愈好的時代已經一去不復返。[10]

當然這種偏重於國家承擔社會主體的「生存照顧」的責任，由於立足於國家本位，以國家權力來支配、控制社會，也容易被專制的統治者藉口對人民的「生存照顧」而對社會施行過度的干預和強權統治。希特勒法西斯主義的國家社會主義就是如此。

自 20 世紀 60 至 70 年代以來，出現了一些民主的社會法治國家、福利國家，改變了自由主義經濟時代「小政府、大社會」的放任政策，主張由國家主導社會發展，規範和分配社會生產的成果，使政府由消極的管制行政，轉變為積極的「服務行政」，為人民提供指導性和服務型的公共產品。國家不只擁有行使發佈命令的權力，同時要履行滿足公眾需要的義務。政府通過推行積極的社會政策，創造良好的社會環境和條件，保障社會人能發揮自己求生存和謀福利的潛能，保護和補償處於弱勢的社會群體，平衡貧富兩極分化的不公正、不和諧的社會矛盾。為此，政府要樹立行政服務的理念，承擔對人民「從搖籃到墳墓」的「生存照顧」的職責，「服務」與「生存照顧」是社會法治國的核心理念。

當然這種福利國家也可能因政府對照顧社會福利的超重負擔而導致「萬能政府」、「大政府」、「高價政府」諸多弊病。但就其為人民謀福利而言，是進步的治國理念和積極的國家行為。

我國自新中國成立以來到改革開放以前，也可以說是施行了對全民的生存照顧，國家對人民的生老病死的福利都承包下來了。但由於實行計劃經濟，國家（執政黨和政府）集中壟斷了一切資源，由國家獨攬分配權力，而且實際與社會人按身份被分為十等：領導幹部、工人、貧下中農、士兵、知識分子、地、富、反、壞、右。其中，掌權的各級黨政幹部按等級享有某些特權；工、農、兵、知識分子在分配上搞平均主

10. 摘引自 2006 年 7 月 2 日，中文方案文檔站（www.cn-doc.com）所載張書克：〈「服務行政」理論批判〉，載《行政法學研究》，2002 年第 2 期。

義，卻是大多數人「均貧」；而所謂「地、富、反、壞、右」及其親屬則被視為敵人、賤民，剝奪其公民權與人權，遭受非人道的虐待。這遠非社會公平。

改革開放以來，黨和政府專注於發展經濟，而忽視保障供給——對社會提供公共產品和公共服務。相反，為了改變計劃經濟時代政府包辦一切的局面，有些地方政府轉而向社會「甩包袱」，把本應由政府承擔的「生存照顧」的國家責任，推給社會自力解決，不僅忽視了為社會中的弱勢群體創設謀生的條件與環境，有些地方反而加大了社會主體的負擔，甚至對社會主體本來擁有的資源（如土地、房屋）再次進行掠奪，不斷擴大權力尋租的機會和官商勾結的權力收益，使社會不公日益嚴重。所謂「三失」（失業、失地、失房）更顯突出。

總之，上述問題大都是由於政府忽視或怠於擔當對社會生存照顧的責任，所導致的社會群體的利益的分配與調節失衡，從而使社會公平失落。

現在中央決策者開始注意及此，是一大進展，使人們產生期盼。但一則對公共產品的提供（包括硬件與軟件——物質與精神產品和服務）赤字太多，負債累累，一時不足以達到供求關係的平衡；再則，更令人難以樂觀的是「上有政策，下有對策」，言而不行，或反其道而行之。

解決之道其實也並非「難於上青天」。最根本的還是要堅決實行對內開放，積極推進政治改革，公平分配權力與權利和各種社會資源，依靠社會力量，尊重公民的政治參與，改革民眾意志表達機制，疏通批評申訴的渠道，開放輿論監督，促使各級政府落實「服務行政」的理念，擔負起對人民「生存照顧」的政治責任，建立公平和諧的社會。

(二) 國家責任的形式 —— 政治責任和損害賠償責任

國家是否可能犯錯，甚至犯罪？這在歷史上曾是有爭議的問題。有所謂「君主無過錯」，也有所謂共產黨一貫正確，社會主義國家是人民的國家，是天然為人民服務的。但世界歷史的實踐，包括蘇聯和我國的歷史教訓，已經打破了這種神話。

國家的罪錯要不要由國家承擔政治責任和賠償責任？現代民主文明的國家已日漸確認，因國家行為而產生的對社會、對公眾、對個人以及對國際社會的損害，不僅對直接責任人要追究其政治與法律責任，而且也要承擔國家責任。

承擔國家責任一般有兩種形式：一是政治責任，由國家領導人進行政治道歉，對外向受損害的國家、對內向受損害的人民道歉，或者辭職；二是法律責任，由國家對受物質或精神損害的人給予經濟賠償或補償（政治道歉也可以說是一種政治或精神補償）。即使政府沒有過錯，而是為了多數人利益而連帶使另一些人或某個人遭受損失，國家也要給予相應的補償。如果不是出於本人的道德自願，任何個體在法律上沒有為集體利益而犧牲或放棄自身權益的義務。這是法治國家的基本倫理。

關於承擔國家政治責任，「二戰」後一個最著名的事例是，前西德總理維利·勃蘭特（Willy Brandt）1971年訪問波蘭時，在被德國納粹殺害的波蘭人的紀念碑前下跪。他說這樣做「不僅是對波蘭人，實際上首先是對本國人民」，「承認我們的責任，不僅有助於洗涮我們的良心，而且有助於大家生活在一起」。這一勇敢的承擔政治責任的行為，為國家領導人承擔國家責任和進行政治道歉開啟了良好的範例。

此後，法國總統希拉克為在德國佔領法國期間法國人幫助迫害猶太人的行為道歉；1993年，俄國總統葉利欽為蘇聯1968年入侵捷克斯洛伐克道歉；1993年、1996年、1997年，南非總統德·克拉克數次為南非白人統治時期的種族隔離政策道歉；1997年，挪威國王為挪威政府對閃族少數族裔的壓迫道歉；1997年英國首相布萊爾為土豆饑荒餓死無數愛爾蘭人而道歉。[11] 韓國總統也曾因國內某座橋樑折斷死傷不少人而向國人道歉，韓國總理還表示以辭職承擔政治責任等等。至於對近年來發生在歐美國家的恐怖事件、颱風水災造成民眾的生命財產損失等，各國首腦大都承擔政府防備、救濟不周的政治責任向人民道歉，有時全國還下半旗為死難者致哀。

國家罪錯由國家領導人出面向人民、向受害者作政治道歉，有利於撫慰受傷害者的心靈，獲得社會公平感，化解民怨和社會矛盾，促進

---

11. 何清漣：《20世紀後半葉歷史解密》（加州：博大出版社，2004），頁10-12「序言」。

社會和解。這已成為文明國家的一種政治道德慣例。這種勇於承擔政治責任的道歉，不會損害、反而會提高領導人的威信。勃蘭特的下跪使他獲得 1971 年的諾貝爾和平獎就是明證。

可惜我國政治文化傳統還缺乏這種習慣和責任感與勇氣。即使偶或有所表示，亦有表面文章之嫌。遠者如我國古代有些無道昏君在發生天災人禍時，也被迫頒發「罪己詔」，但往往只是害怕「天譴」，或是藉以愚民的手段，而非對人民負責。近者如「延安整風」後期搞所謂「搶救運動」，傷了很多幹部，當時的領導人曾脫帽敬禮表示道歉；「大躍進」餓死幾千萬人，在後來 1962 年召開的黨內「七千人大會」上，黨的領導人也作檢討，表示他作為黨的主席要負主要責任，但都只是「話一句耳」，在黨內秘密會議上的一種姿態，不是公開向全國人民道歉，因而並沒有實際上承擔責任，也因而沒有真正做出反省，吸取教訓。

我國自改革開放以來，雖然總的路線政策是積極的、有相當成效的，為人民做了好事。同時也發生過在經濟與社會政策上和處理某些激化的社會矛盾和政治事件上的失誤，造成無辜百姓生命、財產的重大損失和政治上、精神上的壓抑傷害。不時發生的動輒死傷上百、數十人的礦難，因治理不善而發生的水患，以及一些冤案錯案等，事後雖也採取了某些補救措施，或懲辦直接責任人，但未見承擔政治責任的各級有關黨政領導人出面進行政治道歉。至於對改革開放前的種種傷害廣大幹部和知識分子以及餓死數以千萬人計的大災難，更不被認為其後繼的領導人要承擔政治道歉或國家賠償的責任。這些都是有失社會公平和不利於社會和諧的。

現今正在擬定的《國家賠償法》（修改建議稿），增補了「精神損害賠償」的內容，並把「紅頭文件」和公共設施致損納入可予國家賠償之列，從而拓寬了賠償範圍，承認了過去不予考慮的這些權力侵害的國家責任，也可以說是我國政法界國家賠償意識的進步，有助於受損害人的心理平衡和增進對國家的信賴感。

（三）為什麼國家責任要由國家領導人承擔？

對此，在有些黨政幹部中可能存在三種誤解：一是認為既然是國家行為造成的罪錯（如歷史上有的國家（政府）發動對外侵略戰爭或

對內進行大屠殺或重大政策失誤，是國家的集體決策），應當由國家負責，而不能追究領導人個人的責任。這種論點大者如「二戰」後審判德國和日本戰犯時，有些律師依據所謂的「國家行為理論」，認為戰爭責任應當由國家而不是戰犯個人承擔。對此，紐倫堡審判的判決書指出，「犯有違反國際法罪行的是人，而不是抽象的範疇，只有通過懲罰犯有這類罪行的人，才能使國際法的規則得到遵守」；小者如我國有些地方發生的事故源於黨委和政府集體通過的決定，認為就應當由黨委和政府負責，不應追究個人的責任。但根據我國《刑法》的規定，「單位犯罪」除追究單位的法律責任，同時也要追究直接責任人和單位的法人代表（即其領導人）的責任。

二是以為造成損害是直接責任人的個人責任，不能由國家承擔，更不能由政治領導人承擔。誠然，國家責任與個人責任不能混同，其性質有所區別。直接造成責任事故的當事人要承擔的是法律責任（行政的或民事的責任乃至刑事責任）；而領導人則應承擔政治責任（而不是我國領導幹部慣於說的模糊抽象的「領導責任」）。因為他領導或主持的政府在體制設置上可能有疏漏、政策導向與執行上有失誤，至少對違法犯罪的下屬有「失察」之責。進一步說，即使事故與這些完全無關，他作為受人民信託的國家和政府的領導人，也有給予人道關懷的道義責任。

三是以為過去領導人的罪錯不應當由其後任者負責。對此，確當的邏輯應當是：正如一家公司更換了董事長或總經理，不能不負責償還他的前任所欠下的債務一樣，既然是國家責任，則只要國家的歷史延續性繼續存在，作為國家的「法人」代表，後任領導人就不能因前任的離去而推卸國家責任。

應當指出，承擔國家責任，進行政治道歉和損害賠償，雖然可以起到撫慰受損害當事人、促進社會公平感的作用，但其根本目的還在於促使國家領導人反省導致損害的政治經濟根源，檢視政策和法律以及制度和具體體制上的缺失，加以改革。因為國家責任固然與領導人的個人罪錯相連，但也不能只追究個人的責任，而忽視制度的改革。後者才是防止重犯錯誤的治本之道。

此外，進一步推究，作為國家行為，國家的罪錯也同其人民群眾的愚昧甚或瘋狂以及社會良知和社會責任有關。恩格斯在總結歐洲 1848 年革命失敗的原因時曾經指出：

「這些原因不應該從幾個領袖的偶然動機、優點、缺點、錯誤或變節中尋找，而應該從每個經歷了震動的國家的總的社會狀況和生活條件中尋找。」、「任何一個頭腦正常的人都永遠不會相信，11 個人⋯⋯能在 3 個月內毀壞一個有 3,600 萬人口的民族，除非這 3,600 萬人辨認方向的能力和這 11 個人同樣匱乏。」[12]

過去希特勒的上臺和日本發動侵略戰爭，都曾受到其人民的狂熱擁護。現今日本右翼領導人頑固堅持參拜靖國神社，拒不反省道歉，也受到該國的部分國民的支持，這與他們戀戀不捨的帝國情結不無關係。我國改革開放前 30 年的歷次運動，以及近年社會出現的嚴重分化和利益失衡，也或多或少與某些知識精英的獨立人格與社會良知缺失，未能盡到人民冀望於他們作為革故鼎新的先驅監督國家決策的責任，反而往往給領導人的某些錯誤決策提供了理論支持。當然出現這種局面，最終還是由於權力者所設置的非寬鬆的政治環境與體制所致。再則，民眾特別是社會精英只承擔道義責任，並不承擔法律意義上的政治責任或法律責任。

行文至此，值得一提的是，勃蘭特下跪 30 多年後，其後繼領導人、聯邦德國總理施羅德再次給紀念碑獻花圈，以示道歉時，他詮釋勃蘭特下跪的意義，道出一句肺腑之言：勃蘭特以一種特殊的姿態表明，只有承擔起歷史責任，才能走向未來。[13]

要化解我國歷史上和現今所積累的社會矛盾與社會不公平，除了採取各種經濟的和社會保障的諸多措施以外，強化國家責任意識和各級黨政領導人的政治責任意識，並切實承擔和落實各項責任措施，才能償清歷史和現實的政治債務，卸去社會不公平造成的包袱，也才能更好地團結全國人民，輕裝前進，走向新的未來！

---

12. 〔德〕馬克思、恩格斯，中國共產黨・中央馬克思恩格斯列寧斯大林著作編譯局：《馬克思恩格斯選集》（第 1 卷）（北京：人民出版社，1972），頁 501–502。

13. 何清漣：《20 世紀後半葉歷史解密》（加州：博大出版社，2004），頁 10–12「序言」。

第三十六章
評憲政恐懼症

· 本章作於 2013 年 8 月 25 日，是繼作者在 5 至 6 月間先後在清華大學、北京大學、湖南大學、湘潭大學等高校論壇、講座上發表〈當前反憲政思潮評析〉的演講之後，應中國新聞社海外中心評論部之約而撰寫的又一篇批駁反憲政的論文，以整版篇幅發表於美國《僑報》，2013 年 9 月 1 日，A8 版「憲政專題」，該報加「編者按」說：「最近一段時間，大陸多家媒體多次刊發反憲政文章……中國能不能搞憲政，如何搞？本報特邀知名大陸學者探討中國憲政之路。本版推出第一篇，由大陸法學泰斗郭道暉先生談反憲政派的「憲政恐懼症」。他認為反憲政文章字裏行間透出的是對憲政、對公民權利、對政治改革、對資本主義乃至對社會主義的恐懼。『中國若不實行憲政，只會比蘇聯更慘！』這才是真正需要恐懼的！」作者在幾所大學發表批駁反憲政的演講後，引起強烈反響。收入本書的是未予刪節的全文。

近來，討伐憲政的檄文上綱上線，火藥味十足，加之都是發表在權威報刊上，使得經歷過反右到「文革」以及其他歷次「政治風波」的人，頗有黑雲又壓城、山雨欲再來之慮。

畢竟時代不同了，人們的覺悟與見識也非昔日可比，想靠組織幾篇大批判文章就能把主張改革、倡導憲政的知識分子迷惑、鎮住、嚇退已是夢想。特別是按毛澤東早年的定義，「憲政就是民主政治」，則反憲政就是反民主，不加裝飾地赤裸裸地公然拋棄憲政旗幟反民主，可謂超越前人的創舉。這已越過了人們容忍的底線；也自毀長期自詡的「立黨為公、執政為民」、「支持人民當家作主」的誓言，實在萬分不得人心，愚不可及。加之新一代風派文人所炮製的大批判文章拿不出像樣的蠱惑理論，仍然是從無產階級專政和階級鬥爭為綱以及美蘇冷戰時代的語言武庫中檢出幾件老式「大刀紅纓槍」，來砍殺他們假想的「國內外敵對勢力」，罔顧事實，邏輯混亂，令人不忍卒讀。其文火藥味兒或不亞於其先師，但卻只是「虛火」，沒有什麼殺傷力，馬鐘成矛頭所指的「公知們」並不買帳。這就正如馬克思、恩格斯在《共產黨宣言》中所諷刺的「封建社會主義」的醜相：「其中半是挽歌，半是謗文；半是過去的回音，半是未來的恫嚇」；「它由於完全不能理解現代歷史的進程而總是令人感到可笑。」、「每當人們跟着他們走的時候，都發現他們的臀部帶有舊的封建紋章，於是就哈哈大笑，一哄而散。」反憲政諸君也只會落得如此下場！

此前我曾撰文剖析過楊文的謬論，本章不擬再浪費筆墨對後續反憲政諸文作理論論辯，只想追究一下他們反憲政的政治動機與心態。

遍閱諸文，字裏行間我只看出兩個字：「恐懼」！——對憲政、對公民權利、對政治體制改革、對資本主義乃至對社會主義的恐懼（如馬文對「社會主義憲政」的命題也大張撻伐）。他們還試圖以其恐懼，對民眾實施「未來的恫嚇」（如新華網刊發的「王小石」長文所謂《中國若動盪，只會比蘇聯更慘》）！

說到「恐懼」，恩格斯也曾指出，的確存在一種「人類對自身的恐懼」。不過他所指的不是恐懼憲政，恰恰相反，是要用憲政來克服對權力貪得無厭的人性的恐懼。西方一些啟蒙思想家早就指出「愛好權力猶如好色」（羅素）；「得其一思其二，死而後已、永無休止的權勢欲」是「全人類共同的普遍傾向」（霍布斯）；「一切有權力的人都容易濫用權力，這是萬古不易的一條經驗」（孟德斯鳩）。正是基於對人類這一普世的罪惡本性的高度警惕（「恐懼」），恩格斯乃以之比喻宗教對人類「原罪」的戒備，認為：「如果說國家的本質像宗教的本質一樣，也是在於人類對自身的恐懼，那麼在君主立憲國家特別是英國這個君主立憲國家，這種恐懼達到了最高點。」這就是說基於人性的險惡，人們對於人類自己所創立的國家政治制度充滿戒心，為防止權力過於集中，不受制約而導致專制才建立「立憲（憲政）國家」，設置權力分立、司法獨立體制，以制約國家權力、保障公民權利。如《法國人權宣言》所指出的「沒有分權就沒有憲法」，力求把權力關進憲政的籠子裏。

憲政就其制衡權力這一核心內容和政治體制（機制）而言，是從古希臘羅馬奴隸制共和國到資產階級民主共和國，以及真正主權在民的社會主義共和國都通行的一種政體。即使在表現形式上有時代與階級的「特色」，其核心原則與基本機制並無所謂姓社姓資的區別。

可是反憲政論者卻是另外一種恐懼：他們害怕他們所依附的權貴資產階級與官僚特權集團所壟斷的權力被憲政體制所分割、制約，特別是害怕一旦真正實行憲政，實行權力制衡、司法獨立，他們就將坐到被告席，接受人民的審判。

反憲政者的恐懼，可概括為三：「恐資（資本主義）」，「恐民（民權與公民權利）」，「恐社（真正實行社會至上、主權在民的社會主義）。」

一、「恐資」—— 即以所謂「憲政姓資」來恐嚇自己，更欲借此恐嚇民衆

現代恐資病患者的政治意識背景是「階級鬥爭為綱」，其心理根源則是民族自信力的喪失。

即使憲政屬資產階級的發明，我們借鑒又何妨？恩格斯曾經指出：「人們可以把舊的封建法權形式的很大一部分保存下來，並且賦予這種形式以資產階級的內容，甚至直接給封建名稱加上資產階級的含義。」人們也可以「以同一個羅馬法為基礎，創造像《法蘭西民法典》這樣典型的資產階級社會的法典」。[1]

同理，我們難道就不可以賦予資產階級的法權形式以社會主義內容與含義而加以利用嗎？事實上，我們已經把「民主」、「法治」、「人權」、「法律面前人人平等」以及市場經濟等西方舶來品為我所用了。

對此魯迅曾經有過一段極其深刻的論述，他指出：

漢唐時代雖也有邊患，但統治者氣魄究竟雄大，「凡取用外來的事物的時候，就如將彼俘來一樣，自由驅使，絕不介懷。一到衰弊陵夷之際，神經可就衰弱、過敏了，每遇外來的東西，便覺得彼來俘我一樣，推拒、惶恐、退宿、逃避，抖成一團，又必然想一篇道理來掩飾」。[2]「就是西洋文明罷，我們能吸收時，就是西洋文明也變成我們自己的了。好像吃牛肉一樣，決不會吃了牛肉自己也即變成牛肉的。要是如此膽小，那真是衰弱的知識階級了。」[3]

其實反憲政者害怕的倒不是「吃了牛肉變成牛肉」（可能他們反樂得如此，君不見，他們嘴上大罵美國，背地裏卻把財產和兒女移往美國），而是企圖借這頂大帽子來嚇退揭露批判他們壟斷權力、濫施威權的行徑的社會正義力量。

二、「恐民」──害怕人民掌握權力和公民行使權利

馬文反憲政的又一論據是：「社會主義憲政」理論將「公民基本權利保障條款」看做是最緊要、最核心的內容，其實質就是要按照美國憲

---

1. 〔德〕馬克思、恩格斯，中國共產黨・中央馬克思恩格斯列寧斯大林著作編譯局：《馬克思恩格斯選集》（第 4 卷）（北京：人民出版社，1972），頁 248。

2. 魯迅：《墳・看鏡有感》。

3. 魯迅：《集外集拾遺・關於知識階級》。

法來修改中國憲法，顛覆「人民民主專政」的國家政權。在他看來，無產階級專政或人民民主專政，才是憲法的「核心原則」。——「文革」的實踐已證明：這實質上是「對人民全面專政」。

馬文這種對公民權利的否定，正是他們扼殺 1982 年《憲法》精神的反憲證據。

就我當年在全國人大常委會法工委參與憲法修改委員會工作所感受到的，1982 年《憲法》之所以被認為是新中國幾部《憲法》中比較好的一部，其最大亮點就在於比以前重視公民權利：《憲法》第一次把「公民的權利與義務」由過去一貫置於「國家機構」之後的第三章改為之前的第二章，突出了公民權利先於、高於國家機構、國家權力的憲法地位，表明公民權利是本，先有公民和公民權利，而後才選舉、授權產生國家機構及其權力。從法理上說，國家權力本應是公民權利所派生的。1982 年《憲法》對公民基本權利總共規定了 18 條，比 1954 年《憲法》的 15 條多出 3 條；比 1975 年《憲法》的 3 條多出 15 條，比 1978 年《憲法》的 11 條多出 7 條。在其第 4 次修正案中還特別增加了「國家尊重和保障人權」的規定，從而使人權和公民權利上升為 1982 年《憲法》的最高原則。雖然這還只是紙上的權利，常遭當局者打壓；但畢竟人民可以據此進行合憲與維權鬥爭。而馬文極力貶低、詆毀公民權利，否認它是憲法「最緊要、最核心的內容」，其用心則是企圖篡改 1982 年《憲法》的精髓，反映了他們對實施憲法和行使公民權利的恐懼。據前幾年官方公佈的統計數據，公民維權的群體事件一年就有十幾萬起，平均每天就有幾百起，能不叫那些官僚特權集團恐懼？正如有些網友嘲諷的，他們擁有的「十幾個人七八條槍」，相對於有高度維權覺悟的、聲勢浩大的網民與萬民輿論，已是捉襟見肘、相形見拙了。

三、「恐社」——害怕真正實行社會至上、主權在民的社會主義

馬文既反對所謂「姓資的憲政」，也反對「社會主義憲政」，似乎令人難以理解。其實反對前者只是幌子，實際上他們所遵奉的是權貴資產階級專政，或者類似原始的野蠻資本主義專政，甚至是比這種更壞的

封建主義的、集體世襲的權力專制，而不是多少體現了現代文明的資本主義憲政，更談不上真正社會主義的憲政。而他們要反對社會主義憲政，則是害怕真的實行「以社會至上為主義」的社會主義，即真正以社會為本，社會主體———人民至上。

如果只是作為一種學術探討，對「社會主義憲政」的命題不無可商榷之處。一則，憲政就其基本價值內涵和制度設計上是普世的，不分姓社姓資。作為一種政治機制（政體），並非某個階級的專利。二則，在歷史上、在當代，社會主義多種多樣，魚龍混雜。你主張的「社會主義」屬哪一種？是歷史上蘇聯的「三壟斷」（壟斷經濟、權力、思想）的社會主義，過去時期中國的「階級鬥爭為綱」的貧窮社會主義，還是實行民主憲政的社會主義？是北歐的民主社會主義、西歐的福利社會主義，還是我們東北鄰邦家族世襲制的封建社會主義，或者卡紮非獨裁的「大眾社會主義」，乃至希特勒納粹的「國家社會主義」？

現在理論界有些學者提出「憲政社會主義」，就是要揚棄「憲政姓社」、用不知哪一種的社會主義來給憲政貼標籤的偏頗，而反過來用憲政來規限社會主義，即「沒有憲政就沒有社會主義」。

對於後者，尚未見馬文有所涉及，但從其強烈反憲政、主張回到對人民「全面專政」的政制，即可推知他們顯然是主張國家至上的國家主義者。馬文就極力鼓吹只有「鞏固」（而不是「改革」）黨和國家的基本制度，「才有每個個體的利益」。他們絕非擁護社會至上、人權與公民基本權利至上的社會主義者。相反，十分恐懼中國有朝一日實現真正的以社會為本、以人為本的社會主義，到那時他們所壟斷的權力與特權就會成為泡影。

衷心奉勸反憲政論者吸取歷史教訓，迷途知返，不要重演劉少奇的悲劇：他也曾經在北戴河會議上附和過毛澤東無法無天的人治主張，說「還是要實行人治，法治只能作辦事的參考」。曾幾何時，當他拿出憲法，抗議對他的批鬥迫害「違憲」時，為時已晚，最終慘死外鄉。1982年《憲法》是彭真主持制定的。想當年他在民國時期坐國民黨的牢6年；而在「文革」時「卻坐我們自己黨的牢九年半」，他坐牢時不斷反思，才悟出「這是過去輕視民主法治所受的懲罰」！

套用「王小石」的句式：「中國若不實行憲政，只會比蘇聯更慘！」這才是真正需要「恐懼」的！

第六部分
法治國家

第三十七章
法治的理念

* 本章及下文節錄郭道暉著：《法理學精義》（長沙：湖南人民出版社，2005），第十章，
整合、輯要歷年作者針對現實問題宣講、論辯法治的一些基本觀點。

一、法治主義的淵源

近現代法治主義思想的產生，是建基在 17、18 世紀歐洲啟蒙思想家的自然法學說及其自然權利即人權思想上的。自然法高於國家制定的人定法、實在法，自然權利高於國家權力。這種學說針對封建君主不受任何法律約束的專制壓迫，旨在反抗其極權統治和警察國家，以自然法和人的自然權利，來限制專制統治者的權力及其壓迫人民的法律，保障人民的權利。因此人權思想是作為人民的抵抗權而提出的。

洛克、孟德斯鳩提出的分權理論，也是為了分散高度集權的統治者的權力，實行「以權力制衡權力」的政治方略和權力結構。正因為將行政權與立法權、司法權分開，受自然法、自然權利即人權所規限的憲法和法律，才可能取得至上的地位，才能夠要求依法行政、依法司法，也才能實現法律面前人人平等。這正是實行「法的統治」的法治的基本原則和基本條件。

所以法治的哲學基礎就是自然法學說和分權學說。法治的精神價值和理念追求，最根本的也就是以民主的法制，保障人權和公民的權利，制約國家權力。這也就是憲政或憲治的要義。

隨時代和國家的歷史發展，法治應遵循的原則也隨之豐富，各國、各派學者所強調的重點也不盡相同。

古希臘亞里士多德將法治原則概括為兩條：

「法治應當包含兩重意思：已成立的法律獲得普遍的服從；而大家所服從的法律又應當本身是制定得良好的法律。」[1]

---

1. 〔古希臘〕亞里士多德，吳壽彭譯：《政治學》(北京：商務印書館，1983)，頁 199。

18世紀英國的憲法學家戴雪在其名著《英憲精義》一書中提出「法律主治」的三原則：

第一，「法律至尊」，「人民受法律治理，唯獨受法律治理。」犯法之人「除法律之外，再無別物可將此人治罪」。

第二，「人民在法律前之平等」，「一切階級均受命於普通法」，法律由普通法院執行，擯除官吏不受治於普通法和普通法院的一切獨斷觀念和做法。

第三，英國憲法「不但不是憲法個人權利的淵源，而且只是由法院規定與執行個人權利後所產生的效果」。[2]（意指英國憲法中的個人權利是普通法院個案判決的積累、人權實踐的產物。）

戴雪的「法律主治」三要點，也存在過分突出普通法院「獨尊」的地位，完全排斥行政的自由裁量權的偏頗。20世紀20年代，德國法學家奧托‧邁耶（Otto Mayer）則從行政法角度認為：

「法治是由三部分構成的：形成法律規範的能力，法律優先，法律保留。」[3]

1959年在印度召開的「國際法學家會議」上通過的《德里宣言》中，提出了法治應當具有的四項原則：

第一，根據全面正義的法治精神，立法機關的職能在於創造和維護使個人尊嚴、個人自由的權利得到維護的各種條件；

第二，法治原則不僅要制止行政權的濫用，而且也要有一個有效的正義來維護法律秩序，藉以保障人們有充分的社會和經濟生活的條件提供法律保護，而且要使政府能有效地維護法律秩序，藉以保證人們具有充分的社會和經濟生活條件；

第三，要有正當的刑事程序，充分保護被告辯護權、受公開審判權、取消不人道和過度的處罰。

第四，司法獨立和律師自由是實施法治原則必不可少的條件。

2.〔英〕戴雪，雷賓南譯：《英憲精義》（北京：中國法制出版社，2002），頁244–245。

3.〔德〕奧托‧邁耶，劉飛譯：《德國行政法》（北京：商務印書館，2002），頁67。

這是對現代民主的法治所作的比較具體的界定。更全面的概括，我們可以把現代民主的法治大致歸納為以下幾項基本原則：

(1) 人民主權原則；(2) 人權與公民基本權利至上原則；(3) 分權制衡原則；(4) 法律（憲法）至上和在法律面前人人平等原則；(5) 立法權受憲法和人權、公民基本權利限制；(6) 依法行政，政府行為受法治的控制（包括法律優先，所有行政活動不得違反法律規定；法律保留，一切行政行為必須有法律根據或授權；行政權的行使以公民權利為本位等等）；(7) 司法獨立，依法審判；(8) 權利救濟；(9) 權力與責任平衡。

二、法治的理想和法治化

(一) 法治的三境界

法治是一個歷史發展過程和社會工程的建造過程，由初級狀態到高級境界，由低層次向高層次攀升，達到法治的理想境界：

第一境界：最起碼的要求是有形式法治，做到「有法可依」、「依法辦事」，即國家有基本的法律和法律制度，作為維護社會治安秩序、政治經濟秩序和生活秩序的憑藉，保障社會的穩定。這還只是屬於「有法制」能「依法治國」的狀態，但尚未涉及法治本身的性質和對權力的法律制約。

第二境界：國家權力與社會主體權利的關係的調節，達到平衡的態勢，對國家權力有分權制衡的機制，權力受法律的規限，其行使嚴格依照法律規定，即依法行政，依法司法，司法獨立，在法律面前人人平等；公民的權利有法律的保障，權利受到侵害後有法律救濟；國家生活納入法治軌道。

第三境界：由法治上升為憲政或憲治，法治能體現實質正義和程序正義，國家立法權受憲法的限制，以維護人權與公民權利與自由，實現人的價值與尊嚴，作為實行法治的最高準則和目標。進而實現權力多元化、社會化，國家生活、社會生活全部納入法治軌道，直到建成法治國家，形成法治社會，樹立法治的制度文明和精神文明，達到馬克思、

恩格斯在《共產黨宣言》中所預示和追求建立的「自由人的聯合體」，使「每個人的自由發展是所有人的自由發展的條件」。這當然不是單靠法治、憲治所能完全達到的，但民主的法治應當為之提供理想的制度文明與精神文明的保證。

(二) 法治狀態

從法治的橫斷面狀態衡量，國家和社會的法治狀態 (State of Rule of Law) 也有一定的標準。法治狀態是與人治狀態、專制狀態或者無政府狀態、無法無天狀態相對立的社會狀態。國家和社會的理念、精神、制度、結構、秩序都處於法治的支配和統治之下，就可以說是納入了法治軌道，處於法治狀態，或實現了法治化。

法治狀態可體現於多個領域，多種形式，大致包括：

1. 社會法治的觀念狀態，或法的社會意識狀態。如國家官員、社會公眾對法治的作用、價值的認識、信仰、評價、期待的狀況；官員依法行使權力的意識、憲政觀念；公民的權利意識，守法觀念等等。

2. 法制建設狀態。國家的立法狀況、立法制度、行政執法制度、司法制度完善的程度，權力結構、體制，權力制約與監督機制，權利保障、救濟制度、責任制度等法律制度狀況。

3. 法律機構、法律組織 (如審判組織、仲裁機構、律師組織、監獄等) 的設置和運行狀況，法律人才的教育培養狀況。

4. 法治效應狀態。憲政的實施，法治權威的樹立，法治政風、習慣的養成，法治秩序的建立，法治國家和法治社會的形成，社會法治文明的進展狀況，整個國家和社會處於民主化、法治化的狀態，其對於社會穩定、政治修明、經濟發展、人權進步的促進效果等等。

實現上述法治的理想境界和最佳狀態，也就是國家和社會的法治化 (legalize)。法治化是要求國家行為、社會行為按照法治的理念、精神、原則、規則運行；或者使某種國家措施、社會規範法制化。通常這是針對人治狀態或無政府主義狀態，要求改變治國方略，促使國家與社會生活建立法治秩序；也是為了克服國家行為的隨意性、不穩定性，

無預測性、不公開性等弊端，將國家的某些政策、舉措或某些社會規範（如道德、習俗、社會組織規則）轉化為法律和法律制度。如「民主的制度化、法律化」、「政策上升為法律」、「道德的法律化」等。

法治化的另一種含義是要求國家生活、社會生活全部納入法治軌道，直到建成法治國家，形成法治社會，樹立法治的制度文明和精神文明，達到民主法治的理想境地，進而實現「大同法治世界」的「化」境。

三、法治與民主

(一) 民主與法治的衝突

現代法治的一個基本原則是民主原則，法制或法治都應當貫徹民主的精神。20 世紀 80 年代，我國法學界強調的一個命題是：「民主是法制的基礎，法制是民主的保障。」這樣界定民主與法制的關係，在一般情況下是對的，符合法治原則的。但在理論上和現實生活中，這種界定也有偏頗，因為二者之間有時也存在矛盾或衝突，並非絕然相互依存的和諧關係。下面的兩個案例可以說明：

案例一：六位出嫁女以法治挑戰村民民主

1994 年 4 月 20 日，湖南省桃江縣桃花江鎮肖家村梭關門村民小組召開的村民大會，經大多數村民同意通過一項「組規」：《梭關門村民小組承包責任制的各項規定》，其中規定「凡出嫁到城關鎮的女青年，戶口在本鎮本村本組的，一律不享受本組村民的待遇。」據此，該組將縣政府徵用該組 49 畝土地所支付的 78 萬元徵收費、補償費，分配到戶；而已出嫁但戶口仍在本組的六位婦女卻分文不給。雖經她們反覆據理力爭，組、村、鎮三級幹部都予拒絕，理由是「組規代表了大多數村民的意見」。當地社會輿論也認為，六女對抗組裏大多數人按民主程序作出的規定：「難道胳膊能撐得過大腿？」終於引發了一場六女狀告村組的訴訟。經縣法院審判認為，該「組規」違反了我國憲法和法律規定的男女平等原則，違反婦女權益保障法、婚姻法等法律的原則與規定，儘管

它代表了該村民小組多數人的意志，也無法律效力，乃判決被告梭關門村民小組 10 日內立即付清六女應得的土地徵收費。[4]

這一案例顯示出民主的「多數決定制」原則受到了挑戰，而少數得以勝訴。表明在特定條件下，法治的權威勝過多數人的民主決定。法治（憲法和法律及司法）否定了民主——否定了由村民的多數所作出的決定。作為基層人民群眾自治組織的村民小組的民主決定，其權威比不過國家法治的權威。

大而言之，即使民主國家的國會（或我國的全國人民代表大會）也不能以其民主權力，通過違反憲法或剝奪公民基本權利與基本人權的法律或決定。違憲審查制度就是要以法治和憲法的權威，宣佈其決定的無效。下面這個案例就是很好的說明。

案例二：韓國憲法法院否定國會的法律

2003 年 12 月，韓國國會通過了《新行政首都特別法》，決定按此法將首都由首爾遷往中部地區，並公佈了新首都候選城市，制定了遷都計劃和成立了有關機構和安排了日程。但首爾部分市議員和民間社團提出違憲訴訟，韓國憲法法院於 2004 年 10 月 21 日作出判決，裁定該法違憲，理由是韓國憲法雖未明文規定首爾為首都，但自朝鮮王朝六百多年間一直以首爾為首都，已是國民的傳統共識，事實上是一條不成文的憲法。而國會未經修憲程序，未經全民公決，就自行廢除這個不成文法，從而侵害了公民的投票權，是違憲的。[5]

這個案例顯示，民主的權力是有限的。民主原則——「多數統治」「多數票決定制」，不是至高無上的。在它之上，還有法治和憲政原則與人權、公民基本權利，它們高於議會多數制的民主權力。法治也必須遵循憲治的軌道。

---

4. 參見蔡海鷹、張勇、彭紅豔：〈湖南六位出嫁女挑戰鄉規民約〉，載《檢察日報》，2001 年 4 月 27 日，第 1 版。

5. 參見徐志堅、劉復晨：〈韓國憲法法院判決遷都法律違憲〉，載《法制日報》，2004 年 10 月 22 日，第 4 版。

(二) 民主與法治要受憲政制約

多數制的民主的最大弊病是往往未能兼顧少數，保護少數，有時甚至變成多數專制，壓迫少數，既不公平，也非正義。民主只體現多數人意志，從而其通過的決定具有群眾基礎和權威；但民主並不一定能作出正確的、公正的決定。真理有時是掌握在少數人手裏，多數人的智慧也未必一定比少數人乃至某個人高。特別是當多數人受某個特殊勢力或具有特殊威權的領袖人物所操縱，或受某種情緒化的因素、偏見煽動起來的時候，對付其對立面少數往往十分瘋狂和暴烈。我國「文革」中「群眾專政」的所謂「大民主」就是如此。法國大革命時期的恐怖殺戮也是如此。多數專政演變為「暴民政治」或「民主的暴政」。即使是在議會這樣精英薈萃的機關，有時也難免以多數壓迫少數，作出違反法治和憲政原則、侵犯少數人的人權和公民基本權利的決定。

從民主的長期歷史實踐看，民主是迄今人類發明的一種比較好的治國方式，但也不是最完善的方式。有些西方學者甚至說，民主只是所有惡魔中比較好的一個惡魔。它必須同人類發明的憲政、法治等相互結合，才有可能抑制和防止其消極性和破壞性的一面。

四、法治與憲治

(一) 憲政與憲治——活的憲法

法治中的「法」一般是指法律（在我國，廣義的法還包括行政法規、地方性法規、民族自治條例）。而法律是根據憲法制定的，憲法是「法律之母」，或「法律之上的法律」。憲法之所以高於法律，享有最高的權威，不只因為它在規範位階上高於法律，更主要的是它體現了人民最高意志，是人民權力與公民權利的保障書，是一國民主政治、人權與法治的綱領。

不過，畢竟憲法本身是靜態的。單有憲法上琳琅滿目的權利，而不付諸實現，則憲法只是一張寫着人民權力與權利的紙。因此憲法貴在實施。實施憲法也就要求實行憲政。

憲法是靜態的條文，憲政則是活的憲法，既是民主、法治、人權的最高而集中的體現，又是民主政治的實施和人權與公民權利的實現。憲政是以實行民主政治和法治為原則，以保障人民的權力、公民的權利和人權為目的，創制憲法（立憲）、實施憲法（行憲）、維護憲法（護憲）、發展憲法（修憲）的政治行為和操作的動態過程。在這個意義上，憲政亦稱「憲治」。

實行法治，首要的還在實行憲治，這是法治之本。所謂憲治，就是要按照憲法的人權至上的理念、民主精神和法治原則治理國家；要鞏固和保證人民權力的至高無上的地位；要使公民和各種合法的社會組織的憲法權利有法律保障，權利受到侵害時有法律保護和救濟；要使憲法授予政府的權力得到有力維護和法律制約，依法立法、依法行政、依法司法；權力濫用時能受到法律追究；要提高全民特別是執政者的憲法意識，樹立憲法的最高權威，把國家和社會生活中涉及人民權力和權利的各種問題，提高到憲法原則上來認識和對待。

憲法是民主的綱領，權利的宣言，但它是靜態的；憲治（或憲政）則是民主政治的實施和權利的實現，是憲法的實際操作與運行，是動態的。沒有憲政，不實行憲治，法治就沒有靈魂和支柱，法治也失去了根本的依據與動力，就可能陷入專制的法制或人治。

(二) 憲法與憲治 —— 法治的靈魂、支柱與動力

通常有個說法，稱憲法是「治國安邦的總章程」，這固然有其重要意義；但這句話也往往只被理解為憲法是執政黨和政府治國的手段或憑藉，其主體限於政府或執政黨，而忽視、或者未曾認識到人民，只有人民才是憲法和憲政的主體（人民當中當然包括執政黨）。憲法不能只當做是黨和政府治國安邦的工具，相反憲法的精義卻恰恰在以人民的權力和權利，去監督、制約執政者。憲法是人民的護衛神。18 世紀歐美諸國立憲的初衷，就在於以之限制君權或制約人民選出的政府。所以西方學者稱：憲法的本質是「規定一個受制約的政府」，劃定政府權力的界限。執政黨和政府首先是受憲法所限制的客體。他們的權力是人民賦予的，要對人民負責，受人民監督，人民也主要是用憲法來治國、治政、治權，糾正執政者的違憲行為。

因此，厲行法治，實行憲治，要把憲治、法治的主客體地位擺正。憲法與憲治，是法治的靈魂、支柱與動力。離開憲法和憲治去談論法治、實行法治，法治就失去了基本依據。其結果會蛻變為以法治民，而不是以法治權、治政，就失去了法治的本意，結果仍沒有跳出人治或人治底下的法制的舊框框。

五、形式法治與實質憲治

法治還有形式法治與實質法治的區分。

(一) 形式法治

所謂「形式法治」，是指依據國家制定的法律去實現國家的目的（掌握國家權力、控制社會秩序），只着眼於是否履行了法制的形式要件，而不問法制本身的理念與價值。即只要求按照國家法律規範與法定程序去作為或不作為，而不問這種法律規範與程序的實質內容是否合乎民主、人權、自由、公平、正義等價值標準。譬如實行法制的「十六字方針」：「有法可依，有法必依，執法必嚴，違法必究。」這是法治的形式要件，它是中性的，任何國家都可以按此方針，推行法制。依法行政、依法司法，也都屬形式法治範疇，是實行法治的必要條件，但這還不是法治的充分條件。

如果只是有完備的法律形式，或只是形式上執行法律，而不管法律本身是否體現了人民的意志與利益，那麼法律可能淪為統治人民的工具。中國古代封建專制的法律，如唐律、明律，在刑事方面不可謂不完備，明代執法之嚴峻也是盡人皆知的。但那只是專制的法制而已。「文革」時期的中國，也不能說毫無法制，「公安六條」（即《關於在無產階級文化大革命中加強公安工作的若干規定》）就是很嚴酷的「法」。在其所謂「惡毒攻擊」（領袖）罪名之下，不知多少像林昭、張志新、遇羅克這樣敢於堅持真理、挑戰權威的社會精英與無辜群眾慘死於這種「刀制」之下。顯然依這種「法」來行政、來司法，與民主的法治相去十萬八千里。馬克思說，立法的偏私不可能產生司法的公正，也是這個道理。

(二) 實質法治

講法治，更重要的是指實質法治。所謂「實質法治」，是同「形式法治」相對而言的，即依據反映人民意志與利益、體現社會正義的憲法和法律，去制約國家或政府權力，以實現保障人權和公民權利與自由的社會目的。以憲治作為法治之本，這就是「實質法治」的精義所在。

因此，實質法治中的「法」，首先應是體現人民最高意志與利益的憲法，即法律必須是符合憲法的精神、原則與憲法規範。概括地說，法必須是良法，即符合人民利益、社會正義的法，並符合正當法律程序的法。亞里士多德在給法治下定義時早已提出了「良法」的概念。當然什麼叫「良法」，各個時代、各個統治階級的標準有所不同，但總得是有利於那個時代的生產力發展和體現社會進步要求的公平、正義的法律。希特勒的納粹法律，「文革」中的「公安六條」，就不是良法而是惡法。制定與執行這類惡法，絕不是法治，而是法西斯專政。對這樣的法律，人們可以按「惡法非法」的原則，享有抵抗權，人民不但有權不予遵循，而且有義務進行抵制。

第三十八章

樹立正確的
現代法治觀
——論法治與法制、
人治、德治、群治、黨治

· 本章整合作者近年發表的有關法治的論文，後收入其著作《法理學精義》（長沙：湖南人民出版社，2005），第十章。其中「法制還是法治」曾引起法學界一場熱烈爭論，作者首創的關於「刀制（法制）」與「水治（法治）」的形象提法及對其價值內涵區別的闡釋，得到法學界的認同和約定俗成地採用。

我國實行改革開放已 30 年，也是重建法制和逐步實行法治的 30 年，是由無法無天時代進入法治初級階段的 30 年。30 年來，我國有了一部幾經修訂、大體上與時俱進的 1982 年憲法；現行有效法律共有二百多件，現行有效的行政法規、地方性法規八千多件。完全無法可依的局面已成歷史；在依法行政和司法改革方面也取得初步成就；特別是「依法治國，建設社會主義法治國家」的入憲，意味着其已作為執政者必須遵循的憲法準則；「國家尊重和保障人權」也入憲，意味着它成為執政者的憲法義務。市場經濟和民營經濟的憲法地位的確認，物權法的制定等，都彰顯我國在法治長征中邁出了第一步。而人民大眾的民主、法治和人權意識的日益覺醒，法治需求與維權活動的蓬勃興起，正在催促法治國家、法治社會和公民社會的萌生。

不過千萬不要忘記，成就得來不易，它是法學界、政法界披荊斬棘、破除各種舊思想、舊體制的結果。單是把「建設法制國家」改為「建設法治國家」，一字之改，就花了 20 年。20 世紀 80 年代中期，原華東政法學院院長徐盼秋因為說了一句「不能把政法機關說成是刀把子」，就被視為「精神污染」，批判他「否定人民民主專政」。還有 1990 年中央權威刊物《求是》把「法要以權利為本位」的學術觀點上綱為「為資產階級自由化思潮從法學方面提供了理論基礎」！至於主張有公法私法之分，被批判是「鼓吹私有化」；主張實行「無罪推定」，被批判為「唯心主義和精神污染」；要求法制要現代化，則是「搞西化陰謀」等等，帽子翻新迭出，改革步步維艱。當今的青年聽來要奇怪那時的人們為什麼如此蒙昧！殊不知，法學界的仁人志士為了闡明這樣一些法學 ABC 常識，曾經冒了多大的風險！30 年後的今天，這些命題和概念已是大眾共識，而且大都納入法治的規範，也多少反映了人們觀念的進步。

古人云：「悟已往之不諫，知來者之可追。」在回顧 30 年來我國法治建設的成就時，不要忘記過去的艱難和教訓，從而避免在今後再重複這類法治上的無知和武斷。

本章擬就 30 年來我國關於實行人治還是法治、德治和黨治等爭論，從法理上和實踐上進行回顧，並試圖釐清這些概念，樹立正確的現代法治觀。

一、法制與法治：一字之差，內涵殊異

中華人民共和國成立以來，長期使用的是「法制」一詞，這是搬用蘇聯的習慣，由於視「法治」一詞是西方資產階級的東西，黨和政府的文件中一直拒絕使用。同時，在中國，由於兩詞同音，故以為也是同義，常常混用。記得 20 世紀 80 年代初，我在全國人民代表大會常務委員會工作時，人民日報主編在報道全國人民代表大會法制委員會主任彭真的訪談中，用的是「法治」而非「法制」，還受到嚴屬的批評。在政法界，「法治」二字還一度被有些人視為資產階級的口號，主張「以法治國」都被批評為鼓吹「法律萬能」，排斥黨的領導；認為社會主義國家只能講「法制建設」，以便同資本主義的「法治」劃清界限。到 20 世紀 90 年代初，中國社會科學院法學研究所的學者給中央領導人講課，講稿原題是「建設社會主義法治國家」，卻被政法部門領導人改成「法制國家」，理由是黨和政府的文件中一貫是用「法制」一詞。

在西方，「法制」的英語原文是 "legal system"，只是指法律制度；而「法治」，英語是 "rule of law"，是「法的統治」或支配的意思。兩者意義大有區別。

「法治」一詞，在古希臘和古代中國都早有出現。亞里士多德有較系統的法治理論。中國先秦時期的法家，力主法治和「以法治國」。在法學史和治國史上，圍繞民主的法治還是專制的人治的爭論和政治鬥爭，幾曾停息過？

在我國，古代儒、法兩家有德治與法治之爭，但那不過是專制（人治）下的德治與法治之爭。中國從古至今幾千年，可以說從未實行過真切意義的法治（Rule of Law），即「法的統治」，有時甚而全面否定法制（如「文革」時期）。

20世紀80年代初期，法學界發動過「人治與法治」的大討論，90年代中期又進行過「法制與法治」的爭論（亦稱「刀制」與「水制」之爭），直到黨的十五大才終於獲得執政者採納，確認「依法治國，建設社會主義法治國家」的治國方略和目標，開始逐步實行由人治走向法治的過渡。而要真正實行法治，摒棄人治，任重而道遠。

（一）法制的概念

　　法制（legal system）是法律制度、法律體制、法律體系的簡括語詞，在中國古籍中有「修法制」（《禮記·月令》）、「慎法制」（《商君書·壹言》）、「用法制」（《後漢書·仲長統傳》）等說法，一般是指「禁令」。[1]到近代，嚴復把法制歸屬於政制。[2]解放前「法制」一詞一般只用於法制史著作和政府機構如法制局、法制委員會；解放後此詞得到廣泛運用。董必武將它定義為「國家的法律和制度，就是法制」。改革開放以來，在恢復和加強國家法制中，提出了「法制建設」的新概念和「有法可依、有法必依、執法必嚴、違法必究」的十六字方針，以及諸如「實行法制」、「健全法制」、「加強法制」等提法，從而賦予法制以動態意義和價值追求。後來還進一步提出「依法治國，建設社會主義法制國家」的治國方略和目標。這些都是從法律制度及其運用上使用法制一詞。

　　在馬克思、恩格斯的著作中，出現過「法制」、「法治」、「法治國」三詞，有時是通用，有時是專指法律制度。列寧著作中則多是用「法制」一詞。蘇聯的法學界、政法界也如此。中華人民共和國很長時期只用「法制」一詞，不講「法治」一詞，甚至認為「法治」是西方資本主義國家的觀念，而忌諱用於社會主義國家。這也是沿襲了蘇聯的說法和觀念。

　　在西方，亞里士多德最早用過「法制」一詞，但他主要是講「法治」。近現代西方「法制」（legal system）一詞則只是特指法律制度、體

---

1. 《呂氏春秋·孟秋記》：「是月也，命有司，修法制，繕囹圄，具桎梏。」注：「禁令也。」
2. 嚴復：《原酚》，其中批駁「中國之所以不振者，非法制之罪」的觀點，強調中西「政制」之異在於「法制」。參見王福等主編：《社會主義民主與法制建設研究》（北京：中國科學院法學研究所，1997）。

制、體系、機制等靜態形式。有時法治與法制也通用，如德國魏瑪共和國時代的「法治國」，屬於「形式法治」，實質上也就是「法制國」。現代西方所講的「法治」則主要是從法價值上強調「法的統治」（rule of law），是指法至上、法支配一切的意思。

法制一詞大致有以下幾層含義：

1. 從法律制度的意義上而言，「法制」是指法的國家化制度化。這是因為，一則法制中的「法」通常是國家的立法，即人定法，而非自然法或社會自發存在的習慣法，也非社會組織的自治章程，更不是「言出法隨」、「口含天憲」的任何個人的「說法」；而是經過國家機關制度化的立法程序制定的。二則它是國家經由一定立法制度與程序制定的，因而是有制度保證的，是比較穩定的法律與法律制度，而不會朝令夕改。三則法律制度除立法制度外，還包括行政執法制度、司法制度以及守法制度、法律監督制度、法律責任制度、法律救濟制度等，所以法制應是指已形成制度的國家立法、執法、司法體制，權力結構和法律運作及其監督程序等制度。

2. 從法制建設的意義上而言，則是指構建法律體系與法律制度的過程、原則與目標。美國社會學家、法學家龐德（Roscoe Pound）稱法律為一項「社會工程」。我國遵循的法制「十六字方針」，即體現了法制建設工程的原則與要求。講「健全法制」也包含此義。[3]

3. 從「實行法制」「加強法制」的理念而言，則有要求以法治國、依法辦事，否定「無法無天」的非法治狀態的含義。但在我國，主要還是從將法制作為社會控制工具來理解和運用的。[4]

---

3. 龐德關於法是社會控制工具論與我國理解的「社會控制工具」還是有區別的：龐德的社會工程思想是與古希臘的思想相接近的，他是將法律作為規制社會行為與關係的工程來看待，就像園藝書對於園藝匠而言。首先是控制統治者的；但是我國有些執政者的控制工具論則是把法作為統治者的工具，是統治者控制「社會」的工具。

4. 同上。

（二）法制與法治

「法治」這個詞，在西方稱為 "rule of law"，直譯為「法的統治」，即法在國家與社會生活中，居於統治權威和行為基準、支配一切的地位，任何人、任何組織，都必須遵守法律，在法律面前人人平等，不得有超越法律的特權。在中國漢語中，「法治」與「法制」二詞同音，其含義也極易混同。二者表面看來只是一字之差，實質上卻有概念上和理念上的重要區別。

現代意義的法制與法治的區別是：

1. 「法制」（法律與法律制度）是一個靜態的概念和工具性的概念。「法制建設」雖涉及法律與制度的制定與實施，但只是就其形式而言，不問其實質內容。

   「法治」即「法的統治」則是一個動態過程，一項社會工程，一種治國的方略和一種價值目標，它要求法律在治國中居於統治、支配一切人和國家機關與社會組織的地位，「法律至上」；要求法制的內容具有人民性、民主性，是衡量一切人和國家與社會組織的行為準則。

2. 「法制」是中性的，既可以為專制政治所用（封建專制國家都無例外地有完備的法制），也可以同民主政治相結合。在專制政治下，法制只是作為治國安邦、控制社會的一種工具，其關注的主要是統治秩序，法制只是為了保障和實現國家統治社會的目的；而在民主政治下，法制與法治關注的重點則是保障和實現人權和公民的權利和自由。有法制的國家，既可以是以專橫的惡法來防民、制民，也可以是以保障人權和公民權利的良法來治國（制約國家權力）。前者是專制或「人治底下的法制」；後者所建立和實行的法制，則是民主的法治的基礎和基準。

3. 從工具論的視角上分析，專制政治下的法制與民主的法治的基本區別是：法是「統治人民的工具」還是「制約統治者的工具」。

   自從人類社會出現國家以後，作為一種治國的手段或控制社會的工具，任何性質的國家、社會，都有法制，都必須實行

法制，但並不是都實行法治。在古代中國，雖有儒法二家德治與法治之爭，但法家的「法治」並非現代意義的民主的法治。他們都是在維護至高無上的君權的專制統治的前提下講法治或德治。所以，只能說是「專制（人治）底下的法治（法制）或德治」。

在20世紀90年代，中國法律界、法學界曾有過一場「是法制還是法治」之爭。市場經濟是「法制經濟」還是「法治經濟」？建立「法制國家」還是建立「法治國家」？大多數贊成後者的命題。由於二詞在漢語中同音，其含義也常被人們混同。為了加以區別，我曾率先以這二詞的漢語文字形象來稱呼和比喻，稱「法制」為「刀制」（「制」字為立刀旁），用以象徵過去只是把「法制」當作「刀把子」或「階級鬥爭的工具」來治國、制民；稱「法治」為「水治」（「治」字為水旁），象徵「人民之治」（取古代格言：「水可載舟，亦可覆舟」，「水」象徵人民）。人民運用民主的法治，既可授予並支持國家權力（「載舟」），也可以之監督、制衡、抵抗國家權力，乃至更換、推翻某個王朝或某屆政府——這樣稱呼既避免同音難辨，更可區別其義，已為法學界所約定俗成。

4. 就主體而言，法制的主體（制定和執行的主體）主要是國家權力機關或權力者（如獨裁者個人）；法治的主體則是人民和經人民民主選舉產生或授權的國家機構。因此，一個國家有法制，並不意味着一定實行了民主的「法治」，可能還只是專制下的法制；而實行法治，固然也要以法制為基礎，但它必然要求實行制約權力、保障公民權利的民主政治，從而同專制劃清了界限。

二、法治與人治

現代意義的法治，是屬於民主政治範疇。它同專制政治下的人治，是對立的。

與法治相對立的「人治」(rule of individual)，是指當權者個人專制，以個人意志統治一切，支配一切，不受法律的約束。

(一) 人治與法治 —— 歷代治國理念與模式之爭

「人治」這個詞，在中國，是個多義詞。有些政治家或學者望文生義，把「人治」理解為「靠人來治」，或靠「賢人」來治。有些論者還舉例孟子講的「徒法不能以自行」，說明執法還得靠人。有些論者更舉毛澤東的一句格言「路線決定以後，幹部就是決定的因素」，來論證「人」「人治」的重要。這些都是對「人治」的誤釋。

中國先秦時期的儒家確是主張「賢人治國」的。最能體現這種思想的是荀子所說的：「有治人，無治法。……法不能獨立……得其人則存，失其人則亡。」(《荀子》) 還有《中庸》上所講的：「人存政舉，人亡政息。」這種賢人治國論，同儒家的「德治」是一致的：要求統治者為政以德，實行德政、仁政，以德服人。其目的仍在於維護君主個人的專制統治。法家的法治雖然主張「緣法而治」「以法治國」，但「法自君出」，法主要是用來控制、懲罰臣民的，君主通常不受法制的約束。所以，其法治也是為君主個人專制服務的。

「人治」是同法治相區別的一種治國模式與方略，並不是指靠人來治，因為任何事情離開了人都是不可能的，治國更其如此，這是不言自明的。至於「賢人政治」，它與「人治」有相通的地方，譬如都是把治國平天下寄託於賢明的統治者、清官、「英明領袖」、「社會精英」等人身上，而忽視法在治國中的主導作用，特別是法對統治者及其權力的制約作用。

當然，賢人政治也可以解釋為由遵紀守法、剛正不阿的人來治，這同「法治」不是完全排斥的。法治的確要靠「賢人」、「能人」乃至「強人」(所謂「鐵腕」) 來立法、執法。但賢人政治只是把國家的統治安危系於個別掌權的人的開明的德政上，人亡則政息，沒有穩定性，不可能使國家長治久安。此外，強人政治也容易走向暴君統治。

上文引用孟子的「徒法不能以自行」一語，一般都解釋為「要靠人來執法」，我認為這是誤釋。這句話出自《孟子・離婁上》篇，它前面還有一句「徒善不足以為政」，原意本是說，單靠善心德治，或單靠法

制法治，都不可能自然得到施行，而要靠二者同時相輔而行，這正是儒家的德治為主、輔之以刑（法）的思想。[5] 這與古代法家的「法治」路線是相區別的。後者主張「以法治國」（《管子‧明法》），「以法為本」（《韓非》），凡事「一斷於法」。他們講求「以力服人」，同孔孟強調的「以德服人」是針鋒相對的。

法家的「法治」同現代意義的「法治」又有本質區別，即它是以維護專制的君權為目的，以嚴刑峻法鎮壓臣民為手段，「法自君出」，君王可以凌駕於法律之上。所以，法家的法治不過是「人治底下的法制」；它和儒家「人治底下的德治」，在維護專制統治者、維護專制政治的目標上，並無區別。從現代意義上講，都屬於人治範疇。所以，我認為中國古代儒法之爭，並非人治與法治之爭，而只是在人治底下的德治與法制之爭。

在古代西方，人治論者的代表可推古希臘的柏拉圖。起初他極為蔑視法律的作用，他在《理想國》中認為，如果不是由一個無所不知、通曉一切的哲學家做國王（所謂「哲學王」），人類將永無寧日。[6] 這是賢人、能人、智者治國論。不過後來他也改變了這種理念，轉而推崇法治。

與他相反，亞里士多德則一貫反對人治，他認為：

這種賢人政治是「一人之治」，或「一人為治」，即使這個人是好人、智慧的人，也總不如多數人的集體智慧；而且，「讓一個個人來統治，這就在政治中混進了獸性因素」，多數好人的集體比之那一個好人，不易腐敗。何況，「把全邦的權力寄託於任何一個個人，這總是不合乎正義的」。而「法律之治」則是排除了個人情欲的理性之治，所以，「法治應當優於一人之治」、「法律是最優良的統治者」。他認為與其讓那最好的一個人來統治，不如力求一個（完備的）最好的法律來統治。[7]

---

5. 參閱郭道暉：〈「徒法不能以自行」新解〉，原載《人民日報》，1990 年 7 月 23 日，第 5 版，收入郭道暉：《法的時代呼喚》（北京：中國法制出版社，1998），頁 168-170。

6. 不過在他的「理想國」的烏托邦破滅後，他轉而主張法治，認為人都是自私的，絕對的權力必將導致災難，因此每一個城邦「不應該服從僭主，而應該服從法律的支配」。

7. 〔古希臘〕亞里士多德，吳壽彭譯：《政治學》（北京：商務印書館 1983），頁 162-171。

亞氏的這番論述，可以說是對人治與法治問題的經典之論。

到 17、18 世紀，資產階級革命時期的政治家和啟蒙思想家關於人治與法治之爭，已不同於古希臘和古代中國，後者只是限於在同一政治制度下，作為不同的治國方略的分歧；前者則是從政治理念上採取什麼樣的政治制度的分歧，實質上是專制與民主的對立。這時所批判的「人治」是針對封建君主專制的統治的。

近代中國明確說明法治與人治的區別的是梁啟超。他認為所謂「人治」即「少數人之治」，而法治則是「多數人之治」。他主張「以『多數人治』易『少數人治』，如近世所謂『德謨克拉西』（民主），以民眾為政治骨幹」。[8] 不過，現代法治思想則十分警惕和強調民主的多數票決制可能導致「多數專制」或「多數暴政」。

孫中山領導辛亥革命，建立中華民國，他認為「只可以人就法，不可以法就人」、「民國若不行法治之實，則政治終無解決之望」。[9] 他所要實行的法治是建立在「五權憲法」基礎上的民主政治。不過，後來他考慮到中國民眾的民主法治素質較差，建立民主法治國家須分軍政、訓政和憲政三步走，在訓政時期要實行「以黨治國」。結果卻被蔣介石利用來實行「一黨專政」的領袖獨裁統治，亦即個人專制的人治。

中國共產黨領導人在進行新民主主義革命時，是堅決反對蔣介石的「一黨專政」，要求實行「新民主主義憲政」的。但中華人民共和國成立後，一大段時期不重視民主和法制建設。在 1958 年一次會上，毛澤東說：「法律這東西沒有也不行。但我們有我們的一套，還是馬青天那一套好，調查研究，就地解決問題。不能靠法律治多數人。民法刑法那麼多條誰記得了？憲法是我參加制定的，我也記不得了。我們各種規章制度，百分之九十是司局搞的，我們基本上不靠那些，主要靠決議、開會，一年搞四次，不靠刑法民法來維持秩序。」[10] 毛澤東晚年甚至全

---

8. 梁啟超：《先秦政治思想史》。

9. 孫中山：《孫中山全集》（第 4 卷）（北京：人民出版社，1981–1986），頁 444、520。

10. 毛澤東、劉少奇 1958 年 8 月在北戴河中共中央政治局擴大會議上的講話，轉引自全國人大常委會辦公廳研究室編著：《人民代表大會制度建設四十年》（北京：中國民主法制出版社，1991），頁 102。

盤否定法制，主張「無法無天」、「大權獨攬」，實行個人專權的人治。「文革」中領袖的普通一句話都被奉為「最高指示」，亦即最高法律。不過，他個人專權的人治是同「群眾專政」的「大民主」結合的，是「人治加群治（群眾運動之治）」，或「人治底下的群治」、「群治形式下的人治」。[11] 黨的另一位領導人劉少奇在「文革」前雖然開始注意要發揚民主，克服中央過分集權現象，但他也說：「到底是法治還是人治？實際靠人，法律只能作為辦事的參考。」[12] 他這裏講的人治，仍屬於「賢人政治」，或「英明領袖之治」。

至於毛澤東的「幹部是決定因素」（斯大林也講過「幹部決定一切」），這只在一定前提下才是正確的，即「正確的路線確定以後」。而路線是由誰確定的，如何確定的，即確定路線的主體與程序問題，卻有法治與人治的區別。按照多數人的意志，經過民主的法律程序來制定的，還是憑統治者個人的心血來潮、個人專斷？是體現了人民的意志與利益的路線，還是違反人民意志、倒行逆施的路線？進一步，是使政策路線法律化，從而使幹部在執行政策路線時嚴格依法辦事，還是隨個人好惡行事？這些都是民主還是專制、法治還是人治的區別所在。所以單獨強調「路線」與「人」的作用，不講其間民主與法的支配作用，讓幹部去「決定一切」，結果只能導致權力的腐敗和個人專制的橫行，誤國誤民。從 1955 年的批判胡風、1957 年的「反右」到「大躍進」（＝大饑荒）和「文革」的浩劫，已經以事實證明了在人治底下產生的「左」傾路線的惡果。

改革開放初始階段，伴隨着國家恢復法制建設，我國法學界也開展了一場人治與法治的大討論。不過爭論的焦點並不是實行法治還是人治，因為並沒有人完全贊成實行專制意義的人治；而是由於有些學者對人治的含義有不同理解，以為人治就是「靠人來治」，實行法治離不開

---

11. 參見郭道暉：〈毛澤東鄧小平治國方略與法制思想差異比較研究〉，原載《法學研究》，2000 年第 2 期。收入郭道暉：《法的時代挑戰》（長沙：湖南人民出版社，2003），頁 3–23。

12. 毛澤東、劉少奇 1958 年 8 月在北戴河中共中央政治局擴大會議上的講話，轉引自全國人大常委會辦公廳研究室編著：《人民代表大會制度建設四十年》（北京：中國民主法制出版社，1991），頁 102。

熟悉立法、執法、司法專業的精英。這實際上承襲了中國古代「賢人政治」的觀念。因而他們主張應當實行「人治與法治相結合」。這個討論中，大多數人還是贊成法治，反對人治，也不同意二者的結合。不過，當時對法治的理解也是較膚淺的，大多還停留在「依法辦事」，將法制僅僅作為維護和管理社會秩序的工具論的層次。

這期間鄧小平已看到了過去我國領導體制中權力過分集中的弊病，他首次明確批判了「把領導人說的話當做『法』，領導人的話改變了，『法』也就跟着改變」的「以言代法」的人治現象。指出：

「為了保障人民民主，必須加強法制，必須使民主制度化、法律化，使這種制度和法律不因領導人的改變而改變，不因領導人的看法和注意力的改變而改變。」[13]

到黨的十五大提出「以法治國，建設社會主義法治國家」的治國方略，隨後又納入憲法，這是中國歷代執政者第一次正式宣告要摒棄人治，實行法治（當然在實踐中還遠沒有臻於法治）。

（二）是法的統治還是個人統治 ── 法治與人治的基本區別

綜上所述可見，「人治」一詞在其歷史演變中有多種含義。從其現代意義來說，主要是指同民主政治下的法治相對立的個人專制。實行法治不但要反對專制的人治，而且應當揚棄「賢人政治」的局限。實行法治更應澄清「人治即以人為治」「靠人來治」的誤解。人治的實質不是「靠人來治」而是「一人之治」或個人專制。[14]

同樣，法治也不等於只是「靠法來治」，因為任何社會、包括實行專制政治的國家都要有法制以維護其統治秩序。何況這種解釋也沒有區分用什麼法來治，民主的還是專制的法，良法還是惡法？而這正是法治所要求明確區分的。實行法治與實行人治固然都離不開人，也都不能沒有法，但是卻有如下的基本區別：

---

13. 鄧小平：《鄧小平文選》（第 2 卷）（北京：人民出版社，1993），頁 146。

14. 現今我國有些漢英字典把「人治」譯為 "rule by men"，有「以人來治」的意思，是不準確的，應譯為 "rule of individual"，即個人的統治。

1. 法治中的人是依法而行的人；人治中的人是超越法律、任性而行的人。

2. 在法治中，法的權威是至上的，任何人、任何組織（包括執政黨）都無例外地要服從法；在人治中，當權者個人權力是至上的，法只是隨統治者的個人意志而定的。

3. 法治是以法來統治、支配所有人；人治則是以一人統治、支配所有其他人，即使他是以法作為統治人的手段，也只是「人治底下的法制」而已。

4. 法治中的法，由人民（通過人民選舉的代議機關）經過民主的程序制定，並以保護人民的權力和權利、利益為準繩；人治中的法，則是由最高統治者個人「欽定」，以保護其專制統治，防民、制民為目的的。

我曾在河北省易縣清西陵雍正陵墓大殿中看到一副對聯：

「以一人治天下，普天下為一人。」

而法國皇帝路易十四也有句名言：

「朕即國家。」、「立法權屬於我一人。」

這是對專制的人治──一人之治的最簡明而露骨的概括。

與雍正皇帝和路易十四大致同時代的美國思想家潘恩則有另一句名言：

「在專制政府中，國王便是法律；同樣地，在自由國家中，法律便應該成為國王。」[15]

這很形象地說明了法治與人治的對立。

(三) 當代中國的人治的形態

人治與法治都是屬於治國的理念和方略，孰優孰劣，固然隨主權者的價值取向為轉移，也有賴於時代的經濟與文化條件而存在。有學者

---

15. 〔美〕潘恩馬清槐譯：《常識》（北京：商務印書館，1959），頁54。

指出：「人治在歷史上確實是一種長期並重複存在過的制度或方法，那麼必定有其存在的合理性。」[16] 以此說明「人治」並不絕對的壞，法治也不一定絕對好。

誠然，指出人治在古代封建國家中有一定的歷史合理性，是有必要的。人治或專制在人類歷史上、特別是中國古代史上能長期存在，甚至對社會的穩定和發展，起了某些積極作用。其原因在於，在一定歷史時期，主要是封建社會的小農經濟的汪洋大海條件下，它有存在的社會土壤。一是分散的「諸侯經濟」，需要高度集中的政治統制；二是如馬克思指出的，由於小農經濟的分散和脆弱，總是依靠來自上面的雨露陽光，心甘情願地把自己的命運交給皇帝、明主、青天、救星去主宰。因此專制制度與人治就具有歷史的必然性，從而有其存在的合理性。我們在比較人治與法治的優劣時，應當按歷史唯物主義的要求，把它們放在一定的歷史範圍內來衡量，而不應當脫離歷史條件作抽象的評價。

但是也要看到，即使在實行專制的人治時，也不能沒有法制，甚至其法制更為苛嚴繁密，這即是中國歷代封建王朝所奉行的儒法雜交、德治與「法治」並舉的治國方略。

更重要的是，在現代市場經濟和資訊化、知識化社會條件下，專制的人治已失去了它生存的土壤和環境，法治才是歷史的必然和最佳選擇。如果現今還去倡言人治的合理性，或繼續搞人治、搞專制獨裁，就只能是歷史的倒退。

當然，這並不意味着人治的觀念和制度會自然地退出歷史舞臺。中國當代人治的觀念和習慣動作，仍然有其頑強的遺留，它不完全是古代封建人治思想的簡單繼承，而是變換了一些形態。其主要表現形式有以下幾種：

1. 「替民做主」──封建人治的「一人做主」的現代翻版：把代表人民行使權力，變成代替人民行使權力。把所謂「黨的一元化領導」變成書記一個人領導。一人拍板，一言安邦。領

---

16. 蘇力：〈認真對待人治 ── 關於韋伯〈經濟與社會〉的一個讀書筆記〉，原載《華東政法學院學報》，1998 年 12 月創刊號。選自蘇力：《制度是如何形成的》（廣州：中山大學出版社 1999）。

導人批一個條子，勝過一項法律，一打制度。替民做主，包辦代替，至少是侵犯了人民享有的程序性的民主權利，有些地方則是侵犯了人民實質性的民主權利，成了「做民之主」。

2. 「權大於法」──封建社會是皇權大於國法，現在有些地方是黨權和政府的權力大於國家法律。這裏「權」是指被濫用、被僭越的國家權力和黨的領導權。「你有法，我有權！」以言代法，以權壓法，乃至以權抗法。

3. 「仰仗青天」──把國家的強盛，完全寄託在英明的領袖和賢明的幹部身上。重幹部的素質甚於重制度的完善；較多地着眼於組織一個好的「領導班子」，而不大重視建立一套好的領導制度。沒有一套完善的法律制度指引和約束幹部權力的正當行使，僅依靠為政者個人的智慧與仁慈。一個案件長期得不到公正的解決，最後是仰仗高級領導人的垂察，一個批示迎刃而解，說是「法律的勝利」，實則只是「批示的勝利」。小說戲劇宣揚的是「頭頂有青天」，而不是有「三尺法」。[17]

4. 「迷信運動」──在階級鬥爭已不是主要矛盾的時候，仍然迷信政治運動（現今是時興所謂「專項鬥爭」），雷屬風行、立竿見影的效果，忽視經常的法制調節。政治運動中領導人運籌帷幄，一呼百應，幾句箴言，幾條指示就可安邦定國。在運動中群眾也比較聽話，領導人的意志可以決定一切，指揮一切。這給人以錯覺，彷彿個人意志可以扭轉乾坤，政治運動可以包醫百病。而對政治運動本身易於偏離民主與法制軌道等弊病，則諱疾忌醫。

5. 「人身依附」──封建宗法觀念的流毒，養成對領袖、對領導人的崇拜意識和依附意識。過去政治上有所謂「跟人不跟線」；現在則是「跟人不跟法」，唯領導人的批示是從，而不是法律至上。人事關係上搞人身依附，只對領導人負責，不對群眾負責；一朝天子一朝臣，一榮俱榮，一損俱損。

---

17. 「三尺法」，古代刑律刻於三尺長的竹簡上，故稱「三尺法」。

6. 「等級特權」——凡事喜歡排坐次，講等級；人情大於國法；
    法律面前享有特權，「黨票當罪」，「職務抵刑」。

如此等等，不一而足。說明封建人治思想，仍是民主與法治的大敵。

是人治還是法治，2003 年末一件風聞全國的事例，很發人思考：

國家總理溫家寶深入農戶考察，一位叫熊德明的農婦向總理講了一句實話：「我丈夫的 2,240 元工錢還被拖欠呢！」總理當即責成縣長追還，當晚 11 點這位農婦就拿到了這筆工錢。於是，立即在全國引發了「清欠風暴」（據統計，全國被拖欠的工資達 1,000 億元左右，有些民工 3 年都拿不到工資，以致只能拾菜葉果腹）。不到一個月，國務院辦公廳立即發出《關於切實解決建設領域拖欠工程款問題的通知》，其所屬有關各部也立時召開電視電話會議予以貫徹。動作之快，效率之高，前所未有。收到了一定的效果。

於是，有人認為這正是表明了「賢人政治」、「一言興邦」的良好效應；或認為這正是人治與法治應當「結合」而行的實例證明。但多數法學者則認為，這正是暴露了人治的弊端：明明早有《中華人民共和國勞動法》和《工資支付暫行規定》可依，卻長期無人依法追究拖欠工資的行為，非待總理發話和親自追索才行動起來。總理帶頭執法，處理小人物的「小事」，帶動全國清欠風行，還是值得稱讚的親民行為。不過，如果單靠領導人個人模範言行與權威，事必躬親，也是會顧此失彼，故不能作為治國的基本方略。從這個事例中需要關注的倒是那些有關行政主管部門的官員的習慣思維：依法干預拖欠工資的惡行，本是他們的職責，卻長期不聞不問；非得上級領導人發話才緊跟，這就是「跟人不跟法」、「看領導人權威行事」的習慣思維；對領導人負責而不是對法律、對老百姓負責。不是奉法律至上，而是上級權威與權力至上；習慣於人治政治，而不習慣於法治。

總之，法治與人治的根本區別在於：

當法律與當權者的個人意志發生衝突時，是法高於個人意志，還是個人意志凌駕於法律之上。亦即是民主的法律至上，良法至上，還是個人意志與權力至上？在治國、為政、辦事時，是人依法，還是法依人？

三、法治與德治

(一) 孔孟的德治觀 —— 以道德約束統治權力

「德治」是中國先秦時期儒家孔丘、孟軻所主張的治國方略。其主導思想是，要求執政者實行德政、仁政，以道德約束統治者的權力，規範掌權者的行為。

孔子主張國君要「為政以德」（《論語・為政》，下引皆出《論語》，不另注），「為國以禮」（《先進》）。他講「克己復禮，天下歸仁」（《顏淵》），「修己以安百姓」（《憲問》），「約之以禮」則「可以弗畔」（《顏淵》），「禮讓為國」，則「無往不順」（《里仁》），「上好禮、義、信，則民莫敢不敬服、不用情，如是則四方之民來歸」（《子路》），以及「己所不欲，勿施於人。」（《顏淵》），「政者正也」（《顏淵》），「苟其身正矣，於從政乎何有」（《子路》），「善人為邦百年，亦可以勝殘去殺矣」（《子路》）……凡此等等，無不是對為政者而言的。

孟子強調「以德行仁者王」（《孟子・公孫醜上》）。他把孔子的德治思想發展為講「王道」、行「仁政」。孟子見梁惠王，勸他「何必曰利，亦有仁義而已矣」（《梁惠王上》）。他認為「暴其民，甚則身弒國亡，不甚則身危國削」（《梁惠王上》）。他極力主張「以德服人」（《公孫醜上》），反對暴政。對那些不仁不義、殘民以逞的國君，孟子聲言「獨夫」可誅，暴君當伐。這些也都更明確地將德治的主要對象指向統治者。

此外，荀子更直接論到以王道約束權力：「人主者，天下之利執也。得道以持之，則大安也，大榮也，積美之源也；不得道以持之，則大危也，大累也，有之不如無之。」（《荀子・王霸》）「行一不義，殺一無罪，而得天下，仁者不為也。」（《王霸》）。

至於對老百姓，先秦儒家的觀點則是「倉廩實則知禮節，衣食足則知榮辱」（《管子・牧民》），認為對他們主要應採取孔孟的「先富後教」的方針和「惠民」政策。孔子主張富民，「既富矣，教之」（《子路》）；孟子認為「必使仰足以事父母，俯足以育妻子，樂歲終身飽，凶年免於死亡，然後驅而之善」，否則「奚暇治禮義哉」（《梁惠王上》）。這也

就是為什麼「禮不下庶人」[18]、「君子（統治者）喻於義，小人（庶民）喻於利」（以利益來誘導）的原由。

通常人們在闡釋先秦儒家倡導的「德治」時，多是援引孔子的「道之以政，齊之以刑，民免而無恥；道之以德，齊之以禮，有恥且格」（《論語・為政》），以此說明儒家的德治，旨在以德化民，以德治民。誠然，孔孟言論中確有此意，但不能說這是他們主張德治的主導思想。孔孟講德治，主要不是向小民施教化，而恰恰是要求統治者「施惠於民」，即所謂「德以施惠」（《左傳・成公六十年》），他們講「德治」主要是要求以之約束執政者的權力。

關於孔孟主張德治，要求對統治權力「約之以禮」、「以德行仁」的思想，日本法學家石川英昭似已有所覺察，他說：「儒家所主張的是統治者必須有德性」，「在儒家中，存在着抑制統治者權力的思想，以有德的統治者的存在為前提，也可以認為是監視行政官僚的行為的制度」。[19] 西方學者日爾內在《中國文化史》一書中也說：「如果某人認為儒學僅僅是為政府服務的官方意識形態，那就錯了。它恰巧經常是在官方對立面的一個武器。」[20]

孔孟企望以德治來制約君王權力，是有其歷史背景的。處於禮崩樂壞、天下無道的春秋戰國亂世，諸侯爭奪兼併，濫施威權，殺人盈野，民不聊生。孔孟基於民本思想，勸君王克己以「拯民於水火」，施仁政以收拾民心，實行王道以鞏固統治。當然這在當時群雄爭霸的歷史條件下，不能不被視為迂闊之論；完全依靠德治也是行不通的。他們遊說諸侯不能不以失敗告終。但這不並等於其「為政以德」、以道德約束皇權的思想完全不足取。後世改朝換代之初，開國君主一般能吸取前朝權力腐敗的教訓，自覺以德律己，「欲專以仁義誠信為治」（唐太宗，《貞觀政要・仁義》）；賢臣也不時以此進諫帝王，尚不失孔孟之遺風。

---

18. 據專家考證，這句話的原意不是說庶民不要講「禮」，而是鑒於一般老百姓沒有那些餘暇和財力去講究繁縟的禮儀。同樣「刑不上大夫」也不是士大夫有不受刑罰的特權，而是不受「示眾」等有辱其人格的刑罰處置。這二句古語通常都被誤釋。

19. 〔日〕石川英昭：〈中國法文化的特質與儒家的影響〉，載《儒學與法律文化》（北京：復旦大學出版社，1992），頁203。

20. 日爾內：《中國文化史》（劍橋，1982），頁432。

歷代的「官箴」也是用來告誡官吏「為吏之道」，如《百官箴》、《臣軌》、《政訓》、《為政九要》、《御制官箴》等，主要是講為官應恪守的政治道德準則，以忠信仁愛、清正廉明、勤政敬業等道德規範來約束各級官吏權力的專橫。

漢唐以後，天下一統，德法兼用，「德禮為政教之本，刑罰為政教之用」（《唐律疏義》）。「德治」除保留了某些約束帝王的內容外，重心已轉移到以「三綱五常」教化小民，防民犯上作亂。宋明清代，更以禮教「吃人」，已漸失孔孟之初衷。

總的說來，孔孟德治着眼點在抑制皇權，保民惠民；比之法家法治的嚴刑峻法、「以力服人」（《商君書・開塞》），矛頭主要是對付臣民，不是抑制，而是以法、術、勢強化君王的統治權力，則儒家的統治策略要比法家開明得多。

孔孟主張德治，並不完全排斥法制。孟子說：「徒善不足以為政，徒法不能以自行。」（《孟子・離婁上》）這是中國古代儒家「德法兼用」「德主刑（法）輔」思想的簡明概括。後世的統治者大都是儒法雜交，德治與法治結合。

(二) 法治下的德政

在當代中國，鑒於權力腐敗、社會腐敗日甚，「以德治國」的口號應運而生。但如何正確理解和闡釋這一古代儒家的治國方略及其與現代「德治」的區別和與法治的關係，是十分重要的。

我們繼承先秦儒家的德治思想，應當主要注意把鋒芒與重點放在「為政以德」的原則上，以道德義務約束執政者。「正己然後正人」、「治國必先治吏」，只有領導者樹立了道德權威，才能影響和帶動全社會的文明教化。解放初期，中國共產黨的各級幹部艱苦樸素、全心全意為人民服務的作風，很快就一掃國民黨舊社會的污泥濁水，轉變了社會風氣就是明證。

應當指出，道德不只是個人內在修養的自律，而必定會外化為社會行為，因而要受社會道德輿論和法治的制約。道德輿論也是一種社會權力（所謂「第四種權力」），具有外在的強制力。為什麼一些官員「不怕上告，就怕上報」，就是懾於輿論這一社會權力的道德壓力。「人言

可畏」，民心不可侮，「誅心之論」決不亞於誅身。這都是道德作為一種社會權力的威力。[21]

　　道德要真正起強制作用，還有賴於道德規範的法制化。德與法必須結合，法是維繫社會道德秩序的保障，社會道德與為政道德也是立法、執法、司法和守法的一個支柱。這是法學上早已明確的問題。但「以德治國」不應同「依法治國」並列為同等重要的治國基本方略。以道德權力約束政府權力，一般只能起輔助作用。孔孟主張「德主刑（法）輔」是行不通的，主張兩者「結合」是可以的，但不能不分主次。至少應是「法主德輔」；而且德治也要以實行法治為前提，並使某些道德法制化，然後才足以維繫社會道德秩序，也才談得上以道德和精神文明為實行法治創造良好的政治和社會環境。促使執政者依法執政，依法治權，這本身也是重要的「德政」。

　　從憲政視角上看，「依法治國，建立社會主義法治國家」是已載入憲法的，它既是治國基本方略，更是建國的基本目標之一。如果把「以德治國」同「依法治國」並列為兩個治國的「基本方略」，就有可能衝擊「法治」。我國憲法只提出建設社會主義「法治國家」，而沒有建設「德治國家」之說。之所以如此，也是基於「德治」不能同法治一樣，抬高到、或並列為同等重要的治國基本方略與目標。因此現在講「德治」應以法治為前提，應是「法治底下的德治」。更確切的說，重點應當是「法治下的德政」。

　　講「以德治國」，還要防止把道德過分政治化。「文革」及其以前，大講「一大二公」、「毫不利己」，抽象地宣傳「剝削可恥」，反對「白專道路」等，甚至「寧要社會主義草，不要資本主義苗」！將道德變為政治教條，以之作為衡量政治和經濟上姓社姓資、是非得失的標準。而不是以是否能解放和發展生產力、提高人民生活水平為依歸。以大搞「鬥私批修」的道德化政治運動作為治國方略，重蹈古代「人治下的德治」的覆轍。結果於國於民，都產生了災難性的後果。我們決不能再重複過去的悲劇。[22]

---

21. 參見郭道暉：〈道德的權力和以道德約束權力〉，載《中外法學》，1997 年第 4 期。

22. 參見郭道暉：〈為政以德，實行法治下的德政〉，載《法制與新聞》，2002 年第 6 期。

四、法治與「群治」和「黨治」

(一) 法治是人民之治，非群眾之治

前已述及，梁啟超給「人治」界定為「一人之治」；「法治」則是「多數人之治」。前者實質是指專制政治，後者則是按照多數原則的民主政治。這有一定的道理。但是「多數人之治」也可以形成「多數專制」，即以一個「穩定的多數」(以某一階級、群體的固定多數) 的意志、利益左右一切，而不是以「變動的多數」(即各階級、各群體共同的意志與利益)、不是以全民的意志和利益為依歸，而且不尊重少數人的權益。

再則，只講多數人之治，容易誤解為「群眾之治」或「群治」，即由群眾來直接行使國家權力，直接治國，這與民主政治或法治的主體是相悖的。治國的主體應是整體意義上的人民，法治即民治。人民治國也不是人人去直接掌管與行使國家權力，而只能是通過人民選出的國家權力機關 (如我國的全國人民代表大會) 及其政府去以法治國、依法治國。過去以群眾運動來治國，「文革」中更實行「群眾專政」，群眾中任何人都有權去奪權、抓人，去接管政權機關與事業單位，只會造成無法無天的災難性局面。

(二) 法治是以法治國，非「以黨治國」

現代民主國家或法治國家，也是「政黨國家」，即實行以政黨制度為基礎的國家權力配置與運作體制的國家。資產階級民主共和國是如此，人民民主的社會主義國家也是如此，只是它們在政黨制度的形式與政黨的階級本質上有基本區別。我國的政黨制度的特色，是一黨執政，多黨參政，即實行「中國共產黨領導的多黨合作和政治協商制度」。

實行政黨政治是民主政治的要求。通過政黨可以集中反映它們各自所聯繫與代表的特定階級、階層、群體或利益集團的意志與利益；通過政黨間的競爭機制與監督機制，調節政治權力之間及其與公民權利和自由之間的關係。

實行政黨政治也是法治政治的體現。政黨必須依法成立 (我國政黨是依憲法而確認其政治地位的：《中華人民共和國憲法》(以下簡稱《憲

法》）序言明示共產黨是領導黨，並確認「中國共產黨領導的多黨合作和政治協商制度將長期存在和發展」。（當然，憲法如此規定是否合乎法理，另當別論）；政黨必須遵守憲法和法律；依法參加選舉或競選，依法執政或參政；依法（或依憲政慣例）監督執政黨和政府；各政黨必須承擔政治責任，政黨違憲要受到審查與取締。[23]有些國家還制定了《政黨法》，對政黨的憲法地位與作用、政黨內部的組織原則與體制、政黨參加選舉、經費來源與帳目公開、取締違憲政黨等，作了較詳細的規定。

我國對政黨（包括共產黨）的法治規範，在《憲法》序言中有關於共產黨的領導地位、共產黨領導的多黨合作和政治協商制度和與其他機關、團體並提的「各政黨……都必須以憲法為根本的活動準則」等原則宣示，以及《憲法》總綱第5條規定：「……各政黨……都必須遵守憲法和法律。一切違反憲法和法律的行為，必須予以追究。任何組織或者個人（當然包括各政黨及其黨員——引者）都不得有超越憲法和法律的特權。」

由於我國作為執政黨的中國共產黨是在革命時期建立和發展起來的政黨，而不是有了憲法、實行憲政之後才依憲建立的。取得政權後在觀念和制度上未能實現由革命黨到執政黨、憲政黨的轉變，國家長期以來又處於非法治狀態，對黨在國家中的地位與作用的某些過時的舊觀念、舊習慣、老作風根深蒂固，使得我們在處理黨政關係、黨法關係上失範無序，有違民主法治的基本原則。其中最大的弊病是「以黨治國」「以黨代政」，將黨對國家政權和國家事務的領導，即政治原則、政治方向、重大決策的政治思想領導，等同於國家權力，進而取代或超越國家權力，把黨受人民擁戴和服膺的政治權威——政治號召力、說服力和政治影響力，等同於國家權力的強制力和普遍約束力，凌駕於人民主權、國家政權之上。在極左路線影響下產生的1975年《憲法》，曾在第

---

23. 如聯邦德國基本法即憲法第21條第2項規定：「政黨依其目的及黨員之行為，意圖損害或廢除自由、民主之基本秩序或意圖危害德意志聯邦共和國之存在者，為違憲。至於是否違憲，由聯邦憲法法院決定之。」據此，德國曾於1952年、1956年先後對社會主義國家黨和德國共產黨宣佈為違憲政黨，而將其解散。參見謝瑞智：《憲法大辭典》（第3版）（台北：千華圖書出版事業有限公司，1993），頁271「政黨之違憲」條。

16 條中規定「全國人民代表大會是在中國共產黨領導下的最高國家權力機關」，這就無異於把黨視為高於全國人民代表大會的權力機關。

早在 1941 年 4 月，鄧小平在《黨與抗日民主政權》一文中就已指出「以黨治國」、「是國民黨惡劣傳統反映到我們黨內的具體表現」。他批評一些同志把黨的領導解釋為「黨權高於一切」，遇事干涉政府工作，隨便改變上級政府的法令，甚至把「黨權高於一切」發展成「黨員高於一切」。他尖銳地指出：

「『以黨治國』是國民黨遺毒，是麻痹黨、腐化黨、破壞黨、使它脫離群眾的最有效的辦法。」他認為，黨對政權的正確領導原則是「指導與監督政策」，「黨的領導責任是放在政治原則上，而不是包辦，不是遇事干涉，不是黨權高於一切。這是與『以黨治國』完全相反的政策」。他強調「黨團沒有超政權的權力，沒有單獨下命令下指示的權力，它的一切決議，只有經過政府通過才生效力。要反對把黨團變成第二政權的錯誤」。[24]

在 1980 年 8 月，他在《黨和國家領導制度的改革》這篇著名講話中，更着重提出要解決「權力過分集中」和「黨政不分」、「以黨代政」問題，把它提到是「發生文化大革命的一個重要原因」。[25] 並認為實行「黨政分開」是政治體制改革的「關鍵，要放在第一位」。[26]

我國沒有實行「三權分立」的政治體制，但也可以說，我們有需要加以明確界分與協調的另一類型的「三權」關係：即黨權（黨的領導權與執政權）、民權（人民主權與行使人民權力的各級人民代表大會的權力）、政權（特指行政權、司法權等國家權力）三者的適當分開或分工和相互協調與相互監督的問題。在黨權和政權的關係上，不能由黨委去包辦政府的行政工作與干涉司法獨立，審批案件。黨政分開首先是「權能」分開，即在權的性質與作用上要分開，不能把黨的政治權威與作為政黨的權利同國家權力混同。

---

24. 鄧小平：《鄧小平文選》（第 1 卷）（北京：人民出版社，1993），頁 10。

25. 鄧小平：《鄧小平文選》（第 1 卷）（北京：人民出版社，1993），頁 19。

26. 鄧小平：《鄧小平文選》（第 1 卷）（北京：人民出版社，1993），頁 177。

有些地方黨委在遇到同級人民代表大會通過的決定或選出的政府成員同黨委原定方案不一致時，把黨的決策權、建議權混同於同級人民代表大會的決定權，企圖以之取代或不經法定程序擅自變更同級人民代表大會的決定，甚至批評「人大向黨鬧獨立性」，是「不服從黨的領導」「以法抗黨」等，這顯然是把黨委（甚至只是黨委中的個別領導人）置於同級人民代表大會權力之上，以黨權壓政權、民權，以黨壓法，是違反法治原則的。

在執政黨與法和法治的關係上，我們遵守的原則是：黨領導人民制定憲法和法律；又領導人民遵守憲法和法律；黨也必須在憲法和法律的範圍內活動。這三句話概括了黨與法的辯證關係。

第一句實質上是指黨要實行「以法治國」，即將黨的符合人民意願與利益的正確主張，經過全國人民代表大會的法定程序，變為國家意志，制定為法律，使政府和人民群眾一致遵守，在這個意義上說，實行以法治國是黨領導國家事務的基本方略，而非「以黨治國」或「領袖治國」，以「黨的政策」「最高指示」直接治國。

第二句是指黨要領導政府和人民群眾「依法治國」，包括依法立法、依法行政、依法司法、依法治軍和全黨全民都遵守憲法和法律。從這個意義上說，黨又是保證實施憲法和法律的領導力量和工具。

第三句則是指要「以法監黨」，即黨自身要受憲法與法律的制約，不得享有超越憲法與法律的特權。其中作為執政黨更必須依憲執政（包括必須經過法定的選舉程序，當選為國家、政府的官員，才能「執政」；而一切執政行為也都必須依法，不得違法執政。這意味着執政黨是法治的對象。

總之，中國共產黨既是實現「依法治國，建設社會主義法治國家」的領導力量，又是實行民主與法治的工具和受法所制約的對象，而不應把法律只當成是黨實現自己政策、主張的工具。[27]

---

27. 參見郭道暉：〈黨的三句格言的法理解讀〉，載《山東科技大學學報》(社會科學版)，2005 年第 3 期。

第三十九章

法治新思維：
法治中國與法治社會

* 本章是 2013 年 4 月 27 日參加中國行為法學會「法治思維與職務行為研討會」的論文，
  發表於《上海思想界》，2013 年第 2 期。

黨的十八大報告提出要「加快建設社會主義法治國家」「全面推進依法治國」、「提高領導幹部運用法治思維和法治方式深化改革、推動發展、化解矛盾、維護穩定的能力」。十八大產生的新的黨中央領導人習近平等在諸多場合也一再申述法治的要義和要求，提出「建立平安中國，法治中國」、「堅持法治國家、法治政府、法治社會一體建設」，強調指出憲法的生命和權威在實施，「要把權力關進制度的籠子裏」等。[1]

　　可以看出這些宣示中有某些值得關注和研究的法治新思維。新在首次提出了建設「法治中國」、「法治社會」的概念和目標；昭示了一些新的願景和承諾，再次啟動人們對政治制度改革的期盼，也引發理論界的思考。

　　關於法治，一直是伴隨改革開放三十多年來在理論上觀念上持續爭議、論辨的主題，雖然「建設社會主義法治國家」的方略與目標在十五大已經確立，隨後入憲。但在實踐上步履維艱、或進或退，迄今也沒有在體制上完成由人治、黨治到法治、憲治的轉型。理論界、法學界有關這個問題發表的論文和對策建議可謂汗牛充棟，似乎要說的話大體說盡，但至今在有些黨政幹部中似乎並未真正入耳入腦，見諸實踐。可能是不大對胃口，或以「不符合中國國情」為辭而「不搞那一套」。這是頗使人憂慮和失望的。

　　不過，理論界、法學界對有關法治、憲政的一些理念、理論、策議，是否都已講透？特別是上述十八大以來有關法治的一些新提法，國人未見得已搞清楚，即使是「新思維」的倡議者，恐怕也未見得已說明白。譬如：

　　「法治國家」與「法治中國」這兩個提法，是一回事、概念重疊，還是不同的範疇、概念？

---

1. 習近平在中央政治局第四次集體學習會上的講話，引自新華社，北京 2 月 24 日電。

「法治國家」與「法治社會」又有什麼區別？它們是否要「一體建設」，還是「同步建設」？

還有，我們要建立的是什麼類型的法治國家？我們建設的社會主義又是什麼樣的社會主義？

如何才能馴服權力這匹野獸，把它關進籠子裏？……

這些都是需要推敲、商榷、研討的。我想有必要先把上述這些法治思維的新概念、新內涵搞清楚，再聯繫實際，為政府的各項職務行為提供理論嚮導。

一、何為「法治中國」

法治中國與法治國家這兩個概念都內含「國家」，它們有無區別？

我認為「法治中國」是一個更廣褒的概念：它是涵蓋法治國家、法治政府和法治社會的憲政概念，它還特別是與「法治世界」並立的大概念，屬於政權、主權範疇。

法治國家則只是指全部國家機器、國家權力的民主化、法治化，主要是就國家治權意義上而言的。

法治政府一般特指行政權力，諸如依法行政、法治行政等。

法治社會則屬於社會權力範疇，它是相對於法治國家的概念和與之獨立並存、實行社會自治自律的實體。它與法治國家的關係是互補互動互控的。

這裏有必要解釋一下「法治中國」的一個特殊意義內涵：在國際關係上它意味着是「法治世界」的一員（據此就沒有必要在「法治國家」概念之外再重疊地來一個包含「國家」的「法治國」概念）。

「我們這個時代最大的挑戰就是全球化。」[2] 全球化引起對一系列國家與國際政治、經濟與法律的制度、概念、理念、遊戲規則等的衝擊和

2.〔德〕呂迪格・幅格特：〈國內政治終結了嗎？——全球化標記的政治與法律〉，載德國《議會周報復刊・政治與現代史》，1998 年第 29 / 30 期。

變遷。各種金融、貿易的全球化活動，人權跨越國家主權，司法超越國家管轄，生態環境的世界性災難、跨國犯罪和國際恐怖主義的災難都在全球化，都在挑戰舊時代的民族國家的邊界局限。與此相應，全球通行的法制也在有些領域初露端倪。世界性的法制和法治也在逐漸形成（不只是已有的雙邊或多邊的國際關係條約，而且在「二戰」後至今，日益發展為世界性的法制，如聯合國憲章及其所通過的各種人權公約、經濟與安全公約，以及國際法庭、國際維和等。俄羅斯科學院遠東研究所所長米哈伊爾‧季塔連科院士認為：「全球化不僅使政治金融、文化聯繫和交流具有世界性，同時消除了國界，需要重新詮釋『國家主權』、『獨立』、『人權』、『公民社會』等概念，它還在摧毀着過去的種種傳統和國家法準則，動搖着許多國際組織的地位，包括聯合國的地位。」[3]他這話或許說得有些過激過早，但也確實道出了某些現實狀況和發展趨勢。

在以歐美發達的資本主義國家為主導的全球化進程中，中國面臨嚴重的挑戰。今日中國已堪稱「世界大國」，雖然它的軟硬實力同「世界強國」還有很大的差距，被稱為「不完全大國」，[4]但它已是世界第二大經濟體；在世界政治和法律地位上是聯合國安理會常任理事國；是WTO和其他一些區域性國際組織（如上海合作組織、「金磚五國」等）的成員或者支柱，在國際影響力上可算得是發展中國家和新興國家集團的領班；在國際事務上扮演一種「世界性角色」，[5]舉足輕重。它應當擔負大國的國際責任，恪守國際條約義務，嚴格遵循並積極參與創建國際規則，現在還要同世界頭號強大國家美國建立「新型大國關係」。如果它還停留在閉關鎖國，不讓外人「說三道四」的獨善其身狀態，或者維持「專制中國」，或發展為民族沙文主義的「霸權中國」，對內不講人權法治，對外不守信義和平，不按國際法制行事，不承擔大國責任，就不會為當今或未來「大同法治世界」所容而陷於孤立。從積極方面說，

3. 米哈伊爾‧季塔連科：〈中國與全球化〉，載俄羅斯《遠東問題》雙月刊，1993 年第 6 期，轉引自《參考消息》，2004 年 2 月 1 日，第 8 版。

4. 沈大偉：《中國走向全球：不完全的大國》。

5. 〔英〕賈爾斯‧錢斯：〈中國向世界性角色轉型〉，載英國《金融時報》，2013 年 4 月 9 日。

也會影響我們作為大國在國際上應當擁有的話語權、參與權（參與制定國際規則的權力）和國際威信。

既然法治中國意味着中國要成為法治世界的一員，我國的法治就應當同世界接軌（當然這絕不是、也不會去搞所謂「全盤西化」，這種指摘只是那些「恐資病患者」和反普世價值的先生們杜撰的）。應當承認我國的人權立法與實踐同我們已簽訂的國際人權條約的要求還有較大差距。1998 年，中國政府就已簽署了《公民權利和政治權利國際公約》。國家領導人在多種場合也曾公開承諾一定會批准該公約。這等於向全世界宣告：中國絕不會自外於普世的法治文明與國際義務。可是至今全國人民代表大會還沒有批准這個條約，這有損中國的法治與人權形象。2012 年知識界上千人簽名要求全國人民代表大會立即批准這個條約，是正當的、必要的，應當得到人民代表大會代表的重視和積極回應。批准這個條約應當屬全國人民代表大會的職務行為，有不同意或目前還辦不到的條款，可以聲明保留（當然過多的「保留」也有損國際形象），但總體上不可擱置不問，長期拖延不批，就是全國人民代表大會失職了。

如果我們的黨政領導幹部有「法治中國」這樣的大思維，他們在履行公職行為時，就能站在國家全域、世界大局的大視野上，不至斤斤於本地區本階級本利益集團的一時一事成敗和權位的得失，而能把依法治國上升到依憲執政，建立法治中國，對國內屬行憲政民主，追求公平正義；對國外信守和平發展，擔當大國責任，才會受到國際社會的尊重。

二、建設法治社會

決不能將「法治社會」片面地解讀為國家以法來管制社會。如過去有些黨政官員把依法治國歪曲為依法治民，而不是依法治權、治官。近年中央提出要「創新社會管理」，於是有些幹部就片面地理解或扭曲為只是加強對社會的管制，而管制的目的在於維穩，維穩在於維持其執政地位，實際上是維護領導人的權位。

其實所謂法治社會，是指社會的民主化、法治化、自治化。是基於實行市場經濟以後，「國家──社會」由一體化轉型為二元化，社會

主體開始擁有屬自己的物質與精神等社會資源，成為相對獨立的實體，並能運用這種資源的影響力、支配力，即「社會權力」，去支持或監督國家權力，從而出現的權力多元化、社會化。法也逐漸萌生多元化、社會化的趨勢，即除國家的制定法以外，還存在社會的法，即社會自治規範、習慣規則、行業規程、社會團體的章程等，以及高於國家法的人權（所謂「自然法」）。

法治社會的核心是公民社會，它能運用公民的政治權利和社會組織的社會權力，以及國家和社會多元化的法治規範，進行社會自律自治，分擔國家權力的負擔，特別是監督、制衡國家權力，改變權力過分集中於執政黨、政府的狀態。

過去理論界很少論及法治社會，提到它也多是把它當做一個涵蓋「國家──社會」一體化的大概念，社會包融於國家之中，是「國家的社會」。人們講法治社會與講法治國家是同義詞。這還是「國家──社會」一體化時代的舊思維。在我國改革開放以前，如果把社會作為獨立的實體同「國家」對立起來，會被批判為否定我們國家的「人民性」（以為所謂「人民中國」就是國家天然地代表人民、代表社會，與社會利益完全一致的，二者無分你我）。

我在十多年前在論述建設「法治國家」的同時，就提出應當同時促使形成「法治社會」，培育「社會權力」。這一理論構想在東亞法哲學國際研討會上得到東亞國家以及港臺地區等境外學者的關注，認為是「具有方向指導意義的、實踐性很強的論點」「為市民社會的理論注入了新的動力」。中國政法大學江平教授和武漢大學李雙元教授也深表認同。李教授指出這是「在法治社會這一問題上開創了理論探尋的先河」。[6] 不過國內學者呼應者寥寥。倒有一位當了地方宣傳部門長官的

---

6. 郭道暉：《社會權力與公民社會》（南京：譯林出版社，2009）。另見其早先發表的有關論文，如〈以社會權力制衡國家權力〉，第 2 次亞洲法哲學大會的論文，載《法制現代化研究》，1999 年第 00 期；〈論社會權力與法治社會〉，第 4 次亞洲法哲學大會的論文，載《中外法學》，2002 年第 2 期；〈論公民權與公民社會〉，載《法學研究》，2006 年第 1 期；〈公民權與全球公民社會〉，載《上海社會科學》，2006 年第 6 期；〈法治國家與法治社會、公民社會〉，載山東大學《憲政手稿》，2007 年第 1 期；〈社會權力與公民社會〉，湘潭大學學生訪談錄，載《山東科技大學學報》，2007 年第 2 期。

教授發表文章，批評法治社會的提法，認為社會只能運用和遵循國家的法，不應當另有一套獨立的社會法與法治社會；認為於法治國家之外再搞法治社會的「二元化」，只會衝擊法治國家，造成混亂云云。

其實法治社會是相對於法治國家而言的。雖則今日社會還離不開國家、政府的引導和管理，但單講建設法治國家，沒有法治社會作為其互控互動的基礎力量，法治國也很難建立。何況按照馬克思的預想，國家最終是要「消亡」的，相對而言，人類社會長存，社會也不能無法治，因之，理論上法治社會比法治國家更久遠。

今日執政黨領導人提出建設「法治社會」的目標，我認為是對建設法治國家在理論上邁出了有遠見的一步。如果黨政領導幹部在法治思維上懂得運用國家權力於治國的同時，還能充分重視公民社會、法治社會的巨大潛力，改變對國家權力與社會資源的壟斷，促使權力和法治的社會化、多元化，部分地放權於社會，或委託、授權於社會組織，承擔一些國家與社會事務的管理，強化社會對國家的監督，那麼建成法治國家就不至於舉步維艱了。可喜的是，黨的十八大三中全會決定已確定要「激發社會組織活力。正確處理政府和社會的關係，加快實施政社分開，推進社會組織明確權責、依法自治、發揮作用，適合由社會組織提供的公共服務和解決的事項，交由社會組織承擔」、「改進社會治理方式……鼓勵和支持社會各方面的參與，實現政府治理和社會自我調節、居民自治良性互動」。近來黨政當局還透露，以後屬公益性的社會組織（如非政府組織）可以登記成立，無需事先批准，這也許預示對法治社會作用的認知和重視，因為良性的社會組織是公民社會、法治社會的核心和支柱，進而是建設法治國家的社會基礎。

三、建設自由社會的法治國

自從黨的十五大以來，我們年年講、月月講要「依法治國」，要「建立社會主義法治國家」，似乎只要「依法治國」或「依法辦事」就萬事大吉；卻很少問：我們要建立的是什麼類型的法治國？也很少問：依的是什麼法（良法還是非法之法甚至惡法），誰來治（治國的主體只

是黨政幹部還是也包括社會主體——人民、公民和社會組織），治什麼（治民還是治權治官）。

要知道單是奉行「有法可依，有法必依，執法必嚴，違法必究」的十六字方針，相對於無法無天雖然是一大進步，但這還只是形式法制，而非實質法治，因為沒有涉及上述法治的主體、內容。

至於「法治國家」，也是有多種類型和不同本質的。歷史上和現實中，就有專制的法制國、自由法治國、國家主義法治國、社會法治國等類型。它們同社會的關係雖各有特色，但基本上是以國家為本位，以控制社會為目的。社會主義法治國家應當是自由社會法治國，它是以社會為本位，不只要建設民主化、法治化的國家，更要形成法治社會；國家既服務於社會，又保障社會的自主、自治、自由。

歷史上的法治國大致有以下幾種：

(一) 實證主義法治國或國家主義法治國

最早提出「法治國」概念的是19世紀的德國，就其德文本意及康德的解釋而言，指的是一個「有法制的國家」。它要求所有國家機關和人民都必須服從由最高立法者制定的法律，依法辦事。但這個最高立法者不論是專制君主、獨裁者，還是民選的立法機關，都不受任何一種更高一級法律（憲法、自然法、人權等）的束縛，立法者的意志是法律的最高淵源，可以變更法律。因此，德國的「法治國」不同於17世紀英國的「法的統治」的思想。其法治國思想是實證主義法學的一部分，強調作為立法者的統治者的意志及權力至高無上，亦即國家至上。對其所頒佈的任何法律，無論良惡，都必須無條件服從。在這種「法制國」中，重心在國家及其統治權力，法律只是國家統治社會的工具。其國家觀也是如黑格爾所說的是「國家決定社會」，而不是「社會決定國家」。

這種「法治國」主要是「形式法治」，而且是奉國家立法者的權力至上，強調只要是國家、立法者（即掌握立法權的統治者）制定的法律，都必須無條件遵循。這就隨時有可能為統治者的專橫權力大開綠燈。

真正民主的實質法治則偏重人民大眾的權利，限制統治者的專橫權力。而當時德國的「法制國」則是維護統治者的權力，控制社會。所以，它實質上是國家權力至上的國家主義法制國。

其時，德國的法學家如拉德布魯赫以法律實證主義觀點，強調法律的安定性比其正義性更當優先，而不問法律的實質是否符合正義，以致後來為納粹所利用。希特勒強迫其人民服從其暴虐的法西斯法律，也號稱是「法治」。「二戰」後，拉德布魯赫痛心地指出：

「法律實證主義以其『法律就是法律』的信條，使得德國法律界對專橫、非法的法律失去抵抗力。」[7]

由此，他將他原來的實證主義的形式法治觀作了修正，指出：

有法總是勝於無法，因為它至少還產生了法的安定性。但法的安定性不是法必須實現的唯一的價值，也不是決定性的價值。除了法的安定性之外，還涉及另外兩項價值：合目的性與正義。

凡正義根本不被追求的地方，凡構成正義之核心的平等在實在法制定過程中有意地不被承認的地方，法律不僅僅是「非正當法」，它甚至根本上就缺乏法的性質。

在實在法違反正義的程度達到了不能容忍的程度，以致法律規則實際上變成「非法之法律」時，必須服從正義。

民主的確是一種值得讚賞之善，而法治國則更像是每日之食、渴飲之水和呼吸之氣，最好是建立在民主之上：因為只有民主才適合保證法治國。[8]

這就同現代意義的「實質法治」相近了。

現代意義的民主法治國家，主要標誌是國家機器、國家權力的民主化、法治化。它建立在權力分立與制衡的理念和制度基礎上。法不能只是國家用來統治和控制社會的工具，更重要的、首位的是國家本身要

---

7. 〔德〕古斯塔夫·拉德布魯赫：《法律的不法與超法律的法》，收入〔德〕古斯塔夫·拉德布魯赫，舒國瀅譯：《法律智慧警句集》（北京：中國法制出版社，2001）。

8. 同上。

受法的統治和支配。所謂「法治」和「法治國家」，不僅是「有法制（法律制度）的國家」要「依法治國」；而且含有用於治國的法律所必須遵循的原則、規範和理念，如「人權至上原則」、「民主原則」、「公正原則」、「平等原則」等。國家立法權要受人權、人民權力和公民權利的限制。當人民的權力和權利受到國家權力的侵犯並遭受損害時，被害人還可以依法同政府機關處於平等地位進行訴訟，獲得救濟。人民還有對惡法的抵抗權。

(二) 自由法治國

這是現代德國學者彼德·巴杜拉（Peter Badura）在其《論自由法治國與社會法治國中的行政法》的演講中提出的概念。所謂「自由法治國」，主要是基於社會不受國家（政府）的干預而自主、自由，用來區別以國家行政權力控制社會的國家主義法治國。它是指 18、19 世紀自由資本主義時代的國家。國家的職能只是國防，維持社會治安，借助警察權力和稅收權力，管理國家和人民；其他活動概由人民自由安排，政府不加干預，也不承擔對公民「生存照顧」的義務。公民的權利與自由，對政府公共權力是一種限制。

不過稱之為「自由法治國」這個術語並不確切，因為它把自由同國家聯在一起，容易誤會它強調的是「自由的國家」，而馬克思早就批評所謂「自由的人民國家」的命題，指出如果國家太自由，人民就沒有自由了。而且國家是否民主，是以它對國家的自由限制到什麼程度來衡量的。

(三) 社會法治國

所謂「社會法治國」是與國家主義法治國和自由法治國相對應而言，它的特徵是由具有福利國家思想的立法者制定法律，主導社會發展，規範和分配社會生產的成果，從而政府由消極的管制行政，轉變為積極的「服務行政」，為人民提供指導性和服務型的公共產品。國家不只擁有行使發佈命令的權力，同時要履行滿足公眾需要的義務。政府樹立行政服務的理念，承擔對人民「從搖籃到墳墓」的「生存照顧」的義

務，[9] 通過推行積極的社會政策，創造良好的社會環境和條件，保障社會人能發揮自己求生存和謀福利的潛能，保護和補償處於弱勢的社會群體，平衡貧富兩極分化的不公正不和諧的社會矛盾。

「服務」與「生存照顧」是社會法治國的核心理念。所謂現代「福利國家」，從憲法意義而言，即社會法治國家。現行《德意志聯邦共和國基本法》第 28 條第 1 項規定：「各邦的憲法秩序必須符合聯邦基本法所定之共和、民主及社會法治國原則。」

顧名思義，社會法治國本應當是以社會為本位的法治國家，這種法治國比之國家主義法制國要進步得多。但它實際上仍是立足於國家本位，偏重於國家承擔社會主體的「生存照顧」的責任，國家權力雖然要服務社會，但仍然是以國家權力來支配、控制社會。如果趕上一個開明的、民主的政府，可以為社會謀福利；但也可能因政府對照顧社會福利的超重負擔而導致「萬能政府」、「大政府」、「高價政府」諸多弊病。如果遇上一個專制的政府，則可能藉口對人民的「生存照顧」而對社會的過度干預乃至強權統治。希特勒法西斯主義的國家社會主義、斯大林的統治一切的黨專政和壟斷社會一切資源的計劃經濟，都是打着社會主義的旗號，打着國家為照顧人民生存空間或為人民服務的旗幟演變而來的。國家似乎是「照顧」社會生存的，但並非以社會為本位，而是以國家為本位，「替民做主」，做民之主，去控制社會。因此它們不是真正

---

9. 「服務行政」（Leistungsverwaltung）是德國行政法學中一個非常獨特的概念。最早提出這個概念的是該國行政法學者厄斯特·福斯多夫（1902-1974）。1938 年，納粹當政期間，福斯多夫發表《作為服務主體的行政》一文，認為自由人權思想、個人主義、私法自治以及契約自由這些觀念都已經過時，是令人無法忍受的過去時代（以擴張個人自由、限制國家權力為特徵的自由主義法治時代）的產物；隨着時代的發展，人們不再依賴於傳統的基本人權（自由權和財產權），而是依賴於新的人權—經濟上的分享權。時代已由個人照顧自己的「自力負責」，轉變為由社會力量來解決的「團體負責」，進而發展為由黨和國家政治力量提供個人生存保障的「政治負責」。福斯多夫提出了一個獨特的概念：生存照顧（Daseinsvorsorge）。個人生存所必需而須取自外部提供的東西，提供者即為對個人和社會的生存照顧者。

政府負有廣泛的向民眾提供生存照顧的義務，唯有如此才可免於傾覆。人們的生存已經強烈地依賴於行政權力的生存照顧，因而行政權力必須介入私人生活，認為國家干預愈少就愈好的時代已經一去不復返。

—— 以上摘引自 zhangshuke：〈「服務行政」理論批判〉，載中方方案文檔站。

的社會主義，也非現代民主的法治國家，而是社會法治國的異化，是專制的國家至上、執政黨專政、國家社會主義的法制國。

有無法制是區分法制國還是「無法無天」的無政府主義狀態的標誌。我們中國人都對文化大革命那種無法無天的專制國有痛切的感受，因而以為只要有了法制，建立了法治國家就萬事大吉，而不問是哪一類型的法治國。這也是很危險的。

區分不同類型的法治國，主要看其法的性質、法治的主體、特別是國家與社會的關係：其治國的法律是惡法還是良法？主要是治民還是民治？其法只是作為控制社會的工具，還主要是保障社會主體權益、為社會服務？特別是在社會與國家的關係上，社會只是聽由國家（政府）支配、控制或者恩賜福利的客體，還是可以成為監控政府，保護公民權益和維護社會自由、自主、自治、自衛的主體？這是區分國家主義的法制國同自由社會的法治國的核心標誌。

(四) 社會主義法治國

真正的社會主義應是以社會至上為主義，即以社會人民為本位、為至高主體，「社會主義法治國家」，應當既區別於專制的法制國、國家主義法制國，又要區別於不承擔社會義務的自由法治國，還不能等同於社會法治國，而應當是揚棄上述諸類型法治的弊病、偏頗，吸收其合理因素，建立自由社會的法治國。

所謂自由社會的法治國，是以社會為本位，以社會至上為本。不只是建立法治國家，更要形成法治社會。法治國家應當是現代民主的國家，既服務於社會，又保障社會的自主、自治、自由。而法治社會則應當是自由的社會、公民社會。法治國家必須是建立在自由的公民社會基礎上，形成國家與公民社會互控互動的關係。

社會（人民）不自由，國家不可能是民主的，也不可能是社會主義法治國家（選舉不是按照選民自由意志的選舉，就不是民主的選舉。沒有言論、出版、結社等自由，也就沒有政治的民主，其法治也只會是專制的法制）。而自由的社會是擁有公民政治權利的公民社會、法治社會，它固然不能脫離國家而絕對獨立存在，但也不完全依附於國家、仰

給於國家，而應是相對獨立於國家而自由、自主、自治，又能反哺、反控國家的社會。而法也由國家法控制一切的工具，逐步轉化為多元化、社會化。其中社會自治的法、自發的社會規範（習慣法、社會契約、團體章程、公序良俗等）成為國家法的補充和社會自我調節和自衛的手段。這種自由社會的終極目標也就是馬克思所追求的「自由人的聯合體」。

此外，提出建設法治社會就意味着國家與社會已是由計劃經濟的一體化時代轉化為二元化了，而且二者的關係也由「國家的社會」轉型為「社會的國家」，二者既獨立並存，又互補互動。這是我國改革開放、實行市場經濟的成果。因之提出二者「一體建設」，至少在文字上易於被誤解為又回到計劃經濟時代「國家與社會一體化」，那就是倒退了。有鑒如此，我建議提為二者的「同步建設」。

四、何謂社會主義

要建立社會主義法治國家，還有一個問題是：我們要建立什麼樣的「社會主義」，要問一問「社會主義姓什麼」？

鄧小平講過什麼是社會主義，我們到現在也沒搞清楚。他後來雖然對社會主義下了一個定義，說：「社會主義的本質是解放生產力，發展生產力，消滅剝削，消除兩極分化，提高人民生活水平，最終達到共同富裕。」這比過去階級鬥爭為綱的社會主義有了很大進步，但是也不能說就把社會主義的本質說完全了，至少沒有給社會主義制度的政治上層建築作出規限。

我們過去習慣凡事要問一個「姓社還是姓資」？現在除了那些敵視「普世價值」的先生們和極左派以外，這種語言比較少了。事實上社會主義和資本主義現在有相互依存的聯繫（至少在經濟領域），某種程度上還有所交融：現代資本主義國家中有社會主義因素，社會主義國家中也有資本主義因素（當然二者的主導地位不同）。特別是在經濟上，東西方、中國和美國出現互相依賴、二者「共生」現象（因而有人創造

了「中美國」"Chimerica" 這個詞）。[10] 馬克思早就指出資本主義是社會主義的物質前提；晚年還認為資本主義社會實行的議會制和股份制是過渡到社會主義的形式。在現今的西歐、北歐一些國家，其社會主義因素比之現在某些號稱社會主義的國家不知要真實多少。

我們是社會主義國家，但我們國家裏也有資本主義。比如香港、澳門特別行政區實行的就是資本主義制度；內地的企業不少是混合經濟，既有國有股，也有私人股，還有外資股。它們到底是姓社還是姓資都很難說。

在人類社會發展到今天全球化時代，經濟和政治文明的普世性日益擴展。如果我們凡事還停留在追問是姓社還是姓資，已經大大落後於現實。倒是另外一個問題，對我們十分重要，那就是要問一問社會主義姓什麼：你是姓哪一種社會主義？哪一個階級、哪一個時代、那一種模式的社會主義？

我最近重新查閱了一下馬克思、恩格斯寫的《共產黨宣言》，在第三章裏他們着重批判了同科學社會主義對立的各種形態的社會主義，其中包括各種反動的和保守的社會主義，諸如封建的社會主義，小資產階級的社會主義和德國「純粹」哲學家玄之又玄的、抽象的「真正社會主義」，另外還有保守的資產階級社會主義，最後還有空想的社會主義等等。總之在他們那個時代已經有了姓封姓資、不同階級的各種社會主義。

在我們這個時代標榜社會主義的花樣品種更多，從歷史的社會主義實踐及當前的中國的、外國的狀況，有人統計社會主義不下 70 多種。就馬克思主義派別的社會主義而言，就有第一國際時代馬克思、恩格斯的科學社會主義；第二國際時代社會民主黨人的社會民主主義，在當代則是北歐福利國家的民主社會主義；第三國際時代的列寧、斯大林的專政社會主義、暴力社會主義，毛澤東的「馬克思＋秦始皇」的社會主義，或者貧窮社會主義。還有我們東北鄰邦的家族世襲社會主義，父

---

10. 「中美國」一詞（英文：Chimerica；另譯：中美共同體、中華美利堅）由美國哈佛大學著名經濟史學教授尼爾・弗格森（Niall Ferguson）和柏林自由大學石里克教授共同創造出的新詞，以強調中美經濟關係聯繫的緊密性，稱中美已走入共生時代。

傳子、子傳孫，現在已經傳到孫了。此外，還有不少旁門左道的「社會主義」，如希特勒的法西斯主義又稱「國家社會主義」，「納粹」這個詞就是「國家社會主義」的音譯。卡紮菲的獨裁也叫做什麼「大眾社會主義」。南美洲還有幾個號稱社會主義的小國。

在當代中國，這些年也出現了很多社會主義的口號和派別。比如執政黨奉行的是「中國特色社會主義」，處於主流地位；民間學者思想家謝韜倡導的是民主社會主義，得到了很多人的贊同。此外還有毛派社會主義，就是近年成立的所謂「毛澤東主義共產黨」，以及毛澤東主義的「中國工人黨」。據有些媒體統計，全國大約有 50 幾個類似這樣的民間毛派社會主義組織，他們居然揚言要「高舉造反有理的旗幟」、「發動第二次文化大革命」、「打倒」現今執政黨黨中央「還在走的走資派修正主義集團」。他們還把主張政治改革的學者污蔑為「漢奸、賣國賊」，組織所謂萬人「公訴團」。去年他們有人還在河北、山西公然大肆焚燒《南方週末》等報刊，甚至準備推舉薄熙來做他們的總書記！

至於其他社會主義思想派別也如雨後春筍。有所謂中國儒家社會主義，中國新盛世社會主義，民族社會主義，新左派社會主義等。

所以社會主義多種多樣、魚龍混雜。到底哪一種社會主義是進步的、科學的，是合乎時代潮流和人民需要的，是我們所贊同的；哪些反之，是逆潮流而動的。我認為有必要加以辨別。這也是樹立法治新思維要探討的問題。

近年理論界有些學者提出實行「憲政社會主義」，這個命題主要是要從政治上層建築規限社會主義，即不實行憲政就不是社會主義。

我認同的憲政社會主義，其社會主義是以社會為本的社會至上主義；所倡言的憲政是新憲政主義，即既重視國家權力之間的分權制衡，更強調社會權力對國家權力的多元制衡。二者的結合旨在突出和規限憲政和社會主義的社會性、人民性。[11]

至於「把權力關進制度的籠子裏」，這是西方法學界熟知和熱議的至理名言。如盧梭早就說過，權力制約對權力者是「一種有益而溫柔的

---

11. 參見郭道暉：〈我所認同的憲政社會主義〉，載《南方週末》，2011 年 10 月 13 日，第 E31 版；〈社會主義就是社會至上〉，載《長城月報》，2011 年總第 21 期。

枷鎖」；[12]互聯網上傳出美國前總統小布殊說：「人類千萬年的歷史最為珍貴的不是令人炫目的科技，不是浩瀚的大師們的經典著作，不是政客們天花亂墜的演講，而是實現了對統治者的馴服，實現了把他們關在籠子裏的夢想。因為只有馴服了他們，把他們關起來，才不會害人。我現在就是站在籠子裏向你們講話。」

今天我國領導人不忌諱它是「西方的那一套」，而加以援引，很重視地強調，是十分可喜的。不過，權力畢竟不像動物園裏的野獸，關在籠子只是供人觀賞。正如習近平早先強調的：「權為民所賦，權為民所用。」權力是人民賦予國家和政府的，旨在要求用它來為人民服務。權力越出法治的籠子專橫濫用，違法作為，固然不可；權力只關在籠子裏擺看，懈怠不作為，從職務行為看是失職瀆職的。這都需要認真研究、狠抓實施和捨得放棄既得的非法權益才能做到。

12. 盧梭，吳緒譯：《論人類不平等的起源與基礎》（北京：生活‧讀書‧新知三聯書店，1957），頁2。

第四十章

社會主義初級階段
法制建設的思想戰略

* 本章為參加 1988 年中共中央宣傳部、中國社會科學院、中共中央黨校聯合主辦的「紀念黨的十一屆三中全會召開十周年理論討論會」的論文，獲會議入選論文獎。載沈一之主編：《理論縱橫·政治篇》（石家莊：河北人民出版社，1988）。此前載於上海《法學》，1988 年第 8 期。上海《報刊文摘報》和北京《理論信息報》先後摘要轉載。

一、突破法制思想上的雙重束縛

黨的十三大提出了社會主義初級階段的理論，同時提出了加強社會主義法制建設的戰略方針，這就是「必須一手抓建設和改革，一手抓法制。法制建設必須貫串於改革的全過程」。這樣就把我國法制建設的地位與作用提到了與建設和改革並重的高度，並與之同步並行。可以預見這一法制戰略思想如果得以認真貫徹實行，我國社會主義法制建設必將出現一個蓬勃發展的新局面。

當然，事情並非一蹴而就。基於我國處於社會主義初級階段，基於長期以來輕視法制的傳統習慣勢力還有深厚的基礎，實現「兩手抓」的戰略思想必然會遇到種種阻力，需要有相應的思想戰略來抗衡，以便從思想上保證建設和改革的順利進行，促進民主與法制的完善。

確定思想戰略首先要明確法制建設中的主要思想障礙，從而明確思想鬥爭的主攻方向。

在我國進入社會主初級階段的前20年間，由於「以階級鬥爭為綱」的錯誤理論的指導，把社會的主要矛盾仍然歸結為工人階級與資產階級的矛盾。在政治思想領域進行所謂「兩個階級、兩條道路的鬥爭」，着重是反對資產階級思想、資本主義道路。在法制建設領域，思想鬥爭的鋒芒，也是針對資產階級法律思想與資本主義國家的法制。譬如在反右派運動中把「法律面前人人平等」、「獨立審判」等法制民主原則，都當做是資產階級法律思想加以鞭撻，結果使正在興起的法制建設中途夭折。「文革」中批鬥「走資派」、「資產階級反動學術權威」，否定社會主義民主和法制，結果造成無法無天的大災難。

為什麼那些年批資產階級的歷次政治運動都是不成功的呢？僅僅是方法不對嗎？這是值得人們反思的。

長期以來，我們從理論上一貫把社會主義的直接對立面說成是資本主義，在社會主義階段以反對資產階級和資產階級思想為主，似乎是

合乎邏輯的。但合乎形式邏輯的事，並不一定都合乎實情。現在我國最基本的國情是我國還處在社會主義初級階段，它的一個基本特點是：它不是脫胎於資本主義，而是脫胎於半殖民地半封建社會。從意識形態上來說，在它身上留下的胎記主要不姓「資」，而是姓「封」。中國沒有經歷過資產階級民主階段，也沒有經歷過資產階級法治階段。資產階級民主與法治思想在中國只是舶來品，不是土生土長的，也沒有能在中國生長。資產階級民主政治思想與法制思想在我國知識界有一定影響，但比之有着幾千年根基的封建思想在各階層中的深厚影響來說，是小巫見大巫的。

　　我國社會主義初級階段的另一個基本特點是：它又是由新民主主義革命時期和進行社會主義改造的過渡時期轉變過來的。那個歷史階段中以階級鬥爭為主要矛盾的思想和搞階級鬥爭的習慣，在社會主義初級階段不可能一個早上就轉變過來，加上過去在指導思想上的失誤，這種思想習慣已成為一種「左」的積習，阻礙着社會主義法制建設的發展。

　　因此只要我們不是從概念出發，而是從國情出發，從歷史發展具體進程出發，我們就不能不承認，在社會主義初級階段很長一段時期內，法制建設的主要思想障礙並不是資產階級的法治思想，而是封建的人治思想和「以階級鬥爭為綱」的「左」的思想。初級階段法制建設的思想戰略，就其打擊的方向來說，應當是以突破這兩重舊思想舊觀念的束縛為重點。

　　首先是要對中國傳統的封建法律思想文化的消極面在當代的種種表現與影響，作一番認真的清理和掃除。眾所周知，封建的法律思想流毒最深，對我國民主與法制建設阻礙最大的，主要是人治思想。它的當代表現主要有以下幾種形式：「替民作主」、「權大於法」、「仰仗青天」、「迷信運動」、「人身依附」、「等級特權」等。⋯⋯而且⋯⋯說明人治思想是民主與法制建設的大敵。

　　法制建設上「左」的思想習慣勢力同樣不可低估。影響最深、危害最大的就是「以階級鬥爭為綱」的錯誤理論，迄今仍不時地糾纏於人們的頭腦。其中一個主要表現形式是「恐資病」。進入社會主義初級階段後的歷次政治運動，差不多都是批鬥資產階級，雖屢屢失誤而積習不改。十一屆三中全會以後的撥亂反正，使這種傳統風氣有了明顯的轉變，但思維慣性一時難以完全剎住，什麼風一來，就有這樣的習慣動

作：從法學學術觀點中去搜尋資產階級思想的蛛絲馬跡，把「無罪推定」「有利被告」以及「法的社會共同性」、「法不單是刀把子」等屬學術爭鳴的問題，當做錯誤思想批判，結果引起不良的效果。

　　資本主義的腐朽思想必須堅決抵制，資產階級法學思想與法制中唯心主義的、單純維護資產階級利益的東西應當予以批判、揚棄；但是，對資本主義國家的法制和資產階級法治思想則應具體分析，其中有許多東西是反封建的歷史產物，比封建的人治思想和專制的法制要進步得多。作為一種法律文化，其中也有不少是屬人類共同創造的精神財富。隨着資本主義國家近二三十年中科學技術和生產力的較大發展，資本主義國家的法制也得到進一步的發展與完善。它並不都是只對資產階級有利的。資本主義國家法制中有些是反映社會化大生產和商品經濟的要求的，它超越了不同社會制度國家的時空界限，要求馬克思主義的法學家和法律工作者有勇氣和善於辨識其中合理的東西，「拿來」或「俘來」為我所用。這在思想上應當明確幾點：

1. 資本主義社會中的東西不都是資產階級的東西，資本主義國家的法制不能完全等同於資產階級法制，其中民主性的精華，有些也是人民鬥爭的產物，或人類文明的成果，不是資產階級的專利品，是可以有選擇地繼承的。

2. 資本主義國家採用過的東西不都是資產階級的東西。不能因為資產階級用過某些法制手段、法律形式，我們就一概當做資產階級的東西加以反對，拒絕採用。

3. 即使是資產階級的東西，只要對我們發展生產、發展民主政治和健全法制有用，就可以加以改造，使之適合我國的情況，加以採用。不要一見到有階級性的東西就退避三舍。恩格斯曾經指出：「人們可以把舊的封建法權形式的很大一部分保存下來，並且賦予這種形式以資產階級的內容，甚至直接給封建名稱加上資產階級的含意。」「人們也可以以同一個羅馬法為基礎，創造像法蘭西民法典這樣典型的資產階級社會的法典。」[1] 資產階級可以賦予封建的乃至奴隸制的法權

---

1. 〔德〕馬克思、恩格斯，中國共產黨‧中央馬克思恩格斯列寧斯大林著作編譯局：《馬克思恩格斯選集》（第 4 卷）（北京：人民出版社，1959），頁 248。

形式以資產階級內容與含義而加以利用，無產階級難道就不可以賦予資產階級的法權形式以社會主義內容與含義，而加以利用嗎？當然這兩種利用，會因其階級實質不同而有重要區別，但並不排斥這種利用。事實上，我們已經把「民主」、「法治」、「人權」、「法律面前人人平等」等資產階級法權形式和名稱，賦予了社會主義的內容和含義，為我所用了。

總之我們應當拋棄以階級鬥爭為綱的舊觀念，堅持以發展生產力為中心、為標準的思想。只要是對發展生產力和改善人民生活、推進社會進步有利的，即使是資產階級用過的，或者是資產階級的，我們都可以利用。在社會主義初級階段，我們在經濟上允許私營經濟在法律規定的範圍內存在與發展，並把它看做是社會主義公有制經濟的必要的有益的補充；為什麼就不能在法制建設上引進、吸收資本主義國家法制與法治中某些合理的因素，作為我國法制建設的參考和借鑒呢？就我國國情來說，資本主義階段可以逾越，但商品經濟發展階段不能逾越，民主與法治的發展階段也不能逾越。社會主義民主與法制也不是從天上降下來的，需要吸收前人的成果。而這方面，資本主義國家積累了正反兩方面的豐富經驗。正如列寧所說：「不利用大資本主義所達到的技術上和文化上的成就，社會主義便不可能實現。」[2]（這裏講的「文化」當然也包括法律文化）「全盤西化」是錯誤的，「恐資病」也是不可取的。今後法制思想戰略的一項重要任務是要花大力氣認真研究和借鑒西方發達國家法制和法治的經驗，使之為我所用。如果仍是把思想鬥爭的鋒芒只對着資產階級法學思想和資本主義國家的法制，而放鬆了對封建主義思想和「以階級鬥爭為綱」的「左」的思想的批判，在法制思想戰略上未必不是錯置了重點。

二、克服僵化的思維惰性，樹立法制新思維

法制思想戰略的另一個重要任務是，在法制領域要進一步解放思想，克服僵化的思維惰性，樹立法制新思維。

---

2. 〔俄〕列寧，中國共產黨・中央馬克思恩格斯列寧斯大林著作編譯局：《列寧全集》（第27卷）（北京：人民出版社，1959），頁324。

十一屆三中全會以來，法學界和法律界撥亂反正，澄清了一些理論是非，諸如法有繼承性，法不單純是階級鬥爭工具，法律面前人人平等等。但這些畢竟還只是法律常識 ABC 的問題。由於法制領域長期受「左」的思想的統治，曾是重災區，法學界與政法部門比之其他學術界和部門，思想活躍程度要差一些，僵化的觀念要多一些，思維惰性要重一些。這一狀況不改變，將嚴重影響我國法治的實現和法學的繁榮發展。轉變舊觀念，樹立新思維已成為當務之急。

法制新思維的靈魂是要把社會主義民主的精神貫串於法制建設的各個環節，貫串於法律調整的各個範圍。

為此要轉變建立在小生產和產品經濟基礎上的法律觀，樹立適應有計劃的商品經濟的法律觀，[3] 轉變重人治輕法治、重義務輕權利、重公民守法輕政府守法、重政治手段行政手段輕法律手段、重刑事制裁輕民事調整等傳統觀念；要改變廣大人民對法律的蒙昧狀況，提高全民的法律意識等等。同時還必須清理阻礙民主專制建設順利發展的某些理論障礙。這些方面很多文章已有所論述。下面僅就與法制思想戰略有關的幾個基本理論與觀念問題談一點看法。

(一) 發展「兩類矛盾論」，樹立多元利益群體觀[4]

關於正確區分和處理敵我與人民內部這兩種不同性質的矛盾的理論，一直是作為我國政治生活的指導原則。在社會主義初級階段，特別是現在處在改革時期，新舊體制交替，出現了多元利益群體，亟待用法律手段加以調整。毛澤東的「兩類矛盾論」面對日益多元化、複雜化的社會矛盾的挑戰，需要有所發展、突破。

「兩類矛盾」的理論的核心，本來是把正確處理人民內部矛盾作為社會主義國家政治生活的主題。這是在剝削階級作為一個階級已經消滅之後，適應由革命的階級鬥爭到社會主義建設的轉變時期，而提出的一

---

3. 所謂「有計劃的商品經濟」是當時憲法上的一種過渡性的、遷就保守思想的一種提法，1992 年黨的十四大已作出了建立社會主義市場經濟的決定，此處相應地可改為「社會主義市場經濟」。

4. 本題原稿為「突破」兩類矛盾論，後為了照顧刊物發表，改為「發展」。

種政治哲學。但是在我國進入社會主義初級階段的前 20 年間（也是這個理論提出後的 20 年間），在實踐上卻並沒有把它作為主題，而是把重點放在劃分兩類矛盾上，仍然是立足於「以階級鬥爭為綱」的基點上去劃分敵我，以致不斷地在人民中甚至在黨內去劃界線、挖「敵人」（如「資產階級右派」、「黨內資產階級」（走資派）、「反革命修正主義分子」等）。為什麼剛剛提出「兩類矛盾」的理論，卻恰恰在幾個月後就在實踐上混淆、顛倒了兩類矛盾，大舉反人民內部的所謂「右派」呢？這有種種原因，其中有對這個理論的運用誤差（如不以正確處理人民內部矛盾為主，而以劃分敵我為主），同時也是基於這個理論本身的偏差。

第一，「兩類矛盾」理論作為一種政治哲學，對從整體上估量階級鬥爭的形勢，把握社會政治動向有指導意義，但不能作為具體劃分敵我的依據。

在革命戰爭和激烈的階級鬥爭中，敵我陣線分明，兩類矛盾界線清楚，好劃。而在階級鬥爭已不是主要矛盾的社會主義初級階段，在和平建設時期，僅憑六條政治標準這樣彈性很大的模糊規範是很難準確無誤地劃清的。所謂「推一推就過去了，拉一拉就過來了」。敵我界限決定於一推一拉之間，具有很大的隨意性和不確定性，這就很難避免「擴大化」。那時強調從政治上劃清敵我，一方面是由於階級鬥爭需要，一方面也是由於法制不健全，不重視法制手段，而主要是依靠政策與其他政治手段來規範和調整各種社會關係和社會矛盾。現在我們有了刑法、民事法律、經濟和行政方面的法律，對各種社會行為的性質，已經有了遠比政治上的「兩類矛盾」要具體、規範和多樣性的細緻劃分和處理辦法。只要嚴格依法（包括依程序法）辦理，是什麼罪，違什麼法，依法制裁，一清二楚，不必也不宜於只作兩類矛盾的簡單劃分。

第二，「兩類矛盾」只是從政治上對社會矛盾的劃分。社會矛盾是多樣複雜的，如果把社會矛盾僅歸結為政治上這兩類，非此即彼，就容易導致簡單化出現混亂。

事實上，社會生活中有些矛盾既非敵對性質，也不好歸入人民範疇。如民事法律關係是公民之間、法人之間、公民與法人之間的財產關係和人身關係，就毋需涉及政治上的敵我關係或人民內部關係。現在有的教科書上把民法、民事訴訟法歸結為「處理人民內部矛盾的法律」，是不全面的。中外合資企業中雙方的民事糾紛是人民內部還是敵我矛

盾？都説不上。即使是反革命罪犯，只要沒有剝奪他們的民事權利，他與他人之間也可以有民事權益上的糾紛，這種民事權益的矛盾性質就不能機械地歸入政治上的「兩類」。又如有些犯罪現象也是如此。強姦犯就是強姦犯，不能硬去劃分「反革命強姦犯」和「人民內部的強姦犯」。基於個人恩怨的仇殺或情殺，其動機並非出自要推翻人民民主專政的政權和社會主義制度，就不屬政治上的敵我矛盾；但也不好說他把別人殺了還是「人民內部的殺人犯」。有些同志套用兩類矛盾的理論，提出「兩類矛盾的犯罪」的命題，由於實難劃清而去規定什麼「凡判10年以上有期徒刑的都是敵我矛盾」。其實論罪科刑的理論基礎是犯罪構成理論，而不應是兩類矛盾的理論。政治上的矛盾性質不能用刑罰尺度來衡量。在 1979 年制定《中華人民共和國刑法》時，原稿總則第 1 條曾有「依照嚴格區分敵我和人民內部矛盾的原則」一語，後來刪去了，理由就是兩類矛盾的這一政治原則不好簡單地套用在刑法的立法和刑法的適用上，也沒有必要這樣做。用政治哲學和政治倫理來解釋刑法，豈不類似於中國古代「納禮入法」「一準乎禮」嗎？

第三，也是最重要的，政治上敵我這二元的對立，已不能完全覆蓋社會矛盾多元化發展的局面。法治的任務不僅是打擊敵人，更要注意對多元利益群體關係的調整。

社會主義初級階段在一定範圍內還有階級鬥爭，還有敵對分子，我們不能放鬆警惕。但畢竟這只是極少範圍和極少人數了。據 1981 年全國縣級直接選舉統計，被剝奪選舉權的只佔 18 周歲以上公民的萬分之三，其中也不都是敵人。人民的範圍已擴大到幾乎覆蓋全民了，社會矛盾也隨之日益多元化。它已不像階級鬥爭激烈的年代，人民作為一個在對敵鬥爭中利益比較一致的整體存在着，而是分解為各種不同利益的群體。社會矛盾已不只是敵我這二元，而出現了多元的矛盾群。特別是隨着經濟體制改革和對外開放政策的推行，在經濟上出現了多層次的所有制、多種類的經營方式和多種類的分配方式並存的局面，這是多元利益群體存在的經濟基礎。譬如就所有制形式來說，就有全民所有制、集體所有制、聯合企業、私營企業等不同職工群體和農民工群體以及個體工商戶群。在經營方式上，有承包企業中的經營者與生產者的不同群體，有租賃企業中租賃者與生產者的不同群體，私人企業中有僱主和僱員的不同群體，還有鄉鎮企業中亦工亦農的群體以及家庭承包群體等。

在分配形式上，有按勞分配的群體和非勞動收入的群體，又可細分為個體經濟、股份合作經濟、家庭聯產承包、租貸經營、承包經營、勞動合同制、僱員經濟等不同分配的群體。此外，還有公務員、科教人員等工資分配群體。如果再從其他社會矛盾來劃分，不同民族、不同宗教信仰、不同職業的群體以及台灣同胞、港澳同胞、海外僑胞，乃至「一國兩制」引起的各種利益群體。此外，隨着對外開放政策的實施和國際上的經貿交往日益增多，其矛盾也不屬政治上的兩類。

總之社會矛盾日益多元化的發展，使得不同利益群體之間的矛盾十分錯綜複雜。在社會主義初級階段，特別是在改革與開放時期，各種群體之間的利益分配，處於不斷變化和調整過程中，出現較大的不平衡，群體之間的矛盾也愈來愈突出。只講他們在根本利益上的一致性已經不夠了，只從政治上劃分為敵我矛盾與人民內部矛盾這兩大類，是敵人就專政，是人民就用「民主的、說服的辦法」，已不足以應付如此矛盾紛呈、利益多元、調整方法各異的局面了。

總之在現階段，法制思想戰略不能還停留在劃清兩類矛盾的觀念上，而應遵循和大大發展關於「把正確處理人民內部矛盾作為政治生活的主題」的思想，樹立多元利益群體觀，把注意力集中到利益群體多元化發展的大趨勢上。立法、司法和執法的重點，要由調整對立階級間的政治關係為主，轉到調整社會多元利益群體間的政治關係、經濟關係、財產關係和人身關係為主。黨的十三大報告強調，要使我國社會主義民主政治一步一步走向制度化、法律化；要加強保障公民權利和自由的立法，要抓緊建立完備的經濟法規體系和加強行政立法，其目的都在正確處理愈來愈突出的多元化矛盾。

(一) 轉變「重政權輕民權」思想，強化人民權力觀念

政權與民權（人民的權力），在剝削階級專制統治的國家裏，二者是對立的。社會主義國家的政權是人民的政權，政權與民權本應是一致的，我們也經常強調它們的一致性，但更多的是只突出了政權的作用。講「革命的基本問題是政權問題」、「有了人民的政權，就有了人民的一切」等。在我們的法學教科書上，講到國家與法律的關係時，都要引用列寧這句話：「如果沒有政權，無論什麼法律，無論什麼選出的機關

都等於零。」[5] 以此來説明法律對國家政權的依賴關係。但我們較少強調政權的核心——人民的權力,即民權對法律的作用,譜言我們的政權與民權在一定條件下也可能產生不協調、矛盾乃至對立的現象,這就失之片面。

其實列寧上述這句話的本來含義,並不是一般地講政權對法律的作用,而是強調人民的權力對人民代表機關及其所制定的法律的決定性作用。他是針對舊俄國時期人民尚未取得政權的情況下説的。那時(1906年)沙皇在人民革命運動的壓力下,雖然允許通過選舉建立了第一屆國家杜馬(議會),但正如列寧所説的,這個「人民代表機關」是沒有權力的。如果認為通過它來修憲、立法,就可以使人民從專制制度下解放出來,那只是一種幻想。事實上不出幾個月,沙皇御筆一揮就把杜馬解散了。列寧因此指出:「如果人民代表機關沒有充分的權力,如果它是由舊政權召集的,如果同它並存的舊政權還是完整的,那麼人民代表機關就等於零。事變的客觀進程提到日程上來的,已經不是這樣或那樣地來修訂法律和憲法的問題,而是政權問題,實際權力問題。」[6] 下面緊接着才是前面引的那句話。

可見列寧在這裏強調的不是一般的國家政權強制力與法律的關係(這種關係當然是存在的);而是特指有權力的舊政權與沒有權力的人民代表機關及其立法的矛盾衝突。解決矛盾的辦法不是靠立法,而是靠通過革命鬥爭建立人民的政權,使人民通過人民代表機關真正掌握權力。

長期以來,列寧這段語錄的本來含義被忽略了,而對於已經建立了人民的政權並已進入了社會主義初級階段的我國情況來説,這段語錄的這一含義仍然在一定情況下有重要意義。當然,這不是説我國現政權與我國人民代表大會及其立法,有像列寧所指出的那個時代那樣不可調和的矛盾。根據我國的基本政治制度,全國人民代表大會是最高國家權力機關,理論上人民代表機關與人民政權本是一個概念。但是社會主義國家幾十年的實踐表明,有了人民政權,並不一定意味着人民和人民

---

5. 〔俄〕列寧,中國共產黨‧中央馬克思恩格斯列寧斯大林著作編譯局:《列寧全集》(第11卷)(北京:人民出版社,1959),頁98。

6. 〔俄〕列寧,中國共產黨‧中央馬克思恩格斯列寧斯大林著作編譯局:《列寧全集》(第11卷)(北京:人民出版社,1959),頁98。

代表機關享有充分的權力。長期以來，各級人民代表大會的權力不受尊重，國家的權力實際上是掌握在各級黨委和政府手中，一向是黨權、政（政府）權大於民權——人民代表機關的權力，以致各級人民代表大會被稱為「橡皮圖章」。十年內亂中，全國人民代表大會被擱置一邊，長達9年不開會、不立法，人民代表機關不就是等於零嗎？至於林彪鼓吹的「政權就是鎮壓之權」、「領導班子就是政權」、「有了權就有了一切」等謬論，更是把政權變成了少數人私有的權力，同民權完全對立起來。這種思想的流毒，至今也還不能說已完全肅清。這些事實說明在人民奪取政權後，政權與民權還會產生脫節乃至對立的現象。

這種現象的產生，有其深刻的社會根源。這就是列寧曾經指出的，由於文化水平等歷史條件的限制，社會主義國家政權機關現在實際上還只是「通過無產階級先進階層來為勞動群眾實行管理而不是通過勞動群眾來實行管理的機關」。[7]也就是說社會主義國家，特別是像我國這樣還處在社會主義初級階段的國家，又是人口眾多的大國，「人民的政權」還只能是由「先進階層」來「代表人民」、「為了人民」的政權，而不是由人民群眾直接管理、實行自治的政權。如果人民不能通過人民代表大會及其他途徑對執政黨和政府實行有效的監督，如果人民代表大會不能成為真正代表民意和代表人民行使權力的機關，就容易產生代行管理職權的「先進階層」脫離人民群眾的現象，有時甚至還可能發生國家機關與人民利益對立的現象。所以列寧提出，社會主義國家的工人群眾也要保護自己的物質利益與精神利益「免受自己國家的侵犯」。[8]

可見不能因為政權已是「人民的政權」，而只看到它與人民權力的一致性，忽視它們之間矛盾性。有了人民的政權，但不能充分行使人民權力，人民及人民代表機關仍可能處於無權的地位。即使立了不少法，由於政府（行政機關、審判機關、檢察機關）執法的懈怠，或者受到黨權、或（政府）權的干擾，人民代表機關又不能有效行使監督權，法律也還會等於零。如果人民代表機關不能充分反映民意，而受制於當地的

7.〔俄〕列寧，中國共產黨·中央馬克思恩格斯列寧斯大林著作編譯局：《列寧全集》（第29卷）（北京：人民出版社，1959），頁156。

8.〔俄〕列寧，中國共產黨·中央馬克思恩格斯列寧斯大林著作編譯局：《列寧全集》（第32卷）（北京：人民出版社，1959），頁7。

其他權勢，其立法（或制定法規、規章等）還可能產生負值——侵犯人民的權益。

因此我們不能只籠統地強調政權而輕視民權，應當強化人民權力觀念，突出人民代表大會的權力主體地位，切實完善人民代表大會的制度，並充分發揮其職能，使之能成為真正的民意機關和人民行使權力的機關。近年來人民代表大會工作有了一些改進，人民代表大會的權力地位在逐步提高，議政、立法和監督的權力有所加強。第七屆全國人民代表大會一次會議有明顯的進步，西方記者也聲稱中國人民代表大會的「橡皮圖章變硬了」，這是可喜的現象。我們應當繼續朝這個方向努力。

(三) 轉變「防民」的法律思想，強化對民主的承受力

中國古代法律思想上有一個根深蒂固的觀念，即法律是用來「防民」的。《禮記》一書中有「坊記」一章（「坊」同「防」），專講「以禮防民」：「夫禮，所以章明別微，以為民防者。」即用奴隸主的「禮」（其中也包括行政法律規範內容）來區分是非善惡，以之作為堤防，防範臣民百姓。此外還有所謂「防民之口甚於防川」、「法令者，防民之具也」。[9] 這些都無非是要用禮、法來防範老百姓，把老百姓當成犯上作亂、違法犯罪的根苗，是必須時刻提防的對象。中國古法以刑為中心，都是禁止性規範，就是為「防民」而設。這種「防民」的法律思想，流傳至今仍在起着很大的消極作用，阻礙着民主政治的發展和法治觀念的樹立。

譬如在我們的普及法律常識的宣傳教育中，習慣於強調對公民進行「守法」教育。在宣傳提高人民群眾的「公民意識」時，也只重在公民的守法義務意識，而不是強調公民的權利意識。有些地方在進行了普法宣傳後，幹部反映「老百姓聽話多了」、「工作好做了」。這樣守法教育成了「聽話教育」，充分反映出它是以「防民」為思想指導，普法的目的只在防範人民群眾違法犯罪。其實公民中違法犯罪的只是極少數。近年刑事發案率只佔全國人口的萬分之五左右，即一萬個人中才有5個

9.《明史·刑法志》。

犯罪的人。如果把普法的目的局限於教人「守法」，豈不把 99.95% 的人也都當成「潛在的罪犯」或「潛在的不法分子」了？

法治教育固然要進行守法教育，但是：

第一，守法不應只強調公民守法（公民守法中還包括政府官員個人帶頭守法），更重要的是政府守法。嚴重違反甚至破壞法制的行為，往往不是來自公民而是來自政府及其工作人員。政府必須依法行使權力，不得濫用權力，侵犯公民的權利，否則可以成為被告，須受法院審判並服從法院的判決。這種「政府守法」原則是民主的法治原則，是對「法律約民不約官」的否定，與以「防民」為目的的封建人治原則是對立的。

第二，守法不只是遵守法律義務，這固然是重要的，但不全面。只要求遵守法律中命令性禁止性規範，是消極的守法。積極的守法還應包括依法遵守授權性規範，享有並維護法定的權利或行使法定的權力。

第三，更重要的是法制教育不應當只是消極的守法教育，而應是積極的法治教育。不應是訓練公民成為法律的「順民」，而應是培養公民作為法律的主人的意識。學法是為了掌握和運用法律，把法律作為保護自己和維護國家利益的工具。人民在社會主義法律中應當是處於法律的主體地位，不像專制統治者的法律那樣，勞動人民只是法律制裁的客體，是統治階級防範的對象。

在立法工作中，也要注意克服「防民」思想的影響。如有些行政主管部門在起草法律、法規稿和制定規章時，總力圖把自己部門的權力擴得大大的，而對公民的權利與自由則卡得死死的。較多注重如何使國家機關及其工作人員更方便地行使權力，對此詳加規定；而忽視對公民的權利的保障與對國家機關權力的制約。一些屬保護公民民主權利的立法，比較難以出臺。如新聞法草稿在擬訂過程之中對立法宗旨就有「保護新聞自由為主還是加強新聞管理為主」的爭論，遲遲未能取得一致。其他如出版法、結社法、遊行示威法等立法長期落後於其他立法，也不無類似原因在起作用。

立法不應是處處設防去限制人民的權利與自由，而應是處處利民便民。必要的、合理的限制當然不可少，但總要有一定的寬鬆度。過去在「階級鬥爭」這根弦繃得很緊的時候，總強調敵我之分，內外之別。立法也好，為政也好，缺少寬容度和透明度，在防範敵人的同時，有時

連帶對人民也防着點，擔心他們「越軌」、「失密」，搞「極端民主化」或「自由化」，而卡得過多過死，公民的權利受到較多的限制。在「階級鬥爭」是主要矛盾的年代，這種想法和做法有一定的歷史理由。那時人民在對敵鬥爭中作為一個整體來行動，強調個人服從國家和集體利益，服從和服務於階級鬥爭這個中心任務，個人的權利與自由溶化在集體中，有些甚至被淹沒。那時正如普列漢諾夫的一句名言所説的：「革命的利益是最高的法律。」為了革命的利益，可以暫時限制某些權利的行使。人民為了革命的利益，也能容忍某些權利暫時受到限制。但是在進入社會主義初級階段以後，「階級鬥爭」已不佔主導位置，發展生產力是中心任務。發展有計劃的商品經濟[10]在呼喚着更多的自由和平等權利。發展社會主義民主政治，逐步擴大公民的民主權利是必然的趨勢。

當然發展生產需要有安定的政治社會環境，每一個擴大民主的措施與步驟，都應當有利於社會的安定團結。但總的説來，發展社會主義民主與安定團結並不矛盾。恰恰相反，只有切實地發展民主政治，才能更促進安定團結。過去大講「安定團結不是不要階級鬥爭」，把人民群眾正當的民主要求和正常的（或看去稍有偏激的）民主活動，當成「階級鬥爭新動向」或其他什麼傾向，加以批判鬥爭，其結果不是增強而是削弱了安定團結的政治局面。十年動亂的根源不是因為過去民主搞過了頭，而恰恰是長期以來黨內缺乏民主，國家也沒有切實建設社會主義民主政治和社會主義法制建設所致。「文革」中無政府主義氾濫（搞「大民主」），是對不民主、無法治的懲罰。近年來，特別是黨的十三大以來，黨和政府採取了一些對內開放的擴大民主的措施，如搞差額選舉，搞協商對話，擴大全國人民代表大會會議的透明度等，並沒有出什麼亂子，相反效果很好，受到人民群眾熱烈歡迎，增強了人民對黨和政府的信任感與凝聚力。這説明擴大民主不會妨礙而只會進一步增強安定團結。

應當看到經過三十多年政治鍛煉的我國人民是成熟的人民，人民的政治素質已大有提高。只要有健全的法制，發展民主政治無需擔心、防範人民群眾「出軌」，倒是應當強化領導幹部對民主的心理承受力。譬如被差額選舉「差」掉了的落選幹部，受到人民代表大會代表諮詢的

---

10. 這是本文發表時的提法。現在稱「社會主義市場經濟」。

官員，都需要習慣於承受這種正常的民主壓力。特別是不要一聽到一點不同的聲音，看到一點異樣的舉動就以為「大事不好了」。我們應當習慣於人民行使憲法和法律規定的自由和權利，把這看做是民主政治生活中應有之義和正常之事。最不正常、最可怕的、最應當「防」着的倒是鴉雀無聲，一潭死水。

總之我們在民主與法制的建設上必須轉變「防民」的法律思想，樹立徹底相信和依靠人民群眾的思想，強化對正在逐步擴大的民主的心理受承力。這也是法制思想戰略中一項重要任務。

第四十一章

法治國的多種類型

---

* 本章發表於執政黨的十八大擬告宣佈《堅持法治國家‧法治政府‧法治社會一體建設以前》。

自黨的十五大提出「依法治國，建設社會主義法治國家」的方略和目標，並作為一項憲法基本原則載入憲法以來，法學界對法治、依法治國的概念和實踐討論得較多，而對於建立什麼樣的「法治國家」則較少論及。在討論法治國家時，更少涉及與之相對應並作為其基礎的法治社會。執政者提出了建立小康社會、和諧社會以及社會主義新農村等目標，黨的十六屆五中全會關於建設和諧社會的決定中，於加強政治、經濟、文化建設之外，還首次提出「加強社會建設」的任務，這些固然很重要，但多限於發展經濟、加強社會保障和謀求社會安定等具體治理目標，卻沒有從整體戰略上建設與國家相對應的「法治社會」、「公民社會」的一說。理論界提到「法治社會」一詞還是限於「國家—社會」一體化的大社會概念，實際上仍只是講法治國家或「國家的社會」而已。

本章擬概述歷史上法治國家的多種類型，並試圖論述社會主義法治國家應當有別於其他類型的法治國的特徵，其主要特徵之一是：與國家法互補的社會法和法的社會化；與法治國家互補互動的法治社會和公民社會。

一、法治國的多種類型 —— 從專制的法制國到自由法治國、國家主義法治國、社會法治國、自由社會的法治國

在古代封建專制國家雖然也有法制或比較完備的法制，但那只是專制的法制國，而非近現代意義的法治國。

近現代的法治國（state ruled by law）是以法治主義作為立國原則和治國方略的國家。由於「法治」一詞在不同國家有不同的表述與含義，所以什麼是法治國或法治國家也難有統一的定義。在英國，法治指法的統治（rule of law）；在美國，指「法治政府」（government under law）；在

法國強調「法律規則至上」（*la suprématie de la regle du droit*）；在德國則稱為「法治國」（*Rechtsstaat,* the law-based state）。

（一）實證主義法治國或國家主義法治國

最早提出「法治國」概念的是 19 世紀的德國，就其德文本意及康德的解釋而言，指的是一個「有法制的國家」。它要求所有國家機關和人民都必須服從由最高立法者制定的法律，依法辦事。但這個最高立法者不論是專制君主、獨裁者，還是民選的立法機關，都不受任何一種更高一級法律（憲法、自然法、人權等）的束縛，立法者的意志是法律的最高淵源，可以變更法律。因此德國的「法治國」不同於 17 世紀英國的「法的統治」的思想。其法治國思想是實證主義法學的一部分，強調作為立法者的統治者的意志及權力至高無上，亦即國家至上。對其所頒佈的任何法律，無論良惡，都必須無條件服從。在「法治國」中，重心在國家及其統治權力，法律只是國家統治社會的工具。其國家觀也是如黑格爾所說的是「國家決定社會」，而不是「社會決定國家」。

這種「法治國」主要是「形式法治」，而且是奉國家立法者的權力至上，強調只要是國家、立法者（即掌握立法權的統治者）制定的法律，都必須無條件遵循。這就隨時有可能為統治者的專橫權力大開綠燈。

真正民主的實質法治則偏重人民大眾的權利，限制統治者的專橫權力；而當時德國的「法治國」則是維護統治者的權力，控制社會。所以，它實質上是國家權力至上的國家主義法制國。

其時，德國的法學家如拉德布魯赫以法律實證主義觀點，強調法律的安定性比其正義性更當優先，而不問法律的實質是否符合正義，以致後來為納粹所利用。希特勒強迫共人民服從共暴虐的法西斯法律，也號稱是「法治」。戰後，拉德布魯赫痛心地指出：

「法律實證主義以其『法律就是法律』的信條，使得德國法律界對專橫、非法的法律失去抵抗力。」[1]

---

1. 〔德〕古斯塔夫・拉德布魯赫：《法律的不法與超法律的法》，收入古斯塔夫・拉德布魯赫，舒國瀅譯：《法律智慧警句集》（北京：法制出版社，2001）。

由此，他將他原來的實證主義的形式法治觀作了修正，指出：

有法總是勝於無法，因為它至少還產生了法的安定性。但法的安定性不是法必須實現的唯一的價值，也不是決定性的價值。除了法的安定性之外，還涉及另外兩項價值：合目的性與正義。

凡正義根本不被追求的地方，凡構成正義之核心的平等在實在法制定過程中有意地不被承認的地方，法律不僅僅是「非正當法」，它甚至根本上就缺乏法的性質。

在實在法違反正義的程度達到了不能容忍的程度，以致法律規則實際上變成「非法之法律」時，必須服從正義。

民主的確是一種值得讚賞之善，而法治國則更像是每日之食、渴飲之水和呼吸之氣，最好是建立在民主之上：因為只有民主才適合保證法治國。[2]

這就同現代意義的「實質法治」相近了。

現代意義的民主法治國家，主要標誌是國家機器、國家權力的民主化、法治化。它建立在權力分立與制衡的理念和制度基礎上。法不能只是國家用來統治和控制社會的工具，更重要的、首位的是國家本身要受法的統治和支配。所謂「法治」和「法治國家」，不僅是「有法制（法律制度）」，要有「依法治國」的意思；而且含有用於治國的法律所必須遵循的原則、規範和理念，如「人權至上原則」、「民主原則」、「公正原則」「平等原則」等。國家立法權要受人權、人民權力和公民權利的限制。當人民的權力和權利受到國家權力的侵犯並遭受損害時，被害人還可以依法同政府機關處於平等地位進行訴訟，獲得救濟。人民還有對惡法的抵抗權。

（二）自由法治國

這是現代德國學者彼德‧巴杜拉在其〈論自由法治國與社會法治國中的行政法〉的演講中提出的概念。所謂「自由法治國」，主要是基於社會不受國家（政府）的干預而自主、自由，以之區別以國家行政權

---

2. 同上。

力控制社會的國家主義法治國。它是指 18、19 世紀自由資本主義時代的國家。國家的職能只是國防，維持社會治安，借助警察權力和稅收權力，管理國家和人民；其他活動概由人民自由安排，政府不加干預，也不承擔對公民「生存照顧」的義務。公民的權利與自由，對政府公共權力是一種限制。

不過稱之為「自由法治國」這個術語並不確切，因為它把自由同國家聯在一起，容易誤會它強調的是「自由的國家」，而馬克思早就批評所謂「自由的人民國家」的命題，指出如果國家太自由，人民就沒有自由了。而且國家是否民主，是以它對國家的自由限制到什麼程度來衡量的。

(三) 社會法治國

所謂「社會法治國」是與國家主義法治國和自由法治國相對應而言，它的特徵是由具有福利國家思想的立法者制定法律，主導社會發展，規範和分配社會生產的成果，從而政府由消極的管制行政，轉變為積極的「服務行政」，為人民提供指導性和服務型的公共產品。國家不只擁有行使發佈命令的權力，同時要履行滿足公眾需要的義務。政府樹立行政服務的理念，承擔對人民「從搖籃到墳墓」的「生存照顧」的義務，[3] 通過推行積極的社會政策，創造良好的社會環境和條件，保障社

---

3. 「服務行政」（*Leistungsverwaltung*）是德國行政法學中一個非常獨特的概念。最早提出這個概念的是該國行政法學者厄斯特・福斯多夫（1902–1974）。1938 年，納粹當政期間，福斯多夫發表《作為服務主體的行政》一文，認為自由人權思想、個人主義、私法自治以及契約自由這些觀念都已經過時，是令人無法忍受的過去時代（以擴張個人自由、限制國家權力為特徵的自由主義法治時代）的產物；隨着時代的發展，人們不再依賴於傳統的基本人權（自由權和財產權），而是依賴於新的人權：經濟上的分享權。時代已由個人照顧自己的「自力負責」，轉變為由社會力量來解決的「團體負責」，進而發展為由黨和國家政治力量提供個人生存保障的「政治負責」。福斯多夫提出了一個獨特的概念：生存照顧（*Daseinsvorsorge*）。個人生存所必需而須取自外部提供的東西，提供者即為對個人和社會的生存照顧者。

政府負有廣泛的向民眾提供生存照顧的義務，唯有如此，才可免於傾覆。人們的生存已經強烈地依賴於行政權的生存照顧，因而行政權必須介入私人生活，認為國家干預愈少就愈好的時代已經一去不復返。

—— 以上摘引自 zhangshuke：《「服務行政」理論批判》，載中方方案文檔站。

會人能發揮自己求生存和謀福利的潛能，保護和補償處於弱勢的社會群體，平衡貧富兩極分化的不公正不和諧的社會矛盾。

「服務」與「生存照顧」是社會法治國的核心理念。所謂現代「福利國家」，從憲法意義而言，即社會法治國家。現行《德意志聯邦共和國基本法》第 28 條第 1 項規定：「各邦的憲法秩序必須符合聯邦基本法所定之共和、民主及社會法治國原則。」

顧名思義，社會法治國本應當是以社會為本位的法治國家，這種法治國比之國家主義法制國要進步得多。但它實際上仍是立足於國家本位，偏重於國家承擔社會主體的「生存照顧」的責任，國家權力雖然要服務社會，但仍然是以國家權力來支配、控制社會。如果趕上一個開明的民主的政府，可以為社會謀福利；但也可能因政府對照顧社會福利的超重負擔而導致「萬能政府」、「大政府」、「高價政府」諸多弊病。如果遇上一個專制的政府，則可能藉口對人民的「生存照顧」而對社會的過度干預乃至強權統治。希特勒法西斯主義的國家社會主義、斯大林的統治一切的黨專政和壟斷社會一切資源的計劃經濟，都是打着社會主義的旗號，打着國家為照顧人民生存空間或為人民服務的旗幟演變而來；國家似乎是「照顧」社會生存的，但並非以社會為本位，而是以國家為本位，「替民做主」、做民之主，去控制社會。因此它們不是真正的社會主義，也非現代民主的法治國家，而是社會法治國的異化，是專制的國家至上、執政黨專政、國家社會主義的法制國。

有無法制是區分法制國還是「無法無天」的無政府主義狀態的標誌。我們中國人都對文化大革命那種無法無天的專制國有痛切的感受，因而以為只要有了法制，建立了法治國家就萬事大吉，而不問是哪一類型的法治國。這也是很危險的。

區分不同類型的法治國，主要看其法的性質、法治的主體、特別是國家與社會的關係：其治國的法律是惡法還是良法？主要是治民還是民治？其法只是作為控制社會的工具，還主要是保障社會主體權益、為社會服務？特別是在社會與國家的關係上，社會只是聽由國家（政府）支配、控制或者恩賜福利的客體，還是可以成為監控政府，保護公民權益和維護社會自由、自主、自治、自衛的主體？這是區分國家主義的法制國同自由社會的法治國的核心標誌。

真正的社會主義應是以社會至上為主義，即以社會人民為本位、為至高主體，「社會主義法治國家」應當既區別於專制的法制國、國家主義法制國，又要區別於不承擔社會義務的自由法治國，還不能等同於社會法治國，而應當是揚棄上述諸類型法治國的弊病、偏頗，吸收其的合理因素，建立自由社會的法治國。

所謂自由社會的法治國，是以社會為本位，以社會至上為本。不只是建立法治國家，更要形成法治社會。法治國家應當是現代民主的國家，既服務於社會，又保障社會的自主、自治、自由。而法治社會則應當是自由的社會、公民社會。法治國家必須是建立在自由的公民社會基礎上，形成國家與公民社會互控互動的關係。

社會（人民）不自由，國家不可能是民主的，也不可能是社會主義法治國家（選舉不是按照選民自由意志的選舉，就不是民主的選舉。沒有言論、出版、結社等自由，也就沒有政治的民主，其法治也只會是專制的法制）。而自由的社會是擁有公民政治權利的公民社會、法治社會，它固然不能脫離國家而絕對獨立存在，但也不完全依附於國家、仰給於國家，而應是相對獨立於國家而自由、自主、自治，又能反哺、反控國家的社會。而法也由國家法控制一切的工具，逐步轉化為多元化、社會化。其中社會自治的法、自發的社會規範（習慣法、社會契約、團體章程等）成為國家法的補充和社會自我調節和自衛的手段。這種自由社會的終極目標也就是馬克思所追求的「自由人的聯合體」。

第四十二章

國家立法權的
性質與地位

・本章原題〈論國家立法權〉,載《中外法學》,1994 第 4 期。北京大學著名刑法學家儲
槐植教授特致信說:「愚以為在同一主題的論文中,大作最具思想深度、學術勇氣、現
實評判的理論魅力,難得佳作,讀後在下深受啟發,並相信對法律諸學科的理論研究均
有參考價值,讀後有感,致書祝賀。」

一、立法的概念、特徵與本質

(一) 立法的概念

「立法」一詞，古已有之。中國戰國時代著名法家商鞅就有「當時而立法，因事而制禮」、「立法明分」、「觀俗立法，則治」[1]等言論。荀況有云：「立法施令，莫不順比。」[2]韓非子也講過：「夫立法令者，以廢私也。」[3]在他們之前，鄧析指出：「立法而行私，與法爭，其私也甚於無法。」[4]慎到也有「法立則私議不行」[5]的説法。至於「制法度」、「明法制」、「正法則」、「鑄刑書」、「修舊法」以及「生法者君」等同立法有關的詞語，在春秋戰國諸子典籍中更是所在多有。其後《史記·律書》講「王者制事立法」，《漢書·刑法志》講「聖人制禮作教，立法設刑」，以及「觀象立法」（荀悦《漢紀·序》）、「立法施教」（劉勰《新論》）、「立法所以靜亂」（庾信《調典》）等。這些都反映中國的立法思想和立法活動是很古老的。據史書記載，中國最早制定的法律是夏朝（公元前21世紀）的「禹刑」，「夏有亂政，而作禹刑」。[6]成文法之公佈始於鄭國子產的「鑄刑書」（公元前536年）。首創法律之編纂，則是戰國時魏國李悝的《法經》。

---

1. 《商君書》更法、修權、算地篇。

2. 《荀子·議兵》。

3. 《韓非子·詭使》。

4. 《鄧析子·轉辭》。

5. 《藝文類聚》卷54。

6. 《左傳·昭公六年》。

在古希臘、羅馬學者著作中,「立法」一詞屢見不鮮。柏拉圖在《理想國》、《法律篇》、《政治家篇》,亞里士多德在《政治學》、《尼各馬可倫理學》著作中,都有許多關於立法問題、立法家的專題論述。迄今發現的世界上最早的成文法是在公元前30世紀的古埃及美索不達米亞地區的楔形文字法律。公元前18世紀古巴比倫王國第6代國王漢穆拉比所制定的《漢穆拉比法典》是迄今世界上保存較完善的最早成文法典。原文是用楔形文字刻在黑色玄武岩圓柱上,又稱石柱法。古印度的《摩奴法典》則是立法過程最長的(公元前2世紀到公元2世紀,歷時400年才陸續編成)。而公元前6世紀中葉由古羅馬查士丁尼皇帝主持編纂的《查士丁尼法典》及其後(約公元12世紀)所編纂的《查士丁尼民法大全》(即羅馬法),則是世界上最完備的奴隸制成文法典,對後世歐洲的立法有深遠影響。

立法與立法概念的起源雖然久遠,但將立法行為與立法權作為一項與行政、司法相對獨立的行為與權力來行使,將立法作為專門的學問來研究則是近現代的事。對於什麼叫「立法」,也是眾說紛紜。

立法的英文字為 legislation,它有兩個涵義:一是法律的制定(legislation,或 enacting of laws,動詞為 legislate 即 to enact laws);一是制定的法律(law enacted)。如「民事立法」一詞,既指制定民事方面法律的活動,也可指某些民事方面的具體法律。

按照《牛津法律大辭典》給「立法」(legislation)所下的定義是:

「指通過具有特別法律制度賦予的有效地公佈法律的權力和權威的人或機構的意志制定或修改法律的過程。這一詞亦指在立法過程中所產生的結果,即所制定的法律本身。在這一意義上,相當於制定法。」[7]

這個定義就是將「立法」界定為制定法律的「過程」與「結果」(法律)。

《美國大百科全書》也持此說,認為:

---

7. 〔英〕沃克,鄧正來等譯:《牛津法律大辭典》(北京:光明日報出版社,1988),頁547「立法」條。

「立法是指包括政府各部門所用的規範社會行為的法的規則。一般說，這一術語尤指代議機關所制定的法以及制定法的過程。」[8]

中國法學界對立法的定義，也基本上包括上述兩種涵義。如1984年上海辭書出版社出版的《法學詞典》認為：

「立法通常指國家立法機關按照立法程序制定、修改或廢止法律的活動。……廣義上的立法，包括由國家立法機關授權其他國家機關制定法規的活動。」[9]

以上關於「立法」一詞所作的「過程與結果」或「活動與產物」的界說，雖則中外大體一致，但這只是就語義上所作的解釋。至於立法的實質意義，則言者寥寥，或人人言殊。下面略述我的觀點。

(二) 立法行為的特徵

就立法是創制法律的「活動」而言，立法行為有以下一些特徵：

1. 立法是有目的有意識制定或認可法律規範的行為

這是立法作為制定法（亦稱人定法、實在法）同自然法、道德規範、習慣規則相區別的特徵。後者是社會成員在長期共同生產和生活過程中逐漸地自發地形成與發展的，而不像立法是有權的機關或個人有意識地設立、規定的。

純粹法學家凱爾遜在論到「習慣」與「立法」這兩種法律淵源之間的區別時，指出廣義的立法即制定法，就是指「自覺地和有意識地來創造法律」。[10]

經立法而「創造」的法律，一般區別於習慣法的是指成文法。如霍布斯所說，它「不是自宇宙洪荒以來就成立的法律（指自然法或習慣法——引者），而是根據具有主權管轄他人的人的意志制定的法律」。[11]將習慣法彙編起來成為一部法典（如古巴比倫的《漢穆拉比法典》

8.《美國大百科全書》（第17卷），1988年英文版，第172。

9.《法學詞典》編輯委員會編：《法學詞典》（上海：上海辭書出版社，1984），頁217。

10.〔美〕漢斯・凱爾遜，王鐵崖譯：《國際法原理》（北京：華夏出版社，1989），頁338。

11.〔英〕霍布斯：《利維坦》（北京：商務印書館1986），頁221。

和古羅馬的《十二銅表法》就是以往習慣法的彙編），雖已是成文的習慣法，而且也是經過立法者有意識的選擇和認可而成為法律，可以歸入廣義的立法範疇，但也不能說是嚴格意義的立法，因為它並未創制什麼法律規範，只是記載、認可社會上已形成的習慣規則。

這一點沃克在其編纂的《牛津法律大辭典》中也認為：「由於古代的法律通常只是或將被接受為習慣以成文的形式表現出來，因此當時通過立法所規定的事情決不是真正意義上的立法。」[12]

因此，「確認」為法律（如對習慣與判例的認可）同「制定」法律（立法）是有區別的。法與立法並非等同；法的起源和立法的起源，也非歷史地同步的。

2. 立法是掌握國家權力的特定主體的行為

不必是有了國家才有「法」，如原始社會無國家而有習慣規則；歐洲中世紀的教會也有教會法。教會的立法非國家權力行為，而是社會權力行為。但必定是有了國家才有「立法」。這就涉及立法的主體問題。

習慣法、判例法同立法或制定法的另一個主要區別是形成的主體不同。習慣法形成的主體是社會的廣大成員；判例法創制主體是法官；立法的主體則是特定的有立法權的機構或個人。而立法權是只有掌握國家權力的人或機構才擁有的。這個國家權力的掌握者可以是一個專制君主，一個諸侯，一個官僚統治集團或一個中央或地方的立法會議。[13] 只有由享有這種立法權的國家權力機構或個人，才能賦予立法以國家政權的強制力。[14]

凱爾遜曾經認為：

---

12. 〔英〕沃克，鄧正來等譯：《牛津法律大辭典》（北京：光明日報出版社，1988），頁547。

13. 〔美〕埃爾曼，賀衛方、高鴻鈞譯：《比較法律文化》（北京：生活‧讀書‧新知三聯書店，1990），頁48。

14. 中國古代也有私人自訂刑法的。如春秋末年鄭國的鄧析：「欲改鄭（國）所鑄舊制（指當時執政者子產的「鑄刑書」——引者），不受君令，而私造刑法，書之於竹簡，故言《竹刑》。」後來鄭國的新執政者鄭駟「殺鄭析，而用其竹刑」。這是以國家權力認可私家的「立法」。

「習慣法與制定法的真正異點是：前者是創立法律的分權方式，而後者是創立法律的集權方式；習慣法的創立者是創立法律而又隸屬其下的個人；制定法的創立者是為着創立法律而特設的機構。」[15]

這段話描述了習慣法（主要指判例法）與制定法的某些外部特徵的區別，但未說明兩種「法」的權力性質。

習慣法之確立是遵循社會習俗和法官的判例，其形成源自社會習慣勢力、社會權力或法官的「造法」活動。制定法或立法則是依賴於國家政權的公共權力，即國家權力。

3. 立法是對普遍性事物與行為制定具有普遍約束力的社會規範的行為

這是立法同司法判決、行政仲裁、人民調解等行為的一個重要區別，後者只是就個案作出的決定，不具有普遍性。

立法是制定法律規範。這種規範既不同於一般的政治規範（政黨規章、政治生活準則）、道德規範、宗教規範。宗族規範、鄉規民約以及其他社會團體規章和習俗禮儀等（它們不具有國家意志性與國家強制性）；也不同於行政執法行為與司法判決行為，後者雖然也具有法律效力，但主要是「將普遍的規定適用於單一的條件」，[16] 即限於對個案的處理。而立法所制定的法律規範具有概括性，是對具有一定普遍性的一般人（同類人）的行為加以規範，具有普遍適用的拘束力。正如馬克思所說：

「立法權是組織普遍事物的權力」，[17]「立法的職能是一種不表現為實踐力量而表現為理論力量的意志」。[18] 而「理論」正是屬於普遍性範疇。

15.〔奧〕凱爾遜：《法律與國家》，轉引自法學教材編輯部《西方法律思想史編寫組》編：《西方法律思想史資料選編》（北京：北京大學出版社，1983），頁 658。

16.〔德〕馬克思、恩格斯，中國共產黨‧中央馬克思恩格斯列寧斯大林著作編譯局：《馬克思恩格斯全集》（第 1 卷）（北京：人民出版社，1956），頁 76。

17. 同上，頁 394。

18. 同上，頁 312。

當然，行政法規、規章也都在一定範圍內有其普遍性的規範。因此，從廣義說，也是屬立法性的行為，但其權力性質仍屬行政權範疇（詳後）。至於司法，在實行判例法制度的英美法系國家，根據「遵循先例」原則，最高法院對於某個特殊案件的判決，有時可以形成一種普遍性規則，對於後來所有同類案件起到審判依據的作用，這種現象被稱為「司法立法」。由最高法院通過「司法立法」而確立的新的法律，在效力上與議會制定的法律相同。[19] 在不實行判例法制度的國家，如中國判例雖也可以作為判案的參考，但不具有立法性質。至於中國的最高人民法院和最高人民檢察院有時被授權制定某些有關司法的法律實施細則，屬授權立法範疇。在其司法解釋中，有時也對現有法律進行某些細節的補充，帶有立法性質，從而往往導致越權作立法解釋，有時甚至修改了法律的規定，這是有違中國立法權體制的（詳見下文）。

立法的規範普遍性不只表現在上述的效力空間與適用對象的廣度上，而且表現在時間的延續性和前瞻性上。即它不只是像某些行政命令與司法判決那樣是一次性的，而是在相同條件下可以反覆適用的。立法也不像司法行為那樣是對已然發生的行為作出裁判，也不像判例法、習慣法那樣純然是建立在以往經驗的基礎上形成的規範，而是要規定未來什麼樣的行為將被調整。正如美國法官霍爾姆斯所指出的：

一項「司法調查對責任的審查、宣佈和強制執行，乃是以當今或過去的事實為基礎，並根據被認為早已存在的法律而進行的」，而立法的一個重要特徵卻是，立法「期望未來，並通過制定一個新規則去改變現行狀況，這個規則將在日後被適用於那些受權力約束的所有的或某些事物」。[20]

所以，立法的前瞻性往往可以成為推進社會與政治、經濟改革的先導。

---

19. 〔英〕沃克，鄧正來等譯：《牛律法律大辭典》（北京：光明日報出版社，1988），頁548，「司法立法」條。

20. 霍爾姆斯對「普倫帝斯訴大西洋海岸公司」一案的審判意見。轉引自〔美〕博登海默，鄧正來譯：《法理學 —— 法哲學及其方法》（北京：華夏出版社，1987），頁398。

4. 立法是依一定程序行使各項立法權力的行為

立法是貫徹統治者的意志，實現其主權的活動，是國家政權的一項最高的權力。它同習慣規則的自發形成不同，必須經過一定的程序，以便集中統治階級的共同意志，維護其尊嚴與權威，並保證其穩定性。

古希臘雅典城邦實行奴隸制民主，其立法是通過「四百人會議」[21]來準備法律草案，由公民會議（全體公民）討論通過的。古希臘實行奴隸制寡頭政體的斯巴達，據傳說它是依據神意，公佈法律。這都是有一定立法程序的，即使只是習慣程序。

在封建專制社會雖然一般是「法自君出」，由君主獨裁立法，但也不能說只是由君主「言出法隨」，而是一般要先指定專人或專門機關擬制，由君主欽定、頒佈的。古代意大利的某些小城邦還實行封建主民主制，像威尼斯、佛羅倫斯和熱那亞是由封建主貴族會議來立法的。近現代資產階級國家多是議會立法，從法案的提出、審議、表決、公佈，一般都須經過比較嚴格的立法程序。

立法程序實質上是立法權的行使的程序。立法權包括制定權（以及認可權、批准權）、修改權（以及編纂權）、廢止權（以及撤銷權）等實體權力和提案權、審議權、表決權（或決定權）、公佈權等程序性權力（詳見下節）。不享有這些權力也就無權立法，或者其制定規範性文件和活動不屬於立法行為，不能稱之為立法。

（三）立法行為的本質

以上所述立法的四個方面的特徵，是立法概念必須具備的基本要素。但這只是就立法的形式要件而言。至於立法行為的實質要素或立法的本質，則主要包含下面三個基本要點：

1. 立法是由經濟基礎所決定而又具有相對獨立性的行為

馬克思主義的法律觀認為，法律或立法的內容最終是經濟關係或社會物質生活條件所決定的。立法雖則是由掌握國家權力的主體依一定

---

21. 「四百人會議」即按照奴隸主的四個階層，每階層推出一百名代表組成。

程序行使立法權的行為，但這種行為從總體上説，是受制於統治階級所處的該時代的社會物質生活條件，而不能恣意妄為的。君主們在任何時候都不得不服從經濟條件，不得超越一定生產方式所容許的範圍，而任意發號施令。這是馬克思主義的基本立法觀。

但是，對經濟決定論也不能作絕對化的理解。立法最終決定於經濟基礎；但經濟基礎大體相同，也會產生很大差異的立法。也如恩格斯指出的：

「很難證明。例如在英國立遺囑的絕對自由，在法國對這種自由的嚴格限制，在一切細節上都只是出於經濟原因。」[22]

這是各種其他不同的社會因素交互作用的結果。

立法的內容最終由經濟關係所決定，但立法又具有相對獨立性。表現為其思想與規範體系與立法體系相對獨立的發展。立法作為一種意識形態，一方面「都具有由它的先驅者傳給它而它便由以出發的特定的思想資料作為前提」。[23] 立法不只從社會經濟生活中吸取源泉，也從先前時代的立法與成果中吸取養料。立法可以對過去已有的法律原則與規範採取不同的繼承形式，而且有自己的獨立發展。另一方面「因為經濟事實要取得法律上的承認，必須在每一個別場合下採取法律動機的形式，而且……要考慮到現行的整個法律體系」[24]，即考慮法律體系自身的和諧性，而「首先設法消除那些由於將經濟關係直接翻譯為法律原則而產生的矛盾」，[25] 從而其所制定的法律規範相對獨立於或偏離了經濟關係的軸線。這也往往導致一些立法者與法學家忘記了法權起源於經濟生活條件。如恩格斯所説：

「這種立法愈複雜，它的表現方式也就愈益不同於社會日常經濟生括條件所藉以表現的方式。立法就顯得好像是一個獨立因素，這個因

---

22. 〔德〕馬克思、恩格斯，中國共產黨・中央馬克思恩格斯列寧斯大林著作編譯局：《馬克思恩格斯選集》（第 4 卷）（北京：人民出版社，1972），頁 484。

23. 同上，頁 285。

24. 同上，頁 249。

25. 同上，頁 484。

素並不是從經濟關係中，而是從自己內在的基礎中，例如『意志概念』中，獲得存在的理由和繼續發展的根據。」[26]

立法決定於社會物質生活條件，也對它起反作用。立法不只是業已形成的法律關係、法權關係的被動反映，也以其相對獨立的思想體系、規範體系反過來對現實社會經濟生活發生積極的或消極的影響。恩格斯曾舉馬克思《資本論》一書中所講述的關於工作日立法為例，說明政治行動的立法對經濟起着多麼重大的作用。[27]當代中國的經濟改革決定了當代中國立法的發展；反過來，立法也正在引導和推動經濟和政治改革的發展。

2. 立法是集中統治階級或人民的共同意志並使之轉化為國家意志的行為

立法是立法者自覺的意識活動。立法的內容不僅受制於某一時代、某一地域乃至某一民族的社會物質生活條件，而且受制於立法者所代表的階級、群體的共同意志，而這種共同意志，又是由本階級、群體在社會經濟關係中所處的條件、地位與共同利益所決定的，而不是以立法者個人的任性、以單個人的意志為轉移的。因此立法者首先必須體現統治階級（或全民）的「公意」即共同意志，否則立法者就不是本階級或人民的稱職的代表，而要被本階級或全民所拋棄；其所立之法也不會受到本階級全體成員或人民的支持而成為廢紙。

社會主義的法律（立法）與歷代剝削階級的法律（立法）應當有本質的不同。它不只是體現某一階級（工人或勞動者階級）的意志，而應是體現全體人民的共同意志。執政的共產黨的主張，對人民的意志有指導作用；但當它的意志同人民的意志相矛盾而無法取得共識的時候，也要順從人民的意志。列寧在俄國十月革命勝利初制定土地法時，就主張並順從了絕大多數農民要求土地社會化的意志，雖然它同俄羅斯聯邦共產黨主張土地國有化的主張是對立的。

---

26. 〔德〕馬克思、恩格斯，中國共產黨·中央馬克思恩格斯列寧斯大林著作編譯局：《馬克思恩格斯選集》（第 2 卷）（北京：人民出版社，1972），頁 539。

27. 〔德〕馬克思、恩格斯，中國共產黨·中央馬克思恩格斯列寧斯大林著作編譯局：《馬克思恩格斯選集》（第 4 卷）（北京：人民出版社，1972），頁 486。

3. 立法由國家行為逐步向社會參與行為演變

　　法與法律產生於社會（起源於社會的生產與交換），立法則是國家的權力與國家行為。剝削階級統治的國家是凌駕於社會之上的統治力量，法律與立法成了它們統治社會的手段與工具。社會主義立法與法律，雖仍然是國家權力的運作過程及其產物，但不應只是凌駕於社會之上的國家和政府控制社會的工具，而也應是社會自我防衛的手段。立法應當既體現人民意志，又在立法過程中吸收利益相關人參與。立法權最終應該逐漸歸還於社會，使之既有國家對社會的調節與控制，又依賴於社會自主、自治、自律。我國公民雖無直接立法權，但在立法過程中有立法建議權、聽證權、討論權（憲法修正案和一些重要的基本法律草案事先要在報紙上公佈，交全民討論或聽取公眾意見），以及對違法違憲的法律法規提請立法機關審查糾正的建議權。2000年3月通過的《中華人民共和國立法》還規定「保障人民通過多種途徑參與立法活動」的原則和辦法。社會主義立法的歷史趨向應逐漸改變由國家（政府）統管全社會的格局，轉而逐漸部分地由社會主體運用法律來自己管理自己，監督國家，保衛自己免受國家的侵犯。

二、立法權的概念與性質 [28]

　　什麼是立法權，它是怎麼產生的？國內法學辭書和教科書、立法學著作，一般把立法權簡單地定義為「國家制定、修改或廢止法律的權力」。這只是從立法權的形式意義上作界定。最早提出分權理論的英國啟蒙學者洛克指出：「立法者是享有權利來指導如何運用國家的力量以保障這個社會及其成員的權力。」[29] 這涉及了立法權的實質意義，但過於簡柏。事實上，立法權概念是一個豐富的整體具有多樣的規定性。

---

28. 本節所論「立法權」主要指國家立法權，在中國即指全國人民代表大會及其常務委員會的立法權。

29. 〔英〕洛克，葉啟芳、瞿菊農譯：《政府論》（下篇）（北京：商務印書館，1986），頁89。

(一) 立法權是相對獨立的權力

這是指立法權是國家權力體系的一個重要組成部分，是相對於行政權、司法權而分立的權力。它之所以成為一種相對獨立的國家權力，是近代分權理論與實踐的產物。當權力尚未分立而集中於一個專制國王的時候，王權（或皇權）就是一切，是不可分割的；立法只是統治者的一項機能與治國手段，與其他統治權合為一體，不成其為獨立的權力，或沒有加以區分其實際價值。只是後來英國貴族為了分割皇權，而爭取到一部分立法權歸於貴族掌握的議會，立法權才逐漸成為與行政權相分離的國家權力。到資產階級革命時期，資產階級思想家為適應奪權需要而提出分權理論，立法權才與行政權、司法權並立為三項相對獨立的權力。

說立法權是「相對獨立」的權力，是因為它同行政權、司法權的區分不是絕對涇渭分明，而是有所互相滲透的。譬如現代國家立法體制中日益發展的委任立法權，授予行政機關在法定範圍內制定行政法規、規章的權力，它在實質意義上是一種立法行為，但在形式意義上則仍屬行政權範疇，可以稱之為「行政權中制定實施法律和管理國家行政事務的規範性文件的權力」，[30] 通常所稱的「行政立法」確切含義應是指「行政權中的立法規行為」，或簡稱「立法規權」以與國家立法權相區別。[31]

在普通法系國家，判例法實質上是司法機關的「造法」行為。我國無判例法制度，但運用司法解釋權對法律缺失所作的補漏拾遺，實質上是介入了立法權，但正常情況下也仍屬司法權範疇（除非它的司法解釋越權成了立法）。

至於國務院和最高人民法院與最高人民檢察院對全國人民代表大會及其常務委員會有立法提案權，則是這些機關享有國家立法權中的部分程序性權利，非完整的立法權（權力）。反之，全國人民代表大會及其常務委員會作為立法機關，同時也擔負某些行政職能（如決定國務院

---

30. 郭道暉：〈我國一元性立法立法體制〉，載《法學研究》，1986 年第 1 期。

31. 《中華人民共和國行政訴訟法》制定後，行政法學界亦開始把行政機關制定法規、規章等行為概括為「抽象行政行為」，這事實上承認了「立法規權」是屬於行政權範疇。日本法學家和田英夫將行政立法界定為「通過行政權立法」。參見〔日〕和田英夫，倪健明、潘世聖譯：《現代行政法》（北京：中國廣播電視出版社，1993），頁 117。

總理、副總理及各部委首長人選和其他人事任免權，通過戰爭與和平、特赦、宣佈緊急狀態、總動員等的決定和對特定事項的調查權等），但這些決定仍然屬於立法權（發佈單項法令）範疇（只有人民代表大會組織代表進行視察、調查、根據議事規則執行內部紀律等活動，才屬人民代表大會的行政行為）。[32] 此外，全國人民代表大會及其常務委員會制定法律，也是為了實施憲法並鬚根據憲法來立法。從這個意義上說（即針對憲法來說），全國人民代表大會的立法也是適法——適用憲法規定，也可以說是一種「判決」，但不是針對個案，而是對具備法定要件的一般事物、行為，作出具有普遍意義的「裁決」，而且可反覆適用。

當然，這三權的部分交織，只是從屬的、次要的，不能改變立法權的獨立性地位。行政「立法」（法規）、司法「造法」（判例）都是同嚴格意義的立法權有區別的。中國雖然不實行三權分立制，而將一切國家權力集中於人民代表大會，但也仍然將主要的行政權和司法權交由或授予行政機關、審判機關、檢察機關分工行使。這也可以說人民代表大會將人民所賦予它的國家權力在具體行使上又作了分工：自己保留完整的、獨立的立法權（既是這一權力的所有者，又是行使者）；將行政權和司法權的行使權分別賦予行政和司法機關。

(二) 立法權是最高國家權力

這一命題也是洛克提出的。他說：

「立法權是最高的權力。」、「因為它有權為社會的一切、部分和每個成員制定法律，制定他們行為的準則」，而「誰能夠對另一個人訂定法律就必須在他之上」。同時，立法權也是其他一切權力的淵源，「社會的任何成員或社會的任何部分所有的其他一切權力。都是從它獲得和隸屬於它的」。[33]

---

32. 關於三權之相互滲透，還可參見〔日〕和田英夫，倪健明、潘世聖譯：《現代行政法》（北京：中國廣播電視出版社，1993），頁 29：「行政廳的委任立法，可以說是即是實質意義的立法，而它在形式意義上，又屬於內閣（行政政府）的權限，所以又可以稱說它是行政；另外，眾參兩院國政調查權實質上是行政，但它又同於國會（立法府）的權限，因而也稱之為立法；再如，停止執行法院所進行的行政處分，實質上是行政，但形式上又同於法院（司法府）的權限，所以當然也可以叫做司法。」

33. 〔英〕洛克，葉啟芳、瞿菊農譯：《政府論》（下篇）（北京：商務印書館，1986），頁 92。

盧梭反對分權學說，他強調立法權同人民主權不可分割，「立法權是屬人民的，而且只能是屬於人民的」，它作為一種普遍性的權力，屬於主權者，而不像行政權那樣只限於個別性行為，不屬於主權範疇。而人民主權（包括立法權）是高於一切的。[34]

　　孟德斯鳩主張分權制衡，認為立法權也要受其他權力的制約，不是絕對的。但他強調「立法權應該由人民集體享有」，並由人民的代表通過議會來行使。[35] 而他所據以立論的英國議會，實際上實行的是議會至上、立法權至上原則。

　　立法權是最高的或最重要的權力，是基於以下一些因素：

1. 從法哲學高度上看，如馬克思所說「立法權是組織普遍事物的權力」。[36] 通過行使立法權，制定作為社會所有人、所有國家機關、社會組織的共同行為準則，具有對全社會的普遍約束力。而行政權則一般是解決屬於特殊性的事物和屬於執行方面的問題。立法是「表現為理論力量的意志」，而行政行為則屬於「實踐力量」，[37] 它是受立法的指導，並以法律為根據，即「依法」才能「行政」。司法權也有類似性質，也是依法審判，解決個案問題。從這個意義上說，立法權應該是高於行政權、司法權的。

2. 從國家主權或人民主權上看，立法權是國家主權的體現。「法律是主權者的命令」（奧斯丁），它集中體現國家或人民

---

34. 參見〔法〕盧梭，何兆武譯：《社會契約論》（北京：商務印書館，1996），頁 75–76。

35. 參見〔法〕孟德斯鳩，張雁深譯：《論法的精神》（北京：商務印書館，1987），頁158。

36. 〔德〕馬克思、恩格斯，中國共產黨‧中央馬克思恩格斯列寧斯大林著作編譯局：《馬克思恩格斯全集》（第 1 卷）（北京：人民出版社，1956），頁 312。

37. 〔德〕馬克思、恩格斯，中國共產黨‧中央馬克思恩格斯列寧斯大林著作編譯局：《馬克思恩格斯全集》（第 1 卷），頁 267、394。馬克思的上述論斷源自黑格爾《法哲學原理》一書第 273 節，黑格爾認為「政治國家」（即他所稱頌的君主專制國家）是由三種權力構成的：「(a) 立法權，即規定和確立普遍物的權力；(b) 行政權，即使各個特殊領域和個別事件從屬於普遍物的權力；(c) 主權，即作為意志最後決斷的主觀性的權力，它把被區分出來的各種權力集中於統一的個人，因而它就是整體即君主立憲制的頂峰和起點。」

的意志。主權是國家的最高權力，立法權是主權的主要組成部分。

3. 就立法權自身來看，實行一元性立法體制的國家，其中央（國家）立法權是高於地方立法權的。實行立法權分權的聯邦制國家，則中央與地方的專有立法權各自享有獨立的平等的地位，互不干涉；屬於共同立法權的，則地方立法不得同中央立法抵觸。總的來說，中央立法權是佔優勢的。

以上所論立法權是最高國家權力，只是相對於行政與司法等權力而言，並不意味着它是終極權力。國家主權或人民主權，整體上就高於立法權。有些國家人民有立法創制權和複決權，這是更高於立法機關的立法權的公民集體立法權力。在我國不實行人民直接立法制度，公民無立法權力，但作為立法機關的人民代表大會是由人民選舉產生並受人民監督的，因而間接地也對國家立法權進行監督。而且根據憲政原理，立法權不能侵犯基本人權和公民的憲法權利，否則其立法是違憲和無效的。基本人權是高於任何國家權力、包括立法權的。

(三) 立法權是整體權力

黑格爾在其《法哲學原理》一書中認為，國家的各種權力固然應加以區分，但「這些權力中的每一種都自成一個整體」。他因而提出「立法權是一個整體」的命題。[38]

---

[38] 〔德〕馬克思、恩格斯，中國共產黨·中央馬克思恩格斯列寧斯大林著作編譯局，《馬克思恩格斯全集》（第1卷）（北京：人民出版社，1956），頁 319。馬克思指出黑格爾強調「整體」觀念，不過是力圖把他所謂的立法權整體中的三個環節（君主權、行政權和市民社會中所謂「等級要素」）統一起來，以消除市民社會與國王的對立，使君主立憲制的政治國家決定市民社會，而不是相反，從而解決立法權（市民各等級參與立法）與行政權、皇權的矛盾。其實各種矛盾實質上是不可調和的階級對立。不過馬克思也肯定了黑格爾關於國家權力統一的觀點。立法權作為一個有機整體，其組成部分不是黑格爾的三環節而是立法權自身的一些構成要素。參見〔德〕馬克思、恩格斯，中國共產黨·中央馬克思恩格斯列寧斯大林著作編譯局：《馬克思恩格斯全集》（第1卷），頁 331、357、358。

完整的立法權概念既包括實體性的立法權力，也包括程序性的立法權力；既是立法的源權，也有權授予其他機關、從屬立法源權的派生立法權力。

1. 立法實體性權力

立法的實體性權力包括法律的制定權、批准權、認可權、修改權、補充權、解釋權、廢止權、變更或撤銷權等。制定權中還有前述的不同等級規範的制定權的劃分。變更或撤銷權則是指有權改變或撤銷侵犯其立法權或與其所立之法相抵觸的其他下級機關所制定的規範性文件。其中制定權是立法基本權；修改權、補充權、解釋權、廢止權是立法自律權；批准權、認可權、變更或撤銷權則是律他權。缺乏上述實體立法權的任何一項，都不能說是嚴格意義的立法權或完整的立法權；而沒有制定權這項基本權力，更談不上立法權，因為它是其他實體立法權的基礎。此外在實行直接民主制的國家，人民的創制權、複決權也是重要的實體性立法權。

2 立法的程序性權力

立法的程序性權利力指立法過程的有關權力，如提案權、審議權、表決權、通過權、公佈權，以及立法調查權、聽證權以及對法律執行的檢查權等。某些重要法律的起草權（如憲法修改草案、憲法修正案、香港與澳門特別行政區基本法草案的起草），也屬經由立法機關授權的專門起草委員會的一項程序性立法權力。至於一般法律法規由某些機關或人員起草，只是法律草稿，而非草案（後者須由有提案權的機關或一定數量的人民代表大會代表或人民代表大會常務委員會委員提出、並經立法機關列入議程，才成為法律草案和立法議案），不屬立法權力行使程序，只能說是公民的立法建議權利不具法律效力。

缺少以上程序性權力任何一項，都不能說是嚴格意義的立法權或完整的立法權。譬如在我國除人民代表大會代表、人民代表大會常務委員會及其成員有提案權外，國務院、最高人民法院、最高人民檢察院、中央軍事委員會也有，但它們只有立法提案權，而無審議、表決等權力，因而不能說它們有國家立法權。這最多只能說是對國家立法的部分參與權而不是決定權。當然它們的立法提案以其重要性，往往得以優先

列入全國人民代表大會或其常務委員會的立法議程進行審議，在很大程度上能影響乃至左右全國人民代表大會及其常務委員會的立法決策。

3. 立法的源權

立法的源權指享有立法的自主權（或類似民法中的「所有權」）、行使權（類似佔有、使用權）和委託權等完整的立法權力，由它可以派生出授予其他機關制定附屬於法律的法規、規章等規範性文件的權力。如西方分權制國家的行政機關享有委託立法權，有權制定執行法律的行政規章與政令，稱「附屬立法」、「委託立法」。我國國務院有權制定行政法規，各部委有權制定行政規章，即享有立法規權、立規章權，這都是由國家立法權這個「源權」派生的權力。另外，國務院還有經全國人民代表大會授權而在限定範圍內制定「准法律」（即暫行規定與條例）的權力，這是經授權立法而享有的「准立法權」。至於司法機關也有制定實施屬於司法職權範疇的某些法律的實施細則，同時對立法機關所通過的法律有漏洞、有空白、有矛盾時，可以通過司法解釋作出一定限度的彌補。有些學者稱之為司法的「立法補充權」，這只是在立法機關的「立法優先權」的前提下「候補」立法權，其特徵：一是「候補」的；二是只針對個案的；三是嘗試性的，即這種「補充」非立法決定性的規範。[39]

行政與司法機關在立法上的上述權力都是由立法源權派生出的附屬立法權，不是獨立的、完整的立法權，也不具有最高性。這是我為什麼主張稱它們為「立法規權」、「立規章權」，而不宜籠統稱為「立法權」的緣由。[40]

至於地方立法權，在實行中央與地方立法分權的兩級立法體制的國家是將立法權加以分割，地方與中央各有其獨立、完整的專有立法權。而實行一元性立法體制的國家，地方立法機關雖有制定某些具有法律效力的規範性文件的權力，但這種「立法權」不是整塊分割整個國家

---

39. 茂繁：《法學方法與現代民法》（台北：國立臺灣大學法律學系法學叢書編委會，1982），頁 380。

40. 郭道暉：〈論我國一元性立法體制〉，載《法學研究》，1986 年第 1 期。

的立法權，而是由國家立法權（指中央立法權）所派生的、附屬的立法權。打個比方，即它不是獨立於第一汽車製造廠的第二汽車製造廠，而只是第一（或唯一）汽車製造廠的地方分廠，其主要部件（如發動機）是由總廠製造與提供的，它只是根據本地特點製造某些附屬部件而已。中國省級及法定的較大的市的人民代表大會制定地方性法規即屬這種性質。它不能製造「發動機」（基本法律與基本法律規範），它不僅要受制於國家立法權，而且受制於由國家立法權派生的行政立法規權（即不得同國家法律和行政法規相抵觸）。所以它並不享有獨立的、完整的立法權。

馬克思在剖析黑格爾關於「立法權是一個整體」的原則時，指出：

「只有『立法權』才是名副其實的完整的政治國家。……假如不同的等級（指市民社會的各等級——引者）各自組成立法等級會議……那麼我們就不會有整個國家的立法權，而只有各個等級、同業公會和階級用來對付國家整體的立法權。……它們（指市民社會的各等級及其立法權——引者）會把自己的特殊性變成整體的決定力量。它們會成為特殊物統治普遍物的權力。立法權也不會只有一個，而是有許多。」[41]

這就是說，只反映各自特殊利益的市民社會各等級的立法權這個「特殊物」，如果享有獨立自在的完整的立法權就會使作為反映普遍利益的國家立法權架空或變質，使部分決定整體。這同黑格爾所要求的法制的統一（統一於君主立憲制的國家——國王）是適得其反的。馬克思由此指出：只有使人民真正成為「普遍物」，由人民的意志來體現國家法律的普遍性，即國家立法權直接由人民掌握，才可以克服黑格爾的矛盾。

我國實行一元性立法體制，國家立法權是屬於人民的，它作為一個「普遍物」，作為國家的整體，只能是體現全民共同意志與利益的國家立法權——即全國人民代表大會及其常務委員會的立法權。它是不容許加以分割，以局部的「立法權」來對付、來決定「國家整體的立法權」的。但現在行政的、司法的、地方的「立法規權」卻常常在侵犯國

---

41. 〔德〕馬克思、恩格斯，中國共產黨・中央馬克思恩格斯列寧斯大林著作編譯局：《馬克思恩格斯全集》（第 1 卷）（北京：人民出版社，1956），頁 357-358。

家立法權,這是在割裂、「蠶食」國家整體立法權,是不利於國家法制統一的。

至於 1997 年和 1999 年我國分別恢復對香港和澳門的主權,在香港特別行政區和澳門特別行政區保留資本主義制度,保留其原有的資本主義法律體系與制度,其立法權就具有相對獨立性、完整性。但其立法權仍是由全國人民代表大會(及其所制定的兩個特別行政區基本法)所賦予的,故仍是「一元性」的,不過可稱為「一元多系」(多種立法體系)。

三、防止對國家立法權的侵越和立法權的異化

立法權既如前述是國家最高的、相對獨立的、完整的權力,是體現人民共同意志和整體利益的「普遍物」,則維護國家立法權的優先和至上地位,維護其完整性與權威是保障國家與人民利益,維護法制的統一的關鍵所在。特別是我國在建立社會主義市場經濟體制的過程中尤其如此。在鼓勵行政與地方的立法積極性以應付市場經濟的急需的同時,如何防止它們越權立法和立法無序,影響法制統一,是十分重要的問題。

對國家立法權的侵越,導致國家立法權削弱有以下幾方面情況。

(一) 行政權及其立法行為對國家立法權的侵越

1. 不依法行政,以行政權抵制立法權

一般說來,行政權是從屬於立法權的,即必須「依法行政」,如果行政權不受立法制約,那麼國家立法權就會形同虛設。這也就是通常所謂「權大於法」,即行政權實際上(而不是理論上)大於法律或立法權。正如馬克思講的,由於「立法的職能是一種不表現為實踐力量而表現為理論力量的意志」,[42] 法律是要靠行政去執行的,行政權就可以利用其強

42.〔德〕馬克思、恩格斯,中國共產黨.中央馬克思恩格斯列寧斯大林著作編譯局:《馬克思恩格斯全集》(第 1 卷)(北京:人民出版社,1956),頁 394-395。

大的「實踐力量」去扭曲「理論」。所以馬克思說，「行政權本身比立法的形而上學的國家職能具有更大的吸引力。」[43]也就具有更大的擴張力與侵犯性，造成行政的專橫。這是專制與人治國家的行政特點。

2. 行政立法規權侵越國家立法權

如在行政規章中增設法律、法規沒有規定的制裁方式和處罰方式；擴大法律、法規規定的制裁和處罰幅度；有些規章甚至規定只能由法律規定的刑事處罰或刑事訴訟程序；非法限制和減少當事人依法律享有的權利，或增設只能由法律規定的權利義務，或濫設許可、批准制度，強化行政部門自身的權力，與民爭利等等。在行政法規中也有類似上述立法越權、侵權現象。

3. 授權立法的脫韁

由於現代國家政治經濟生活日益複雜，行政任務日益繁重，大量行政行為要求有法律的支持而不只是受法律的約束，因而現代行政法學原理除要求堅持「依法行政」原則外，進而要求「以法行政」，行政行為成為立法的契機與動力。而立法機關立法能力有限，因而對行政實行委託立法或授權立法日益盛行。這有利於應付日益紛繁的經濟與行政管理的需要。但如果控制不嚴，監督不力，行政權也會藉以擴張，而國家立法權則遭到弱化而大權旁落，使分權制衡的機制受到削弱，並且助長行政越權侵權行為。正如美國法學家伯德納・施瓦茨所說：

「如果在授權法中沒有規定任何標準制約委任之權，行政機關等於拿到了一張空白支票，它可以在授權的領域裏任意制定法律。」[44]

這樣立法機關的重要立法權被割讓、流失，行政機關倒成了重要的立法者。

問題更在於，由於國務院根據全國人民代表大會授權立法所制定的暫行條例，多是由國務院有關部門起草，往往不免囿於本部門權益，

---

43. 〔德〕馬克思、恩格斯，中國共產黨・中央馬克思恩格斯列寧斯大林著作編譯局：《馬克思恩格斯全集》（第1卷）（北京：人民出版社，1956），頁394–395。
44. 〔美〕伯德納・施瓦茨，徐炳譯：《行政法》（北京：群眾出版社，1986），頁33。

而在相對人的權利義務和本部門的權力的設置上有所偏「私」（部門本位主義）。國務院是首長負責制，部門起草的法規草案雖須經國務院常務會議審查通過，但並不像人民代表大會那樣，實行表決制與多數原則，理論上法規只要行政首長拍板即可。這就難免出現某些行政立法帶有人治痕跡，產生越權或侵權的現象。

現代民主國家也發現委託立法的膨脹有威脅國會立法的弊端，而力圖加強對它的控制，如美國國會在 1932 至 1983 年，對行政法令法規實行「立法否決權」制度。[45] 美國的司法審查不僅審查委託立法是否超出法律的授權，還要審查國會的授權是否超越界限（如授出稅法立法權）。美國一些州還制定「日落法」（Sunset Law）或實行「日落立法」（Sunset Legislation）來監控委託立法權。

「日落法」是指委託立法的授權經過一定期限，非再經授權，則行政機關的委託立法自行失效。[46] 根據《美國聯邦行政程序法》第 4 條的規定，行政規章制訂過程必須通知利害關係人參與，根據《日本勞動基準法》第 113 條的規定，根據國會的法律而發佈的行政命令，其草案應在公聽會上聽取工人、使用者、公益代表者的意見，然後才能制定。[47]這些都是值得借鑒的監控方式，有利於抑制「部門立法」、「首長意志」的消極作用。

（二）司法權對立法權的侵犯

司法權同行政權一樣，也是一種「實踐力量」，在其司法實踐、處理個案中，如果不依法審判而擅自解釋和變更法律規定，則法律就會被虛置被篡改。這還只是司法行為對立法權的個別侵犯，即司法人員在

---

45. 指在國會立法文件中插入立法否決條款，給予國會審查行政部門為貫徹執行特定法律而發佈的政令、法規的效力，旨在維護國會對行政立法的控制。20 世紀 70 年代被國會否決的行政法規政令每年達 10 多次。後被聯邦最高法院以其取代了司法審查權為理由，宣佈國會「立法否決權」違憲而停止實行。

46. 參見吳大英、任允正、李林：《立法制度研究》（北京：群眾出版社，1992），頁 335–336。

47. 〔日〕和田英夫，倪健民、潘世聖譯：《現代行政法》（北京：中國廣播電視出版社，1993），頁 180，註 1。

個案處理中不執行法律，而執行他自己所任意解釋或「自訂」的無形法律。司法權以其「特殊性」對立法權的「普遍性」進行的侵犯，主要是借司法解釋作出立法解釋。在我國全國人民代表大會或其常務委員會授予最高人民法院制定某些法律的實施細則的權力，如民法通則、經濟合同法、行政訴訟法、民事訴訟法等法律的實施細則，這屬授權立法範疇。此外，依據全國人民代表大會常務委員會 1981 年通過的《關於加強法律解釋工作的決議》的授權所作的司法解釋，可以對審判、檢察工作中「具體應用法律、法令的問題」，依法作出某些具體細節上的補充。據有關專家的論述，現今我國最高人民法院的司法解釋在彌補立法的不足方面，起到了如下一些作用：（1）解決法律沒有規定或者不同立法前後一致問題；（2）填補立法不配套問題；（3）調整程序法和實體法因頒佈的時差而引起的適用法律上的矛盾；（4）補救立法滯後問題。[48]由於我國過去一些立法採取「宜粗不宜細」的方針，加上立法經驗與技術不熟練，立法過於簡略或有缺漏，難以適用，因而司法解釋大量作了立法的補充、調整。總的說來是有積極作用的。但如此過於廣泛地作立法補充，實際上是起了「司法性造法」的作用，難免產生司法越權、侵犯立法權的現象。

特別是現在還相當廣泛地存在司法解釋權的主體被任意突破的情況，即法律規定只有最高人民法院和最高人民檢察院有司法解釋權，而現在大量無資格的主體介入司法解釋，如一些地方的司法機關也擅自發佈司法解釋性文件；中央行政機關、中共中央有關機關、全國人民代表大會常務委員會有關部門乃至有些人民團體，也常參與司法解釋文件的聯署。這不只是侵犯司法權，也更易造成司法解釋侵犯立法權。

法國大革命時期的革命家羅伯斯庇爾（Maximilien Robespierre）在他的《革命法制和審判》一書中曾經指出：

「羅馬立法所遵循的規則是：法律的解釋權屬於創制法律者。……如果不是立法者的權力才能解釋法律，那麼別種權力最終會變更法律，並將自己的意志置於立法者的意志之上。不言而喻，當法律本身遭到司法權力的破壞的時候，更應當應用這條規則。……如果立法權不具有

---

48. 周道鸞：〈論司法解釋及其規範化〉，《中國法學》，1994 年第 1 期。

權力和手段來擊退司法權方面的侵犯，立法權就會成為軟弱無力的或無足輕重的，它的全部力量就會轉到司法權方面。」[49]

按照孟德斯鳩的說法：

「如果司法權同立法權合而為一，則將對公民的生命和自由施行專斷和權力，因為法官就是立法者。」[50]

這些話至今對我們猶有現實借鑑意義。特別是在實行市場經濟中，地方保護主義日益威脅着法制的統一，地方司法機關根據地區利益而撇開全國統一的法律，將本地區的意志置於國家立法機關的意志之上，這是對國家立法權的藐視與踐踏，是會嚴重阻礙市場經濟的健康發展的。

（三）地方立法規權對國家立法權的侵犯

前已述及，地方立法權只是國家立法權派生的「分廠」、「子公司」，不具有獨立、完整的立法權。它們在全國尚無某項法律時，先行制定某些地方性法規，以應付當地的迫切需要，是為現行立法體制所允許的；但其立法範圍與規範等級不得與法律等同。近十多年來，各地發揮立法的積極性，制定的地方性法規數以千計，大多數是符合法律規定、起了良好作用的，但也不乏與法律規定相抵觸的現象。至於範圍與規範上越權立法，則更為多見。近年已發現在公民權利、外貿制度、國家稅收、土地管理、行政處罰等方面的地方性法規已侵入了國家立法權的範圍。

有一種觀點認為，凡中央未立之法，地方都可先立，先試驗。這種理解是片面的。根據《中華人民共和國立法法》第8條的規定，有關國家主權、國家機構組織、民族區域自治制度與特別行政區制度、基層群眾自治制度、犯罪與刑罰、對公民政治權利的剝奪、限制人身自由的強制措施和處罰、非國有財產的徵收、民事訴訟、經濟訴訟等「9項」基本制度等基本規範和制度，只能制定為法律，這些是全國人民代表大

49.〔法〕羅伯斯庇爾，趙涵輿譯：《革命法制和審判》（北京：商務印書館，1986），頁28。

50.〔法〕孟德斯鳩，張雁深譯：《論法的精神》（北京：商務印書館，1987），頁156。

會及其常務委員會的專屬立法領域，是行政法規和地方性法規的立法禁
區。地方不得在全國立法之前先制定地方性法規。地方人民代表大會制
定法規的權力範圍，一般應限於保證國家法律在本行政部門或本地的實
施，而不應各自越權立法，造成規範衝突，法制秩序紊亂。當然，更積
極的辦法還是強化全國人民代表大會及其常務委員會的國家立法權，加
快市場經濟立法的步伐，使地方在制定法規時有法律可依。國家立法機
關不能因自己立法緩慢懈怠而影響地方立法的需求。

(四）國家立法權的異化及其防止

以上強調國家立法權是最高的、獨立的、完整的權力，不容被其
他權力所侵犯、所瓜分、所僭越，導致國家立法權流失、弱化和法制不
統一，這是事情的一方面；另一方面，還要注意防止國家立法權自身的
異化。

立法權的最高性只是相對於行政權、司法權而言，並不意味着它
是不受制約的權力，否則立法權也可以成為侵犯其他權力，特別是侵犯
公民權利的專制力量，即所謂「立法專橫」。洛克曾經指出：

「如果假定他從前把自己交給了一個立法者的絕對的專斷權力和意志，這
不啻解除了自己的『武裝』，而把立法者武裝起來，任其宰割。」[51]

美國憲法起草人之一麥迪遜有言：

「在殖民地時代的美國人，只熱心於擺脫專制君主的統治，而不曾
考慮到立法部門篡奪權力的危險。然而立法部門的篡奪權力與行政部門
一樣，必然走向專制。」[52]

現代美國著名政治學家喬‧薩托利在其 1987 年出版的《民主新論》
一書中也認為：

---

51. 〔英〕洛克，葉啟芳、瞿菊農譯：《政治論》（下篇）（北京：商務印書館，1986），頁
　　85。
52. 〔英〕麥迪遜等，程逢如等譯：《聯邦黨人文集》（北京：商務印書館，1980），頁 263。

「當法制轉變為立法者統治時，總的來說，也就打開了通向最巧妙的壓制形式的方便之門；『以法律的名義，進行壓制』。」[53]

這也就是立法權的異化——從維護人民意志與利益的神聖權力，變為侵犯人民權益的手段；從表達社會公平與正義的價值標準，變為立法者專橫統治的工具。

為了對國會立法權進行控制，西方國家實行司法審查即違憲審查制度，對國會立法加以制約。有些國家還把立法機關分為在立法權上基本平權的兩院，所有立法得經兩院通過才有效。美國憲法還對國會立法權進行內容上的限制，規定國會不得制定剝奪言論自由或出版自由的法律，不得制定追溯既往的法律等。此外，美國總統作為行政首腦對國會立法按照一定程序也有批准權（或否決權）。

我國全國人民代表大會及其常務委員會的國家立法權還處在初級階段，主要問題是趕不上實踐需要，而不是立法過頭，立法專橫。但在個別立法中也不無立法侵權的蹤跡，是應當引起關注、注意克服的。至於一些行政法規、地方性法規，特別是行政規章的侵權問題，還比較嚴重，需要加強立法監督，抓緊建立適合我國的違憲審查制度和相應的機構。

---

53. 〔美〕喬·薩托利，馮克利、閻克文譯：《民主新論》（北京：東方出版社，1993），頁336。

第四十三章
法治行政與
行政權的發展

· 本章原載《現代法學》，1999 年第 1 期。

在討論和貫徹「依法治國，建設社會主義法治國家」的方略與目標時，許多論者都強調了「依法行政是依法治國的關鍵」。依法行政的一些原則，諸如職權法定，法律至上，對行政自由裁量的法律限制，職能分離，權責統一，遵循法定程序等，都是一個法治國家的必備條件。

必須指出的是，「依法行政」的原則一般只強調了依照或根據法律，至於法律本身的性質、內容是否民主，是否合理，在所不問。像德國18世紀末已開始形成「法治國」思想，19世紀末確立了行政權力必須依法行使，國家依法統治。但它的「法治國」還只是一種「形式法治」，即形式上要求合法，而不問法的內容是否符合正義，由於法律實證主義影響較深，其依法行政只是嚴格依照法律條文，以致後來為納粹所利用，使德國人民遭受法西斯的惡法統治而不能反抗。「二戰」後，德國著名法學家拉德布魯赫痛心地指出：「法律實證主義以其『法律就是法律』的信條，使德國法律界對專橫、非法的法律失去抵抗力。」[1]日本明治憲法下的法制也與德國相近，都是「形式意義上的法治」。「二戰」後，德國基本法（憲法）規定了對惡法的抵抗權：「對於所有要排除這一秩序者（指憲法秩序——引者），在沒有其他救濟方法時，所有德國人都有抵抗權。」日本在戰後吸收了美國的法治原則，對行政權提出了法律保留原則（即行政行為得有國會立法根據，行政機關不得為公民基本權利立法）；法律優先原則（法律高於行政，一切行政活動不得違法）司法救濟原則（法院對行政糾紛有裁決權，一切司法權屬於法院）等等。這些都是邁向「實質法治」的重要原則。至於英美的法治原則，都是講「法的統治」。在英國是強調「越權無效」、「自然公正」原則。在美國是強調法律最高原則（即法律至上，指政府權力來源於法律，政府無超越法律的特權）；基本權利原則（政府的行政權力受公民固有權利即人權與公民權的限制，凡違反人類自然權利的行政行為對公民無拘

---

1. 〔德〕胡斯塔天・拉德布魯赫：《法律的公正與超法律的公正》，德文版第88。

束力）；正當程序原則，以及行政行為應受司法審查（無司法審查，個人權利與自由就沒有法律保障，法治就是一句空話）。它們都是強調了保障人權與公民的權利、自由，要求法律必須符合社會正義，屬於「實質法治」。

現代法治國家的行政，比之18、19世紀已經大大不同。由於經濟與科技的迅猛發展，社會生活、國家事務日益紛繁複雜，一方面行政權日益膨脹，必須以法治加以適度控制；另一方面行政權的目的也不再限於對社會的管理控制，而要求主動為公眾謀福利，對公民的關懷，「從搖籃到墳墓」，由「最好政府最少管理」到「最好政府，最多服務」的「服務行政」、「給付行政」。這樣「依法行政」就不能只是恪守現行的法律，而不問其是否民主、合理、合乎社會進步的要求。依法不只是依靜態的法律條文，而且要恪守活的法、法的理念（民主、人權、自由、平等、公平、正義等法的精神）。同時它還要求行政職能由單純的統治與管理，增進為指導與服務；要求改變行政主體與行政管理和服務對象的法律關係、法律地位，改變命令與服從的權力關係、權力本位、官本位，為權力與權利平衡、權利本位、民本位；行政主體不是法治的最高主體，而首先是法治的客體、對象，它不單純是管理者、治人者，而且是被制約者，受人民以及行政相對人所監督者；它不是權力的所有者（所有者是人民），只是權力的行使者。最後國家行政機關也不是行使行政權的唯一的主體，隨着公民和社會組織（非政府組織）以及行政相關利益人參與行政（參與決策、聽證，以及被委託或被授權承擔一定的行政任務等）。行政主體也走向多元化，改變政府包打天下，吞食社會主體的權利和社會權力的局面，部分「還權」於社會⋯⋯

這樣，「依法行政」就進一步向「法治行政」演進。單講「依法行政」已不足以適應現代民主法治國家的要求。

法治行政是包含了「依法行政」的諸原則與內容，並以之為基礎的。但其精神實質與價值追求，則比依法行政有更高理念與更現代化的內容。

下面就「法治行政」所體現的有別於一般「依法行政」的幾項原則及要件，略舉數端。

一、行政關係主體平等

以往的行政權作為政治統治權、行政管理權，強調的是行政主體同行政相對人的關係，是「命令——服從」的不平等關係。只有民事主體之間才是平等主體之間的關係。從法治行政的理念來看，行政主體與相對人的關係也應當是平等主體間的關係。這在宣稱是人民當家作主的社會主義國家更應如此。

首先，從政治地位而言，人民是國家的主人，人民主權至上，人民是國家的統治者，也是治國的主體。行政權力也是人民授予的。行政權力行使者同其相對人都是人民之一分子，政治地位是平等的。行政權力要為公民的權利服務。他們之間的關係是服務與受益的關係。從法律地位而言，公民，包括行政權力行使者，在法律面前一律平等。雖然個別公民有不法行為，要受到行政的管理或制裁似乎「不平等」；實則一方是依法管理，一方是依法接受法律的制裁，雙方都是法律所共同約束的對象。依法執法與服法、守法是平等的，任何人都沒有超越法律的特權。特別是現代行政除權力行政外，還逐漸強化了服務行政、指導行政（行政指導而非指令，不具嚴格的強制力）和合同行政（在相對人意思自治、自願的基礎上與政府訂立合同），在法律地位上雙方都是平等的。表現在行政訴訟中，作為原告的公民或法人，與作為被告的行政機關與人員，更是平等訴訟主體，享有同等的訴訟權利。作為被告的行政一方，還要承擔自己有無過錯的舉證責任。原告反而處於優越地位。當然這也是基於行政主體本來具有較大的權力優勢，在行政訴訟中要保護弱者——公民與法人一方，行政機關作為民事主體，同公民與法人更是處於權利平等的地位。在行政合同中，雙方法律地位也是平等的，雖然它同一般民事合同有所不同，帶有協議性的行政指令因素。

法治行政所要求的平等，其重要意義更在於要求公民、利益相關人有權作為平等的一員，進行「行政參與」。當然這種參與不會完全取代行政機關，其參與權利是作為行政權力的補充。但現代法治行政愈來愈趨向於要求將公民的行政參與，作為行政體制（或機制）的必要組成部分。沒有公民參與，其行政立法、行政決定就會因未遵循正當程序而無效（如有關專家、相關利益人乃至社會公眾參加重要法律、法規的討論，行政決策請專家諮詢、論證，舉行利益相關人的聽證、協商對話

等。）凡此都已改變了公民、行政相對人只是行政管理的對象，而成為行政管理的參與人，可以說也成了與行政人員平起平坐的成員，滲入行政主體之中。

當然公民的行政參與是行使其對政府的建議權、批評權、聽證權、監督權等憲法權利，而非直接行使行政權力，即行政法律關係中，公民個人只是權利主體，而非行政權力主體。公民同作為整體的人民，法律地位是不同的。

二、權力交融與合作

分權制衡是法治的一個基本原則，也是法治行政的重要原則。隨着時代的變遷，分權原則也有了新的演進，即不同權力實行一定程序的相互交融與合作。

現代權力分立論發展為不只講三權的絕對分立，而且也講三權的適度交叉，相互滲入和融合，同時在分立中也注意彼此配合、合作。這特別表現在行政權的發展上。

美國制憲時期，麥迪遜就曾提出過反對「形式主義的分權原則」。他認為所謂分權原則，只應是反對一個政府部門行使其他政府部門（如立法機關、司法機關）的全部權力，而不應反對它行使其他政府部門的部分權力。另外，功能主義分權原則的主張者則提出，分權原則只在最上層（即中央）各權力機構嚴格分權，而在下層政府機構則視職務需要而可以容許三權適當混合，但以不破壞上層機構的權力平衡為度。美國行政法學者伯德納·施瓦茨更進而主張：「由於當代複雜社會的需要，行政法需要擁有立法職能和司法職能的行政機關，為了有效地管理經濟，三權分立的傳統必須放棄。」[2]這當然過於絕對。不過從現代行政法治的實踐來看，行政權中的確滲入了行政的准立法權、准司法權，或准立法行為、准司法行為。諸如行政機關接受委託立法、授權立法，進行行政仲裁、行政復議等。

---

2. 〔美〕伯德納·施瓦茨，徐炳譯：《行政法》（北京：群眾出版社，1986），頁6。

在我國國務院、中央軍委、最高人民法院、最高人民檢察院都有對全國人民代表大會及其常務委員會的立法提案權，這可說是享有部分立法程序性權力。國務院及其各部委分別有制定行政法規和規章的權力。這在形式上雖仍屬行政權範疇，但實質上則是立法行為。立法權滲入行政權是行政法的大勢所趨。由於政府的社會職能愈來愈寬泛，當代國際法律思潮已由主張消極的「依法行政」，轉為強調積極的「以法行政」，即不只要求任何行政行為必須有法律依據，依法辦事，而且要求大量運用法律手段來進行行政管理，從而把行政行為當做立法的一個重要原動力，要求立法機關主動配合行政的需要來立法。過去西方法學家主張「無法律即無行政」，現在反過來強調「無行政即無法律」，行政行為成為立法的契機。各國議會的絕大多數法案來自政府，通過立法授予行政機關廣泛的權力，包括「委託立法」或「授權立法」的權力也愈來愈擴大。這是當代立法的一大趨勢。其優點是便於政府運用行政權力不失時機地、有效地進行行政管理與服務。但也帶來某些消極後果，使得議會的立法權相對地削弱，行政權大大擴張，並有左右立法權，使議會大權旁落之虞。

我國當前主要還是「依法行政」，這是針對我國政府機關長期缺乏依法辦事的習慣，有必要加以強調。但「以法行政」也是必然的趨勢。在經濟和政治體制改革中，要求行政管理由直接控制為主，轉變為間接控制為主，也就是要着重運用經濟手段和法律手段。我國全國人民代表大會及其常務委員會審議通過的大多數經濟、行政方面的法律草案，都是由政府有關部門起草，由國務院提出的。如前述1985年全國人民代表大會通過的對國務院「授權立法決定」。這些都表明國務院行政部門權限的擴大，這對加強行政管理，提高行政效率是必要的。但這也無異於給國務院開了一個立法的「空白支票」，因此也不能聽任行政機關來左右立法，侵越人民（人民代表大會）的權力主體地位。

至於司法權滲入行政權，在我國表現為根據《中華人民共和國行政覆復議法》的規定可由行政機關對某些行政糾紛加以裁決，也是帶有司法性質的職能。

三權相互滲入的情況，在我國人民代表大會和司法機關也有表現。如全國人民代表大會及其常務委員會也擔負某些行政職能（如決定國務院各部委首長的人選和其他人事任免權，對戰爭與和平、特赦、戒

嚴、總動員等的決定權和對特定事項的調查權，雖都以民主程序作出決定，但這些對個別事項的決定帶有政令性質。至於最高人民法院和最高人民檢察院都有司法解釋權。其文件實質上是對法律的具體適用的具體化和補漏拾遺帶有立法行為性質。而法院、檢察院實行訴訟保全、凍結銀行資金等措施時，也具有行政性質。

權力分立與制衡是為了防止權力的專橫與腐敗，這還只是消極的。18世紀西歐諸國強調分權，早先是為了分割集中的君權，後來資產階級奪取政權後，實行自由資本主義時期，則主要是為了保障個人自由（主要是資本自由），並不注重行政的效率，所以當時以分權來控制行政權力是行政法的主導思想。但到現代，由於政府任務繁重，要多為人民謀利益，必須注重講求行政效率與效益，所以在分權制衡中又開始強調權力之間的相互配合，共同治國，而不應只是相互牽扯，影響效率。所以現代的分權制衡又注入了分工合作的因素。三權自身也各自融入其他權力因素，更表明這種合作的必要。這也說明提高行政機關為人民服務的效率與效益，已與控制其權力，具有同等的重要性，而且前者更為根本。因為分權制衡本身不是目的。[3]

三、行政權自身分權與制衡的新動向

從促進行政的法治化、民主化、高效化的視角上看，現代行政權的發展，分權已不限於行政權同立法權、司法權的分離，而且進入行政權自身的再分割；制衡也不限於以其他兩種國家權力對行政權的制衡（這仍屬於國家權力之間的內部制衡），而是逐步增加、強化了社會權利與社會權力對行政權的外部分權制衡。

就行政權自身而言，現代行政權實際上在實行著既擴權又削權、放權；既限權、控權又參權、分權、還權的複雜演變。

---

3. 王名揚：《美國行政法》（上冊），頁99。

（一）擴權

這是為了政府干預經濟與社會生活，以更好、更多地為社會主體的利益與權利服務，而將過去行政權管轄領域由國防、治安秩序，伸展到經濟、社會、自然生態環境等廣闊領域。行政權的範圍與強度大加擴展。

（二）限權與控權

由於行政的擴張，為防止其對公民與法人權利的侵犯，防止權力的專橫、腐敗，所以必須同時加以適當限制，特別是對行政自由裁量權要有法律限制，在行政權力的行使上要加強程序限制。這是對行政權的立法限制。同時要強調行政行為是應受司法審查與救濟的行為，通過行政訴訟，對其具體的或抽象的（主要指行政立法）行為加以審查，對受侵害的公民和法人權利予以司法救濟，使行政權承擔法律責任，包括停止侵害和承擔侵權賠償責任。這是對行政權的司法控制。

以上兩項，屬以國家權力制衡行政權。

（三）減權、放權

這是指為適應市場經濟的客觀要求和改變在計劃經濟體制下行政權一統天下、過分集權的局面，要進行行政改革，將不應當由行政主體行使的某些權力，加以削除（如從市場的微觀管理領域退出行政權力，對資源配置、生產計劃、物價調整等不再行使指令性權力加以干預等）；或自中央下放給地方（如地方稅收，地方財政……）。特別是要實行政企分開，不去包攬國有企業的經營自主權，有些還可轉為民營企業，所謂「抓大放小」。「抓」也不是抓企業的經營管理權，而主要是按市場運轉規律，制定宏觀或中觀的「遊戲規則」，在正常情況下，自己不去玩遊戲。正如意大利一位行政法學教授所說的：行政主體對「政策的制定不再是定向於統治市場，而是定向於確保遊戲的規則，使得這種遊戲成為公正的、具有競爭性的、可自由進入的、具有透明性的和信息暢通的」。[4]

4.〔意〕路伊薩·托爾奇亞：〈法治與經濟發展：意大利社會制度中的法律體系〉，中國—歐盟法律研討會論文，1997 年 11 月。

(四) 分權

這是指把原本屬於政府的部分行政權力，分給非政府組織去行使，以減輕政府的權力負擔，也充分運用非官方或半官方組織所擁有的雄厚的社會資源（行業專家、經濟實力、社會影響力等），更好地去完成某一方面的行政任務。如美國的能源委員會、州際貿易委員會在政府授權下，擔任了能源分配與管理，州際貿易的協調等行政職能。在意大利有些屬於政府的社會管理職能「也不再是由傳統的國家機關來承擔，而是由新的、被稱之為獨立機構的、擁有自身權力和權限的公共機構來承擔」。如電訊、供水、保險、股票乃至鐵路、航空等過去為政府機構壟斷的公用事業領域，逐漸由獨立於政府之外的相應的公共機構如某行業的管理委員會管理，或由民營企業經營。意大利的「那些獨立的管理機構擁有自身的決策權和裁決權，卻具有雙重性：一方面它們同政府分享行政權力，但又不從屬政治要求；另一方面它們的成員由議會挑選，但他們又不向議會負責」。「他們的合法性基於他們的專業知識。他們沒有代表性，但他們的決策卻常常具有重要的政治影響。目前意大利憲法正經歷一個修改過程，有關那些獨立機構的規定可能寫進憲法裏。」[5]

按照意大利這種「分權」的舉措，舊的行政法所界定的「公共控制」概念正在經歷激劇的變化，政府壟斷公共事業的模式有瓦解之勢。這不是不祥之兆，而是實現「小政府、大社會」的一個步驟，更是使國家權力向社會權力過渡的一個措施。

在我國現在正在進行政府機構改革，其主旨除了裁減臃腫的政府機構和冗員，減低行政成本，實現「廉價政府」外，實質上也是要削減一些行政權力，將它分離出來，交由半官方、半社會的管理機構去行使。一些政府的部已改為「公司」，如電力公司、郵電公司等，它們都具有相應的行政管理職能與權力，這是行政分權的一種形式，如何使之既脫離行政機關，又配合行政任務，並在法治軌道上運行，還有待摸索、試驗。

---

5. 〔意〕路伊薩・托爾奇亞：〈法治與經濟發展：意大利社會制度中的法律體系〉，中國—歐盟法律研討會論文，1997 年 11 月。

（五）參權

這是指公民和行政相對人直接「參政」，參與行政決策、行政立法、行政的某些具體決定（如行政許可、行政處罰等）。如諮詢、論證、聽訊等，沒有公民（行業專家、利益相關人等）的參與，這些行政行為就應成為無效行為（因為它是違反法定程序的行為）。這種公民的行政參與實際上既是對行政權的事先監督，也在一定程度上是對行政權的補充，成了行政主體的助手。這是現代法治行政的民主性的體制，也是對行政的支持。正如牛津大學特里尼帝學院院長邁克‧貝洛夫所說的：「一個發達的行政法制度不是高效政府的對手，而是助手。」[6] 這種行政參與不只限於直接參加進行政決策過程中，直接同行政機關對話或協助其辦事；也可以，或者更多的情況是通過媒體運用輿論來參與政府決策的討論、批評、建議，既是對行政機關正當行政行為的支持，也是對不合法、不合理的行政行為的監督。

（六）還權

這是指將國家（政府）所「吞食」的社會權力與權利「還歸」於社會。國家本是從社會產生的，先有社會，然後發展到一定歷史階段才出現凌駕於社會之上的國家，奪去了、壟斷了社會主體固有的權利與權力，成為一個「獨立於社會之上又與社會對立」的「超自然的怪胎」。[7] 正如馬克思在評論巴黎公社時所說的：「公社制度將把靠社會供養而又阻礙社會自由發展的寄生贅瘤——『國家』迄今所吞食的一切力量歸還給社會機體。」[8]

當然，國家權力完全「還權」於社會是一個漫長的歷史過程，但現代法治國家已開始逐步朝這個方向邁進。在法治發達的國家早已將律師、會計師等行業的管理，交由律師協會、註冊會計師協會全權管理，他們有權審核批准或撤銷律師、會計師的資格，對違法、違反行規者

---

6. 〔英〕邁克‧貝洛夫：〈英國行政法的實質〉，中國—歐盟法律研討會論文，1997 年 11 月。

7. 〔德〕馬克思、恩格斯，中國共產黨‧中央馬克思恩格斯列寧斯大林著作編譯局：《馬克思恩格斯選集》（第 2 卷）（北京：人民出版社，1972），頁 409、411。

8. 同上，頁 377。

給以處分等。我國至今這些權力仍掌握在相應的行政主管機關之手（如財政部、審計署、司法部）。不過，我國近年也開始注意發揮這些協會的作用。至於消費者協會行使監督、處罰販賣假冒偽劣商品的商戶，保護消費者權益，其職能與作用已愈來愈顯著。一些工會、婦女聯合會等群眾團體和社會自發性志願者組織，協同政府、企業解決下崗人員就業問題及其他救濟、社會保險事業，都在日益分擔或取代行政機關的職能與權力。這是部分行政權還原為社會權力與權利的一些跡象，從而出現了現代行政權多元化發展的趨勢。即國家行政機關已不是唯一行使行政權的主體，其行政權部分地還歸於社會主體。這是克服行政壟斷，由社會分擔行政職能的重要途徑。從長遠看，更是使國家與社會二元互補互動，由法治國家向法治社會演進的方向。

第四十四章
論以法治官

· 本章在法學界率先提出「以法治官」的課題,原載《法學》,1998 年第 7 期,《新華文摘》,1998 年第 10 期摘載。全文收入郭道暉:《法的時代挑戰》(長沙:湖南人民出版社,2003)。

一、依法治國的實質在以法治權、治官

一項政策、方針、口號的提出,在共產黨領導的社會主義國家,往往可以立即得到一呼百應的效果。但是要真正領會其含義,把握其精神實質,取得全體黨政幹部的共識,則需要一個相當長的認識與實踐過程,往往在一哄而起時還可能出現偏離或誤解原意、形似而質變的現象。

黨的十五大報告已明確「依法治國」的主體是人民,是「廣大人民群眾在黨的領導下,依照憲法和法律規定,通過各種途徑和形式管理國家事務,管理經濟文化事業,管理社會事務」。這個界定實際上是照抄《中華人民共和國憲法》第2條第3款(只是多了「在黨的領導下」一語)。這三個「管理」的對象可以說是依法治國指向的客體。可是在理解和貫徹執行這一治國方略時,一些地方往往把法治主體只限於政府,由政府制定依法治省、治市、治縣、治鄉……的方案,所「治」的對象也大都是本地所「管」的行政、司法事務和經濟、文化、社會事務。這樣就把「依法治國」的「國」這一客體,理解為只是一個空間,這就有失偏頗,而且同建立社會主義法治國家的核心內容與價值變為地域概念,按等級層層分管。有些地方甚至推演為依法治村、治家,最後落實到依法治人,就更有悖「法治國家」的精神了。

前述「三管」只是概括了人民治理國家和社會的三個方面事務。如果只從字面意義上把它理解為依法「管事務」,而不問管理這些「事務」的關鍵所在和核心內容,那就會偏離法治精神。

其實從現代法治觀點看,「依法治國」中的「國」應是指國家機器,「法治國家」是指法律至上的民主國家。這架國家機器運轉的動力是源於人民而授予政府的國家權力(包括立法、行政與司法以及軍事等權力)。而操作這架機器、行使這些權力的則是遍及全國的政府的各部門、各地方的官員。在近現代,國家機器很大一部分實際上是一架龐大

的官僚機器。民主法治的要義，依法治國的精髓，就在於作為法治主體的人民以法治權，即人民通過人民代表大會以憲法和法律來授予並制約政府權力。政府則首先是作為法治的客體接受法的統治，依法用權，而政府官員是這些權力的載體，因此以法治權又重在以法治官，澄清吏治。所謂吏治清則國治，國治而後天下平。

前述的把「依法治國」推演為依法治省、治市、治縣、治鄉……並無不可，但如果忘記了首要的是要治好你那個省、市、縣、鄉的「國家機器」，即政府各權力機關及其官員，那就事倍功半，而且會偏離真正法治的軌道。記得在一次依法治國的理論討論會上，北京市司法局一位負責同志介紹了他們「依法治市」的經驗。他們的一些具體經驗確實不錯，在一段時期走在全國的前列。可是他很惋惜地說，後來出了個陳希同、王寶森事件就失去了光彩，好的經驗也被淹沒了。其實要害恐怕還在於他們抓「依法治市」沒有抓住關鍵：以法治官，特別是以法治市長、市委書記。

陳希同、王寶森事件也有力地表明，依法治國（或治省、治市……），如果沒有把重心放在以法治權、治官上，就只會是「抓了芝麻，丟了西瓜」。最多也只能說是抓了「形式法治」，即有一定的法律制度，表面上似乎也在依法而治，卻只治下不治上，治事不治權，治民不治官，是「半截子法制」而已。因為現代意義的法治（Rule of Law），是法的統治，政府、政黨、從國家主席到一般官吏，都要置於法的統治之下。而且所依之法是民主的法，是保障人權和公民權利與自由，制約政府權力和官吏的法。這才叫「實質法治」，其理念與中心目標本是旨在解決權與法、官與民的關係，變專制政治為民主政治。因此要避免類似陳、王事件的發生，不能單靠依法治市，它涉及整個國家的監督機制問題，亦即以法調整國家權力結構與權力運行與制約機制問題。這就必須自上而下，先從中央「治國」、調治國家機器開始。亦即把重心放在中央一級實行全國性的政治體制改革，通過全國人民代表大會的立法，來改革國家權力結構，健全監督權力和權力行使者的法律機制。所以講依法治國，首先要把中央和地方各級國家機關、各級政府及其官員自身擺進法治客體的首要位置，而不是超然地游離於法治客體之外，自己不先依法治「國」（治權、治官），而只是看着或者指揮着地方熱熱鬧鬧搞依法治省、治市……而地方政府也只是看着或指揮着

下屬部門依法治理，而不把自己擺進去，首先依法管好自己的權力與官吏。

如同現在的「企業改革」不能只限於「改革企業」，單對企業自身內部改革，而要首先（或同步）改革政府，規範與限制政府對企業的權力干預，調整好政企關係，才能真正搞活企業一樣；講依法治國，首先要擺正主客體的位置，「正己然後正人」，先以法管好權、治好官，再去依法治事、治人，才能管好各項事業。

二、爲什麼治國重在治官

治國重在治官，古今一理。毛澤東也有句名言：「政治路線確定以後，幹部就是決定的因素。」「幹部」即當代中國的官吏。當然毛澤東這句話也還不是講法治，不是以法治官，在「路線」與「幹部」之間，還缺少或忽視「制度」與「法律」這個重要的中間環節，以致流於「人治」的窠臼。由於其政治路線的錯誤，又不講法治，所以適得其反。

治國重在治官是因為官與權不可分。古人銓釋「官」字的含義，謂「官者，管也」。[1] 管則需要權，有權就要設官，要設立一定的官職來掌握和行使權力；當官就有權，哪怕小到一個警察、一個公務員，手中也都掌握着大小不等的權力。而權力既可以用來積極為人民服務；也可以消極地不作為，有權不用，尸位素餐；更可以加以濫用，用來攫取物質或精神私利。權力具有極大的誘惑力和腐蝕力。英國思想家羅素（Bertrand Russell）在他的名著《權力論》中說過：「愛好權力，猶如好色，是一種強烈的動機，對於大多數人的行為所發生的影響往往超過他們自己的想像。」[2] 霍布斯也說，「得其一思其二、死而後已、永無休止的權勢欲」，是「全人類共有的普遍傾向」。[3] 中國的孔子講「食色性

---

1. （唐）孔穎達疏《禮記・王制》：「其諸侯以下及三公至士，總而言之，皆謂之官。官者，管也，以管領為名，若指其所主，則謂之職。」
2. 〔英〕伯特蘭・羅素，吳友三譯：《權力論・新社會分析》（北京：商務印書館，1991），頁 189。
3. 〔英〕霍布斯，黎恩復、黎廷弼譯：《利維坦》（北京：商務印書館，1985），頁 72。

也」，講的是人的生理自然本性；而「權力欲」則可以說是人，特別是官的社會本性。英國歷史學家約翰‧阿克頓（John Acton）說：「一切權力必然導致腐化，絕對權力必致絕對腐化。」對掌握權力的官吏如果不加制約，也必然會腐化。所謂「吏治之弊，莫甚於貪墨」「此弊不除，欲成善治，終不可得」。[4] 中國古代歷朝敗亡，莫不敗於奸臣、貪官以及那些「手握玉爵、口含天憲」，[5] 專權亂政的宦官之手。鄭觀應在其《盛世危言》一書中，對貪官污吏有一段生動的刻畫：「故今之巧官，莫妙於陽避處分而陰濟奸貪，一事不為而無惡不作。上蝕國計，下剝民生，但能博上憲之歡心，得同官之要譽，則天變不足畏，人言不足恤，君恩不足念，民怨不足憂。作官十年而家富身肥，囊囊累累然數十萬金在握矣。於是而上司薦之曰幹員，同僚推之曰能吏，小民之受其魚肉者，雖痛心疾首，籍口側目，而無如何也。」

因此歷代吏治大都以懲治奸貪為主。中華人民共和國成立初期懲辦大貪污犯劉青山、張子善時，毛澤東也曾尖銳地指出：「治國就是治吏。禮義廉恥，國之四維，四維不張，國將不國。如果臣下一個個都寡廉鮮恥，貪污無度，胡作非為，而國家還沒有辦法治理他們，那麼天下一定大亂，老百姓一定要當李自成，國民黨是這樣，共產黨也會這樣。」、「殺劉青山、張子善時，我講過殺了他們就是救了二百個、二千個、二萬個啊！我們共產黨不是明朝的崇禎，我們不會腐敗到那種程度，誰要搞腐敗那一套，我毛澤東就割誰的腦袋。我毛澤東若是腐敗，人民就割我毛澤東的腦袋。」[6] 時至今日，官吏的腐敗現象仍有增無減。江澤民在紀念中共建黨75周年的座談會上指出：「歷史上的腐敗現象，危害最烈的是吏治的腐敗。」他後來還把「官吏的腐敗、司法的腐敗」視為「是滋生和助長其他腐敗的重要原因」。他在黨的十五大報告中進一步指出：「反對腐敗是關係黨和國家生死存亡的嚴重政治鬥爭。」「在整個改革開放過程中都要反對腐敗，警鐘長鳴。」

當然吏治不只是消極地為了防止腐敗，積極的應是改革行政機構，健全官制，選拔和培養「能吏」、「廉吏」，建設一支德才兼備的官

4.《明太祖實錄》（卷148）（卷69）。

5.《後漢書》（卷78），《宦者列傳序》。

6. 轉引至《北京政協》，1997年第3期。

員隊伍，使國家機器能通過他們得到穩定、安全、高效地運轉，促成國泰民安的太平盛世。

三、治官的主體與方略

明確了治國重在治官，更重要的還必須解決誰來治、如何治的問題，即治官的主體和方略問題。中國古代實行的是人治下的吏治，即皇帝治官的方略是以官治官。毛澤東的治官方略是人治與群治結合，即：在人治下，通過群眾運動來治官。

這種直接把群眾作為治國的主體的「群治」觀，表面看來是民主的或是「大民主」，但實際上卻仍然沒有擺脫人治的遺緒。群眾運動在革命時期和解放初期的階級鬥爭激烈時期，用來盪滌舊社會的污泥濁水，掃清反動的殘渣餘孽，確有風捲殘雲、立竿見影的功效。在政治運動中，群眾也比較聽話，領導者個人運籌帷幄，一呼百應，一言安邦。領導人特別是在群眾中有極高威望的領袖個人可以決定一切，指揮一切。這給人以錯覺，彷彿個人意志可以扭轉乾坤，群眾運動可以包醫百病。處理複雜的經濟問題、社會問題，治國治吏，都可照此辦理。殊不知「馬上得天下，焉能馬上治之？」群眾運動往往變成運動群眾，離開了法治的「群治」，實際上是「人治」的變種。

這種一人之治與群眾之治、個人專斷與大民主的結合，成為中華人民共和國成立以來到「文革」終了的中國治國治官的「特色」。考其得失，應當說收效甚微，負面作用為主，官未治好，發展到最後導致國已不國，造成了極大災難，教訓是深刻的。

歷史經驗與教訓表明治官的方略主要還是靠民主，靠法治。民主，也就意味着人民當家作主，人民是法治的主體，也是治國治官的主體。

有必要指出的是，對黨的十五大報告中把依法治國的主體界定為在黨的領導下的「人民群眾」，應該作出正確的詮釋。這裏講的「人民群眾」應主要界定為作為整體的人民，人民主要是通過人民代表大會去制定治國治官的法律，並依法行使治國治官的權力。在我國作為「群眾」或公民個人，是不享有直接治國、治官的國家權力的（在外國有人

民公決權），只有憲法規定的某些公民基本權利。「群眾」可以運用選舉權和罷免權去選擇人民代表與官員，運用言論自由權，批評、建議、控告權，集會遊行示威權等權利，去監督政府及其官員，但不能直接行使國家權力（如人民代表大會的監督權、立法權，政府的行政權、司法權等）。我們不能誤解為群眾可以直接去治國治官。現在發生的群眾為索債而自行扣押、拘禁人質的事件是違法的。

當然這不是說治國治吏不需要依靠群眾的力量。依靠群眾來監督政府官員，也應當是社會主義國家必須堅持的一個特點。

人民群眾運用憲法權利，通過群眾性的社會組織的集體力量和新聞媒體的輿論力量，即各種社會權力，是可以產生巨大的社會壓力，監督與督促政府官員奉公守法、恪盡職守，為人民謀福利的。但這一切都必須以「依法」為前提，而且仍須通過國家權力機關來實現，而不能像「文化大革命」時期那樣，「群眾」直接「奪權」，批鬥、拘禁、懲罰幹部。從這個意義上可以說，人民群眾是「依法監官」；而人民的權力機關──人民代表大會則是通過立法與監督權力「以法治官」。

四、治官要靠法治

如前所述，中國古代人治底下的吏治和現代毛澤東的人治加群治都不是治國治官的良方，只有在民主政治的基礎上實行法治才是上策。

（一）健全社會主義法制，以法治官

1. 以憲法治官

人們常說：「憲法是治國安邦的總章程。」這固然不錯，但往往被理解為憲法是執政黨和政府的治國工具，憲法主體被誤為是執政黨與政府。這是一種片面的觀念。其實現代憲法首要的是「公民權利的保障書」，並「規定一個受制約的政府」。憲法所確認的公民基本權利，是政府權力不可逾越、侵犯的邊界。這是憲法以權利制約權力。所謂「無分權則無憲法」，其要旨也在通過憲法規定的權力分立或分工來制衡權

力，這就是以權力制約權力。總之，都是要制約權力，防止權力者腐敗與專橫。

關於以憲法治權治官，清末出使各國考察政治的大臣載澤已有體察。他在呈慈禧太后的密折中有一段話，很有見地：「旬日以來，夙夜籌慮，以為憲法之行，利於國，利於民，而最不利於官。若非公忠謀國之臣，化私心，破成見，則必有多為之說，以熒惑聖聽者。蓋憲法既立，在外各督撫，在內諸大臣，其權必不如往日之重，其利必不如往日之優，於是設為疑似之詞，故作異同之論，以阻撓於無形。彼其心，非所愛於朝廷也，保一己之私利而已，護一己之私利而已。」[7]

1982 年《中華人民共和國憲法》的一個改進是將「公民基本權利與義務」由「五四憲法」的第三章提升到第二章，置於「國家機構」這一章之前，突出了公民權利的憲法地位。其中還專有一條（第 41 條）規定「公民對於任何國家機關和國家工作人員，有提出批評和建議的權利；對於任何國家機關與國家工作人員的違法失職行為，有向有關國家機關提出申訴、控告或者檢舉的權利」。在「國家機構」這一章中，也規定了人民代表大會對行政機關、司法機關的權力的制約與監督的一些機制，如對行政機關的調查權、質詢權、政府組成人員任免權，全國人民代表大會常務委員會有權撤銷國務院同憲法、法律相抵觸的行政法規、決定和命令，審查和批准國務院制定的國民經濟和社會發展計劃和計劃執行情況及國家預算和預算執行情況的報告等等。地方人民代表大會對地方政府也有相應的監督權。在《中華人民共和國憲法》第一章總綱中，還規定一切國家機關和武裝力量、各政黨都必須遵守憲法和法律，任何組織或者個人都不得有超越憲法和法律的特權（第 5 條）。一切國家機關和國家工作人員必須依靠人民的支持，經常保持同人民的密切關係，傾聽人民的意見和建議，接受人民的監督，努力為人民服務（第 27 條）。

隨着改革開放的深入發展，國家經濟生活與政治生活中出現的一些新的社會關係（如作為社會主義經濟組成部分的私有經濟與私有財產），需要給予憲法保護，防止政府及其官員的侵害；公民有些新的權

6.《清末籌備立憲檔案史料》，第 173–176。

利（包括人權）與自由在憲法中尚未得到確認，容易受到來自政府與官員的干擾；對政府及其官員的憲法監督機制尚不完善如立法監督與工作監督，人民代表大會代表對「一府兩院」的評議……）。凡此都有待在適當時期進一步修訂憲法。特別是如何保障憲法的實施，屬行依法治國，諸如建立憲法監督委員會，對執政黨的某些組織、幹部和政府及其官員的違憲行為，通過違憲審查與憲法訴訟，予以追究；建立人民代表大會對其所選出的政府官員的評議制度、彈劾制度、罷免程序，以及不信任投票制度（如凡政府及法院、檢察院工作報告未獲通過者應承擔政治責任，自動辭職）；進一步確認司法獨立，克服黨政機關和官員對司法工作的非法干涉，並強化對行政行為包括抽象行政行為）的司法審查（這是個人權利與自由的基本保證）等。這些都是今後能否真正做到以法（憲法和法律）治官的關鍵。

2. 以法律治官

這要求首先加快制定有關公民憲法權利的立法，如新聞法、出版法、社團法，以保障公民的言論、出版、結社的自由，從而有效地運用這些權利去制衡政府權力，監督政府及其官員。要下大決心和加快制定人民代表大會監督法，從而使人民代表大會對一切國家機關和武裝力量、各政黨特別是執政的黨組織與黨員幹部）的監督有法可依。要制定公務員法（本文發表時只有 1993 年制定的《國家公務員暫行條例》），並嚴格實施法官法、檢察官法、人民警察法等法律，使之依法行政、依法司法，勤政廉政，積極為人民服務。要分別制定各種單行的行政程序法，它是「依法行政」的一個基本依據，使行政行為納入民主與法治軌道，旨在使行政行為公正合理和有效率，加強對行政行為的事前監督，防止行政侵權和官僚主義，防止行政機關及其官員的專橫和腐敗。行政程序包括行政立法（法規、規章）程序、行政許可、行政收費、行政徵收、行政處罰、行政強制執行、行政救濟等。其中已制定行政處罰法、行政監察法、行政覆議法、行政訴訟法，其他法尚亟待制定。在這些立法中要健全作出行政決定前的聽證程序（聽取利益相對人的意見），實行政務公開、公平、公正原則，實行公眾參與。

在各項行政立法中，要注意對行政機關及其官員既有所授權，亦有相應的控權。近代行政法相當程度上是控權法（控制行政權力），而

到現代，20世紀以來，通過立法權、司法權去限制行政權力範圍的傳統，已逐步將重點轉向防止公務員濫用行政自由裁量權上，即由限權到制官。由於現代經濟與科技的迅猛發展，行政任務日益繁雜，行政權力不只是對社會秩序的管理，而且要主動為社會謀福利，行政權力逐漸擴張，這是必要的。因之，現代發達國家的行政法已不着重於限定行政機關享有權力的範圍，而是防止行政權力行使者即行政官員濫用權力，擅自擴大權力範圍。路易斯・傑斐（Louis Jaffa）說：「行政法是管理和控制行政官員的行為的法。行政法控制對象並不是政府，而是那些組成政府的人。……正是基於此，行政法是用來規定指導性原則以及程序，以控制行政官員的『衝動』。」[8] 當然，在我國由於過去行政權極其強勁，其權力範圍幾乎無孔不入，所以行政法仍須注重對行政權力範圍的限制（特別是針對政企不分的狀況）。但我國行政官員的專橫，確也往往表現在對行政自由裁量權的濫用上。英國憲法學家戴雪說過：「哪裏有自由裁量，哪裏就有專橫。」「政府一方專橫的自由裁量權，必然意味着公民一方的法律自由難以保障。」[9] 美國大法官道格拉斯也說：「當法律使人們免受某些統治者……某些官員、某些官僚無限制的自由裁量權統治時，法律就達到了最佳狀態。……無限自由裁量權是殘酷的統治。它比其他人為的統治手段對自由更具破壞性。」[10] 限制廣泛的行政自由裁量權被視為一個法治國家的必要標誌之一。當然，他們對自由裁量權的警惕與排斥過於絕對化，忽視了行政自由裁量權對靈活及時、因地制宜地處理有關公民與社會公共利益事務，實現「服務行政」、「給付行政」原則的必要性。但從以法治官的視角看，加強對行政官員的廣泛自由裁量權的限制，在現時的我國則是十分重要的，這有利於克服「權大於法」、「以言代法」等現象。

---

7. 轉引自〔英〕威廉・韋德，徐炳譯：《行政法》（中國大百科全書出版社，1997），頁56。

8. Albert V. Dicey, *Introduction to the Study of the Law of the Constitution* (Basingstoke: Macmillan Education, 1959), p. 188. 轉引自李娟：《行政法中的控權論》，北京大學1998年博士論文，第35。

9. 《美國最高法院判例彙編》（第342卷），頁98、101。轉引自〔美〕伯納德・施瓦茨，徐炳譯：《行政法》（北京：群眾出版社，1986），頁567。

所謂行政自由裁量權，是指行政機關或行政官員所擁有的作為或不作為及如何作為的選擇自由。自由裁量權意味着根據合理和公正原則行使行政權力，而不是根據個人好惡行事。它應是法定的、有一定之規的權力，而不是含糊不清、捉摸不定的專橫、專斷的權力。不合理地行使自由裁量權就是濫用自由裁量權，包括：(1) 不正當的目的；(2) 錯誤的和不相干的原因；(3) 錯誤地適用法律或事實根據，(4) 遺忘了其他必要的有關事項；(5) 不作為或遲延；(6) 背離了既定慣例或習慣如在同樣情形下許可此人而不許可彼人做某項事情）等等。現在一些行政官員利用自由裁量權任意收費、處罰、許可、攤派等等，謀取本部門或個人的好處是官員貪污受賄的一條寬廣的渠道，必須從嚴加以立法限制和懲處。

　　自由裁量權是行政機關及其官員行使行政權力上的一定自由度。對行使這種權力的自由要有法定限制；同時對於行政官員（也包括司法官員）自身的自由權利也應有多於一般公民的必要的限制。對於一般公民而言，「法不禁止即自由」，法律未加限制、禁止的事，公民都有權利自由去做，不受法律干涉；而政府官員則要受「法無授權皆禁止」的原則約束，即無法律根據，政府官員就沒有行使某項權力的權利。一般公民可以放棄某項權利的行使；而官員行使權力既不得濫用，也不能怠用或放棄不用，否則就是失職、瀆職。又如憲法中公民的言論自由權，行政官員或公務員所受的限制就嚴於一般公民。《法國公務員總章程》(1959 年 2 月 4 日頒佈) 中規定：公務員發表任何見解的權利，因職業上的特殊需要而有所限制。這稱為「克制保留義務」，即公務員在職期間無權向公眾發表個人的主張和意見，不得以個人的觀點來混淆國家在某一問題上的立場和態度。同時還規定公務員在向公眾發表任何性質的觀點時，必須慎重，措詞準確，口氣婉轉，態度克制，不能有挑釁性行為等。有些國家還規定公務員不得參加旨在反對政府的遊行示威、罷工，嚴禁政府大部分僱員參與某些黨派政治活動。

　　反觀我國，行政官員行使權力、享受權利的自由度，遠比一般公民大。一些官員以言代法，誰權大，誰的言論自由度就大，任意自由裁量的權力也大。這都是不符合法治精神的。

3. 使從政道德法制化

治官重在治貪反腐,防範以權謀私。中國古代儒家要求統治者「為政以德」,以「禮義廉恥」作為「國之四維」來約束權力者。但他們提出對為政者的一些清規戒律,多限於一些道德箴言與說教,不大重視道德的法律化。在專制的人治政治下,道德法也難以制約官吏。

當代世界各國都受官吏腐敗的困擾。一些國家加強了從政道德的立法,主要是為了加強政府與公職人員的廉政建設。其中包括嚴禁在公務活動中送禮、受禮;不准公職人員經商;限制公務以外的兼職活動;禁止以公權謀私利;禁止不正當使用政府未公開的資訊和國家財產;要求公職人員申報自己及其家屬的財產;實行公職人員迴避制度(包括任職迴避——如親屬不得在領導幹部管轄下的同一機關工作;公務迴避——涉及本人利害關係的爭訟,「自己不得當自己的法官」);對離職的公務人員的活動的限制等等。

我國近年來黨中央和國務院也陸續頒佈了一些約束黨政幹部的行為準則。諸如關於黨政幹部的生活待遇、個人收入申報、禁止經商、接受禮品的限制、厲行節約制止奢侈浪費、領導幹部親屬不得在本地區外資企業中擔任重要職位、領導幹部報告個人事項等規定。1997年黨中央還發佈了《中國共產黨黨員領導幹部廉潔從政若干準則(試行)》等重要黨規。這些規定有助於黨政幹部的道德自律與他律,但還有待採取堅決措施,從嚴執行。

以法治官還要強調充分運用刑法中的「侵犯公民人身權利、民主權利罪」、「貪污、賄賂罪」和「瀆職罪」,對貪官污吏嚴加懲治。

4. 提高公職人員的法治素質

以法治官不只是外治,更重要的是內治,即提高公職人員自身的法治意識與法治素質,自覺以法律己。

公職人員特別是從中央到基層的各級領導幹部,都應當具有相當的法律素養。在外國,議員、總統、總理與內閣部長,大都是律師或法學者出身,至少也都有相應的法律學識與從事法律工作的經歷。我國過去的中央領導人都是在槍桿子下久經考驗的老革命,而對法律則是完全

的外行。這也是過去長期以來中國法律虛無、法治不彰的根源之一。當今的第三代領導人（本文發表時）則大都是學工出身的技術專家，要領導全黨全國實行依法治國的方略和建立社會主義法治國家的偉大目標，其關於法與法治的素養顯然是捉襟見肘的。不過他們已經自覺到要朝這方面下工夫，帶頭學法，聽法學講座，倡導在幹部中普及法律知識。這是值得慶倖的事。不過，竊以為法律知識固然重要，法治意識更為根本。

各級黨政幹部應當具有哪些法治意識呢？最基本的是社會主義憲政意識，亦即民主政治意識，它是法治的基礎、靈魂與動力。以法治國首要的是以憲治國，或稱「憲治」，即屬行社會主義憲政，切實實施憲法，樹立人民權力至上，憲法權威至尊，人民意志與利益高於一切，人權與公民權利神聖不可侵犯，行使權力要遵循法定的程序、接受權力制約與民主監督、承擔相應的責任等。

同時各級官員還要把「為政以德」提高到法治觀念上來認識與對待，強化「克己奉公」的法治意識。「克己」——即用法律或法律化的道德來約束自己，廉政勤政，不得有任何超越法律之上的特權；「奉公」——即樹立公僕意識、公民意識和為政公開、公平、公正。

要加強公僕的服務意識，把「為人民服務」不只是作為一項彈性很大的道德格言，而應視為回報納稅人（公民）的供養而必須履行的法律義務；要樹立公民意識，就是要樹立公民在法律面前人人平等的意識。要把「走群眾路線」的「群眾觀念」，不只是作為領導人的開明的民主作風，而且更要意識到今日黨領導下的「群眾」，是與領導人處於平等的法律地位的共和國公民，由「官本位」轉變為「民本位」，領導幹部也是在法律之下、受法律支配的公民。因此單講「群眾觀念」，而缺乏公民意識，往往易於自覺或不自覺地以高於群眾的領導者自居，把人民群眾只當成領導管轄的對象或客體，而不是尊重他們作為人民權力與公民權利的主體。如果過去講沒有群眾觀念是「黨性不純的表現」；那麼在法治國家，沒有公民意識就是政治品性不純的表現。

至於政務要公開，辦事要公正，執法要公平，則是「奉公」這一道德戒律在法治國家的新的內涵，是為政的基本守則。無此三「公」就是違反法治的正當程序，要受到法律的追究。

(二) 建立公職人員的激勵機制，提供公職的安全保障

「治官」不只是從消極的防範與懲治上以法治官，還要從積極的激勵和保障上建立相應的競爭機制，促進公職人員勤政敬業的進取精神和安全感。

公職人員行使權力與權利的自由度要小，個人職業的安全度則要大。安全度包括政治安全、職業保障、經濟保障等，使之珍惜、尊重自己的職業，無後顧之憂，而有進取之志。

1. 政治安全指公職人員，特別是公務員（非政務員）的任職，不受選舉和政局的影響而進退。外國要求公務員「政治中立」，不參與黨派政爭，亦不受其影響。我國則要反對「人身依附」、「一朝天子一朝臣」、「一榮俱榮，一枯俱枯」。

2. 職業保障指公務員實行常任制，一經錄用可成為終身職業，除違法失職、不稱職或其他特殊情形（如機構調整、改革），不得任意辭退。且行政級別與工資隨年資增加而穩步晉升。從這個意義上說，一般國家公職人員要有「鐵飯碗」。

3. 經濟保障指公職人員待遇要比一般職業優厚，略高於社會一般水平；工資、福利待遇法定，不得擅自增減；獎勵與晉升機會多；年老退休、工傷疾病保障和撫恤等待遇都較優厚。這些積極地可激勵其職業榮譽感，竭盡職守；消極地也可使其違法犯罪的成本大於其職業收益，而不輕易去以身試法，這有「以俸養廉」的用意：職業待遇好，何必去貪污？據說早期荷蘭殖民統治者對其殖民地的官員（如東印度公司）的薪給制度，是按允許受賄的模式來構成的：公司不發給薪金，相反要求他們向公司交納一筆費用來取得某些特權；然後官員利用這些特權去掠奪殖民地的一切。我國迄今公務人員包括司法人員待遇較低，難敷生計，更談不上以本行職業為尊榮。一些部門不得不想方設法自行「創收」以補不足，以致作出許多濫收費、濫罰款等違法行為，少數人更不惜貪污受賄。雖然這些應當由當事人或當局者負責，但從制度上也值得加以反思和改進。

第四十五章

司法權的
特徵與司法理念

· 本章選自郭道暉：《法理學精義》（長沙：湖南人民出版社，2005），第 9 章第 4 節，整合了此前作者發表的有關司法問題的系列論文的主要論點。其中有一篇〈樹立人民的司法觀〉，載《法制與新聞》月刊卷首社評，被評為第十五屆（2001 年度）全國「法制好新聞：言論類」5 個一等獎之一，見 2002 年 9 月 4 日《檢察日報》報道。

一、司法權的性質與特徵

(一) 司法權的性質

司法權是對具體爭訟的個案，通過審理，適用法律，以確定當事人的權利義務關係和法律責任的權力。它包括民事訴訟、刑事訴訟和行政訴訟以及違憲訴訟中的審判權、檢察權。[1] 廣義的還包括行政覆議、仲裁，以及對公務員的懲戒等「准司法行為」。

司法主要是指同立法行為、行政行為相區別的檢察、審判行為。現在我國將隸屬於行政機關的公安、安全、司法行政部門及其職權，也歸屬於司法機關和司法權，把公、檢、法、安、司並提為司法機關，從嚴格意義上說是不確當的。當然我國公安機關有偵查、拘留、預審和執行逮捕等權力，司法行政部門有對監獄、勞改場所以及律師、公證的管轄權等，都同檢察、審判有直接關係，這些職務行為是審理案件的前期與後續工序（律師還介入整個案件審理過程），但畢竟不是嚴格意義的「司法」，而多屬於行政「執法」範疇。律師屬社會職業，更非國家權力範疇。

在我國司法權分為檢察權和審判權，分別由檢察機關和法院行使。其中檢察機關依憲法規定是「國家的法律監督機關」（《中華人民共和國憲法》第 129 條）。它是代表國家行使檢察權，「對於刑事案件提起公訴，支持公訴；對於人民法院的審判活動是否合法，實行監督」（《中華人民共和國人民檢察院組織法》第 5 條第 （四） 款）；對公安機關偵查的案件進行審查，決定是否逮捕、起訴，並對其偵查活動的合法

---

1. 在西方，檢察機關有些隸屬於法院（如法國），有些隸屬於司法行政機關（如德國為司法部領導，美國的司法部長即為總檢察長，日本的檢察官不是司法官，而是行政官員）。我國將檢察權隸屬於司法權，但這兩種權力有很大差別（詳後）。

性進行法律監督；對刑事案件的判決、裁定的執行和監獄、看守所、勞動改造機關的活動是否合法，實行監督；對它自己直接受理的刑事案件進行偵查。（以上見《中華人民共和國人民檢察院組織法》）此外，對民事訴訟和行政訴訟也有權進行法律監督。據此檢察院是以國家利益代表者的身份，站在國家立場上，主動地行使檢察權的機關，這同法院審判權有本質區別，後者具有被動性（「不告不理」）、中立性（是介於國家與社會、政府與公民以及公民之間的裁判者）和終極性（法院的判決是最終的，不再受其他機關的審查、確認；而檢察雖可對審判進行監督，但最終仍須受法院的裁決）。因此檢察權更接近於行政權（有些國家就將它歸屬於行政管轄，政府的司法部長亦即總檢察長）。不過我國的檢察機關地位特殊，獨立於行政機關之外，獨立行使檢察權，與法院處於平行的地位。

如果說，立法權主要是表達國家（人民）意志，行政權主要是執行國家（人民）意志，那麼司法權（主要指審判權）的性質則是維護國家（人民）意志。

審判權通過行政訴訟審查行政主體及其行政行為是否依法執行了國家（人民）意志（三權分立的國家，審判機關還有權審查立法機關制定的法律是否違憲）；同時它通過民事訴訟審理公民、法人的民事糾紛；通過刑事訴訟追究罪犯的刑事責任，以保障人權和公民與法人的各種權利，維護國家與社會經濟活動與社會生活秩序。

總的說來，司法權是一種救濟性權力：對受到國家機關和其他公民、法人的侵權行為的損害的，作出公正的裁決，依法對犯罪者給予懲罰，對違法者給予制裁，對受害者給予法律救濟，依法給予賠償或補償。在三權分立的國家，最高法院還有權對違憲的法律進行司法審查，宣佈其無效。我國尚無司法審查或違憲審查制度，法院可以在行政訴訟中對具體行政行為進行合法性審查，而不能對法律和法規作審查；但對行政規章違法或不合理者，在審判中可不予適用，這也可以說是一種低層次的司法審查。

(二) 司法權的特徵

司法權（這裏單指審判權）的一般特徵主要有以下幾點：

1. 被動性——司法權的行使以有爭訟的案件為前提；同時又須在有人請求（提出起訴）時才能啟動，此即「不告不理」原則。審判機關不能主動去偵查、追捕罪犯，起訴違法行為，否則就是越權（取代公安、檢察權）。

   「只要沒有依法提出訴訟的案件，司法權便沒有用武之地。司法權存在那裏，但可能不被行使。」[2]

2. 個案性——司法權只審理有爭訟的個案，不能對全國的一般性政治原則、行政原則和法律進行審判和判決。西方（如美國）司法機關（聯邦最高法院）也只能是在審理個案、適用法律時對法律的合憲性作司法審查，宣佈某一法律或法律規範違憲而不予適用。

3. 中立性——在審理具體案件時，法官適用的是國家法律，其具體身份雖是國家官員，但在審判中的地位則是訴訟主體之間的中立者，是介於國家與社會、政府與公民以及社會成員之間的公正的裁判者。司法獨立的根本意義就在於使司法權從其他國家權力中超脫出來，成為國家權力主體與社會權利主體之間、社會主體相互之間的中立者。美國法學家戈爾丁（Martin Golding）對法官的中立性概括為三項原則：

   (1) 與自身（利益）有關的人不應該是法官；
   (2) （審判）結果中不應含糾紛解決者的個人利益；
   (3) 糾紛解決者不應有支持或反對某一方的偏見。[3]

4. 終局性——司法權的終局性表現為在窮盡各種行政救濟手段尚不能解決糾紛或懲治違法、犯罪行為，而提起訴訟這個最後救濟手段後，按照法定程序（如二審終審制和法律監督程序）作出的司法裁決就是終局的，不能再經由其他訴訟外的

---

2. 〔法〕托克維爾，董果良譯：《論美國的民主》（北京：商務印書館，1988），頁110。

3. 戈爾丁，齊海濱譯：《法律哲學》（北京：生活・讀書・新知三聯書店，1987），頁240。

救濟渠道和手段予以改變。這也是為什麼稱司法是保障人權和權利與維護社會秩序的「最後一道防線」。

(三) 司法權與立法權、行政權的區別

司法權同立法權的區別是，後者制定法律，前者適用法律。但在普通法系（英、美）國家，普通法院的判例同議會的立法具有同等的法律效力，稱判例法。法官審判要「遵從前例」，即遵循上級法院所作出的判例。所以在普通法系國家，法官可以「造法」，司法權中有創立判例法的權力（不叫立法權，以與議會的制定法相區別）。判例法又稱「不成文法」，其實它也是形成文字的，而且有嚴密邏輯的判決理由，只是不像制定法那樣條文化。

大陸法系（德、法、意、日等國）則主要是議會才有立法權，司法機關只能適用議會的制定法。不過，現在普通法系與大陸法系也互相借鑒交融，前者日益重視議會立法，後者也開始參照判例。

我國只有全國人民代表大會及其常務委員會有立法權（法律），法院、法官不能「造法」。但最高人民法院和最高人民檢察院有司法解釋權，其司法解釋文件對法律的適用加以具體化，有時可起補漏拾遺作用；但不能越權作立法解釋，對現行法律作原則性的補充或調整。不然，就實際上起了「司法性造法」的作用，造成越權立法。

司法權同行政權相比較，有下列一些重要區別：

1. 在行使權力的目的上——行政權是事前為社會預謀公共福利，實施憲法和法律；司法權則是事後維護公民與社會組織的權益，維護憲法和法律的權威。前者是促進權利實現的積極性權力；後者是給被侵害的權利以救濟的消極性權力。

2. 在行使權力的對象上——行政權總體上以國家和社會的公共利益為對象，依法進行一般處理，以增進全民的福利，有些領域也直接依法處理個案；司法權則只能是針對個案，以特定的公民或社會組織以及國家機關為對象，並以至少有兩方的爭端為前提，通過依法審理，作出判斷，以保障個體的權益，伸張社會正義。

3. 在行使權力的程序上——行政權是主動執法，主動管理與服務社會，法律規定行政應有作為而不作為者就是失職；司法權（主要是指審判權）是被動司法，實行「不告不理」的原則，其受理案件須得經利益關係人的請求。再則，行政機關是按行政層級系統行使職權，實行首長負責制，下級必須服從上級行政機關與行政首長的命令與決定。司法機關在行使審判權時，則只服從法律，不受任何機關、團體、個人的干涉。如馬克思所說：「法官除了法律就沒有別的上司。」[4]上級法院對下級法院的判決與裁定認為有錯誤的，只能按審判監督程序予以糾正（如發回原法院重審，或調歸上級法院審理，不能未經監督程序，徑直改變原審的判決）。

4. 在行使權力的具體立足點上——行政權是代表國家，貫徹執行政府意志，具有官方的傾向性；審判權雖則也是遵從、適用國家法律，但在國家與公民之間不帶利益傾向，而具中立性，不偏袒任何一方。再則，行政權與相對人的關係一般是單向的命令與服從關係；而審判權則重在判斷，是作為公正的第三者，居間裁判。

5. 在對權力的制約上——行政權從屬於立法權，其行使權力的行為的合法性要受司法審查，所以其權力是非終局性的。審判權則具有審查性和終局性，其對各種案件作出的判決，不受外來權力的直接審查變更（只能接受外界合法監督，並通過其內部的審判監督程序再審後，自行更改），因而其審判權對外具有終局性。

二、司法權的社會地位

司法權是國家權力的重要組成部分。司法機關是社會主體之間及其與政府之間的矛盾的調整器。司法權通常被認為完全屬於國家權力範

---

4. 〔德〕馬克思、恩格斯，中國共產黨・中央馬克思恩格斯列寧斯大林著作編譯局：《馬克思恩格斯全集》（第 1 卷）（北京：人民出版社，1956），頁 76。

疇，代表國家行使偵查、檢察、審判的權力。中國憲法明確規定這些權力只能由這些國家機關行使。但單就法院的審判權和審判活動而言，也並非是完全排斥社會與公眾參與的封閉性權力。它比其他國家機關和國家權力更具開放性，更有直接的人民性因素。

（一）司法活動的人民性與審判的中立性

司法權是一種國家權力。但這並不意味着它只代表國家機關的利益，而不顧作為當事人的社會主體的權益。應當説它只是在整體上維護國家和人民的利益（體現在準確地適用國家法律和判斷中）；而在審理具體案件時，它是雙方當事人（公民或社會組織之間、某個國家機關與公民或社會組織之間）的中立者，只服從法律。當國家機關違法侵權時，它要依法維護社會主體的權益。

不過，這種中立性只體現在具體審判活動中。就審判機關的政治與法律地位而言，則並非無傾向性的。應當説司法機關（主要是指審判機關）之設立，很大程度上是為了給予社會主體有可能利用訴權或司法救濟權來抵抗國家權力對社會主體的侵犯。因為統治者要鎮壓敵人與罪犯，直接用行政的或軍事的強制手段更有力而省事。而設置司法機關和訴訟程序，則主要是為了保護在強大的國家權力面前處於弱勢地位的公民和社會組織的合法權利，抵制國家權力的專橫和侵權行為。之所以強調實行「司法獨立」，其針對性就在於脱離其他國家權力的干預，以保障社會主體的權利。所以，「法官常常是與人民站在一起反對統治者濫用權力的進步力量」。[5]

從這個視角上考量，審判權這一國家權力中已內含有人民性因素。司法機關應是人民自衛與維權的機關。這是社會主義的司法觀。

與此相反，國家主義的司法觀則把司法權作為統治者專有的和御用的控制社會的工具。中國古代封建統治者把法和司法作為「防民之具」，是防範百姓犯上作亂的鎮壓工具「法即是刑」。而且行政與司法

---

5. 〔美〕約翰・亨利・梅利曼，顧培東、祿正平譯：《大陸法系》（知識出版社，1984），頁18。

不分，縣太爺同時就是審判官。民不可告官，要告官，原告得先受「滾釘板」之刑。

國家主義司法觀來源於國家主義的權力觀。國家主義的權力觀主要表現是以權力為本位的國家至上主義。這種專制的國家主義司法觀流傳下來，在中華人民共和國政法界也有其深厚影響。當代中國的國家主義司法觀主要表現為階級鬥爭司法觀、權力本位司法觀和國家權力至上的司法觀。諸如習慣於把司法機關稱為「專政機關」，把法和司法當做「階級鬥爭的工具」，把司法權當做統治者打擊敵人、懲治犯罪的「刀把子」；習慣於把司法工作稱為司法「戰線」，是維護國家政權、控制社會秩序的「最後一道防線」。「防線」一詞帶有防止犯罪，進而有「防民」的味道。何況，通常都把司法機關當做是國家機器的重要組成部分，是國家權力機關，它要「防」的當然不會是國家自己。法學者把這一提法解釋為「主持社會正義或保障人民權利的最後一道防線」。這裏「防線」倒可以解釋為「防範國家權力的非法侵犯」。

社會主義現代化的權力觀應強調司法權是社會自衛的武器。法官不只是國家利益的維護者，更是社會正義的伸張者。司法機關不只是國家的權力機關，更是社會主體的維權機關。

當然司法機關能夠真正成為獨立的機構和中立的裁判者，從而能公正地適用國家法律，切實保障人民的權益，其最終效果也會提高國家在人民中的權威和信任度，有利於國家對社會的治理。

(二) 司法過程的人民參與和對國家權力的監督

司法活動的人民性還體現在司法過程，特別是審判過程中公眾的直接民主參與。公民作為訴訟當事人享有控告權、申辯權、質證權、上訴權等訴訟權利。這些權利是社會主體對國家司法權力的直接監督和制約。而陪審員制度和律師制度更是以社會權力和權利來校正或抗衡國家司法權力的社會機制。有些國家的陪審員享有同審判員相同的權力，有時陪審團的意見可以左右法官的判決。這在其他國家權力活動過程中是不具有的。

自 2003 年開始，我國檢察機關也試行了「人民監督員」制度，將職務犯罪案件中不服逮捕的、擬不起訴的、擬撤銷起訴的等類案件，讓

人民監督員進行監督。這就是把檢察院封閉性的權力對外開放，打開了一個窗口，使之透明化，同時使社會力量參與進去。人民監督員制度、人民陪審員制度、律師制度等，實際上是監督多元化和社會化發展的結果。

關於檢察機關設立人民監督員制度的性質，是一種權力的監督還是權利的監督，是體制內的監督還是體制外的監督？

就英美法院的陪審團制度而言，陪審團成員是參與到審判過程中，並具有決定罪與非罪的權力，法官一般只根據陪審團的定罪來適用法律。所以，陪審團制度是一種社會力量深入到國家體制內部的監督。從某種意義上說，作為一個陪審團成員、一個公民，這屬於權利監督；而作為一個陪審團，其判定罪與非罪的集體決定，則是一種具有權威和強制性的權力。在我國法律規定人民陪審員也享有同審判員同等的權力，但由於各種原因，實際執行上還是法院說了算。

至於檢察院的人民監督員制度是什麼性質？目前基本上還是一種權利監督，他們的一些意見只能起提示、提醒作用，並沒有法律意義上的強制作用。不過根據檢察院的規定，人民監督員提出意見後，檢察院必須受理，啟動監督程序，並規定作出處理的時限。這就表明監督員集體有點程序性的權力，不像一般公民寫一封檢舉信或發一個評論，完全是體制外的權利監督。人民監督員的監督是將體制外的監督深入到檢察程序內部，因而也是一種體制內的、帶有程序性權力（或准權力性）的監督。

公眾在參與司法過程時對國家權力的制約，還直接體現在行政訴訟中，公民和法人有權依據行政訴訟法控告行政機關的違法侵權行為，使之停止侵害並賠償損失，從而約束其權力的專橫與濫用。在政府參與的民事訴訟中，政府作為權利主體（不是權力主體），同公民與法人在法律上是平等的訴訟關係，也可藉以排除權力的干擾。

此外，公民和社會組織還可以依法接受司法機關的委託，承擔某些簡易裁判職能。如在英國基層法院設有業餘的治安法官，由當地議會所屬顧問委員會推薦，經大法官同意後由英王任命。治安法官無年薪，國家只補貼其職務花費。治安法官有逮捕拘禁嫌疑人之權。英國現有

28,000 名治安法官，基層 97% 的刑事案件由治安法官處理。澳洲、瑞士也有類似制度。[6]

公民和社會組織參與司法活動，也可以說是將國家司法權部分地交給社會主體行使的一種形式。雖然它附屬於國家司法體制上的環節。法國著名政治思想家托克維爾（Alexis de Tocqueville）說：

「實行陪審制度就可以把一部分公民提到法官的地位，這實質上就是把領導社會的權力置於人民或一部分公民之手。」[7]

（三）司法權的部分社會化

這主要是指作為國家權力的司法權逐漸向社會化發展，部分司法權成為社會權力。如民間的調解與仲裁就是由社會組織行使的一種准司法權力。

中國民間的人民調解制度對於化解民間糾紛，減輕司法機關的負擔起了很大的作用。在瑞典，根據其 1979 年通過的市場管理法，設立了「消費者司法專員」、「市場法庭」。[8] 有些國家還有私人開業的偵探乃至監獄。這些都是社會化的准司法制度。近年一些國家為緩解訴訟壓力，提高審理案件質量，正在探索訴訟外解決糾紛的機制和手段，一種被稱為「替代性糾紛解決機制」（Alternative Dispute Resolution, ADR）應運而生。

1998 年美國正式制定了《ADR 法》。根據該法的規定，ADR 是指由一個中立的第三方（即公斷人，是由法院提供的、受過 ADR 培訓、在爭議問題上有專長的律師或其他專業人員充任），通過早期中立評估、調解、迷你庭審、仲裁等不同方式，協助法院解決糾紛的過程或程序（法院有權根據個案的情況決定是否提交 ADR 程序處理，也有權決定是經當事人自願同意還是強制進行 ADR 程序）。這是「法院主導 ADR」，是爭議主體已經起訴到法院以後，由法院決定先按 ADR 程序解決，將案件移交或指定不行使審判職能的公斷人（調解人、仲裁人

---

6. 程味秋主編：《外國刑事訴訟法概論》（北京：中國政法大學出版社，1994），頁 14。

7. 〔法〕托克維爾，董果良譯：《論美國民主》（北京：商務印書館，1997），頁 314。

8. 參見龔祥瑞：〈多元化的由來〉，載龔祥瑞：《法與憲法近論》，打印稿。

等）按 ADR 程序解決。解決不了，才進入訴訟。同時還有「社會主導ADR」，即爭議主體直接尋求訴訟外的其他糾紛解決渠道，而不是採取訴訟手段，法院也不介入。[9]

從長遠看，這類依託社會力量的司法社會化，是現代法治國家向法治社會演進的一種歷史發展趨勢。

中國古代封建社會中，地方宗族勢力也擁有按族規家法審處其家族成員的習俗，也是社會性的准司法行為。其中也有某些自律、自治、化解民間糾紛的作用。但總體上，它是封建專制統治勢力在地方上的延伸，是維護封建秩序的社會權力，早已被否定。不過在現今中國農村中又有所復活。至於「文革」中的「群眾專政」，有所謂群眾自偵、自抓、自審、自判等行為，是對國家法制的恣意破壞，當然不能歸入司法的社會化。

（四）司法工作的國際接軌和司法權中的超國家權力

在我們摒棄國家主義的司法觀時，還要放眼世界司法權的新發展與新動向。伴隨着經濟全球化和經濟與科技的迅猛發展，我國參加了許多國際政治和經濟條約，參加 WTO 等世界經濟、貿易組織以及司法組織。為適應對外開放交流和對付人類面臨的全球共同問題的需要，不僅要求我國一些法律要與國際接軌，並加強已有的國際司法互助，還要妥善處理超國家的司法權力的干預和爭取國際司法權力共享，參與必要的國際司法合作。

（五）社會的安全閥和鞏固政權的合法基礎

如前所述，司法權是人民的權力；司法機關既是國家權力機關，更應是維護人民群眾權利、矯止違反人民意志與利益的立法行為與行政行為、抵抗國家權力侵犯的人民自衛機關。如果政府出現錯失，人民還

---

9. 參見于秀豔：〈美國聯邦法院如何使用 ADR〉（上、下），載《人民法院報》，2004 年4 月 21 日；蔣惠嶺：〈ADR 在我國的廣闊前景〉，載《人民法院報》，2004 年 4 月28 日。

可啟動和依賴司法程序，最終予以補救。司法是主持社會正義的最後一道憑藉，是體現一個國家文明程度，特別是法治文明的窗口。

司法工作是直接面向公眾的工作，它既直接受理人民群眾的投訴，司法過程又有人民群眾（當事人）直接參與。如果審判公正就可以化解人民群眾之間、特別是政府與人民群眾之間的矛盾，滑潤兩者之間的磨擦，撫慰受侵害人的物質與精神創傷，還可以成為平息社會衝突的安全閥。中國古代人民期待和讚頌的「清官」，並不只是勤政廉政的一般官吏，而主要是指那些在審案中能不畏權勢，為民請命，秉公執法，平反冤案，替民除害的官員。如包公、海瑞者是。而《水滸傳》中所謂「逼上梁山」，以及歷次農民揭竿起義，固然有深刻的社會原因，但其直接誘因和導火線，莫不是因司法腐敗，民眾備受貪贓枉法的官吏迫害，告狀無門，走投無路所致。

法國大革命中，人民為什麼首先要去攻打巴士底獄？據史書記載，當時該獄囚犯只有 7 名；而同一時期，英國監獄中因負債而被囚禁的犯人有百人之多。但後者是經司法程序「合法」地囚禁的；而前者則是未經司法審訊，就將一名武士和一名外交家打入監牢，引起法國人民對踐踏法治的暴政的憤怒。

司法權是為社會排難解紛，掌握對公民生殺予奪大權的國家權力。司法公正，國家法制才有權威，社會才能安寧穩定，人民才有最後的依靠；司法腐敗，則杜絕了人民的權利與自由受侵犯時的最終救濟手段，冤無處伸，理無處講，社會完全喪失對國家、政府、對執政黨的信任感與凝聚力，人心背離，社會動盪。這樣司法就不僅沒有化解社會矛盾，反而是成為激化社會矛盾的不穩定因素。所以司法腐敗是最大的腐敗，不只因為其範圍大，而是因其危害大，影響大。司法腐敗將動搖國基，危及執政黨和政府的信譽與權威和執政的合法性基礎。

三、司法理念與原則

任何有法制的國家都有司法，但所追求的理念與目標，是不盡相同的。在專制國家和民主國家之間更有本質區別。當代先進的司法精神與理念，重要的是重視人權保障，堅持司法公正，強化司法權威，講求司法效益。這幾項要件是衡量司法工作是非、得失、好壞的基準。

（一）重視人權保障——現代司法的基本精神

司法中保障人權一直是近現代法治關注的重點。資產階級革命初期提出保護人權，大多是針對司法專橫的。如1789年的法國人權宣言中有關刑事司法的人權保護就有5條。1948年聯合國通過的《世界人權宣言》中，司法上的人權保護也是重點內容。我國迄今參加的20多個國際條約中，大多是有關人權，而且不少是涉及司法上的人權保障。

過去中國政法界對懲治犯罪與保障人權的關係存在片面觀念，認為只要懲治了犯罪就是保障了社會上大多數人的人權。這種看法從政治上或社會學上說是有道理的；但從訴訟法或司法上說，則是片面的，非主要的。因為如前所述，要打擊犯罪，用警察手段、軍事手段或者「群眾專政」手段也可以做到，或許更有效率。之所以強調必須通過司法程序，主要是為了保障刑事被告人的人權和法定權利，以免出現錯案，傷害無辜。這些權利包括不受非法搜查、拘禁、超期羈押、刑訊逼供（包括禁止酷刑）的權利；作為刑事被告人的辯護權、知悉權、沉默權、上訴權等；作為囚犯的生命權（除非經審判依法處以死刑）、財產權、健康權、人格權等。當然，司法中的人權保障對象還包括受害人和所有其他參與刑事訴訟的人。

2004年全國人民代表大會通過的《中華人民共和國憲法修正案》，將「國家尊重和保障人權」納入憲法。刑事訴訟法的修改也將以保障人權為重點。法學界主張要進一步明確規定「無罪推定」原則；「一事不再理」原則；注重程序公正；確認保障當事人及其他訴訟參與人的權利，特別是犯罪嫌疑人、被告人的辯護權；不得強迫其自證其罪；對刑訊逼供的懲處；確定非法證據排除規則；對限制人身自由的措施的審查規則；審前與審判過程乃至審後程序公開規則；嚴格按法定期限辦案規則；確立司法獨立的保障機制等等。這都是在司法領域保障人權的必要立法措施。

（二）實行司法獨立——法治國家必具的條件

「司法獨立」是權力分立的核心。在近代民主國家，司法獨立早已成為一項憲法原則與法治實踐。

「司法獨立」大體有以下幾層涵義：

1. 就國家政治體制而言，司法獨立是指司法權從行政權、立法權中分離出來，在國家權力結構中居於不依賴也不受行政權、立法權干預的獨立地位。在我國傳統的封建專制政制下，司法權與行政權是合一的，司法活動只是行政權的組成部分而已。縣官就是法官，既是裁判者，又是執行者、行政管理者。中華人民共和國的審判權、檢察權分別由法院和檢察院行使，享有相對獨立的地位。

2. 就司法權的運行而言，我國憲法規定，法院和檢察院依法獨立行使職權，不受行政機關、社會團體和個人的干涉。所以司法獨立又是指獨立於其他國家權力的強制力與社會權力的影響力之外，不因其干涉而改變其依法作出的判斷。

   美國法學家亨利·米斯對法官和法院的傳統概念中司法獨立的重要性作了精闢的表述：

   「在法官作出判決的瞬間，被別的觀點，或者被任何形式的外部權勢或壓力所控制或影響，法官就不復存在了。——法院必須擺脫脅迫，不受任何控制和影響，否則他們便不再是法院了。」[10]

3. 就法官的地位而言，前已述及，法官在當事人之間嚴守中立。當然中立性不等於獨立性，但有這種中立性，才能保證其獨立性與公正性。司法獨立的根本意義就在於使司法權從其他國家權力中超脫出來，成為國家權力主體與社會權利主體之間的中立者。

4. 就法院系統自身體制而言，各法院依法獨立行使職權，只服從法律；非依審判監督程序，不受上級法院或其他法院的干預。即上下級法院不是領導與服從關係，而是監督與被監督關係。就本法院內部而言，法官依法獨立審判，只服從法律。法院院長不得擅自審批案件，改變法官的判決。在中國，如果院長認為本院已發生法律效力的判決和裁定確有錯

---

10. 轉引自〔英〕羅傑·科特威爾，潘大松等譯：《法律社會學導論》（北京：華夏出版社，1989），頁 236–237。

誤，也必須提交審判委員會集體討論，按少數服從多數的原則作出決定。

5. 就權力的主體而言，審判權、檢察權是掌握生殺予奪大權的權力，只能分別由人民選出的法院、檢察院獨享，「其他任何機關、團體、個人都無權行使這些權力」(《中華人民共和國刑事訴訟法》第3條)。

6. 就權力相互制約而言，在實行三權分立的國家，如美國，將聯邦最高法院的司法審查權 (對立法的合憲性審查)，視為司法獨立的標誌。認為這是制衡立法權的重要機制，「沒有司法審查，就不能有真正的司法獨立」。在英國，雖然議會的立法產品不能由法院宣佈無效，法院無權廢止議會制定的法律，但這並不妨礙法院 (特別是終審法院) 對議會立法進行權威性解釋，通過對法律進行擴大或縮小的解釋，而將法院的觀點加之於議會的立法 (主要是那些涉及公民自由、財產權和變化多端的人際關係方面的法律)，議會為免擔「干涉司法獨立」之名而一般不加阻止。這可以說是法院「間接的司法審查權」。不過大陸法系國家一般卻不採用英美法系的司法審查，或雖有此權也不使用。因此有些學者認為：

「有無司法審查，無論這種審查是法律上的抑或實踐中的，只不過是特定文化中反映司法獨立程度的指示器中的一個。」[11]

以上所列「司法獨立」的涵義與要點，雖不一定都適用於我國，但要建成一個真正的法治國家，是不能無視這些原則的。

(二) 堅持司法公正——司法工作的永恆主題

司法公正，特別是審判的公平與公正，是「司法的心臟」，[12] 是需要法院存在和法院得以存在的條件。維護司法公正是司法工作的永恆主

---

11. 〔美〕埃爾曼，賀衛方、高鴻鈞譯：《比較法律文化》(生活・讀書・新知三聯書店，1990)，頁258–263。

12. 〔英〕西奧多・貝克爾 (Theodore Becker)，轉引自〔英〕羅傑・科特威爾，潘大松等譯：《法律社會學導論》(北京：華夏出版社，1989)，頁236。

題。審判不公，就會失去人們對法治和法院的信賴，法院的存在反而會成為壓迫人們的一種暴政。

審判公正首先要求在審判中是否以法律事實為根據；在適用法律時是否忠實於法律；在判決時是否堅持法律面前人人平等，這是求得實質公正。同時還要求在偵查、檢察、審理全過程中是否嚴格依照法定程序辦案，這是程序公正。單有實質公正而拋棄程序公正，也不能算是公正（如用刑訊逼供取得口供而破案）。在美國憲法中，「遵循正當法律程序」是作為行使公共權力者必須履行的義務，也是公民應當享有的、不可剝奪的憲法權利。在司法工作中，「程序公正尤其對糾紛的處理和解決的實現方式有決定性的影響」。[13]

在英國審判要求公正：

法官堅守中立；不做與自己有關的案件的法官；不存支持或反對一方的偏見；裁判結果中不含裁判者本人的利益；對各方當事人的訴求都給以公平的注意；聽取雙方的論據和證據；裁判者只在另一方在場的情況下聽取他方的意見；各方當事人都應得到公平與充分的機會來陳述本方的理由和對另一方提出的論據和證據作出反響。

這些標準在美國稱為「自然正義」，無論立法或司法，違反這些程序性的標準都視為無效。像有名的辛普森案，雖然事實證明他是殺死其妻的罪犯，卻因為警察在取證時違反了正當法律程序而無效，陪審團認定和法官宣佈他「無罪」而釋放。下面另一個美國著名案例也說明程序是否正當、合法，對司法判決的重大影響。

1992 年美國 ABC 廣播公司派兩名記者化裝，持假身份證到一家擁有 1,100 個連鎖店的「獅子食品」超級市場工作，他們在其假髮內隱藏了微型攝影機，並隨身攜帶麥克風，將該公司出售過期食品、把腐肉放在漂白粉裏洗除臭味和乳酪架上老鼠橫行的情況，在電視中曝光，引起輿論大嘩，導致該公司股票大跌，損失 13 億元。由於證據確鑿，該公司無法以誹謗罪起訴 ABC 廣播公司，於是改從程序的合法性上做文章，以記者用欺詐手段，違法侵入私人場所，用隱藏式攝影機違法取得

---

13. 〔美〕戈爾丁，齊海濱譯：《法律哲學》（北 ：生活‧讀書‧新知三聯書店，1987），頁 231。

現場情況等罪名起訴。法院經過歷時 4 年的審理，最後經陪審團認定，記者利用假身份證取得的職員身份，對超市的工作間進行調查，是侵犯隱私權的違法行為，同時還違反了「記者不能因私闖住宅或辦公室搜集新聞而不受處罰」的規定（此即違反正當法律程序），判處 ABC 廣播公司賠償「獅子食品」公司 550 萬美元。[14]

這個案例說明即使合乎正義的行為（如搜集證據和揭露犯罪活動），如果其採取的手段和程序本身是非法的，就不能以其非法取得的證據給人定罪，反而會因自己的違法行為而受到懲處。[15]

審判是否公正關係人們對法院的信任感，進而影響人們對法治的尊重與遵從。而審判公正首先有賴於司法程序的公正。如果司法程序是公正的，並在訴訟中得到嚴格遵守，即使在訴訟中敗訴的一方，也會信服，至少當事人從程序公正中可以得到平等的參與機會和陳述與辯論的權利，從而得以抒發己見或憤懑，產生公平感和得到精神慰籍，以及對司法的信任感。

在我國要達到這樣的高標準，還有很大的差距。有些法官單方面同當事人、律師來往密切，甚至進行權錢交易。有些法院審判採取「先定後審」；有些公安人員逮捕嫌疑人時不出示逮捕證；不告知被逮捕人所享有的權利，不通知其家屬，超期羈押，刑訊逼供等等。這些都是違反程序公正的行為，它勢必影響實質公正。

英國哲學家培根說：

「一次不公的判斷，比多次不平的舉動為禍尤烈。因為這些不平的舉動不過弄髒了水流，而不公正的判斷則把水源敗壞了。」[16]

審判程序的公正主要要求做到如下幾點：

---

14. 孫太輝：〈美「無冕之王」敗訴公堂〉，載《法制日報》，1997 年 2 月 15 日，第 4 版。

15. 不過這個案例也提出一個兩難問題：如果記者不採取這種隱蔽手段，就很難搜集到確鑿證據，因而難以揭露犯罪。我國現今一些被隱瞞的偽劣食品、環境污染以及礦難等情況，很多是記者假冒當事人，深入虎穴、「微服私訪」的結果。他們揭露的是危害社會的「陰私」，而非無害於社會的私人「隱私」。如何在程序合法和實質正義上取得平衡，有待從法理和立法上把握。

16. 〔英〕弗‧培根，水天同譯《培根論文集》（北京：商務印書館 1983），頁 193。

1. 公開性——「看得見的正義」。正義應當使當事人能直接看到、感受到。暗箱操作，其公正性就會使人懷疑。所以西諺要求：「正義不僅應當實現，而且應當以人們看得見的方式實現。」這主要是審判的公開，在眾目睽睽之下，既可使當事人放心，又便於公眾監督，也可提高法官、檢察官、律師等人員的責任心、公正性與審判質量。這就是法治上所謂「看得見的公正才是公正」。

2. 及時性——審判的正義還要求是及時的。如果長期羈押，久拖不審，或錯判枉判而長期不予糾正，待到關上幾年、幾十年才得平反，雖然無罪釋放，而已家破人亡，青春耗盡，這種「遲到的正義」就不是正義。

3. 中立性——程序公正要求法官堅守中立，依法獨立行使審判權，不偏袒任何一方。

(四) 強化司法權威——法治國家的生命所繫

司法權有一個重要特點是：在三權（立法、行政、司法）中，司法的權力最小，而權威則應當最大。

權力最小是因為：

1. 司法權（此處主要指法院的審判權）是一種被動的權力，它的啟動必須以有爭訟的案件為前提，「無案件則無審判」；而且還受「不告不理」原則的限制（事先得有當事人或檢察機關的起訴）。

2. 審判權主要是判斷權，刑事案件的偵查、起訴，是公安和檢察部門的權力；法院判決的執行也須依賴行政部門（公安機關或其他有關行政機關）的協力。如果他們頂着不辦，法院也無能為力。

3. 在我國，由於司法不完全獨立，法院、檢察院的財源仰給於行政機關；人事權則基本上聽命於黨委人事部門。

至於司法權威應當最大，則是因為它是主持社會公道，伸張社會正義的終極性的權力。人們在權利與利益受到侵害，一般是窮盡了各種

救濟手段（包括「私了」、民間調解、仲裁、向有關行政部門投訴、申請行政復議等）之後，仍然得不到公正的解決，才最後找司法機關「打官司」。法院的判決是最後的結論（即使在目前的中國，還可以向人民代表大會、黨委、黨中央等其他機關上訪、申訴，最終也還得轉回法院重審）。所以，審判權可以說是評斷法律上的公道是非的最高與終極權威。司法權力小，可以從其權威大、威信高上得到補償。

在法治發達的國家，為了維護司法的最高權威，實行司法獨立，使之超然於其他國家權力之外，不受任何外在權力的干預。英美法系實行判例制的國家，法官還有「造法」（判例）的權力。有些國家司法權甚至超乎國會立法權之上，如美國聯邦最高法院有違憲審查權，可以宣佈議會某項法律因違憲而無效，因而他們甚至提出「司法至上」的口號。

「我們不喜歡諸如『司法至上』之類戲劇性語言，但是當需要這樣的口號時，我們也承認它是對普通法系的一種正確描繪，特別是對美國。」[17]

在美國，司法部任命的獨立檢察官的審訊面前，因緋聞受審的、位高權重的總統克林頓，也只能低頭聽命，如實回答。美國在 20 世紀最後一屆總統選舉出現的計票糾紛，兩位總統候選人爭奪不下，全世界為之注目，最後也不是由議會，而是由聯邦最高法院的判決一槌定奪。

為了顯示出司法的權威與尊嚴，連法院和法庭的建築和法官的衣着打扮也非同尋常。法官有特別的制服，英國的法官還要戴上白色假髮。

司法上的這種最高權威的樹立，不完全是靠國家權力的強制力，而在於人民對法治的信念和對法院與法官的信任。這種信念和信任的基礎在於：

17.〔美〕約翰・享利・梅利曼，顧培東、祿正平譯：《大陸法系》（北京：知識出版社，1984）。

1. 建立在司法獨立性、中立性和公正性的基礎上

這一特性，使老百姓感到在一個政府（行政機關）之外，還有另一個政府（獨立的司法機關）可以同前一個政府抗衡。司法機關不是只代表國家（政府）的，而主要是給老百姓撐腰，為民作主，主持公正的。

2. 司法人員高水平的業務素質和「法德」

在法治發達的國家，法官大多是資深的律師，而且為官清正。如新加坡自獨立至 1994 年統計，沒有一名法官犯案。德國自 20 世紀 60 年代以來，也沒有法官犯案的。英國全國 250 名法官，犯案者也極其罕見。美國自立國 200 年來，只有 40 餘法官犯案。在日本的一次民意測驗中，法院被列為人們最信任的三個社會組織之一。

3. 司法行為具有的社會直接參與的人民性

司法權的被動性是通過公民與法人訴訟的主動性調動起來的。沒有公民的參與，就不可能有司法活動。雖然並非人人都參與司法活動，而且真正喜歡打官司的人是極少的，但司法是否公正，卻是人人關心和經常傳聞、感同身受的。因為人們可以從中預見到自己以及身邊親友未來可能遭遇的命運。如果司法不公，司法腐敗，人們對司法的信任消失，司法的權威也就喪失，司法的生命乃至法治也就不復存在。

以上關於司法理念的幾個基本要素，當然並未涵蓋司法理念的所有因素，但卻是最基本的要素。它們是一個有機的相互關聯的統一整體。人權保障有賴於司法公正；司法公正有賴於司法的權威；司法權威又建立在司法的法律效益（包括司法公正和高效率）上，而司法效益在於能以最少成本達到對公民權利的最有效的保障。四者構成司法的生命鏈環。四個環節如能良性運轉，則法治興；反之，則法治敗。

第四十六章

法院獨立審判
只服從法律

—— 對憲法第126條
規定的質疑與建議

· 本章原載《法學》，2013 年第 4 期。

2009 年年初，河南青年王帥在網上發了一篇檢舉當地政府違法徵用土地、損害農民利益的帖子，隨後靈寶市黨政權力者竟動用警力，遠赴上海將王帥抓捕拘留 8 天。一時媒體介入，輿論大嘩，最終「靈寶帖案」以河南省公安廳廳長和靈寶市公安局撤訴道歉、給予賠償畫上句號。靈寶市政府也放棄了建設五帝工業園區的計劃，將徵用的土地重新退還給當地農民。

類似的案件所在多有。從《民主與法制時報》記者景劍峰報道《山西呂梁一黑惡團夥罪行累累逍遙法外》，再到《法人》記者朱文娜的《遼寧西豐：一場官商較量》，都是記者與當地黨政官員和司法機關的較量。上海「釣魚執法」的揭露，三鹿毒奶事件得到法辦，以及前些年趙作海「殺妻」冤案因其所「殺」「亡妻」突然現身而宣判無罪……司法的腐敗與專橫成為街談巷議和民怨聚焦的熱點。而他們之所以被揭露，幾乎無不是出自公民和媒體的「干預」。

近年伴隨經濟的飛速發展，特殊利益與官僚權勢集團形成，官場貪腐嚴重，貧富兩極分化，社會矛盾特別是官民矛盾加劇，侵權與維權的鬥爭此起彼伏，人們尋求司法保護的需求日益增長。而有些司法機關由於受到來自地方和部門黨政權力者的非法干涉，使得本應是人民獲得公平正義保障的最後憑藉的司法機關，在有些地方反而被地方勢力利用來充當徇私枉法壓制群眾的工具。司法的公正性、權威性受到質疑。而近年一些涉及對當事人的不法裁判，激起社會主體群起維權，經過公民、社會組織和媒體輿論的依法維權，才得到妥善的化解。

由此，黨政權力對司法事務的干涉是反對還是縱容？公民和社會群體對司法的監督和干預是抵制還是支持？這已成為當前司法工作中的一個重要問題。要求司法獨立的呼聲日益強烈。

《中華人民共和國憲法》第 126 條規定：「人民法院依照法律規定獨立行使審判權，不受行政機關、社會團體和個人的干涉。」這項規定

本是司法獨立的憲法保障，但由於立法上這種列舉式的規限難免顧此失彼，導致施行中理解的差誤和扭曲：一方面由於它未明示要排除黨權的干涉，往往被視為默示黨權大於法權，可以干涉司法的依據；另一方面由於它明示「不受社會團體和個人的干涉」，倒變成抵制公民和社會組織合法監督的藉口。這樣就與立法原旨兩相違拗，值得反思或重新解讀。

質疑解讀之一：「社會團體和個人」何所指？

首先，對這條的解讀通常只是把「社會團體和個人」解釋為民間一般社會組織和公民個人。其實它們應是個大概念，涵蓋作為社會組織的政黨（包括執政黨的各級黨委組織），以及掌握權力的黨政官員個人。

1982 年制定《中華人民共和國憲法》時，我在全國人民代表大會常務委員會法制委員會辦公室工作，曾擔任憲法修改委員會的會議秘書，與聞其事。我理解當時列舉這兩個主體是有針對性的：既是針對改革開放前，地方黨委和黨政一把手個人超越法律審批案件，干擾司法機關獨立行使職權的弊病；又特別是要防止重演「文革」時期黨的領袖和黨政第一把手「個人」及各種造反派組織（「社會組織」）對司法權力的恣意干涉，甚至「徹底砸爛」，並代之以「群眾專政」「貧下中農法院」。因為有權力和能量「干涉」司法的主要是他們，而非一般民間社團或普通公民個人。所以「八二憲法」第126條作出這種表述，在「文革」結束初期是有歷史理由和積極意義的。

可是 30 年來的情勢變化和實踐檢驗表明，這一條文的規定是有較大的缺陷的。

這些年來，社會組織和公民個人已不可能取代公檢法機關直接行使司法權力；而地方黨委對司法活動的非法干涉卻並不鮮見。當然這並不是說它們的干預一概是違反公平正義的，但至少是不符合黨權與國權分開和司法獨立原則的；何況我國政治與司法事務目前仍然受「人治」的左右，有些案件依賴於黨政第一把手的干預才得解決。更有甚者，如果遇到有些地方黨委負責人事實上是權貴資產者集團、貪腐集團的首領或保護傘，在遭到公民和社會組織的抵制、檢舉時，就可以十分輕便地假借「黨領導一切」、「黨權高於一切」的體制，調動公檢法機關去鎮壓，使司法機關成為向人民專政的工具。重慶事件中，當地的黨委「第

一把手」薄熙來不僅專橫地「干涉」司法，而且能調動公安局長去協助和包庇其妻殺死外僑就是一個惡例。這正是為什麼憲法要規定排除黨政組織和權力者個人干涉司法的緣故。

質疑解讀之二：公民和民間社團不能監督（「干涉」）司法嗎？

從另一視角考慮，籠統地絕對化地排除社會主體（公民、民間社會團體，特別是媒體）對司法的監督（也可說是「干涉」），也有悖於人民參與管理和監督國家政治和司法事務權利的憲法原則。參與就意味着有所「干涉」。

這裏有必要指出往往被人們乃至法學家忽視的《中華人民共和國憲法》第2條第3款的規定：「人民依照法律規定，通過各種途徑和形式，管理國家事務，管理經濟和文化事業，管理社會事務。」這裏講的「人民」並不是指作為整體的人民或人民代表大會及其代表（這類主體的權力已在《中華人民共和國憲法》第2條第1、2款規定），而主要是指「非人民代表大會代表」的普通公民和社會組織，他們參與管理國家和社會事務，屬於「非代表制的參與制」。人民行使權利和權力不限於通過人民代表大會，在日常生活中，主要是普通公民和社會組織「通過各種途徑和形式」直接參與管理國家和社會事務，其中就包括依法參與一定範圍的司法活動。黨的十七大報告也強調要「保障人民的知情權、參與權、表達權、監督權」。這四權都適用於公民和社會組織的司法參與。

司法權本質的人民性、社會性體現在它是一種救濟性權力和監督性權力。司法的人民性不只是要求它們「代表國家」或「為了人民」而行使審判權、檢察權；還要求在檢察和審判過程中公民和社會組織能合法有序地直接參與，以保障和促進司法公正。人民司法不應是封閉性的國家權力。

誠然，司法權是國家權力，但司法事務既屬國家事務，又是社會事務。司法機構的設置緣由，就在於它是保障公民直接行使訴權，藉以維權、維護人權和社會公正的機關。否則國家直接動用行政乃至軍事手段去懲治犯罪和不法行為，比通過司法手段更便捷。就司法程序而言，公民和法人是構成參與訴訟的成員（原告與被告、辯護人、代理人、證人，乃至享有准司法權力者，如法院的人民陪審員和檢院的人民監督

員），司法事務理所當然也應是人民參與的範圍，這也是真正的「人民司法」應有之義。在美國，立法上還允許公民和公眾（非政府組織）直接參與檢察。如公民和社會組織可以直接提起公益訴訟——對不履行或違反環保法的政府和企業提起訴訟，通過法院審判，迫使他們遵守環保法。這實際上是賦予公民和社會組織有監督環保法實施的檢察權，被認為是充當「私人檢察官」。在我國，近年檢察機關進行檢察的案件，70%–80% 來自社會公眾、媒體或公民個人的揭發檢舉；法院有些顯失公平的判決，也多是經過社會輿論的監督，才得到合理合法的糾正。

前些年報載一位省高級人民法院副院長曾認為：「司法獨立對傳媒監督具有排斥性；而傳媒監督對司法的獨立具有天然的侵犯性。」這是過於片面的論斷。審判獨立與公民同社會組織依法參與司法和進行輿論監督並非兩不相容。把社會團體和公民排除在司法參與之外，是對公民政治參與權這一憲法權利的不尊重，也會切斷人民司法與人民群眾的淵源關係，不利於司法工作的開展和保障公平正義。

我認為憲法要保障司法機關獨立行使職權，不應只著眼於籠統排除各種社會主體的「干涉」，而應看他「干預」的程序和內容是否合理合法。如果普通公民的合法權利受到侵害而得不到司法機關公正地支持，他們不服法院的判決而依訴訟法規定的程序上訴，依據訴訟法和律師法對被告進行辯護，依據上訪條例進行上訪，依據憲法規定的公民言論自由和批評、控訴、檢舉國家機關（包括司法機關）和官員個人的權利，通過媒體、互聯網、手機、書信、上訪等渠道行使這些權利，就屬於合法的干預，亦即對國家權力機關和公務員的監督，國家機關不能禁止，更不得打壓。相反，應當視為協助司法機關公正司法的重要依靠力量。

質疑解讀之三：為什麼不繼承「五四憲法」中「只服從法律」的規定？

1954 年《中華人民共和國憲法》第 78 條規定：「人民法院獨立進行審判，只服從法律。」第 83 條對檢察院獨立行使職權，也只規定「不受地方國家機關的干涉」，並沒有列舉不受社會團體和個人的干涉。1979 年通過的《中華人民共和國法院組織法》第 4 條也沿用這樣的規定。這樣具有實質性的、概括性的規定，簡明合理，避免了執政黨和其

他社會勢力干涉司法的空間，而且同馬克思強調的「法官的唯一上司是法律」的原則是一致的。

那麼為什麼「八二憲法」沒有繼承「五四憲法」關於審判機關「只服從法律」的規定呢？我想可能一是為了前述的防止「文革」中領袖個人的「最高指示高於一切」和「群眾專政」的亂象重演；同時也是對「法律至上」的原則有所忌諱。認為如果「只服從法律」，那黨的領導還要不要？黨的政策往哪裏擺？這同長期以來爭論的「黨大還是法大」、「黨的政策是法律的靈魂」等舊思維和舊體制的影響相關。

當然講法律至上，講「只服從法律」，其前提是「良法」，是合乎憲法與憲政精神的、合乎立法程序的立法。在遇到惡法時，法官在判案適用法律時還應當秉持「良心」，即法官的正義感、責任感，這也是影響審判是否公正的一個重要因素。任何一件由法官自由裁決的案件，實質上都是法官在法律允許的範圍內，在法官的（也是社會公認的）道德標準影響下處理的。作為證據制度的「自由心證」制度，就是依靠法官自己的「良心」和「內心確信」，自主對證據作出判斷。這既依賴於法官的知識與經驗，也依賴於法官良心的自律。1946 年《日本憲法》第 76 條第 3 款規定：「所有法官依良心獨立行使職權，只受憲法和法律的約束。」現行《韓國憲法》第 98 條規定：「法官依據憲法、法律及良心獨立審判。」《土耳其憲法》第 132 條第（一）項規定：「法官獨立執行其職務，法官判案，須依憲法、法律、正義及個人信念。」《越南憲法》第 101 條也規定：「法官依其良心，無私之精神及尊重法律與國家權益，判決案件。」德國在「二戰」前規定「法官只受法律的約束」，在「二戰」後反省這種法律實證主義的規定為納粹的惡法開了綠燈，其《憲法》（基本法）第 20 條第 3 款乃改為：法官「只受法律和正義」的約束。其中加上「正義」，就意味着還要依賴法官的良心和良知對價值的正確選擇。法官的良心成為社會正義的最後守護者。

質疑解讀之四：執政黨與司法的關係

關於執政黨與司法的關係問題，長期以來的表述是「黨大還是法大」？

現今政法機關出現的一種提法認為：「司法工作要接受黨的絕對領導。」這不過是舊話重提，恢復到 1958 年 6 月最高人民法院黨組向中

央報送的《關於第四屆全國司法工作會議的情況報告》中提出的：「人民法院必須絕對服從黨的領導，成為黨的馴服工具。……不僅要堅決服從黨中央的領導，而且要堅決服從地方黨委的領導；不僅要堅決服從黨的方針、政策的領導，而且要堅決服從黨對審判具體案件以及其他一切方面的指示和監督。」[1] 這種片面的、錯誤的觀點和做法，也早已在 20 世紀 60 年代受到劉少奇嚴詞批判。他指出：「不要提政法機關絕對服從各級黨委的領導。它違法，就不能服從。如果地方黨委的決定同法律、同中央的政策不一致，服從哪一個？在這種情況下，應該服從法律，服從中央的政策。」[2]

應當指出這種「絕對領導」的提法，貌似強調遵從或「加強」黨的領導，實際上是幫倒忙，因為這勢必在客觀上將執政黨置於違憲的境地：因為所謂「絕對」，即「唯一」而排斥其他，它排斥了經人民代表大會選出的司法機關要對人民代表大會負責，受人民代表大會監督，後者就包含了要受人民代表大會領導的寓意（當然這不是說人民代表大會可以超越或替代司法機關行使審判權、檢察權，包辦個案）。主張「黨的絕對領導」也實際上是恢復到早在 1941 年鄧小平就批判過的「以黨治國」和「黨權高於一切」的「國民黨在共產黨內的遺毒」。[3]

回到上面提到的「五四憲法」概括性規定的「人民法院獨立進行審判，只服從法律」，也並未否定執政黨在憲法和法律範圍內對立法與司法工作在整體上的政策指導（而不是對個案的審處）。如果我們認同我國憲法和法律是「黨的主張與人民意志的統一」，則「只服從法律」也就意味着同時尊重了黨的主張。（當然，如果黨的主張有錯，另當別論。）

看來，「五四憲法」的提法比以後歷次修改的憲法相關條文更為言簡意賅、周全合理。「八二憲法」關於不受「社會團體和個人的干涉」的規定絕對化，是值得商榷的。我建議修改此條，恢復「五四憲法」的概括性規定「法院獨立審判，只服從法律」，進而改為「法官依法律和

---

1. 《董必武傳》撰寫組編：《董必武傳・下》（北京：中央文獻出版社，2006），頁 975。

2. 中共中央文獻編輯委員會編：《劉少奇選集》（下卷）（北京：人民出版社，1985），頁 450–452。

3. 鄧小平：《鄧小平文選》（第 1 卷）（北京：人民出版社，1993），頁 10–12。

良心，獨立審判」；同時也尊重《中華人民共和國憲法》第 2 條 3 款的規定，人民 ── 公民和社會團體 ── 有參與管理國家事務（包括司法事務）和社會事務的權利。

第四十七章

法的多元化、
社會化與法治社會

一、從原始法到現代法

　　法的本源是社會。在產生國家之前，原始社會的某個階段就有了以習俗、禁令形式存在的社會的法。國家產生後，則有由國家確認的習慣法和由國家制定的法律（制定法，亦稱人定法）。國家把社會主體的大部分權利和權力「吞食」掉，憑藉國家的法的強制力進行統治，調整社會關係，維護社會的秩序。國家及其法律凌駕於社會之上，成為統治一切的權力，侵犯、排斥本應由社會主體自治與自律的社會規範的活動領域。

　　西方奴隸社會的法以古埃及法和古希臘法、古羅馬法為典型。它們都是體現奴隸主階級意志和利益的法，是奴隸主專政的工具。不過羅馬法更多是來源於當時發達的商品經濟，其中的萬民法是適用一般市民的民事法律，社會性較強。

　　歐洲封建制度下的國家是神權（教皇）與皇權統治，神權高於世俗皇權。中世紀歐洲教會勢力高於國家、國王的權力，教會法包括《聖經》和教會的教令，雖然不算國家法，卻也不是以人民為主體的社會大眾的法，而是以教皇為代表的宗教統治集團的法律。它不僅是控制教徒，而且是統治全民的法律，其對於異教徒的迫害是十分殘暴的。在封建社會的後期，一些王國的國家法律主要是維護封建的專制制度和封建等級秩序，但手工業行業協會出現，其行業章程起了聯繫本行業人員與國家的關係的社會紐帶作用，是維護行業協會特權的、具有社會性質的規範。

　　到自由資本主義時代，政府主要是充當資本主義「守夜人」角色，國家法律的職能是維護私有財產與契約自由，維護資產階級的民主和法律上的形式平等，其實質是資產階級特權。不過由於統治者除了階級鎮壓職能以外，還有社會管理的職能，同時資本主義的一個重要特點是市場經濟發達，因此市民社會獲得相對獨立的地位，逐漸與國家分離。國

家與社會二元化，從而打破了國家、教會的一統天下。資本成為市民社會（資產階級社會）的主要社會權力。在社會上，資本家和工人及其他社會勢力分別組成代表自己利益的團體、政黨。無產階級同資產階級的階級鬥爭，產生了強大的工會等民間組織，工會在社會上逐漸成為能與資本家和資產階級國家抗衡的社會組織。經過他們的鬥爭，使無產階級的某些權益得到一定程度的維護（如確認八小時工作日的《工廠法》的制定，美國歧視黑人的法律制度的廢除，貧困階層的社會保障等等）。因此國家法律或多或多地受到了社會被統治階級和階層的影響，包含了某些社會公共利益和被統治階級的權益的因素，出現了法的社會化的萌動。

現代資本主義國家的法律的本質雖然沒有根本改變，但隨着經濟和科技文化的飛速發展，特別是全球經濟一體化的發展和資訊社會、知識經濟的形成，社會群體及其利益多元化格局的出現，非政府組織蓬勃興起。政府為了防止社會兩極分化導致的階級鬥爭的加劇，避免和克服市場失靈和政府失靈的弊病，強調政府的「服務行政」和「給付行政」的職能，借鑒和吸收了社會主義的一些社會政策，建構「福利國家」，使法律的社會性和人民性有所體現。有西方學者稱，當代資本主義之所以並未「垂死」，相反卻充滿活力，一個重要原因是實行和實現了《共產黨宣言》中所提出的十項社會政策。這方面在社會民主黨執政的國家，如北歐和德國尤為突出。英國學者韋恩‧莫里森（Wayne Morrison）在其所著《法理學》一書中說：

社會主義的批判力量幫助西方國家對它們的法律秩序進行了重新修正。馬克思的《共產黨宣言》列舉了革命成功之後要立即着手進行的十點社會改革計劃，但是沒有經過馬克思所希望的革命，它們就在西方國家產生了巨大效果。[1]馬克思的許多洞見，其影響越出了他的政治上的直接追隨者，被吸納到激發社會民主和自由思想的批判性對話之中。……與以任何決定論方式證明為什麼資本主義必然消亡方面相比，馬克思在喚起資本主義的潛能方面更為成功。[2]

---

1. 〔英〕韋恩‧莫里森，李桂林等譯：《法理學》（武漢：武漢大學出版社，2003），頁284、286。

2. 同上。

另一方面，為了克服「大政府、小社會」的弊端和應對社會多元化需要的乏力，政府將其權力下放或還歸於社會。國家權力在不斷地、逐漸地向社會讓出地盤，由國家權力內部的分權，發展到國家向社會分權。很多社會事務已由社會組織運用其社會資源與社會權力來治理。國家法律也不是治理社會的唯一權威，社會規範則日益發揮其自治力量。

二、法的多元化

與權力的多元化並行的是法的多元化。在中國古代，除了國家法外，還有社會法，如地方的士族法、宗族法、寺廟的誡律、商會的行規等。在西方中古基督教世界的臣民，不僅生活在教會法下面，而且也受制於世俗法律，諸如王室法、封建法、地方法、商法和其他法律。法律制度的多元性始終是西方法的基本特色。到現代，西方國家每一個人都生活在不止一種法制之下：不但有國內法（包括憲法、法律和法規等國家的法，也有各種社會組織的「法」；在美國既有聯邦法，又有州法，有嚴格法，又有衡平法），而且有國際法，包括國際條約、國際慣例、國際協議、聯合國的公約或聲明等；還有世界性的法，如聯合國憲章、WTO 的規則，以及區域性法（如歐盟的憲法和法律）等等。權力的多元化、社會化和法的社會化、多元化，標誌着國家至上、國家權力至上的神話走向解體，人類的社會權力和社會化的法，開始逐漸復歸於社會：由國家法對社會的絕對統治，到國家法與市民社會或民間社會的自治規範的共治；由法治國家向法治社會發展，進而向法治世界邁進。人類社會經由原始社會的法到國家的法對社會法的否定，再到否定之否定，預示着未來民主的法治社會新世紀、新世界的到來，這是法發展的辯證過程。

三、中國法發展的社會化趨勢

中國幾千年的封建專制統治，「家 —— 國 —— 天下」三位一體，雖然也有所謂民間社會，但主要是地方士族、豪強、宗法社會，地方宗族勢力有嚴格的族規家法，甚至可以私設公堂，刑訊、處死百姓。而這

種社會法雖也起到某些調節民間糾紛，維繫基層社會統治秩序的作用，但基本上是專制國家法律的延伸和補充。清末民初，民族資本主義漸趨成長，商會、行業工會、教育公會、同鄉會等等社會組織創立，他們的影響力也對立憲運動、法制改革起了一些作用。

中華人民共和國成立以來，因為長期實行權力高度集中的政治體制和計劃經濟，國家壟斷社會的一切資源，以致國家權力無孔不入地介入各種社會問題，形成國家至上、國家權力過度膨脹、統治一切、包辦一切的局面，形成「國家──社會」一體化的一統局面。民間組織萎縮，社會自治的法規範日益隱退。執政黨也輕視國家的法和法治。

改革開放二十多年來，變計劃經濟為市場經濟之後，開始動搖國家權力一統天下的僵化局面。社會利益群體的多元化正在強烈地呼喚着權的多元化和法制。民間社會才得到相對獨立的活動空間。到 20 世紀末和 21 世紀初，國家開始關注法治，提出建立社會主義法治國家及和諧社會的目標，在立法體系中也形成一元化、多系、多層次的格局，立法過程、行政執法和司法過程中，也開始注意社會主體的參與。至於大力發展民間社會組織，建設與法治國家互動的法治社會，則無論執政者或理論界，都還沒有提上日程，或還缺乏應有認知和理論準備。

(一) 法的社會化

所謂法的社會化是指國家的法逐漸向社會傾斜：一是法的內容和法的制定與運行中社會性、人民性的增強；二是與國家的法相對獨立的社會組織的自主、自治、自律的規範，在某些領域逐漸取代國家的法的地位或補充其功能。

(二) 法社會化的途徑

1. 立法過程中利益相關的社會主體的參與 ── 通過擴大立法聽證、公民或專家預先的立法建議與事後的立法違憲監督等等途徑。

    2004 年，北京市政府先後草擬了《外地來京建築行業管理辦法》和《道路交通管理辦法》兩個法規草案，都遭到相關利益群體的質疑和異議。認為前者單獨立法，有歧視外地企業

和農民工的傾向；後者不分造成交通事故的責任，一概由司機負賠償責任，顯失公平。結果，前一法規草案尚未正式出臺，就自行撤消；後一草案經修改後才獲北京市人民代表大會審議通過。

至於我國《立法法》、《物權法》、《證券法》等許多法律的制定和《刑法》、《刑事訴訟法》等很多法律的修改，近年都有專家的直接參與擬訂和論證。此外，也有經公民提出立法違憲的批評和立法建議，推動新的法規的頒佈的情況存在。

這些顯示出社會主體參與立法的作用。

2. 立法開始重視貫徹「以人為本」、「立法為民」精神。現行法律中社會公共利益的含量和某些特殊群體（如殘疾人、老年人、婦女、兒童及其他社會弱勢群體）的權益保護得到適宜的體現。

3. 非政府組織的興起與其影響力的日益強大。非政府組織或接受政府的委託或被授權，參與或取代政府執法；或直接以其組織所擁有的社會資源的支配力、影響力（即社會權力），去影響、監督、控制政府的立法和執法等國家權力行為。

4. 社會組織的自治。這些社會組織（包括各種人民團體、非政府組織、社區組織、行業協會組織、基層群眾自治組織等）自訂的章程實行社會自治，起到減輕國家法律負擔，填補國家法制空白，協助社會治理的輔助作用。

四、法治社會及其與法治國家的互動關係

法社會化的目的在於保護社會主體的權益，協助並監督政府治理國家和社會。其目標在於建立法治社會。

（一）法治社會的涵義

法治社會是相對於法治國家而言。

我們要建設法治國家，既不同於早期德國的「法治國」，只注重「形式法治」，即只著眼於有法律的根據，就可承認其正當性，承認其為法治國；至於其統治所依據的法律是正義的還是非正義的，是民主的還是專制的，在所不問。這是實證主義的法治，可以導致實質的「不法國家」。

　　實證主義法學實質上是一種國家主義的法學。它只承認經由國家（權力）制定的法律是法。雖然這在一定限度與歷史背景下是必要的，但它對國家權力的神聖性過度崇拜，追求「形式法治」而忽視「實質法治」。現代民主的法治國家應當是實質法治國家，應求形式與實質統一。

　　再則，單有以國家法律為主導的法治是不夠的，也不能適應當代社會經濟與政治的發展要求。它必須有法治社會作為其輔助與互動的基礎力量。我們在建設社會主義法治國家時，必須同時促進法治社會的形成。

　　法治國家與法治社會是兩個對應範疇的概念，人們常常將它們混為一談。當然相對於「自然」來說，「社會」作為一個大概念可以包括「國家」概念在內；國家法律本身也是一種調整社會關係的規範。但是二者畢竟有本質的區別，在研究法治的歷史發展時，區分法治國家和法治社有特別重要的意義。

　　一個簡單的邏輯是，如前所述，社會與社會權力是先於國家和國家權力而產生的；國家和國家權力最終也是要消亡的，從而法治國家也是要消亡的；但人類社會不能一日無法治，治理社會事務和維繫社會秩序的社會規範與權威總是不可少的；也就是說相對於法治國家，法治社會將是永存的，從而作為取代國家權力的強制力的社會權力——社會強制力也是始終必要的。

　　當然國家和國家權力的消亡是遙遠未來的事，或許只是一種猜測。但是也必須看到，在經濟日益全球化的情勢下，民族國家的概念也正經歷著需要重新界定的命運。

　　現實的要求是，在建設法治國家的過程中，如何重視並促使法治社會的形成，再逐步削減國家法律和國家權力對社會的過度干預，給社會自主自治權力與社會規範讓出適度空間。

（二）法治社會與法治國家的互動關係

　　法治國家是指國家機器的民主化、法治化；法治社會是指全部社會生活的民主化、法治化。後者包括各社會基層群眾性組織的自主自治，各事業企業組織、各種社會團體等非政府組織及其社會權力，在民主法治的軌道上的自律和在法治範圍內對國家權力的監督與制衡；以及各社會群體和公民個人的思想、觀念、行為、習慣都滲透着民主的權利和權力意識及法治精神，形成受國家權力和社會權力雙重保護、又能以法律和社會公德約束自己和他人的法治文明。

1.　法治國家要以法治社會為基礎

　　國家權力與法的本源是人民。人民是國家的主人，社會的主體。國家立法不應只是國家意志或統治階級意志的體現，而應是全民的、全社會的共同意志的體現。法的施行也有賴於全社會、全體民眾的支持。法不應只是控制社會的工具，也是社會制約國家權力和社會自衛的武器。因此國家的法治化，不能沒有社會的參與，不能搞脫離社會的法治化。否則法治國家就是空中樓閣，只是一種難以兌現的承諾。

2.　法治社會的形成，需要法治國家的扶持

　　法治社會的形成和運轉，在相當長時期中也仍然有賴於國家權力的有力扶持與保障。在西方發達國家，社會法治文明是在有悠久歷史的市場經濟與市民社會的基礎上，社會自發地形成的。在亞洲，特別是中國，由於長期以來，國家對社會的嚴密統制和市場經濟發育較晚，民間社會作為一個相對獨立的力量從國家「一統天下」中掙脫出來，主要是靠國家的「放權」和「鬆綁」。同時在中國民間社會團體還是一些新出土的嫩芽，需要國家的扶持。因此中國法治社會的形成，有賴於國家權力的倡導。這種作用有：

（1）以國家法治保障民間社會組織的基本權利與權力。

　　這些權利與權力包括結社自由；自主自治權力；社團的獨立財產權；社會組織活動的安全與秩序；對來自政府或其他方面的侵權行為，有法律抵抗與救濟手段等等。沒有對這些權利、權力與自由的法治保障，民間社會就難以成長和活動。

(2) 社會權力也需要國家法治和國家權力的引導與約束。

任何權力不受制約都可能產生專橫和腐敗，社會權力也是如此。社會組織良莠不齊，對社會和國家的作用有好壞。社會組織和社會群體行使其權力時應當遵守憲法、法律和社會公德。國家權力對於社會強勢群體和集團的專橫行為應加以抑制，對有違法行為的要依法制裁；對危害社會的黑社會組織、邪教組織、恐怖主義組織，必須依法取締。

3. 權力多元化要求社會規範的多元化

在很長的歷史時期內，一國之內，國家的法制是、也必須是佔統治地位、主導地位的。但這不等於實行國家主義的法制，把國家權力和國家法制作為統制社會的唯一規範。既然法治國家要有法治社會的支撐和互動，要發揮社會主體的自主自治能力與社會權力，也就應當給社會權力所維繫的社會自治自律的規範，留下生發的條件與一定的活動空間。國家的法律不是萬能的，許多社會矛盾，不能全靠法治來解決。在道德領域，在民間日常糾紛中，在維護社會團體內部的秩序上，是可以依靠某些民間歷史傳統中行之有效的良好習慣規則、按照村民意志（而不是由當地霸道的幹部或不法的宗族勢力專擅）制定的鄉規民約、按照成員的意志制定的社團章程、組織紀律等社會自律規範來調整的。

國外有些學者主張：法律在介入社會問題之前，應當正視自己的局限性，給禮節式道德等自發性社會規範提供充分發揮其作用的空間。多元化社會的法規應當與其他自發性社會規範相互取長補短。該學者認為多元化社會可以開放性地追求多樣性的價值，社會規範也應多元化，應減少強制性規範，增加自發性的自律規範。甚至說：「最美好的社會是不需要（國家）法律存在的。」[3]

---

3. 全炳梓：〈多元社會中法律的性質與作用〉，第二次亞洲法哲學大會（1998 年 10 月於南韓首爾）論文，中譯文見《法制現代化研究》第 5 卷（南京：南京師範大學出版社，1999），頁 323–334。

我基本上贊成這種觀點，不過認為這只應是側重從歷史的發展上對未來的預期，而非現實的追求。法治國家與法治社會應當是二元並存，互動互控。

未來長遠的發展趨勢是：由以國家立法、執法為主，到逐漸輔以社會的多元立「法」執「法」；從國家的單一法制為主，輔以社會規範的雙重體制，最後逐漸發展為以社會規範為主，而國家法制逐漸縮小影響而終至消亡。[4]

這是人類歷史的最終歸宿，遠非一蹴而就。在現今階段仍然應強調國家法制的一元化，其他社會規範作補充，不能同憲法和法律抵觸。同時也要重視和逐步適度放開社會自治自律規範的功能，否則既不能滿足現代多元化社會的多樣化價值的追求和克服政府法制的局限，也談不上未來向國家與國家權力和國家法制消亡過渡，進入人類法治社會和社會權力主導的新境界。

五、法治社會與公民社會、和諧社會

(一) 法治社會要以公民社會為核心

人具有公民和自然人（私人）這雙重身份以及公權利（公民的政治權利）與私權利這雙重權利；與之相對應，社會也可以分為「私人社會」與「公民社會」。

我們過去講的是「市民社會」(civil society)，現在學界已經將它改譯為公民社會，這不只是譯名的改變，而是突出了公民的政治地位，反映了時代的變遷和世界的潮流。並且只講市民社會，把農民排除在外，更是片面的。

---

4. 參見郭道暉：〈法治國家與法治社會〉，載上海社會科學院研究所《政治與法律》，1995 年第 1 期。

公民社會是同政治國家相對應的政治社會，其特徵就在於它是由政治人（公民）組成的政治存在；而不只是純經濟的存在或作為自然人、私人間的民事主體存在。

僅有同國家分離的，只追求個人私利的，分散、封閉的私人社會（即一般所謂市民社會），是不足以同政治國家相抗衡的。公民社會存在的意義在於超越私人社會的局限，以其有組織的政治實體（各種非政府組織）來集中並表達社會的共同意志和公共利益，努力擴大社會的平等和自由，實現社會本身的民主化法治化，依靠公民們在公共領域裏開展社會運動或社會鬥爭，積極參與國家政治和公共事務，提出政策倡議，以限制強權，促使國家（也包括社會自身）關注和實現全民或某些群體的共同利益與需要，並由此促成對國家的民主轉型和改造。

公民社會構成要素有：享有公民權和有政治行為能力、能參與國家事務和社會公共事務的公民群體和社會組織，包括非政府組織（志願性社團、非營利性的公益組織等等）、非官方的公共領域、社會運動等幾個基本要素。公民社會的基本構成特質在於它的組織化和政治化。[5]正是在組織化、政治化的公民社會中，各種非政府組織這些核心要素將分散的公民個人組織起來，將分散的社會意志集中化，將個體的私人利益公共化，從而也使其訴求和活動政治化，使私人社會或市民社會形成政治社會、法治社會，成為能通過同政府對話、協商、辯論、談判等方式進行政治參與，通過支持和監督、制約政府行使權力的有組織的社會力量。但是迄今我國即使在城市範圍，也很難說已經形成了公民社會，農村就更談不上了。

要建成法治國家，必須同時形成法治社會；要形成法治社會，則先要構建公民社會。而公民社會的構建，相應的法制保障必須為之開路，其首要的保障是公民的政治自由的憲法權利有立法保障。於制度保障之外，執政觀念和社會心理也同樣要有一個大轉變，那就是要廓清我國兩千多年來的專制統治的遺毒，改造帝制的情結和「臣民」、「子

---

5. 參見郭道暉：〈公民權與公民社會〉，載《法學研究》，2006 年第 1 期。

民」、「愚民」、「順民」的心態，[6]樹立現代公民意識。因此有必要進行樹立正確的公民觀的教育。而受教育的主要對象，應當說首先是黨政幹部。

我們有些幹部和理論家，對當今社會法制不彰、道德滑坡的嚴重現象，往往責怪群眾缺乏公民意識，而他們所理解和關注的公民意識則偏重於公民的守法意識和公德修養。他們主張從小學開始就開公民課，還發佈「加強改進公民道德建設、構建社會主義和諧社會」的《中國公民道德論壇宣言》，號召在全社會大力宣傳愛國守法、明禮誠信、團結友善、勤儉自強、敬業奉獻二十字基本道德規範，普及道德知識，強化道德意識。

正確實施這方面教育當然是必要的，但20字中唯獨沒有權利和法治。這種對公民概念的認知，至少有三種片面性：

一是認為公民就只是有本國國籍的人，而不強調公民的本質是享有公民權的法律資格。二是把公民只當成是義務主體，只是行政權的相對人，只是服從行政決定和命令的客體，而不是政府服務的對象，不是對政府進行監督的主體。三是把公民只當成受道德教育的對象，而忽視公民是憲法確認的公民權主體，忽視提高公民權利意識、參與管理國家和社會事務的意識。這種公民教育只是對子民的道德教化，難免陷入舊時代「訓政」、「奴化」教育的巢臼。

就公民作為「公人」、「政治人」而言，公民主要是憲法確認的政治權利主體，而不只是教育對象，更不是要訓練他們成為「非禮勿言、非禮勿動」的謙謙君子或馴服工具。

至於愛國教育也要強調公民的身份和資格不是像自然人那樣，是基於某一特定的民族、階級、經濟、文化共同體的成員，而是如哈貝馬斯所說，公民是「以憲法為象徵的政治共同體內的成員」，他「對國家的忠誠和熱愛應當是一種政治性的歸屬感」，民族國家獲得獨立或者某一階級獲得自由解放，並不等於該國的所有公民也一定都獲得民權、人

---

6. 這種不了情結和心態不但在現實社會生活、國務活動中源遠流長，而且迄今在電視戲劇中活靈活現，說不盡康熙、雍正、乾隆的「偉績」，「萬歲」之聲不絕於耳，「奴才」之稱響徹舞臺，而未遭非議，未蒙垂注。

權和自由。毛澤東的名言：「中國人民從此站起來了！」應當說那還只是中國人作為中華民族的一分子在世界上站起來了；而作為民主共和國這個政治共同體的成員的公民，是否已經完全「站起來了」，還是一個需要長期奮鬥的歷史過程。中華幾千年封建專制統治直到文化大革命，中國老百姓往往是作為「臣民」、「子民」、「順民」，而非享有真實的政治權利的公民。進行公民教育如果迴避這些歷史和現實是言不及義，甚至沒有跳出愚民教育或狹隘民族主義教育的陷阱。

總之，社會主義法治國家不是貼上「社會主義」四字標籤就可萬事大吉的。要以社會為本位，以與之並存互動的自由社會、公民社會、法治社會三者統一的民間社會為基礎，並實行法的社會化多元化，真正的自由社會法治國家與和諧社會才可望建立。

（二）公民社會是構建和諧社會的基石

與法治社會相關的是和諧社會。這是近十年來執政黨領導人提出的一個美好的願景，也可以說是基於現實社會很不和諧所致。法治社會是建立和諧社會的必要條件，像「文革」時期那樣無法無天，無政府狀態，根本就不可能有和諧；如果社會人還處於「臣民」、「子民」、「馴民」狀態，也不可能有合乎人道的和諧，所以公民社會是構建和諧社會的充分條件之一。

1. 公民社會是構建和諧社會的必由之路

如何建構和諧社會？一些論者提出了不少對策，但依靠誰、依靠什麼力量來實現或推動它實現，即基礎和動力問題似乎少有人論及。

任何一次社會革命或者社會改革運動，首要問題不只是要明確革命或改革的理論、目標，對象以及領導力量，更要落實革命的依靠力量與動力。

我國新民主主義革命的動力或依靠力量是作為主力軍的農民。那時「打土豪、分田地」，極大地調動了農民革命的積極性，推動了革命的勝利。改革開放初期，也是自安徽18戶農民寫血書帶頭包產到戶，帶動全國農村改革，進而實現新的「鄉村包圍城市」的態勢，促進了城市的經濟改革。而現今出現嚴重的「三農」問題，使全國改革陷入困

局，很大程度上也是由於置8億農民以及廣大工人於經濟上政治上受壓抑的弱勢群體處境，導致兩極分化，激化了社會矛盾衝突，工農群體不但由改革的動力被視為改革的「負擔」，也被視為嚴重影響社會和諧的不穩定因素。

雖然有些論者也論及進一步推進改革的動力問題，但大多限於仰賴或寄希望於國家、政府、黨政官員、企業精英。事實表明，基於政治體制的固有弊病和保守勢力、既得權益者的阻礙和抵制，把「寶」單壓在這一方面，往往事倍功半，甚或一些被當做「動力」對待者恰恰成了阻力。因此重新認識、高度重視改革的主要動力所在，是今後不可再予忽視的戰略問題。

正如一位香港的政論家所言：「如果把工人和農民排擠在體制之外，沒有參與權、沒有發言權的話，建立一個和諧社會就不可能有足夠的政治動力。」他認為單有「親民」政策和領導人的親民傾向，而無制度上的參與機制，只能在短期內遏制不穩定因素，遠不足以保障實現和諧社會的目標。「從政治上說，要實現和諧社會，關鍵是讓各個社會階層有它的渠道來影響國家的政策，參與政治。只有建立一種公平的政治機制，才會達到政策上的平衡，從而達到社會的和諧。」[7]

構建和諧社會要依靠什麼力量來推動它實現？關鍵是讓各個社會階層有它的組織和表達民意的渠道來參與國家政治，影響國家的決策，這就是公民社會的特性和作用。

和諧社會作為一個理想目標，需要通過多種途徑和方法去實現，其中構建公民社會是合乎現實要求和世界潮流的一條必由之路。它在構建和諧社會中起基石和動力作用。

公民社會，有些理論界亦稱市民社會（Civil Society）。我認為市民社會只是馬克思所說的屬於自然人的私人社會或私權領域，市民社會的概念也未能涵蓋農民；而公民社會則是屬於全體公民、亦即「公人」的社會，它是享有公民權、亦即馬克思所強調的「公權利」的人所組成的社會共同體。其特點是有組織的政治社會，而與政治國家相對應。公民

---

7. 鄭永年：〈為什麼要建立和諧社會〉，載香港《信報》，2005 年 3 月 15 日。

的公權利是參與國家、參與政治的權利。它與自然人的私權利（自由、生命、財產等等）不受國家干預不同。[8]

要建構和諧社會，有賴於形成公民社會，這需要樹立正確的全面的和諧觀和公民觀。

2. 和諧社會的基本要素

什麼叫「和諧」？一位中國現代作家以中文拆字的方法來詮釋，說和諧就是人人有飯吃，人人有言論自由（「和」字是禾＋口，即有糧食入口；「諧」字是言＋皆，即人人皆有話語權）。[9]這關乎人類的「口」的功能：一進（食）一出（言），有此二者，則天下太平。這多少道出了和諧的兩個核心要素。和諧社會是文明社會。古人云：「倉廩實而後知禮節」，要富民，而且要共富，否則兩極分化，饑餓的人們會揭竿而起。古語又云：「防民之口甚於防川」，要開放言論，這在正常時期是公民參政的基本前提；在民怨沸騰的非常時期，則是洩氣防爆的不二法門。可以說，前者是自然人、私人社會的基本利益，後者是政治人、公民社會的基本追求。二者都是社會和諧的基礎條件。

和諧社會是一種「社會」共同體，而非分散的個體，這就要求結社，有結社的自由。組織化是公民社會的基本特徵，良性的非政府組織是公民社會的核心力量。公民社會中這些社會組織對組織、教育公民，表達公民的利益和要求，維護公民的自由和權利，服務國家和社會，監督和制約國家權力等方面，具有政府不可替代的作用。而這些正是使社會中人與人之間的和諧以及國家政府與民眾社會之間達至和諧的觸媒。

追求和諧是因為有不和、不諧調的矛盾、衝突的因素。社會人是千差萬別的，和諧正是追求多樣性的統一，而不是要強制人們整齊劃一，定於一尊，輿論一律，噤若寒蟬地相安無事；也不是以「穩定壓倒一切」來壓制一切社會矛盾，求得超穩定的社會而堵塞了社會的改革、發展、進步。我們所要的和諧是社會各民族、各階級、各階層、各利益

---

8. 參見郭道暉：〈公民權與公民社會〉，載《法學研究》，2006 年第 1 期。本文關於公民權與公民社會的論述，採摘了該文某些觀點與內容。

9. 參見曹志培：〈作家說「和諧」〉，載《合肥晚報》，2005 年 4 月 26 日。

群體的多元化的「和合」。而要達此目的，有賴於公民社會的各社會組織從中協調。

3. 公民社會是建構和諧社會的幫手

對公民和公民社會是政治權利主體，一些掌管國家權力的黨政官員也常常心存戒懼。他們往往把公民自願和自行組織的社團和他們行使公民權利和社會權力的活動，視為政府的對手，礙手礙腳，妨礙政府自由地行使權力，不大情願放手支持和鼓勵民間社團的發展，甚至是千方百計加以壓抑，將它們扼殺。這對建構和諧社會是不諧調的阻力。

應當看到公民和公民社會中的非政府組織，其擁有的權利特別是政治權利，以及各種社會組織擁有的社會權力，愈來愈多樣化和強化。很多社會事務和政府事務已由自願組織起來的公民和相關社會組織運用其社會資源與社會權利和權力來治理。一些社會中介組織、基層居民自治組織、社區服務組織等，在協助政府承擔許多社會公共事務和照顧公民生老病死、失業後的再就業、調解婚姻家庭糾紛等日常生活問題上，起了不可替代的作用。有些社會事務是政府不能或不願做、不該做的，非政府組織正好填補了這個空白，並且利用其資源優勢，有些可以比政府做得更好。它們的崛起還可以防止權力的過分集中，使權力多元化和社會化。

國家即使是民主的法治國家，只能保障國家有序運轉，並不能無遺漏地完全維護社會的公益和公正。公民社會利用其資源與社會權力，可給予補救。特別是對社會的弱者和弱勢群體予以扶助，對多樣性的社會公益事業自動地、自願地作出及時的反應，對違反倫理道德的事以社會輿論的壓力給予糾正，弘揚公共道德和服務精神，從而也對建構文明的和諧社會起推進作用。

公民社會的各種社會組織還可以通過直接提起公益訴訟，參與執法。在美國，早在 20 世紀 70 年代，一些環保法律確認，非政府組織有監督政府和企業履行環保法律的權利或權力，稱為「公民訴訟條款」(Citizen Suit)。根據這個條款，公民、公眾、非政府組織都可以對不履行或違反環保法律的政府和企業提起訴訟，通過法院審判，迫使他們遵守環保法律。這實際上是賦予公民和社會組織有監督法律實施的檢察權，充當「私人檢察官」、社會的「看家狗」(Watchdogs) 和「吹哨者」

(whistle-blowers，即喊「犯規！」的裁判員）的角色。公民和社會組織還可以依照「公民訴訟條款」申請停止侵害和給予民事賠償的司法救濟。這樣公眾和非政府組織實際上成為協助政府維護和實施法律的執法者的角色。[10] 它是政府借助社會公眾團體之手，來貫徹實施行政管理和執法事務的一個有效機制。

任何政府有序和有效的治理，一個必要條件是全社會意志的統一。這不能只依靠政府和執政黨自上而下的灌輸，而要依靠公民社會通過溝通、協議、參與，把公民分散的意志集中、融合為共同意志，達成共識，從而形成政府治國的政治基礎和社會基礎。「天視自我民視，天聽自我民聽」，公民社會的各種社會組織（包括政黨組織）就是集中統一社會共同意志的核心力量。《德意志聯邦共和國基本法》（以下簡稱《德國基本法》）第 21 條規定各政黨是「參與形成公民政治意志」的組織。其他社會組織也在其所聯繫的範圍內，起類似的作用。公民社會通過各種社會組織，集中和反映不同社會群體的意見與要求，直接參與政府的決策過程，對政府治理提供社情、民情的依據，貢獻來自人民群眾和各行各業專家的智力資源與物資和精神支持，並促進政務活動的公開性和透明度，克服「黑箱作業」的弊端，從而使政府的管制變為善治。

當然，民間社團也是良莠不齊的。有些非法的甚至反動的社會組織和利益集團，是擾亂國家權力、侵害民眾權益和破壞社會秩序的惡勢力（如橫行街衢鄉里的黑社會組織、掠奪農民和市民土地房產的權貴資產集團）。如果善於通過公民社會同這些現象作鬥爭，對遏制民間邪惡勢力與非法組織，也可起到政府不可替代的作用。

總之公民社會是政府的助手而非對手，更非敵手，是集中和反映民心民意的晴雨錶、指南針、智囊庫、出氣口、安全閥、調整器……政府應當自覺地促成公民社會的形成，並善於運用公民社會中這些積極的社會力量，使之支持、協助並監督政府依法、正當、有序地進行國家與社會事務的治理。

---

10. 鄭少華：〈公眾參與：循環型社會參與機制之確立〉，會議論文。

4. 公民社會是推進國家各項改革的動力

建構和諧社會要摒除社會不和諧的因素。但造成社會不和諧，關鍵還在於國家（政府）同社會不協調，亦即政府同民眾的矛盾。脫離人民乃至欺壓人民的官僚主義政府的專橫和腐敗，壓制民主和言論自由的專制，是激化社會矛盾的主導因素。所謂「天下有道，則庶民不議」，解決這類矛盾，單仰賴政府的自律是不夠的。一則容易官官相護，再則既得權益者是不會自願地放棄權益、堅決進行民主的政治改革的。政治改革的動力主要依靠作為政治人、政治社會的公民社會。

通常情況下，公民社會是監督、制衡國家權力的力量。通過公民社會行使政治參與權，組織集體行使公權利，去參與國家和政府的立法、執法、司法，監督國家權力依法運行，既支持政府為民謀利益的舉措，又通過運用輿論媒體和社會組織的遊說，對政府機構施加影響和正當的壓力，遏制、抗衡、扭轉政府在立法、執法和司法中的不法、侵權行為。

在非正常時期，人民同政府的矛盾激化，在一些發展中國家，公民社會的非政府組織發動的各種大規模的社會運動，其對社會和國家的影響力、支配力，往往是推進社會政治和經濟改革或轉型的先聲。

社會運動不必定是對抗性的，在非政府組織理性的組織和引導下，一般都是和平的、有序的、守法的。即使群體性事件中可能出現過激行為（如遊行示威、群體上訪），如果政府善於透過社會組織去引導和自律，也可以將它納入法治軌道。現今各地不斷發生的群體性衝突事件，是對和諧社會的逆反。但首先要看到，造成這種狀態的社會原因多是源於政府的決策失誤或執政失靈。如果公民社會的正面功能得到事先地扶持和充分發揮，公民社會依正常法制渠道同政府溝通、協商、疏導，把矛盾解決於萌發之初，就不致積累過深，積怨過甚，引起爆炸性的後果。

總之，興旺強盛的公民社會是國家和社會民主化的前提，也是構建和諧社會不可或缺的因素。國家需要組織化的公民社會為後盾，和諧社會要以公民社會為基礎，如果公民社會不能形成或軟弱無力，國家得不到公民社會的支持就會陷入困境，國家沒有公民社會的有力監控就會走向專制和腐敗。尊重和善於運用公民社會公眾政治參與的權利和能

量，是建立和諧社會的根本之圖。從公民社會的興起中，人們可以看到實現政治民主化和建設和諧社會的基礎、動力和希望。

六、公民社會的社會權力

公民社會之所以是和諧社會的基石，在於它擁有區別於國家權力的社會權力。

隨着現代國家向民主化、法治化演進和現代社會向多元化發展，以及經濟的全球化，國家權力在不斷地、逐漸地向社會讓出地盤，由國家權力內部的分權，發展到國家向社會分權，出現權力的多元化和社會化。在公民社會裏，由於各種民間社會組織（包括政黨、非政府組織、公司企業、公益團體、不同利益群體組織等）如雨後春筍般成長，成為現代社會的重要權力源。社會權力愈來愈多樣化、分散化和強化。

什麼是社會權力？簡言之，社會權力即社會主體以其所擁有的社會資源對國家和社會的影響力、支配力、強制力。社會資源包括物質資源（人、財、物、資本、資訊、科技、文化產業等）與精神資源（人權與法定權利、道德習俗、社會輿論、思想理論、民心、民意等），還包括各種社會群體（民族、階級、階層、各種利益群體等）、社會組織（政黨、工會、婦女會、青年會、企業事業組織、各種行業協會等非政府組織）、社會勢力（宗教、宗族、幫會等）。這些社會資源可以被運用來形成某種統治社會、支配社會進而左右國家權力的巨大影響力、支配力。

非政府組織（Non-Governmental Organizations，簡稱NGO）是在市場體制和國家體制之外出現的一項重大的組織創新和制度創新。共道勃興起，是對人類社會在為實現可持續發展的努力中所遇到的市場失靈和政府失靈問題作出的反應和回答。非政府組織作為組織創新和制度創新，為實現可持續發展，在「企業——市場」體制和「政府——國家」體制之外，提供了新的具有深厚潛力的選擇。各種社會組織按其性質與分工，分別擁有政治權力、經濟權力和文化權力，有些還有宗教權力，乃至黑社會組織、恐怖組織的日益膨脹的破壞性權力。此外，社會主體還

有道德權力。[11]這種創新的獨特性質和特有優勢,使非政府組織能夠比較有效地致力於解決一些特定的社會經濟問題。非政府組織在全球範圍的興起,還有干預全球事務的國際社會權力。

政府已不是在所有領域都是唯一的權力中心(當然仍然是治理社會的主導力量),很多社會事務已由社會組織運用其社會資源與社會權力來治理。

隨着現代科技的飛速發展,資訊電子化、互聯網化,公民不但享有不斷擴大和豐富的個人權利,而且擁有影響國家和社會、支配他人的社會資源,此即社會權力。國際金融投機巨頭利用互聯網可以一夜之間造成亞洲金融危機。互聯網上的黑客打入政府要害網站,只要敲擊幾下鍵盤,發出幾個指令(這本屬於權力運作),就可以使整個情報系統癱瘓,或使幾座城市電力供應中斷。[12]

民間社會的概念也起了變化。「市民社會的最現代的、最現實的形式是國際互聯網的聊天室和在線論壇……我們可以同全球的人共同生活,同他們交談和行動,甚至做出決定。在德國,第一次用互聯網投票方式選舉產生了大學校長。」[13]

這就是說公民社會已擴及於數碼世界或虛擬空間。社會權力也無處不在。

正如一份由美、歐、日三方委員會的調查報告中所指出的:

「在杜魯門執政期間,相對來說,他只同一小批華爾街的律師和銀行家合作就能統治國家。到 60 年代中期,社會中各種權力來源出現了

---

11. 關於道德為何也是一種權力,見本書上篇第四章第五節;並請參閱郭道暉:〈道德的權力和以道德約束權力〉一文,載《中外法學》,1997 年第 4 期;並見郭道暉:《法的時代挑戰》(長沙:湖南人民出版社,2003)。

12. 2000 年 5 月,菲律賓一位黑客拋出「愛情信件」病毒,導致退伍軍人健康管理局收到 700 萬封「我愛你」的電子郵件,美國國家宇航局一千份文件被毀,勞工部受攻擊後恢復工作需要 1,600 僱員小時(即 1,600 個僱員每人工作 1 小時,類似「人次」的意思)。這次電腦攻擊給美國帶來的損失相當於一座小城市遭到地毯式的轟炸。參見《虛擬防務》,美國《外交》雙月刊,2001 年 5、6 號文章。

13. 德國聯邦議院副議長安傑·福爾默:〈法治國家與市民社會的發展〉,中德行政法研討會論文,1999 年,北京。

驚人的多樣化，使得杜魯門時期的那種情況不可能再發生。1970 年與 1950 年相比，最顯著的國家權力核心是全國新聞媒介⋯⋯（它們）受到了『高度的信賴』，在政治上成為不屈不撓的反對黨。」[14]

權力的多元化、社會化和社會權力本身的多元化，標誌着民主的新世紀的到來。社會權力的出現和日益擴展，也標誌着國家至上、國家權力至上的神話走向解體，人類的社會權力開始逐漸復歸於社會，還權於民。由對社會權力的否定到否定之否定，這是歷史發展的必然歸宿。

至於中國，由於國家權力過度膨脹，特別是在中國高度集權的計劃經濟體制下，民間團體的功能萎縮，其社會潛能未得以充分發揮。中國近 20 年來的經濟改革已開始動搖了國家權力一統天下的局面，在國家與社會一體化的格局轉變為國家與社會二元互補互動的時代，社會群體的劃分已不像《共產黨宣言》中所預想的那樣，更不是「以階級鬥爭為綱」時代所斷定的那樣，只是剩下或簡化為資產階級與無產階級兩個階級的對立，而是出現了極其多樣化的利益群體，及代表他們利益的社會組織。社會群體的多元化引發了權力的多元化。權力已不限於國家所獨佔，在國家權力之外與它並存並行的還有社會權力。

本來社會主義不僅是同資本主義相區別，而且更是同國家至上的國家主義相對立的。社會主義者是以「社會至上」為「主義」，即主張以社會主體——人民及其權利與利益至上，國家應是為社會服務的工具，國家權力也要逐步還歸社會。

可惜有些執政者在掌握國家權力後，不願再放權，權力高度集中，對社會的控制過緊。有些人在既得權力面前則打了敗仗，被權力所腐化。有的國家的執政黨甚至因此亡黨亡國。這是國際共產主義運動沉痛的歷史教訓。

（二）社會權力的本質要素

就整個人類社會的宏觀而言，國家是一種社會現象，人類社會整體上當然包括了國家，包括了政府，也包括了各種非政府的社會組織。國家權力也是屬於人類社會的權力。在這個意義上，國家權力也可以說

---

14. 美、歐、日三方委員會的調查報告：《民主的危機》，台灣中譯本第 106。

是一種社會權力。但是筆者所論說的社會權力的邏輯起點是從另外一個視角，即從國家與民間社會相對應的視角來立論的，是相對於國家權力來界定社會權力。

任何權力必須具備三個本質要素：權力主體；這些主體必須擁有一定的社會資源；這些資源能夠對權力的相對人構成相當的支配力、強制力。

社會權力也必須具備以下三個基本要素：

1. 享有人權與公民權的社會主體

權力是一種社會關係。它是指任何主體能夠運用其擁有的資源，對他人發生強制性的影響力、支配力，促使或命令、強迫對方按權力者的意志和價值標準作為或不作為，此即權力。這種權力的擁有者或主體若是國家（政府），就稱為國家權力；是社會組織或公民個人，就是社會權力。

社會權力的主體和載體是社會主體，主要是政府組織以外的公民和各種社會組織，或稱非政府組織，他們是社會權力的核心力量。

社會權力主體是社會主體，但並非所有社會主體都擁有社會權力。這不同於所有社會主體都享有權利（人權與法定權利）。因為權利（人權）是與生俱來、人皆有之的，或經法定賦予、人人平等享有的，而權力是要具備一定條件、要素才能形成，而非天賦予人的，如必須掌握為自己所有的資源。其中特別重要的是享有參與政治與社會生活的公民權（政治權利），同時還有一定的組織，從而能運用其權力資源去影響、支配或強制社會與國家按自己的意志與價值觀去作為或不作為。

享有公民權利、特別是政治權利，是成為社會權力主體的前提。沒有權利，特別是沒有參與政治的權利（如被剝奪了政治權利的罪犯），當然就不可能擁有權力去影響和強制他人和社會、國家。社會主體必須享有知情權、參與權、選舉權、監督權、訴訟權以及自主權、自治權等，才能對國家和社會施加影響力、支配力。

如果這些權利僅由單個人分散行使（如個人批評建議、上訪、申訴），其影響力很小，很難形成一定壓力；集合行使（如通過代表自己利益的群體組織去集體行動，通過多人發表集體聲明、控告，形成社會

輿論等等），就能轉化為強大的社會權力；而組織起來，組成一個法人團體，就更能將分散的個人和分散擁有的個人權利集合起來，形成社會共同的意志與訴求，形成集體的力量，從而轉化為權力，即社會權力。例如無產者一無所有，作為個人，工人無法同資本家抗爭；組成工會，就可以同資方進行集體談判，直到罷工，這就形成為權力，可以對抗資本家的資本權力（這可以說是以社會權力對社會權力）。但資本家也不只是分散的個人，他們是早已形成為階級，並掌握國家政權；無產階級作為階級，也只有組織起來，結成政黨，才能通過議會鬥爭或革命，維護本階級的利益。因此組織就是力量，是巨大的物質與精神力量，就有權力（這時是以社會權力去對抗國家權力）。

　　而要建立各種社會組織，前提是公民有結社自由權，或者訴諸人權。所以人權和公民權是社會主體擁有社會權力的前提和基礎。

2. 擁有相當的社會資源

　　單有權利這一法律資源還不夠。山溝裏的農民雖然理論上與城市人同樣享有人權和憲法和法律的權利，但幾乎沒有掌握任何其他物質與精神資源，連任何資訊也不掌握，任何資訊溝通渠道都受梗塞；又沒有能直接代表他們利益的農民組織（現行的村民委員會基本上還是一個從屬於基層政府的半官方組織）；權利基本無保障，很難實現。因此他們很難形成社會權力，很難對國家和社會施加影響。在舊社會，他們只在被「逼上梁山」、「揭竿而起」、「打土豪分田地」之時，形成一股革命勢力，造成翻天覆地的後果。革命就是一種社會資源，也同時成為社會權力。可見要成為社會權力，必須擁有一定的社會資源，這是行使權力的能源；否則就沒有能力對相對人施加影響，就不構成權力。

　　我國在計劃經濟時期，幾乎一切社會資源都被國家（黨和政府）所壟斷，社會主體基本上不擁有任何資源，包括精神資源也受到意識形態部門的嚴密控制，「鬥私批修」、「輿論一律」。到「文革」時期，全中國只剩下一本紅小書、八個樣板戲和所謂「兩報一刊」，因此社會主體談不上有個人權利，特別是沒有任何政治權利，更無社會權力。當然紅衛兵倒是擁有無限的權力，可以肆無忌憚地對幹部和群眾打砸搶抓、生殺予奪。表面上紅衛兵的各派組織擁有的權力看似非政府組織的社會權力，但一則它們是在最高領袖和「四人幫」的支持和操縱下的，實際上

是領袖專政下黨政權力的化身；再則，這種打着群眾旗號的社會組織，其社會權力是極具破壞性和殘暴性的恐怖組織和恐怖權力，是不容再發生的歷史惡劇。

國家權力是擁有巨大的統治資源的，如擁有財政與稅收等經濟資源，特別是擁有國家機器，有立法權力、行政權力和司法權力，有龐大的官僚機構，並有暴力（法庭、監獄、軍警等）為後盾。社會權力一般情況下沒有、也不容許掌握這些資源（除非進行暴力革命）。但是在國家與社會二元化格局下，社會主體多少擁有大小不等的社會資源，其中逐漸形成的中產階級由於擁有資金、資本、產業，一些知識精英掌握相當的文化權力和話語權和社會威望，特別是非政府組織的興起，運用這些資源就可形成一種或多種利益集團、壓力集團、社會勢力，來影響和控制社會與國家。

3. 具有對社會和國家的影響力、支配力

強制力（或影響力、支配力）是權力的一個基本要素，不過強制力有大小和軟硬的強度區別。國家權力強制性較大，較硬性（現今強調「服務行政」和「行政指導」的理念，行使這類行政權力時強制性較弱）。社會權力在一般情況下是屬「軟權力」，在施加於相對人（其他社會主體和政府）時，通常是採取「先禮後兵」的原則，先溝通反映、協商談判、建議批評，遊說申訴，爭取得到對方（特別是國家權力）的支持合作；不行則訴諸輿論的壓力，群眾性的抗爭，直到社會革命。

在英語世界，Power 一詞，既譯為「力量」（如過去譯培根的名言「知識就是力量」）也譯為「權力」。為什麼筆者把這種社會組織和個人所具有的社會影響力、支配力歸入權力範疇，而不只是社會權利或一般的社會力量？

其一，是因為它具備權的本質屬性：權力同權利的區別是，權力「能夠」（有資格與能力）以自己的「強制力」作為或不作為；權利則只是「可以」（有資格）作為或不作為，權利主體自身沒有或不容許直接對他人實施強制力，以實現其權益。而國家權力有此能力。社會權力也如此，它不只是有資格（公民和社會組織都享有人權和憲法與法律確認的權利）可以作為或不作為，而且他們正是以這些權利為前提和基礎，在一定條件下通過集合有共同意志和利益與價值觀的群體，共同

行使其權利，從而形成一股社會勢力（社會強制力），去影響和支配其對象，使之順從於他們的意志而作為或不作為。這就是權力的本質和本能。

其二，是因為權力只有在一定的社會關係中才存在。權力固然要具有一定的力量或能量，但力量、能量不等於權力。單是力量、能量只能算作是一種資源，或只是一種潛在的權力。舉重運動員很有力氣和技能，只是一種能量；只有當他被聘為教練員時，他的舉重知識與技能（即他在這方面所擁有的資源）才轉化為指導和指揮、命令運動員的權力。所以力量作為一種資源，只有當它在一定的社會關係中被運用來對他人施加影響和強制力時，才成為權力。

又如貨幣和物資只是客觀存在的經濟資源，只有當它變為資本（資本即一種社會關係）時，它才成為一種權力。如馬克思所說：資本是「支配他人勞動的權力」。[15] 資本在資本主義生產關係中，具有剝削工人剩餘價值的強制力，資本即構成一種社會權力。恩格斯說，資產階級先是運用資本這種社會經濟權力統治社會，然後進一步奪取國家政治權力，統治國家。[16]

近幾百年來世界歷史和當代現實生活中發生的一些重大事件，已顯示社會權力所扮演的重要角色和所具有的巨大影響力、強制力。

如震撼世界的各國人民革命：美國的獨立戰爭、法國的大革命和巴黎公社運動、中國 1911 年推翻清朝帝制的辛亥革命、俄國的十月革命和中國的新民主主義革命，都是憑藉人民群眾和革命組織的社會權力的強大威懾力、摧毀力，而奪取國家權力的。馬克思說，「無產者本身必須成為權力，而且首先是革命的權力」，他這裏講的「革命的權力」就是一種社會權力。

再如各時期大規模的社會運動，其對社會和國家的影響力、支配力，往往是推進社會政治和經濟改革或轉型的先聲。中國 1919 年的「五

---

15. 〔德〕馬克思、恩格斯，中國共產黨・中央馬克思恩格斯列寧斯大林著作編譯局：《馬克思恩格斯選集》（第 1 卷）（北京：人民出版社，1972），頁 107。

16. 〔德〕馬克思、恩格斯，中國共產黨・中央馬克思恩格斯列寧斯大林著作編譯局：《馬克思恩格斯選集》（第 3 卷）（北京：人民出版社，1972），頁 41。

四」運動，開闢了中國新民主主義新時代。1976 年的天安門「四五」運動，又為結束文化大革命和轉入改革開放新時期打下了政治基礎。菲律賓的民主運動迫使獨裁者拉科斯倒臺。韓國在 20 世紀 70 至 80 年代由非政府組織（當時被指為「反政府組織」）接連不斷發動的人民運動，促使了 1987 年政府向民主轉型。90 年代印度尼西亞如火如荼的學生運動，最終迫使獨裁者蘇哈托的退位。台灣當局的專制統治於 80 年代後期「解禁」，也是此前由民間組織發動的一系列社會運動，如環境保護運動、消費者保護運動、教師人權運動、客家人權運動、勞工運動等所形成的強大社會權力的推動。[17] 近年國際非政府組織在世界範圍進行的社會鬥爭，其威力令人震驚。1999 年在美國西雅圖，700 多個非政府組織、上萬人示威遊行，竟使那次 WTO 會議無結果而散。這些社會運動已不只是充當被政府或某種社會勢力利用的資源，而是其自身正在運用其社會資源對社會和國家的影響力、支配力，形成為獨立的社會力量。歐洲的 30 個「綠黨」，「正在悄悄地成為主流政治力量」，[18] 在歐盟 15 國中有 12 個國家政府中有其成員。

在非正常時期，人民同政府的矛盾激化，在一些發展中國家，公民社會的非政府組織發動的各種大規模的社會運動，其對社會和國家的影響力、支配力，往往是推進社會政治和經濟改革或轉型的先聲。

社會運動不必定是對抗性的，在非政府組織理性的組織和引導下，一般都是和平的、有序的、守法的。即使群體性事件中可能出現過激行為（如遊行示威、群體上訪），如果政府善於透過社會組織去引導和自律，也可以將它納入法治軌道。現今各地不斷發生的群體性衝突事件，是對和諧社會的逆反。但首先要看到，造成這種狀態的社會原因多是導源於政府的決策失誤或執政失靈。如果公民社會的積極的正面功能得到事先的扶持和充分發揮，公民社會依正常法制渠道同政府溝通、協商、疏導，把矛盾解決於萌發之初，就不致積累過深，積怨過甚，引起爆炸性的後果。

---

17. 「解禁」指解除黨禁和報禁。據統計自 1980 年以來，台灣的社會運動多達 17 種。參見蕭新煌：《多重性格的本土社運出擊》，引自蕭新煌主編：《變遷中台灣社會的中產階級》（台北：巨流圖書公司，1989）。

18. 法新社巴黎 1999 年 2 月 25 日電：《歐洲綠黨聯合會》。

美國水門事件中由《華盛頓郵報》等媒體發難，把總統拉下馬，也顯示出新聞媒體的巨大影響力強制力，即所謂「第四種權力」，實際上應屬「第二類權力」，即與國家權力相制衡或對抗的社會權力。

至於國際恐怖主義組織精心策劃的「9·11」恐怖大襲擊，也不是以某一國家及其國家權力為依託（基地組織首腦本·拉登甚至是無國籍人，被其祖國沙特阿拉伯開除國籍），而是憑藉國際社會恐怖組織對其雄厚的社會資源（巨額資全後盾、專業化作業水準、包括其視死如歸的宗教狂熱精神）的支配力。美國和全世界面對的不是一個敵對國家，而是一個敵對的國際社會組織及其社會權力。這類恐怖組織以及黑社會組織是人類社會的毒瘤，其社會權能愈大，危害愈大。

以上列出的幾大事件，充分表明社會階級鬥爭與革命、社會運動、社會組織的活動、媒體的輿論力量等，都不只是一般的社會力量，其組織力、社會動員力、影響力、強制力、支配力和威力，比之國家權力無甚差別，有時更大於或高於國家權力，壓倒國家權力。這正是社會權力特徵的突出體現。

而在民主國家的日常生活中，公民和社會組織、社會利益集團運用其參與權、監督權，對政府決策的是非和施政的得失施加影響，促使或迫使其改弦更張，使國家權力朝有利於社會主體的方向運作。近年我國發生的孫志剛事件導致廢除收容審查制度、劉湧案的改判死刑，中國青年報的《冰點》副刊的查封後復刊，都是公民集體和社會組織通過媒體和互聯網發表公開信和建議書，通過集體呼籲、批評、譴責，形成強大的輿論壓力下促成的，顯示了社會權力所起的重要作用。

4. 社會權力的合法性與非法性

一般說來，合法性是權力的一個要素。合法的權力容易得到受眾的支持和服膺。但這只是權力的充分條件之一，而非必要條件。

專制獨裁的暴君或通過政變攫取政權的統治者的權力，並非按正當法律程序上臺，不具合法性，但他可以以暴力強制民眾服從，不能因其非法性而說他不擁有權力。反之，像希特勒卻是通過競選的合法程序、並得到人民一時狂熱擁護，進步人類卻否定其法西斯權力的合法性，此點在「二戰」後紐倫堡國際法庭的審判中，即明確不承認納粹法

律的合法性。即使是人民革命行使其強大的社會權力，推翻反動腐朽的統治，其奪取的國家權力也不合乎舊的國法，而是對它的否定。它只是合乎社會正義，或者說合乎自然法原則。

可見，合法性並非權力、包括社會權力的必然要素。

日常生活生活中，如非政府組織這類社會主體，要依法成立，其政治權利和社會權力倒是必須是合法的。違法攫取權力、超越法律行使社會權力，就會受到國家法律的制裁。如為實現其政治主張或社會目的而使用暴力，或進行其他非法活動，將遭到取締。其社會權力不具合法性，也會喪失影響力。

第七部分

公民社會

第四十八章

公民、公民社會與
全球公民社會

* 本章以〈公民權與公民社會〉和〈公民權與全球公民社會的構建〉分載於《法學研究》，
  2006 年第 1 期、《上海社會科學》，2006 年第 6 期。

一、公民社會的歷史變遷

「公民社會」早先亦譯作「市民社會」或「民間社會」,其實這三種稱呼是同出一個英文術語 "civil society",只是中文譯名不同。至於在概念的內涵上,則基於不同的視角和觀念以及時代背景的差別,而存在不同詮釋。大體上是指相對獨立於國家的、有一定自主、自治權的社會共同體。

人類原始社會沒有國家,當然也沒有相對於國家的民間社會和公民社會,只有作為自然人生活其中的部落社會或氏族社會。

國家產生後,在中國自古代到近代以迄清代,「普天之下,莫非王土;率土之濱,莫非王臣」,只有從屬和依附於國家的臣民、庶民、子民、百姓等。自古無所謂自成一體的市民和市民社會,詞源上也無「公民」一詞,也從來不存在所謂公民社會。士大夫階層也不是作為與帝王、貴族的平等主體參與國家政治。不過中國中央專制集權統治雖有幾千年,並沒能全部吞噬社會,地方上還多少有會社等民間團體活動的空間,所以多少存在與官府相對應或對立的民間社會。中國古代民間有所謂鄉議、清議,文人學士可以抒發議論,批評朝政。

直到清光緒三十四年(1908年)制定的《憲法大綱》仍沿用「臣民」概念,這個大綱的主體內容標明為「君上大權」,而「臣民權利義務」則作為「附」件列於其後。[1]

辛亥革命後制定的《中華民國臨時約法》,開始使用「人民」一詞。

以後歷次中華民國憲法中,「國民」與「人民」概念並用,對人民也長期採取「訓政」的方略。直到1954年頒佈的《中華人民共和國憲法》

---

1. 謝瑞智:《憲法大辭典》(台北:千華出版社,1993),頁 556-640。

及其以後的歷次修改的憲法中，才出現「公民」一詞。1982年憲法還將「公民的基本權利和義務」提升為憲法第二章。

但是應當承認，對什麼是「公民」，特別是什麼是「公民權」，以及如何尊重和保障公民權，遠不能說已盡人皆知。新中國建立後的前30年，雖稱人民國家的利益同人民利益、社會利益完全一致，但國家與社會高度一體化，社會被淹沒在無所不在的國家之中，甚至連民間社會的提法有與「人民國家」對立之嫌，也是犯忌的。

在西方情況有所不同，公民社會可以溯源於古希臘時代。那時如亞里士多德所說的：「人是城邦的動物」（或譯為「人是政治的動物」），「城邦的一般含義就是為了要維持自給生活而具有足夠人數的一個公民集團。」[2]

英文 Citizen，字義本是指「屬於城邦的人」或「組成城邦」的人，中文譯為「公民」，也有寓意「公人」「有權參與公共事務的人」的意思。在古希臘，城邦既是國家又是社會，二者尚未加以區分，而是融合為一體的；但社會則已有公民階層和其他非公民階層（如奴隸）的劃分。雅典有直接參政議政的公民大會。

近代市民社會理論形成和廣泛流行於17至18世紀，那時正是自由資本主義興起、市民資產階級作為一股新興政治勢力崛起的時代，其理論的鋒芒主要是力求通過市民社會力量抵抗封建專制的國家至上和教皇至上的壓迫，限制和控制國家權力，保障個人權利和自由。

現代意義上的市民社會出現於18世紀晚期蘇格蘭和歐洲大陸的啟蒙運動。黑格爾最先將市民社會作為一個獨立的概念同國家分離出來，但仍是從屬於國家的實體，而且他認為是國家決定市民社會。馬克思則以歷史唯物主義的觀點將被黑格爾倒置的國家與市民社會的關係糾正過來，強調市民社會是國家上層建築賴以生存的經濟基礎，把市民社會解釋為「物質生活關係的總和」，是私人間的經濟活動和私生活領域，其主導力量是資產階級。

2.〔古希臘〕亞里士多德，吳壽彭譯：《政治學》（北京：商務印書館，1983），頁109-113。

不過值得指出的是，馬克思強調市民社會的成員是和「公民」（citoyen）不同的。前者是享有私權利的「私人」；後者是「公人」，是參與政治共同體即參與國家公共事務（即參政）的「政治人」，公民權即「參加政治共同體，參加國家」的政治權利，屬於公權利。[3]

　　馬克思關於社會成員具有公民與私人的雙重身份和公權利與私權利的雙重權利的理論，已經突破了把市民社會單只作為封閉的、儘量擺脫國家干預的私人社會的狹隘性和局限，強調了以公民身份參與國家政治的權利和權力。這有十分重要的憲政意義。只是由於馬克思關注和倡導的重點不在國家從專制的教會和國王下的政治解放，而是從根本上廢除國家，實現社會解放，人類的解放。馬克思關於市民社會中公民參與國家的政治權利的理論，沒有得到重視和發展。

　　19世紀法國思想家托克維爾，在對美國民主的考察中，對美國社團組織予以特別的關注。他認為這種獨立的志願性的社團，是美國民主的自由學校，也是其得以健康運作的動力之源。一個由社會團體組成的活躍的、警覺的、強有力的市民社會，對遏制民主國家可能出現的多數專制是必不可少的。不過托克維爾的思想在當時也沒有引起廣泛注意。[4]

　　到20個世紀70年代末起，特別是蘇聯和東歐劇變以來，西方少數左翼學者和東歐一些持不同政見者，運用市民社會理論作為分析工具，批判、否定和改革斯大林主義的極權統治和國家制度，其中波蘭團結工會還直接打出了爭取建立一個「公民社會」的旗幟，着重突出了市民社會成員中的公民身份和政治權利，以對抗國家權力。一些研究者發現，公民社會及爭取建設公民社會的運動在蘇聯、東歐的民主化變革中發揮了關鍵性作用，市民或公民社會理論獲得了新生命。

　　這時期針對西方發達國家經濟迅猛發展引起的嚴重社會問題和生態環境問題，以及民主國家的行政權力極大膨脹帶來的社會重負和對個

---

3. 參見馬克思：〈論猶太人問題〉，載〔德〕馬克思、恩格斯，中國共產黨・中央馬克思恩格斯列寧斯大林著作編譯局：《馬克思恩格斯全集》（第1卷）（北京：人民出版社，2001），頁436–443。

4. 參見叢日雲、龐金友：〈西方公民社會理論的復興及特點〉，載《教學與研究》，2002年第1期，頁58–63。

人構成的威脅，國家面對大量社會問題時表現出來的無能等問題，一些人在尋找救治藥方和出路時，不再把目光局限在政府，而轉向了公民社會，認為這些非官方的、扎根於社會成員之中的民間組織，比龐大的政府組織更靈活、更有效。它們發動的有針對性的各種新的社會運動，對推動國家制定或改變某些政策，喚起公眾注意克服某些不合理的社會現象，從而改變人們的觀念習慣等方面，顯示出強大的社會力量和效果。由此這時期西方社會掀起了一場「結社革命」，在各國和世界範圍內，數以百萬計的非政府組織（NGO）如雨後春筍般紛紛成立，它們的組織力、凝聚力、號召力及其發動的社會運動，成為推動、促進和監督、制衡乃至取代政府的某些權能的新興社會力量，活躍在人權、環境保護、裁軍、反核、社會福利保障與服務、文化教育衛生問題、國際犯罪、自然災害等諸多社會公共領域，補償國家權力的失靈或懈怠，發揮着政府也難以實現的作用。在第三世界，這些非政府組織和社會運動，還是促使政府民主轉型的中堅力量。這些非政府組織還以其所擁有的物質與精神資源所形成的世界性影響力和支配力，即社會權力，干預着全球的公共事務。聯合國和一些國家在作決策的時候，都得與他們協商，聽取他們的意見。他們在全球管理中成了真正的第三支力量。

2004 年 6 月 22 日，第 59 屆聯合國大會專門邀請來自世界各地的 200 多個公民社會團體和非政府組織的代表參加會議，聽取他們對即將在 9 月份舉行的聯合國大會首腦會議討論的議題的意見。本屆聯合國大會主席讓·平（Jean Ping）在 6 月 23 日的開幕式上發表講話，強調公民社會在國際事務中發揮的積極作用。聯合國秘書長安南也發表聲明，高度讚揚此次會議的舉行，他希望聯合國與「公民社會」二者間應以雙向對話的模式相互促動，共同推動人類社會的進步。[5] 西方日益發達的公民社會的地位與作用，於此可見一斑。公民社會理論的流行程度超過以往任何歷史時期。

自改革開放以來，中國理論界也逐漸關注這一世界性的潮流，開始結合中國實行市場經濟以後出現的「國家──社會」二元化的格局，引進和研究市民社會的理論。到 20 世紀 90 年代以後有較大的開展。不

---

5. 參見新華網聯合國 2014 年 6 月 23 日電，記者劉曆彬報道；轉引自「聯合國網站新聞中心」：〈安南希望聯合國與「公民社會」加強對話〉。

過，這方面的研究還主要是在社會學和政治學界進行。由於視野的局限和國內政治因素的窒礙，研究者大多限於從市場經濟視角詮釋「市民社會」，並着重其經濟上的自主地位和行政上擺脫政府的干預的作用；也較少上升到法學的視角上來審察。至於法學界，對這方面的研究還很少，有些法學者也限於一般地闡釋社會成員個人的權利，而沒有對有特定涵義的「公民權」，即公民「參與國家」的政治權利，加以強調；在論到「國家與社會」二元並立和互動時，則往往停留在籠統地解說「市民社會」同國家的關係，或市場經濟同政治國家的關係，而沒有上升到政治性的「公民社會」的層次。他們還較多地是引進了西方啟蒙時期的「自由法治國家」的理念，強調作為不受國家干預的私人社會、個體的私權利，而沒有關於公民和非政府組織的「公權利」的概念。而這些卻是現代民主憲政中公民政治參與機制的不可或缺的重要元素，也是建立和諧社會的政治動力。

二、什麼是公民

要認知什麼是公民社會，首先要澄清對「公民」本義的片面理解。

政治、法律界對公民的認知，通常有三種的片面性。一是認為公民只是有本國國籍的人，而不強調公民的本質是享有公民權的法律資格。二是對公民多側重其義務主體身份，而忽視其權利主體資格；只是行政權的相對人，而不是政府服務的對象；只是服從行政決定和命令的客體，而不是對政府進行監督的主體。三是在對人民群眾進行「公民教育」時，往往偏重公民的義務意識、守法意識和道德意識的培養；而忽視提高公民權利意識、參與管理國家和社會事務的意識，這種公民教育難免陷入舊時代臣民、子民教育的巢臼。

那麼，什麼是完整意義上的公民呢？

(一) 公民是享有參與國家公共事務的政治權利的國民

將公民這個概念的界定為有某國國籍的人，這固然是成為該國公民的必要條件，但非充分條件。有國籍只是「國民」，並不一定享有作為一個完整的公民的資格。

譬如古希臘雅典城邦，婦女和奴隸就排除在公民之列。法國婦女直到 1944 年以前都沒有選舉權，那時社會的主流輿論認為：「婦女永遠不能成為理性的，從而也就不能成為擁有平等權的公民，擁有自己的權利。因此法國國民公會 1793 年春肯定，『兒童、精神病人、未成年人、婦女和恢復權利之前的罪犯不是公民。』」[6] 至於早期美國黑人、印弟安人雖也是美國國民，卻沒有公民資格。美國最早的制憲會議規定，在確定納稅定額和代表權的基礎時，按 5 個奴隸等於 3 個自由人計算。1857 年美國首席大法官泰尼（Taney）說：「在批准憲法的時代，黑人被視為低等級的。」因此，他們不是憲法條款意義的公民。」[7] 直到 1866 年美國才將公民資格擴大到黑人，1924 年擴大到印第安人。[8]

　　什麼是「公民」？《牛津法律大辭典》定義為「個人同某一個特定國家或政治共同體的法律上的聯繫」。[9] 這種聯繫主要是參與國家政治事務。亞里士多德早就認為公民的本質，或「全稱的公民」（指完整意義上的公民——引者注）是「凡得參加司法事務和治權機構的人」，或「凡有權參加議事和審判職能的人。」[10] 也就是擁有參與國家（城邦）事務的政治權利的人。

---

6. 〔瑞士〕勝雅律（Harro von Senger）：〈從有限的人權概念到普遍的人權概念——人權的兩個階段〉，載沈宗靈、王晨光編《比較法學的新動向》（北京：北京大學出版社，1993），頁 139。

7. 參見羅納德‧里維主編：《美國憲法百科全書》，1986 年版第 4 卷，頁 1693。轉引自前 1 書第 142。

8. 參見羅納德‧里維主編：《美國憲法百科全書》，1986 年版第 4 卷，頁 1693。轉引自前 1 書第 142。

9. 〔英〕沃克，鄧正來等譯：《牛津法律大辭典》（北京：光明日報出版社，1988），頁 161–162，「公民〔美國〕」條。

10. 〔古希臘〕亞里士多德，吳壽彭譯：《政治學》（北京：商務印書館，1983），頁 109–113。

(二) 公民權的本質是作為「政治人」、「公人」的「公權利」，不同於作為「自然人」、「私人」的私權利

公民身份意味着公民權，公民是享有公民權的法律資格概念。對公民和公民權解釋得最深刻的是馬克思。他在《黑格爾法哲學批判》一文中，按政治國家與市民社會兩分法，認為：「市民社會和國家彼此分離。因此，國家的公民和作為市民社會成員的市民也是彼此分離的。因此，人就不能不使自己在本質上二重化。」他指出人是處在雙重組織中：作為公民，他處在國家組織中；作為市民，處在市民組織中。「市民社會和政治國家的分離，必然表現為政治市民即公民脫離市民社會。……公民完全是另外一種存在物」。[11] 在《論猶太人問題》一文中，他進而把社會中的人劃分為「私人」與「公人」的雙重身份（「人分為公人和私人的這種二重化」），[12] 和人的「私權利」（pivate right）與人的「公權利」（public right）的雙重權利，指出公民即「公人」，是參與社會政治共同體即參與國家公共事務的人，是「政治人」，他們參與國家事務的政治權利即「公權利」，這種公民權是同政治共同體相結合的權利；而「私人」即作為市民社會的成員的人，是「本來的人」，「即非政治的人，必然表現為自然人」，「這是和 *citoyen*（法語，公民）不同的 *homme*（人，法語）」，他們所享有的生命、自由、財產、平等和安全等權利，是「私權利」，這種權利是建立在人與人、個人與社會共同體相分離的基礎上的權利，即作為封閉於自身、不受社會（國家）干預的權利，屬於私人利益範疇；而公民權的內容則是「參加這個共同體，而且是參加政治共同體，參加國家。這些權利屬於政治自由範疇，屬於公民權利的範疇。」

---

11. 〔德〕馬克思：〈黑格爾法哲學批判〉，載〔德〕馬克思、恩格斯，中國共產黨・中央馬克思恩格斯列寧斯大林著作編譯局：《馬克思恩格斯全集》（第1卷）（北京：人民出版社，1956），頁 340–341、430。

12. 〔德〕馬克思：〈論猶太人問題〉，載〔德〕馬克思、恩格斯，中國共產黨・中央馬克思恩格斯列寧斯大林著作編譯局：《馬克思恩格斯全集》（第1卷）（北京：人民出版社，1956），頁 436–443。

(三) 公民權同一般人權的區別

　　馬克思還將公民權從人權中劃分出來，作為一種獨立的權利；而只把「市民社會的人」——私人的私權利界定為人權。這一點從法國的《人權和公民權宣言》(以下簡稱《人權宣言》) 的標題和內容，也可看出它們是並列的兩種權利。法國《人權宣言》共 17 條，其中大多數確認的是人權，即凡人皆享有的權利。而第 6 條、第 14 條和第 15 條、第 16 條有關公民參與立法、監督、要求國家權力分立等等，則屬於公民權。[13] 這一點在當時法國的制憲會議中就有議員指出並強調其重要意義。[14]

　　至於我國現行憲法第二章所列出的各種權利，是以「公民」來泛指有中國國籍的人，不完全指作為「公人」的人，也包括作為「私人」的人；我國憲法中的「公民」，實際上是指國民，包含着作為私法關係的自然人和公法 (憲法) 關係的公民的雙重身份。所羅列的「公民的基本權利」，不限於屬於政治權利範疇的、有特定含義的「公民權」，不只包括參與政治國家的「公權利」(第 1 條和第 34、35 條，共 3 條)，而且包括個人的「私權利」(第 36–40 條和 42–50 條)。

---

13. 《人權宣言》第 6 條是：「所有公民都有權親自或通過其代表參與制定法律」，「一切公民在法律的眼中一律平等」，都可以擔任國家公職；第 14 條是：「公民或通過其代表有權調查、監督和決定公共捐稅)」；第 15 條是：「社會有權要求其管理部門的一切公務員報告工作」；第 16 條是：「任何社會，如果在其中不能使權利得到保障或者不能確立權力分立，即無憲法可言。」

14. 當制憲會議討論到第 14 條 (當時是草案的 22 條) 時，有人忽然提議就以這條作為人權宣言的結束，而將第 15、16 條放到憲法正文中去。當即遭到其他議員 (孟麥蘭西) 的反對。他指出，宣言的範圍並非僅限於「人權」(*Droits de l'homme*，法語)，而且也包括公民權 (*Droits du Citoyen*，法語)，而第 6 條和 14–16 條則是人權宣言中屬於公民權的僅有四條，所以必須保留在宣言中。另兩位議員達階和布瓦依蘭分別指出，「統治權必須分立，這是人民的一種權利。此種權利應當載於人權宣言中，但實際區分的形式則應載於憲法之中」，因為人權宣言是規定「憲法的原則」。參閱張奚若：《張奚若文集》(北京：清華大學出版社，1989)，頁 189–190。

(四) 關於 Civil 與 Citizen 的本義和中譯

這裏有必要說明英語中 Civil 與 Citizen 的本義和中譯文的疏誤問題。

Civil 這個英文詞在法律語言中，本來大多是指「民事的」或「世俗的」「私人間的」關係（有時還指「文明的」），如民事權利、民事程序、民事訴訟、民事責任、民事法庭、民事案件等等術語中的「民事」都是用的 "civil"，也都是指私人、私權性質和私人法律關係；而公民地位、公民身份、公民權利等等都是用 "citizen" 或 "citizenship"。公民之所以稱為（或譯為）「公」民，就因為他們是馬克思所說的「公人」，體現他們與國家間在公法上的關係。法國 1789 年的《人權和公民權宣言》(*Declaration of the Rights of Man and of the Citizen*) 中所指的公民（權）用的就是 "citizen"，而不是 "civil"。

至於聯合國 1966 年通過的《公民權利和政治權利國際公約》(*International Covenant on Civil and Political Rights*) 中 civil rights 的本義應是指私人權利或民事權利，以與 political rights（政治權利，亦即馬克思所界定的公民權）相區別。從這個公約的內容也可看出，除政治權利外，它所列舉的其他權利，都是有關自然人的人身自由、生命、財產、安全、人格尊嚴、訴訟權利、宗教及信仰、通訊等自由以及家庭、婚姻等私生活權利，這些都屬於私權或民事權利範疇，現在卻將 civil right 譯成「公民權利」（公民權的內涵本應是指政治權利），從而造成這個公約名稱在邏輯上的同義反復（變為「政治權利與政治權利公約」）。確切的譯名應當是《私權（或私人的、民事的權利）與政治權利公約》，這才能與其內容相符合，且同聯合國通過的另一個姊妹公約——《經濟、社會、文化權利國際公約》相區別和對應。如果把「公民」用來泛指所有國民，則經濟公約中的所有權利也都屬於「公民的」權利，應當歸入後一公約（譯名所謂「公民權利和……」）範疇，這豈不自相混亂？這也說明譯者乃至我們法學界並未理解或本來就不熟悉馬克思和聯合國對公民權的特定涵義。

把公民權這個有特定涵義的、屬於憲政範疇的、「參與國家」的政治權利，同廣義上的「公民的」權利不加區分，即把公權利同私權利混為一談、合二為一，就會忽視公民的政治參與權在民主憲政建設中的重要地位與作用。

（五）公民權的核心是既參與又抗衡國家權力的政治干預權和政治防衛權

公民權或公民的公權利，核心是政治權利。由憲法確認的政治權利，包括思想信仰自由，言論自由，集會、結社、出版、遊行示威自由、對政府的選舉權、批評權、控告權及其他監督權等等。這些政治權利與自由的實質在於使公民對於國家意志的形成能發生影響。如凱爾森所說的：「我們所謂政治權，是指公民參與政府、參與形成國家意志的能力而言。換一句樸實的話來說，這是指公民得參與法律秩序的創立」。[15] 英國法學家米爾恩也指出，政治權利是「構造政府和受治者之間的關係的權利。」[16]

《牛津法律大辭典》詮釋公民權時，認為「公民權或公民自由權雖然與個人權利或自由權部分相吻合，但他們更多地是屬於各種社會和公共利益方面的權利，而不僅僅是個人利益方面的權利。它們實質上涉及的，與其說是個人或團體可以在法律的範圍內做什麼，還不如說他們可以要求什麼。公民權和公民自由權可以看作是自由理想的法律產物。」[17] 這意味着公民權主要是一種為公的，即為公共事業、公益事業效力的公權利，是對為民服務的公權力的補充和促進。人民的政府不僅不必畏懼或嫌棄它，而應當扶持、鼓勵它，為它的正當、有序行使創造條件。

另一方面，公民的政治權利，又是公民對國家權力的一種自衛權、抵抗權。這是基於國家對待自然人的私權和對待公民的公權（公權利）的關係，是有所不同的。日本著名法學家美濃部達吉認為：「所謂私權，只是存在於私人相互間的權利，國家對之處於第三者的關係。反之，若為公權，國家或公共團體本身居於當事者或義務者的地位。因此國家對人民權利的保護方法，因公權或私權而有顯著的差異。」[18]

---

15. 〔奧〕凱爾森：〈法律與國家〉，轉引自《西方法律思想史資料選編》（北京：北京大學出版社，1983），頁 625。

16. 米爾恩：《人權與政治》，轉引自沈宗靈等主編：《西方人權學說（下）》（成都：四川人民出版社，1994），頁 363。

17. 〔英〕沃克，鄧正來等譯：《牛津法律大辭典》（北京：光明日報出版社，1988），頁 164。

18. 美濃部達吉：《公法與私法》（上海：商務印書館，1937），頁 124。

這種差異從公民的視角而言，公民的公權利對應於國家公權力，並可以成為對抗公權力的武器，是人民和公民以及社會組織「以公權利制衡國家公權力」的主要手段。它既是對國家權力的政治參與權，也是抵抗國家權力侵犯的政治防衛權。民主國家的公民不同於專制統治下的臣民，就在於後者只是統治者的順民，只能服從統治者，沒有參與國家或反抗政府的政治權利；而前者則如邊沁所說：「在一個法制政府之下，善良公民的金科玉律是什麼呢？那就是『嚴正地服從，自由地批判』。」[19] 沃克則指出：個人的自由權是「被 17 世紀和 18 世紀的各種哲學證明為應是與生俱來的或不可剝奪的權利。從歷史上看，絕大多數自由全都是通過對國王、苛刻的僱主、不代表人民的國會等的反抗而確定的。」[20]

國家對公民的這種自衛權或反抗權應當給予高度的尊重，並因勢利導，使之有利於政治的改革和進步。

這種政治權利也可分為兩類：第一類是純粹參與國家事務的政治權利，如選舉權、被選舉權，參與立法和政府決策的聽證、論證、擬定等權利，批評、建議、檢舉、控告政府的權利等等，即參政、議政、干政的權利；第二類是各種政治自由、學術文化自由，它們既屬政府不得干預、即同國家「分離的權利」（freedom from），即私權；又可以是直接參與國家、參與政治的權利，如運用言論、出版、集會、結社以及學術文化等自由，提出對國是的主張，獻策獻計；或接受政府委託，協助政府管理社會事務；或志願舉辦和參與公益事業，為民謀福利，化解社會糾紛和矛盾等。這些都是體現公民作為國家主人地位的價值和地位的權利。

---

19. 〔英〕邊沁：《政府論》，轉引自《西方法律思想史資料選編》（北京：北京大學出版社，1983），頁 480。

20. 〔英〕沃克：《牛津法律大辭典》（北京：光明日報出版社，1988），頁 164「civil rights or civil liberties」條。不過該書將該條譯為「公民權或公民自由權」，似不確切，因為該條界定其內涵是「又叫臣民的自由權；即法律認可和保護的個人和團體的自由權。」故該條目應是「個人的自由權」，譯為「公民權或公民自由權」，易與有特定涵義的公民權（政治權利）相混。如譯為公民權也只能解釋為「公民的」個人權利，包括個人的私權利和公權利，事實上該條目內容也是包括了這兩方面的權利。

我國常說的「人民當家作主」，不只是體現在抽象的、整體意義上的「主權在民」，也不限於通過人民代表大會來實現；而可以是公民和社會組織直接行使公民權。1957年人民群眾的「幫黨整風」，1975年的「四五」天安門反「四人幫」的群眾運動，1989年以學生群眾為主體的「政治風波」，以及現今媒體上、互聯網上的議政和所反映的民意，都是公民行使公民權和「主權在民」的體現。當然並不意味着這就取代了作為整體的人民主權，這些做法也需要納入有序的法律程序。這也是為什麼必須落實有關公民政治權利的立法，既保護又合理地規限公民公權利的有序行使。

綜上可見，公民權、公權利、公民和公眾參與國家政治和民主法治建設的權利，具有崇高的憲政地位。公民社會的理論和實踐應當由單是社會學、政治哲學研究的對象，納入法哲學和憲法學的研究對象。

三、作為「政治存在」的公民社會

（一）什麼是公民社會

如前所述，人具有公民與自然人（私人）這雙重身份和公權利與私權利這雙重權利；與之相對應，社會也可以分為「私人社會」與「公民社會」。

過去法學界、政治學界大多是籠統地按國家與市民社會的二分法，只是把市民社會整體上作為私人領域或私權領域來立論，而沒有進一步研析所謂市民社會（前已指出，確切地應為「民間社會」）[21]也是有上述雙重身份和不同地位與作用的。

從20世紀90年代以後，特別是進入21世紀以來，當我們法學界還沿襲着「市民社會」的舊名稱和舊觀點，追隨着社會學界去研究和論證「市民社會」的法律意義的時候，國內外政治學界已經用「公民社會」

---

21. 來自西方的「市民社會」一詞並不能涵蓋非城市市民的農民等，所以確切地說，應為整體上同國家相對應的「民間社會」。

的術語取代「市民社會」，成為熱門話題。這不只是譯名的改變，而是時代變遷和社會民主發展的反映。

筆者認為一個更重要的理論問題是，原有的單一的市民社會（civil society）概念，已不足以概括作為政治共同體存在並以政治參與為特徵的現代公民社會的實質。這需要重溫和闡發馬克思關於作為私人和私權存在的市民社會與作為「政治存在」的公民社會的區分。

把 civil society 認定為政治社會，在公元 1 世紀便由西塞羅提了出來，指出它是一種區別於部落和鄉村的城市文明共同體。洛克在《政府論》中第一次將 "civil society" 等同於其政治哲學中從自然狀態經過訂立契約而形成的政治社會。雖然他已意識到社會中的政治領域與非政治領域的區分，但在他的觀念中，二者同屬於「市民社會」。[22]

馬克思在《黑格爾法哲學批判》中論到「政治市民即公民」參與國家政治、參與立法權時，指出公民「希望表明和積極確定自己的存在是政治的存在」，而市民社會也「力圖獲得政治存在」，「力圖變為政治社會」。[23]他通過公民的選舉權來說明，市民社會怎樣由單純的經濟存在轉向爭取同時又成為政治存在：「選舉是市民社會對政治國家的直接的、不是單純想像的而是實際存在的關係。因此顯而易見：選舉構成了真正市民社會的最重要的政治利益。……（使市民社會──引者注）上升到作為自己的真正的、普遍的、本質的存在的政治存在。」[24]

這就意味着「民間社會」一方面是同政治國家相分離的封閉的自利的私人社會；另一方面由於作為國家公民也是生活於民間社會中，是「政治市民」，因而社會本身也「力圖變為政治社會」。於是民間社會就可能具有雙重身份：私人社會與公民社會。即作為私人社會、作為經濟主體和民事主體存在的共同體，市民社會力求脫離國家，反對國家對私人權益和私生活的干預；而作為公民社會，作為政治存在，市民社會則力求參與政治，參與國家，表達和實現自己的意志，促使國家為公民利益、為社會利益服務。

---

22. 參見周國文：〈公民社會概念的溯源及研究述評〉，載《哲學動態》，2006 年第 3 期。

23. 〔德〕馬克思、恩格斯，中國共產黨・中央馬克思恩格斯列寧斯大林著作編譯局：《馬克思恩格斯全集》（第 1 卷）（北京：人民出版社，2001），頁 341、393。

24. 同上，頁 396。

由此我們可以界定，公民社會是同政治國家相對應的政治社會，其特徵就在於它是由政治人（公民）組成的政治存在；而不只是純經濟的存在或作為自然人、私人的民事主體存在。

有些論者將馬克思說的政治社會等同於政治國家，或者認為馬克思是把公民社會作為與政治國家相對應的「私人活動領域」的概念來使用，是不準確的。[25] 因為政治國家是同社會脫離並凌駕於社會之上的；而政治社會（即公民社會）則是存在於民間社會之中，並與私人社會並存，而且是同政治國家相對應、且力圖與之抗衡的。否則公民社會的概念及其社會存在就失去了它的意義。因為僅有同國家分離的、只是追求個人私利的分散的、封閉的私人社會，是不足以同政治國家相抗衡的。公民社會存在的意義就在於超越私人社會的局限，以其有組織的政治實體（各種非政府組織）來集中和表達社會的共同意志和公共利益，努力擴大社會的平等和自由，實現市民社會本身的民主化法治化，依靠公民在公共領域裏開展社會運動或社會鬥爭，積極參與國家政治和公共事務，提出政策倡議，以限制強權，促使國家（也包括社會自身）關注和實現全民或某些群體的共同利益與需要，並由此促成對國家的民主轉型和改造。

這裏值得援引德國思想家哈貝馬斯的「公共領域」概念來闡明公民社會的特徵。哈貝馬斯在《公共領域的結構轉型》一書中論述道，市民社會包括獨立於國家的私人領域和公共領域，私人領域正遭受商業化原則和技術政治的侵害，使得人們自主的公共生活愈來愈萎縮，人們變得孤獨、冷漠。他主張重建非商業化的公共領域，讓人們在自主的交往中重新發現人的意義與價值。他所謂的這種「非商業化的領域」，實即公民社會。他認為在此領域中，公民自由地組合在一起，使本是「私人」的人們形成公眾，從而能以群體的力量處理普遍的公共利益問題。「公民社會由那些在不同程度上自發出現的社團、組織和運動所形成。這些社團、組織和運動關注社會問題在私域生活中的反響，將這些反響放大並集中和傳達到公共領域之中。公民社會的關鍵在於形成一種社團

25. 參見俞可平：《增量民主與善治》（北京：社會科學文獻出版社，2003），頁 194–195。又見俞可平：〈馬克思的市民社會理論及其歷史地位〉，載《中國社會科學》，1993年第 4 期，頁 60。

的網絡，對公共領域中人們普遍感興趣的問題形成一種解決問題的話語體制。」[26]

哈貝馬斯這種「公共領域」的理論，有助於我們加深理解和闡發馬克思關於市民社會（民間社會）的二重性和公民社會的政治存在性。這就是說，在公共領域，由公民志願組成的社團及其活動或發動的社會運動，使私人利益轉化為公眾利益或公共利益，使私域中的訴求擴展為公共訴求，使自然人、「經濟動物」變成政治人、「政治動物」──政治市民，使私人社會轉化為「公人（公民）社會」。

由此我們可以從歷史的縱向發展上，以公民社會為視角，概略指出西方社會的歷史變遷：它經歷了由原始的野蠻社會進化到希臘式的依附於城邦國家的公民社會；然後是在長期封建社會國王和教會的專制統治下，國家吞噬了世俗社會；到西歐 17 至 18 世紀隨着自由資本主義的興起，出現同政治國家分離的相對獨立的經濟社會（私人社會），即市民社會；而當代西方社會則又開始了從經濟社會中生發出同國家相抗衡的政治社會，即建構現代公民社會的過程。

從社會的橫斷面看，我們可以將民間社會（指同政治國家相對應的社會整體）、私人社會（即通常所謂市民社會或自然人社會）、公民社會（作為「公人」「政治人」的社會政治存在，包括公民和社團組織）與政治國家的關係，用下圖示明：

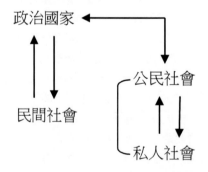

---

26. Jurgen Habermas, *Between Facts and Norms* (Cambridge: Polity Press, 1996), p. 367. 轉引自周國文：《公民社會概念的溯源及研究述評》。

（二）公民社會與私人社會的區別

綜上所論，我們可以進一步概述公民社會區別於私人社會（或自然人社會、或一般所謂市民社會）的基本特徵如下：

1. 公民社會本質上是在自然人社會或經濟社會基礎上形成的政治社會或政治人社會

公民社會與一般市民社會相同的特徵是：都有相對於國家的獨立性、自主性，都不是從屬於國家的「國家的社會」，而是自主自治的「自在社會」；其與一般私人社會（或市民社會）的本質區別是，它在同國家的關係上，有一般私人社會所不具備或不完全具備的公眾性、政治性、參與性、互動性、抗衡性。

公民社會是民間社會中與私人社會（私權領域）並存的、帶有政治性的社會實體，是對應於政治國家的政治社會。

2. 公民社會是組織化的社會

公民社會不只是作為分散的個體的公民在數量上的相加和混合，而是組成一定社會組織或者參與社會運動的個體公民、不同利益群體志願的組合或聯合。其成員不只是有公民身份，而且有政治權利能力（公民權）和政治行為能力（能行使「參與國家政治」的權利）。這種組織可以是很嚴密的政黨和社團；也可以是較鬆散的組織（如學會、同鄉會）；或為某個共同目標（如奧運會服務、防禽流感宣傳、抗議某個侵犯國權或人權的事件）而一時聚合起來行動，目標達到就各歸原位；還可以是長期的社會運動（如環境保護、預防愛滋病、反核）。

3. 公民社會是政治化的社會

現代公民社會中的公民和各種不同利益共同體，不完全是基於共同的血緣關係、階級關係、民族關係、文化關係等自然因素形成的聯合，也不只是經濟和私人利益的聯合，其核心的要素是基於共同體的公共利益而形成的政治共同體。如哈貝馬斯所指出的，維繫它的是「非自然的」社會契約，即憲法。社會成員由憲法獲得政治共同體成員的公民資格。作為這個政治共同體的成員（公民，所有社會階級、階層、群體

中的組織及其成員），不論其身份如何，其與國家的關係，其政治與法律地位，都處於同一水平線上，在法律上一律平等。

公民社會及其活動也只有政治化，才能形成群體性的社會輿論而具有社會強制力，即社會權力，才能取得社會的支持和國家的關注。如馬克思所説：「任何問題都只有當它成為政治問題的時候，才會受到重視」；而「任何問題的政治本質全在於它對政治國家的各種權力的關係」。[27] 如我國企業拖欠農民工工資激化為嚴重的社會矛盾甚至流血衝突，社會輿論譁然，成為一大政治問題時，才受到中央政府的重視，而着手解決。

雖然很多非政府組織的活動宗旨如環境保護、衛生與健康、社會援助與救濟等似乎同政治無關，但其活動方式一般都要訴諸政府和社會公眾，有些還會掀起地區性、全國性乃至全球範圍的社會運動，因而一般都具有或帶有政治性；而且公民社會對公共利益的訴求是針對國家權力的，因而它必然會使私人社會成員的集體訴求變為政治行為。

至於「綠黨」等非政府組織的反核、反戰爭、反全球化和反WTO，以及反獨裁爭民主爭人權的運動，其政治性（不論其正負作用如何）就更直接而明顯了。

4. 公民社會的活動和訴求是「為公」的和代表公眾的

公民社會固然關注私人權益，但主要是在私人權益基礎上形成的公共利益，即社會公益乃至人類公益。也正是公民社會中的社會組織「關注社會問題在私域生活中的反響，將這些反響放大並集中和傳達到公共領域之中」（哈貝馬斯），形成社會公眾的共同訴求，從而使其訴求活動大都帶有政治性。這裏「政治性」是從「政治就是管理眾人的事」（孫中山語）這個廣義上説的。

---

27. 〔德〕馬克思、恩格斯，中國共產黨・中央馬克思恩格斯列寧斯大林著作編譯局：《馬克思恩格斯全集》（第 1 卷）（北京：人民出版社，1956），頁 395。

5. 公民社會構成要素

公民社會的構成要素為享有公民權的、有政治行為能力的、能參與國家事務和社會公共事務的公民群體和社會組織,包括非政府組織(志願性社團、非營利性組織)、非官方的公共領域和社會運動等幾個基本要素。非執政的政黨組織也可歸入公民社會的社會組織範疇。[28]其中政黨和非政府組織是核心要素。

因為公民社會的基本構成特質在於它的組織化和政治化,正是在組織化政治化的公民社會中,包括非執政黨在內的各種非政府組織這些核心要素,將分散的公民個人組織起來,將分散的社會意志集中化,將個體的私人利益公共化,從而也使其訴求和活動政治化,使私人社會或市民社會形成政治社會、公民社會,成為能通過同政府對話、協商、辯論、談判,進行政治參與,通過支持和監督、制約政府行使權力的有組織的社會力量。

非政府組織在很多方面實際上擔當了政府的職能,它們可以說是使處於分散的、孤立的、無政府的私人社會,變為有「政府」——自治、自主、自律的、區別於「國家政府」的「社會政府」。如基層的群眾自治組織、社區組織、各種行業組織、非營利的基金組織、非官方的事業組織,以及五花八門、千姿百態的各種公益組織等,都在或大或小範圍內、或多或少程度上填補了政府權力的空白,擴展了政府服務的廣度和力度。

6. 公民社會是聯繫國家和自然人社會的中介和紐帶

公民本是國家的產物(國家政治共同體的成員),又是社會的成員。有些學者把公民社會歸入介乎社會與國家之間的「第三空間」或「第二領域」。這種二分法雖指出了它的這方面特徵與作用,但不能無視它本身具有的雙重身份或屬性:既是國家的公民(憲法主體),又是生根於民間的私人社會的成員(私法主體)。

---

28. 這裏所謂「非執政的政黨組織」,在多黨制國家即在野黨。在我國不僅指作為參政黨的民主黨派,也包括共產黨內生活於公民社會中的非執政的黨組織和廣大黨員群眾。

7. 公民社會同國家和政府間的關係正常狀況下是互補互動的

公民社會通過選舉權產生人民的代議機關和政府，賦予它們以國家權力；並通過非政府組織或公民個人，直接參與國家事務的決策或分擔某些政務和社會事務的貫徹施行，同時監督和制約政府權力的行使；必要時通過社會運動，形成輿論聲勢或壓力，推促政府權力的良性運作，抑制其惡性膨脹。政府則運用其權力為國家和社會服務，為公民社會創造其行使政治權利的條件和政治環境，並指導和維護社會的秩序、安全和為社會的個體和公眾謀福利。對那些於國家和社會有益或無害的社會組織加以扶持和引導，對社會惡勢力、黑社會組織則加以取締。

總之，我們在研討市民社會或公民社會時，既要摒棄單以國家為中心為主導的思路，又要克服單以市場經濟或私人領域的視角立論，而忽視公民社會獨立的政治作用。

四、公民社會在構建和諧社會中的基石和動力作用

和諧社會作為一個理想目標，需要通過多種途徑和方法去實現，其中構建公民社會是合乎現實要求和世界潮流的一條必由之路。它在構建和諧社會中起基石和動力作用。

(一) 公民社會是社會和諧的催化劑

公民社會作為組織化的社會，一項基本要素是結社自由。良性的非政府組織是公民社會的核心力量。公民社會中這些社會組織在組織、教育公民表達公民的利益和要求，維護公民的自由和權利，服務國家和社會，監督和制約國家權力等方面，具有政府不可替代的作用。而這些正是使社會中人與人之間的和諧和國家政府與民眾之間的和諧的觸媒。

追求和諧是因為有不和、不諧調的矛盾、衝突的因素。社會人是千差萬別的，在當今經濟轉型時期，社會利益群體更加多元化。和諧正是追求多樣性的統一，而不是要強制人們整齊劃一，定於一尊，輿論一律，噤若寒蟬地相安無事；也不是以「穩定壓倒一切」來壓制一切社

會矛盾，求得超穩定的社會而堵塞了社會的改革、發展、進步。我們所要的和諧是社會各民族、各階級、各階層、各利益群體的多元化的「和合」。而要達此目的，有賴於公民社會的各社會組織從中協調。

按哈貝馬斯的憲政觀，「公民身份從來不是和民族身份拴在一起的」，因為民族身份多多少少是自然獲得的，「而公民身份則首先是由民主權利構建而成」。[29] 可見，民族國家獲得獨立或者某一階級獲得自由解放，並不等於該國的所有公民也一定都獲得民權、人權和自由。

這使人聯想到毛澤東的名言：「中國人民從此站起來了！」應當說，那還只是中華民族和中國人作為中華民族的一分子在世界上站起來了；而作為民主共和國這個政治共同體的成員的公民，還很難說已經完全「站起來了」。從中華幾千年文明時代到文化大革命時期，中國老百姓一向是作為庶民、臣民、子民、順民，而非享有真實的政治權利的公民。進行公民教育如果迴避這些歷史和現實，是言不及義，甚至沒有跳出愚民教育或狹隘民族主義教育的陷阱。

(二) 公民社會是建構和諧社會的幫手

對公民和公民社會是政治權利主體，一些掌管國家權力的黨政官員也常常是心存戒懼。他們往往把公民自願和自行組織的社團和他們行使權利和權力的活動，視為政府的對手，礙手礙腳，妨礙政府自由地行使權力，不大情願放手支持和鼓勵民間社團的發展，甚至是千方百計加以壓抑，將它們扼殺。這對建構公民社會與和諧社會是不諧調的阻力。

應當看到公民和公民社會中的非政府組織，其擁有的權利、特別是政治權利，以及各種社會組織擁有的社會權力，愈來愈多樣化和強化。很多社會事務和政府事務已由自願組織起來的公民和相關社會組織運用其社會資源與社會權利和權力來治理。一些社會中介組織、基層居民自治組織、社區服務組織等，在協助政府承擔許多社會公共事務和照顧公民生老病死、失業後的再就業、調解婚姻家庭糾紛等日常生活問題上，起了不可替代的作用。有些社會事務是政府不能或不願做、不該做

---

29. 徐賁：〈戰後德國憲政與民主政治文化—哈貝馬斯的憲政觀〉，載《21世紀》，第47期，1998年6月號。

的，非政府組織正好填補了這個空白。並且利用其資源優勢，有些可以比政府做得更好。它們的崛起還可以防止權力的過分集中，使權力多元化和社會化。

國家即使是民主的法治國家，只能保障國家有序運轉，並不能無遺漏地完全維護社會的公益和公正。公民社會利用其資源與社會權力，可給予補救。特別是對社會的弱者和弱勢群體給以扶助，對多樣性的社會公益事業自動地自願地作出及時的反應，對違反倫理道德的事以社會輿論的壓力給予糾正，弘揚公共道德和服務精神，從而也對建構文明的和諧社會起推進作用。

公民社會的各種社會組織還可以通過直接提起公益訴訟，參與執法。在美國早在 20 世紀 70 年代，一些環境保護法律確認，非政府組織有監督政府和企業履行環保法律的權利或權力，稱為「公民訴訟條款」（citizen suit）。根據這個條款，公民、公眾、非政府組織都可以對不履行或違反環境保護法的政府和企業提起訴訟，通過法院審判，迫使他們遵守環境保護法。這實際上是賦予公民和社會組織有監督法律實施的檢察權，充當「私人檢察官」、社會的「看家狗」（watchdogs）和「吹哨者」（whistle-blowers，即喊「犯規！」的裁判員）的角色。公民和社會組織還可以依照「公民訴訟條款」申請停止侵害和給予民事賠償的司法救濟。這樣公眾和非政府組織實際上成為協助政府維護和實施法律的執法者的角色。[30] 它是政府借助社會公眾團體之手，來貫徹實施行政管理和執法事務的一個有效機制。

任何政府有序和有效的治理，一個必要條件是全社會意志的統一。這不能只靠政府和執政黨自上而下的灌輸，而要來自公民社會通過溝通、協議，把公民分散的意志集中、融合為共同意志，達成共識，從而形成政府治國的政治基礎和社會基礎。「天視自我民視，天聽自我民聽」，公民社會的各種社會組織（包括政黨組織）就是集中統一社會共同意志的核心力量。德國基本法第 21 條規定各政黨是「參與形成公民政治意志」的組織。其他社會組織也在其所聯繫的範圍內起類似的作用。公民社會通過各種社會組織，集中和反映不同社會群體的意見與要

---

30. 參見鄭少華：〈公眾參與：循環型社會參與機制之確立〉，會議論文。

求，直接參與政府的決策過程，對政府治理提供社情、民情的依據，貢獻來自人民群眾和各行各業專家的智力資源與物資和精神支持，並促進政務活動的公開性和透明度，克服「黑箱作業」的弊端，從而使政府的管制變為善治。

當然，民間社團也是良莠不齊的。有些非法的甚至反動的社會組織和利益集團是擾亂國家權力、侵害民眾權益和破壞社會秩序的惡勢力（如橫行街衢鄉里的黑社會組織、掠奪農民和市民土地房產的權貴資產集團）。如果善於通過公民社會同這些現象作鬥爭，對遏制民間邪惡勢力與非法組織，也可起到政府不可代替的作用。

總之公民社會是政府的助手而非對手，更非敵手。是集中和反映民心民意的晴雨表、指南針、智囊庫、出氣口、安全閥、調整器……政府應當自覺地促成公民社會的形成，並善於運用公民社會中這些積極的社會力量，使之支持、協助並監督政府依法、正當、有序地進行國家與社會事務的治理。

(三) 公民社會是推進國家各項改革的動力

建構和諧社會要摒除社會不和諧的因素。但造成社會不和諧，關鍵還在於國家（政府）同社會不協調，亦即政府同民眾的矛盾。脫離人民乃至欺壓人民的官僚主義政府的專橫和腐敗，壓制民主和言論自由的專制，是激化社會矛盾的主導因素。所謂「天下有道，則庶民不議」，解決這類矛盾，單仰賴政府的自律是不夠的。一則容易官官相護，再則既得權益者是不會自願地放棄權益、堅決進行民主的政治改革的。政治改革的動力主要靠作為政治人、政治社會的公民社會。

通常情況下，公民社會是監督、制衡國家權力的力量。通過公民社會行使政治參與權，組織集體行使公權利，去參與國家和政府的立法、執法、司法，監督國家權力依法運行，既支持政府為民謀利益的舉措，又通過運用輿論媒體和社會組織的遊說，對政府機構施加影響和正當的壓力，遏制、抗衡、扭轉政府在立法、執法和司法中的不法、侵權行為。

在非正常時期，人民同政府的矛盾激化，在一些發展中國家，公民社會的非政府組織發動的各種大規模的社會運動，其對社會和國家的

影響力、支配力，往往是推進社會政治和經濟改革或轉型的先聲。中國1919年的「五四」運動，開闢了中國新民主主義新時代。1976年的天安門「四五」運動，又為結束文化大革命和轉入改革開放新時期打下了政治基礎。菲律賓的民主運動迫使獨裁者拉科斯倒臺。印尼如火如荼的學生運動，最終迫使獨裁者蘇哈托的退位。韓國在20世紀70至80年代由非政府組織接連不斷發動的人民運動，促使了1987年政府向民主轉型。新的民主政府執政後，過去被視為「反政府組織」的民間社團，現今被當做政府的同盟者，由「敵手」成為幫手。台灣當局的專制統治於20世紀80年代後期「解禁」，也是此前由民間組織發動的一系列社會運動，如環境保護運動、消費者保護運動、教師人權運動、客家人權運動、勞工運動等，所形成的強大社會權力的推動。

社會運動未必一定是對抗性的，在非政府組織理性地組織和引導下，一般都是和平的、有序的、守法的。即使群體性事件中可能出現過激行為（如遊行示威、群體上訪中的越軌行為），如果政府善於透過社會組織去引導和自律，也可以將它納入法治軌道。現今各地不斷發生的群體性衝突事件，是對和諧社會的逆反。但首先要看到，造成這種狀態的社會原因多是導源於政府的決策失誤或執政失靈。如果公民社會的積極的正面功能得到事先地扶持並充分發揮，公民社會依正常法制渠道同政府溝通、協商、疏導，把矛盾解決於萌發之初，就不致積累過深，積怨過甚，引起爆炸性的後果。

五、我國公民社會的現狀與前景

隨着我國市場經濟的發展，公民的權利意識日益加強。第4次憲法修正案將保障人權和保護私產的原則納入憲法，就是人們的私權利受到重視的重要標誌。而立法法確認公民和社會組織對違憲違法的法律法規有向人大提出審查的建議的權利。2003年3位博士生以公民的名義上書全國人大，建議對收容辦法實行違憲審查，導致國務院自行撤銷了原收容辦法，代之以「救助辦法」。近年對一些重要立法草案（如物權法、治安管理處罰法等）廣為公佈和徵求公民意見。就社會組織而言，20世紀50年代中國全國性社團只有44個，截至2004年底，全國各類民間組織已發展到28萬多個，其中社會團體近15萬個，比上年增長

5.4%。[31]1998 年 6 月民政部將其「社團管理司」更名為「民間組織管理局」，表示「民間」組織不再被視為與「政府」對立的異端。凡此種種都顯示中國公民社會正在萌動中的徵兆。

2004 年，北京《經濟》雜誌一篇封面文章把反對在怒江上修建大壩的運動稱為「中國新興社會力量」。對此，2005 年 6 月 27 日一期美國《時代》周刊以「權歸於民」為題作了報道，該刊認為：「環保組織已成為中國社會政治變革的推動者」，「環保主義者的存在本身就是一個巨變」，「如今中國共有 28 萬個非政府組織，從乒乓球俱樂部、抗癌俱樂部直到經濟智庫。它們是潛在的利益集團，將要求在政府決策中有發言權，用社會學家的話說，這是一個嶄露頭角的『公民社會』」。[32]

這當然是比較樂觀的看法，不能說舉國上下已認識到公民社會的意義、地位與作用。不過，畢竟中央已開始關注到發揮社會組織作用的重要性。中國共產黨的十六屆四中全會決定強調，要「堅持為人民執政，靠人民執政」的理念和原則；要「健全民主制度，豐富民主形式，擴大公民有序的政治參與」；要「通過多種渠道和形式廣泛集中民智」，「擴大人民群眾的參與度」，「建立健全黨委領導、政府負責、社會協同、公眾參與的社會管理格局」；「發揮社團、行業組織和社會中介組織提供服務、反映訴求、規範行為的作用，形成社會管理和社會服務的合力」等等，這些治國執政的方針，都離不開以公民社會為基礎和動力。

要使紙面的文字轉化為各級政府的實踐，還有很長的路要走。我國目前尚未形成完整意義上的公民社會。一些黨政幹部囿於傳統的思維，還不願或不敢放手鼓勵民間社團的發展，不大尊重公民結社自由的憲法權利，中國的民間組織的成長，還受到一些非必要的掣肘。迄今 8億農民還沒有自己的組織，農民工也沒有自己獨立的組織為他們爭取權利。據報道，我國九成非政府環境保護組織因登記制度門檻過高而迄今無合法身份，難以開展活動。我國迄今也沒有一部保障公民結社自由的結社法或社團法（法律），而只有由國務院制定的、限於行政管理的《社團管理條例》（行政法規）。其他如新聞法、出版法等屬公民政治權

---

31. 參見民政部《二〇〇四年民政事業發展統計公報（三）》，2005 年 6 月 30 日，載民政部網站（www.mca.gov.cn）。

32. 轉引自《參考消息》，2005 年 6 月 28 日，第 16 版。

利的立法也都暫付闕如。這同建構公民社會、和諧社會的要求是不相稱的。

　　總之，興旺強盛的公民社會是實現國家和社會民主化的前提，也是民主制度健康運作不可或缺的因素。「一個平靜的和默認的市民社會產生一個權威主義國家；一個積極的和充滿活力公民社會則保證有一個反應靈敏的和民主的國家。」[33] 國家需要組織化的公民社會為後盾；如果公民社會不能形成或軟弱無力，國家得不到公民社會的支持就會陷入困境，國家沒有公民社會的有力監控就會走向專制和腐敗。尊重和善於運用公民社會公眾政治參與的權利和能量，是建立和諧社會的根本之途。從公民社會的興起中，人們可以看到實現政治民主化和建設和諧社會的基礎、動力和希望。

六、全球公民社會

(一) 全球化條件下的公民社會

　　在當今全球化時代，僅關注民族國家範圍內公民權和公民社會問題，已經不能完全反映時代的趨勢和要求了。由於經濟全球化，使各種生產要素和貿易金融等國內問題日益國際化；有關生態環境、資源短缺、貧困、犯罪、毒品、人口等問題，也需要跨國性的國際合作；經濟全球化還導致了自由、民主、人權、和平等政治價值的普遍化；此外，互聯網和生態環境的國際化，移民的人數前所未有地增加[34] 等等全球化因素，都使愈來愈多的國家政府和公民開始超越原來國家觀念的局限，而萌發出全球意識。

　　這樣一國之內的國家公民延伸為世界公民，公民社會也越過國界進入世界範圍。20 世紀 90 年代以後，一個號稱「全球公民社會」（global

---

33. 尼娜・錢德霍克（Neera Chandhoke）：〈國家和市民社會：政治理論中的探索〉，新德里哲人出版社 1995），頁 72。轉引自周國文：〈「公民社會」概念的溯源及研究述評〉，載《哲學評論》，2006 年 03 期。

34. 據國際移民組織統計，到 20 世紀 90 年代初，旅居國外的新移民已超過 1 億。

civil society）的概念日益流行起來，成為人們追求的願景。少數國際環境保護主義者甚至已經以「全球公民」自居。全球公民社會的概念成為熱門話題。

現今全世界上有 38,000 多個重要的跨國公司，約 1 萬個國際性非政府組織，300 個類似於聯合國的政府間國際組織。另據《全球公民社會年鑒·2001 年》統計，全球每百萬人口中擁有國際非政府組織成員身份的人從 1990 年的 148,501 人，增加到 2000 年的 255,432 人，密度從 30% 增加到 43%。又如 1972 年，參加聯合國環境大會的非政府組織還不到 300 個，到 1992 年註冊參加聯合國環境大會的非政府組織多達 1,400 個，同時參加非政府組織論壇的非政府組織多達 18,000 個。[35]

這些國際性非政府組織正在促使全球公民社會的形成，它們在同各國政府的國際性組織的互動合作或者抗衡中，積極推進著涉及全球和全人類共同問題的解決。

(二) 全球公民社會的本質特徵

1. 全球公民社會的構成要素

所謂全球公民社會是指公民個人或非政府組織在國際社會範圍內進行跨國結社和社會活動，其構成要素包括國際非政府組織和非政府組織聯盟、全球公民網絡、跨國社會運動、全球公共領域等。

2. 全球公民社會的政治基礎

全球公民社會的前提是這些「全球公民」（國際性非政府組織）是來自公民國家和公民社會。所謂「公民國家」，同「人民國家」有所區別，後者可能還是階級專政的國家，或者只有抽象的作為羣體的「人民主權」（往往只是對外擁有國家主權；而對內和對外都沒有完全意義、真實意義的公民主權——公民的自主、自由、自治）。公民國家的公民權應是超階級的（各階級公民在憲法和法律面前一律平等），這樣公民

---

35. 參見徐賁：《民族主義、公民國家和全球治理》，載 www.folkcn.org《世紀中國》，2005 年 1 月 6 日。

和非政府組織才有權利和自由在全球範圍活動，否則就會遭遇國家設置的阻礙。

3. 全球公民社會不僅是超階級，而且是超民族國家的

所謂「全球公民」首先應當是享有自由、平等權利的政治公民，他們已超出了民族、階級乃至文化的局限和窒礙。正如哈貝馬斯所說，「從概念上說，公民身份從來不是和民族身份拴在一起的」，因為民族身份多多少少是自然獲得的，「而公民身份則首先是由民主權利構建而成」。[36] 正如有些學者指出的，由於所有公民群體都認可公民社會的一些共同價值和原則，公民群體之間的關係不像民族群體間那麼充滿了「自然」鴻溝和隔閡。不同國家公民群體之間反倒有共同的公民群體觀，它比民族群體觀更有國際主義傾向。全球公民社會的發展與這種傾向是有關聯的。

如果一個國家已形成了發達成熟的公民社會，一國的公民、特別是在全球範圍內具有活動能力的世界性非政府組織和跨國企業，就可以以「地球村」的「村民」、「球民」資格，沒有太大障礙地跨越民族國家的邊界，直接地、不必經過本國政黨、議會、政府過濾地，在全球發生影響力乃至支配力，從而促進全球公民社會的形成。[37]

4. 全球公民社會並非全然是烏托邦

現在有些地區（如歐盟）原來局限於民族國家範圍內的公民權，已開始部分地延伸為「歐盟公民權」或可稱為「盟民權」，可直接受歐盟的超國家權力的保護（歐盟成員國的公民可越過本國政府和司法機關

---

36. 參見自徐賁：〈戰後德國憲政與民主政治文化—哈貝馬斯的憲政觀〉，載《21 世紀》，第 47 期，1998 年 6 月號。

37. 參見〔德國〕烏爾里希・貝克：〈全球化時代的兩難困境〉，載德國《議會周報復刊：政治與現代史》，第 38 期，1998 年 9 月。

直接向歐盟議會或法庭投訴）[38]。聯合國屬下的各國公民，或「地球村」的「村民」，於「國民」的資格外，還應同時擁有「球民」的身份，享有全球人類應當共同享有的和平權、生存權、環境權、人類共同財產權、移民權等「球民權」。我們中國人不僅是「炎黃子孫」，同時也是人類共同祖先的後代，應當享有作為人類的權利和擔當全球人類共同的責任。[39]

5. 全球公民社會還處在充滿矛盾鬥爭的初始階段

現今已然存在的全球公民社會，並非全稱的完整意義上的「社會」，毋寧說只是一些全球性的「社團」、非政府組織。[40]相對於超國家的世界性政府組織（如聯合國、歐盟、WTO 等等）擁有的超國家權力和權威而言，全球公民社會還是處於弱勢地位，還多少仰賴各國政府及國際政府組織的支持；它們目前在參與全球治理中還只有發言權，而沒有投票權。再則，現在世界各國還遠不都是公民國家；世界還受霸權主義國家所左右，多極世界還未形成；以現今的世局，建構全球公民社會和出現世界大同的政治局面，還是一個漫長的歷史過程，恐怕要到馬克思所說的國家消亡、全人類徹底解放。

無論如何，國內國際公民社會自治充分發展、社會權力取代國家權力之日，大概也是國家消亡之時。全球公民社會是歷史發展的必然趨勢，人類後代子孫是得觀其成的。

---

38. 如歐洲人權法院曾以英國政府「作為一個國家，沒有積極採取措施保護少年不受非人道對待」為由，判令英國政府依英國法律賠償被繼父毒打的少年 3 萬英鎊。參見《青年參考》，1998 年 12 月 4 日郭瑞璜編譯的文章：《老子打兒，國家受罰》。根據英國 1864 年的一個法律，體罰是合理的，英國法院乃據此宣判打兒子的繼父無罪，該被打的少年上訴到設在法國斯特拉斯堡的歐洲人權法院，作出了如上終審判決。

39. 1978 年聯合國大會通過的 1 號文件確認：「所有的人都屬於一個種類，都是一個共同祖先的後代，在尊嚴、權利以及人性的所有方面，他們都生而平等。」

40. Global Civil Society 一語中，society 亦可譯為「社團」、「會社」。

第四十九章
論公民權與公權利

· 本章原載上海社科院《政治與法律》，2005 年第 6 期。

我國自實行改革開放以來，經濟迅速攀升，市場經濟逐步發展，「國家──社會」二元化格局初步形成，法治國家的建設也有了某些長進。但毋庸諱言的是，政治改革滯後的局面迄今未有較大改變。這有諸多原因：舊體制的積重難返，習慣思維的因循守舊，既得權益的不願輕予放棄等等；而學者們又多着眼於我國的根本的或基本的政治制度的改革，如人民代表大會制度、行政體制、司法制度以及執政黨與國家的關係、共產黨領導的多黨合作、政協、基層群眾自治等制度的作用。這固然是重要的、主要的；但卻又易引起「牽一髮而動全身」之顧慮。

其實促進政治改革，人們往往忽略了其他「切入點」和進路，這就是憲法第 2 條第 3 款所確認的：人民有權「通過各種途徑和形式，管理國家事務、管理經濟和文化事業，管理社會事務」。這裏作為主體的人民，包含了公民、民眾、群體、社會組織，他們的政治參與，是管理國家和社會事務的重要途徑與形式。政治體制改革如果沒有公民和公眾有序的直接的參與，借助社會力量從外部予以促推，就很難打破各種舊思想、舊習慣、舊制度以及權力者的阻力，也難以調動和集中民力民智，順利地實現現代法治政府的目標。

中國共產黨的十六屆四中全會《關於加強黨的執政能力建設的決定》中，強調推進民主政治建設的一個方略是「擴大公民有序的政治參與」。這是現代民主政治、特別是社會主義民主憲政的一個通則。

而公民的有序政治參與，則離不開公民權和公民社會的作用。

對這方面的問題，政治學界、社會學界已有較多的研究，但是他們不可能上升到法學的視角上來審察。法學界對這方面的研究還很少，有些法學者也限於一般地闡釋公民的權利，而沒有對有特定涵義的「公民權」即公民「參與國家」的政治權利加以強調；在論到「國家與社會」二元並立和互動時，則往往停留在籠統地解說「市民社會」同國家的關係，或市場經濟同政治國家的關係；而沒有深入到、上升到政治性

的「公民社會」的層次。從比較法學的視點上說，他們還較多地是引進了西方啟蒙時期的「自由法治國家」的理念，強調作為不受國家干預的私人社會、個體的私權利，而沒有關於公民和非政府組織的「公權利」的概念。而這些卻是現代民主憲政中公民政治參與機制的不可或缺的重要元素。

為此，本章試圖對公民權的概念、理念、地位與作用等問題作一些探討。

一、什麼是公民

通常人們給公民這個概念的界定是有某國國籍的人。如我國憲法第 33 條規定：「凡具有中華人民共和國國籍的人都是中華人民共和國公民。」但單有國籍，固然是成為該國公民的必要條件，但非充分條件。有國籍並不一定享有作為一個完整的公民的資格。

為什麼一些老百姓往往認為只有年滿 18 周歲的人才是公民？法學家也許會嘲笑他們缺乏憲法常識。其實這種誤解卻折射出一個深刻的憲政理念：即沒有選舉權這一「參與國家」的基本政治權利的人，亦即沒有完整的公民權的人，就不是完整的公民，只是某國的國民。譬如法國婦女直到 1944 年以前都沒有選舉權，那時社會的主流輿論認為：「婦女永遠不能成為理性的，從而也就不能成為擁有平等權的公民，擁有自己的權利。因此法國國民公會 1793 年春肯定，兒童、精神病人、未成年人、婦女和恢復權利之前的罪犯不是公民。」[1] 至於早期美國黑人、印弟安人雖也是美國人（國民），卻沒有公民的資格。美國最早的制憲會議規定，在確定納稅定額和代表權的基礎時，按五個奴隸等於三個自由

---

1. 〔瑞士〕勝雅律（Harro von Senger）：〈從有限的人權概念到普遍的人權概念 —— 人權的兩個階段〉，載沈宗靈、王晨光編：《比較法學的新動向》（北京：北京大學出版社，1993），頁 139。

人計算。1857 年美國首席大法官泰尼說:「在批准憲法的時代,黑人被視為低等級的。」因此他們不是憲法條款意義的公民。[2]

　　什麼是「公民」?亞里士多德早就認為公民的本質,或「全稱的(完整意義上的)公民」是「凡得參加司法事務和治權機構的人」或「凡有權參加議事和審判職能的人」[3],也就是擁有參與國家事務的政治權利的人。在古希臘時代,「人是城邦的動物」(或譯為「人是政治的動物」)。「城邦的一般含義就是為了要維持自給生活而具有足夠人數的一個公民集團。」[4] 英文 citizen 字義本是是「屬於城邦的人」或組成城邦的人,中文譯為「公民」,也有寓意「公人」、有權參與公共事務的人的意思。在古希臘,城邦既是國家又是社會,二者尚未加以區分、而是融合為一體的,公民身份意味着公民權,公民是享有公民權的法律資格概念。

二、公民權─公權利

　　在國家與社會一體化轉變為二者相對分離的二元化格局的時候,按政治國家與市民社會兩分法,馬克思把憲法上的人概括為「私人」與「公人」的雙重身份和人的「私權利」(private right)與人的「公權利」(現 public right)的雙重權利。馬克思指出公民即「公人」,是參與社會政治共同體即參與國家公共事務的人,是「政治人」,他們參與國家事務的政治權利即公權利,這種公民權是同政治共同體相結合的權利;而「私人」,即作為市民社會的成員的人,是「本來的人」,「即非政治的人,必然表現為自然人」,「這是和 citoyen(公民,法語)不同的 homme(人,法語)」,他們所享有的生命、自由、財產、平等和安全等權利,是「私權利」,這種權利是建立在人與人、個人與社會共同體相分離的基礎上的權利,即作為封閉於自身、不受社會(國家)干預的權利,屬於私人利益範疇;而公民權的內容則是「參加這個共同體,而且是參加

---

2. 〔美〕羅納德・里維主編:《美國憲法百科全書》(第 4 卷),(1986),頁 1693。轉引自前 [1] 書頁 142。

3. 〔古希臘〕亞里士多德:《政治學》,吳壽彭譯,商務印書館 1983),頁 109–113。

4. 同上。

政治共同體，參加國家。這些權利屬於政治自由範疇，屬於公民權利的範疇。」[5]

公民權同一般人權還有區別。馬克思將公民權從人權中劃分出來，作為一種獨立的權利；而只把「市民社會的人」——私人的私權利界定為人權。這一點從法國的《人權和公民權利宣言》的標題和內容就可看出它們是並列的兩種權利。法國人權宣言共17條，其中大多數確認的是人權，即凡人皆享有的權利。而第6條、第14條和第15條、第16條則屬於公民權。[6] 這一點在當時法國的制憲會議中就有議員指出並強調其重要意義。[7]

在當代聯合國通過的兩個關於人權的國際公約，在《公民和政治權利公約》中，公民權同政治權利是作為同一範疇（公權利）來規制，並與《經濟和文化權利公約》（多屬於私權利範疇）相區分。當然在現代通常已將公民政治權利歸屬於人權範疇，即政治人權。

至於我國現行憲法第二章所列出的各種權利，是以「公民」來泛指有中國國籍的人，不完全指作為「公人」的人，也包括作為「私人」的人；我國憲法中的「公民」，實際上是指國民，包含著作為私法關係的

---

5. 〔德〕馬克思：《論猶太人問題》，〔德〕馬克思、恩格斯，中國共產黨・中央馬克思恩格斯列寧斯大林著作編譯局：《馬克思恩格斯全集》（第1卷）（北京：人民出版社，1956），第436–443。

6. 第6條是：「所有公民都有權親自或通過其代表參與制定法律」，「一切公民在法律的眼中一律平等」，都可以擔任國家公職；第14條是：「公民或通過其代表有權調查、監督和決定公共捐稅」；第15條是：「社會有權要求其管理部門的一切公務員報告工作」；第16條是：「任何社會，如果在其中不能使權利得到保障或者不能確立權力分立，即無憲法可言」。

7. 當制憲會議討論到第14條（當時是草案的22條）時，有人忽然提議就以第14條作為人權宣言的最末一條結束，而將第15、16條放到憲法正文中去。當即遭到其他議員（孟麥蘭西）的反對。他指出宣言的範圍並非僅限於「人權」（*droits de l'homme*，法語），而且也包括公民權（*droits du citoyen*，法語），而第15、16條則是人權宣言中僅有的兩條屬於公民權，所以必須保留在宣言中，而且這兩條恰恰是宣言最合適的結尾。另兩位議員達階和布瓦依蘭分別指出，「權分則自由存在；權合則人民呻吟於虐政之下。」、「統治權必須分立，這是人民的一種權利。此種權利應當載於人權宣言中，但實際區分的形式則應載於憲法之中」，因為人權宣言是規定「憲法的原則」。（參見張奚若：《張奚若文集》（北京：清華大學出版社，1989），頁189–190。）

自然人和公法（憲法）關係的公民的雙重身份。所羅列的「公民的基本權利」，不限於屬於政治權利範疇的、有特定含義的「公民權」，不只包括參與政治國家的「公權利」（第 34、35 條和第 1 條，共 3 條），而且包括個人的「私權利」（第 36 至 40 條和 42 至 50 條）。

把公民權這個屬於憲政範疇的、「參與國家」的政治權利，同廣義上的「公民的權利」不加區分，即把公權利同私權利混為一談、合二為一，就會忽視公民的政治參與權在民主憲政建設中的重要地位與作用。

三、公權利的本質內容

公民權或公民的公權利，核心是政治權利。政治權的實質是使公民對於國家意志的形成能發生影響。如凱爾森所說的：「我們所謂政治權，是指公民參與政府、參與形成國家意志的能力而言。換一句樸實的話來說，這是指公民得參與法律秩序的創立的。」[8] 英國法學家米爾恩也指出政治權利是「構造政府和受治者之間的關係的權利。」[9]

《牛津法律大辭典》詮釋公民權時，認為「公民權或公民自由權雖然與個人權利或自由權部分相吻合，但他們更多地上是屬於各種社會和公共利益方面的權利，而不僅僅是個人利益方面的權利。它們實質上涉及的，與其說是個人或團體可以在法律的範圍內做什麼，還不如說他們可以要求什麼。公民權和公民自由權可以看作自由理想的法律產物。」[10] 這意味着公民權是一種為公的、即為公共事業、公益事業效力公權利，是對為民服務的公權力的補充和促進，人民的政府不僅不必畏懼或嫌棄它，而應當扶持、鼓勵它，為它的正當、有序行使創造條件。

國家對於自然人的私權和公民的公權（公民權）的關係，是有所不同的。日本著名法學家美濃部達吉認為：「所謂私權，只是存在於私人

---

8. 〔奧〕凱爾森：〈法律與國家〉，轉引自《西方法律思想史資料選編》（北京：北京大學出版社，1983），頁 625。

9. 〔英〕米爾恩：《人權與政治》，轉引自沈宗靈等主編：《西方人權學說（下）》（成都：四川人民出版社，1994），頁 363。

10. 〔英〕沃克，鄧正來譯：《牛津法律大辭典》（北京：光明日報出版社，1988），頁 164。

相互間的權利，國家對之處於第三者的關係。反之，若為公權，國家或公共團體本身居於當事者或義務者的地位。因此國家對人民權利的保護方法，因公權或私權而有顯著的差異。」[11]

這種差異就公民的視角而言，公民權、公民的政治權利，是公民對國家權力的一種自衛權、抵抗權。民主國家的公民不同於專制統治下的臣民，就在於後者只是統治者的順民，只能服從獨裁者，沒有參與和反抗政府的政治權利；而前者則如邊沁所說：「在一個法制政府之下，善良公民的金科玉律是什麼呢？那就是『嚴正地服從，自由地批判』。」[12] 凱爾森則指出：「公民權被 17 世紀和 18 世紀的各種哲學證明為應是與生俱來的或不可剝奪的權利。從歷史上看，絕大多數自由全都是通過對國王、苛刻的僱主、不代表人民的國會等的反抗而確定的。」[13] 國家對公民的這種自衛權或反抗權應當給予高度的尊重，並因勢利導，使之有利於政治的改革和進步。

這種政治權利也可分為兩類：一類是純粹參與國家事務的政治權利，如選舉權、被選舉權，參與立法和政府政策的聽證、論證、擬定等權利，批評、建議、檢舉、控告政府的權利等等，即參政議政權；一類是各種政治自由、學術文化自由，它們既屬於政府不得干預、即同社會、國家「分離的權利」（freedom from）；又可以是直接參與國家、參與政治的權利，如運用言論、出版、集會、結社以及學術文化等自由，提出對國是的主張，獻策獻計；或接受政府委託，協助政府管理社會事務；或志願舉辦和參與公益事業，為民謀福利，化解社會糾紛和矛盾等等。這些都是體現公民作為國家主人地位的價值和地位的權利。

公權利的主體包括公民、各種由公民組成的合法的政黨、人民團體、社會組織、人民代表（議員或人大代表）、新聞媒體等等。

所謂「人民當家作主」，不只是體現在抽象的、整體意義上的「主權在民」，也不限於通過人大來實現；而可以是公民和社會組織直接行

---

11. 〔日〕美濃部達吉：《公法與私法》（上海：商務印書館，1937），頁 124。

12. 〔英〕邊沁：〈政府法論〉，轉引自《西方法律思想史資料選編》（北京：北京大學出版社，1983），頁 480。

13. 〔英〕沃克，鄧正來譯：《牛津法律大辭典》（北京：光明日報出版社，1988），頁 164。

使公民權。1957年人民群眾的「幫黨整風」，1975年的「四五」天安門反「四人幫」的群眾運動，1989年的那場「政治風波」，以及現今社會上公民的維權活動，媒體上、互聯網上的議政和所反映的民意，都是公民行使公民權和「主權在民」的體現。當然這些做法需要納入有序的法律程序，這也是為什麼必須落實有關公民政治權利的立法，既保護又合理地規限公民公權利的有序行使。

四、公權利與公權力

公民的「公權利」主要內容是憲法確認的各種政治權利，是對應於國家「公權力」的。它體現公民與國家之間的關係，公權利又是對抗公權力的武器，是人民和公民以及社會組織「以公權利制衡國家公權力」的主要憑藉。它既是對國家權力的政治參與權，也是抵抗國家權力侵犯的政治防衛權。任何國家權力（包括立法、行政執法和司法權力）對公民和社會組織的公權利的侵犯，屬於違憲的行為，是無效的，可以提起違憲訴訟或行政訴訟。

不過，公民的公權利也不是為對抗所有人（包括其他公民個人或其他不屬於執行國家權力或社會公共權力的非政府組織）的。被其他社會成員或社會組織（包括新聞媒體）侵犯的這類政治權利，已不屬於作為公法的憲法上的公權利，而是私法上的私權利（如個人的言論自由受到其他公民的侵犯，往往已轉化成名譽權、著作權、隱私權、人格尊嚴權等民事權利），主要應是由私法來具體規範和保障。因為作為私人，不應當是違憲主體，不能對私人提出違憲訴訟。私權利一般是由法律加以直接和具體保護。所以，籠統地提出「憲法司法化」是不確切的。

但是如果媒體為履行對國家權力的監督職能，在批評、揭露政府及其官員的失職瀆職行為時失實，只要不是故意誹謗，惡意造謠，政府或官員就不能以侵犯其名譽權、隱私權為理由，提起名譽權訴訟，因為媒體是以其公權利來監督政府的公權力的，不是媒體與官員私人之間的私權利糾紛。只要不是惡意造謠、誹謗，媒體行使公權利（監督權）就應當有免責權。否則誰還敢批評政府？

五、公民權──公權利的至高憲政地位

公民權或公民的政治權利，是公民的憲法權利。我們說「憲法是人民權利的保障書」，而憲法所特別保障的是基本人權和公民權。憲法作為公法，主要是規範和制約國家公權力和直接保護公民公權利的（私權利主要由私法、社會法等具體法律來保障）。

綜上可見，公民權、公權利、公眾和公民社會參與國家政治民主建設的權利，具有崇高的憲政地位。各級政府在政治文明建設中應當明確和把握這些理念，充分尊重和保障這些權利。

國民具有公民和私人這雙重身份和公權利與私權利這雙重權利，與之相對應的，社會也可以分為「私人社會」與「公民社會」。過去法學界、政治學界大多是籠統地按國家與市民社會的二分法，只是把市民社會作為私人領域或私權領域來立論，而沒有進一步研析所謂市民社會也是有上述雙重身份和不同地位與作用的。這方面需要另有專文探討。

第五十章

公民的政治
參與權原理

* 本章原載《廣州大學學報（社會科學版）》，2008 年第 5 期《公民的政治參與權與政治
  防衛權》，後收入郭道暉著《社會權力與公民社會》一書第四章第一節。

中國共產黨的十七大報告在「堅定不移發展社會主義民主政治」這一節中鮮明地指出「人民民主是社會主義的生命」，提出要「堅持國家一切權力屬於人民，從各個層次、各個領域擴大公民有序政治參與，最廣泛地動員和組織人民依法管理國家事務和社會事務，管理經濟文化事業」。要「尊重和保障人權，依法保證社會全體成員平等參與、平等發展的權利」。要「加強民主監督，發揮好輿論監督作用，增強監督合力和實效」。要把人民政協的政治協商職能「納入決策程序，完善民主監督機制，提高參政議政實效」。要「保障人民的知情權、參與權、表達權、監督權」。此外，在「深入貫徹落實科學發展觀」一節中，也一再申明要「努力實現以人為本」，「尊重人民的主體地位，發揮人民首創精神」，「擴大社會主義民主」，「公民政治參與有序擴大」等等。這一系列宣示是一個個莊嚴的承諾。它們都事關政治人權和公民權，特別是公民的政治參與權和政治防衛權。這二權如果能全面落實，不打折扣，則執政黨一貫宣傳的「支持人民當家作主」的原則可望實現。為此，首先還得轉變某些過時的觀念和習慣思維，理清一些基本理論問題。

一、參與權的主體 —— 由「人民參與」到「公民參與」

政治參與權既是公民權，也是人權。馬克思在《論猶太人問題》一文中早就指出的：公民即「公人」，是參與社會政治共同體，即參與國家公共事務的人，是「政治人」，他們參與國家事務的政治權利即公權利。政治參與權也是人類的「天賦人權」。

中國共產黨的十五屆五中全會通過的《關於制定國民經濟和社會發展第十個五年計劃的建議》中，首次確認了「公民參與」的概念，明確

提出了「擴大公民有序的政治參與」的命題。中國共產黨的十七大對此又有了上述進一步的具體發揮。

長期以來，在我國的政治詞彙中的提法是「群眾參與」或「人民參與」。這在國外同「公民參與」無甚差別，人民即憲法中的國民或公民，區別只在於「人民」是個複數。而在我國，「群眾」是相對於「領導」而言，說群眾參與，就意味着是「領導人」（或領導黨）去動員、組織群眾參與；或群眾的參與不是公民固有的權利，而是黨和政府的欽賜。

至於「人民」，過去也是與「敵人」相對立的政治概念，提「人民參與」，意味着敵人不能參與。從反右到「文革」中，不要說公民的政治參與，即使民事參與，也是將所謂「敵人」排除在外。「反右」中，就曾經批判 1954 年憲法中確認的「公民在法律面前一律平等」的原則是「敵我不分」。中國共產黨的十一屆三中全會的公報中，也仍審慎地提為「人民在自己的法律面前一律平等」，而不是「公民」，當然更忌諱從人權視角提為「人人」。這意在表明我們在法律上同「敵人」是不講平等的，也排斥了適應國際法上的平等。當時有些法學者即已著文指出這個提法的片面性與有害性，認為應當改為「公民在法律面前一律平等」。後來法律實務界與法學理論界還爭論過在判罪量刑中應否區別「兩類不同性質的矛盾」。有的法院院長甚至提出：「凡判刑十年以上的，就是敵人。」可見，「人民」與「公民」一字之差，界線何等分明！這反映了當時政法界「階級鬥爭為綱」的幽靈餘影猶存。

將近 30 年過去了，上面這些觀念已有了很大改變，1982 年憲法也早已確認了公民在法律上的平等地位與權利。但應是人民參與政治，還是所有公民都有參與政治的權利呢？並不是十分明確。譬如法學界曾經爭論過「公民在立法上是否也是人人平等」？一些學者仍堅持只能在適用法律上人人平等，因為立法權是政治權利，只有人民才有資格和權利參與；再則，敵人同人民怎能享有平等的權利，特別是政治權利呢？——這抽象地說似乎成理。問題在於依據什麼標準來事先劃定敵我？過去是根據其階級出身和歷史，現在不能再這樣搞了。在非戰爭與革命時期，敵我界線並不很分明，只能在依法審判後，才能確定其是否犯罪和是否需要剝奪其政治權利；即使被剝奪了政治權利，也不一定就是敵人（如破壞選舉是犯罪，要剝奪罪犯的政治權利，但顯然並非他們都是「敵人」）；再則，稱之為「剝奪」，就意味着他原本享有平等權

利，只因犯了罪，才被剝奪了某些權利的。因此套用敵我矛盾這樣的政治概念於法律與法治，是行不通也是違反法理的。

現在，自《建議》以後，所有黨政文件中，都已將「人民參與」改為「公民參與」，這有利於在觀念上澄清混亂，在實踐上尊重每個公民的政治參與權利，這是法治國家應有之義。

問題還在於公民參與管理國家、管理政治，也不能只當作是執政黨和政府「依靠群眾」、「走群眾路線」的工作方式，或調動民智民力的策略，更不能當做黨和政府的恩賜。而應明確這是不容忽視的公民憲法權利，要「尊重人民的主體地位」。一切重要國策的決定和重大社會工程的規劃實施，法治建設的各個重要環節（修改和實施、維護憲法，重要立法、行政執法和司法，監督法律實施等），以及有關公民和公眾切身利益的舉措，都需要有公民、特別是利益相關人的參與、聽證，否則這些政府行為就會是無效的。中國共產黨的十七大報告中關於把人民政治協商委員會的政治協商職能「納入決策程序，完善民主監督機制，提高參政議政實效」，就意味着這種協商程序應當被確認為執政黨和人大、政府作出決定的必經程序，即非經政治協商，不得作出決定，否則無效。如此，則這種政治協商就不只是民主黨派和人民政協的一項政治權利，而可以歸為程序性權力或准權力（因為它具有國家強制性）。而尊重公民政治參與的權利，就執政黨和政府而言，則是他們作出決策時的程序性義務。

二、在直接參與管理國家和社會事務中實現「人民當家作主」

作為社會主義國家，在強調要支持和保證「人民當家作主」的時候，過去較多地從作為整體上的人民着眼，強調我國人民代表大會、政治協商會議、民族自治地方、基層群眾自治等基本制度的作用。固然是重要的、主要的；但卻往往忽略了憲法第 2 條第 3 款所確認的，人民還有權「通過各種途徑和形式，管理國家事務、管理經濟和文化事業，管理社會事務」。這裏作為主體的人民，不只是指作為整體的、抽象的人民，也不僅是人大代表，而主要是普通公民、民眾、群體、社會組織。

他們通過各種直接參與管理國家政治和社會事務的活動，也是「當家作主」的重要途徑和形式。前引中國共產黨十七大報告對此已予強調，筆者認為是一個重要進步。

公民的政治參與權，是實行「協商民主」這一新的民主形式和民主制度的前提，是公民實現直接民主的重要途徑，是代議制民主的補充。後者是通過人民選出的代表來作為人民意志的「傳送帶」，去代表、代替人民「做主」，即間接民主，難免有梗阻和扭曲的可能。而公民直接參與協商、聽證，直接向政府面陳意見，相互溝通，取得共識，幫助政府作出正確的並能得到社會主體支持的決策。這種協商民主的優勢不是代議制民主所能取代的。

在推行政治體制改革和政治民主建設時，對人民代表大會等基本制度的改革固然是重要的，但難度與阻力較大，難免拖延滯後；而如果我們同時能重視對公民權、公民參與權及公民社會的權利的保障，抓緊有關這類公權利的立法，使公民和社會組織的知情權、表達權、結社權、言論自由權、政治參與權、民主協商權在憲法和法律範圍內得到正常的暢通而有序的行使，使蘊藏在民眾中的良性政治與社會潛力得到充分的釋放，就會大大有益於對國家和社會的治理，而且這比之基本制度的改革也較輕而易舉。特別是作為省、市基層政府在依法治理中，涉及基本政治制度層面的問題，很難或無權措手；而依法尊重和保障公民和社會組織的政治參與權，只要心存此意，就簡便易行且事半功倍。

三、公民參與國家事務的方式

政治體制改革和經濟文化的發展，如果沒有公民和公眾有序的直接的參與，如果不借助社會力量和社會權力從外部予以促推，就很難打破各種舊思想、舊習慣、舊制度以及權力者的阻力，也難以調動和集中民力民智，順利地實現現代法治政府的目標。「擴大公民有序的政治參與」，是現代民主政治、特別是社會主義民主憲政的一個通則。公民社會參與國家事務的方式可以概括為以下幾方面：

一是社會用權。近年中國共產黨的領導人習近平總書記提出「權為民所賦、權為民所用」的口號，是有重要的政治價值的。從法理上說，

國家將本應屬於社會主體的權利與權力，還歸為社會自主、自治權力。公民社會不再只是被控制、被支配的「順民」，或只是仰給於國家、坐等「替民作主」的「父母官」救濟的「子民」。而能運用自有的公民權，利用其擁有的社會資源和社會權力，解決社會成員自身的一些問題，也減少了國家權力的負擔。

二是公眾參權。通過公民和社會組織集中和反映不同社會群體的意見與要求，直接參與國家行政、司法以及立法活動的決策過程，對國家的治理工作提供社情、民情的依據，貢獻來自人民群眾和各行各業專家的智力資源與物資和精神支持，並促進政務活動的公開性和透明度，克服「黑箱作業」的弊端。

三是民眾監權。通過公民集體行使公權利，去監督國家權力，既支持政府為民謀利益的舉措，又遏制、抗衡、扭轉政府的不法、侵權行為。通過運用輿論媒體和社會組織的遊說，對政府機構施加積極影響。

這些也可以說是中國古代格言「水可載舟，亦可覆舟」的當代體現。

四、公民政治參與的「有序性」

所謂「有序」，對政府而言，主要是使公民的政治參與、使「協商民主」制度化規範化，不致只是系於政府領導人的「開明」或心血來潮，偶或為之。對公民和社會組織而言，則是為了建立法治秩序，是為了「防亂」。這有利於解除黨政幹部怕「一放就亂」，怕群眾參與政治會「犯上作亂」的顧慮；也可防止群眾「無法無天」地重演「文革」中的「大民主」。

公民參與的「有序性」，首先要求參與的平等性，即各社會階層的所有公民都享有平等的政治參與權。絕不能根據某個社會階層的社會地位或經濟重要性來確定其政治參與的重要性，更不能因為該社會階層的社會地位或經濟重要性為其提供特殊的政治參與權。市場經濟必然導致社會群體之間的經濟不平等；這種不平等導致的對社會的負效應，應當由政治來調整，由公民平等的政治參與、民主協商來矯正。

總之，要擴大公民有序的政治參與，解決日益複雜和緊張的各種社會矛盾，當務之急應是從制定公民政治權利的法律入手，抓緊落實有利於擴大公民政治參與的立法。諸如新聞法、出版法、社團法、輿論監督法、政務公開法、公民舉報法、請願法（使公民的上訪和對政府的批評、建議納入法治軌道）、申訴法，以及民主協商程序、聽證程序等。

　　上述立法的宗旨主要是保障公民的政治自由與權利的正當行使，同時也要對這些自由有適當的限制，使之合法、有序。但限制的目的還在於保障自由，即防止公民濫用自由權利來侵犯他人的自由或干擾政府合法行使公務。在立法精神上，應當貫徹公民權利與自由神聖不可侵犯，以人為本、以公民權為本，以權利制衡權力和維護國家與社會穩定等原則。

第五十一章

輿論監督權與
公權力的克制義務

．本章原載《炎黃春秋》，2010 年第 11 期。題被改為〈輿論監督權與官員名譽權〉。

近年常常因為新聞媒體或互聯網、出版物揭露了某些地方黨政官員的醜聞惡行，就被其以侵犯其名譽權或其他莫須有的罪名為由，派公安人員跨省抓捕批評人、檢舉人。如遼寧某縣公安幹警到北京拘捕《法制日報》記者，河南靈寶警方到千里外的上海抓捕王帥。最近又發生「渭南書案」——陝西公安人員到北京抓捕揭露三門峽移民貪腐黑暗的《大遷徙》一書的作者謝朝平（在社會輿論的強烈抗議和中央的干預下，已被取保釋放）。前些年甚至有深圳某基層法院作為原告，以某雜誌報道其判案不公、存在「貓膩」為由，起訴報社侵犯其名譽權。[1] 這在發達的法治國家簡直是匪夷所思。

這些事件涉及越權、侵權等違反法制程序和侵犯公民言論自由、人身自由等實質權利問題。本文暫置不論，單就侵犯公民和媒體對黨政機關和官員的監督權問題，說說如何看待公民、媒體的輿論監督權同被批評、曝光的官員的所謂「名譽權」的「矛盾」。我認為其實質是如何正確對待公民和社會組織的輿論監督權（公權利）與政府公權力的克制義務的關係問題。

在公民權利與政府權力的關係上，應當以公民權利為本位，黨政機關及其官員的權力是人民賦予的，應當為權利主體服務並受其監督。這個主從關係不能顛倒。在公民和媒體行使輿論監督權利過程中，黨政機關與官員更要堅守這一原則。

公民和媒體在行使新聞與言論自由和輿論監督權利時，固然應當力求真實、準確；但是對官員和黨政機關而言，則首先應當自覺地把自己置於被監督的對象的地位，虛心聽取批評意見，「有則改之，無則加

---

1. 如 1996 年深圳福田區法院向其上級法院起訴《民主與法制》雜誌社，關於該院在「《工人日報》侵犯某企業官員名譽權」一案中審判不公的情況報道，侵犯了該院的名譽權，結果該市中級法院竟判定該社敗訴，賠償 5,000 元。（詳見 1998 年 7 月 12 日《工人日報》星期刊報道）

勉」。如果批評顯然失實，也完全可以運用政府權力，作適當的澄清。作為公權力者，政府和官員本是處於強勢地位，公民（包括媒體及其記者）一般是弱者，從政治倫理上說，按照「保護弱者」的憲政原則，法院在審判中也應加以區別對待，以有利於對官員的權力制約，和對公民的權利保護。公民和媒體對黨政機關與官員的批評，即使有些失實，官員也應當有寬容的雅量。何至一見批評就抓捕或訴諸法院？

問題更在於，從法理上說，公民和媒體的言論自由和輿論監督權利與政府官員或政府機構的「名譽權」之間的衝突，不應把它當成私人之間或私權利與私權利的衝突，而應是公民的公權利與政府的公權力的衝突。這裏私權利是指個人的生命、財產、自由、以及人格權、名譽權、隱私權、知識產權等；公權利則特指公民與媒體的政治權利，包括知情權、表達權、參與權、監督權等。即不應簡單地歸於民事糾紛的私法範疇，而是監督與被監督的公法關係。

在專制國家，臣民批評官家，被視為「犯上」、「大逆不道」，要受刑事處罰，罪可處死。「民告官」首先要受「滾釘板」刑的程序懲處。這種遺風流傳下來，在我國曾經長期有所謂不許「矛頭向上」、「反對領導」。「文革」時期的「公安六條」更將它法定為「惡毒攻擊罪」。

新時期我國憲法已確認公民有言論自由和批評、檢舉、控告國家機關及其工作人員的權利，並規定被批評者不得打擊報復。

在民主法治國家，國家官員是經人民選舉產生，為人民服務，對人民負責的；其執行公務因而享有的權威與名譽，也是人民賦予的。人民群眾對他們進行批評監督，從根本上說，也旨在維護公權力的集體權威與名譽。人民也可以撤銷其授予政府的權力，收回對他們在公職上的「名譽」的信任（即所謂「公信力」）。因而面對人民群眾對官員或官方執行公務中的失職或不法行為的批評監督，後者的主要職責是平等對話，接受質詢與批評，正確的虛心改正，不實的加以解釋，而不是進行名譽權的訴訟。公民在行使批評監督這一公權利時，不慎有失實之處，也應享有免責權。

再則，官員作為人民的僕人，對「主人」應抱謙恭、克制與寬容的態度。這在法國《公務員總章程》中稱為「克制保留義務」，即公務員因職業上的特殊需要，其享有個人權利的自由度，比一般公民要受更多

的限制。公民針對官員與官方的公務行為的批評，應當比針對其私人行為有更多的保障。

　　即使批評、檢舉事涉官員個人私生活乃至個人隱私，有失實之處而傷害了官員的私人名譽，其受責程度也應比一般公民私人之間的名譽權糾紛為輕。因為官員作為公眾人物，其公務活動固然應當公開化，其個人隱私權也應比一般公民小。筆者在 20 世紀 80 年代初接待美國一位州長來訪，他談及某報因揭批某明星隱私，涉嫌誹謗，被判罰款 200 萬美元；而批評某州長涉及其個人隱私（非公務行為）時嚴重失實，有損其名譽，法院卻只象徵性地判處罰款 1 美元。理由是如果批評官員受重罰，以後誰還敢批評政府？

　　至於政府機構是否可以作為訴訟主體提起名譽權的訴訟？在美國司法先例從未給予政府機構以私法上的名譽訴權。1923 年芝加哥市政府起訴《芝加哥論壇報》誹謗它在證券市場上的信譽，州最高法院判決說：「這一國家的任何最高法院從未認為或表明，對誹謗政府言論的控訴在美國法律中有一席之地。」1964 年美國聯邦最高法院在某案判決中更進而宣佈：誹謗政府的言論不能作為政府的制裁對象。[2]

　　至於有些報刊根據檢察院的起訴書所列經調查取證的事實，而編發的新聞報道，只因後來當地法院因故駁回了檢察院的起訴，也被控並被判侵犯被訴對象的名譽權。按此邏輯，該檢察院的起訴書豈不也構成名譽侵權了？這真是天大的笑話！

　　新中國成立初期，黨中央曾作出了《關於在報刊上展開批評與自我批評的決定》，規定「對於人民群眾對黨和政府工作的批評，在報刊上發表後，如果完全屬實，被批評者應當在同一報刊上聲明接受並公佈改正錯誤的結果；如果部分屬實、部分不實，被批評者應當在同一報刊上作出實事求是的更正，接受批評的正確部分；如被批評者拒絕表示態度，或對批評者打擊報復，則應受到黨紀、政紀和國法的制裁」。

---

2. *City of Chicago v. Tribune Co.*, 139 N. E. 50（Illinois S. Ct, 1923，頁 85-86。參見北京大學侯健的博士論文〈輿論監督與名譽權問題研究〉（2000 年 4 月）。該文有較詳細的深入的論述。

至於司法機關在輿論監督中的地位與作用，列寧早就指出，輿論監督必須同司法監督結合，以司法監督為後盾，才能更好地發揮它的社會效果。一旦報刊披露的問題嚴重到僅靠輿論得不到解決時，就要通過司法機關來起訴和判決。他認為報刊是司法訴訟的重要來源。據此，1919 年 3 月，俄共（布）的八大黨章規定，凡是人員或機關，其行為被報刊刊載者，應於最短期內在同一報紙上作認真的合乎事實的反駁，或者檢討已經改正的缺點錯誤。如果屆時不見這樣的反駁或檢討，革命法庭便對該人員或機關提起訴訟。這些要求表明，法院對新聞輿論監督的支持。（當然，到斯大林統治時代，蘇聯的司法機關已異化為鎮壓人民的機器。）

　　反觀我國有些地方黨政當局則是反其道而行之：某些司法機關不但不作公民和媒體行使監督權的後盾，反而異化為地方貪官污吏的「家丁」、「打手」。有些地方黨政領導人動輒調動警力，進行暴力拆遷，抓捕批評檢舉人和上訪者。人民司法機關本應是人民維權機關，過去說它們是「專政機關」，那是「以階級鬥爭為綱」時期的錯誤說法；不料想現今有的地方司法機關倒成了名副其實的「對人民專政的機關」！

　　言論自由、新聞自由是輿論監督的前提，是新聞媒體生存權之所系。聯合國大會早在 1946 年就宣佈說：「新聞自由當為基本人權之一，且屬聯合國所致力維護的一切自由的關鍵。」在 1948 年，聯合國新聞自由會議草擬了兩個文件草案，一為《新聞自由公約》，二為《國際更正權》。後來將兩個文件合併，稱為《國際更正權公約》，於 1952 年由聯合國大會通過，於 1962 年生效。可以說新聞自由是判斷一個國家是否是現代民主國家，公民言論能否充分自由表達的最重要的標誌之一。

　　但是，我國有些地方黨政部門對新聞自由還存在誤解乃至恐懼。早在 20 世紀 80 年代，全國人大就草擬過新聞法，但被當時一位領導人否定，理由是怕被人鑽空子批評共產黨。前些年有關主管部門的權力者甚至說：「如果制定新聞法，我們就不好管了！」

　　新的文字獄不時重現，公民的言論自由和出版、集會、結社自由受到打壓。而憲法確認的公民政治權利與自由卻極少立法保障（只有人大代表選舉法和實際上是限制自由的集會遊行示威法）。在事關公民和社會組織的憲法基本權利與自由的專項立法拖延不決，特別是不能有效地維護公權利，激勵人民群眾參與政治、監督權力、遏制腐敗的積極

性。對於自以為在維護社會穩定和黨的執政地位的某些權力者來說，最危險的刑事犯不是貪污犯，而是為人民仗義執言的政治犯和思想犯。

當務之急是必須落實《憲法》第 35 條給予公民言論出版自由，抓緊制定新聞法、出版法，保障公民、社會組織和媒體的輿論監督權和出版自由，規範和保障公民和新聞記者行使公權利的行為。為此要立即廢除某些黨政部門和地方當局越權擅自制定限制、打壓新聞出版自由的那些非法規章、紅頭文件乃至口頭「指令」；改變對媒體和出版物的預審制為事後追懲制；尊重和保障編輯、記者的採訪、表達和傳播等權利與自由，制止某些地方政府和公安機關隨意抓捕記者的違憲行為。互聯網是社會資訊和公民意見的重要交流平臺，除確實涉及煽動暴力和宣傳淫穢、洩露國家機密以及造謠、譭謗、侵犯公民隱私、名譽的言論之外，網絡管理部門不能隨意刪除網帖和跟帖。總之要使新聞媒體切實享有知情權、參與權、表達權、監督權。要像前總理朱鎔基在視察中央電視臺時的題詞指出的，媒體應當成為「輿論監督、群眾喉舌、政府鏡鑒、改革尖兵」，要使媒體從單一化的「黨的喉舌」轉化為「社會公器」，也要通過立法界定輿論監督與名譽侵權的界限，規範和保障公民和新聞記者行使公權利的行為，使新聞媒體真正成為人民大眾監督黨政權力的工具。

第五十二章

非法之法
與公民的抵抗權

近年社會矛盾尖銳突出，群體性事件日益頻繁激烈，大多是基於某些地方政府部門和官員的嚴重違法侵權行為，引致工農群眾和市民的反抗。有些侵權行為還是打著「依法執法」的旗幟，其實所依之法卻是維護特權集團利益、損害公民權益的非法之法。而地方當局往往把公民對惡法、惡令的抵制和對野蠻執法的暴行的反抗，當做「非法」、「違法」、「犯罪」行為予以打壓，甚至當做「敵對勢力」予以嚴懲。這是對公民應有的抵抗權的無知與漠視。去年廣東汕尾陸豐市烏坎村爆發村民反對貪腐的村官而興起的維權事件，本是村民行使合法的抵抗權的正常舉動，起初卻受到當地政府的壓制，乃至導致一位民選的村民代表被拘捕而死亡。事件延續幾個月，最後經廣東省黨政負責人的干預，派出省工作組進駐汕尾陸豐調查處置烏坎事件，承認村民的訴求是合理的，一些村幹部確實存在違紀問題，基層黨委政府在群眾工作中確實存在一些失誤。省工作組將緊緊依靠當地的人民群眾，依法依規處理好村民反映的土地、財務、幹部違紀、換屆選舉等問題，儘快恢復烏坎村法治秩序和社會管理秩序，從而使事件初步平息。這一事件，反映了烏坎村民的公民覺悟，也實際上肯定了公民對政府的非法行為的抵抗權。

　　經由國家立法機關按法定程序制定的法律，一般說來是合法的──合乎立法程序；但是並非合乎法定程序的立法都是合法的，它可能並不合乎法的精神，合乎一定時代中的正義公平原則，合乎人權要求。這就是通常所說的「實定法非法」現象。譬如就國務院制定的法規而言，導致孫志剛被打死的收容審查法規，導致大批被「勞教」的「右派分子」累死餓死的勞動教養法規，以及導致掠奪城市居民的祖居和野蠻拆遷的拆遷條例等，就屬於侵犯公民基本人權的「非法之法」。至於政府部門和地方黨政機關發佈的一些「紅頭文件」，本身就不屬於法律法規範疇，不合乎《立法法》規定的立法權限與程序，其內容更不乏違憲違法的規定。

自然法學家認為自然法高於實定法（或人定法），凡實定法與自然法衝突者無效。霍布斯提出的「人的安全乃是至高無上的法律」，洛克肯定的「人民的福利是最高的法律」，俄國馬克思主義者普列漢諾夫提出的「人民的利益是最高的法律」，羅爾斯的「自由優先」原則等，都是把人的這些基本權利即人權，視為高於法定權利。這都無非是表明，法律應當符合人民應當享有或習慣上已經享有的、符合社會發展的要求和社會公認的道德準則的權利主張。否則即使它具有法律形式，也是非法的。

馬克思早期對不法的法定權利（權力）有過精闢的論述。他指出：「出版法就是出版自由在立法上的認可。它是法的表現，因為它就是自由的肯定存在。」，「而書報檢查制度正如奴隸制一樣，即使它千百次地具有法律形式，也永遠不能成為合法的。」因為這種檢查法不是懲罰濫用自由，而是「把自由看成一種濫用而加以懲罰，它把自由當成罪犯」。[1] 因此書報檢查權即使是法定的，由於它違反法的精神——自由，因而是徒有法律形式的非法的法定權力。檢查法是非法的實定法。

中國明末清初的思想家黃宗羲也曾提出過「非法之法」的概念。他抨擊「後世之法」是一家之法而非「天下之法」，「利不欲其遺於下，福必欲其斂於上」，「其法何曾有一毫為天下之心哉，而亦可謂之法乎？！」「所謂非法之法也」。[2]

非法之法的最突出表現是納粹德國時代的法律。其中像「告密權」這一法定權利，導致大批猶太人和正直人士死於納粹屠刀之下。「二戰」後聯邦德國司法部門在處理這類告密罪行時，被控人犯辯稱他們的告密行為是根據當時政權的法律的行為，並不是非法的。「對這種答辯的回答是，他們所依據的法律，由於違反基本道德原則，因而是無效的。」當時有這樣一個著名判例：1944 年一名婦女向納粹當局告密陷害其正在部隊服役的丈夫，說他休假在家時曾發表有損希特勒的言論，根據1934 年納粹政府的一項命令（其中規定發表不利於第三帝國的言論是非

---

1. 〔德〕馬克思、恩格斯，中國共產黨·中央馬克思恩格斯列寧斯大林著作編譯局：《馬克思恩格斯全集》（第 1 卷）（北京：人民出版社，1956），頁 71-72。

2. 黃宗羲：〈原法〉，轉引自《中國哲學史資料簡編》（上冊）（北京：中華書店，1963），頁 30-31。

法的），其夫被判死刑（未執行）；1949 年該婦女被控犯有 1872 年刑法典規定的非法剝奪他人自由的罪行；聯邦德國班貝格上訴法院最終判決她有罪，理由是縱然希特勒時代的法院是按納粹政府的法令判處其丈夫的，但該法令「違反了一切正直人的正當良知與正義感」，因而是無效的。這一判例被西方法學界認為是自然法學說的勝利，是第二次大戰後自然法學復興的一個重要標誌。

納粹的這類反動的法是典型的「惡法」。當年的法西斯德國是一個「法制」國家，對猶太人、對進步人士的迫害都有「法」可依。但有「法制」不等於有「法治」，「法治」不單是形式上的法網嚴密，而是具有實質民主的「良法之治」。

我國在「文革」中最高領袖雖然公然宣稱要「無法無天」，實際上並非絕對「無法」，某些惡法也曾大行其道。如 1967 年 1 月 13 日中共中央、國務院頒佈的《關於無產階級文化大革命中加強公安工作的若干規定》，即所謂《公安六條》，其中規定「凡……攻擊污蔑偉大領袖毛主席和他的親密戰友林副主席的，都是現行反革命行為，應當依法懲辦。」這就是惡名昭著的所謂「惡毒攻擊罪」。「文革」中如果不滿或反對毛澤東的「最高指示」和林彪、「四人幫」的倒行逆施，甚或只是因為不小心損壞了報紙上的毛主席像，拒絕或反對呼喊「毛主席萬歲」，就可根據這個「惡法」判重刑甚至處死刑。不知有多少無辜群眾遭此毒手，張志新、林昭等烈士就是最突出的慘案。這個《公安六條》就是最典型的惡法。

一、對「惡法」的抵抗權

「惡法非法」，對這類惡法與惡令、惡行，人民不但有權不予遵循，而且有義務進行抵制。這就是作為人權的「抵抗權」。抵抗權就是對侵犯人權的非法的國家權力、非法的法、非法的法定義務和野蠻執法的暴行進行抵制和反抗的權利。

這種抵抗權可以是法定權利；多數情形下，是非法定的權利，即作為人權或道德權利的抵抗權。

古典自然法學家已提出過抵抗權的理論。除霍布斯認為人民全部權利都已交給政府中的一人或少數人，人民只有服從政府權力的義務，而無反抗主權者的權利外；其他如斯賓諾莎、格勞秀斯、普芬道夫都主張在人定法嚴重違背正義的情況下，應承認人民有權甚至有義務反對它。洛克更明確提出了抵抗與革命權的主張，認為人民只是暫時寄主權於政府，政府不道，人民可以收回此權，有進行抵制或革命的權利。美國人潘恩、傑斐遜都認為存在着不被人定法約束、不可被其廢除的自然權利。18世紀資產階級革命中人權的興起，本就是作為一種抵抗權以反對專制政府的侵害而提出的。美國獨立宣言、法國人權宣言、法國1793年的憲法第35條都宣佈「當暴虐的政府違反人民的權利時」，「反抗壓迫」是一項「不可轉讓」的人權和「最不可缺少的義務」。[3]這是把抵抗權作為法定權利的最早文件。

至於英國，在其憲政史上並無這種抵抗權，但也不是沒有這種傳統。正如恩格斯在《英國狀況·英國憲法》一文中指出的，「如果可以說英國人一般是自由的話，那末他們的自由就不是法律的賜予，而是反對法律的結果。」[4]德國在「二戰」後，鑒於納粹暴行的教訓，在聯邦德國基本法（憲法）第20條第4款對抵抗權作了明確規定：「對於所有要排除這一秩序者（指破壞憲法秩序──引者注），在沒有其他救濟方法時，所有德國人都有抵抗權。」

中國憲法和法律沒有抵抗權的概括性原則規定。不過憲法第41條賦予公民有對政府進行監督、批評和控訴的權利，第35條還規定公民還享有憲法規定的言論、出版、結社自由、集會示威遊行自由等政治權利以及司法救濟權。此外，改革開放時期國務院制定的法規中，也有企業可以拒絕攤派、農民可以拒絕「打白條」等規定。這些都可以說是屬於公民抵抗權範疇。

大而言之，中國人民的新民主主義革命，就是中國共產黨領導人民行使革命的抵抗權的體現。1976年聲勢浩大的「四五運動」，也可說

<hr>

3. 《法國憲法》（1793年）《外國法制史資料選編》（下冊）（北京：大學出版社1982），頁570。

4. 〔德〕馬克思、恩格斯，中國共產黨·中央馬克思恩格斯列寧斯大林著作編譯局：《馬克思恩格斯全集》第1卷（北京：人民出版社，1956），頁704。

是人民行使抵抗權反對「四人幫」的一次革命鬥爭，「為後來粉碎江青反革命集團奠定了偉大的群眾基礎」。[5]

由以上關於抵抗權的理論與立法及實踐可以看出，抵抗權可以是法定權利，也可以是法外權利（人權）。前者是在現有憲法與法律的範圍內的一種對國家權力的專橫的抵制與救濟，如運用憲法規定的言論出版、結社自由、集會示威遊行自由等政治權利以及司法救濟權，對政府的違法行為、侵權行為進行抵抗。這種抵抗權是合法的抵抗權，是維護現有憲法秩序的，帶有預防性與補救性，可稱為「維護憲法的抵抗權」。後者則是「作為人權的抵抗權」，即針對「惡法」、實定法的非法而採取的超法律的法外權利（人權、道德權利）進行反抗，是未被合法化的抵抗權，是反對現行「非法之法」的，因而具有正義性質。即使它可能並不合乎現行法律（某個惡法，乃至反動的法統），卻合乎「法上之法」，即公認的人權、正義。美國人民反對殖民地統治者英國的獨立戰爭，就不是憑藉其宗主國英國的法律，而是以「法上之法——人權與正義」為號召。我國辛亥革命、新民主主義革命也是對舊的封建專制的法統的否定。

20世紀90年代，我國人權入憲，一個重要的意義是擴大了權利品種的廣度。憲法已確認的公民的基本權利是有限的，公民還保有許多憲法尚未納入的、非法定的權利或人權。按照「法不禁止即自由」原則，人民還享有憲法和法律雖未確認、也未禁止的權利，這可稱為「剩餘權利」、「潛在權利」或「漏列權利」以及日後隨着經濟和政治、文化的發展而「新生的權利」。這也是為什麼美國憲法修正案要單列一條指出：「不得因本憲法列舉某種權利，而認為人民所保留之其他權利可以被取消或抹煞。」（第9條）而這些「保留的權利」就包括人權和其他習慣權利、新生權利。公民行使這類法外權利，只要他不違反其他法律，是不受法律追究的。

這些說明法定權利與非法定的人權的不同性質與作用。這也是我國人權入憲的重大意義。它要求國家不僅是要尊重和保障已由憲法所明示和確認的公民基本權利，而且要求國家和政府機關以及各級官員對那

5.《中共中央關於建國以來黨的若干歷史問題的決議》。

些雖然憲法和法律沒有明示、卻是每個人作為人所應當享有的法外權利，即人權，倍加關注、尊重和給予切實保障。

第八部分

黨權國權

第五十三章

黨的權威、
權利與國家權力

——執政黨與人大的
關係的法理思考

﹡ 本章原載《法學研究》，1994 年第 1 期，原是提交全國人民代表大會常務委員會辦公廳研究室於 1993 年 10 月在廣東東莞召開的「人民代表大會制度理論研討會」的論文，原題：〈權威、權力還是權利 ——對黨與人大的關係的法理思考〉。發表時編者將題改為〈權威、權力還是權利〉。發表後受到國內法學界與人大權力機關的一致好評，山東省人大出版的《人大工作文摘》還予以轉載，海外報刊電台也有報道，美、日法學界學術會議上也有討論，都是正面評價。可是幾個月後台灣《聯合報》某版頭條以大字標題發布消息（作者是一位在北大上學的台灣學生）稱：「大陸法學界挑戰以黨領政，學者郭道暉認為人大高於一切政黨」（標題中前一句將原文反對「以黨代政」改為反對「以黨領（領導）政」，後一句則是郭文據列寧提出的「蘇維埃高於一切政黨」的原則而引申適用於中國人大）。於是國內有些人，可能是根據毛澤東所謂「凡是敵人擁護的我們就要反對」的邏輯，對郭文發動問罪之師。其中時任吉林大學法學院院長張某除親自上陣外，還組織其研究生撰文「群起而攻之」。如陸某發表〈正確理解中國共產黨的領導地位 ——與郭道暉同志商榷〉，載《求是》雜誌公開發行的「內部文稿」，1995 年第 5 期；另一署名「子謙」的作者發表〈評一種黨與人大關係的「法理思考」〉，載《真理的追求》，1995 年第 4 期，甚至某法學研究所的黨委書記也跟風撰寫了長篇批判文章，準備在該所學術期刊上發表（但遭編輯部抵制）等等，一時頗為熱鬧。本章作者對個別批判文章作了答辯。

在中華人民共和國第一屆全國人民代表大會第一次會議上，毛澤東宣佈：「領導我們事業的核心力量是中國共產黨」。在《中華人民共和國憲法》（八二憲法）序言中，也以中國革命的歷史經驗和今後國家建設發展道路，確認要堅持中國共產黨對國家的領導。在我國經濟與政治改革不斷深化的時期，為了堅持和改善黨的領導，有必要進一步從法理上和國家政治生活的實踐中，探究一下黨的領導權的實質，它同國家、同人民、同人民代表大會和人民政府，應該是一種什麼樣的法律關係？這種領導權在黨與國家關係上，究竟是一種政治權威、社會權力，還是國家權力？是執政黨的權利，還是權力？黨同人大的關係是政治上的領導，還是以黨代政？這些問題理論上似已明確，實際上卻較模糊，本章嘗試作一探討。

一、從國體和政體上看黨的領導權

　　先從「領導權」的詞義上分析：「領導」是率領並引導之意，「權」則有多義，是指一種公認的權威（authority）；也可以是指權力（power），還可以指權利（right）。[1]權力又有社會權力和國家權力的區別。國家權力（亦稱公權力），「是一種組織性之支配力，……是制定法律、維持法律與運用法律之力。」[2]它是以國家強制力和對社會的普遍約束力為特徵的。它與其對象是命令與服從的關係。社會權力則是以社會主體自己擁有的社會資源，對社會的影响力、支配力。馬克思講過，財產或資

---

1. 參見《辭源》（商務印書館，1988），頁 1844；又見《現代漢語詞典》（商務印書館，1990），頁 722。

2. 謝瑞智編：《法辭典》，（台北：文笙書局，1979），頁 61。

本就是一種權力，是「支配他人勞動的權力」。[3]恩格斯也講過，資產階級先是把社會財富和社會權力集中在自己手裏，爭取對社會的統治，然後進一步奪取國家權力，取得政治統治。[4]

　　至於領導權，據美國學者伯恩斯在其所著《領導權》一書中的定義，是指「領導者引導追隨者為了某些目標而行動，這些目標體現着他們共有的價值觀和動機」。[5]這說明領導權是基於同被領導者有共同的利益、目標與價值觀，是以被領導者的自覺信從為基礎，而不是命令與服從關係。也不同於管轄權中管理與被管理的關係。

　　中國共產黨的領導權的形成與確立過程，可以說是經歷了由取得社會權威，形成社會權力，並領導人民奪取國家政權，成為執政黨，使自己的領導權威，通過一定的法定程序，轉化為國家權力。這一過程不是像資本那樣，通過金錢的支配力建立社會權力，而是通過其政治與道義的影響力——即通過它所追求和倡導的人類崇高理想的吸引力，它的綱領、路線所體現的人民的意志與利益的政治引導力，它的黨員為人民英勇犧牲奮鬥的精神感召力，而在人民中享有巨大的威信，樹立了普遍的社會權威，從而取得領導黨的地位與社會權力。這種社會地位與社會權力是以人民的自覺擁戴和自覺服膺為標誌，而不是像國家權力那樣以強制服從為標誌，即不是一種政治強制力，不具有對全社會的普遍約束力，而是政治號召力、說服力和政治影響力。正像作為自然人享有非法定的道德權利、習慣權利那樣，中國共產黨作為一個政黨與革命領導力量，在建立新中國前所進行的革命鬥爭中，享有一個領導人民群眾的革命政黨所具有的非法定的社會道義權力（權威）、習慣權力。[6]

---

3. 〔德〕馬克思、恩格斯，中國共產黨・中央馬克思恩格斯列寧斯大林著作編譯局：《馬克思恩格斯選集》（第1卷）（北京：人民出版社，1973），頁170–171。

4. 參見思格斯：《卡爾・馬克思》，載見〔德〕馬克思、恩格斯，中國共產黨・中央馬克思恩格斯列寧斯大林著作編譯局：《馬克思恩格斯選集》（第3卷）（北京：人民出版社，1972），頁41。

5. 〔美〕伯恩斯：《領導權》，紐約哈潑羅公司1978），頁19。轉引自〔美〕薩托利：《民主新論》（北京：東方出版社，1993），頁136。

6. 至於中華人民共和國建立以前在各革命根據地所建立的紅色政權和解放後的人民政府中，黨的領導權的性質，則不限於社會權力，在黨政一元化的體制下，具有一定的政治權力性質，但畢竟只是局部的。

當中國共產黨領導人民奪取了革命的勝利，建立中華人民共和國的政權以後，黨在國家政治生活中的地位與作用有了變化：一方面，作為領導黨，繼續保持着對全社會的政治影響力，即社會權力；另一方面作為執政黨，取得了作為國家政權的領導力量的憲法地位。

　　這種領導權是什麼性質呢？是不是可以等同於國家權力呢？

　　從國體上看，憲法規定我國是「工人階級領導的、以工農聯盟為基礎的人民民主專政的社會主義國家」。其中「工人階級領導」是通過共產黨來實現的。這種國體上的領導權，主要是體現國家政權的階級性質。[7]

　　我國憲法規定「中華人民共和國的一切權力屬於人民」，即主權在民。既然一切權力（主權）都屬於人民，當然就不能說主權是歸屬於只是人民的一部分（雖則是居領導地位的部分）的執政黨。執政黨的領導權屬於治權（管理國家）的範圍，而不屬主權（統治權）範圍，即不能把黨領導等同於「黨專政」。黨的領導權不能高於人民主權。正如鄧小平在黨的八大《關於修改黨的章程的報告》中指出的，「同資產階級政黨相反，工人階級的政黨不是把人民群眾當作自己的工具，而是自覺地認定自己是人民群眾在特定的歷史時期為完成特定的歷史任務的一種工具」，「確認這個關於黨的觀念，就是確認黨沒有超乎人民群眾之上的權力，就是確認黨沒有向人民群眾實行恩賜、包辦、強迫命令的權力，就是確認黨沒有在人民群眾頭上稱王稱霸的權力。」[8] 也正如胡耀邦所說的，「人民就是國家和社會的主人，黨對國家生活的領導，最本質的

<hr>

7. 劉少奇《關於中華人民共和國憲法草案的報告》（1954 年 9 月）中指出：「工人階級領導和以工農聯盟為基礎，標誌着我們國家根本性質。」參見《中華人民共和國人民代表大會文獻資料彙編（1949–1990）》（北京：中國民主法制出版社，1990），頁 76。

8. 中共中央文獻編輯委員會：《鄧小平文選（1938–1965）》，（北京：人民出版社，1989），頁 225。此外，早在 1941 年，鄧小平同志就批評過「某些同志的『以黨治國』的觀念，就是國民黨惡劣傳統反映到我們黨內的具體表現。」、「這些同志誤解了黨的領導，把黨的領導解釋為『黨權高於一切』，遇事干涉政府工作，隨便改變上級政府法令，……甚（至）有把『黨權高於一切』發展為『黨員高於一切』者，……這實在是最大的蠢笨！」（鄧小平：《鄧小平文選》（第 1 卷）（北京：人民出版社，1993），頁 10–11）。

內容就是組織和支持人民當家做主」。[9] 可見黨不應是凌駕於國家主權之上的主體——政黨不能直接佔有國家統治權。[10]

從政體上看,即從人民代表大會制度上看,這一根本政治制度的堅持與完善離不開黨的領導。但這種領導主要是政治領導,不能理解為黨直接享有人大的國家權力,更不能理解為中共中央、地方黨委在國家政體上是一級或最高級的國家權力機構。即在國家組織結構上不能說我國政體是「中國共產黨領導下的人民代表大會」。(我國有「中國共產黨領導的多黨合作與政治協商制度」,但這是屬政黨制度範圍,屬於統一戰線組織範圍,不是國家權力體制。文化大革命中產生的 1975 年憲法第 16 條曾具體規定「全國人民代表大會是在中國共產黨領導下的最高國家權力機關」。1978 年憲法和 1982 年憲法都刪去了「在中國共產黨領導下」的定語,表明執政黨不能作為在組織上凌駕於人大之上的更高一級的領導機關或權力機關。

不但如此,黨也不享有同人大平行的國家權力。[11] 列寧指出:「蘇維埃高於一切政黨」,[12]「在黨的代表大會上是不能制定法律的。」[13] 中國共產黨章程也規定「黨必須在憲法和法律的範圍內活動」。而憲法和法律都是全國人大制定的。憲法還規定各政黨(當然包括執政黨)「都必須以憲法為根本的活動準則」,各政黨「都必須遵守憲法和法律。一切違反憲法和法律的行為必須予以追究。」而一切違憲行為也是由全國人大或其授權的國家機關來追究的。這就意味着執政黨也是在人大權力

---

9. 胡耀邦:〈在慶祝中國共產黨成立六十周年大會上的講話〉(1981 年 7 月 1 日),載《十一屆三中全會以來重要文獻選編》,(北京:中共中央黨校出版社,1981),頁 491。

10. 這是說,黨作為人民的一部分,雖不能被排除在人民主權的主體之外;但也不能獨立地(與整體的人民業也地)作為人民主權的主體。

11. 這還可以從中共中央與國務院經常聯合發佈文件,而不是中共中央同全國人大聯合發佈這一做法看出,中共中央在權力上不能同全國人大平起平坐。中共中央在憲法和法律的範圍內都要受全國人大權力的監督。當然這聯合發佈文件方式是否恰當,另當別論。

12. 〔俄〕列寧,中國共產黨‧中央馬克思恩格斯列寧斯大林著作編譯局:《列寧全集》(第 26 卷)(北京:人民出版社,1959),頁 467。

13. 〔俄〕列寧,中國共產黨‧中央馬克思恩格斯列寧斯大林著作編譯局:《列寧全集》(第 32 卷)(北京:人民出版社,1959),頁 216。

的制約與監督之下的。「任何組織（包括執政黨組織──引者）或者個人（包括執政黨領導人──引者）都不得有超越憲法和法律的特權」，亦即不得有超越人大的特權。人大高於一切政黨，法大於黨。[14]

二、黨對人大的領導的幾種表現形式

綜上所述，是否意味着否定黨的領導呢？不是。黨對人大（或對政府）工作的領導有多種情況與表現形式。

（一）它是一種思想政治上的領導權威 [15]

這種領導權威是要以黨的路線政策的正確性和其崇高的政治威信與政治影響力，而得到人大與政府的高度重視、擁護，從而影響人大與政府的決策。毛澤東曾經講過：「所謂領導權不是要一天到晚當作口號去喊，也不是盛氣凌人地要人家服從我們，而是以黨的正確政策和自己的模範工作，說服和教育黨外人士，使他們願意接受我們的建議。」[16] 這裏講的領導權也主要是指領導權威，而不是以服從為條件的權力。

（二）它是執政黨的政治權利（而不是國家權力）

領導黨對國家的大政方針有建議權，對修憲和立法有建議權，對人大和政府的工作及國家工作人員有民主監督權（非權力監督），對由

---

14. 曾經有這樣一個真實的對話：福建省的一位縣委書記説：「我們現在廣大幹部政治常識非常差，政治水平非常低。我們那個縣的縣委宣傳部長曾經在幹部政治測驗時出過這樣一道題：我們國家的最高權力機關是什麼？這個宣傳部長提供的標準答案是全國人民代表大會，我當時就把它打了個叉。不對，標準答案應該是中共中央政治局。沒有中央政治局的指示，人民代表大會敢就什麼重大問題做出決定嗎？」有人對這位書記説：「你這個説法不對啊，憲法上規定全國人民代表大會是最高國家權力機關。」書記看完憲法後摸摸腦袋説：「你從本本出發，我從實際出發。」

15. 或稱「威權」。參見毛澤東〈井岡山的鬥爭〉「黨在群眾中有極大的威權」，載《毛澤東選集》（北京：人民出版社，1991），頁75。

16. 毛澤東：《抗日根據地的政權問題》，載《毛澤東選集》（北京：人民出版社，1991），頁736。

人大選舉和決定的國家領導人有推薦權。這些權利，有些是公民與各民主黨派也都享有的，但作為領導黨和執政黨，它享有的這些權利在實際運作中具有的「含金量」最高，其中有些權利，如修憲建議權和國家領導幹部人選推薦權（不是任免權），實際上已成為一種憲政慣例，成為執政黨所特別享有的特殊權利而得到人大的最大尊重與重視。[17]

任何民主國家都是實行政黨政治，其政黨制度在憲法上一般都無明文規定，只是在憲政的實際運作中體現出來，因而被稱為「潛在的憲法」。各政黨在議會中進行的領導（操縱）或協調活動，都作為一種憲政慣例，作為「潛在的權利」而存在。我國憲法雖然在序言中確認了中國共產黨的領導地位，但對其權利或權力也無明文規定。但上述的黨在人大的權利，可以根據「權利推定」的原則，[18] 作為憲法的默示權利，推定出來。

(三) 由政黨權利或「潛在權力」轉化為國家權力

任何政黨為了執政，都必須掌握國家權力。《美國百科全書》給政黨所下定義是：「政黨是由個人或團體為在某種政治制度內，通過控制政府或影響政府政策以期行使政治權力而建立起來的組織」。[19]《大英百科全書》也指出：「政黨是⋯⋯以奪取和行使政治權力為目的而建立的政治組織。」[20] 但這種政治（國家）權力一般只是政黨的「潛在的權力」（potential power），不能直接以黨代政，把國家權力變成黨的直接權力。這種潛在權力要變為實際權力（actual power），需要通過一定的法律程序作為中介才能轉化。執政黨不是直接以黨的形式來掌握國家權力，而是通過黨在議會與政府中的黨組織與黨員的工作，以國家的形式來掌握，即把黨的意志通過法律程序變成國家意志，變成法律。中共十四大報告中也指出：「黨對國家事務實行政治領導的主要方式是：使黨

---

17. 歷次關於修改憲法的建議和歷屆國家領導人的推薦名單，都是由中共中央向全國人大提出的。

18. 參見郭道暉：〈論權利推定〉，載《中國社會科學》，1991 年第 4 期。

19. 羅豪才、吳擷英：《資本主義國家的憲法和政治制度》（北京：北大出版社，1983），頁 130-131。

20. 同上。

的主張經過法定程序變成國家的意志。」除了通過黨在人大（或政府）中的政治影響和通過在人大（或政府）中「執政」的黨組織與黨員的宣傳、說服工作，使黨的主張轉化為國家意志與國家權力外，還可以直接運用作為政黨的憲法權利，按法定程序轉化為國家權力。這是指把黨的主張以黨對人大的建議的形式（建議權）向人大提出，由人大按法定的程序予以採納後，成為人大的決定或立法，從而轉化為國家意志與國家權力，成為對全社會具有普遍約束力的行為準則。共產黨對人大的領導權（權威與權利）也可以說是一種「間接的權力」，它是經過上述權利的轉化過程，才由社會權威、政黨權利轉化為具有國家強制力的國家權力。

至於當選為國家領導人的黨員幹部來說，他們手中是直接掌握一定的國家權力的。黨也是部分地通過這些直接「執政」的黨員去實現黨的領導的。但他們的權力不是黨賦予的，而是人大授予的。這也可以說是黨的領導權轉化為國家權力的一個途徑。

（四）黨的領導權對人大的黨組和黨員來說是直接權力

從國家政體上，不能說「共產黨領導下的人民代表大會」，或「黨領導人大」；從黨的組織系統上，則可以說「黨領導人大的工作」。後者是黨的各種文件上一致的提法。它是指黨中央、地方黨委通過在人大工作的黨組和人大代表中的黨員，去貫徹黨的主張、指示，去影響人大的決策。這種領導對人大來說是指導性的，非指令性的。黨不能向人大發號施令，黨的領導權不是管轄權，黨中央與地方黨委同人大在組織沒有上下級的隸屬關係；領導權（政治領導、決策建議權）也不是決定權，方針政策可由黨中央制定，決定必須由人大自己作出。但黨對人大的黨組與黨員，則有管轄與隸屬關係。黨通過自己的組織系統，對人大的黨組與黨員既可發號、又可施令。黨的決策對人大的黨組與黨員具有指令性，是具有強制性的權力，人大的黨組與黨員必須服從、貫徹。

根據中共黨中央某號文件的規定，一些重大決定與重要立法，在提請人大審議與通過之前，人大的黨組應向黨中央或地方黨委請示報告，經黨中央或地方黨委審查同意後，再提交人大審議、通過。譬如凡憲法的修改，應由全國人大常委會黨組報經中央政治局會議討論，並提請中央全會討論通過後，以中央名義向全國人大提出建議。在屬政治方

面的立法中，若有需要提請中央決定的重大方針政策問題，事先應由全國人大常委會黨組報告黨中央，由政治局常委會議或政治局全會審定。這方面的法律草案基本成熟時，亦須經上述黨內程序，其中重大的政治方面的法律草案還應提請中央全會討論同意，然後提交人大審議。重大經濟與行政方面的法律草案，也須先經中央政治局或其常委會會議討論同意，其中特別重大的法律草案，還應提請中央全會討論同意。其他一般法律、行政法規必要時也可按上述程序提請中央討論。經中央的討論與同意，只是黨內必經程序，並不是最後定案，決定權仍在人大，人大仍可以修改。如1982年的憲法草案就經中央政治局先後8次討論；之後，拿到全國人大及其憲法修改委員會審議時，又作了許多重要的修改。

黨向人大（以及政府）推薦領導幹部是實現黨對國家事務的領導和鞏固執政黨地位的組織保證。對此，中共中央亦曾有文件規定了相應的程序：[21]強調經黨委審查決定向人大推薦的領導幹部人選，應嚴格按有關法律規定的程序依法任命。由地方黨委推薦的人選，事先地方黨委應向人大常委會黨組或主任會議成員通報黨委人事安排的意見和推薦人選的基本情況。在未經法定程序由人大選舉、決定之前，不能以黨委名義任命、宣佈。

這裏有個問題是：如果黨的政策主張或人事安排建議，同人大的意見相左，人大代表不採納黨的建議，怎麼對待？這可以有幾種情況、幾種處理方式：

1. 如果黨的主張是正確的、合法的，要通過人大的民主討論和人大的黨組、黨員對非黨代表（或委員）的協商、說服工作，使之為人大所採納。

2. 如果黨的政策主張或推薦的人選有不適當的地方，人大的黨組應如實地向黨中央或地方黨委反映人大代表的意見，要求

---

21. 參見〈中共中央關於任免國家機關領導人員必須嚴格依照法律程序辦理的通知〉（1984年4月26日）和〈中共中央組織部關於任免國家機關和其他行政領導職務必須按照法律程序和有關規定辦理的通知〉（1983年9月8日），見《中華人民共和國人民代表大會文獻資料彙編（1949–1990）》（北京：中國民主法制出版社，1990），頁412–413。

黨組織修改不適當的部分，再提交人大審議貫徹。黨中央文件規定：人大代表或人大常委會組成人員有權對黨委提出的人選提出不同意見。黨委應認真考慮，如果意見有道理應該重新考慮人選；如果認為人選不宜改變，或者認為提的意見不全面或與事實有出入，應該耐心說明、解釋；如果多數代表或委員不同意，不要勉強要求保證通過。[22]黨委推薦的候選人未獲人大通過，並不表明黨的領導的削弱，有時可能反而是加強。人大把關，選擇了被人民擁戴的更好的幹部，更有利於加強黨的領導和提高人大的民主威信。事實上，近年地方黨委推薦的候選人落選者只佔 2% 左右，是正常的。

3. 如果黨委的決策或人事安排建議是錯誤的或者違法的，而人大和人大的黨組、黨員在向黨委反映意見後未能改變黨委的決定時，有權按照法律和人民的意志，不予貫徹。劉少奇在 1962 年就曾指出：「不要提政法機關絕對服從各級黨委領導。它違法，就不能服從。如果地方黨委的決定同法律、同中央的政策不一致，服從哪一個？在這種情況下應該服從法律、服從中央的政策。」[23]在人大代表或委員中的黨員可以對這樣的違法決策投反對票。這也是為了保證憲法和法律及中央的政策在本地區的實施，並對地方保護主義的一種制約。對人大及其常委會依法作出的與地方黨委的指示不一致的決定或法律性文件或人選，地方黨組織和黨員都應遵從，不得擅自推翻。

4. 黨的決策主張雖然正確，如果人大代表或廣大人民一時因某種原因尚不能承受，而執政黨又未能說服人大代表或公眾時，黨可以保留自己的主張，同時順從人民的意志，按人民的要求，在人大通過符合人民意願的決定或法律。列寧就曾經這樣做過。十月革命勝利之次日，由列寧主持通過的《土地法令》就是一個有重大意義的立法例。當時俄共（布）主

22. 同上。

23. 劉少奇：〈政法工作和正確處理人民內部矛盾〉，載《劉少奇選集》下卷（北京：人民出版社，1985），頁 452。

張土地國有化，實行集體化「共耕制」。但當時由非黨的《全俄農民代表蘇維埃消息報》根據 242 份地方農民的委託書擬定的《農民土地委託書》中，都是要求土地社會化，將土地平均分配給農民使用。對此，列寧認為我們既是民主政府就不能漠視下層人民群眾的決定，即使我們並不同意。」「這個委託書全部內容表達了全俄絕大多數覺悟農民的絕對意志，應立即宣佈為臨時的法律。」[24] 後來列寧幾次談到這個立法例，指出：「我們並沒有強迫農民接受不符合他們的觀點而只符合我們綱領的東西。」[25] 當然這不意味着是黨放棄了領導權，相反只有順從人民的意志，黨才能不致脫離人民，黨的領導地位也才能得到人民的支持和擁護。

三、對一些提法的商榷

在黨與人大的關係、黨的領導權的實質問題上，一些文章與論著中眾說紛紜，有各種不同提法，其中有些似是而非，值得商榷。

一曰：「黨與人大是統治力量與統治工具的關係。」[26]──這是把人民民主政權體系中的領導力量等同於統治力量，把黨領導等同於「黨專政」，把人大變成了只是黨的「統治工具」，顯然是貶低了全國與地方人大至高無上的憲法地位。

二曰：「黨是人大的靈魂，人大是黨的領導途徑。」[27]──人大是代表人民意志、行使國家權力的政權機關。其「靈魂」是人民意志與利益。由於人大接受黨的政治領導，因而它所通過的決定、法律，一般是

---

24. 〔俄〕列寧，中國共產黨‧中央馬克思恩格斯列寧斯大林著作編譯局：《列寧全集》（第33卷）（北京：人民出版社，1959），頁 20。

25. 〔俄〕列寧，中國共產黨‧中央馬克思恩格斯列寧斯大林著作編譯局：《列寧全集》（第35卷）（北京：人民出版社，1959），頁 144。

26. 〈論黨與人大的功能關係〉，載《上海法學》，1989 年「紀念 1982 年憲法頒佈五周年論文專輯」頁 35。

27. 同上。

黨的主張和人民意志的統一。但如果黨的路線與政策違反了人民的意志與利益（文化大革命中就有這種現象），這種統一就會破裂。以「靈魂與途徑」關係來概括執政黨與人大的關係，同上述第一種說法有類似的不妥。

三曰：「國家權力機關是使黨的意志和人民意志統一起來的中介」。──人大可以起這方面的作用，但不能把它降低為只是黨與人民之間的中間環節。黨是人民的一部分（所謂「先鋒隊」），黨的意志也是人民意志的一部分（起領導作用的部分）。人大是集中體現人民（包括執政黨）的意志的最高民意機關和權力機關，不能只是充當「中介」作用。

四曰：「人大工作受命於黨，人大是對黨負責與對人民負責的統一。」──人大是由人民選舉出來的，人大的權力是人民賦予的，人大的一切工作都是受命於人民（的意志與利益），對人民負責，受人民監督。由於黨領導人大工作，對人大工作上的指示許多是直接來自領導黨，似乎是「受命於黨」；但黨的決策應當是反映和根據人民的意志與利益制訂的，其終極淵源仍是來自人民。作為國家最高權力機關的人大，憲法只規定了它對人民負責，而沒有規定要對執政黨負責。（擁護黨的領導與對它負責是不同的，前者是政治上的信從，後者是法律上的義務。）只有人大的黨組和黨員才必須既對人民負責，又對黨負責，是統一的。而執政黨既領導人大工作，在憲法和法律範圍內又要受人大監督，這也是統一的。

五曰：「國家權力機關要從政治上、思想上、組織上接受黨的領導。」──黨章規定，黨的領導主要是政治、思想和組織的領導，但這是對黨自身的組織系統而言。對國家權力機關，正如黨的十三大報告指出：「黨的領導是政治領導，即政治原則、政治方向、重大決策的領導和向國家政權機關推薦重要幹部。」黨不能在組織上作為人大的領導機構。黨只「對人大中的黨組與黨員實行組織上的領導。（當然如果把「組織領導」理解為要支持和協助人大做好選舉代表和國家領導人、監督政府等方面的組織、協調工作，那是不言自明的）。

六曰：「要把同級人大置於同級黨委領導監督之下」──這混淆了黨委對人大黨組和對人大這個國家機力機關的兩種不同領導關係。前者

包括政治、思想、組織上的全面領導，後者只限於政治上的領導。人大在組織上同地方黨委沒有上下級的隸屬關係。同時監督也是雙向的，不是單向的。

類似以上諸多提法，毋須盡述。這些片面的、不準確的觀點與提法，是有些地方黨委在同地方人大的關係上產生某些矛盾、不協調乃至越權、以黨代政（政權）、以權壓法等現象的理論根源。其中主要是對如何正確理解黨的領導權，缺乏共識，或存在片面的、模糊的思想，關鍵是把黨的領導權等同於國家權力，乃至超越於國家權力。

為了堅持與改善黨的領導，黨一再提出要使「黨政分開」。但過去只理解為「黨政職能分開」，強調黨主要是對所有國家機關工作進行「總的領導」，進行方針政策的領導，而不要對國家機關的行政工作作過細的、頻繁的干涉，屬法律範圍的問題，不應由黨去包辦等等。這是十分重要的，亟需解決的。但這方面出現的問題，其源還出在「領導權」模糊。「黨政不分」最實質的問題是執政黨的治權（執政權）與國家主權（統治權）不分；領導權威與權利同國家權力不分。黨政分開關鍵是「權能分開」，而不只是「職能分開」。如本文前面所論證的，黨的領導權主要是政治權威、政治影響力，或社會權力和政治權利，它雖也是一種「潛在的政治權力」，但必須經過一個轉化過程，即把黨的主張經過一定的法律程序，變為國家意志，才具有國家權力。

如果把黨的領導權等同於國家權力，就勢必把人大置於黨委權力之下，變成上下級的關係，命令與服從的關係，把黨的意志等同於國家意志，甚至把黨委書記個人的意志等同於國家意志。這就很難避免干預過多、包辦代替，就會以黨的權力形式取代國家權力形式，就會把黨的決策權等同於人大的決定權，就容易產生以權壓法，當人大的表決出現同黨委決定不一致時，就說「人大向黨鬧獨立性」，是「不服從黨的領導」，是「以法抗黨」等等。

把黨的領導權當成黨委享有高於人大的國家權力，就勢必不重視、不尊重人大作為人民權力的主體所享有的至高無上的憲法地位，從而也勢必阻塞黨加強同人民聯繫的最重要的渠道，妨害黨支持人民當家作主，因而不是加強、而是削弱了黨的領導。

四、餘論：關於領導黨與執政黨

有些論者提出這樣一個命題：「中國共產黨是憲法所規定的執政黨。」這個提法初看起來似乎不錯；仔細推究，憲法只在序言中提出了要「在中國共產黨領導下」把我國建成現代化的社會主義國家，即確認了黨在國家事務中作為領導黨的地位，並未直接明示黨的執政地位。當然中國共產黨作為領導黨，在新中國成立後實際上也是執政黨。黨的政治領導是執政的實質內容，執政是實現黨的領導的一種主要形式。領導而不執政，領導權也會落空。但從政治學與憲法學觀點和從中國革命與建設的歷史發展看，領導黨與執政黨還是有區別的。

首先是領導黨，但不一定是執政黨，或不在全國範圍內執政。譬如在新民主主義革命時期，共產黨要力爭並取得了對革命的領導權。但在第一次國共合作中，共產黨的綱領路線雖實際起了領導作用，但並非執政黨（其黨員幹部是加入國民黨而「參政」的）。土地革命時期只在蘇區和革命根據地，即在局部地區所建立的革命政權中，共產黨才既是領導黨又是「執政黨」。抗日戰爭時期黨的抗日路線在全國也起了一定的領導作用，但並未成為全國的執政黨。解放戰爭中黨在全國有巨大政治影響，可以說是領導黨，但也只在解放區才是執政黨，實際上是黨政一元化。新中國成立後，共產黨一身二任，既是領導黨，又是全國的執政黨。不過實行「一國兩制」，在港澳地區就不是由共產黨直接執政；但從全國看，中共仍是領導黨和執政黨。

其次，就主管的範圍來說，作為執政黨主要是選派自己的幹部到國家機構去擔任領導職務，即「執政」，其權力範圍主要限於政權與政府的工作。而作為領導黨則是影響全社會，不僅在政治上領導國家事務，而且領導着全體人民，領導各民主黨派各社會團體以及各企業、事業單位，領導着整個社會主義事業。當然說「黨領導一切」這一提法也不確切，因為社會生活極其多樣複雜，特別是人們的私生活的許多領域，黨沒有必要、也沒有可能、也不應當事事都去「領導」、干預。但共產黨作為領導黨，其政治思想上的領導範圍要寬廣得多，而且還包括對直接執政的黨組織與黨員的監督。另一方面作為執政黨，也不是每個黨員都去「執政」，都去「做官」。平時常籠統地說「作為執政黨黨員」，這一提法也易產生黨員都執政的誤解。

第三，社會主義國家的共產黨作為領導黨，是以其政治威信得到人民公認或憲法的確認的。但作為執政黨，則要經過人民的選舉。它之執政決不像封建的世襲制度那樣是天賦的權力；也不是以憲法來規定，而是以其歷史的和現實的、不斷為人民服務、為人民立功的偉大業績，得到人民的擁戴而賦予它的。否則，這種賦予也會中斷的。蘇聯和東歐的共產黨就喪失了執政黨的地位。無論領導權還是執政權，都是一個動態過程，不是一勞永逸的。正因為如此，黨的領導人才一再告誡要警惕亡黨亡國的危險，一再指出黨風問題、反腐敗問題是關係黨的生死存亡問題。黨的十四大報告也強調要「從嚴治黨」，「努力提高黨的執政水平和領導水平」。

鄧小平同志曾經指出：「我們每天每時都要注意執政黨的特點」。[28] 為此就必須不斷改善黨的領導，才能鞏固黨的執政地位，黨才能作為領導社會主義事業的核心力量，立於不敗之地。

---

28. 鄧小平：《鄧小平文選》（第 1 卷）（北京：人民出版社，1993），頁 304。

· 本章原載《中外法學》，1998 年第 5 期，補充修改後收入郭道暉著《政黨與憲政》一書。

一、黨與國家政權的關係

中國共產黨由革命黨成為執政黨以後，需要正確認識和處理黨與政權的憲政關係。這實質上是黨的領導權與人民主權和國家權力的關係。

中華人民共和國憲法序言在表述中國新民主主義革命的成功、社會主義事業的成就和今後根本任務中，都有一句前置語是「在中國共產黨領導下……」這種表述，可視為確認中國共產黨是領導黨。她是領導國家事務、人民群眾和社會主義事業建設的核心力量。這也是基於黨在長期革命與建設的實踐中，領導中國人民戰勝各種艱難挫折和糾正自己的各種失誤，取得革命的勝利和建設的成就，受到人民的擁戴。這是共產黨居於領導地位的合法性的歷史根據。

共產黨的領導就其對政權工作的關係而言，主要指黨對國家權力機關和政府工作的方針、政策、路線的政治領導。如黨的十三大報告指出的：「黨的領導是政治領導，即政治原則、政治方向、重大決策的領導和向國家政權機關推薦重要幹部。」這種領導權的性質是屬於政黨的政治權威和權利，而不直接是國家權力。黨的這種受人民擁戴和服膺的政治權威，不同於國家權力的強制力和普遍約束力，而主要是政治號召力、說服力和政治影響力。嚴格說來，是屬於社會權力或准國家權力範疇。黨作為人民中的一部分，是人民主權的主體的組成部分，但不能獨立地、與作為人民主權的唯一主體的人民並列或高於它。即黨的領導權不能凌駕於人民主權、國家政權之上，也不是與之並列的權力。[1]

---

1. 參見郭道暉：〈黨的權威、權利與國家權力〉，載《法學研究》，1994 年第 1 期。並載入郭道暉著：《法的時代精神》（長沙：湖南出版社，1997），頁 317–334。

正如鄧小平所指出的：「同資產階級政黨相反，工人階級的政黨不是把人民群眾當作自己的工具，而是自覺地認定自己是人民群眾在特定的歷史時期為完成特定的歷史任務的一種工具。」、「確認這個關於黨的觀念，就是確認黨沒有超乎人民群眾之上的權力。」[2]

在極「左」路線影響下產生的 1975 年憲法，曾在第 16 條中規定「全國人民代表大會是在中國共產黨領導下的最高國家權力機關」，這就無異於把黨視為更高於人民代表大會的權力機關。1978 憲法和 1982 憲法都刪去了「在中國共產黨領導下的」定語，改變黨政不分、把黨權置於人民代表大會之上、中共中央和各級黨委成為高於人民代表大會的最高級別的權力機構之誤。1975 年憲法上還有「中國共產黨中央委員會主席統帥全國武裝力量」（第 15 條）、「根據中國共產黨中央委員會的提名任免國務院總理和國務院組成人員」（第 17 條）。這些都是有違憲政程序的。1978 和 1982 年憲法均已刪去有關中共中央的主詞。

「中華人民共和國一切權力屬於人民」（憲法第 2 條）。由人民選出的人民代表大會是最高國家權力機關，捨此沒有更高於它的國家權力機關。共產黨也必須以全國人民代表大會制定的憲法為「根本的活動準則」（憲法序言），「不得有超越憲法和法律的特權」（憲法第 5 條）。

由此要摒除以黨權代替政權、民權，「以黨治國」、以黨代政、「黨權高於一切」的觀念與行為，實行黨政分開。這是鄧小平早在 1941 年就特別強調過的。在 1980 年 8 月，他在《黨和國家領導制度的改革》這篇著名講話中，更著重提出要解決「權力過分集中」、「黨政不分」和「以黨代政」問題，把它提到是「發生文化大革命的一個重要原因」，並認為實行黨政分開是政治體制改革的「關鍵，要放在第一位。」[3]

以上這些，都是關於黨與政權關係的界定。

我國沒有實行「三權分立」的政治體制，但也可以說，我們有需要加以明確界分與協調的另一類型的「三權」關係：即民權（人民主權、公民權利與代行人民權力的各級人民代表大會的權力）；政權（特指國家立法權、行政權、司法權等權力）；黨權（黨的領導權與執政權）。

2. 鄧小平：《鄧小平文選》（第 1 卷）（北京：人民出版社，1993），頁 218。

3. 鄧小平：《鄧小平文選》（第 3 卷）（北京：人民出版社，1993），頁 177。

三者也存在適當分權、分工和相互協調、相互監督的問題。在黨權和政權的關係上，在政權的運轉中，黨的作用可以比作一個軟件，政府是硬件，硬件如何操作在總體上接受軟件的指引，但軟件不能直接代替硬件的操作，不能由黨委去包辦政府的行政工作與干涉司法獨立，審批案件。黨政分開首先是「權能」分開，即在權的性質與作用上要分開，不能把黨的政治權威同國家權力混同。

在黨權與民權關係上，列寧也講過「蘇維埃高於一切政黨」，[4] 必須「劃清黨的機關和蘇維埃機關的界限」。[5] 我國黨與人民代表大會的關係也是如此。人民代表大會的權力是至上的，人民代表大會也高於一切政黨，包括作為領導黨和執政黨的共產黨。黨一方面要在政治上領導人民代表大會的工作（而不能簡單地說「領導人民代表大會」），一方面又要遵守人民代表大會通過的憲法、法律與決定，亦即黨的意志既要體現人民意志，又要服從人民的意志。二者有衝突而又不能說服人民群眾與人民代表大會時，也應以人民代表大會或絕大多數人民群眾的意志為依歸。

強調黨政分開和黨不具有凌駕於國家權力之上的權力，是否會削弱黨在國家中的地位與作用呢？

作為一個政黨，中國共產黨在國家事務中享有一般政黨和人民團體所應有的政治權利（不是國家權力）；特別是作為領導黨和執政黨，還在事實上享有比其他政黨和社會組織處於優位的權威與特權，如提出修改憲法的建議權，向政權機關推薦國家領導人選的建議權（都是權利）等等，這已成為我國不成文的憲政慣例。至於黨的全國代表大會和黨中央提出的治國方略（如「改革開放」、「依法治國」、「以人為本」、「和諧社會」）、經濟與政治改革的決策、五年計劃和十年遠景規劃的建議草案等對國是的主張，都具有最高的政治權威（不是最高國家權力），一般都能得到全國人大和政府的擁護與支持，經過法定程序，轉

---

4. 〔俄〕列寧，中國共產黨‧中央馬克思恩格斯列寧斯大林著作編譯局：《列寧全集》第26卷（北京：人民出版社，1959），頁467。

5. 列寧在俄共第十一次代表大會上的講話，轉引自〔俄〕斯大林，中國共產黨‧中央馬克思恩格斯列寧斯大林著作編譯局：《斯大林全集》（中文版第6卷）（北京：人民出版社，1956），頁224–225。

化為國家、政府的規劃、行動綱領與法律、法規。因此黨政分開並不是削弱或否定黨對國家事務的領導，而是要求執政黨專注於加強政治上對國策的領導，而不是去包辦代替具體的國務。

二、黨與法的關係

(一) 黨大還是法大？

國家法律是由最高國家權力機關及其常設機構（即全國人大及其常委會）制定、並具有國家強制性與普遍約束力。黨規（黨的章程與黨內生活規則）和黨的政策、指示等不具備這一性質與法定條件，不能代替國法。不能以黨代政，實質上是不能以黨權代國權、以黨規代國法，更不能以黨規壓國權、國法。曾經有過「黨委大還是法大」的爭論。從上述意義上說，顯然應是國家的憲法和法律至上。

不過，人大、政府的立法工作，又是在黨中央的領導下進行的。憲法修改草案和各項重要的政治立法和經濟立法，一般都要由全國人大與政府中的黨組事先報中共中央審查，然後才由國家機關經過立法程序，制定為法律。所以憲法和法律一般是黨的主張和人民的意志的統一。黨和黨員在自己的活動中遵守憲法和法律，也是遵從黨的領導與人民的意志。在這個意義上，黨與法是同源的，都是源於人民的意志與利益。服從黨領導與依法、守法是一致的，二者無所謂誰高於誰。但當黨的主張（特別是地方黨委的主張）同人民的意志（憲法和法律）不一致時，則應當服從憲法和法律，服從人民的意志。這時仍是法大於黨。

有些地方黨委在遇到人大通過的決定或選出的政府成員同黨委原定方案不一致時，把黨的建議權、決策權混同於人大的決定權，企圖以之取代或不經法定程序擅自變更人大的決定，甚至批評「人大向黨鬧獨立性」，是「不服從黨的領導」，「以法抗黨」等，這顯然是把黨委（甚至只是黨委中的個別領導人）置於人大權力之上，以黨權壓政權、民權，以黨壓法是錯誤的。

(二) 以法治國和以法監黨

通常我們説：「黨領導人民制定憲法和法律，又領導人民遵守憲法和法律，黨也必須在憲法和法律的範圍內活動。」這三句格言概括了黨與法的法理關係。

第一句實質上是指黨實行「以法治國」（而不是直接以黨的政策、黨委的決定、黨的「一把手」的指示治國），即將黨的主張，經過人大的法定程序，變為國家意志，制定為法律，使政府和人民群眾一致遵守，在這個意義上説，法律是黨領導國家事務的一種手段。

第二句是指黨要在政治上領導人大和政府「依（照）法治國」，包括依法行政、依法司法、依法治軍，以及全體公民和社會組織遵守憲法和法律。從這個意義上説，黨又是保證實施憲法和法律的工具。

第三句則是指要「以法監黨」，即黨自身要受憲法與法律的制約，不得享有超越憲法與法律的特權。其中，作為執政黨更必須依憲執政（包括必須經過法定的選舉程序，當選為國家、政府的官員，才能「執政」；而一切執政行為也都必須依法，不得違法執政。）從這個意義上説，黨又是憲法和法律的監督對象。

這裏需要説明的是，「黨必須在憲法和法律的範圍內活動」這一黨章規定的原則，對作為執政的黨組織與黨員來説，即是依憲執政，依憲依法治國。凡未經法律授權的行為，不得要求執政的黨員官員與政府機關去做，此即行政法中所謂「法無授權皆禁止」的原則，是對行政權力的制約。

不過共產黨作為一個社會組織，或作為領導國家事務、社會事務和人民群眾的政黨，它享有和民主黨派、社會團體和公民同樣的權利，它們都不同於政府，雖不享有行政權力與其他國家權力，但享有廣泛的權利，其行為所遵循的原則是「法不禁止即自由」，即只要求遵守憲法和法律，而對法不禁止的行為，原則上都可以自由地去做，不受法律追究。（對政府而言，雖屬法不禁止、但並未授權的行為，一般都無權去做，它行使權力的自由度，比之公民、社會團體以及各政黨享有權利的自由度要小。當然在法定幅度內，行政機關有行政自由裁量權，可隨機處理某些為保護公民的權利和謀求人民的福利所應當行使的權力。）因此「在憲法和法律範圍內活動」一語，一般只適用於政府和執政黨（執

政的黨組織和黨員官員）；對作為領導黨的中國共產黨而言，它遵循的原則應是「不得與憲法和法律相抵觸」。譬如在黨的全國代表大會上提出同現行憲法不完全一致的某些對國策的主張（如提出實行社會主義市場經濟等等），就不能視為「違憲」，因為憲法和法律並未明文禁止政黨和公民提出與現行國策不一致的主張或建議，相反倒賦予了公民和社會組織有言論自由和對國家機關「有提出批評和建議的權利」（憲法第41條）。憲法與法律也不應作出這樣的禁止性規範，否則就會扼殺一切新生事物與對國是的新的主張，否定公民（包括各政黨）的議政權。但也要指出，這只限於「議」（議政和建議權利），而不是「行」（執行權力），即在憲法或法律未經修改以前，不得立即強制政府去執行與現行憲法與法律不一致的黨的決定。這時正確的程序應是立即將黨的主張，付諸法律程序，即向全國人大提出修憲或立法建議（權利），再經由人大依修憲或立法程序，採納這種建議，成立法案，經過人大審議、表決，變為法律，在全國貫徹執行。當然這裏可能會出現「議」與「行」上的時差，和「建議」與「立法」的時差，這是難以避免的，可以暫時容許的，但必須儘快且及時按法定程序轉化為修憲或立法行為。否則長期拖延修憲或立法，而僅以黨代會或中共中央甚至地方黨委的主張為依據去貫徹執行，也會構成違憲、違法的行為。

總之中國共產黨既是實現「依法治國，建設社會主義法治國家」的領導力量，又是實行民主與憲政的工具，同時也具受法所制約的對象，而不應把法律只當成是黨實現自己政策、主張的工具。

三、黨與國家立法權的關係

(一) 政黨在立法中的一般作用

在西方國家，議會政治即政黨政治，他們不把政黨的作用寫進憲法裏，而是作為一種政治現實或憲法慣例予以實際運行，並為其立法機關所實際遵守。所以西方學者稱這是一種「潛在的憲法」。

立法中，各項立法的命運是由國會議員的投票決定的。由於他們絕大多數有黨派背景，因而政黨實際上起着核心的作用，國家的法律在一定意義上，就是政黨政綱的規範化、條文化、具體化。

政黨在立法中的核心作用是貫穿於立法程序的始終的。

首先，立法案是由國家法律規定的特定的機關或者人員提出的。在英國，議會的法案絕大多數是由政府內閣提出的，而內閣是執政黨的內閣。在美國，議會的議案由議員個人提出，而議員都是代表各自的黨派的，而且大多數法律案的提出，又多數來自美國總統（亦即美國的執政黨領袖）的國情咨文。所以美國法學家説，「國會本身就認為總統是立法工作的領導者」。在日本，法律案在正式向內閣會議提出前，按慣例要先經執政黨黨內審查，如自民黨執政時，其內閣的提案是先經自民黨黨內的政務調查會、總務會及國會對策委員會的審定同意後才提出的。政務調查會的權限很大，政府起草的法律草案送到這裏審查時，有的被修改或被否決。[6]

其次，立法案的審議和表決，決定於各政黨議員多數人的意志。特別是在立法機關中存在着領導本黨黨員的議會黨團的情況下，更是如此。在英國，如果發現議會中本黨議員不支持本黨提出的議案，要受到黨紀的處分，或下次議員選舉中不再受本黨支持。在美國，國會遇到表決本黨提出或支持的議案時，要特別動員本黨議員來投票，甚至會用擔架把生病議員從病床上抬進議會。

最後，如果議會表決結果不符合執政黨的意志，在美國，作為執政黨的首腦的總統還可以拒絕批准，退回議會再議（議會再議時必須有三分之二的絕對多數通過，立法才能生效）。

(二) 中國共產黨在立法中的領導作用與方式

在中國，國家機關包括立法機關，都是在共產黨領導下進行工作的。所以，中國共產黨在立法中起着核心的作用。

黨規（黨的章程與黨內生活規則）、黨的政策不能代替國法。國家法律是由國家最高權力機關（全國人民代表大會）制定、並具有國家強制性與普遍約束力的。黨規、黨的政策不具備這一性質與法定條件。所謂不能「以黨代政」，實質上是不能以黨權代國權、以黨規代國法，更不能以黨規壓國權、國法。

---

6. 郭道暉：《中國立法制度》，（北京：人民出版社，1988），頁 159-160。

不過國家的立法工作，又是在執政黨中央的領導下進行的。憲法修改草案和各項重要的政治立法和經濟立法，一般都要由全國人大與國務院的黨組事先報黨中央審查，然後才提交國家機關經過立法程序，制定為法律（或行政法規）。重要的地方性法規的制定，一般事先也要由省級地方人大的黨組報省級黨委審查（這些都屬黨內程序，非國家立法程序）。所以，憲法和法律、法規一般是黨的主張和人民的意志的統一。

中國共產黨實現對國家立法的領導途徑主要有以下五種：

1. 領導憲法的制定和修改

我國 1954 年制定第一部憲法，1975 年、1978 年、1982 年又作了 3 次全面修改。此外，1988 年至 2004 年又先後通過了對現行憲法的 4 個修正案。我國制定和修改憲法的活動，都是在中國共產黨中央委員會的領導下進行的，並經由中共中央向全國人大提出修憲的建議（這種修憲建議權已事實上成為中共中央獨有的特權和中國修憲程序的慣例），都一律得到全國人大的接受而納入人大議程。（當然修憲建議權由執政黨獨攬是否合適，尚待商榷。）

1954 年制定憲法和 1975 年、1978 年、1982 年對憲法進行全面修改，分別組織了憲法起草或者修改委員會，這些委員會的人選都是經中共中央提出，並在多數情況下經過與民主黨派的政治協商，討論推薦，最後由全國人大按法律程序通過的。委員會的主任都由德高望重的中國共產黨中央委員會的領導人擔任。制定和修改過程中，中共中央都召開專門的會議或者專門列入議程進行討論。譬如 1982 年憲法修改草案，就經過中共中央政治局和書記處作過專門討論，政治局與書記處的成員也大都是憲法修改委員會的委員，中共中央的意見充分反映在憲法修改草案中。[7]

---

7. 參見彭真：〈關於中華人民共和國憲法修改草案的報告〉，載《中華人民共和國法律彙編》（1979–1984 年）（北京：人民出版社，1985），頁 636。

2. 根據黨在新時期的基本路線和政策，確定立法工作的指導思想、基本方向與重心

譬如 1982 年修訂的憲法，其中作出的許多新規定就是黨在新時期的基本路線和政策的憲法化。又如適應中共中央提出的經濟體制由計劃經濟向社會主義市場經濟轉軌的戰略決策，全國人大據此確定立法以保障和推動經濟建設為中心，以建立社會主義市場經濟法律體系為目標。[8]

黨的十八大報告提出的加快完善社會主義市場經濟體制和加快轉變經濟發展方式；推進政治體制改革，加快建設社會主義法治國家，全面推進依法治國，更加注重發揮法治在國家治理和社會管理中的重要作用；要札實推進社會主義文化強國建設；要在改善民生和創新管理中加強社會建設；大力推進生態文明建設等等，也都是今後國家立法的重點。

3. 中共中央直接提出立法工作的方針

如黨的十一屆三中全會決議中對法制建設提出的「有法可依，有法必依，執法必嚴，違法必究」的十六字方針，就是指導立法工作的基本方針。中共中央及其領導人對立法工作作出過一系列的指示，諸如必須使民主制度化法律化；「應該集中力量制定刑法、民法、訴訟法和其他各種必要法律」；「法律條文開始可以粗一點，逐步完善」，「修改補充法律，成熟一條就修改補充一條，不要等待成套設備」；[9] 對嚴重危害社會治安的犯罪分子和嚴重經濟犯罪分子要「依法從重從快嚴屬打擊」。

1993 年 10 月，黨的十四屆三中全會通過的《中共中央關於建立社會主義市場經濟體制若干問題的決定》中，對立法方針進一步作出了全面的指示，提出：「改革決策要與立法決策緊密結合，立法要體現改革精神，用法律引導、推進和保障改革的順利進行。要搞好立法規劃，抓緊制訂關於規範市場主體、維護市場秩序、加強宏觀調控、完善社會保

---

8. 鄧小平：《鄧小平文選》（第 2 卷）（北京：人民出版社，1993），頁 147。

9. 鄧小平：《鄧小平文選》（第 2 卷）（北京：人民出版社，1993），頁 147。

障、促進對外開放等方面的法律。要適對修改和廢止與建立市場經濟體制不相適應的法律和法規。加強黨對立法工作領導，完善立法體制，改善立法程序，加快立法步伐，為社會主義市場經濟提供法律規範。」所有這些指示都是執政黨在一段時期內對立法的基本方針和綱領，直接指導國家立法工作。

4. 黨的政策的法律化

執政黨的政策可以指導立法，政策本身一般也要求轉化為法律。這就是將那些經過實踐檢驗證明是正確的可行的政策，形成為法律規範，通過全國人大或全國人大常委會制定為法律。如執政黨關於經濟體制改革和對外開放政策，貫徹在一系列經濟立法中。

5. 直接參與國家立法過程

中國共產黨不能取代國家立法機關的立法權，自行立法，但這不排除它作為一個政黨，特別是執政黨可以直接參與某些立法活動。

如中共中央提出立法規劃建議。1993 年由中共中央財經領導小組主持展開了一次大規模的社會主義市場經濟調研，對社會主義市場經濟的立法進行了預測和規劃，形成了《中共中央關於建立社會主義市場經濟體制若干問題的決定》的第九部分，即「加強法律制度建設」，其中規定，法制建設的目標是遵循憲法規定的原則，加快經濟立法，進一步完善民商法律、刑事法律、有關國家機關和行政管理方面的法律，本世紀 20 世紀末初步建立適應社會生義市場經擠的法律體系，並特別指出改革決策要與立法決策緊密結合。

再如中共中央直接提出立法建議。如歷次修憲的建議；關於嚴懲嚴重破壞經濟的罪犯的決定（即「嚴打」）；歷次黨代表大會上中央委員會的報告中也提出一些立法項目，由國家立法機關據此納入立法計劃和日程。

再則是執政黨直接主持對重要法律章案的起草工作。如 20 世紀 50 年代中共中央主持了刑法草案的起草工作；20 世紀 70 年代主持起草了 1975 年和 1978 年憲法草案；及以後各次的憲法修正案建議稿也都是中共中央起草的。

此外，重要的法律、法規草案未經國家有權立法機關通過之前，由該機關的黨組先報送中共中央審查，這已成為我國立法工作中黨內的一項重要制度。黨內文件規定憲法修改草案必須報經中央政治局會議討論，必要時經中共中央全會討論通過後，以中共中央名義向全國人大提出修憲建議。政治方面的立法中需提請中共中央決定的重大方針政策問題，事先應由全國人大常委會黨組報中共中央，由政治局常委會議或全體會議審定。重大經濟與行政方面的法律草案，也須經上述黨內程序，其中特別重大的政治與經濟法律案還須經中共中央全會討論同意。

中共中央審查重要法律草案時，一般只就草案的重要的原則性問題提出意見，由相應的國家有權立法的機關黨組予以貫徹，遵照憲法規定的立法程序予以審議通過。當然國家立法機關根據多數代表的意志，可以進行必要的修改。

此外，中共中央有關職能部門也參與某些與之相關的立法的黨內審議，如涉及文化、出版、新聞事業的立法，都要徵求中共中央宣傳部的意見；凡涉及幹部人事制度的立法草案，都要徵求中央組織部的意見；凡涉及民族、宗教等事務的草案，則要徵求中共中央統戰部的意見等等。

黨直接參與立法過程，應不是妨礙、代替國家立法工作，而是加強對立法的政治思想指導。中共中央關於立法的建議要經全國人大正式通過才算數。全國人大及其常委會在審議修改法律案時，固然要尊重黨中央的意見，但在理論上、組織上並不完全受其約束。如 1982 年的憲法草案經中共中央審查後，提交給全國人大憲法修改委員會會議時，第一輪會議就修改了 83 條；第二輪又修改了近百處，有幾處還屬原則性修改。在提交全國人大會議審議時又提出了幾百條意見，修改了近 30 處。這些都表明黨在立法上並沒有具有法律效力的審議權、決定權。全國人大的立法權是高於一切政黨，包括執政黨的。

(三) 規範黨與人大立法的關係

由於中國共產黨長期是作為革命黨對國家與革命起決定性的作用，「以黨治國」的觀念和制度仍然相當牢固地影響黨的幹部正確對待和處理黨和國家政權，包括立法權的關係。而這方面的問題往往發生在黨的決策與人大的決定產生矛盾的時候，應當怎麼辦？黨的十六大決定

中，要求「規範黨與人大的關係」，這是十分必要的。規範執政黨與人大立法的法理關係，大致有以下幾種情況：

1. 黨的政策主張超越了現行立法。

如黨的十四大作出了實行社會主義市場經濟的決策，超越了現行憲法有關計劃經濟的規定。黨的這一決策，是作為政黨，特別是執政黨對國是的主張，屬於執政黨的議政、領政（對國策的領導）權利，不屬於違憲行為。但這只限於「議」（議政和建議權利），而不是「行」（執行權力），即在憲法或法律未經修改以前，不得立即強制政府去執行與現行憲法不一致的黨的決定。這時正確的程序應是立即將黨的主張，付諸法律程序，即向全國人大提出修憲建議或立法建議（屬於執政黨的權利），再經由全國人大依修憲或立法程序，採納這種建議，成立法案，經過人大審議、表決，修改憲法或制定法律，在全國貫徹執行（屬於人大的權力）。當然這裏可能會出現「議」與「行」上的時差，和「建議」與「立法」的時差，這是難以避免的、可以暫時容許的，但必須儘快、及時按法定程序轉化為修憲或立法行為。否則長期拖延修憲或立法，而僅以黨代會或中共中央甚至地方黨委的主張為依據去貫徹執行，也會構成違憲、違法的行為。

2. 黨的政策主張或推薦的人選有不適當的地方。

此時，人大黨組應如實地向中共中央或地方黨委反映人大代表的意見，要求黨委修改不適當或與現行憲法、法律不一致的地方，再經人大審議通過。中共中央過去有文件規定，人大代表或人大常委會組成人員有權對黨委提出的人選提出不同的意見，黨委應認真考慮。如果意見有道理，應當重新考慮人選；如果黨委認為人選不宜改變，或認為代表的意見不全面或與事實有出入，應當耐心說明、解釋；如果多數代表或委員不同意，不要勉強要求保證通過。[10]

---

10. 參見 1984 年 4 月 26 日〈中共中央關於任免國家機關領導人員必須嚴格依照法律程序辦理的通知〉和 1983 年 9 月 8 日中共中央組織部〈關於任免國家機關和其他行政領導職務必須按法律程序和有關規定辦理的通知〉，載《中華人民共和國人民代表大會文獻資料彙編（1949–1990）》（北京：中國民主法制出版社，1990）。

3. 黨委的決策或人事安排建議是錯誤的或違法的。

此時若人大和人大的黨組、黨員在向黨委反映意見後未能改變黨委的錯誤決定，則有權按照法律和人民的意志，不予貫徹。劉少奇在1962年曾經指出：「不要提政法機關絕對服從各級黨委領導。它違法就不能服從。如果地方黨委的決定同法律、同中央的政策不一致，服從哪一個？在這種情況下，應當服從法律、服從中央的政策。」[11] 人大代表或常委委員可以對黨委向人大提出的錯誤或違法的決定投反對票。這也是為了保證憲法和法律及中央的政策在本地的貫徹實施，並對地方保護主義或地方黨委領導人的「以權壓法」的專橫的抵制。地方黨委對地方人大作出的決定，即使有違黨委的決策，黨委也應當尊重和遵循，不得擅自推翻。這是對人民負責，也是對黨負責，同中共中央和國家法律保持一致的態度。

4. 黨的決策主張雖然正確，而人大代表或常委委員因某種原因尚不能接受。

此時，若黨未能說服他們，黨可以保留自己的主張，同時順從人大和人民的意志，按人民的要求，在人大通過雖不符合黨委的決策，卻符合人民意願的決定或法律、法規。十月革命勝利之初，由列寧主持通過的《土地法令》就是如此。列寧說：「我們並沒有強迫農民接受不符合他們的觀點而只符合我們的綱領的東西。」[12] 實踐證明黨的主張正確，為人民所信服時，再向人大提出正確的決策建議，使之得到人民意志的認可，依法定程序作出正確的決定，貫徹執行。

規範人大與黨的關係最好的辦法是由全國人大制定政黨法，而不只是以黨內文件的方式加以規範。當然這有相當難度，不過既然十六大已經提出了「規範黨與人大關係」的任務，就不能迴避。

---

11. 《劉少奇選集》（下卷），頁452。

12. 〔俄〕列寧，中國共產黨・中央馬克思恩格斯列寧斯大林著作編譯局：《列寧全集》（第35卷）（北京：人民出版社，1959），頁144。

（四）黨與國家行政權的關係

中國不僅是「以黨領（導）政」，而且常常是「以黨代政」，後者又主要是黨權與行政權不分，政府等官方機構的行政權和執政黨的政治領導權呈現高度重合的狀態。

本來按中國的憲制慣例，中國政府的組成是由作為執政黨的中國共產黨向各級人大推薦其幹部為候選人，經人大通過，而成為各級政府的組成人員。政府是通過這些當選為政府官員的共產黨員幹部來實現黨對政府的領導作用。同時人大、國務院及其部委和地方政府中都建立了黨組，分別受中共中央和地方黨委的領導；黨也通過在政府中的黨組和黨員官員來貫徹執行黨的路線、方針、政策。應當說這就是體現了黨對國家事務的領導。而黨的領導也應當主要限於對國家事務的政治（政策）領導，而不是代替或包辦行政事務。

但是由於長期受「以黨治國」觀念和體制的影響，黨的領導演化為黨政一體化，黨可以直接向政府發號施令。黨內建立了與政府各主要部門對口的相應職能部門，它們成為政府的「太上皇」，政府不但要對選舉它的人大負責，更要對黨委和黨委有關部門負責。如政府經濟部門要聽命於黨內的財經領導小組；公檢法部門要聽命於黨的政法委員會；文化教育新聞出版等部門要聽命於黨的宣傳部；政府的人事工作要聽命於黨的組織部等等。黨內這些部門如果限於以黨監政，不無積極作用；但事實上往往是以黨代政，越過人大和政府，直接發號施令。由於這些黨內部門並不直接從事政府工作的實踐，不完全了解政情與社情，其決定難以避免主觀性、片面性和武斷性，干擾行政工作；而它們有權卻又不承擔法律責任，所以更容易產生隨意性和恣意；而且還造成黨組織和黨作風的行政化，黨不管黨而熱衷於指揮、包辦行政事務。這是一大弊病。

現行的政治體制中的「官權」，除政府依憲法和政府組織法、行政法等法律授予的行政權力外，實際上還包括未經憲法和法律規定的黨權，或黨內官僚的權力。要真正實現「依法治國」和「依法行政」，克服上述潛在的制度性缺陷，迫切需要改變黨權與行政權不分、黨的官員凌駕於行政機關和行政官員的狀況，使黨作為領導黨超脫於行政權之外，消除黨的行政化職能，置身於憲法和法律框架內，加強對行政機關的監督職能，並確保政府等官僚機構能夠「依法行政」。

迄今，為解決這個難題，學界論者提出「黨政合一」或「黨主憲政」的構想。此處「政」不是指狹義的政府（行政），而是指「國家政權」，即作為國家權力機關的各級人大。主張各級黨委主要領導人全部進入人大，成為人大常委會的委員，黨委第一把手擔任人大常委會主任，使黨的領導權和人大的國家權力合二為一，而人大權力是高於其所選出的政府行政權力的，從而使黨可以名正言順地直接以法治國（即運用人大的立法權，通過法律治國，而不是以黨的政策、指示或黨委書記個人意志治國），並通過人大監督政府依法行政。這樣把黨委和各級人大實行組織上的合併，使黨權和立法權相統一，把黨組織本身置入到國家體制中，使黨的領導權與人大的最高國家權力二者合一，似乎符合人大在法理上的最高權力機關的性質和執政黨事實上的最高權力機關的政治現狀，也符合執政黨執掌立法權的政治邏輯。現今各級黨委書記一般都兼任地方的人大常委會主任，如 2008 年各地新一屆政府的換屆後，在 32 個省級行政區中，有 24 個省級行政區的人大常委會主任由省委書記兼任，其用意似有上述考慮。

但是要能體現這種思路，前提是黨自身不是作為高於國家權力的權力機構，也不直接行使行政和司法權力，而僅僅是實現其對國家的政治領導權威的組織。否則若黨仍然作為「凌駕」人大和政府之上，並事實上壟斷並行使一切國家權力的「太上」組織，那麼它本應是人大的監督對象，卻又成為人大成員，而且是人大的「領導人」，變成「自己監督自己」，「自己做自己的法官」。這樣不但不能有助於消除以黨代政的弊病，反而加劇了以黨治國的痼疾。

因此要想克服以黨代政的弊病，首先在於揚棄「黨權高於一切」的思維和改變現行黨與政府的權力結構體制。黨的意志、黨的任何重要的公共政策的實施，都必須通過以人大立法的形式轉換成國家意志，每一種臨時性的公共政策調整都必須由人大進行合法性審查，並以人大的名義責成政府等官方機構去組織實施。國家審計機構、檢察系統和媒體系統歸入到各級人大管理，黨內原有的紀律檢查、宣傳部門、組織部門在人大框架內組成監察委員會、民意委員會和人事委員會，負責對政府行為的監督和對民意的掌握。

實施這種體制性的改革，有可能把現在黨政一體的「官權」一分為二，使黨的政治領導權同國家行政權剝離開來，從而也有可能真正實現和加強黨對國家事務的政治領導。

四、黨的領導權與國家司法權的關係

(一) 糾正地方黨委對司法的非法干預

從黨對司法工作的領導而言，首要的是要明確黨的領導權與國家司法權的區別和二者的關係。這主要是要糾正地方黨委對司法的非法干預。這是導致司法不公，特別是地方保護主義的重要根源之一。

我們是共產黨領導的國家，毫無疑問，黨也領導司法工作。但這種領導，主要應是政治上支持和「從制度上保證司法機關依法獨立公正地行使審判權和檢察權」（黨的十五大報告）。這種領導也主要是中共中央對司法工作在方針、政策上的政治思想領導，而不是對司法權的直接干涉。這種領導也是指集體領導，而不是黨內第一書記或政法委書記或某個個人「說了算」。但是現今堅持前一種領導方式的不算多，而採取後一種領導方式與作風的不少。特別是事關本地方的局部利益問題上，往往以黨委「指示」、「決定」來干預法院、檢察院以及公安機關行使職權。有的地方甚至規定，凡法院受理外地當事人告本地企業的案件，要經本地黨政領導人批准，或責令其按黨委意圖判決。如果敢有依法違抗者，就說：「你有你的獨立審判權，我有我的人事調動權！」對本該由人大任免的法官、檢察官，擅自由黨委加以調職或免職。以致有些司法人員雖有「以身殉職」之志，到時卻無職可殉！

有些地方和部門的保護主義已發展到相當嚴重的程度，為了他那一點局部利益或者個人利益，甚至連犯罪的問題都加以保護。[13] 其實，說是「保護主義」，還是客氣的；實質上是「包庇主義」，包庇本部門本地方幹部的違法犯罪行為。這一點列寧也曾尖銳地抨擊說：「可恥和荒唐到了極點，執政黨庇護『自己的』壞蛋！」[14] 他還曾極為憤慨地批評莫斯科市委「已經不是第一次在事實上姑息應該絞死的犯罪的共產黨員」，認為該市委「這個『錯誤』極其危險」，建議對莫斯科市委給以

---

13. 參見江澤民在中共十四屆六中全會上的講話。
14. 《列寧文稿（第4卷）》（中文版），頁342。

「嚴重警告處分」；並要求中央重申「凡有一絲一毫試圖對法庭『施加影響以』『減輕共產黨員罪責』的人，中央都將開除他出黨。」[15]

迄今，我國有些地方黨委干擾司法審判的現象已十分嚴重。司法幹部形容說：「案子一來，條子便到。」而一些法院幹部懾於外來黨政威權的壓力，不是認真地「只服從法律」，而是違心、違法地執行地方保護主義者的「指示」，以致發生對本地企業的違法行為作枉法裁判。有些鄉鎮黨委甚至直接調動法庭幹警去執行催糧、催款、強行計劃生育等行政任務，濫用司法威權。有些則不遵循法定的管轄權和法律程序，擅自調動公安、檢察幹警到外地索債、扣押人質等。至於為包庇地方黨委中個別領導人的違法、貪污犯罪行為，或偏袒其親朋戚友，炮製假案，出入人罪，謀私枉判的現象，更非罕見。更有甚者，黨委動輒動用司法幹警壓制或鎮壓民眾的維權行動。

地方黨委非法或不當干涉司法獨立，還有制度上的原因。各級地方法院、檢察院的主要組成人員和審判員、檢察員實際上都是由同級黨委（組織部門）內定，通過同級人大履行一下選舉或任免手續。法官、檢察官和法院、檢察院實際上都得對同級黨委負責，要想對抗地方保護主義，依法審判是十分困難的。再則，縣以上各級黨委都設有黨內的政法委員會，其主要成員除一位黨委副書記或常委兼任政法委書記外，其他都是公、檢、法、司法行政等機關的首腦。這樣政法委實際上是這些機關的聯合體。作為黨內主管法治的政法委員會主要職責本應是領導和支持司法機關依法獨立行使審判權、檢察權，但往往變成司法機關「聯合辦公」，多屬互相「配合」，而很少或取消了「互相制約」。或者政法委員會的委員制變成政法書記首長負責制，他個人說了算。重要案件都須請示他拿主意，成了判案的習慣程序。這就不但不能保證司法獨立，而是使司法依附於本地威權勢力，當然不可能擺脫地方保護主義的干擾。

以上這些，都是把黨的領導權與國家司法權混淆導致的偏差。司法權是國家主權賦予的重要國家權力。在黨權和司法權的關係上，在司法權的運轉中，黨的作用可以比作軟件中的一個要件，司法機關則是硬

---

15. 同上。

件。硬件如何操作在總體上要聽軟件的，但軟件不能直接代替硬件的操作，不能由黨委去包辦具體的司法行為與干涉司法獨立，審批案件。即不能把作為政治權威的黨的領導權，同司法上的國家權力混同。

強調黨的領導權與國家司法權的區別，和黨不具有凌駕於國家司法權之上的權力，並不是否定和削弱黨對司法工作的領導。相反是為了加強黨對司法工作的政治和思想的領導，制定司法工作的重大方針政策，並通過人大法定程序，制定法律，「以法治司法」，指引司法工作的正確方向，領導司法改革，支持和監督司法機關及其黨組織和黨員幹部依法司法，依法獨立行使職權。使司法機關真正成為保障人權、伸張正義的化身，成為人民抵抗國家權力侵犯的自衛武器，成為黨和國家保障社會穩定和經濟發展、遏制腐敗的調整器。使國泰民安，從而也提高了黨在法治國家中和在人民群眾中的地位與威望。

我們常說要「把黨的溫暖送給人民」。為人民主持公道的司法，也正是為黨「送溫暖」的一條良好渠道，不能讓它被污染和阻塞。

(二) 從制度改革上改善黨對司法的領導

黨的十五屆六中全會決定中提出加強作風建設要「推進制度建設，解決突出問題」。改進黨對司法工作的領導，也必須在制度上改革黨和國家一些不適應法治國家與法治原則的舊制度，建立黨領導司法工作的新制度。我謹作如下一些建議。

1. 改革現行的各級政法委員會，在中共中央和省委設立法治領導小組

改革開放以來，中共中央和省、市、縣各級黨委都設立了政法委員會。政法委員會在協調法治與司法方面的重要事務，統一思想，相互配合行動，完成某些共同的任務上，起了重要作用。但由於它並非全面領導有關法治建設的方針政策問題，大多限於治安與刑事案件和涉及本地的經濟利益與行政行為的重要案件；又由於往往在黨權與法權的區別上劃分不清，造成以黨代法，越權處理司法事務，干擾司法獨立行使職權，庇護地方保護主義的利益；又由於只注意互相配合，有違司法機關互相制約的法律規定，形成國家司法機關之上還有一個更高的司法權力

機關。鑒於這些弊病，20世紀80年代後期，法學界即已提出取消政法委員會的建議，黨的十三大也透露了這個意向，並於1998年5月19日由中共中央作出決定正式宣佈撤銷了中央政法委員會。（可是到1989年發生「政治風波」後又於1990年4月恢復）[16]

黨的十八大報告提出要「全面推進依法治國」，「更加注重發揮法治在國家治理、在國家管理和社會管理中的重要作用」。原有的黨內政法委員會已不適應這一治國方略與目標的要求，有時反而是一種窒礙。而黨內外又沒有一個規劃和落實建設法治國家的任務的統一領導機構，包括司法改革也只是在各個司法機關內部各自為計，缺乏統一籌劃。凡此都呼喚設立一個全國性的法治領導機構。

在我國建立類似上述的黨中央領導和監督法治工作的機構也是必要和可行的。我建議改革現行的各級政法委員會的設置和職能，設立中央法治工作委員會或領導小組，在省委一級設立法治領導小組（省以下不再設立），全面領導法治建設工作。它的中心任務是制定建立法治國家的規劃、方針步驟；指導、支持和監督各行政機關依法行政，各司法機關依法獨立行使職權，推進司法改革；監督、排除各級黨委對司法工作的非法干涉和干擾。除非對事關全國性乃至涉外性的重大要案給予關注和政策指導外，概不干預司法審判等具體事務。

中共中央法治工作委員會和省委法治領導小組的組成人員分別由中共中央和省委任命，分別受中央政治局、中央紀律檢查委員會和省委常委會領導，對它們負責。它只是中央和地方實行依法治國方略的參謀機構，不能直接對國家政法機關發號施令。

---

16. 1987年，中國共產黨十三大召開，十三大將實現黨政分開作為政治體制改革的首要目標與突破口，報告指出「長期形成的黨政不分、以黨代政問題還沒有從根本上解決。這個問題不解決，黨的領導無法真正加強，其他改革措施也難以順利實施。因此，政治體制改革的關鍵首先是黨政分開。黨政分開即黨政職能分開。」作為貫徹十三大報告的重要一步，1988年5月19日中共中央發出《關於成立中央政法領導小組的通知》，這個通知要求撤銷中央政法委員會，成立中央政法領導小組。政法小組的職能較政法委員會大大削弱，它一般不開政法工作會議，不發文件，體現了依法辦事、黨政分開的精神。這是中國走向法治的重要一步。不過，大多數省級以下黨委政法委員會並沒有來得及撤銷。參見周永坤：〈政法委的歷史與演變〉，載《炎黃春秋》雜誌，2012年第9期。

2. 改變對司法機關的領導體制

為了防止地方保護主義對司法獨立的干擾，必須改革黨和國家對司法機關的領導體制，改革各級法官和檢察官由同級黨委推薦和同級人大任命的選任制度。

長期以來，司法機關的人事任免權實際上掌握在同級地方黨政機關手裏。行政機關的人事部門與黨的組織人事部門是合二而一的。這樣，司法工作就常常受同級黨政的掣肘。特別是在行政訴訟中，如果法院作出不利於行政機關的判決，行政機關就常以其財權、人權、物權相要挾報復。譬如若干年前湖南某市就曾發生過電力局在行政訴訟中敗訴，事後該局就擅自對勝訴的工廠拉閘停電。浙江蕭山市自來水公司總經理的司機違章被民警扣了駕駛證，該公司就立即給市公安局、交警大隊的辦公樓和宿舍停止供水。

司法機關如果不能「獨立」於政府機關的人、財、物權，就勢必導致司法權對行政權的依附，有些地方甚至將這種依附「法制化」。據《法制日報》1998年4月3日報道，黑龍江省某市制定了行政與司法《協調立案通知書》和《協調執行通知書》，名為「協調」，實為司法機關向政府「請示」，因「通知書」中規定部分案件的立案與執行要事先經市政府主要領導人簽字後方可進入「法律程序」。一些計劃生育案件、拆遷案件，因事關政府利害，常常因政府不同意立案而夭折。無獨有偶，陝西省某市中共區委辦公室發佈該區《扶持骨幹企業「抓大」實施方案》中，竟規定公、檢、法等部門若要傳喚這些企業的法人代表，「必須徵得區委、區政府主要領導同意，並出具有主要領導簽發的書面通知方可執行」。這些企業即以此為護身符，將法院辦案人員拒之門外。

由於地方司法機關的人、財、物仰給於地方黨政機關，因而地方經濟的好壞也與地方司法機關息息相關，「一榮俱榮，一損俱損」。司法機關為地方保護主義盡力，也可以從中得到罰沒返還費、辦案回報費以及增撥司法機關行政與業務經費的「酬勞」。這樣司法機關同行政機關成了「利益共同體」，為了所謂「造福一方」，卻成了地方黨政機關

御用、驅使的工具，法院樂於執行地方的「法」而不是國家的法律。地方保護主義在司法機關的保護和支持下，日益猖獗。[17]

除了地方黨政對司法的非法干預外，地方人大對司法也存在不當干預問題。

本來，按我國人民代表大會制度，法院和檢察院及其首長和審判員、檢察員，是由人大選舉產生或由人大任命的，他們要對人大負責，受人大監督。這意味着與西方的議會權力不同，中國的各級地方人大是有權監督法院和檢察院以及作為行政機關的公安機關的。憲法和有關組織法也只規定法院、檢院「依法獨立行使」審判權或檢察權，「不受行政機關、社會團體和個人的干涉」，並沒有說不受人大干涉。據此似乎人大對他們實行法律監督以及工作監督是不受限制的。這是一種誤解。

在這種誤解的誤導下，一方面鑒於司法腐敗，錯案時有發生，人大出於對法律負責、對人民負責，而力圖採取各種「監督」措施，直接干預司法機關的審判、檢察工作，實行所謂「個案監督」和對「一府兩院」幹部的「評議」等。另一方面地方黨委出於地方保護主義的利益，除黨委直接出面干預司法外，現在也懂得運用「人大」這個神聖的民意機關和權力機關去「合法」干預。如某縣人大常委會直接作出撤銷已二審終審的判決，宣告向人大申訴的罪犯無罪釋放。某省人大常委會辦公廳致函省法院，「建議」撤銷已由中級人民法院終審、省高級人民法院複查維持原判的一件對某工貿公司的房產查封的行政處罰。有些省人大法制委員會還要求本省地方法院對外地法院來省執行判決時不予協助。有些人大常委會委員甚至以個人名義寫條子、打電話，要求法院對某案進行複查、再審或中止審判的執行。

凡此種種，是以人大行使對司法的「監督權」的「合法」名義進行的。實際上人大成了凌駕法院之上的最高審判機關，而訴訟法規定的「兩審終審制」變成了「三審制」。因而這實際上是人大越權的非法行為，非人民代表大會制的本意，影響權力分工的法制原則。何況人大

---

17. 如 1996 年 6 月間，海南省高級人民法院與海口市中級人民法院派聯合執行組到廣東某市執行判決，當地被執行單位竟然向「110」報警，市政府辦公室主任帶上公安人員來阻撓執行，市基層法院也參與阻撓，執行人員被包圍、「護送」而歸。

不熟悉情況與司法業務,其對個案的干預有時可能比司法機關更易出錯。這種做法更有可能為地方勢力假借人大「合法」名義,行「以權謀私」的非法活動。面對這種局勢,難怪當時最高人民法院院長肖揚無可奈何地感歎:「影響司法公正最大的問題是地方保護主義。……目前法院的人、財、物都是地方的,地方法院成了地方的法院,保護地方的利益。」[18] 前最高人民法院院長鄭天翔更尖銳地指出:「地方保護主義者要把法律『地方化』,……使審判機關、檢察機關以至整個政法部門,變為只保護其地方利益或小團體利益的執法機關。而有些地方的法院或法官,竟然在權勢高壓下,唯命是從,違法辦事,以法侍權,以法媚權,違法縱權。」[19]

以上對司法獨立原則的干擾,歸根結底主要來自地方黨委的非法干涉。救治之道也就在於在堅持黨的政治思想領導下,從體制上擺脫地方黨委的非法干涉的可能性,擺脫司法機關對地方勢力的依附。

為此要改變地方化的領導體制,保證司法權的「國家性」。

司法權是人民賦予國家的一種公權力。由於司法權是決定生殺予奪的大權,必須是超然獨立於地方與部門權力之外,由國家(中央)直接監控的權力。各級地方法院和檢察院都可以說是相當於最高人民法院和檢察院在地方的派出機構,代表中央(亦即全國人大所制定的法律)履行職責和行使權力,以保證法治的統一性。不能把地方法院、檢院變成「地方的」法院、檢察院。這裏講的「國家性」,有些學者亦稱「中央化」,是相對於「地方化」的而言。

現行我國司法(法院、檢察院)體制,主要是實行「塊塊」領導或「條塊結合」,由同級地方人大選舉產生,受同級人大和上級法院、檢察院監督。實際上其人員都是由地方黨委推薦(內定)、地方人大選舉或任命。而人大與司法機關的工作,也全是由同一地方黨委領導。這種體制勢必造成司法權力的地方化,法院、檢院的人、財、物仰給於地方,無法擺脫地方勢力的控制,淪為地方非法利益的「保護傘」。在「兩

---

18. 《中國青年報》,2001 年 1 月 22 日報道。

19. 鄭天翔:〈確保依法獨立審判、獨立檢察〉,《檢察日報》,1999 年 10 月 12 日,第 3 版。

院」的人事安排上，每逢換屆選舉，地方黨政部門往往考慮所謂「平衡」，將一些不能勝任審判與檢察工作的人員安排進「兩院」領導班子，將一些非法律專業出身的人員塞進「兩院」當審判員、檢察員，造成「先當法官，再掃法盲」的怪現象。

審判權與檢察權的地方化已嚴重影響我國的司法統一和司法公正，妨礙反腐敗鬥爭。現在司法領導體制的改革，有以下幾種方案：

第一種方案：借鑒已實行的地稅分離措施及銀行系統打破條塊體系、籌建大區銀行的改革思路，明確劃分地方法院與中央法院兩大體系，組建可以超越地方利益的中央法院和大區法院。[20]

這個構想有合理的因素，但法院是國家公權力機構，與銀行不同，根據我國現行政治體制，法院是由同級人大選舉產生的。設大區法院，並無大區人大，只有省人大。當然大區法院可作為中央法院的派出機構，但它的建立如果只是由中央最高法院「派出」，而不是經人大選舉產生，就不合我國政體，也缺乏權威和法律根據。

第二種方案：還有些學者建議，建立中央和地方兩套司法審判系統。中央法院系統設最高人民法院、上訴法院和初審法院。地方設高級法院、上訴法院和初審法院。這兩個法院系統獨立於行政轄區的統轄關係，主要是在司法權上按案件的地域性，也按案件的性質、類別，中央與地方分轄。如屬省際或全國以及涉港澳臺地區、涉外案件、重大刑事案件、重大行政訴訟案件等，由中央系統的法院管轄；其他由地方法院系統管轄。中央法院還可受理不服地方法院判決的上訴案。[21]

第三種方案：在現行人大制度的框框內，將法院院長、檢察長的選舉和審判員、檢察員的任免，由同級人大產生改為由上一級人大產生，即縣級法院、檢察院人選由省人大選舉、任命；最高法院和最高檢察院及省級法院、檢察院人選由全國人大選舉、任命。這樣法院、檢察

20. 參見徐顯明、齊延平：〈論司法腐敗的制度性防治〉，載《法學》月刊，1998 年第 8 期；〈刑事辯護：構建司法公正大廈不可缺少的支柱〉，載《中國律師》，1998 年第 1 期；〈擺脫地方保護主義，法院怎麼做〉，載《瞭望》，1996 年第 17 期。

21. 參見蔡定劍：《歷史與變革——新中國法制建設的歷程》（北京：中國政法大學出版社，1999），頁 396–397。

院不再對同級人大、同級黨委負責，而是對上級人大負責，受上級人大監督。這或許可以免受地方利益的影響、干擾。

以上第一種方案與現行體制不符；第二種方案較理想，但一時恐難做到；第三種方案較簡易可行，我贊成第三方案。

與上述「兩院」領導班子和審判員、檢察員的選任權一律上收一級人大相適應，黨組織的「推薦權」或「人事決策權」也相應地上收一級黨委。至於人選的提名仍應依修訂後的法官法、檢察官法，由上級「兩院」從下級「兩院」法官和檢察官中遴選，作為其上級「兩院」的法官和檢察官的候選人。上級黨委只作政治審查，最後由上級人大審議通過。

3. 法院、檢察院的經費實行計劃單列

建議由最高人民法院和最高人民檢察院會同國家計委，擬定該系統五年和每年的經費預算，由全國人大審議通過，由國家計委按人大決定撥付，由「兩高」對全國各級法院、檢察院進行分配與監督使用。從而從根本上擺脫「兩院」依附行政與地方財政的局面。

(三) 黨的職能部門與司法部門分開

現在在反腐敗鬥爭中，黨中央和地方各級紀檢委員會與政府的監察部門合併辦公。這對於加大反腐敗力度，有某些便利之處，起了一些重要作用。作為一種暫時舉措，未嘗不可。但其弊病也是明顯的。一是有違黨政分開的原則，出現黨的紀檢人員越權處理本應由行政或司法機關處理的事務，有時甚至行使偵查、審訊以及有限制人身自由之嫌的權力（如現在常用的「雙規」處理）。這是不合法治原則的。二是可能造成黨不管黨，黨的紀檢部門不把工作重點放在監督黨內政治與組織紀律和克服嚴重的黨內不正之風上，卻去包辦大案要案，從長遠看是失策的。產生這種做法的思想和歷史根源是由於以黨治國、以黨代法的習慣和黨權高於法權、黨的權威和「權力」勝過司法權威與權力所致。這既不利於樹立法治權威、包括司法機關的權威，也有損作為領導黨的政治權威，是得不償失的。監察和檢察部門以及法學界的同志早有異議，但是不敢公開說，怕犯「與黨爭奪領導權和權力」之忌。

附帶指出，長期以來，在黨內往往設立一些與政府部門對口的部門，造成職能重疊，黨內機構臃腫，助長以黨代政的越權行為。這也是沒有分清作為領導黨與作為執政黨在職能與權限上的區別，和黨內行政化傾向、甚至官僚化、衙門化造成的。其實，很多事情交由執政的黨組織與黨員按照黨中央的政策和國家法律去辦，就是堅持了黨的領導。法院、檢察院都有黨組和黨委，它們都在代表黨領導本系統的工作，並非事事都要各級地方黨委加以干預。地方黨委的書記也不是萬能的。「黨領導一切」的提法也不是實事求是的。作為領導黨與作為執政黨在職能上應當有所分工。

　　再有，長期以來，中共中央和國務院、有時還包括中共中央辦公廳與有關政法部門，常常採取聯合發佈文件的方式，以求提高文件的權威，利於使行政任務得到黨內外的共同重視，配合貫徹執行。用意甚好。但同樣易於造成黨權與政權不分；而且這類文件從國家法制角度看，是屬行政法規或規章的範疇，如果它與國家法律相抵觸，全國人大可以予以撤銷。這就會形成人大撤銷中共中央的文件的尷尬。雖然這種撤銷從法治原則上是正常的，但有損黨的形象；不予撤銷更有損黨和人大的政治權威，造成兩難的被動境地。再則，黨政聯合發佈文件，事實上是把作為領導黨的黨中央變成與行政機關平行的、甚至是成為推行行政任務的工具，反而是降低了黨的領導地位。有此數端，實不可取。

(四) 反對「跟人不跟法」的「批示至上」

　　長期以來，黨干預司法的一種手段是黨的領導人的「批示」。由於近年權力腐敗、司法腐敗的現象相當嚴重而普遍，一些老百姓雖然窮盡了行政與司法救濟程序，仍然得不到公正的解決與判決。於是許多人就不斷地上訪，或通過新聞媒體和其他關係、渠道，將冤情上達「天聽」。幸而獲得黨的領導人的「垂察」，作個批示，發句話，有關政法機關與人員才不敢怠慢，立即遵旨而動，迅即解決了問題。1994年在廣東某市發生一個女孩被輾轉拐買，腳被抽筋，神智失常，長期無人過問。待到電臺披露，驚動公安部以至黨內更高的首長，發出緊急指示，當地才立即派出大批公安幹警，連夜出動，迅即救出了被害的女孩。於是媒體大力讚揚公安人員如何聞風而動，24小時就救出了受害人，說這是法律的勝利。其實本來一天之內就可解決的問題，為何長期無動於

衷？非得有首長批示才動作？這是「法律的勝利」還是「批示的勝利」？這類靠上級首長的批示才得迎刃而解的現象，不是對法律負責，對人民負責，而是對首長負責，對自己升官晉爵負責，是「跟人不跟法」，亦即過去「跟人不跟線」的變種。首長個人的權威勝過司法的權威，領導人的一個條子勝過一打法律。

如果一個國家及其法制只靠黨的領導人的批示才能正常運轉，把國家的治理，案件的判決，社會正義的伸張，完全繫於一人之口或一人之筆，不僅賢明的領導人日理萬機，會顧此失彼；而且養成黨的領導人個人權威至上，司法機關不能自行啟動，而淪為聽首長使喚的婢女，這是無助於司法的獨立與威信的。何況更危險的是，由於司法工作的專業性很強，案情很複雜，司法機關要有嚴密的調查取證，一審二審，尚且難免出現錯判；何以一位未曾參與審判過程，不調閱案卷又不熟悉法律的人，就能判斷無誤，隨手批案呢？

至於以法謀私，為本地方、本部門、乃至親朋好友謀私利，明知違法而濫作批示，強令司法機關執行，就更為黨紀和國法所不容了。

任何人的批示都不能代替法律。這是全黨、特別是黨的領導幹部必須遵守的原則。今後應當規定黨的領導人不得對事關司法審判的個案，任意作取代法律判決的批示；地方黨委與司法機關也不許以領導人的「批示」，取代法律和司法審判。這應當作為黨的一項政治紀律。

第五十五章

實現由革命黨
到憲政黨的歷史演進

* 本章原是郭道暉 2010 年 6 月 25 日於西安在參加陝西省人大研究室、法工委和中共中央編譯局合辦的「人大制度與法治國家建設研討會」的主題發言，並在《炎黃春秋》，2011 年第 7 期作為紀念建黨 90 周年的筆談發表，現將兩稿整合修訂，並根據黨的十八大「全面推進依法治國」的方針作了若干補充。

以 1908 年清政府頒佈的《欽定憲法大綱》為標誌，近世中國的立憲運動的歷史已有 110 年。中國人民在歷代志士仁人和革命政黨的引領下，為實現民主憲政而前赴後繼，可歌可泣，遺憾的是迄今尚未完全成功。

中國共產黨建黨已有 90 多年。中共建黨的初衷就是要建立一個民主、自由、獨立、富強的新中國。90 多年中 28 年是作為革命黨馳騁於中國政壇，60 多年是作為執政黨統領共和國的一切。90 多年又大致可以分為三個 30 年：前 30 年是建黨搞革命，終於打倒了一黨專政的腐敗的國民黨政府；第二個 30 年是建立新中國搞運動，造成大半時間國無寧日，終至一場浩劫；第三個 30 年是改革謀振興，崛起為世界第二大經濟體，經濟發展成就巨大，但社會兩極分化，社會矛盾日益突出。

在中國共產黨建黨的 90 多年中既有輝煌的勝利，也有深重的艱難曲折；既有成功的經驗，也有沉重的教訓。其中如何在指導思想上實現由「革命黨 —— 執政黨 —— 憲政黨」的轉變，在治國方略上切實實行依憲治國，建設憲政國家，這是作為執政黨必須解決和迄今尚未完全解決的一個重要問題。

一、治國的鐵則與血的教訓

2010 年 9 月 23 日，時任總理的溫家寶在接受美國有線電視新聞網（CNN）主持人法里德·紮卡里亞的訪問時說：「我的觀點是一個政黨在執政之後，應該和奪取政權時期有所不同。最大的不同是政黨應該根據憲法和法律行事。……任何黨派、組織和個人都不得有超過憲法和法律的特權，必須以憲法為根本的活動準則。我認為這是現代政治體系中的重要特徵。」這一「特徵」和準則已載入 1982 年修訂的憲法，隨後「黨在憲法和法律範圍內活動」也納入黨章，「依法治國，建設社會主義法

治國家」也已在 1999 年成為憲法的準則。2002 年 12 月 26 日，以胡錦濤為總書記的新一屆的中央政治局在進行第一次集體學習時，特別安排學習憲法。胡錦濤在講話中說，我們黨是執政黨，要堅持依法執政，應該在貫徹實施憲法上為全社會作出表率。(《人民日報》，2002 年 12 月 27 日) 黨的十八大後新一屆中央領導人習近平也在紀念八二憲法的講話和其他講話中強調：憲法的生命與權威在於實施，「要把權力關進制度的籠子裏」。

為什麼要特別重視憲法，黨章為什麼要強調黨必須在憲法和法律範圍內活動？——這不僅是世界各民主國家治國的鐵則，在我國還有血的教訓為背景。

眾所周知，由於過去中國共產黨長期堅持「以階級鬥爭為綱」的治國治黨路線，輕視法治，導致黨和國家及廣大幹部和民眾深受其害，即使是黨的高層領導人也難逃劫難。1959 年通過一個黨內會議，就可以按黨的領袖的意志把人大選舉產生的國防部長彭德懷罷免，最後置於死地。「文革」中他的一張大字報就可以打倒一個按憲法選舉產生的國家主席，待到被殘酷批鬥的劉少奇拿出憲法來試圖維護自己的尊嚴和權利時為時已晚，最終屈死他鄉。我還親聆彭真在 1979 年剛從秦城監獄中「解放」出來就任全國人大法制委員會主任時說過：他坐過 6 年國民黨的牢；沒有想到「文革」中，他竟又坐了 9 年半「我們自己黨的牢」。這不能不引起他，以及許多被以「莫須有」的罪名關進監獄的老革命的沉痛反思：這是「為什麼」？——終於恍然大悟：這是過去黨輕視民主和法制、破壞法制所受的懲罰，否定法制也就否定了自己！

二、「以黨治國」還是「法治天下」

改革開放以來，這種無法無天的亂局已經得到糾正，法律制度和舉國上下的法治意識都有較大進步。但毋庸諱言，某些漠視憲法的舊思維和違憲的行為仍不時發生，一些部門和地方近年還有所加劇。

是沿襲革命黨的慣性，「馬上打天下」也繼續「馬上治天下」，還是法治天下？是以黨治國，還是依法治國、依憲治國？至今有些黨政幹部不能說已完全搞清楚。譬如有人說，司法是「小技」，要服從政治「大

道」。也有人説，司法機關要服從「黨的絕對領導」。這種觀念使人不禁記起 1958 年 6 月最高人民法院黨組向黨中央的報告，其中就提出，「人民法院必須絕對服從黨的領導，成為黨的馴服工具。⋯⋯ 不僅要堅決服從黨的方針政策的領導，而且要堅決服從黨對審批具體案件以及其他一切方面的指示和監督」。這種錯誤觀念早就受到劉少奇的批評，他指出：「不要提政法機關絕對服從各級黨委的領導，它違法，就不能服從。」[1]

現在以黨權干預司法的現象，並不鮮見。有些地方的司法機關甚至異化為一些貪官污吏、官僚權貴的家丁、打手。他們以「維穩」為名，越過法律程序，跨省抓捕那些批評檢舉當地黨政官員腐敗醜聞的公民，把他們扣以「侵犯名譽權」或「誹謗罪」，甚至「煽動顛覆國家政權罪」，投入監獄。或者半夜闖入民宅，不出示任何法律文書，就實施逮捕、抄家，實行先逮捕後羅織證據和罪名的「有罪推定」，長期羈押，不予審判，又拒不通知其家屬。有些地方還搞什麼罪犯公審大會，或押解妓女遊街示眾。這實際上是「文革」中無法無天的某些「元素」的復活。

三、建設憲政黨需要轉變舊觀念

面對當前中國社會矛盾日益尖銳複雜和社會衝突加劇，面對黨和政府的公信力的危機，從黨的十七屆四中全會作出提高黨的執政能力的決議以來，如何鞏固執政地位，差不多是天天講，月月講、年年講，而且往往當做黨的活動的首要目標。胡錦濤在紀念建黨 90 周年的講話中，提出黨面臨的四種考驗（執政考驗、改革開放考驗、市場經濟考驗、外部環境考驗）和四種危險（精神懈怠的危險、能力不足的危險、脫離群眾的危險、消極腐敗的危險），指出治國必先治黨，治黨務必從嚴。這表明黨的高層領導人已意識到危險臨近的緊迫感。

面對這樣的危險，引起黨內外廣大憂黨憂國的人士的關注。上下求索，思考黨和國家向何處去？

---

1. 劉少奇：《劉少奇選集》下卷（北京：人民出版社，1985），頁 451–452。

前景已開始明晰：中國共產黨要能堅持其立黨和執政為民的初衷，保持執政黨的地位，繼續引領中國前進，出路就在於實現「由革命黨 ── 執政黨 ── 憲政黨」轉型的任務，建設「憲政社會主義」。

當前改革開放的任務在於積極推進滯後的政治體制改革，而政治改革的關鍵是如鄧小平早在 20 世紀 80 年代就已提出的「改革黨的領導制度」，實際上也就意味着必須改進或者改革執政黨本身：由專搞階級鬥爭的革命黨，轉型為現代的政黨，即實行憲政民主的執政黨，亦即「由革命黨轉型為憲政黨」。為此必須相應地實現黨的現代化改革，革除許多與憲政國家不相適應的舊思維、舊習慣、舊制度。正如十八大報告所要求的：「提高領導幹部運用法治思維和法治方式深化改革、推動發展、化解矛盾、維護穩定的能力。」也如習近平在諸多場合一再申述的，要「堅持依法治國、依法執政、依法行政共同推進，堅持法治國家、法治政府、法治社會一體建設」。[2] 只有這樣才能真正提高黨執政的合法性和執政能力。

為此，在法治思維上首先有必要明確以下幾點：

(一) 黨與國家政權的關係 ── 誰是國家最高權力主體

黨的十三大報告曾要求「劃清黨組織與國家政權的職能，理順黨組織與人民代表大會……的關係」。十六大報告進一步要求「規範黨委與人大的關係」。憲法規定全國人大是「最高國家權力機關」，而沒有說它是「國家最高權力機關」。這兩個命題是有區別的。對比「文革」中產生的 1975 年憲法，曾在第 16 條中規定：「全國人民代表大會是在中國共產黨領導下的最高國家權力機關」，這就無異於把執政黨視為更高於全國人大的「國家最高權力機關」，從而混淆了黨的政治領導與國家權力的關係。對此，1978 年憲法和 1982 年憲法都刪去了「在中國共產黨領導下」這一定語。

至於全國人大，它是最高國家權力機關，但也不是「國家最高權力機關」，不是高於一切的絕對權力。它不能高於「人民主權」。

---

2. 習近平在中央政治局第 4 次集體學習會上的講話，2013-2-23，引自新華社北京，2 月 24 日電。

誰才擁有國家最高權力呢？——人民，只有人民，或全民。全國人大的立法，包括修憲，如果侵犯了人權或公民基本權利，就應該是無效的。

(二) 憲法的最高原則

人們經常説的我國憲法序言中規定了立國的「四項基本原則」，是我國憲法的最高原則。其實那只是序言對黨領導人民革命和建設的歷史經驗的表述，並非強制性的憲法規範。隨着時代的發展和改革的深入，也應當與時俱進，有所更新。

一是它已不能完全體現當代已經發展了的治國指導思想——「以人為本」、「法治國家」、「和諧社會」和「科學發展觀」等新理念；與建設憲政國家的要求也有較大的差距，甚或偏離。

二是從法理上説，它只是在序言中以總結黨的歷史經驗的方式表述的，而不是以憲法條文和法律規範形式予以確認的，因而不能説是全體國民都必須遵守的憲法規範（如不能強迫宗教徒信仰馬克思主義的無神論，否則就會同憲法第二章公民基本權利中的言論自由、宗教信仰自由等相衝突。港澳特別行政區的自治也不以四項原則為指導思想，否則就會同憲法第 31 條和港澳基本法所確認的「一國兩制」原則相悖）。

三是這些原則主要是作為執政黨對其成員的要求。正如鄧小平指出的，誰有資格犯大錯誤？只有共產黨，特別是它的領導幹部，因為他們手裏掌握國家最高權力。他還説毛澤東晚年犯大錯誤，就是違反了他自己過去正確的毛澤東思想。

四是序言中表述了中國共產黨作為領導黨的作用，但並未規定中國共產黨是當然的執政黨，領導黨與執政黨二者是有區別的。共產黨及其領導人要「執政」，必須通過每五年一次的人大選舉，才能擔任國家領導人，依法行使人民（通過人大）賦予的國家權力，依法執政、依憲執政。人們常説，我們黨成為執政黨「是歷史的選擇」；但正如 2004 年 9 月 19 日《中共中央關於加強黨的執政能力建設的決定》指出的：「黨的執政地位不是與生俱來的，也不是一勞永逸的。」

如上所述，既然人民或全體公民是國家最高權力主體，憲法規定的尊重和保障人權和公民權利的原則就是憲法的最高原則。

（三）黨與法的關係

這也是迄今尚未完全擺正的老問題。所謂不能「以黨代政」，實質上是不能以黨權代國權，以黨規代國法。雖然在正常的憲制下，全國人大的立法工作是在黨中央的領導下進行的，憲法和法律一般是黨的主張與人民意志的統一；但當黨的主張（特別是地方黨委的主張）同人民（人大）的意志（法律）不一致時，則應當服從人大和法律。現在講「三個至上」（即黨的事業、憲法法律、人民利益至上），如果它們發生矛盾時，誰至上？──顯然，最終應是人民利益至上。因為黨的事業和憲法法律都必須以人民利益為依歸。

現今有些黨政官員雖言必稱法，卻有意無意地扭曲法治的原則。他們把依法治國（重心是依法治權治官）變為主要是以法治民；他們立法謀私，執法違法，或者以法抗法，以小法（維護本部門、本地方利益的規章和「紅頭文件」）衝擊、抵制大法（憲法和法律）。他們還亂用「兩類矛盾」論，把日益尖銳複雜的社會矛盾簡單化為政治上的敵我兩類，非我即敵。有些官員說：「如果你上訪，還只是人民內部矛盾；你要罷免市長，就是敵我矛盾」；「什麼法不法，老子就是法」等等，這些都是對憲政的無知和對法治的蔑視！

四、治黨也不能違法

「黨必須在憲法和法律範圍內活動」的原則還要求黨章、「黨法」不得與國法相抵觸。政黨在治理本黨事務時有一定的自主、自治權，但不能超越憲法和法律。不能藉口黨的「鐵的紀律」，限制或剝奪黨員作為公民應當享有的憲法權利，如基本的言論自由和人身自由等。2011年4月29日人民日報發表了《以包容心對待「異質思維」》的評論，就是針對長期以來「非我即敵」的專政思維而提出的正確主張。

恩格斯1889年在批評丹麥黨把持不同觀點的黨員開除出黨的做法時，曾經指出：

「工人運動的基礎是最尖銳地批判現存社會，批評是工人運動生命的要素，工人運動本身怎麼能避免批評，想要禁止爭論呢？難道我們要

求別人給自己以言論自由，僅僅是為了在我們自己隊伍中又消滅言論自由嗎？」[3]

中國共產黨十一屆五中全會通過的《關於黨內政治生活的若干準則》中指出，「發揚黨內民主，首先要允許黨員發表不同的意見」，「由於認識錯誤而講錯了話或者寫了有錯誤的文章，不得認為是違反了黨紀而給予處分」。對黨員對黨組織或黨內領導人的批評，「不允許追查所謂動機和背景」。1995 年頒佈的《中國共產黨黨員權利保障條例（試行）》中，也有類似規定。這些黨規應當受到極大重視與執行。

五、執政黨是領導實施憲法的工具，又是和憲法監督的對象

我國法治建設發展到今天，僅僅單講依法治國的「形式法治」已經不夠了，問題還在於依的是良法還是惡法？依「法」治誰？誰是治國的主體？凡此要求我們將法治提到憲治的高度，強調依憲治國，建立民主憲政國家。

執政黨要依憲執政，首先要求執政的合憲性，即黨恪守憲法規定，經全民真正民主的選舉，進入憲政體制，組成人大和政府，依法行使國家權力。二是要求執政黨成為實施憲法和法律的工具，而不是把憲法和法律只當成是黨實現自己政策主張的工具。鄧小平在黨的八大報告中就曾指出，黨不是把人民群眾當作自己的工具，而認定自己是人民群眾為完成特定歷史任務的工具。三是必須確認任何政黨、特別是執政黨都是受憲法和法律所制約的對象，不得享有超越憲法與法律的特權。四要厲行責任政治，有一份權力就有一份責任，特別是在法治、人權、保護私有財產等原則入憲後，執政黨的黨員官員和黨組織如果在處理國家和社會事務上還繼續搞人治，違反法治；或侵犯公民人身、財產、自由等基本人權，就構成違憲行為，應當受到憲法和法律的追究。

---

3. 恩格斯致格‧特刊爾的信，〔德〕馬克思、恩格斯，中國共產黨‧中央馬克思恩格斯列寧斯大林著作編譯局：《馬克思恩格斯全集》第 37 卷（北京：人民出版社，1971），頁 323–324。

依憲執政，實現由革命黨到憲政黨的轉變，當然不限於上述幾點。但我們深信，能認知和履行這些憲政原則，黨的威望和執政地位與能力就會有很大提高，真正的憲政國家有望實現。

第五十六章

「從嚴治黨」
重在從嚴制約黨權

中國共產黨在革命時期有黨內「整風」的獨特經驗，延安整風被認為是中共黨史上成功的範例（當然也有失誤，如「搶救運動」）。新中國成立以後，執政黨繼承這一傳統，曾經進行過多次整風。但效果總不理想。1957年的整風運動結果導致反右，更是一次大失敗，成為黨風滑坡的起點。以後反右傾、批修正主義、整走資派等運動都是以整黨名義進行的，而且黨內的整風往往延伸到社會，成為一場波及全民的社會運動。最後以「文革」的大浩劫告終。

　　改革開放以來，鑒於黨內腐敗現象嚴重也進行過幾次整風，效果仍然欠佳，往往流於「走過場」。近年的「三講」採取了一些必經程序，似有成效；但像大貪污犯成克傑、胡長清之流都曾順利地通過「三講」，而且這種蒙混過關者恐怕還大有人在，就不難覺察此舉並非萬靈之丹。

　　為什麼整風在新中國成立後不大靈了呢？

　　一個重要原因恐怕還是沒有考慮到革命黨和執政黨所處的不同歷史條件。

　　新中國成立前，處於革命時期，黨員參加革命和入黨，大多是為了共同的革命目標和懷著犧牲精神的，一般沒有個人權益的牽掛。黨內開展批評與自我批評的阻力不大。何況黨外還有強大的敵人在用「武器的批評」監視我們。新中國成立後，共產黨成為執政黨，黨的幹部大多同時是手中掌握國家權力的官員。黨風出現的問題，大多是與法紀和權力交織在一起。「端正黨風」實際上必須「澄清吏治」，整頓黨紀如果不同整頓政風法紀結合，就只會「雷聲大而雨點小」。而且單靠黨內「坐而論道」式的整風，而沒有一套黨內外的監督與制約機制和追究責任的制度，也只會流於空談。

　　因此執政後從嚴治黨，整風固然是必要的；但單靠黨內整風是事倍功半的，難免走形式。關鍵在於擴大黨內的民主，把民主集中制的重

點放在黨內民主制上，建立制約黨權、特別是黨的領導人的權力的黨內監督機制，嚴守「黨規」，屬行國家法治。

古語云：「無敵國外患者國恆亡」。對一個政黨也是如此。在資本主義國家，其對政黨的制約，主要靠實行反對黨制度。我國不實行反對黨制度，就需要強化黨內外的監督機制。毛澤東曾講過要有意識地設置「對立面」，「要唱對臺戲，唱對臺戲比單幹好」。[1]1987年，中共中央就已提出，要建立「一套制度制約和監督黨和國家的高級領導人，特別是職權最高的領導人都能嚴格遵守憲法，遵守黨紀，不至於不受任何限制而自由行動，使我們黨和國家的治理基本上靠制度而不是靠人」。[2]可惜至今還沒有建立這樣的制度，或者「有制不行」。

黨內民主，最根本的是體現在對「黨權」有民主的制約機制。

一、加強黨的最高領導機關（亦即黨內最高權力機關）——黨的全國代表大會和它所產生的中央委員會（相當於黨代會的常務委員會）的領導和監督權力

人們心目中往往把黨的中央政治局或政治局常委會視為最高領導或最高權力機關，這是一種誤解。由於中央委員會每年僅開一次，黨的全國代表大會則每5年才開一次，而且開完一次後實際上就不再存在了（要到五年後下一次重新選舉黨代表），因而其最高權威與權力，在日常工作中往往被淡忘，而為中央政治局所取代。這不利於對中央的權力的監督與制約。黨的八大黨章曾經把黨的代表大會（包括全國與省、縣級黨代會）改為常任制。鄧小平在黨的八大修改黨章的報告中曾指出，「代表大會常任制的最大好處，是使代表大會可以成為黨的充分有效的最高決策機關和最高監督機關，它的效果是幾年開會一次和每次重新選

---

1. 轉引自鄧小平：〈共產黨要接受監督〉，載鄧小平：《鄧小平文選》（第1卷）（北京：人民出版社，1993），頁272。

2. 《黨紀黨風常用手冊》（北京：法律出版社，1991），頁126。

舉代表的原有制度所難達到的」。他指出按照代表大會常任制，黨的最重要的決定都可以經過代表大會討論。中共中央、省、縣委員會每年必須向它報告工作，聽取它的批評，答覆它的詢問。而且由於代表是常任的，要向選舉他們的選舉單位負責，就便於他們經常地集中下級組織、黨員和人民群眾的意見和經驗，他們就更具代表性，而且在閉會期間仍可作為代表依一定程序去監督各級黨組織，直到黨中央、政治局。他認為「這種改革，必然可以使黨內民主得到重大的發展」。[3]

筆者建議，適當時候把黨代會改為常任制，5年內至少開會2次（人大是每年一次），對於改善黨的領導和加強黨內權力監督機制是有助益的。

二、切實實行黨委制和集體領導制度，集體行使黨權，糾正書記個人拍板現象

中共的歷次黨章中都是規定實行黨委制，即委員會制。這種制度屬於所謂集體領導制，實質是集體行使權力（我國人大就是如此），它與政府中的行政首長負責制是相區別的。委員會制是按少數服從多數的原則作決定，集體承擔連帶責任；首長制是首長個人決斷，首長個人承擔責任。

在革命時期，要求黨高度集中、集權，特別是指揮武裝起義和武裝鬥爭中，更要求軍事領袖的個人獨裁。不過，那只限於軍事系統或行政系統。列寧時代的俄共（布）的黨內組織原則仍然是委員制。在中央委員會和政治局中，並沒有設立黨的主席、「第一把手」，列寧只是人民委員會（政府行政機構）的主席。在黨內政治局或中央委員會中，列寧也只是委員之一，只有一票，而且有時居於少數派地位，得服從多數人的決定。當時斯大林作為總書記也不過是秘書長而已。其實，馬克思、恩格斯、列寧在黨內都沒有擔任過主席或書記，但他們以其理論權威和革命導師的業績，成為無產階級政黨公認的領袖。列寧去世後，斯

---

3. 鄧小平：《鄧小平文選》（第1卷）（北京：人民出版社，1993），頁233。

大林才把總書記變成黨內的最高領導人，實行個人專權。自此，才有黨內「第一把手」集權、專權的傳統。

1943 年，中共中央在推選毛澤東為政治局主席時，曾通過決議規定：「會議中所討論的問題，主席有最後決定之權。」[4] 這正是把「民主基礎上的集中」，集權到一個人身上，或政治局幾個人身上。這在革命戰爭時期或許是必要的。可是成為執政黨、掌握國家大權後，這種集權就害多利少了。毛澤東在他的晚年明確提出「第一把手」要「大權獨攬」，要有「個人崇拜」。黨和國家的一切權力都集於他一身，他一人獨斷專行，個人權力高於黨權和國權之上，造成了災難性的後果。

黨之所以要實行委員會制，而不是首長負責制，是因為作為領導黨，主要是對國家和社會事務進行政治思想上的領導，是決定大政方針政策的，不是具體解決行政事務的，因而有必要集思廣益，民主決策；也有必要防止集權，導致專橫和腐敗。

其實所謂「第一把手」、「第二把手」等，只是行政體制上的首長負責制。中共既然是實行黨委制，實行集體領導，各級黨委中委員權利與權力平等，就不應當有所謂「第一」、「第二」、「第三」把手之分，和所謂「書記掛帥」、「第一書記拍板」等超越黨的組織原則的慣例（只有黨的某些職能部門如組織部宣傳部才可以實行部門首長負責制）。正如鄧小平所已明察了的：「每個書記只有一票的權利，不能由第一書記說了算。」[5] 可惜事實上黨內這種行政化的領導體制並沒有取消，反而日益加強。在基層尤甚，有些農村黨支部書記簡直就是當地的「太上皇」。鄧小平批評的「黨權高於一切」，[6] 更演化為黨的書記權力高於一切。這往往是造成權力專橫和腐敗的重要根源。

4.《中共中央關於中央機構調整及精簡的決定》（1943 年 3 月 20 日）。

5. 鄧小平：《鄧小平文選》（第 2 卷）（北京：人民出版社，1993），頁 341。

6. 鄧小平：《鄧小平文選》（第 1 卷）（北京：人民出版社，1993），頁 11。

三、擴大黨內民主，保障黨員權利，全體黨員 與黨組織要成爲對黨權的監督主體

這首先要求實行列寧講的黨內「批評自由，行動一致」的原則。黨員在從政中、在對外處事時，要在政治上行動上同黨中央保持一致，遵守黨的政治紀律；但這並不限制黨員在黨內生活中對黨的決策和黨的領導機關與領導幹部的「批評自由」。1889年恩格斯在批評丹麥黨把持不同觀點的黨員開除的做法時，曾經指出：「工人運動的基礎是最尖銳地批判現存社會，批評是工人運動生命的要素，工人運動本身怎麼能避免批評，想要禁止爭論呢？難道我們要求別人給自己以言論自由，僅僅是為了在我們自己隊伍中又消滅言論自由嗎？」[7] 1892年，他在致培培爾的信中告誡要防止黨的報刊「國家化」，即中央集權化的弊病時，又指出：「你們在黨內當然必須擁有一個不從屬於執行委員會甚至黨代表大會的刊物，也就是說這種刊物在綱領和既定策略的範圍內，可以自由地反對黨所採取的某些步驟，並在不違反黨的道德的範圍內自由批評綱領和策略。你們作為黨的執行委員會，應該提倡甚至創辦這樣的刊物。」[8]

在我們黨的十一屆五中全會通過的《關於黨內政治生活的若干準則》中指出：「發揚黨內民主，首先要允許黨員發表不同的意見」，「由於認識錯誤而講錯了話或者寫了有錯誤的文章，不得認為是違反了黨紀而給予處分。」對黨員對黨組織或黨內領導人的批評，「不允許追查所謂動機和背景」。1995年頒佈的《中國共產黨黨員權利保障條例（試行）》中，規定黨員有權在黨的會議上就黨的政策和理論問題「充分發表自己的意見」，在黨刊黨報上以個人名義投送稿件無須經過其所在黨組織審閱或批准。（第9條）黨員也有權批評黨的任何組織與黨員。（第11條）這些黨規應當受到極大重視與執行。

---

7. 恩格斯致格·特刊爾的信，〔德〕馬克思、恩格斯，中國共產黨·中央馬克思恩格斯列寧斯大林著作編譯局：《馬克思恩格斯全集》第37卷（北京：人民出版社，1971），頁323-324。

8. 〔德〕馬克思、恩格斯，中國共產黨·中央馬克思恩格斯列寧斯大林著作編譯局：《馬克思恩格斯全集》（第38卷）（北京：人民出版社，1972），頁517-518。

四、正確地理解、解釋和切實執行黨內的民主集中制，是發揚黨內民主，制約黨權的重要的環節

列寧式的共產黨的組織原則一貫是實行民主集中制。作為革命黨，如列寧所強調的，無產階級除了組織以外，就沒有別的武器。在革命時期，列寧特別強調黨的集中制，認為只有黨的權力的高度集中和黨員、黨組織的鐵的紀律與組織性，才能對付比無產階級強大百倍的敵人。在建黨時，當馬爾托夫批評列寧的集中制是「專制的官僚主義的治黨方式」，是「奴隸束縛制」、「過分的、可怕的集中制」時，列寧反駁並申明他主張的集中制是「民主的集中制」。這裏「民主的」只是一個形容詞，落實在集中制。

集中制的實質是集權制。在革命戰爭時期和處於地下非法鬥爭時期，黨必須高度集權，才能有效地指揮全黨，統一行動，同強大的敵人進行殊死的鬥爭。黨在七大黨章上寫的也是「民主的集中制」。

可是在已經奪取政權，成為執政黨以後，擁有幾百萬人的軍隊，有幾千萬黨員，有強大的國家機器，共產黨直接掌握一切國家權力，這同作為革命黨時的處境已大不一樣。這時再講高度的集中制（集權），就不像處於弱勢的革命黨時期有迫切的充足的理由。更重要的是作為執政黨，其所集中的不只是黨內的權力和黨員的權利，而是國家的權力。任何黨的權力的集中，同時就是把國家權力集中，而且是集中到各級黨的領導人手裏，因為我國的領導體制是黨政不分，「黨領導一切」而且「黨權高於一切」的。而任何權力的過分集中，必然產生權力專橫和權力腐敗。這一「鐵則」共產黨也沒能逃過。鄧小平在《黨的領導制度的改革》一文中已作了很透徹的剖析。

因此掌握國家政權的執政黨，無論在黨內或國家機構中，要強調的是適當分權而不只是集權，包括不同國家機構之間的分權制衡；國家分權，還權於社會，還權與民；中央適度分權於地方；黨政分權等等。民主集中制所要強調的重點不應再是集中制（集權制），而是民主制（民主過程中已包含有集中，即集中到多數人的意志，形成決定）；也不是所謂「集中指導下的民主」，因為那往往不是以集體通過的決定、政策

或法律為指導，而是以黨的領導人的意志為轉移，實際上最多也只是在集權操縱下的開明專制而已。

　　黨章上對民主集中制的界定是：個人服從組織，少數服從多數，下級組織服從上級組織，全黨服從中央。——這裏只見「下服從上」的一條單線，雖然是必要的、重要的；但卻沒有「下監督上」或「上尊重下」、「上對下負責」的另一條反饋或反彈的線。如果要講黨內民主，那就不能沒有黨員（個人）監督組織、保護少數、下級監督上級、中央服從全黨的意志，這樣上下互動互補、互相制約的機制。

　　只有下對上的「四個服從」，這種「集中制」還是沿襲了革命時期黨的集權制下的組織原則和組織紀律。當着黨還處在革命時期、地下時期，黨員和黨的各級組織很分散，黨員也不可能了解全面情況（處於地下的黨員更只是單線連系），為了統一行動，強調絕對服從中央，服從上級是十分必要的。而成為執政黨以後，黨和國家的各項活動，社會的各種情況，大都是公開的，特別是在當今資訊化、互聯網化時代，也必須實行資訊公開化。黨員和地方組織都有條件了解黨和國家的政策與法律和國情、民情以及世界大事，黨員和各級黨組織有條件、有能力也有必要據此監督黨的各級黨組織，直到黨中央，以防止黨權和黨所掌握的國家權力的腐化。因此單有「下服從上」這條單線，已遠遠不能適應執政黨的要求了。必須採取上下雙向互動的民主機制。

五、強化黨的紀律檢查委員會的監督權力，是對黨權的黨內制約機制的重要一環

　　現行的黨內紀檢體制是紀委從屬同級黨委，受其領導，同時受上級紀委領導。遇到同級黨委有違紀行為需立案檢查的，應報同級黨委批准；涉及常委委員的，還應先報告同級黨委後再報上一級紀委批准。這在執行中往往易受同級黨委所阻滯，不利於對同級黨委幹部，特別是對第一書記的監督。列寧時代，黨的中央和地方各級監察委員會是與中央委員會或同級黨委平權的，監委不對中央委員會或地方黨委負責，而「只對黨的代表大會負責，它的任何委員都不得在任何人民委員會部

（政府機關 —— 引者）、任何個別主管機關及任何蘇維埃政權機關中兼職」。[9] 這種體制有其優越性，似可參考。

中國現行黨內紀委還與國家監察部「合署辦公」，兩塊牌子，一套班子。這種做法雖有利於黨政配合行動，增加行政監察權威；但這只能說是在非正常時期（如現今腐敗十分嚴重的情況）的權宜之計。如果把它變成一種固定的長期的制度，其弊病一是黨政不分；再則黨的紀檢委去包辦行政監察工作乃至干預刑事案件的調查、處理，於法理不合，有越權之嫌；而且會削弱對黨內的監督，包括對黨的方針、政策的監督和對黨的幹部的紀律檢查、監督，會造成「黨不管黨」，不利於從嚴治黨。

總之，從嚴治黨關鍵在於擴大黨內民主，從嚴治權。這是治本之道。捨本逐末是不可能有成效的。

---

9. 〔俄〕列寧：〈論「雙重」領導和法制〉，載〔俄〕列寧，中國共產黨・中央馬克思恩格斯列寧斯大林著作編譯局：《列寧全集》，第 33 卷（北京：人民出版社，1959），頁 327–328。

第五十七章

整風關鍵在對幹部
進行憲政教育

最近有兩件涉及全國全黨的大事：一是反憲政的逆流引起一場憲政大辯論，壞事變成好事，有利於澄清一些錯誤觀念，抵制否定憲法的極右思潮（不是極「左」，因為他們力圖維護的是封建專制體制和權貴資產階級的利益）；二是中央宣佈整風清黨，對全黨、特別是對領導幹部進行「群眾路線教育」。從法治視角上考慮，我認為後者必須與時俱進，在當代，整風重在治吏，「群眾路線教育」的核心應當重在領導幹部樹立憲政意識、公民意識、公僕意識。所謂「照鏡子，正衣冠」，應當要求幹部以憲法為鏡子，對着現行憲法中有利於治國治黨、制約權力和保障人權和公民權利的規定，一條條對照檢查是否施行了，照辦了，違反了是否受到追究？還應當以史為鑒，反思、總結歷史教訓，特別是在重拾「階級鬥爭為綱」時期的一些老口號、老語錄、老行事方式乃至搞運動的習慣時，不再重犯過去的錯誤。這需要清理以下幾種帶有封建專制性的舊觀念舊制度。

一、清除君臨「臣民」的群眾觀，樹立平等相待的公民觀

群眾路線是中國共產黨在革命黨時期的基本工作路線，其好的傳統應當繼承發揚；但在現今作為執政黨的新的歷史條件下，單講群眾路線已經不足以從根本上整頓幹部的思想作風，克服腐敗。

現在的問題已不限於黨群矛盾，作為執政黨面臨的是官民矛盾，領導人與民眾的矛盾，群體性事件每年達到十幾萬起，也就是每天有幾百起。有些幹部不但是脫離群眾，而且有的地方甚至與群眾為敵，遇到民眾不滿、起而抗議的，就說是「國內外敵對勢力」的挑動，加以打壓。

我認為「群眾路線教育」的命題應當具有與時俱進的內涵。經過三十多年的改革開放歷程，今天的中國「群眾」早已不是革命時期的工農知識分子大眾，也不是在計劃經濟時代的「順民」，而是有民主法治意識、維權意識的公民和公民群體，他們是享有公民權的憲法主體，是國家最高權力的主體。他們的權利和權力應當受到最大的尊重和保障。如果還停留在因襲老一套的「群眾觀念」、「群眾路線」上，還僅僅限於整頓一下工作作風，而不是下狠心澄清吏治，是不可能擔當依法治國的重任和化解黨群矛盾的。

　　群眾是相對於領導而言。只講群眾，還是自居於領導者的特殊地位。現今的群眾不再是群氓，不是臣民、子民、順民，更不是「刁民」，而是有憲法地位和強烈權利意識的公民。黨群關係、官民關係，實質上是公民與公民的平等關係，或者公僕與主人的關係。

　　「群」字在中國的古漢語裏是個貶義詞。據辭源解釋，「群」是指禽獸成群（「獸三為群，人三為眾」）。簡體的「群」字是君字旁一個羊字，繁體的「羣」字是君在上面，羊在下面。那就意味着群眾是君主統治下的羊群。我們有些執政者、治國者至今還多少保留、因襲了這種君臨群眾——「羊群之上」的「群眾觀」、「領導觀」，實際上是「牧羊觀——牧民觀」。

　　其實在民主憲政國家面對的所謂「群眾」，應該是指公民、公眾、民眾。他們是憲法和憲政的主體，執政者的權力是公民、人民賦予的，而人們則往往以為是領導人「天賦」的。我們過去不少執政者，常常是高高在上，動不動「教育人民」、「領導群眾」，甚至「領導人民」。在主權在民的國家，人民作為一個整體是至高無上的，政黨也不過是人民中的一小部分人，不能居於人民之上，說領導群眾尚可，說領導人民則是顛倒了公僕與主人的關係。

　　講「對群眾負責，為群眾服務」，只能憑幹部自身的道德覺悟；如果實行憲政，實行直選，講「對選民、公民負責」，就是對你的選票負責，關係你的前程、官帽。

　　公民是享有憲法權利的人，是選舉人、監督人，講尊重公民就必須擺正同公民的平等地位，尊重和依法保障他們的權利。而不致擺出一副「領導」的架子。官員也是公民，有時甚至可以說是作為人民（公

民群體）的下級。在選舉期間，台灣各政黨領導人逢選舉時紛紛向選民群眾「拜票」——一個「拜」字表明了官對民的關係。

所以，我認為，當今對幹部進行群眾路線教育，實質上也是進行公民教育、憲政教育，樹立公民意識、憲政意識。認清所謂群眾是掌握選票、決定你的前程的公民群體、公民社會。作為一個執政黨官員，你不只是要走群眾路線，根本的還是要實行憲治，要強調依靠公民、公民社會，這樣才能把我們原來革命時期的群眾路線作風問題變成一個憲政民主的政治問題，憲治問題，才能真正解決官民矛盾，克服凌駕於人民群眾之上的舊習。

只講群眾路線，還可能為所謂「群眾運動天然合理」「運動群眾」「群眾專政」等謬論留下愚弄群眾的空間。用「群治」為人治、專制作的包裝。

二、克服國家至上的政權觀，樹立社會至上人民至上的憲治觀

長期以來，黨的領導人和法學界在界定憲法的性質和任務時，都認為憲法是「治國安邦的總章程」。憲法固然有此功能，但這一命題，卻把憲法主體只限於政府和執政黨，他們是治國的唯一主體。這就導致憲法變成只是執政黨治國的工具，而不是限制政府權力和保障公民權利的約法。

憲法不只是國家的根本大法，更是社會的大法——社會約束國家的契約。

憲法的主體是人民、或全體公民，不是執政黨和政府，後者倒是受憲法監督制約的客體，而且往往是主要的違憲主體。

把憲法視為執政黨和政府的工具，而抹殺憲法主要是人民、公民制衡國家權力、保障公民權利的工具，這是對憲法性質與功能的顛倒。

造成這種誤解的原因，可能與過去最高領袖的憲法觀有關。雖然他是制定新中國第一部憲法（54憲法）的主持人，可是事後他的言行卻表明，他並不相信法律，更不相信憲法，反而要破除「憲法迷信」。

憲法頒佈後才一年他就違反憲法，不經全國人大審議，擅自發動「批胡風」、「反右」等一系列整人、侵犯公民權利的政治運動。「文革」中他一張大字報就可以打到一個按照憲法選出的國家主席，這正是這種憲法觀的「革命實踐」。

三、轉變把國家當「黨產」的國家觀，樹立「權為民所賦」的新權力觀

如鄧小平早在 1941 年就批判過的，「以黨治國」、「黨權高於一切」是國民黨在我們共產黨裏的流毒。這種思想上和體制上的流毒至今也不能說已完全清除。

這裏一個深刻的思想政治根源還在於，不少老革命自覺不自覺地抱有中國農民革命的固有傳統的遺留：所謂「打天下者坐天下」，「成者為王」。引申過來就是打天下者得天下，得天下者就可以得到整個天下的一切資源，包括物質資源、精神資源、司法資源，這些都被視為打天下者的戰利品。這就和古代封建帝王奉行的憲則類似：「普天之下，莫非王土，率土之濱，莫非王臣。」從國土到臣民都是我皇上的。

我國 82《憲法》第 2 條規定：「中華人民共和國一切權力屬於人民」，第 7、8、9、10、11 條分別規定國營經濟與農村集體經濟、自然資源與土地、個體經濟和私人財產等也都歸全民或相關集體與公民所有；第 29 條還規定中華人民共和國的武裝力量屬人民；憲法第二章則確認了公民享有各種權利與自由。這些都囊括了國家和社會的物質與精神資源，皆屬於人民和公民所有。

但是人民群眾是不是真能享有和掌握一切權利與權力？實際上，一些黨政領導人自以為，中華人民共和國一切權力、一切資源屬於咱們共產黨，或者可以全由我們黨支配。這在我們奪取政權之後不久（20世紀 50 至 60 年代）有些領導幹部就有這樣的思想：我們打的天下，我們就可以擁有一切、調動一切，國家等於是執政黨的「黨產」，是我黨的集體財產，可以由我們任意支配。

當時最高領袖有一句話：「東西南北中，黨是領導一切的。」為什麼能領導一切？因為他以為我打的天下，所有社會資源就歸我擁有，我

就可以隨便支配。不是有一位將軍説：「你要想把我們趕下台，你拿三千萬人頭來換！」

我也是共產黨員，也參加過地下黨幹革命，也為新中國奮鬥過，但我奮鬥過不能説天下就有我私人的一份了，就可以任由我支配了。這種「打天下者得天下」的農民革命思想是根深蒂固的。我擁有一切，當然可以領導一切、控制一切。薄熙來就自認為相當於被分封的一方諸侯，擁有重慶這個獨立王國的一切。

一個小的單位，只要他是第一書記，他就掌握了本單位所有的人財物等資源的支配權，就能由他調動一切，由他説了算。這就把社會資源、國家資源財產都看成是黨產，是執政黨所有，或者第一書記可全權支配。不但他一個人説了算，而且還可以調動公權力為他個人的私利服務。為什麼薄熙來可以調動公檢法成為他的家丁打手？甚至可以調動公安局長一夥人去幫他的家人謀財害命，去保護他的妻子殺一個外僑？因為我們的制度使他有了權就有了一切。

要解決這個問題，必須從體制上解決。國家的一切精神與物質財富歸人民還是歸執政黨？是以黨治國還是依法治國？我覺得現今只講依法治國都不夠了，因為黨的一把手還掌握立法權，他們作為「領導一切」的黨委一把手、同時又兼人大常委會的「一把手」（主任），可以操縱立法機關通過保護特權集團的權益的法律法規，然後以這種惡法來治國、治人，也號稱是「依法辦事」、「依法治國」。所以「依法治國」應該提升到「依良法治國」、「依憲治國」。

我最近看到一篇文章裏提到美國前總統里根有一句話，他説：「我們是一個擁有政府的國家，而不是擁有國家的政府，……除非人民授予，我們的政府便毫無權力可言。」我可以把他這句話稍微套用一下：「我們是一個擁有政黨的國家，而不是一個擁有國家的政黨。除非人民授予，我們黨便毫無權力可言。」這也就是習近平曾經指出的：「權為民所賦，權為民所用。」國家一切的權力、一切資源不是屬某一個政黨，更不是歸屬某個個人（黨的最高領袖和黨委的第一把手）。也正如俄共總書記在總結蘇聯垮臺的教訓時説的，蘇共亡在「三壟斷」：壟斷經濟，壟斷權力，壟斷思想。

因此要真正吸取重慶事件的教訓，就必須改變「坐天下、得天下」、擁有天下、領導一切、支配一切這種舊思維、舊制度。

四、轉變「非我即敵」的專政觀，樹立多元利益群體觀

　　國家觀中還有一個列寧主義的遺留：「國家是階級鎮壓的機器」（《國家與革命》），和關於「群眾——階級——領導集團——政黨領袖」的關係的理論（《左派幼稚病》）。這種理論導致蘇共實行黨專政、領袖專政。在中國毛澤東繼承和發展了這種理論，即「人民民主專政」和「兩類矛盾論」、「全面專政論」等。其中「兩類矛盾論」被奉為馬克思主義的中國化的新發展，至今還用來解決社會矛盾與社會危機。

　　「兩類矛盾」理論的核心，本來是把正確處理人民內部矛盾作為社會主義國家政治生活的主題。這是在剝削階級被消滅之後，為適應由革命的階級鬥爭到社會主義建設的轉變時期，而提出的一種政治哲學。但是在我國進入社會主義初級階段的前20年間（也是這個理論提出後的20年間），在實踐上卻並沒有把它作為主題，而是把重點放在「以階級鬥爭為綱」的基點上去劃分敵我兩類矛盾，以致不斷地在人民中甚至在黨內去劃界線、挖「敵人」（如「資產階級右派」、「黨內資產階級」、「走資派」、「反革命修正主義分子」等）。為什麼剛剛提出「兩類矛盾」的理論才幾個月就在實踐上嚴重混淆、顛倒了兩類矛盾，大舉打壓人民內部的所謂「右派」呢？這有種種原因，其中就有理論本身的偏差。

　　第一，「兩類矛盾」理論作為一種政治哲學，對從整體上估量階級鬥爭的形勢，把握社會政治活動向有指導意義，但不能作為具體劃分敵我的依據。

　　在和平建設時期，僅憑六條政治標準這樣彈性很大的模糊規範，是很難準確無誤地劃清敵我界限的。所謂「推一推就過去了，拉一拉就過來了」。敵我界限決定於一推一拉之間，具有很大的隨意性和不確定性，這就很難避免「擴大化」。

第二，「兩類矛盾」只是從政治上對社會矛盾的簡單劃分。而社會矛盾卻是十分多樣複雜的。如果把社會矛盾僅歸結為政治上這兩類，非此即彼，就容易導致簡單化，出現混亂。事實上社會生活中有些矛盾既非敵對性質，也不好歸入人民範疇，其間有很大的灰色地帶。如民事法律關係是公民之間、法人之間、公民與法人之間的財產關係和人身關係等私權關係，就毋需涉及政治上的敵我關係或人民內部關係。又如刑事犯罪中，強姦犯就是強姦犯，不能硬去劃分「反革命強姦犯」和「人民內部的強姦犯」。基於個人恩怨的仇殺或情殺，就不屬政治上的敵我矛盾。論罪科刑的理論基礎是犯罪構成理論，而不應是兩類矛盾的理論。政治上的矛盾性質不能用刑罰尺度來衡量。在 1979 年制定刑法時，我正在全國人大法制委員會工作，與聞其事：刑法草案原稿總則第 1 條曾有「依照嚴格區分敵我和人民內部矛盾的原則」一語，後來刪去了，理由就是兩類矛盾的這一政治原則不好簡單地套用在刑法的立法和刑法的適用上，也沒有必要這樣做。

第三，也是最重要的，政治上敵我這二元的對立，已不能完全覆蓋當今社會利益多元化、矛盾多元化發展的局面。法治的任務不僅是打擊敵人，更要注意對多元利益群體關係的調整。

總之，要揚棄非我即敵的「兩類矛盾」的簡單化和僵化思維，樹立多元利益群體觀，把注意力集中到保障多元化利益群體、特別是弱勢群體的現實目標上。

這裏還涉及轉變權力觀的問題。

近年黨的領導人習近平提出「權為民所賦」、「權為民所用」、「把權力關進制度的籠子裏」，劉春賢在擔任湖南省委書記時曾提出「還權於民」的口號。這些都是針對現今國內政局積弊和社會矛盾狀況，有鑒於人民對權力和權利日益增長的要求而提出的，這被作為執政黨的新權力觀而昭示於民，引起社會新的期盼。如何避免停留在「口號治國」的虛幻，將這一新權力觀真正落實為還權與維權的實踐，是當前政治與社會改革的重要課題。

所謂還權的「權」，我認為既有權利，也包括權力。權利又包括公民和社會組織的私權利與公權利。公民的公權利即公民的政治權利，是指公民對國家政治等公共事務的知情權、參與權、選舉權、言論出版結

社集會遊行示威等自由表達權，批評建議檢舉控告政府及其官員的監督權等。政治權的實質是使公民對於國家意志的形成能發生影響，是保障公民私權利的前提條件，是現今還權的首要選項。也就是要落實憲法第 35 條有關公民的各項政治自由的立法，這也是衡量是否實行憲政的標誌。

五、違憲審查制的改革與模式選擇

如習近平所說，憲法的生命與權威的關鍵在實施。至於能否實施，其關鍵則在於對違憲行為能否嚴加追究。這在現行憲法上已有原則規定，但只是一紙具文。原因在沒有建立可行的違憲審查制度。

法學界早就提出過各種模式，主要有三種：

一是美國模式，將司法權和司憲權合一，通過普通法院作違憲審查；

二是德國模式，將違憲審查權和行法權分開，對違憲訴訟有專門的憲法法院；

三是希臘模式，是將行憲權、司法權合一，憲法法院、最高法院、行政法院中任何一個法院都可以審查違憲問題。[1]

中國可行的模式：一是讓中國的最高法院來承擔違憲審查的職能，但是中國法院歷來力量很弱，不可能承擔這一個職權；二是在全國人大和人大常委會之下，建立一個憲法委員會；但它仍然不能監督人大，也不能監督人大常委會的立法，這個委員會附屬於人大，也使人大產生「自己做自己的法官」的法理悖論。

我認為還有一種模式是：由全國政協來承擔違憲審查。

早在 1956 年底，劉少奇在一次國務會議上就曾主張在中國實行上、下議院的兩院制。1957 年春，時任中共中央統戰部長李維漢還特地

---

1. 諸葛慕群：〈關於建立中國的違憲審查制度〉，來源：《中國論文下載中心》，2006 年 3 月 28 日。

向民盟中央副主席章伯鈞轉達了劉少奇的這一主張，並希望通過章伯鈞以民主黨派身份和自己的名義，在統戰部召開的座談會上提出來。章照辦了。1956 年 12 月統戰部向中央提交了《關於加強政協地方委員會工作的意見》，中共中央在 12 月 24 日的對此「意見」的批示中，對章伯鈞的建議給予了回應，指出：「政協在我國的政治生活中佔有重要的地位，不僅具有統一戰線組織的作用，而且在實際上起着類似『上議院』的作用。」[2]

1982 年修訂憲法時，我在全國人大法制委員會辦公室工作，聽到傳達中央對修憲的意見中提到參與憲法修改的一位負責人（胡喬木）提出了人大設兩院制的構想，旨在強化對人大自身的制約，並提升政協的權威和權力地位。但當時此議被黨的領導人（鄧小平）否定，主要理由是多一個議會多一份牽扯，影響效率，執政黨也不好統一領導；再則中國不像歐美，有兩院制的政治文化傳統，因此不合國情，何必另生枝節。此後法學界、政治學界雖不時有人舊話重提，都未成氣候。

不過，政協既有參政議政和民主監督的任務和權利，就不應只議不行，流於形式。執政黨和政府也需要有一個強有力的、建設性的對立面，對它們的權力加以有效制約。

實行兩院制在基本政治制度上變動太大，不易為當局者接受；我認為賦予政協這個重要的國家機構擁有部分國家權力，應當是順理成章、比較易行的。現今可以考慮的具體方案，有以下三點：

(一) 賦予政協有向人大的提案權

現行憲法確認全國人大常委會、國務院、最高人民法院、最高人民檢察院、中央軍委五個國家機構有對全國人大的提案權。而政協作為我國基本政治制度和國家機構的重要組成部分，作為中國共產黨領導的多黨合作和政治協商的重要機構，卻不享有對人大的提案權，是有悖憲政邏輯的。所以我建議在適當時候，通過憲法修正案，將政協的參政議政和監督權利（如進行「不可行性」研究與建議的權利），上升為「准

---

2. 章立凡：〈1956 年中國高層的「兩院制」設想〉，轉摘自《文摘週報》，2007 年 5 月 27 日，第 5 版。

權力」或程序性的權力，即享有對人大的提案權，使經政協正式通過的對國是的集體主張和批評建議能作為議案，法定地必須列入人大議程，予以審議。這樣就可以對國家權力（人大立法權）和政府行政權有一定的約束力。

（二）賦予政協有質詢權

在政協會議期間，可仿照人大，可以提出對政府或其所屬各政府部門、法院、檢察院的質詢案，受質詢的機關必須負責答覆。這是使政協的監督權（權利）准權力化、並「提高實效」的一項舉措。當然，也可能遭遇部門保護主義者的阻礙。但若確立為法律制度，似不難施行。

（三）賦予政協有違憲審查權

我國人大制度是權力集中制，一切國家權力歸全國人大，其他國家機構的權力都是由人大授予，對人大負責。這種體制有其高效的優越性，但人大自身在國家制度範圍內卻沒有或不受任何其他權力的制約或監督。如果全國人大及其常委會的決定、特別是立法，出現違反憲法的基本原則，侵犯人權和公民基本權利的情事，就很難及時糾正（如 20 世紀 50 年代全國人大批准國務院的勞教法規就是一個惡法；20 世紀 80 年代全國人大常委會通過的關於「嚴打」的兩個「決定」中，就有侵犯、剝扣被告上訴權和辯護權和違反「不溯及既往」原則）。

如果讓全國政協作為違憲審查機構，按現今政協成員的構成質量（是各界知識精英薈萃之地）和它在國家權力上的超脫地位，以及它應當和可能擁有的政治權威是足擔此任的。由於政協和各民主黨派也是受共產黨領導的，因而毋需擔心它會借此挑戰共產黨的執政地位。竊以為這下先為一個新的改革思路。當然實現這一步已使政協帶有「上議院」的職能，如何具體規範，有待細加推敲。目前可以考慮政協有建議人大進行違憲審查的提案權，這可作為改革的切入點。

郭道暉法學思想與
理論貢獻

* 由江平、王家福、高銘暄、陳光中等 22 位知名法學專家組成的《當代中國法學名家》編輯委員會於 2005 年遴選出首批「當代中國法學名家」191 人（郭道暉教授是首批當選的「法學名家」之一），並由人民法院出版社於 2005 年 8 月出版了四卷本 480 餘萬字的法學文獻——《當代中國法學名家》。本文是摘自該書 2009 年修訂版的「郭道暉」條目，並參考其他報刊有關評述，略加整合。

一、爲人與爲學

　　郭道暉教授的學術成就、思想影響和對我國法學與法治的貢獻，在中國法學界以及國外法學者中，頗享盛名。特別是他爲人、爲學的風格與節操，他敏銳的創新學術思維和敢於直言以挑戰權威、針砭時弊的精神，更深得青年法學者的推崇和尊敬。他的文章在法學界、法律界引起廣泛的反響。一些評論認爲，郭道暉「以其筆鋒犀利、觀點新穎和富有時代氣息而頗爲法學界矚目」，[1]他「是這個時代的縮影，是中國法學家對於中國以及對於人類執着關懷的集中體現」。[2]「追尋時代真理，擊水法學中流」，「表現了高度的學者良知和學者責任」，[3]「是法學界引領時代潮流的人物之一」，「是法治高危領域的排雷者」，「以一位人民權利的積極倡導者之姿態而著稱於當今思想界」。[4]有的學者將他歸入「黃（金）派的法學家」，這類法學家是「能將法學研究的成果轉化爲極有價值的改革建議，從而有力推動中國的政治、經濟以及司法體制改革的法學家。他們善於聯繫實際，善於運用法學原理進行現實批判，關注民生，力主改革。他們不僅著述豐富，而且分量沉重。在他們的代表作中，往往以黃金般的語言來表達他們的主要觀點和主要主張」。[5]

　　郭道暉教授雖然現在已是85歲（注：現已90歲）高齡的老人，但他仍然筆耕不輟，被稱譽爲「白髮青年」、「皓首赤子」，是當代中國法

1.《法制瞭望》，1995年第2期，陳煜、游勸榮文。

2.《法學》，1998年第1期，孫潮文。

3.《法商研究》，1998年第3期，羅昶文。

4.《文史博覽》，2006年第1期和《法學資訊》1992年第2期「文摘精華」。

5. 匡克：《世紀之交的中國十大法學家流派》，見「法大在線」www.fadaonline.com，2002年11月12日。

學界站在時代前沿的一面思想旗幟，[6] 與江平、李步雲教授並稱「中國法治三老」。

1989 年郭道暉離休後，同時被返聘為《中國法學》雜誌社總編輯。此時正值那場驚心動魄的政治風波剛過，法學界刮起一陣以「左」批「右」之風。郭道暉教授秉持堅持真理的態度，在《中國法學》上連續撰寫和發表幾篇被人稱為「砥柱中流」的重要評論，排除和抵制來自「左」方面的干擾，法學界反映：「有如一陣清風吹來」，「頂住了壓力，維護了學術殿堂的尊嚴」，「安定了浮動的人心」。在郭道暉教授任總編輯長達十個年頭，《中國法學》由於堅決貫徹了「解放思想，實事求是」的原則和「雙百」方針，敢於突破學術禁區，開展一系列有現實針對性但亦十分敏感性的問題討論，保障了學術自由和扶持中青年學者的成長，因而被認為「擔負起了引導一個東方大國法學研究方向的重任」，「形成了自身獨具特色的學術風格和辦刊風格」，[7] 該刊在他任總編輯期間被評為全國法學核心期刊的榜首，並由國家新聞出版署從全國 2000 多個社科理論期刊中評選為六大優秀期刊之一，受到廣大讀者和作者的好評。

1991 至 2004 年間，他曾先後幾次率團參加在德國、意大利和日本、韓國舉行的國際法哲學與社會哲學世界大會和東亞法哲學大會，在北海道、名古屋、關西等大學和香港各大學等作學術演講，廣受好評。通過郭道暉教授的學術演講和同日本、韓國等國學者的友好往來，使第三次東亞法哲學大會得以在 2000 年順利地在我國南京召開。以後郭道暉教授又協助促成第四至七次亞洲法哲學大會分別在日本和我國長春、香港、台灣等地舉行；以及世界法哲學與社會哲學第二十四次大會於 2009 年在北京舉行。在 2006 年東亞法哲學第六屆年會上，郭道暉當選為新成立的亞洲法哲學會七人理事之一。他的這些活動促進了中國法理學界同國際法學界，特別是日、韓諸國以及我國港台地區學者的學術交流，擴大了中國學者在亞洲的影響。

---

6. 參見《法制日報》，2004 年 2 月 16 日，第 7 版，《人民法院報》，2004 年 2 月 18 日，B2 版。

7.《中國法學》，1994 年第 2 期筆談會。

郭道暉教授的為學與為人有突出的個人風格和操守。他立論行文，中心思想只有一條：「人民的利益是最高的法律」，要竭力為人民的權力和權利鼓與呼。以「為人民爭權利，為國家行法治，為社會求公正」作為自己的不懈追求。

　　他為我國法學與民主法治的發展，披荊斬棘，探尋新路。其強烈的使命感和理論勇氣，其敢於堅持真理，挑戰權威的精神，受到法學界的普遍讚譽。

　　1990 年，郭道暉教授還在《中國法學》上進行了關於「爭民主」問題、關於「權利本位」、「人權法制」、「曉南風波」的討論或評論。並對當時《人民日報》和《求是》雜誌等報刊上對法學界的學術研究發動的政治批判進行了堅決抵制，保護了新思想的傳播和青年學者的成長。

　　正如 2006 年 12 月湖南大學法學院舉辦的「郭道暉教授法學思想研討會」上一些學者在評價他的文品和人品時一致稱讚的：郭道暉教授「是一位剛直、勤奮、深思、多產的法學家」，「是我們國家在法學理論思想上的拓荒者」，「是法學界社會良知的堅強守衛者」，「敢為法學界遮風擋雨的先驅」。（均見《時代的良知──郭道暉教授法學思想研討文集》，法律出版社 2008 年出版）他在參加立法實務和著書撰文中，都竭力貫徹民主精神，不懈地呼喚實行法治。他總是站在時代潮流的前沿，以其敏銳的思考，突破禁區，揚棄前人過時的陳說和教條，提出某些發人深思的新的理論觀點，為提升「幼稚」的中國法學的水平，廓清黨政幹部中蒙昧的法制觀念，作出了重要貢獻，被認為是 20 世紀末中國法治與法學的一位傑出的啟蒙思想者。正如李步雲教授評介郭教授為人為學的特點：「一是他的思想充滿人文關懷；二是他的觀念總是力求緊跟時代的步伐；三是他的觀點大多是來自對社會生活與法制治實踐的觀察、分析和概括；四是他的見解往往具有現實感，具有針對性。」[8]

　　1997 年，郭道暉所著《法的時代精神》（65 萬字）一書出版後，在法學界引起轟動，好評如潮。一些資深教授在評論此書時，認為「這本著作幾乎涉及改革開放以來法學界所有熱點問題，令我們耳目一新」

---

8. 郭道暉著：《法的時代挑戰》（長沙：湖南人民出版社，2003）。

（武漢大學李雙元教授），「思路開闊，新意層出不窮，可算是當代中國法理學研究中的瑰寶」（安徽省社科院王傳生研究員），「堪稱新時期我國法理學界一曲高亢的強音，一朵瑰麗的奇葩」（南開大學周長齡教授），是「『文革』後中國最重要的一部法學著作，而且它對21世紀中國法學的發展，也將起到承前啟後的重大作用」（鄭州大學呂泰峰教授），「這是先生十多年孜孜探求的學術結晶，是先生為學與為人完滿統一的生動寫照。先生背負深沉的理論使命感，站在時代的高度上，潛心追求法的真理，反映法的時代精神，這種學術風範當為我輩後學的楷模」（原南京師範大學校長公丕祥教授）等等。一些年輕學者更反應強烈，稱讚「先生的文章擲地有聲」，「它與國家民族同呼吸共命運，是近20年來當代中國最有價值的精神產品之一」，「為我們掃除了許多觀念障礙」，「讀此書只有兩個詞可形容：相見恨晚、如饑如渴」。

他的《法的時代呼喚》出版後，法學刊物在書評中認為「中國法學界中稱得上思想家的不多，郭道暉就是其中的一位」。[9] 而互聯網上有的學者在評論他的《法的時代挑戰》一書時指出：郭道暉「都七十的人了，他還在挑戰。他挑戰的對象是什麼呢？是一切不民主、非法治、反自由、違反真理與人權、違反人類良知與良心的現象、制度、思想、理論和觀念」。他「以深刻的人文關懷，務實的研究精神，無畏的理論勇氣，在法學界披荊斬棘，為法學的現代化，為我們這個社會的文明建設作出了特有的貢獻。我因此尊敬他」。[10]

二、創新的學術思想理論

郭道暉教授的文章一個重要特點是，總是密切針對當前我國政治與法治的誤區與積弊和法學上的陳舊理論觀念，率先提出新的思想論點。

---

9. 《東吳法學》，1999年卷，海坤文。

10. 互聯網「民主專賣店，讀書筆記」，石上泉：《披荊斬棘——郭道暉的〈法的時代挑戰〉》。

（一）法的本質新論

1. 創新的哲學思考 —— 法的本質內容與本質形式

郭道暉在 1982 年中宣部召開的理論討論會上提出「非階級鬥爭的社會矛盾」新的理論概念，澄清了長期以來一些人對馬克思的階級鬥爭觀的曲解和把法只當做「階級鬥爭的工具」的謬誤，受到與會者的高度重視，會務組為此文編印了簡報專號。

在法學界關於法的本質的爭論中，他及時發表《法的本質的哲學思考》（1985 年），根據辯證法和系統論關於整體與部分的質的區別的理論，提出了自己獨到的觀點：在階級社會中，法律作為一個完整的體系，在整體上是有階級性的，但並不因此排斥某些單個法律（如環保法）或法律規範（如交通規則）的非階級性，這正如用磚瓦砌成的房屋的性質，不同於磚瓦的性質；「一國兩制」不影響我國在整體上是社會主義國家，也不否認作為它的組成部分的香港的資本主義性質。他還認為法律現象比法律本質更豐富，它不僅受階級與經濟必然性的支配，還受各種偶然因素的影響而出現各種變異。資本主義國家的法不完全等同於資產階級的法律，有時會發生某個法律或法律規範偏離統治階級意志與利益而有利於人民的現象。他還首先提出法的本質也不是單一的，而是分層次的，除階級性外，還有客觀物質規律性、國家強制性等本質屬性。特別是他將黑格爾關於本質內容與本質形式的理論引入對法的本質研究，指出法的本質除包括法的本質內容（民主、自由等政治思想內容與權利、權力等法理念、法規範內容）外，還有法的本質形式（意志的國家形式、強制性規範形式等），後者正是法律區別於其他社會規範（如政策、道德、團體紀律）的基本特質。該文還一反法學界長期以來認為既然國家最終將消亡，法也必然消亡的觀點，指出隨國家消亡的只是原有意義的國家法律中某些要素（如國家意志性與國家強制性）的消亡，使傳統的法律改變了形態，代之而起的是體現社會共同意志、具有社會強制性的社會規範。郭道暉關於法的本質的上述哲學思考，有助於在法學領域克服「以階級鬥爭為綱」的影響和對法律現象與本質簡單化、教條化的思維方式。

2. 釐清法與法律的區別

郭道暉教授在 1994 年對作為社會存在的客觀法同作為主觀意識產物的法律，作了科學的區分。他認為「法是指由經濟關係所派生和決定的法權關係，是在一定生產方式下，人與人的關係所必然產生出的權利義務關係與共同的社會規則，是體現經濟關係以及其他社會關係的客觀法則」；「而法律則是對客觀上業已形成的法權關係予以表達和確認，使之成為肯定的、明確的、普遍的規範，並使之具有國家強制力與普遍適用性」。他闡明了只有反映客觀法的本質的法律才是「真正的法律」，否則就不是良法，或是「非法之法」，並以此為據，主張人民群眾有對惡法的抵抗權。郭道暉創新闡釋法與法律的區別，為衡量法律的良惡確立了客觀標準。

3. 倡言法的時代精神是「自由」

郭道暉教授根據馬克思、恩格斯在《共產黨宣言》中提出的建立「自由人的聯合體」的偉大理想，進而論證了當代社會主義法的時代精神應當是「自由」。指出法的精神「是指由一定歷史時代社會物質生活條件所決定的客觀法權關係所體現的社會共同意志關係的本質的概括」，它區別於「法律的精神」，後者只是前者的反映，滲入了立法者的階級精神，前者則主要是時代精神的體現。而人權則應是當代世界的法的精神，其在當代中國社會主義法中的體現，應是社會主義自由，這是對社會主義社會的生產力中最活躍的因素——人的解放，社會主體的自主與自治、社會的全面進步所必然要求的。

(二) 率先突破禁區，創新人權理論

人權在法學上和社會實踐中是一個古老而常新的話題，在中國長期以來還是一個敏感的禁區。郭道暉教授於 1991 年率先在《中國法學》上打破禁區，撰寫評論，號召法學界高舉人權的旗幟，開展人權法制的研究。

郭道暉教授根據馬克思主義創始人的科學理論，吸取西歐 18 世紀啟蒙學者和現代權利學派某些有價值的思考，對人權問題做了創新理論研究。1991 年他發表《論人權的階級性與普遍性》，在國內首先指出「人權是超階級的普遍性的權利」。在當時提出這種觀點，是需要有很大的理論勇氣的，因為這同長期以來中國主流意識形態強調人權的階級性和「人權是資產階級口號」是大相逕庭的；但卻是實事求是的真理。該文被日本鈴木敬夫教授譯成日文，在日本發表，引起日本法學界的重視。

　　隨後郭道暉教授在《人權‧社會權利與法定權利》（1993 年）一文中，論證了人權是「人該有之」與「人皆有之」的權利，是隨着人類社會發展先於法定權利而歷史地形成的、社會自發存在的、合乎人的自然性需要和社會性需要的、人人都應當享有的道德權利或習慣權利。這就既揚棄了自然法學家純以人的自然本性為依託的「自然權利」論，指出了人權既以人的自然本性的需要為前提，又強調了人的社會本性的需要和歷史發展性；同時還克服了那種把人權等同於法定權利或公民權利的片面性。他提出人權包括社會自發（自在）權利和國家法定權利兩種存在形式，前者先於後者，並可與後者獨立並存，又可轉化為後者，而且在一定條件下人權高於法定權利，是衡量法定權利的合理性、正義性的標準。他還認為社會自發存在的權利或人權一經法定，既是對人權的保障，也是對它的限制，即對權利的主體與權利範圍作了規限。反之，某一法定權利雖予取消（如罷工權利），如未明文禁止，則還原為社會自在權利或人權，根據「法不禁止即自由」的原則，雖不再受法律保護，卻也不受法律追究，可以享有更大的自由度。這篇文章還提出了作為「抵抗權」的人權理念。他的這篇論文被譯成英文，收入香港出版的《社會科學輯刊》（英文版）。

　　郭道暉教授還應日本札幌大學鈴木敬夫教授之約，為其所著《中國的人權論與相對主義》一書撰寫了序言：《中國法理學界的人權觀一瞥》。2004 年，他在中美人權研討會上發表了《人權的本性與價值位階》，[11] 針對我國理論界對人權的自然性與社會性、階級性與普遍性、人權與主權、集體人權與個體人權、生存權與政治人權等關係上一些需要商榷的觀點與命題，諸如只講人權的階級性，否認普遍性；只講「多

---

11. 該文在《政法論壇》2004 年第 2 期發表後，為《新華文摘》2004 年第 11 期轉載。

數人的人權」而忽視「少數人的人權」；片面強調「主權高於人權」，而不問主權屬誰；片面宣揚「集體人權高於個體人權」，以之等同於集體主義與個人主義關係，從而蔑視、壓制個體人權的主體性；或只講「生存權是首要人權」，忽視政治人權在爭取人權保障的順序上居先的價值地位等等。他作了有別於主流觀點的探討，引起法學界的熱烈認同，先後被《政法論壇》發表和《新華文摘》轉載。但由於該文所論涉及與某些主流論斷相左的敏感話題，從而犯忌於某意識形態部門，以致轉載該文的期刊的責任編輯和主編被以莫須有的過錯受到各罰款 5,000元的處罰。（據悉，2013 年原下令罰款的主管部門承認是「錯罰」而退還了罰款。）

此後郭道暉仍繼續發表了《人權至上是憲法的最高原則》、《「以人為本」重在以人的自由為本》、《政治人權論綱》、《政治權利與人權觀念》、《人權觀念與人權入憲》、《公民的政治參與權與政治防衛權》、《社會公平與國家責任》、《人權的國家保障義務》等論文，並參與了國家教育部指定的高等學校《人權法學》教科書的編寫（李步雲主編）。基於他歷年發表的一系列有關人權和權利的論文中所提出的新觀點，被法學界認為是我國研究人權法學和推動人權入憲的著名學者之一。其有關人權的論文已彙編成《人權論要》一書，由法律出版社於 2015 年出版，並被評為當年中國十大法治圖書之一。

(三) 創立「社會權力」理論

權力與權利關係是郭道暉教授一貫鍥而不捨、悉心研究並被法理學界公認為對之有獨到見解的學術領域，特別是他論證了「權利推定」原則，進而創立了自成體系的社會權力新理論。

1. 郭道暉教授最早研究和提出了「權利推定」原則。他認為這是基於社會自發存在的權利不可能為法律所窮盡而全部轉化為法定權利，其中必有一些為法律所「漏列的權利」，或未能預測到的「新生權利」，或已邏輯地包含於法律所明示的權利之中的「默示權利（或潛在權利）」，以及為法律所保留的「剩餘權利」「空白權利」等。對這些應有權利可以從已明定的法律權利或法律原則、精神、立法宗旨中，推定出與之相關權利存在的合法性、合理性，而加以法定。強調「權

利推定」旨在擴大公民權利的領域，完善權利立法，並防止公民應有權利受到不法侵犯。他提出了權利推定的五種形式和應遵循的四項原則。他的《論權利推定》一文載於《中國社會科學》，後又被收入《中國社會科學》英譯本，並被一些大學收入法理學必讀參考書中。

2. 他在一次國際學術研討會上發表的《論集體權利與個體權利》的論文，對我國主流理論認定「集體權利高於個體權利」的原則提出異議，認為這是把權利簡單地等同於利益。其實個人利益雖在特定條件下應服從集體利益，但法定權利則不然，二者都是為法律所確認和保障的對象。權利一經法定就不只是對個別人，而是對類屬相同的「每一個人」普遍享有的權利。任何對個人權利的侵犯，不只是對個別人的利益的侵犯，而是對每個人、對公民的法定權利的侵犯和對法治的違反，是違法行為。他還認為個人利益可以因集體的、國家的利益而犧牲（這種犧牲除出於本人的道德自願者外，國家應當給予補償），個人權利則不容否定。「放棄個人權利」只是指暫時放棄權利的行使，而非放棄或根本上否定其應享有的權利資格。何況行使某些權利時還可能要犧牲個人利益（如行使言論自由、批評、檢舉、控告權可能受到打擊報復）。郭道暉這些論點澄清了理論界長期將二者作高下之分，要求「個體權利服從集體權利」的違反法理的解釋和誤導。他的這篇論文被全國人大常委會法工委所編《法律參考資料》摘要轉載；並被與會的一位德國教授譯成德文，收入《東亞人權》一書在德國出版。

3. 郭道暉教授在國內法學界率先系統地研究了「權利與權力」的關係，並將之視為法學上的一對基本範疇，提出了獨到的見解。他在 1990 年《試論權利與權力的對立統一》一文中，首先提出公民權利是國家權力的原始淵源與基礎，權力來自權利，而不是相反。這就否定了把公民本有的權利當做黨和國家的「恩賜」的國家主義的權力觀，強調權力應當為權利服務，並受權利的監督。特別是他於「權力制約權力」這一古老原則之外，創新地指出「以權利制衡權力」的六項原則

與方略，諸如廣泛分配權利，以權力廣度抗衡權力強度；集體行使權利，使之集中形成為人民權力；優化權力結構，建立與健全同國家權力結構相平衡的公民權利體系；強化權利救濟，發揮公民的抵抗權與監督權的作用；提高全民權利意識，釋放權利的「動能」以抗衡權力的「勢能」。這就大大提高了權利的憲法地位和在權力制衡機制中的重大作用。

4.　考慮到法定權利的行使與實現和得到救濟，仍在一定程度上要取決於國家權力的支持，郭道暉在隨後關於克服「國家──社會」一體化轉變為二元化的研究中，又進一步提出了「社會權力」的新理論。他先後在韓國首爾，中國南京、香港等地舉行的第 2 至 4 次東亞法哲學大會上，發表了《論以社會權力制衡國家權力》、《論權力的多元化與社會化》、《社會權力與法治社會》等系列論文。他給社會權力所下定義是：社會主體以其所擁有的社會物質與精神資源對社會與國家的支配力、影響力，如發達國家的工會等人民團體及其他民間社團的強大社會影響力，新聞媒體的強大輿論力量等，可以形成對國家權力的政治參與和民主監督的強大動力與壓力。

這一原創性的「社會權力」新理論的提出，是基於市場經濟的建立和發展，「國家──社會」一體化的格局被打破，民間社會或公民社會逐漸形成，社會主體（包括公民、各種社會群體、社會組織、媒體以及各種社會勢力等）的自主性、自治性增強，社會物質和文化資源部分地從國家壟斷中剝離出來，歸公民和社會組織所擁有，開始發揮其對社會和國家的影響力。由此，於國家權力之外，與之並存的又有了一種新型的權力──社會權力。權力出現了多元化現象。郭道暉指出，社會權力即社會主體以其所擁有的社會資源對國家和社會的影響力、支配力。

社會權力理論的邏輯起點是從國家與公民社會相對應的視角而言，它是相對於國家權力，並與國家權力互動互控的。郭道暉根據他的社會權力理論，進而提出「以社會權力制約國家權力」的法治新模式，突破了單靠國家權力之間「以權力

制約權力」的內部制約的局限性，找到了從外部社會、運用民間力量去監督、制約國家權力的途徑，為權力制約論開創了新的思路。

社會權力理論的提出及其實踐，可以打破國家權力壟斷一切、君臨一切的局面；社會權力的自主性及其對國家權力的互動與制衡，對保障社會主體權益的能動性，使權力不再是可畏的難以馴服的兇器，而可望成為人民群眾可親近的、可自我掌握的利器。郭道暉對社會權力的開創性研究，體現了他對社會、對人民群眾的力量的高度重視與信賴。

5. 郭道暉關於「以公民權利制衡國家權力」和「以社會權力制衡國家權力」的理論，突破了單靠國家權力之間「以國家權力制約國家權力」的內部制約的局限性，找到了從外部監督、制約國家權力的途徑，為權力制約論開創了新的思路，這在國內外法學界具有創新的理論意義。

6. 社會權力理論在國內外都是一個新的課題，在世界法學史上也是具有創新意義的。雖然馬克思、恩格斯早就提出過「社會權力」的概念，現代西方學者如哈貝馬斯等人的著述中也涉及這個命題，台灣學者也有所謂「政治力、經濟力、社會力」的提法，但都未見有專題研究。國外關於市民社會、中產階級社會和「非政府組織」（NGO）的研究較多，但很少深入到與法治國家並存的法治社會、公民社會層面和作為國家權力的對應力量的社會權力視角上來考察。當代西方新出現的「新憲政」理論，也是試圖突破國家權力的內部制約模式，而寄託於社會力量。但他們並未能明確而系統地提出社會權力的理論。

郭道暉的社會權力理論及「以社會權力制約國家權力」的法治新模式，在幾次東亞法哲學大會上作了系統的闡述，引起國外學者很大興趣和高度評價，認為這是「具有方向指導意義的、實踐性很強的論點，可以看作是東亞歷史狀況正在不可阻擋地持續變革的象徵」。[12]「這一理

---

12. 見日本北海道大學教授今井弘道：《現代政治的脫國家化與「近代」之克服》。

論，對於只習慣於講國家內部權力互相制衡的理論的我們來說，是一個新鮮的啟迪。為我們今天的市民社會的理論，注入了新的動力。」（韓國著名法學家、律師金秉正）「郭道暉教授關於『國家權力和社會權力的對立統一』的命題，確實簡要地概括了新的權力制衡的精義。郭道暉教授的理論，對於我們研討人權委員會的性質、構成等問題，也有很大的作用。」（韓國延世大學教授咸在鳳）。[13] 在我國也有些法學者專文論述了「郭道暉的權力學說」。[14] 著名法學家江平教授也指出，在我國法學界「郭道暉教授最早提出了建立三種權利（力）的觀念，即除了國家權力和私人權利之外，還要建立社會權力。……這三類權力（權利）的本質是：私權的核心是自由，社會權力的核心在於自治，國家權力的核心是強制力。」[15]

郭道暉的社會權力理論逐漸得到國內理論界的關注和重視，一些大學與社會上的論壇請他就此主題作講座，一些報刊也發表他這方面的論述，在讀者和聽眾中引起強烈反響，認為「郭教授跨出了對國家權力、個人權利及它們之間關係的傳統觀點，其講座的選題即給人以一種耳目一新的感覺，令人思想開闊、深思不已」。

在年屆八十時，郭道暉為使其社會權力論進一步系統化，完成了《社會權力與公民社會》的新著，2009 年於譯林出版社出版，受到理論界法學界的熱烈反響。

（四）社會建設新論 —— 公民社會與法治社會

與社會權力緊密相關的是公民社會，後者是前者的載體。公民權又是公民社會和社會權力的核心。郭道暉根據馬克思在《論猶太人問題》等著作中關於市民社會與人權、公民權的重要論述，超越我國法學界對此的陳舊觀念，指出公民是有權參與國家政治的「公人」、「政治人」，公民權的特定涵義是公民參與政治的「公權利」；與一般作為「私

---

13. 郭道暉：《法的時代挑戰》（長沙：湖南人民出版社，2003），頁 210、163、165。

14. 林喆：〈何謂權力？——郭道暉權力學說評述〉，《政治與法律》，1999 年第 2 期。

15. 江平：〈社會權力與和諧社會〉，見江平自選集《權利的吶喊》（北京：首都師範大學出版社，2008）。

人」的自然人、經濟人及其「私權利」（人權）不能等同。而「國民」則可以具有憲法上的公民和私法上的自然人的雙重身份和公權利與私權利雙重權利。公權利是對應和對抗公權力的。對公民權即政治權利這一馬克思所界定的特定涵義，迄今在法學界乃至憲法學界也並未明確並加以研究。

至於所謂「市民社會」（確切的概念應是「民間社會」），也兼有政治性的「公民社會」和經濟社會性的「私人社會」雙重屬性。公民社會是同政治國家相對應的政治社會，其特徵是作為組織化的政治存在，區別於作為分散的自然人社會的經濟存在或民事主體存在。公民社會的特性和作用是讓各個社會階層有它的組織和表達民意的渠道來參與國家政治，影響國家的決策。

理清和闡明公民、公民權和公民社會等概念和提出社會權力理論，及其與政治國家的對應的互控的關係，確認其憲政地位，為法治國家的理論研究和實踐導向注入新的理念和動力，對推進政治改革，建立法治國家和和諧社會，具有重大的現實意義。

（五）法治：法治國家與法治社會

實行民主的法治是這二十多年來郭道暉教授鍥而不捨的追求和不斷為之鼓與呼的主題。

1. 他在 1982 年就專文論述「民主的公開性與了解權」。這些原則與觀念的提出在當時的黨政幹部中可說是前所未聞，受到法學界的推崇。1988 年在他發表的《社會主義初級階段法制建設思想戰略的幾個問題》一文中，指出當前法制建設的主要思想障礙，不是資產階級法治思想，而是封建的人治思想和以階級鬥爭為綱的「左」的思想，並提出要突破「兩類矛盾」論，樹立多元化利益群體觀，剖析了把社會矛盾只歸結為「非我即敵」這兩類的理論偏頗和實踐危害。這篇論文使人耳目一新，被一些報刊廣泛轉載，並獲得中宣部主辦的「紀念黨的十一屆三中全會召開十周年理論討論會」入選論文獎。

郭道暉在 1988 年出版的《民主‧法制‧法律意識》一書中就較系統地闡明了法治與人治的區別，不在「靠法來治」還是「靠人來治」的分歧。指出二者的分界線是：當法律與當權者的個人意志發生衝突時，是法高於個人意志，還是個人意志凌駕於法之上，即是「人依法」還是「法依人」的區別。他首次澄清了中國古代儒法之爭不是人治與法治之爭，而是在人治（即專制）底下的德治與法治之爭，指出法家的法治只是「人治底下的法制」，是為鞏固封建專制政治服務的，與現代意義的法治的鋒芒主要是對抗專制，有本質的不同。他在後來討論市場經濟與法治時，批評立法中的部門意志傾向，指出這就是現代「人治底下的法制」的表現。由此他進而提出要「反對以法謀私」，即僭用行政與地方立法權，以首長意志和部門、地方的偏私利益為出發點，打着「依法辦事」的旗號，卻是以「非法之法」來謀取本部門、本地區乃至個人的私利。這個「人治底下的法制」和「以法謀私」的提法，立即得到法學界的廣泛認同和引用。他還將當代人治的表現概括為替民做主、權大於法、仰仗青天、迷信運動、依人定向（跟人不跟法）等多種形式，並揭示中國古代把法作為「防民之具」的法制思想在當代的影響。

2. 郭道暉教授較早地指出了「法制」與「法治」的區別，一貫堅持和反復論證法治（Rule of Law）即「法的統治」，同人治或人的統治是對立的；而法制（法律制度，Legal System）是中性的，一般多理解為「用法來治」（Rule by Law），把法律僅僅當做治國、制民的手段，因此可以同封建專制政治或人治相結合。

他還首創這兩個同音詞之爭比喻為「刀制」（「制」字是立刀旁）與「水治」（「治」字是水旁）之爭，即把法只是當「刀把子」、當統治工具或階級鬥爭工具，還是實行人民之治（「水」象徵人民：「水可載舟，亦可覆舟」），即民主政治或民治。他指出這兩個詞義之爭，反映了工具論與價值論的分歧，也是長期以來我國革新與保守的法律觀的分歧。他較早地指出，我國自改革開放以來所強調的「加強法制」與黨的

十一屆三中全會提出的「有法可依、有法必依、執法必嚴、違法必究」16 字方針，對克服「無法無天」的動亂局面，恢復法制，雖然起了重大的作用，但究其觀念實質，還只能說限於「形式法治」範疇。16 字方針只是法治的形式要件，並未涉及依什麼法、誰來治、治誰這一系列實質問題。不少黨政官員還停留在用法來「治民」而非「民治」，更非「治權」、「治官」。因此早在 1988 年，他在詮釋「依法治國」與「以法治國」兩個不同命題時，就主張用「依法治國」，因為它同其對立面「依人治國」即人治劃清了界限。

3. 在實行社會主義市場經濟開始，法學界提出市場經濟是「法制經濟」的命題，並得到政法界的普遍認同時，他卻率先進一步提出：市場經濟應是「法治經濟」，以同計劃經濟體制下的人治經濟、權力經濟相區別。因為在計劃經濟體制下也有法制，但並未能完全擺脫「人治底下的法制」的傳統，而法治經濟則不僅要以法制規範市場秩序，更要制約行政權力對市場經濟主體的權利的非法或不當干預，並以後者的權利為本位，行政權力是為它服務的。這正是「法治經濟」應有之義，而非「法制經濟」所能涵蓋之旨。這一經過修正的命題得到法學界的普遍贊同。

1993 年，郭道暉教授在為黃稻主編的《社會主義法治意識》一書所作序言中，又全面論述了「依法治國」的涵義並指出其「方略」意義，該文已提出實行法治首先要明確的三個問題，即用什麼法來治（法的性質）？誰來治（法治的主體）？治誰（法治的客體）？他指出，社會主義的法治必須是用民主的法、用保障人民權力和權利為主導的法、體現人民意志與利益的法來治，而不是相反。法治的主體是人民及代表人民行使國家權力的人民代表大會；政府只是由人大派生出來（授權）的第二層次的法治主體。至於法治的客體，重點是國家，依法治國即依法治國家機器，治國家權力，治官吏。「吏治清而國治，國治而後天下平。」

正如有些學者所說：「改革開放以來，他不斷有新觀點問世，最有代表性的理論主張是『以法治代替法制』，對此他

得着機會就講，不厭其煩，不怕風險，誨人不倦，誨國不倦，不僅自己講，還組織同仁在《中國法學》上一起講。」[16]終於黨的十五大將建設「法制」國家改為建設「法治」國家。

他在闡釋十五大精神時，又再次強調要完整地把握方略與目標的統一，依法治國重在依法治權，不應只是將它層層推演為依法治省、市、縣、鄉、村，最後落實為只治事不治權，治下不治上，治民不治官。這期間他發表了《論以法治官》的長篇論文，被《新華文摘》和其他一些報刊轉載，廣受歡迎。

4.　在探討建立「法治國家」的現實問題同時，郭道暉教授還提出了促進形成「法治社會」的理想前景。1995 年，他在研究市場經濟促使「國家——社會」一體化傳統格局的變革，顯示出向二者相對獨立並存又互動互控的新局面轉化的端倪時，以其敏銳的思考，提出「在市場經濟體制下，如何在對『國家與法』這一主題關注的同時，進而加強對『社會與法』的研究，以此展望當代中國法治的新走向，由法作為國家單向控制社會的工具，轉到法成為國家與社會雙重自控與雙向互控的工具；由逐步實現法治國家，到最終形成法治社會」。他認為「法治國家是指國家機器的民主化法治化，以民主的法制來治國，使國家機器的構造與運轉完全依法而行，受法律的自動調控」。「法治社會則是全部社會生活的民主化法治化，包括社會基層群眾的民主自治、各社會組織、行業的自律，企事業單位和社區的民主管理，社會意識、社會行為、社會習慣都滲透着民主的法治的精神，形成一種受社會強制力（社會權力）制約、由社會道德規範和社會共同體的組織規範所保障的法治文明。」他進而指出：「沒有法治國家，很難形成法治社會。沒有法治社會，也難以支撐法治國家，只有二者互動互補，才能臻於完善。但法治國家應先於法治社會而為主導。法治社會是法治國家的基礎，並是

16.　匡克：《世紀之交的中國十大法學家流派》，見「法大在線」www.fadaonline.com，2002 年 11 月 12 日。

最終目標——未來國家消亡，而社會法治文明永在。」郭道暉教授這一理論被認為是「在法治社會這一問題上開創了理論探尋的先河」。[17]

5. 1999 年，他應日本幾所大學之邀去日本作學術演講，撰寫了兩篇講稿：《毛澤東鄧小平治國方略與法制思想比較研究》和《中國法治化的道路》，該文後來在日本關西大學學報和國內的《法學研究》上發表，引起理論界的較大反響。北京出版的《北京黨史》2002 年第 1 期也著文認為該文「是近年研究毛澤東的高水準、有價值的重要成果之一」。

（六）憲政、憲治與共和精神

郭道暉教授在全國人大常委會法工委工作時，參與過 1982 年憲法制定過程中的研討，還擔任過全國人大憲法修改委員會審議憲法修改草案會議的工作秘書，以及全國人大和地方人大組織法等法律草案的研討與修訂工作。他一貫傾注其理論熱忱於我國的憲政與民主政治的理論與實踐問題，在 20 世紀 80 年代就提出不但民主要法制化，更重要的是法制要民主化，論述了立法民主化與民主化的立法的六項基本原則。

1. 關於憲政，基於他痛感中國民主政治建設的滯後，黨政機構和幹部對保障人民權利與權力的意識淡薄，在 1983 年憲法制定一周年之際，他就撰文提出要在中國實施社會主義民主憲政。1989 年「五四」運動 70 周年之際，時值全國正在整頓經濟秩序，他進一步提出要《整頓憲法秩序，實行憲治》，認為這是整頓好經濟秩序的首要前提，並在政法界首次提出了「憲治」的概念。他指出：「所謂憲治，就是要按照憲法的民主精神和原則治理國家。」、「憲法是民主的綱領，權利的宣言，但它是靜態的；憲治則是民主政治的實施和權利的實現。」他認為「沒有憲法或憲政，法治就沒有靈魂，憲法就只是一張寫着人民權利的紙」。以後他又對憲政作了較深入

---

17. 李雙元、肖北庚：《法治社會——中國法治進程的最終目標——評郭道暉著〈法的時代精神〉》，《法學》，1998 年第 1 期。

的研究，提出「憲政是以實行民主政治和法治為原則，以保障人權和公民的權利為目的，創制憲法（立憲）、實施憲法（行憲）和維護憲法（護憲）、發展憲法（修憲）的政治行為的運作過程」。憲政的三要素是民主、人權、法治。憲政是憲法的靈魂、動力和支柱，他首先提出了實行憲政要有「憲德」的理念。他還專題探討了《憲法演變與憲法修改》（1993年）問題，歸納了憲法演變的各種形式，其中特別提出了憲法的「良性演變」與「惡性演變」的概念及對策。

2.　21世紀初，郭道暉教授又進一步深入探討了憲法的根本性質與理念，並對民主、共和與憲政的關係作了深入研究。他在2003年《憲法的社會化與大眾化》、2004年《人權至上是憲法的最高原則》等論文中，對把憲法片面界定為「治國安邦的總章程」的通說提出質疑，認為這是把憲法的主體僅僅歸結為政府或執政黨。他指出憲法的主體應是人民，或全體公民；至於執政黨及其領導的政府首先是憲法的客體，是受人民和憲法制約和監督的對象；憲法是人權和公民權利的產物，國家權力是憲法賦予的；憲法不是、或主要不是執政黨和政府治國的工具和手段，而是人權和公民權利的保障書和以公權利制衡公權力的約法。憲法的最高理念和原則是人權和公民權至上。

3.　在關於我國權力體制結構上，郭道暉還探討了人民與人大的法理關係，認為它類似民法上的信託關係，人民是國家權力的原始所有者主體，人大作為權力受託者是第二層次的所有者主體與行使者。他還剖析了西方的「三權分立」制度，認為那只是屬調整統治階級內部矛盾而設置的權力分工與制衡的政治體制範疇，與其根本政治制度的性質有所不同。我國目前不採取這種政治體制而實行人大制度，主要是基於不同的國情，而不是因為它「姓資」。他還指出我國雖不實行美國式的三權分立，卻也有如何正確調整好民權、政權與黨權這三權的相互關係，使之適當分工與分開並相互制約的問題。

在我國人們談論和追求民主較多，而對共和與憲政的認知較少。在《民主的限度及其與共和、憲政的矛盾統一》（2002年）一文中，郭道暉探討了這三者的聯繫與區別。他指出狹義的民主強調的只是多數統治和多數票決定制；「共和」則要求保護少數，人人平等自由，主張合眾（共）、和諧（和）與平衡（權力制衡），權力公有，人民主治，資源共享、全民共富。憲政的要義則是對人權和公民權利的保護和對國家權力的制約。民主的多數統治脫離共和精神與憲政準則的節制，就會走向「多數專制」的暴政。雖然共和與憲政要以民主為基礎；但民主應當是共和的，並要受憲政的制約；民主主要解決人民權力的歸屬問題，共和是民主的目標，憲政則是民主的準則和共和的保障。三者既有矛盾，又是統一的。總體上，憲政高於民主，共和精神則應貫穿於民主和憲政之中。

4. 自 2011 年以來，郭道暉進一步研討和闡述了「憲政社會主義」的新理念和願景。他指出社會主義多種多樣，魚龍混雜，到底哪一種社會主義是進步的、科學的，是合乎時代潮流和人民需要的；哪些反之，是逆潮流而動的，有必要加以辨別，決定取捨。而憲政社會主義這個命題主要是為了規限我們所贊成的社會主義，必須是實行憲政的社會主義。他認為什麼叫做社會主義，簡而言之就是「以社會至上為主義」。當代進步的新的社會主義應當是以社會為本位，以社會主體、即以全體國民、公民為本位，或「以人（個人和人人）為本」，人權和民權（權利、權力）至上，人民利益至上，而不是以國家權力為本位，不是國家權力至上。而新的憲政主義則既堅持又超越國家權力之間的相互制衡的局限，把注意力轉向社會，運用社會主體的權利和權力來制衡國家權力，而社會力量主要是建基和生發自公民社會，運用公民社會來制衡政治國家。憲政基於民主，又高於民主。憲政社會主義比民主社會主義涵蓋的意義更高遠些，如同說「沒有民主就沒有社會主義」一樣，沒有憲政也就沒有社會主義。

5. 2013 年 5 月以來，理論界、政法界有些人和某些主流報刊刮起一陣反憲政之風，指斥「憲政姓資」，誰主張憲政就是企圖顛覆人民民主專政。郭道暉陸續在清華、北大、湖南大學、湘潭大學的論壇和報刊、互聯網上發表《評當前反憲政思潮》，在美國《僑報》上發表《評憲政恐懼症》等文章，為憲政正名、吶喊。一些網評認為老先生的發言，引經據典，擲地有聲，給反憲政思潮有力回擊，令人深思。

(七) 關於黨權與國權

執政黨在憲政國家的地位與作用，是個十分重要又十分敏感的問題。郭道暉以實事求是的科學精神和理論勇氣，發表了一系列論文，探討了黨權與國權、法權的關係，即黨的領導權同國家權力的法理關係。郭道暉論執政黨的問題，在法學界起初是空谷足音，現今亦位居前哨。

1. 在 1994 年《法學研究》第 1 期上發表了郭道暉《權威、權利還是權力 —— 執政黨與人大關係的法理思考》一文。該文論述了黨與人大的法理關係，認為黨的領導權是一種政治權威和執政黨的權利，但不等於國家權力。共產黨作為與人民相融合的一部分，是「人民主權」主體的組成部分，但不能作為從人民中分離出來的獨立的主權主體，同人民主權並立或高於它，這就是說黨的領導權在組織上不能凌駕於人民主權、國家權力之上。人大高於一切政黨。全國人大是最高國家權力機關，舍此不能有更高的國家權力機關。這也是為什麼 1982 年憲法取消了 1975 憲法第 16 條規定全國人民代表大會「是在中國共產黨領導下的」最高國家權力機關的定語。

該文還首次着重提出「領導黨與執政黨」的概念及其區別，並認為：「無論領導權還是執政權，都是一個動態過程」，「黨執政決不像封建世襲制度那樣，是天賦的權利，也不是一勞永逸的」。此文發表時，得到法學界的廣泛認同和熱烈好評，卻也有個別人在《求是‧內部文稿》(公開發行) 和《真理的追求》等刊物上發難，以「否定黨的領導」為辭，

進行政治批判。可是他們不會料到，11年後郭道暉的這句話幾乎原樣地被援引黨的十六屆四中全會關於提高黨的執政能力的決定中（即「黨的執政地位不是與生俱來的，也不是一勞永逸的」）。對此中央領導人指出這個「精闢論斷」，是基於「深刻吸取了包括蘇聯、東歐國家的共產黨在內的外國政黨興衰成敗的經驗教訓」。人民日報在對該決定的評論中也援引並強調了這句話。

2. 在《黨在法治國家中的地位與作用》、《改善黨的領導方略與執政方式》等論文中，郭道暉還率先指出解放後中國共產黨既是領導黨，又是執政黨這「一身二任」的新特點，對二者的聯繫與區別作了具體的、有獨到見解的分析。指出堅持黨的政治領導，但不能以黨權取代國家權力。他援引鄧小平早在1941年就批判過「以黨治國」、「黨權高於一切」等論述，提出從黨內外制約「黨權」構想。在2002年《治黨——固守陳規還是法隨時轉》一文中，他在法學界首先提出了中國共產黨應當自覺地實現「由革命黨到執政黨的歷史轉變」這一新的命題，對作為革命黨與作為執政黨在階級基礎和社會基礎上、在民主集中制的組織原則上應有的重大轉變，作了系統的闡述。指出作為執政黨，其所以能執政，是經由全民選舉的結果，因此要對全民負責，不能只是代表95%以上的人民，而應當維護100%的國民的合法權益。革命時代講民主集中制，重心在集中制或集權制；作為執政黨，無論在黨內生活和國家生活中，都應當強調民主制。他還認為所謂「民主基礎上的集中」，應當是集中多數人的意志，而不是「集中正確意見」，後者還是把判定正確與否的權力給予了領導者個人，仍然沒有擺脫個人集權的弊病。他還認為要堅持黨的領導，從嚴治黨，重在從黨內外制約黨權，並提出了調整黨內權力結構和擴大黨內民主的機制等建議。他的這些論文在國內外引起熱烈反響和好評，多予轉載。其關於「實現由革命黨到執政黨的轉變」的命題，與後來黨的十六大報告中強調的這一新提法，正相吻合，說明郭道暉在這個問題上是頗具先見的。

3. 在反右運動五十周年之際，郭道暉還以其切身經歷和掌握的大量第一手歷史資料，撰寫了三萬多字的論文，從憲政的視角和科學的歷史觀高度，評析反右運動的歷史真相及導致中國知識分子的這場大劫難和中國命運逆轉的理論根源，以及造成這一罪錯的國家責任，澄清了一些錯誤的、不公正、不實事求是的歷史評斷。他指出當年人民群眾幫黨整風，大鳴大放，應當說是人民行使對執政黨的監督權和言論自由、批評建議權利，是知識分子走向公民意識的覺醒和一次民主憲政的訴求，是中國人民百多年來追求民主與自由的憲政運動的一個高峰和一次挫折。該文分三期在《炎黃春秋》雜誌 2009 年的第 2、5、8 期陸續發表，引起強烈反響，有些讀者為此撰文《向中國的良心致敬！》，認為「發表此文體現了民主派學者正視歷史的錚錚鐵骨和理論勇氣」，「將會啟迪和帶動我國社會科學界一切有識之士與真理呼應，與史實貼近」。

對郭道暉教授敢於評議涉及執政黨的敏感問題，而又堅持了馬克思主義真理，法學界和理論界都十分推崇。這也是他一貫愛國憂民的使命感和實事求是的科學精神的體現。

（八）關於立法的理論與實踐

郭道暉教授自 1979 年 4 月全國人大常委會法制委員會（法制工作委員會的前身）成立之日起，在此工作 8 年，參與了修訂憲法和諸多立法的調查研究工作，運用他在立法實踐的體驗和理論研究的成果，寫了大量有關立法學理論與立法實際問題的論著。如他在 20 世紀 80 年代中期提出我國立法體制是「一二三」體制，即「一元性二層次三分支」。後隨立法發展，改稱為「一元性多系多位階」體制，強調了全國人大立法權的最高權威和法制的統一。他最早提出法律民主化的要求與原則，論述了立法中人民主權原則、公民權利原則、權力制約原則、權利救濟原則、利民便民原則、政務公開化原則。這在當時中國立法界還是未曾或很少涉及的重要理念。他所撰《論立法無序現象及其對策》一文，經國務院領導同志批示，指定國務院法制局結合此文，檢查政府立法工作中存在的問題。他撰寫的一系列有關立法原理、立法制度、立法技術

的論著，特別是就立法中的權利、權力、人權、自由、平等、公平、效益、效率等價值範疇，上升到立法哲學上來論證，突出「人民的利益是最高的法律」的思想，維護國家立法權優先和至上地位，拓寬和深化了立法學的研究領域和立法思想的導向。他主持了國家「八五」重點課題《當代中國立法研究》，作為總主編出版了 124 萬字的四卷本同名巨著（其中他從立法哲學高度獨自撰寫的第一編「立法原理」就達 30 萬字），是我國當代立法的理論與實踐的基礎性著作，填補了《當代中國叢書》中立法方面的空白。

1994 年他的《論國家立法權》一文在《中外法學》發表後，北京大學著名刑法學家儲槐植教授特致信說：「愚以為在同一主題的論文中，大作最具思想深度、學術勇氣、現實評判的理論魅力，難得佳作，讀後在下深受啟發，並相信對法律諸學科的理論研究均有參考價值，讀後有感，致書祝賀。」

附錄二

郭道暉法學論著目錄
1970-2019

個人專著

1. 《民主‧法制‧法律意識》（北京：人民出版社，1988）。

2. 《中國立法制度》（北京：人民出版社，1988）。

3. 《法的時代精神》（長沙：湖南人民出版社，1997）。

4. 《法的時代呼喚》（北京：中國法制出版社，1998）。

5. 《法的時代挑戰》（長沙：湖南人民出版社，2003）。

6. 《走向民主法治新世紀》（武漢：湖北人民出版社，1999）。

7. 《法理學精義》（長沙：湖南人民出版社，2005）。

8. 《社會權力與公民社會》（南京：譯林出版社，2009）。

9. 《人權論要》（北京：法律出版社，2013）。

10. 《政黨與憲制》（北京：法律出版社，2013）。

11. 《法治中國之建構》（香港：香港城市大學出版社，2020）。

合著和主編

1. 《法制參考資料》（全國人大常委會法工委，主編，第 1–5 輯）（北京：光明日報出版社、科學出版社分別出版，1985–1989）。

2. 《十年法制論叢》（中國法學會，主編）（北京：法律出版社，1990）。

3. 《法學文萃》（主編）（北京：法律出版社，1990）。

4. 《立法：原則‧制度‧技術》（主編）（北京：北京大學出版社，1994）。

5. 《當代中國立法》（總主編，國家「八五」重點課題，共四卷）（北京：中國民主法制出版社，1998）。

6　《當代中國法學爭鳴實錄》（主編）（長沙：湖南人民出版社，1998）。

7.　《立法法研究》（副主編）（長沙：湖南人民出版社，1998）。

8.　《時代的良知 —— 郭道暉教授法學思想研討文集》（湖南大學法學院編）（北京：法律出版社，2008）。

重要論文

1979–1989 年

1.　〈列寧論租讓制〉，載全國人大常委會法工委辦公室編：《法制參考資料》。1979年 4 月，此文為提供中共中央政治局討論《中華人民共和國中外合資企業法草案》參考資料。

2.　〈健全基層群眾自治組織，加強政權建設〉，載《人民日報》（社論），1980 年 1月 16 日。

3.　〈決不容許庇護犯罪的幹部〉，載《工人日報》，1980 年 8 月 29 日，第 1 版。

4.　〈學會「保護工人免受自己國家的侵犯」〉，載《工人日報》，1980 年 9 月 9 日。

5.　〈從實際出發搞好立法工作〉，載《中國法制報》，1982 年 11 月 19 日。

6.　〈關於階級、階級鬥爭與非階級鬥爭的幾個問題〉，在 1982 年中宣部召開的理論討論會上的論文。會議專題簡報，後載《福建論壇》，1982 年第 4 期。

7.　〈發展社會主義民主的一個必要條件 —— 民主的公開性與了解權〉，載北京《學習與研究》，1983 年第 5 期。

8.　〈論具有中國特色的死刑制度〉，載《中國法學》，1984 年第 4 期。後由日本鈴木敬夫教授譯為日文收入其所編著《東亞死刑廢止論考》一書，另載《札幌學院法學》，2003 年第 19 卷第 2 號。

9.　〈法的本質問題的哲學思考〉，載《政治與法律》，1985 年第 5 期。

10.　〈論我國一元化立法體制〉，載《法學研究》，1986 年第 1 期。

11.　〈試論民主化立法的幾個原則〉，載《法學研究》，1987 年第 2 期。

12.　〈社會主義初級階段法制建設思想戰略的幾個問題〉，載《法學》，1988 年第 8期。本文獲中宣部、社科院、中央黨校舉辦的紀念十一屆三中全會十周年理論研討會入選論文獎。

13.　〈法律上的自由〉，載《中國社會科學・未定稿》，1988 年第 15 期、第 16 期。

14. 〈整頓憲法秩序，實行憲治〉，載《法學》，1989 年第 4 期。

15. 〈民主化的立法與立法的民主化〉，載《民主的構想》（北京：光明日報出版社，1989）。

16. 〈法律修改方略述評〉，載《中國法學》，1989 年第 5 期。後以英文（王晨光譯）載入國際法哲學社會哲學協會刊物《法理學》，1991 年第 4 期。

1990–2000 年

1. 〈試論權利與權力的對立統一〉，載《法學研究》，1990 年第 4 期。

2. 〈民主：廉政建設的政治保障〉，載《法學》，1990 年第 6 期。

3. 〈立法無序現象及其對策〉，載《法律學習與研究》，1990 年第 5 期。此文摘要轉載於全國人大常委會法工委《法制參考》，經全國人大常委會秘書長曹志批示國務院法制局對照檢查。

4. 〈關於穩定的辨證思考 —— 穩定及其與改革、民主和法制的關係〉，載《中國法學》，1991 年第 2 期。

5. 〈論人權的階級性與普遍性〉，載《中外法學》，1991 年第 5 期；並由日本札幌大學教授鈴木敬夫以日文載入《中國的死刑制度與勞動改造》（東京：成文堂，1994。

6. 〈論權利推定〉，載《中國社會科學》1991 年第 4 期，並載於該刊英文版，1993 年第 3 期。

7. 〈正確看待法學領域中姓「社」姓「資」問題〉，載《法學》，1992 年第 6 期，獲優秀論文一等獎。

8. 〈用馬克思主義哲學研究法學〉，載《中外法學》，1992 年第 1 期。

9. 〈論集體權利與個體權利〉，載《學術季刊》，1992 年第 3 期。另以德文載《東亞人權》專輯，德國阿登納基金會，1993 年 7 月版。

10. 〈人權、社會權利與法定權利〉，載香港《社會科學輯刊》，1993 年第 2 卷，並以英文載入該刊英文版。

11. 〈論憲法演變與憲法修改〉，載《中國法學》，1993 年第 1 期。

12. 〈憲政簡論〉，載《法學雜誌》，1993 年第 4 期。

13. 〈權威、權利還是權力 —— 黨與人大的關係的法理思考〉，載《法學研究》，1994 年第 1 期。

14. 〈建構適應市場經濟的法律體系的原則與方略〉，載《中國法學》，1994 年第 1 期。

15. 〈論國家立法權〉，載《中外法學》，1994 第 4 期。

16. 〈社會主義自由 —— 社會主義法的精神〉，載《法學》，1994 年第 10 期。

17. 〈論法與法律的區別 —— 法的本質的再認識〉，載《法學研究》，1994 年第 6 期。

18. 〈論國家權力與社會權力 —— 從人民與人大的法權關係談起〉，載《法制與社會發展》，1995 年第 2 期。

19. 〈發展市場經濟與提高全民法律意識〉，載《司法研究》，1995 年第 4 期、第 5 期、第 6 期。

20. 〈論法定權利與權利立法〉，載《法制現代化研究》，1995 創刊號。

21. 〈法律的民主化：當代中國立法中的權利〉，本文是 1996 年在香港大學和在日本東京舉行的第一次東亞法哲學大會上的演講，後以英文發表於國際法哲學協會 IVR 專刊。

22. 〈立法中人民共同意志的集中〉，載《法學》，1996 年第 2 期。

23. 〈立法的動力、壓力與阻力〉，載《政治與法律》，1996 年第 2 期。

24. 〈論立法的效益與效率〉，載《法學研究》，1996 年第 2 期。

25. 〈論立法的價值取向〉，載《法制現代化研究》第 2 卷，1996。

26. 〈論立法決策〉，載《中外法學》，1996 年第 3 期。

27. 〈論法意識與立法意識〉，載《天津社會科學》，1996 年第 4 期。

28. 〈論立法的目的〉，載《法治研究》（杭州：杭州大學出版社出版，1996）。

29. 〈治國方略的根本轉變〉，載《依法治國，建設社會主義法治國家》（北京：中國法制出版社，1996）。

30. 〈法與法治在中國的啟蒙〉，在香港高等法院和香港大學、香港城市大學的演講。載入《走向法治之路 —— 20 世紀中國法制變革》（北京：中國民主法制出版社，1996），並以英文載入香港城市大學《中國法與比較法研究》。

31. 〈回歸之後：各存法制之異，互促法治之同〉，本文是在香港回歸時舉行的「一國兩制」研討會的論文。香港《大公報》摘載，另全文載《廣東社會科學》，1997 年第 2 期。

32. 〈中國法理學界的人權觀一瞥〉，本文是為日本鈴木敬夫著《中國的人權論與相對主義》一書所撰寫的序言，載《中國的人權論與相對主義》（東京：成文堂，1997）。

33. 〈論立法的社會控制限度〉，載《南京大學法律評論》，1997 年春季號。

34. 〈道德的權力和以道德約束權力〉，載《中外法學》，1997 年第 4 期。

35. 〈立法的權利原則〉，載郭道暉：《當代中國立法》（北京：中國民主法制出版社，1998）。

36. 〈立法的民主原則〉，載郭道暉：《當代中國立法》（北京：中國民主法制出版社，1998）。

37. 〈鄧小平理論的時代精神與法治和法學的現代化〉，載《法學》，1998 年第 1 期。

38. 〈腐敗的制度根源與從制度上遏制腐敗〉，載《河北法學》，1998 年第 1 期。

39. 〈反對權力腐敗的法哲學啟蒙〉，載《法學研究》，1998 年第 2 期。

40. 〈中國法哲學與馬克思主義法學的現代化〉，載《法哲學與法社會學論叢》，1998 年創刊號。

41. 〈立法與利益〉，載《湘江法律評論》第 2 卷，1999 年。

42. 〈論以法治官〉，載《法學》，1998 年第 7 期；《新華文摘》，1998 年第 10 期轉載。

43. 〈黨在法治國家中的地位與作用〉，載《中外法學》，1998 年第 5 期。

44. 〈改善黨的領導方略與執政方式〉，載《法學》，1998 年第 5 期。

45. 〈「法律至上」的辨與辯〉，載《政治與法律》，1998 年第 6 期。

46. 〈行政權的性質與依法行政〉，載《河北法學》，1999 年第 1 期。

47. 〈法治行政與行政權的發展〉，載《現代法學》，1999 年第 1 期。

48. 〈司法獨立與遏制司法腐敗〉，載《法律科學》，1999 年第 1 期。

49. 〈法治的概念與理念〉，載郭道暉：《走向民主法治的新世紀》（武漢：湖北人民出版社，1999）。

50. 〈法治：從蒙昧到覺醒的五十年〉，載《東吳法學》，1999 年校慶特刊。

51. 〈毛澤東鄧小平治國方略與法制思想比較研究〉，載《法學研究》，2000 年第 2 期。本文為 1999 年在日本北海道大學和關西大學的演講，並以日文發表於日本關西大學研究所法學專輯，2000 年。

52. 〈以社會權力制衡國家權力〉，在第二次亞洲法哲學大會上的論文。韓國漢城《法制的現代化》，2000 年。

53. 〈中國法治化的道路〉，1999 年在日本名古屋河合塾文化研究所的演講。2001 年以日文載日本關西大學《法學論集》，第 51 卷第 1 號。

54. 〈法治入憲的特別意義〉，載《法學》，2000 年第 2 期。

55. 〈權力的多元化與社會化〉，2000 年在第 3 次亞洲法哲學大會（南京）上的論文，載《法學研究》，2001 年第 1 期，並由日本鈴木敬夫教授譯成日文在日本發表

56. 〈全球化與亞洲價值、個性與人格〉，第三次亞洲法哲學大會（2000 年，南京）閉幕式的講話。載《第三次亞洲法哲學大會論文集》（南京：南京師範大學出版社，2001）。

2001–2009 年

1. 〈建構憲政立法體系策議〉，載《法商研究》，2001 年第 1 期。在 2011 年中國法理學年會上獲論文一等獎。

2. 〈人權理論的困惑與質疑 —— 關於人權與主權、生存權諸問題的辨析〉，載《嶽麓法學評論》，2001 年第 1 卷。

3. 〈司法改革的理念與司法觀的革新〉，載《江海學刊》，2001 年第 4 期。

4. 〈司法改革的思路〉，載《江海學刊》，2001 年第 5 期。

5. 〈樹立人民的司法觀〉，載《法制與新聞》，2001 年第 3 期。此文獲全國「法制新聞與評論」一等獎。

6. 〈黨的領導與人大監督〉，載《法學》，2001 年第 3 期。

7. 〈行政許可的性質與分類〉，載《政治與法律》，2001 年第 6 期。

8. 〈人大民主權力的限度與憲政權威〉，載《檢察改革論壇》，2001 年第 13 期。

9. 〈司法改革與改善黨對司法的領導〉，載《改革》，2002 年第 1 期。

10. 〈西部大開發的憲政基礎與共和精神〉，載《法律科學》，2002 年第 1 期。

11. 〈民主的限度及其與共和、憲政的矛盾統一〉，載《法學》，2002 年第 2 期。

12. 〈論社會權力與法治社會〉，第 4 次亞洲法哲學大會的論文，刊載於《中外法學》，2002 年第 2 期。

13. 〈「入世」對我國政治體制的挑戰〉，載《法商研究》，2002 年第 2 期。

14. 〈治黨：固守陳規還是法隨時轉 —— 從革命黨到執政黨、領導黨的歷史轉變〉，載《法學》，2002 年第 7 期。

15. 〈憲法的社會性與大眾化〉，載《政治與法律》，2003 年第 2 期。

16. 〈以非常之法，治「非典」之疫〉，載《民主與法制》，2003 年第 6 期。

17. 〈政府理念與制度的革故鼎新〉，載湖南人大《人民之友》，2003 年第 8 期。

18. 〈政治權利與人權觀念〉，載《法學》，2003 年第 9 期。

19. 〈知情權與信息公開制度〉，載《江海學刊》，2003 年第 1 期。

20. 〈現代行政法治理念概述〉，載《江蘇社會科學》，2003 年第 1 期。

21. 〈落實政治人權的立法保障——紀念現行憲法頒佈 20 周年感言〉，載《嶽麓法學評論》，2003 年第 4 卷。

22. 〈人權的本性與價值位階〉，中美人權研討會論文，載《政法論壇》，2004 年第 2 期；《新華文摘》，2004 年第 11 期轉載。

23. 〈人大監督權的限度與方式〉，載《人民之友》，2004 年第 3 期。

24. 〈辭職面面觀〉，載《法制日報》，2004 年 4 月 22 日。

25. 〈人權觀念與人權入憲〉，載《法學》，2004 年第 4 期。

26. 〈建立廉價與高效的政府〉，載《江蘇社會科學》，2004 年第 3 期。

27. 〈論作為人權與公民權的自由權〉，載《金陵法律評論》，2004 年 1 期。

28. 〈人民監督員制度〉，在最高人民檢察院人民監督員制度研討會上的發言，載《檢察日報》，2004 年 7 月 28 日。

29. 〈立法決策論·序〉，載于兆波：《立法決策論》（北京：北京大學出版社，2004）。

30. 〈論公民權與公權利〉，載《政治與法律》，2005 年第 6 期。

31. 〈對「警示教育」的一點異議〉，載《博覽群書》，2005 年第 2 期，總第 242 期。

32. 〈檢察權的社會參與〉，載最高人民檢察院民事行政檢察廳編《民事行政檢察與研究》（北京：法律出版社，2005）。

33. 〈公民社會——和諧社會的憲政基礎與政治動力〉，法理學研究會 2005 年年會論文。

34. 〈以法律監督補強輿論監督〉，載《檢察日報》，2005 年 10 月 10 日，第 3 版。

35. 〈我們需要什麼樣的公民觀〉，載《檢察日報》，2005 年 12 月 5 日，第 3 版。

36. 〈從解析一個學派探究法學思維方法的可貴嘗試〉，載梁曉儉：《凱爾森法律效力論研究——基於法學方法論的視角》（濟南：山東人民出版社，2005）。

37. 〈案例法理學評析·序〉，載王麗英編著：《案例法理學評析》（北京：中國人民公安大學出版社，2005）。

38. 〈黨的三句格言的法理解讀〉，載《山東科技大學學報》，2005 年第 3 期。

39. 〈弘揚嵩燾精神〉，載《湘陰郭氏家族全書‧序》（長沙：嶽麓書社，2005）。

40. 〈政府治理與公民社會參與〉，載《河北法學》，2006 年第 1 期。

41. 〈法權關係為什麼是客觀社會存在〉，載《時代法學》，2006 年第 1 期。

42. 〈論公民權與公民社會〉，載《法學研究》，2006 年第 1 期。

43. 〈公民權與全球公民社會〉，載《上海社會科學》，2006 年第 6 期。

44. 〈馬克思法學在中國的命運 —— 論「回到馬克思、檢驗馬克思，發展馬克思」〉，載《法學》，2006 年第 4 期。

45. 〈立法理念與重心的與時俱進 —— 中國特色社會主義法律體系評議〉，載北京大學《立法研究》，2006 年卷。

46. 〈論法的本質內容與本質形式〉，載《法律科學》，2006 年第 3 期。

47. 〈法學思維方法的主導性與多元性〉，載《東方法學》，2006 年第 2 期。

48. 〈論義務及其與權利的本質關係〉，載《河南省政法管理幹部學院學報》，2006 年。

49. 〈新農村憲政建設的兩大要務〉，載《甘肅社會科學》，2006 年第 3 期。

50. 〈權力的特性及其要義〉，載《山東科技大學學報》，2006 年第 3 期。

51. 〈為時代的正義思考和鼓呼〉，載湖南大學法學院《嶽麓法律人》，2006 年 1 月第 2 卷。

52. 〈「執政能力」的法理解讀〉，上海《法學》，2006 年第 7 期。

53. 〈近代自由主義思想的中國先知 —— 嚴復自由觀的法理解讀〉，載《中國法學》，2006 年第 6 期。

54. 〈郭道暉教授一席談 —— 湘潭大學學生刊物記者訪談錄〉，載《山東科技大學學報》，2006 年 5 月。

55. 〈反貪腐必須舉一反三〉，載《民主與法制》，2006 年第 21 期。

56. 〈法學思維方法的主導性與多元性〉，載《東方法學》，2006 年第 2 期。

57. 〈悟已往而知來者〉，載《政治與法律》，2006 第 4 期。

58. 〈呼喚法的理性時代〉，王申著：《法哲學三論》序，載《博覽群書》，2006 年第 7 期。

59. 〈反貪腐必須舉一反三〉，載《民主與法制》，2006 年第 21 期。

60. 〈對構建政治民主化和諧社會的法理思考〉，載《河北學刊》，2007 年第 1 期。

61. 〈公法體系要以公民的公權利為本〉，載《河北法學》，2007 年第 1 期。

62. 〈社會公平與國家責任〉，載浙江省法學會《法治研究》，2007 年第 1 期。

63. 〈新階段的新「中國觀」與新去處〉，載《現代法學》，2007 年第 1 期。

64. 〈法治國家與法治社會、公民社會〉，載山東大學《憲政手稿》，2007 年第 1 期。

65. 〈對構建政治民主化和諧社會的法理思考〉，原題《社會矛盾與社會和諧》，載《河北學刊》，2007 年第 1 期。

66. 〈法學思維的主導性與多元性〉，載《東方法學》，2007 年第 1 期。

67. 〈新階段的新中國觀與新去處〉，載《現代法學》，2007 年第 1 期。

68. 〈公法體系要以公權利為本〉，載《河北法學》，2007 年第 1 期。

69. 〈社會公平與國家責任〉，載浙江省法學會《法治研究》，2007 年第 1 期。

70. 〈社會權力與公民社會〉，湘潭大學學生訪談錄，載《山東科技大學學報》，2007 年第 2 期。

71. 〈法理學的定位與使命〉，載《上海師範大學學報》，2007 年第 6 期；另載孫育瑋等主編：《法理學與部門法哲學理論研究》（上海：上海人民出版社，2008）。

72. 〈從「龐家鈺現象」看對領導幹部的監督〉，載《檢察日報》，2007 年 8 月 14 日

73. 〈以人為本重在以人的自由為本〉，載上海《法學》月刊，2007 年第 9 期。

74. 〈完善人大執法檢查的對話〉，載《人民之友》，2007 年第 11 期。

75. 〈論國家權力與社會化〉，載鄭宇碩主編：《非國家個體與大中華地區的整合》，2007 年。

76. 〈以時代的良知思考時代〉，載《甘肅社會科學》，2007 年第 1 期。

77. 〈完善人大執法檢查的對話〉，載湖南《人民之友》，2007 年第 11 期。

78. 〈論多元化的社會利益集團〉，載上海政法幹部管理學院《政法論叢》，2007 年。

79. 〈一切權力屬於人民〉，載《北京日報》，2008 年 3 月 10 日，第 18 版

80. 〈循環經濟建設的指導思想與立法方略〉，載《河北法學》，2008 年第 1 期。

81. 〈三十年法制改革的反思和前景的期待〉，載山東大學《憲政手稿》，2008 年第 1 期；另載中國人民大學複印報刊資料《體制改革》，2008 年第 11 期。

82. 〈公民的政治參與權與政治防衛權〉，載《廣州大學學報》社會科學版，2008 年第 5 期。

83. 〈立法理念與重心的與時俱進〉，載《政治與法律》，2008 年第 6 期。

84. 〈認真對待權力 ── 讀《規範權利 ── 權力的法理研究》〉，載《政治與法律》，2008 年第 8 期。

85. 〈超越兩制，異中趨同〉，中國法學會比較法學研究會 2008 年澳門年會論文，載湘潭大學《湘江法律評論》第七卷（湘潭：湘潭大學出版社，2009）。

86. 〈向後看更要向前進 ── 30 年法治進程的回顧與展望〉，載《民主與法制》，2008 年。

87. 〈自下而上的改革才有希望〉，在主持《南方都市報》舉辦的「真理標準大討論‧解放思想 30 周年紀念論壇」（2008 年 4 月 27 日，北京大學上的總結發言），載《南方都市報》，2008 年 5 月 7 日，A 特 12–13 版。

88. 〈社會權力與當代中國社會〉，在嶺南大講壇的演講，載《南方都市報》2008 年 6 月 29 日，A0607 版；《北京青年報》2008 年 11 月 11 日和《清華人》2008 年第 6 期轉載。

89. 〈社會權力：社會體制改革的核心〉，在北京航空航天大學的演講，載中國政法大學《中國法治論叢》，2008 年卷。

90. 〈政協：社會權力與准國家權力〉，載上海《法學》月刊，2008 年。

91. 〈論法律修改‧序〉，載楊斐：《論法律修改》（北京：法律出版社，2008）。

92. 〈民主革命中的中國共產黨與中國憲政運動〉，載《廣東社會科學》，2009 年第 2 期。

93. 〈論作為人權和公民權的表達權〉，載《河北法學》，2009 年第 1 期。

94. 〈人權的國家保障義務〉，載《河北法學》，2009 年第 8 期。

95. 〈「陽謀」背後的權謀 ── 以本人親歷論析整風反右運動〉，該文分三期在《炎黃春秋》雜誌，2009 年的第 2、5、8 期，分別以〈毛澤東發動整風運動的初衷〉，載〈從我的經歷看反右〉和〈五七風雲：追求與打壓〉為題陸續發表。

96. 〈從人權禁區到人權入憲〉，載《南風窗》，2009 年 10 月第 20 期。《南風窗》主筆趙靈敏專訪郭道暉。

97. 〈中國法治與中國改革的社會動力〉，2009 年 11 月 14 日。

98. 〈論社會權力的存在形態〉，載《河南省政法管理幹部學院學報》，2009 年第 4 期。

99. 〈法治國家與法治社會、公民社會〉，2009 年 12 月 12 日。

100. 〈尊重人民的司法參與權〉，載《檢察官學報》，2009 年第 5 期。

101. 〈中國法學與中國改革的社會動力〉，2009 年在中國法學名家論壇會的演講，載太平洋學報》，2009 年第 8 期。

102. 〈正義：法理學的精義〉，載《北京日報》，2009 年 7 月 27 日，第 20 版

103. 〈社會權力：法治新模式與新動力〉，載《學習與探索》，2009 第 5 期。

104. 〈人權的國家保障義務〉，載《河北法學》，2009 年第 8 期。

105. 〈岳麓法學文庫總序〉，載湖南大學法學院出版的「岳麓法學文庫」。

106. 〈加強通識與法德教育〉，載中國政法大學法學教育研究與評估中心編：《中國法學教育研究》。

107. 〈歷史的反思與責任〉，載法制日報《法制資訊》。

2010–2013 年

1. 〈社會權力與公民社會〉，2008 年 8 月 9 日三味書屋演講，選舉與治理網轉載，2010 年 1 月 2 日。

2. 〈還原真相是走向正義的第一步〉，載《炎黃春秋》，2010 年第 2 期。

3. 〈多元化社會利益集團對國家權力的影響〉，載《上海政法幹部管理學院學報》，2010 年第 2 期。

4. 〈四千老幹部對黨史的一次民主評議 ——《黨的若干歷史問題決議（草案）》大討論記略〉，《炎黃春秋》，2010 年第 4 期。

5. 〈簡論宗教與法律的關係 —— 兼論作為一種社會權力的宗教權力〉，載《河北法學》，2010 年第 3 期。

6. 〈當今中國憲政運動思潮述評〉，載上海《法學》月刊，2010 年第 6 期。

7. 〈對「萬歲」口號之我見〉，載《炎黃春秋》，2010 年第 8 期。

8. 〈「一釐米主權」與趙作海的生死〉，載《炎黃春秋》，2010 年第 8 期。

9. 〈回應馮虞章們的「挑戰」〉，載五柳村網站，2010 年 9 月 13 日。

10. 〈一椿違法侵權的公案〉，載《觀察》2010 年 10 月 6 日。

11. 〈記者權利保障機制〉，學術研討會發言，2010 年 10 月 18 日。

12. 〈輿論監督權與官員名譽權〉，載《炎黃春秋》，2010 年第 11 期。

13. 〈為了不再重演悲劇〉，載《往事微痕》63 期，2010 年 12 月 24 日。

14. 〈論表達權與言論自由〉，載《炎黃春秋》，2011 年第 1 期；人民大學複印報刊資料《政治學》，2011 年第 4 期轉載。

15. 〈新中國人權六十年〉，載《炎黃春秋》，2011 年第 4 期節載，全文載於清華大學中國與世界經濟研究中心《中國與世界觀察》，2011 年第 3 期。

16. 〈執政黨必須在憲法和法律的範圍內活動〉，載《炎黃春秋》，2011 年第 7 期。

17. 〈「中國世紀」需與世界憲政文明接軌〉，載《中國與世界觀察》，2011 年第 2 期。

18. 〈社會主義就是社會至上〉，載《長城月報》，2011 年第 8 期。

19. 〈郭道暉不讓黨史泯滅〉，載《人物週刊》，2011 年第 32 期。

20. 〈繼承謝老精神，弘揚謝老思想〉，謝韜逝世周年座談會上發言，載《盛會紀念冊》，2011 年 9 月。

21. 〈我所認同的憲政社會主義〉，載《南方週末》，2011 年 10 月 13 日，E31 版

22. 〈實現由革命黨到憲政黨的演進〉，載《炎黃春秋》，2011 年第 11 期。

23. 〈執政者的新權力觀與還權於民〉，載黑龍江省行政學院《行政論壇》，2011 年第 6 期。

24. 〈實現由革命黨到憲政黨的演進〉，載《炎黃春秋》，2011 年第 11 期。

25. 〈執政者的新權力觀與還權於民，載黑龍江省行政學院《行政論壇》，2011 年第 6 期。

26. 〈為政以德與良心入憲〉，載黑龍江大學《求是學刊》，2011 年第 1 期。

27. 〈民意、上意與法意〉，載《民主與法制》，2011 年第 23 期。

28. 〈新聞媒體的公權利與社會權力〉，載《河北法學》，2012 年第 1 期。

29. 〈政治改革首先是還權於民〉，載清華大學經管學院《中國與世界觀察》，2012 年第 3、4 期。

30. 〈重慶事件的黨國制度根源〉，在「依法治國與重慶教訓」座談會上的發言，由《中國改革》雜誌和胡耀邦史料信息網主辦，北京，2012 年 11 月 28 日。

31. 〈我看社會管理的創新方向〉，載《炎黃春秋》，2012 年第 1 期。

32. 〈憲政社會主義：中國體制改革的方向〉，載清華大學《中國與世界觀察》，2012 年第 1 期。

33. 〈只有全民的民主才能建設憲政社會主義〉，載《中國與世界觀察》，2012 年第 2 期。

34. 〈論人民、人大、執政黨的權力位階〉，載《北京聯合大學學報》人文社會科學版，2012 第 2 期；人民大學複印報刊資料《中國政治》，2012 年第 7 期轉載。

35. 〈新聞媒體的公權利與社會權力〉，載《河北法學》，2012 年第 1 期。

36. 〈警惕文革元素的復活〉，載《炎黃春秋》，2012 年第 6 期。

37. 〈規範執政黨與人大制度關係〉，載《炎黃春秋》，2012 年第 12 期。

38. 〈三十而立：「八二憲法」的回顧與展望〉，載《哈爾濱工業大學學報》（社會科學版），2012 年第 6 期。

39. 〈中國憲法與憲政的幾個問題〉，載中國社科院法學所《環球法律評論》，2012 年第 6 期。

40. 〈一個知識分子的命運與中國憲政之路〉（上、下），在《中國改革》，2012 年第 4 期、第 5 期連載。

41. 〈防止文革重演須依憲治國〉，載《中國改革》，2012 年第 5 期。

42. 〈中國法治發展的歷程與社會動力 —— 紀念八二憲法頒佈 30 周年〉，載《河北法學》，2012 年第 8 期。

43. 〈也談「罵」文化〉，載《民主與法制》，2012 年第 14 期。

44. 〈解放思想，引領法治新潮流 —— 紀念中國法學會復建 30 周年〉，載《民主與法制》，2012 年第 29 期。

45. 〈規範執政黨與人大的關係〉，載《炎黃春秋》，2012 年第 12 期。

46. 〈政治改革首先是還權於民〉，載《中國與世界觀察》，2012 年 3、4 期。

47. 〈警惕文革元素的復活〉，載《炎黃春秋》，2012 年第 6 期。

48. 〈三十而立：八二憲法的回顧與展望〉，在騰訊網論壇上的演講，由北京大學法學院的「人大與議會研究中心」和騰訊公益慈善基金會主辦，2012 年 2 月 23 日晚。

49. 〈論人大權力與人民權力〉，載《甘肅政法學院學報》，2012 年第 2 期；人民大學複印報刊資料《憲法學、行政法學》，2012 年第 8 期轉載。

50. 〈新聞媒體的公權利與社會權力〉，載《河北法學》，2012 年第 1 期；人民大學複印報刊資料《新聞與傳播》，2012 年第 5 期轉載。

51. 〈再論憲政社會主義〉，載《中國與世界觀察》，2012 年。

52. 〈習慣權利與憲政立法〉，載《哈爾濱工業大學學報》社科版，2012 第 1 期。

53. 〈解析法治思維的新內涵〉，中國行為法學會年會論文，2013 年 4 月。

54. 〈法院獨立審判應只服從法律 ── 對《憲法》第 126 條規定的質疑與建議〉，載上海《法學》月刊，2013 年第 4 期。

55. 〈我國亟需建立權力分立與制衡制度〉，原題：〈憲法八問：82 憲法的得失〉，載清華大學經管學院《中國與世界觀察》，2013 年第 1 期。

56. 〈非法之法與公民的抵抗權〉，載《炎黃春秋》，2013 年第 2 期。

57. 〈規範執政黨與人大制度的關係〉，載《炎黃春秋》，2013 年。

58. .〈當前反憲政思潮評析〉，在清華大學、湖南大學、湘潭大學等高校論壇的講座，載「五柳村網站」，2013 年 5 月。

59. 〈評憲政恐懼症〉，載美國《僑報》，2013 年 9 月 1 日。

60. 〈樹立憲法權威必須追究違憲行為〉，載《炎黃春秋》，2013 年第 9 期，載入〈專家學者座談如何落實憲法〉一文中。

61. 〈解析法治思維的新內涵〉，「法治思維與職務行為」研討會論文，載《上海思想界》，2013 年第 2 期。

中國法治三老　郭道暉是「時代的良知」，江平是「中國法學的良心」，李步雲是「敢開第一腔」的法學家，三位法學泰斗在中國法學界享有盛譽，被尊稱為「法治三老」。

江平《中國市場經濟發展與民法典》
978-962-937-407-5

郭道暉《法治中國之建構》
978-962-937-408-2

李步雲《中國法治之路》
978-962-937-409-9